DZIENNIKI

PISMA WYBRANE

**SPRZYSIĘŻENIE
ZANIM NADEJDZIE ŚMIERĆ
GWIAZDOZBIÓR MUZYCZNY
DZIENNIKI
100 RAZY GŁOWĄ W ŚCIANY**

PISMA WYBRANE

Stefan Kisielewski

DZIENNIKI

ISKRY

Opracowanie graficzne
Krystyna Töpfer

Zdjęcie na obwolutę wykonał
Jacek Sroka

Wprowadzenie
Ludwik Bohdan Grzeniewski

ISBN 83-207-1516-4

© Copyright by Wydawnictwo „Iskry", Warszawa 1996

Printed in Poland
Wydawnictwo „Iskry", Warszawa 1997 r.
Wydanie II.
Prasowe Zakłady Graficzne Spółka z o.o.
Wrocław, ul. P. Skargi 3/5

Dzięki panu Ludwikowi Bohdanowi Grzeniewskiemu, wnikliwemu czytelnikowi i autorowi przypisów, dzięki zespołowi Wydawnictwa „Iskry" i jego prezesowi Wiesławowi Uchańskiemu, oddajemy dziś w Państwa ręce dzienniki naszego Ojca. Tom zawiera całość dzienników spisanych odręcznie w 16 zeszytach w latach 1968–1980. Pomimo pokus i sugestii nie dokonaliśmy w tekście oryginalnym żadnej zmiany, żadnej ingerencji uważając, że byłoby ironią losu, gdyby człowiek, który przez całe życie walczył z wszelkimi formami cenzury i domagał się chociażby białych plam w miejscach, gdzie ingerowała cenzura, został po śmierci ocenzurowany przez swoje dzieci. Oddajemy w ręce Państwa zapis wydarzeń, wrażeń i ocen poczyniony przez naszego Ojca w przekonaniu, że będzie to źródło wiedzy o tamtym czasie. Czy powinniśmy uzasadniać bądź usprawiedliwiać oceny i sądy zawarte w tekście, a które z perspektywy czasu wydać się mogą zbyt surowe? Stefan Kisielewski – Kisiel – bronił się sam, bronił prawa do własnego zdania, do własnych sądów, bronił wreszcie prawa do błędu, o czym przypomina we wprowadzeniu Ludwik B. Grzeniewski. Naszym obowiązkiem było udostępnienie Czytelnikom pełnego tekstu. Winni jesteśmy jedynie niezbędne wyjaśnienia. Otóż Ojciec, o czym sam pisze w posłowiu, nigdy nie wracał do napisanych tekstów. Zapisane zeszyty trafiały w „dobre ręce", gdzie doczekać miały i doczekały lepszych czasów. Oceny czy sądy pisane pod wpływem bieżących wydarzeń nie były po latach korygowane ani „szlifowane". Dzienniki stanowią zapis trudnych czasów, postaw ludzi, dostarczają wreszcie wiedzy o ich autorze. Jeśli przyczynią się do pogłębienia wiedzy o tamtym okresie, a zwłaszcza wywołają dyskusje, to spełni się zapewne intencja ich autora, a naszego Ojca, Stefana Kisielewskiego.

Krystyna Kisielewska-Sławińska, Jerzy Kisielewski

Wprowadzenie

Opracowanie przypisów do „Dzienników" Stefana Kisielewskiego, obejmujących lata 1968–1980, jest zadaniem niełatwym. Tekst „Dzienników" tyczy materii świeżej, wiele osób żyje. Tożsamość postaci – szczególnie gdy idzie o krąg przyjaciół – jest przeważnie oczywista, podana w ten czy inny sposób przez Autora. Materia „Dzienników" odznacza się pewną prawidłowością. Gdy Kisiel zaczynał pisanie (31 maja 1968 roku), było to po tak zwanych wypadkach marcowych. I po całkowitym zakazie druku. Kisiel – zakneblowany – miał nieodpartą potrzebę wyrażania i utrwalania swoich opinii. Jednocześnie obawiał się, że dzienniki wpadną w ręce władz bezpieczeństwa i posłużą za swoisty materiał dowodowy przeciwko niemu. Stąd z jednej strony wielka odwaga w sprawach ogólnych i ostrożność w sprawach personalnych i osobistych.

Ciekawe, jak z biegiem lat – szczególnie po objęciu władzy przez Gierka i stopniowej erozji systemu – pióro Autora staje się swobodniejsze, kamuflaż mniejszy.

Przyjąłem zasadę, że objaśnienia powinny wyłącznie ułatwiać Czytelnikowi lekturę – i nic więcej. Kisiel był namiętnym lektorem i komentatorem ówczesnej prasy. Nie miałoby najmniejszego sensu obciążanie tekstu dokładną bibliografią gazetowego chłamu. Stąd daję przypisy tylko do tych publikacji, które zrobiły na Kisielu – z tych czy innych powodów – szczególne wrażenie.

Nie jest to wydanie krytyczne, tylko książka do czytania. Jej Czytelnik powinien zresztą mieć pod ręką „Abecadło Kisiela". Tam znajdzie sądy o ludziach bardziej wyważone, pisane z perspektywy końca PRL. Pedantów historycznych należy odesłać do książki Marty Fik „Kultura polska po Jałcie. Kronika lat 1944–1981". A także do rozlicznych leksykonów typu „Kto jest kim w Polsce".

Przytoczę parę granicznych dat.

29 lutego 1968 roku Stefan Kisielewski wystąpił na nadzwyczajnym zebraniu Oddziału Warszawskiego Związku Literatów Polskich w sprawie „Dziadów". Padła formuła o panującej w Polsce „dyktaturze ciemniaków" (jakże ciekawy jest autokomentarz w dzienniku!). Z datą 3 marca ukazał się w „Tygodniku Powszechnym" ostatni felieton Kisiela zatytułowany „Opozycja na ślepo" (1968, nr 9).

Przełomową datą w życiorysie z tych lat był dzień 11 marca 1968 roku. Tego dnia pisarz został pobity przez „nieznanych sprawców" w bramie jednego z domów przy Kanonii na Starym Mieście, w momencie gdy szedł w odwiedziny do jednego z przyjaciół tam mieszkającego. (Przy sposobności chcę sprostować błąd Marty Fikówny, która w książce „Kultura polska po Jałcie" podaje, że było to „na Rynku Starego Miasta").

Co powinien wiedzieć Czytelnik przystępujący do lektury? Przede wszystkim musi pamiętać o pewnym prywatnym szyfrze stosowanym przez Autora i zapamiętać, „kto jest kto" spośród rodziny i w kręgu przyjaciół.

A więc „Lidia" to żona Autora – pani Lidia Kisielewska. „Wacek", „Jerzyk" i „Krysia" – to synowie i córka (Wacław i Jerzy Kisielewscy oraz Krystyna Kisielewska, dziś Sławińska). Z kolei najbliżsi przyjaciele: „Zygmunt" lub „Zygmunt M." – Zygmunt Mycielski, „Paweł" lub „Pawełek" – Paweł Hertz, „Henio" – Henryk Krzeczkowski, „Andrzej" lub „Andrzej M." – Andrzej Micewski. „Władek B." lub „Bartosz" – Władysław Bartoszewski, „Stach" – Stanisław Stomma, „Jerzy" – to Jerzy Turowicz lub czasami Jerzy Andrzejewski. Stosunek do przyjaciół – chociaż to przyjaciele wierni – bywa kapryśny. Trudno: jest to rezultat zażyłości, ale i owoc chwilowych nastrojów Kisiela.

Co należało do zadań, jakie sobie postawiłem? Rozszyfrować tylko to, co Kisiel szyfrował ze względu na czas historyczny i okoliczności, w jakich przyszło mu pisać.

Do mnie należą wyłącznie wtręty w tekst, ujęte w nawias kwadratowy, oraz przypisy pod tekstem. W przypisach starałem się ukazać, jak wyglądała w tych latach uparta walka Stefana Kisielewskiego o publikację własnych poglądów. Stąd odesłanie Czytelników do tekstów drukowanych pod rozlicznymi pseudonimami.

Jeszcze jedno wyjaśnienie. Kisiel często zasłaniał literkami, o kim pisze, gdy pisał rzeczy przykre lub ostre. Nie mogę brać odpowiedzialności za te sądy! Dlatego – choćbym i wiedział, o kogo idzie – nie rozszyfrowuję nazwisk ludzi żyjących (a czasem i nieżyjących), gdy Kisiel sam kryptonimuje opinie, a bywają one bezwzględne, może nawet niesprawiedliwe.

Są też „Dzienniki" specyficzną historią pięciu „dzieł" lub „romansów" Stefana Kisielewskiego – jak je nazywał. Były one w tych latach wydawane w Paryżu przez Jerzego Giedroycia nakładem Instytutu Literackiego i sygnowane pseudonimem „Tomasz Staliński".

Kisiel konsekwentnie wypierał się swojego autorstwa zarówno w rozmowach, jak też na łamach dziennika (w miarę upływu czasu i rozluźniania gorsetu coraz mniej konsekwentnie). Ale dopiero w listopadzie 1980 roku na łamach „Tygodnika Powszechnego" odkrył karty: „Jako Tomasz Staliński wydałem w Paryżu aż pięć powieści" („Tygodnik Powszechny" 1980, nr 44). Dziś może to wydawać się przesadną ostrożnością! Gdyby jednak znaleziono „dowód na piśmie" przyznania się do autorstwa „Stalińskich", to w ówczesnych warunkach mogło grozić procesem i wyrokiem więzienia (istniały precedensy Jana Nepomucena Millera i Melchiora Wańkowicza).

Czytelnik dzisiejszy musi mieć w pamięci spis i kolejną numerację „Stalińskich", gdy wgłębia się w lekturę zapisków Kisiela, które stanowią nieoczekiwany aneks do pisanych w tym czasie powieści tajemniczego Tomasza Stalińskiego. Oto ten spis:

1) „Widziane z góry", Paryż 1967, Instytut Literacki, Biblioteka Kultury, tom 148.

2) „Cienie w pieczarze", Paryż 1971, Instytut Literacki, Biblioteka Kultury, tom 199.

3) „Romans zimowy", Paryż 1972, Instytut Literacki, Biblioteka Kultury, tom 221.

4) „Śledztwo", Paryż 1974, Instytut Literacki, Biblioteka Kultury, tom 243.

5) „Ludzie w akwarium", Paryż 1976, Instytut Literacki, Biblioteka Kultury, tom 263.

We wrześniu 1985 roku dłuższą rozmowę o Stalińskim i jego książkach nagrał w Paryżu z Kisielewskim – Wojciech Skalmowski. Ogłosił ją po latach w „Kulturze" (1996, nr 1/2). Czytelników odsyłam do tego tekstu.

„Moje błędy świadczą o mnie" – brzmiał tytuł felietonu Kisiela w „Tygodniku Powszechnym" (1966, nr 35). „Stąd walczę w tych felietonach zawsze o prawo do błędów" – wyjaśniał przekornie. Prawo do odmiennego poglądu nie oznacza apologii błędów rzeczowych. W paru miejscach pozwoliłem sobie na sprostowanie faktów, w niczym nie ingerując w tekst autorski.

Ludwik Bohdan Grzeniewski

1968

ZESZYT 1

31 maja

Nareszcie po długim okresie chmurnego zimna trochę słońca. Waham się, czy pisać czy też pojechać na rowerze lub opalać się na słońcu. Pisanie „dla siebie" rzecz złudna, trudna, choć czasem w perspektywie lat owocna. Wybieram kompromis: godzinę poopalam się na balkonie, a potem będę pisał. Przy śniadaniu przedłużam lekturę gazet – są pod znakiem Francji. Decyzja de Gaulle'a pozostania i rozwiązania parlamentu głupia i niebezpieczna. Innej się po jego wielkomocarstwowej megalomanii nie spodziewałem: jego pogarda dla partii opozycyjnych, ruchów społecznych, parlamentaryzmu etc. do złudzenia przypomina naszą Sanację. Tępawy korespondent „Życia Warszawy" po raz pierwszy pisze, że robotnicy komuniści krytykują wydawanie forsy na *force de frappe*. Przed Komunistyczną Partią Francji stoi ciekawy problem: polityka zagraniczna de Gaulle'a odpowiada Rosji i jej satelitom, ale pociąga za sobą olbrzymie koszta na własną energię nuklearną i rezygnację z dobrodziejstw amerykańskich inwestycji. Co wybierze KPF? Ciekawe!

W ogóle widzę we Francji trzy wyjścia: 1) de Gaulle tłumi wszystko siłą (wojsko) i rządzi dalej jak Piłsudski, 2) komuniści podburzają masy i doprowadzają do Frontu Ludowego (co wtedy z polityką zagraniczną?!), 3) tworzy się rząd centrolewicy Mendes-France'a lub Mitteranda, który powraca do tradycyjnego proamerykanizmu, wpuszcza Anglię do Wspólnego Rynku, rezygnuje z mrzonek. Trzecie najrozsądniejsze, ale rozsądek nie zawsze wygrywa.

Miałem już zacząć pisać, gdy przyniesiono paczkę książek z PWM [Państwowe Wydawnictwo Muzyczne]. Przejrzałem zmajstrowaną przez muzykologów „Polską współczesną kulturę muzyczną 1944–1964" i tak się zdenerwowałem, że straciłem ochotę do wszelkiej pracy (starcza nerwowość!). Bristiger i Jarociński łżą jak z nut, wazelinują się Lissie i Chomińskiemu, sprawę socrealizmu niemal pomijają, zamazują, kręcą. Jeszcze Jarociński trochę się tam bije w cudze piersi, skrzętnie przemilczając swój udział, ale Bristiger pisze już istny panegiryk, sławiąc pod niebiosa najgłupsze wypociny „Zosi". Cóż za skurwysyn – bo co do tamtego, to nigdy nie miałem złudzeń. Przy okazji oczywiście całkiem wymazali mnie i moje polemiki estetyczne, Bristiger pominął nawet zbiory artykułów i recenzji pisząc: „Co się zaś tyczy codziennego życia muzycznego w Polsce, to tylko Zygmunt Mycielski i Jerzy Waldorff wydali w formie książkowej felietony śledzące jego przebieg". Głupie bydlę. Fałszerstwom sprzyja pominięcie w bibliografii pism „Tygodnika Powszechnego". Cała zresztą książka roi się od typowo muzykologicznych niechlujstw, błędów i nonszalancji – kronika wydarzeń skandaliczna. Jeden artykuł Chomińskiego o najnowszej muzyce dobry – ten ma zawsze wszystko w dupie, robi swoje – jeden coś wart, choć „wtedy" tak był cyniczny. Ale cynizm to przynajmniej postawa jakoś uczciwa (przyznał mi się do niej kiedyś).

I pomyśleć, że nic się nie da sprostować, bo akurat trwa moja niełaska i te skurwysyństwa zostaną w bibliotekach na wieki. Po cholerę być uczciwym – naprawdę chyba uczciwość to głupota, a dobra pamięć – choroba umysłowa. Bristigera odtąd nie znam – ale co mi z tego?

Zdenerwowałem się przesadnie i potem już niewiele zrobiłem. Cała nadzieja w lekcji angielskiego: nad angielskim pracuję mało, ale krzepi mnie bezosobowy obiektywizm tej czynności. Lubię przy tym atmosferę u Henia [Henryka Krzeczkowskiego]: rozsądna narcyzowatość, pracowitość, konsekwencja w literackiej pracowitości, która mi dość imponuje, bom do niej niezbyt zdolny. Może to zresztą u Henia taka poza, ale mnie krzepi – nie bardzo jest się czym krzepić, wobec zwłaszcza szerzącego się skurwysyństwa i bzika. No nic: obiadek i na lekcję!

3 czerwca
Byłem dziś w ambasadzie włoskiej na święcie narodowym. Koktajl na stojąco, atmosfera niezbyt ciekawa. Z rządu widziałem Jędrychowskiego, Trompczyńskiego i kogoś tam jeszcze. Patrzyli na mnie koso, oczywiście obyło się bez żadnych ukłonów. Oni w ogóle nie mają pojęcia o niczym, są „zalienowani", zajęci, przepracowani, wkręceni w warszawski kołowrót. Biedni ludzie – ale kto im to wytłumaczy. Byli też wszyscy posłowie „Znaku". Zawiey [Jerzy Zawieyski] roztrzęsiony, żyje jeszcze wypadkami sejmowymi, zhi-

steryzowany. Stach [Stanisław Stomma] zaabsorbowany (nie wiedzieć czym), roztargniony, chce wciąż z kimś rozmawiać, ale nie wie z kim. Jeden Mazowiecki rozsądnie spokojny, tyle że zbyt przejęty personalną walką o władzę. Po co mu to – toć on rządził nie będzie! (inna rzecz, że go mogą wyrzucić).

Korespondenci zagraniczni zdezorientowani – Niemki najwyraźniej przerażone, nie bardzo chcą rozmawiać z opozycją pod pretekstem, żeby „nie szkodzić" – one też już dały się zbikować. Francuzów nie ma – wstydzą się za de Gaulle'a. Paru ubeków nasłuchuje ostentacyjnie. Ja byłem z J., dziwny facet – czyż to możliwe, co twierdzi Lidka, że on jest „na usługach"? Aż się boję pisać. W sumie wieczór niemiły, raczej nie będę chodzić – nic się z tego nie ma, a właścicieli naszej polityki szlag trafia – że coś się tam niby robi za ich plecami. Nic oni nie rozumieją, prowincja się tu zrobiła, sztywna i drętwa – oni uważają, że im dłużej nic się nie dzieje, tym lepiej – a znów M. [Moczar] jedyną szansę zrobienia ruchu widzi w „antysyjonizmie". W sumie mydło czy jak się mówi w krykiecie „masło", sytuacje, gdy kilka kul ugrzęźnie w bramce i nie sposób ich wybić. Nie mógł tego pojąć poczciwy Gronousky i wyjechał rozgoryczony – jemu też się śniła idea Polski jako pośrednika między Wschodem a Zachodem, z nim jako akuszerem. Ba – niejeden by chciał... (– Chciałbym panią mieć po raz drugi. – Jak to po raz drugi?! – Bo już raz chciałem).

5 czerwca

Czytam ciągle całą prasę, tygodniki „literacko-społeczne", jeszcze dokupuję różne dziwolągi w rodzaju „Żołnierza Wolności" lub „Walki Młodych". Jest to istny masochizm, bo ilość bzdur tam zamieszczonych przekracza normalne ludzkie pojmowanie. W dodatku przygnębiająca jest niezręczność tej roboty – dowodziłaby ona, że to wszystko niczemu nie służy i jest w ogóle bez znaczenia. Obok siebie na przykład umieszczone są: wymyślania na Amerykanów, że nie chcą bezwarunkowo zaprzestać bombardowań w Wietnamie, i triumfalne zachwyty, jak to „bojownicy" walą tychże Amerykanów z moździerzy w samym środku Sajgonu. Albo rozdzieranie szat na kłamliwe wieści zagraniczne o polskim antysemityzmie, a obok radosna rewelacja, że Marian Kargul nazywa się w istocie Abraham Icek Kargiel. Co za idioci to robią – i dranie, bo przecież Kargul (zresztą zaiste ministerialna głowa) załatwiał sprawki różnym „aryjskim" wiceministrom – o czym pisze się enigmatycznie, a raczej nie pisze się. A niech ich szlag! I to posłuszne, sowieckie szczucie na Amerykę, budowanie całego systemu o demonizmie Amerykanów, systemu mitów: marksizm to mitologia dla mas. Ta lektura uświadamia mi coraz dobitniej, na jaki pechowy dla siebie okres trafiłem: moje zamiłowanie to publicystyka polityczna, oczywiście moja własna, indywidualna – a tego jednego właśnie tutaj robić nie wolno, bo to zakłóciłoby tutejszą mitologię. Mitologia ta dostaje zresztą od czasu do czasu w łeb, ale nikt tego nie zauważa. Tak było z de Gaulle'em: moje proroctwa w „Interplayu" sprawdziły się jak złoto, a ileż było o to wrzasku. Teraz za to nikt nic nie mówi – ja mówię, ale prywatnie: kawiarniany polityk, tyle że miewa rację (jak profesor Kot za czasów Piłsudskiego). Czyżby z pogardzanych „okien kawiarni" widać było lepiej?

7 czerwca

Robert Kennedy został zabity i to, jak się zdaje, wręcz przypadkowo, przez młodego fanatyka jordańskiego, jako odpowiedź na oświadczenie „Bobby'ego", że należy dostarczyć Izraelowi pięćdziesiąt samolotów „Fantom". Jest to dla mnie wstrząsająca tragedia osobista – polityczna mniej. Specjalnego nabożeństwa do tego działacza nie miałem, wydawał mi się zimnym graczem, owładniętym ambicją. Nie miałem zresztą (pewno to herezja) przesadnego nabożeństwa do jego zabitego brata. Moim zdaniem dla sprawy pokoju świata, a raczej w ogóle jakiegoś ogólnego sensu (czy to jest możliwe?), lepiej by było, gdyby na czele Ameryki stał taki Nixon, nie kokietujący liberalizmem, lecz kierujący się jasno i bezwzględnie amerykańską racją stanu. Taki dogadałby się z Sowietami, bo rzekomy czy prawdziwy liberał kusi Rosjan, aby go „rozgrywać" taktycznie (słynna rozmowa Chruszczowa z Kennedym w Wiedniu: rozmawiali jak gęś z prosięciem, podczas gdy z Nixonem rozmawiałoby się cynicznie i o realiach – wy nam dacie to, my wam damy to). Co prawda, jak się Amerykanie znów dogadają z Rosjanami, to Polska będzie sprzedana Rosji jeszcze raz, tym razem bardzo uroczyście, „w imię koegzystencji". Usiłowałem to kiedyś wytłumaczyć (przez tłumacza) Gronousky'emu, ale z udaną czy prawdziwą naiwnością nie dawał się przekonać.

Upał straszny, słońce, truskawki, próbuję kończyć tę nieszczęsną kołysankę na fortepian. Wacek [Wacław Kisielewski – syn autora] przyjechał z Niemiec, opowiada o staroświeckim luksusie w Baden-Baden (hrabiny, książęta, kasyno, golf). Szkopom dobrze, bo podobnie jak Japończycy nie wydają forsy na broń nuklearną, spuszczając się na Amerykanów. A Francja?! Mam różne zabawne myśli na temat, jak to młodzi zwolennicy Marcuse'a i Cohn-Bendita (coś w rodzaju naszego Michnika) przelicytowali w rewolucyjności komunistów, na co ci ostatni okropnie się gniewają. Istotnie: Komunistyczna Partia Francji, licząca się z tysiącznymi „względami i urzędami", a przede wszystkim z rosyjską racją stanu, to już obrośli w mieszczańskość konformiści wobec „płomiennej" młodzieży z czarnym sztandarem. Pszon twierdzi, że kiedy Żydzi opuścili komunizm, który niegdyś stworzyli, ten przestał być sobą, przestał być rewolucyjny. Zaopatrzył się nawet w swój antysemityzm – cha, cha, cha!

À propos Żydów. Chomiński, którego pochwaliłem za cynizm, dał jego próbkę, ale ohydną: w wywiadzie dla „Kierunków" oskarżył Lissę, że sprzyja muzykologom niemieckim i amerykańskim i pośrednio oddaje Niemcom nasze muzyczne średniowiecze. Jestem w rozterce: Lissa to postać spod ciemnej gwiazdy, za stalinizmu działała w sposób wiadomy, potem obzdurzyła swym quasi-naukowym bełkotem całą naszą muzykologię, ale ta denuncjacja jest głupia i obrzydliwa. Wczoraj spotkałem na Krakowskim Lutosa [Witolda Lutosławskiego] i Grażynę [Bacewicz], mówili, że Chomiński jest umierający i po co mu to. Ano po prostu zawsze świnia. A swoją drogą, „kto mieczem wojuje..."

Chomiński kiedyś w okresie stalinowskim powiedział mi wprost, że pisze o muzyce przeciwnie, niż myśli. Wtedy uważałem, że to była odwaga, teraz widzi mi się, że świńskie asekurowanie się.

Prasa konstruowała już teorię, że pastor King i obaj bracia Kennedy padli ofiarą spisku „reakcji", czyli prawicy. Ciekawym, co ci łgarze zrobią z owym młodym Arabem – coś na pewno wymyślą. A swoją drogą smutne to, lecz prawdziwe, że zamachy te są wynikiem... nadmiernej demokracji: gdy każdy człowiek może mieć broń, każdy stan jest osobną republiką, policja ma ograniczone możliwości działania prawnego – to i skutki. Czyżby tylko jeden Stalin wiedział, jak rządzić 200-milionowym narodem? Czy demokracja to przeżytek? Smutne myśli, a tu w dodatku tak gorąco: gorąco przygnębia mnie zawsze, ma w sobie coś trupiego. Odpowiada to zresztą może charakterowi niniejszych notatek, mających być czymś w rodzaju „pamiętników żółciowca", gdzie wyładuje się drobne wściekłości, których nie sposób wylać gdzie indziej. Zwłaszcza od czasu wydarzeń marcowych, od kiedy przestano mi puszczać felietony czy cokolwiek – wprawdzie i tak z powodu cenzury pisało się o niczym, to jednak można było jakoś wyładować się zastępczo – np. naurągać na usługi, turystykę etc. Teraz już nic nie można – tylko w domu sobie a muzom. Być skazanym na życie „w wieży z kości słoniowej", i to w środku socjalizmu – niebywały paradoks. Ano cóż, jak powiedział towarzysz Kraśko, kultura polska nie skorzysta z naszych usług. Znalazł się właściciel polskiej kultury – przerażony osioł. Zawsze, poza Poznaniem, był bojowy (bojowy = boi się).

8 czerwca
Wczoraj wieczór byłem u Wańkowicza: siedzieliśmy na narożnym wysokim balkonie, żeby uniknąć podsłuchu – widok piękny na kino „Moskwa", plac Unii i w ogóle. Wypiłem butelkę jarzębiaku. Stary gadał, kręcił, zachodził mnie z różnych stron, jak to on, pytał o coś i nie czekał na odpowiedź. W istocie rzeczy szło mu o to, że ma dawno napisaną książkę o Żydach, chciałby ją teraz wydać, a nie wie, czy go tu „środowisko" nie zadziobie. Dał mi maszynopis, rzecz ciekawa, choć nie najgłębsza i efekciarska. Zgodziliśmy się, że o ile po Bermanie i Różańskim zrozumiały może być w Polsce antysemityzm, to już antysyjonizm jest kompletną bzdurą. Nie chcieć Żydów w Polsce i nie chcieć ich w Palestynie – no to gdzie mają być?! Wańkowicz ciekawie mówił o Ameryce.

Dziś, jak przypuszczałem, prasa kręci jak może w sprawie zabójstwa Kennedy'ego. Karolek Małcużyński w „Trybunie Ludu" bredzi o prawicowym spisku, że zawsze ofiarą padają ludzie „postępowi" – a właśnie wczoraj Wańkowicz opowiadał o zabiciu wodza faszyzmu amerykańskiego – Rockwella. Ten Karolek z dobrej rodziny, brat Witka, ojciec dyrektor Giełdy Warszawskiej (he, he, gdzie te czasy), a on łże jak stary komunista. Pojętny ludek ci Polacy! A znowu w „Polityce" wymądrza się Passent. Głupie Żydy, aby się ratować, napiszą z patosem każdą bujdę – a potem i tak wylecą. I dziwią się, że się ich nie żałuje.

W „Polityce" wiceminister, [Kazimierz] Rusinek, pisze o literaturze współczesnej, obłudnie pyta, dlaczego w Polsce pisarze uciekają od aktualnego tematu, bagatelizuje rolę cenzury. Też łgarz – i po co to staremu? A dawniej wydawał mi się lepszy od innych.

Dziś, idąc parkiem po gazety, układałem sobie imaginacyjny dialog ze Stommą: że zajmowanie się dziś u nas polityką wymaga ustawicznego kłamania, powtarzania kłamliwej historiozofii opartej na pomijaniu niewygodnych faktów i ślepym kopiowaniu sowieckiego schematu propagandowego (np. o demonizmie i imperializmie Amerykanów oraz o barankowej łagodności rosyjskiej). Ponieważ jestem człowiekiem słowa i nie chcę niszczyć jego wartości ustawicznym kłamstwem, więc – rezygnuję z polityki. *Implicite* zawiera się tu myśl, że i Stomma powinien zrezygnować, boć katolik nie powinien kłamać. Ale dialog był nie tylko imaginacyjny, lecz i trochę sztuczny, bo Stomma o nic mnie nie pyta, a moja *splendid isolation* trochę jest obłudna, bo wymuszona.

Upał ogromny – ze 30 stopni w cieniu. Piszę kołysankę, wieczorem idę na koncert. Forsy nam starczy na parę miesięcy, stworzono mi więc, co mnie wciąż frapuje, osobliwą karę: życie w łagodnej próżni, w samym środku gotującej się jak kocioł Warszawy. Jak długo można żyć i pisać bez społecznego odzewu, dla siebie, po klasztornemu (podobnie żyje o piętro niżej rzekomy „spiskowiec", niedawno butny gaduła, teraz smętny i na utrzymaniu żony Staszewski)? Oto jest pytanie – jak długo? Jednak w okresie stalinowskim w Krakowie było mi łatwiej – miałem swoje środowisko, zaplecze, przyjaciół. W Warszawie jest demoniczniej, bardziej po sowiecku. Ale cóż: żyć trzeba! („Życie w odbyciu, czyli pamiętnik gówna").

9 czerwca

Wczorajszy koncert znakomity. Para amerykańskich skrzypków grała podwójny Koncert Bacha niezrównanie: z soczystą swobodą, a zarazem precyzyjnie, ten przepiękny. Sporo też było Ravela, nudnawy Berlioz, no i „Areana" Varese'a, potęga – pomyśleć, że to utwór sprzed 40 lat! Widać to może w perkusji, która choć tak bogata, brzmi już dziś jak coś znanego. Ale utwór fascynujący – wyobrażam sobie ryki protestu 40 lat temu w Nowym Jorku. A swoją drogą rozumiem, że Varese zamieszkał w Ameryce: to muzyka Nowego Świata!

Na zjeździe Pisarzy Ziem Zachodnich i Północnych sekretarz śląski Gierek wyrąbał mowę. Tym razem mizdrzył się i łasił, a wszystko co złe zwalił na „wichrzycieli i bankrutów politycznych". Literatura winna współtworzyć socjalizm, podnosić na duchu, szukać pozytywów – choć i dawać „krytyczne spojrzenie" (tyle że nie powiedział, jak to zrobić wobec cenzury, która rządzi wszechwładnie). Mowę ktoś mu oczywiście napisał (Szewczyk?), jest gładka, obła, frazesy uszeregowane prawidłowo, nic ze stereotypów nie opuszczone. Nie przychodzi mu na myśl, z jakiego właściwie tytułu on poucza pisarzy, jak mają pisać. Bardzo katolicka mowa, „módl się i pracuj" – tyle że modlić się trzeba do partii, która realizuje logikę dziejów. A co, jeśli dzieje nie są logiczne, lecz bzdurne i pisarz to widzi? Ano – powinien tę wiadomość schować dla siebie, a pisać nobliwie ku pokrzepieniu serc. Koncepcja nader konformistyczna – kardynał Wyszyński się kłania. A co z literaturą buntu, rewolucji, opozycji? *Alles ist vorüber, alles ist vorbei.* Komuniści przy władzy biją konformizmem wszelkie rządy mieszczańskie, stąd też wyręczać ich muszą Cohn-Bendity (Żydom, oderwanym od tradycyjnego podłoża, łatwiej uchwycić imponderabilia nowej negacji – negacja przecież wciąż się odnawia. Pisze o tym Wańkowicz, poza tym jego książka o Żydach dość jest słaba, chaotyczna i niezdyscyplinowana, miejscami nazbyt osobiście nienawistna).

Dziś już słońca nie ma. Cieszę się na wyjazd do Sopotu, kołysankę piszę małymi dawkami: jakoś leci, ale pierwotna idea całości gdzieś się rozproszyła – to skutek długiej przerwy (przeszło dwa lata, zacząłem ją przecież w Karolinie, w listopadzie 1966). Mam ciągle ideę krótkiego, szybkiego utworu na orkiestrę, który zrealizowałby wszystkie moje skłonności do *perpetuum mobile*. Jedno wielkie crescendo, smyczki jako ruchliwe tło, grupy dęte jako soliści, no i oczywiście perkusja. Problem tylko w temacie – jak najmniej tematycznym, lecz wyrazistym, wbitym w głowę jak obsesja. Pisownia nutowa jak zawsze tradycyjna. Napisałbym to szybko – aby tylko zacząć.

Komuniści dużo w Polsce zrobili, odbudowali, przemieszali, zintegrowali, wykształcili (tyle że siebie nie), dlaczego dalej już nie mogą? Bo wykluczyli element fermentu i zmiany – a bez tego nie ma ognia, entuzjazmu, wszyscy obojętni, rozleniwieni. Moczar to chyba trochę rozumie, ale antidotum chce dać tanie: nacjonalizm, antysemityzm. Na epokę z jednej strony big-beatowych degeneratów, z drugiej Cohn-Benditów (Michników) to za mało i za słabo. Żeby był w marcu pojechał na uniwersytet, toby coś zrozumiał z tego „buntu młodych" – ale on się boi: też już stary. Zresztą i mnie ta młodzież złości beztroską niewiedzą o niedawnej przeszłości – ale w tym pewno ich siła. Siła to jest coś, co wykracza poza dotychczasowe kategorie, zaskakuje, dziwi, drażni – ale jest!

9 czerwca

Sobota i niedziela to punkt szczytowy czytania gazet – w ramach ulubionej akcji autodrażnienia się. Gazety piszą nieprawdę, ale tak daleko posuniętą i wkorzenioną, że aby udowodnić nieprawdziwość jednego krótkiego zdania, trzeba by takich zdań powiedzieć dziesięć – a któż by tego chciał słuchać. „Udowodnij, żeś nie wielbłąd" – taki dowód musi być długi, podczas gdy twierdzenie „jesteś wielbłąd" brzmi krótko i jasno.

Niegdyś mówiono, że polityka to sztuka realizowania możliwości. U nas (w komunizmie) do tego trzeba jeszcze mieć jako pokrywkę interpretację natury ideologicznej, to znaczy strzelisty akt wiary, zbudowany z rytualnie, zawsze w jeden sposób złożonych zdań, o „nieugiętej walce bojowników o wolność i socjalizm", o „knowaniach imperialistów" i „drapieżności monopoli". Układ i dobór zdań jest ważny – to rytuał, który musi wbić się w głowę. Przejrzał to na przykład cynik Arski, jego felietony w „Expressie" to szczyty utrafienia w intencje pana i władcy – a i tak łobuza w końcu wyrzucą, nic mu nie pomoże (co do tej osoby staję się antysemitą – to, co on wypisuje o Izraelu, to szczyty świństwa). Wszyscy komuniści źle kończą, chyba że na czas umrą jak Zawadzki; kopniak dany za wierną służbę, to tradycja od czasów ojczulka Stalina: każdy tu zostanie ukarany, choć formalnie nie za to, co zrobił (Jeżow, Beria). Czytam „Wielką czystkę" Weissberga-Cybulskiego, cóż za niesamowita tragedia: 11 milionów chłopów zmarło z głodu podczas kolektywizacji, od 1936 miliony w więzieniach, a do tego Zinowiew, Kamieniew, Radek, Bucharin, Piatakow, Tuchaczewski, Jakir, Blücher, tysiące innych, sprawa Kirowa, Gorkij, po wojnie szały Berii, sprawa lekarzy Żydów i wreszcie, po śmierci Stalina Beria zabity przez własnych współkolegów (pono dosłownie), Malenkow znika, Chruszczow odchodzi w niebyt...

Tym wszystkim Zachód nie bardzo się interesuje: lewica nie chce, prawicy nie wypada. A oto z racji tragedii Kennedy'ego moskiewska „Prawda" pisze o Ameryce: „Strzały te stały się możliwe przede wszystkim dlatego, że w kraju rządzą siły nie powstrzymujące się przed niczym w swoim dążeniu do rozdeptania i unicestwie-

nia tego, co w ten czy inny sposób nie jest im na rękę". I kto to mówi?! Ale nikt się nie dziwi, młodzież zapomniała, kto co wie o Bucharinie czy Berii – chyba maniacy. Zresztą zbrodnie popełniane „przy budowie socjalizmu" nie są zbrodniami – tylko zbrodnie imperialistów się liczą. Jak się to powtórzy milion razy w prasie, telewizji, radiu, to ludzie uwierzą. „Udowodnij, żeś nie wielbłąd".
Wszystko to stoi na kłamstwie, ale dla odpowiednio wychowanych przyszłych pokoleń (wbijanie w głowę od dziecka) przestanie być kłamstwem: nikt nie może żyć z myślą, że wciąż kłamie, nikt nie będzie co dzień polemizował z każdym słowem radia, telewizji, prasy. A więc kłamstwo stanie się prawdą – w głowie się kręci. Orwell miał rację – to był wielki prorok. A głupi Zachód, nie interesujący się prawdą i kłamstwem na lekceważonym Wschodzie oraz wstydzący się antykomunizmu, ściągnie na świat nieszczęście: stworzą się, jak u Orwella, trzy supermocarstwa – Euroazja, Oceania, Afrykania, jedna totalistyczna i terrorystyczna po leninowsku, druga maoistyczna, trzecia według Marcuse'a czy Guevary (choć to „bojownicy wolności" – Marks też tak o sobie myślał). Okaże się, że te trochę lat, które żyłem do roku 1939, to będą jedyne lata nie spędzone w domu wariatów.

A swoją drogą coś z tym „leninizmem" na Zachodzie musi być kiepsko, bo w „Trybunie Ludu" ukazał się artykuł jakiegoś profesora doktora (jakżeby inaczej) filozofii Wł.[adysława] Markiewicza, który ogromnie rozdziera szaty, że Marcuse, Adorno i inni śmią inaczej interpretować Marksa niż tutaj. Oczywiście taka scholastyczna polemika (pomijająca, rzecz jasna, wszelkie fakty wielkie jak słoń, np. stalinizm i przeróżne jego pochodne) jest śmieszna, ale świadczy, że owe Cohn-Bendity napędziły jednak naszym komuchom straszka (Wańkowicz cytuje jakiegoś żydowskiego zresztą socjologa, twierdzącego, że Żydzi, najmniej związani z konformistyczną tradycją otoczenia, bardzo są podatni, aby stawać się katalizatorami wstrząsów, rewoltujących tę tradycję: oni w końcu stworzyli komunizm, a widząc, że zeskorupiał, zaczynają go rozbijać; stąd pewno ów nagły antysemityzm naszych władców i aresztowania studentów). A swoją drogą na Zachodzie zaszedł ciekawy proces. O ile w dawnych dobrych mieszczańskich czasach starsi imponowali młodzieży, młody człowiek chciał naśladować dorosłego, jak najprędzej być dorosłym, o tyle teraz, po dwóch straszliwych wojnach, po Hitlerze, Stalinie i opanowaniu olbrzymich połaci świata przez wariatów, młodzi doszli do wniosku, że ich poprzednicy generalnie zawalili sprawę, że trzeba ich zdetronizować, rozbijając im wszelkie szacowne mity. Zabawne, że uderza to i w komunistów, i w de Gaulle'a. A co w Rosji? Wczoraj był u nas Waldorff, dziś spotkaliśmy go znowu (psy onanizowały się jak szalone). Jest zadowolony z siebie, mówi, że pisząc tylko o muzyce i sztuce zachował uczciwość. Ma swoją rację. Mnie zgubiła polityka: najpierw próbowałem odgrywać rolę „legalnej opozycji", ale to tak, jak mówił Irzykowski bodajże o metodach polemicznych Słonimskiego: „Ja mu proponuję partię szachów, a on zrzuca figury i majchrem we mnie". Dali mi w końcu majchrem (zresztą przez moją nieostrożność – sprowokowałem ich lekkomyślnie) i jestem wyrzucony poza życie, a więc skazany na rozważanie spraw zasadniczych i najwyższych, np. problem powszechnego w tym systemie kłamstwa, spraw, których uczestnicząc bliżej w konkretnym życiu, często się nie dostrzega. Być obserwatorem, z którego obserwacji i wniosków nic nikomu nie przyjdzie – to ci rola! Czytam z trudem wstrząsającą książkę Weissberg-Cybulskiego: i pomyśleć, że Zachód jej nie dojrzał – tak jak kiedyś nie dojrzał „Mein Kampf". Głupi ten Zachód. A u nas teraz niemal spokój – może myśmy zmądrzeli nareszcie, cynicznie i wygodnie? Zresztą u nas materialnie wcale nie jest tak źle, a chłopi (paradoks) mają się świetnie. Któż więc pragnie takich frykasów jak wolność słowa? Paru literatów i grupa studentów? *Fi donc!*

10 czerwca
De Gaulle pokazał swoją małość – zresztą starość często ludzi pomniejsza. Chce udowodnić, że nie tylko on, ale i jego ekipa są Francji niezbędne – tymczasem gaullizm bez de Gaulle'a nie będzie miał sensu – tak jak sanacja bez Piłsudskiego. A przecież mógł, pozostając prezydentem, powołać rząd Mendesa czy Mitteranda, żeniąc ich po trochu z gaullizmem. Nawet paru komunistów by nie zaszkodziło: najlepszy sposób na skompromitowanie komunistów to powoływanie ich do rządów parlamentarnych – oni są dobrzy (?!) tylko w opozycji albo gdy rządzą totalnie. Ale na decyzji „starego" zaważyła małostkowa ambicja osobista: nie chce gadać z ludźmi, którzy go śmieli krytykować. No i boi się o swój monopol w polityce zagranicznej (głupiej, megalomańskiej, szkodliwej dla Zachodu, a – poza elementami propagandowymi – bezwartościowej dla

Wschodu). Każde zbyt długie rządy jednostki kończą się kompromitacją i bzdurą – chyba że gościa wycofają na czas, jak Churchilla czy Adenauera. Co prawda de Gaulle nie taki stary (78 lat), ale starczym uporem bije tamtych. Jeszcze narozrabia – he, he! Dobrze tak Francuzom, pamiętam, jak goście z ambasady warszawskiej, najpierw antygaulliści zmieniali zdanie, jak im zagrał na koguciej ambicji (jeden Albert nie, ale to mój sojusznik, bo nie daje się wziąć na żadne pięknie brzmiące bujdy – „zakamieniały reakcjonista"). Oczy mnie bolą, dawno nie zmieniałem okularów, a prasę wciąż czytam, dla potwierdzenia sobie jej obłędu. Przychodzi to zresztą łatwo. Broniarek bredzi o Wietnamie, że Amerykanie w Paryżu sabotują konferencję, której przedmiotem miało być „bezwarunkowe wstrzymanie amerykańskich bombardowań", i że wysuwają jakieś „drugorzędne" obiekcje. Jakie? Tego dowiadujemy się z wiadomości tuż obok, obwieszczającej z ogromnym triumfem, że Sajgon płonie, a inne miasta południowowietnamskie też i że pełno tam amerykańskich trupów. Czy oni myślą, że naprawdę piszą do idiotów? A może tak i jest?!

Dr Tadeusz Filipiak (kto to taki, kto to taki?!) pisze w „Trybunie" kobyłę „Za kulisami demokracji burżuazyjnej". Oni zawsze albo demaskują, albo piętnują, albo pokazują, co jest za kulisami. Otóż ów doktor, sypiąc groteskowymi cudzysłowami (wszystko, co mu niewygodne, bierze w cudzysłów), tłumaczy, że swobody demokratyczne w kapitalizmie to lipa. Powołuje się przy tym na krytykę amerykańskiej demokracji, ostro sformułowaną przez Stevensona. Nie przychodzi mu przy tym, idiocie, na myśl, iż to, że amerykański polityk mógł sformułować taką krytykę i wydrukować ją dowodzi właśnie wolności – co najmniej wolności słowa, boć u nas za takie sformułowanie siedziałbym w głębokiej ciupie. I znów pytam, czy oni piszą dla idiotów?!

Literaci Ziem Zachodnich i Północnych, a właściwie wazeliniarze z całej Polski uchwalili rezolucję – wszystko co do słowa, jak nakazano. Myślę, że ta spóźniona sowietyzacja ogarnie cały Związek, a nie chcących deklarować się w ten drętwy sposób wyleją tak czy owak. Ciekawe, czy jak wszyscy będą już gęgać jednakowo, partia nasza spocznie na laurach czy wymyśli coś nowego. Ja sądzę, że zatrzymać się nie można, więc nastąpi dalsza niewyobrażalna „eskalacja" bzdury – mówił o tym ciekawie Jacek Bocheński na zebraniu warszawskim. Komuniści są jak buldog – kiedy zewrze szczęki, to już nie popuści. A może wygrają? Znaczyłoby, że buldogi górą – zresztą z nami już wygrali. Tylko po co te frazesy o wolności i ci „profesorzy doktorzy", którzy piszą apologie bez cienia argumentacji – właściwie w Polsce wszyscy w kółko piszą jeden artykuł i wygłaszają jedną mowę. Rzeczywiście tylko „Tygodnik Powszechny" jest teraz inny – ale za to jakże wyjałowiony przez cenzurę. Słyszałem niezły kawał: Pesymista: – Gorzej już być nie może! Optymista: – Może, może!

Czekam na Pawełka [Pawła Hertza], lubię go: na pozór duchowo się mizdrzy, tam gdzieś głębiej jest poważny, może smutny czy cierpiący. Napijemy się wódy, może uda przebić się do środka przez jego płaszcz z póz i fasonów. Zresztą każdy musi dziś się kamuflować (Wańkowicz: o kamuflażu) – inaczej nie dałoby się chodzić po świecie z jako tako gęstą miną.

11 czerwca

Czytam ciekawy numer „Miesięcznika Literackiego", w nim artykuł Werblana w sposób bardzo inteligentny (choć nie całkiem prawdomówny – ale to u komunisty niemożliwe) oświetlający rolę Żydów w partii w minionym okresie*. Zabawne, że to właśnie Żyd pisze – czyżby kompleks „Borowicza", prawdziwego marksisty, nie uznającego determinizmu rasy. Z tego wniosek, że *numerus nullus* nie będzie. W ogóle poziom „Miesięcznika" wysoki, korzystnie odbija od nędzy prasy codziennej. Jedynie artykulik o literatach Andrzeja Wasilewskiego łobuzerski i kłamliwy.

Umarła Helena Bobińska, matka żony Wolskiego, stara komunistka, siostra publicysty Brun-Bronowicza, o którym, prawdę mówiąc, nic przed wojną nie słyszałem. Mąż Bobińskiej, Stanisław, przyjaciel i współpracownik Lenina, został przez Stalina zakatrupiony, ona sama siedziała w Rosji w ciupie sporo latek (wyjechała tam jeszcze w 1918). Mimo to w Polsce napisała słodką książeczkę dla dzieci o młodości Stalina, zatytułowaną „Soso". Złośliwi mówili, że dalszy ciąg tej książki brzmieć będzie: „Komu Soso zrobił kuku?"

Wczoraj miło napiłem się z Pawełkiem, który pogodnie stwierdził, że mnie wyleją ze Związku Literatów. Potem poszliśmy do „SPATiF-u", gdzie był Jurek, dosyć dwuznaczny, i jeszcze jakieś

---

* Andrzej Werblan – *Przyczynek do genezy konfliktu*, „Miesięcznik Literacki", 1968, nr 6 (czerwiec).

jego dwuznaczne typy. Ze starych bywalców Janusz [Minkiewicz], Wohl, Korcelli etc. Upiłem się i gadałem z kierownikiem, starym pedałem, bardzo inteligentnym, jednym z niewielu w Warszawie bezinteresownych znawców literatury z doskonałą przy tym pamięcią.

Bidault wrócił do Francji. On jeden mówi głośno o konieczności zmiany polityki zagranicznej – mitterandowcy o tym nie mówią, bo nie chcą się narazić braciom komunistom. A przecież ta „mocarstwowość", bomba i złoto kosztują Francję najwięcej.

Wczoraj była ciekawa audycja w „WE". Mówili, że M. [Moczar] nie jest ani antysemitą, ani prosemitą, ani nacjonalistą, ani internacjonalistą, że ma w nosie wszystkie poglądy, tylko po prostu – chce rządzić. To dosyć zdrowe i krzepiące – nie rozumiem, czemu oni tak na niego jadą, skoro, jak słusznie zauważa Pawełek, żadnego olśniewającego wyboru nie mamy. Niechże się raz coś stanie – do diaska!

Pono Gombrowicz ma dostać Nobla – to będzie dobry prztyczek dla naszych idiotów z ministerstwa, którzy go samochcąc, a bez powodu wygnali z polskiej kultury (po Październiku był drukowany i grany), ale facet wpadnie już w zarozumiałość bezgraniczną – i tak nic mu nie brakuje.

12 czerwca

Wczoraj napisałem o tym Werblanie, że inteligentny – a swoją drogą on za najnormalniejszą rzecz w świecie uważa, że ludzie o odmiennych poglądach politycznych winni siedzieć w więzieniu (Modzelewski i Kuroń). Zarzuca im też, że drukowali za granicą. A przecież komuniści zawsze tak robili, a K. i M. to ludzie nasiąkli tradycją ortodoksyjnej walki „proletariackiej" i „internacjonalnej". Oczywiście, u Werblana nie sposób wiedzieć, czy tak pisze, bo tak myśli, czy dla taktyki, że się boi innych. U komunistów tego nigdy nie wiadomo.

Dziś znowu czytam w „Expressie" rozmowę z oficerem straży granicznej (na granicy z Czechami). Dziarski ów i doświadczony oficer opisuje różne graniczne pogonie i podchody, a także rzewnie apeluje do osób zbierających grzyby czy jagody, aby zachowywały się „poważniej" i nie przekraczały linii granicznej nawet o parę metrów, bo to powoduje masę pracy dla dzielnych wopistów, gdyż każdy ślad na ziemi musi być sprawdzony, opisany etc. I pomyśleć, że ani ów oficer, ani, co dziwniejsze, redaktor „Expressu" nie podejrzewają, że piszą groteskową bzdurę: Czyż nie tchnie surrealistycznym komizmem fakt, iż między „bratnimi" krajami socjalistycznymi ruch graniczny podlega tak idiotycznej kontroli, podczas gdy nie tylko nie bratnie, lecz nawet nie cioteczne kraje kapitalistyczne wykazują w tej dziedzinie daleko posunięty liberalizm? Ale nikogo to nie dziwi, tak jak tysiączne inne bzdury, jak choćby stałe pisanie o Polakach, którzy podczas wojny utworzyli w Rosji polskie wojsko, gdy jednocześnie nigdy się nie podaje, skąd właściwie ci Polacy się tam wzięli? Bzdura powtarzana milion razy przestałaby być bzdurą?! Widać w domu wariatów rację musi mieć zawsze wariat, a raczej nie: prawda podawana musi być wariacka (podczas kolejnego z kongresów pokoju na domu wariatów w Tworkach wywieszono transparent „Wywalczymy pokój – jest nas miliard!").

Dziś u starego Mela [Melchiora Wańkowicza] widziałem Jasienicę – po raz pierwszy od marca. Trzyma się dobrze, choć musiał wypić przez ten czas sporo wódy – pysk ma czerwony. Uściskaliśmy się, dał mi swą książkę z dedykacją. Oszczędził sobie nerwów, bo nie ma telewizji; nie oglądał owej rewii sekretarzy wojewódzkich, którzy mogą się przyśnić w nocy. Brrr!

Deszcz leje jak z cebra. Idę dziś na pożegnanie K., odjeżdżającego sekretarza ambasady amerykańskiej. Bardzo miły i żarliwy człowiek, młody jeszcze Semita – przyjechał tu z mnóstwem dobrych chęci, nic oczywiście nie mógł zrobić, teraz odjeżdża przedwcześnie, dodatkowo zrażony historiami z antysemityzmem. Jeszcze jeden przyjaciel stracony.

14 czerwca
U Amerykanów było masę ludzi (Henio też), tyle że za bardzo się upiłem. Spotkałem panią Marię Kuncewiczową z mężem. Ją poznałem, gdy miałem 18 lat – ojciec zabrał mnie do Pen-Clubu czy gdzieś. Była trochę sztuczna, łasa na mężczyzn – do mnie robiła oko. Dziś to już starsza pani. On, działacz ludowy, encyklopedia spraw personalnych emigracyjno-krajowych. Rozmawiając z nim zdałem sobie sprawę, jak bardzo mnie skrzywdzili komuchy, nie puszczając od siedmiu lat za granicę: chciałbym tam pojechać, aby porozmawiać jeszcze z paroma starymi ludźmi – nim wymrą. Już Zaremba [Zygmunt Zaremba (1895–1967), działacz PPS] mi uciekł... Ale komu to tłumaczyć?

Kuncewiczowie dobrze się urządzili: siedzą w Ameryce, a tu przyjeżdżają na pół roku, mają dom w Kazimierzu. On chwalił mój wiadomy slogan o ciemniakach. Po przyjęciu auto UB jechało za mną i za Heniem aż do „SPATiF-u". Ci mają zmartwienia! Korespondent „Trybuny Ludu" w Bonn, zwolniony z pracy Artur Kowalski, odmówił powrotu. Oczywiście nazywają go nikczemnikiem i zdrajcą, co mnie śmieszy, bo niby dlaczego człowiek nie ma mieszkać, gdzie chce. Tylko jedna rzecz: ten Kowalski do ostatniej chwili pisywał bzdury i kłamstwa, jakie mu kazali. I pisałby dalej, gdyby go nie wezwano do powrotu. A więc nikt nie szanuje honoru słowa pisanego, każdy z lekkim sercem podejmuje się ogłupiania społeczeństwa (Męclewscy, Kąkole, Podkowińscy etc.), Żydzi i nie-Żydzi, a po prostu świnie.

Wczoraj pogoda cudowna, szalałem na rowerze. Służewiec południowy to najpiękniejsza dzielnica Warszawy. Daleko piekielnie, sklepów nie ma, ale domy – cudo, szklane domy. I jakaż perspektywa – nawet Pajac Kultury ładnie stąd wygląda.

Dziś Plenum Zarządu Głównego Literatów, na którym mają nas wylewać. Cha, cha!

Henio mówi, że Bristiger z nieświadomości pominął moje pisanie. Hm. W takim razie byłbym żałosnym „maniakiem siebie" – postać znana i nie lubiana. Może przeceniałem ważność mojej walki z socrealizmem – a to było ważne tylko dla mnie? No, wylano mnie przecież z konserwatorium i całe życie potoczyło się inaczej. Ale kogo to obchodzi – to widać tylko moja sprawa.

Ktoś mi powiedział, że Kennedy musiał jednak paść ofiarą spisku, bo wiedział za dużo o śmierci swego brata. A więc nie miałem racji pisząc o zamachu indywidualnym? Być może, że wielokrotnie w tym dzienniku nie miewam racji, ale od tego właśnie jest dziennik, aby spierać się w nim i z samym sobą. Tylko komuniści twierdzą, że zawsze mają rację (aby potem, uciekłszy za granicę, odwołać wszystko). Właściwie w tym ustroju najważniejsza walka to bić się o prawo do niesłuszności. Z superpedagogicznego założenia, że tylko słuszne rzeczy mają rację bytu, wynika cała groteskowość naszego życia publicznego. Bo nawet niesłuszne m u s i tu być słuszne.

Akurat przyjechał z Jugosławii Wacek. Pytam go o studentów. Mówi, że w Zagrzebiu jest studencki komitet rewolucyjny, paradujący z opaskami po ulicach. Podobno w telewizji w Belgradzie Tito dyskutował „na żywo" i ostro z kilkunastu studentami. Jakiego cudu by potrzeba, żeby nasze nadęte purchawki zdobyły się na coś podobnego! A w dodatku ci studenci mocno Tita rugali. I pomyśleć, że to Jugosławia jest najbardziej europejskim z krajów komunizmu – nikt by tego przed wojną nie przypuszczał – skutki wiadome.

16 czerwca

Dziś wyjeżdżam do Sopotu na 10 dni. Upał niesamowity, niebo bez chmurki – chciałem tam pracować, a tymczasem będę siedział w morzu.

Stwierdzam, że zapiski niniejsze stają się coraz bardziej polemiką z prasą – polemiką aż maniakalną, bo bezsilną i niejawną. Rzeczywiście – polemista milczący, nie publikujący – to rzecz żałosna. A prasa nasza jest coraz bardziej uniformistyczna, jakby ją pisał jeden człowiek. Jeszcze „Polityka" trochę się czasem szarpie, ale to już chyba ostatnie podrygi. Sowietyzacja idzie, w dodatku niemal dobrowolna. Absurdalnie uporządkowany zestaw tez interpretacji wszystkiego, co się na świecie dzieje, arogancja i besserwiserstwo wobec przeciwników, samochwalstwo i rzewne zachwyty nad samym sobą i swoimi, słowo „ojczysty" nie opuszczające gęby, a do tego fura kłamstw i przemilczeń – zaiste wstyd dziś być dziennikarzem, dobrze, że mnie wycofali nawet z „Tygodnika". A cierpliwa publika łyka i łyka...

Ostatnio okropne bredzenia w „Życiu Warszawy" o turystycznej wymianie dewiz między krajami socjalistycznymi – znów niepojęte, czemu te „bratnie" kraje mają z tym tyle kramu. Dalej znowu inny samograj: NRF. Wysiłek, jaki wkłada nasza prasa, aby NRF nigdy, choćby chciała, nie mogła uznać naszych granic zachodnich, jest ogromny. Brandt powiedział, że NRF nie ma żadnych roszczeń terytorialnych, ale że z uznaniem granic poczeka do traktatu pokojowego, wniosek: Brandt nie chce uznać granic. Wpierają tu, jak mogą, przyzwyczajają ludzi do tej myśli, w końcu pewno i Brandt w nią uwierzy. Oczywiście – to jest polityka rosyjska, tyle że głupia. Rosjanie od 50 lat nie wyjeżdżali za granicę (ktoś powiedział, że od 500), nic się nie orientują i prowadzą przestarzałą politykę imperialno-intrygancką, taką jak Anglia w XIX wieku. Może dopiero Chińczycy trochę ich otrzeźwią, boć na dwa fronty walczyć nie sposób. Ale może już być za późno i świat zostanie rozwalony – wszystko przez rosyjsko-marksowską głupotę (co to jest komunizm radziecki? – pomysł żydowski, wykonanie gruzińskie, cierpliwość rosyjska). W „Polityce" artykuł „Wielka władza małej garstki". Myślałby ktoś, że to o nas, a to oczywiście o Ameryce. Największą solą w oku jest komuchom to, że kapitaliści amerykańscy pochodzą z ludu, że dorobili się zaledwie od paru generacji. Stąd też wymieniony artykuł zaopatrzony jest w fotografię wyniosłego chama z cygarem. Bardzo rozdzierają szaty nad samozwańczą dyktaturą monopoli. Przypomina mi to słowa Goebbelsa podczas wojny: „gniew zbiera na myśl, jak nieprawdopodobna samowola zgromadziła na Wall Street gigantyczne kapitały". Ano tak: totaliści wszelkiego autoramentu nie znoszą ludzkiej „samowoli". Jeśli w komunizmie całym życiem gospodarczym rządzi mała garstka ludzi i w kapitalizmie też, to co wybieramy: sekretarzy partii czy dyrektorów prywatnego przemysłu? Ja wolę tych drugich, bo są specjalistami, podczas gdy sekretarze wyrośli nie z fachowości, lecz z absurdalnych kryteriów partyjno-doktrynalnych. Wyższe zarobki „rekinów kapitalistycznych" to drobiazg, *gros* dochodu idzie i tak na dalsze inwestycje, a robotnik tam ma się o wiele lepiej niż w komunizmie. No i decyzja rozkłada się: to, co u nas robi jeden drętwy Jędrychowski, tam załatwiają tysiące Jędrychowskich, żywych, zmiennych, konkurujących ze sobą, mających do dyspozycji prawa rynkowe. *Mein Liebchen, was willst Du noch mehr?!* A więc jam chyba kapitalista?! (Kliszko tak mówił).

O zebraniu w Związku Literatów głucho. Słyszałem za to, że ma być weryfikacja pod kątem napisanych dzieł, ich poziomu moralnego, patriotycznego etc. Czy moje „Sprzysiężenie" wytrzyma te kryteria? He, he! W „Tygodniku" ukazała się pierwsza moja recenzja pod pseudonimem, o wspomnieniach Iwaszkiewicza*.

Ciekawym, czy się stary pedał domyśli, kto pisał. Więc pierwszy raz coś drukuję od marca.

Upał, pakuję się, jadę. A jednak się kręci!

17 czerwca

Wczoraj wieczór przyjechałem do Sopotu, podróż drugą klasą w upał ciężka, bo jakieś dzieci zatruwały życie. W Sopocie niestety

---

* [Stefan Kisielewski] Julia Hołyńska – *Między dawnymi i młodszymi laty...*, „Tygodnik Powszechny" 16 czerwca 1968, nr 24.

ludzi mnóstwo (jestem zdemoralizowany, bo przyjeżdżałem tu zwykle zimą lub jesienią, mając wówczas całe miasto dla siebie). Wieczorem przechadzałem się, wcale pięknie to nasze Cannes wygląda, ładnie oświetlone, z neonami i kawiarniami na tarasach. Wszędzie tłumy młodzieży, i to naprawdę z zakładów pracy robotniczej – wszystko w koszulach z krajowego nylonu, dziewczęta pokazują nogi do pasa. Wszystko niebrzydkie, w każdym razie z rozbuchaną ambicją, nasz ustrój najlepiej stwarzać umie powszechne łaknienie: to mu wychodzi bez pudła. Łaziłem do nocy, czując się stary, nawet jakiś pijany młody człowiek powiedział: „Co cię nosi, dziadku, po nocy?" O cholera – przykro. A jakoś jednak dziadkiem nie jestem.

Ubawiły mnie kwieciste afisze obwieszczające, że Stefan Szelestowski uczy pływania indywidualnie i zbiorowo na własnym basenie. Mój Boże! Toć to „mój" Szelestowski, sławny niegdyś sportowiec, instruktor i spryciarz, u którego w szkole gimnastycznej byłem pianistą parę lat okupacji, a przedtem, 32 lata temu, uczył mnie pływać kraulem (i nie nauczył). Miał jakieś chody z Niemcami, ale pod koniec okupacji udzielił, za moim pośrednictwem, konspiracyjnemu radiu lokalu na nagrania (Edmund Rudnicki, wielki menadżer konspiracji), co mu pomogło w rehabilitacji. Po wojnie spotykałem go w Sopocie, był trochę żałosny, teraz ma trzecią żonę i odżył. Chyba już mu stuknęła sześćdziesiątka, to ćwierćinteligent, ale specyficzny „król życia". Był kiedyś wachmistrzem szwoleżerów przy prezydencie Mościckim – to już musi mieć parę lat po sześćdziesiątce! Przed wojną uczył pływać w ekskluzywnej Juracie, w czasie okupacji miał na Wiśle plażową krypę „Juratka" – uratował z Oświęcimia dra Kaflińskiego, dziś wielkiego działacza sportowego. Lekkoatleta, szermierz, pływak, bokser, jeździec (pięciobój nowoczesny) – typ po prostu nie dobity!

W ZAIKS-ie jest Słonimski, chudy, spokojny. Przysiadł się i mówił rzeczy, które wiem lepiej od niego – na szczęście nie jest natrętny, bo to egoista zajęty sobą, zresztą chory. Ma swój wdzięk, choć w młodości na pewno musiał być antypatyczny. Ale to pomnik: ostatni chyba żyjący „agresor publicystyczny". Ja chciałem takim być, ale trafiłem na złe czasy. Komuniści zrozumieli, że tak jak nie można każdemu sprzedawać karabinu, tak nie można każdemu pozwalać pisać, co chce. W rezultacie wyżywam swą agresywność w... niniejszym dzienniczku, którego chyba nikt nie przeczyta (pewno UB go w końcu zabierze). Napięcia i hece na Zachodzie mają swe odzwierciedlenie w słowie pisanym, na Wschodzie nie: tu robi się draki i grandy w ciszy, a więc jeszcze bezkarnej i bezwzględnej.

Czytałem wywiad de Gaulle'a. Historia parę razy przyznała mu rację – myśli, że zawsze tak będzie: oto skutek samoubóstwienia (zresztą wszyscy mają do tego skłonność, tylko nie wszyscy... są przy władzy i to absolutnej). O komunizmie mówi słusznie, ale nie podaje alternatywy politycznej (prócz siebie), pomija odpowiedzialność swych rządów za wypadki, ani słowa nie mówi o tak kosztownej antyamerykańskiej polityce zagranicznej. Alternatywa: „komunizm albo ja" nader ryzykowna – powinien był wyciągnąć rękę do opozycyjnej centrolewicy. Bo a nuż komuniści we Francji wygrają? To by była heca dla Rosji też. Ale jakby wygrali, toby chyba nie zaczęli upaństwawiać małych bistro?!

Byłem na plaży: pogoda cudna, zatoka bladobłękitna i szafirowa, woda ciepła, choć brudna (!). Sporo młodzieży – „dziadek" polazł plażą w stronę Orłowa i z powrotem. Jeszcze się bądź co bądź żyje – a morze jest demokratyczne, dla wszystkich.

18 czerwca

Pogoda wręcz nad morzem rzadka, upał bez wiatru, niebo bez chmurki – przymus pójścia na plażę: tam nie czuje się upału, potem dopiero człowiek przypalony jak diabeł.

Wczoraj wieczór łaziłem po Sopocie. Młodzi ludzie na molo strasznie hałasowali, skakali do wody drąc się, ile wlezie – repertuar mają nader ubogi. Nie zazdrościłem im, tylko mnie drażnili: czy to postawa dziadka? A w ogóle młodzież ma tu strasznie ubogie możliwości rozrywki. Czy to ich wina, że nie ma co robić? I znowu przypominają mi się elektryczne bilardy i grające szafy w Paryżu. Że też socjalizm nasz (komunizm?), wielbiąc masowość, wcale jest do niej w wielu dziedzinach nie przygotowany. Dyletanci tym się zajmują: komunizm to absolutystyczne rządy dyletantów (Tatarkiewicz twierdził, że filozofów).

Słonimski przeczytał polecany przeze mnie artykuł Werblana i skarżył się, że artykuł jest niemoralny. Powiedziałem mu, że nie twierdziłem, iż moralny, tylko że ciekawy.

Ostatnich jako tako inteligentnych ludzi wylano z partii: niemądrą Lisiecką, Fedeckiego, Pomianowskiego. Tak więc ci, co starannymi łamańcami intelektualnymi podejmowali się uzasadnić każdą ewidentną bzdurę, też okazali się niedobrzy. Partia stawia na posłusznych debilów – temu również służyć będzie pauperyzacja wyższych studiów humanistycznych – tyle tylko nauczyli się z marcowego buntu młodzieży. A swoją drogą nowy bunt przyjdzie, z kolei zrobią go młodzi inżynierowie, bo niby jak długo ludźmi wykształconymi rządzić mają partyjni krętacze? Choć może i tak zostanie jak w kawale: – Wiesz co, Maniek, będzie bardzo źle! – Co znaczy źle, wojna będzie? – Nie! – Niemcy przyjdą? – Nie! – Koniec świata? – Nie! – Więc co?! – Będzie to, co jest!

A znowu wylewanie i kopanie wszystkich pospołu, bez względu na zasługi czy brak zasług dla partii, przypomina mi inny stary kawał. W więzieniu siedzi trzech facetów. – Za co pan siedzi? – pytają jednego. – Za Gomułkę. – Jak to? – Bo powiedziałem, że Gomułka to zdrajca i moskiewski agent. – A kiedy pan to powiedział? – W 1945. – A pan za co siedzi? – pytają drugiego. – Też za Gomułkę. – Jak to? – Bo powiedziałem, że Gomułka to dobry Polak i wielki patriota. – A kiedy pan to powiedział? – W 1950. – A pan za co siedzi? – pytają trzeciego. – A ja właśnie jestem Gomułka.

Słońce nad Grand Hotelem pali niemiłosiernie (wczoraj Rózia z Zakopanego – jest tutaj – nie chciała wierzyć, że ten hotel zbudował jeszcze cesarz Wilhelm [Grand Hotel zbudowano w latach 1924–1927] – dla niej cesarze byli przed wiekami). Obowiązek pójścia na plażę wzywa – trzeba się opalić, imitując młodzież, trzeba być młodym. Ha!

19 czerwca
Dziś znowu pogoda przepiękna. Przejechałem się do Gdyni, powłóczyłem po porcie – ślicznie. Cały czas zbierało się na burzę, która wreszcie przyszła i trwa dotąd. Długo się niczym nie denerwowałem, więc kupiłem „Współczesność". Jest tam artykulik o partyzantach, jak to oni wychowują naród, i drugi o „patriotyzmie zaangażowanym" – wszystko to absolutnie przypomina sanację i I Brygadę. Że też w Polsce, na różnych piętrach historycznej spirali zawsze muszą się powtarzać te same bzdury! A swoją drogą rozgoryczyłem się i roztkliwiłem nad sobą: toż ja właśnie jestem naprawdę „zaangażowany" i całe życie biorę za to w dupę, a ci cynicy, plotąc o zaangażowaniu, załatwiają po prostu swoje kariery, a istotę rzeczy mają w dupie. Tylko jak to komu udowodnić – chyba temu dzienniczkowi.

Jest też artykuł o rewizjonizmie jakiegoś oczywiście profesora doktora. Artykuły takie ukazują się teraz w całej prasie (to ma być to „ożywienie myślowe"), są wszystkie identyczne i nie zawierają ani cienia dowodów czy argumentów wziętych z życia, lecz rozstrzygają rzeczy słowami „Marks powiedział", „Lenin powiedział". Jeżeli pomyśleć, że to naprawdę są profesorowie doktorzy, a to beztreściwe wodolejstwo to są ich wykłady, robi się zimno. A swoją drogą na „rewizjonistach" takich jak Modzelewski czy Kuroń mści się ich zakłamanie czy zaślepienie: bo ani nie ma żadnej „dyktatury proletariatu", ani proletariat nie jest przodującą klasą, ani komunizm nie może być demokratyczny, ani amerykanizm nie jest imperialistyczny itp., itd. Jak powie się „a", to już się człowiek potem z tej scholastycznej łamigłówki nie wyplącze – sami sobie winni. Mnie przynajmniej nikt na to nie złapie, bom zwykły „reakcjonista" – i dobrze.

Rozmawiałem znów chwilę ze Słonimskim. Mówi to, co ja myślę, ale te myśli w jego ustach wydają mi się odstręczające. Czy to prawo przekory, czy tkwi w tym jakaś historia głębsza: obiektywniej widzi się wtedy płycizny czy niedostatki własnych ujęć? S. mówił też, że nic nie pisze, bo, podobnie jak ja, pisał całe życie do druku. No tak: nie kochamy szuflady, do której nas wpędzono.

A co do patriotyzmu: jeśli uważam, że rząd źle rządzi, to patriotyzm każe mi go zwalczać – no nie? Komuniści jak sanacja uważają się za jedynych właścicieli i dysponentów patriotyzmu. Biedna Polska – zawsze czyjąś własnością. I jakże często – własnością pomyleńców.

20 czerwca

Dziś morze szare, łagodne, lekki deszczyk. Przebiegłem się, ogoliłem, odwiedziłem molo, był tam [Kazimierz] Truchanowski, ale mu uciekłem. Kupiłem „Nową Kulturę" i znów porcja irytacji. Andrzej Wasilewski pisze, że literaci zajmujący się sprawami publiczno-politycznymi to nieestetyczne, przykre i gorszące widowisko (a tyle szczekają o „zaangażowaniu") i że pisarze unikają w twórczości tematyki polskiej, bo to nieciekawe dla Zachodu. Skąd w tym łobuzie tyle perfidii?! Toć sto raz mówiliśmy, że temat polski (budowa komunizmu) jest fantastycznie frapujący, najważniejszy dla nas i dla świata, lecz cenzura uniemożliwia go absolutnie i dokumentnie, żądając kłamstw. Skąd się biorą tacy Wasilewscy?!

Nie wiadomo, co bardziej podziwiać: bezczelność czy perfidię. *Hut ab meine Herren!*

W „Życiu Warszawy" elektryzująca (mnie) wiadomość małym druczkiem: że złożono wieńce na grobie pierwszego delegata rządu na kraj podczas okupacji, prof. Piekałkiewicza. Podkreślono, że to staraniem ZBoWiD-u – Moczar robi sobie popularność, ale zawsze przeszłościowo – młodzieży to nazwisko nic nie mówi. A swoją drogą, jak komuniści kogoś ułaskawią, to zawsze pośmiertnie. Co za dobroczyńcy!

Jest tu pani z Australii. Mówiła mi, że generał Kleeberg, ten, co najdłużej się bronił w 1939, jest windziarzem w hotelu w Sydney. Ale to chyba inny.

Bardzo to zabawne, gdy cała nasza prasa (cała – to eufemizm: w sprawach zagranicznych to jedno pismo) wybrzydza się, że inicjatorami zajść studenckich na świecie (a i u nas) są młodzieńcy z zamożnych rodzin. A tymczasem rzecz jest prosta: aby robić dziś przewrót, trzeba być niezależnym materialnie i jakoś wyobcowanym, „wyalienowanym". Robotnik przewrotu nie zrobi, bo go wyleją z pracy, z mieszkania, ze związku itp. Rewolucja staje się luksusem, trzeba na nią mieć środki. A już w Rosji tylko zwariowani literaci nie mający nic do stracenia mogą sobie pozwolić na jakieś fermenty. Ależ paradoksalny staje się ten świat! Klasa robotnicza twierdzą i ostoją mieszczańskiego konformizmu, maminsynkowie rewolucjonistami. Tak toczy się światek.

Prof. Bogdan Suchodolski, stary wazeliniarz sanacji, a teraz komuny, leje z kolei swą wodę na młyn partyzantów: podbudowuje megalomanię narodową. I ten wodolej jeździ po całym świecie, wykłada w Paryżu i Bóg wie gdzie, a nigdy w życiu nie powiedział jednej twórczej myśli. I sprawiedliwy Pan Bóg nic na to?!

Sentencja: prasa socjalizmu jest jeszcze gorsza od samego socjalizmu.

Wieczorem, jak skończę pisać, pojadę do Wrzeszcza: chcę użyć nocnego życia! Może burza, krążąca po horyzontach, przewali się wreszcie. Jak się bawić, to się bawić! Ale dobrze jest nad tym morzem – Henio miał *recht*.

21 czerwca

Wczoraj wieczór byłem w Gdańsku, dziś też – po bilet kolejowy. Jest uroczy, bajkowy, ale te kamieniczki w centrum, „stare –

młode", jak domki dla lalek, stanowią jakiś dysonans – choć są prześliczne. Lubię za to ponurą poezję starych elewatorów w porcie rybackim. Był tu na uroczystościach w stoczni sam Zenon Kliszko (tutejszy poseł) i wykropił mowę poświęconą głównie problemom młodzieży. Nauczył się już, że rewoltująca się anarchistyczna młodzież spod znaku Marcuse'a jest niedobra, ma już na to receptę: to młodzież drobnoburżuazyjna, która się buntuje przeciw monopolom, gdyż monopolizm chce zniszczyć drobną burżuazję. Bunt ten jest jednak oczywiście fałszywy, bo wyzyskiwany przez reakcję, imperializm, kapitalizm, etc. przeciw ruchowi robotniczemu, któremu przewodzi marksizm-leninizm, jedyna słuszna koncepcja, która zbawi świat. Ma więc już Zenon formułkę i receptę (ma też g...., a nie pojęcie o problemach świata zachodniego – pamiętam rozmowy z nim, kiedy w 1957 wróciłem z Paryża), podłączył ulubioną modą wszystkich przeciwników pod jedną zbitkę „lewactwa", ma spokój ducha, niewzruszoną pewność i – będzie głędził. Cóż za wyjątkowa martwota duchowa cechuje tych ludzi – żywi robią się dopiero, gdy walczą o władzę. Nie wierzę (jak sądzi Jasienica i Andrzej [Micewski]), żeby polityka była tylko techniką zdobywania czy utrzymywania władzy: tak bywa bardzo długo, ale jeśli nie dostrzega się nowych zjawisk i ruchów, lecz do wszystkiego przykłada stare schematy, musi w końcu przyjść krach (niestety w ustrojach dyktatorskich zawsze za późno, kiedy już popełni się masę bzdur). Widać to z de Gaulle'em, natną się i nasi „partyzanci", którzy uporczywie chcą karmić młodzież przeszłością, podczas gdy teraźniejszość woła wielkim głosem. Niestety za błędy rządzących nikt nigdy nie płaci – poza społeczeństwem. Sanacja wywiała za granicę i cześć – jeszcze ma dziś legendę. Podobno pretensje do historii są rzeczą śmieszną (jest u nas taki mit, żeby zamknąć gęby samodzielnie myślącym). Ano cóż, to i ja jestem śmieszny: co prawda zwykle dobrze przewidywałem, ale ani mnie kto pytał o radę, ani słuchał. Można co najwyżej powiedzieć za Tuwimem: „Panowie, przestańcie udawać lwy, zechciejcie zrozumieć, że to my, szarzy przechodnie, my jesteśmy tu generałami!" Niestety – tylko w marzeniu. Wobec doprowadzonej w komunizmie do perfekcji likwidacji wszelkiego życia politycznego poza partią, „szary przechodzień" nigdy nie dojdzie do głosu i w ogóle na całą wieczność odwyknie od zabierania tegoż głosu. Jeśli totalizm ma zapanować w całym świecie (we wschodnim – z natury, w zachodnim – dla obrony przed Wschodem), to rzeczywiście cała nadzieja „miłujących wolność" to młodzież, ta właśnie nihilistyczna, pozaklasowa, niczym nie zainteresowana: oni jedni zrobią jakąś drakę, bo jak nie oni, to niby kto? Kliszko, Moczar, Chińczycy?! O rety – dom wariatów, jak mi Bóg miły! Nadzieją świata bigbeatowcy i hipisi?! To już nasz Michnik był lepszy, poważny nad wiek, dużo wiedział – naprawdę mu o coś szło. Toteż właśnie zamknęli go do ciupy. O jerum – czemu głupstwo tak bezkarnie rządzi światem?!

A swoją drogą robię się człowiekiem całkiem bezsilnym, pisującym pod siebie, do dzienniczka, bo odszedłem od katolików, więc już nikogo nie reprezentuję. Źle, ale cóż poradzić, kiedy tak mi się okropnie nie chce – ani ze Stachem, ani z kardynałem [prymasem]. No cóż, za lenistwo się płaci – ale za to może wreszcie coś trwalszego napiszę (ten dziennik nie – to tylko tak, dla wylania żółci).

Przy okazji coś nieżółciowego: a jednak Czesi pokazali wielki numer – pozostając w bloku demokratyzują się naprawdę. Ale tam były błędy gospodarcze tak już absurdalne, że musiały wywołać biedę, której oni bardzo nie lubią, no i nacisk problemów narodowych – sprawa słowacka. Ktoś powiedział, że nieszczęściem dzisiejszej Polski jest jej jednolitość narodowa – robi się bezproblemowy zaduch, beznadziejnie stojące powietrze. A Czesi gieroje! Kto by to przypuścił w roku 1956, kiedy to mówiono, że Żydzi zachowali się jak Kozacy, Węgrzy jak Polacy, Polacy jak Czesi, a Czesi jak świnie. Dziś niestety Polacy zachowują się jak świnie.

22 czerwca

„Polityka" walcząc rozpaczliwie z szantażem, że jest „niepatriotyczna", bo kiedyś nie podobała jej się książka Załuskiego [„Siedem polskich grzechów głównych"], umieszcza artykuły retrospektywne opisujące, jak to było po wojnie z dyskusjami o „neopozytywizmie", „bohaterszczyźnie" etc. Był już taki artykuł Turskiego, teraz jest Drewnowskiego, o epoce pisma „Pokolenie", o Bratnych, Piórkowskich, Borowskich, Marczakach, etc. Coś niecoś tam odkłamał, bo szantażyści (ci z „Kultury" i ci z „Kierunków") piszą z pogardą dla praw dialektyki, bez perspektywy czasowej, jakby wszystko zaczęło się dzisiaj, ale sam jest z konieczności zakłamany, bo nie pisze o tym, że dylematem nie był żaden wybór „kapitalizm czy socjalizm", lecz ustosunkowanie się do sowieckiego totalizmu, który zaczął jeszcze przed Powstaniem Warszawskim aresztować akowców i wywozić na Syberię (Wołyń). Tego nikt nigdy nie napisał, bo cenzura nie puści, o sprawie Katynia też nie. Kropla kłamstwa zatruwa jak kwas pruski beczkę wody – póki nie powie się wszystkiego, wszystko, co się pisze, jest fałszem. I Załuski fałszywy, i wszyscy. Ja też byłem fałszywy, bo nigdy, przez cenzurę, nie mogłem powiedzieć wszystkiego, co myślę o „socjalizmie" (słowo nadużyte przez komunistów, wieloznaczne, wieloobrotowe – czy indywidualny, zamożny chłop to też socjalizm, a jeśli nie, to na jak długo będzie i kto ma o tym decydować?!) i w ogóle nie mogłem podać żadnych niuansów. Ponieważ więc pisałem mętnymi aluzjami, które nie wszyscy rozumieli, a moje przemówienia sejmowe nie były drukowane, więc w rezultacie byłem też osobowością mętną, zafałszowaną, zaszyfrowaną. Z tego punktu widzenia ostatnia grzmiąca heca, wyrzucając mnie poza nawias jako reakcjonistę i wroga, wyświadczyła mi przysługę: przynajmniej określono mnie jasno i bez niedomówień, choć, rzecz oczywista, też nielicho fałszując. Ale prości ludzie coś niecoś pojęli, to sukces, jak na komunizm rzadko dostępny (jestem „wróg", ale nie idę do ciupy – a więc jakoś jestem jednak, choć nie piszę, legalną opozycją). Właśnie przed chwilą spotkałem mistrza Szelestowskiego (z ładnym, chyba 14-letnim synem – które to już dziecko z rzędu?), który mi winszował, że jeśli mam jakieś poglądy, to przy nich stoję. No właśnie – o to mi tylko szło!

Na sejmowej Komisji Spraw Zagranicznych Starewicz wygłosił antysyjonistyczną mowę. A więc nie kapituluje – czyżby sprawdzić się miała koncepcja z pewnej powieści? [aluzja do powieści „Widziane z góry"] *Numerus nullus* nie będzie. (Szef górą?!)

„Polityka" podaje wypowiedzi de Gaulle'a z różnych okresów. W 1954 pisał, że Ameryka winna była posłuchać MacArthura i użyć bomby atomowej w Azji (Korea) – wtedy by wygrała, a tak jest tylko kolosem bezsilnym: porównuje ją z Kartaginą. Tędy cię wiedli! A swoją drogą de Gaulle miesza marzenia z rzeczywistością: ma się takich Amerykanów, jacy są, innych nie ma (też może i naprawdę przegrają: ja ich lubię, bo oni jedni kierują się w polityce imponderabiliami i sentymentami, jaskrawe przeciwieństwo Anglików; ale to pewno właśnie ich zgubi!).

W ostatniej chwili przeczytałem, że francuski komunista Laurent powiedział w telewizji, iż gdyby komuniści byli u władzy, to zlikwidowaliby wydatki na zbrojenia atomowe, znacjonalizowaliby produkcję kluczową (chemia, hutnictwo, nafta, produkcja samochodowa i lotnicza), pozostawiając prywatnymi przedsiębiorstwa małe i średnie, poza tym znacjonalizowaliby banki i zreformowali system podatkowy. Proszę, proszę, wcale rozsądnie – komuniści, gdy idzie o wybory, przybierają postawę zgoła sensowną – inna rzecz, że gdyby rządzili sami, zrobiliby przeciwnie – to się nazywa dialektyka. A może nie, może zmądrzeli? W takim jednak wypadku Rosja byłaby całkiem odosobniona. He, he! Może jednak są jakieś rzeczy w świecie usposabiające optymistycznie? Tyle że nie widzę ich w Polsce! Cóż za beznadzieja ta nasza partyjna góra! Czyli że „cała Polska czeka na swego Dubczeka!"

Na Biennale w Wenecji młodzież urządziła znowu wielkie draki. Nasza prasa podkreśla, że jest to młodzież bogata („paniczyki"), ale zaznacza również, że Komunistyczna Partia Włoch „uległa dezorientacji" i poparła stanowisko młodzieży. Cha, cha – „bratnie" partie coś się robią mniej bratnie, tacy więcej bracia przyrodni. A jednak pierwsze demonstracje młodzieży zdarzyły się w Polsce! Co prawda teraz problematyką studencką zajął się Ryś Strzelecki. O Jezu!

23 czerwca

Nie czytam tu zagranicznej prasy ani nie słucham „Wolnej Europy", mogę więc dać doskonałe ujście mojej masochistycznej skłonności do drażnienia się naszą prasą. Ale jednak komuchy, choć mają pogardę dla społeczeństwa i robią zeń balona (historia marcowa była klasyczna: pluto na nas przez wszystkie środki masowego przekazu, ale nie mówiono, o co właściwie chodzi, co myśmy takiego powiedzieli – jeśli to chwytało, to na zasadzie potrzeby nienawiści – słynne Orwellowskie 3 minuty, czyli Emanuel Goldstein), więc, mówię, komuchy nie bardzo są pewne, czy ich prasowe bujdy chwytają, więc dla pewności powtarzają je po sto razy – stara zresztą metoda totalizmów, którą otwarcie zdefiniował Józef Goebbels. Tak więc np. tytuł „USA uniemożliwiają postęp rozmów pokojowych" powtórzył się już w naszej prasie tysiące razy – a wystarczyłoby, skoro to słuszne, powiedzieć raz – no nie? W istocie Wietnamczycy domagając się bezwarunkowego zaprzestania bombardowań mówią: „Podnieście ręce do góry, a my będziemy was lać bez przeszkód!"

A swoją drogą wietnamscy „partyzanci" (zbrojni w artylerię, moździerze, rakiety), decydując się na walki w samym Sajgonie i innych miastach, czyli na ich zniszczenie, nie tylko dają dowód typowo komunistycznego lekceważenia kosztów własnego narodu, czyli „ludu", ale też działają planowo. Po prostu w miastach południowego Wietnamu był już amerykański dobrobyt (plus oczywiście objawy wojenne jak korupcja, prostytucja etc.); komuniści więc chcą zniszczyć ślady tego – wraz z miastami. Nie zależy im na dobrobycie „nieprawidłowym", koniunkturalnym, mącącym doktrynalną jasność obrazu – oni chcą zakładać cały swój nowy porządek – albo nic. Z punktu widzenia tej bzikowatej doktryny mają swoją rację, z punktu widzenia normalnej ludzkiej logiki to absurd i zbrodnia.

A wyobraźmy sobie, co będzie w Sajgonie po wycofaniu się Amerykanów (odpukać) – toż komuchy zarżną wszystkich, aby wypalić wspomnienia o dolarowym *dolce vita*. Brrr!

Pogoda robi się piękna, słoneczna, jutro jadę statkiem do Gdańska i na Westerplatte.

25 czerwca

Przedwczoraj wieczór byłem na molo – zabawa, wianki, ognie sztuczne. Masę sympatycznej młodzieży. Wczoraj płynąłem statkiem do Gdańska, byłem na Westerplatte, przed pomnikiem wieniec od ZBoWiD-u w Gdańsku. Deszcz mnie złapał, schowałem się na holowniku, bardzo miły kapitan pokazywał urządzenia.

Gdańsk prześliczny, młodzież w nim świetna. Demokratyzacja prawdziwa, to dobre. Kiedyż jednak przyzna im się prawdziwe uprawnienia polityczne? Kiedy oni odczują brak tego? Jak długo będą rządzić ci sekretarze z telewizji, co się mogą przyśnić? Oto pytania – ha!

A jednak de Gaulle'owi znów się udało: z alternatywy ja albo komuniści wyszedł zwycięsko. A już się szykowałem na *Schadenfreude*. Swoją drogą lepiej się stało, bo komuchy rządzące Francją to byłby już zupełny dom wariatów. Ale ten stary powinien teraz zmontować swoją centrolewicę, a nie jechać na Pompidou jak Piłsudski na Sławka. Bo inaczej po jego śmierci zacznie się draka. No i pogodzić się z Amerykanami.

Nasi łgarze już znaleźli wersję: że francuska przegrana komunistów jest skutkiem „knowań" lewackich anarchistów z „imperialistyczną reakcją". A swoją drogą, dlaczego ten komunizm jest taki zakłamany? Czy dlatego, że ta teoria ani rusz nie przystaje do życia, czy też to jakiś rytuał słów, którymi zaklina się ludzi w konia? Hm. Lepsi znawcy ode mnie już się nad tym głowili. Swoją drogą, to, co ja robię, to czynny absurd: uprawiać publicystykę do szuflady, czyli do tego dziennika. Na dno idiotyzmu zapędzają człeka komuniści. I pomyśleć, że mogłem być do dziś szanowanym profesorem konserwatorium, kompozytorem etc. Polityka to zaraza – niszczy jak poker, ruletka czy wódka. A w dodatku ja przecież wcale nie chciałbym rządzić – ja chciałbym tylko pisać o tym. Taka niewinna rozrywka i też nie pozwalają!

Czy oni potrafią odzwyczaić ludzi od polityki raz na zawsze? W Rosji się udało, ale tam był straszny terror. U nas terroru dopełnił Hitler, potem było przesiedlenie, wykorzenienie, demokratyczne (nie w sensie rządów ludu, lecz w sensie „urawniłowki") przemieszanie. Społeczeństwo jest jak nowe, wszelkie tradycje partii i ruchów politycznych wykorzeniono. A jednak? A studenci? A może idą czasy totalizmu i kwita? Ale czy rządzący nie muszą mieć jakichś kwalifikacji poza znajomością leninowskich komunałów? A może rządzenie jest czynnością tak głupią, że nikt inteligentny nie chce się do tego wziąć?! (w „Trybunie" artykuł [Czesława] Domagały z Krakowa – brrr!)

Jest tu [Aleksander] Maliszewski (wiceprezes Związku), powiedział mi, że powołano komisję, która na grudniowym zjeździe postawić ma wniosek o wylanie nas. W komisji jest Hołuj, Gisges i nie pamiętam kto jeszcze. A więc mamy pół roku czasu. Podobno bronił nas Iwaszkiewicz – ciekawe, jednak nie chce obciążać swej, nie zanadto zresztą szanownej, starości taką bzdurą. Ciekawe, czy nas przesłuchają, czy pozwolą na zjeździe coś gadać. Maliszewski żartował, że pewno będę delegatem na zjazd. Słowem – heca; coś dla rozpędzenia nudy.

27 czerwca
Teraz dopiero spostrzegłem, że na początku tego dzienniczka podałem trzy możliwe warianty rozwoju sytuacji we Francji – tymczasem nastąpił czwarty. To właśnie urok polityki (jedyny) – niespodzianki. Ale zwycięstwo de Gaulle'a może się okazać dla Francji fatalne, jeśli on nie przeorganizuje swego rządu na nowy centrolew (rządy centrolewicy są zazwyczaj najlepsze, ale najsłabsze – de Gaulle mógłby udzielić im swojej siły). Ale musiałby mieć na to wy-

obraźnię sięgającą poza własną śmierć, a także przezwyciężyć swe upory i małości. No i ta polityka zagraniczna!

Wiceminister spraw zagranicznych Naszkowski, enkawudysta, polituk, wróg bezlitosny wszystkich w tym ministerstwie liberałów, dostał kopa i poszedł na pozbawione znaczenia stanowisko redaktora „Nowych Dróg". — Tak kończą komuniści — powiedział ojciec Anny Pauker, rabin w Izraelu, dowiedziawszy się o jej aresztowaniu. Rewolucja pożera własne dzieci. Naszkowski Żyd (mówili, że Ormianin), teść Tykocińskiego, który uciekł na Zachód z Berlina, ale bez żony, bo ta wróciła. Nic mu nie pomogło — poza tym facet okropny.

Dominik Horodyński pisze w „Kulturze" korespondencję z Włoch. Nic mu się tam oczywiście nie podoba — a tak się palił do wyjazdu. Przypomina mi się kawał. — Jak to, ty, komunista, mieszkasz w Wiedniu?! — Tak, bo chcę zobaczyć, jak kapitalizm umiera. — No i co? — Piękna śmierć.

Dziś na plaży nie byłem, wczoraj cały dzień pisałem recenzję o Adolfie Rudnickim (drugi mój artykuł pod pseudonimem — czy przejdzie?). Spotkałem dyrygenta Katlewicza, mówił o zdjęciu mojego baletu. Jest też ambasador (były, teraz go za granicę nie puszczają) Gajewski — przyjechał z jakimiś Turkami (prezesem parlamentu — ciekawe, czy taki u nich parlament jak u nas? Turek Turka w d... szturka. U Turka zlazła z ch... skórka).

28 czerwca

Jutro wracam do Warszawy — z pewną ciekawością, choć dobrze mi tu było i dobrze się pisało, to był udany pobyt. Ile jeszcze takich pobytów? Zabawnie pisze Toeplitz o śmierci — że to jest ktoś, z kim on się nie zna i nie pozna, bo miną się kiedyś w drzwiach. Kiedyś — zawsze człowiek to odkłada. Mam podziw dla tych, którzy pracują dla sławy pośmiertnej — mnie to jakoś nie leży (a muszę...). Wciąż liczę, że jeszcze za życia coś mi się uda.

Dziś w „Trybunie" typowy komunistyczny numer. Na sejmowej Komisji Oświaty omawiano sprawę wypadków marcowych. Drobnym druczkiem podano nazwiska posłów, którzy zabierali głos, bez nadmienienia, co mówili, po czym dużą czcionką napisane: „Wystąpienie A. Werblana" (A co? — A. Werblan). Cóż powiedział przewodniczący komisji Werblan? Cytuję: „Oświadczył on m.in., że trudno zgodzić się z tezą pos. Mazowieckiego o ponadustrojowym charakterze wydarzeń studenckich w świecie. Wydarzenia u nas w marcu br. były odbiciem konfliktu politycznego, w którym szło o atak przeciw polityce władzy ludowej i przeciw partii. Konflikt wywołały siły reakcyjne – syjonistyczne i rewizjonistyczne – skupione w pewnych kołach inteligencji". I tak dalej – ple, ple, ple. Charakterystyczne – polemika z przemówieniem Mazowieckiego, którego nie podano – jak z nami w marcu. Kompletne lekceważenie masy czytającej. Ale owa durna formułka, tysiąc razy powtarzana! Werblan musi ją powiedzieć – boby mu dali w dupę; redaktor „Trybuny" musi to wybić – boby mu dali w dupę. I tak formułka idzie. Ale swoją drogą, jaką oni wagę przywiązują do formułek: jak badacze Pisma Świętego albo jak nieboszczyk Goebbels.

Sł. [Antoni Słonimski] twierdzi, że oskarżenie w procesie studentów pójdzie po tej linii: że była rzeczywista próba zamachu stanu, inspirowana, z koneksjami etc. Ciekawe, o ile wciągną w to i nas? Zależeć będzie, czy wymuszą fałszywe zeznania, czy będą chcieli to robić. Ale chyba zrobią, bo muszą na kogoś zwalić – niepodobna, żeby młodzież buntowała się sama z siebie – to niezgodne z całym duchem dwudziestoletniej propagandy. Poza tym trzeba zrobić jakiś ruch, rozładować napięcia wskazując wroga (3 minuty nienawiści), inaczej może być niebezpiecznie – w kotle za dużo pary. Tak więc biedny Kuroń czy Michnik posłużą jako materiał do nowego „procesu czarownic". A może i my też? Ależ to wszystko bzdura – nieprawdopodobne (ale prawdziwe – rzeczywistość już dawno zaczęła bić fantazję: dawniej taki Verne wyprzedzał wynalazki, teraz żaden pisarz nie przewidział bomby wodorowej, nie mówiąc o bombach politycznych, które nas prażą od 1939).

Zrozumiałem już, dlaczego mnie prasa tak drażni: bo czytam dużo pism i wścieka mnie, że we wszystkich jest dosłownie to samo. A trzeba sobie powiedzieć, że to jest po prostu jedno pismo – i wtedy spokój.

Swoją drogą to te komuchy muszą mieć potężnego stracha. Na przykład sprawa z Jasienicą: tyle wrzasku, telewizja, „Narewka oskarża" i inne brednie – przecież coś takiego robi się w stanie krańcowej histerii. Nie bój się – ja sam w strachu!

2 lipca

Już trzeci dzień jestem w Warszawie. Typowy warszawski lipiec: duszno, pustawo, melancholijnie, ale ma to swój wdzięk. Jerzyk

[Jerzy Kisielewski – syn autora] pojechał ze szkołą za granicę – będzie w dziesięciu krajach. A to dobre.

Byli Henio i Paweł, rozmowy jak zwykle. Mówią, że ten Naszkowski rzeczywiście Ormianin i że nie był teściem Tykocińskiego. Trzeba się wystrzegać bujd, które masami krążą. (Przypomniałem sobie: ożenił się z córką Sawickiego).

Egzaminy na wyższe uczelnie podobno szalenie łatwe, w ten sposób wszyscy zdają i decydują punkty za pochodzenie. Sprytne są te komuchy – w szczegółach – tyle że sama zasada bez sensu, bo stracą kadrę inteligencji.

Zwycięstwo wyborcze de Gaulle'a tak miażdżące, że aż to komiczne. Ale sobie komuniści muszą pluć w brodę, że poparli rozruchy – a stary lis wykorzystał to, aby nastraszyć społeczeństwo – i wygrał. Dziś w „Mondzie" jest bardzo zabawny artykuł na ten temat: piszą, że komuniści sami nie wiedzą, co robić, bo polityka zagraniczna de Gaulle'a im (i Moskwie) odpowiada, a jakby przyszły zmiany, to byliby za nie odpowiedzialni. Ale w ogóle Zachód i Wschód (komunistyczny) coraz bardziej się od siebie oddalają. A ja na Wschodzie siedzę – i zostanę. Tu moje miejsce – ale nudno.

W „Trybunie" czytam, że kapitalizm to ustrój „oparty na przywłaszczaniu efektów cudzej pracy". W takim razie socjalizm to ustrój oparty na marnowaniu efektów cudzej pracy. Churchill powiedział genialnie, że w kapitalizmie jest nierównomierny podział dóbr, a w socjalizmie równomierny podział niedostatku.

Nowe hasło: „Zamiast w kącie rąbać prącie, stań przy Narodowym Froncie!"

3 lipca

Do Warszawy jechałem z towarzystwem wracającym z wczasów – pracownicy z fabryk, małżeństwo z dzieckiem, panienki, młody człowiek. Mili, „zadbani", nieźle ubrani, czytający „Film" i „Przekrój". Ale jakże to drobnomieszczańskie towarzystwo, jak interesują ich wyłącznie sprawy materialne, jak nie znają w ogóle innych tematów! Tak, komuniści osiągnęli tu swój „sukces", oduczyli ludzi całkowicie od polityki, ideologii, myślenia ogólniejszego. A myśmy dokonali reszty, dając im „strawę kulturalną" w postaci głupawych piosenek, festiwali w Opolu, jazzu etc. I pomyśleć, że w okresie stalinowskim walczyło się o te rzeczy ideowo, jako reprezentujące zachodnią kulturę. A teraz komuchy zrozumiały, że te wszystkie piosenki pracują dla nich – ogłupiają ludzi całkowicie, czyniąc ich dla rządzących absolutnie nieszkodliwymi, stają się elementem zniewalania mózgów. Pomyśleć, że sam w tym brałem udział. O cholera! Jest to po prostu polityczna i ideowa stylizacja pokolenia, dokonywana, o dziwo, w imię ideologii i polityki (a w gruncie rzeczy, oczywiście, w imię utrzymania się przy władzy). Ciekawym, kiedy i w którym pokoleniu ludzie ci zrozumieją, czego im brak. Chciałbym tego dożyć – no ale przecież sto lat się nie żyje.

Spotkałem Henryka w ogródku u „Marca". Przy drugim stoliku siedział Słonimski. Wychodząc ukłoniłem mu się i tylną częścią ciała przewróciłem krzesło i zmiotłem ze stolika na suknię jakiejś pani wszystkie płyny, a także jej torebkę i rzeczy. Pani była wściekła, Henryk wył ze śmiechu, ja zbierałem rzeczy niezdarnie, wciąż je rozsypując. Ale heca! – Znowu będzie na mnie! – powiedział Słonimski.

Podobno Wiesław przeszedł do ofensywy, rąbie Moczara i zawiesił „syjonizm" (alert dla Żydów skończony – powiedziała Renia). Przy okazji dostało się Werblanowi, że pospieszył się z atakiem na Żydów. Cha, cha! A swoją drogą mówiłem, że ten M. to generał Boulanger: szykuje się, szykuje, a nie może wystrzelić.

Niespodzianie spotkałem Smogorzewskiego z Londynu. Podśmiewał się z francuskich komunistów: przyznali się do zajść, proklamowali strajk, wobec czego de Gaulle nastraszył nimi społeczeństwo – i wygrał. Takiej klapy jeszcze nie było. U nas Gomułka na małą skalę chce zrobić coś podobnego: oni zrobili zajścia, a on zrobi ich. Ale może to kaczka, może mu się nie uda? Dla mnie to zresztą obojętne, kto wygra: komunizm zostanie, a z nim uniemożliwiająca pisanie cenzura. Może M. lepszy, bo jakiś ferment, to może by się coś złagodziło? Co prawda ten ferment też bujdowaty i odstręczający. Z deszczu pod rynnę – nie widać innej drogi, jak Boga kocham! Panowie, zdrada – jesteśmy w d...! – jak powiedział gonokok do kolegów.

Przy okazji w d... dostanie Bolesław Piasecki – ale to już wyłącznie z własnej głupoty, pychy i niemoralności politycznej. A dawniej bywał mądry. Powodzenie gubi ludzi, niepowodzenie jest szkołą rozumu.

4 lipca
Nowy dowcip: chłopi uciekają do lasów, bo jest łapanka na uniwersytet.

Widziałem Andrzeja [Micewskiego], potwierdza fakt, że Wiesław przeszedł do ofensywy. Poza tym koniec z „syjonizmem": słowo zakazane, od paru dni znikło z całej prasy. Jak oni nieprawdopodobnie lekceważą i ogłupiają społeczeństwo: mając w ręku wszystkie środki przekazu mogą w każdej chwili zacząć lansować jakąś bzdurę i każdej chwili zaprzestać – to zależy od jakichś tam ich rozgrywek, zgoła społeczeństwu nie znanych, te rzeczy to symbole czego innego, jakiejś tam walki o władzę. Słowo, jego merytoryczna treść są tu niczym – używa się ich dla celów taktycznych. Że też, diabli, na taką właśnie epokę musiałem trafić z moim pisaniem „merytorycznym" – cóż za pech!

Andrzej przypomniał tezę prof. Lipińskiego, że za niewiele lat większość ludzi pracować będzie w usługach, bo rolnictwo i przemysł będą zmechanizowane. Zniknie wtedy „przodująca klasa robotnicza", a co będzie z marksizmem? Marksizm, wbrew przewidywaniom swego twórcy, tyczyć się będzie tylko krajów mało rozwiniętych – kapitalizmowi na nic się nie przyda. Ciekawe rzeczy. Na razie u nas z usługami słabo, a wczoraj wieczorem z Andrzejem, mimo diabelskiego upału, nie mogliśmy się nigdzie niczego napić. Mamy za to nowy *slabbing* i walcowane rury. Socjalizm przypomina ową karczmę, na której widnieje napis: „Dziś za gotówkę – jutro na kredyt". Gościowi, który przychodzi jutro, pokazuje się... ten sam napis. Stosunek ważności doktryny do ważności życia – ciekawa sprawa.

5 lipca

Z uczelni powylewano „rewizjonistów" w rodzaju Brusa, Baumana, Kołakowskiego, którzy próbowali jakoś dostosować marksizm do życia i tchnąć w niego odrobinę sensu. Na ich miejsce weszli młodzi „docenci" i „doktorzy", których jedyną ambicją jest utrzymać się „na linii" – całkowitych abstrakcjonistów, pozbawionych wszelkich ambicji koncepcyjno-twórczych, bo twórcza postawa w marksizmie to już trąci „rewizjonizmem".

Ostatnio cały numer „Argumentów" wypełniony jest przez takich „doktorów" i to z racji procesu Kargula oraz powodzeń gospodarczych „prywaciarzy". Autorzy z „Argumentów" zwalczają zachodnie ideały „mieszczańsko-konsumpcyjne" oraz koncepcje zreformowanego kapitalizmu, twierdząc *expressis verbis*, że nie chodzi o żadne tam dobrobyty, lecz o i d e o l o g i ę e g a l i t a r y z m u. Jest w tym mimowolne przyznanie się do gospodarczej niewydolności marksizmu, jest jednak również dość wyraźne odcięcie się od wszelkich pragmatyzmów na rzecz w ogóle r e f o r m y c z ł o w i e c z e ń s t w a. Niematerialistyczne to, lecz tym razem ciekawe, bo coś w tym tkwi mniej zakłamanego.

Mój argument: egalitaryzm odbiera „szaremu człowiekowi" prawo do wszelkiej indywidualnej twórczości, czyni go na zawsze pionkiem, trybikiem w maszynie. Bo dla prostego człowieka, który nie jest artystą czy „intelektualistą", jedyną formą twórczości jest inicjatywa materialna: gdy mu się ją odbierze, na zawsze zginie on w tłumie, skazany na wegetację nietwórczą i nieindywidualną. Organizacja kółek wędkarskich czy klubów hodowców gołębi tego braku mu nie zastąpi.

U nas przedstawicieli dochodowej spółdzielczości czy „prywaciarzy" otacza się pogardą – choć działają legalnie – aby nie budzili zazdrości tłumu urzędników i robotników. Ci ostatni skłonni są na razie pogodzić się ze swym anonimowym losem: są świeżo po awansie, bawi ich nowość sytuacji, choć mało zarabiają, to jednak „fundusz spożycia zbiorowego" (lecznictwo, nauka, urlopy, komunikacja) zapewnia im małą stabilizację. Zapomina się jednak, że wszystko to trzyma się na sektorze wiejskim, gdzie pracuje się jak w kapitalizmie, jak przy wolnej konkurencji: od świtu do nocy. Chłop jest dziś arystokratą, bo indywidualistą: ma prawo do materialnej twórczości na swoim, prawo odebrane ludziom w miastach. Oczywiście, nie wszyscy chłopi chcą już tak pracować: młode pokolenie nie czuje, że praca na swoim jest twórczością – niejeden rzuca to i idzie do miasta w myśl zasady: „czy się stoi, czy się leży, dwa patyki się należy".

Tak więc „wyrównywanie", czyli niwelowanie społeczeństwa trwa: odbiera mu to wszelką dynamikę, o co i właśnie chodzi rządzącym. Tylko że w końcu odbije się to i na nich samych, bo siła produkcyjna tego społeczeństwa jest wobec kapitalizmu niepomiernie słabsza. Zaabsorbowani kwestią sprawiedliwego (czyli w ich pojęciu równego) podziału, nie zdają sobie sprawy, że w nowoczesnej produkcji idzie o zwiększenie ogólnej masy towarowej, a kwestia podziału schodzi na plan drugi: gdy zmechanizowana, masowa produkcja zrobi się niezwykle tania, wtedy konsumpcja staje się masowa, w interesie producentów leży, aby konsumowali wszyscy, i sprawy „nierówności" stają się nieważne. Tymczasem u nas jest produkcja dla produkcji, a raczej dla stworzenia masowego proletariatu, którego brak, a którego domaga się teoria. Paradoksalny proces *a rebours* – życie nagina się do teorii, nie odwrotnie – i w ten sposób powstają owe gigantyczne huty i kopalnie, za które Polska w przyszłości grubo zapłaci. Będą rychło przestarzałe, a kierunek społecznego rozwoju pójdzie w stronę wychowywania nie proletariackich robotników, lecz indywidualnych, wysoko kwalifikowanych mechaników oraz – w kierunku usług. Czy uda się wtedy zwrócić ludziom prawo do indywidualnej twórczości? Prędzej w zreformowanym kapitalizmie niż w komunizmie – komunizm to zacofanie postawione jako zasada.

A co do usług. Sławny poznański prof. Taylor powiedział: – Musimy się zdecydować – albo socjalizm, albo usługi. Cha, cha!

7 lipca

Od paru dni straszne upały: +33 w cieniu! Wczoraj byli u nas Stommowie. Dawnośmy się nie widzieli, on opalony, świetnie wygląda (wszyscy „w niełasce" są teraz opaleni i świetnie wyglądają!), ale jakiś nieruchomy na twarzy. W rozmowie okazało się, że jak zwykle nic do niego nie dociera. Mówiliśmy o „Znaku", niby pytał, co robić. Powiedziałem, że myślę, iż trzeba przestać „politykować", bo skoro jest się maleńką, symboliczną grupką, to trzeba zacząć być wariatem i ograniczyć się do prawdomównych, bezinteresownych komentarzy. Już w połowie tej mojej allokucji zauważyłem, że on nie słucha i nie rozumie – automatycznie eliminuje to, co mu nie odpowiada i nie „leży": żyje w swoim świecie – szczęśliwy człowiek, biedny człowiek (jak mówią w Warszawie: „stary człowiek i może").

Wczoraj znowu byli przyjaciele z „Tygodnika", Jacek [Woźniakowski], Pszon, Marek [Skwarnicki]. Namawiali mnie, żebym coś napisał pod nazwiskiem, że dyrektor cenzury w Krakowie pytał się, czemu dobrowolnie ze mnie rezygnują. Czyli znów miałbym wrócić do pisania „pod cenzurę" – o niczym, gdy dzieje się licho wie co. Tych cenzuralnych upokorzeń autofałszowania siebie (bo człowiek zaczyna stosować własną wewnętrzną cenzurę) najadłem się już przez dwadzieścia parę lat, a oni chcą mnie w to wtrącić na nowo, dla mojego dobra, bo myślą, że ja jestem zmartwiony niepisaniem, podczas gdy ja po raz pierwszy jestem wolny, bo mogę pisać, co chcę – w domu. Oczywiście – byle mi płacili. To jest sprawa delikatna, bo oni chcą coś mieć mojego, muszę im udowodnić, że tego, co ja chcę, cenzura nie puści. Wmawiają mi, że idzie „odwilż". Jest rzeczywiście plenum KC, gdzie „psy gryzące się w zawiązanym worku", jak mówi Waldorff, o coś tam walczą, o czym społeczeństwo się nie dowie, tyle że uważny czytelnik dojrzy, iż nagle w prasie nie ma słowa „syjonizm" czy bzdury lub też pojawia się nazwisko, którego nie było, lub *vice versa*. Nie chcę korzystać z żadnej „odwilży", chcę pisać swoje dla siebie – nie mam już wszakże wiele czasu. Ale przyjaciele z „Tygodnika" myślą, że mi brak pisania do druku. Brak mi rzeczywiście, ale nie takiego, jakie jest tu możliwe. Oczywiście – polityka to nałóg i miłość. Ale nie wiem, czy przyjdzie jeszcze rozdanie kart dla mnie – myślę, że już nie (po cichu się na to cieszę, oni myślą, że udaję). W każdym razie nabrać się już tak jak w Październiku – nie dam. Taka sztuka udaje się tylko raz. I goryczy we mnie nie ma – w końcu łagodniejsze to niż stalinizm – bo żyję (odpukać w drzewo nie malowane!).

9 lipca

A więc już pierwsze przemówienia z plenum (Gierek, Kliszko, Jabłoński). Najwidoczniej linia Wiesława rzeczywiście wygrywa, bo przemówienia wyprane są z wszelkiej treści poza frazeologią. Jest tylko wycofanie się z „antysyjonizmu", to znaczy przyznanie, że w organizacjach partyjnych traktowano tę rzecz jako antysemityzm i pokrzywdzono ludzi. Rychło w czas zauważyli – kiedy w świecie z powodu tej bzdury podniósł się smród, którego skutki trwać będą lat dwadzieścia. Ale co ich to obchodzi?!

W „Trybunie" parę dni temu był pełen wzburzenia artykuł wstępny, że Ameryka chce ograniczyć handel z Polską, cofając klauzulę najwyższego uprzywilejowania. Osłu, który to pisał, nie przychodzi do głowy, że jak ktoś jedną ręką wali w kogoś błotem, to trochę dziwną jest rzeczą, gdy drugą rączkę wyciąga do tegoż obłacanego po forsę. Niezgłębione są tajniki psychiczne naszych braci komunistów! (i ich giermków – Polaczków cyników, koniunkturalistów).

Wracając do plenum, to nie ulega wątpliwości, że szykuje się znów jakaś stabilizacja – przy okazji stabilizacja nudy. Lepsze to niż Moczar z Bolciem [Piaseckim] pod rączkę, ale co nudne to nudne. I na rewizjonistów wymyślają, znaczy, że młodzież będzie ukarana, a na uniwersytetach też zagości jabłońska nuda bez żadnej alternatywy. Towarzysz Breżniew wygłosił niedawno mowę do radzieckiej młodzieży, w której wspomniał o literatach: powiedział, że mają pełną swobodę popierania komunizmu. Przypomina to historię, jak Pan Bóg stworzył Ewę z żebra Adama i powiedział do tegoż: – A teraz wybierz sobie żonę!

A swoją drogą dobrze, że jest źle – będzie można spokojnie w domu pracować. Żebyśmy tylko zdrowi byli! – jak mawiał Dymsza.

10 lipca

A więc jednak Moczar wszedł do Biura, choć tylko jako zastępca członka (od razu dowcip: – Jak się nazywa zastępca członka? – Towarzysz Paluszek!). Więc jakiś kompromis – boją się społeczeństwa (bo go nie znają – ono już nic nie może) i nie chcą walczyć na jego oczach. W rezultacie Miecio wygra – nie dziś, to jutro. Osobiście nie jestem zainteresowany – każdy komunista będzie robił to samo. Aby tylko mnie nie dał w dupę. Są różnice, owszem, frazeologiczne – ale czy werset Koranu brzmi tak czy siak – dla mnie to „ganc pomada".

Podane jest przemówienie Wilhelma Billiga – stary komunista, wieloletni więzień, myśli, że poruszy ludzi swoją krzywdą, jako że go wylewają ze stanowiska dyrektora od energii atomowej. Oczywiście, dyrektorem tym mógł być tylko w tym ustroju, bo się na tym nic nie zna, ale krzywda jego jest niewątpliwa. Tylko że nikt się nie przejmuje krzywdą komunistów – ja też nie. Kiedy oni skapują, że sami zbudowali gilotynę (automatyczną), która im ścina głowy? Pięćdziesiąt lat już to trwa – a oni się nie spostrzegli. W tym ustroju każdy będzie ukarany: w tej liczbie sporo niewinnych, ale pociecha, że winni też – choć nie za to, czym zawinili. Na przykład Żydzi karani są za to, że rzekomo zdradzają komunizm; wcale go nie zdradzają, lecz kara im się należy: za to, że s t w o r z y l i komunizm. Biedny głupi Billig. („Nie znałeś litości, Panie – i my nie znajmy litości!" Inna rzecz, że Billig znał litość, był nawet dość przyzwoity – ocalił np. Edmunda Rudnickiego, dał mu w 1945–1946 posadę komisarza radiofonizacji kraju. Ja bym mu teraz też dał posadę – np. zakrystiana lub organisty. Innymi nie dysponuję).

11 lipca

Dzisiaj wreszcie deszcz. Skończyłem kołysankę – wyszła chyba nieźle. W prasie dalszy ciąg przemówień z plenum. Schaff płaszczy się i uniewinnia – nic mu to oczywiście nie pomoże, a twarz straci (jeśli ją w ogóle miał). Za to Żółkiewski odgryza się dzielnie, choć zaczyna od stwierdzenia, że jest za wszelkimi partyjnymi dogmatami, a przeciw wolnej grze politycznej. Dalej jednak mówi odważnie, że wobec pisarzy i twórców popełniono błędy. Nie rozumie biedak, że dogmat o kierowniczej roli partii i potępienie liberalizmu to właśnie pętla na jego własną szyję, że już po nim, bo nie chce wyciągnąć dalszych konsekwencji światopoglądowych (podobnie i Kołakowski). Marksizm ich wali w łeb, a oni będą kochać marksizm aż po grób – nie widzą związku między faktami, choć tacy z nich dialektycy. Pięćdziesiąt lat tego dobrego niczego ich nie nauczyło. Mało im współczuję (*Tu l'as voulu...*).

Najrozsądniejsze i godne było przemówienie Albrechta – zresztą konsekwentnie marksistowskie, tj. komunistyczne w sensie „centrowym". Ale w sumie „gomułkowcy" wyraźnie przegrywają, ofensywa młodszych byczków wyszkolonych przez M. trwa – Werblan też się odkuwa. Gomułkowcy przegrywają, bo nie popiera ich... Gomułka. Jeszcze dziś paru liberalniejszymi zdaniami mógłby wzmocnić swoich i zainteresować społeczeństwo, by go poparło. Ale on tego nie lubi, więc nie robi i w rezultacie również sam podrzyna sobie gardło, nie wiedząc, co czyni. Też nie będę żałował – *Tu l'as voulu...* Przez tyle lat nie mógł zrozumieć, że jego właściwymi potencjalnymi sojusznikami mogli być tylko liberałowie. Ale dogmatysta na czele liberałów – to nie wychodziło. W rezultacie zaczynają go mieć dość i jedni, i drudzy. Wątpię, aby miał jeszcze jakieś atuty, a na akcję gwałtowną się chyba nie zdobędzie (oni wszyscy za bardzo się na to boją społeczeństwa – i Rosji). A więc? *Requiescat in pace...* A co dalej? Hm. Wybór żaden: *Die Beiden stincken* – powiedział Heine o prawicy i lewicy.

De Gaulle zwolnił Pompidou. Swoją drogą ten stary megaloman to mistrz zaskakiwania: wyspecjalizował się w tym *pour épater les bourgeois*.

Radgowski w „Polityce" atakuje Wilhelmiego, oskarżając o odchylenie nacjonalistyczne i cytując Marksa. Przedtem tamten szantażował, teraz ten próbuje. Zabawnie patrzeć na te zastępcze utarczki giermków czy zgoła piesków. Szkoda tylko, że jako pozorowanej broni używają poglądów – udając, że je mają i wypowiadają. Ależ ten komunizm potrafi degenerować i zeszmacać porządnych nawet ludzi. Nic mu się nie oprze!

U nas w domu zwiększona akcja podsłuchu – poza tym spokój, aż nadmierny. Wacek tajemniczo skwaszony, Krysia załatwia sprawy przedwyjazdowe, Heleny [Helena Hintz – siostra żony autora] nie ma, Jerzyk za granicą. *Nu i ładno!* Pisać jak najwięcej, pisać – aby mi tylko coś nie przeszkodziło.

14 lipca

Ostatnie dni minęły pod znakiem towarzyskości, co mnie zmęczyło, bo nie lubię słuchać tego, co sam myślę, a tu właśnie wszyscy to gadają: Henio [Krzeczkowski], Jasienica (był), Bartosze [Władysławostwo Bartoszewscy]. Wszyscy zmartwieni tonem i poziomem dyskusji na ple-ple-plenum: w istocie żałosne to, jałowe, załgane. No cóż – jak się rzekło – rządy ciemniaków (czy tylko ten zeszyt nie dostanie się w ręce ube-ube-ubezpieczalni). Ja się temu nie dziwię, bom pesymista i przygotowany na najgorsze. Żyjemy w świecie sowieckim i Zachód ani myśli nas z tego wybawiać, zajmuje się erotyzmem, narkotykami, „nową falą" w filmie i tymi podobnymi bzdurami. À propos „nowej fali": byłem na filmie Godarda „Kobieta jest kobietą", właśnie o „nowej" młodzieży. Wymizdrzone, wypozowane, zawartość intelektualna żadna, problemy nieistotne, wyciągnięte za uszy – świat głupstwa. O niech ich cholera – a nas tu trzymają za pysk i robią na szaro i nikogo to nie obchodzi. Jak Zachód zginie, to będę się śmiał (baranim głosem).

Podobno dwanaście tysięcy osób pochodzenia żydowskiego wyjechało ostatnio z Polski. Cóż za idiotyzm, jaka antypropaganda w świecie! A najgorsze te straty moralne wewnątrz – rozbudzony antysemityzm pozostanie na lat dwadzieścia, bo temu narodowi niczego w Polsce nie wolno było nienawidzieć i zwalczać, a tu mu nagle pokazano wroga wewnętrznego i powiedziano: on winien! Demoniczny pomysł – zupełnie jak z Orwella. O ile podoba mi się, że Moczar chce władzy, a zwłaszcza popularności, to ten chwyt trudno mu wybaczyć: osiągnął pewien społeczny dynamizm, ale dynamizm najgorszy i kosztowny – kosztem jest ogłupienie ludzi, bo zwalenie winy za wszystko na jakąś grupę („Żydzi i cykliści") to zawsze myślowa tandeta. I jakżeż nudna ta Polska będzie, gdy zbraknie tu resztki „krajowych cudzoziemców". Jest konserwa „wołowina w sosie własnym" – tu będzie Polska Ludowa w sosie własnym. O rety! No ale za chwilę jedziemy do Swolkieniów do Zalesia – melancholijny podwarszawski pejzaż – bardzo lubię. Szukam małych uroków życia – nie chcę się dać przygnębić na trwałe – to byłby koniec. Staram się ładnie opalić, żeby nie wyglądać na załamanego – zresztą, jak się zdaje, wszyscy wyrzuceni i odstawieni wpadli na ten sam pomysł. Jasienica był dwa tygodnie w Bieszczadach – wygląda bykowato, choć nieco postarzał i źle słyszy.

16 lipca

Wczoraj byłem z Krysią we francuskiej ambasadzie na święcie narodowym. Ludzi straszliwe masy, przygotowali przyjęcie w ogrodzie, a tu deszcz lał jak z cebra. Czekaliśmy na wejście w ogonie blisko kilometrowym, płaszczy nie było gdzie kłaść, istna klęska żywiołowa. Gdy się witałem z ambasadorem, poczułem czyjeś oczy wlepione we mnie – był to Zenon Kl. [Kliszko] – obok niego stał premier [Józef Cyrankiewicz]. Nie kłaniałem się, rzecz prosta. Poza tym fury znajomych, ale takie mnóstwo ubeków, czyli jak to teraz nazywają „pracowników spółdzielni Ucho". Spotkałem [Pawła] Beylina – wylali go teraz z dwóch uczelni – czyżby „alert dla Żydów" nie został odwołany? Ten antysemityzm robi się już zastępczą akcją polityczną – podobno od Czechów zażądano, aby usunęli z Biura Politycznego Cisarza – jedynego Żyda. U nas Szyr też na zjeździe partii wyleci. Najwyraźniej Rosjanie uwierzyli w „protokoły mędrców Syjonu". A co będzie z Marksem?! Cha, cha!

Interwencji zbrojnej przeciw Czechom podobno nie będzie, tylko konferencja pięciu państw (Bułgaria, Węgry, NRD, Polska i Wielki Sojusznik), która trwała dwa dni w Warszawie, wystosowała do nich list. Swoją drogą te Moskaliki to mają kłopot: ciągle im się ktoś wyłamuje – Jugosławia, Chiny, Albania, Rumunia, Czechosłowacja, Kuba. Ale nas mają w garści mocno – między innymi dlatego, że wszyscy niemal prawdziwi rewizjoniści w partii byli Żydami i łatwo było ich wylać pod takim czy innym pretekstem. Tak więc nie liczę tu na zmiany – będziemy siedzieć jak w saku – nuda, ale co robić.

Wczoraj był jeszcze Leszek Kołakowski – złożył papiery na rok do Kanady (ma tam wykładać), ale odpowiedź jeszcze nie nadeszła. Trochę to dziwne.

Na miejsce M. [Mieczysława Moczara] ministrem spraw wewnętrznych został Świtała, były prokurator. Ciekawe – a więc jednak odbierają ambitnemu generalikowi bezpośrednie dowodzenie – a może sam tego chciał, aby zaakcentować, że przechodzi całkiem do polityki?

Podobno Szpotański w ciupie napisał wiersz „Ballada o krwawym Beynarze". Zaczyna się tak: „W noc ciemną i głuchą, pod wieszcza pomnikiem, spotykał się Dajan z niejakim Michnikiem..." Chi, chi.

W niedzielę zapiłem się w Zalesiu i zostałem tam na noc. Dziś nagle odwiedził mnie prof. Bromke – warszawianin, obecnie Kanadyjczyk, slawista – socjolog. Pogadamy sobie – facet pisał o nas (mnie i Stachu) jako o twórcach „neopozytywizmu" politycznego. Powiedziałem mu, że tymczasem już się ze mnie zrobił „negatywista". I to właściwie niekoniecznie z własnej woli. Taki los wypadł nam!

Ktoś zwrócił mi uwagę, że w „Trybunie Ludu" bardzo się martwiono, że de Gaulle ma za dużą większość, więc będzie musiał rządzić nie mając opozycji, co jest anormalne i niebezpieczne. Czy facet, który w Polsce pisze takie rzeczy, jest absolutnym idiotą, czy też uważa czytelników za absolutnych idiotów? Tajemnica!

17 lipca

W prasie coraz większe wymyślanie na Czechów – cytowane z prasy rosyjskiej czy też nasze własne. Coraz też większa solidarność z drętwotą Ulbrichta. Przyjąwszy skrajny prosowiecki konserwatyzm, nasza elita partyjna staje się dla Rosji na wagę złota, wobec czego jest nietykalna i bezkarna – może robić, co chce, nie licząc się ani ze społeczeństwem (w którym zresztą po likwidacji studentów żadnego oporu nie widać), ani z bezsilnym Zachodem, ani w ogóle z niczym. Mogą więc walczyć sobie o władzę, nikogo o zdanie nie pytając: odzwierciedlają ten stan rzeczy „Tezy" na zjazd partii: takich drętwych i lekceważących ludzi bezpartyjnych „tez" nie było od roku 1949.

W „Znaku" Anna Morawska martwi się okropnie o sytuację w Afryce Południowej, na Tahiti i w Hiszpanii. Rzadka idiotka typu „międzynarodowego" – a te matoły furt drukują; inna rzecz, że co mają drukować: jak nie wolno napisać o cenzurze w Polsce, to przynajmniej o cenzurze w Hiszpanii. No nie?

Był Waldorff, coraz głupszy, bo zajmuje się wyłącznie muzyką. Muzyka ogłupia – przekonałem się wielokrotnie. Był też, jak pisałem, prof. Bromke z Kanady – warszawianin zajmujący się tam stosunkami „za kurtyną". Ostatni raz widziałem go cztery lata temu, dużo się zmieniło. Niestety ze Stachem się nie spotkamy, bo wyjechał do Łeby – szkoda, byłaby zabawna konfrontacja.

Wczoraj wieczór napadł mnie smutek – jestem w ręku wariatów. Wyjścia nie widać, a w końcu mało komu tu teraz jestem potrzebny. Pisać „do szuflady", owszem, ale trzeba do tego mieć „szwung", *propeller,* aby się tak kręcić w próżni. Może to zresztą wpływ pogody, bo duszno i smutno.

18 lipca
A więc jest uderzenie w Czechosłowację na całego: opublikowany list pięciu partii do partii czeskiej. Aż zimno się robi – streszczać tego nie ma co, jest pisane owym znanym żargonem, gdzie każde słowo znaczy co innego, niż znaczy (demokracja, ruch robotniczy, jedność państw socjalistycznych, dyktatura proletariatu etc.), ale ten jest groźny, niedwuznaczny – wzywa do wystąpienia elementy nowotnowskie i obiecuje im „każdą" pomoc. I pomyśleć, że padło to na ostrożnych przez tyle lat Czechów. Co będzie? Bystry, ale pesymistyczny (to się pewnie dziś łączy) „Amerykanin" Bromke twierdzi, że skutek będzie tylko jeden: przybędzie czeskich profesorów na amerykańskich uniwersytetach. Brrr. A więc Rosjanie zdecydowaliby się na nowy Budapeszt?! A może stłamszą rzecz taktowniej? Pewne jest, że nikt Czechom nie pomoże, najwyżej zachodnie partie komunistyczne jeszcze bardziej zrażą się do Rosji – ale ona po trochu już na nie machnęła ręką. A więc jeszcze głębszy podział na dwa światy – a my po tej stronie i bez wyjścia – bo cały nasz *Lebensraum* (Ziemie Zachodnie) na tym podziale się opiera. Aleśmy wpadli historycznie. I wyjścia nie ma: dusza na Zachodzie, ciało na Wschodzie. W tym samym piekielnym dylemacie szarpią się Czesi.

Więc trzeba by się pogodzić z Polską Ludową? Wielokrotnie przecież to postulowałem, malując ją jako niegroźną i dobroduszną (okres „neopozytywizmu" – przypomniał go Bromke), ale cóż, kiedy oni zwariowali i zaczynają po jakobińsku (słowiańscy jakobini – brrr). Teraz w telewizji czterech propagandystów (Frelek, Kolczyński, Stefański, Żochowski) rozmawiało o rewizjonizmie i jak mu przeciwdziałać w wychowaniu młodzieży. Widać wyraźnie, że przerobią wszystko pod nowym kątem – historię, literaturę, podręczniki, uczelnie. No i jak żyć w takim domu wariatów? A przecież to ojczyzna – innej nie ma i nie będzie, bo już ludzie nowi. Więc? Jak mówi Boy: „Skoroś taki rozumny – włażże do trumny!"

Stach [Stanisław Stomma] napisał artykuł z okazji 22 Lipca:

„Chirurgia historii" (nb. tytuł świetny). Wychwala w nim to, co mamy geopolitycznie: Polskę w nowych granicach, zdolną do życia, zapowiada tylko, że w sprawach wewnętrznych mogą być „różnice zdań". Hm. Może to „Tygodnikowi" coś i da, sam tak pisywałem, teraz jestem bardziej zainteresowany, bo to przecież jedyna moja forsa. Tylko że... czy pacjent szczerze się cieszy, że mu ucięli to i owo, i nie pytając wstawili nowe? Dla młodzieży zresztą to nie jest nowe – to normalne. Więc czego chcę? W końcu chyba tylko tego, żeby dali, do cholery, choć trochę pisać w tym kraju! Po prostu dać prawdziwe świadectwo temu, co było i co się zmieniło. Ba – kiedy właśnie prawdziwych, indywidualnych świadectw Moskaliki jak ognia nie znoszą – cała awantura z Czechami zaczęła się w gruncie rzeczy od zniesienia tam cenzury i pozwolenia na indywidualne pisanie artykułów. Fatalny sobie wybrałem zawód i przez tyle lat udawałem, że go mogę uprawiać. I wreszcie bomba pękła. A nie lepiej było trzymać się muzyki, kochanej, asemantycznej muzyki? Mądry Polak po szkodzie.

24 lipca

Parę dni nie pisałem tego żółciowego dzienniczka – może dlatego, że prasa z okazji zbiegnięcia się z państwowym świętem niedzieli wyszła raz na trzy dni, a mnie przecież głównie zapładnia prasa. Tym razem pisma pełne bezgranicznego samochwalstwa – o zaporze w Solinie, miedzi w Lubinie itp. Nikt nie zaprzecza, że coś się u nas robi, ale przecież wszędzie na świecie coś się robi, a tyle nie wrzeszczą, piszą za to o polityce. Tymczasem u nas o polityce ani słowa, nawet Manifest lipcowy, z okazji którego jest to całe święto, nie może być wydrukowany, boby ludzie zwariowali – jest tam opisany wzorzec liberalnego państwa trójsektorowego i wielopartyjnego, z prywatnymi przedsiębiorstwami do czterdziestu robotników, najczystszy rewizjonizm. A więc obchodzimy święto dokumentu, którego treści nikt nie zna. Jest to poprawianie historii wstecz, typowe dla komunistów – opisał je Orwell w „1984" przedstawiając owe „Ministerstwo Archiwów", gdzie drukuje się na nowo stare numery pism. Chi, chi!

Wobec świątecznego samochwalstwa poszły w kąt sprawy inne – niewiele wiemy o Czechosłowacji, choć zdaje się sprawy stoją marnie, nacisk i szantaże idą na całego – boję się, że ten Dubczek się w końcu złamie i pójdzie po linii naszej. A swoją drogą Rosja ma problemik nie lada: odpadnięcie Czechosłowacji odsłania im flankę, a problem niemiecki nie załatwiony. Gdyby byli po wojnie nie tak zachłanni i nie połknęli kupy małych krajów, to mogli byli Niemcy zdemilitaryzować i zdemobilizować z pomocą zachodnich aliantów na wieki wieków. Ale oczywiście trudno wymagać, żeby politycy byli tak mądrzy jak normalni, przeciętni ludzie. Tam z góry widocznie źle widać, tyle że potem normalni ludzie płacą za bzdury popełniane przez władców. I jak drogo płacą... Gdyby Polska, Czechosłowacja, Węgry, Bułgaria etc. otrzymały były status finlandzki, to dziś już Niemcy byłyby z pomocą planu Morgenthaua podzielone na pokojowe państewka i na zawsze unieszkodliwione. Gdyby – ryby jadły grzyby...

Z Bromkem i Jasienicą byliśmy w „Budapeszcie" na obiedzie, potem w Łazienkach – zdaje się, że leźli za nami jacyś faceci. Bromke inteligentny i trzeźwy, nie ma złudzeń, żeby Amerykanie cokolwiek chcieli i mogli zrobić dla wschodniej Europy, co do Czechów jest wielkim pesymistą, o Wietnamie mówi, że się „Ami wycofają, aby z jakimś honorem". Z sytuacji polskiej wiele kapuje. Zostawił mi swą książkę (po angielsku) o polityce polskiej – wiele tam o „Znaku" i o mnie.

Wczoraj był Paweł [Paweł Hertz], siedział długo. Roztrzęsiony, smutny – dojęło go w końcu, pewno owa sprawa żydowska też, choć nigdy o tym nie mówi. Twierdzi, że jest niepotrzebny i nie ma żadnych perspektyw, co i prawda, ale przecież to się tyczy nas wszystkich: całej tej grupy inteligencji, z której usług, jak mówi Kraśko, Polska Ludowa nie skorzysta, a znowu młode pokolenie nas nie zna – mieliśmy już chyba ostatnią reklamę, teraz zapadnie nad nami długa cisza. I cóż można zrobić – *was hast du Moritz mit Himalayen?!* Pawełek biedny, ale i ja też – z jakiej racji mi się wypłakuje, gdym ja sam w d... bity? Inna rzecz, że przyniosło mu to ulgę, ale mnie nie – mnie zdenerwowało. A byłem w takim dobrym humorze, bo sobie pojeździłem na rowerze po Warszawie, m.in. opalałem się w ślicznym nowym parku na Kępie Potockiej, na wprost elektrociepłowni.

Przypomniało mi się, jak doktor Kunicki powiedział śp. Mackiewiczowi, że nic mu nie pomoże i że do śmierci będzie miał bóle. – Ale panie doktorze – mówi Mackiewicz – jak po obiedzie wyciągnę nogi na fotel i napiję się kawy, to czuję się lepiej i mniej mnie boli. – No to niech pan jak najczęściej wyciąga nogi i pije kawę –

odrzekł Kunicki. Mackiewicz uznał to za impertynencję, a przecież rada była jedynie dobra – taką i ja mogłem dać Pawełkowi. Tylko że jemu też się to nie podobało.

25 lipca

Dziś prasa pełna ataków na Czechów, częściowo cytowanych z prasy sowieckiej, częściowo własnych. Oczywiście istota, jądro rzeczy, tkwi w tym, że w Czechosłowacji zniesiono teraz cenzurę, wobec czego każdy dziennikarz może tam napisać od siebie, co chce, a to z kolei nie mieści się w głowie sowieckiej, bo tam każde słowo jest wynikiem oficjalnych namysłów, debat, słowem owej taktycznej gry w szachy, gry, która, choć jej figury i piony są merytorycznie biorąc wierutnymi głupstwami, to jednak osiąga swe cele taktyczno-propagandowe i to niejednokrotnie na Zachodzie, co dowodzi, że ów Zachód w istocie dosyć jest siebie niepewny i podejrzewający zawsze, iż dwa razy dwa niekoniecznie jest cztery. W najlepszej sytuacji są więc w tej chwili (czy na długo?!) dziennikarze i publicyści czescy, którzy znają dwa światy, wschodni i zachodni, a wyposzczeni prawdy wykazują w jej adoracji znacznie większą siłę przekonywania niż dwuznaczni „zachodniacy". Oczywiście w pisaniu swoim dziennikarze czescy odkrywać teraz będą wiele Ameryk, ale będą to odkrycia, choć nienowe, ważne, gdyż czynione na poważnie i mające za sobą ciężar gatunkowy długoletniego, wymuszonego przez wschodni totalizm milczenia czy ekwilibrystyki wymijającej lub wreszcie zgoła kłamania. Ten co po latach może wreszcie, bez żadnych względów taktycznych napisać, co myśli, ceni sobie tę rzecz znacznie wyżej, niż ten, co zawsze mógł pisać, co chce (zdemoralizowany Zachód!). I tak na przykład bracia Czesi piszą teraz o kwestii niemieckiej to, co już stało w niniejszym dzienniku – że można było w tej sprawie osiągnąć wiele (np. jeśli chodzi o granicę Odra–Nysa czy sprawę dwóch państw niemieckich), gdyby się chciało. Tylko że oczywiście Rosja wcale tego nie chce, woli petryfikujące się i nieznacznie, lecz stale przesuwające na jej korzyść *status quo*, Rosjanie bardzo doceniają sprawę przyzwyczajenia, wiedzą, że wobec inercji Amerykanów czas pracuje dla nich. Stąd też prasa sowiecka pluje na czeskie trzeźwe głosy o sprawie niemieckiej w sposób monstrualny – psują one Rosjanom ich przez lata przygotowywany porządek propagandowo-psychologiczny, do którego przywiązują oni olbrzymią rolę. Wtóruje im groteskowo płaczliwie nasza prasa. Że też Polska wobec Czechów odgrywa po raz drugi rolę szakala – z tym że lwem była wówczas Hitleria, a teraz Sowiety. Że też Polacy, jak raz w końcu postanowią być realistami, to już w świństwie muszą pobić nacje świata z Anglikami na czele. Może dlatego, że cynizm słabych jest zawsze tylko odrażający, podczas gdy cynizm silnych nabiera jakichś cech wielkości.

A swoją drogą Paweł miał rację: jeśli czeski eksperyment wolnościowy się powiedzie, to już u nas zapanować musi skrajny zamordyzm, taki, o jakim się jeszcze nie śniło – być może, że połączy się to ze sprawą zmiany zarządców w Rosji, być może Breżniewa i Kosygina oskarży się o nadmierny liberalizm. Toć Chruszczow, choć szef odwilży, nie zawahał się zatopić Budapesztu we krwi. A ci się wahają – ktoś im może zarzucić słabość.

Kończę pierwszy zeszyt tego dzienniczka – ani się obejrzałem, kiedym się do niego przyzwyczaił. Oddaję go „na garnuszek", nie chcę mieć w domu – ciekawe, czy też on przetrwa i czy będzie go można kiedyś ogłosić?

ZESZYT 2

26 lipca
Żyjemy pod znakiem Czechosłowacji. Wczoraj okropnie pokłóciłem się z Pawłem, bo on z jakąś *Schadenfreude* mówi, że będzie sowiecka interwencja lub skuteczny nacisk, że względy ideologiczne (np. wzgląd na partie komunistyczne na Zachodzie) nie istnieją, a tylko goły imperializm sowiecki, a ja mówiłem, że to jest upraszczanie, że sprawy są znacznie bardziej złożone. On szydził z tego, mówiąc, że przejąłem się „rewizjonizmem", a nic takiego nie istnieje, tylko wulgarna geopolityka. Bardzośmy obaj krzyczeli (w Alejach Ujazdowskich), nie wiem, skąd ten zapał, może w powietrzu unosi się zdenerwowanie. Paweł dziś dzwonił łagodząco, ale powiedział, że niezadługo będzie mógł do mnie zawołać „a kuku". Czyżby jednak ta sowiecka interwencja miała nadejść? Ale to by dowodziło, że rzeczywiście nawet pozoru względów ideologicznych już nie będzie, tylko czysto imperialna polityka rosyjska. Ciekawe.

Moja pseudonimowa recenzja o Adolfie [Rudnickim]* ukazała

---
* Julia Hołyńska, *Adolf, czyli świadek wszechstronny*, „Tygodnik Powszechny", 28 lipca 1968, nr 30.

się – nader okazała, z tym że cenzura wycięła o Judenratach i policji żydowskiej – napisałem, że Adolf zna te rzeczy lepiej niż młodzi „spece", pisujący w „Trybunie" czy „Kurierze", ale że ze świadectwa pisarskiego nikt nie korzysta. Co złego w tej myśli? O ciemniaki z cenzury!

Tatu w „Mondzie" napisał bardzo ciekawą korespondencję z Czechosłowacji. Twierdzi, że absolutnie nic się tam dla Rosji złego nie dzieje, z wyjątkiem jednej sprawy: zniesienia cenzury. Rosjanie strawić nie mogą omawiania spraw nieobowiązująco, z paru punktów widzenia, uważają, że to musi być antysocjalistyczne. Dziś jest potwierdzenie tej tezy w naszej prasie, którą cytując, jakiś węgierski artykuł pisze, że radio, telewizja i prasa to nie są tylko środki przekazu czy teren dyskusji, lecz instrument rządzenia. Przynajmniej nareszcie szczerze powiedziane, a więc w Czechach wścieka ich fakt, że przez udostępnianie ludziom różnych oświetleń i stanowisk upada konwencja słowna, wychowawcza, urabiająca mózgi na jeden sposób, w jednej interpretacji historii. Przy okazji wściekają się, że jakiś tam Czech pochwalił rozstrzelanego Nagya i pytają, czy w jakimś kraju na świecie jest do pomyślenia głoszenie poglądów tak krańcowo odbiegających od oficjalnych. O biedacy – nie wiedzą nawet, co się na Zachodzie pisze o rządzących! A właściwie wiedzą, ale nie kojarzą – co za dziwne zakłamanie. A może to wszystko rzeczywiście pozór, a w istocie rządzi tylko strach przed sowieckim terrorem i kwita? Tatu zwraca uwagę, że ekipa dziennikarska w Czechosłowacji się nie zmieniła – ci sami ludzie piszą co innego. A może i u nas, gdyby padło jakieś hasło, ci sami łgarze z „Trybuny" i „Życia" jęliby pisać przeciwnie? Dziwne. A swoją drogą, jeśli nie daje się jednostce swobodnej inicjatywy ekonomicznej czy społecznej, to dlaczego dawać jej swobodę słowa?! I tu Kołakowski, walczący o swobodę poglądów i dyskusji, a jednocześnie mieniący się komunistą, tkwi w naiwnym nieporozumieniu. Nie wiem zresztą, o ile nadal tkwi, a o ile nasza leninowska partia wybiła mu to z głowy (Lenin w istocie, a nie prostacki Stalin był ojcem terroru i niewoli myśli – Lenin, wieczny student i bywalec zachodnich krajów – a niech go... itd.).

Dziś deszcz, szaro. Jest u nas córka Turowicza Magdalena – duchowo wrodziła się w matkę i babkę, fizycznie w ojca. Jerzy wciąż chory – „żeby się nam tylko nie przeziębił", jak mówi żydowska anegdotka – toć ja teraz z „Tygodnika" żyję!

27 lipca

W „Kulturze" idiotka Warneńska wścieka się na Czecha Mnaczkę, że będąc w Wietnamie śmiał powiedzieć, że lud wietnamski walczy o swą wolność tak jak izraelski. Oślica pisze, że nie powinien on był się znaleźć na ziemi wietnamskiej. A więc tylko jeden łączny pogląd na wszystkie sprawy świata obowiązuje – jeśli ktoś jest „dobry", ale tylko w jednym ogniwie, to już się nie liczy. Policjantka z wyboru – że też takie białe oślice żyją na tym świecie!

28 lipca

Wczoraj zalałem się z Krzysztofem [Kosickim] w „Synkopie" – było to moje ostatnie przyjście po pensję. Dziś widziałem się – po dłuższej przerwie – z Andrzejem. Dosyć zdegustowany, że tu okropnie nudno: czystka idzie pod kątem wylewania ludzi inteligentniejszych i z charakterem, a obsadzania wszędzie posłusznych miernot. Andrzej mówi, że to nasza wina, że daliśmy się sprowokować i że przez nas wszystko, mówi, że M. powinien nam dać ordery. Spodziewa się nowych prowokacji na jesieni. Co do Czechów sądzi, że im się uda – ubolewa za to nad losem Polski. No bo rzeczywiście: co tu robić, zwłaszcza będąc publicystą czy dziennikarzem? Niezależnie od wewnętrznej walki o władzę między komunistami, która już mało kogo interesuje (za mało w niej elementów ideowo-merytorycznych), ogólna sytuacja Polski robi się nudna, bez perspektyw. Wczoraj radio „WE" podawało apel ludności czeskiej do Biura Politycznego w przeddzień rozmów z Rosjanami: apel piękny i wzruszający, choć nie wolny od elementów taktycznych, na co w tym życiu nie ma widać rady. U nas oczywiście prasa i radio o apelu tym ani wspomniały – za to bez końca powtarzają najnudniejsze i najgłupsze inwektywy „Neues Deutschland". Rzeczywiście wszystko wygląda tu coraz idiotyczniej: przed zjazdem partii nikt już ani nie piśnie, nic samodzielnego nie powie, a znowu ów moczarowski ferment bojowo patriotyczny (głupi był trochę, ale był – nacjonalizm daje się, gdy już się nie ma nic do powiedzenia) stłumiony został przez Gomułkę. Stłumili się nawzajem i w rezultacie w prasie nie pozostało nic – tylko nuda. Czy nowa młodzież to odczuwa? Diabli wiedzą: kogo od dzieciństwa wychowali bez jedzenia mięsa, kto nie zna nawet nazwy mięsa, ten za nim nie tęskni. Na tym polega zasada komunistycznego wychowania – dlatego tak się wściekają na zniesienie cenzury w Czechosłowacji. A u nas? Hej, łzy się kręcą.

29 lipca

A więc gdzieś w Słowacji nad Cisą mają się odbyć rozmowy czesko-rosyjskie. Niecałe Biuro czeskie jedzie – a więc „nowotnowców" nie biorą, czyli nie ustępują przed presją. Podobają mi się ci Czesi, zbudzili się po wieloletnim „sowieckim śnie". Na tym tle, jakie nikczemne i tandetne wydają się głosy prasy rosyjskiej i polskiej, jakżeż tu chamska i prymitywna, grubymi nićmi szyta tandeta propagandowa, jakie lekceważenie własnego społeczeństwa, dezinformowanie, okłamywanie, ogłupianie – jakie bezsensowne bredzenie o proniemieckich tendencjach czeskiej partii, gdy chodzi tu po prostu o odrobinę zdrowego sensu w stosunkach z Niemcami. Niestety Polska pozostanie nadal w tym systemie bzdury, a gdy z niego kiedyś wyjdzie, może już być tak niepopularna i zapomniana, a Niemcy tak silne, że będzie to wszystko wyglądać kiepsko. Zmarnowano taką okazję jak demilitaryzacja Niemiec po wojnie – i to z winy Ruskich, bo Amerykanie na to szli. W stosunkach z Niemcami (zjednoczenie za rozbrojenie, czyli dawny plan Rapackiego) można by jeszcze coś zrobić, ale już bardzo niedługo. Niestety Moskaliki, dufne w swoje atomy, nic z tego nie rozumieją, chcą za wszelką cenę utrzymać *status quo*, zapłacą za to kiedyś, a najgorsze, że i my z nimi. O cholera!

Deszcz leje a leje. Dziś mieliśmy „wizytę Starszej Pani" z Kanady. Więźniarka z Ravensbrück, lat 68, a trzyma się świetnie, energiczna i wygadana. Powiedziała, że Warszawa jest śliczna do zwiedzania, lecz nie nadaje się do zamieszkania, bo niewygodna. „Musimy się zdecydować – albo socjalizm, albo usługi" – jak mówił prof. Taylor.

1 sierpnia

Jerzyk wrócił z „rajzy" po całej Europie. Wacek z Bułgarii, w domu ruch. Jerzyk widział niestworzone rzeczy, szereg krajów, mnóstwo miast – aż za dużo. Ta zachodnia Europa to istny koncentrat historii, zabytków, dobrobytu – ciekawe, jak się z nią skończy. Czy ja tam kiedy jeszcze pojadę – oto jest pytanie. Trochę musiałem mieć zawistną minę, gdy Jerzyk opowiadał o Boloniach, Ravennach itp. W ich klasie jest córka Moczara, do Paryża dojechał jej brat. Jeździli razem – a to heca. W Czechosłowacji pono ruch jak diabli, na murach napisy „Chcemy wolności", ludzie podpisują deklaracje, demonstrują – to już naprawdę ruch ogólnonarodowy. Prasa pisze tam wszystko, a Sowietom i naszym nie mieści się w głowie, że artykuł w gazecie może być wyrazem indywidualnych poglądów autora, więc bez przerwy plują (plujemy? – bo nasi szmaciarze robią to przecież w imieniu nas wszystkich – jak to dobrze, że ja mam już zdeklarowaną opinię wroga – przynajmniej na moje konto rzecz nie idzie). A już prasa NRD majaczy zgoła bezdennie o jakichś spiskach, magazynach z bronią, działaniach NRF-u. Jest to obliczone na własnego ogłupianego czytelnika, ale chyba się co do jego głupoty przeliczyli – piszą już takie bzdury, że dziecko to widzi. Myślę, że ta kampania bzdur przyczyniła się do scementowania Czechosłowacji – toć święty by nie wytrzymał. Że też ci Rosjanie tak są brutalnie prymitywni i nie potrafią zupełnie urozmaicić tej prostackiej *Greuelpropagande*. A Czesi dzielny naród, tylekroć w historii nieszczęśliwy – Polacy nie mają patentu na martyrologię, choć częstokroć tak myślą. Swoją drogą jedyny rezultat działań Hitlera jest taki, że wpędził pół Europy w komunizm – odwrotnie, niż chciał. To się nazywa „człowiek strzela, a Pan Bóg kule nosi".

Konferencja Sowietów z Czechami w Czernej na Słowacji ciągle trwa – komunikatu jak dotąd nie ma. Ależ to musi być napięcie nerwów gadać z tymi neandertalczykami. A „my" po ich stronie, przeciw Czechom. Jakiż smutek historii, jaka ironia – może jeszcze Zaolzie chapniemy?! Swoją drogą zawsze się dziwiłem, jak Czesi, naród przed wojną doskonale postawiony gospodarczo, europejski, znoszą bzdury tego ustroju. No i wreszcie rzecz wybuchła – ale jak! Jaki będzie wynik spotkania w Czernej? Nie mam pojęcia, chyba jakiś kompromis, ale co się stało, to się nie odstanie – wolność wybuchła, ci co byli jej świadkiem, już tego nie zapomną; można rzecz zdławić, nie da się jej wyrwać z myśli. *Vivat* Czesi!!

A u nas? Wciąż te same bzdury w prasie. Nie sympatyzuję z historiami studenckimi w Europie Zachodniej ani z teoriami Marcuse'a, ale śmieszy mnie, gdy „Argumenty" wzburzają się, gdy ów Marcuse twierdzi, że robotnicy nie są już klasą rewolucyjną, bo nowoczesny kapitalizm rozbroił ich dobrobytem. Myśl to zbyt nowa dla naszych leninowskich łebków, więc nawet nie potrafią z nią polemizować, tylko podają ją w niemym, zgorszonym oburzeniu, jako świętokradztwo. Lenin umarł 45 lat temu, mimo to myśli jego stosować się mają do naszej epoki. Po prostu prorok – nic innego. Żyć w kraju kierowanym myślami proroków jak w Izraelu – o Jezu! Wypadki marcowe skończyły się zmianą właścicieli szeregu posad – niczym więcej. W związku z tym przypomniało mi się powiedzenie Adama Krzyżanowskiego, że partia nie walczy o zasady, lecz o posady. Powiedział to, staruszek, publicznie i pół sali uciekło. Dzisiaj pasuje to jak ulał: nie szło o zasady, lecz o posady! A my byliśmy bezwolnym narzędziem (Opatrzności? Chyba raczej o p a c z - n o ś c i. O Jezu, spuść bombę i zabij tę trąbę! Albo jak śpiewali po wojnie: „Panie Truman, spuść ta bania, bo już nie do wytrzymania!"). Ale nie trzeba popadać w „pawełkizm" i obrażać się na historię – lepiej polubić swój los. (Najlepszy środek na mendy? – Polubić je!).

Podobno Kołakowski wyjeżdża jednak do Kanady. Paweł mówił, że to nieładnie: studenci siedzą w ciupie, a ich patron sobie wyjeżdża. Może to i słuszne? Nie wiem, co bym zrobił w jego sytuacji.

2 sierpnia

Czytam tak ogromnie reklamowaną książkę Zbigniewa Załuskiego „Czterdziesty czwarty" i mocno jestem zawiedziony, choć wierzę w dobre intencje Autora. Cóż, kiedy prawdy tam mało – cenzura cenzurą, ale i tak wiele rzeczy przekręca lub w ogóle ich nie wie. Powstanie Warszawskie przeżyłem na własnej skórze jak najciężej (byłem ranny, straciłem całą twórczość, rodzina wywieziona do Niemiec), byłem na nie wściekły, czemu zresztą dałem wyraz w Londynie w 1957 w rozmowie z niezbyt mądrym gen. Pełczyńskim. Ale jedno jest pewne: teoria „dwóch wrogów", politycznie na pewno zgubna, nie była wówczas teorią, lecz narzuconą nam praktyką. Między Hitlerem a Stalinem, dwoma obłąkańcami, nie było mądrych. Załuski nie może nic dokładnego napisać o półtora miliona Polaków wywiezionych z Ziem Wschodnich (sam do nich należał!) i o ich losie, nie może nic napisać o Katyniu i o mnóstwie innych spraw. Psychiki kraju pod okupacją nie zna, o „walce klasowej" pisze jak ślepy o kolorach. W istocie, gdy odchodzili Niemcy, nie było już w Polsce ani kapitału, ani kapitalistów, więc gospodarka państwowa była koniecznością, ale sowiecka, marksowska doktryna koniecznością nie była – wiedział o tym Manifest lipcowy i wcale jej nie proklamował, szkicując idylliczny obraz ustroju trójsektorowego – dlatego pewno jest dziś niecenzuralny – od dziesięciu chyba lat albo dłużej nikt go w całości nie wydrukował – Załuski też nie.

Biedny ten Załuski – cenzura sprawia, że i on skazany jest na wieczne kłamanie, dzięki czemu nie może nikogo tak do dna przekonać, choć aż płacze z ochoty. Bałakanie o walce klas i „zrewolucjonizowanym chłopstwie" to stereotypowe bujdy: wszyscy (a chłopi najbardziej) drżeli przed rosyjskim terrorem i wszystko inne schodziło na plan dalszy, także parcelacja nielicznej obszarniczej ziemi. Mówić o walce klas po okupacji niemieckiej to już specjalna socjologiczna bujda – szkopy dokonały tu *urawniłowki* nie gorszej od sowieckiej. A co do rządu w Londynie, to jaki on tam był „klasowy" – siedzieli w nim w większości sami hołysze, a choć nie był najmędrszy, to swym skamleniem o Lwów i Wilno sprawił, że dano nam Szczecin i Wrocław, co wcale nie było z początku takie pewne (ciekawie mówił mi o tym kiedyś William Griffiths). W sumie książka Załuskiego, choć ma swoje racje, a także piękny patetyczny (choć czasem zbyt płaczliwy) ton, jest jednostronną propagandówką, a nie wszechstronnym obrazem prawdy. Jeszcze jedna sztampa, choć szlachetna: smutne to, bo dalej „Polsko, lecz ciebie błyskotkami łudzą..." Są błyskotki zachodnie, są i wschodnie – a całej prawdy *niet*, boć i na emigracji jej nie piszą, deformując znowuż w drugą stronę. A komuż potrzebna cała prawda? – spyta ktoś. Z tego, zdaje się, założenia wychodzą ci, co kierują u nas cenzurą. Że po paru pokoleniach okłamywania ludzie zapomną, jak tam naprawdę było. *Nu i ładno!* Historia też jest instrumentem rządzenia...

Czesi w Czernej, jak się zdaje, dogadali się: pewno położą tłumik na swoje społeczeństwo, a w istocie robić będą to samo (a co z cenzurą?) Komunikat jak na razie nader lakoniczny, bo jutro w Bratysławie dalszy ciąg: spotkanie sześciu partii. Albo chodzi o zatarcie poprzedniej bzdury i uratowanie twarzy, albo chcą spróbować nacisku ze strony satelitów – Gomułki, Ulbrichta etc. Ciekawe to ogromnie. Martwi mnie tylko, że u nas sporo ludzi „szarych", nie partyjnych, jest także przeciw Czechom. A więc może już trucizna dezinformacji zrobiła swoje? Ej, ci Polaczkowie! Każdy naród jest (bywa) wstrętny na inny sposób, powiedział Marian E. [Eile]. Chyba to i prawda.

5 sierpnia

A więc jest już enuncjacja sześciu partii w Bratysławie. Ściśle taka, jaka być powinna, to znaczy wyprana z wszelkiej absolutnie treści, z wszelkiej świeżej czy twórczej myśli, z wszelkich choćby odrębności stylu, powtarzająca zwroty umowne, słyszane już tysiąc razy, jak „knowania imperializmu", „dalsze umacnianie wspólnoty socjalistycznej", „kierownicza rola klasy robotniczej i jej awangardy – partii komunistycznej" i tym podobne bzdury. Czy Czesi zgodzili się na tę drętwą mowę dla świętego spokoju, czy jest ona wyrazem kompromisu zawartego w Czernej – przyszłość pokaże. Ani słowa nawiązania nie ma tu do warszawskiego listu pięciu partii, w myśl zasady traktowania czytającej masy jako zbiorowiska idiotów, którzy niczego nie pamiętają, nie rozumują, nie wnioskują. W każdym razie ów beztreściwy, nic nie wyrażający język deklaracji jest klajstrem, jakoś zamazującym spór, jest też dowodem wagi, jaką Moskale przywiązują do mowy, do konwencji słownej. Mogli na przykład powiedzieć Czechom: – Róbcie w końcu, co chcecie, ale, na miłość boską, nie gadajcie o tym prawdy – mówcie o niczym jak dawniej. A co będzie w Czechach z wolnością prasy i zniesieniem cenzury? To jest właśnie najciekawsze – zobaczymy. Ale chyba, choć Czesi, jakby się zdawało, przetrzymali atak w Czernej, walka się nie skończyła – bo Rosjanie wolności słowa i rozmaitości koncepcji nie zniosą. Biedni to kalecy duchowi – ale mają siłę. W ogóle jestem pesymistą, zwłaszcza co do sytuacji naszej. Nawet przecież Czechom nikt z Zachodu nie pomaga, a Amerykanie oświadczają, że się „w cudze sprawy wewnętrzne" nie mieszają. Paryski „L'Express" napisał, że Zachód chce wolności, ale dla siebie, nie zamierza natomiast walczyć o nią dla innych. Dlatego właśnie jest w wiecznej defensywie, podczas gdy Rosja nie ukrywa, że chciałaby komunizmem uszczęśliwić całą kulę ziemską. Czasem już chciałbym, żeby się to stało. Wprawdzie „zginę ja i pchły moje", ale nareszcie zachodni durnie też dostaną w dupę. A może komunizm, gdy zajmie cały świat, to się zmieni? Nie chce mi się o tym myśleć, to sprawa na dziesięciolecia? Paweł wymyśla na rewizjonizm, a może to jednak jedyny sposób: reformując komunizm osłabia się go? Milcz serce (marzeniom słodkim folgę daj).

Bardzo głupi artykuł Putramenta o mieszczanach i drobnomieszczanach: że niby relikt dawnej ohydy, że rzekomo na Zachodzie drobni przedsiębiorcy też już zanikają. Ani mu do głowy przychodzi, jak bardzo drobnomieszczańscy są dziś nasi robotnicy. W ogóle płycizna ten Pucio – nie rozwija się, nawet jak na komunistę słabo.

Książka Załuskiego przykra: ileż tam kłamstwa, najgorsze, że częstokroć nieświadomego. Książka porusza, ale niemile: wysiłek, żeby z nieprawd i półprawd zbudować gmach prawdy, musi budzić protest. Ale z kim tu i gdzie polemizować – a młodzi uwierzą i w lipę. Choć ton książki, superpatetyczny, świadczyłby o szczerości? Trudno rzecz rozwikłać – a bujd tam mnóstwo! Upały ogromne – pojedziemy z Lidią [Kisielewską, żoną autora] na 12 dni do Sobieszowa. Nic się nie dzieje – tyle że czasem wódka. Byliśmy u Jurka na „rosyjskiej kolacji" z jego znajomą z Kijowa. Ona niby „urocza", śpiewała cygańskie romanse, Henio żarł i pił, i dogadywał jej. W sumie wieczór nie bardzo, choć zżarliśmy masę. Ale ten Jurek to mnie ma trochę w ręku. Zresztą – wszystko w ręku Boga, jak mawiał Stalin.

Prasa kłamliwa i drażniąca niesamowicie. Byłby sposób: nie czytać, ale widać drażnienie się jest potrzebne, bo czytam a czytam. Trzeba z kimś walczyć – choćby w myśli. Ależ człek zagnany do saka – z uszami i wszystkim!

8 sierpnia

Nie ulega wątpliwości, że Czesi pierwszą rundę wygrali – za cenę umiarkowanej drętwej umowy. A co będzie z nami? Myślę, że źle – Rosjanie nie mogą pozwolić, aby im się już wszystko z rąk wymknęło, Gomułka też tego nie chce, a wszelkich potencjalnych rewizjonistów już z góry wylano (w marcu resztkę). Trzeba więc poczekać na nowych: sukcesem komunistów jest to, że stworzyli system, w którym narzędziem zmian, czyli terenem przeobrażeń życia publicznego, może być tylko ich partia, a raczej nawet jej najwyższe władze. Takie antypartyjne typy jak ja nie mają tu nic do roboty. I w ogóle pisarze nie mają w tej fazie polityki nic do roboty, chyba być *away* i obserwować. Żeby politykować w komunizmie, trzeba używać skutecznej mowy umownej, czyli kłamać, a pisarz tego nie lubi – jak mowa umowna, to już woli tę stworzoną przez siebie. Chyba że czasem trafi się taki krótki słoneczny okres „złotej wolności" jak pierwsze pół roku rządów Dubczeka. Tu wolność słowa pisanego była dla nowego sekretarza instrumentem umocnienia władzy i zastraszenia opornych „konserwatystów" – teraz, jak lepiej zasiadł w siodle, pewno tę wolność przyciszy. A więc bezinteresowne słowo na dłuższą metę nikomu nie służy – może dopiero kiedyś, po latach. Pisarz w aktualnej polityce to nieporozumienie i przeszkoda.

Wczoraj rozmawiałem o tych rzeczach z Julkiem Ż. [Juliuszem Żuławskim]. Jest mojego zdania, że dostaniemy w d... – choć imperium wiadome rzeczywiście zaczęło się sypać, co nasze wnuki z sympatią wykorzystają. Natomiast pan Antoni [Słonimski] lata po Warszawie z euforią, że wygrał – w Pradze. Prawdziwy internacjonalista, cha, cha!

Dziś rozmawiałem z Tadeuszem Mazowieckim, usiłując mu wytłumaczyć, że jego artykuł o Niemczech i *Bensberger Kreis* był kłamliwy, bo ograniczał się do wycinka spraw polsko-niemieckich, nie mogąc poruszyć całokształtu zagadnień Europy i świata. Ale on ma głowę uwięzioną w taktyce, mówił, że napisał maksimum tego, co w Polsce przy cenzurze mógł etc. I znowu problem: słowo i czyn. Coraz bardziej wychodzi na to, że polityka to gra sił, zwyczajnych, brutalnych sił i nic więcej. Zgoda, ale w takim razie nie mieszajmy do niej s ł o w a, które wyraża myśli, idee, marzenia. Tymczasem bolszewicy robią to na wielką skalę: ponieważ dzięki słowu doszli podczas rewolucji do władzy, więc myślą, że w walce o świat też im to słowo posłuży. Ale służy nie zawsze, bo skostniało w drętwą propagandę. Mimo to – sukcesy mają, oczywiście w krajach kapitalistycznych, gdzie nie znają ich praktyki. Że też kapitalizm mało ma swojego słowa, swojej teorii i stąd jest przed wrzaskliwym komunizmem w nieustannej defensywie, bo respektuje wolność słowa, a że swojego słowa nie ma, więc oddaje pole komuchom. Burnham mówi, że „nie powinno być wolności dla wrogów wolności". Nie sądzę: nie wprowadzać cenzury, lecz stworzyć własną filozoficzną i ideologiczną broń – oto przykazanie dla kapitalistów. Ale jak na razie nawet Mieroszewski i Giedroyc wolą reformować socjalizm niż uzasadniać kapitalizm. No, robią to za nas, bo u nas nic się nie daje robić. Czytałem w „Kulturze" wypowiedzi Cohn-Bendita. Mówi, że zwalcza wszelką hierarchię i ucisk, a ponieważ żyje we Francji, więc zwalcza burżuazyjną, gdyby żył na Wschodzie, zwalczałby komunistyczną. Mocno się myli: gdyby żył na Wschodzie, to nic by nie zwalczał, bo siedziałby w głębokiej ciupie. Oto różnica (Zachód w ogóle wyraźnie górowałby moralnie, gdyby nie to, że „dla równowagi" wydał Hitlera).

Nixon został kandydatem republikanów. To dla odmiany mój kandydat, ciekawym, czy przejdzie. Chociaż – co mi do tego? *(Was hast du Mayer, mit Himalayen?!).*

9 sierpnia

Jeszcze o tej polityce i o pisarstwie. Dziś czytałem, że pewien radziecki zbuntowany literat powiedział: "Mamy obowiązek umierać za ojczyznę, ale nie mamy obowiązku kłamać". Otóż tu właśnie jest, jak śpiewał Dymsza, "rzeczy sedno".

Nikt nie neguje, że polityka to przede wszystkim walka o władzę, pełna brutalności i gry przypadków. Pisarz nie ma w tej dziedzinie wiele do roboty i trzymałby się na uboczu, gdyby nie to, że bolszewicy wciągnęli całe pisane słowo do swej polityki i wmówili pisarzom polityczną misję. Czyniąc tak, stworzyli sobie sami przyszłych oponentów, bo pisarz zwrócony "frontem do współczesności", a z natury krytyczny (nie ma literatury bezkonfliktowej) staje się opozycjonistą. Stalin ukrócił rzecz po carsku, to znaczy kulą i więzieniem, teraz natomiast tak już nie idzie i oto pisarze w Rosji i w innych krajach komunistycznych stają się z dworskich zauszników namiastką nie istniejącej poza tym opozycji. Oni to rozbujali Węgry w 1956, oni stworzyli dziś sytuację czeską. W Czechach początkowo walczyło tylko s ł o w o – mówione i pisane, dopiero dzięki prymitywnej brutalności pogróżek sowieckich (i niestety warszawskich) obudził się i scementował cały naród. Komuchy ciężko płacą za swoją manię na punkcie słowa – budzą bowiem kontrmanię u pisarzy: taki facet, który uważa, że jego misją jest opisać rzeczywistość, która go otacza, widząc, że mu tego zabraniają, dostaje furii i bierze się na czort wie jakie sposoby. Toć w końcu Borys Pasternak wygrał z samym Stalinem: przetrzymał go, książkę wydał ["Doktora Żywago"], Nobla dostał i umarł we własnym łóżku. Komuchy same nie wiedzą, co sobie narobili, mieszając się w sprawy literackiego słowa ("Trzeba im kupić szklany nocnik – żeby zobaczyli, co narobili") – ni mniej, ni więcej sami wywołali wilka z lasu, czyli stworzyli sobie opozycję. Toć i ja sam jestem wściekły, głównie dlatego, że nie mogę pisać i bezsilnie czytać muszę naszą haniebną prasę. Walczę więc o słowo – nie o politykę. Gdybym dalej zajmował się polityką, to prawdopodobnie robiłbym i pisał to, co Stomma – to znaczy nic. Trudno się siepać, gdy przeciwnik ma siłę. Słowo polityka, a słowo pisarza to zupełnie co innego. Polityk mówi, żeby osiągnąć jakiś cel, natomiast nie obciążony odpowiedzialnością za wypadki pisarz mówi, aby wyrazić prawdę. Państwo może mu to utrudniać i on jakoś tam to jeszcze zniesie, ale gdy państwo nachalnie żąda od niego żeby kłamał, wtedy on dostaje szału, a w szale może nagle stać się groźny. Przykładem Czechosłowacja – cha, cha! Że też Rusy nie mogą zrozumieć niektórych prostych rzeczy – a i nasi też. Gdy Pan Bóg chce kogo ukarać, odbiera mu pomyślunek.

Tyle filozofowania na ów gryzący mnie temat cenzury. Tymczasem w naszej prasie ataki na Rumunię (nota) i Jugosławię – bardzo ostre, niczym na Bonn. A swoją drogą Rumuni zażyli Moskwę jeszcze skuteczniej; nie przywrócili wolności słowa, niewiele gadali, a oderwali się jak ta lala. Biedne te Moskaliki. (Stary kawał: gość widzi, że w restauracyjnej karcie wszystkie dania są skreślone, tylko na dole figurują „moskaliki". – A to dranie – woła. – Nie dość, że wszystko zżarli, to jeszcze się podpisali!)

10 sierpnia

Czy piszę ten dziennik całkiem szczerze? Doszedłem do wniosku, że nie, bo boję się, że on wpadnie w rączki UB (spółdzielnia „Ucho"), więc nie podaję nazwisk, pomijam niektóre rozmowy, a także przeżycia osobiste, które mogłyby posłużyć przeciw mnie. Tak więc stosuję autocenzurę, jestem własnym cenzorem. Czyżby więc nie było u nas tekstów niecenzurowanych, poza napisami w klozetach?!

Mania kontrolowania słowa jest nieprawdopodobnie przestrzeganą cechą tego systemu – oczywiście s w o j e g o słowa, bo np. „Wolnej Europy" słuchają wszyscy i nikt za to nie karze. Mania ta jest w jakimś sensie nieodłącznym atrybutem rządów partii, ich widać najskuteczniejszym instrumentem, skoro tak się tego przestrzega. Kraj poza tym wygląda normalnie: ludzie pracują, chodzą do sklepów, oglądają telewizję. Cudzoziemcowi nie może pomieścić się w głowie, że jest tu coś anormalnego, zwłaszcza że nie rozumie, co pisze prasa i mówi radio. Nie uwierzyłby zresztą, że panuje tu kłamstwo tak całkowite i obowiązujące i że wszyscy się do tego przyzwyczaili, nikt nie ma ochoty się przeciwstawiać, a gdy ktoś nie chce brać udziału w urzędowym partyjnym kłamstwie, to zaraz wylatuje: kłamanie (mówienie mową umowną) jest probierzem lojalności i przydatności obywatelskiej, kto chce myśleć czy mówić inaczej, ten jest podejrzany. Nikomu zresztą kłamanie nie robi już różnicy, prócz garstki literatów. Ci jednak pytają z uporem maniaków, czy naprawdę bez tego obrzędowego, powszechnego kłamstwa nie może być „socjalizmu", czy dopiero ogólne wspólnictwo w kłamstwie umożliwia „budowę socjalizmu".

Od czasów Machiavellego i Talleyranda znane jest twierdzenie, że polityk dla osiągania swoich celów musi kłamać. Ale czy naprawdę muszą kłamać wszyscy? I czy nie można dopuścić, aby chociaż część prasy mówiła rzeczy swobodnie? Nasza prasa zawiera czystą politykę: to, co rządzący chcą, aby było powiedziane, i nic więcej. Stopień rygoryzmu tego „i nic więcej" jest przedmiotem dyskusji „rewizjonistycznej", ale nie u nas w tej chwili. Tu panuje czysta forma polityczna, czyli czysty nonsens. A jeśli to potrwa parę pokoleń, jeśli ludzie zapomną, że im czegoś brak? „Wolna Europa" przypomina, jak może, ale ona działa z zewnątrz, to jej mankament, ciągle wypominany przez komunistów. Co prawda i ja jestem już na zewnątrz, emigrant wewnętrzny. To jest konieczne, aby być trochę z zewnątrz, aby nie dać się zapakować do klosza z usypiającym gazem, z drugiej jednak strony trzeba tu być, aby obserwować ludzi, w jaki sposób stopniowo działaniu tego gazu ulegają, aby widzieć, jak się łamie charaktery i niszczy nerwy. Widzieć – po co? Aby móc temu przeciwdziałać czy to opisać. W tym celu jednak trzeba być na zewnątrz, bo tutaj się nic nie da napisać (to znaczy napisać można, ale wydrukować nie). Błędne koło – a ja w jego środku! Zmarnowane życie – aleśmy wpadli (jak śliwka w gówno).

12 sierpnia
Było parę przyjęć, bo bratanice Lidii przyjechały ze Szczecina, śmieszne dziopy, którym się nieźle powodzi – jedna ma męża pułkownika, druga inżyniera. Nie widziałem ich 24 lata, ostatni raz podczas okupacji – to zabawne. Jedna była z córką, 17 lat, zabawny stwór, egzotyczny, z innego świata. Wieczorem byliśmy u Bartoszów, dużo gadania, plotek, krzyku – dał mi „Wiadomości" londyńskie z artykułem o śmierci Śmigłego Rydza. I pomyśleć, że widziałem Rydza z bliska na przyjęciu w Akademii Literatury, gdy po śmierci Choynowskiego przyjmowano do niej Goetla. Podobała mi się wtedy jakaś śliczna dziewczyna, ojciec powiedział, że to córka Żeromskiego. Stanowczo za długo się żyje (to był rok 1936).

Zastanawiałem się, gdzie kryje się istotne zawężenie systemu, w którym żyjemy. Zastanawiałem się nad tym w związku z lekturą broszury o Radzie Państwa. Napisane tam, jak to owa Rada mianuje profesorów, sędziów, ambasadorów, ale nie napisano jednego: że nigdy jeszcze Rada owa nie uchwaliła nic niejednomyślnie, że nigdy nie odrzuciła żadnej podanej jej kandydatury, lecz zawsze i wyłącznie jednogłośnie zatwierdza a zatwierdza. Więc nawet to niewielkie a formalnie najwyższe ciało jest tylko pozorem, fasadą, a ktoś tam z tyłu pociąga za sznurek. Bardzo to osobliwe, ciekawe, tylko że jak powiedział kiedyś Rytel w związku z muzyką współczesną „nikt już nie jest ciekawy rzeczy ciekawych". Obyś żył w ciekawych czasach, czego zresztą sobie wcale nie winszuję.

15 sierpnia

Putrament we „Współczesności" pisze, że „awanturnicy", którzy zaszkodzili Związkowi Literatów, powinni się „wytłumaczyć", zwłaszcza ci, co mają inne zdanie w sprawie Wietnamu, Amerykanów etc. Jest to więc jego własna przygrywka do ewentualnej weryfikacji w ZLP. Facet czegoś się boi i chciałby się ratować naszym kosztem – sprytny, ale nie bardzo, bo w końcu dostanie od swoich kopa w tyłek – tak się zawsze dzieje komunistom. Przy okazji pisze, że mu jakieś wydawnictwo nie przyjęło ostatniej politycznej powieści (czy chodzi o „Małowiernych"?). Sprytciarz: chciałby być i dobrze widziany, i niezależny. – A dyla! – jak mówią w Warszawie – nic z tego, bratku, musisz w łeb dostać i to od owego młodego pokolenia „partyzantów" (młodzi w żadnej partyzantce nie byli, ale tak się nazywają – coś jak IV Brygada).

Ci młodzi (trzydzieści parę) to absolutni obałamuceni głupcy, ale właśnie dzięki temu dobrzy będą na Pucia. „Nie znałeś litości, Panie – i my nie znajmy litości". We wszystkich moich niepowodzeniach pociesza mnie zawsze, że komuchy będą miały jeszcze gorzej, bo u nich rotacja działa rzadko, ale za to bezwzględnie i bezapelacyjnie – jak gilotyna. Taki Wiesio i Klisio podzielą los Ochaba: kopniak i zapomnienie – oto, co ich czeka. I pomyśleć, że o Ochabie więcej pisała prasa zagraniczna po jego odejściu niż nasza. A jednak te komunisty naprawdę nie wierzą w życie pozagrobowe: trup to trup i kwita, któż by się nim zajmował (trup polityczny oczywiście).

Jutro lecimy z Lidią do Wrocławia, a stamtąd do Sobieszowa. W powietrzu już jesień. Gdzieś październik, listopad komuchy wezmą się za łeb o władzę – ale co to nas obchodzi (choć i obchodzi – przy okazji Panu Bogu ducha winnych przechodniów też powieszą). Na razie rządzi trójka: Wiesio – Klisio – Strzelecki. Czy się utrzyma? Nie jestem całkiem pewien, zwłaszcza po wygłupieniu się Wiesia w sprawie czeskiej. To jednak człowiek wierzący ten Gomułka – śmierć frajerom! – jak mówił Borowski. Podobno ambasada holenderska, reprezentująca państwo Izrael, wydała już 18 tysięcy wiz. Cóż za nieludzka bzdura: Polska bez Żydów, marzenie Dmowskiego i Bolcia Piaseckiego, realizowane przez komunistów. Niezbadane są wyroki Boże!

17 sierpnia

Jesteśmy już w Sobieszowie, za Jelenią Górą, przy czeskiej granicy, w Karkonoszach, czyli Sudetach. Wczoraj mieliśmy piękny krótki lot Warszawa – Wrocław (55 minut) i cały dzień byliśmy we Wrocławiu. Znam go tak dobrze, a teraz dopiero, gdy nie ma młodzieży akademickiej, wychodzi na jaw jego odrębność: dużo starych, prostych, zmęczonych ludzi – wszystko ze Lwowa, jakieś zniszczone i smętne – a może to Lidia mi tak sugerowała. Miasto odbudowane ładnie, fragmenty prześliczne, ale Lidia wciąż mówi, że to niemieckie. W istocie, miasto o architekturze bardzo zachodniej zamieszkane jest przez biedotę wschodnią – dopiero na młodzieży widać awans, choć za bogato to jednak nie wygląda – Warszawa ma większy szyk. Jest trochę turystów niemieckich (zachodnich?), którzy fotografują, co się da. Jak więc właściwie jest w tym Wrocławiu? Podejmuję się napisać dwa udokumentowane reportaże: jeden, że jest źle, ubogo, przygnębiająco, drugi – że odbudowa, awans, uprzemysłowienie, tygiel integrujący etc. Rzeczywistość w środku bardzo zawiła, trudno by ją przedstawić, bo względy propagandowe nie pozwalają powiedzieć całej prawdy, zresztą nikt jej może nie zna, nie pamięta – ci starzy ludzie z Wołynia też już mają pomieszane w głowie. Ale są we Wrocławiu rzeczy przepiękne: że też ci głupi Niemcy bronili się tu bez sensu, doprowadzając do takich zniszczeń, że też po wojnie dopuszczano do dewastacji, że też nie mamy tyle forsy, ile tu trzeba wsadzić – majątek! Najwięcej dba się o przemysł (Pafawag, wodomierze etc.) – to w myśl doktryny, aby z przybyłych tu chłopów zrobić miejski proletariat. Są we Wrocławiu paradoksy, także i kulturalne: znakomicie zaopatrzony Klub Międzynarodowej Prasy i Książki (miewałem tu odczyty jako poseł), a jednocześnie pisma tutejsze („Słowo Polskie" i „Gazeta Robotnicza") jeszcze – jeśli to możliwe – gorsze od warszawskich: głupie, maleńkie, zdawkowe – płakać się chce.

Pod wieczór pojechaliśmy zatłoczonym autobusem (sami lwowiacy!) przez Strzegom i Bolków do Jeleniej Góry. Piękny tu krajobraz, choć smutny. Wsie murowane, w stylu całkiem niemieckie, w domach polscy chłopi, którzy zresztą nigdy tak dobrze nie mieszkali, tylko że – na wsi, w przeciwieństwie do miast, nic się nowego nie buduje, toteż są one stare: ta sama niemiecka stodoła sprzed lat czterdziestu służy Polakom, jak służyła Niemcom. Widać od razu, że w miastach państwo łoży na nowe bloki, które wnoszą nowy styl, na wsi raczej nikt nie buduje, kontentując się starym, nawet PGR-y nie. Tak więc wszystko co nad ziemią jest tu jeszcze niemieckie – kiedy się to zmieni? Zresztą wszystko zagospodarowane i zadbane, dla tych prostych ludzi to awans niewątpliwy, miasteczka malownicze i schludne – tyle że inteligencji trochę przymało, więc polskość dosyć tu jednostronna i trochę mało atrakcyjna. Znowu obraz zawiły, trudny do sprawiedliwego odtworzenia.

Jelenia Góra trochę lepsza, niż była – kiedyś niemal się waliła, teraz jakby skonsolidowana, tylko że tutaj brak równowagi między budownictwem nowym a konserwacją starego. Tramwaj do Cieplic jeszcze chodzi, dalej staruszek już nie ciągnie – my jechaliśmy do Sobieszowa autobusem, obok sławnej „Celwiskozy" – wielkiej a cuchnącej fabryki tworzyw. W Sobieszowie stary, pełen wdzięku, ale trochę już „przechodzony" dom ZAIKS-u. W radiu lepiej słychać stacje niemieckie niż polskie – tacyśmy to konsekwentni!

Dziś rano pojechaliśmy z Lidią do Szklarskiej Poręby. Piękne, malownicze uzdrowisko o międzynarodowym sznycie, zadbane starannie, dużo fryzjerów, restauracji, pełno młodzieży – też awans społeczny, ale jakiś specyficznie jednostronny (młodzież big-beatowa, dżinsy, piosenki – do tego się komuchy dowojowały, że obrzydzili ludziom wszelką ideologię i zostały „burżujskie" popłuczyny). Dużo wczasowiczów robotniczo-urzędniczych – ci, zaabsorbowani życiem materialnym i swym awansem, na pewno nieprędko zajmą się polityką.

Weszliśmy na szczyt Jutrzenka, 1370 m – po drodze piękne lasy, z góry widok malowniczy na lesiste góry, na nich ruiny zamków. Na szczycie było kiedyś schronisko, teraz została tylko podmurówka. Malowniczo tu, ale dziwnie: nie wiadomo – Polska czy zagranica? Turystów niewielu, przeważnie młodzież z letnich obozów, lasy utrzymane pięknie. Postęp duży – ale dziwnie. Powrót autobusem (lwowiacy kłócą się), po obiedzie leje deszcz. Słychać fortepian –

może to gra Baird, który tu mieszka (nadęty – nie lubię). W radiu słucham Chopina i nagle zaczynam się zastanawiać, gdzie mieści się istota polskości: może to coś bez miejsca na świecie, eksterytorialnego, nieuchwytnego? Chopin zabrzmiał tu nagle bardzo po polsku i bardzo jakoś z daleka: zagubiony, odległy. Osobliwa to swoją drogą rzecz taka całkowita transplantacja kraju – z miejsca na miejsca. Hitler się dowojował, ale i nam zrobił – ciekawą bądź co bądź przygodę, ale ryzykowną. Czy tętno polskości osłabnie przez te przenosiny, czy przeciwnie? *That is the question!* Byłem tu przecież nieraz, a właśnie dziś, po latach, takie myśli.

18 sierpnia

Byliśmy dziś w Cieplicach: trzeba powiedzieć, że postęp ogromny przez te cztery lata, kiedy tu nie byłem. Uzdrowisko czyściutko utrzymane, domy odnowione, komunikacja usprawniona, przepiękny park. Tylko ludzi nie za dużo, przeważają chorzy, kalecy, którzy biorą tu kąpiele i zabiegi. Ludzie prości, ubrani dobrze, tyle że asortyment polskich „ciuchów", butów etc. monotonny, więc wszyscy jednakowi, chyba że ubrani w zagraniczne. Słowem „ludowo", ale chędogo – może to dobrze, że na razie wyrównane wszystko, choć szare i zwykłe. „Nie od razu Kraków zbudowano" – chciałoby się powiedzieć, ale wiem, że następny skok produkcyjny bardzo jest w tym ustroju trudny, produkcja droga i mało wydajna, konkurencji brak, więc nikt się o rynek nadmiernie nie troszczy uważając, że dobrze jest, jak jest. Takie wyrównanie zabija dynamizm, a kapitalistyczna nierówność, choć utrudniająca, wytwarza ruch i postęp. Dzieło rewolucji – stagnacja, dzieło burżuazji – dynamizm. Czy znowu nie paradoksalna zamiana ról? A w „Trybunie Ludu" w ramach „dyskusji przedzjazdowej" jakiś osioł domaga się absolutnego zrównania wszystkich płac stwierdzając, że bez tego nie będzie komunizmu. Nawet „Trybuna" gromi go za to półgębkiem (Mao miałby tu coś do powiedzenia – cha, cha!).

Z Czechami jednak się nie skończyło – znów „Prawda", a za nią nasze pieski szczekają, że część prasy czeskiej pisze opozycyjnie wobec tego czy owego, a to straszny grzech. Wiedziałem, że Moskaliki nie zniosą urozmaiconej i swobodnej prasy: zbyt dokładnie oduczono ich tego u siebie, aby mieli to tolerować u „sojuszników". Ciekawe, jak daleko pójdą i czy Dubczek poświęci wreszcie prasę dla świętego spokoju. No bo komu wobec potencjalnej grozy faktów zależy dziś na słowach i ich wolności?

W naszym domu tutaj, jak się rozejrzeć, sporo jest Żydów, i to komunistów (Golde etc.). Widać ostatnia fala antysemityzmu nie wszystkich odstręczyła od komuny: jeszcze się łudzą, że odzyskają w niej znaczenie, nie rozumiejąc, że kto wiatr sieje, zbiera burzę, i że ciąży nad nimi kara boża za stworzenie komunizmu. Ale jak już się trafi Żyd głupi, to taki głupi, że aż hej! I potem się jeszcze dziwią, że za takiego jednego płaci stu. Są przecież narodem, a nie przyznają się do tego przed samymi sobą i dlatego okrutna odpowiedzialność zbiorowa tak ich potem zaskakuje i dziwi. Po wojnie mówiłem im tak: jeśli czujesz się Żydem, to jedź do Palestyny, a jeśli czujesz się Polakiem, to nie daj się używać do budowania sowieckiego komunizmu. Nigdy mnie nie słuchali – i oto skutki! Żal mi ich, choć głupich trudno żałować.

19 sierpnia

Dziś latałem po Jeleniej Górze w poszukiwaniu dentysty, aby wyrwać ząb. W ośrodkach leczniczych tłumy ludzi, prywatni przyjmują po obiedzie, kram okropny, a ząb boli jak diabli. Ktoś słusznie powiedział, że w Polsce leczyć się może tylko człowiek bardzo zdrowy, bo trzeba mieć na to siły. W końcu jednak znalazłem dentystę, który wprawdzie się spieszył (!), ale wreszcie ząb wyrwał dając przedtem dwa zastrzyki, mimo czego bolało jak diabli.

Jelenia Góra niezbyt podnosi na duchu. Sławny rynek rozleciał się w swoim czasie absolutnie, bo go nie konserwowano. Dziś wzięto się do odbudowy, ale robią to powoli i nader brzydko. Kiedyś w Kolonii zapytano mnie: – Bójcie się Boga, po co wy odbudowujecie nasze zabytki?! Istotnie – po co? Nie wiem, czy nie obstawiłbym tego rynku szklanymi drapaczami – po cholerę ta spóźniona odbudowa.

W ogóle wszystko to jest jednak przygnębiające mimo pewnego postępu materialnego. Mieszkają tu ludzie prości, zupełnie bezradni wobec komunizmu, tworzy się więc jakiś mikroklimat kulturalny, płytki, jałowy: radio, telewizja, okropnie głupia prasa i absolutnie żadnej alternatywy, zresztą nie czują już nawet potrzeby tej alternatywy. „Dyskusja" przedzjazdowa ograniczona do technicznych szczegółów i usprawnień pracy, żadnych problemów, żadnych perspektyw politycznych – zaiste, że to jest „Polska Ludowa". Ci, co mają władzę, zainteresowani są w utrzymywaniu masy w takim stanie marazmu i otępienia – ani rozruchy studenckie, ani nasze literackie gęgania nic tu nie pomogą. Może już musi tak zostać, może taka jest logika dziejów, gdy podmiotem (biernym, ale podmiotem) staje się masa? I co ja tu mam właściwie do roboty? Pisać powieści do szuflady – zgoda, ale jak długo wytrzymam w tej izolacji, czy nie zdziwaczeję lub nie załamię się, jak to przepowiadał Paweł? Poczułem nagłą rozpacz, ale przecież wywiać jak Tyrmand to oznacza albo karmić się emigranckimi mitami, albo też porzucić polską problematykę, co z kolei oznacza przyznanie się do przerwanego i zmarnowanego życia! A więc – trzeba pisać, oszołamiać się tym, może także muzykę? Może pozwolą powrócić do życia, ale już oczywiście nie w charakterze tolerowanego quasi-opozycjonisty, lecz musiałbym złożyć jakiś akt afirmacji, włączyć się w życie takie, jakim ono jest. Nie mam na to już sił (nie wspominając o przekonaniu), a w przełom w rodzaju czeskiego w tym kraju nie wierzę – Moskale nie pozwolą. Mam więc żyć nieużyteczny albo też uciec niesławnie i skończyć bez środowiska, otoczenia, bez własnej publiczności, bez ojczyzny, patetycznie mówiąc? Ten problem stanął dziś przede mną w całej ostrości i jasności – dotąd go jakoś unikałem, dłużej się widać nie dało. Stanie on zresztą (lub już stanął) przed większością piszących z naszego środowiska – marcowe historie jeszcze rzecz przyspieszyły, obnażyły bezlitosność sytuacji przed tymi, którzy się jeszcze łudzili. Smutną mam dziś noc w tych Karkonoszach i jak się zdaje, smutno się zapowiada zakończenie „tak pięknie rozpoczętego życia". A trzeba było żyć jak inni, nic nie gadać, być muzykantem – czułbym się wtedy normalnie (?!). O cholera!

Na Czechów dalej w telewizji i gdzie indziej wymyślają tak głupio i prymitywnie, że aż się płakać chce. Ten prymitywizm właśnie najbardziej przeraża: w czyich my jesteśmy łapach?! Siedzieć cicho, morda w kubeł, modlić się i czekać. Ale na co? Przypomina mi to powiedzenie jednego Żyda, prostego człowieka (są i tacy) po wojnie. – Wie pan co – mówi – ja bym już chciał wrócić do Rosji. – A co tam w tej Rosji tak dobrze? – pytam. – Skąd dobrze?! – zaperzył się. – Znacznie gorzej niż tutaj. Ale widzi pan: tam już gorzej nie będzie.

Jest w tym filozofia – rezygnacji. Pewno w taką trzeba się uzbroić.

21 sierpnia

A więc słowo stało się ciałem: wkroczyliśmy do Czechosłowacji. My, to znaczy Wielki Brat, NRD, Węgry, Bułgaria, PRL, czyli piątka „warszawska". Wkroczyliśmy jak najdosłowniej – wojskiem. Dziś o świcie słychać było lecące ciężkie bombowce, jechały też gdzieś tutaj czołgi – stąd przecież najbliżej do Pragi. Rano nie można było dostać gazet, wszystko znikło jak zmyte, dopiero koło obiadu mały Sandauer (junior) pokazał mi „Słowo": na pierwszej stronie komunikat PAP, że „na prośbę rządu czeskiego" (?!) wiadome kraje udzielają mu poparcia wojskowego przeciw spiskowi reakcyjno-kontrrewolucyjnemu, mającemu swe oparcie za granicą. I pomyśleć, że jeszcze wczoraj ta sama prasa łgała, że z Czechami wszystko jest w porządku i że mówienie o interwencji to kontrrewolucyjne intrygi. Co za perfidia – co za błazeństwo. A teraz my wkraczamy też i w jakże ohydnej roli. I zawsze tak po świńsku wychodzimy wobec Czechów – Zaolzie się kłania.

Ludność tu zareagowała w sposób klasyczny: rzucono się na sklepy i wszystko wykupiono. Ludzie przygnębieni, ale słychać też głosy, że dobrze tak Czechom, bo po co atakują socjalizm i kombinują z Niemcami. Ogłupiono już ten naród, zwłaszcza tutaj, gdzie ludzie nie czują się ani pewni, ani u siebie. *Point de rêverie* – żegnaj ośmiomiesięczna idyllo praskiej wolności słowa! A jednak Moskal zrobił swoje – Pawełek miał rację: żaden międzynarodowy komunizm, żadna ideologia, goły rosyjski imperializm i tyle. A co na to komunistyczne partie zachodu? Ciekawym, jak im teraz w pysku, zwłaszcza Włochom, którzy popisywali się liberalizmem. A czy Rumuni nie trzęsą portkami ze strachu? Do nich chyba nie wejdziemy, oni zresztą nie drażnili Ruskich wolnością prasy – Turcy odzwyczaili ich od takich luksusów.

Nic dokładnego nie można się dowiedzieć, bo „Wolną Europę" trudno złapać, a nasze radio, oczywiście, prawie nic nie mówi i puszcza muzyczkę – cóż to za skurwysyny.

A jeszcze wczoraj w Wałbrzychu spotkaliśmy Kostka Łubieńskiego, który z podziwem powiedział, że Czesi wygrali i że wiatru w żagle dała Dubczekowi właśnie wolność słowa, bo przez zniesienie cenzury dał folgę siłom, które długo milczały, a które obecnie zbudziły społeczeństwo. Zbudziły – ale teraz położyły. Koniec romansu – bardzo to smutne. Nie wiemy jeszcze, jak się całą rzecz upozoruje politycznie, kto przejdzie na stronę Ruskich, jak potoczy się „pod bagnetami" (naszymi) zjazd czeskiej partii. Oczywiście wymyślą jakąś bujdę o kontrrewolucji, znajdą sobie dowody, ofiary, wykonawców – a wolnościowców i rewizjonistów szlag trafi, zwłaszcza Żydów. Myślę, że terror będzie potężny a perfidny – własnymi rękami będą musieli się podusić, chętni oprawcy zawsze się znajdą. A ile będzie kłamstwa – o jerum! Biedni Czesi, ale i myśmy biedni po tym wszystkim.

Wałbrzych lepiej wygląda niż Jelenia Góra, nie zburzony, solidny, kopalnie imponujące, zaopatrzenie lepsze, nawet twarze jakieś bardziej ludzkie – o górników się dba w myśl ogólnych założeń, że klasa robotnicza etc. Przepiękny widok z pociągu, gdy objeżdża się miasto dookoła: kombinacja gór, lasów, hałd, potężnych fabrycznych cielsk i kominów, stawów z mokrej „szlaki" – to jest coś. Tylko przedmieścia bardzo smętne, brudnawo, zapylone powietrze. Ale w każdym razie w porównaniu z Jelenią Górą – klasa. Łubieńscy są w Szczawnie na kuracji, spotkanie z nimi było zabawne. Kostek w formie, rad z siebie, chce być posłem, bo mówi, że na starość nie będzie szukał posady. Mówił z oburzeniem o wyjeżdżaniu Bogu ducha winnych Żydów (zamiast Bermana wyjeżdża skrzypek z filharmonii), o antysemityzmie wzbudzonym zwłaszcza na wsi (chłopi są zarazem antykomunistyczni i antysemiccy), o głupiej publicystyce gospodarczej, no i o Czechach – że jasny punkt i optymistyczny. Ładnie optymistyczny. Lidia poszła teraz spojrzeć po sklepach (tu w pensjonacie też grozi głodek, bo zapasów nie mieli), a ja siedzę przy oknie zafrasowany i zbaraniały. O cholera – jeszcze tego brakowało. A nasz Wiesio pewno rad, to były jego sugestie, on jest zawsze *plus catholique*... O... (nie będę pisał, jeszcze kto ten zeszyt znajdzie). Pogoda beznadziejna – wszystko do dupy. Paweł wygrał – niech to szlag!

Lidia wróciła – rozmawiała tu i ówdzie. Mówiono, że wojsko jechało tędy, koło Cieplic od jedenastej w nocy: masa czołgów, artyleria, cysterny z benzyną, lotnictwo. W ogromnym pośpiechu, z hukiem i hałasem, pozrywali nawet druty telefoniczne, poprzewracali słupy. Podobno siła ogromna – i to z pięciu stron. Czesi ani zipną, nikt nie zdąży zwiać. O to właśnie idzie – ale te Moskaliki nic się nie zmieniają!

„Oświadczenie rządu PRL" w sprawie wkroczenia mówi, że „rząd polski oraz... (rządy sojusznicze), kierując się zasadami nierozerwalnej przyjaźni i współpracy oraz zgodnie z istniejącymi zobowiązaniami sojuszniczymi, postanowiły uwzględnić wspomnianą prośbę w sprawie udzielenia bratniemu narodowi czechosłowackiemu niezbędnej pomocy".

I bądź tu człowieku patriotą. Rzygać się chce! „I nie miłować ciężko, i miłować".

22 sierpnia

Więc już wszystko bez obsłonek – tragiczne a obrzydliwe. Ową prośbę o wkroczenie wojsk podpisała anonimowa grupa czeskich „działaczy partyjnych i rządowych". W tej chwili już chyba „robią porządek", Dubczek, Czernik, Smrkowsky i inni są już chyba pod kluczem. Odbywa się jakiś dziwny zjazd partii, podobno były jakieś walki, pożary. Wydaje się, że prezydent Swoboda przeszedł na stronę sowiecką, stary facet, pewno go sterroryzowali. Trudno się zorientować, nasza prasa oczywiście podaje tylko łgarskie brednie, radio „WE" mówiło wczoraj na wszystkich falach po czesku, jest oczywiście zamęt, ale w sumie zmierza wszystko niewątpliwie *zur bitteren Ende* – jeszcze raz wśród serdecznych przyjaciół psy zająca zjedzą. Bo na Zachodzie pełno oczywiście głosów zdumienia i oburzenia, co mnie okropnie wścieka: toć przed 23 laty oddali wszystkie nasze kraje Rosji, a teraz obłudnie się dziwią. Będą protesty, noty, artykuły, a tu czeską wolność wykończą – i nikt palcem w bucie nie kiwnie. Rzecz dzieje się w „strefie rosyjskiej", a do tego nikt się nie wtrąci – Moskale doskonale o tym wiedzą. Żebyż tylko nie łgali tak strasznie – a za nami nasi idioci (szakal małpuje lwa – przykry widok).

Wczoraj wieczór przy telewizji była tu dziwna scena. Zgromadzili się wszyscy mieszkańcy pensjonatu, młodzi pokrzykiwali trochę przy co większych bzdurach. Gdy „Dziennik" się skończył, nagle odezwał się siedzący z tyłu gruby facet, którego nikt nie znał i nie widział przedtem. Powiedział, że jest miejscowy i że może udzielić ostatnich wiadomości na temat Czech. A mianowicie: że nasze wojska świetnie się spisały i po półtorej godzinie pierwsze zajęły Pragę, tak iż Rosjanie z polskich rąk przejmowali poszczególne punkty; że Czesi wymyślają Polakom wspominając Zaolzie, prześladują Polaków (przyszła pono z tamtej strony jakaś kobieta, która szła całą noc omijając wsie), ale nasze wojska rozgromiły ich bez trudu; że Rosjanie zamknęli rurociąg, tak że w Czechosłowacji nie można dostać litra benzyny; że Dubczek pewno już nie żyje i że wszystko idzie doskonale. Było to niewypowiedzianie obrzydliwe, nikt na niego nie patrzył, nikt nie podchwycił tematu i facet za chwilę wyszedł. Mówił ze swadą, nie wiadomo, czy idiota, czy nasłany prowokator, nikt nie wie, kto to był i skąd się wziął. Dlaczego Moskale to zrobili teraz, a nie np. w czasie manewrów, kiedy mieli tam wojska? Myślę, że Czesi w Czernej przyjęli wszystkie polityczne warunki, rzecz się niby uspokoiła, ale prasa, telewizja etc. nadal robiły swoje – raz rozpętanej wolności słowa tak łatwo stłumić się nie da. Myślę, że Ruscy przerazili się, że to może być precedens, że takiej swobody i prawa do opozycji zażądają i inni, może i np. literaci w samej Moskwie, a wtedy leninowska teoria o utrzymywaniu władzy gotowa się zawalić (moim zdaniem Lenin był nie tyle teoretykiem rewolucji, co teoretykiem chwytania i utrzymywania władzy). Chyba to był najważniejszy moment psychologiczny, bo podawana oficjalnie wersja o niebezpieczeństwie niemieckim wydaje mi się bujdą: toć Rosjanie doskonale wiedzą, że Niemcy są na amerykańskim pasku i że bez Ameryki nic nie postanowią, a Amerykanie wojny nie zaczną, bo się boją atomów. Sytuacja bez wyjścia, Ruscy wyzyskują ją na całego, a obłudny Zachód udaje zdziwienie. Nawet dureń Sartre protestuje „w imię socjalizmu". Błazen – dopiero się dowiedział prawdy o Rosji. Kretyn.

A co z partiami komunistycznymi? O to zresztą mniejsza, ale co będzie z Rumunią? Ceauşescu bardzo się stawia – ale jak go zajmą, to też nikt przecież się nie ruszy. Tragiczna w skutkach dla świata okazała się ignorancja Roosevelta – powinien się smażyć w piekle razem ze Stalinem. Toć wtedy Ameryka miała monopol atomowy, mogła dyktować warunki. O idioci, potrójni idioci!

Najgorszy jest ten nasz język niewiarygodnie zakłamany: o przyjściu z pomocą braciom Czechom na ich prośbę, o dobrym przyjęciu naszych wojsk etc. Pewno dużo ludzi już w to wierzy – wieloletnie ogłupianie musi wydać owoce. Trudno nad sobą zapanować, siedzę przy telewizorze bez ruchu, bo jakiś osioł mnie obserwuje. Teraz rozumiem wszystkich sterroryzowanych wazeliniarzy: jak nie masz siły, to siedź cicho albo wyjeżdżaj stąd. Wyjechać? Na obcy pusty świat, którego Polska nic nie obchodzi? Na emigrancki chleb?! Brr – i w ogóle za późno. Co prawda tu już też niedługo nie będę miał chleba – blokada działa. Naprawdę sytuacja bez wyjścia – oni tu zniszczą człowieka, jak zechcą. Diabli – beznadzieja. W dodatku zniszczą całe nasze środowisko, skoro probierzem prawomyślności (a raczej lewomyślności) stał się dla piszących obowiązek kłamstwa.

25 sierpnia

Wczoraj byliśmy z Lidią na Śnieżce – weszliśmy z Karpacza, zeszliśmy do Bierutowic. Po drodze mnóstwo Niemców, co ciekawe, nie tylko z NRD, ale i z NRF. Na szczycie mgła jak mleko, idzie się na oślep. Polskie schronisko żałośnie spalone (tej zimy), czeskie stoi, ale specjalnieśmy się do niego nie kwapili (granica biegnie szczytem). Pod szczytem wartownia WOP-u, bardzo grzeczni, ale uzbrojeni po zęby. Wracaliśmy wieczorem z Bierutowic autobusem przez Jelenią Górę. Znowu inne wrażenie: kraj zadbany, ludzie dorobieni solidnie, mają się nieźle. Z reguły część rodziny pracuje na roli czy w sadownictwie, a część (młodsza) w fabrykach – w sumie ziarnko do ziarnka i na motocykl oraz telewizor („artykuły użytku trwałego" według oficjalnej nomenklatury) się zbierze. Tylko z konserwacją budynków oraz z „kosmetyką" terenu jest nie nadzwyczajnie – widać Rady Narodowe są tu nie najbogatsze, a i turystyki ani zorganizować, ani wyzyskać nie umieją, choć pod tym względem wiele się już na lepsze zmienia. No i ludzie tu z jednolitej warstwy: ze Wschodu, dobrze przez Historię zbici, a więc pokorni, bierni, pesymiści, bez ambicji kulturowych czy politycznych. Trzeba poczekać na młode pokolenie, aż im się karki podniosą. A jednak mam o tym wszystkim podwójne myślenie: drażnią mnie komuniści i wiele bzdur, które robią, ale swoją drogą „mała stabilizacja" na kilkadziesiąt lat jest w tych przez ojczulka Stalina podarowanych nam ziemiach konieczna, a ona jakimś dobrym zrządzeniem losu teraz tu trwa. Mówię o dobrym zrządzeniu losu, bo po wojnie komuchy porobiły tu masę strasznych błędów, opóźniając rozwój tych ziem o lata. Najpierw zwlekano z prawnym załatwieniem aktów nadania ziemi, zrażono chłopów kolektywizacją, zniszczono rzemiosło i drobny przemysł, dzięki czemu wiele miasteczek opuszczonych rozsypało się w pył, zmieniano wciąż przepisy i zarządzenia siejąc nieufność, zwalczano Kościół (obłęd!). W tej chwili jest, jak mówi Adolf [Rudnicki], antrakt, ale żeby znów im obłęd nie wrócił – w komunizmie nigdy nie wiadomo.

A co z Czechami? Przedziwne rzeczy! Rosjanie chyba zwariowali kompletnie, kuda im do stalinowskiej precyzji i szybkości – to jednak był mistrz (przyjechał tu krytyk muzyczny Zieliński – słyszał, że w Pradze na murach pojawiły się napisy: „Leninie, obudź się – Breżniew zwariował"). Gdy prezydent Swoboda z paru ministrami pojechał przedwczoraj do Moskwy, sądziłem, że to koniec: przystawią staruszkowi rewolwer do głowy, powoła nowy rząd, wyrzeknie się Dubczeka i cześć. Tymczasem jakoś to nie idzie – rozmowy trwają a trwają, wojska „pięciu" w Czechach są, ale jak się zdaje, Czesi nie ustępują. Dubczeka, Czernika, Smrkowsky'ego gdzieś wywieźli (do Moskwy?). Cisarz pono uciekł z aresztu i ukrywa się w Pradze, natomiast paru ministrów zwiało do Jugosławii, a minister spraw zagranicznych Hajek jest już podobno w ONZ. Wrzask się robi na cały świat. Rumunia i Jugosławia są na całego przeciw, partie zachodnie wierzgają, zamęt diabelski – naprawdę te Rusy straciły całkiem głowę. W dodatku nie mogą wskazać żadnego nazwiska, które by było podpisane pod wezwaniem wojsk „alianckich", nikt się do tego nie przyznaje. Bardzo to niepoważne i antypropagandowe – co prawda, kto ma siłę, ten podobno nie potrzebuje ani być poważnym, ani robić sobie dobrej propagandy. Ale to tylko do czasu: w końcu międzynarodową „jedność ruchu robotniczego" diabli już chyba wzięli bezpowrotnie. Choć co prawda zachodnie partie komunistyczne biorą forsę z Rosji, a forsy na tym świecie mało kto się wyrzeka. Ciekawe, co będzie – a może Breżniew upadnie przez to wszystko?

A swoją drogą zdumiewająca rzecz z tymi Czechami. Uważano ich u nas zawsze za oportunistów, kombinatorów i bojaźliwców (nic by w tym zresztą nie było dziwnego). Tymczasem odezwał się w nich solidny austro-węgierski legalizm: mają swój legalny rząd i nie zamierzają się go wyrzekać. Warto sobie uświadomić, że ze wszystkich krajów „demokracji socjalistycznej" tylko Polska była kiedyś w niewoli rosyjskiej – inni podlegali Habsburgom, ewentualnie przedtem Turkom. Rosjan trzeba się dopiero nauczyć, my mamy ich we krwi, nasi alianci właśnie się ich uczą: Węgrzy w 1956, Czesi teraz. Czesi mają naiwność nieświadomości, okres wolnej informacji, prawdziwej prasy, telewizji etc. sprawił, że skorupa myślenia komunistycznego opadła z nich jak z gęsi woda. Naiwność (choćby udana) bywa czasem świetną bronią. Czy tylko ten starzec w Moskwie wytrzyma nerwowo? To jest patetyczne – oby się tylko nie skończyło obrzydliwie – a możliwości jest mnóstwo.

Niestety słabo tu słychać „WE" na naszym tranzystorze. A polska prasa i telewizja łżą tak straszliwie bezczelnie, to już są po prostu Himalaje kłamstwa i perfidii. Męclewski, Hrabyk (dawni endecy – próbują rzecz przybrać w formę prorosyjskiej i antyniemieckiej racji stanu), Broniarek, takie szmaty jak „Żołnierz Wolności" – człowiek czerwieni się ze wstydu, czytając to. Że też komuniści zmuszają tak ludzi do kłamania: kłamstwo jest tu legitymacją, uniformem, sprawdzianem lojalności. Ale prasa w tak jaskrawy sposób pomijająca najważniejsze fakty (np. co się stało z Dubczekiem, Czernikiem etc., co z Rumunią, jaka jest reakcja partii komunistycznych na świecie: o tym dowiadujemy się tylko pośrednio, że Castro ich potępił np.) jest chyba przecież nieskuteczna, każdy widzi, że to jest bzdura. Tak by się wydawało, a jednak? Może my się na tym nie znamy, może rzecz obliczona jest na całkiem innych ludzi, obojętnych na życie publiczne, nieświadomych, ciemnych (znowu „ciemniaki"?!). Może na inteligentach już nikomu nie zależy? Może. Ale przecież są pisma krajów politycznie mocnych i realistycznych, które nie zawierają samych bredni i dziecinnie nieudolnych kłamstw, lecz są wszechstronne, obiektywne, głębokie. Na przykład „Le Monde", „Frankfurter Allgemeine", „Neue Zürcher Zeitung", „Times", „Economist", „New York Herald Tribune" (czy jeszcze wychodzi?) itd. Mój Boże – marzenia dziennikarza w Polsce, gdzie prasa jest tylko i wyłącznie propagandowym biuletynem rządzących. Mój Boże! Ale sobie zawód wybrałem – i tak łaska boska, że mam jeszcze muzykę!

Przed chwilą w telewizji sensacja: w rokowaniach w Moskwie biorą udział Dubczek i Czernik! A więc wywieziono ich siłą „w nieznanym kierunku", aby nastraszyć i zmiękczyć. Ciekawa metoda – ale czy skuteczna? Wniosek z tego, że nie udało im się rozłamać czeskiej partii, tak jak chcieli. Ale jeśli Dubczek pertraktuje na Kremlu, to kto jest owym wrogiem, przeciw któremu wytacza się czołgi i armaty? Dziś Męclewski (trochę jakby speszony polemizował z jakimś anonimem) wspominał w telewizji coś o syjonistach. Może na nich zwalą? – jak bida to na Żyda. Ale swoją drogą włączenie Dubczeka do obrad dowodzi, że stary Swoboda nie ustępował. Czy zawrą kompromis? Ale z kim, z delegacją przywiezioną siłą? Pewno w końcu zwalą na Niemców i Żydów – jakiś wróg być musi. A w rzeczywistości był tylko jeden wróg: prasa, zniesienie cenzury. Bo tego ścierpieć nie można: komunizm wychowuje miliony ludzi w jednym poglądzie i nikt mu w tym nie śmie przeszkadzać. O ile dopuściłoby się parę poglądów do wolnej konkurencji, toby już nie był komunizm. Nie rozumie tego "socjalista" Leszek Kołakowski — pewno jeszcze za młody. A swoją drogą rzadki to w historii przewrót, wywołany przez dziennikarzy. Sowieci uważają, że jednomyślność daje siłę. A po co państwo ma być silne? Wróg jak znalazł: Niemcy. Już to głupi Hitler dostarczył komunie argumentów na sto lat (dwadzieścia pięć już upłynęło). Chociaż największą jego zbrodnię — wymordowanie Żydów — sami by chętnie dziś powtórzyli. Bo Żydzi jako nosiciele prasowo-międzynarodowego *esprit* stają się dziś (o paradoksie) ich największym wrogiem, a antysemityzm — jednym z niewielu popularnych argumentów.

26 sierpnia

Sytuacja z Czechami niesamowita. Swoboda, Dubczek, Czernik, Smrkowsky ciągle są w Moskwie, zapowiada się dalsze przedłużenie rozmów, bez ujawniania ich treści. Jednocześnie Hajek (minister spraw zagranicznych) jest w ONZ, co tam robi, tego oczywiście z naszej prasy dowiedzieć się nie sposób, telewizja podała tylko, że otrzymał od Swobody kablogram, aby zażądał zdjęcia sprawy czeskiej z porządku obrad. Czy to prawda, od kogo w istocie był kablogram i co on zrobił — licho wie. "Wolnej Europy" złapać nie sposób, a nasze "środki przekazu" bredzą wyłącznie o spisku niemiecko-amerykańsko-syjonistycznym. Ich argumentacja, mająca na celu odwrócenie uwagi od istoty rzeczy, żywcem przypomina kawał, jak to Amerykanin rozmawia z Rosjaninem: — Wy produkujecie mniej samochodów dla ludzi pracy. — Tak, ale wy prześladujecie Murzynów!

Nasza prasa podkreśla wciąż, że w Czechach jest napięcie stworzone przez reakcjonistów, ale jako jedyne na to dowody podaje napisy kredą na murach oraz rzekome tajne radiostacje. Co do rzekomo wysuniętego przez Czechów hasła neutralności, to uważa rzecz za "odrzuconą" przez Sowietów. W ogóle cała sprawa wygląda mi na odgórną prowokację — tak jak u nas w marcu: tamtych trzymają w Moskwie, aby nie działali legalnie, a tu sprowokować jakieś draki i potem powiedzieć, że z konieczności musieli powołać jakiś "wojenny" rząd, a tamtych...? O tamtych może słuch zaginąć — do Czechosłowacji już nie wrócą. Jest to jeden z wariantów diabolicznego planu, perfidnego jak zawsze u Rusów, a od czasów Lenina i Stalina to już na całego (jak gładko Lenin kazał sprzątnąć rodzinę carską, nigdy się do tego nie przyznając). Gwałt się już podniósł na świecie, straty propagandowe wielkie, ale Rosjanie nic sobie z tego nie robią: albo nie rozumieją, albo w ogóle sobie gwiżdżą na wszystko – obchodzi ich tylko propaganda wewnętrzna. A my w tym wszystkim – jak chuje kompletne!

Wczoraj w myśli polemizowałem z argumentami telewizyjnych szmatławców-prelegentów, ta imaginacyjna rozmowa kręciła się około „polskiej racji stanu" (kiedyś nasza ze Stommą argumentacja), sprawy Niemiec, Rosji etc. Całe życie trzeba polemizować w myśli (i to zaczynając od Adama i Ewy), a na wierzch nic z tego nie wychodzi. Czy człowiek, nie mogąc się wygadać i słuchając co dzień bujd, nie rozchoruje się w końcu na jakąś specjalną chorobę? W Krakowie, w okresie stalinowskim nie zwracało się na te rzeczy żadnej uwagi, to było coś jak okupacja. Teraz jest inaczej: ilość przeszła w jakość, wszyscy wokół się zmienili, sytuacja trudna, bez wyjścia (?! – chyba za drzwi?).

Więc Rosjanie szukają w Czechach na gwałt wroga, który by ich zaatakował i dał im pretekst, a Czesi zachowują spokój i trzymają się legalizmu – tak to chyba wygląda? Aha – dziś podano, że w Pradze zginęło dwóch radzieckich dziennikarzy. Jak, w jaki sposób? Nie wiadomo.

Tutaj deszcz leje jak z cebra całe dnie. W piątek jedziemy do Pilarskich do młyna, potem do Warszawy. Nerwówka z tymi Czechami, a Zachód szczuje i przygląda się. Co prawda, co właściwie ma zrobić, jeśli jest bomba atomowa? Ludzie nielicho się zaplątali – boję się, że świat zginie w końcu przez Rosjan. Antychryst już był – może być koniec świata.

Bardzo ciekawa jest historia z encykliką papieża *„Humanae vitae"*. Notuję to na razie, a szerzej napiszę w wolnej chwili. Tymczasem kładę się do łóżka z Maigretem, którego pożyczył mi [Kazimierz] Golde.

27 sierpnia

A jednak moje diaboliczne przewidywania się nie sprawdziły, przynajmniej na razie. Konferencja w Moskwie się skończyła, okazało się, że wzięło w niej udział dużo Czechów (skąd się wzięli?!), a nawet były premier Lenart, ale oczywiście Dubczek i inni także. Komunikat ma identycznie drętwy styl jak ten z Bratysławy, tyle że teraz z pewnością skończą się prasowe harce i zbyt otwarte dyskusje, no i sprawy personalne potoczą się inaczej, już bratnie armie (które mają postać aż do „normalizacji" życia) dopilnują tego. Tak czy owak Swoboda, Dubczek etc. powracają na swoje stanowiska. A więc jakoś jednak sukces Czechów, że nie utworzono nowego rządu. Tylko co będzie dalej? Światowy wrzask na pewno Czechom dopomógł, jednak Rusy nie poszły na całego, a może Czesi dużo ustąpili? Ile – to się okaże w praktyce. A swoją drogą Rosjanie wyszli tu trochę jak „papierowy tygrys" – w dodatku rzucający się na papierowe cele – dosłownie, bo żaden wróg nie został nazwany, powiedziano tylko ogólnie, że środki masowego przekazu dostały się w ręce wroga. A więc nieprzyjacielem – wolna prasa. Złożona zresztą z tych samych ludzi, co kiedyś pisali zgoła co innego. Mieli już dosyć kłamstwa i bzdury, dusili się, więc gdy podniesiono klapę – nastąpił wybuch. Czy z naszymi prasowymi łobuzami też by się tak stało? Wątpię – to szmaciane, szmaciane serca, a o umysłach to już nie wspomnę.

Swoją drogą ktoś w Rosji powinien za to polecieć: głupia robota, ostentacyjna i powolna – wujaszek Stalin by to zrobił pięć razy lepiej i bez takiego krzyku na świecie. A swoją drogą, że teraz się w Czechach może zacząć na dobre – szantaże, terror, perfidia – tylko że to dla Zachodu nie będzie już tak widoczne, nieefektowne. A poza tym myślę, że Moskale uwierzyli we własny mit o grożącym im „imperializmie" i „rewanżyzmie", i uwikłali się w niego uczuciowo – Stalin robił te rzeczy na zimno. Ale on znów dziecinnie nie przewidział, że grozi mu rzeczywisty imperializm – Hitlera. Oto są skutki zamknięcia się we własnym sensie: nie widzi się rzeczy oczywistych, widzi się mity.

Mrożek ogłosił za granicą protest zaznaczając, że nie jest emigrantem i że jest członkiem Związku Literatów Polskich. Będzie o to heca, odciąży to trochę nas, bo jemu za granicą nic nie zrobią. Jest tu dyrektor teatru z Łodzi, opowiadał, jakie hece robi mu cenzura z każdym słowem i jak wyrzucono aktora, który powiedział zdanie skreślone przez cenzurę. Teraz mówi, że ma dwóch autorów „z głowy": Mickiewicza i Mrożka.

W telewizji wciąż o syjonizmie – oni rzeczywiście postanowili zrobić sobie popularność na antysemityzmie. Zatruwają ten naród, jak mogą, wmawiając, że to z patriotyzmu. A Żydzi są niepopularni, znienawidzeni za okres stalinowski, oczywiście pewna grupa Żydów, ale oni tego nie mówią, lecz bez mrugnięcia okiem biorą ten wiatr w żagle. Bezczelni. To też jest Polska, ale kochać jej nie zamierzam. Nawet Niemcy nie wszyscy kochali Hitlera: treść moralna pojęcia ojczyzny nie jest obojętna, miłość ojczyzny nie może być ślepą miłością do każdego jej rządu etc. Takie sentencje układam sobie na wypadek, gdy ktoś mnie o coś zapyta – ale nie ma obawy, nie zapyta. Cała tragedia, że jestem skazany wyłącznie na dialog z samym sobą: sam jestem za komunistę i sam z nim dyskutuję. Deszcz leje i leje, i będzie lał – ile razy przyjadę do Sobieszowa, to namiętnie leje. Porzućcie wszelką nadzieję! Aha – w Moskwie była narada pięciu bratnich, oczywiście, partii – Gomułka, Kliszko i Cyrano byli naturalnie też. Odprawa, instrukcje i cześć, towarzysze. Nie wiem, czy to leninizm, czy stalinizm, czy plechanowizm, wiem, że okropnie głupie – jest w tym wszystkim coś niebywale dziecinnego, a ludzie (młodzi) – biorą to ze śmiertelną powagą, dowód, że też zdziecinnieli. A co by na to powiedział Marks, umysł niby głęboki? Nie wierzę w „dobry" komunizm i „zły" komunizm – komunizm jest komunizmem, jakim go znamy od 50 lat, i kwita: wyrósł na niewolniczej duszy rosyjskiej, na głupim caracie i na scholastycznych spekulacjach oszalałych inteligentów (którzy mogli działać siedząc po Szwajcariach, Francjach, Angliach, lecz liberalizm tamtejszy niczego ich nie nauczył – gardzili nim i nadal gardzą, plotąc o imperializmie). Żyć w komunizmie – obyś żył w ciekawych czasach!

29 sierpnia

Co za pech: robi się przepiękna pogoda, a my wyjeżdżamy do owego młyna do Pilarskich. Tu jest prześlicznie: zrobiłem parę świetnych spacerów górsko-leśnych, są znakomite strome wsie z wodospadami, miłymi knajpami (Podgórzyn, Jagniątków, Michałowice), prześliczne też są odświeżone Cieplice z przepięknym parkiem zdrojowym i kolorowymi niemieckimi domami. Pomyśleć, że ten sam krajobraz służył szkopom, a teraz służy naszym chłopakom ze Wschodu – swoją drogą oni nigdy tak nie mieszkali, młodzież już tu wychowana, niemczyzny poza budowlami ani śladu – ciekawy tu mamy z łaski Stalina eksperyment, polskość rzeczywiście nowa, plebejska, tyle że tak strasznie przez komuchów tumaniona.

A co z Czechami? Sytuacja chyba jednak obrzydliwawa. Swoboda, Dubczek etc. są jak przekłuty balon, z którego uszło powietrze. Mówią komunały, drętwą mowę o spokoju i socjalizmie, nie wiadomo, czy to z chytrości, czy nastraszono ich w Moskwie całkiem. Ludność pono się burzy (wyobrażam sobie), ale jak na razie słychać tylko o napisach kredą na murach – gdzie jest „wróg klasowy" – nie wiadomo. U nas w telewizji i radiu wciąż szczucie na Czechów, a także reportaże z życia tam polskich żołnierzy, jak spełniają „żołnierski obowiązek". Rzygać się chce! Piękny zryw tego zachodnioeuropejskiego (bardziej niż Polska) kraju ku jakiejś ludzkiej i swobodnej atmosferze życia, zmieniony przez Mochów w gówno. „Do przyjaciół Moskali" – Marks posłużył im za orędownika ich narodowego egoizmu. W czasie wojny, prawda, złożyli krwawą ofiarę, ale do wybuchu wojny sami się walnie przyczynili (pamiętam doskonale zdjęcie Stalina w białej „rubaszce" z namaszczonym, sztywnym Ribbentropem), a przy tym Ameryce też coś niecoś zawdzięczają (sprzęt). Komuchy bazują na ludzkim braku pamięci – oto co w tym wszystkim najgłupsze.

Był tu prof. K. [Władysław Krajewski], cichy, uprzejmy semita, z dziećmi. Okazuje się, że to... syn Adolfa Warskiego. Tego polskiego komunistę, najpierw z PPS-Lewicy moi rodzice znali doskonale – ojciec przepowiedział mu nawet, co go czeka (rozwałka w Moskwie) – był on też komunistycznym posłem w polskim Sejmie – dużo krzyczał i awanturował się. A tu jego syn, cichy jak mysz pod miotłą, całe dnie słuchał „Wolnej Europy". Niezbadane są wyroki opatrzności! A jest on, do tego, profesorem „marksizmu-leninizmu" na warszawskim uniwersytecie. He, he!

4 września

Nie pisałem długo – jesteśmy już w Warszawie. Uderza mnie tu bałagan, zła organizacja i lekceważenie wszystkiego przez wszystkich, teraz widać, że jednak w Wałbrzychach, Jelenich Górach i Wrocławiach ludzie jeszcze trochę na serio biorą swoje obowiązki, można tam naprawić but lub okulary, pojechać autobusem bez tłoku, zatelefonować – tu w tej chwili bajzel absolutny. Wynika to zapewne z faktu zamknięcia Warszawy: nie mogą się tu, z powodu zakazu meldowania, dostać ludzie, którym by na pracy zależało, ci, co są, uważają się za niezastąpionych, są zblazowani, cwaniacy – poza tym „luźnej" forsy krąży tu więcej niż gdziekolwiek. W sumie miasto, gdzie soki krążą wolniej, usługowy niedowład, w ogóle nonsens. Pisałem o tym kiedyś, jak można by „otworzyć" Warszawę – oczywiście cenzura zdjęła. Nie chcą słuchać żadnych rad, wszystko wiedzą lepiej, a więc niech sobie sami rządzą – pies ich trącał.

Przejechaliśmy z Lidią kawał Polski. Najpierw do Wrocławia, gdzie kończył się właśnie festiwal oratoryjny. Zaciągnęli mnie nawet na konferencję pofestiwalową, gdzie Waldorff ucałował mnie „w imieniu rządu" – zdaje się, że nie wszystkim się to podobało. Potem była lampka whisky u miłego pedała-melomana prof. H. i wreszcie rzuciliśmy się wraz z Pilarskim w autobus, aby przez Kępno i Wieruszów udać się do ich „posiadłości" pod Bolesławiec, gdzie jest młyn i gdzie „urzęduje" matka Pilarskiego.

Nazywa się to Krupka, ma 9 ha, młyn, dom mieszkalny (połączony z młynem, wszystko nad Prosną), obora, stodoły, trzy krowy, koń, indyki, kaczki, kury, psy, koty, bocian na drzewie, pole, sad itp. Matka Pilarskiego, starsza pani z Kresów, nie bardzo tu daje radę z jedną babą (młyn jest wydzierżawiony), wynajmuje więc ludzi do pracy i maszyny z POM-u (ośrodek maszynowy dla rolnictwa). Nawiasem mówiąc, kierownik tego POM-u i fryzjer w jednej osobie okazał się moim starym czytelnikiem i wielbicielem. Dosłownie umiał moje felietony (o których ja już zapomniałem) na pamięć. Facet dzielny, bojowy, „partia" go niszczyła, ale bronił się dzielnie, taki Judym prowincjonalny, „duch wieczny rewolucjonista", przy tym antyklerykał, ale religia go korci; chodzi zaocznie do dziewiątej klasy, a sformułowania ma tak bystre, że aż podziw bierze. Podniósł mnie na duchu – bez takich cyniczno-kombinatorska, przez grandziarską „partię" kierowana, Polska byłaby nie do zniesienia. Dochowałem się bądź co bądź uczniów tu i ówdzie, coś tam z felietonów zostało, choć dziś nie chciałbym ich już pisać.

Byliśmy tam trzy dni – w chałupie brudno i śmierdzi, ale po trochu miło – zaprzyjaźniłem się z krowami, koniem etc., obserwowałem na łąkach przedzlotowe zebrania partyjne bocianów, widziałem sarnę, zająca etc. Tyle że się za dużo jadło i piło. Chłopi mają się tu dobrze w tym przejściowym okresie – jednak komuchy polskie zrozumiały, że bez nich (chłopów) byłaby nędza. Są nawet gospodarstwa do 50 ha, nawet 100 ha w niedalekim Poznańskiem. Toteż choć chłopi żyją dobrze, choć po polsku (dużo żarcia i picia, złe mieszkanie bez klozetu, motocykl, telewizor, bezideowość i niemieszanie się w nic, religijność konserwatywna i czysto zewnętrzna). Natomiast młodzi nie chcą już wsi, noszą długie włosy „beatlesowskie", słuchają przebojów i gniotą się w miastach, studiując wydziały i przedmioty jak najniepotrzebniejsze. „Komunizm po polsku", czyli dziwaczna mieszanina postępu, ciemnoty i bezmyślności. Zarobić łatwo, choć mało, żyć można „psim swędem", pracować niewiele (nie to co na Zachodzie), w nic się nie mieszać, poglądów nie mieć. Jeśli im z tym dobrze, jeśli dobrobyt jaki taki, a bezmyślność błoga, to komuż i po co potrzebna nasza inteligencka, literacka rewolta? Chyba żeby ich najpierw obudzić, jak Dubczek, wielomiesięczną propagandą. Komuchy wiedzą, że to jedyne niebezpieczeństwo, stąd tak nas trzymają za mordę, a pieczołowicie hodują tych haniebnych Broniarków, Kąkolów, Krasickich, Szyndzielorzów, Męclewskich, Albinowskich, Stefanowiczów, Lulińskich, całą tę załganą łobuzerię, do której dzielnie szlusuje stary endeko-sanator Klaudiusz Hrabyk. Zaiste prasa „socjalizmu" jeszcze jest gorsza niż sam „socjalizm".

Z owej Krupki ruszyliśmy po trzech dniach autobusem przez Wieluń i Łask do Łodzi. Krajobraz polski, poznańsko-łódzki. Jedna tragedia, o której pisał niegdyś Wł. Bieńkowski – na wsi brak architektury. Bogaci nawet chłopi budują jako nowe domy ceglane szalety bez stylu, bez całościowego planu, usytuowania w przestrzeni. I porównać to z niemieckimi wsiami na Ziemiach Zachodnich, pięknie rozplanowanymi, uroczo malowniczymi. Architektura i urbanistyka są widać tylko dla miast – któż i jak będzie to naprawiał po stu latach – pejzaż spaskudzony na amen – nikt tego nie pilnuje!

Potem Łódź, lubię ją, zwłaszcza ulicę Piotrkowską, relikt „przeklętych czasów kapitalizmu" – przypomina miasta zachodnie. Był początek roku szkolnego – masę młodzieży, bardziej zabawnej, dobrze ubranej, pozującej na hipisów – z Zachodu wzięli zewnętrzne akcesoria buntu oraz styl bigbitowy, komuniści im w tym nie przeszkadzają, bo im wygodnie, że tamci o niczym poważnym nie myślą, że nie potrzeba ich się bać. Śpią wszyscy: nawet ja w restauracji Grand Hotelu, gdzie czekaliśmy 45 minut na drugie danie.

No i – Warszawa. Zawsze gdy przyjeżdżam, nie lubię jej długo. Dziś jeszcze uobrzydliwiona jest sprawą czeską, która po przeczytaniu „Monde'ów" i posłuchaniu „WE" (zresztą na wsi w Krupce też słuchaliśmy) dosyć się wyjaśnia. Więc Dubczeka i towarzyszy wywieziono i straszono ich jak Hitler Háchę, dopiero na żądanie Swobody zaczęto z nimi rozmawiać – ten stary generał okazał zdaje się charakter i solidarność, nie dał się zastraszyć, zresztą zna Moskali, bywał tam. W rezultacie jest jakiś dziwaczny kompromis: Dubczek i spółka wrócili, obiecali wprowadzić cenzurę „na razie",

Żydów jak Kriegel czy Cisarz wylano (Kriegla chcieli zatrzymać w Moskwie, dopiero Swoboda go wybronił), wylano Szika, reformatora gospodarczego (zaocznie, bo jest w Jugosławii), za to Hajek krąży po świecie jako oficjalny minister spraw zagranicznych. Wywiało pono przez Austrię około 15 tysięcy ludzi, w tym działaczy czeskiej odwilży jak Świtak, Waculik, nie wiem czy Goldstücher. Występują w zachodnim radiu – sprawdza się przepowiednia Bromkego, że jedynie zwiększy się liczba czeskich profesorów w amerykańskich uniwersytetach. I znowu to samo: miłość do Zachodu, a Zachód ma rzecz w dupie, choć dużo krzyczy. Jedni Niemcy przejmują się naprawdę, wiadomo: bliższa koszula ciału.

Nie wiadomo, czy Sowieciarze zaczęli w Pradze aresztowania, na razie tylko okupowali radia, redakcje etc. Na Rumunię chyba Rusy nie pójdą (Rumuny w strachu ucichły), podobno i sprawę czeską wymusili Szelepin, Szelest i Greczko wbrew Breżniewowi i Kosyginowi. W Moskwie pisze się już niemal wyraźnie, że wojna była o cenzurę – dla zamaskowania tylko grzmi się na Niemców. Zresztą to chyba jeszcze nie koniec – Czesi coś mimo wszystko kombinują, biedny a dzielny naród. A jednak nie dali się tak całkiem, choć obległa ich sowiecka obrzydliwość. I nawet Nowotnowcy nie poszli – u nas byłoby to ohydniej. Rekordy obrzydliwości bije nasza prasa: jej największe ostatnio zmartwienie, że Dubczek i towarzysze zrozumieli, że muszą postępować inaczej, lecz w istocie nie zmienili zdania. Pretensja, że ktoś, gdy mu przyłożono rewolwer do głowy, zgodził się robić, co mu każą, lecz nie przyznał właścicielowi broni pełnej racji i nie pokochał go. Skąd w Polsce wypełzły te prasowe osły?! I nawet słabo płatne – bredzą i łżą z amatorstwa.

Tatu w „Mondzie" opisuje artylerię przeciwlotniczą sowiecką na placu w Pradze. Stoją, lufy wycelowane w puste niebo, ludzie przechodzą obojętnie. Kafka, Orwell, Čapek to byli ludzie bez wyobraźni – grotesce życia nikt nie dorówna!

5 września
Ojczyzna to ojczyzna, ale co zrobić, jak robi się obrzydliwa (co prawda Francja za Pétaina też była obrzydliwa, ale Francuzi jakoś w niej przeżyli)? Sprawa czeska, a tu znów – żydowska. Mnóstwo Żydów wyjeżdża, innych rugują z posad, słyszałem masę skarg i ję-

ków. Polska komunistyczna robi się krajem urzędowego antysemityzmu – niepojęte.

Zaczyna się bojkot nas w dziedzinie kultury, „Warszawska Jesień" zagrożona, szereg wyjazdów odwołanych. Wacek jednak jedzie na nagrania do Finlandii, potem do Francji, choć może im się nie udać, bo są ataki na agencję „Pagart", że burżuazyjna, bo płaci dewizami. Sowietyzacja po niewczasie – przegłupia.

Nasza prasa i telewizja znalazły sobie argument: że demokracja a ludowładztwo to co innego, że w krajach „burżuazyjnych" akcentuje się peryferyjne znamiona demokracji, jak np. wolność słowa, ale że to nie jest dla robotników i że Czesi chcieli odepchnąć robotników od ekonomicznych rządów i oddać władzę fachowcom, specjalistom, a to już nie jest demokracja (wspomniano też o „dyktaturze ciemniaków"). Z właściwą komunie perfidią zapomina się tylko o jednym drobiazgu: że u nas wcale nie rządzą robotnicy, lecz ludzie jak Klisio czy Cyrano, którzy fabrykę znają z opowiadań, a robotnicy na masowych wiecach głosują posłusznie za tym, co im każą, zaś za wyrażenie odmiennego zdania wylatuje się z pracy. Natomiast Czesi chcieli dać robotnikom prawo do strajku – bagatela! Tak więc robotnicy nigdzie nie rządzą, rządzi się w ich imieniu, nie pytając o zdanie. A skoro już tak, to lepsze rządy fachowców niż dyletantów – doktrynerów. Zresztą szkoda gadać – to wszystko jest zbyt oczywiste (król jest nagi).

Wczoraj spędziłem z Heniem wieczór w „Budapeszcie". Henio, speszony, spodziewa się rzeczy najgorszych (włączenia Polski do ZSRR, wykończenia Czechów). Opowiadał, jak zręcznie Swoboda kiwał Rusów. Podobno proces naszych „rewizjonistów" już niedaleki – obok Kuronia, Michnika, Modzelewskiego etc. ma tam być Antoni Zambrowski (syn), ten sam co w paryskiej „Kulturze" ogłosił idiotyczny zresztą manifest o „prawdziwym komunizmie". Rzekomo paru dziennikarzy zagranicznych (m.in. Margueritte) złożyli jakieś obciążające zeznania. Ładny kwiat.

Narody nieraz dopuszczały się cynizmów i grand, ale działo się to w ciszy ministerialnych gabinetów (np. w Anglii) i nikt nie kazał ludziom tego wychwalać publicznie i mówić, że granda jest anielstwem. A u nas nachalnie każą łgać – można znienawidzić „rację stanu". Zresztą Amerykanie też łżą: ogłosili komunikat, że nieprawdą jest, jakoby uznawali w Europie jakieś strefy wpływów, że to pewno chodziło o strefy okupacji Niemiec. Udają Greka, psiakrew. Przyjechał tu ich nowy ambasador – ciekawym, czy bardziej finezyjny od Jasia G. [Gronousky], który był chłop byczy, ale nic nie kapował. Wczoraj Jan Nowak ładnie mówił w „WE" – o bezsilności narodu wobec kłamstwa. Kłamstwo dziwaczne – płynie ono z chęci dostosowania do życia doktryny, która ani rusz do niego nie chce pasować. Kłamstwo totalne – i bezapelacyjne, Czesi się przekonali. To dziwaczne imperium wariatów trzyma nas w łapach i nie popuści. A zostać tu trzeba – kto wyjedzie, staje się automatycznie człowiekiem „spoza", emigrantem, traci swą przydatność dla całej sprawy. Głupi Tyrmand na znak protestu zrzekł się polskiego obywatelstwa – zrzeka się tego, czego nie ma. Bufon. Ale czasem za nim tęsknię.

Wracając do „rządów klasy robotniczej", to: 1) robotnicy są mniejszością społeczeństwa, 2) robotnicy nie są klasą przodującą, lecz klasą najbardziej godną pomocy, 3) robotnicy znikną w miarę automatyzacji – miejsce proletariatu zajmą „białe kołnierzyki", a proletariacki, przez inteligentów wymyślony, komunizm zniknie, co daj Boże jak najprędzej – amen!

6 września

Ze smutkiem widzę, że ten dzienniczek staje się nieustanną polemiką z komunistami i ich prasą. Ze smutkiem, bo dowodzi to zależności duchowej, w myśl zasady „z kim przestajesz, takim się stajesz". Trzeba by coś zrobić, żeby się oswobodzić – zresztą wszyscy są w tej sytuacji: wczoraj widziałem Zygmunta [Mycielskiego], zmartwiony i też w kółko snuje o Czechach. A swoją drogą ciekawe, co by było, gdyby Czesi spróbowali oporu zbrojnego (milcz serce)? Rumuni się tym odgrażali i jakoś z nimi ucichło – ambasador sowiecki w Waszyngtonie zaręczył pono, że nic nie będzie. Do odważnych świat należy.

Zachód nie będzie się bił o wolność dla Wschodu – nie ma już takich idealistów, tak więc granica na Łabie jest coraz bardziej i bardziej granicą dwóch światów. Jeśliby coś się miało zmienić, to zarzewie tego musi być w samej Rosji. Tak więc i ja, poniewolnie, staję się „rewizjonistą" – choć nie jestem komunistą. To Andrzej powiedział kiedyś, że jedynym sposobem na osłabienie komunizmu jest reformować go.

A swoją drogą, z punktu widzenia stosunków polsko-niemieckich była tu jedyna okazja, kiedy po wojnie Niemcy okupowane nie były sobą, lecz „protektoratem" amerykańskim, jedyna okazja, żeby uregulować poprzez Amerykanów nasze sprawy graniczne i mieć je uznane również przez Zachód. Tymczasem w tej chwili wszystko wobec istnienia NRD jest wewnętrzną sprawą Rosji. Odra–Nysa jest przy tym w świadomości świata organicznie związana z podziałem Niemiec, jest więc w jakiś sposób, mimo zagospodarowania tych ziem, sprawą prowizoryczną. Przestaliśmy lansować plan Rapackiego (zjednoczenie Niemiec w zamian za neutralizację) i oto sytuacja jest jałowa: dwa uzbrojone w atomy światy trwają naprzeciw siebie. A my – we wschodnim: chcąc realizować polską rację stanu trzeba być obrzydliwie sowieckim – głupie to i wstrętne, ale polityka nie zna wstrętu – dlatego dobrze, że się z nią (przymusowo zresztą) rozstałem.

W paryskim „Expressie" jest reportaż z Polski jakiegoś Kahna – bardzo złośliwy i pełen, jak zwykle u Francuzów, błędów rzeczowych, ale nie wolny od bystrych myśli. Jakiś literat powiedział mu: pisarze w Czechosłowacji są „solą narodu" i ojcami ojczyzny, u nas, w kraju chłopskiego awansu, są niemal ludźmi bez obywatelstwa. A znów jakiś ksiądz miał powiedzieć, że kardynał Wyszyński nie zabierze głosu w sprawie antysemityzmu, bo antysemityzm to hasło jego „klienteli", tak jak i w ogóle nacjonalizm. Niemiłe – choć może coś w tym jest?

À propos antysemityzmu. Bakst – pianista i profesor został wyrzucony z wyższej szkoły muzycznej bez trzymiesięcznego wymówienia, rzekomo za deprawowanie uczennic. Do uczennic to on się dowalał zawsze, ale teraz dopiero to dostrzeżono, bo jest Żydem. Nie wolno mu też koncertować, emigrować może, ale nie ma prawa zabrać fortepianu. Takich obrzydliwych dramatów jest teraz w Warszawie sporo. Podobno 28 tysięcy Żydów już wyjechało, a 10 tysięcy jeszcze zostało. Ci, co są, chodzą do urzędu zatrudnienia, gdzie się ich najczęściej gładko spławia, nie mówiąc, o co chodzi. A Bermany i Zambrowscy siedzą – wyjechała za to wybitna aktorka (kierowniczka Teatru Żydowskiego) Ida Kamińska. Polska bez Żydów to już będzie najnudniejsza z Polsk. „Polsko, bądź mniej polską", pisał Wierzyński. Zaiste, chyba w końcu umrzemy tutaj, ale nie z terroru, tylko z nudy. Nudna ojczyzna – czy może być coś gorszego.

Groteska zwana dyskusją przedzjazdową trwa w prasie. Jakiś idiota robi gorzkie wyrzuty „Życiu Warszawy", że popierając lokale prowadzone przez indywidualnych agentów, podgryza socjalizm. W „Trybunie Ludu" niejaki Albinowski opisuje, jak to na Zachodzie wielkie monopole łączą się z sobą i zazębiają, ale nie pisze, co w tym złego. Marks nie przewidział amerykanizmu i nasi „marksiści" nie wiedzą, co z tym zrobić: kapitalizm młody, plebejski, bez historii, kraj bez chłopów, bez „walki klas", o zupełnie nowych kryteriach rozwojowych, to dla naszych sklerotyków za trudne, prędzej Moskale się w tym połapią (Chruszczow), bo prymityw prymitywa zrozumie, Ameryka to kraj awansu, nie inteligencki. Toteż prędzej się oni dogadają z Rosją, niż nam pomogą. Porzućcie wszelką nadzieję...

Podobno pewien chłopiec z czynnej służby wojskowej napisał do rodziców z Czechosłowacji: „Nie martwcie się o mnie, jest mi nieźle, podoba mi się jedna dziewczyna, uśmiechamy się do siebie, ale boję się do niej odezwać, ma takie śliczne włosy, nie chcę, aby ją ogolili". Cha, cha!

Ciekawe, z jaką pogardą pisze nasza prasa o zebraniach „gawiedzi i mętów" na ulicach Pragi i o „nieodpowiedzialnej gadaninie" tamtejszej prasy. Gdzie się podziały rewolucyjne tradycje ulicznych wieców czy pochodów oraz „płomiennych" wystąpień tajnej prasy? Ideałem komuchów wewnątrz ich imperium stał się mieszczański, konformistyczny spokój, dozorowany przez milicję (najlepiej radziecką). Czarne staje się białym, białe czarnym – jakże dziwnie toczy się światek!

9 września

W Czechach króluje drętwa mowa, nie wiadomo, ile w tym udawania czy wallenrodyzmu, a ile rzeczy nieodwołalnych. Co tam się naprawdę dzieje, nie dowiemy się już: „sowiecka cisza" zapada powoli, ale nieuchronnie, już się chyba żaden „numer" nie uda – taki koniec pięknych marzeń. Plajta, klapa, kryzys, krach.

Wczoraj był Paweł [Hertz] z Zygmuntem [Mycielskim], a także młody Ż. [Tadeusz J. Żółciński], który przyniósł „Dziennik" Lechonia. Ten sławny improduktyw (Lechoń) postanowił w końcu pisać dziennik po stroniczce dziennie i dzięki żelaznej systematyczności, przez siedem lat (1949–1956) napisał ogromne rozmiarami dzieło, dotąd wcale nieznane. Dziennik ciekawy, raczej pamiętnik myśli niż zdarzeń, w które ówczesne jego życie niezbyt obfitowało. Jednocześnie Lechoń pisze powieść i w dzienniczku omawia jej postępy – trochę to jak u Irzykowskiego. Widać, że ma manię, uraz, iż zmarnował życie, chce nadrobić, dogonić, jakoś umotywować swoje istnienie. Mnóstwo ciekawych aforyzmów, piękny język – mimo woli porównywałem z dziennikiem niniejszym, który wydaje mi się byle jaki. No, ale cóż – ma on chyba inne cele, choć za dobrze nie wiem jakie.

Wczoraj rozmowa z Zygmuntem i Pawłem trochę skrępowana, bo nie znali małego Ż. i bali się go – to taki typ inteligentnego plotkarza, wszystkowiedzącego – zresztą dzisiaj dość pożyteczny, nawet podnoszący na duchu, że ktoś jest jeszcze taki witalny i wszystkim zainteresowany. Rozmowa oczywiście o wyjeżdżających Żydach i o Czechosłowacji. Paweł triumfuje, że jego na wierzchu: decyduje brutalna, mocarstwowa racja stanu i siła, a nie jakieś ideologiczne czy kulturalne faramuszki. Chyba to i w dużym stopniu prawda, ale czegóż się znowu tak cieszyć – zwłaszcza w naszej sytuacji (a tu jeszcze muszę Pawłowi kupić butelkę koniaku, bo przegrałem zakład o biednych Czechów). Najsmutniejsze jest, co słyszę wokół i co mówi Bartosz [Władysław Bartoszewski], że ludzie w Polsce dali się ogłupić i wymyślają na… Czechów, mówiąc, że sami sobie winni i że to był spisek niemiecki. Niewesołe – ludzie głupieją, pozbawieni rzeczywistej informacji politycznej w kraju – bo „Wolna Europa", choć bardzo słuchana, nie zastąpi jednak tego, z czym obcuje się na co dzień. Powtarzanie w kółko tego samego, choćby to była kompletna bzdura, daje w końcu jakiś skutek – wiedział coś o tym Józef Goebbels, wiedzą i nasi redaktorzy.

Wyjazd znajomych Żydów, choćby nawet mało znanych (Gruszczyński, Słucki, Żytomirski, mecenas Brojdes, Werflowa), to rzecz arcyprzykra: kultura polska traci ludzi, którzy nieraz w pierwszym pokoleniu (Słucki) zgłosili do niej akces. Czegoś takiego jednak w Polsce nie było. Wyrzekamy się ich lekką ręką, do tego jeszcze Mrożka, na którego już są ataki. Czyż na tak zwanej górze nikt nie widzi tych absurdalnych i nikomu do niczego niepotrzebnych szkód?! Naprawdę kompletna bezradność – oto nasza sytuacja. W dodatku grupa inteligencji twórczej staje się w społeczeństwie odosobniona, komuchom się udało – o cholera! Putrament jeszcze dolewa oliwy do ognia – małpa.

W prasie ataki na reformy gospodarczo-modelowe w Czechosłowacji i Jugosławii – poziom tych ataków nader niski. O Rumunii jakoś ucichło – pewno dlatego, że zapowiedzieli obronę wojskową.

Tylko Czesi padli ofiarą – i nie wiem, czy uda im się coś odkręcić. Przyjechał tam radziecki wiceminister spraw zagranicznych Kuźniecow i szarogęsi się, jak kiedyś u nas Stackelberg, Repnin czy Igelström. Nic nowego pod słońcem!

11 września

W Czechosłowacji dziwna drętwość – oczywiście z naszej prasy trudno się w czymkolwiek zorientować, ale są głosy polemiczne, tajemnicze aluzje, że nie wszystko tam idzie dobrze, myślę jednak, że to nie koniec. Premier Czernik był w Moskwie w sprawach gospodarczych – może chcą ich zażyć od tej strony. Otwarcie piszą, że muszą wprowadzić cenzurę, a Rosjanie wcale się tego nie wstydzą – u nas Broniarek także się tym zachwyca pisząc, że nie może być wolności dla wrogów. Słowem – jest pełna wolność mówienia tego, co każą. De Gaulle na konferencji prasowej powiedział, że wszystko wyszło z Jałty, na którą Francja nie była zaproszona. Ma w tym świętą rację – najpierw oddali te wszystkie kraje Rosji, a teraz się dziwią – obłudnicy ci Amerykanie. De Gaulle wyraził nadzieję, że małe narody zaczną się emancypować, potem jednak skończył stwierdzeniem, że polityki swej wobec Wschodu nie zmieni. To samo powiedział Johnson – a więc po sto razy potwierdza się stara prawda, że decyduje siła i tyle. Polityk jest sługą konieczności – dobrym lub złym. Jeśli dobrym, to robi kornie to, co z konieczności wynika, jeśli złym, to się jej sprzeciwia i dostaje w łeb. Zrozumiał to zapewne w ciągu paru dni Dubczek i stał się politykiem – dobrym. A swoją drogą w mało której epoce zimna gra konieczności opanowała politykę tak bez reszty – wynikało to zapewne z istnienia broni atomowej. A ja się łudziłem, że w polityce zdadzą się na coś jakieś perswazje czy racje światopoglądowe!

Perswadować nie ma co, zwłaszcza Polakom: coraz tu jest więcej ludzi zadowolonych ze swej „małej stabilizacji", nie zainteresowanych żadną polityką czy światopoglądem, chcących mieć spokój i zarabiać pieniądze. Takich również wybiera się z precyzją jako delegatów na kongres partii – będą głosować na listę, jaką się im przedstawi, i tyle. W ten więc sposób polityka staje się wewnętrzną sprawą partyjnej elity – społeczeństwo jej nie zna i znać nie chce. Wczoraj była u nas Basia Hoff. Będąc w Bułgarii na wycieczce Orbisu zetknęła się ze „zwykłymi" ludźmi, inżynierami etc. Na ogół są przeciw Czechom, mówią, że niepotrzebnie się stawiali, że po co to komu, że trzeba pracować etc., nic też nie zrozumieli z naszych wypadków marcowych i innych rzeczy. Tak więc „opozycja" zaczyna wisieć w próżni, kto wychowany został bez jedzenia mięsa i mięsa w ogóle nie zna, ten za mięsem nie tęskni – tylko my „starzy" pamiętamy jeszcze te sprawy. „Wolna Europa" chyba tego nie rozumie – oni byli za długo poza krajem. Presja ludzi zadowolonych ze swego losu u nas i za nas – oto czego nie rozumie emigracja.

Czytam wciąż „Dzienniki" Lechonia. Bardzo bliska mi ta książka, bo jest w niej wyścig z czasem człowieka, który mało robił i chce jakoś jeszcze dziełem usprawiedliwić swoje istnienie. Jego sądy o sztuce mogę darować, zwłaszcza o poezji (np. niezrozumienie i lekceważenie Miłosza), natomiast uwagi polityczne (!), obyczajowe, charakterystyka Ameryki – bardzo ciekawe. To człowiek oszalały polskością – może dlatego, że tak długo w Polsce nie był. Tylko że on również utożsamia Polskę z pewną grupą inteligencji, nie widzi obecnego jej obrazu. W końcu się okaże, że bolszewicy zwyciężą, tyle że nasz naród strasznie zgłupieje – ale komuż to będzie przeszkadzać, jeśli wszyscy staną się głupi i nikt nie będzie mógł owej głupoty stwierdzić – głupcy są głupcami tylko dla mądrzejszego od nich.

14 września

W Czechach wciąż sytuacja niewyraźna – Ruscy dali im dużą pożyczkę – czy to dalsze uzależnienie? U nas ciągłe ataki na Jugosławię, zwłaszcza na jej reformy gospodarcze – o Rumunii cicho. Co do Czechów, to słyszałem opinię, że Dubczek i spółka wkalkulowali całą awanturę z Rosją w swój plan – że *per saldo* Czechosłowacja na tym wszystkim zyska. Są jednak i opinie przeciwne, że to jeszcze nie koniec, że ich wezmą do galopu. W każdym razie Stalin rozegrałby rzecz inaczej – to poniekąd pocieszające. Bartosz pojechał do Wiednia, przed wyjazdem był u pułkownika J. [Marian Janic], jednego z głównych moczarowców, który ubolewał bardzo nad czeską interwencją i nad rolą w tym Polski, pytał, jak tam może być „kontrrewolucja" po 20 latach socjalizmu itd. Bartosz milczał oczywiście jak grób – ciekawa rzecz, pewno generał chce w ten sposób wykończyć Wiesia – pomysł niezły, choć ryzykowny. Podobno w październiku mają być znów jakieś prowokacje na uniwersytecie – w ogóle przed zjazdem partii wezmą się za czuby – a ja nie, jam już niegłupi: „niech inni za łby chodzą, a ja się dziwuję". Dziś zadzwonił do mnie jakiś belgijski dziennikarz, prosił o spotkanie – zgodziłem się, to pierwszy raz od marca – będę mówił twardo, że skoro Amerykanie i Ruscy podzielili Europę w Jałcie na dwie części, to niech się teraz nikt nie dziwi, że w strefie ruskiej dzieje się to, co się dzieje. „Dziwna chłopu wątroba".

„Dziennik" Lechonia nadal dobry, nawet niektóre sądy o sztuce już trawię, choć bardzo są „grydzewskie". Ale z tej książki widać trochę, jak żyli polscy inteligenci emigracyjni w Nowym Jorku – dotąd znaliśmy tylko Paryż i Londyn. Lechoń często wjeżdża na Czapskiego, dość zabawnie.

Wczoraj byłem u młodego R. [Jerzy Radliński], słuchałem płyt jazzowych, trochę wódki. On właśnie mówił, że przywódcy czescy musieli przewidzieć całą drakę i że to jednak się Czechom opłaci. Może, kto wie – nam się za to nic nie opłaci, już nas bojkotują za ruskie grzechy. Był młody (?) Puget, chce na gwałt, żebym pisał muzykę do teatru lalek, ewentualnie pod pseudonimem, że będzie o tym rozmawiał. Zgodziłem się, ale on już o tym mówi od lat. Na razie wyszedł międzynarodowy katalog muzyczny PWM i Ars Polony, gdzie nie ma mnie i Mycielskiego. Znikliśmy, nie istnieliśmy w ogóle. Komuchy umieją się mścić, ogólny marazm i tchórzostwo dokonują reszty. Ale ja się nie przejmuję, będę po cichu robił swoje i czekał. „Mordę w kubeł, modlić się i czekać" – ale na co?!

Była u nas Basia Hoff, pisałem już o tym – przy okazji sporo myślałem sobie o Tyrmandzie. Lubiłem tego chłopca (?!), miał jakiś harcerski zapał, a w Ameryce, choć się wyżyje, to się zmarnuje. No, ale cóż – przy tym antysemityzmie by tu nie wytrzymał, był za delikatny i ambitny na te rzeczy.

Wciąż mówią, że na dożynkach w obecności Wiesia i Józia ktoś się oblał benzyną i spalił. Nie wiadomo tylko, „po jakiej linii" to się stało – oczywiście prasa o tym ani słowa. Komuchy mają twarde serca – przykładem Ho Szi Min, który rzuca naród na zniszczenie i nic mu nie żal. *Politique d'abord* – oto ich hasło. A Amerykanów trzymają w szachu, bo mają bomby H (h jak huj, chociaż to się podobno pisze chuj. Coraz częściej myślę, że Amerykańcy to właśnie chuje). Nowe święto w Wietnamie: niedziela napalmowa.

Wacek leci do Finlandii na nagrania. Pojechałoby się dla relaksu i oddechu, ale cóż – rada by dusza do raju.

Podobno Wyszyński napisał do rządu list w sprawie obrazu NMP, który mu zamknęli, a który miał wędrować dalej po Polsce.

Nie ma gość większych zmartwień – a swoją drogą zastanawiające jest to jego przekorne milczenie wobec tych ważnych okazji od pół roku. (Najpierw chlustał, potem ustał...) Co do encykliki „Humanae vitae" to myślę, że jest to akt odważny i głęboki – niech stosunek płciowy odzyska swą powagę i wagę, niech nie będzie traktowany jak wypicie szklanki wody. Oczywiście nasi płyciarze w rodzaju Krasickiego nic z tego nie zrozumieli, przypisują encyklice znaczenie tylko taktyczne, żeby powstrzymać „postęp" w katolicyzmie. Natomiast ks. Bardecki w „Tygodniku" napisał o encyklice głęboko i ze zrozumieniem, choć wiem, że był przeciwny. To się nazywa dyscyplina – nie gorsza niż u komunistów.

Lechoń nosił wszystkie zeszyty swych dzienników ze sobą, tak się o nie bał. A co ja mam mówić, kiedy każdego dnia może przyjść UB i zabrać wszystko. O kur...ka wodna!

15 września

Mały Ż. [Żółciński] twierdzi, że do 1 stycznia mają z radia usunąć wszystkich Żydów. Komunizm wyrzucający Żydów, swoich twórców – to swoją drogą rzecz niebywała, na którą zwraca się, jako na zjawisko polityczne, zbyt mało uwagi, a przecież to chyba coś znaczy. Co? Zapewne przejście od tzw. internacjonalizmu do polityki czysto rosyjskiej. Ciekawa historia! A mimo to niejeden z naszych wyjeżdżających Żydów mówi, że jest nadal „prawdziwym komunistą". Szlag mnie trafia, gdy to słyszę. To siedź tu, baranie!

Wydawałoby się, że to udowadnianie komuś, iż król jest nagi, jest rzeczą zbędną. A jednak nasi „naukowcy" w „Argumentach" z taką pasją udowadniają, że brak wolności słowa jest wyższą formą wolności, że wejście cudzych wojsk jest dowodem suwerenności, że jeśli lud nie ma nic do gadania, to to właśnie jest ludowładztwo, że aż łapię się na tym, iż dyskutuję w myśli z tymi różnymi Tanalskimi, Wacławkami, Wiatrami, nawet z Suchodolskim, bezczelnym fabrykantem pozbawionej treści wazeliny jeszcze z czasów sanacji. Wydawałoby się, że to są tacy łgarze, iż nie ma sensu zwracać na nich uwagi, a jednak ludzie ich czytają i w końcu oni ogłupią ten nieszczęsny naród. Jeśli komuś każą udowodnić, że baran jest krową, to w przeprowadzenie takiego dowodu musi on włożyć sporo intelektualnej zręczności, a to może w tej pustyni imponować. Tak więc słudzy absurdu wykonują swój proceder ze śmiertelną powagą, a społeczeństwo coraz mniej dostrzega sam absurd, a coraz bardziej ich powagę. Przypomina mi to wierszyk Marianowicza, umieszczony w „Szpilkach" w roku 1956, pod tytułem „Sprawa buldoga". A oto jego początek:

> Rzekł polityk: rzecz to jasna chyba,
> Proszę państwa, że buldog to ryba.
> A uczony, specjalista od ryb,
> Wnet określił gatunek i typ.
> Na szkoleniach kuli w nas mądrości,
> Jakie buldog ma w swym ciele ości,
> Tak że tylko dywersant i wróg
> O buldogo-rybach wątpić mógł.
> Ja w tej sprawie nawet mam alibi,
> Bo milczałem w sposób całkiem rybi,
> Ale gdy się zdobyłem na gest,
> Żyrowałem tę sprawę – tak jest.
> Czy mną wtedy kierowała trwoga?
> Raczej zdanie, że w kwestii buldoga,
> Gdy wychylę się chociaż ciut ciut,
> Wnet zaprzedam ojczyznę i lud.
> Dzisiaj wstydzę się bardzo i czule,
> Jak najdroższy skarb do serca tulę,
> Tę najprostszą z wszystkich prostych tez:
> Proszę państwa, buldog to jest pies!

Zacytowałem w całości, bardzo zabawne – choć Autor nie jest postacią świetlaną, to jednak uchwycił 12 lat temu istotę rzeczy. I znowu wszystko zaczyna się od początku: ci „profesorzy" nie wiedzą, że gdy wykrztuszą wreszcie, iż buldog to jest pies, będzie już dla nich za późno, aby odwołać swą całą szmacianą działalność.

Swoją drogą nasza prasa jest niesamowita – chyba najbardziej łgarska w Europie obok albańskiej (rosyjskiej nie liczę, bo oni tak już są ogłupieni, że wierzą w to, co piszą). Ci korespondenci z Czech, jak Szyndzielorz czy Stępień, którzy każą się nam oburzać na Czechów, że nie rzucają się nam na szyję z okazji wprowadzenia wojsk. Niewiarygodne bzdury, a także artykuły rozpaczliwie pozbawione treści jak Załuskiego w „Życiu". To już naprawdę dno absurdu – i biedni Czesi, którzy przez osiem miesięcy tarzali się w wolnej prasie, teraz skazani na ten sam trupi język zgwałconych tchórzów. Wszystko na świecie jest możliwe (Pesymista: – Już gorzej być nie może. Optymista: – Może, może!).

Jerzy Albrecht był 23 lata dostojnikiem partyjno-państwowym, ostatnie 10 lat – ministrem finansów. Nagle na ostatnim plenum KC wylano go z nieznanego powodu i nie wiadomo, co się z nim stało. Prasa o tym milczy jak zaklęta, a nikt się nie pyta. To właśnie, iż nikt się nie pyta, dowodzi, że jednak cała ta maskarada jest nieskuteczna, bo wszyscy wiedzą, że to maskarada, i boją się – inaczej ktoś by przecież milczenie przerwał.

Dziś czytam w prasie zarządzenie, że właścicielami zakładów rzemieślniczych mogą być tylko ci, którzy sami fizycznie biorą udział w produkcji. Brawo, socjalizm czuwa, aby nic nie szło za dobrze. Ta konsekwencja podnosi na duchu – „ktoś nie śpi, aby spać mógł ktoś". A znów Putrament czuwa gorliwie, aby go nie wylano z KC, a za to, aby nas wylano ze Związku. Co i chyba się stanie – amen.

18 września

A więc jako wielki sukces demokracji w Czechach ogłasza się fakt wprowadzenia tam cenzury prasowej. Nasze pisma piszą o tym sukcesie jak najpoważniej, nie widząc w całej sprawie cienia paradoksu. Cenzura dowodem demokratyzmu – doprawdy że życie bije na głowę wszelkie fantastyczne groteski. I nikt się temu nie dziwi – najdziwniejsze czasy świata! Druga dziwna rzecz to sprawa wrogów socjalizmu w Czechosłowacji, tych których rozgromiły armie pięciu państw (zresztą NRD-owską chyba wycofano obawiając się, że Amerykanie powołają się na traktat poczdamski). Więc absolutnie nazwisk owych wrogów się nie podaje, przeciwnie – prasa wciąż akcentuje, że nikogo nie aresztowano i nie będzie się aresztować. Więc gdzie są wrogowie? Anonimowi? Bo nikt nie twierdzi, że wrogiem był np. Dubczek sprzed wydarzeń sierpniowych, który po nich został przyjacielem.

A swoją drogą fakt, że przy władzy w Czechosłowacji zostali ci sami ludzie, tyle że pod wpływem przemocy robią teraz inną politykę, nie jest wcale takim sukcesem, jak sądziłem z początku, przeciwnie, można się w nim dopatrzyć czegoś obrzydliwego. Gdyby Dubczeka i spółkę zamknięto, wywieziono lub coś w tym rodzaju, idea ich przetrwałaby nie skończona. A tak, wprawdzie ocalono ludzi (co się w Czechach ceni), ale uszedł z nich duch – przemawiają drętwą mową, już jak nie ludzie, tylko manekiny. Jest w tym coś demonicznego, niepokojącego: a więc siła może w tak krótkim czasie przetworzyć i spaczyć ludzi, zmusić ich, aby zaparli się swojej idei? Oczywiście, może udają i wallenrodycznie oszukują, jednak sprawa nie jest już czysta: po przebytym wstrząsie ludzie ci nie są już sobą i nawet gdyby powróciły swobodne warunki, nie mogliby już z poprzednią świeżością i czystością głosić swych przekonań. Zamiana osobowości ludzkiej za pomocą terroru – rzecz arcysowiecka, orwellowska, koestlerowska – kto wie, czy nie lepiej byłoby, żeby oni odeszli, a nową politykę realizowali inni ludzie – kolaboranci? Jak na razie odszedł tylko wicepremier Szik, który został w Jugosławii.

Miałem parę muzycznych wódek: u [Tadeusza] Kaczyńskiego z Zygmuntem [Mycielskim] i „Ruchem Muzycznym" oraz u Marysi Dziewulskiej z Grażyną [Bacewicz]. Młodzi dość interesujący, za to Grażyna niezbyt – muzyka zawęża horyzonty, nie ma na to rady. Moja „Kołysanka" wysłana pod pseudonimem Mrugacza dostała w Koszalinie wyróżnienie – 5 tys. złotych. Prac było piętnaście, pierwszej nagrody nie przyznano. Za to w radiu wycofano wszystkie moje taśmy, co się odbiło na wpływach zaiksowych. Mściwe są te komuchy, nie ma co – ale przeżyłem to już w czasach stalinowskich. Dziś spotkałem prof. Tatarkiewicza, mówił, że był bojkotowany w minionym okresie osiem lat i że to był „dobry czas" – dla pracy. Mówi, że nie wszystkich wyrzuconych obecnie mógł żałować – ma oczywiście na myśli Morawskiego, Baczkę i innych – rzeczywiście w minionym okresie nie byli oni najmilsi. Dziwnie się wszystko plecie – a kto by chciał rozumem dochodzić... itd. Zaiste, nie są to czasy rozumu, mimo rozwoju nauk, komputerów etc. Człowiek zostaje istotą skażoną we wszystkich fazach cywilizacji i „postępu". Uderzająca to sprawa, jak diabeł zawsze znajdzie lukę, wlezie i robi swoje. Otrzymał zresztą ten przywilej od Pana Boga – diabeł to przecież strącony anioł. I ma prawo działać we wszelkich epokach i wszelkich formach. Tak.

19 września

Dziś znowu słyszę, że Dubczek walczy, broni się, jak może, że Szik został mianowany attaché handlowym w Jugosławii, że, słowem, wallenrodyzm trwa, a Moskwa jest niezadowolona i liczy wciąż, że w końcu złamie Czechów i zrobi przywódcą jakiegoś „realistę", np. Husáka. Trudno wiedzieć, jak to wszystko wygląda naprawdę, na pewno jest złożone psychologicznie i politycznie. Byłby w tym materiał do wielu powieści, ale kto zna całą prawdę? W tym systemie nikt nie pisze szczerych pamiętników, prawdę się ukrywa, nikt nic nie wie.

Jednego Żyda w prezydium czeskiej partii, Kriegla (Cisarz jest „aryjczykiem"), terroryzowali, ile wlazło, chcieli mu też zrobić proces „syjonistyczny". Właściwie jedną z przyczyn nienawiści Rosjan do Izraela jest chyba fakt, że to dzisiaj jedyny kraj Zachodu o ogromnej narodowej prężności, agresywny, niewyżyty, palący się do akcji, mający swoją legendę i swój cel. Wszystko inne w Europie jest nasycone, wygodnickie, zgniławe w swym bogactwie. Pozostaje Ameryka, ale ta jest nieświadoma siebie i po wszystkich swych doświadczeniach dosyć... tchórzliwa. Tchórzliwa nawet w myślach, bo obawia się przyznać do swych win i błędów, które ściągnęły na świat nieszczęście. Ruski najbezczelniej zapiera się Jałty, że oni tam na nic się nie zgadzali, tylko Stalin działał potem siłą. A jak miał działać, prośbami? To tak jakby się skarżyć na tygrysa, że się rzuca! On od tego jest i trzeba o tym wiedzieć.

„WE" uważa, że sprawa czeska wzmocniła Gomułkę i że on zwycięży na zjeździe partii, natomiast pretendenci obejdą się smakiem. Tymczasem M. [Moczar] obsadza swoimi ludźmi stanowiska zwolnione przez Żydów – prasę, radio etc., bo „kto ma środki przekazu, ten ma władzę". Istotnie, interpresowe byczki włażą wszędzie, nuda będzie niesamowita. U literatów też coś kiepsko, mówią o „listach proskrypcyjnych", o wylewaniach i tym podobnych rzeczach. Pesymizm jakiś mnie dziś ogarnął, wyjścia nie bardzo widać, do tego zimno, chmurno, nudno, pracować się nie chce. Kiepsko. Jesień, ale jakaś bez jesiennego wdzięku – może choć w październiku będzie ładnie? Spotkałem Ważyka, bałakał coś o śmierci. Kiepskie to wszystko i do chrzanu!

Aha – Czesi dostają z Rosji pożyczkę i podobno wynagrodzenie za straty. Poza tym zwiększą eksport do Rosji – a więc bliższe związanie. Kraj to zresztą dla Moskwy ważny: dostarcza uranu, maszyn etc. Jest w tym logika, ale co komu z logiki?! Logika to cecha obłąkanych.

Przeczytałem sobie ten dziennik i przelękłem się, że taki ostry – jak go władze wezmą, to krewa. Poza tym za dużo w nim wymyślań, ostrych słów, a to jest zawsze dowodem bezsilności. Trzeba się hamować: złość piękności szkodzi!

22 września

Nie pisałem parę dni, bo straszny zamęt z festiwalem „Warszawska Jesień". W końcu doszedł do skutku – byłem na otwarciu i dziś na koncercie kameralnym. Piękne „Requiem" Ligetiego (Węgra na emigracji), dziś za to zmierził mnie koncert muzyki eksperymentalnej – Feldman, Cage, Berio, Ericson etc. – jałowe to jednak bardzo. Strawiński zarzucił najnowszej muzyce, że nie jest komponowaniem tylko filozofowaniem – ale jeśli jest tu filozofowanie, to bardzo mętne i nie wiadomo, po co są do tego dźwięki – publiczność w dodatku niewiele rozumie, śmieje się tam, gdzie nie trzeba, a nie śmieje się tam, gdzie trzeba – w rezultacie chaos zwielokrotniony, a do tego, czego już wybaczyć nie sposób, nuda. Myślę, że ten awangardyzm koncepcyjny nic już nie da (niestety zabrnął w niego i Stockhausen), tak jak nic nie da również aleatoryzm – twórca muzyczny dziś musi jakoś zawrócić, postawić na swój system dźwiękowo-techniczny i – trzymać się go konsekwentnie. Tak właśnie robi Ligeti i wygrywa. Muzyka kariery filozoficznej nie zrobi, bo zawsze pokona ją – sama filozofia. A poza tym znudzili mnie muzycy – to jałowi ludzie. Jeden Wodiczko nie taki zapyziały jak inni: widziałem go, jest już w Polsce, planuje w Katowicach piękne rzeczy, walcząc jak na razie z absurdami (zakaz grania... Strawińskiego, bo podpisał protest Kubelika w sprawie czeskiej).

Wacek wrócił z Finlandii, opowiada, że boją się tam Rusów i nie znoszą ich – Finlandia żyje jednak w strachu, jak i Jugosławia. Wszyscy już wiedzą, że Ameryka nic nikomu nie pomoże, bo... sama w strachu. Wacek przywiózł też zachodnie pisma ilustrowane – przepych, reklama, no i – spora porcja prawdomówności niezbyt wesołej, np. historia statku „Pueblo" i bezsilności Amerykanów w tej sprawie. Są też w „Sternie" artykuły Sebastiana Haffnera, tego, co mnie tak kiedyś w Warszawie zdenerwował: Żyd z kompleksami i kryptokomunista – bodajby tu pomieszkał. Dziś Herbst, dyrektor „Ruchu", mówił mi o wyrzuceniu najlepszych fachowców wiadomego pochodzenia, z argumentacją: pomęczymy się bez nich przez parę lat, ale trudno, niech jadą. Im gorzej, tym lepiej – to piękna argumentacja.

A propos Żydów: przyjechał na festiwal sowiecki kompozytor Alfred Schnittke, który kiedyś „podziemnie" nadesłał swój schönbergowski koncert fortepianowy. Wygląda mile, interesująco – takich Żydów już w Polsce nie ma, to coś z gatunku wrażliwców, coś też z Róży Luksemburg (Laksemberg, jak mówi Pawełek). Pochwaliłem go w swoim czasie za ten koncert, mówili, że zaszkodzę, a jednak przyjechał – w końcu i Rosjanie zaczynają mądrzeć! Wrócił też z Paryża Andrzej M. [Micewski], opowiadał sporo o wspólnych znajomych. Czytam jego książkę „W cieniu marszałka Piłsudskiego", którą mam recenzować pod moim damskim pseudonimem*. Uderza mnie w niej opis, jak to przeróżni polscy kandydaci na totalistów z góry formułowali zasady niedemokratycznych rządów elity. A u nas dzisiaj nic się takiego nie mówi, tylko robi. Czyny przeciwne do słów – to bezkonkurencyjna specjalność komunizmu. Na przykład: wróg klasowy. Cokolwiek się powie, co im się nie podoba, to zaraz krzyczą, że to wróg klasowy, choć dobrze wiedzą, że żadnego wroga klasowego tu nie ma, a jeśli potencjalny jest, to siedzi cicho jak mysz pod miotłą (chłopi, rzemiosło etc.). I wychodzi na to, że wróg klasowy to ja i Jasienica. „A cierpliwa publika łyka i łyka…"

W Czechach rzecz się klaruje: Hajka już wylali, paru innych też, a „wielkorządcą z ramienia" będzie chyba Husák. Tu natomiast się klaruje, że nas wyrzucą od literatów – w biuletynie Związku piszą o powołanej w tym celu komisji. Ma nas ona przesłuchiwać – przygotuję sobie w tej sprawie memoriał, że zawsze byłem w opozycji i że nie rozumiem, o co nagle taki gwałt. Ale to nie pomoże: wyleją i kwita. Oby tylko z innych Związków nie – bo co się będzie robić?!

W tym roku „polski wrzesień" nawalił: plucha, szaro, błotniście. Praca nie idzie – nawet recenzja o Andrzeju mi nie wyłazi. No i ten przeklęty festiwal: myślę o nim z przykrością, w końcu muzyka ma być przyjemnością, a nie „pogłębionym" znęcaniem się. Dosyć tego, chyba pójdę do kina!!

24 września

Jeszcze się wściekam na myśl o owym przedwczorajszym koncercie awangardowym, bo była to dokonana jednym zamachem kompromitacja wszystkich idei i koncepcji awangardy, w dodatku idei najróżniejszych, od czysto muzycznych do czysto filozoficznych, wszystkie bowiem pokazano w postaci mdłej, nieintensywnej, nudnej. Najgorsze przy tym było w owym programie „pomieszanie

---

* Julia Hołyńska, *Andrzej Micewski, czyli kibic wzruszający*, „Tygodnik Powszechny", 13 października 1968, nr 41.

z poplątaniem", jak mówią w Warszawie. Każdy „utwór" był z innej parafii: Cage był happeningowy, Berio pół happeningowy, pół improwizatorski, Erickson ciekawy muzycznie (puzon gra na tle taśmy nagranej przez cztery puzony), Szalonek normalny, lecz nudny. Wieczór, bez komentarza, zupełnie chybiony. Tak się wściekłem, że wczoraj nie poszedłem na koncert muzyki elektronicznej – a Jerzyk mówi, że był ciekawy.

Jest jesień, rzeźwa, chłodna, wietrzna, królestwo kasztanów i żołędzi. Liście żółkną, nastroje też. Wczoraj napisałem oświadczenie na temat zarzutów, jakie mi stawiano w związku z historiami marcowymi – to na wszelki wypadek, gdyby u literatów było jakieś śledztwo i przesłuchanie. Ciekawe, jak oni mają zamiar to wszystko rozegrać – ja im zresztą niczego nie ułatwię. Ale chyba nie jestem złej myśli – oby tylko nie było gorzej (wyrzucenie z mieszkania etc.). Trzeba odpukać w nie malowane drzewo.

Czytam Andrzeja i przychodzą mi do głowy różne myśli. Na przykład rzecz oczywista, że w miarę automatyzacji, w miarę zanikania pracy fizycznej i warstw ją uprawiających, komunizm ze swoją dyktaturą proletariatu stanie się absurdalnym anachronizmem: proletariatu nie będzie, a w ogóle dlaczego mniejszość ma rządzić większością? I w ogóle dlaczego proletariat ma być mądrzejszy od innych klas? Że był krzywdzony – to prawda, ale poczucie krzywdy wcale nie zwiększa rozumu, przeciwnie. Najlepiej zlikwidować i krzywdę, i sam proletariat.

Na razie Sowieci puścili jakąś sondę naokoło Księżyca i bardzo triumfują, że pierwsi wyślą na Księżyc człowieka. Na Ziemi nie umieją urządzić życia, a już wybierają się na Księżyc – symptomatyczne. Przypomina to warszawski kawał. – Wiesz, Ruscy wylądowali na Księżycu. – Co ty mówisz, wszyscy?!

W Czechosłowacji dalej manewry opóźniające. Nasza prasa ma za złe, że Czesi nie kochają tego, do czego ich zmuszono; niejaki Trzciński w „Kurierze Polskim" bierze nawet słowo „przymus" w cudzysłów. A swoją drogą ciekawe, czy Dubczek wydubczy Rusów czy też odwrotnie. Jedno się Moskalikom udało bezbłędnie: w tradycyjnie prorosyjskim narodzie wzbudzili solidarną nienawiść. Ale co im szkodzi czy zależy: oni mają siłę i w nią tylko wierzą. No i ich jest na wierzchu.

25 września

"Wolna Europa" podała tekst bardzo pięknego protestu Jerzego Andrzejewskiego przeciw wszystkiemu, co się u nas robi i mówi "w imieniu narodu" – protest utrzymany jest w formie listu otwartego do prezesa Związku Literatów Czechosłowackich, Goldstückera. Pięknie to napisane, szalenie odważne – taki głos był potrzebny, rehabilituje Polskę, wyjaśnia fakt, że społeczeństwo ma zatkane usta, a za niego mówią łgarze i łotry, Hrabyki, Krasiccy, Kąkole. Widać, że mu te „środki masowego przekazu" dopiekły do żywego – rzeczywiście: jak można żyć w takiej kloace? Ciekawym, co teraz będzie z Jerzym, z nami, ze Związkiem – będą miały komuchy problem nie lada, bo oni zwykli się stykać z ludzką małością, tchórzostwem, interesownością – wobec takiego aktu irracjonalnej odwagi będą bezradni. Brawo, Jerzy, to bardzo podnosi na duchu.

Pogoda beznadziejna, przygnębiająca, straciliśmy „polski wrzesień". Dziś wybieram się na dwa koncerty festiwalowe, jak spotkam Marysię Andrzejewską, to ją ucałuję – *per procura*. Mówią też, że Karol Małcużyński został w Genewie i nie wraca. Nawet w takim łotrzyku coś się obudziło – ciekawe są „dzieje duszy", chciałoby się to wszystko opisać, aby tylko mieć czas i zdrowie, aby pożyć jeszcze trochę. „Abyśmy tylko zdrowi byli" – jak śpiewał Adolf Dymsza, czego sobie bardzo życzę.

26 września

Okazuje się, że to nie był tekst Andrzejewskiego, lecz coś skomponowanego przez „WE", jego tekstu pewno jeszcze nie mają. Ale swoją drogą pistolet z niego nielichy, niech go diabli, ja bym się chyba teraz bał – inna rzecz, że on jeszcze nie dostał w łeb, a ja już. No, zobaczymy. Ale inna sprawa, że w każdym człowieku jest chętka, aby się emocjonować niebezpieczeństwami spadającymi na innych, a samemu siedzieć cicho. To nieszlachetne, ale powszechne – cała Warszawa się w ten sposób podnieca i robi sobie kino – ale samemu nikt nie zechce. No cóż, takie czasy i taki „kolektywny" system, że działać mogą tylko jednostki.

Przeczytałem w „Mondzie", że umarł generał Cogny, jeden z dowódców w Indochinach, prawa ręka słynnego de Lattre'a. Poznałem go parę lat temu w Warszawie, przyjechał dosyć tajemniczo, ja wcale nie wiedziałem, kto to jest, byliśmy na kolacji w „Europejskiej" i jeszcze potem w kawiarni z byłym ambasadorem G. [Stanisław Gajewski]. Sympatyczny był ten generał, wielki chłop, milczący, inteligentny, okropny antygaullista. Twierdził, że de Gaulle całą swoją karierę zawdzięczał różnym grandom i oszustwom, że np. swoją książkę o konieczności użycia broni pancernej buchnął z pewnego seminarium wyższych wojskowych, zorganizowanego przez Pétaina, w którym to gremium de Gaulle tylko sekretarzował, potem jak oszukał generałów algierskich mówiąc im, że idzie do władzy, aby stworzyć „Algierię francuską" i takie inne rozmaite. Pomyślałem sobie, że nie świadczy to wszystko źle o de Gaulle'u jako polityku, widać wielki polityk (?!) musi być wielkim oszustem. Ale ten Cogny był chłop nader sympatyczny, umarł podobno w rozgoryczeniu, przeniesiony do cywila w wieku lat sześćdziesięciu. Ja co prawda też już jestem przeniesiony „do cywila", a mam dopiero pięćdziesiąt siedem. To się zdarza, *c'est la vie*. A czy istnieje życie pozagrobowe?! Dzisiaj znów w kawiarni obserwował mnie jakiś pan „smutny" czy „cichy", a inaczej mówiąc pracownik spółdzielni „Ucho". Nie wiem, co za cel tych obserwacji, mówią, że przed zjazdem partii Moczarek zrobi jeszcze jakąś hecę na uniwersytecie – może zechcą mnie w to wrobić? Ale ja się nie dam, to znaczy spróbuję się nie dać, ale czy mi się uda – któż to wie? Uważam, że swój kapitalik moralny już zbiłem, teraz chciałbym spokojnie odcinać kupony – ale czy mi dadzą?

Przedwczoraj w Filharmonii była wielka draka – przyjechali goście z KW, że podobno na wystawie nut i książek PWM-u są fotografie moje i Mycielskiego. Zrobili rewizję, strasznie krzyczeli i piekłili się, oczywiście fotografii nie było, ale faktem jest, że ci ludzie całkiem już zwariowali. A tu jeszcze wczoraj „WE" podała pogłoskę, że podobno Zambrowskiego przyjęli z honorami z powrotem do partii. „WE" mówi, że niedługo nie będzie już różnicy między Domem Partii a domem wariatów. Święte słowa – a my w klatce z nimi. Wyobrażam sobie, że to jakaś rozgrywka o władzę między M. a G. [Moczarem a Gomułką] – żeby tylko nie dostać się między walczących – brrr!

Wczorajszy koncercik awangardowy dla odmiany bardzo ciekawy – niezły utworek Kilara (chociaż to takie udawanie nowoczesności), „Spirale" Ciuciury, coś w rodzaju pantomimy, właściwie bez muzyki, wcale bycze, robi wrażenie (zasługa zresztą wykonawcy – Artysza i wiersza Różewicza). Natomiast „Plus-minus" Stockhausena to zupełna bujda, choć „filozoficzne" uzasadnienie jej przez autora wcale ciekawe. W istocie, jak wielu innych, Stockhausen przestał komponować, a wziął się do wymyślania koncepcji. Widocznie muzyka może się znudzić – ale żeby aż do tego stopnia?! Bristiger napisał mi list – uniewinnia się z pominięcia mnie w swojej muzykologicznej pracy, tłumaczy długo, że on nie o tym pisał, że nie ten okres, że nie wiedział etc. Ładnie niby, że napisał, ale... Ja zawsze mam takiego rzekomego „pecha", że mnie pomijają, a potem się okazuje, że nikt nie winien. Biednemu zawsze wiatr w oczy...

Jesień zimna, chmurna, wietrzna. Jutro pierwsza rocznica śmierci Matki, jedziemy na Powązki. Przez ten rok wiele się zdarzyło i sporo człowiek dostał w ucho. Ale swoją drogą, mówiąc jak w owym żydowskim kawale, „mogło być gorzej". Odpukać w drewno, oczywiście nie malowane.

Znów alarmy o antysemityzmie – że szykanują, nawet za pochodzenie częściowe, że wyrzucają z posad etc. A tutaj ten rzekomy Zambrowski. Nic nie rozumiem, widać nie na mój rozum – za trudne.

Kończę już drugi zeszyt tego dziennika – piszę go bez wysiłku, szybko, może dlatego jest płytki i chropawy stylistycznie, ale z drugiej strony w tym może właśnie tkwi jego specyfika i autentyzm. Człowiek jest sobą, gdy nie wkłada wysiłku, więc nic nie udaje? Rozgrzeszywszy się w ten sposób postanawiam pisać dalej. Dla kogo? To się jeszcze okaże – albo i się nie okaże (dla UB?).

ZESZYT 3

29 września

A więc zaczynam trzeci zeszyt tych notatek – ciekawym, kto, gdzie i kiedy będzie je czytał. Ostatni tydzień pod znakiem festiwalu „Warszawska Jesień", choć nudnawy on potężnie i może obrzydzić muzykę na dłużej. Jedyne właściwie dotąd silniejsze „przeżycie" (choć nie lubię tego słowa za jego romantyczne reminiscencje) to było „Requiem" Ligetiego, poza tym, mimo różnych wyrafinowanych smaków orkiestrowych, istna szarzyzna. Może już naprawdę trzeba wyrzucić orkiestrę do lamusa?

We „Współczesności" rewelacyjny na swój sposób artykuł Jarosława Ładosza (marksista, syn Henryka, starego recytatora, znajomego jeszcze mojego ojca). Tytuł: „Wobec rewizjonizmu". Autor upomina się o to, że „rewizjoniści", Kołakowski, Schaff, Baczko, Morawski i inni, robili jednak w swoim czasie coś niecoś dla marksizmu i że „wypychanie" ich dzisiaj wazeliniarzem Suchodolskim czy nacjonalistą jak Chałasiński to podrzynanie samochcąc własnego marksistowskiego gardła. Autor (artykuł jest dyskusyjny) podkreśla, że można mieć w niektórych dziełach rację, a w innych nie, powołuje się nawet na takich wyklętych świętych pańskich jak Kautsky czy Plechanow, pisze też, że Tarski (Teitelbaum – ze Lwowa) to reakcjonista i „syjonista", a przecież genialny logik!

Są to, rzecz prosta, sprawy oczywiste, ale dla komunisty to jakieś wyłamanie się z sowieckiego schematu przyjmującego, że skoro np. Trocki to zbrodniczy kontrrewolucjonista, to każdy jego sąd (choćby opiewający, że dwa razy dwa jest cztery) też będzie zbrodniczo kontrrewolucyjny. To, co dla nas naturalne, to dla marksistów nowość, podobnie jak to, co na soborze nowe i śmiałe, dla ateistów bywa truizmem. Ale artykuł jest symptomatyczny, zarówno politycznie (redaktor „Współczesności" Lenart to tchórzliwy koniunkturalista, jeśli rzecz umieścił – wiedział dlaczego), jak i merytorycznie: u nas trwa wszakże jedynie taktyczna kłótnia o słowa i nazwy spraw, nie o same sprawy – coś, co choćby półgębkiem dotyka istoty rzeczy, jest już historią wyjątkową – ciekawym, czy ktoś będzie miał odwagę (i upoważnienie), aby rzecz podchwycić – a może to gomułkowskie odkręcanie nacjonalistycznych „przechyleń" tak jak z Zambrowskim, jeśli to prawda? A swoją drogą tyle się kłapie o rewizjonizmie, tylko nikt nie powie, że największym rewizjonistą jest... Gomułka, bo zachował gospodarkę kapitalistyczną na wsi, wiedząc zwykłym chłopskim rozumem, że inaczej byłby tu głód. I chcą, żeby ich wszystkie hasła i dyskusje traktować poważnie... Nie widzą w menażerii słonia.

Żydzi wyjeżdżają. Sprawa to w skali ogólnokrajowej niewielka, ale symboliczna i przykra. Oczywiście, jak to w Warszawie, masę jest na ten temat anegdot nie oszczędzających najświętszych uczuć... Podobno, gdy wyjeżdżał poeta Arnold Słucki, ktoś wpadł pijany na dworzec, wołając: „Gdzie tu stoi ten pociąg do Treblinki?" Ale nie wszyscy Żydzi wyjeżdżają – są tacy, którzy pozostanie w Polsce traktują jako misję. Znam takiego, który zostaje, choć wyjeżdża żona i czterech synów. Ciężko mu będzie, ale ciekawy to symbol. Tylko że kto z naszych obecnych prostaków zrozumie wymowę takiego heroicznego akcesu do polskości ze strony ludzi obrażanych dziś i poniżanych na każdym kroku. Tylko eks-książętom partyjnym jak Berman, Minc czy Zambrowski nic się nie stanie – oto paradoksy!

Dziś „Życie Warszawy" zaatakowało Jerzego Andrzejewskiego, ale półgębkiem i głupio, nie cytując go i robiąc z całej sprawy atak na... Jugosławię, jako że list Jerzego ukazał się najpierw w „Borbie". Głupawe to i żałosne, ale właściwie – co oni mają robić, pieski, którym się płaci za szczekanie.

Rozmawiałem trochę z księdzem X z Ameryki. Powiedział, że jestem pierwszym realistą, z jakim tu rozmawia, bo wszyscy liczą na jakąś amerykańską interwencję w sprawy europejskie, a ja jeden wiem, że z tego figa i że Amerykany ledwo wiedzą, jak się wyplątać z Wietnamu. Mówi, że Nixon wygra – a więc i ja wygram zakład z Heniem, który to Henio wybył tymczasem do Zakopanego, twierdząc, że w październiku będą znowu jakieś draki, zresztą i mnie bardzo radził wywianie.

Pogoda przez parę dni była przecudna, dziś znowu szaro i zimno. Byliśmy na Powązkach, ich jesienny urok jest niezrównany, podobnie jak Łazienek czy parku w Wilanowie. Nie lubię Warszawy, ale bywa śliczna.

2 października
Właściwie idą czasy analogiczne do stalinowskich, a w takim okresie nie należy mieszkać w rozplotkowanej, histerycznej i nerwowej Warszawie, lecz gdzieś na prowincji. Co prawda może owa legendarna „głucha" prowincja też już nigdzie nie istnieje, partia, matka nasza, wszędzie już dotarła ze swoim wścibstwem. Polacy zresztą też już nie ci co w okresie stalinowskim – wtedy, w Krakowie, żyło nam się w gruncie rzeczy w „Tygodniku" jak u Pana Boga za piecem – gdzieś, z oddali, dochodziły nas niejasne wieści, że w Warszawie są jakieś wielkie wygłupiania, wstrząsnęło nami trochę aresztowanie Jasienicy, ale poza tym Kraków był niewzruszony i niewzruszalny – dziś już niestety pewno tak nie jest. A ta Warszawa, cwaniacka i plotkarska ze zhisteryzowanymi Żydami, nie bardzo się nadaje do mieszkania – zwłaszcza w mojej sytuacji. Co prawda, gdybym mieszkał dalej w starym krakowskim Domu Literatów, toby mnie teraz wyrzucili. Inna rzecz, że gdyby... ryby jadły grzyby, gdyby ciocia miała ch..., toby była wujaszkiem.

Jest rocznica wojny, Powstania, rocznice tak ważkie i głębokie, wciąż jakieś odsłonięcia pomników, tablic, capstrzyki, warty na cmentarzach, ale cóż, kiedy wszystko obrzydzone przez wszechobecną propagandę komunistyczną – nawet mówiąc o męczeństwie Żydów w Treblince minister zrobił z tego antyenerefowską propagitkę (dzieci tych ofiar sprzymierzone z niemieckimi zbrodniarzami...). Oni obrzydzą i spłaszczą każdą najświętszą rzecz, każde uczucie, każdą rocznicę – nie mieliśmy ani razu żadnego odprężenia, nawet w dniu zakończenia wojny. Jakże szczęśliwe są narody mające tylko jednego „odwiecznego" wroga, nie znające tych podwójnych skomplikowań. Sojusz z Rosją – dobrze, ale nieprzyjmowanie przy każdej okazji tego języka patetycznych łgarstw, fałszujących nie tylko historię, ale i każde uczucie, każdą tradycję! To jest obrzydłe – czyż nie moglibyśmy być tylko takim sojusznikiem Rosji jak Finlandia? Ba – kto by nie chciał, rada by dusza do raju...

W „Miesięczniku Literackim" jest dyskusja o „wojnie ideologicznej". Zimno się robi czytając to (dyskutują między innymi Kolczyński, Kąkol, Solecki, Sokorski, Werblan, Namiotkiewicz i in.). Jest to *signum temporis*, oznaka nowej linii, nowej fazy. Nie ma już dyskusji, jest walka z „wrogą dywersją", nie ma społeczeństwa bezpartyjnego ani ludzi wierzących, skończyła się epoka wszelkich dialogów, jest tylko wróg – wewnętrzny i zewnętrzny. Wróg wewnętrzny to oczywiście ja, przylepili nas zresztą do Kuronia i Modzelewskiego, łatwo uderzając w ich utopijne bzdury. Wrogowie, rzecz prosta, będą „demaskowani", „piętnowani" i niszczeni. Brrr! W porównaniu z tą swoistą „czarną sotnią" Żółkiewski, Schaff czy Kruczkowski to komunizm łagodny, niemal kanapowy. Tylko biedny osiołek Sokorski musi zawsze kibicować wszystkim kolejnym władzom. No i Werblan się sroży. Zapowiadają „wielką kontrofensywę polityczną" przeciw „Wolnej Europie" – przeciwko mnie już chyba nie, bo ja już jestem przecież rozgromiony. W każdym razie milczeć będę jak ta ryba („czy w odwilży, czy w zamieci, wolę milczeć, bo mam dzieci").

„Znak" chyba zejdzie z areny. Rozmawiałem ze Stachem, mówi, że w tej chwili społeczeństwo jest propartyjne, że w sprawie czeskiej opowiedziało się za rządem, że kardynał W. [Wyszyński] prowadzi politykę ugodową, a „Wolna Europa" jest dziś głosem daremnym, wołającym na puszczy. Smętnie to realistyczne, choć może prawdziwe. Co do „Znaku", to jednak nie należy się chyba przesadnie sugerować czymś takim jak owa dyskusja w „Miesięczniku" – prasę opanowała już moczarowska „nowa fala", czyli twardzi, ale przecież jest jeszcze Wiesio i Klisio. Do tego doszło, że w nich się widzi „łagodnych". Ale heca, aleśmy wpadli! Rozumiem, dlaczego komuniści tak nienawidzą Stanów Zjednoczonych i NRF: bo to są kraje, gdzie „lud" jest bogaty, a więc prawicowy, kraje, w których (zwłaszcza w Ameryce) konflikty społeczne nie pasują do komunistycznego schematu. No i Izrael też jest klasycznym „wrogiem". Demonizowanie tej trójki i jej sojuszu to znowu nasza wojna psychologiczna – o czym dyskutanci z „Miesięcznika" milczą. A swoją drogą ich strach przed wrogą infiltracją ideologiczną nie dowodzi, jakoby nadmiernie wierzyli w możliwość wygrania bitwy na same argumenty. Komuniści są realistami, a więc pesymistami, w konsekwencji – terrorystami. „Głos ma towarzysz Mauzer". A Amerykanie mają stracha – ja też. „Nie bój się, ja sam w strachu".

Umarł Antoni Alster, były wiceminister UB, postać raczej niemiła, choć w rozmowie gładki (byłem u niego kiedyś jako poseł, gdy aresztowano Hanię Rudzińską). Jeden z filarów (rzekomo) „partii żydowskiej", po wylaniu z UB (był pewnie nie o wiele lepszy od Różańskiego) pewien czas tkwił w Ministerstwie Gospodarki Komunalnej, teraz już nigdzie nie był, jak nic kojfnął na serce. No cóż – dla takich to już rzeczywiście wyjścia nie było. Odwalili dla komunizmu czarną robotę, potem ich kopnięto i odcięto się od nich. Zwykła rzeczy kolej – w komunizmie.

3 października

Coraz to bardziej przygnębiam się lekturą owego „Miesięcznika Literackiego" – jest tam artykuł Ładosza i Orzechowskiego „Państwo – naród – klasa" tak niesamowicie głupi, że włosy stają na głowie. Ciężki, pseudonaukowym stylem pisany, jest dowodem absolutnego uwięzienia mózgu przez doktrynę marksistowską, cytat z Marksa lub Engelsa rozstrzyga sprawę, nie ma najlżejszej próby dostosowania wywodów do rzeczywistych wydarzeń życia, wszystko obraca się w krainie obłędnej fikcji. Doprawdy, gdyby ktoś chciał przedstawić rozmyślną karykaturę doktrynerskiej scholastyki, to nic by innego nie wymyślił. W artykule chodzi, jak się zdaje, o polemikę z tezą nieco „partyzancką", że ojczyzna jest ojczyzną bez względu na to, kto w niej rządzi i jaki jest ustrój – autorzy twierdzą, że ojczyzna jest dopiero wtedy, gdy rządzi nią proletariat (to niby rzekomo dzisiaj on rządzi), walą natomiast co sił w II Rzeczpospolitą, przekręcając jej rzeczywistość w sposób obłędny i zarzucając gromionym autorom (chodzi o uczestników dyskusji sprzed paru miesięcy, Jędruszczaka, Grosfelda, Madajczyka, Bardacha i in.) całkowite odejście od marksowskiego internacjonalizmu i inne straszne zbrodnie. Przy okazji wiele jawnych bredni, np. o wspaniałym rozwoju radzieckiej Ukrainy w 20-leciu (10 milionów chłopów zmarło z głodu, w kołchozach wyorano czarnoziem przez lata nie nawożony), o zakończeniu ograniczania suwerenności państw socjalistycznych po śmierci Stalina etc. Ponure to i tak niewiarygodnie obłędne, że aż zdumiewa – a także sam Ładosz miał przecież wcale rozsądny artykuł we „Współczesności". A może dostał taki rozkaz? Swoją drogą zdumiewające, jaką oni wagę przywiązują do abstrakcyjnych, słownych definicji i rozważań nie mających najmniejszego związku z rzeczywistością. A jednak coś w tym widocznie jest, skoro takie urabianie mózgów daje im władzę nad tą rzeczywistością. Po prostu monopolizują wszelką ideowość licząc, że ludzie myślący „bezideowo", tj. praktycznie i empirycznie, jak np. ja, nie będą mieli żadnych ideologicznych argumentów, tylko prostackie stwierdzenie, że np. dwa razy dwa jest cztery. Ciągle powracam do myśli, że trzeba stworzyć system ideowy kontrkomunistyczny (ale nie antykomunistyczny, bo w słowie „anty" zawiera się już zależność od komunizmu), lecz twierdzący, pozytywny. Słowem stworzyć ideologię współczesnego kapitalizmu, nie wstydząc się tego słowa. Robili tak: Kelsen, Röpke, Burnham i wielu innych, ale tezy ich nie mają takiej zaraźliwości i efekciarskiej dobitności jak niektóre tezy „klasyków marksizmu". A swoją drogą w tym sporze „internacjonalistów" z „nacjonalistami" jestem po stronie tych drugich, bo choć kręcą i mącą, to jednak korci ich, aby być jakoś bliżej prawdziwej polskiej historii, podczas gdy ci doktrynerzy chcą zagubić wszystko.

Robi się zimno i pogodnie, księżyc jak krągła taca. Mam sporo złych przeczuć, że nowy kurs zniszczy bezpowrotnie naszą „opozycyjną" generację literatów – jak to się odbędzie „administracyjnie" – przyszłość pokaże. Na razie trwa cisza przed burzą. No i w „Znaku" jakieś fragmenty, o których dowiedziałem się drogą okólną – chcą rezygnować z mandatów czy coś takiego. Będzie wielka draka – chwała Bogu, że nie o mnie. Taki to się ze mnie zrobił egoista, ale trudno – chcę mieć jeszcze trochę czasu na pisanie.

Czego? Tego tutaj, rzecz prosta, nie podam. A swoją drogą pisanie tego dziennika bardzo mnie uspokaja: piszę w nim pogodniej, niż myślę, człowiek na szczęście jest pozerem, nawet u stóp szubienicy. Brrr – odpukać w nie malowane drewno!

6 października

Trzy dni stracone przez wódkę, ale nie było wyjścia, bo najpierw piłem u Czesia [Czesław Lewicki – muzyk], który wrócił z zagranicy, a wczoraj były chrzciny syna Andrzeja. Czesław był w Monachium, w czasie wchodzenia „naszych" wojsk do Czechosłowacji, mówi, że Niemcy szykowali się do wiania, pakowali walizki, wykupywali benzynę. Myśleli, że już Ruscy idą, a w swoich amerykańskich sojuszników niezbyt wierzą. No i mają rację – Amerykanie będą wiać z tego półwyspu, co najwyżej dadzą szkopom bombę atomową, żeby się bronili. Ale oni nie będą się bronić – Hitler już z nich wycisnął resztkę odwagi. Jestem więc pesymistą – będziemy żyli po sowiecku do usranej śmierci. A tu w prasie bredzenia – nieludzkie. Stanowczo prasa komunizmu jest gorsza od samego komunizmu.

Andrzej chrzcił dziecko, chrzcił je ksiądz O. Potem sobie z nim pogadałem: okropny prymityw, wjeżdża na Żydów w sposób zgoła przedwojenny, za granicą nigdy nie był. I właśnie on robi karierę prasową w Episkopacie. Dziwnymi drogami łazi wszystko po tym świecie.

Żydzi dalej okropnie speszeni, tragizują, wyjeżdżają. Namawiam ich do pozostania, ale właściwie, co mają robić? Taki Tarn ma 66 lat, tu stracił wszelką pracę, ma propozycje z Ameryki. Na co czekać? – powiada. I rzeczywiście – absolutnie nie ma na co. M. spuścił ze smyczy młodych, spragnionych, wyposzczonych – to musiało przyjść. Tylko dlaczego w takiej głupiej i chamskiej formie? Przy tym cenzura szaleje, nikomu nic nie drukuje, bo się sami boją, choć nie wiedzą czego. Dom wariatów regularny, a raczej, jak mawia Roman J. [Jasiński] – „pożar w burdelu". A ogólna sytuacja nieświetna, handel zagraniczny leży, poważanie w świecie takoż – ale kogo to obchodzi?

Spotkałem generała K. [Józefa Kuropieskę] – poszedł na emeryturę za różne gadania, między innymi w mojej sprawie. Za głowę się łapie i pyta, dlaczego w Polsce od dwustu lat nie ma zdolnych ludzi do rządzenia. Mówi, że jego ojciec był parobkiem analfabetą, a mówił: „Co oni, wszyscy chcą w tym komunizmie rządzić? A kto ma pracować?"

Dziś w „Życiu Warszawy" atak na Jerzego Andrzejewskiego, pióra Lenarta. Nie jest to atak najostrzejszy, widać boją się, a nuż facet dostanie Nobla czy coś takiego. Wypomina mu różne łamańce ideologiczne, pisze, że A. nie rozumie „klasy robotniczej", ale pisze też, że „Popiół i diament" zostanie w socjalizmie, czy autor chce czy nie. No pewno – tyle lat był lekturą szkolną – co mieli zrobić.

I znowu Bohdan Wodiczko – jeszcze raz zaczyna swą syzyfową pracę – tym razem z orkiestrą radiową w Katowicach. Ten ma siły – jak czołg. Stoczył już wygraną, zdaje się, batalię o granie Strawińskiego – jego atutem jest to, że żaden idiota nie odważy się dać mu zakazu na piśmie. Ale ministerstwo (Motyka i Balicki) go niszczy – mało kto umie się z honorem przyznać do błędu – Wodiczko opiera się na Radiu i na Śląsku, który jest potęgą. Jest zaszokowany bałaganem, pijaństwem, brakiem kompetencji, legendarny Śląsk wcale go nie zachwyca. Z drugiej strony dziwi się, jak ludzie dają sobie wmówić różne propagandowe bzdury i nawet zgoła w nie wierzą. No tak, nie był tu parę lat, a myśmy tymczasem weszli w nowy etap. Brr, strach mnie oblatuje, zwłaszcza że ubeki łażą przed domem jak psy. Cholera – naprawdę nie ma wyjścia. Najlepszy środek na mendy? Polubić je!

Dużo rozmów o Chińczykach. Wodiczko grał za granicą z Fu-Tsungiem, który mu opowiadał, o śmierci swych rodziców. Ojciec jego był wielkim znawcą literatury europejskiej i tłumaczem Szekspira. Mao go wezwał i powiedział mu, że ma złożyć oświadczenie samokrytyczne, iż całe życie działał przeciw narodowi i był szkodnikiem. Stary wrócił do domu i wraz z żoną odebrali sobie życie. A mimo to Fu-Tsung mówi, że Mao to wielki człowiek, że musi utrzymywać Chiny w atmosferze rewolucji. Hm. Ci to rzeczywiście mogą dać Rusom wycisk – ale kiedy? Cały świat zrobi się niedługo nie do życia – tylko Malthus miał na to radę – ale nikt jej nie przyjął!

9 października
Nasza prasa jest naprawdę największą hańbą świata – czegoś tak głupiego i perfidnego jeszcze chyba nie było. Z perfidią jeszcze bym się pogodził, ale głupota kładzie wszystko w sposób wręcz nieprawdopodobny, a dowodzi, jak prymitywni ludzie tym wszystkim

kierują i jak bardzo lekceważą czytającą publiczność. A oto fragment przemówienia sekretarza partii z dzielnicy Śródmieście: "Trzeba zwalczać rewizjonistów mających inną koncepcję od kierownictwa partii rozsadzania partii od wewnątrz". Mają inną koncepcję rozsadzania... O rety!

A oto podana przez prasę notatka pt. "Proces burzycieli porządku publicznego" o demonstracji, którą w sprawie czeskiej (zdaje się, że z racji przyjazdu prezydenta Swobody) zrobiła w Moskwie grupka młodych intelektualistów z Pawłem Litwinowem na czele: "Prokuratura miejska Moskwy poinformowała, że oskarżonym zarzuca się, iż zebrawszy się 25 sierpnia na placu Czerwonym w samym centrum Moskwy, usiłowali przyciągnąć uwagę różnego rodzaju okrzykami i innymi czynami uwłaczającymi godności ludzi radzieckich. W wyniku tego zakłócony został normalny ruch na placu, powstały trudności dla grup turystów zwiedzających centrum stolicy radzieckiej oraz muzeum w starej cerkwi Wasyla Błażennego". Czy może być coś bardziej bezczelnego a zarazem tępego niż ta notatka? I to o ludziach, którzy sami stają przeciw kolosowi totalizmu, aby ratować honor Rosji! Haniebne.

List Jerzego Andrzejewskiego do Goldstückera wydrukowany został w całości w warszawskiej "Kulturze" (uwaga – postęp!) wraz z odpowiedzią nań Bohdana Czeszki. Z odpowiedzi wynika, że gdyby nie interwencja sierpniowa, to Polsce groziłyby najstraszliwsze nieszczęścia z całkowitym zniszczeniem włącznie. Czy ze strony Niemiec (?!) czy Rosji tego nie pisze, nie objaśnia też, dlaczego od istnienia cenzury i głupiego modelu gospodarczego w Czechach miało u nas tyle zależeć. Poza tym nasza prasa wciąż popluwa na Czechów, zmieniając zresztą co dzień rodzaj zarzutów (często na przeciwne), a nawet znaczenie słów. Naprawdę, oni liczą, że czytają ich idioci zapominający, co czytali wczoraj. Skąd biorą takich szmaciarzy i bezczelniaków do tej prasy?!

Ostatnie dwa dni "żyłem towarzysko", głównie na ulicach, bo byłem w ZAIKS-ie, a na Krakowskim spotkać można cały świat. Więc widziałem Lisiecką, wyterkotała mi wszystko, co wie o Związku Literatów: pono zebranie wyborcze oddziału odłożono na grudzień, a walny zjazd na styczeń. Tłumaczą to tym, że Pucio [Jerzy Putrament] boi się, że jak mu się nie uda zebranie, to go nie wybiorą do KC. Ja myślę, że i tak go nigdzie nie wybiorą, bo tak czy owak dostanie w dupę za "Małowiernych", za zbyt liberalne przemówienia itd. Ja to wiem, a on tego jeszcze nie wie, bo siedzi tam zbyt blisko i nie ma perspektywy. Za dwa lata spotkam go jako rozgoryczonego opozycjonistę. Tak toczy się ten światek...

Inne spotkanie: z dawno nie widzianym [Janem] Matłachowskim – wariata tego spotykałem u Mackiewicza, po jego śmierci kontakty ustały. To niegdyś działacz Młodzieży Wszechpolskiej, pupil Dmowskiego, uczestnik nowej endeckiej „rady dziewięciu" stworzonej przez Dmowskiego przed samą wojną, potem działacz konspiracji, po wojnie w Londynie, później wrócił i kręcił się koło Bolcia Piaseckiego – stary erotoman i wariat, ale z ogromną ikrą. Zrobił mi krótki proroczy wykład, że do roku 2000 nastąpi trzecia rewolucja (po francuskiej i rosyjskiej), niby światoburczo, ale tak skrótowo i gwałtownie, że w końcu gówno z tego miałem. Przypomniało mi to dowcip o dwóch pielęgniarkach: polskiej i żydowskiej. Polska referuje doktorowi, jak chory spędził noc, a żydowska pytana o to samo zaczyna: „Ach, panie doktorze, co ja przeżyłam". A swoją drogą masę takich podnieconych inteligentów kręci się po Warszawie. Jedyna rada, uciekać przed nimi do domu i pisać swoje. Ale za to spotkałem dekoratora z Krakowa, który przenosi się do Warszawy. Gdy mu to odradzałem, powiedział, że w Warszawie jest przynajmniej trochę informacji o czymś i „światowego życia", a w Krakowie – jak mówi – absolutna prowincja i rządy wystraszonych a nic nie wiedzących kacyków. Więc i tak źle, i tak źle. Jak tu w ogóle żyć? Tylko w szufladzie – ale czy dadzą, czy nie przeszkodzą? Brr. Ale nudy – na pudy.

Ciągłe święta i obchody, dosłownie każdego dnia jakaś rocznica – wojska, bitwy, dziecka, milicji (25-lecia!) – utrzymują ludzi w ciągłej „odświętności", w sztucznym podnieceniu, które ma zastąpić brak jakiegokolwiek życia politycznego – myśmy w marcu im zrobili prezent fundując za darmo makietę przeciwnika. A teraz trwają w prasie niby-dyskusje przedzjazdowe – pozorowane, bo nie ma w nich problemów, lecz słowa-zbitki o wieloznacznej treści. Swoją drogą, niezwykły jest ich kunszt robienia z ludzi balonów!

Był taki jakiś strzelec z cenzusem, trochę łamaga, z którym byliśmy w 1939 roku na wojnie, pod Uściługiem i Kowlem, a potem szliśmy we trzech z moim szkolnym kolegą Wiśniewskim do Warszawy pieszo. Ten gość to dzisiejszy rektor Politechniki Śląskiej, Jerzy Szuba – mówił właśnie coś drętwego. Jakiż jam stary – o Jezu!

10 października

Gdzie się podziali Ochab, Rapacki, Albrecht, Sztachelski? Kto to był zmarły przed tygodniem Alster? Ani o nich słowa w prasie, w radiu, w telewizji, nigdzie. Grobowa cisza, jaką zachowują komuniści wobec tych, co nagle odeszli z życia politycznego, ma jakiś chyba sens freudowsko-psychologiczny. Może nie chcą nasuwać skojarzeń i zdrożnych myśli, że na przykład ktoś z aktualnych władców mógłby odejść... Liczą, że ludzie natychmiast wszystko zapominają. Czy rzeczywiście? A może to tylko ja jestem maniakiem pamięci?

To wszystko sobie pomyślałem słuchając wczoraj w telewizji wywiadu z urzędującym wiceministrem spraw zagranicznych, Adamem Kruczkowskim (synem Leona). Nikt nie objaśnia, co się stało z Rapackim – mówią, że ma areszt domowy. Nie był to geniusz i też realizował jedynie sowiecki schemat, ale chociaż inteligentnie wyglądał i czasem powiedział coś własnymi słowami. Za to Kruczkowski na pewno niczym takim się nie splami, a po twarzy jego widać, że nie grozi mu posiadanie własnych poglądów czy też jakaś tam inteligencja. Twarz obła, gładka, łysa – tępawym uporem trochę przypomina ojca, ale tamten miał jednak jakieś talenta. A tu tylko bezosobowy schemat – nic więcej. Może jednak ta jednolita nieugiętość to właśnie siła sowieckiej polityki: najpierw irytuje, wścieka, śmieszy, a potem, niedostrzegalnie, zaczyna imponować? O cholera!

Dział zagraniczny w naszej telewizji chce zrobić z nas ową dziewczynę malajską z noweli Conrada „Uśmiech szczęścia". Dziewczyna ta czyta tylko jedną europejską gazetę, w której jest właściwie tylko kronika wypadków kryminalnych. Po pewnym czasie lektury dziewczyna dochodzi do wniosku, że Europa to jedna wielka mordownia. U nas jest to samo: z krajów Zachodu pokazują przeważnie strajki, awantury, policję, bicie – po pewnym czasie nowy masowy widz może dojść do wniosku, że tam nic innego się nie dzieje, tylko to. Propaganda jak z Orwella, bazująca na nieświadomości i braku pamięci u odbiorcy. Telewizja to w ogóle wynalazek czysto orwellowski, w „1984" dużo o niej jest. To w ogóle genialna książka.

Coraz częściej zaczynam myśleć, że Amerykanie mogą oddać Sowietom Zachodnią Europę. W „Kulturze" paryskiej przeczytałem artykuł o dynastii Kennedych. Otóż Kennedy ojciec, będąc ambasadorem w Londynie, uważał, że trzeba porozumieć się z Hitlerem, a po wojnie był zdania, że właśnie trzeba oddać Rosji całą Europę, bo ona tego nie strawi i prędzej nastąpi „wyzwolenie". I pomyśleć, że nasz los zależy od humoru jakiegoś ignoranta z Alabamy czy Teksasu. Zrozumiał to pewno de Gaulle, stąd jego *force de frappe*. Ale co mu ono pomoże? Podda się jak generał Kocmołuchowicz w „Pożegnaniu jesieni" Witkacego [Kocmołuchowicz jest bohaterem powieści „Nienasycenie"]. W ogóle Europę mogą jedynie ocalić Chińczycy, jeśli stukną Rosję w porę od tamtej strony. A swoją drogą ciekawe są losy tej zachodniej Europy. Po 1871 Francuzi i Anglicy zaczęli rozumieć, że nie ma się co bić między sobą, bo wyrastają groźne Niemcy. Po roku 1945 Francuzi, Anglicy i Niemcy zaczęli rozumieć, że nie ma się co bić między sobą, bo wyrasta Rosja. A co dalej będzie zrozumiane? I kiedy? Krótkowzroczność, ignorancja i pycha są motorem dziejów. Co ustaliwszy, biorę się do swojej pracy. Żeby mi w niej tylko UB nie przeszkodziło: wczoraj słyszałem w „WE" kolejną audycję o tej instytucji. Niezbyt to miłe.

12 października

Czytam numer „Argumentów" poświęcony „mieszczaństwu" i „drobnomieszczaństwu". Że też ci ludzie nie mają akurat teraz innych zmartwień, nie widzą też drobnomieszczańskości robotniczej, jeszcze jak obrzydłej. Jadą oczywiście ile wlezie na prywatną inicjatywę, cieszą się, że choć ma forsę, to nie może inwestować ani się rozwijać – to ci powód do radości. Ci ludzie zwariowali – zresztą ryba psuje się od głowy – są tam cytaty z Lenina, jak to trzeba zwalczyć wszystkie klasy, w tym drobnomieszczaństwo i chłopów. Ale dlaczego zwalczyć? W imię mitu, który opanował im mózgi, a który daje taki rezultat, że tworzy się zbiorowisko bezwolnych, biernych trybików w maszynie, że cała energia społeczna gdzieś się ulatnia. A oni tego tam na górze nie widzą – zapatrzeni w swoje mity niszczą wszystko – i to jeszcze mając za główny materiał taki bierny i nietypowy naród jak Rosjanie.

A u nas swoją drogą społeczeństwo materialne nadal jest „mieszczańskie" i ma owe wyklinane ideały „konsumpcyjne" (a co ma niby robić zamiast konsumowania – rzygać?!). Chłopi, rzemieślnicy, inteligencja, wszyscy oni nic w gruncie rzeczy nie mają wspólnego z „marksizmem-leninizmem". Politycznie bezwolni, bez odwagi cywilnej, twardo jednak wiedzą, że towar zachodni lepszy jest od wschodniego, i w propagandę nie wierzą. Przyziemny to opór – ale skuteczny. Stąd wściekła ofensywa „patriotyczno-ideowa", w której panuje istne „pomieszanie z poplątaniem", a której gwałtowne szukanie wroga, jakim by się zajęło, zainteresowało masę, jest uderzające. Stąd też i padło na Żydów – Żydzi i Niemcy to dziś w socjalizmie straszak uniwersalny. I porównać to z okresem sprzed 30 lat: zmienność pojęć dochodzi już do absurdu – a komuchy umieją nią się posługiwać – to jedno umieją chociaż naprawdę.

A swoją drogą wkładają oni teraz masę wysiłku w propagandę i polemikę – tyle że nie ma z kim, bo nikt już nie jest głupi się wychylać jako „wróg" – odgrzewają więc stare potrawy. Tak na przykład w „Kurierze Polskim" jest atak na „rewizjonistów historycznych", to znaczy tych, co nie uznają patriotyzmu ani ludu polskiego, wyszydzają historię Polski, plują na... księcia Poniatowskiego etc. Autor, Wojciech Sulewski (doktor – chyba idiotologii) wrzuca do wspólnego worka Aleksandra Bocheńskiego za „Dzieje głupoty w Polsce" (zdaje się, że z całej książki przeczytał tylko tytuł), Mackiewicza za „Zielone oczy", mnie oraz... Jedlickiego i Baumana. Kompletny bełkot pozbawiony jakiegokolwiek sensu, ale tu teraz chodzi o metodę chińską: o ryk, plucie, kopanie, bez względu na treść. Nie dostrzegamy tego, że weszliśmy w swoistą fazę „rewolucji kulturalnej", argumenty nic nie znaczą, tylko natężenie ryku i wybór osób atakowanych. Aż się dziwię, że jeszcze „Polityka" się czasem serio odgryza, z drugiej strony osłaniając się wazeliną.

We „Współczesności" niejaki Stanisław Wroński (z „Książki i Wiedzy" chyba) opisuje, jak to Hitler, a przedtem Bismarck, uważał, że trzeba Europę obierać listek po listku niczym głowę kapusty i że dzisiaj to samo robi NRF. Ciekawym, co by powiedział, gdyby mu zwrócić uwagę, że dziś to samo robi... Rosja. Nie wiem, czy oni udają, czy naprawdę mają przekręcone w czaszkach. Ten Wroński prezentuje zresztą klasyczny zestaw „wrogów": Ameryka, NRF, Izrael. Każde pismo musi taki zestaw powtórzyć – zupełnie jak za Stalina – bzik przymusowy, inaczej w łeb i won z życia publicznego. Więc piszą, najpierw z przymusu, a potem coraz szczerzej – człowiek nie może wciąż kłamać...

Wczoraj byłem w Filharmonii. Webern i Berg wydali mi się nieznośnie, szkopsko ekspresjonistyczni i pozerscy, za to Symfonii g-moll Mozarta świetnie mi się słuchało. Tak trzeba słuchać: bez wysiłków, bez fachowego interesu, zwyczajnie, dla przyjemności i nastroju. Będę normalnym słuchaczem – przysięgam sobie. Tyle że Strawińskiego teraz, idioci, nie grają, a ja to tak lubię. Cała nadzieja w Wodiczce, że zwalczy tumanów – to czołg, nie człowiek...

14 października

Nastrój niezbyt wesoły, raczej kac po dwóch dniach picia. W sobotę opijaliśmy książkę Andrzeja (moja recenzja o niej pod damskim pseudonimem już się ukazała), wszystko było świetnie i dopiero na końcu, już mocno zalany, coś Andrzejowi przysobaczyłem, ale absolutnie nie pamiętam co, i okropnie się obraził. Wczoraj dzwoniłem, ledwo ze mną gadał. Tłumaczyłem mu, że byłem pijany i nic nie pamiętam, ale powiedział, że po wódce mówi się to, co się myśli. I dalej nic nie wiem – a niech to diabli – a przecież Andrzeja lubię i nadmiaru przyjaciół teraz nie mam. Przez głupie nieumiarkowanie stracić przyjaciela? O diabli!

Przedwczoraj spotkałem Eddę W. [Edda Werfel] z córką. Istna tragedia – żydowska. Córki nie chcą przyjąć na żadną uczelnię, więc zapisały się na wyjazd do Izraela (jako pretekst, bo naprawdę chcą jechać gdzie indziej), tymczasem nie dostały paszportu i czekają na walizkach – nie wiadomo na co. Zdenerwowane piekielnie, niemal płaczą na ulicy, nie chciały słuchać, gdy mówiłem, żeby poczekały, że tu coś się zmieni. Co prawda, jak się ma zmienić? Żydów-komunistów wykończono bardzo perfidnie: najpierw dano im najczarniejszą, terrorystyczną robotę do zrobienia, a teraz oskarża się ich o nią i wykorzystując ich niepopularność, a także stary, „organiczny" antysemityzm – wylewa się ich mówiąc, że leczy się kraj z „błędów i wypaczeń". A tymczasem oni zliberalnieli: wyrzuca się więc obecnych liberałów za dawny stalinizm. Super to perfidne – kto to wymyśla takie w swoim rodzaju mistrzowskie, choć okropne posunięcia? I Gomułkę w to wkręcili: swoim przemówieniem w czerwcu 1967 dał asumpt do antysemickiej czystki i teraz nie może tego opanować, a oni wyrzucając Żydów z posad, obsadzają wszystko swoimi ludźmi, oskarżając jednocześnie Gomułkę, że on hamuje ten proces, i depopularyzując go wśród młodych arrywistów. Swego rodzaju arcydzieło, ale rezultat tego jaki? Gwardia młodych, zajadłych pretorianów u władzy – z deszczu pod rynnę.

Wczoraj byli Julek S. [Julian Stryjkowski], Paweł i Jurek – rozmowy cały czas o Żydach, Paweł jak zwykle pierwszy antysemita,

Julek go za to rugał, rozmowa burzliwa i błyskotliwa, ale – bezsilna i w sumie przygnębiająca. Najsmutniejsze, jak powiedzieli, że wstają późno, koło południa, bo – nie mają co robić. To naprawdę zmora – nie każdy potrafi pisać do szuflady. Ja się zmuszam, ale – czy się nie załamię? Zwłaszcza wobec rosnącego osamotnienia (któremu po trochu sam jestem winien). Słowem – kac duchowy, choć na mieście przepyszna jesień – złoto i purpurowo od liści. Henio pisał z Zakopanego, że ładnie, pusto, Tatry jak makatka z jeleniem. No, ale ja szykuję się już nad morze w listopadzie. Będzie tam Zygmunt M., którego list w sprawie czeskiej ukazał się podobno w „Mondzie". Ja tam listów pisać nie zamierzam – chcę siedzieć cicho i pracować. „Nie budzić licha, kiedy śpi cicho". Tak. Stać mnie już na to.

Zaczęła się olimpiada w Meksyku. Wczoraj widziałem w telewizji bieg na 10 kilometrów. Clark, rekordzista świata, australijski filozof bieżni, przegrał z kretesem. Wygrali trzej Murzyni – biegli na finiszu jak jelenie. Szkoda mi było Clarka – to już chyba jego ostatnie starty. Wspominałem, jak w roku 1932 w Los Angeles wygrał ten bieg niezapomniany „Kusy" – Janusz Kusociński. Toż była radość!

18 października

Z Andrzejem się pogodziłem: coś tam po pijanemu nagadałem, że nie należy mieć do niego zaufania, jemu się to po wódce wyolbrzymiło i tak powstała heca. Byłem z nim potem w „Więzi", gdzie spotkało mnie parę ciekawych rzeczy. Zjawił się tam mianowicie Stefan K. [Kurowski], wybitny ekonomista, doradca ekonomiczny koła „Znak", gość z „Krzywego Koła", niedawno jeszcze bardzo zwalczany i wyklinany, którego pracę doktorską długo odrzucano, sam Gomułka się pono wściekał, że to najgorszy rewizjonizm. Niedawno widziałem w „Życiu" jakieś artykuły o ekonomicznych tezach na zjazd partii, podpisane jego nazwiskiem, ale z tytułami „doc. dr", więc do głowy mi nie przyszło, że to on. Tymczasem to on: schudł, zmizerniał, w oczy nie patrzy, ale rzeczywiście jest docentem PAN-u, a artykuły (o sprawach rynkowych) napisał pono za błogosławieństwem Jaszczuka – zresztą postawę swoją i poglądy nielicho zmodyfikował, już nie jest w opozycji do systemu, lecz chce go reformować od wewnątrz, pozostawiając jednak jego ramy, które dawniej kwestionował. Jak mi powiedzieli, dogadał się po prostu z „partyzantami" i w ten sposób dokonał się cud. Oni pewno, po wyrzuceniu Brusa, Minca i paru innych, chcą mieć swego ekonomistę reformatora, goja, zwłaszcza że zamierzają wyprzyć Jędrychowskiego (co nawiasem mówiąc, dawno już zrobić należało, ale nie z powodu rozgrywek mafijnych, lecz z powodu jego powolności i małej bystrości). Tak więc ów nieprzejednany przejednał się jednak – chce coś robić, odgrywać rolę, rozumiem go, choć jakiś irracjonalny smuteczek w związku z tą sprawą tkwi gdzieś na dnie serca...

Druga ciekawa rzecz: cenzura puściła mój list do redakcji „Więzi" – zresztą bez znaczenia, prostujący jakąś nieścisłość w felietonie Żółcińskiego na temat Woltera*. Ale fakt puszczenia jest znaczący: czyżby chcieli, żebym znów pisał? Irracjonalnie mnie to zmartwiło, bo już się wygodnicko przyzwyczaiłem do „życia ułatwionego", do pisania wszystkiego, co się chce, ale dla... siebie w domu. A tu znów trzeba będzie pisać o niczym, półprawdy i półmyśli?! Inna rzecz, że z punktu widzenia taktyki, Związku Literatów etc. dobrze byłoby wydrukować coś pod swoim nazwiskiem. Chyba spróbuję – cała nadzieja, że może jednak nie puszczą, bo jak puszczą, to znów trzeba będzie zaczynać cały kołowrót od początku, bo „Tygodnikowi" znudzi się przecież w końcu płacić za niepisanie. A szkoda...

W „Walce Młodych" ukazało się sprawozdanie owego niecenionego Gontarza z procesu jednego z aresztowanych studentów, Krzysztofa Topolskiego (ojciec jego był pełnomocnikiem rządu do spraw deglomeracji przemysłu). Główny punkt oskarżenia: że obraził naród polski twierdząc, że... wszyscy zdolni ludzie byli pochodzenia żydowskiego i oni powinni rządzić oraz że Polacy pomagali Niemcom mordować Żydów. Głupie to okropnie i nieprawdopodobne, jak ze „Stürmera", ale facet dostał „za obrazę narodu" półtora roku. Urodzony w 1947 – a więc tak się mszczą grzechy ojców...

A swoją drogą ja jestem prorokiem, tyle że nikt mnie nie słucha. Dwadzieścia dwa lata temu powiedziałem Ważykowi, że to, co

---

* Ten pierwszy pod przybranym nazwiskiem i drukowany w prasie po marcu 1968 tekst Kisiela warto przytoczyć w całości: „W. Pan Tadeusz J. Żółciński «Więź» – Warszawa. Drogi Panie! Komunikuję uprzejmie, że „Kubuś Fatalista" nie jest Wolterowski, lecz Diderowski. To jedno wiem na pewno, poza tym wiem, że nic nie wiem. Serdeczności! Kisiel". („Więź" 1968, nr 9, wrzesień, s. 154).

robią Żydzi, zemści się kiedyś na nich srodze. Wprowadzili do Polski komunizm w okresie stalinowskim, kiedy mało kto chciał się tego podjąć z „gojów" (poza gorliwcem Gomułką). Społeczeństwo było wtedy jednolicie antykomunistyczne, więc nienawidzono ich. Teraz społeczeństwo jest nowe, niewiele z tamtego pamięta, opór się rozchwiał i rozładował, ale nienawiść została, co obecnie wyzyskał Moczar dla swoich celów personalnych, oskarżając ich o „błędy i wypaczenia" (w których zresztą sam brał udział). Bo Żydzi nie rozumieją jednej rzeczy: gdy są małą grupą, jak po wojnie, to zachowują się wobec siebie solidarnie, negując jednocześnie, jakoby była to solidarność narodowa, i odrzekając się od jakiejkolwiek odpowiedzialności zbiorowej. Tymczasem skoro się działa solidarnie (oczywiście nie wszyscy, ale ci co robili politykę), to można się spodziewać, że ktoś to kiedyś wyzyska. No i rzeczywiście: sprawa Izraela dała pretekst do potraktowania wszystkich (prawie – Starewicz się trzyma) Żydów jednolicie, jako naród – skutek wiadomy. Tragiczny jest tylko los Żydów-Polaków, artystów, pisarzy, którzy biorą w łeb za winy tamtych – tamci zaś sami sobie piwo warzyli. Sytuacja powikłana – ale któż ją dziś rozwikła? Zaś kultura polska traci, obraz Polski widziany z Zachodu staje się ohydny, ale kogóż z walczących o władzę to obchodzi? A Gomułka nic z tego wszystkiego nie rozumie, klepie swoje (a raczej nie swoje, podsunięte) pacierze o rewizjonizmie i tyle. Jak się zbudzi, będzie za późno („i obudził się z ręką w nocniku...").

Po nocach nie śpię oglądając olimpiadę. Murzyny leją wszystkich – są przerażający. Rekordy w trójskoku niewiarygodne – biedny chory Schmidt skakał jak bohater, ale gdzie mu tam: pięciu czy sześciu skoczyło ponad 17 metrów, widać tartanowa bieżnia zmieniła sytuację. Za to stary Pawłowski ma złoty medal w szabli, pierwszy raz w życiu – wspaniale. Ale w ogóle Polska bierze raczej w dupę, a mnie to nie martwi: nowomodny polski szowinizm odstręczający jest jak wszystkie szowinizmy. Ha! Dobrze mi to pisać w prywatnym zeszycie, gdybym spróbował publicznie – tobym dostał. Co prawda Andrzejewskiego i Mrożka prasa potraktowała raczej ulgowo – ale mnie by nie uszło. Więc milczę: „O Ryczywole zamilczeć wolę..."

19 października

Byłem dziś u Kostka Łubieńskiego, rozmawialiśmy o ekonomii: powiada on, że jakiż to nonsens zarzucać Czechom rewizjonizm, podczas gdy my mamy prywatnych chłopów, rosnące prywatne rzemiosło i w ogóle czort wie co. To samo sobie myślałem, ale tu pewno chodzi nie o to, że istnieją „jeszcze" (i po cichu) sektory gospodarki niesocjalistycznej, ale o to, że Czesi postulowali głośno (za głośno?) zmiany modelowe właśnie w sektorze socjalistycznym, między innymi ostentacyjne wprowadzenie praw rynkowych. Chcieli zmienić nie praktykę, na co się nierzadko oczy przymyka, lecz właśnie doktrynę, a to już jest herezja zgoła niedopuszczalna. Mówił mi kiedyś nieboszczyk prof. Lange, że książek jego nie ma w Rosji, bo „dogmaty zmienia się tylko w Rzymie". No właśnie – więc to był spór ideologiczny, doktrynalny – tutaj słowa ważniejsze są od czynów.

Wczoraj był Jerzy Turowicz – pierwszy raz go widziałem po chorobie. Opowiadał ploteczki z „Tygodnika", poza tym – bagatela – ktoś przywiózł wiadomości z Rzymu, że podobno Amerykanie z Rosjanami podzielili już świat na strefy wpływów – Europa to strefa rosyjska. Ciągle coś takiego słyszę, pewno nie ma dymu bez ognia. A ci łżą, że to Niemcy chcą „obierać Europę liść po liściu" – swoją drogą obłudę i zakłamanie to już Moskaliki doprowadziły do perfekcji – a u nas mają jakże oddanych uczniów, Broniarków, Męclewskich, Krasickich, Kąkolów. Co to bractwo wygaduje – wierzyć się nie chce, że można być tak bezczelnym. Ale można – bracia Polaczkowie też dużo potrafią!

Zygmunta Mycielskiego opieprzyli w „Expressie" za list w sprawie czeskiej. Opowiadał mi ktoś o Anglii, że degeneracja, przebierańce z długimi włosami na ulicach, mnóstwo kolorowych, wszyscy śmieją się z angielskości, że to rzecz przemijająca, co najwyżej na niewiele lat. A co by na to rzekł stary Churchill? A jednak Hitler jedną rzecz zdziałał bezbłędnie: przyspieszył upadek tego kontynentu, części świata, otworzył drogę dzikusom.

Kirszensztajn i Pawłowski złote medale. Ona ładnie wyglądała słuchając „Jeszcze Polska nie zginęła". Stary prezes Komitetu Olimpijskiego, Avery Brundage, wyrzucił z olimpiady dwóch amerykańskich Murzynów, którzy demonstrowali na podium (*Black Power*). Walczy o apolityczność sportu – ciekawe to, u nas w prasie oczywiście komentowane głupio i obłudnie.

Jesień ciężka – za dwa tygodnie jadę nad morze. Od Wydziału Kultury w Koszalinie dostałem podziękowanie za Kołysankę (jako „Jerzy Mrugacz"). Miłe to, sprawiło mi przyjemność – jednak człowiek chce kontaktu „ze społeczeństwem".

22 października

Swoją drogą co za bzdura nazywanie u nas Żydów syjonistami: ci, o których chodzi, których się wyrzuca, to są Żydzi-komuniści, a syjonizm, czyli żydowski, palestyński nacjonalizm jest im jak najbardziej obcy. A jednak się ich w to wpycha. Fakt, że Rosjanie zrezygnowali już z usług międzynarodowej „żydokomuny" jest niepokojący, dowodzi, że wszystko im już jedno, że walą na całego, po prostacku, żadnej polityki intelektualnej nie prowadząc. Marnie, marnissimo.

Wiadomości o Zambrowskim, że dostał posadę etc., okazały się lipą – nic nie dostał, wylali go z luksusowej willi, gdzie mieszkał etc. Należy mu się to za komunizm (sam to rozumiał i chcąc się ratować robił później Październik), ale jakie pretensje mają do niego komuniści, tego nie rozumiem. Że Żyd? A więc determinacja rasowa? Ciekawe. Raczej jednak chodzi o władzę.

„Polityka" mi zaimponowała. Dali podpisany przez redakcję artykuł „Na co stawiać", będący ich proponowanym wkładem na zjazd partii. Artykuł daje świetną analizę naszej sytuacji gospodarczej, wskazuje na jej konserwatyzm i zamkniętość oraz przestarzałość oparcia się wyłącznie na kopalnictwie i hutnictwie, co warunkuje zacofanie wobec pełnego polotu rozwoju techniki w świecie. Proponują, żeby skokiem dogonić świat, przechodząc na takie dziedziny, jak lekka chemia (sztuczne włókna), elektronika, gaz ziemny, dziedziny pracochłonne i mózgochłonne, a nie ciężkie i zamulająco konserwatywne. Proponują też dostosować produkcję do naprawdę nowoczesnego handlu zagranicznego, aby gospodarka polska przestała być zamknięta i partykularna. To naprawdę odważny artykuł, bo może ich narazić na ogromne ataki, te poglądy są bardzo sprzeczne z przyzwyczajeniami Gomułki, mogą wzbudzić jego wściekłość, taktycznie im to może bardzo zaszkodzić – a jednak Rakowski uznał widać, że trzeba walczyć o swe poglądy niezależnie od taktyki. To piękne – tak wysoko go nie ceniłem.

A moment jest niebezpieczny. Wacławek, taki ekonomiczny przyszczekacz, jedzie na „Politykę" w „Prawie i Życiu", że chce ona zmniejszyć „spożycie zbiorowe" na rzecz indywidualnego, które jak pisał w „Polityce" Paszyński, daje poszerzenie praw obywatelskich, możliwość wyboru, wzbogacenia osobowości itd. Wacławek rozdziera szaty, że w XX wieku, kiedy rzekomo zwyciężył kolektywizm, ktoś głosi takie anachroniczne, wręcz burżujsko liberalne tezy. Ten głupi Wacławek twierdzi, że propozycje „Polityki" sprzeczne są u nas z „powszechnymi odczuciami potrzeb społecznych": twierdzi to w kraju, gdzie 60 procent ludzi pracuje indywidualnie (chłopi, rzemiosło etc.) i gdzie wszyscy marzą o własnym samochodzie, a nie wspólnej jeździe na „zakładowe" wczasy. Ale ten chce się zasłużyć przed zjazdem, „Polityka" staje się bowiem, po naszym zniknięciu, rewizjonistycznym kozłem ofiarnym: wróg do polemiki być musi i zdaje się, że zostanie nim Rakowski i jego ludzie. Paxowski usłużny szakal, który chce się pożywić przy każdym drapieżniku, usłużnie cytuje tę polemikę. A dziś znowu jest w „Słowie" artykuł „samego" Bolcia Piaseckiego. Norma bzdury i serwilizmu została tam wykonana w 150 procentach – przed Rosją pada na twarz czyniąc ją niemal ekspozyturą Ducha Świętego na ziemi. A oto jedno zdanie z artykułu: „Polityka wschodnia NRF-u, zasadnicze narzędzie wojny psychologicznej z naszymi krajami, docierała do nas przede wszystkim za pośrednictwem syjonizmu". Czy on już zbzikował całkiem, czy też doszedł już do takiego dna (czy też szczytu) wirtuozerii taktycznej, kiedy zupełnie jest wszystko jedno, co się mówi?! A swoją drogą ja pewno źle robię, że na serio polemizuję tutaj z „artykułami" naszej prasy – a co, jeśli ich autorzy sami w zaciszu domowym śmieją się z nich w kułak? Choć nie – w prasie chyba perfidnych inteligentów już nie ma: są arrywiści bez skrupułów, a przy tym bardzo przerażeni. Wszystko tu w gówno się zamienia – choć masę nowych ludzi wcale tego pewnie nie zauważa, dla nich to normalne. Sytuacja duchowo robi się bez wyjścia – dotąd się udawało, ale teraz: brrr!

Kirszensztein w sztafecie zgubiła pałeczkę – prasa nasza skwitowała to lodowato. A znów w sztafecie 4×400 była sprawa sporna, czy trzecie miejsce mają Niemcy czy Polska – fotokomórka zdecydowała na rzecz Niemiec, a Polska założyła protest – zresztą odrzucony, co u nas z demagogiczną goryczą rozwleczono w prasie. Nie biorę w tym udziału uczuciowo, choć złote medale mnie połechtały. Czyżbym był złym „patriotą"?

Wczoraj rozmowa z Andrzejem – poruszył mnie pesymizmem

i tym, że chyba się w coś nie bardzo *fair* zaangażował (nowy „Znak"?) i ma jakieś opory czy wyrzuty sumienia. Muszę z nim porozmawiać serio.

Wczoraj byłem na koncercie Związku Kompozytorów w małej salce WTM. Zjawił się osiemdziesięcioparoletni Rytel – „widmo minionych czasów". Zawsze po świńsku zwalczał Szymanowskiego, przeżył go o 30 lat i dalej ironicznie triumfuje. Rzeczywiście, wczorajszy koncert mógł nasunąć myśl o tym, jak niewiele dobrej muzyki jest na świecie. Mazurki Szymanowskiego dziecinnie łatwe i banalne a jego „Don Juan" całkiem kradziony z Debussy'ego. Pieśni Lutosławskiego niby bardzo dobre, ale to jakiś już szablon, Rudzińskiego – szkoda gadać. No i utwory młodych (Maksymiuk, Stachowski, Zb.[igniew] Rudziński) – po co to komu, wypindrzone a puste (jeszcze Trio Zb.[igniewa] Rudzińskiego najlepsze, bo dość wesołe). Stary świat dźwięków zszarzał, nowy się nie narodził. Czy muzyka ma przyszłość? Trzydzieści pięć lat temu pisałem artykuł „Czy upadek muzyki"? Dalej o to pytam.

Zygmunt Mycielski powiedział mi okropną rzecz: że do Sopotu wybiera się Jerzy Andrzejewski i jacyś inni. Chcą mi ukraść moją samotność – o rety! Ale ja się nie dam: będę wyrzucał za drzwi i tyle.

Wracając jeszcze do Wacławka; pisze on: „Postulat ograniczania i likwidacji konsumpcji zbiorowej jest jedną z podstawowych części składowych technokratycznej, uproszczonej koncepcji postępu społecznego. Koncepcji, która ogranicza go tylko do postępu wąskoekonomicznego i technicznego, a nawet stając się hamulcem postępu społecznego i kulturalnego. W tym sensie rewizjonistyczno-technokratyczny nurt stanowi zagrożenie podstawowych wartości socjalizmu". „Wolność nie sprowadza się do wolności pieniądza. Ta ostatnia, poza pewnymi granicami, jest nawet zaprzeczeniem rzeczywistej wolności. Przynajmniej wolności dla nas" (?). Dzieje głupoty w Polsce!

23 października
Umarł Anatol Stern [19 października 1968], stary poeta, niegdyś futurysta, filmowiec, powieściopisarz. Wiele się z jego działalności zapomniało – to było 20-lecie, po wojnie już dużo nie znaczył, ale był inteligentny, no i żywa kronika przedwojennych czasów. Jego spory ze Słonimskim („Skamander" – awangarda) bardzo zabawne, choć oni traktowali je ze śmiertelną powagą. Był trochę bu-

fon, ale miał dużo wdzięku. Żona, Alicja, ogromnie zabawna. Zaczynam już żałować każdego okrucha przeszłości.

Tutaj trwa w prasie dosyć autentyczny spór o „prywaciarzy", czyli prywatne rzemiosło i usługi. „Kurier Polski" broni ich ostro przed atakami demagogów wskazując na to, że wielki przemysł maszynowy, okrętowy i inny kooperuje z nimi, oni dostarczają precyzyjnych części, których inaczej nigdzie by się nie dostało. Ale to mucha, atak ma podłoże ideologiczne, co im tam sprawy produkcyjne! Klaudiusz Hrabyk, superidiota, grzmi w „Życiu Warszawy", że cała Polska pogardza prywaciarzami, którzy zbijają „wór złota", że nigdy badylarz czy sklepikarz nie mógłby reprezentować „socjalistycznego narodu" i tym podobne brednie. A o prywatnych chłopach (połowa społeczeństwa) łaskawca zapomniał. I o tym, że np. sprzedawca prywatny pracuje dzień i noc, podczas gdy pracownik „uspołeczniony" odpracowawszy swoje siedem godzin, wypina się na wszystko, a poza tym kradnie, ile wlezie. Ale cóż – nalot na „prywatnych" trwa. Tych, co są potrzebni do przemysłu, może nie ruszą, ale np. prywatni lekarze padną chyba ofiarą, tak jak już padli adwokaci. Wolne zawody nie mieszczą się w idei kolektywizmu, a jeśli życie na tym traci – tym gorzej dla życia!

Dziś byłem z Lidią na wyścigach – nie żeby grać, ale żeby zobaczyć. Bardzo przykre wrażenie: tłumy nędznych, starych, zdenerwowanych ludzi, hazardujących się, podnieconych, aby wygrać te parę groszy. Ogromnie przykre widowisko, żadnego blasku, a tylko właśnie jakaś szara brudna nędza. Był mój kolega W., muzyk z synem – zupełnie nieprzytomny, bo przegrał. Pożyczyłem mu 100 złotych na wieczne nieoddanie. Żałosne to było.

Myślę sobie o kole „Znak", którego byłem kiedyś współtwórcą, i o jego porażce. Moim zdaniem powinni byli wierzgnąć wcześniej, z powodów katolickich, np. gdy nie puszczono do Polski papieża albo kiedy Gomułka wygłosił w Sejmie swój osobliwy wykład z historii Polski. Tymczasem oni postawili się w czasie wypadków marcowych, które w istocie nie były niczym innym tylko wewnętrzną rozgrywką o władzę dwóch partyjnych frakcji. A w takich sprawach komuchy nie żartują – wtedy w grę wchodzi strach o własną skórę, a to już jest rzecz wielce namiętna. Akurat „Znak" tak się ustawił, że wymyślanie na niego było probierzem „wierności" wobec partii – no i dostał w łeb. A gdyby wystąpił w sprawach katolickich, miano by ich tylko za idiotów – tak „poszli" na wrogów. No i nie wiem, co dalej – a jednak miałem nosa, że się z tego Sejmu wycofałem – tyle że dostałem w d... po swojemu. Swego losu nikt nie uniknie.

Wacek pojechał do NRD na tydzień – ja niedługo jadę nad morze – to będzie już drugi mój pobyt w Sopocie od czasu zaczęcia tego dziennika. A wciąż mam maniakalną obawę, że mi go skonfiskują. Ale może się uda? W Polsce jest przecież „dyktatura złagodzona przez bałagan" – w tym cała nadzieja.

28 października
Życie jednak dość nudne, zwłaszcza że pogoda była brzydka – Warszawa w złą pogodę przy swojej fatalnej i coraz głupiej organizowanej komunikacji mało jest pociągająca. Za to dziś znowu złota jesień, niebo mglistobłękitne, powietrze przezroczyste – ślicznie.

U komuchów coś tam się dzieje, ale nie wiadomo co, bo mowy przedzjazdowe (w prasie ich pełno) tak są głupawo frazeologiczne, że aż wyć się chce – no i po tysiące razy powtarzają w kółko to samo, aż dziw, że sami nie dostrzegają tego nonsensu. Przedwczoraj z mowy Gomułki trochę można było wywnioskować, że o coś się żrą: pretekstem znowu była sprawa żydowska, to osobliwe, jak ona chwyciła w tym nieszczęsnym, ogłupionym a pozbawionym życia politycznego społeczeństwie. No bo ten antysemityzm okazał się, choć to absurdalne, jedyną rzeczą żywą i autentyczną – nareszcie pękło jakieś tabu, można coś na kogoś zwalić i nazwać po imieniu. A Gomułka nie znosi rzeczy „żywiołowych" i autentycznych, zaczął coś rozumieć, sprzeciwiać się, nie wie, biedak, że to on sam zaczął w czerwcu 1967 – dał się napuścić, pożar antysemicki chwycił jak słoma (3 minuty nienawiści), w końcu pożre i jego, bo przecież żona... Śmieszne to, ale jakże głupie i jak uwłaczające społeczeństwu. Zresztą na społeczeństwo nikt już nie zwraca uwagi, nikt nie zachowuje nawet pozorów – walczą między sobą o władzę i nic ich nie obchodzi.

Byliśmy u Rudzińskich, był też Zygmunt Mycielski. Witek się zmienił, wypadki marcowe najwyraźniej wywarły na niego wpływ, mówi, że cała młodzież od 11 lat jest dla partii stracona – widział to wszystko z bliska w Wyższej Szkole Muzycznej. Ale jeszcze bardziej rozżarta jest jego żona, Nina, Rosjanka – podnieca się bardzo procesem Litwinowa, opowiada z zapałem o tym procesie – rzeczywiście, jest to tam jedyna sprawa, o którą można zaczepić wyobraźnię. Wracamy z Lidią i Zygmuntem, cały czas jechało za nami wiadome auto – ci też nie mają większych zmartwień, jak tylko bezcelowe szpiclowanie – co im z tego?! Chyba że muszą wykonać „plan obserwowania". Nie chodzi o to po co, chodzi o robienie – samo dla siebie.

Nie sądzę, żeby gdziekolwiek mogło to wszystko przebiegać głupiej niż u nas – nawet w Rosji jest przecież jakaś wielkość, choćby wielkość strachu. A u nas kulisy są tak blisko. I ta prasa – niewiarygodna. Ci to mogą obudzić nienawiść – po grób.

Wczoraj spotkałem Stefana O. [Otwinowskiego], prezesa Związku Literatów w Krakowie. Dosyć miły, mówi, że wszystkie sprawy związkowe odłożone są na bardzo daleki termin i że owa komisja, co nas miała wylewać, również zrzekła się swej roli. Chi, chi – nie wiedzą co robić, a Pucio pewno lata jak z pęcherzem.

Był Pawełek, smutny, odwołali mu jakiś odczyt zgoła bez motywacji. Chodziło, jak przypuszcza, o pochodzenie, bo odmówiono trzem Żydom. To jest przykra sprawa, bo on Żydów w gruncie rzeczy nie lubi, uznaje ich winę (zbiorową?!) w minionym okresie, jest klasycznym przykładem postawy narodowopatriotycznej, a tu wrzucają go do wspólnego worka, przy tym jest zbyt dumny, aby się odrzekać żydostwa. Nic nie robi, zgnębiony, a dopiero kończy 50 lat. Oni umieją marnować ludzi – i to właśnie tych, co nic nie zawinili. Bo jeśli chodzi o mnie, to sobie nie krzywduję: nawymyślałem, dostałem w dupę, a jednocześnie wyzbyłem się zajęć dorywczych i głupich („synkopa" to bzdura, a pisanie felietonów przy tej kretyńskiej cenzurze było już wręcz niemożliwe). Mógłbym teraz zrobić wreszcie coś poważnego i robię – aby tylko mieć forsę. Ba!!

Spotkałem parę razy prof. Tatarkiewicza i mile sobie z nim pogadałem. Zadziwiająca jest jego świeżość umysłowa – zwłaszcza w porównaniu z tępą sklerozą Kotarbińskiego, z którym są równolatkami. Opowiadał mi (był 10 miesięcy w Ameryce), co robi tam Jan Kott: wystawił „Oresteję" po dzisiejszemu, jako paszkwil antyamerykański – główny bohater w mundurze amerykańskiego generała, występuje też Statua Wolności bez głowy, jest także na scenie *coitus*. Było to na uniwersytecie w Berkeley, Polacy byli oburzeni, Amerykanom dość się podobało, ale w końcu zdaje się Kociaka z wykładów wylali – pewno dlatego, że z angielszczyzną bardzo u niego źle. Głupi był zawsze ten Janek, intelektualny tandeciarz, ale tam da sobie radę epatując „kowbojów" – a do Polski już nie wróci. A jednak i jego szkoda – był w nim jakiś mijający, już zapomniany koloryt pewnych czasów i pewnych ludzi. Na miejsce tych wszystkich zdolnych Żydów przyjdą tępe partyjne byczki – Kolczyńscy, Pomykałowie etc. O jakaż nuda! „Polsko, bądź mniej polską!"

W prasie zachwyty nad naszymi powracającymi z Czechosłowacji wojskami, które „bohatersko spełniły swój internacjonalistyczny obowiązek". I ten głupi Korotyński pisze to bez zmrużenia oka! (Podobno go nie wybrali na zjazd, a także i Wichy, natomiast Starewicza i Kliszkę przenieść musieli do innych okręgów, bo w swoich przepadli). Dziś idę na austriackie święto narodowe, głównie, żeby zobaczyć trochę ludzi, bo będzie pewno wielki spęd. Cały ten tydzień już pod znakiem wyjazdu nad morze – chcę tam nieźle popracować i w ogóle się skupić.

31 października
Byłem na święcie narodowym u Austriaków, masę ludzi, towarzystwo *plutôt* reakcyjne. Wypiłem masę whisky i szampana, gadałem z Angelą, szkopską korespondentką, bardzo złamaną tym, że u nas źle się dzieje (odkrycie!). Odwiozła nas z Bartoszem do domu, za co następnego dnia ubeki łaziły przed domem jak najęte, pytając np. o „komendę straży pożarnej" itp., na co pogodnie odpowiadałem, że nie wiem, czemu oni wcale się nie dziwili. Nie wiem zgoła, do czego może służyć to wygłupianie.

Wczoraj dla odmiany byliśmy z Lidią u Bartoszów, wieczór dość jałowy a męczący. Drugie wydanie książki Bartosza „Ten jest z ojczyzny mojej" leży w cenzurze trzy miesiące, oczywiście nikt teraz nie chce o niczym decydować. Wszyscy myślą, że zjazd coś zdecyduje i wszystko im załatwi, tymczasem nic takiego się nie stanie: Gomułka wygra Biuro, a Moczar dalej opanowywać będzie krok po kroku Aparat – za mądry jest, aby frontalnie zaatakować na zjeździe, bo to by mogło zaniepokoić Ruskich, zrobi to później, dyskretnie, tak jak w Indonezji zrobiono z Sukarnem. A w ogóle to *dübriden stincken* – nudne to bezdennie, w tych partyjnych walkach o władzę ludzie szmacieją, a nic sensownego z tego nie wychodzi.

Prasa coraz głupsza, czasami wręcz rozbrajająca, np. na tematy gospodarcze. Niejaki Dłużak w „Kurierze Polskim" wywodzi szeroko, że zrobienie między krajami socjalistycznymi pieniądza wymienialnego jest ogromnie skomplikowane i wymagać będzie ogromnego trudu, bo są tylko bilateralne układy handlowe, co okropnie komplikuje sprawę. Całą zachodnią Europę można przejechać wymieniając pieniądze niemal w każdym kiosku, a tu, jadąc do „bratniego" kraju, trzeba nieraz żebrać, bo brak nawet na taksówkę. A znów jakaś paniusia, pisząc o napływie turystów do Krakowa, zastanawia się, co właściwie z tym fantem zrobić, bo zaopatrzenie jest przygotowane tylko dla stałych mieszkańców, a czy w ogóle napływ turystów się miastu opłaca, to nie wiadomo, bo „nikt jeszcze tego nie obliczał", tymczasem turysta czuje się na razie „intruzem". Bzdury wręcz nieprawdopodobne, a co najsmutniejsze, ci, co piszą, nie zdają sobie wcale sprawy, jak się wygłupiają. Koszmarna prasa, im kto mniej wie, tym większe ma szanse zostać dziennikarzem.

W prasie też rzewne opisy, niczym z Marii Rodziewiczówny, jak to „nasi chłopcy", wracający z Czechosłowacji, dziarsko i wspaniale się prezentują, jak serdecznie są przyjmowani itd. Nieprawdopodobnie to głupie – a w Czechosłowacji, przy okazji uchwalenia federacji, „nieodpowiedzialne" manifestacje młodzieży. Boże, jakże mi tęskno za czymś nieodpowiedzialnym – bez takich choćby odruchów kraj stępieje, sfilistrzeje, zdegeneruje się. Chyba nie ma na to rady – odosobnione protesty nic nie dają wobec łobuzerskiej fali, płynącej przez prasę, radio, telewizję.

Umarł (choć o tym nigdzie nie piszą) generał UB Romkowski, jeden z głównych katów minionego okresu. Podobno był sam i zwłoki znaleziono dopiero po paru dniach. Nie wiem, czy to aby prawda – zresztą o prawdę nikt się tutaj nie troszczy.

Jutro Wszystkich Świętych – byliśmy już na cmentarzu; na grobie Śmigłego Rydza, bardzo prymitywnym, bo nie pozwolili go murować, sztandary polskie i mnóstwo kwiatów. Grób moich Rodziców – Matka jest tam od roku – kwiaty, trawa, kamienna rama, ale jednak prowizoryczny – trzeba będzie go na wiosnę „podbudować" – toć i ja się tam w końcu położę. Oglądaliśmy Kwaterę Zasłużonych, przybyło nowych mieszkańców: Kiepura, Ada Sari, Kurnakowicz. Przepiękny to cmentarz, choć w starej swej części zaniedbany – cała tu historia Warszawy.

Pogoda nagle przepiękna, złociście, ciepło – czyżby przychodziło to, co nas minęło w październiku? Za trzy dni jadę nad morze, skupić się, popracować – aby tylko jacyś nudziarze nie przeszkadzali!

Aha!, polscy medaliści olimpijscy, wracając do kraju, wysłali do Gomułki list, że swoje medale traktują jako wyraz hołdu dla zjazdu partii. Mocna rzecz.

W „Argumentach" dalszy ciąg dyskusji o prywatnej inicjatywie – że niby ma ona tworzyć „socjalizm mieszczański". Ja bym sobie pogadał w tej dyskusji, ale dyskutanci pospadaliby z krzeseł – bom ani nie socjalista, ani też nie uważam bogactwa za hańbę, a człowieka bogatego za przestępcę. Ha!

4 listopada

A więc już jestem nad morzem – w Sopocie. Dziś pogoda niebywała: ze 20 stopni, słońce, morze błękitne, na horyzoncie białe statki, wszystko tak, jak opisuję. Biegałem po plaży, byłem w ulubionej kawiarni – tylko poza sezonem jest tu pięknie, ale za to jak! Zamierzam popracować, nie wiem tylko, czy piękno otoczenia sprzyja temu, czy przeszkadza.

Dziś na molo łaził za mną ubek (chyba nie jestem przewrażliwiony?). To mi przypomniało niemiłe ostatnie wrażenia warszawskie. Mianowicie w piśmie studenckim „Merkuriusz" (pismo wydane przez studentów uniwersyteckiego Studium Dziennikarskiego) ukazał się list do ojca wysłany z więzienia przez aresztowanego studenta Włodzimierza Z. Chodzi oczywiście o Włodka Zagórskiego, syna Jerzego, który, aresztowany bez powodu w marcu (był asystentem UW), siedział parę miesięcy na Mokotowie, a niedawno wyszedł. List jest potworny, po prostu donos na Żydów (i Jasienicę, bo dziwne tam jest poplątanie nazwisk i spraw), że niby facet przejrzał w więzieniu, zobaczył straszne oszustwo i prowokację, dokonane przez Michników i Jasieniców (dosłownie!), ludzi bez ojczyzny etc., że bardzo żałuje itd. List oczywiście napisany jest przez jakiegoś Gontarza czy innego ubeka, to ich styl, takim stylem nie pisze żaden student, a już zwłaszcza syn Zagórskiego. Ale jak to się ukazało: czy faceta zmusili, zaszantażowali, czy też po prostu napisali za niego, a on nie może sprostować? Tak czy owak rzecz jest ohydna, łamie życie i synowi – i ojcu. Co sądzić o ludziach, którzy robią takie rzeczy? Rozmawiałem o tym z Andrzejem, jest wstrząśnięty i zbrzydzony, pyta, jak tu politykować? No właśnie – trzeba dać sobie spokój i kwita. Ja już to zrobiłem – zresztą od paru lat, gdy porzuciłem tego durnego Stommę.

Właściwie rzecz jest jasna: od paru miesięcy odbywa się ostateczna rozgrywka między dwiema grupami ubeków: grupą żydowską, która z łaski Rosji szarogęsiła się tutaj w latach Stalina, oraz grupą „partyzancką". Po wojnie grupa przybyłych z Rosji Żydów-komunistów (Żydzi zawsze kochali komunizm) otrzymała pełnię władzy w UB, sądownictwie, wojsku, dlatego że komunistów nie-Żydów prawie tu nie było, a jeśli byli, to Rosja się ich bała. Ci Żydzi robili terror, jak im Stalin kazał (zresztą prawdziwi partyzanci też, tyle że byli raczej podwładnymi niż rozkazodawcami), dopiero w roku 1956 wycofali się z tego, a żeby się ratować, zwalili winę na tamtych (Zambrowski robiący Październik), oskarżając ich w dodatku o antysemityzm. Tymczasem dorosło młode pokolenie komunistycznych byczków i partyzanci rzucili ich na tamtych, szermując przy tym doskonale pasującym argumentem „syjonizmu". Marzec to była prowokacja, aby Żydów dorżnąć – dwie grupy się walą, a między nimi plącze się nic nie rozumiejący Wiesio, który dał się nabrać, a teraz, gdy się nieco zorientował, jest trochę już późno, bo go robią na szaro, a żona Żydówka też mu nie pomaga. Od 1956 on sam własnymi rękami wykańczał swych sojuszników („Po prostu", Goździk, Tejkowski, Bieńkowski, „Znak", Ochab itp.), aż teraz został sam ze swoim nosatym Zenkiem. Już zaczął coś kapować, na zjeździe się utrzyma, bo Ruscy są za nim, robi jakieś kontrakcje, ale jest przypóźno. Trzeba było myśleć wcześniej, a on dał się nabierać, wygłaszając mowy o syjonistach albo jadąc w marcu na nas. Jak Pan Bóg chce kogoś zniszczyć...

À propos kontrakcji, to podoba mi się „Polityka". Postawili na Gomułkę, bo co mają robić (tu jest frajerstwo „partyzantów", że zrazili tę najzdolniejszą grupę), ale walczą jak lwy w obronie reform gospodarczych, spożycia indywidualnego, prymatu techniki i rozsądku, nie dają się przestraszyć żadną demagogią, co więcej, sami do niej sięgają, ale w dobrej sprawie, więc ich rozgrzeszam. Tak na przykład Szczypiorski „robi" Hrabyka, który się – łobuz – przejęzyczył i napisał, że w Polsce musi być socjalizm, bo żąda tego geopolityka, bo graniczymy z Rosją. Więc „Polityka" na całego, że socjalizm był dziełem ludu i rewolucji, a Hrabyk był endek i jest dalej. Oczywiście łżą, bo Hrabyk w tej jednej sprawie powiedział prawdę, ale to jest także łajdak i cynik, że rozgrzeszam ich, zwłaszcza że robią rzecz na zimno. Ciekawym, co z nimi będzie i na jak długo ich Wiesio obroni, ale jednak to ludzie ambitni i odważni – nie doceniałem ich.

Gontarz w „Panoramie Północy" jedzie znów na mnie, zwąc mnie „marginesem społecznym" – czytałem to w pociągu. Zmorą pociągów są „terkotki pospolite" – baby, które chcą gadać, trzeszczeć cały czas bez przerwy. Nawet ładne, nawet młode, a człowiek (ja) unika ich jak zarazy – siedziałem nie podnosząc oczu znad Gontarza.

Kardynał W. jedzie do Rzymu – coś się boję, że go nabiorą, tak jak nabrali Wiesia – on też niewiele kapuje. Szykuje się też pono nowy „Znak": Kurowski, Studentowicz, Osuchowski, Zabłocki etc. Oczywiście – to wariant „partyzancki". Ich też nabiorą – a jam człek wolny! Żeby tylko móc po trochu popodróżować, żeby nie stracić porównania ze światem. Ale pewno się nie uda. Morze huczy – słyszę tu z okien: pogoda się psuje.

8 listopada

Parę dni dziennika nie pisałem – pracuje się tu sporo, poza tym nic się nie dzieje. Jest Zygmunt M. [Mycielski], spokojny i nieco zgaszony, oraz Witold W. [Wirpsza] z dwiema (!) siwymi brodami. Ten ostatni bardzo inteligentny, ale za bardzo lubi się mądrzyć – zafascynował mnie swą pogardą dla zawodowej polityki, a raczej uzasadnieniem tej pogardy: że polityk nie szuka wartości, lecz tylko sprzyjającej s y t u a c j i, że w pogoni za sytuacją, gubi wartości. Proste, ale ciekawe. Poza tym twierdzi, że Rosja wciąż gada z NRF-em (Gromyko-Brandt w Nowym Jorku) i że nasi okropnie się tych rozmów boją, bo to już nie jest bufonada Adżubeja, który po pijanemu krzyczał o Rapallo. Istotnie, gdyby NRF w zamian za zjednoczenie Niemiec wyszło z Paktu Atlantyckiego, byłoby to dla Rosji ważniejsze niż dziesięć Polsk – i wtedy warto by wyposażyć czymś Ulbrichta – np. Szczecinem. Sprawa jest niebezpieczna, a nasi rządcy nie decydują się coś z nią zrobić, tyle że wciąż wymyślają na NRF. Tu Czesi mieli swój pomysł, ale myśmy za głupi na pomysły.

A więc Nixon wybrany prezydentem Ameryki, ja zaś wygrałem zakład z Heniem. Nasza prasa, pozbawiona poczucia śmieszności, szczuje rzecz prosta, ile wlezie, że ten wybór „nie odzwierciedla", że „kryzys demokracji" etc. Ja myślę, że to ciekawy wybór, ciekawe też, co będzie z Wietnamem – Johnson wstrzymał bombardowania, ale rokowań w Paryżu nie ma, bo Sajgon się nie zgadza. Nie dziwię im się: walczą dosłownie o własne gardła, bo w końcu komuniści wszystkich wykantują, a ich zarżną, jeśli nie zdążą zwiać gdziekolwiek – do Paryża czy do Ameryki. „Wolny świat" jest więc tylko po to, żeby było gdzie nawiewać. Ciekawym, co Nixon zrobi na to wszystko – on jest wyposzczony, ambicje ma niezaspokojone, więc może coś zrobi. Rzekomy projekt mianowania Rockefellera sekretarzem stanu – bardzo ciekawy.

Z okazji pięćdziesiątej rocznicy odrodzenia Polski ciągle widujemy w telewizji naszych rządców (przypomina mi to, że we Francji Dyrektoriatu określano dyrektorów jako „pięć małp"). Zaczęło się od spotkania z olimpijczykami: Cyrano przemówił do nich czytając mowę z kartki, odpowiadała mu – również z kartki – Irena Kirszensztajn-Szewińska. O Jezu, oni nam sport obrzydzą!

Punktem kulminacyjnym była akademia w Lublinie, a w niej, czytane oczywiście, przemówienie Cyrana, trwające 110 minut (obliczyliśmy z Zygmuntem). Zaczął od stwierdzenia, że Polska obecna jest suwerenna, niepodległa i co kto chce, potem zrobił wykład 50-lecia historii pomijając oczywiście wszystko co mu niewygodne, a więc Piłsudskiego (tylko parę kwaśnych wzmianek), Bitwę Warszawską, pakt o nieagresji Becka z Rosją, pakt Ribbentrop–Mołotow, wywózkę Polaków z Ziem Wschodnich, Katyń, Powstanie Warszawskie etc., etc., za to główne siły społeczne to oczywiście SDKPiL (paru Żydów na krzyż), KPP (dwa mandaty w pierwszym Sejmie) i PPR – żadnego AK w czasie okupacji w ogóle nie było. Olbrzymia sala z powagą wysłuchała tych bajęd, potem „Mazowsze" śpiewało pieśni rewolucyjne i ludowe. Tyle że Cyrano przyznał, iż Polska międzywojenna odegrała olbrzymią rolę, i wspomniał pozytywnie paru jej polityków (Wł. Grabski, Kwiatkowski, Poniatowski). Ale w sumie niewesołe to: „a cierpliwa publika łyka i łyka" – no bo cóż ma robić, jak nic już nie wie i nie pamięta.

Moczara w Lublinie nie było, były za to różne święte widma: Berling, Żymierski etc. Moczarek przemawiał za to w Warszawie na akademii październikowej – też schematycznie i nieciekawie. Nikt nie chce się wychylać przed zjazdem, a co tam będzie? Czy drętwo, po gomułkowsku, czy też ktoś z czymś wyskoczy i narobi rabanu? Ciekawe – ale nie za bardzo. W końcu kruk krukowi oka nie wykole.

Wczoraj byłem w Gdyni: szaro, śnieżek prószył, włóczyłem się po porcie, lubię takie smutne magazynowe pejzaże. Przy dworcu morskim stał okręt z napisem cyrylicą i dziwną chorągwią w niebieskie paski – okazało się, że to Grek, a ja jestem dupa, bo się na tym nie poznałem. Wieczorem, po przemówieniu Cyrankiewicza, popiliśmy z Wirpszą koniaku, choć się zarzekałem.

10 listopada
Od dwóch dni mgła i deszcz, syreny okrętowe wyją żałośnie, szum morza słyszę w pokoju – bardzo lubię takie coś. Czytam prasę i oglądam telewizję – przed zjazdem partii ton jednego patetycznego hymnu pochwalnego – że też oni nie czują w tym fałszywego tonu! A literaci – wazeliniarze jak się gną do ziemi: Pucio, Iwaszkiewicz, Jakubowski, Kubacki. Mówi się dużo o 50-leciu Polski – niezły nawet na ten temat numer „Tygodnika" z artykułem Eugeniusza Kwiatkowskiego. Ale wszystko idzie na bok wobec wiekopomnego wydarzenia, jakim jest zjazd. Poza tym w prasie jest dziś mała wzmianka, że odbyło się KC PZPR, na którym usunięto z KC Schaffa i Żółkiewskiego – żeby nie mogli być na zjeździe. Ciekawy przyczynek do demokracji wewnątrzpartyjnej. A znów w „Kierunkach" nieoceniony Bolcio Piasecki twardo pisze, że demokracja nie może polegać na dawaniu głosu „rewizjonistom". A więc dosłownie Orwell z „Folwarku zwierzęcego": „wszystkie zwierzęta są równe, ale niektóre są równiejsze". He, he.

Zajadła nagonka na prywatne rzemiosło dała już swoje skutki. Minister finansów Majewski udzielił wywiadu, gdzie zapowiedział obostrzenie wymiaru podatkowego i jego form wobec większych rzemieślników kooperujących z przemysłem oraz pracujących na eksport, których dochody wywołują „sprzeciw społeczny". Klasyczny to przykład prymatu doktryny nad ekonomią, demagogii nad praktycznym sensem. Na przykład przemysł okrętowy jest w dużym stopniu uzależniony od prywatnych rzemieślników produkujących różne drobne szczegóły wykończeniowe, śrubki, nakrętki, łańcuchy itp. Jak się to przerwie, to na uruchomienie państwowej produkcji tego rodzaju czekać się będzie lata, bo potrzebna dokumentacja, lokalizacja, limity, wejście do planu inwestycyjnego itd., itd. – a produkcja będzie leżeć – tymczasem prywatniak robi to po cichu, w ciemnym warsztacie, maszyną najnowocześniejszą, przysłaną mu przez krewnych z Anglii – i „gra". No, a już z eksportem to istna bzdura – eksport do krajów o gospodarce rynkowej musi być szybki, elastyczny, zmiennoprofilowy, do tego państwowa „socjalistyczna" machina nie jest zdolna, stąd eksportujemy bądź rzeczy ciężkie, długo się produkujące i ujęte umowami (okręty, lokomotywy i wagony, troszkę maszyn), bądź węgiel czy żywność. Sytuację ratowało elastyczne rzemiosło, a teraz klops: cokolwiek władze zrobią, zapanuje atmosfera nieufności, rzemiosło spłoszy się na nowo, ludzie z energią i inicjatywą machną ręką i pójdą „odpoczywać" na państwowym. Oj, głupio, głupio! A w NRD podobno prywatnych i mieszanych przedsiębiorstw do cholery i trochę. Dlaczego Polska zawsze ma być frajerska, pytam o to „z pijanym hałasem". A niech ich...

Łapię się czasem na tym, że jestem rozgoryczony i wściekły. Bardzo to źle, zwłaszcza że obecna moja sytuacja potrwa długo, a może i zawsze. Rzecz polega na tym, że nie mogę się przyzwyczaić do mojego milczenia prasowego: z natury jestem publicystą, 20 lat pisałem, a tu nagle pysk zasznurowany i tylko czytaj, człowieku, tę najgłupszą prasę świata, gdzie w powodzi panegiryzmu na temat siebie, własnej wielkości i nieomylności oraz w falach aroganckiej krytyki wszystkiego co inne (z Ameryką, rzecz prosta, na czele), z rzadka tylko znaleźć można coś do sensu, poruszające jakąś istotę sprawy. Człek ma tyle do powiedzenia i nic – najwyżej czasem „Polityka" mnie wyręczy, zresztą pewno dostanie ona lada moment w dupę. No trudno – cierp ciało, kiedyś chciało. Zresztą może lepiej nie pisać, niż pisać pół ćwierci tego, co się chce? Swoje i tak zrobię (czego zresztą na wszelki wypadek tu nie uwiecznię – strzeżonego Pan Bóg strzeże).

Schaffa i Żółkiewskiego (mój Boże, toć komunista mojej młodości!) wylano za zachowanie się podczas wypadków marcowych. Na zjeździe nie będzie więc oponenta „ideologicznego", zostanie tylko podjazdowa walka o władzę. Będą tam w swoim sosie – niech się biją, niech spośród nich samych wyskoczy nowa opozycja – ja tam już karku nie nadstawię. Co prawda przed krakowskim Zjazdem Literatów (na który mnie nie wybrali) powiedział ktoś: niech się komuchy biją między sobą. I rzeczywiście się bili, po czym wylecieli z partii. Drogą takiej eliminacji pozostają u nich ludzie najmniej zdolni i najbardziej posłuszni.

Deszcz leje, morze szumi. Muszę wrzucić list do Lidii, wpadnę też do Zygmunta, po kolacji „Dziennik" w telewizji, potem trochę pracy, recenzja o Sandauerze (pod pseudonimem – to będzie zabawne), lektura, leżenie w łóżku. Żywot poczciwego emeryta, jest tu taki pułkownik Romejko, stary lotnik, co przyjechał z Australii, też siedzi jak nieruchoma żaba. My już, panie, emeryci... Brrr. Ale ja przecież piszę, „tworzę". I będę. Jeszcze ich ugryzę w dupę! – jak mówi Wł.

14 listopada
Zjazd partii nieustająco: w telewizji, radiu, prasie, kraj udekorowany, panegiryzm i samochwalstwo wręcz nieprawdopodobne – to jest nie do wiary, chyba w Bizancjum tylko było coś podobnego. Przemówienie Gomułki, chyba pięciogodzinne, o wszystkim, o gospodarce, a głównie o wspaniałości Polski Ludowej, miało chyba na celu „zagadanie" sprawy Czechosłowacji. Udało mu się to wspaniale, bo po nim wszyscy mówcy uderzyli w ten sam ton patetycznego samochwalstwa i mówienia o niczym. Mówił też Breżniew – po rosyjsku, a to samo. Niesamowite wrażenie rytuału, gdzie wszyscy wysilają się, aby nie powiedzieć nic istotnego – co najwyżej ogólnikowo wymieniają wciąż „rewizjonizm", strzegąc się jak ognia jakichkolwiek szczegółów. Parę godzin obserwowałem Gomułkę, jest to wstrząsające: ile nakładu sił włożył w to gadanie. Ten człowiek ma już chyba absolutną sklerozę, nic do niego z zewnątrz nie dociera i to jest właśnie jego siła – taki jest potrzebny Rosji i dlatego on wygra. Będzie to zresztą zwycięstwo pyrrusowe, bo Moczar wejdzie do Biura, dalej pakować będzie wszędzie swoich ludzi i czekać, aż starego coś tam wreszcie trafi. Na zjeździe chyba żadnej jawnej walki nie będzie – pokazywali Moczara, siedzi zły, ale milczy: to nie moment, aby wobec Breżniewa i Ulbrichta robić draki, a ci specjalnie są uwrażliwieni – toż to pierwszy zjazd partyjny po sprawie czeskiej. W Prezydium i w komisji do opracowania rezolucji zjazdowej siedzą „syjoniści" Starewicz i Szyr – to jest „zwycięstwo" Gomułki, ale co komu z tego – rzeczywiście o tych właśnie facetów niespecjalnie warto się bić. Za to nie ma w tej komisji Putramenta i, co smutniejsze, Rakowskiego (może się właśnie naraził tymi tezami gospodarczymi?), z literatów jest tylko Machejek. W ogóle zjazd idzie po gomułkowsku: superdrętwo. Aż strasznie słuchać, gdy wszyscy w kółko powtarzają to samo, i patrzeć na tę salę o kamiennych twarzach, klaszczącą w odpowiednich miejscach. Już by się wolało widzieć rozrabiających „partyzantów", choćby gadali bzdury, ale z jakimś ogniem. Jakże inaczej wyglądała ta sala 19 marca. Moczar – „generał Boulanger" i wieczny pretendent Bolcio znów dostali po ogonie – niby to i lepiej dla poniektórych, ale jakaż nuda

i jak się chce rzygać. Nowy etap – unifikacyjna sowietyzacja: widać czują, że mają już swoich młodych kompletnie ogłupionych i że wszyscy są dostatecznie zastraszeni. Co i prawda: ja sam się boję, aż zębami kłapię. A co będzie ze „Znakiem"? Na opozycję, choćby symboliczną, miejsca już nie ma – jeśli więc grupa będzie, to odziedziczą ją wazeliniarze.

Dziś pogoda piękna, choć mroźno – byłem pieszo w Orłowie, żeby mózg odpoczął, bo wczoraj trochę „na siłę" pisałem. Po drodze oglądałem basen u Szelestowskiego, na nim napis: „Dla wstydliwych basen osobny". To człek nieugięty, nawet komunizm mu nie dał rady, on chce żyć i pracować po swojemu. W Orłowie cudnie, ale pusto – nikt tu o tej porze roku nie przyjeżdża – chwała zresztą Bogu, ale źle robią.

W. [Wirpsza] i Zygmunt [Mycielski] referują mi, co mówią w „Wolnej Europie" – podobno w Czechosłowacji niepokoje, pewno Ruscy zmontują w końcu jakąś czeską grupę i zwalą Dubczeka – a niby czemu nie? Telewizja pokazała przyjazdy na nasz zjazd delegacji zagranicznych: z jednymi całowano się aż trzeszczało (Gomułka z Ulbrichtem w usta – brr), innych przyjmował byle kto, a witano się chłodno, najgorzej było z Rumunami. Kádár nie przyjechał (ciekawe), Jugosłowian nie zaproszono (Gomułka sarknął o nich coś kwaśnego). Prasa zachodu tylko się cieszy z wszelkich rozłamów w komunizmie, a sami zasrańcy co? Anglia słaba i prosząca, Niemcy zastrachane przez Rosję (wciąż jakieś mętne pogłoski, że się chcą dogadać – może ten Gomułka rzeczywiście ratuje Polskę, ale co tu będzie do ratowania?!), Francja kierowana przez zwariowanego starca, który zaczął coś poniewczasie kapować, że z Ruskimi nie ma żadnej polityki i po trochu idzie do Canossy wobec Amerykanów (udział w manewrach na Morzu Śródziemnym). Jedni Żydzi w Izraelu dynamiczni; co za czasy, a Hitler właśnie twierdził, że Żydzi są rozsadnikiem zgniłego pacyfizmu i komunistycznego kosmopolityzmu. Wszystko staje na głowie, zwariować można. „Żydzi jak kozacy".

Nie wiem nic o Wacku, ale chyba pojechali. Filharmonia Narodowa nie pojechała na miesięczne tournée po NRF, bo Niemcy w ostatniej chwili nie dali wiz. Straszna draka, wzburzenie, konferencja prasowa, niecni Niemcy etc. Doprawdy nasza propaganda jest szkołą głupoty: skoro się na Niemców wymyśla od rana do nocy, to po cóż się tam pchać i rozdzierać szaty, że nie puszczają. Że muzycy są wściekli, to rozumiem, bo chcieli pohandlować i pokupować auta — ale czegóż się zapluwa ta kretyńska prasa?

Wieczorem w telewizji kolejna porcja zjazdu. Cóż zrobić, panie, kiej trzeba... Aha, zapomniałem napisać, że były imieniny Wirpszy, popiliśmy sporo u Zygmunta w pokoju, była też Natalia Gałczyńska, biedaczka, po wylewie (choć zawsze była nudna), poszła wcześniej, a myśmy się dość zapili.

16 listopada

Wczoraj jeszcze „dożynałem" zjazd. Okropne wrażenia, właściwie nie mogłem już wytrzymać tych bzdur, mówionych (to jest najgorsze) z pełnym przekonaniem. Machejek mówił tanie, endeckie iście frazesy hurrapatriotyczne, a zebrał oklaski — taniocha. Cyrano myśli, że świetnie mówi, tymczasem rzeczywiście z pozorną swadą powtarzał ten sam panegiryzm i sowiecką koncepcję polityki zagranicznej. Innej nie ma, ale po cóż ten triumfalny ton: samochwalstwo, wobec którego Rydz-Śmigły to mucha. Lekarka Krupa z Gdańska plotła jak na mękach o młodzieży etc. Hajduk denuncjował Kołakowskiego, Schaffa, Andrzejewskiego i Mrożka, że drukują w NRF. Jeden głos poważny, ale przerażający: Jaruzelski. Zimny inteligent nie patrzący w oczy, mówi wojskowe frazesy, ale wygląda jak jakiś Wallenrod. Tylko jaki?

Tak mnie ten sabat zdenerwował (zażyłem nawet elenium), że postanowiłem już dziś nie słuchać. Ale nie było czego, bo już są wyniki. Wygrał, jak mówiłem, Gomułka, który wprowadził do Biura paru swoich „twardych": Kociołka, Kruczka i Szydlaka (na zastępcę). Szyra wylali, za to Starewicz jest w dziewięcioosobowym Sekretariacie (jedyny Żyd). Moczar nie zrobił nawet postępów, jest zastępcą członka (tow. Paluszek) i sekretarzem. Znowu mu się udało, a z nim Bolciowi — wieczni pretendenci. Całą historię z „syjonizmem" zmyślił na pewno Bolcio, licząc, że go ta histeria wyniesie do góry. Żydów, owszem, powyrzucał, ale nic mu z tego nie przyszło.

Tak więc zwycięstwo G. i dalsza nuda śmiertelna. Ciekawe, co będzie u literatów. Aha, jeszcze co do zjazdu: podobno Rumun i Włoch Pajetta mówili inaczej, nieszablonowo, ale prasa prawie nic o tym nie podała — błagali ich pono, aby się na to zgodzili, aby „nie siać fermentu". W Czechach coś się dzieje, czort wie co: pewno Dubczek będzie się cofał krok za krokiem i zapierał siebie, a jak się już całkiem zaprze, to go wyleją – znana ich metoda. Idą czasy ciężkie, a Zachód dalej głupi, bo mu się materialnie za dobrze wiedzie.

Tutaj dziś śnieg, nastrój niemal bożonarodzeniowy. Stałem godzinę w ogonie po czekoladki, bo jadę do Zosi i Hani I. [Irzykowskich – córek Karola Irzykowskiego]. Lidia pisała – Wacek pojechał, mój list był odklejany (czy znów zaczną jakieś hece, ciekawym, co M. teraz będzie robił – pewno dalej kombinował). Wczoraj byłem zdenerwowany, dziś czuję się jak spokojny obywatel, co przy sobocie po robocie z czekoladkami pod pachą udaje się na wizytę. Dobre i to.

18 listopada
Byłem u Zosi i Hani, dość smutne, raczej bez forsy. Pracuję, czytam Simenona. Wczoraj W. wlazł, gdy pisałem, i przerwał mi „natchnienie" na długo, aż nie mogłem zebrać myśli. Dziś czytałem w „Prawie i Życiu" długi artykuł Gontarza, znów w kółko o „komandosach" z racji procesu Dajczgewanta (dwa i pół roku), okropnie szczuje, na nas też (Andrzejewski, Jasienica, ja, Kołakowski, Słonimski etc.), wrzuca wszystkich do jednego worka, pyta, dlaczego my nie odpowiadamy, skoro jesteśmy „ojcami" zajść marcowych – proszę bardzo, ja bym chętnie odpowiadał i powiedział im coś do słuchu. Pisze z furią, ale dureń straszliwy i wszystko ma w głowie poprzekręcane, w dodatku nic nie pamięta, bo młody. Z takich mętnych, dyletanckich nienawistników rodzą się Hitlery. O, jak głupio – i to potrwa, cholera – może jeszcze całe sto lat!

Dziś ciepło, morze zielonawe, mam przerwę w pracy, co jakoś zbija „z pantałyku". Rozmowa z Zygmuntem, mówi, że trzeba budować swoje życie jak harmonijną budowlę, nie zwracając uwagi na nic zewnętrznego. No chyba tak, ale nie zawsze to łatwe. On pisze IV Symfonię, trzecia nie była jeszcze wykonana. Nie wierzyłem w jego muzykę, ale może właśnie teraz coś zrobi?

Wpatruję się baranim wzrokiem w listę członków i zastępców KC – z ludzi piszących członkiem jest Putrament, zastępcami Machejek, Lenart, Rakowski. A więc Pucio w dupę jeszcze nic dostał – ciekawym kiedy. W KC jest też Szyr (szyr, szyr, szyr za kominem...) Co mnie to wszystko w gruncie rzeczy obchodzi, że się komuchy między sobą biją. Grunt nie dać się zwariować – Zygmunt ma rację: budować siebie. Aż się zawali...

23 listopada

Wczoraj wreszcie byłem w Gdańsku, na Targu Rybnym i nadbrzeżu nad Motławą. Lubię ogromnie ten „holenderski" ponury krajobraz – magazyny, elewatory, czarna woda. Byłem też w kościołach, wieczorem miasto szare i świetliste, przepiękne, choć smutne – najładniejsze jednak to co stare, resztki bram, portali, wież – nowe domy niby ładne, ale to komedia. Wieczorem w kinie na „Lalce" Hasa. Cóż za nieporozumienie: film dla czytelników „Lalki" ma pewien wdzięk – ilustracji, komentarza, natomiast dla tych, co nie czytali – a pełno tam takiej młodzieży, żrącej coś, pijącej, gadającej – to tylko romans, w dodatku dość nudnawy – z innych problemów zostały ogryzki. W dodatku Has ma swoją manię staroświeckiego dziwaczenia, wszystkie wnętrza natłoczone niczym lombard, do tego masę autonomicznych, stylowych panoram miejskich (wiejskie lepsze), wszystko wystudiowane do najdrobniejszego szczegółu, stylowe, kolorowe i szerokoekranowe, a bez sensu; niczemu nie służy. Ten Has taki zdolny, a brak mu w mózgu czegoś podstawowego. W sumie dużo hałasu o nic, po prostu film głupi. A powieść przecież głupia nie jest – po cóż filmować powieści?

W. [Witold Wirpsza] przyjechał z Warszawy, mówi, że znów aresztowali mnóstwo studentów, a artykuł „Prawa i Życia" był do tego przygrywką. Podobno zresztą część nakładu wycofano, a za egzemplarz ludzie dają po 100 złotych! A więc dalej M. coś kombinuje – na zjeździe mu się nie udało, więc próbuje inaczej. A stary „kupuje" każdą brechtę. Nudne to i beznadziejne – w dodatku po Czechosłowacji Rusy będą już wszelkiego „rewizjonizmu" pilnować jak ognia i nawet mucha się nie przemknie. No, ale cóż – żyć jakoś trzeba.

Wczoraj dwukrotnie, w Sopocie i Gdańsku, spotkałem Rakowskiego, redaktora „Polityki", ma tu jakieś spotkania. Powinszowałem mu też gospodarczych, mówił, że Gomułka łyknął je dobrze. Wygląda młodziutko. Kariery politycznej chyba nie zrobi, choć bardzo chce, a może właśnie dlatego. Przypomina mi się definicja W., że polityk szuka przede wszystkim sytuacji – a Rakowski jednak szuka wartości. Ambitny bardzo, uparty – ale chyba nic z tego. Nie te czasy, nie ten ustrój!

25 listopada

Byłem w Gdańsku w teatrze na "Rzeczy listopadowej" Ernesta Brylla, ogromnie teraz lansowanego młodego (33 lata) poety z ludu (podobno pochodzi stąd, z Kaszubów). Sztuka, wierszowana, bez akcji, z obrotową sceną: martyrologia i nawoływanie do narodowej ambicji, wiele truizmów i rzeczy płytkich, są też pewne pomysły nastrojowe, reżyser zrobił z tego jakąś "śpiewogrę", dużo piosenek, zresztą niestylowych. Takie trochę "Wesele", trochę "Spaghetti i miecz" Różewicza, tyle że tamto było ironiczne, a to patetyczne. Są akcenty przeciwko nam, tj. "buntującym się pięknoduchom – liberałom", stąd pewno to tak lansują, bo panegiryki wszędzie na temat sztuki ogromne. W sumie dużo płycizn i łatwizn, ogromne "pomieszanie z poplątaniem", choć jest i nieco patosu prawdziwego. Chłopak niewiele chyba rozumie, ale historia mu się marzy. Siedziałem na drugim balkonie wśród młodzieży szkolnej – miłej i zabawnej.

Wczoraj widziałem w Gdyni "Batorego" przed ostatnim już jego rejsem. Ładnie wyglądał, w ogóle port gdyński piękny, morze było ciemnozielone, pogoda wietrzna, wszystko razem w stylu.

Na Zachodzie draki walutowe, nie tak łatwe do zrozumienia, zwłaszcza że nasza prasa utrudnia rzecz, jak może, pragnąc upiec jakąś swoją propagandową pieczeń – a że nie wie dobrze jaką, więc w rezultacie jest sens czy nie ma, szczuje na Niemców. W istocie rzeczy de Gaulle płaci teraz za swoje wszystkie bufonady – na stronach tego dziennika przepowiadałem rzecz wielokrotnie, więc chwalę się swym darem proroczym. Miała być dewaluacja franka (dziesięć państw udzieliło Francji pożyczki), a tu stary nagle rzecz odwołał. Zamęt się zrobił niebywały, a to przecież rzecz prosta: nie da się spraw politycznych oddzielić od gospodarczych. De Gaulle wygłupiał się z podcinaniem dolara, zadarł z przemysłem amerykańskim, wystąpił z NATO, a wydawał masę forsy na bomby wodorowe – teraz ma. Strajki majowe kosztowały masę, tyle że anarchistyczni studenci przesadzili i nastraszywszy mieszczan, uratowali generała. Ale płacić musi – a właściwie Francja płaci i dlatego będzie płacić za jego głupie, bufońskie rządy. Patriotyzm zmienił się u niego w miarę wielkości – a dziś nie te czasy, wiemy coś o tym.

Lidia dzwoniła z Warszawy: telefonowali od literatów, czy zgodzę się kandydować na delegata na zjazd. To inicjatywa Żółkiewskiej, ciekawym, co z tego będzie – zgodziłem się. Poza tym z filmu dokumentalnego zwracali się, że chcą kupić moje ilustracje do trzech małych filmów, aby je wyzyskiwać bezimiennie do różnych ilustracji muzycznych. Też się zgodziłem. Czyżby jakieś lepsze wiatry wiały? Ale nie widzę do tego przesłanek ogólnych, to pewno przypadek.

Nasza prasa ryczy, że Niemcy chcą wypchnąć Francję i zająć jej miejsce w Europie. A czy ja tego też nie przepowiedziałem w moim artykule, o który tak mnie opluto? Idioci.

Mam tu jeszcze niecałe trzy dni pobytu – chcę jeszcze popracować. Pobyt był miły, owocny – w Warszawie znów się zacznie rozpieprzanie czasu. A w końcu trzeba coś jeszcze zrobić w życiu – czasu nie jest tak wiele. A Wacek w Paryżu – przeżywa tamtejsze wstrząsy. Chi, chi. Tęsknię trochę do pisania muzyki – w Warszawie zacznę, a „proza" ucierpi. Ha, trudno – trzeba będzie wcześnie wstawać.

27 listopada

Umarł Władek Kędra, świetny pianista, mój przyjaciel – „Danse vive" grał zawsze na bis, chyba z kilkaset razy. Był to rzadki typ artysty: nieświnia, nieintrygant, niezawistny, prosty i naprawdę entuzjasta – promieniował entuzjazmem, żył jakby w ciągłym przyspieszeniu, jakby czuł, że ma niewiele czasu. Mało jest takich ludzi wśród muzyków, przeważnie okropnych intrygantów, gryzących się jak psy o jedną kość. Miał dopiero 50 lat – ileż mógł jeszcze pograć. Szkoda, ogromna szkoda.

Jutro już wracam do Warszawy – wczoraj była pożegnalna wóda z Zygmuntem i Wirpszą, toteż dziś czuję się nieświetnie.

De Gaulle zapowiedział, że oszczędzi pieniądze na „kosztownych doświadczeniach nuklearnych", nareszcie stary osioł zrozumiał. I zbliża się znowu do Ameryki – poniewczasie. Poza tym nuda. Nasza prasa staje się wręcz faszystowska, z tym swoim nacjonalizmem, brutalnością, arogancją. Że lew sowiecki ryczy, to rozumiem, ale polski szakalik ujadający – to już przesada. Tylko że rady nie ma – takeśmy wpadli. Ciekawym, jak się poczuję w Warszawie – odwykłem od niej przez przeszło trzy tygodnie. No i zrobiłem tutaj coś niecoś – aż mi się mózg zmęczył!

1 grudnia

Już trzeci dzień przyzwyczajam się do Warszawy jak do życia w niewygodnym ubraniu. Zacząłem od pogrzebu Władka Kędry – było ludzi mnóstwo, jakieś zapomniane twarze muzyczne; wśród nich starzy profesorowie: Rytel, Drzewiecki, Lewicki. Msza z muzyką, nad grobem pięknie przemówił Kiejstut Bacewicz, śpiewał chór, mnóstwo młodzieży. Żył pół wieku – stanowczo za krótko.

Wieczorem tego dnia byłem z Heniem [Krzeczkowskim] w węgierskiej restauracji: Henio przegrał zakład o Nixona, więc stawiał mocno, ale ja piłem niewiele. Okazuje się, że nasze kandydowanie na zjazd literatów już się skończyło, podobno było zebranie zarządu oddziału z egzekutywą partii i nas wykreślili. Właściwie cieszę się z tego, bo nie chciało mi się nic robić – to nie ma celu i sensu teraz wystawiać im się na sztych i dać materiał do prowokacji. Chcę przycichnąć jak pluskwa, może nawet na zebranie nie pójdę – iść, żeby na mnie Gaworski strzępił ozór albo żeby mi kazali uchwalać jakieś rezolucje o zjeździe partii czy Czechach – ani mi to w głowie („ani w łepku mi to").

Henio był w wielkiej formie – sypał koncepcjami i syntezami jak z worka, zwłaszcza że miał kilka ciekawych rozmów, jedną z nich z pewną Osobą z minionego okresu – nazwiska nie wspomnę. Parę rzeczy bardzo ciekawych, na przykład, że my przeceniamy i demonizujemy Rosjan, a oni są po prostu głupi i niezorientowani. Na przykład, o czym zresztą wiem z jego własnych ust, Bolo Piasecki po prostu zagadał, zatrajlował przed laty gen. Sierowa, przedstawił mu się jako wódz całej polskiej „reakcji", wmówił mu, co chciał, i „sprzedał" to, czego wcale nie posiadał, w imieniu tych, za których wcale nie odpowiadał. Inna rzecz, że Zachód zgoła się często nie domyśla, jak bardzo Rosjanie są niezorientowani i bynajmniej tego nie wyzyskują. Na przykład Stalin, jak nie było ofensywy aliantów na Niemcy, myślał, że to jest umyślnie, aby go wykrwawić (sam by oczywiście tak właśnie postąpił). Kiedy się zorientował, że to nie z makiawelizmu, ale z nieprzygotowania i słabości, wtedy już wiedział, że ma przed sobą frajera, ruszył naprzód i capnął, co się da. A tamci długo nie mogli się skapować, nawet mając bombę atomową!

Inna ciekawa hipoteza Henia na temat ostatniego zjazdu partii: że nie tylko Breżniew pomagał Wiesiowi, ale i Wiesio ratował Breżniewa; bo po Czechosłowacji jego sytuacja wewnętrzna (Breżniewa) nie była świetna, gdyż wojsko wymusiło interwencję w Czechach, która jednak politycznie nie została w całości wygrana, wobec czego w Polsce mogły się udać rządy silnej ręki – kierunek reprezentowany przez Moczara – tymczasem przejął go Gomułka strasząc Breżniewem i nawet aresztując podobno jakichś ludzi z MSW. Oczywiście hipoteza cała nieco jest karkołomna, ale Wiesio wygrał – symbolem jest pozostanie Starewicza oraz utrzymanie się „Polityki" z Rakowskim – jest to zresztą ostatnie jeszcze u nas pismo godne tej nazwy. Ale czasy idą ciężkie – Zachód głupi i skłócony (sprawy walutowe), Ruscy pewni siebie i Gomułka będzie jak najtwardszy. Nuda będzie jak diabli – tylko w pracy widzę ratunek.

W Czechosłowacji mętnie. Trudno już w ogóle coś zrozumieć, bo jak cokolwiek mówią, to nie wiadomo, czy tak myślą, czy też mówią taktycznie, aby uspokoić Rusków. W ten sposób znowu stopniowo wróci tam drętwa mowa, a przecież jedną z cech całej czeskiej sprawy był powrót w życiu publicznym do normalnego, ludzkiego, nie sowieckiego języka. Smutny powrót do punktu wyjścia – wniosek będzie, że trzeba „pełzać chyłkiem, łudząc najeźdźcę". Nikt się już słowem nie odezwie – ja też nie.

Miałem zaległości w lekturze, dziś więc cały dzień czytam „Argumenty" i „Forum". Bardzo pouczające zestawienie, widać z niego różnicę między Wschodem a Zachodem. Zarysowuje mi się pogląd (dosyć katolicki), co jest dla ludzkości najniebezpieczniejsze; oto reformatorzy całościowi zbrojni w jakąś teorię, utopię. Przyszło mi to do głowy, gdy czytałem o poglądach Marcuse'a: ten człowiek, jak mu się uda, rozwali Zachód – Wschodu niestety nie, bo go tam nie puszczą, a szkoda: wysłałbym go na dożywocie do Moskwy. Natura ludzka i świat ludzki mają w sobie jakieś takie skażenie, że każda reforma całościowa zmienia się albo w odrażający totalizm, albo w niszczącą anarchię. Tylko częściowe, empiryczne, czysto doraźne i praktyczne reformy mają sens – Marksów, Leninów, Marcuse'ów pędzić trzeba precz, zostawiając tylko praktyków – choćby i krótkowzrocznych – lepsze to od „dalekowzrocznych".

W „Argumentach" masę polemik z „rewizjonistami", nawet ciekawych, choć obłąkańczych – m.in. dlatego, że „rewizjoniści" milczą przymusowo jak zaklęci (podobno Kołakowski wyjechał jednak do Kanady). Potępiono już Ładosza za twierdzenie, że dzisiejszy rewizjonista mógł mieć kiedyś rację. Nikt tylko nie mruknie ani słowa o prywatnych chłopach w Polsce (czysty, oficjalny rewizjonizm). Klasyczne Tworki – jak Boga kocham.

ZESZYT 4

4 grudnia

A więc piszę już czwarty zeszycik tego dziennika, o którym sam nie bardzo wiem, co myśleć. Już oto prawie tydzień jak jestem w Warszawie, ale jeszcze się nie przyzwyczaiłem. Przedwczoraj byłem u Amerykanów i poznałem nowego ambasadora: Stoessela. Drobny, siwy, urodzony w 1920, mówiący nareszcie po francusku, był długo w Moskwie. Przeciwieństwo Gronousky'ego, bo wszystko rozumie, wobec czego, jak się zdaje, nie ma zamiaru nic robić – co zresztą sam powiedział. A w ogóle mówi, że Ameryka jest dekoracją, zależy od wyborców, wobec czego z natury rzadko kiedy może robić posunięcia zdecydowane – nieraz i sto lat można czekać – powiedział. Realista! Był też sławny dziennikarz Sulzberger – starszy pan, inteligentny, ale niezbyt do spraw polskich zapalony – no i taki nasz los. Z Polaków – jazzowcy i paru literatów, wśród nich pan Antoni mówiący jak zwykle przeważnie o sobie. Upiłem się dość mocno – potem za mną leźli czy jechali, ale było mi wszystko jedno.

A więc delegatami na Zjazd Literatów nie jesteśmy, co i dobrze, na zebranie nie pójdę, mam więc spokój, a bardzo się w Sopocie przyzwyczaiłem do spokoju. Dziś byliśmy z Lidią w kinie na filmie z Bardotką, „starą" – film średni, ale ona gra bardzo ładnie. Cały dzień poza tym ktoś przychodzi, od czego odwykłem. Między innymi B. – nagadał mnóstwo, m.in. że podobno Jabłoński ma być ministrem spraw zagranicznych. A wczoraj widziałem dwa razy Andrzeja – widzę, że smutnawy, nie bardzo wie, co robić. Nikt właściwie nie wie: w sprawach literackich absurd zupełny, wstrzymali np. już na maszynach jakieś nowele Sienkiewicza, bo był na końcu komentarz Kotta. Bzik tu panuje zupełny: właściwie wszyscy mogą w tym kraju żyć – prócz ludzi piszących. Fatalny fach na socjalizm.

Umarł Zbigniew Mitzner – felietonista, kierownik Studium Dziennikarskiego. Nie był to człek cudowny, raczej świniowaty i okropny serwilista, tyle że wykończył go gość jeszcze gorszy – Kąkol, i pewno umarł ze zmartwienia. Czego ci ludzie tak się gryzą o tę odrobinę kości – pojąć trudno. Czym się tu martwić, czyż nie lepiej żyć spokojnie? Inna rzecz, że w komunizmie mało kto to potrafi.

Mam pisać jako „Mrugacz" muzykę do noworocznej sztuczki kukiełkowej do Olsztyna (naraił mi to poczciwy choć zwariowany i nudny Janek P. [Jan Puget]). Wczoraj byłem w „Kameralnej" na obiedzie – to jest knajpa, która zachowała charakter warszawski z lat pięćdziesiątych, taki, jak opisywał Leopold [Tyrmand] w „Złym": panowie „na delegacjach", prywaciarze z dziewczynkami, trochę młodych, trochę kanciarzy – a kierują wszystkim bardzo cwani i mądrzy inwalidzi – bo to ich koncesja. Na sali gwar typowo warszawski, jaki już nie wszędzie bywa, sporo starszych panów, co to pamiętają różne czasy. Niezłe – będę tam trochę chodził, aby jednak zachować więź z przeszłością – w końcu na tym człowiek głównie jedzie.

Wacek przysłał z Paryża paczkę z bardzo ładnymi brulionami – będę więc pisał dziennik i co się w ogóle da... W moim wieku grunt to praca – prof. Tatarkiewicz powiedział, że praca męczy najmniej.

7 grudnia

Robi się mróz porządny, dni najkrótsze w roku, właściwie od rana już ciemno. Nie mogę się jakoś tym razem do kochanej Warszawy przyzwyczaić, poza tym niewiele co robię, a czas pędzi szybko jak diabli. Jaś Puget, którego miałem za kompletnego wariata, podziałał jednak z niespodziewanie skuteczną logiką i oto mam robić muzykę dla teatru marionetek w Olsztynie, oczywiście pod pseudonimem „Mrugacz". Zły trochę jestem, bo odwykłem od robienia czegoś na zamówienie i w terminie, ale cóż począć – jak dają zarobek, to muszę go przyjąć, nie ma rady. Czyżby człowiek po trochu wracał „w kurs?" Szkoda, bo rola rozbitka za burtą już mi dosyć zasmakowała.

Do Związku Literatów za to nie kandydujemy: przyszła lista proponowanych delegatów, wszystkich „opozycjonistów" z niej wywalili. Wobec tego na zebranie nie pójdę – nie mam tam nic do zyskania, a dużo do stracenia, bo cokolwiek powiem, prasa podniesie wrzask przedstawiając sprawę zgoła inaczej, a ja nie będę mógł wykrztusić ani słowa. Prasowego wrzasku mam już całkiem dosyć, chcę teraz spokojnie pracować w domu: za mało w życiu zrobiłem, za bardzo dałem się zniszczyć polityce. Na razie wystarczy!

Leszek Kołakowski wyjechał, jest już w Paryżu. Przed wyjazdem narobili mu jeszcze różnych bezsensownych wstrętów z wywozem książek i rękopisów, zrobili wszystko, aby wyjechał wściekły i roztrzęsiony, aby zachował z Polski jak najgorsze wspomnienia. Gdzie ci ludzie mają mózgi i w ogóle co to są za ludzie?! On już pewno do Polski nie wróci – wcale niezłe nazwiska żeśmy stracili: Mrożek, Kott, Gombrowicz, Miłosz, Kołakowski i inni z Tyrmandem włącznie. Tarn też już wyjechał – robimy, co możemy, aby pozbyć się co zdolniejszych ludzi. Żydów również wyjeżdża sporo, jest nawet nowy dowcip na ten temat: Jaki był czyn zjazdowy społeczności żydowskiej w Polsce? – Dziesięć tysięcy wolnych mieszkań!

Jerzy Andrzejewski wydał w paryskim Instytucie Literackim („Kulturze") swój ostatni utwór, opowiadanie „Apelacja". Nie chcieli tego wydrukować w „Twórczości", facet zgniewał się i posłał za granicę. Rzecz dzieje się w łagodnym domu wariatów, gość cierpiący na manię prześladowczą pisze list do pierwszego sekretarza, opisujący całe swoje życie i apelujący o pomoc. Pisane jest ciurkiem, bez kropek i przecinków, osobliwym stylem pół urzędowym i pół inteligenckim. Z początku mi się nie podobało, potem mnie jednak wzięło, jest tu coś z polskiego powojennego życia, mocno chwycone, coś, co nie dałoby się wyrazić inaczej. I znowu okropna bzdura naszych władców, zamieszczone w „Twórczości" nie miałoby tego ostrza, jakie ma w „Kulturze". Jak się zdaje, zamęt w naszym, pożal się Boże, życiu kulturalnym sięga szczytu, brednie i bałagan niebywałe, a prestiż Polski w świecie całkiem spada. Podobno w sprawach kulturalnych nie ma kto decydować, Kliszko już się tym nie zajmuje (też mędrzec) i na razie nie wiadomo kto. Ja się już w to mieszać nie będę: robić swoje i kwita, oto żelazna zasada – aby mi tylko nie przeszkodzili!

Właściwie ludzie wszystkich zawodów mogą w tym kraju pracować jako tako, z wyjątkiem pisarzy, bo ten zawód jest w świetle reflektorów uważany, nie wiedzieć dlaczego, za coś współrzędnego z polityką państwa. I tego się im nie wyperswaduje – nie ma mowy.

Ministrem spraw zagranicznych ma być, jak mówili, Jabłoński, a ministrem oświaty i szkolnictwa wyższego – Werblan. Jest to podobno dla niego (Werblana) degradacja, bo on aspirował do wysokiej roli w partii. To nawet niegłupi człowiek, tylko bardzo antypatyczny, cynik i intrygant. Ale bez tego by się tam u nich nie utrzymał. Ten ustrój wytwarza osobliwą elitę: cwaniaków i kanciarzy bez sumienia – polityka chyba zawsze była niemoralna, ale tutaj, przy absurdalnej koncentracji władzy, tajności i braku wszelkiej kontroli i odpowiedzialności, rządzą istne „biedy" czy demony. Przykład idzie z Rosji: czytam książkę Tatu „Władza w ZSRR" – bezprzykładne a nie znane społeczeństwu żarcie się o władzę po śmierci Stalina, a potem po upadku Chruszczowa. Najliberalniejszy był pono... Beria, który chciał się dogadać z Amerykanami, za co go wykończyli. A swoją drogą te Rusy mają szczęście: Chińczycy w rozkładzie, Amerykanie dupowaci, Mochy więc robią, co chcą.

Z „Trybuny Ludu" wywalili dwóch ostatnich Żydów: Podkowińskiego i Krasuckiego. Obaj byli łobuzy, ale nie za to ich wylano. Tak więc Polska stała się krajem wręcz oficjalnego antysemityzmu! Ciekawe – jeden Starewicz został – dla niepoznaki.

12 grudnia

Warszawa zżera mnie kompletnie – nie mam na nic czasu, a nic się nie robi – nawet muzyki do olsztyńskich marionetek nie mam kiedy napisać. Ciągle ktoś przyłazi: Czesio [Czesław Lewicki], Paweł [Paweł Hertz], Jurek [Jerzy Suszko] i nie mam kiedy się skupić – lepsze jednak były czasy „prześladowania całkowitego".

Jutro zebranie literatów, ale nie pójdę – po co mi to: cokolwiek się stanie, prasa rozedrze się na cały regulator i znowu „cześć pieśni". Chcę coś zrobić w życiu, a nie służyć idiotom za tarczę strzelniczą – reklamy mam już dosyć!

Henio jest mojego zdania, natomiast Paweł zmienia się co dwa dni, nie wiem, co za giez go ugryzł. Poza tym ludzie przejmują się byle czym, ale nie tym, co trzeba: komunizm potrafi wkręcić wszystkich w bezsensowny kołowrót, tak żeby o niczym poważnym nie myśleli. Dziś cała prasa opisuje spotkania robotników z literatami w warszawskich fabrykach. Literaci, oczywiście odpowiednio dobrani, zapewniają, że chcą pracować dla wspólnej sprawy, dla ludu, socjalizmu itd., a robotnicy rzekomo pytają się, co z nami, czyli tymi, którzy zajmowali stanowisko „politycznie nieprawidłowe". Powinni nas zaprosić – ja bym im powiedział, ale chyba przecież widzą, że mamy pyski zamknięte. Chociaż nie – w komunizmie nic się nie widzi.

Co poza tym? Dużo gadania z ludźmi, ale gadania zgoła zbędnego – nie stać mnie już na taką rozrzutność. Nixon sformował swój rząd z ludzi nowych, mało znanych – to może dobrze, a nuż proch wymyślą! Wacek napisał z Paryża list rozpaczliwy – że bałagan, lenistwo, nic nie można załatwić, grozi strajk generalny itp. De Gaulle dał Francuzom potężnie w dupę, a oni tego nie widzą – z daleka widzi się lepiej. W końcu stary umrze i zostawi ich w chaosie – oto są skutki „kultu jednostki" i to jednostki sklerotycznej a megalomańskiej. Najlepiej właściwie jest w RFN: ci mają już swego Hitlera za sobą, wymordowali pół Europy, wyżyli się, a teraz spokojnie pracują i rządzą się rozsądnie – podobnie i Japończycy. Taka jest na świecie sprawiedliwość – a za to Polska jak brała w tyłek, tak i dalej bierze. „Każdemu to, na czym mu mniej zależy".

Chaos mam w głowie kompletny, a także brak jasnego stosunku do tego dziennika – czasami powątpiewam, czy warto go pisać. No, zobaczymy – na razie trzeba się jakoś pozbierać i pędzić precz idiotów kochających tylko gadanie. Ale znowu idą święta, w Warszawie trwa już ich nastrój – jak się ustrzec tego bałaganu, w dodatku zaraźliwego? W Warszawie świętuje się właściwie dwa tygodnie – piekło, trzeba było wyjechać.

Ukazała się moja duża recenzja o Sandauerze – pod damskim pseudonimem*. Dali ją w „Tygodniku" na pierwszej stronie. Coraz bardziej utwierdzam się w tym, aby nie pisywać już pod nazwiskiem. Wstyd figurować w tej prasie i poddawać się kretyńskiej cenzurze – a tak mam luz nieodpowiedzialności, co jest bardzo dobre. Tylko pracować dla siebie – oto cel.

24 grudnia

Piszę w Wigilię – deszczową i mglistą. Nie pisałem prawie dwa tygodnie – zajęty byłem ową muzyką dla Olsztyna, którą naraił mi – o dziwo – wariatowaty Jaś Puget. Pisałem rzecz z przymusem, bez przyjemności, ale w końcu jakoś wyszła, zadyrygowałem, nagrałem, parę kawałków się zarobiło – i dobrze. Właściwie, o paradoksie, forsę mam – w Polsce Ludowej wcale się to nie łączy z pracą albo też łączy z pracą postronną, pozazawodową: na przykład ro-

---

* Julia Hołyńska, Dokąd prowadzi dociekliwość?, „Tygodnik Powszechny", 15 grudnia 1968, nr 50.

botnicy, dorabiający sobie w wolnych godzinach malowaniem mieszkań, zapełniają lukę, jaką w naszej gospodarce stanowią usługi – prawa ekonomiczne działają więc także, tyle że pozalegalnie i ukradkiem. Oto ciekawy skutek planowej gospodarki – zresztą rzeczywiście przy dzisiejszej drożyźnie trudno sobie wyobrazić, aby ktoś zrównoważył budżet domowy sumą nawet 3000 zł.

A tu tymczasem w rządzie zmiany: nareszcie odszedł od gospodarki nieszczęsna ofiara Jędrychowski (poszedł do MSZ na miejsce Rapackiego), ale na jego znów miejsce przyszła nominacja niewiarygodna: Józefa Kuleszy, istnego debila i wyłącznie wazeliniarza. Znam go z komisji sejmowej – idiota nieprawdopodobny. Dano mu wprawdzie niezłych zastępców: Trompczyńskiego i Pajestkę, ale sama ta nominacja budzić musi zdumienie. Trompczyński odszedł z MHZ, poza tym zwolniono wicepremierów Nowaka i Waniołkę. Trochę to wszystko jest dziwaczne, niezrozumiałe, istne pomieszanie z poplątaniem. Za kulisami kryje się w tym wszystkim na pewno zasadnicza walka o władzę w partii: Moczar jest chyba całkiem wykończony, wylewają jego sekretarzy wojewódzkich, w MSW też jakaś czystka. Bawią się panowie (znowu nieśmiertelne „Żydzi i chamy"?), ale właściwie co Polska z tego ma?! Wolno dużo w tym kraju, ale socjalizmu ulepszać nie wolno, broń Boże wtrącać się do funkcjonującej na własnej zasadzie pseudoelity, która rządzi – stąd też właśnie przychodzą takie zaskakujące nominacje jak owego Kuleszy.

A co poza tym? Grudzień deszczowy, mglisty, smutny, mania świąteczna w pełni. Trzeba to odbyć, nie ma rady, choć żal mi, że tak już dawno nic nie pisałem dla siebie. Od Nowego Roku się wezmę, bo wszystko reszta to mucha, nieważne.

Dziś byłem z Andrzejem na rybce w węgierskiej restauracji – pusto było całkiem. Andrzej mówił różne truizmy, polecał mi „realizm polityczny" (to, czego uczyłem go przed laty), radził też przeczytać książkę Franza Józefa Straussa, przetłumaczoną na polski „dla użytku służbowego". Strauss postuluje pono naciskanie Rosji przez Chińczyków i przez broń atomową w Europie i wydarcie jej „ziem niemieckich" aż po Wartę. Andrzej mówił to jakby z pretensją do mnie, że ja niby jestem „proniemiecki" – tymczasem to jest skutek naszej głupiej polityki zaostrzania wobec Zachodu, bo w istocie dawno można było uzyskać uznanie granicy Odra-Nysa przez Amerykę – trzeba tylko było inaczej gadać, choćby o problemie zjednoczenia Niemiec. Ot, takie plany Rapackiego to były dobre próby – ale cóż: Rapackiego wypieprzyli i właściwie nie wiadomo dlaczego. Teraz już na wszystko za późno: rzeczywiście po Czechosłowacji tylko Rosja jest po naszej stronie, a Zachód ma nas w dupie. Trudno! Mnie się nie pytali.

No – rodzina przyszła, idę na wilię, jutro będę pisać dalej.

Dopisuję parę słów po wilii. Było troszkę smutno, trochę nudno – jakaś za bardzo świecka jest dziś wigilia – może przez stałą obecność radia, płyty itd. Dostałem w prezencie ostatnie wydanie pism Norwida – trzeba go będzie poczytać, bo w gruncie rzeczy mało kto go dobrze zna. Jest wieczór – Warszawa świętuje, obżera się, ta nowa Warszawa, którą niezbyt lubię – ale innej już nie będzie, przynajmniej za mojego życia. To śmieszna rzecz płakać nad tym, że przeszłość minęła – tylko że w Polsce poszczególne okresy tak są od siebie różne, że aż staje się to absolutne – jakaż tu może być ciągłość pokoleń i kultury? Niewesołe – ale prawdziwe.

25 grudnia

Łaziłem trochę po mieście – bardzo jest w święta osobliwie: ogromne, zupełnie bezludne bloki, taki jakiś nowoczesny Utrillo. W kościołach kolorowe szopki, sporo ślubów i chrzcin, od czternastej za to już zupełna przyprószona śniegiem pustka. Wszyscy żrą w domu albo oglądają telewizję.

Zapomniałem napisać o zebraniu literatów, na którym zresztą nie byłem. Odbyło się bez żadnej opozycji, Putrament poszalał nieco, ale nie miał na kogo (tak on właśnie lubi), natomiast w wyborach delegatów na zjazd przepadli główni partyjni krzykacze: Gaworski, Lenart, Nawrocka, Dziarnowska, Dobrowolski, Warneńska, a także Ozga Michalski i Sokorski (Pucio przeszedł). A to ci heca – i to bez naszego udziału! Ciekawym, co będzie dalej i czy nas wyleją?

W prasie wciąż polemiki z „rewizjonizmem", tylko że u nas stale mówi się na przemian: dawniej tzw. „rewizjoniści" pisali, ale nikt im nie odpowiadał, teraz rządowcy piszą, a tamtym zatkano pyski i tak w kółko – aby tylko nie doszło do rzeczywistej konfrontacji argumentów. Bezsens w tym, że to jednakże staje się normą, a norma przestrzegana przez wszystkich przestaje być nonsensem, staje się właśnie – normą.

Czytałem dziś paryską „Kulturę", w niej ciekawy (choć trochę zawiły i niejasny) artykuł Baumana o wydarzeniach marcowych. Ujmuje on sprawę socjologicznie i po marksistowsku: uderza w popaździernikową „małą stabilizację", widząc w niej rozrost niesprawiedliwości oraz rozwarstwienia klasowego. Sądzi, że partia, wyczuwając narastające niezadowolenie, postanowiła rozładować je, zastępczo prowokując zajścia i znajdując kozła ofiarnego – Żydów. W ten sposób, podczas gdy Rumunia, Czechosłowacja i Jugosławia, czując nowy etap rozwoju sytuacji, szukać jęły rozwiązań politycznych lub społecznych, względnie jak Rumunia, ekspansywnie gospodarczych, polscy komuniści sięgali do zastępczej prowokacji, czyli, jak to określa Bauman, do „kuglarstwa". Ciekawe – smutnawe.

W „Życiu Warszawy" był reportaż z życia rybaków na Helu. Pewien zasłużony kapitan kutra rybackiego mówi tam: „Syna wykształcę na inżyniera, nie chcę, żeby łowił i musiał patrzeć, jak się ryba marnuje". Znana to rzecz, że łowimy mnóstwo, ale ryba idzie często za burtę lub gnije, bo brak wędzarni, chłodni, transportu etc. Przed wojną było na Helu sześć wędzarni (prywatnych oczywiście), teraz są dwie państwowe i brak rąk do pracy. Obserwowałem sam, jak dzieci rybackie rzucają półwysep i idą do miast – komunizm zrobił ludzi obojętnymi na produkcję: niech sobie państwo produkuje – mówią. Znów jeden z mało oczekiwanych rezultatów tej doktryny!

Jutro przyjdą goście, dziś cisza, spokój, próżnia – próbuję znów skupiać się, pisać, pracować. W mojej sytuacji tylko praca ma sens. Aby do wiosny (?!).

Amerykańscy astronauci wracają z lotu okrążającego Księżyc. A więc, kto pierwszy owładnie Księżycem, ten panować będzie na Ziemi? Hm. Ciekawe. A swoją drogą, jakże człowiek się mało dziwi – przecież jeszcze w czasach mojego dzieciństwa książka Jerzego Żuławskiego „Na srebrnym globie" była czystą fantazją. Cały świat ogląda dziś lot księżycowy w telewizji – tylko kraje komunistyczne odmówiły transmisji. Przedziwni są ci Moskale – na Księżyc by ich wysłać, według znanego kawału. (– Wiesz, podobno Ruscy wylądowali na Księżycu. – Co ty mówisz, wszyscy?!)

29 grudnia

Czas świąteczny niby minął, ale jeszcze grozi sylwester i jego pochodne. W drugi dzień świąt byli jak zwykle Henio, Zygmunt i Paweł. Wypiliśmy masę. Henio żarł potężnie, czerwieniał i gadał aż się kurzyło. Zygmunt postarzały i uważny, Paweł jak zwykle ostatnio zhisteryzowany i zmienny, poza tym dość pijany. Ja masę w siebie wlałem, ale bez sukcesu, bo czuję się nieświetnie duchowo. Przez całe święta gnębi mnie poczucie beznadziejnego zamknięcia: że żyje się w nader ograniczonym kręgu spraw i ludzi, wszystko jest obserwowane i kontrolowane (przez kogo?!), o wyjazdach zagranicznych nie ma mowy. Co prawda, ile razy chcę wyjechać i wyjadę za granicę, to zaraz mnie gnębi myśl, że powinienem być w Polsce i że tam u burżujów nie mam co robić. W sumie więc i tak źle, i tak niedobrze, do śmierci będzie się biernie siedzieć i mieć za złe komunistom, nie mogąc w ogóle nic zrobić. Tak, ten zakątek świata upodobnił się do zatkanego worka, co prawda Niemcy w NRD mają jeszcze gorzej, ale co mnie to obchodzi. W końcu całe nieszczęście, że ja pamiętam inne czasy oraz że się naraziłem, zwróciłem na siebie uwagę – gdybym siedział cicho i nie mówił, co myślę, mógłbym żyć jak inni, po trochu korzystać z życia, po trochu wyjeżdżać za granicę. Właściwie teraz także nie jest źle, tyle że nudno przeokropnie. Ale cóż – na to jedyną radą jest praca twórcza, praca do szuflady – trzeba znaleźć na nią siłę, energię, upór – inaczej wszystko na nic, to jedyna możliwa satysfakcja.

Ciekawa jest rzecz z tym dziennikiem: piszę go nie całkiem szczerze, bo wciąż mam w głowie myśli, że on wpadnie w czyjeś ręce. A więc pewien kamuflaż – gdzież istnieje człowiek zupełnie wyzbyty kamuflażu?

U nas trwa jakieś zaskórne życie polityczne – w partii wciąż trwają jednomyślne, zaproponowane z góry wybory nowych sekretarzy wojewódzkich. Gomułka się umacnia, z kimś tam walczy, ale dobrze nie wiadomo z kim, bo ów Moczar okazał się chyba jakimś mitem, legendą. Inna rzecz, że „moczaryzm" jako pewien typ myślenia (archaiczny nieco nacjonalizm ze swym wyróżnikiem – antysemityzmem i prorosyjskością – dziwny aliaż, antyinteligenckość, zamordyzm, wiara w walor swego awansu) właściwy jest całej grupie pokoleniowo-partyjnej i grupa ta dojdzie do głosu bez Moczara i poza Wiesławem, który wszakże nie jest wieczny i nie da rady ich powstrzymać – pewno zresztą wcale nie chce. Jestem temu wszystkiemu obcy i stąd pewno ciągle „mam za złe", a tu ludzie włączają się i nie dziwaczą – opiszę to zresztą i to będzie moja „ekspiacja". Zresztą – myślę, że coraz więcej ludzi i narodów na świecie będzie miało „kaca" z powodu bezsilności i nudy – tylko bardzo silne kraje będą się mogły samodzielnie bawić (Ameryka, Rosja, Chiny, w przyszłości może Japonia i NRF). Czytam właśnie na te tematy książkę niemieckiego ministra Straussa „Wyzwanie i odpowiedź" z przedmową Servana Schreibera. Strauss koniecznie chce, aby Niemcy się bawiły – oczywiście nie same, lecz w łonie zjednoczonej Europy czy na jej czele. Książka nader przenikliwa, widać że facet całą swą witalność wkłada w to, aby NRF nie stała się krajem tranzytowo-buforowym jak Polska czy NRD. Czy zjednoczona Europa może się stać „czwartą siłą"? Teoretycznie by mogła, praktyka jednak na to nie wskazuje, w praktyce są dwa wyjścia: albo zamrożenie sytuacji europejskiej oparte na gwarancji amerykańskiej (jak było dotąd), albo też rosnące *désintéressement* Ameryki, wobec czego coraz większe uleganie przez zachodnią Europę wpływom sowieckim. Tak czy owak w Polsce nic się nie zmieni: pół niepodległość i pół życie gospodarcze, coraz bardziej podporządkowane sowieckim interesom. Czy jestem mało patriotyczny? Nie, po prostu ze smutkiem stwierdzam, że Polska w tej sytuacji wiele nie zdziała, a patriotyzm polski (w służbie sowietyzmu) nie może być niczym specjalnie atrakcyjnym. Co więc pozostaje? Ano właśnie, co najwyżej małe, nie budzące sowieckiej reakcji przesunięcia wewnętrzne, konserwowanie pewnych elementów polskiej kultury i polskiego humanizmu. A w postawie ideologicznej? Hm. Zaryzykowałbym, że przydałby się nam jakiś polski szwejkizm. Postawa hurrapatriotyczna, głoszona przez moczarowców, jest w istocie ideologią dostarczania Rosji mięsa armatniego. Przy pomocy Rosji możemy wprawdzie raz na zawsze zniszczyć Niemców, ale za to sami staniemy się raz na zawsze sowieccy, azjatyccy. Jeśli polskość jest czymś samoistnym i humanistycznie atrakcyjnym, powinna ona na tym „carrefourze" dziejów przybrać sobie maskę ochronną niepełnego zaangażowania – szwejkizm, pewien sceptycyzm, szerokość spojrzenia. Oczywiście, trzeba z tym ostrożnie, aby się społeczeństwa nie zdegenerowało, ale Czechom ta rzecz służyła dla ochrony swej indywidualności – może służyć i nam. Gwałtowny aktywizm ideowo-patriotyczny narodu słabego, niesamodzielnego i „tranzytowego" byłby rzeczą śmieszną. A swoją drogą szkoda, że tak dobre granice i integrację narodową zyskaliśmy w epoce, kiedy to już niewiele znaczy!

Amerykanie wrócili z Księżyca zdrowi i cali. Nasza prasa chwali ten wyczyn, choć ukradkiem podsuwa różne „ale", wysmażone w ruskiej centrali. Tacy „publicyści" jak Górnicki, Krasicki, Jaszuński to są w istocie polskie pionki na szachownicy sowieckiej propagandy. Publicystyki już tu nie będzie – stąd i moje bezrobocie. He!

1969

4 stycznia
A więc już i po sylwestrze. Spędziliśmy go w domu, był Waldorff, upił się mocno i wygadywał niestworzone rzeczy. Na szczęście ma on głos bardzo charakterystyczny, więc jeśli rzeczywiście jest jaki podsłuch, to powinno pójść na niego – nie na mnie. Już zwątpiłem zresztą, czy wiadomy urząd się mną interesuje, ale dziś rano, jak wyszedłem z psem, zaczepiały mnie różne osoby wygadując to i owo, potem dopiero się zorientowałem, że to chyba oni, choć może się to również wydać rezultatem manii prześladowczej. Wczoraj był Tadzio Nowak z "Tygodnika", zapraszał, żeby przyjechać tam na opłatek, może to właśnie ich podnieciło, bo oni na kontakty z "Tygodnikiem" są jakoś uczuleni. A swoją drogą do Krakowa chyba pojadę – dawno nie byłem, trzeba by trochę pogadać, zobaczyć ich pyski. Co prawda "Tygodnik" irytuje mnie okropnie, ostatnio artykuł Turowicza o kryzysie w Kościele zupełnie taki, jakby autor żył we Francji czy Włoszech i żadne tutejsze problemy go nie obchodziły. Sprawa "modernizacji" Kościoła tutaj schodzi w ogóle na drugi plan wobec takich kwestii jak stosunek do totalnego kłamstwa, szerzącego się wszędzie – czy to wreszcie może być objęte pojęciem "grzechu", czy też obowiązuje nadal zasada oddawania cesarzowi co cesarskie? Ten biedny Jerzy ma mózg całkowicie zaprzątnięty tym, co się dzieje w Watykanie, i nic go więcej nie obchodzi. A tu także Kościół znaczy coraz mniej. Prymas chyba postarzał się mocno, biskup [Zygmunt] Choromański umarł w drugie święto – no i tak właśnie to wszystko wygląda, że komuchom politycznie wiedzie się w tym społeczeństwie coraz lepiej, nikt im się nie sprzeciwia, no bo z czym do gościa. Za to wewnętrznie gryzą się dalej, podobno w MSW rzeczywiście były jakieś hece, Walichnowski się zdenerwował i poszedł do Tworek, Gontarza wyrzucili – wszystko poszło o te jakieś ulotki czy wierszyki, gdzie Józia przezywano "Cymermanem" itp. Podobno jest jakaś komisja z Kli-

siem na czele, która bada, jak to mianowicie i dlaczego MSW dezorientowało górę partyjną. Ciekawe, że oni na końcu się dowiadują o tym, co cała Warszawa wie od dawna. Ale, jak pytał niegdyś Anglik w krakowskim kabarecie: „Co Anglia z tego ma?" Co mnie na przykład z tego, że oni się kłócą? Mnie tak czy owak dadzą po dupie!

Zapomniałem napisać, że parę dni temu zaproszony byłem do „Ruchu Muzycznego" i na schodach spotkałem... Putramenta, który rzucił się do mnie z łapą i z czułościami. Chciałem mu nawymyślać, ale nie było jakoś okazji, więc tylko go spytałem, po co mu to wszystko (to znaczy rozrabianie w Związku Literatów), skoro ma przecież ryby, pisarstwo, podróże i jest w ogóle polskim Hemingwayem. Zaczął coś płakać, że ma chore serce i dwa lata życia przed sobą, tym bardziej więc spytałem, po co traci cenny czas. Machnął ręką i uciekł – taka była ich rozmowa. A wieczorem w telewizji mówił, że pisarze, którzy „rozrabiają politycznie", robią to dlatego, iż skończyły się ich talenty, ich potencja twórcza. To znaczy on uważa, że jak kogoś nie drukują, przestaje być pisarzem. A to śmieszne, cha, cha, cha, to pocieszne cha, cha, cha, jak śpiewają w „Zemście nietoperza". W całej tej telewizyjnej dyskusji, jak w ogóle w szeregu dyskusji prasowych na temat „literatura i polityka", nie padło słowo „cenzura". Tego słowa się oni wstydzą – szkoda, że nie samej rzeczy. Ale dobrze, że choć jeszcze trochę wstydu mają.

W „Kulturze" warszawskiej jest artykuł Madejczyka o zagładzie inteligencji polskiej w czasie wojny, ale oczywiście mowa tylko o Niemcach – o Wschodzie ani słowa. Ta połowiczność uniemożliwia wszelką historyczną prawdomówność, a według nich jest ona (połowiczność) konieczna ze względu na dobre stosunki z Rosją. Tak więc prawda pada ofiarą taktyki politycznej – hm, widać inaczej tu być nie może. I jakże być w tym kraju pisarzem, skoro pisząc prawdę zaszkodzi się Ojczyźnie. O cholera!

U nas w domu sądny dzień: Helena [Helena Hintz, siostra Lidii Kisielewskiej] chora na różę, bałagan, zamęt itd. Wacek dzwonił z Baden-Baden, niepokoi mnie ta miejscowość ze względu na kasyno (nadmieniał coś, że „krupierzy kłaniają się nisko"). Jak się zdaje nic im na razie, zwłaszcza w Paryżu, nie idzie, ale mają „wielkie nadzieje" na „miliony". No, niech się tam chłopcy pobawią – może niedługo zachodniego świata w ogóle nie będzie, tylko jak u Orwella, Eurazja i Oceania. O cholera!

W Warszawie mróz srogi, polska zima w pełni. Nie chce mi się do tego Krakowa jechać, ale może właśnie na złość sobie pojadę – trochę posobaczyć Jerzemu i obejrzeć zaśnieżony Rynek, kościół Mariacki itd. Trzeba przezwyciężać lenistwo duchowe i fizyczne – w końcu, do diaska, nie takim ja jeszcze stary.

Wczoraj zalałem się w knajpie na Mokotowie, tańczyłem nawet i pokrzykiwałem ochoczo – o ile pamiętam. „A życie toczy się dalej".

5 stycznia

Mróz diabelski, a tu ja mam jechać do Krakowa. Ma tam być jakiś opłatek z kardynałem Wojtyłą, a że nie byłem od przeszło roku, trzeba się w końcu wybrać. Tymczasem w „Tygodniku" ukazał się artykuł Turowicza „Kryzys w Kościele", który mnie wściekł potwornie. Facet pisze, jakby nie żył w Polsce i w komunizmie, ale gdzieś we Francji czy we Włoszech. Te subtelne problemy „kolegialności" w Kościele tutaj nie mają najmniejszego sensu albo, co gorsza, mają zupełnie przeciwny – tutaj ważny jest zgoła inny problem: stosunek moralności prywatnej do „publicznej". Zresztą pisałem o tym parę dni temu – pewno ciągle w tym dzienniku coś w kółko powtarzam, będzie to coś w rodzaju kroniki obsesji (tak jak była „Książka moich rozczarowań" Mackiewicza). A swoją drogą bardzo bym nie chciał zostać tylko obsesjonistą mającym za złe. Ale jak tego uniknąć w komunizmie, jeśli się pamiętało inne czasy i inne pojęcia? Tak na przykład w „Argumentach" (to chyba najgłupsze polskie pismo, choć kandydatur jest wiele) był konkurs literacki „Społeczność socjalistyczna a prywata". Jedna z nowel tego konkursu opisuje okropną tragedię rodzinną, jak to pewna ciotka, przyzwyczajona w czasie okupacji do handlowania, skompromitowała familię „w socjalizmie" handlując pokątnie wyrobami rzemieślniczymi. Wprawdzie z handlu tego wszyscy najwyraźniej mają korzyść, ale cóż z tego – grzech nielegalności jest straszliwy. Nie przyjdzie na myśl autorce, że tylko w tym idiotycznym ustroju indywidualna aktywność gospodarcza uważana jest za przestępstwo, i masę ludzi wiedzących o tym bynajmniej nie podzieli jej wzburzenia z powodu łamania świętych przepisów. A może przepisy są niekorzystne dla społeczeństwa i trzeba je po prostu zmienić?

Takie ogłupianie narodu, jakiego dopuszczają się „Argumenty", odbywa się nagminnie ze wszystkich stron, bierze w tym nieustanny udział prasa, radio i telewizja. Jeśli zaś wszystkie pojęcia ulegną przez to zmianie, jeśli ludzie uwierzą, jak w Rosji, we wszelkie banialuki i kłamstwa, to po cóż właściwie znać prawdę? To tylko utrudni życie! Oto jest dylemat totalizmu: wyobcować się czy przyjąć ogólną konwencję? Może największą rację mają tu ludzie prości, czyli tzw. lud. Prasy nie czytać, ideologią czy polityką się nie zajmować, dbać o interesy materialne w miarę legalnie, tyle aby nie zostać ukaranym – oto wszystko. Ale też, przy takiej postawie ludu trudno jest o jakąkolwiek opozycję polityczną, stąd i wyjątkowa, a raczej w normalnym społeczeństwie anormalna rola grupki literatów. Lud ich nie poprze, bo ani bezpośredniej korzyści, ani możliwości zmiany nie widzi – zresztą relatywnie ma się nieźle, a o inteligenckie cele walczyć nie będzie. Dlatego jesteśmy osamotnionymi Don Kichotami, uwikłanymi w tysiące nieporozumień. Totalistycznego społeczeństwa nie stać na opozycję, możliwe są tylko indywidualne wyskoki.

A swoją drogą prasowa prostytucja słowa jest potworna – nie trzeba zresztą patrzeć na to z zewnątrz, wystarczy porównywać prasę sprzed paru miesięcy i obecną. Na przykład sprawa Żydów, czyli „syjonistów", zniknęła jak kamfora – ci Żydzi, co wytrzymali nerwowo, są już z powrotem „w kursie", za to wielu delikatniejszych i ambitniejszych wyjechało. Sprawa to też nie najszerszego zasięgu, ale obrzydliwa. Tylko że wszystkie sprawy, które mamy wyciągnąć przeciw partii i reżimowi, są wąskiego zasięgu, bo masa nas w nich nie poprze. A więc komunizm ma rację, jest masowy? Ale hitleryzm też był masowy, a racji nie miał! A może o racji decyduje, w skali masowej, po prostu sukces?! O diabli, nic już nie wiem i nie rozumiem! Przynajmniej „rewizjoniści" mają sytuację prostszą: uważają, że system odszedł od socjalizmu, więc trzeba go doń nawrócić, zakładają, że „społeczeństwo socjalistyczne" jest po ich stronie. Co prawda siedzą za to w więzieniu (właśnie zaczyna się proces Modzelewskiego i Kuronia), ale sytuację mają prostszą. Bo ja to po prostu samotny relikt minionych czasów i nikt mnie nie poprze, nawet prymas, choć przysłał mi życzenia. Mam tylko swój mózg – a może on już źle działa?! W końcu pewno skapituluję: kiedy wlazłeś między wrony...

7 stycznia

Dziś prasa zachwyca się, że partyzanci południowowietnamscy tak gracko i pięknie zamordowali w samym centrum Sajgonu ministra oświaty i młodzieży rządu południowowietnamskiego. A jednocześnie tuż na sąsiednich stronach straszne oburzenie, że „marionetki" sajgońskie sabotują rokowania pokojowe. I nikt w takiej redakcji „Trybuny Ludu" nie wpadnie na pomysł, że podobne zestawienie wiadomości jest kompromitujące i przeczące samo sobie, do tego grandziarskie. Kopiowanie propagandy sowieckiej zniszczyło elementarne uzdolnienia u naszych „dziennikarzy", ale czy naprawdę publiczność czytająca jest tak głupia, że będzie łykać te bzdury i chamstwa w nieskończoność?! Masa to ludzie „z awansu", ale awans trwający dłużej musi w końcu obudzić ambicję samodzielnego myślenia i czytania prasy na jakimś poziomie? Musi czy nie musi?! A może ludzie tej części świata ogłupieni zostaną już na zawsze, po wieki wieków?! Brrr!

Jadę niedługo do Krakowa – mróz jak jasna cholera, ale ja zawsze w mroźny styczeń gdzieś jadę – dwa lata temu do ojców duchownych gdzieś pod Tarnowem, rok temu na festiwal do Wrocławia. Jak tradycja to tradycja! A wczoraj popracowałem solidnie nad swoją rzeczą – to jednak daje satysfakcję, jedyną w życiu. W Krakowie będę trzymał pysk na kłódkę, nawet Turowicza nie zwymyślam – jednak życie uczy człowieka tego i owego. A potem: „Skoroś taki rozumny, właźże do trumny!

12 stycznia

Byłem w Krakowie dwa i pół dnia. Podróż fatalna, w zimnie i ze spóźnieniami, wrażenia niezbyt miłe, choć Kraków przepiękny. Bardzo mnie zmierził „Tygodnik", a raczej niektórzy jego wodzowie: Jerzy [Turowicz], ksiądz Andrzej [Bardecki] i Żychiewicz, czyli ojciec Malachiasz. Mają w głowie tylko... walkę z prymasem o reformę Kościoła, przy czym są tak rozżarci, że mówią o prymasie dosłownie ostatnimi słowami. Zdaje się, że Wyszyński zaczepił ich w jakimś kazaniu w kościele Mariackim, stąd wściekłość. Ci idioci uważają się niemal za książąt Kościoła i nie mają teraz większych zmartwień, jak tylko owe reformy, które tyczą się może świata zachodniego, ale nie nas, bo tutaj głupkowaty moloch komunizmu przytłacza wszystko, a wszelkie dyskusje soborowo-reformatorskie toczą się wobec marksistowskiej klaki, zainteresowanej w tym, aby katolicyzm był jak najmniej intensywny, jak najbardziej rozwodniony przez „liberalizację". Nie wiedzą, gdzie żyją, mają tylko swoje „hobby": za dobrze im się, kretynom, wiedzie. Był opłatek z kardynałem Wojtyłą. Przytaszczyli fortepian i musiałem w niego rąbać, a także pić. Mieszkałem u Tadzia Nowaka, który wstawał o szóstej rano, a ja wciąż miałem kaca. UB trochę za mną chodziło, raz mnie nawet sfotografowali. Osły! Zebranie redakcyjne „Tygodnika" robi przykre wrażenie – ci ludzie nie mają pojęcia już nie tylko o redagowaniu pisma, ale o roli, jaką zaprzepaszczają: jedyny w Polsce tygodnik niemarksistowski, niezależny, prywatny, teraz gdy tylu ludzi nie ma gdzie pisać, mógłby odegrać olbrzymią rolę. Tymczasem jest to wciąż nudne, prowincjonalne pisemko. Aż się rzygać chce! Naciskają mnie, żeby pisać: rzeczywiście forsę biorę za nic, ale wcale mi się do pisania o niczym wracać nie chce. Tylko jak się im oprzeć? Chyba napiszę raz i drugi coś niecenzuralnego, żeby zobaczyli, że się nie daję – bo o jazzie czy turystyce naprawdę już nie ma sensu. A najchętniej nic bym nie pisał, prócz tego, co uważam za najistotniejsze, za dzieło swojego życia. No i te recenzje pod damskim pseudonimem mogę do „Tygodnika" pisać – więcej na razie nic. Uszła ze mnie „dusza felietonisty".

Tak więc wrażenia z tego krótkiego pobytu niemiłe, choć widziałem i ludzi przyjemnych oraz sporo popiłem. Ale jaki piękny optycznie jest Kraków – już o tym zapomniałem. Tylko że przygnębiający: wygląda wciąż na europejskie miasto w niewoli, podczas gdy Warszawa ze swoją nowością i nowymi twarzami to po prostu miasto sowieckie: przynajmniej sytuacja jasna, nie pozostawiająca wątpliwości.

W zimnym pociągu czytałem pilnie „Życie Gospodarcze". Będę je abonował, znakomicie oddaje ono (dla umiejącego czytać) bałagan i zawiłość naszej gospodarki, w porównaniu z którą bodźce i prawa kapitalizmu wydają się klarownie jasne i przejrzyste. Jak to się stało, że w tak krótkim czasie narosła owa dżungla absurdów? No i ów nieustannie akcentowany „egalitaryzm" – gdy się ma do wyboru intensywniejszą produkcję lub ścisłe stosowanie zasady, aby nikt się odrobinę nie bogacił, wybierają niechybnie to drugie. Wobec czego ludzie bogacą się „na lewo" lub, jak chłopi, żyjąc w paru sektorach naraz („chłopo-robotnicy"). Szkoła nieuczciwości społecznej – oto czym jest ta doktryna.

Jestem jakiś nadmiernie rozgoryczony i zdenerwowany komunizmem – oczywisty absurd, nie można denerwować się np. tym, że tygrys jest drapieżny. U podstaw nastroju tkwi zapewne i Kraków, i na nowo krążące UB, i wreszcie fakt, że nie mogę sobie wywojować „Le Monde'a" – nie przychodzi i kwita, a ja łażę po różnych cłach, cenzurach, pocztach i wszędzie się zapierają, że to nie oni. Boję się, że nie czytając tu normalnej prasy, prędzej czy później zidiocieję, bo w końcu to okoliczności i naciski tworzą człowieka, samemu z siebie da się żyć tylko do pewnej granicy. Ratuję się rozmowami z Heniem – po przyjeździe mieliśmy jedną długą o literatach. Udowadniał mi i właściwie przekonał, że Antoni i spółka listem „trzydziestu czterech" zrobili bzdurę, bo należało wystąpić z wielkim, wyczerpującym memoriałem o upadku kultury spowodowanym przez niewolę słowa, memoriałem podpisanym przez kilkaset osób. A tu myśmy się dali sprowokować przedwcześnie i wybrać po jednym jak jaja z koszyka. Pewno prawda: było tu w ogóle szereg prowokacji aż do sławnego marca włącznie, taki jest tutaj mechanizm zdarzeń. Cóż jednak było robić: pan Antoni kierował się swoją nerwową ambicją, rzecz zresztą była szybka, dlatego się udała – stanęło się wobec alternatywy i kwita. Ale że konkretnego, poza demonstracją, skutku nie dała, to fakt. Może jednak w przyszłości jakoś zaprocentuje – w końcu człowiek musi mieć jakąś nadzieję. Wczoraj wpadł do mnie młody zachodnioniemiecki korespondent B. Był na święta w Bonn, Frankfurcie i Berlinie, ale mówi, że najlepiej się czuje w Warszawie na Żoliborzu. Dlaczego? Bo tu ludzie żyją nadzieją, że będzie lepiej, a tam już jest bardzo dobrze, więc żadnej nadziei nie ma, co najwyżej młodzież spod znaku Marcuse'a demonstruje erotycznie. Dwa światy tak odmienne, a tak niedalekie. Turowicz chcąc reformować katolicyzm na modłę zachodnią nie rozumie, że tu jest Wschód. Tam mówią, że Kościół ma się oprzeć na ubogich, tu i tak się na nich opiera. Tam żądają pogodzenia się z nadchodzącą rzekomo rewolucją, tu i tak jest „rewolucja", czy kto chce, czy nie chce. Biedny głupi Jerzy – wpatrzony w Zachód, a tkwiący na Wschodzie. A tymczasem „Tygodnik" rozłożył – niech go diabli!

14 stycznia

De Gaulle nadal pajacuje – z wielkim hukiem nałożył embargo na broń dla Izraela – chce być między dwoma światami, chce odwrócić uwagę od swoich porażek wewnętrznych. W gruncie rzeczy najlepiej zorganizowanym i najbardziej ustabilizowanym krajem jest NRF, widać wyładowali się w Hitlerze, i to na długo. Zresztą NRD się podciąga, to chyba najlepiej teraz prosperujący kraj socjalistyczny. Jest tam przy tym lęk i niemiecka, solidarna pracowitość, stąd też nie boją się w szeroki sposób używać inicjatywy prywatnej, rozwijać usług etc. A tymczasem w Rosji usługi leżą – prasa nasza cytuje artykuł z „Prawdy", gdzie się opisuje z terenu usługowego takie same sprawy jak u nas: że nie sposób niczego naprawić, na przyjście usługowca do domu czeka się tygodniami, telewizory czy lodówki trzeba samemu odnosić etc. Autor artykułu, jakby się z choinki urwał, pisze, że przecież za usługi otrzymuje się duże pieniądze – zapomina, że w budżecie „socjalistycznym" liczy się tylko działalność produkcyjna, a we wszelkich inwestycjach koszta usług odpisuje się na straty. W problemie usług najlepiej się uwidacznia trwożny konserwatyzm tego ustroju: coś nie zdaje egzaminu życiowego, mimo to trzymamy się tego czegoś kurczowo, bo kochamy samą teorię i boimy się ją zniszczyć. Kochanie teorii bardziej niż praktyki – oto źródło bolszewizmu. Rosyjscy idealiści tę rzecz zmajstrowali – potem zresztą straszliwie cierpieli, ale to ich wcale nie zmieniło. Komunizm, czyli skleroza – oto definicja.

U nas sytuacja głupawa – podobno wyrzucili tego Walichnowskiego i Gontarza, ale jakie to ma znaczenie – licho wie. Stosunek do „syjonizmu" (dlaczego przez „y"?!) jako wyróżnik postawy politycznej, to już bzdura rekordowa. Czyż nadal wszystkiemu są winni Żydzi i cykliści?!

W kraju, gdzie nie ma sensacji, sensacją stała się audycja telewizyjna, poświęcona sprawie naszej sztafety kobiecej, która na olimpiadzie zgubiła pałeczkę. Autor audycji (Pach) rozmawiał z każdą z biegaczek osobno, po czym wyszło coś w rodzaju sądu, czyli dintojry nad Kirszenstein. Powstał wielki gwałt i oburzenie. Ja bym się nie oburzał, gdyby audycje takie robione były we wszystkich dziedzinach. Na przykład nagrać rozmowy z Moczarem, Zambrowskim, Staszewskim, Gomułką, Michnikiem i zmontować z tego audycję, która by wyjaśniła wydarzenia marcowe. Marzenia, marzenia...

Kuroń i Modzelewski mają dostać 8 i 7 lat więzienia, poza tym o procesie nic się nie wie. Ktoś powiedział, że oni za 10 lat będą rządzić, a tymczasem zamiast się uczyć, siedzą w więzieniu. Czyli że znowu to samo.

W Czechach jakieś kontrowersje Smrkowsky – Husak, ale trudno coś skapować, jak się nie ma zagranicznej prasy. Oczywiście, istotą rzeczy jest nacisk sowiecki, który jako instrument działania wybrał sobie starą metodę rozbijania przeciwnika i napuszczania wzajem na siebie jego skłóconych grup (np. Słowaków na Czechów i odwrotnie). Jest świetna anegdota czeska o króliku, do którego jamy wprowadził się cuchnący skunks. Królik długo cierpiał, wreszcie spytał, kiedy skunks się wyniesie, na co tenże odpowiedział, że wtedy gdy zbada źródło smrodu, który panuje w norze i gdy ten smród ustanie... He, he, chi, chi.

Czytam masę prasy, właściwie nie wiem po co. Stosunkowo najbardziej przypomina pismo „Polityka", ostatnio był tam doskonały atak na język dziennikarski z jego stereotypami jak „marionetkowy", „barbarzyński" etc. Poza tym arcypouczające jest „Życie Gospodarcze" – wyłania się z niego obraz potworny, choć pewno, mimo woli, redaktorzy o tym nie wiedzą. No i „Forum", ale to nie polska prasa, choć polski wybór.

Wacek pisał. Bawi się chłopak, kupił auto, w projekcie Londyn, Monachium, Stany Zjednoczone etc. Ano niech się bawi – a ja tu gniję, ale tam nie miałbym co robić. I nie miłować ciężko, i miłować...

15 stycznia
Okropnie zabawna polemika jest w „Kulturze" (warszawskiej rzecz prosta) na temat telewizyjnego cyklu „Stawka większa niż życie", przedstawiającego bohaterskiego „kapitana Klossa", oficera niemieckiej Abwehry, będącego w istocie agentem Polski Podziemnej (żeby było śmieszniej, podziemia... komunistycznego). Jest to cykl krótkich, nieźle zrobionych filmów, gdzie bohaterski i przystojny (bardzo mu dobrze w eleganckim niemieckim mundurze) kapitan Kloss dokonywa cudów bohaterstwa, kiwając Niemców, jak chce. Bzdurstw historycznych jest tam całe masy, nieprawdopodobieństw otchłanie, taki polski James Bond, ale rzecz chwyta ogromnie, cała Polska to ogląda, dzieci się w to bawią. Toeplitz wyśmiewał się z całej rzeczy dosyć subtelnie i inteligentnie, pokazując że naród odmłodniały i nie pamiętający okupacji bierze rzecz na serio. Na przykład w jednym masowym magazynie ukazała się fotografia Klossa w mundurze oficera Abwehry z napisem: „Takim pokochały go miliony telewidzów". I oto Toeplitzowi odpowiada pułkownik

Załuski, nieszczęsny męczennik, patriota-kłamca. Pisze on ni mniej, ni więcej, tylko że naród, karmiony od lat literaturą martyrologiczną i pesymistyczną, "literaturą klęski", potrzebuje rekompensaty w postaci bohatera, któremu się udaje, który bije Niemców i ma sukcesy. A że bujda historyczna? To nieważne wobec osiągnięć pedagogicznych. Więc znowu pisanie "ku pokrzepieniu serc" – tyle że zamiast Skrzetuskiego jest James Bond i to "komunistyczny". Ha – jakie czasy, takie pokrzepianie. A biedny Załuski wciąż udaje, że nie rozumie, iż naród, który utracił niepodległość, może się cieszyć tylko na zasadzie "odhistorycznienia" i odrealnienia całej sprawy – zresztą i Toeplitz nic na ten temat nie nadmienia... (niechby spróbował). Zabawna polemika, tym zabawniejsza, że ja znam prawdziwego bohatera pozytywnego, który był w wywiadzie, był kurierem naczelnego wodza między Londynem a krajem, drogę w obie strony odbył parę razy, po Powstaniu Warszawskim zaś wywiózł do Szwajcarii (za niemieckimi papierami) całe archiwum delegatury rządu. I nadal powodzi mu się nieźle, jest bowiem... dyrektorem polskiej sekcji radia "Wolna Europa" (Jan Nowak – prawdziwe nazwisko Jeziorański). Ale by była heca, gdybym o tym powiedział np. Załuskiemu. Zresztą aż się boję pisać to nazwisko (choć było ono w okupacyjnych wspomnieniach Bystrzyckiego w "Tygodniku", ale było dlatego, że nikt, włącznie z cenzorem, nie wiedział, że to ten sam Nowak). Boję się, bo od wczoraj znowu za mną łażą ubeki, od czasu jak się spotkałem ze Stachem.

Stach był nawet wyjątkowo miły, podobnie jak ja łamał ręce nad antykardynalską akcją Turowicza. Dziś dostałem "Tygodnik" i znów krew mnie zalała, bo jest tam długa recenzja o Włodziu Wnuku, który w Marcu tak się ohydnie wobec nas zachował. Wobec czego napisałem do nich złośliwy list, podpisany "ksiądz proboszcz", wyśmiewając się przy okazji z bzdurnej dyskusji o big-beacie w kościele, jaką obok umieścili. A potem znów posłałem im odcinek z "Argumentów", gdzie idiota ksiądz [Henryk] Weryński chwali Jerzego za jego artykuł. Wściekły byłem – dlaczego przyjaciele bardziej są denerwujący od wrogów?!

Ubeki chodzą za mną natrętnie, jednocześnie ktoś mi mówił, że towarzysz Wiesław gdzieś tam bardzo krzyczał i żądał ukarania nas (mnie i Jasienicy, Grzędziński już chyba ostatecznie jest za wariata). No cóż, Wiesio wygrał rozgrywkę partyjną, teraz weźmie się za nas – akurat Zjazd Literatów pod bokiem. Nie boję się, tylko mi żal, że mi nie dadzą pracować nad swoimi rzeczami, a taki najmłodszy już nie jestem. No, ale cóż: więzienie jest dla ludzi, Kuroń i Modzelewski dostali znów po trzy i pół roku, czemuż ja mam być gorszy od komunistów? Wszystko jest możliwe – pamiętam przecież bzdurę, jaką zrobiono z Wańkowiczem. A do mnie cała pretensja, to owe słowo „ciemniaki", co mi się wypsnęło prawie przypadkiem. Zaiste, że „słówko wróblem wyleci, a powróci wołem". I to jakim.

Ale by się Załuski wściekł, gdybym mu powiedział, że postawą dla Polaków ma być szwejkizm – już sobie wyobrażam! Aha, zapomniałem napisać, że Ruscy latają naokoło Ziemi – nie mogli jednak strawić amerykańskiego sukcesu. Oni są jak dzieci (przypomina mi to znaną anegdotkę: sierżant mówi do rekrutów: – Wy na urlopie to zupełnie jak dzieci – tylko wóda i dziwki, wóda i dziwki – zupełnie jak dzieci!).

16 stycznia

Nagle umarła Grażyna Bacewicz – na serce. Właściwie moje życie było z nią związane przez trzydzieści parę lat, szczególnie blisko podczas okupacji, ich dom (mąż, Andrzej Biernacki zmarł pięć lat temu) to był naprawdę azyl, oaza ciepła w okupacyjnej pustce. Ostatnio trochę żeśmy się już rozeszli, bo ona całkiem wsiąkła w życie muzyczne, z którego ja się oddaliłem, ale wstrząs był okropny. Nekrologi podały rok urodzenia 1913, naprawdę jednak urodziła się w 1909. Napisała dużo muzyki, myślę, że sporo z niej zostanie, nie tak jak w owej kiedyś projektowanej żartobliwej encyklopedii Gradsteina, gdzie było napisane: „Bacewicz Grażyna, autorka oberka na skrzypce i fortepian, podobno pisała również utwory symfoniczne i kameralne". Sama często powtarzała ten żart. Jakoś bardzo ciężko myśleć, że jej już nie będzie, choć ostatnio widywaliśmy się bardzo rzadko. Pogrzeb będzie świecki: była ateistką nader konsekwentną, choć jednocześnie dobra była po chrześcijańsku.

Znów okropnie mnie wścieka de Gaulle, nawet prowadzę z nim w myśli imaginacyjny dialog próbując go przekonać, że to, co on robi, nie przyda Francji wielkości: ani „osobna" polityka z Rosją, ani własna broń atomowa, ani teraz historia z Izraelem, nic nie pomoże, aby wskrzesić minioną wielkość. Francuzi to wiedzą, stąd też nie bardzo przykładają się do pracy i niezbyt wierzą w przyszłość.

Co im doradzić? Ja bym poszedł na całkowite zamerykanizowanie, skapitalizowanie Francji przez Amerykanów, a potem próbowałbym zaimpregnować tę amerykańskość duchem kultury francuskiej. Co prawda ta kultura już chyba mocno zwietrzała: wielkość Paryża to cudzoziemcy, międzynarodowa bohema, artyści, ale coraz to już więcej tego bractwa ciągnie do Londynu i Nowego Jorku. Wacek źle chyba robi, że się tam szarpie o życie nad Sekwaną, wśród tych egoistycznych, sobą zajętych Francuzów. Ale z drugiej strony, niech się bawi – tu jest szaro i rybio, zwłaszcza jak ubecy krążą naokoło.

Przeczytałem artykuł Ignacego Krasickiego w „Argumentach" – korespondencję właśnie z Francji. Potępia on najbogatszy nawet kapitalizm, dający wprawdzie robotnikom wysoki standard życiowy, za – ideały konsumpcyjne. Bo chodzi o ideały inne, o godność klasową, o równość, o solidaryzm, o przezwyciężenie alienacji. Ilustracja tego jest u nas: stwierdzono, że 1500 zakładów rzemieślniczych ma czystego rocznego dochodu 100 tysięcy zł i zabroniono im tego. A przecież byle piosenkarz zarabia więcej, mnóstwo ludzi ma tę forsę. Ale nie wolno jej zarabiać p r o d u k u j ą c, bo to przypomina kapitalizm. Paradoks? Nie, idea, aby nikt nie był samodzielnym niezależnym producentem, aby nikt s a m nie cieszył się swą pracą produkcyjną. Toż przecież zaprzeczenie humanizmu, wtrącenie jednostki w anonimowy młyn, w kolektywną machinę. Ale oni tego nie widzą, samemu Krasickiemu nie przychodzi do głowy, że on przynajmniej pisze artykuł (choć taki, jakiego się wymaga), ale szary człowiek to już samodzielnie nic robić nie może. Wobec tego robi, ale „na lewo", nielegalnie. Całe społeczeństwo z upodobaniem oszukuje władzę – ciekawe rezultaty solidaryzmu!

17 stycznia

Idea, że jednostka jest niczym, a celem jest dobrze, solidarnie funkcjonująca społeczność, to właściwie idea strukturalizmu, o którym ostatnio trochę poczytałem (w oryginale nie, któż to w moim wieku czyta w oryginale? Prof. Kleiner twierdził, że od pewnego wieku nie należy książek czytać, a tylko je przeglądać, zakreślając co ważniejsze). Tylko dlaczego marksiści ten strukturalizm zwalczają? Pewno dlatego, że są przede wszystkim taktykami – w dyskusjach teoretycznych też – nie chcą się więc przyznać, że zwalczają jednostkę. A zwalczają ją nie tylko w produkcji – także np. w dziedzinie wynalazczości. Co pewien czas podnosi się u nas w prasie jeremiada na temat gehenny wynalazców, jeszcze jak byłem w Sejmie, często nad tym biadano. Rzeczywiście – wynalazca to u nas nieszczęście: działa sam, indywidualnie, częstokroć w domu (a to tylko mogą literaci lub chałupnicy), potem żąda jeszcze pieniędzy, zwrotu kosztów, wynagrodzenia nie ujętego w żadne przepisy, kategorie czy paragrafy, w końcu zaś trzeba wynalazek zastosować w praktyce, użyć do produkcji, co powoduje ogromne mnóstwo kłopotów, bo jakże tu zmieniać plany, koszta, etaty – piekło. Czytałem kiedyś o wypadku, że fabryczny wynalazca-racjonalizator zrobił wynalazek, dzięki któremu fabryka mogła się obyć bez swojego przydziału benzyny – niepodjęcie tej benzyny spowodowało jednak niewykonanie „planu surowcowego", przerobowego, i zmniejszenie premii. Ostatnio „Polityka" opisała szczegółowo wieloletnie przygody wynalazcy-inżyniera, którego za jego indywidualno-solową pracę biją po dupie i choć wynalazek przynosi już zyski, nie chcą mu zwrócić poniesionych z prywatnej kieszeni kosztów, bo nie ma na to klauzuli prawnej. Sednem tych wszystkich historii jest, moim zdaniem, też niechęć do jednostki i jednostkowych działań – tu leży istota marksistowskiego antyhumanizmu. Choć z drugiej strony twierdzi się, że marksizm w przyznawaniu wszystkim ludziom równych praw podobny jest do chrześcijaństwa. Owszem, marksizm przyznaje wszystkim prawa równe, ale – małe. O ile chrześcijaństwo tłumaczy upośledzenie człowieka skażeniem pierworodnym jego natury, o tyle marksizm swego pesymizmu wobec człowieka, nakazującego mu ograniczać ludziom prawa, w ogóle nie uzasadnia, a raczej w ogóle neguje, żeby to robił. Jest to pesymizm taktyczny, nie nazwany: ta wszechobecność milczącej taktyki czyni z dzisiejszego marksizmu partnera filozoficznie bezwartościowego. Wydaje się, że ze śmiercią Lenina ustały wszelkie dyskusje. Tylko „rewizjoniści" próbują, ale tak biorą w dupę, że muszą albo zamilknąć, albo wyjechać. No, a jak wyjadą, to już stają się wrogami, sługusami imperializmu i wszelka dyskusja ustaje. W ten sposób marksizm martwieje, ale jego legenda na Zachodzie trwa, choć Żydzi, jak się zdaje, od niej odstąpili, przerzucając się na bzdury Marcuse'a (u nas się pisze: Marcusego). Chciałbym się podjąć zwykłej, otwartej obrony kapitalizmu, ale na to po pierwsze za mało go znam (siedem lat nie wyjeżdżałem!), po drugie nie starczy mi już chyba czasu i sił. Zaczynam rozumieć Einsteina, który się nie golił, nie nosił skarpetek, nie słał łóżka, aby tylko zyskać czas i nie zawracać sobie głowy byle czym. Mózg już mniej sprawny, czas ucieka, a ja dotąd nie wiem, jakie ma być moje główne zadanie. O cholera! Za chwilę ma przyjść Paweł, znów się będziemy kłócić. Czy nie szkoda czasu?!

22 stycznia

A więc już po pogrzebie Grażyny. Ciężkie były te uroczystości, bez Boga (Grażyna była ateistką i nie życzyła sobie żadnych elementów religijnych). Dużo muzyki w konserwatorium, marsz żałobny z „Eroiki", Bach, dużo ludzi, warta przy trumnie, masę wieńców – jednak to jakieś bezradne, ludzie zostawieni sami sobie, bez autorytetu, bez nadziei – a może właśnie tak być powinno, jeśli się nie wierzy?

Kiejstut, Wanda i Alina jak lodowaci, niewzruszeni, ale jakoś przerażający. Dużo ludzi, ale przyjaźni mało – może my byliśmy kiedyś najbliżsi? Na cmentarzu mróz ogromny, Motyka przemawiał, nic nie słyszałem. Wszyscy szybko o niej zapomną, utworów nie będzie się grywać – tak to jest wśród muzyków – niemiłe to towarzystwo. Choć zawsze wzrusza widok starych moich profesorów: Lefelda, Sikorskiego, Drzewieckiego – starsi przecież od Grażyny. Ona się przepaliła, żyła zbyt intensywnie, komponować potrafiła i dziesięć godzin na dzień – jakby się spieszyła. I doktór, jej mąż, zmarł przedwcześnie.

Po pogrzebie upiłem się mocno. U Literatów mówią, że nas nie wyrzucą, choć wywiad z Putramentem w „Życiu" nader jest zaostrzony. Ale za to Paweł dziwnie jest uspokojony i pogodny – czy to upadek antysemityzmu tak go cieszy? Ale antysemityzm wróci, jestem tego pewien. Dziś w „Wolnej Europie" nieźle analizowali sprawę Moczara, robiąc analogie do Berii i Rankowicza – że tajna policja, rozrastając się, grozi władzy – podobno, tak jak i w Jugosławii, u Kliszki, Spychalskiego i Starewicza znaleziono podsłuchy. Ale Gomułka nie wykorzeni całej sprawy gruntownie: za bardzo mu zależy na fasadowej jedności partii, poza tym za mało wie o różnych ludziach, oni się przyczają i zrobią go na szaro, gdy będzie trzeba, a raczej można. W końcu nie moje to zmartwienie, choć przy okazji też w dupę mogę dostać, „zanim udowodnię, żem nie wielbłąd".

Miałem rozmowę z Andrzejem. Najwyraźniej pcha się na

posła „Znaku", a mnie zapewniał, że ani mu to w głowie. Głupi on i czuję, że mu się nie uda – za bardzo chce. A w ogóle ciekawe, co z tym „Znakiem" będzie: tak go okropnie objechali na wiadomej sejmowej sesji, wydawałoby się więc, logicznie myśląc, że powinno go nie być. Ale w komunizmie jest logika całkiem inna...

Student czeski oblał się benzyną i podpalił, na znak protestu politycznego – wywołało to olbrzymie poruszenie, tylko bezczelni Moskale napisali, że to prowokacja. Rzecz jest wstrząsająca, pierwszy raz w Europie – a toć w Wietnamie w ten sposób obalono rząd Diema. Czesi są zastanawiający: o tyle bardziej dziś patriotyczni i solidarni od załatwiających swe drobne, prywatne sprawki Polaków.

Z prasy znikli wszyscy główni „plwacze" z okresu marca 1968, w „Dookoła świata" nie ma już Giełżyńskiego, co mnie tak opluł, kłamliwie i bezczelnie. Tak w komunie bywa! Łaska pańska na bardzo pstrym jeździ koniu.

Specjalną mam rozrywkę czytając „Życie Gospodarcze" – toć najbardziej opozycyjne pismo, choć wcale o tym nie wie. Widać z niego, jak niesamowicie skomplikowana jest np. sprawa obliczania dochodowości czy deficytowości przedsiąbiorstwa: to już w praktyce żywioł, o którym się nic nie wie – chcąc go opanować, trzeba by wydać tysiąc zarządzeń, a każde z nich powoduje dziesięć nowych komplikacji, więc znów trzeba by... i tak dalej w nieskończoność. W sumie absurd, i to samochcąc. Dziś w „Kurierze Polskim" wiadomość, że przygotowuje się zarządzenie dopuszczające do rynku prywatne wędzarnie ryb. Ileż się ryby namarnowało, zanim wpadli na to, co każde dziecko wiedziało – ale musieli uzgodnić swoje rabiniczne rozważania, czy to przypadkiem nie będzie kapitalizm. A tu prywatny chłop robi, co chce, tylko biedne ryby uznane zostały za ściśle państwowe a państwo ani rusz rady sobie z nimi dać nie może. Jacyż to wariaci nami rządzą, jacyż idioci, Boże miły, Boże!

25 stycznia

W Czechosłowacji wrzenie i napięcie z powodu studentów oblewających się benzyną. Prasa nasza podaje nawet opinię jakiegoś psychiatry, że to wszystko to wynik jakiejś „neurozy", która minie... Stary Swoboda przemawiał patriarchalnie, wzywając po staremu do spokoju, odpowiedzialności, patriotyzmu – wątpię, żeby te frazesy kogoś nakarmiły. A gdyby tak powiedział po prostu: – Chłopcy, Rosja zabrała nam niepodległość i trzyma za mordę, nic nie poradzimy, siedźcie cicho! Ale nie może tak powiedzieć, bo po pierwsze jest komunistą, który sam kiedyś to piwo warzył, a po drugie polityka rzadko polega na mówieniu prawdy. A Rosja nie puści, bo właściwie dlaczego by miała puścić, skoro z opinią Zachodu nie potrzebuje się liczyć, tylko z jego polityką, a polityka ta to *status quo*, pisane, czy nie pisane, ustalone z Ameryką. Tak więc tylko siły decydują i w ten sposób Rosja ma swoiste *carte blanche* od Zachodu, aby robić na „swoim" terenie, co się jej podoba. Takie są skutki II wojny światowej. Churchill pisze w swych pamiętnikach, że z łatwością można było zawczasu zastopować i zlikwidować Hitlera, że nigdy jeszcze światowa masakra nie była tak łatwa do uniknięcia, tak lekkomyślnie zlekceważona. To samo rozciąga się na Rosję Stalina: rozumiejąc istotę jej działania, można ją było również zastopować, ale tu dyletantyzm polityczny Roosevelta i Eisenhowera okazał się siłą nie do przezwyciężenia. Tyle że Amerykanom jeszcze dobrze, a my pijemy piwo. Skoro tak, to bogdaj się i oni go napili – szczerze im życzę. Na razie mają przedsmak w postaci rozruchów studenckich. Okropnie mnie wścieka, gdy nasi „humaniści" i chrześcijańscy liberałowie zachwycają się tymi zachodnimi buntami studentów, nie rozumiejąc, że z jednej strony są one dowodem wolności tam panującej, z drugiej, że mogą tej wolności zagrozić, zwłaszcza nawiązując do marksizmu czy maoizmu, które tylko w eksporcie są wolnościowe, u siebie zaś kończą z wolnością raz na zawsze. Właśnie w ostatnim „Znaku" Ewa Morawska (córka Anny i tego „rewizjonisty" Stefana, zresztą eks-stalinisty) daje wzięty z angielskiej prasy opis zajść na amerykańskich uniwersytetach z wielką aprobatą, a sama, idiotka, dostała pałami i była aresztowana w marcu zeszłego roku. Nie rozumieją osły, że nie da się przeprowadzić paraleli między zajściami tu, a zajściami tam, że opisując tamto z aprobatą, dostarcza argumentów tym, którzy ją tu walili. Tak samo jak Jerzy Turowicz ani rusz zrozumieć nie może, iż reformować Kościół tam, a reformować go tutaj to zasadnicza różnica. Niby ludzie inteligentni, a całokształtu sytuacji objąć nie umieją. A może to po prostu ja jestem reakcyjny i mam monomanię na punkcie komunizmu? Może, ale jak komunistyczne morze zaleje pewny siebie, a coraz bardziej się kurczący „zachodni brzeg", to już na dyskusję będzie za późno. Pozostanie mi zaledwie żałościwe „a nie mówiłem?"

W Rosji sensacja – pod murami Kremla strzały i to rzekomo do samochodu, w którym jechali kosmonauci. W istocie ów rzekomy „psychopata" strzelał podobno z zamiarem ubicia Breżniewa – tak domyślają się zachodni korespondenci w Moskwie, prasa sowiecka oczywiście ani o tym piśnie. Rzeczywiście, dawno już w Rosji nikogo nie zabito, a jest przecież w tej dziedzinie bogata tradycja, od Iwana Groźnego poczynając. Tyle że w „socjalizmie" nie sprzedaje się nikomu broni.

Przedwczoraj długa rozmowa z Jurkiem, który ma dalej te swoje kontakty. Jak wynika pośrednio, chcą raczej dać mi spokój, abym tylko jakoś tam „załagodził" z Gomułką. Już mnie takie słuchy doszły, ale oficjalnie nikt mi nic nie mówił, nie będę się przecież sam wygłupiał. Pojutrze mam rozmawiać z Żółkiewską na temat Zjazdu Literatów – może się coś wyjaśni. Chociaż ja ichnich wyjaśnień nie chcę, chcę tylko, aby mi dali święty spokój.

Spotkałem Kijowskiego – też dostał tysiąc dolarów tej amerykańskiej nagrody. Przełknąłem zazdrość (zazdrość co prawda odrażająca jest tylko wtedy, kiedy się ją ukrywa) i pogadaliśmy sobie o Gombrowiczu. Mówił ciekawie, zapłodnił mnie nawet, bo potem dobrze mi się pisało. To tak jak z Ravelem: przed komponowaniem dla rozkręcenia grywał sobie na fortepianie jakąkolwiek muzykę. Ale ze mną jest tragedia: piszę, a czuję, że nie mam talentu. Mam myśli – a nie mam talentu, tylko do publicystyki. Tyle że tej właśnie uprawiać nie mogę. Oto paradoks. Mówiłem to kiedyś Ważykowi, on powiedział, żeby pisać powieści, ale czy każdy może pisać powieść?!

30 stycznia

Zdumiewająca jest swoją drogą ta solidarność i dyscyplina Czechów – na pogrzebie spalonego dobrowolnie studenta objawiło się to wspaniale. Ten naród pragnie wolności jak czegoś życiodajnego, a Rusków zbrzydził sobie niesamowicie – i pomyśleć, że byli kiedyś obok Bułgarii najbardziej prorosyjskim narodem słowiańskim. Obecny jego zryw i obecna świadomość narodowa wynikają w dużej mierze z okresu wolności prasy, który trwał ponad rok: to wolna prasa przygotowała teren, uświadamiając ludziom, jak tym krajem rządzono i co utracili. Z drugiej strony ta właśnie prasa poszła za daleko: upajając się swobodą myślała, że to już na stałe, że nic nie grozi, a w gruncie rzeczy wolnym słowem właśnie można

Mochów podrażnić najbardziej. Rosjanie wolą, jak się im z jawną nieszczerością mówi, że się ich kocha, niż jak się mówi jakąkolwiek niepatetyczną prawdę. Dziwaczny to narodek – nic by to nie szkodziło, gdyby nie był taki duży. Byłem w ambasadzie amerykańskiej na pokazie filmu o kosmonautach. Ambasador Stoessel zagaił po polsku, zakończył apelem o „pokój na naszej niewielkiej planecie", na co zaklaskał wiceminister spraw zagranicznych Winiewicz. Rzygać mi się na to zachciało, nie żebym był specjalnie militarystą, ale toć takie ogólnikowe gadanie o pokoju oznacza, zwłaszcza tu, w Polsce, że nic się nie ma zmienić, że Amerykanie uznają milcząco prawo Rosji do Europy aż po Łabę i że mówią do rządzących, nie do rządzonych (rządy zawsze się dogadają, a ambasadorzy zawsze mówią do ministrów – nie do opozycji). Rzecz niby wiadoma, wariat tylko spodziewałby się czego innego, a jednak szlag człowieka trafia. Zresztą to jest obecnie linia „mojego kandydata", Nixona – wygłasza mowy słodkie niczym jakiś anioł pokoju. Może to taka jakaś chytrość, że niby najpierw okazać dobrą wolę, udowodnić, że przeciwnik jej nie posiada i potem mieć już „alibi" i móc, nie obawiając się własnej opinii, okazać twardą rękę. Tymczasem Rosjanie w ogóle nie muszą się liczyć z żadną opinią, wobec czego szyją Amerykanom buty bez skrupułów. Ich cynizm jest niezrównany: na przykład teraz nie wahają się pobudzać nacjonalizm japoński, ustawiając się obłudnie w charakterze obrońców „biednego", pozbawionego wojska i broni nuklearnej narodu japońskiego. Każdy chwyt dla nich dobry, zwłaszcza chwyt oparty na ludzkim braku pamięci. Zdaje się, że tylko Żydzi znaleźli właściwy na nich sposób: bezczelność na bezczelność.

Zastanawiam się nieraz nad tymi drażniącymi mnie częstokroć rozruchami młodzieży na całym świecie. Teraz znów szykują się jakieś w związku z festiwalem piosenki w San Remo: że niby to festiwal skomercjalizowany, bo chodzi tylko o milionowe nakłady płyt, a artyzm jest na drugim planie. Hm – głupie to niewątpliwie, bo milionowe nakłady płyt oznaczają również demokratyzację, powszechność konsumpcji artystycznej. Ale w ogóle w tych wszystkich studenckich historiach, tak na Wschodzie, jak i na Zachodzie, jest, wbrew temu co pisałem, jakaś wspólność. Jaka? Już się nad tym na pewno w świecie wiele zastanawiają, ja w tej chwili nie czuję się na siłach, aby ten problem ugryźć. Może rację ma Marcuse, że młodzież to dziś „nowa klasa"?

Byłem u Literatów: prezes Żółkiewska mówi, że nas na zjeździe wylewać nie będą, powiedziałem jej, że gdyby jednak mieli ten zamiar, to niech powie, że ja się domagam prawa głosu celem wyjaśnienia wszystkich kłamstw, jakie na mój temat rozpuszczono. Obiecała, jest zresztą rozsądna, choć zdenerwowana, na pewno jej tam robią „koło pióra". A wczoraj był Jasienica i twierdził, że na pewno nas wyleją. I bądź tu mądry! Jasienica miły, ale jakiś zasklepiony w sobie i swoich animozjach (bardziej zażarty niż ja, a swoją drogą bardziej moralnie dostał w dupę), poza tym trochę postarzały i źle słyszy. Żadnych oświadczeń przed zjazdem nie składa, ja też mojego, wbrew pierwotnemu zamiarowi, Żółkiewskiej nie dałem – czort wie, co mogą potem w prasie nałgać, a ja nie będę mógł słówka margnąć.

U Literatów naczytałem się paryskiej „Kultury" – jest tam bardzo zabawny list Tyrmanda do Mieroszewskiego, który to Mierosz zarzucił Lopkowi „niedocenianie" idei socjalizmu. Lopek pokpiwa sobie z biednego londyńczyka na całego – i ma swoją rację, bo ów snobizm na magiczne rzekomo a wieloznaczne i szantażowe słowo „socjalizm" jest rzeczą nieznośną. Wszyscy tzw. intelektualiści w Ameryce się na to snobują, a pojęcia nie mają, o co chodzi. Wybałuszyliby oczy nielicho, gdyby ich zapoznać z bzdurnymi tajnikami naszego planowania i tak zwanej makabrycznie kooperacji (że jedna fabryka nie wykonuje planu, bo druga nie dostarczyła jej potrzebnych części, a druga nie dostarczyła, bo się jej ta produkcja nie opłaca, nie opłaca się zaś, gdyż... itd. itd.). Osły!

W Warszawie szaleje grypa, u nas w domu też. Dostałem zaproszenie z Paryża i forsę na drogę. Podnieciło mnie to, choć paszportu na pewno nie dostanę i choć życia na Zachodzie nie lubię. Ale perspektywa zmiany klimatu duchowego na parę miesięcy to jednak jest coś – zanurzyć się w odmienność, zobaczyć innych ludzi. Bo tu nudno – o rety! Choć tak niby, historycznie rzecz biorąc, ciekawie. Ale jak powiedział kiedyś Rytel: „Nikt już nie jest ciekawy rzeczy ciekawych".

31 stycznia
Gomułka wygłosił w Katowicach przemówienie o sytuacji gospodarczej – obok zwykłych pochwalnych frazesów widać jednak jak na dłoni, że cały interes nietęgo wygląda. Za dużo inwestycji

rozwleczonych w czasie, rozbabranych, wzrost zatrudnienia przy małej wydajności, brak materiałów budowlanych i konstrukcji stalowych (co robią sławne huty?!), ujemny bilans handlu zagranicznego z Zachodem – oto smętny obraz, jaki się prezentuje w tej mowie tronowej (bo towarzysz Wiesław, tak jak królowa angielska, odczytuje rzeczy, na których sam się nie zna). Oto skutki rządów niefachowców, oto skutki demoralizujących i zobojętniających społeczeństwo zabaw politycznych, które depopularyzują Polskę w świecie, oto wreszcie skutki braku konsekwentnych reform ustrojowych (właśnie!). Gomułka mówi, że przecież są różne drogi planowania i usprawniania kooperacji (ta nieszczęsna kooperacja – to jest dopiero zmowa) że „nikt tego nie zabrania", a nie wie wcale, jakie szantaże partyjno-polityczne odbywają się na dole i jak każdego, który chce coś zmienić czy wprowadzić świeży pomysł, zaraz wykończą i zrąbią. Zdolność do utrzymania się wśród politycznych intryg to wcale nie to samo co zdolność kierowania gospodarką (sam Wiesio jest przykładem), w rezultacie decydują specjaliści od całkiem czego innego, niż trzeba, i stąd generalny bajzel. Ale na ustrój słowa powiedzieć nie można, nie wolno też szukać winnych i odpowiedzialnych. Ten ustrój na początku szybko buduje i to bez forsy, stąd zrazu pewien efekt, po czym okazuje się, że zbudowano dziwacznie i bez sensu, ale naprawić się nie da, a winnych nie ma. No i – socjalizm jest wspaniały. Jednak ludzki bzik polegający na ubóstwieniu formułek, a niewidzeniu życia święci w historii triumfy – jak przed wiekami, tak i teraz. Król jest goły, a wszyscy na wyścigi drą się, że ma piękną, czerwoną szatę. No, a już prasa – obłęd. To, co się wypisuje z okazji pertraktacji paryskich w sprawie Wietnamu, to już Himalaje bzdur. Nie wiem, co to będzie z tych rokowań: komuniści wietnamscy chcą, aby Amerykanie uznali swą klęskę, wynieśli się i oddali im cały kraj, a znów Amerykanie chcą utrzymać dwa państwa, strefę zdemilitaryzowaną, robić wybory etc. Jak ma się pogodzić ogień z wodą? Jaką formułkę znajdą Amerykanie, aby znów wycofać się z jakiegoś kraju?

Czytam „Wspomnienia wojenne" Churchilla, opisuje, jak Hitler dochodzi do władzy i zapowiada podbój Austrii, a jednocześnie Baldwin z Mac Donaldem nie mają większego zmartwienia, jak rozkrajać Anglię i osłabiać Francję, bo sądzą, że gdy będą rozbrojeni, nie dadzą Hitlerowi powodu do wojny. Coś podobnego jest i dziś: skąd w demokracjach ta głupota, a w dyktaturach ten dynamizm, zresztą źle się na ogół kończący? Inna rzecz, że de Gaulle rządzi dyktatorsko, a też głupio. Może klucz jest inny: bogaci nie chcą się bić, bo mają coś do stracenia, poza tym jest tam złudna atmosfera stabilizacji: że nic się stać nie może. A tu wiadomo, że stać się może wszystko. Tu jest bardziej jakoś ludzko, blisko gromów i żywiołów. Ale nic to przyjemnego, oj nie, można tylko za tym tęsknić z paryskiej czy londyńskiej kawiarni. Tam dobrze, gdzie nas nie ma!

Tylko Żydzi w Izraelu mają dynamizm, bo żyją za pan brat z żywiołem niebezpieczeństwa jako naród: parę godzin i może ich nie być. Więc chcą się bić. A my śpimy: komuchy umieją ludzi usypiać.

Grypa szaleje (nie tylko w Naprawie). W Warszawie choruje ćwierć miliona ludzi. To też da nieliche efekty w przemyśle, w ich sławetnym „planie". Szlag mnie na to wszystko trafia: człowiek jak w ślepym worku. Dziś podjąłem pieniądze na podróż do Paryża. Ale i tak wiem, że z tego gówno będzie – a trochę by się człek odświeżył. Ba!

4 lutego
Źle się dziś czuję, że aż zacząłem myśleć o śmierci, ale to pewno po prostu skutek przepicia, a to znów związane jest z dwudniowym Zjazdem Kompozytorów, którego obrady przeplatałem wódą, bo też były to obrady wręcz okropne: żarli się o forsę, wykonania, podróże zagraniczne, żadnych spraw szerszych czy bardziej ważkich nie poruszano, strzegąc się ich jak ognia. Nawet mówiący szerzej i z patosem Lutos i Tomaszewski w gruncie rzeczy walczyli tylko w obronie pewnego *status quo*, utożsamiając je górnolotnie z kulturą narodową. W okresie stalinowskim walczyłem o tezę, że muzyka nie wyraża treści myślowych, że więc nie może być traktowana jako przedmiot polityki. Ta moja teza w gruncie rzeczy wygrała i dzięki temu kompozytorzy mają swobodę (zresztą nikt mi nigdy za to nie podziękował, czemu się w końcu nie dziwię, bo teza jest wstydliwa dla stron obu i raczej domaga się uznania milczącego). Dziś, słuchając tych idealnie pragmatycznych obrad małych ludzi (mali ludzie tworzący wielką sztukę!), żałowałem chwilami, że mi się za dobrze udało i że absolutnie żadnej treści w obradach muzyków nie ma – zresztą robili to i świadomie, bo nad beztreściowością obrad czuwali pilnie towarzysze Kraśko i Kwiatek z KC. Wszyscy zresztą zdawali sobie sprawę, że mówienie o niczym to rzecz

jedynie bezpieczna, niemniej bardzo to już było smutne, gdy stary prezes (niegdyś legionowy oficer!) skrzętnie serwował wazelinę, a komediant S. płakał (dosłownie) na trybunie, broniąc dotychczasowego zarządu przed outsiderami nie mogącymi docisnąć się do żłobu. Walka sitwy z kandydatami na nową sitwę – bardzo to żałosne.

Osobiście, ze swoją merytorycznością i polityką byłem tam jak najbardziej nie na miejscu, toteż milczałem jak ryba, kontentując się prywatnymi, miłymi zresztą rozmowami. Raz tylko nie wytrzymałem, kiedy uchwalono wniosek, aby zarząd opracował historię związku po wojnie. Wydarłem się wtedy z miejsca, że należy zadbać, aby w tej historii nie opuszczono żadnych nazwisk. Pół sali się śmiało, pół udało, że nie słyszy. Po moim wyjściu był podobno jeszcze jeden incydent: do Sądu Koleżeńskiego postawiono kandydaturę Zygmunta Mycielskiego (który cały czas trwał na sali obrad, rysując różne zwierzęta). Do Zygmunta podszedł wtedy ów Kwiatek, coś mu tam mówił na ucho, po czym Myciel oświadczył, że kazano mu zrzec się kandydatury, więc się zrzeka. He, he...

Zdaje się, że taki sam przebieg będzie miał Zjazd Literatów w Bydgoszczy. Miał zostać odłożony ze względu na grypę, ale podobno będzie, z tym że zamiast Iwaszkiewicza referat o dwudziestopięcioleciu polskiej literatury wygłosi Wasilewski (to ci zamiana – siekierki na kijek) i że, ponieważ delegatów przetrzebiła grypa, pojechać mają wszyscy nie wybrani „ultrasi" (Gaworski, Lenart etc.), no a nas wyleją bez litości. Podobno zjazd ma być publiczny, będzie stu robotników („przyjdzie stu robotników – zaorzą miasta grunt...") To będzie ładna uroczystość – brrr, zimno się robi.

Dostałem jak zwykle wzniosły i sentymentalny list od pana Markowskiego, tego Amerykanina, co zamówił u mnie muzykę – w swej świętej naiwności rozpisuje się o losie polskich zabytków we Lwowie... Przyjeżdża w czerwcu, a tu ja jeszcze nie zacząłem pisać muzyki – fatalne.

Wacek w Paryżu, jak się zdaje, niewiele robi, tylko się wygłupia – muszę go zrugać listownie. Latam też do banku w związku z otrzymanym zaproszeniem do Paryża... Wszystko to bez sensu, a kłopotów masę, spokoju nie ma, serce nawala. O jerum, jerum, jerum... Tegoroczna grypa nie przyniosła szczęścia, i to nikomu: podobno chorzy są i prymas, i Piasecki. Ja na razie nie – odpukać!

7 lutego

Coś dziwnego z tym Zjazdem Literatów – niby ma dziś być, tu znów mówią, że odłożony, bo Iwaszkiewicz chory – diabli wiedzą. W każdym razie nas wyleją chyba na pewno. Podobno Gomułka się wścieka o jakąś angielską audycję telewizyjną „Panorama", gdzie było coś o prześladowaniu w Polsce literatów pochodzenia żydowskiego. Cacy, cacy, ale dlaczego niby my za to mamy cierpieć, że oni robią głupstwa – oni, to znaczy sam Wiesio ze swoją antysemicką mową z czerwca 1967. Po co mu to było? – czort wie. Oni w ogóle ułamkami tylko rozumieją, co się wokół nich dzieje – ale ja ich uczyć nie będę, zresztą nie mam okazji. Jak nas wyleją, to nam tylko zrobią reklamę – oby tylko nie wylewali z mieszkań i z Warszawy – jak to według „Wolnej Europy" projektowano na Rakowieckiej. To by dopiero była heca.

Mam cały rocznik londyńskich „Wiadomości" i studiuję go. Są tam rzeczy ciekawe, literacko, historycznie i politycznie, są też i zatęchłe swą starzyzną: stare chwyty i animozje z „Wiadomości Literackich", cudem jakimś zakonserwowane i utrwalone. Polska prowincja i szeroki świat – osobliwe zestawienie zaiste. Ale i sporo rzeczy ciekawych, o których świat się nie dowiaduje, a szkoda, bo Polacy mnóstwo wiedzą – myślę, że mądrość polska więcej dziś znaczy niż osławiona mądrość żydowska. Tylko reklamy nam brak, oj brak. Jest w tych „Wiadomościach" zabawny reportaż Tyrmanda z podróży po Ameryce. Leopold pisze, że gdy jakiś „postępowy" działacz murzyński powątpiewał, jakoby komuniści w Polsce rządzili przymusem, on, Leopold, zamilkł, bo a nuż tamten ma lepsze informacje o Polsce niż on? Takich lepiej poinformowanych o życiu w komunizmie jest wszakże na świecie mnóstwo, bez względu na to, czy mieszkają na Riwierze czy w Kalifornii. Bardzo zabawne i słuszne – bo głupota i lekkomyślna obojętność Zachodu jest nieprawdopodobna: może jedni Niemcy coś o nas wiedzą, bo i sami mają nieczyste sumienia. Co prawda bolszewicy swą głupią propagandą robią w istocie wszystko, aby wzbudzić do dzisiejszych Niemiec sympatię – choćby na zasadzie przekory wobec rosyjskiej hucpy.

A tymczasem nasza prasowa i telewizyjna hucpa też króluje w najlepsze. Triumfują na przykład, że w świecie są strajki, a nie przychodzi im do głowy, że strajk jest dowodem żywotności i swobody. U nas strajk uchodzi za zbrodnię i byłby natychmiast zduszony, co bynajmniej nie dowodzi ani normalności sytuacji, ani ogólnego zadowolenia. Czy te nasze pismaki udają, że tego nie rozumieją, czy też nie rozumieją naprawdę? Ciekawe. Myślałem sobie o dzisiejszym konflikcie młodzież–starsi, który objawia się w całym świecie i w różnych ustrojach. Może jest to wynikiem jakości owego skoku, jaki dokonał się w postępie technicznym? Młodzież żyje już w całkiem innym świecie niż starsi, stąd może lekceważenie wobec nich – nie zawsze zresztą najmądrzejsze. Choć z drugiej strony masę ludzi na starość głupieje przez ustawiczne życie „w swoim głupim świecie" tylko. Widziałem to na Zjeździe Kompozytorów, gdzie nawet dość przecież mądrzy faceci, jak Lutos czy Tomaszewski mówili w sposób dziwnie zacietrzewiony, utożsamiając *status quo* z dobrem sprawy ogólnej. Wszystko płynie, a oni o tym zapomnieli.

Martwię się o Wacka: siedzi na tym Zachodzie i żebrze o powodzenie, a oni tam nic już w ogóle nie kapują. Wróciłby chłopak, po co mu tam siedzieć i latać do kina na thrillery – co prawda niech się nałyka Zachodu, bo może ich diabli wezmą albo też całkiem się przed nami zamkną. Sam nie wiem, co im radzić: „i nie miłować ciężko, i miłować". Tu byliby kimś w „przemyśle rozrywkowym", inna rzecz, że okropna tu prowincja, a oni naprawdę grają ciekawie. Diabli wiedzą, co z tym robić, jak i z wieloma innymi rzeczami – choćby z moim żeńskim pseudonimem w „Tygodniku", co również zaczyna być sprawą nieprostą. Nic nie jest tutaj proste – o diabli!

12 lutego
Zjazd Literatów odbył się, drętwy jak cholera, bez starego pieczeniarza Iwaszkiewicza (podobno chory), uchwalono nowy statut pozwalający wyrzucić ze związku, kogo się chce, i wyplatający dużo na temat „wysokiego noszenia honoru socjalistycznego pisarza". Niestety to nie dla mnie, tak jak i wszystkie drętwe przemówienia tam wygłoszone, gdzie bez jednej przerwy odmienia się słowa „naród" i „społeczeństwo", a robią to różni cynicy, w tym oczywiście „paxowcy". Nie wiem już zresztą, co lepsze: cynizm czy głupota, bo gdy Jaś Dobraczyński, stary endek, bredzi posłusznie o „socjalizmie", to chyba przecież robi to nie z demonizmu, lecz właśnie z głupoty. Wszystko to razem bardzo mierżące, a nowy statut najgorszy chyba ze wszystkich literackich statutów krajów komuni-

stycznych. Tacy są ci Polaczkowie: odwagę bojową czasem miewają, odwagi cywilnej brak. Zresztą rozumiem, że są zastraszeni, ale z drugiej strony nikt przecież nie zmusza, aby jechać i gadać bzdury. Inna rzecz, że wielu zostało w domu, stąd też i zjazd taki głupio jednostronny. Ale teraz już mogą nas wylać gładko i po cichu – ciekawym, czy to zrobią – właściwie mało mi już na związku zależy: balonik przekłuty pękł.

Pani Hołyńska, czyli ja, napisała do „Tygodnika" list otwarty przeciw ich wysublimowanej manii reformowania Kościoła i drażnienia prymasa, podczas gdy w kraju znacznie są ważniejsze sprawy, choćby taki słoń jak zmuszanie ludzi do życia w permanentnym kłamstwie i zafałszowaniu, w dodatku życia w tym czynnie, bo ciągle trzeba się na te tematy deklarować. Oczywiście tego wszystkiego nie napisałem, tylko jakoś „brznąłem" ironią na temat niezrozumialstwa tych wysoce teologicznych dyskusji, których młodzież nie rozumie, bo są „zagraniczne", a my mamy nasze specyficzne, polskie zagadnienia. Redakcja podobno nie chce tego listu zamieścić, więc postawiłem sprawę gabinetowo, że przestanę pisać. Ciekawym, co z tego będzie, czy się złamią czy nie. Co prawda mój szantaż jest trochę nieuczciwy, bo biorę forsę za nic i jeszcze się obrażam – ale trudno.

W partii, matce naszej, nie wszystko się chyba wyregulowało po gomułkowsku (choć co to właściwie znaczy), bo w komitecie warszawskim wybrano towarzystwo dość moczarowskie z Kępą na czele, a Moczar w Kielcach wściekle kłapał znów przeciw „syjonistom", renegatom i „Wolnej Europie". Podobno też rosyjska „Krasnaja Zwiezda" Moczara chwaliła – jest to organ wojska, może tam naprawdę jest jakaś walka między armią a Breżniewem? Tak czy owak coś w powietrzu wisi – widzę to choćby po Heniu, bardzo smutnym i zdenerwowanym, a z niego dobry barometr. Tak więc „nie ma spokoju pod oliwkami", pracować w spokoju nie bardzo można, do tego latam za sprawami paszportowymi, zresztą nie wiem po co, bo przecież na pewno nic z tego nie będzie, a nawet jakby dali paszport, tobym się dopiero zafrasował: nie mam teraz czasu na Zachód i jego dziecięce sprawy, tam trzeba być zupełnie innym człowiekiem, przestawić się, a nie zawsze człowiek jest do tego usposobiony. Zresztą – nie ma co dzielić skóry na niedźwiedziu jeszcze nie upolowanym – ale rzeczywiście nie bardzo widzę siebie na Zachodzie. Mimo to jadę jutro na milicję, załatwiać (?!).

Mrozy ogromne, do −25 stopni, śniegu na ulicach mnóstwo, łazić nie można, życie jakieś trudne i niewdzięczne, wódki w dodatku pić nie mogę – źle, łyso, rybio. Są takie okresy, kiedy nic człowiekowi nie idzie, no cóż – aby do wiosny. Dwudziestego czwartego jadę na osiem dni do Konstancina – tam się może trochę popisze.

15 lutego

Zastanawiam się nad bardzo charakterystyczną sprawą: jak dalece ludzie Zachodu nie rozumieją już ludzi Wschodu, i to Polacy Polaków. Radio „Wolna Europa" (sami moi znajomi) mówiło mnóstwo o konflikcie między Gomułką a Moczarem, teraz, w przemówieniach zarówno Gomułka, jak i Moczar bardzo na nich nawymyślali, że to są wrogie, dywersyjne plotki, „wyssane z brudnego palca" etc. I oto „Wolna Europa" okropnie się temu dziwi, powiada, że ma dowody, i stwierdza, że wobec tego Gomułka albo jest cyniczny, albo skrajnie naiwny. Tymczasem ani jedno, ani drugie. Po prostu Gomułka, za ich, biednych zachodnich naiwniaków pomocą, załatwia sobie od razu kilka spraw. Jakich?

Gomułka ma oczywiście gruntownie w dupie ogół polskich słuchaczy „Wolnej Europy", a także i samą „WE". Jemu, gdy przemawia, chodzi tylko o dwa środowiska: o aktyw partyjny i o Rosjan. Zaprzeczając istnieniu konfliktu z Moczarem, zdaje się mówić do aktywu: towarzysze, nie słuchajcie ich bredni o konfliktach w kierownictwie, to nie będzie miało dalszego ciągu ani znaczenia, towarzysz Moczar zrozumiał swój błąd, wszystko jest w porządku. Zaś do Rosjan mówi: patrzcie jaki ja jestem dobry, skoro imperialiści atakują mnie przez swoje radio. A znowu Moczar mówiąc, że to wszystko nieprawda, dokonuje samokrytyki. Wszyscy więc coś sobie załatwiają w ten sposób, a mili, lecz zbyt porządni ludzie z Monachium nic z tego nie kapują. Są jak dziecko, które powiedziawszy głośno „dupa", ogromnie się cieszy, że pierwsze na to wpadło, że dorośli nic nie wiedzieli ani o tym wyrazie, ani o tej części ciała; słowem – jak dzieci, całkiem jak dzieci. Chi, chi.

Wczoraj spotkałem Kijowskiego, podniósł mnie na duchu, cytując Wyspiańskiego, że tylko sztuka wyraża prawdę, bo wyraża rzeczywistą chaotyczność myślenia, a przez ten chaos – istotny nurt stawania się ludzkich rzeczy. Może zresztą niedokładnie to streszczam, ale potrzebne mi jest teraz bardzo wyakcentowywanie ogólnoludzkiego znaczenia sztuki, bo wciąż mnie nawiedza myśl, że myśmy są inteligenci przestarzałego typu i że nowe, „byczkowate" społeczeństwo ani nas rozumie, ani potrzebuje, choć „Wolna Europa" robi nam klakę. Co prawda Kijowski też mówi, że skutki rewolucji uwidaczniają się dopiero teraz, bo teraz przychodzą do głosu pokolenia po przełomie wychowane, a dotąd rządzili ludzie z naszego jeszcze świata, znający przeszłość i Zachód, do tego „przebierańcy" jak Berman czy w ogóle Żydzi. A więc teraz się dopiero zaczyna: niezbyt to pocieszające.

Wacek pisał, trochę się obraził, że mu wytykałem „gruszki na wierzbie", więc sypie datami, koncertami: Paryż, Monachium, Majorka (!), Stuttgart. No dobrze, niech mu będzie – ale jak im się powiedzie, to grozi im życie niewolników jak Małcużyńskiemu. I tak źle, i tak niedobrze.

W Londynie umarł Kazimierz Wierzyński: smutne to, dla mnie też, bo mnie dość lubił, przysyłał kartki i książki. Pokolenie Iwaszkiewicza, który się podobno bardzo śmierci boi. K. [Andrzej Kijowski] mówi, że to on nas wyratował przed wylaniem ze związku. Swoją drogą z tym Iwaszkiewiczem to jest zabawnie: wazeliniarz, dworak, karierowicz, a twórczość – ani odrobinę nie „socjalistyczna": pesymizm, lęk śmierci, miłość fatalistyczna, melancholia polskości wypędzonej ze Wschodu („Sława i chwała"). Zręcznie on to robi, ten kanciarz, ale i cenę płaci sporą, a oni albo się nie połapują, albo uważają, że warto mieć dla ozdoby takiego „mieszczańskiego" pisarza. Ale heca.

Odwilż, błoto, ciepło – może to już przesilenie, może mrozów nie będzie więcej?! Za tydzień jadę do Konstancina – popracować trochę. Powoli ze wszystkich „męskich przyjemności" zostaje tylko golenie i praca...

19 lutego
Złożyliśmy wreszcie wraz z Lidią papiery w milicji – na wyjazd do Paryża. Kłopotu z tym było mnóstwo, biurokracja diabelska, a przy tym złośliwa: facet siedzący w okienku chyba się co do mnie zorientował, bo sekował mnie specjalnie, tak że musiałem aż jechać do Wydawnictw Artystycznych, żeby mi dali stempel, że u nich nie pracuję. Przykry to widok ci urzędnicy paszportowi, wyniośli i ciągle podkreślający swoją wszechwładzę – uczą ich tam takiego rozmyślnego chamstwa, uważając widać, że to pedago-

giczne dla publiki. A publika pokorna, bo nie chce zadzierać z panem i władcą, bojąc się, że wtedy już nic nie załatwi. Dużo przy tym jest ludzi wyjeżdżających do Izraela, a są już całkiem pokorni. Obrzydliwe to wszystko, taki miałem niesmak, że aż żałowałem całego owego składania – zwłaszcza że prawdopodobnie nie da ono żadnego rezultatu. To znaczy – Lidia pewno pojedzie, co do siebie bardzo wątpię.

Myślę sporo o problemie młodzieżowej „nowej fali" – u nas. Na Zachodzie jest ona jakąś formą negacji wobec „starych" i ich norm (młodzież stała się „klasą"), u nas sprzeciw taki staje się zasadniczą negacją i w ogóle nihilizmem, bo w ustroju totalnym starzy rządzą wszystkim, samo tu nic nie idzie, wobec czego sprzeciw staje się głosem protestu przeciw wszystkiemu absolutnie: negacja ideologii wyznawanej przez rządzących jest tu negacją wszystkiego, bo wszystko jest „uideologicznione". Dlatego też i nasi władcy tak się rzucili na ruchawkę młodzieży – poczuli się zagrożeni do samego szpiku kości. I teraz za to prezentują swoich młodych: trzydziestoparoletnich sekretarzy, redaktorów, partyjniaków, pokolenie najgorsze, bo wychowane za czasów Stalina, nic nie umiejące i nie pamiętające, a dzięki temu absolutnie wierne. Tak więc na osobliwej zasadzie tworzy się tutaj elitę władzy: dobiera się ludzi jak najmniej zdolnych i myślących, a przez to nader pewnych. Dobra to selekcja do gwardii pretorianów, do policji – ale do rządów absolutnych (wszystkim) w skomplikowanym przemysłowym państwie – to chyba przesada. Jedyną partyjną elitę, rzeczywistą, utrzymaną w kategoriach intelektualno-fachowych, próbuje stworzyć „Polityka", ale jestem sceptykiem co do ich możliwości nie tyle już dojścia do władzy, co nawet wywierania realnego wpływu na kierunek rządów – na opinię, owszem, ale to nie ma nic wspólnego ze zmianą polityki rządzących, przeciwnie, ci ostatni widząc, że w narodzie wytwarza się oddolnie nie zaplanowany „trend" w jakimś kierunku, mają tendencję go łamać. Poza tym w „Polityce" za dużo jest Żydów, a więc ludzi z natury rzeczy niepewnych: co za czasy nastały, że w komunizmie Żyd, zamiast rządzić, jest „niepewny". *Hospody pomyłuj!*

Jakimś cudem dostałem pocztą materiały z Kongresu Wolności Kultury, a w nich sprawozdania z grudniowej konferencji w Princeton na temat problemów Ameryki jako wiodącej siły w świecie zachodnim. Amerykanie to masochiści, pozwalają więc, żeby ich oszczekiwano, nawet się w tym lubują. Najbardziej mnie wścieka Servan-Schreiber ze swoim gaullistowskim nawoływaniem *Ami go home*, że to niby sama Europa ze wszystkim sobie poradzi. Osioł – my na własnej skórze wiemy, jak sobie radzi Europa – co prawda i Amerykany się nie popisały (głównie oni). No, ale cóż – walczą o siebie, nie o kogoś, Polska nie jest pępkiem świata i mało kto o niej wie. Ciekawym, co ten tajemniczy „mój" Nixon zdziała: na razie Chińczycy odwołali rozmowę w Warszawie, a w Berlinie Rusy go próbują, oj próbują. Ale co ja mam właściwie do „wielkiej polityki"? Jechać do Konstancina i pisać – *eto waszu dieło*. Niech się stanie!

20 lutego

Moczar i jego ludzie zrobili się teraz głównymi „gomułkowcami": jeżdżą i wygłaszają mowy na cześć „starego", a swoich oddanych w rodzaju Gontarza poświęcili w ofierze. Oczywiście nie znaczy to wcale, że Moczar, Pietrzak (komendant milicji) i spółka zrezygnowali ze swych poglądów czy intencji (pseudonacjonalizm, zamordyzm, antysemityzm, antyinteligenckość), po prostu zrozumieli, że trzeba „starego" Gomułkę przeczekać, bo jak się teraz będą za bardzo stawiać, to zmuszą go do środków drakońskich, a więc do ujawnienia konfliktu, co będzie równoznaczne z ich bezpowrotnym wylaniem, i wtedy nigdy już nie będą kandydatami do najwyższej władzy. Tymczasem stuliwszy na razie uszy po sobie, mają szansę przeczekać i stanąć kiedyś do rozgrywki. Jasne i proste – co najwyżej stary tego nie widzi, ale on, jak wszyscy monarchowie, sądzi zapewne, że jest wieczny i niezniszczalny.

Ale czy oni, spekulując na śmierć czy podeszły wiek wodza, doczekają się? Przecież nasz „szef" ma dopiero sześćdziesiąt cztery, a na przykład de Gaulle już siedemdziesiąt osiem i nic go nie może zmóc. Z tym de Gaulle'em to istna zaraza, mam już na jego punkcie prawdziwy uraz i jak słyszę słowo „gaullizm", dostaję gęsiej skóry. Pomyśleć, że jeden stary sklerotyk swoimi kompleksami i maniami zabarwia politykę wielkiego (niegdyś) kraju, wprowadzając ten kraj w impas i izolację (teraz znów pajacuje bojkotując jakąś tam Unię Zachodniej Europy i kontrując Anglików). A Francuzi, którzy nie rozumieją spraw zagranicznych i których interesuje tylko dobra wołowina na obiad, zawsze go wybiorą bojąc się anarchii czy komuny. Jest to zadziwiające, jaką rolę dzisiaj, przy olbrzymiej koncentracji aparatu władzy, odgrywa jednostka, jej indywidualne cechy, jej skleroza, prostata czy bóle wątroby – zresztą w Ameryce jest to całkiem ulegalizowane w osobie prezydenta. A już najbardziej uderzający i kompromitujący był *casus Stalin*. Marksiści mogą bajać, nie wiem co, o dyktaturze proletariatu, o klasie robotniczej, ludzie etc. i mimo to w żaden sposób nie przysłonią faktu, że „ich" marksistowskim krajem rządził 30 lat facet anormalny, który swą podejrzliwością i kompleksami doprowadził do wydarzeń monstrualnych, do śmierci i poniewierki milionów ludzi, poniekąd i do II wojny. Istna despocja antyczna, gdzie nieraz konia robiono senatorem czy konsulem – i to despocja pod szyldem nowoczesnej doktryny socjologiczno-ekonomicznej. Uderzający obraz bezsilności człowieka wobec mechanizmu świata czy wyroków Stwórcy – jak tylko człowiek ułoży sobie w głowie jakiś schemat dziejów i ich stawania się, od razu wyskakuje jak diabełek z pudełka taki czy owaki przypadkowy wariat, Stalin, Hitler, de Gaulle czy inny, i miesza wszystko w sposób absurdalny, a ludowi tłumaczyć trzeba, że to mądre prawa historii odegrały tutaj rolę, nie zaś złe trawienie czy manie prześladowcze jakiegoś faceta. A może te rzeczy to ingerencja diabła? Strzegły się przed nią dość długo i skutecznie pragmatyczne narody anglosaskie, gdzie mężowie stanu starali się na ogół być rozsądnymi (czasem ten rozsądek, wyzbyty odrobiny fantazji i wyobraźni sąsiadował z bzdurą, jak w wypadku Neville'a Chamberlaina). W dzisiejszej Europie chyba najrozsądniejszy dla swego narodu okazał się generał Franco, tak złą prasę mający u naszych „katolickich liberałów".

À propos tych ostatnich, trwa ciągle moja polemika z „Tygodnikiem", a głównie z owym przygnębiająco zgłupiałym Jerzym Turowiczem – ostatnio znów napisał do mnie list dosyć już ostry – cha, cha. „Tygodnik" drukujący np. wrażenia z Niemiec Anny Morawskiej, komunizujące w stylu Rudi Dutchkego, to już rzecz nie do zniesienia, rzygać się chce.

A swoją drogą ja też mam już na pewne tematy uczulenie i manię. Wczoraj w wannie wygłaszałem „mowę" na owej konferencji w Princeton przeciw gaullizmowi, przedstawiając się jako przedstawiciel kraju, który właśnie padł ofiarą pozostawienia Europy samej sobie. Tylko że aby to usłyszano, musiałbym być Polakiem z kraju, co jest niemożliwe, a znowu emigrantów oni mają w dupie (skiełczał tam coś Jan Kott). Bezsilność, pysk zatkany, przemawianie do głuchych – oto los Polaka.

ZESZYT 5

24 lutego
Jestem już w Konstancinie: cisza, spokój, śnieg, wille wśród sosen, trochę ohydnych „domów czynszowych", stara, podupadła, sławna niegdyś knajpa Berentowicza – ot i wszystko. Byłem tu dwa lata temu w czerwcu, Konstancin tonął wtedy w kwiatach, mnóstwo tu ogrodników rezydujących w brzydkich ceglanych domkach. Teraz wszystko gołe i bezbarwne. Może będzie to sprzyjać pisaniu, pisał tu dużo Żeromski – może i mnie się uda?
W sobotę byłem na pogrzebie Jana Hoppego. Smutna to historia. Przedwojenny poseł z Jutra Pracy, w czasie okupacji działacz Rady Jedności Narodu, człowiek bez skazy, nieustraszony konspirator. Wywieziony przez bolszewików, storturowany, zbity tak, że do śmierci chorował na nerki, wrócił do Warszawy i został posłem do KRN ze Stronnictwa Pracy. Koniec wiadomy: wraz z [Jerzym] Braunem, Studentowiczem i innymi poszedł do więzienia na długie osiem lat. Taka oto nagroda za patriotyzm i bohaterstwo. Ale najsmutniejsza śmierć: po latach osamotnienia i chorób umiera nieznany – nikt z młodych nie wie już, kto to był, jaka jego historia, umiera zapomniany facet, na pogrzebie grupka starych panów – niedobitki akowców. Tak to komuchy umieją swych przeciwników pogrążyć w niebyt, przez „zaklejenie" pewnych kart historii najnowszej – nie ma dla takich nieszczęśników sprawiedliwości, mimo wszelkich zakłamanych deklaracji ZBoWiD-u. Przestępstwo Hoppego polega na tym, że był politykiem – niekomunistycznym, a takich się nie toleruje – prześladowany czy „zamilczany na śmierć" aż po mogiłę, aby Warszawa nie wiedziała, kto odchodzi. Przypomniał mi się sławny wiersz Słowackiego „Na pogrzeb kapitana Mayznera".
„Polityka" podała rewelacyjne liczby co do wysokości spożycia wszelakich dóbr w NRD. Okazuje się, że Niemiaszki wschodnie biją na głowę wszelkie inne kraje „socjalistyczne" ze Związkiem Radzieckim na czele. B. twierdzi, że NRD to największy w historii przykład kamuflażu. Mają w dupie wszystko z Wielkim Bratem na czele, ale milczą solidarnie (a niemiecka solidarność potrafi być potworna!) i robią swoje tak, że aż cichcem wykołowali innych „socjalistów". Ciekawe by było się dowiedzieć, co tam w głębi duszy my-

śli ten ich kamienny szef z bródką. „Człowiek, co się Konradem Wallenrodem zowie..." Ale to nie jest Wallenrod – to stalinowski komunista o zmechanizowanej umysłowości komputera... Cyniczne, bezbłędne zimno polityki sowieckiej przeraża mnie wciąż i frapuje, choć wydawałoby się, że czas był się do tego przyzwyczaić. Na zjeździe Włoskiej Partii Komunistycznej delegat rosyjski wygłosił pean na cześć suwerenności i własnej drogi do socjalizmu poszczególnych państw Bloku Wschodniego, przy czym, jako przykład realizacji tej suwerenności podał przykład Czechosłowacji, którą „bratnie" kraje socjalistyczne uratowały przed wrogami... Z kolei Rosja protestuje gwałtownie przeciw przyjęciu NRF do Komisji Społeczno-Gospodarczej ONZ i zapowiada swoje wystąpienie z tej komisji, która ma na celu opracowanie planów pomocy dla narodów słabo rozwiniętych. A więc Moskalowi obojętny jest los narodów biednych, jeśli pomoc dla tych narodów nie idzie po ruskiej linii politycznej. Zimny cynizm, egoizm „komputerowy". A dziś znów nasza prasa zachłystuje się z radości, że w Wietnamie Południowym nowe walki, że „front wyzwolenia" zbombardował z rakiet i moździerzy kilkadziesiąt miast „sajgońskich" niszcząc sporo budynków i produkując kilkaset trupów. Ale radość, ale chcą pokoju! Wyznają zimną zasadę *politique d'abord*, ofiary nic ich nie obchodzą, zniszczenia wrażego „kapitalistycznego" zbytku ich cieszą – to wszystko ja w końcu rozumiem. Ale że tę swoją murzyńską moralność demonstrują w prasie, malując siebie jako aniołów pokoju i humanizmu – to jest niepojęte. Co za dziwaczne mózgi mają ci ludzie?! I czy w Polsce ta propaganda chwyta, bo że Rosjanie po 50 latach domu wariatów nic już nie są w stanie zrozumieć, to jasne. A jeśli w Polsce też to chwyta, a co najmniej jest obojętne? To właśnie byłoby najgorsze, dowodząc nieskończonej możliwości adaptacji ludzkiego mózgu do każdej bzdury i grandy. Zresztą Hitler też to wyzyskiwał, ale nie miał tyle czasu co obecni. A niech ich szlag!

Patrzę przez wielkie okna mojego pokoju: śnieg, sosny, ceglane domki, krajobraz jałowy, ale kochany, mam go w sobie do śmierci, podwarszawski pejzaż to przecież kraina moich lat dziecinnych. Może mi przyniesie szczęście: bardzo chcę pisać, skończyć, zostawić coś ze swoich myśli i doświadczeń. Stara to ludzka chętka – stara, ale jara. Może się uda? Tu cisza, spokój, samotność, sosny na śniegu – warunki idealne. Więc do dzieła.

25 lutego

Siedzę tu i piszę, rano chodzę na spacer i po gazety, ale ślisko jest okropnie, po lesie chodzić się nie da. Jest tu H. [Józef Hen], dziś wlazł do pokoju i opowiadał o sprawach związkowych tudzież antysemickich.

Gwałt o wybory prezydenta NRF w Berlinie Zachodnim to typowa rosyjska próba nerwów i sondaż. Jeśli NRF ustąpi (a coś na to wygląda), będzie to pierwszy krok sowieckiej „eskalacji przymusu" w Europie Zachodniej. Tymczasem de Gaulle dalej pajacuje i tęże Europę rozwala jak może. Ostatnio narozrabiał coś z Anglikami, powiedział ambasadorowi, że nie chce EWG tylko co innego, potem odwołał. A może on przygotowuje się po prostu do inwazji sowieckiej i chce odróżnić swój kraj od innych delikwentów. Jeśli nie, to znaczy, że jest po prostu zwykłym sklerotycznym wariatem. W tej materii przypomnę wierszyk Miłosza: „Bo przecież wariat na swobodzie największą klęską jest w przyrodzie".

Jubileusz (75 lat) starego błazna i wazeliniarza Iwaszkiewicza odbywa się z wielką, ale okropnie prześmieszną pompą. Prześmieszną, bo takie to grubymi nićmi szyte i takie fałszywe: na przyjęciu w Belwederze kolekcja nowych „przyjaciół" prezesa: Putrament, Gisges, Centkiewicz, Jurandot, Przyboś oraz oczywiście Kraśko, Kliszko etc. Spychalski wysławia wkład starego do socjalizmu (koń by się uśmiał) i stwierdza, że... „masy ludowe, nasz nowy już naród z rozmachem twórczym kształtujący swój lepszy socjalistyczny los, widzą w Jarosławie Iwaszkiewiczu pisarza naszych czasów, czasów wielkiego przełomu w naszej tysiącletniej historii, pisarza, który całym swoim zacnym życiem..." etc. etc. Pisarz, wzruszonym oczywiście głosem, przyświadcza, że póki sił służyć będzie Polsce Ludowej itd. Zupełna komedia, przypomina się „Zielony frak" Flersa i Caillaveta. Podobno Talleyrand jeszcze na łożu śmierci wazelinował się królowi. A jednak gdzieś na dnie serca stary pedał żałować musi, że nie ma z nim Jurka, Pawełka czy Julka. A pisarz dobry (choć zgoła niesocjalistyczny), tyle że świnia z niego stara i tak już zostanie. Ha!

W Izraelu i krajach arabskich znowu gorąco, draki, napaści, bombardowania. Nasza propaganda (opanowana już w sporym stopniu przez „hunwejbinów") ze skóry wyłazi, żeby przedstawić Arabów jako niewinne uciśnione aniołki, a Izrael jako straszliwych faszystów. Co oni tacy gorliwi? – chciałoby się zapytać, niestety rzecz jest prosta: oni w dupie mają i Arabów, i Żydów, chcą natomiast zrobić karierę na antysemityzmie, jedynym uchwytnym dreszczu, jaki się jeszcze w tym wyjałowionym społeczeństwie zachował. A dlaczego się zachował – o tym by można „napisać księgę". Temat jak rzeka, samograj, ciekawy, choć przykry i dla Żydów, i dla Polaków.

28 lutego

Wczoraj przeraziłem się już nasilenia naszej (? – sowieckiej) propagandy w sprawie wyborów prezydenta NRF w Berlinie. Jest to ni stąd, ni zowąd tak ostre, że a nuż Moskale chcą zrobić jakąś drakę na całego – to aż pachnie wojną. I nasz łysy premier dołożył do tej sprawy swoje trzy grosze, przy tym masę nabujał i ponaciągał historię. Dochodzi do tego, że człowiek zaczyna już bronić szkopów, ale bo też to ciągłe szczucie u nas na Niemców to największy kamuflaż propagandowy naszych czasów: cała Europa trzęsie się ze strachu przed Rosją, a oni wrzeszczą, że przed Niemcami, licząc, że u nas np. ludzie w to wszystko uwierzą – może zresztą i wierzą, czort ich wie. A tu Nixon bełkocze wciąż o pokoju, a pokój przecież oznacza *status quo*: oczywiście Amerykanie późno przyszli do spraw europejskich i dla nich zachowanie tego, co jest, to znaczy stanu, że Rosja trzyma w łapach pół Europy, jest „sukcesem". O idioci, potrójni idioci – a wszystkiego narobił Hitler, najgłupszy człowiek świata. A Rusy po dziś dzień z Hitlera żyją!

Nasza propaganda tak niewolniczo podąża za sowiecką, że aż się chce rzygać – a nie mam tu w Konstancinie „Wolnej Europy" na odtrutkę. Premier Izraela Eszkol umarł na serce, pewno w związku ze zbombardowaniem jego willi – tutaj nabrano na ten temat wody w usta: bez komentarzy. W Wietnamie ofensywa partyzantów jak cholera, a delegaci wietnamscy na konferencji w Paryżu łają Amerykanów jak diabli. Rosja w ofensywie na wszystkich frontach – a może ci wariaci zdecydowali się na wojenkę, np. na szybkie zajęcie NRF-u i przyłączenie go do NRD? Ruscy podpalą w końcu i zniszczą świat – czuję to. Czy też próba sił na wszystkich frontach?

Ja tu ciągle piszę o polityce, a raczej o naszej prasie, pewno to nudne, mam na punkcie naszej prasy i telewizji tzw. zajoba. No cóż, było się dziennikarzem i żal patrzeć, jaką kloakę oni z tego wszystkiego robią. A ludzie są obojętni, przygaszeni, nic ich to wszystko nie obchodzi – tu w Konstancinie widać to doskonale. Wczoraj byłem u Berentowicza – kiedyś sławna knajpa, Cyrano przyjeżdżał tu do pokoiku, macał i wybierał kurczaki – teraz już nie to, ale jest. Wracając do polityki: interesują się nią członkowie partii, oni też najwięcej wiedzą o jej cynizmie i perfidii – paradoks, ale z nich jednych wykrzesze się w razie czego (?!) opozycyjność – inni zbyt nisko mają opuszczone głowy. Smutne to. Widać to tutaj dobrze, choć niby Konstancin – miejscowość luksusowa, blisko stolicy, z kliniką rządową, szpitalem, willami. Smutno!

Imperium carów na całą Europę – to dopiero historia! I narzędziem tego – marksizm. A może oni chcą po prostu wcielić ten Berlin i mieć spokój – podobnie jak zrobili z Czechosłowacją. A garnizon amerykański – to pies? Nie tyle pies, co papierowy tygrys.

3 marca

Była właśnie w telewizji niezła impreza: transmisja z Sali Kongresowej superrewii na dochód chyba związków zawodowych. Stare piosenki i starzy piosenkarze: Sempoliński, Fogg, Krukowski, Stefcia Górska (na pewno pod siedemdziesiątkę), potem młodzi, wreszcie ulubieni aktorzy warszawscy: Barszczewska, Andryczówna, Dmochowski, Hanuszkiewicz, Wyrzykowski, Łapicki i – Ćwiklińska (lat 90). Ale co mnie podniosło na duchu, to Krukowski, który śpiewał piosenkę satyryczną naprawdę doskonałą i śmiałą z aluzjami żydowskimi. Sens taki, że on jest wspólnikiem Polski Ludowej, ale nie przyznaje się, gdy w gazetach piszą „nie wykonaliśmy planu", „przekroczyliśmy spożycie" etc., bo... on się do tego nie poczuwa, on do tego ręki nie przyłożył... Bardzo zabawne, przypomniały się czasy prawdziwej satyry. Aha – jeszcze był Rudzki. Tak że długich nosów nie brakowało. Cuda się czasem dzieją!

Wczoraj już myślałem, że naprawdę będzie wojna o ten Berlin, tak się Rusy stawiały, tymczasem dziś widać, że to jakiś klops, bo większość posłów NRF jest już w Berlinie, Brand też, i ustąpić nie zamierzają. Nie pomogły manewry sowieckie w NRD – wojna nerwów się nie udała (tak mi się wydaje). To chyba Ulbricht naciskał, bo to jest szatan, ambitny jak diabli – zresztą co ma do stracenia. A Rusy zesrały się dodatkowo, bo Chińczycy im przeszli granicę i zaczęli strzelać (umyślnie?), zaś w Pekinie sowiecka ambasada podobno dniem i nocą oblężona przez tłum. A to heca! H. mówi, że jakby się Rusy z Chińczykami zaczęły prać, toby świat odetchnął. I rzeczywiście.

Nixon wrócił do Ameryki niewiele tu powiedziawszy, ale na jutro zapowiada konferencję prasową o polityce zagranicznej. Ciekawym, jaki się on okaże, w każdym razie teraz ma próbę – nie taką jak Kennedy z Kubą, ale w każdym razie. Podobno jakieś tam myśliwce usiłowały zatrzymać samolot Brandta, ale nic z tego nie wyszło. A rzecznik sowiecki zapowiedział, że oni nie odpowiadają za bezpieczeństwo lotów. Nie rozumiem, po co Ruscy to wszystko rozpętali. Przypomina mi to stary żydowski kawał. Co to jest: długie, z płetwami, siedzi na drzewie i śpiewa? Ryba! Ale co ryba robi na drzewie?! Ja wiem – zwariowała!

Ale swoją drogą wychodzi na to, że Niemcy stają się pierwszym przedpolem świata zachodniego – tak jak to mówił Hitler – i że wielu Polaków życzy szkopom zwycięstwa w sprawie Berlina. Czyżbyśmy stracili rozumienie swojej racji stanu? Nie – po prostu już nie ma racji stanu, skoro nie ma osobowości politycznej, tylko jest się cieniem Rosji. À propos, Gomułka, Cyrano i Jaszczuk pojechali nagle do Moskwy – a przecież Jędrychowski był tam parę dni temu. Co to może znaczyć. Ale swoją drogą dobrze by było, aby te „żółtki niechrzczone", czyli Chińczycy, dali Rusom dobry popęd. Cha, cha! Tylko że to są też zupełni wariaci i czort jeden wie, co mają w głowach.

Kiedyś był tu pewien Polak, hrabia Ledóchowski, mieszkający w Pretorii, i mówił, że na całym świecie nie lubią Amerykanów za wyjątkiem trzech krajów: Polski, Niemiec i... Rosji. To prawda, legenda amerykańska trwa tutaj mimo wszystkich błędów, jakie porobili. No bo w końcu na kogo w tym zwariowanym świecie stawiać – na de Gaulle'a? À propos: zgniewałem się czytając tu „Figaro" – oni tak piszą, jak im de Gaulle zagra. Natomiast „Neue Züricher Zeitung" świetne pismo, obiektywne – no bo oni własnej racji stanu nie mają...

Przedwczoraj Małcużyński prowadził w telewizji „okrągły stół", złożony z polskich dziennikarzy, akredytowanych za granicą. Cóż za ohydne zbiorowisko typków spryciarsko-kanciarskich, kombinujących, jakby tu dużo mówiąc nic nie powiedzieć, aby nie urazić władców. Cały czas gadali właściwie o tym, jakie i gdzie były uliczne demonstracje przeciw Nixonowi. Bzdury kompletne. I ten biedny Dominik Horodyński mamle coś w tym wszystkim, a także

postarzały Osmańczyk, który przyjechał z Brazylii i tylko się zachłystywał, jaki to tam jest antyamerykanizm. Kiedyś to był świetnie się zapowiadający publicysta – dziś biedne zero. Tak – nie sposób tu być dziennikarzem, dobrze, że wysiadłem.
Mój pobyt w Konstancinie się kończy. Zrobiłem kawał swojej roboty, a także napisałem pod moim żeńskim pseudonimem artykuł o Mackiewiczu. Poza tym uczyłem się angielskiego, widziałem z bliska dzięcioła, no i mam w oczach zimowy podwarszawski pejzaż, który bardzo lubię. A tu już wiosna za pasem – co też mi ona przyniesie? Czy wyjadę do Francji? Bzdura, na pewno nie, ale ciekawym, czy Lidia pojedzie. Zobaczymy – powiedział ślepy. A Wacek w Monachium, potem jedzie na Majorkę. Ten się bawi – ale niech tam – ja już nie mam czasu.

9 marca

Jestem już w Warszawie, co mi się bardzo daje we znaki, bo goście się pieprzą tędy i owędy, a ja odwykłem od gadania i denerwuje mnie to okropnie – Iredyńskiego pijanego zgoła wczoraj wyrzuciłem na mordę, zdenerwowałem się przy tym – oni nie mogą zrozumieć, że ja chcę pracować, a nie mam wiele czasu, bom stary, z ich zaś gadania nic się nowego nie dowiem. Trzeba by jak Proust zamknąć się w korkowym pokoju – właściwie w Konstancinie to było coś takiego – trzeba tam jeździć i kwita. Poza tym gnębi mnie, że dużo czytam, a mało z tego zapamiętuję – może mózg już wysiada, cholera wie. Za późno wziąłem się do pracy – to te głupie felietony i polityka mnie zjadły. A przecież „miałem tylko jedno życie".

Był u mnie szkop, dziennikarz niemiecki, i opowiadał, jak korespondenci zagraniczni warszawskiej prasy chcieli urządzić własnym sumptem pożegnanie ministra Rapackiego. Kierowniczka Klubu Prasy Zagranicznej w Jabłonnie powiedziała, że dobrze. Za parę dni zwróciła im jednak uwagę, że ministrem spraw zagranicznych jest Jędrychowski, więc jakżeż tak z samym Rapackim... Wtedy oni powiedzieli, że w takim razie może być spotkanie wspólne – z Rapackim i Jędrychowskim. Ona powiedziała, że dobrze. Za parę dni oświadczyła jednak, że Rapacki jest ciężko chory w szpitalu, więc będzie tylko Jędrychowski. Oni mówią, że w takim razie trzeba całą rzecz odwołać, ona na to, że już nie można. Oni, że wobec tego trzeba zaprosić innych Polaków, ona na to, że już to zrobiono i że będą to dyrektorzy departamentów z MSZ...

Jaki morał z tej przygłupiej historii? Myślę, że brutalność, chamstwo, brak manier i propagandy nie szkodzi na ogół wielkim mocarstwom, przeciwnie, dodaje im „nimbu", siły czy samowystarczalności, licho wie czego. Natomiast kraje małe muszą mieć propagandę i formy uprzejmościowe – rozumiał to po trochu Rapacki, który zresztą poza tym był taki sam hebes jak oni wszyscy, tyle że tymi właśnie formami zjednał sobie na Zachodzie wielu ludzi. Ale inni wolą dla pewności naśladować Wielkiego Brata, stosując dogmatyczną sztywność i w ogóle chamstwo, a Rapackiego ukryć jak najgłębiej. Polska traci na tym ogromnie, ale co ich to obchodzi. Tak jak tracimy na tych demonstracyjnych wyjazdach Żydów. Przedwczoraj wyjeżdżał Karst – to naprawdę ogromna szkoda, bo facet – germanista, umie sporo i człek niezły. Henio był na dworcu, wrócił zgnębiony – odprowadzało koło stu osób, smutek, żal, istny pogrzeb. Co za nonsensy – a potem się dziwią, że w całym świecie Polska ma uszyte buty, choć w gruncie rzeczy o nic tu nie idzie, sprawa bzdurna okropnie. A niech ich diabli!

W Wietnamie Południowym gwałtowna ofensywa partyzantów trwa już 10 dni – to taka przygrywka do rokowań pokojowych. Ci głupi Wietnamczycy dali sobie wmówić, że wygrają tę wojnę – w istocie walczą dla sowieckiej racji stanu, aby Amerykanom napluć w kaszę. Biedni ludzie, ale głupi bezdennie, bo jakże w tych warunkach ma dojść do pokoju? Może ja się starzeję, ale wszystko wydaje mi się już ponad miarę głupie i dziwaczne – a może świat zawsze toczył się naprzód poprzez absurdy i gwałty? Wczoraj byłem z Andrzejem na kolacji w „Bristolu", opowiadał mi, jaką wręcz religię ideową zrobiono w kołach „partyzanckich" wokół antysemityzmu – nikt już nie wie, co to znaczy „Żyd", ale dzięki temu można o to oskarżyć każdego. Absurd, obłęd, ale skuteczny: w kraju, gdzie legalnie nie wolno nikogo zwalczać, trzeba od czasu do czasu szczuć na jakieś czarownice. Aż się wierzyć nie chce.

We „Współczesności" pisze znów Jarosław Ładosz, ten, co kiedyś bronił tezy, jasnej zresztą wręcz dla dziecka, że nawet niektóre dzieła najgorszego rewizjonisty z przeproszeniem Schaffa czy Żółkiewskiego, jeśli były kiedyś słuszne, to i nadal są słuszne, choćby ich autorzy potem nie wiedzieć jakie popełnili grzechy. Broni on tej oczywistej tezy i teraz, ale chcąc z kolei poszantażować trochę swych przeciwników (np. Pomykałę), wytyka im straszliwe grzechy: że zarzucali przedwojennej KPP błędy w kwestii narodowej, że głoszą ciągłość państwowości II Rzeczypospolitej i PRL, że bronią Piłsudskiego i Dmowskiego. Dyskusja szantaży, tylko przed kim oni się szantażują, gdzie jest ten wszechwiedzący autorytet, który na nich z góry patrzy? Bzdury to, w dodatku idące w próżnię. Po co o nich tyle piszę? Ano – bom polemista skazany na milczenie, z zatkanym pyskiem – to ci sytuacja; a gdybym zaczął pisać za granicą, toby straciło wszelkie znaczenie, byłbym jednym z chóru szczekających antykomunistycznych piesków. I tak źle, i tak niedobrze – brr!

Wichura, zamieć, to znów słońce – ciężki się szykuje marzec. A poza tym jestem trochę nastraszony: A. robił aluzje, że znów się mną interesują wiadome urzędy, tak też coś czuję nosem. Zresztą nigdy nie wiadomo, co im przyjdzie do głowy – logika tu nie rządzi na pewno, co to to nie! A poza tym: to właśnie rocznica owego pechowego zeszłorocznego marca. To już cały rok poza życiem – ciekawe, chi, chi (baranim głosem).

Wacek dzwonił z Niemiec: byli na Majorce, przysłał też śliczne kolorowe zdjęcia. Byczył się w luksusowym hotelu nad morzem pijąc whisky i paląc cygara, do polskiego paszportu ludzie zbiegali się tłumami, bo nigdy jeszcze takiego dziwa nie widzieli. Szczeniak się bawi jak byk – niech ma, pies go ogryzł, tyle jego, póki jeszcze czas!

13 marca

"Tygodnik", jak się zdaje, dostał w łeb od kardynała za swój „katolicki rewizjonizm" i wycofuje się, umieszczając artykuły kompromisowo usprawiedliwiające (Woźniakowski, ks. Klawek) – robi to zresztą z dosyć małą dozą godności. Przy okazji jest jakaś draka ze mną: „ktoś" widocznie przeczytał moją listowną pyskówkę z Jerzym w tych sprawach i rozszyfrował mój żeński pseudonim w „Tygodniku" – wczoraj Jerzy dzwonił do mnie parę razy, ale mnie nie było. Jest jakiś nowy pasztet, bo i UB łazi przed domem raźniej niż zwykle. Przypuszczam, że mój „żeński" list w „Tygodniku" na temat artykułów „rewizjonistycznych" musiał zostać uznany za reakcyjne spiski*, a że przed wyborami władze chcą na pewno uderzyć w „Tygodnik", aby ich zmusić do uległości, więc to dla nich gratka. Pojutrze mam rozmawiać ze Stachem, może więc się czegoś

---

* Julia Hołyńska (Suwałki), *Do redakcji. W sprawie «Kryzysu» i „«Konia»*. „Tygodnik Powszechny", 16 lutego 1969, nr 7. Polemika z artykułem J. Turowicza *Kryzys w Kościele* i *Koń trojański w mieście Boga?* księdza Andrzeja Bardeckiego.

dowiem – przypuszczam, że każą mnie skreślić ze stopki „Tygodnika", a może też zabronią drukować pod pseudonimem. A tu akurat posłałem dużą recenzję o Mackiewiczu. Cholera, a nie trzeba się było wtrącać w ich katolickie sprawy, nie drapać się tam, gdzie nie swędzi – ci maniacy, jak trafią na jakiś „trop" (ich zdaniem), to już nie popuszczą i będą nudzić tak strasznie. Tymczasem recenzji o Mackiewiczu szkoda – no, zresztą może się ukaże, cholera wie.

We Francji znowu strajk generalny, de Gaulle przemawiał dość głupio – on nie może skapować prostej rzeczy, że dzisiaj spraw politycznych od ekonomicznych oddzielić się nie da: swoją polityką zraził kapitał amerykański, wystraszył amerykańskich turystów, a teraz jeszcze rozwścieczeni Anglicy się za niego biorą (aha, także Żydów rozbiesił). Ma politykę konkretną, samodzielną, śmiałą, tyle że całkiem utopijną. Francja za te jego zabawy zapłaci nielicho – przepowiadam to ciągle i nawet się sprawdza, a on wciąż żyje i żyje. A kiedyś odegrał wielką rolę – nawet Churchill to uznał, choć go nie lubił.

A tu mamy „incydent zbrojny" między Rosją i Chinami – trzydziestu czterech żołnierzy radzieckich zginęło. Po hekatombie, jaką Rosjanie położyli w II wojnie, to chyba pierwsze ich ludzkie straty: przez cały czas bili się cudzymi rękami Koreańczyków, Wietnamczyków, Chińczyków, a Amerykanie latali z frontu na front jak głupi. Tylko z Arabami Żydzi ich zluzowali. Ciekawe, co będzie dalej z tymi żółtkami. A swoją drogą dwa są dziś wielkie narody, które wcale się nie biją, lecz tylko bogacą: Niemcy i Japończycy, czyli agresorzy z ostatniej wojny. Zmiana warty, czy jak to nazwać? Bóg pisze prosto na liniach krzywych – tak to widać jest.

Umarła Anna Kowalska [7 marca 1969] – dobra pisarka i niegłupia baba. Bardzo się męczyła tym rakiem (wątroby), to są okropne rzeczy. Jak też mnie przyjdzie umierać? Nie chciałbym przed śmiercią przestać być sobą. A nic nie wiadomo, co komu pisane – refleksja to niezbyt wymyślna, ale cóż robić – ha!

Żytomirski wyjechał i gadał z Zachodu przez „WE" – nieźle gadał, choć to grafoman. I Wygodzki też gadał – jak się tam znajdą, to wiedzą, co mówić, ale tam to nie sztuka – sztuka tutaj. A poza tym dosyć jest tu beznadziejnie: nic nas nie czeka, najwyżej rzeczy gorsze, czego się i spodziewam. Zaś ten dzienniczek spotka się z losem najgorszym: nikt go pewno nie przeczyta. Zatem pisanie go to czynny nonsens – brr!

Przed chwilą dzwonił Jasienica, mówił, że stary Wańkowicz chce nas zaprosić na obiad. Nawet chętnie pójdę – przyjemnie pomyśleć, że jest ktoś starszy ode mnie, a i wódy można się napić. Wódeczko ty, pocieszycielko moja! Tak na psy człek schodzi, jednak ta sprawa z „Tygodnikiem" to może być gwóźdź do trumny. No bo jak mi przestaną płacić, to w końcu wypompuje się ze mnie wszystko. Taki los wypadł nam... A może pojedziemy do Paryża, żeby się nieco rozerwać? Obawiam się, że wątpię...

15 marca
A więc wyjaśniło się z „Tygodnikiem" – nie jest tak źle, jak myślałem, chodzi tylko o to, że cenzura wykryła mój żeński pseudonim i zrobiła chryję, kazała sobie przy tym rozszyfrować wszystkie pseudonimy w piśmie, do czego moim zdaniem wcale nie mają prawa. Potem wezwał Turowicza niejaki towarzysz Weber z biura prasy KC i też mu strugał kołki, że tak nie można, że jeśli chcę pisać (co on rozumie), to trzeba tę rzecz załatwić urzędowo i pod nazwiskiem – sugerował zresztą między wierszami, że może dałoby się to jakoś załatwić, bo dla nich to też jest problem. Tak mi to referował Stach, bo Jerzego jeszcze nie widziałem. Rozumiem ich doskonale: chcą przed wyborami jakoś „załatwić" moją sprawę, żebym połknął gładko wszystko, co mi zrobili, może jeszcze nawet przeprosił, po czym zaczął pisać o niczym jak i przedtem. W ten sposób cała moja „sprawa" rozeszłaby się po kościach, z dużej chmury mały deszcz. Pięknie, ale ja na to wcale nie mam zamiaru iść, zresztą pisywać pod nazwiskiem w „Tygodniku", który staje się coraz głupszy i coraz bardziej świński (artykuły Morawskiej o NRF to absolutna hańba) ani mi się śni. Pod pseudonimem o sprawach literackich – proszę bardzo, a jeśli nie, to w ogóle nie potrzeba. Oczywiście – jest w tym wszystkim „niemoralne", że biorę z „Tygodnika" forsę, no ale chcę przecież za to pisać pod pseudonimem – niech sobie to załatwią, pies ich trącał. Nie pozwolę zrobić z siebie pisującej o niczym kurwy – raz już nią zresztą prawie byłem. Poza tym rozgadaliśmy się ze Stachem szeroko – on też rozumie, że tu za dwa lata choćby może się dużo zmienić w atmosferze, wtedy na pewno będę potrzebniejszy niż teraz. Czeka mnie więc tylko jeszcze rozmowa z Turowiczem. On pewno będzie naciskał, żebym pisał, a znowu ja chcę go zrugać za „Tygodnik" i całą ich głupią walkę z prymasem oraz niewidoczne przechodzenie na sowiecki styl

myślenia (dosłownie). A w stopce pisma figuruję dalej i odpowiadam za ich wszystkie brednie, nie mając na to żadnego wpływu ani sposobu zapobieżenia. Niech to szlag. W gruncie rzeczy najważniejsza jest dla mnie moja praca, a ta zresztą niech idzie aby, aby... Przeczytałem na liście zmarłych Polaków w paryskim „Tygodniku Polskim", że na Wyspach Bahama zmarł Jur Mende, komandor porucznik angielskiej floty, kawaler orderów, lat 57. To był mój szkolny kolega, jak przez mgłę pamiętam tęgiego małomówniaka, trochę szkopa, który poszedł do szkoły morskiej, w czasie wojny słychać było, że jest komendantem angielskiej łodzi podwodnej i walczy bohatersko, topiąc, co się da. Ten zakończył wojnę jako Anglik i jakoś z sukcesami – przeciwnie niż nieszczęśliwy, nadaremny więźniarz Hoppe. Różne są losy Polaków – najgorsze, że mało kogo one obchodzą. Chyba że taki Polaczek gra na klawicymbale – przykładem Wacek, przysłał właśnie zdjęcia i recenzje z koncertów w Baden-Baden, pięknie im idzie, choć do światowej renomy jeszcze daleko. Inna rzecz, że to może się udać nagłym skokiem – pewnego dnia ilość przejdzie w jakość i dobra. Ano życie to bądź co bądź ruletka, przykładem losy Jurka Mende – ale i on umarł na obczyźnie, choć niby na Wyspach Bahama...

18 marca

Jutro idę starać się o francuskie wizy dla mnie i dla Lidii – śmiech pusty mnie zbiera, bo przecież nas nie puszczą, ale niech się trochę zabawię. Tu ogłoszono wybory do Sejmu, bardzo prędko (1 czerwca), wyobrażam sobie, co to będą za wybory. Przy okazji Spychalski oświadczył, że trzeba napiętnować (powszechnie używane słowo) wybory kapitalistyczne, które są „komedią organizowaną przez monopole". A więc np. komuniści włoscy weszli do parlamentu na zasadzie tej komedii. Mądry ten nasz marszałek, nie ma co.

Ciekawe, co będzie ze „Znakiem" – podobno chcą wywalić Mazowieckiego, a na jego miejsce wejść ma Andrzej – czort wie, jaki sens tego wszystkiego, ja bym się w ogóle wycofał, bo sytuacja jest tu ponuro bezsensowna – to, co bredzi nasza prasa i telewizja, nie da się w ogóle opisać. Lekceważenie opinii społecznej osiąga rekordy. Zresztą – ryba śmierdzi od głowy: „szczyt" państw Układu Warszawskiego powziął jako uchwałę „apel" do krajów Europy, absolutnie wyzbyty jakiejkolwiek treści. Mówiono oczywiście o czymś zupełnie innym, podobno o Chińczykach, którzy wciąż „gwałcą świętą granicę radzieckiej ojczyzny". Święta granica, wymuszona gwałtem przez carów – a polska granica z 1939 roku nie była „święta"? Szlag mnie trafia na tę świętą histerię, oby im Chińczycy (też wariaci) dolali jak najwięcej – należy im się, ile wlezie! Czy naprawdę nasze społeczeństwo przełyka bez obrzydzenia całą tę nudę i bzdurę? Czy nie urodzi się żaden sprzeciw i Polska zostanie jednym z głupszych krajów świata, bo miała pecha dostać taką ekipę komunistyczną, jaką mamy? O rety, o jerum, biedny ty nasz kraju! Co prawda Stach twierdzi, że za dwa lata wszystko się zmieni i nastąpi odrodzenie, ale nie bardzo wiem, na czym on to opiera i skąd się wezmą ci nowi, nie zdemoralizowani ludzie? Żydów wypędzono, a ich jednych jeszcze tyłek trochę świerzbiał – skąd więc nowa ekipa, od Moczara?! No ale może gdzieś tam rodzi się już jakiś polski Dubczek, tylko my o nim nie wiemy? Ale co tutaj, między Breżniewem a Ulbrichtem zdziała jakikolwiek Dubczek?! *Merde!* Tylko więc ten zawodowy klub rządzących nam pozostał? We Francji Dyrektoriat nazywano „Pięć małp". A u nas? Oj nie pięć, nie pięć – cały batalion!

24 marca

Widziałem Jerzego T. [Turowicza], sprawa z nieszczęsną Julią Hołyńską, czyli moim tygodnikowym sobowtórem, wyjaśniła się, ale wcale nie tak przyjemnie, jak opowiadał Stach – ten to miewa różowe okulary, czort wie, skąd je bierze. Nic tam nie mówiono, że ja mógłbym pisywać pod nazwiskiem, tylko srogo zapowiedziano, że ani pod nazwiskiem, ani pod pseudonimem nie wolno i kwita. A znów Stach był u Kliszki, zaczął coś na mój temat, a tamten przerwał, że o tym gadać nie będzie. Stach mitoman, a sytuacja jasna, co i mnie odpowiada (póki, rzecz prosta, mam jeszcze forsę), Paweł był, namawiał mnie, żebym pisał jakieś memoriały do Putramenta czy gdzieś, ale mnie się ani śni. Myślę, że oni chcą mnie zatopić w niepamięci, jako że chcąc sprawę wyjaśnić czy odkręcić, trzeba by przyznać się do popełnionych bzdur, a na to majestat władzy nie pozwala. Mówią więc bez słów: siedź cicho, nic ci nie zrobimy – jak wykryli Hołyńską, to już Jerzego zrugali. Otóż mnie te *gentlmans agreement* (pewno źle napisane) o siedzeniu cicho odpowiada – zresztą jak mógłbym siedzieć niecicho? Toć przy tej cenzurze musiałbym pisać o dupie Maryni, czyli o niczym. To by dopiero była kompromitacja, a tak mogę robić ważne miny, że ho, ho, co bym to ja powiedział, żebym mógł. Zresztą i prawda, powiedziałbym. Wtedy jednak wszyscy by mogli i okazałoby się, że dziennikarz bez sumienia, który łże dziś jak pies, nagle umiałby mówić tę samą prawdę co ja. Tak to jest na tym świecie!

Wacek napisał z Paryża. Zdaje się, że całą forsę z pięknej podróży przerżnęli w Baden-Baden w ruletkę i siedzą znów na ogonach. Piszą, że Paryż ohydny, brudny, lepki – mimo to chciałbym go zobaczyć. Oczywiście wyobrażam sobie, jak tam jest. Ten de Gaulle (mam już na jego temat nielichą manię), stawiając tamę amerykanizmowi, pauperyzuje Francję wobec innych krajów, nie może załatwić dysproporcji społecznych (wieś bretońska), w rezultacie hoduje komunizm, a politycznie też go podsyca w imię swych anachronicznych ambicji. Osioł stary – kto to wszystko odkręci?

Dwaj moi przyjaciele, K. [Ryszard Kosiński] i W. [Roman Wionczek] zostali fiszami w filmie, w „odrodzonym ideowo" filmie. Obaj to są typy identyczne: weseli chłopcy, dość inteligentni, ale przede wszystkim pozbawieni wszelkich poglądów, a spragnieni zabawy, forsy, zagranicy, co zresztą sami w oczy mówią. I tacy właśnie robią karierę w ustroju rządzonym przez ideologię (podobnie jak w telewizji F.). Dlaczego? Bardzo proste: bo są niegroźni, nie stwarzają żadnej herezji, inteligencja i zarazem brak własnych przekonań pozwoli im bezbłędnie utrzymać się „na linii" i nie robić rzeczy za dobrych, co zawsze trąci herezją. Paradoks? Nie – prawidłowość. Tak jak prawidłowością w socjalistycznym teatrze jest repertuar klasyczny i mieszczański: Szekspir, Molier, „Dama od Maxima", „Turandot" – aby tylko nic o współczesności, bo jeśli prawidłowe, to drętwe i nudne, a jeśli twórcze i bystre, to „kontrowersyjne", a więc niebezpieczne, cenzura nie puści, zresztą nikt tego nie napisze, bo nie frajer tracić rok na darmo. I oto, w „krainie realizmu" gra się repertuar jak najbardziej oderwany od realnego życia. Też prawidłowość. To tak jak w Moskwie grano „West Side Story" pod wiedeńską operetkę, aby zamazać charakter jazzowy, bo to ludowe, ale inne, niesocjalistyczne, bezpieczniejsze są austriackie hrabiny z czasów Franza Józefa!

Jerzyk (!) opowiadał zabawną anegdotkę. Breżniew pyta Gomułkę o wypadki marcowe z zeszłego roku. – Co to, towarzyszu – mówi – jakieś tam u was były zamieszki? – Nic takiego, odpowiada towarzysz Wiesław – po prostu w teatrze grali podburzającą sztukę i musieliśmy zdjąć („Dziady"). – No, a co z reżyserem – pyta Breżniew. – Przeniesiony karnie do innego teatru. – A autor? – Autor nie żyje. – A Breżniew na to: – No, towarzyszu, tak nie można, za prędko, za prędko, nie te czasy! Chi, chi, chi.

Paweł słusznie zauważył, że historia radziecko-chińska ma głębsze znaczenie: po raz pierwszy wprost zarzucono Rosjanom to, co oni zarzucają wszystkim: imperializm.

29 marca

Marzec w tym roku straciliśmy: nie było wcale jego uroczej zmienności, tylko cały czas zimno i tyle. To samo, jak się zdaje, będzie w Zakopanem, dokąd za parę dni jedziemy z Lidią i Jerzykiem na święta. Byliśmy tam też zeszłego roku, zaraz po wypadkach marcowych – trochę nam UB dokuczało, ale niewiele. Więc to już rok minął, a w mojej sytuacji nic się nie zmieniło – aż się wierzyć nie chce. Swoją drogą ci ludzie mają myszy w głowie: narobić szumu, a potem zostawić człowieka własnemu losowi o nic go nie oskarżając. Liczą na ludzką krótką pamięć, ale jakież to głupie. Oni się co prawda niczym głupim nie przejmują. Na przykład ostatnio prasa grzmi, jak może, na Amerykę, że chce budować obronę przeciwrakietową, że to są za duże koszta, „błąd ekonomiczny, militarny i polityczny". Toć wydawałoby się, że jeśli Stany Zjednoczone są imperialistą i naszym wrogiem, to niech robią błędy i wyrzucają forsę – dla nas lepiej. Ale nikt jakoś temu się nie dziwi, że my tak nagle troszczymy się o dobro Ameryki: pewno w istocie Rosja chciałaby przeszkodzić owej budowie i puszcza w ruch cały aparat propagandowy własny tudzież „bratnich krajów". Tyle że głupio to jest robione bezdennie, czym się zresztą nikt nie przejmuje prócz mnie, bo ja boleję nad upadkiem prasy jako takiej – z tej otchłani głupstwa nigdy się chyba polski „żurnalizm" nie podniesie, a ja już pewno nigdy w żadnych pismach pisać nie będę. Zmarnowane życie – a miało się dziennikarski talent i zamiłowanie. Cholera!

À propos prasy, byłem u Literatów i czytałem pisma „zakazane", m.in. o dziwo, londyńską „Kronikę". Pismo to redaguje niejaki Świderski, przedwojenny „falangista" od Bolesława, więzień Berezy numer jeden, potem więzień Oświęcimia, dziś „poputczyk" rządowy. I znowu obłęd: pismo jest prorządowe, wydawane za tutejsze pieniądze, ale w Polsce... niedostępne, tak jak i poprzednia „urzędówka", „Oblicze Tygodnia", redagowane przez Karola Lewkowicza (idąc z duchem czasu, Żyda zastąpiono endekiem). W tej

"Kronice" szaleje osławiony Klaudiusz Hrabyk, który m.in. tłumaczy narodowi, że Kisielewski, Jasienica i spółka przez długie lata mogli pisać, „co chcieli", dopiero jak zaczęli politykować i podburzać młodzież, to ich ukarano. Łobuz i łgarz bez czci i wiary. Ale mnie zainteresował list poety Mariana Czuchnowskiego. Pisze on, że przed wojną był prześladowanym i bitym przez policję komunistą, potem bolszewicy wywieźli go ze Lwowa i zamknęli do obozu za „trockizm" i „reakcyjność". Nacierpiawszy się w Rosji, wyszedł z Armią Andersa, z kolei stał się „reakcjonistą", czekał na wolną Polskę, nie doczekał się i teraz jest starym facetem bez ojczyzny, który zmywa w Londynie talerze i którym nikt się nie interesuje. Ano, taki to żałosny los przedwojennego „postępowego" polskiego inteligenta. On zaś pyta – za co to wszystko?!

A tu umarł Eisenhower, jeden z tych, co to najskuteczniej pomagali Rooseveltowi w oddaniu połowy Europy Rosjanom. Robił to z głupoty (głupotę tę, brak jakiejkolwiek orientacji politycznej widać jak na dłoni w jego książce „Krucjata w Europie", gdy np. opisuje, jak to nie pozwolił gen. Pattonowi zająć Pragi, aby nie dopuścić do „łamania umów") i z głupoty tej nie rehabilitował się nawet jako prezydent, choć wtedy zrozumiał już coś niecoś. Ale teraz będą go strasznie fetować i pochylać przed nim sztandary, a o głupocie nikt ani wspomni – choć może się w Ameryce ktoś taki znajdzie? Postać to była w końcu sympatyczna, ale naiwna bezgranicznie – pierwszy lepszy warszawski szofer taksówki wiedział o Rosji pięć razy tyle co on. Dużo za naiwność amerykańską świat zapłacił i płaci – ale oni jeszcze nie bardzo to kapują i są nadal pewni siebie – przekonała mnie o tym rozmowa ze Zb. Brzezińskim dwa lata temu. Niewiele trzeba rozumu, aby rządzić światem.

Byliśmy z Jasienicą u starego Wańkowicza. Mocno on już postarzały, ale po staremu chytro obłudny i filut. Książek wydaje mnóstwo, ma znowu koniunkturę, ale mózg już nie zawsze „gra" – jednak komunizm dla niego za trudny, choć myśli, że to on go wykiwa. Ale jest w nim jakiś powiew dawnych czasów – orzeźwiający. Co prawda, jakież świadectwo wystawia ten, kto się orzeźwia przeszłością, czyli ja? Przedwczesne zejście ze sceny – brrr. Pocieszam się jednak moją pracą – robię wszakże w końcu coś, czego nikt inny nie robi. I nie mam jeszcze sześćdziesiątki, jak Jasienica, krzepki, lecz czerwony na pysku apoplektycznie i głuchawy. „Każdy ma swoją żabę, która się go boi, i swojego zająca, przed którym ucieka..."

1 kwietnia

Ból mi wlazł nagle w kręgosłup, a tu pojutrze jedziemy już do Zakopanego – będzie tam najgorsza pogoda świata, ale może akurat to mnie uleczy? Dziś siedzę jak w wieży szklanej i myślę – myśl mam przepojoną nienawiścią, którą we mnie budzi – prasa. Pechowa jest moja struktura duchowa, która łączy myślenie z polityką i nie może się obejść bez gazet. A tu masę ludzi gazet, a raczej ich części ideologicznej, nie czyta, wobec czego wcale nie są tak ogłupiani, jak mi się zdaje. Może to tylko ja się tą sprawą tak martwię, a ludzie uważają za naturalne, że prasa pisze sowieckie bzdury, których się nie czyta? Choć z młodzieżą sprawa nie może wyglądać tak prosto – moje dzieci nie są tu miarodajne. Pewien Niemiec z Misji Handlowej powiedział mi, że nigdzie nie czytywał prasy z taką uwagą i nie brał jej tak poważnie jak za Hitlera: pisali głupstwa, ale z tego wynikały konsekwencje, jeszcze jakie! Inna rzecz, że to, co pisze nasza prasa, to pisk kota usiłującego ryczeć jak rosyjski lew. Ale jednak czytając uważnie i *a rebours* można się dowiedzieć, co zamierza lew. Ja to właśnie wciąż robię i z tego dokładnego czytania niedługo zwariuję, jak stary gracz w piłkę, mogący już tylko kibicować. A niech to szlag!

À propos kibicowania, rozmawiałem z Andrzejem o przyszłym składzie sejmowego koła „Znak". Krzyżują się najdziwniejsze domysły, podobno dotychczasowi posłowie napisali jakąś wiernopoddańczą deklarację, ale Kliszko milczy, wytrzymuje ich w napięciu, nie puszcza farby. Żeby miał normalną ludzką logikę, to dałby takich posłów, żeby zagranica nie szczekała, bo to jedyny wzgląd, poza tym skład osobowy koła „Znak" nie ma w tej chwili najmniejszego znaczenia. Ale z komuchami nigdy w istocie nie wiadomo, co jest dla nich ważne, a co nie. Tylko dlaczego Stach chce za wszelką cenę być w Sejmie? Głupi optymista, czepia się okruchów nadziei, myśli, że „postawienie się" w Marcu 1968 przedłuża mu kredyt zaufania. Ale po co tam być i nic nie robić? Biedny człowiek, uważa, że to jest dzieło jego życia, a nic innego nie ma. To tylko mnie stać było na odejście (a przecież ja byłem jednym z głównych architektów „Znaku" i ja wyniosłem Stacha na prezesurę), bo mam co innego do roboty, nawet (i właśnie) nie uprawiając publicystyki. Tylko nie dać się zwariować!

Wniesiono ustawę o podatku wyrównawczym dla świetnie pracujących i nieźle się bogacących warzywników. Na rynku zbraknie dobrych jarzyn, ale prawu *urawniłowki* stanie się zadość, a polski NEP otrzyma nowe uderzenie. I w dodatku ta absurdalna drobiazgowość przepisów, sprawiająca, że nikt nie może ich przestrzegać, bo są za dokładne. Dzięki np. obłędnej dokładności przepisów mieszkaniowych (metraż!) będzie się rodzić coraz mniej dzieci i przyjdzie do klęski antydemograficznej – ciekawym, czy osły od przepisów zrozumieją, że jedno łączy się z drugim. Raczej wątpię, nie zrozumieją, tak jak niektóre plemiona murzyńskie nie widzą związku między aktem płciowym, a rodzeniem się dzieci. Chi, chi. Rzecz będzie na rękę Niemcom i Moskalom – tu kardynał Wyszyński ma swoją rację narodową.

8 kwietnia

A więc już jesteśmy piąty dzień w Zakopanem. Zaczęło się fatalnie, bo spóźniliśmy się na pociąg ekspresowy o szóstej rano, na który mieliśmy miejscówki: na próżno z Lidią i Jerzykiem szukaliśmy taksówki, aż zrobiło się za późno. Wściekli musieliśmy jechać wlokącymi się jak żółwie pociągami osobowymi z przesiadką w Krakowie – w sumie trwało to 14 godzin. Po drodze dużo ciekawych rzeczy: chłopskie jeszcze centrum kraju zastawione bardzo brzydkimi ceglanymi domkami z płaskim dachem: to budownictwo oparte na jednym projekcie typowym nadaje charakter (a właściwie brak charakteru) nowej polskiej wsi. Dosyć tu zasobnie, choć jak to w Polsce socjalistycznej brak „kosmetyki" krajobrazu – bo nie wiadomo, kto ma dbać o drobne porządki publiczne, zresztą o tej porze roku wszystko tonie w błocie. Im bliżej Krakowa, tym więcej przemysłu, nieraz imponujące zmiany w krajobrazie, np. olbrzymie szklane potwory pod Kielcami, Chęcinami, Jędrzejowem, niektóre dworce nowe szklane, tu i ówdzie grupy szklanych wysokościowców. Od Krakowa w pociągu tłok diabelski, nowi Polacy, zaradni, kombinujący, trochę płascy, młodzież dorodna w zagranicznych ciuchach i z nartami. Trochę się z nimi czuję obco – może oni nic już nie wiedzą o naszych kompleksach i pretensjach? Żyją swoim życiem, tak toczy się światek, o cóż chodzi – innego świata nie widzieli, gitara i ręczne radyjko im wystarczy, żadnej wolności nie pragną, a raczej braku takowej nie odczuwają. „Co mnie i tobie, niewiasto, o cóż się tu siepać i prawować, w czyim imieniu?" Te wszystkie myśli nurtują i Bartosza, z którym spotkaliśmy się w Zakopanem. On też uważa, że ludzi interesuje tu wyłącznie „mała stabilizacja". A więc nasza „opozycja" jest bez oparcia w masach, to opozycja elitarna? Toć chyba nie ma racji bytu. Więc?

Na odcinku Kraków–Zakopane duże zmiany, zabudowa gęsta, kilka nowych, szklanych dworców (Sucha, Jordanów, Chabówka), trochę szkoda tych starych, austriackich, takich jak jeszcze w Nowym Targu, Zakopanem czy Poroninie – miały swój urok. W drodze rozmowy toczą się wokół strasznej katastrofy lotniczej, która zdarzyła się właśnie tu, koło Zawoi. Pięćdziesiąt pięć osób zabitych, wśród nich językoznawca prof. Klemensiewicz, z którym tak wojowałem. Samolot uderzył w szczyt góry koło Zawoi, leciał z Warszawy do Krakowa, diabli wiedzą skąd się tu znalazł. Są pogłoski, że Kraków nie przyjmował, bo był przelot sowiecki do Czechosłowacji (w Czechach awantury w związku z antyruskimi demonstracjami po meczu hokejowym – wygląda mi to na czystą prowokację, potwierdza to zresztą spotkana tutaj Czeszka). Komunikaty prasowe o katastrofie – tajemnicze.

Zakopane wita nas nocnym śnieżkiem i przymrozkiem, na drugi dzień piękne słońce, niebo bez chmurki, śnieżnie, błyszczące bielą Tatry, Giewont stary znajomy. Cudnie by tu było, gdyby nie owa potworna zabudowa ciężkimi, ohydnymi, zasłaniającymi krajobraz kamienicami – oszpecono w ten sposób najpiękniejszą polską miejscowość i właściwie nie wiadomo, kto to zrobił, bo jak zwykle w ustroju planowo-kolektywnym, winnych nie ma – nikt się nie przyznaje. Zakopane obecnie to ni pies, ni wydra: reszta starej góralszczyzny, trochę pałacyków z 20-lecia, ohydne gniazda tępych kamienic, trochę pseudonowoczesnego szkła. Stary Witkiewicz w grobie by się wywrócił, zapomniano jego ideę, zmarnowano szansę wystawienia pomnika kulturze regionalnej, który łączyłby styl ludowy z nowoczesnością, jak na przykład w Tyrolu. Powstał nowobogacki, bałagański harmider, kamienicami pozasłaniano góry, okropne to dla kogoś, kto pamięta dawne, biedniejsze, ale cudowne Zakopane.

Biegam po śniegu i słońcu na rozmaite Nosale i Antałówki, ale gnaty bolą, serce nawala, w pysku ciężka zgaga – stary już człowiek chyba, pierwszy raz tak się z trudem w Zakopanem aklimatyzuję. I ludzi znajomych wokół masę: Henio, Bartosz, Jacek Woźniakowski, wielu innych. Z Jackiem pożarłem się oczywiście o „Tygodnik", gadałem o jego zachodnio-reformatorskich, ignorujących Polskę zainteresowaniach: a przecież Polska, przefasonowana przez komunizm w odmieńca, nie da się pominąć, choć o niej pisać prawd nie wolno. W końcu doszliśmy z Jackiem jednak do jakiego takiego porozumienia, wymyślając wspólnie na Jerzego, że nic nie robi. Tyz piknie! Za to z Heniem i Bartoszami popiliśmy zdrowo, chorowałem zresztą potem nielicho.

Zakopane w święta trudne jest do strawienia: Krupówkami przewala się tłum po trochu pijany, masę młodzieży, nie bardzo mają co z sobą zrobić, bo lokali nadal za mało. Góralskich strojów nie widać, za to na wielkich tarasach nowych domów wczasowych gołe cielska wystawione do słońca smażą się na czerwono. Dziwnawo tutaj, czuję się jak gość z innej epoki, tylko na grobach w góralskim kościółku znajome nastroje. Dziś już po świętach, Jerzyk wyjechał (matura *ante portas*), a my z Lidią poszliśmy oglądać domek, budowany przez Julka Żuławskiego na Krzeptówkach. Tam jeszcze mieszka duch starego Zakopanego, choć auta walą drogą jak diabli.

12 kwietnia

Pobyt w Zakopanem powoli chyli się ku końcowi. Było parę ładnych spacerów na Cyrlę, na Głodówkę, do Kościeliskiej, pogoda przepiękna, góry śnieżne jak wyrysowane na niebie, pod wieczór czerwieniejące. Dopiero od dziś pogoda się popsuła, a my mamy jeszcze trzy i pół dnia. Pobyt ten dosyć mną wstrząsnął, wyszło się z warszawskiego kręgu ludzi, widzi się innych Polaków, czasem człowiek wątpi, czy jest jeszcze do czegoś przydatny, czy coś zrobi, czy będzie przez kogoś zrozumiany. To nie są myśli tylko moje: spotkałem tu literata B., niegdyś czołowego pisarza komunistycznego, który podążał swymi książkami za każdym skrętem ichniej propagandowej taktyki czy polityki, dziś, po wystąpieniu z partii, „sfrustrowanego" (modne powiedzenie), w dodatku Żyda, który przypomniał sobie wszystkie swoje kompleksy, jednocześnie jednak (rychło w czas), nabrał polskiej godności, „honorowości" wobec Rosji. Trudno mu coś doradzać, choć warto by: kiedyś drażnił mnie jak cholera, dziś zrobił się ludzki i żal mi go. Chce zmazać swoje winy, chce „dać świadectwo", widzi wszystkie grandy i bzdury. Oczywiście – łatwo by go było wydrwić, ale ja odnoszę się raczej po chrześcijańsku, że „większa radość z jednego nawróconego..." Co prawda mało teraz tej radości – i dla niego, i dla mnie. Pogodziliśmy się, ale za późno.

A tutaj w telewizji i prasie nowa szopa: „kampania wyborcza".

Otchłań bzdury przekracza wszystko, co można by wydumać. Powtarzanie godzinami tych samych frazesów, które absolutnie nic nie znaczą, robi wrażenie jakiegoś obłędu zupełnie niedostępnego dla ludzi postronnych. A tu Spychalski z całą powagą czytał (wszyscy czytają!) owe brednie, których ideałem jest maksymalne skonwencjonalizowanie tekstu, robiąc z tego jakąś hieratyczną modlitwę niemal, zaś Gomułka siedzi ze schyloną łysą głową i wodzi palcem po tekście, sprawdzając, czy aby choć jedno słowo świętej mowy nie zostało opuszczone lub przeinaczone. A potem Wycech i Moskwa w imieniu „zaprzyjaźnionych stronnictw" plotą godzinami to samo: w tej zabawie idzie najwyraźniej o sprawdzenie, czy mówcy i słuchacze są dostatecznie wytresowani, aby w niczym nie sprzeniewierzyć się rytuałowi, nie dodać nic od siebie, nie zdradzić się jakimś żywszym wyrazem twarzy, toteż wszyscy siedzą jak manekiny czy automaty. „Jakieś ich chyciło spanie". Potworny zaiste widok, choć Polska, przyzwyczajona, zdaje się nim wcale nie przejmować. I przy tym (boć to „Front Narodowy"), biedny Kostek Łubieński też zabiera głos plotąc coś o ważności spotkań „z masami". Panie hrabio, na cóż to panu przyszło i po co?!

A tu z domu dostałem „pasztet", zresztą na zdrowy rozum całkiem spodziewany: odmowa wyjazdu do Francji dla mnie i dla Lidki. Właściwie rzecz jasna, ktoż by tam puszczał „wroga ludu", a jednak żywiłem widać w tym względzie jakąś absurdalną nadzieję, bo mi teraz całkiem łyso. Złożę odwołanie, Henio nawet mówi, żeby pisać do ministra, ale ja w to już nie wierzę. Martwię się tylko, że nie będąc tak długo na Zachodzie stracę wszelką skalę porównawczą i w ogóle przestanę normalnie myśleć. Niewesoło! Oni nas nie wykańczają od razu, lecz blokują i marynują tak długo, aż sami zwariujemy. Przypomina mi to stary film „Pepe le Moko" z Gabinem: przestępca schronił się do zamkniętej dzielnicy arabskiej, gdzie policja francuska go nie ściga, odwiedza go nawet przyjaźnie komisarz tocząc z nim długie rozmowy na temat, że wreszcie, aby nie zwariować, wyjdzie dobrowolnie i odda się w ręce władzy, co się też na końcu staje. Brrr – wysoce niemiłe!

Zdaje się, że za oknami rodzi się coś w rodzaju halnego wiatru. Jeszcze to Zakopane nie weszło całkiem w moją świadomość – tu trzeba siedzieć długo. Może to kiedyś zrobię, korzystając z prawa (dotąd mi nie odebranego) przenoszenia się z miejsca na miejsce w moim ogólnopolskim więzieniu. Teraz zaczynam rozumieć Tyrmanda z jego, jak mówił, „klaustrofobią". Mocna rzecz – ale może się nie damy?!

19 kwietnia
Znów jesteśmy w Warszawie, pogoda okropna, sporo zmartwień, m.in. z Wackiem, bo przyszło dla niego wezwanie do wojska oraz jakieś tam z urzędu skarbowego, a on się bawi i byczy w tym Paryżu. Ale ponad wszystko zmartwieniem jest dymisja Dubczeka i nowe Biuro Polityczne w Czechosłowacji. A więc skończył się czeski sen o Europie, o normalności, wraca sowiecka rzeczywistość. Oczywiście, dużo zależy od ich „Kádáro-Gomułki" Husaka, ale co najwyżej zrobi on bezboleśnie tę samą sowietyzującą operację – nie ma silnych, nikt się nie ujmie – bardzo mnie to zgryzło, ogólnie zresztą nastrój jest wręcz żałobny. O Czechach ktoś powiedział, że teraz już poduszą się sami, własnymi rękami, bez pomocy Ruskich. Czy tak będzie? Dotąd byli cudownie solidarni, ale w końcu, wobec przemocy zaczną się łamać i degenerować. Obym był złym prorokiem, ale wyjścia dla nich nie widać: dymisja Dubczeka będzie dla tego narodu realistów znakiem, że nic się zrobić już nie da. Boć przecież za broń nie chwycą!

Składaliśmy wczoraj z Lidią odwołania w sprawie paszportowej. Napisałem je bardzo krótko i urzędniczka w okienku zwróciła uwagę, że sformułowane są „sucho". Na to jakiś Żyd, stojący obok z podaniem, skądeś mi zresztą znajomy, powiedział: „Jak będzie tłusto, też nic nie pomoże"! Cha, cha! Postanowiłem jednak napisać list do ministra Świtały w sprawie mojego paszportu – wiem, że to „nic nie pomoże", ale niech nie mam już sobie nic do wyrzucenia. Jak to nie da skutku, to już nigdy nie będę się starał wyjechać – siedzieć w Polsce, pisać i kwita. A co z Wackiem? Martwię się o niego, bo w końcu tu miałby więcej roboty – ale trudno, na odległość mu nie wyperswaduję, niech robi, co chce. Przerażony jestem światem i jego absurdami, a także głupotą wielkich mocarstw (wszystkich trzech). Żebyż to raz małe państwo objęło dyktaturę – toć w epoce atomowej rzecz jest zgoła możliwa! Izrael jest tu na najlepszej drodze, gdy „arogancko" (jak pisze nasza prasa) nie zgadza się na nową Jałtę, którą chcą mu zaaplikować wielkie mocarstwa. A chuja! – mówi i ma rację.

Z Zakopanego pojechaliśmy autem (Brandysa) do Makowa, gdzie właściwie wynajęliśmy „letnisko". Ależ rozbudował się ten

Maków – byliśmy tam na wakacjach 20 lat temu – nie do poznania! W ogóle Podhale się bogaci za dolary przysyłane od rodzin i od wyjeżdżających na „amerykańskie saksy" (tak mówią). Polska Ludowa potrzebuje dewiz, z handlu zagranicznego ma ich niewiele, więc ściąga w ten sposób; za dolary w nowotarskim sklepie PKO dostać można wszystko, nawet cement na budowę, którego brak nieraz przedsiębiorstwom państwowym. W ten sposób wieś podhalańska się bogaci, na przekór „socjalizmowi", a dzięki kapitalizmowi. Paradoks – jeden z wielu.

Opis innego paradoksu „stał" w „Życiu Warszawy". Oto pewnego wynalazku nie wprowadzono w życie, bo przynosił on takie oszczędności, że koszta własne i „fundusz przerobowy" fabryki zmniejszały się poniżej planu, co rzutowałoby na fundusz płac i premii. W rezultacie wynalazek sprzedano do NRF, oni produkują rzecz (chodzi o jakieś chemiczne filtry) na polskiej licencji, a my ją od nich kupujemy za dewizy! I to w epoce klapy z inwestycjami, kiedy Gomułka grzmi, że przyczyną wszystkiego złego jest niska jakość techniczna. Czyż ten człowiek nigdy nie pojmie, że bez zmiany sztywnego s y s t e m u, czyli nie wstydząc się słowa, ustroju, który maniakalnie więzi wszystko w okowach przepisów, nic się nie poprawi? Nie, tego ten człowiek już nie pojmie, jak i w ogóle całego paradoksu dzisiejszej Polski, do którego to paradoksu sam się walnie a nieświadomie przyczynił. Biedny człowiek, ale trudno go żałować. Husak będzie czeskim Gomułką, tyle że ma doktorat. A może Husak będzie czeskim Wallenrodem – to przecież byłoby w czeskim stylu. Marzenia, marzenia.

Na razie przed nami groteskowe „wybory" – i pomyśleć, że sam dwukrotnie byłem „takim" posłem. Sprawa „Znaku" wyjaśniła się: na miejsce Zawieya wchodzi Myślik, reszta bez zmian. Myślik marzył o tym od lat, chce być posłem interwencyjnym, od pracy organicznej, jak Kostek Łubieński. Boję się, że gówno zrobi, a odpolityczni „Znak" całkiem. Po co to Stachowi, po co firmować to, co robią komuniści, gdy się na to nie ma wpływu, a sprzeciwić się nie można, zresztą sprzeciw nie dochodzi do wiadomości opinii, jak to było niedawno z kodeksem karnym („Znak" się wstrzymał od głosu, ale prasa tego nie podała). Podobno prymas kazał im wejść do Sejmu, ale skąd to nagłe posłuszeństwo – nigdy go nie słuchali. Przy tym on „każe", ale głośno tego nie mówi. Po ch... babrać ten „Znak" do reszty? No, cóż, powiem jak Hamlet: „Świat wyszedł z formy, ale nie mnie to wracać go do normy". I oto nadal rządzić będzie obłędna drętwota pana Zenona. Wyjścia nie ma – prywatnie też niewielkie – pozorne, jak w owym filmie „Pepe Le Moko". Otaczają mnie psychicznie, osaczają, jakby się tu nie dać? I nie zbzikować, bo jestem coraz bardziej nerwowy, dziś zły na lekkomyślność Wacka, zwymyślałem całą rodzinę, że aż hej. Aha, Wańkowicz napisał o mnie w „Polityce" (o wolontariuszach poprawiających język), cenzura wycięła wszystko co dobre, a pozostawiła złe, wyszło głupio, ale jest on bardzo dumny, że „przypomniał nazwisko". Nie wiem, co o tym myśleć i nie chce mi się – w głowie mam swoją rację, aby się tylko udała!

Byłem na koktajlu u Amerykanów: Polaków mało, nastrój rybi. Trochę pogadałem z Najderem – anglistą, spryciarzem. Sekretarz ambasady bardzo miły, z żoną Rumunką. Może ich jeszcze zobaczę wraz z Heniem, który się tam już wkręcił. Henio w Zakopanem rozkrochmalił się i opowiadał historie ze swego życia: trochę to jest Zagłoba, choć nie mówię mu, że koloryzuje, bo się obraża. Trzeba wrócić do normy i przed wakacjami napisać muzykę dla Amerykanina – z tego będę żył!

23 kwietnia

Wiosna dziwna, zimna, zmienna, co by to było, gdyby nigdy nie miało się tego roku zrobić cieplej – ludzie by oszaleli, nastąpiłyby tragedie, samobójstwa, licho wie co. Doboszyński napisał kiedyś powieść „Słowo ciężarne" (swoją drogą nikt takich rzeczy nie pamięta, tylko ja), gdzie na skutek rozpylenia nad Niemcami jakiegoś gazu Niemki przestają rodzić dzieci, a raczej zachodzić w ciążę. Znakomicie tam jest pokazane (choć może, po latach, przesadzam z tą znakomitością), jak popłoch narasta stopniowo, od głuchej plotki aż po ogólne poruszenie i przerażenie. A co by było w Polsce, gdyby tak nie dało się dokonać zasiewu? Widmo głodu, zaglądające w oczy całemu narodowi – bywały już w świecie takie rzeczy, ale w drobnorolniczej Polsce jeszcze nie. Cha, cha!

Może nie należy czytać tak dużo pism polskich, jak ja to robię, bo świadomość absurdu byłaby wtedy mniejsza? Na przykład gdy w jednym piśmie czytam artykuł, że ze względów ideowych trzeba zniszczyć prywatnych rzemieślników – producentów za dużo zarabiających, a w drugim piśmie, że rzemieślnicy ci wytwarzają dla państwowego przemysłu 2 tysiące gatunków różnych śrubek, bez których produkcja może stanąć, to zaczynam się czuć jak w domu wariatów i zastanawiam się, czy istnieje w tym kraju ktoś nadrzędny, kto przeczytawszy oba artykuły wyciągnie z nich jakiś wspólny wniosek? Bo albo planowanie, albo przypadkowość, ale i planowanie, i przypadkowość to chyba trochę za dużo jak na normalne ludzkie pojmowanie? Może więc lepiej czytać tylko jedno pismo, aby zachować jaką taką przytomność? A my narzekamy, że prasa u nas jednotonna!

W ogóle wściekanie się na prasę zastępuje mi życie wewnętrzne, dzięki czemu nie mogę się od niej oderwać, z lubością wyczytując, że nasze wybory z jedną listą i z góry ustalonymi kandydatami to kwintesencja demokracji, podczas gdy wybory burżuazyjne to lipa, granda i oszustwo. My mamy swobodne prawo akceptacji, a tamci, biedacy, grzęzną w „sprzecznościach". I pomyśleć, że te banialuki muszą u nas mówić i pisać najpoważniejsi ludzie, profesorowie, dyrektorzy, ministry. Nikt nie może pozostać poważny, wszyscy zostają zamienieni w dzieci, obowiązane bez przerwy przyświadczać, że goły król jest ubrany. Zmusić wszystkich do ciągłego mówienia bredni i to z najpoważniejszą miną, to znaczy skompromitować ich raz na zawsze i uczynić przez to nieszkodliwymi. *Voilà*!

Prasa pełna też jest panegiryków o Leninie z racji jakiejś tam rocznicy – już się człowiek w tych wszystkich rocznicach gubi, w tym roku zagęszczenie ich doszło do szczytu, skutecznie zamulają one prasę i ludzkie mózgi. Czechosłowacja też już się tym zajmie, zamiast politykować: Husaka fetują w Moskwie, widać go na zdjęciu klaszczącego (komuchy wprowadziły taki zwyczaj, że ludzie we wszelkich prezydiach sami też klaszczą), wygląda zgoła jak nasz Wiesio. A z tych wszystkich banialuk o Leninie najbardziej mi się podoba jego (Lenina) mowa, gromiąca burżuazyjne swobody jako kłamstwo i łajdactwo, a wygłoszona na jakimś zjeździe w... Zurychu. Pluć na tych, co mu pozwalają mówić, za to właśnie, że... pozwalają mu mówić, to zaiste niezwykłe. Ale jakoś nikogo to nie dziwi: czy to wszyscy zwariowali, czy nie przypadkiem ja?!

W „Forum" przedruk wywiadu jakiejś włoskiej dziennikarki z wietnamskim generałem Giapem, „ojcem zwycięstwa" pod Dien Bien Phu. Generał ów twierdzi, że w wojnie zginęło 70 tysięcy Amerykanów (Amerykanie podają 35 tysięcy) natomiast 500 tysięcy Wietnamczyków i bez zająknienia podaje, że to nic nie szkodzi, że będą walczyć do skutku choćby jeszcze 50 lat i że rokowania w Paryżu to zawracanie głowy. I takiego nikt nie nazwie faszystą ani podżegaczem wojennym! Znowu pytam, czy przypadkiem nie zwariowałem.

W „Kulturze" ciekawy, bo niekonwencjonalny (rzadkość!) artykuł prof. Mariana Mazura o rzekomej „odpowiedzialności naukowców". Autor mówi całkiem słusznie, że uczony rozwiązuje problemy obiektywne i moralnie obojętne, a o złym czy dobrym zastosowaniu jego wynalazków decyduje już kto inny, polityk, cesarz, diabli wiedzą. Myśl nierewelacyjna, ale przy naszej „szlachetnej" frazeologicznej sztampie najoczywistsze twierdzenie wolne od propagandowego sosu staje się odkryciem. Sam pisałem coś podobnego w felietonie 20 lat temu (właściwie myśl była identyczna, o moralnej obojętności odkryć technicznych), ale nikt tego nie zauważył, bo to było „reakcyjne", więc nie wymagało odpowiedzi. Na tego Mazura zresztą naskoczą, bo to w piśmie „urzędowym" – już nawet skaczą.

Przyszła smutna wiadomość o Zawieyskim: jest sparaliżowany, nie mówi, leży w klinice. Szkoda go, nie wiem, czy się przejął brakiem nominacji na posła? Tak nisko go nie cenię: jest troszkę próżny i specyficzny kabotyn, ale przecież nie do tego stopnia, a sytuację miał w gruncie rzeczy doskonałą: wycofanie się w glorii Rejtana z tego całego śmierdzącego interesu. No, ale może to nie ma nic wspólnego z polityką, facet już przecież pod siedemdziesiątkę. Szkoda by go było, miał swoje słabostki, ale miał też i ogromny urok, a także prawdziwą, głęboką wrażliwość. No i napisał bądź co bądź to i owo, rzeczy nierówne, ale kilka bardzo dobrych („Romans z ojczyzną"). Może z tego jeszcze wyjdzie, choć wiek poważny. A w gruncie rzeczy nie było w nim starości – zawsze uważałem, że homoseksualizm konserwuje duchowo, daje jakiś niezmiernie młodzieńczy fason...

Byłem w czytelni austriackiej na specyficznym „teatrze jednego aktora", który to aktor śpiewał i recytował stare wiedeńskie historyjki z początku XIX wieku. Nie było to bardzo dobre, ale ogromnie charakterystyczne dla tej jakiejś szkopskiej zasiedziałej tradycji łączącej szczególiki materialno-obyczajowe z koturnowym romantyzmem, a muzykalność i taneczność z filozoficzną skłonnością do sentencji à la Lec. Ludzi było masę (przeważnie starych), a mnie to przypominało, Boże odpuść... Kraków. Co KC to KC (choć nie Komitet Centralny!)

28 kwietnia

A więc de Gaulle przegrał referendum i podał się do dymisji! Dużo w niniejszym dzienniku o tej postaci pisałem, pora więc na małe podsumowanie – w moim pojęciu nie wychodzi ono dodatnio. Rozbił Zachód, a nic nie dał Wschodowi, zachęcił i ośmielił Moskali w Izraelu, zraził Amerykanów do spraw europejskich, umocnił Niemcy, a izolował Anglię i to wszystko w imię tradycjonalistycznych mrzonek o mocarstwowej suwerenności Francji. W polityce wewnętrznej zapewnił wprawdzie ciągłość i stabilność rządów, ale zahamował rozwój socjalny i ekonomiczny (zbędne wydatki na *force de frappe*) i doprowadził do niebywałych wstrząsów jak w maju 1968. Przy tym siła polityczna, jaką stworzył („gaullizm"), dosyć się wydaje bez niego iluzoryczna. Owszem, był w końcu wielkim człowiekiem, pokazał to w czasie wojny, poniekąd w sprawie Algierii (choć różnie o tym sądzą Francuzi...), ale był niewspółczesny, nie chciał się pogodzić z tym, że przy dzisiejszej technice osobne państwo bez przymierza i ścisłego współdziałania z wielkim mocarstwem nie jest w stanie inwestować w elektronikę czy energię nuklearną – co zrozumieli wszakże i Anglicy, i Niemcy z NRF. Faktyczne wystąpienie Francji z NATO było szaleństwem, które na szczęście nie zdążyło jeszcze przynieść tragicznych skutków. Zbliżenie ze Wschodem nic nie dało poza pewnymi sukcesami prestiżowymi. W sumie – nieszczególnie, zwłaszcza że Francja trwa stosunkowo zacofana (rolnictwo) i niezadowolona, zagrożona komunizmem.

Ciekawe, co będzie dalej. Na razie gaulliści, mając murowaną większość w parlamencie i jeszcze trzy lata do wyborów, spróbują jakoś się scementować bez de Gaulle'a i wybrać nowego prezydenta (pewno Pompidou, bo Giscard za słaby) – ale uaktywni się cała opozycja, przede wszystkim na pewno komuniści, którzy zresztą byli w dziwnej sytuacji, bo antyamerykanizm de Gaulle'a odpowiadał Rosji, ale zubożał Francję. Ja chętnie bym widział jakąś nową centrolewicę z Mendesem czy Mitterandem, która by powróciła do bloku zachodnio-europejskiego (co prawda co z tego Polsce, jeśli po wiek wieków pozostać ma komunistyczna?! – to wszystko są moje rozważania bezinteresowne, pozanarodowe). Ale czy to się uda, czy gaulliści długo utrzymają władzę?! Cholera wie! Gorzkie owoce jednowładztwa konsumuje się już po fakcie!

A swoją drogą imponujący i podnoszący na duchu jest fakt, że de Gaulle ustąpił dobrowolnie na skutek negatywnego wyniku głosowania, jeszcze więc „demoliberalna" demokracja nie zginęła. Nabiera to wymowy zwłaszcza wobec naszych żałosnych i żenujących „wyborów", do których przygotowania trwają tu w pełni. Jednocześnie szykujemy się do święta 1 Maja, do 25-lecia Polski Ludowej i licho wie do czego jeszcze. Takiej kumulacji obchodów dotąd nie było: miasto obwieszone sztandarami, czerwienią, transparentami, eksplozja cudnej pogody, niby jakieś sztuczne podniecenie, a w sumie wszystko bez treści, funta kłaków niewarte. Choć czy wszyscy ludzie to wiedzą? Opowiadano mi, jak w pewnym naukowym, uniwersyteckim towarzystwie młodzi docenci cieszyli się, że Czesi „nareszcie dostali za swoje i przestaną rozrabiać", oraz że „Icki wyjeżdżają". Mili są ci nowi Polacy, ani słowa!

Ja żyję nerwowo, bo muszę pisać muzykę dla tego Amerykanina, i to pisać pospiesznie, gdyż on w czerwcu przyjeżdża i ma mi za to zapłacić. Piszę bez przekonania, a książka leży odłogiem, do tego upał i wiele innych podrażnień (Wacek, matura Jerzyka, brak paszportu). Umarł Krzyś Komeda, muzyk jazzowy, uroczy chłopak. Zawiey ciągle sparaliżowany, i to chyba na długo. A tu w koło czerwone sztandary, brodate paszcze Marksa i Lenina i ludzie goniący za karierami bez względu na upodlenia i bzdury. Nic mnie niby złego nie spotyka, ale nerwy dygocą. Głosować oczywiście nie będę, tak jak i poprzednim razem, ale ludzie polecą, bo się boją. „Wolna Europa" próbuje przypomnieć sprawy ideowopolityczne, wczoraj nadawała przemówienia przed sądem Kuronia i Modzelewskiego. Piękne nawet, ale to głosy wołające na puszczy, obce mi w dodatku, bo powołujące się wciąż na „socjalizm". „Ci dopiero daliby nam w dupę" – powiedział Paweł: przeżywa on coraz silniej swą postawę „endecką" i lubi odcinać się od wszelkich myśleń typu „postępowego" i od jakichkolwiek poprawiaczy socjalizmu. Napiliśmy się z nim i z S. wódki wczoraj wieczór, przedtem cały dzień jeździłem na rowerze. A tu robota nie zrobiona – o cholera! I starość na karku, coraz bliżej! Ten rower niby ma mnie odmładzać, ale czy to skuteczne?

2 maja
A więc już po „majowym święcie" – w tym roku było skromniejsze, bez defilady, Gomułka mówił krócej, podobno w zakładach pracy stosowano mniej przymusu. Skoncentrują się pewno na

22 Lipca, bo to w tym roku 25-lecie. A przed tym jeszcze wybory – o Jezu! Choć właściwie ludność trochę już lubi te święta, zwłaszcza że zawsze jest pogoda (komuchy mają protekcję u Pana Boga?). Łaziłem trochę po ulicach 1 maja po południu: jakaż masa młodzieży, dobrze ubranej, rozbawionej, choć rozmyślnie przesadnie wrzaskliwej. Jeśli oni są zadowoleni, to dlaczegóż właściwie ja mam za złe? Rozpiera mnie nadmiar wiedzy niepotrzebnej: o przeszłości, o źródłach naszej władzy, jej kwalifikacjach i stosunkach – pełno tego mam w sobie, ale nikogo jakoś to widać nie ciekawi. Ludzie pogodzili się ze wszystkim, uznali to za normę, mówią, że nie jest tak źle, a Czechy pokazały, iż nic innego być tu nie może. A że nie daje się pisać? To ci zmartwienie, zresztą zmartwienie dla niewielu nawet wśród literatów, bo i ci w większości nauczyli się pisać na tematy neutralne. Doprawdy, żeby być dziś u nas w zasadniczej opozycji, to już trzeba stać się zupełnym maniakiem i wrogiem życia codziennego. Oto nieodparta siła zbiorowej komunistycznej hipnozy.

Przed 1 maja byłem na przyjęciu z racji imienin (czy urodzin) królowej holenderskiej – łazili potem za mną agenci. Pogadałem trochę z ludźmi, m.in. z żoną ambasadora francuskiego (mąż jej jest w Paryżu z naszym Motyką, na otwarciu wystawy „1000 lat sztuki w Polsce" – Motyka i Malraux, ale zestawienie, o rety!). Ambasadorowa wie, że jestem antygaullistą, pytała więc, co o tym myślę, powiedziałem jej, że na przekór sobie troszkę mi żal, co jej się dosyć podobało. Rozwinąłem jej moją koncepcję, że de Gaulle chciał zobaczyć, co będzie po jego śmierci, i dopilnować tego. Ambasador jest gaullistą, w dodatku kalwin–hugonota jak Cuve de Murville – kiedyś bardzo się z nim o de Gaulle'a kłóciłem. Cóż, kiedy we Francji zrobi się na razie dość głupawo, gaulliści będą się trzymać rządów, komuniści napierać, a właściwa „mieszczańska" lewica i centrum są rozbite i wszyscy chcą kandydować: Defferre, Bidault, Mitterand, Poher, licho wie kto. Wygra więc na razie Pompidou, ciekawym, czy z gaullistów bez de Gaulle'a zrobi się jakaś dorzeczna centroprawica i czy zmieni politykę zagraniczną z tramtadracko mocarstwowej na europejską? Tylko że jednak takiej popularnej postaci jak de Gaulle prędko już nie stworzą.

Dziś była matura z polskiego. Tematy: 1) „Praca jako miernik wartości człowieka w utworach Orzeszkowej, Prusa i Dąbrowskiej", 2) „Problematyka społeczna i narodowa w opowiadaniach Żeromskiego i »Weselu« Wyspiańskiego", 3) „Przemiany społeczne i kulturalne w PRL w okresie 25 lat jej rozwoju". Jerzyk pisał drugi, ciekawym, co tam spłodził – w gruncie rzeczy tematy to trudne, aby coś mądrego napisać, niejeden publicysta by się na tym naciął.

Umarł Bolesław Świderski, postać osobliwa, od Bolcia Piaseckiego, dawny falangista, więzień Berezy numer jeden, potem podczas wojny długo w Oświęcimiu, po wojnie wydawał w Londynie książki, a także pismo „Kronikę", prorządowe, ale w Polsce nie do dostania, z łobuzem Hrabykiem jako głównym publicystą. Miał podobno zamiar wrócić do kraju – nie zdążył. Dziwna postać – emisariusz Bolcia, kiedyś sekretarz „Prosto z mostu" (służył więc kolejno dwóm Piaseckim).

U tych Holendrów gadałem sporo z ludźmi, cudzoziemcami i Polakami, ale mało ciekawie. Był Jędrychowski, minister spraw zagranicznych od siedmiu boleści, był też Kostek Łubieński i opowiadał o niemożnościach stworzenia „socjalistycznej wspólnoty gospodarczej" – że też on tego nigdy w przemówieniu nie powie! Zresztą chłop poczciwy, ale co ma hrabia robić w komunizmie jak nie posłować?

W Warszawie nareszcie wiosna rozbuchana, piszę wściekle muzykę dla Amerykanina (toć mój chleb!), jeżdżę trochę na rowerze, mało zaglądam do dzieła i bardzo się irytuję na rodzinę. Wacek w Paryżu, ja tutaj – taki los wypadł nam. Nie lubię jednak wiosny.

3 maja
Pogoda przecudowna, przypominają mi się przeróżne 3 maje sprzed wojny – piękne były, w dodatku konkurencja dla 1-go, dziś wszystko jest bez konkurencji. Zapomniałem napisać, że byłem u Jasienicy, postanowił bowiem przedstawić mi „swoją panią". Jest to osoba wyszczekana, inteligentna, bywała, jeszcze „akówka", ale coś mi za mądra. Sporośmy wypili i wylazła wtedy moja przyrodzona niechęć do Jasienicy. Choć go kocham, to mnie drażni, bo, jak to określiłem, bardziej się on kieruje temperamentem niż rozumem. Tę ostatnią sprawę to już sam sobie narobił nieopanowaniem – choć niby co ja tu mam do gadania, przyganiał kocioł garnkowi.

Ze „Świata" wylali Arskiego i w ogóle „Świat" ma przestać wychodzić. To też dziwny człek ten Arski, napisać gotów każde świństwo (np. felietony w „Expressie" podczas wojny izraelskiej 1967 – najbardziej chamskie w polskiej prasie) a osobiście raczej świństw nie robiący. Żałować go nie będę, tyle że „Świat" ma być zastąpiony jakimś 60-stronicowym magazynem redagowanym przez ćwierćinteligentów. Nasza prasa gorsza jest niż sam socjalizm.

Słyszałem od pewnej Czeszki kawał. Breżniew połknął Dubczeka. Ten z trudem przebijając się w ciemnościach napotyka nagle Gomułkę. – Skądeście się tu wzięli? – pyta. A tamten na to: – Wszedłem od drugiej strony! I jeszcze jeden: Kto projektował fasadę muzeum w Pradze? (postrzeloną ostatnio kulami). Odpowiedź: El Greczko. Chi, chi. A swoją drogą Dubczek już pogrzebany: został przewodniczącym parlamentu w Pradze, takim naszym Wycechem. Po co mu to? Dlaczego komuniści nigdy nie odchodzą dobrowolnie?!

Wodiczko dostał nagrodę 1-majową za pracę w telewizji. Najpierw gościa wyrzucają, a potem robią zeń idola. Nigdy nie sposób przewidzieć, co zrobią i jaki w tym sens. Może to i cały urok sytuacji? Toć gdybym liczył na ich logikę, to moja sytuacja byłaby beznadziejna! A tak łudzę się nawet, że minister Świtała odpowie mi w sprawie paszportu, he, he!

W „Tygodniku Powszechnym" dobry artykuł Andrzeja Wielowieyskiego o kadrach „menadżerskich" i filozofii pracy. Wobec nieznośnego prymitywizmu naszych marksistowskich dyskusji w tej sprawie artykuł daje wreszcie trochę oddechu. Przypomina też, że nie zawsze praca była ideałem, że sfery „zasobne" w feudalizmie np. głosiły często ideały nieróbstwa. Potrzeba dopiero niemarksisty, aby spojrzał na sprawy w perspektywie czasowo genetycznej, a więc – dialektycznie. Ich głupawe jednostronne agitatorstwo pogrzebało dialektykę raz na zawsze, zresztą Sowieci licytują się tu z Chińczykami, którzy gadają tak głupio, że aż wierzyć się nie chce w ich parotysięcznoletnią kulturę. No cóż, narody się zmieniają, np. Czesi stali się Polakami, a Polacy Czechami!

5 maja

Upał jak w lipcu, choć Wicherek zapowiadał oziębienie. Wokół nowa mania: sprawdzanie, czy figuruje się na liście wyborców. Robią to nawet gdzieniegdzie zbiorowo, łącząc rzecz z majówką. Czy ludzie zdają sobie sprawę z absurdalności tej historii? Myślę, że wszystkie wyborcze manewry i z całą powagą traktowane formalności dokonywane powszechnie a z precyzją mają właśnie na celu osiągnięcie tego, aby ludzie zapomnieli, że głosowanie na jedną z góry ustaloną listę jest błazeństwem. I chyba zapominają – w Rosji zapomnieli już na pewno. Tutaj jednak wyczuwa się chociaż świadome poczucie beznadziejności: że nic się nie da zrobić, że tak już pozostanie. A jednak ci młodzi marcowi „komandosi" i „rewizjoniści" czegoś chcieli, w coś wierzyli, do czegoś dążyli – teraz już nikt na nic się nie porywa (à propos tych zeszłorocznych wydarzeń: ktoś z ludzi teatru opowiadał mi, że całą historię z „Dziadami" rozpętał nasz kochany Zenon Kl. przez brak rozumu. Siedział podobno na premierze w pierwszym rzędzie i wszystko co złe brał do siebie – to zupełnie możliwe, tutaj wszystko zaczyna się z głupstwa, a on ma nielichą manię prześladowczą. A udali nam się wodzowie, niech ich...)

No i oto „Znak" znowu wchodzi do tego całego Sejmu, bez biednego Zawieya, ale z Myślikiem. Po co wchodzi? Jeśli rozumiałbym jeszcze argumentację Stacha (jakbym go słyszał), że trzeba być obecnym, to jednak przecież trzeba być obecnym jako coś określonego, trzeba złożyć jakąś publiczną deklarację ideową czy programową – toć ludzie już zapomnieli, co to jest „Znak" i po co w tym interesie siedzi. Ale Stach chyba nie zdaje sobie z tego wszystkiego sprawy: sytuacja własna utożsamiła mu się z celem ogólnym, tak to bywa u polityków pozornych. Podobno kardynał wypowiadał się w tej sprawie krytycznie, ale z nim to też nie bardzo wiadomo co, a dla Stacha papieżem jest Kliszko i kwita. Co prawda, jak się z tego interesu wysiądzie, to się już nie wraca – Stach to wie, choćby patrząc na mnie. Chi, chi...

A tu prasa ma nowe zmartwienie: zajścia i walki w północnej Irlandii. Omawia je oczywiście komunistyczną metodą, aby jak najwięcej pokazać u innych konfliktów i okropności, a zarazem oświetlić rzecz tak, żeby człowiek nie poinformowany nic z tego nie wyniósł poza durnym „klasowym" schematem. Przeglądałem teraz znowu „1984" Orwella – a jednak on genialnie opisał tę metodę wpajania ludziom rzeczy nieprawdziwych, ową generalną dezinformację opartą na powszechnej a podtrzymywanej ignorancji. Byłoby to genialne, gdyby nie fakt, że „dziennikarze" nasi też robią swą pracę dzięki ignorancji, czyli że Marcin uczy tu Marcina. I zrób mu dziecko – na plecach... A tymczasem upał diabelski i przedwczesny, jakby dla wynagrodzenia uprzednich chłodów. Świat wyszedł z formy – a ja ciągle miast przybrać postawę stoicką, mam za złe... Brrr!

6 maja

Spotkałem Widy-Wirskiego, który jest kierownikiem polskiego ośrodka naukowego w Paryżu. Lekarz ginekolog, po wojnie z przydziału „działacz katolicki" (robił rozłam w Popielowskim Stronnictwie Pracy), później wojewoda, minister i przyjaciel Gomułki, aresztowany został jako świadek przeciwko temuż i parę lat trzymany w ciężkich warunkach, z biciem i karcerem. Wypuszczony i zrehabilitowany, był potem wiceministrem zdrowia, wylądował wreszcie w Paryżu. Człowiek niezbyt poważny, ale dość inteligentny i przy tym szczery, nie zakłamujący się aż po uszy. Mówił mi, że w Paryżu mao-tse-tungowcy i trockiści zawarli przymierze, propagując „nieustanną rewolucję" i że komuniści francuscy bardzo się ich boją, odwołali nawet obchody 1 Maja lękając się konfrontacji sił. Zwariowali ci ludzie z kretesem. Mówił mi też, że tutaj wyczuwa się jakąś zmianę w stosunku do NRF – sam to już przewidywałem, Moskaliki zaczęły gadać w Bonn i nasi poszli po rozum do głowy – rychło w czas!

Spotkałem też Basię H. [Barbarę Hoff], miała wiadomości z Ameryki, że Leopold [Tyrmand] kłóci się tam ze swoimi studentami (wykłada literaturę polską w Columbii), bo oni właśnie też są „postępowi" i maoiści, a on prezentuje się im jako konserwatysta, przy czym proamerykański, podczas kiedy oni są antyamerykańscy. A to ci komedia omyłek! Leopold zresztą na pewno ma rację merytorycznie, ale nie ma jej taktycznie, bo jest popędliwy i ma skłonność mówić ludziom, że są głupi, a oni tego na ogół nie lubią. Ale z tą młodzieżą w Ameryce to jest heca: podobną historię ma Miłosz ze swoimi synami, którzy są „beatnicy" i anarchiści. My chcemy silnej Ameryki, żeby broniła wolności, a oni w imię wolności chcą rozwalić Amerykę. Może jednak następne pokolenie tamtejszej młodzieży będzie mądrzejsze? Trzeba ich przeczekać, tak jak Mistinguette przeczekiwała co młodsze rywalki.

Widy-Wirski to poznańczyk, w czasie wojny „bojownik", jak się tu mówi, antyhitlerowski, ale i on uważa, że nie można chować głowy w piasek, lecz trzeba zacząć gadać z Niemcami. Cały świat w końcu będzie to robił – prócz nas. Nie sposób budować polityki na przeszłości. Boję się tylko, że pewnego dnia Rosja sprzeda nas, aby dogadać się z NRF-em. Bywało tak już w historii, duch Rapallo straszy nawet i Gomułkę. A trzeba było wcześniej uzyskać uznanie przez świat Odry–Nysy, nie wiążąc sprawy granic ze sprawą podziału Niemiec. Powtarzałem to tysiąc razy, dostałem za to w dupę, a nasi mędrcy nie raczyli pomyśleć. Za ich bezmyślność Polska zapłaci – tak już również bywało. Nie mamy szczęścia do polityków – raz na 50 lat się jakiś zjawi!

11 maja

Dużo mam rzeczy do zapisania, a czasu wciąż brak – przez tę przeklętą muzykę pisaną bez przekonania. Wypadki płyną pozostawiając coraz niklejszy ślad na psychice – może to jakieś „starcze zobojętnienie"? – na przykład śmierć ambasadora Milnikiela: lubiłem go, spiłem się z nim kiedyś w Londynie, był bezpośredni, „brat łata", rubaszny, ale umiałem się z nim dogadać. Przedwojenny pepeesowiec, był potem w Rosji u Andersa, pokłócił się z andersowcami, powiedział pono, że ma ich w dupie i ich Polskę też (!), oni zamknęli go do ciupy w Jerozolimie (!), dopiero Anglicy go puścili uważając całą rzecz za absurd. Został wtedy komunistą niejako z konieczności, ale moim zdaniem wcale był nie najgorszy, choć niektórzy mówili, że świnia. W Londynie po wódce rozmawiał ze mną o... Katyniu – wcale to niezły ambasador!

Władysław Bieńkowski, były minister oświaty, jedna z głównych postaci Października 1956 i właściwy twórca koncepcji „Znaku" (zaraz po wojnie był już orędownikiem „dialogu" z katolikami), zrobił wielką niespodziankę. Myślałem, że on już zobojętniał na wszystko i zoportunistyczniał, a także że jest „bojowy" (to znaczy, że się boi), tymczasem on napisał niezwykle śmiałą rzecz, studium pod tytułem „Motory i hamulce socjalizmu", którą zaniósł do „Książki i Wiedzy", proponując wydanie na powielaczu jako pracę roboczą aktywu partyjnego. Uważając, że przez złożenie maszynopisu rzecz się zalegalizowała, pożycza ją znajomym – pożycza i mnie. Jest to bardzo bystra analiza przechodzenia socjalizmu w dyktaturę policyjną z uwzględnieniem wypadków z Marca 1968 oraz sprawy antysemityzmu. Bardzo wartościową partią książki jest opis sprzeczności między nowoczesną produkcją wymagającą swobody naukowo-technicznej i śmiałych mózgów a przestarzałą strukturą zarządzania, strupieszałością partyjnej, konserwatywnej administracji. Tylko że wszystko to napisane jest z pozycji słuszności marksizmu i jego walki z „imperializmem", że niby ustrój nic nie winien, tylko wykonanie (upraszczam oczywiście, bo są tam rzeczy głębsze). Nie rozumie Władzio, że skoro, jak wciąż podkreśla, uznaje i pochwala „dyktaturę proletariatu", czyli z początku przynajmniej dyktaturę mniejszości nad większością wraz z wszystkimi jej środkami przymusu, to w gruncie rzeczy sam jest winowajcą, bo z góry pobłogosławił Jagodę, Berię lub Moczara. Uczeń czarnoksiężnika, który już raz wyzwolił złowrogie czary, nie może się tłumaczyć, że nie wiedział czy chciał inaczej – robiąc to przypomina Trockiego ze „Zbrodni Stalina" czy Emanuela Goldsteina z Orwella i budzi jednak *Schadenfreude* („Chciałeś, no to masz!"). Wyższość socjalizmu B. widzi w tym, że ustrój ten zlikwidował konflikty społeczne, tymczasem ja myślę, że konflikty społeczne są w dzisiejszym kapitalizmie motorem życia i dowodem autentyczności, podczas gdy nasza bezklasowa martwota sprzyja rządom ludzi niezdolnych czy też policyjnych mafii. Tak czy owak jednak książka jest miejscami rewelacyjnie bystra i odkrywcza (oczywiście bardziej odkrywcza dla marksistów niż dla niemarksistów, podobnie jak nowe wyznania wiary soboru są raczej rewelacją wyłącznie dla wierzących), a przy tym jest to akt dużej odwagi: rzecz pójdzie przecież od razu „na górę", a tam może być wielki skweres.

Nie jest to polski Djilas, bardziej ortodoksyjny w teorii, ale niemniej chłoszczący w praktyce. Co prawda wszystkie te rzeczy o komunizmie mój ojciec wiedział na długo przed wojną... Nie święci garnki lepią...

Wczoraj był u nas dziwaczny incydent. Przyszedł zapowiedziany telefonicznie Jasienica pożyczyć książki, za nim wlazł facet, który się tu kręci w różnych przebraniach i czarnych okularach, i zażądał rozmowy ze mną. Oświadczył mi, że mi pomoże, że mogę zostać posłem, po czym wyjął pudełko z czekoladkami i powiedział, że to jest największa w Polsce trucizna. Wylałem go z punktu za drzwi, poszedł bez oporu. Chyba nie wariat, lecz jednak ubek, bo za Jasienicą też jakiś facet polazł. Ubeki się uaktywniły, nie wiem po co – może mi chcą dać paszport? Wszystko możliwe w tym domu wariatów – tak się pocieszam.

W prasie coroczna od wielu lat wiosenna dyskusja, że w Warszawie na Wiśle nie ma uporządkowanych plaż. To już od wielu lat w kółko się toczy na ten temat dialog głuchych, a nikt ze skrybów nie wpadnie na pomysł, że dopóki w budżecie miasta nie znajdzie się suma na uporządkowanie plaż, to nikt nic nie zrobi, a suma owa raczej się nie znajdzie, gdyż budżet jest bardziej „produkcyjny" niż „usługowy". W ogóle u nas żyją sami dyletanci gospodarczy, co wynika ze skomplikowania naszych form planowania i zarządzania (podobno sam katalog naszych zarządzeń i przepisów gospodarczych zawiera... tysiąc stron, pisze o tym Bieńkowski). W jednym z województw ma się planować produkcję za pomocą sprowadzonego z Anglii komputera. A co będzie, gdy komputer wskaże, że trzeba wrócić do kapitalizmu? Cha, cha.

Dowiedziałem się, że wszystkie zagraniczne korespondencje naszych dziennikarzy drukowane w polskiej prasie, są ściśle przerabiane i cenzurowane (Michał Hofman, Sterewicz?!), a *in extenso* ukazują się w tajnym biuletynie. Po cóż ja tak się więc denerwuję ich wypocinami: to nie oni piszą, to za nich się pisze! Czysty orwellizm, nie ma co. A więc jeszcze jedna podnieta okazuje się iluzją? Co tu więc robić – zdaje się, że pozostanie mi jako coś realnego tylko pisanie muzyki i to – do szuflady. Taki los wypadł nam – a tu zeszyt się kończy.

ZESZYT 6

15 maja

A więc znowu zaczynam nowy zeszyt, przy tym zbliża się pierwsza rocznica pisania tego dziennika. Zastanawiając się nad nim zaczynam się obawiać, że będzie on nieczytelny, bo na przykład wciąż polemizuję z prasą, a prasy tej przyszły lektor moich zapisków nie będzie zgoła pamiętał, toteż nie bardzo rozumie, czego ja się tak „siepię". No, ale dzienniczek ten służy również i mojej żółci – aby ją trochę rozładować – nie chodzi o prasę, chodzi o mnie. Podobno hinduscy jogowie zalecali, że jak się czuje do kogoś złość, należy napisać list z wymyślaniami, a potem list ten zniszczyć. No właśnie, coś podobnego ja tutaj robię.

À propos prasy. Trwa właśnie doroczny Wyścig Pokoju, tym razem bez Czechosłowacji, i nie przez Pragę, a tylko do Berlina. O tej absencji Czechów, którą przecież każdy widzi, nie ma u nas w prasie ani jednego słówka, najmniejszej nawet uwagi. Chorzy ludzie! Choć może w tym szaleństwie jest metoda: tak długo pomijać wszelkie sytuacje konfliktowe po naszej stronie świata, że aż ludzie zapomną, że coś takiego może w ogóle istnieć! Niewiarygodna jest dziecinność tego pomysłu – ale prawdziwa. I rezultaty jednak daje.

Jerzyk zdał już maturę, chyba wcale nieźle, Wacek dzwonił z Paryża, do powrotu jakoś się nie zabiera, widać zasmakował w Zachodzie – a niech sobie ma te trochę! Ja czasem wpadam w popłoch, że Moskwa wygra walkę o świat i to wygra dzięki przewadze nuklearnej. Oni nie muszą się liczyć ani z opinią swojej ludności, ani z jej poziomem życia, mogą robić, co chcą, podczas gdy Amerykanie mają kłopoty wewnętrzne i źle rozegraną, niezbyt już sensowną wojnę w Wietnamie. I pomyśleć, że mieli kiedyś monopol atomowy i nic z tym nie potrafili zrobić. O idioci, potrójni idioci! A w ogóle cała II wojna światowa wydaje się w swych przyczynach (Hitler) jakimś drugorzędnym, absurdalnym incydentem. Jedyny jej skutek w skali światowej to wciągnięcie do Wielkiej Gry z jednej strony Ameryki, z drugiej Rosji. Wobec tych mocarzy o Niemcach wszyscy zapomnieli – i po cóż im było wszczynać tę idiotyczną agresję na wszystkie strony, jakież to się dziś wydaje partykularne, wręcz prowincjonalne. No i trzecia siła też się skrystalizowała: Chiny, aby stało się zadość proroctwom Orwella o Oceanii, Euroazji i Wschodnioazji. Nigdy nie mogłem pojąć, dlaczego Amerykanie nie bili się w 1948–1949 o Pekin, a dziś biją się w tylekroć mniej ważnym Wietnamie. Gdy ich o to pytam, udają, że nie rozumieją. Chi.

De Gaulle zachowuje się niepoważnie, jak obrażony dzieciak: wyjechał do Irlandii, boczy się na Pompidou. Cały mój sentyment odrodzony po jego dymisji diabli wzięli – dobrze, że sobie poszedł, ale czy niezbyt mądrzy Francuzi zdołają naprawić szkody, jakie porobił? Ja jestem za Deferrem, który nie chce iść z komunistami – Mitterand raczej by teraz chciał, nauczony porażką. Skutki gaullizmu długo się będą Francji odbijać w postaci rozkładu i dezorientacji życia politycznego. Mnie najbardziej ciekawi, co będzie z polityką zagraniczną. Pompidou zapowiada już pewne odkręcenie w stosunku do Anglii i Wspólnego Rynku.

I znowu mi się napisało politycznie, a tu zapał i ta przeklęta nie napisana muzyka czeka a czeka. O diabli, nudzi mnie to, nie mogę pracować nad swoją rzeczą. I po co ten upał, co staremu człowiekowi po wiośnie?! (Stary człowiek i może).

22 maja
Mało w tym dzienniku piszę, bo mam ogromne kłopoty z muzyką dla Amerykanina, na którą mnie diabli biorą – a tu-

taj maj w pełni i w ogóle różne atrakcje, np. targi książki, których nawet nie zdążyłem dokładnie obejrzeć. W sobotę mówił Gomułka (było w telewizji) i dokonał czegoś w rodzaju sensacyjnego zwrotu, proponując NRF-owi pakt na temat uznania granicy Odra – Nysa. Od lat w ramach mojego etatu proroka powtarzam, że gdy odłączy się sprawę naszej granicy od sprawy uznania NRD, to rzecz musi ruszyć z miejsca – no i ruszyła, bo mowa Wiesia wywołała dużo międzynarodowego szumu, co zresztą łączy się i z tym, że ton jej był inny, nie tak „hunwejbiński" jak zazwyczaj. Przypuszczam, że Ruscy kazali mu to zrobić, sam by na to nie wpadł, już od pewnego czasu krążą plotki, że Rosja gada z NRF-em i że z Ulbrichtem jakieś ochłodzenie. Oczywiście w tej chwili, przed wyborami w Niemczech nie sądzę, żeby rzecz miała doraźne skutki, z czego Wiesio natychmiast skorzysta, bo on to w gruncie rzeczy robi przeciw sobie, tak czy owak rzecz jest ciekawa i znacząca.

Widziałem Zygmunta M. [Mycielskiego], strasznie się obnosi ze swoim męczeństwem i osamotnieniem, zrobił sobie z tego hobby, a w dodatku autentycznie jest nerwowy, idąc po ulicy liczy kroki, nie sypia etc. Jak tu uniknąć nasilającego się z wiekiem osamotnienia i zdziwaczenia? Wczoraj widziałem się z Andrzejem, byliśmy nawet razem u arcybiskupa Kominka (pierwszy raz go widzę od czasu zeszłorocznych wydarzeń), potem Andrzej na ulicy zrobił mi scenę, że mu nie ufam – to już scena tradycyjna, od wielu lat wracająca. Zmęczony jestem i od paru dni na stałym „kacu", a tu trzeba komponować. Człowiek jest niekonsekwentny: jak nie ma roboty, to mu źle, jak ma – też źle. O Zawieyskim wieści smutne: niby jest zdrowszy, chodzi, je, ale mowa nie wróciła, myśli też nie bardzo. Jak sobie coś uświadomi – płacze. Straszne to rzeczy. A tu umarła (na wylew) żona Wańkowicza, słowem naokoło sprawy smutne. Człowiek jeszcze się trzyma, ale w końcu się zedrze, cudów nie ma. Aby jeszcze tylko napisać coś przyzwoitego!

24 maja

Z zaopatrzeniem kiepsko, w sklepach towaru mało, Gomułka w przemówieniu skarżył się, że Polska to kraj biedny, bez ropy i rudy. Trzeba by więc przebudować model inwestycyjny, a nie akurat forsować te gałęzie produkcji, gdzie potrzeba rudy i ropy. Tymczasem my właśnie uzależniamy się coraz bardziej od Rosji forsując petrochemię w Płocku i hutnictwo żelazne. Do tego straszna masa inwestycji rozbabranych, zaczętych, przestarzałych, nie rentujących. Gomułka, gdy o tym mówił, miał w oczach popłoch – dobrze chociaż, że się poczuwa do jakiejś odpowiedzialności. Nie rozumie tylko i nie zrozumie nigdy, że nowoczesnego, rentującego przemysłu nie sposób złączyć z kolektywnym nim władaniem: aby wprowadzać nowoczesną technologię, trzeba mieć przedsiębiorstwa nietypowe, eksperymentujące, próbujące, a nawet plajtujące, lecz elastyczne, nastawione na ciągłą zmienność. Ale państwo bankrutować nie może, a państwowa machina nie może być elastyczna – stąd niezdarstwo, powolność, zacofanie – łączy się z tym zresztą masa spraw politycznych. Jak więc ratować Polskę? Całkiem, jeśli komunizm trwa, uratować się jej nie da („decydujcie się: albo dobrobyt, albo komunizm"), polecałbym jednak np. rozbudowanie międzynarodowych usług, na przykład dalekomorskiej floty handlowej – ale na to, aby była ona skuteczna, znów trzeba by zmienić całą jej pragmatykę służbową i system umów międzynarodowych, bo panują tam nieliche idiotyzmy. Ale że zmienić się pewno nie da (bo to byłby rewizjonizm!), więc na razie poszczególni ludzie żyją z różnych kombinacji, nic a nic się o całość nie troszcząc. Aby tylko mieć w pysku „Polskę Ludową".

Wybory za tydzień, czym się mało kto przejmuje, mimo ujadania prasy (a „Wolna Europa" też ujada nielicho, nie zostawiając na kandydatach suchej nitki). Tylko Andrzej się przejmuje brakiem mandatu – po co mu byłby ten mandat, czort wie. Kończę już tę nieszczęsną muzykę, jeszcze parę dni – i będę się mógł skoncentrować na swojej rzeczy. A tu maj piękny, choć teraz chłodny – pojeździłoby się na rowerze. Co się zresztą odwlecze, to nie ucieczę – liczę na Maków, Podhale, góry – dawno już nie miałem takich wakacji. No i rzecz chyba latem skończę, na czym bardzo mi zależy, bo w końcu po co się żyje – żeby jeść i się martwić? Taki Witkacy był pesymistą, a ileż jednak napisał. Czego jeszcze i sobie życzę. Oczywiście – na razie do szuflady.

28 maja

A więc skończyłem już tę przeklętą muzykę i, jak to zwykle bywa po dużym wysiłku, czuję się jakoś na ślepym torze, bez przydziału. Siadam więc na razie do dziennika. Przeglądałem dziennik Irzykowskiego – odnosi się on dość pogardliwie do swych zapisków, mówi, że każdy dzień, w którym nie uległo się żądzy zwierzeń, jest dniem zwycięstwa nad sobą. Ale przecież dziennik pisał nazywając go jednak lekceważąco uleganiem chętce drapania się tam gdzie swędzi.

Tak zwana kampania wyborcza w prasie przekracza sobą wszystko, co można by opisać: udowodnianie, że dwa razy dwa jest pięć i że nagi król jest ubrany, staje się tu wręcz obowiązkowym obrzędem: każdy dziennikarz chcąc wykazać swą wierność i przydatność musi tu napluć sam na siebie, co gorsza całe społeczeństwo musi pluć na siebie biorąc udział w tej upokarzającej komedii. Aby wyeliminować resztki, pozory jakiegoś wyboru, jakiejś konkurencji politycznej, prasa (oczywiście odpowiednio poinstruowana) nie wspomina ani słówkiem o możliwości skreślania nazwisk kandydatów – a przecież jest ich na listach więcej niż miejsc. Ludzie będą po prostu wrzucać owe listy tak jak je dostaną – zwłaszcza młodzież, „głosująca" po raz pierwszy, która nie bardzo wie, o co chodzi, a cieszy się z tego „dojrzałego" aktu, tak właśnie będzie robić. Organizatorom wyborów o nic zresztą innego nie chodzi, jak o to, aby uzyskać masową manifestację powszechnej bierności i posłuchu. W prasie pełno objaśnień, jak mają głosować chorzy czy ludzie znajdujący się w podróży – zupełnie wielki dom wariatów. To właściwie pasjonująca zagadka psychologiczna z punktu widzenia rządzących: co oni o tym myślą w głębi duszy i po co im ta wielka, upokarzająca miliony ludzi komedia. Choć najgorsza rzecz w tym, że owe miliony wcale się już upokorzone nie czują, w ogóle nie wiedzą, że mogłoby być inaczej. No bo skoro dawno już zlikwidowano wszelkie życie polityczne poza partią, to i jakież mogłyby być wybory? Tutaj mają swą rację prasowi, najemni apologeci, choć wypowiadają ją w sposób zakłamany. A najciekawsza rzecz, wiedzieć, co naprawdę myślą ludzie. Ale tego się właśnie najtrudniej dowiedzieć: którzy z nich mają świadomość nienormalności sytuacji, a którzy już nie. Lecz problem psychologiczny, najważniejszy, zawiera się, powtarzam, w głowach ludzi rządzących: co oni właściwie sądzą o tym wielkim a dziecinnym „tricku", jaki uskuteczniają i którym upokarzają społeczeństwo, dając jednocześnie wyraz zarówno z jednej strony pesymistycznemu brakowi wiary we wszelką demokrację, jak i z drugiej swemu strachowi przed masą. Dziwne to bardzo i złożone – warte całego traktatu. Przyszło zresztą z Rosji: tam podobno, na Syberii czy gdzie indziej, wozi się chorych setki kilometrów – aby mogli „głosować". Zdumiewające: jakby sztukmistrz produkujący fałszywe sztuki magiczne sam w nie nagle uwierzył, ba, stał się niewolnikiem.

Jakieś światło na tę sprawę rzuca książka, którą teraz pochłaniam. Są to wspomnienia Zofii Dzierżyńskiej, żony Feliksa, zatytułowane „Lata wielkich bojów". Pierwsza część – zadziwiająca: występują w niej wszyscy starzy Żydzi warszawscy i krakowscy, znajomi moich rodziców, różni Warscy, Horwicowie, Sachsowie, Korczak etc., a i sama Dzierżyńska Żydówka, z domu Muszkat. Oczywiście, rzecz jest pisana po sekciarsku, z pominięciem piłsudczyków, PPS-Frakcji etc., ale atmosfera jest mi znajoma, w końcu to była jedna sitwa „czerwonych Żydów", inteligentów żarliwych, co to oszaleli na punkcie „sprawy robotniczej" i wiedli na jej tle nieskończone dysputy o „czystość linii" i „błędy luksemburgizmu". Rozłam w SDKPiL-u, gdzie po obu stronach jest nie więcej niż kilkudziesięciu aktywistów, którzy z zesłania na Syberii czy z emigracji na Zachodzie ślą do siebie talmudyczne listy, pełne niesłychanej pewności siebie – to zadziwiająca historia, na pewno żarliwa i bohaterska, ale obłąkańcza. I pomyśleć, że dla obłędu tego poligonem stała się nieszczęsna Rosja, niezdolna do mieszczańskiej demokracji, a bezpańska po upadku cara-idioty. I oto warszawsko-krakowscy intelektualiści-doktrynerzy zyskują pole działania, z miłych, pełnych poświęcenia społeczników stają się niemal (nie wiedząc o tym) – demonami. Sam Dzierżyński z „dobrej", szlacheckiej polskiej rodziny, dobrowolny nędzarz, asceta, katorżnik, całe lata zakuty w kajdany, w Rosji, przy boku Lenina przeobraża się w nie znającego zwątpień terrorystę i kata, którym włada obłędna marksowska myśl, że o kształcie społecznym Rosji nie ma decydować demokratyczna większość, lecz władająca terrorem grupka proroków, co posiedli absolutną wiedzę o przyszłości. Od tego apodyktyzmu krok już do Stalina – na zdrowie.

Pierwsza część książki pełna jest sentymentalnych wspomnień, wzruszających listów o miłości, kwiatkach, ptaszkach, małym synku (Himmler też ponoć był sentymentalny), druga, pisana już w Moskwie, ma oczywiście charakter sowieckiej urzędowej hagiografii, ale i z niej wyłania się przerażająca postać Wielkiego Nieuka (porzucił gimnazjum z własnej woli), fanatyka zbrojnego w marksowskie broszurki i nie mającego zwątpień, pełnego wiary, że zapałem i terrorem załatwi się na świecie wszystko ze sprawami gospodarczymi włącznie. Eksperymentował na Rosjanach, on, bywalec

Warszawy i Krakowa oraz Zurychu i Lugano, eksperymentował bez litości, z egzaltowaną wiarą w swą misję. Postać na pewno patetyczna, ale jakże nieświadoma swej prawdziwej roli: konstruował najstraszliwszy ucisk i totalizm myśląc, że buduje nowy sprawiedliwy świat. Cóż za zdumiewający paradoks, jakież demoniczne szyderstwo hitorii, które talmudycznym inteligentom z Warszawy i Krakowa, owym Warskim, Marchlewskim, Konom, Dzierżyńskim dało do ręki straszliwy rosyjski instrument. Piłsudski, sam „socjalista", znał ich dobrze, wiedział, co robi, nie puszczając ich nad Wisłę. Ale po dwudziestu pięciu latach znów przyszli – odprysk ich ducha to nasze dzisiejsze „wybory". A Rosja odcięła się dziś od talmudycznych Żydów – to jedyna pociecha, czyli *Schadenfreude* bezsilnych – he, he. Już Trocki dostał w dupę, a teraz i reszta bierze. Może ich to czegoś nauczy – nieboszczykowi Marksowi też by warto kupić szklany nocnik: żeby zobaczył, co narobił!

30 maja
Jeszcze ciągle jestem pod wrażeniem tej książki o Dzierżyńskim. Właściwie do dzisiaj trwa w komunizmie ten jego, Dzierżyńskiego, posiew myślowy: że nie potrzeba nic umieć, a tylko naradami i terrorem stworzy się przemysł, gospodarkę, w ogóle wszystko. Kult dyletantów partyjnych mających realizować ową opętaną „dyktaturę proletariatu" a w istocie rzeczy stanowiących jakąś pomyloną elitę, przekonaną o swej misji, pełną apodyktyzmu i dygnitarstwa. W jaki sposób system, mający na celu rzekomo absolutną demokrację i dobro ludu, przekształcił się w czysty elitaryzm i dyktaturę, pozostając jednocześnie w dziedzinie haseł tak niezwykle „demokratyczny", czyli po dziurki w nosie zakłamany?

Zagadka to jest wielka, właściwie moja myśl ciągle a ciągle wokół niej krąży, temu problemowi będzie też poświęcona moja praca, uważam, że mam pewne dane, aby rozpatrywać ten problem, jako że komunistów (żydowskich) znam od dzieciństwa.

À propos Dzierżyńskiego, to dowiedziałem się dopiero, że mecenas Siła-Nowicki, bohater AK i [?]* skazany w swoim czasie na śmierć, jest jego siostrzeńcem – podobno nawet rodzina (a rodzinę „Felek" miał liczną i ziemiańską, jeden z jego braci był przed

---
* Tekst nieczytelny.

wojną wyższym urzędnikiem Ministerstwa Oświaty) interweniowała na jego rzecz. A to dziwne hece wydarzają się w świecie! Owa zaś głupia Zofia Dzierżyńska wydziwia nad polskim terrorem, że skazano na śmierć Hibnera, Rutkowskiego i Kniewskiego, którzy, biedaczyny, „rozprawili się" na ulicy z prowokatorem, zabijając przy okazji parę osób (!). Ci ludzie stracili wszelką miarę rzeczy: Dzierżyński na pewno był swego rodzaju bohaterem i bardzo cierpiał w więzieniach, ale też się odpłacił – na długie lata!

A tu dalej wybory. Komuchy w biurach i zakładach pracy zwołują zebrania, gdzie sugerują, aby nie wchodzić za kotarę, lecz wrzucać kartkę „jak leci", co automatycznie faworyzuje kandydatów z pierwszych miejsc. Ludzie są tak zastrachani (czego się boję?!), że wszyscy będą tak głosować. A ja wcale – he, he. A to, co pisze prasa o naszym najdemokratyczniejszym w świecie systemie głosowania, nadaje się bez żadnych najmniejszych zmian do kabaretu. I pomyśleć, że sam dwukrotnie kandydowałem w takich wyborach i to na miejscach „mandatowych". Ha! Wtedy tak mnie to nie raziło jak dzisiaj – ale też dziś rzecz ma większe niż kiedykolwiek znamię obłędu.

Lenin czekał, aż rząd jego kraju przegra wojnę, by samemu przejąć wówczas władzę. Sprawy ideowe były więc dlań ważniejsze niż formalny patriotyzm. Sam się dziś nieraz łapię na tym, że czekam, aż nasz rząd dostanie w dupę na terenie międzynarodowym, i to nawet od... NRF. Czyżbym więc wobec obłędu komunistów tracił patriotyzm? Nie – po prostu nie daję się szantażować komunistom, którzy pod pokrywką patriotyzmu przemycają wszystko. Nie chcę się dać zwariować, tak jak daje się zwariować mnóstwo ludzi – po prostu całe społeczeństwo odcięte od innego punktu widzenia. „Wolna Europa" robi, co może, aby rzecz odkręcić, oni jednak też już nie bardzo rozumieją, że żyjemy tu pod kloszem z rozweselającym gazem i że ten gaz działa – działa i ogłupia.

Wzruszyła mnie sprawa zmarłego Waldemara Babinicza, o którym napisał w „Polityce" Koźniewski. Był to ideowy działacz oświatowy na wsi, ateista i mędrek, ale żarliwy. Założył uniwersytet ludowy w Różnicy (kieleckie), gdzie się u chłopów ukrywał podczas okupacji i przez dwadzieścia lat po wojnie pracował tam bardzo popularny i nader lubiany. Choć ateistyczny głupek, miał jednak w sobie coś autentycznie gorącego, ideowego. I oto rok temu wylano go za... żydowskie pochodzenie. Facet umarł ze zmartwienia w Nałęczowie, żal mi go. Tak się komuchy odpłacają swoim najbardziej wiernym ludziom!

U nas było ostatnie „przyjęcie sezonu" z Bartoszami, Heniem i Pawłem. Pito sporo, po czym gadano dużo (czy są tu, u diabła, te podsłuchy czy nie?!) Wczoraj pojechałem na rowerze na Saską Kępę oglądać nowe dzielnice. Dużo tam zmian, nowe bloki ładne, choć tandetne w wykończeniu, miasto rozbudowane, choć nielogicznie i okropnie niewygodne z powodu braku usług (budki telefonicznej szukać możesz godzinę). Złe z dobrym, dobre ze złym – takie jest to skażone grzechem pierworodnym życie, a zwłaszcza w komunizmie!

31 maja – 1 czerwca

A więc już są te wybory – a ja siedzę w domu i ani mi się śni wychodzić. Ogromna heca, bo prasa opisując dokładnie cały akt wyborczy (gdzie stoi urna, jakie trzeba mieć legitymacje, jak będzie udekorowany lokal, jakiego koloru kartki otrzyma każdy wyborca) ani słowa nie pisze o tym, co ma wyborca z tymi kartkami robić – czy kogoś skreślać czy nie. Zabawne – oni do tego przywiązują jakąś wagę – podobnie jak „Wolna Europa", która ogromnie nawołuje do skreśleń. A przecież to nic nie da, zresztą ludzie nie będą skreślać, są skołowani i przestraszeni. A swoją drogą śmiesznie by było, gdyby na przykład Gomułka dostał najmniej głosów. Ale jednak partia nasza czegoś się boi: na ulicach masę milicji – chi, chi.

Mam nowe wydanie książki Hansjakoba Stehle „Nachbar Polen". Autor, wieloletni korespondent zachodnioniemiecki w Polsce, niegdyś mój „protektor" na terenie Niemiec (napisał przedmowę do mojej niemieckiej książki), to skrajny pragmatysta i realista – gorzko mi nawet wyrzuca, że odszedłem od tej postawy, aby się bawić w „zadąsane gesty" (cytuje zresztą moje powiedzenie o „ciemniakach"). Rozsądny ten szkop nie rozumie jednak dwóch rzeczy: a) że w polityce racjonalizm i pragmatyzm nie wystarczą, czego dowodem choćby degrengolada polityczna Stommy i jego grupy; b) że w marksizmie w ogóle racjonalizm jest na nic, bo tu chodzi o pewnego typu świecką religię (tego zresztą nie rozumie i Paweł, choć był przecież w partii). Również wszelkie elity polityczne w komunizmie są zupełnie inne niż na Zachodzie – ważny tu jest podział na autentyczne „szare eminencje" i na pokazowych figurantów. Takim figurantem bez znaczenia, czysto deklaracyjnym był na przykład

Rapacki, a tu Stehle traktuje jego i jego „plan" ze śmiertelną powagą, jakby to był zachodni polityk. Trudno jest temu solidnemu (*gründlich*) Niemcowi zrozumieć to wszystko (nic dziwnego, nam samym trudno!), niemniej książka jest ciekawa, najlepsza chyba, jaką za granicą o Polsce napisano. Zrozumiałe – facet siedział tu pięć lat, uwodząc zresztą ile wlezie (dosłownie) nasze dziewczyny.

A w Czechach wszystko według planu. Jak przepowiedział R., sami się zjadają, już bez pomocy z zewnątrz. Wylali teraz Szika i Kriegla, uczestników „2000 słów", samokrytyki, czyli pokajania, gonią jedna drugą. Mechanizm sowiecki na pewien czas tam wyłączony działa znów pełną parą i bez zgrzytów. Z „bohaterów sierpnia" całkiem wycofał się Smrkowsky, na boczny tor odsunięto Dubczeka (jeszcze się do niego dobiorą, podobno wtedy w Moskwie był już skazany na śmierć), natomiast Swoboda i Czernik idą z „nową falą" na całego, wraz z Husákiem, w imię patriotyzmu, rozsądku, racji stanu, socjalizmu etc. Tak więc Czesi znów staną się Czechami – skończył się piękny wzlot i piękny sen, żyje dalej naród niewielki, ciężko bity przez historię, praktyczny i ostrożny. Dalej mówię (nie rozumie tego Stehle), że w krajach komunistycznych jako tako możliwy jest jeszcze indywidualny sprzeciw intelektualny, literacki, artystyczny – polityczny natomiast musi być zdławiony. Dlatego właśnie przeszedłem od polityki do samotnego sobie pisania.

Dziś wybory we Francji. Coraz więcej ludzi, nawet nasze głupki, rozumieją już, że chodzi o odrzucenie kupy megalomańskich bzdur, jakich narobił de Gaulle. Wielki człowiek w historii to rzecz niebezpieczna: po wielkim szumie i huku („po szumie, po huku, po trudzie...") okazuje się, że ci wielcy niewiele zrobili, czasem pół kroczku naprzód, czasem zgoła w tył. Przykłady klasyczne: Roosevelt, Churchill, de Gaulle. Na ich tle okazać się z czasem może, że skromny „handlarz szelek" Truman był rozsądniejszy i, nie krzycząc wiele, zrobił w dziejach coś niecoś wcale ważnego. A więc: „wezmą dziedzictwo cisi, ciemni, mali ludzie". Z tego punktu widzenia może i nasz Gomułka wyjdzie wcale nie najgorzej: przeczekiwać jak tylko długo się da – to czasem jedyna możliwa polityka. A więc „ciemniaki" to wcale nie epitet – może zgoła pochwała? Tylko żeby on w sprawach gospodarczych choć odrobinę więcej kapował, ten nieszczęsny Święty Dyletant!

3 czerwca

Byłem wczoraj na koktajlu we włoskiej ambasadzie. Masę ludzi, artyści, literaci, młodzież, a z tak zwanych „kół" tylko „znakowcy" (Stach, Turowicz, Łubieński) i cała masa zagranicznych dziennikarzy, podnieconych wyborami (!), plotkami etc. Ubeków też oczywiście sporo. Wszystko to zrobiło na mnie bardzo przykre wrażenie: to świat bez najmniejszego znaczenia, przypadkowa piana, oddająca się plotkom i spekulacjom, pozbawionym wszelkich podstaw. Rzeczywiści dzierżyciele władzy byli nieobecni, pewno spoczęli na laurach „zwycięstwa wyborczego". Ci, rzeczywiście rządzący mają cały względnie kolorowy światek artystyczno-dziennikarski w dupie: oni pilnują i boją się tylko paru spraw – Ruskich, rozłamu w KC, wreszcie rozruchów ludowych typu Poznań 1956 – reszta nic ich nie obchodzi. Przeraźliwi realiści, aż ponurzy – ale za to robią z resztą narodu, co chcą.

Miałem dziwaczną rozmowę z Jerzym Hagmajerem, drugim po Bogu, czyli po Piaseckim w PAX-ie. Rzucił się do mnie z czułościami, powiedziałem mu, że z agentem NRF-u nie powinien się witać – udał ogromne zdziwienie, gdy mu oznajmiłem, że „Słowo Powszechne" rok temu tak o mnie napisało, próbował dalszych czułości, ale odwaliłem go. Głupi czy bezczelny?! Chyba jednak głupi, bo wyglądał na szczerze zdziwionego.

Jerzy Turowicz dostał paszport i jedzie do Belgii. Może więc stanie się cud i ja też pojadę?! Na razie na to konto upiłem się przyjemnie whisky – to jednak mniej szkodzi niż nasza wóda!

Pompidou we Francji dostał głosów najwięcej (44 procent), za nim Poher (25 procent) i Duclos (21 procent). W drugim głosowaniu komuniści postanowili się wstrzymać. To bardzo perfidny chwyt ze strony kierownictwa partii: gdyby głosowali, musieliby na Pohera, który jest demokratyczniejszy, ale prowadziłby politykę proamerykańską. Wstrzymując się od głosu pomagają Pompidou, a ten, można sądzić, będzie prowadzić politykę bardziej po myśli Rosji. Tak więc francuskie komuchy idą dalej na rosyjskim pasku, a swoich wyborców nabijają w butlę, boć polityka proamerykańska dałaby im wymarzone korzyści materialne i zbliżyłaby ich standard życia do innych krajów „atlantyckich".

Byłbym zapomniał o sensacji, jaką jest wywiad prymasa Belgii Suenesa, przedrukowany przez „Tygodnik Powszechny". Twierdzę, że od czasów Lutra nikt tak o papiestwie nie mówił: wywiad ma protestancki pryncypializm, a zarazem jest ahistoryczny, ahumanistyczny, akulturalny. Oni rozwalą w końcu ten kościół, tak jak Marcuse próbuje rozwalić strukturę społeczną Zachodu. Wszyscy ci szaleńcy torują drogę do zwycięstwa komunizmu, temu zaś rozkład wewnętrzny ze strony własnych intelektualistów czy ideowców zgoła nie grozi, jako że nie mają oni krzty wolności słowa i możliwości wypowiedzi. Tak więc wolność, w skali światowej, staje się wrogiem siebie samej? Niewesołe.

5 czerwca
Dziś Boże Ciało, dosyć upalne, choć niezbyt pogodne. Siedzę w domu, próbuję coś napisać. Boję się, że ten dziennik nie ma sensu, jest tylko suchym rejestrem spraw, zakłada się w nim z góry, że ewentualny czytelnik wie, jakie jest tło tych spraw, kto ja jestem etc. A jeśli nie wie, to nie zrozumie. Już to komuchy bardzo się troszczą o to, aby nikt spoza ich świata nie wiedział, co się tu dzieje, i nic nie rozumiał. Stary dowcip ma rację: Amerykanin mówi: – U nas jest wolność, każdy może mówić źle o Ameryce. A na to Rosjanin: – U nas też wolność, bo także każdy może źle mówić o Ameryce. Istotnie: na Zachodzie „nowa fala" filmowo-artystyczno-młodzieżowa specjalizuje się w pluciu na tenże Zachód, a w Rosji też się nań pluje, tłumiąc w zarodku wszelką myśl nawet o krytyce własnego, mocno smrodliwego podwórka. A więc rzeczywiście wolność niszczy siebie samą – o kurwa!

Wczoraj spotkałem chłopa obłąkanego przez komunistów, czyli Władzia Machejka. Dosyć był speszony spotkaniem, a ja specjalnie go nie oszczędzałem, wytykając na przykład świństwo popełnione przez partię z Babiniczem. Powiedział mi rzecz sensacyjną: że Wł. Bieńkowski został wylany z partii, pewno za ową książeczkę, którą mi pokazywał. A więc kompletny już u nich zamordyzm, nie wstydzą się tego, przeciwnie, chwalą się tym. Chodzi im o władzę, o nic więcej – dlatego na przykład powylewali wszystkich co zdolniejszych członków-literatów, bo bali się, że będą samodzielnie myśleć i przez to osłabią im władzę. Pesymiści i wielbiciele zasady „milczeć i słuchać". Jak na krainę *liberum veto* (niegdyś) ciekawa zmiana, wszystkie narody mogą się z czasem stać swoim zaprzeczeniem, Czesi ostatnio zaprzeczyli sami sobie kilkakrotnie. Tak toczy się światek!

W „Argumentach" jest reportaż Kozickiego pod dwuznacznym tytułem: „Życie na Marksie", opisujący rozmówki z 18-letnimi nowymi członkami partii na Śląsku. Wychowanie w marksistowskim „ple-ple" (mowa-trawa, drętwa mowa) i odcięcie od rzeczywistych nauk historii dają rezultaty – o Jezu. W rezultacie autor (może z utajoną ironią) przytacza wypowiedzi, jak z humoru zeszytów szkolnych. Na przykład:

„Głównym celem partii jest, aby każdy obywatel realizował słuszną linię i wytyczne".

„Głównym celem partii jest socjalizm w mieście i na wsi i powszechne wykształcenie, do czego dążyli zawsze najwięksi przedstawiciele partii jeszcze za sanacji i burżuazji, którzy uczyć się mogli tylko w więzieniach".

„Głównym celem partii są wielkie budowle socjalizmu i kółka rolnicze z umaszynowieniem".

A znów „Słowo Powszechne" przytacza pełne wzburzenia listy z Kartuz. Odbyły się tam samorzutne manifestacje w związku z żartobliwym telewizyjnym „konkursem miast". Autorzy listów sam fakt nie zaplanowanych przez nikogo publicznych manifestacji uważają za okropne zło i demoralizację.

Tak to wychowano polski narodek – i jakże tu nam żyć z naszą niepotrzebną wiedzą o świecie. Ostatni jej podryg to były „wydarzenia marcowe", zainspirowane przez inteligentnych Żydów. A teraz będzie długo, długo nic. Oto jeszcze jedna wypowiedź z „Życia na Marksie": „Internacjonalizm jest w naszym ustroju związany z patriotyzmem, którego przedtem nie było".

„Wolna Europa", mili ludzie z mojego pokolenia, nie pojmuje tych przemian duchowych. Myśli, że przemawia do większości społeczeństwa, tymczasem rozumie ją znikoma mniejszość.

Nowy kawał czeski. W Czechosłowacji zrealizowany został leninowski model socjalizmu: elektryfikacja plus władza radziecka.

Ludzie myślą, że życie nasze jest organiczne, tymczasem ono jest organizowane z góry, według pewnego planu, czego już nikt nie dostrzega. Oto mistrzostwo tego reżimu. *Hut ab, meine Herren und Damen!* (w Niemczech i Francji mężczyzn stawia się przed kobietami, w Polsce i Anglii odwrotnie).

9 czerwca

Wczoraj była wielka wystawa psów (nazwałem ją „1000 psów na tysiąclecie"), niestety tragedia z naszym Dyziem, bo został zdyskwalifikowany za... posiadanie tylko jednego jądra (Jerzyk mówił coś takiego już przedtem, ale ja nie sprawdzałem). O cholera – i ożenić się nie będzie mógł...

Głupota naszej prasy przygnębia mnie coraz bardziej, zwłaszcza w porównaniu z wysokim i samokrytycznym często poziomem prasy zachodniej (np. znakomity artykuł Sulzbergera o wojnie wietnamskiej – przedrukowało go oczywiście nasze „Forum"). No ale cóż – między głupim Wschodem a mądrym, lecz wciąż kapitulującym (może z nadmiaru mądrości...) Zachodem nas tu szlag trafi nieuchronnie. A w ogóle takie rzeczy jak ruch „im. Marcusa" czy różne postacie „protestu i buntu" na Zachodzie potwierdzają moją tezę, że wolność niszczy siebie samą. U nas wolności nie ma, tylko idealny polityczny zamordyzm (to jedno jest tu idealne), wobec czego po wiek wieków oglądać będziemy łyse pały naszych „wodzów" i wysłuchiwać ich zawsze jednakowych giędzeń lub też oglądać z namaszczeniem, jak oni głosują sami na siebie (nasza prasa i telewizja uznały, nie wiedzieć dlaczego, akt ten za najbardziej reprezentatywny i propagandowy, toteż oglądamy go nieustannie). Mowa Breżniewa na moskiewskim zjeździe partii komunistycznych pusta i głupia w swej „antyimperialistycznej" demagogii, a także świętym oburzeniu na Chińczyków, jedyne co w niej nowe, to brak akcentów antyniemieckich. Lecz cóż z tego, że oni mówią głupio, kiedy w dzisiejszym świecie decyduje nie rozum, lecz brak skrupułów i broń nuklearna, a Ruscy na to jak na lato. Bardzo mnie to wszystko martwi, wczoraj widziałem się z Heniem, też zmartwionym jak diabli. Jedno jest pewne: Amerykanie o nas bić się nie będą – o Azję zdaje się zresztą też już przestają, a Amerykę Południową przegrywają całkiem. A przecież był moment, kiedy mogli wybawić ludzkość i wciągnąć ją w orbitę „społeczeństwa dobrobytu" jak Japonię. My już tego społeczeństwa nie będziemy mieć nigdy – stąd też na nie tak grymasimy, że ono przyziemne i żyje w „alienacji". O Jezu, jakież to wszystko jest głupie!!

Widziałem Stacha Stommę, mówił to i owo nawet niegłupio, m.in. że ataki na nas w marcu zeszłego roku (na mnie, Jasienicę, „Znak" etc.) miały za cel odwrócić uwagę od przygotowywanych przez „hunwejbinów" ataków na grube rządowe ryby, np. na Cyrana. Stach twierdzi, że stawia sobie za cel wprowadzenie mnie znowu na pisarską „orbitę", powiedziałem mu, że mogę pisywać w „Tygodniku" o literaturze, czemu nie, ale nie wierzę, żeby się to udało.

On wierzy, nie chce się natomiast zajmować sprawą mojego paszportu – a tak bym trochę bryknął na Zachód, żeby choć uporządkować sprawy Wacka, o którego nieco się boję (pisał, że już popadli w konflikt z „Pagartem" – rzecz była zresztą nieunikniona, toć już pół roku tam siedzą). Ale cóż – ch... ściany nie przebijesz! W Czechosłowacji przykładna rzeźnia liberałów – znikąd nadziei, jak Boga kocham! Kisinger odpowiedział Gomułce na jego mowę o ewentualnym zawarciu traktatu, ale nasza prasa całej jego wypowiedzi podać nie raczyła, tylko króciutkie streszczenie – my tylko wielogodzinne mowy naszych przywódców czytać musimy *in extenso*. Kisinger odpowiedział tak, jak przypuszczałem: że chce się dogadać, ale że czeka na traktat pokojowy etc. Oni się obawiają, żeby uznanie Odry–Nysy nie było równoznaczne z uznaniem NRD. Też są w impasie, w który zresztą i myśmy ich wpędzili, nie wiedząc, że będzie to zarazem i nasz impas. No a w ogóle okres przedwyborczy w Niemczech nie sprzyja żadnym decyzjom – u nas co innego, bo nikt się nie potrzebuje liczyć ze społeczeństwem, ogłupiałym zresztą i zdezinformowanym jak najdokładniej. *Finis Poloniae?!* I to mimo węgla, stali oraz okrętów?! Marcuse ma swoją rację, gdy twierdzi, że zarówno komunizm, jak i kapitalizm czynią z produkcji święty fetysz (tyle że komunizm z produkcji nieudolnej).

12 czerwca

Znowu jest sporo rzeczy do zapisania, nie można z nimi czasem nadążyć, a przecież ten dziennik nie ma być kroniką wydarzeń, powinien chyba dawać jakieś ogólne wyobrażenie o naszym życiu, w którym niby mało się dzieje, a które pędzi ogromnie szybko do jakichś, co czuję, zupełnie nieodwołalnych spraw (nie jest to myśl zbyt rewelacyjna, bo pewno zawsze się tak dzieje). Jako rzeczy same przez się zrozumiałe traktuję sprawy, o których czytelnik może nie będzie miał pojęcia, na przykład, że w domu mówi się często szeptem lub na migi w obawie przed podsłuchem – a przecież nie jest to chyba rzecz normalna, choć takżeśmy się do niej przyzwyczaili.

A więc co jest do zapisania? Na przykład, że w południowym Wietnamie powstał jakiś kryptokomunistyczny rząd „koalicyjny". Rzecz całkiem normalna: komuniści jak zawsze maskują się, tworzą dziwne ciała niby liberalne (taki był np. Związek Patriotów Wasilewskiej w Moskwie), aby potem stopniowo wszystkich kiwnąć i wydobyć z zanadrza majcher. Tak wszakże robili w Polsce, Bułgarii, Czechosłowacji etc., nabijając w butelkę różnych Mikołajczyków, Beneszów, Nagych i innych. Czy Amerykanie dadzą się na to wziąć? Pewno tak – a co mają robić, jeśli wojny nie wygrali i naród (własny) im się burzy. A niech ich! Tylko że nie wiadomo, jak się z całej afery wycofać, to nielichy problem dla Nixona. Ja już w ogóle straciłem nadzieję, że nam te Amerykany cokolwiek pomogą – tyle że utrzymują „Wolną Europę", której Lidia słucha z zapałem, ja z trochę mniejszym, bo to mówią często moi znajomi, ludzie „z mojej sfery" i mówią to, co ja doskonale wiem. Miło jednak czasem posłuchać, jak ktoś mówi ludzkim językiem – dla ogłupianego tak bezdennie naszego społeczeństwa jest to oczywiście rzecz wspaniała, ale czasem pytam sam siebie z trwogą, czy wielu ludzi jeszcze słucha i, co gorsza, czy wielu rozumie. Bo prawda niezastosowalna w życiu przestaje w końcu interesować – wiedzą o tym doskonale komuniści.

Prasa podała komunikat, że „z Polski wyjechało 5264 obywateli polskich pochodzenia żydowskiego" i że jeśli ktoś czuje się „bardziej związany z państwem Izrael niż z Polską Ludową", może się starać o wyjazd do dnia 1 września. „Wolna Europa" zareplikowała od razu, że wyjechali częstokroć ludzie zdolni i Polsce potrzebni, a różni Różańscy i Bermany zostali. Przykra to w ogóle sprawa: antysemityzm zniknął z prasy czy telewizji, ale w urzędach i przedsiębiorstwach tępią Żydów w najlepsze. Ciekawe: zniszczono w tym kraju wszelkie autentyczne impulsy społeczne, a ten jeden, nieszczęsny, pozostał. Myślę, że to sprawa jeszcze nie skończona, wiele niesmaków przyjdzie jeszcze skonsumować.

Czytam pamiętniki von Papena. Bezczelna to książka – facet, który tyle narozrabiał i tyle spowodował nieszczęść, wcale się nie poczuwa do żadnej winy, jeszcze się chełpi i w dodatku, co obrzydliwe, wciąż się powołuje na katolicyzm, na światopogląd chrześcijański. Obrzydła to książka, jedyne co pociesza, że na tle obecnych wypowiedzi niemieckich wydaje się staroświecka, że aż śmieszy: a jednak choćby taki Strauss, którego u nas wciąż siepią, to w porównaniu z tępym, oficerskim patriotyzmem Papena po prostu światły humanista. Oj, ci Niemcy – w gruncie rzeczy wszystko przez nich. A Papen opisuje, jak po Rapallo bolszewicy pomogli odbudować armię niemiecką! Słonimski pisał kiedyś, chyba w 1938, że na Europę pędzą z dwóch stron dwa rozpędzone czołgi: brunatny i czerwony. Ale ludzie siedzący w tych czołgach dają sobie jakieś znaki: oni się znają! I rzeczywiście.

14 czerwca

Żydzi dosyć są spietrani tym komunikatem o wyjazdach, mówią, że to oznacza wznowienie całej akcji antysemickiej, a ta z kolei jest kryptonimem jakichś walk w partii. Nie może partia walczyć na oczach społeczeństwa zwyczajnie o władzę, to byłoby niepedagogiczne, wobec tego walczą o... Żydów. Śmieszne to, niemniej prawdziwe.

Liczba 5264 Żydów, co wyjechali, to chyba tylko „głowy rodzin" – w istocie wyjechało chyba z 15 000. Spotkałem Puzynę (krytyk teatralny, miły i inteligentny, trochę za grzeczny) i mówię mu, że Żydzi wymyślili komunizm, a teraz ich z niego wypędzają. Puzyna na to powiedział, że Chrystusa też kiedyś wymyślili i pokutowali za to 2000 lat. Coś w tym jest rzeczywiście. Oni wszystko wymyślają, robią dużo szumu, a potem nic z tego nie mają. A może mówiąc „oni" już się ulega nieświadomemu antysemityzmowi?

Czytając naszą prasę, encyklopedie, wszelkiego rodzaju informacje, wciąż mam świadomość, że wszystko to jest nieautentyczne, bo już przesiane przez cenzurę czy autocenzurę. Ale ludzie nie mają tej świadomości, przyszli historycy kultury też opierać się będą na tym co wydrukowane (także w bibliografiach, leksykonach etc.). W związku z tym muszę przypomnieć moje powiedzenie na jednym ze zjazdów literatów. Powiedziałem, że jamnik powstaje przez wychowywanie szeregu pokoleń psów pod szafą, a tu wszyscy mówią o jamniku, nikt zaś nie piśnie o tym, co go ukształtowało – o szafie (szafa to cenzura oczywiście). Powiedziane to było w związku z bardzo *błogonadiożnym* referatem prof. [Jana Zygmunta] Jakubowskiego, ale on *aluzju poniał* i nawet powiedzenie cytował. Szczęście, że nie ma jeszcze cenzury na rzeczy mówione, ale w związku z rozwojem fonografii dojdzie i do tego!

Gomułka na moskiewskiej naradzie siedział jak struty (widziałem to na „Kronice Filmowej"). Nie dziwię mu się: całe jego nieprzejednanie wobec Niemców zdaje się zawisło w próżni, bo Rusy chcą sobie otworzyć drogę na Zachód przez jakieś rozmowy z NRF. A nasz biedny Wiesio naprawdę myślał, że Rusy dla jego pięknych oczu zrezygnują ze swych zawsze cynicznie i brutalnie traktowanych celów politycznych. Do tego z inwestycjami u nas klapa, prasa przebąkuje już, że nie można w każdym województwie budować fabryk, że trzeba się bardziej zająć rolnictwem. Wiesio myślał, że można bezkarnie całe lata robić głupstwa i nigdy skutki tego się nie odezwą. Można, owszem, postępować tak w Rosji, która jest ogromna i pełna zasobów surowcowych i gdzie można dowolnie obniżać stopę życiową, a nikt nie piśnie słówka – w Polsce jest jednak inaczej. Gomułka ma jedną zasługę – że nie dał wprowadzić „socjalizmu" na wsi (nie lubi, gdy się o tym mówi), poza tym jednakże jest mężem niezbyt opatrznościowym, bo jest apodyktyczny, a na niczym się nie zna, ma przy tym owego równie nieszczęsnego Zenka, który go we wszelakiej niewiedzy utwierdza. Tylko kiedy oni sami zrozumieją, że nie są opatrznościowi – o Jezu!

Będę pisał „dla siebie" utwór orkiestrowy zatytułowany „Par avion". Będzie to coś w rodzaju perpetuum mobile, kwintesencja mojej wiedzy o orkiestrowym ruchu. Nie pisałem tego, bo nie miałem tytułu(!), teraz mam ambicję skomponować rzecz z maksymalną starannością, aby coś dobrego w tej dziedzinie jednak po mnie zostało, bo zawsze dotąd wisiał nade mną cień pośpiechu i chałtury. Tylko że zawsze tak sobie obiecuję, a potem ponosi mnie łatwość i – łatwizna, aby dalej. Nie należy się puszczać, należy się trzymać!

Wczoraj Henio pochwalił mnie za angielski, to była pierwsza lekcja po długiej przerwie. Do redakcji „Tygodnika Powszechnego" napisałem list w obronie tragizmu w filmie „Kolekcjoner", podpisałem Witold Wiśnia, mgr inżynier odlewnik, huta „Warszawa". List się ukazał, tylko cenzura skonfiskowała wzmiankę o filmie Polańskiego*. Cóż to za chuje i ciemniaki, a przecież filmy Polańskiego szły w Polsce!

W kronice filmowej widziałem Goldę Meir przyjmującą defiladę wojskową. Przed ogromnie groźnymi armatami i pistoletami przechodzi stara gruba ciocia Ruchla z przedwojennej ulicy Smoczej, a za nią małosemicki wymoczek z okiem zasłoniętym czarnym plastrem. Zdumiewające!

18 czerwca

Przyszła wiadomość straszna: Zawieyski nie żyje. Wyskoczył czy wypadł z okna czwartego piętra w szpitalu – w rządowej klinice przy Emilii Plater. Czy wyskoczył rozmyślnie, czy wypadł w zamroczeniu – tego się nigdy nie dowiemy. Wrócił z ustępu do poko-

---

* Witold Wiśnia. Mgr inżynier odlewnik (huta „Warszawa"). *Listy do redakcji*, „Tygodnik Powszechny", 15 czerwca 1969, nr 24.

ju o piątej rano, okna są tam niskie, nie chronione. Straszny koniec tego człowieka, któregośmy w końcu tak wszyscy kochali. I co za skandaliczny brak dozoru w tym wzorowym szpitalu wobec chorego półprzytomnego. Aż straszno o tym pomyśleć!

Ukazała się deklaracja moskiewskiej narady arogancka i głupia bezgranicznie, wypełniona „walką z imperializmem", superbezczelna, gdy nawołuje do walki o wolność słowa lub pisze o tym, że nie wolno się wtrącać do spraw innych partii. W ogóle bezczelność i hucpa są tu okropne, a także idiotyczny schemat w ocenie wszelkich spraw świata. Mieroszewski ma rację w paryskiej „Kulturze" (czytałem!), że garstka facetów nie poinformowanych, a dzierżących władzę, może ściągnąć na ludzkość straszne nieszczęścia z wojną włącznie. Ale co ciekawe w tej deklaracji to to, że nie ma w niej ani słowa o... Chińczykach. Czy to przegrana Ruskich czy też zdecydowali oni, że skoro całą siłą plują na Amerykę, to nie będą pluć i na Chiny? Wydawałoby się to logiczne, ale logika komunistów jest inna – zresztą czort wie jaka.

We Francji, jak było do przewidzenia, wybrano Pompidou. Czy zmieni on radykalnie politykę zagraniczną, czy zachowa Debrego jako ministra? A może oni się umówili z de Gaulle'em, że tamten podbił Francji cenę, a nowy prezydent będzie jego politykę wyprzedawał ustępując krok po kroku? Nie, tacy mądrzy to znów politycy nie są! I za co im się właściwie płaci?!

Zapomniałem napisać, że wczoraj przyszła wiadomość o nagłej śmierci Marka Hłaski – po wódce zażył w Wiesbaden za dużą ilość proszków nasennych. Był to istny „poeta potępieniec", zielony ogromnie, ale wariat w typie Iredyńskiego (moda dziś zresztą na takich „Jamesów Deanów"), jako pisarz bardzo jeszcze niedojrzały, jadący tylko na swoim „lwim pazurze" i na paru obserwacjach wyniesionych z kraju. Ogromny talent, ale jakoś ograniczony, a Zachód i „burzliwe życie" zmarnowały go całkiem. Szkoda go, przejąłem się tym, a dziś znowu Zawiey – dwóch ludzi z naszego kręgu duchowego w końcu. Smutne to rzeczy, Zawieyski straszny, a Hłasko tak żałośnie niedopełniony. I zawsze wyzywał los – ileż miał katastrof, awantur po pijanemu, bójek, historii. Zupełnie jak Iruś – żeby choć ten osioł źle nie skończył. Strach już po prostu oblatuje, że jutro w gazecie licho wie co się przeczyta!

19 czerwca

Jestem wciąż pod wrażeniem uchwały partii komunistycznych w Moskwie – czegoś tak głupiego jeszcze, moim zdaniem, nie było: zamiast pokazać, że ten ich „socjalizm" rzeczywiście jest lepszy od kapitalizmu, że daje więcej wolności i dobrobytu, oni szczują tylko bez opamiętania na „imperializm". Wydaje mi się, że pan Bóg odebrał Ruskim rozum do reszty. (Pan Bóg z panem Marksem na spółkę), co jednak wcale nie dowodzi, że chce ich zniszczyć.

A więc Władysława Bieńkowskiego, najliberalniejszego komunistę, „październikowca" (w 1956 to on chyba pisał mowy Gomułce), twórcę koncepcji „Znaku", wylano z partii. Wylano go oczywiście za ów maszynopis, który mi dał do czytania. Czyli że oni nie krępują się już ani trochę – zamordyzm tępy, triumfujący i bez maski. Podobno przewodniczącym Komisji Kontroli, która naszego Władzia wylewała, był osławiony Witaszewski. Wyobrażam sobie, co tam była za rozmowa gęsi z prosięciem – nawet i fizycznie to porównanie jest aktualne.

Stach Stomma udzielił wywiadu francuskiemu „Le Monde", w którym po staremu bałaka o grupce bezpartyjnych katolików w Sejmie, która liczy na demokratyzację, rzekomo w socjalizmie niezbędną. Jako posunięcie taktyczne wobec komunistów w Warszawie, że niby mogą spać spokojnie, bo im nic złego ze strony „Znaku" nie grozi, rzecz jest udatna, jako obiektywna, merytoryczna informacja – żadna. Toć komunizm (nie żaden tam socjalizm) stoi właśnie na dyktaturze, eufemicznie zwanej dyktaturą proletariatu, i demokratyzacja w sensie jakichś swobód słowa, zgromadzeń etc. to dla niego ogromne niebezpieczeństwo, toteż zgoła się do niej nie kwapi, a także gotów wykorzeniać ją siłą (Czechosłowacja i tysiąc innych przykładów). Tak że nasz Staś niezbyt akuratnie poinformował Francuzów, raczej poprzez nich przemawiał do Zenusia Kl. w Warszawie. Inna rzecz, że po cóż właściwie informować Francuzów: i tak nie zrozumieją, a także nie zechcą zrozumieć, bo oni kochają Ruskich i chcą kochać nadal. A pies że ich jebał – raz już wszakże kozacy byli w Paryżu.

Widziałem nowo upieczonego posła „Znaku", Tadeusza M. [Myślika]. Triumfuje i promienieje, że niby wybrał go sam teren (czyli partia w Krakowskiem) i że nic nikomu nie zawdzięcza. Nastawiony jest na „pracę organiczną", twierdzi, że partia to jest klimat, na klimat zaś nic nie można poradzić, ale żyć w nim trzeba.

Opowiedział dobry kawał: – Co jest gorsze od kultu jednostki? – Kult zera!

Dużo jest w Polsce bzdur, ale ostatnia, z ołowianymi żołnierzami, przekracza wszystko. W „Prawie i Życiu" Wiktor Szpada (pseudonim Gontarza) siepał się okropnie, że w państwowych komisach (innych już nie ma) sprzedaje się ołowianych żołnierzy, wyobrażających Niemców z afrykańskiej armii Rommla. Wynikła z tego wielka draka, śledztwo, awantura, w rezultacie zadecydowano, że w sprzedaży mogą odtąd być tylko ołowiani żołnierze polscy lub radzieccy. Tak więc chłopcy mogą się bawić tylko w wojnę polsko-radziecką. Chi, chi, chi!

Upał straszny, więc już tylko pokrótce zanotuję, że: a) wybieram się za godzinę na zawody lekkoatletyczne (Memoriał Janusza Kusocińskiego), b) przeczytałem w „Kulturze" paryskiej ciekawy artykuł Czesia Miłosza o emigrowaniu do Ameryki: wywodzi w nim, że w Stanach, będąc polskim poetą, nie czuje się obywatelem drugiej klasy, co byłoby nieuniknione w Europie, nie czuje się też człowiekiem bez ojczyzny, bo wszyscy są tutaj w tej samej sytuacji, c) z Wackiem są kłopoty, bo tu na nich zaczynają sarkać i pomstować, że grają w NRF, d) czekam na tego głupiego Amerykanina, który zamówił u mnie muzykę – będę w końcu z niego żył przez najbliższy rok. Chyba to już wszystko: niestety dziennik ten robi się kroniką, faktów w nim sporo, myśli mało. Myśli zresztą oszczędzam do swojej drugiej roboty, do której przywiązuję dużą wagę. Ale czy będzie to rzecz udatna i czy ujrzy światło dzienne? Ha!

25 czerwca

Przedwczoraj był pogrzeb Zawieyskiego, msza w kościele św. Marcina, bardzo nowoczesna, cała po polsku, z tekstami modlitw pojawiającymi się na ekranie – ale jednocześnie stare babiny zawodziły tradycyjne śpiewy – bardzo wzruszające. Mnóstwo ludzi, literatów, księży – tylko oczywiście władze nieobecne: ależ te komuchy głupie, że aż ha. Prymasa nie było (jakaś w tym jest taktyka, ale trochę to niemiłe, bo przecież „kochali się" z Zawieyem), za to przemawiał biskup Niziołek, sufragan warszawski, bardzo pięknie i z prawdziwym zrozumieniem Zawieyowego ducha. Potem autokarami wszystko pojechało do Lasek – wzruszająco bardzo, choć za dużo przemówień (zaczął Iwaszkiewicz, potem Stomma i inni). Strasznie arcypolski krajobraz w tych Laskach i po drodze – ubogie

ciągle jest to Mazowsze z chatami nierzadko krytymi mchem i ziemią. Przyjechali moi i Zawieya przyjaciele, państwo W. [Wojnarowie] ze Śląska Cieszyńskiego – zdumieni byli tym ubóstwem – rację miał Osmańczyk, że Warszawa i okolice to jest „Polska B".
Po pogrzebie byłem na kolacji w „Bristolu" z Heniem i Pawłem. Był też Jerzy Andrzejewski z Marysią i Myciel, słowem „sami swoi". Jerzy upił się szybko jak zwykle, rozmawialiśmy o Hłasce, o jego, Jerzego, „Apelacji" wydanej w Paryżu. Ale nastrój jakiś kiepski, nie tylko z powodu śmierci Zawieya. Myślę, że Henio dobrze wyraził to, co nas nurtuje: czujemy się wyobcowani, bo naszą walkę nie bardzo kto rozumie, nowe „postagrarne" byczki mają nas za dziwaków, a przecież nam się wydaje, że to my właśnie jesteśmy jak najbardziej „zaangażowani" w polskie sprawy. Tymczasem oni wszyscy myślą tylko o sobie, nas zaś mają za oszalałych „przeszkadzaczy", którzy nie pozwalają żyć. W końcu zaś nie wiadomo, kto naprawdę ma rację, boć życie w każdym ustroju musi się jakoś toczyć normalnie: kto wciąż krzyczy, że życie jest nienormalne, narazi się w końcu na ogólną niechęć. Sprawy te dobrze widać w pamiętnikach Papena, które wciąż studiuję. Obłudnik to jest i obcy szkop, ale z książki jego widać mechanizm wrastania Hitlera w niemieckie życie polityczne, widać, jak starzy pruscy junkrzy, uważający Führera za wariata i chama, lecz ulegający mu „dla świętego spokoju", dali mu się w końcu opanować bez reszty. Siła chamska i głupia, ale nieodparta, od której nie ma odwołania, staje się w końcu Bogiem także i dla subtelnych intelektualistów, a nawet dla nich przede wszystkim, bo im imponuje, skłonni są przypisywać jej głębię i wyrafinowanie, których to cech ona zazwyczaj wcale a wcale nie posiada. Sprzeciwiać się sile? Fe, to niemodne, chyba dziś u zachodnich studentów, których ta zabawa nic nie kosztuje. Nasza grupka „opozycjonistów" zaprawdę jest tu staroświecka i nie na miejscu.
Upały straszne, byłem dwa dni na zawodach Memoriału Kusocińskiego, nie takie ciekawe (brak silnych indywidualności poza Szewińską, a także za dużo Murzynów), ale odpoczywa się dobrze. Mój Amerykanin od muzyki odezwał się telefonicznie, na razie jednak pojechał w Polskę i do Lwowa, tak że zobaczymy się dopiero trzeciego lipca. Sprawę wyjazdu za granicę mam „z głowy", bo dostałem z Biura Paszportowego powtórną odmowę, na suchym druczku, bez komentarza. Pies ich wyjebał, więcej już starać

się o nic nie będę. Wacek pisał, przysyła nam samochód, to dopiero będzie kram, bałagan, zamęt. Cholera ciężka, sam nie wiem, jak i kiedy wyjadę do tego Makowa, a tu Warszawa zbrzydła mi setnie przez te upały. W prasie pełno narzekań na brak plaż w Warszawie, na hotele, campingi, gastronomię – od wielu, wielu lat co roku jest to samo, ale nikomu nie przyjdzie do głowy tym się na serio zająć. Głupi to kraj i przez głupich ludzi rządzony („Co jest gorsze od kultu jednostki?" „Kult zera"!).

Mam wciąż wyrzuty sumienia, że za mało pracuję twórczo, za mało z siebie daję, a tu przecież czas ucieka diabelsko i pewnego dnia klamka może zapaść – jak z Zawieyskim. Zwłaszcza wyrzuty z powodu marnowania czasu gnębią mnie, gdy mam tydzień ruchliwy jak ostatnio i widuję masę ludzi, co jest w końcu jałowe, bo wszystko o nich wiem. Uciekanie czasu unaocznia mi ten dziennik: ani się obejrzę, a tu już pięć dni czy tydzień go nie pisałem, choć niby nie było po temu ważnych powodów. Wielka to jednak, choć niby banalna sztuka umieć usiąść na dupie w systematycznych odstępach czasu – nawet głupiec stanie się wtedy jakimś tam twórcą. Pamiętam, jak wyrzuty sumienia z powodu nieróbstwa i zaniedbywania twórczości powracały ciągle w „Dzienniku" Lechonia – myślę, że i Jerzy Andrzejewski mocno tym jest przegryziony. No cóż, dopingu zewnętrznego w postaci druku nie ma – trzeba sobie konstruować jakieś dopingi własne.

Mówią, że na 22 lipca ma być amnestia – liczą na to pozamykani studenci, a także ci, co są w śledztwie (np. młody Sandauer, którego spotkałem). Ciekawe, czy będzie amnestia i dla mnie – he, he! Na razie znów chodził za mną ubek, gdy spotkałem się z tymi miłymi Ślązakami: to moi wielbiciele, dali mi kwiaty, postawili wino. Także na cmentarzu parę osób się do mnie czuliło, że niby „cała Polska" jest po mojej stronie. Gówno cała Polska – gdzie w ogóle jest ta Polska?!

Martwię się o Wacka, że sobie odetnie tutaj wszystkie drogi – będąc za granicą człowiek przestaje sobie zdawać sprawę, jaki tu zamordyzm. Jerzyk zdaje na uniwersytet, Krysia włóczy się gdzieś całe noce, żyje głupio a jeszcze do tego się buntuje i myśli, że to jakiś ważny bunt. Dlaczego wszystko wydaje mi się takie głupie – a może to ja sam jestem głupi, tylko nie mogę tego dostrzec?! (Gdybym dostrzegł, żem głupi, to przestałbym być głupi, a skoro jestem głupi, to nie mogę przestać nim być).

28 czerwca

Wczoraj oglądałem w telewizji otwarcie Sejmu – coś wręcz przerażającego: od czasu, gdy ja byłem posłem, drętwość tego widowiska posunęła się naprzód, ku swej „doskonałości" w sposób po prostu niewyobrażalny. Jakby marionetki poruszane sznurkiem, wszystko wyreżyserowane, bez cienia autentyzmu, w dodatku marionetki tak już zmęczone, a z drugiej strony tak pewne, że inny byt niż marionetkowy jest zgoła niemożliwy, iż w rezultacie nie zadają sobie w ogóle trudu, aby upozorować choćby autentyczność całej operacji. Ten sam jąkający się głupi Wycech, „marszałek" od siedmiu boleści, ze swoim automatycznym: „sprzeciwu nie słyszę", „czy są inne kandydatury? – nie ma", „kto jest przeciw? – nie ma", „kto się wstrzymał? – nikt" i tak w nieskończoność, bo wszystkich oczywiście, całą Radę Państwa, prezydium Sejmu (wicemarszałkowie jak od lat: Kliszko i Wende) wybrano jednomyślnie, nawet bydlaka Ozgę, przeciw któremu powinien przecież głosować choćby Stach, którego ten pijak obrażał w marcu 1968 ile wlezie, jak i zresztą nas wszystkich. Tymczasem nic – wieczorem byli u mnie Myślik i Kozioł [Krzysztof Kozłowski], ten drugi okropnie całym widowiskiem zgnębiony. Mnie przeraża umysłowość ludzi, którzy taką hecę puszczają w telewizji, nie zdając sobie sprawy, jak śmieszne i odrażające wrażenie wywołać może taki „Sejm niemy". Właściwie odrobinę życia zawierało tylko przemówienie wstępne „marszałka seniora", którym był nie kto inny, jak nasz stary znajomy – Jarosław Iwaszkiewicz. Oczywiście mówił hołdowniczo i wazeliniarsko, ale wsadził tam coś o pisarzach i twórcach kultury, którzy są równie ważni jak robotnicy. Tyle że ten wyłysiały dworak pewien jest oczywiście, że wygłosił najwspanialszą i najodważniejszą mowę świata...

Potworna nieruchoma fasadowość tego wszystkiego, mająca na celu ukrycie jakichkolwiek konfliktów, zdradza kurczowy strach przed społeczeństwem, przed życiem, przed jakąkolwiek zmianą. Rzecz jest chemicznie czysta, wyzbyta wszelkich pozorów, surowa, kamienna: tylko polityka pojęta jako utrzymywanie władzy i tajności jej kulis za wszelką cenę. Tylko „być albo nie być", twarde, wilcze, a na zewnątrz sztywne i nieruchome jak taniec chochoła. Zgnębiło mnie to widowisko, te twarze znajome, drętwe, nudne, te zdawkowe uśmiechy i oklaski, wszystko jak ze złego snu: toć ja zacząłem z tymi ludźmi znajomość 12 lat temu i wszystko nadal trwa, niemal bez zmian. Rewolucja osiągająca ideał absolutnej nieruchomości –

to coś jak z Kafki. Premierem został oczywiście Cyrano, jakby dla kpiny, bo Wiesio zapowiedział, że przewidywane są duże zmiany gospodarcze i polityczne – widać, według dawnego wyrażenia Sandauera, „zegarek naprawiać mogą tylko ci, co go zepsuli". To całe wyreżyserowane widowisko, ta grupa wciąż tych samych ludzi, przed milczącym zbiorowiskiem „posłów", a jednocześnie brak na pozór jakiegokolwiek przymusu czy strachu, wszystko to jest niezwykłe – będę to obserwował aż do śmierci, spróbuję opisać, choć rzecz nie jest łatwa. Ale ciekawa ogromnie, ciekawa niesamowicie.

Komediowe kulisy objawiły się przez chwilkę, gdy w spisie członków Rady Państwa pominięto Banacha. Wycech, który przeprowadzał akurat głosowanie nad Spychalskim, przerwał je w połowie i kompletnie zbaraniał, długo się jąkał, stękał, stękał, mendził, aż wreszcie nieszczęsnego Banacha dodano: wyobrażam sobie, co facet przeżył przez tę chwilę, groza niełaski, wypadnięcia za burtę, albo że powiedzą, iż skoro go już pominięto, to trudno, stało się. Chi, chi, chi.

Do Rady Państwa wszedł Ignar, to znaczy, że nie będzie już wicepremierem. A to jest jedyny w kierownictwie ZSL-u człowiek z poglądami, niekarierowicz. Ano – prawidłowo.

Przedwczorajszy dzień spędziłem na plaży, po drugiej stronie Wisły koło Mostu Gdańskiego. Przepięknie było i pusto. Pod wieczór wybrałem się zobaczyć nowy Dworzec Wschodni. Zdarzyła mi się prześmieszna przygoda, bo jadąc tramwajem w końcu zajechałem aż na Gocławek, a ludzie wciąż pytani o dworzec odpowiadali przedziwne rzeczy: że to strasznie daleko, że nie tu, że godzinę jazdy w przeciwnym kierunku, że piętnaście przystanków. Kręciłem się jak pies za własnym ogonem, myślałem, że już wszyscy zwariowali, dopiero znalazłszy się nagle na Targowej zrozumiałem, że ja pytałem się wszystkich o Dworzec Gdański. Obłęd kompletny. Dworzec Wschodni piękny, szklany, nowoczesny, tyle że stoi w niechlujnym polu, że jego wspaniałości przykro kontrastują z kiepsko, po wsiowemu ubranymi i pijanymi ludźmi. Warszawa w ogóle bujna, piękna miejscami, zieleni masę, tyle że niechlujna i z okropną komunikacją. Ale można by zrobić wspaniałe miasto – ogród, bo zaludnienie rzadkie, przestrzeni dużo. Tylko czy te komuchy to potrafią?!

7 lipca

Długo nie pisałem, bo przyjechał mój Amerykanin od muzyki i miałem z nim przeróżne tańce: przegrywanie partytury na fortepianie, nagrywanie na magnetofon itp., itd. Było to męczące i zawiłe, bo w naszym staroświeckim domu magnetofonu oczywiście nie ma i nikt się z nim obejść nie umie. W końcu jednak rzecz jakoś poszła i chyba „klient" był zadowolony, forsę będzie bulił, a więc w sumie raczej nieźle to wygląda. Tyle że uhasałem się nieprawdopodobnie, bo upał straszny: od przedwczoraj duszę się formalnie, serce mi nawala, ale jutro już wreszcie jedziemy do Makowa, na razie z Lidią i psem (to dopiero będzie polka), Jerzyk dojedzie, jak zda egzaminy, ustne ma już poza sobą.

Prowadziłem w ostatnim tygodniu „światowe życie" – to również przyczyniło się do mojego złego samopoczucia, bo chlanie whisky na upale to rzecz utrudzająca. Byłem dwa razy u Amerykanów (taki to amerykański tydzień), raz na małej kawie w bibliotece ambasady, drugi raz u ambasadora na święcie narodowym. W tej bibliotece (rzecz była widać ukartowana) pojawił się niejaki p. Shakespeare (!), młody człowiek, kierownik Agencji Informacyjnej przy Nixonie, a znowu pilotował go p. Weinthal, jak się okazało, przedwojenny wyższy urzędnik Beckowskiego MSZ-u, mówiący po polsku, jakby nigdy nie wyjeżdżał z Warszawy, zresztą sympatyczny i inteligentny. Wybadywali mnie oni na różne tematy, m.in. na temat propagandy amerykańskiej w Polsce, i bardzo byli zdziwieni, kiedy powiedziałem, że jedyna zauważalna propaganda to „Wolna Europa", a pismo „Ameryka" raczej przypomina sowieckie wydawnictwa. Na pytanie, czy w Polsce są ruchy wolnościowe, jak np. w Czechosłowacji, odpowiedziałem, że były, ale się zbyły, bo wszyscy dowodnie i namacalnie się przekonali, że tu jest absolutnie przez Amerykę uznana strefa radziecka. Ów Shakespeare zmartwił się na to i powiedział: „To tragiczne". A co on właściwie myślał?

Dziwni są w ogóle ci Amerykanie – oni chyba po prostu żyją sobą i swoim krajem, a że ten kraj to część świata, więc bynajmniej nie żyją wąsko: to tylko my chcemy ich zawęzić, traktując jako z pochodzenia Europejczyków, mających wobec Europy jakieś tam obowiązki. W ogóle my to już mało komu jesteśmy potrzebni, trzeba sobie jakoś samemu radzić, tyle że mamy najgłupszą ekipę komuchów, jaką sobie można wyobrazić. Może teraz to „otwarcie na Niemcy" coś nam da, jeśli Gomułka tego nie zmarnuje. Jest to na pewno w istocie manewr sowiecki, mający na celu wybadanie, jak dalece mirażami Wschodu da się odciągnąć Niemcy Zachodnie od Ameryki. Nic z tego pewno nie wyjdzie, ale przy okazji tych prób moglibyśmy coś gospodarczo czy „wolnościowo" uzyskać, ale kto niby ma to robić – czy ten sztywniak i rutyniarz Jędrychowski? À propos, miałem z nim u Amerykanów zabawną historię: na wielkim trawniku u stóp schodów nagle znalazłem się z nim nos w nos, on ostentacyjnie się ze mną przywitał, po czym godnie się odwrócił i... potknął o schodek, zaczem o mało nie upadł. Śmieszne to było okropnie, obecny przy tym Staś Dygat pękał ze śmiechu.

Dziś upał straszny, nad miastem ryk odrzutowców i helikopterów, które trenują do defilady-*monstre* w dniu 22 lipca (25 lat Polski Ludowej). Wyobrażam sobie, co to będzie za defilada – tyle że co nam z tego wojska, kogo ono właściwie ma bić? Chyba że Niemców, ale coś się wcale na taką wojenkę nie zanosi – jakby naprawdę doszło co do czego, to Ameryka z Rosją prałyby się bombami nuklearnymi poprzez gruzy Europy. Ładne perspektywy – do tego włączą się jeszcze Chiny. Oto skutki faktu, że Amerykanie w swoim czasie, mając monopol atomowy, nie potrafili nic załatwić do końca. Za to teraz wydawać muszą miliardy – ale co nam z tego?

Chcę już odpocząć w tym Makowie – w Polsce najbardziej krzepiąca jest wieś a co najmniej prowincja. Gryzie mnie wiele rzeczy, przede wszystkim własna nieprzydatność. Literatury, publicystyki, dziennikarstwa nie ma – więc co ja właściwie mam robić – chyba zająć się muzyką, do czego wreszcie i przyjdzie. Ale przecież w tej dziedzinie też jestem wyklęty: na przykład stary Drzewiecki drukuje pamiętniki, gdzie drobiazgowo wykreślono mnie, Myciela, Palestra, Rubinsteina (!) etc. Trzeba by po prostu gnić w domu i komponować, a to rzecz nie taka znów łatwa bez żadnych podniet, bez kontaktów z odbiorcami, tylko dla siebie. No, zresztą zobaczymy – jeszcze przecież nie umieram. Na razie najważniejsze to skończyć moją obecną pracę.

Wacek grozi przysłaniem auta i to w tych dniach – trzeba jak najprędzej wiać z Warszawy, aby uniknąć załatwiania formalności. Wczoraj długa rozmowa z S. na temat wyjeżdżających Żydów. Opanowała ich istna psychoza, częstokroć nazbyt pospiesznym wyjazdem potwierdzają swoje oderwanie od społeczeństwa, ale znów trudno ich winić, zwłaszcza tych, którym chodzi o dzieci. Sprawa to złożona. A jednocześnie inni, aby się ratować, służą komuchom obrzydliwie, np. Michał Hoffman, który w PAP-ie puszcza do prasy codzienne wymyślania na „izraelską soldateskę" (nb. jakże by się z tych oskarżeń o militaryzm ucieszyli dawni Żydzi, co to się dekowali po „patrolach sanitarnych"). Byłego dyrektora PWN-u Bromberga aresztowano – kiedyś rozkręcił on tę instytucję i jej zagraniczne stosunki w sposób wspaniały. Głupie to wszystko ogromnie i degenerujące ludzi – cóż się w końcu dziwić, że ten czy ów chce dać drapaka! No ale co z Polską, z duszą Polski?! O do diabła – i tak źle, i tak niedobrze.

10 lipca

A więc już jesteśmy w Makowie. Początek był tragiczny, bo całą noc w slipingu chamraliśmy się z psem, przerażonym, piszczącym – można było oszaleć, do tego ja się fatalnie czułem, łeb mi pękał z bólu, serce nawalało. Ale tutaj od razu wszystko się zmieniło, bo atmosfera i klimat robią swoje – pamiętam zresztą Maków doskonale z pobytu przed laty, kiedy Wacek miał trzy lata, a Krysia niewiele więcej niż rok. Ludzie tu prości, z charakterystycznym po góralsku szczekającym akcentem z okolic Suchej, dosyć mili, „reakcyjni" (była tu kiedyś, po wojnie, partyzancka „republika makowska"), masę kolonii dziecięcych i przeróżnych wczasowiczów. Miasto (eczko) pobudowało się – tyle że w środku szarogęsi się najbrzydszy typ bloków mieszkalnych. W drodze, w pociągu uderzyła mnie młodość ekipy kolejarskiej – widać nastąpiła jakaś pokoleniowa zmiana warty: odeszli starzy, wychowani jeszcze przez solidną, trudną szkołę wojny i okupacji, przyszli młodzi, „z awansu", gorzej znacznie dający sobie radę, ale za to chciwi na napiwki, wręcz wydzierający je gościom z pyska. Ano cóż – nastąpiła tu rewolucja „postagrarna" – widzi się to wszędzie. Trzeba będzie poczekać ze dwadzieścia lat, aż „wiejskie ćwoczki" się ogładzą i znów powstanie nowa Polska. Ileż tu tych Polsk – i wszystkie trzeba kochać?!

Pobyt w Makowie uważam za ważny dla siebie – chcę tu skończyć główną moją rzecz, tę, którą zajmuję się od dwóch lat. Co mi ona przyniesie? *That is the question* (uczę się też angielskiego, ale czy to potrzebne – toć już nie zdążę dobrze się nauczyć, bo człowiek w końcu umrze, choć sobie tego nie wyobraża). Na razie siedzę w pustym białym pokoju (bardzo lubię) i patrzę na beskidzki czy raczej podhalański, górzysto mokrawy pejzaż. Jednak jeszcze się żyje.

12 lipca

Więc już parę dni moczymy się w tym Makowie, bo deszcze i burze stąd nie ustępują, dookolne lesiste wzgórza toną we mgle, Babiej Góry nie widać w ogóle. Pięknie tu zresztą, świeżo, zielono, widoki ze wzgórz malownicze – tyle że z powodu deszczu nie bardzo można się ruszyć, siedzę więc raczej nad „dziełem", które jednak w innej atmosferze innego nabiera charakteru, boję się, że będzie niejednolite – a może „to Polska właśnie"? Bo rzeczywiście jest tu zupełnie inaczej niż w Warszawie, ludzie solidni, pobożni, o komunizmie żadnym pojęcia nie mający. Ale mają się nieźle – ziemia tu przecież licha, beskidzka, ale jest już tu i ówdzie przemysł (tartaki, kamieniołomy, porcelana?), młodzież rwie się do miast, wszystko ubrane świetnie, chodzące do szkół, do tego masę tutaj obozów, kolonii ze ślicznie odchowanymi dziećmi. Właściwie rozwój jest tu uderzający, mogliby się komuchy czym pochwalić, tylko dlaczego ludzie tak ich nie lubią, czemu kościół pełny a gazet nikt ani nie czyta, ani im nie wierzy? Ciekawe. Lud tu jest brzydkawy, z twardym akcentem, ale miły, pilny, spokojny. Jakżeż tu inaczej niż w Warszawie – tam to naprawdę jest „Polska B".

Jeździłem na rowerze, byłem m.in. w Suchej, bardzo to jeszcze austriackie miasteczko (po tylu latach!), rynek, kościół, wszystko takie same – tylko dworzec nowy (tu w Makowie za to dworzec wypisz wymaluj austriacki – mają swój urok te stare stacyjki). W Suchej przed pocztą spotkałem ni stąd, ni zowąd moją kuzynkę, a raczej cioteczną siostrę, Dzidzię, najmłodszą córkę siostry mojego ojca, rodem z Leszna w Poznańskiem. Zapomniałem już niemal o licznej rodzinie Ojca, rozsianej w Małopolsce i Poznańskiem, a tu jeszcze słyszę od niej, że jest w Polsce stryj Wicek z Anglii – był tam w lotnictwie, lat ma dziś 69, za rok emerytura i chce wrócić do kraju. A to heca, przeszłość nie chce umierać, może i jam jeszcze nie taki stary? Wicek to przyrodni brat Ojca (z innej matki), rodzony brat księdza Leopolda z Żywca, którego także chcę odwiedzić. Ma on tutaj (nie ksiądz oczywiście) troje dorosłych dzieci, a w ogóle jest ich wszystkich jak psów. Dziwna to rodzina, albo w niej geniusze (Jan August), albo wyjątkowi birbanci, do tego gruźliczni (Henryk), albo łyki i kłapciuchy. Ale Dzidzia ładna, dorobiona, ma trzech synów – kiedyś była kokieteryjna wariatka. Istne cienie przeszłości.

Już byłem nieźle do Polski Ludowej usposobiony, ale przyszła prasa i wszystko na nic – tyle tam idiotyzmów. W kółko o „srebrnych godach" PRL (25 lat), o defiladach i obchodach, ton ekstatyczny, że niech się sanacja schowa. Do tego ów obsesyjny „wydźwięk" antyamerykański i antyizraelski z ciągle tymi samymi stereotypami wymyślań – rzygać się chce. À propos – Amerykanie w najbliższym czasie jadą na Księżyc, cały świat będzie to oglądał w telewizji (czy my także?). Nie mam jeszcze stosunku do tej sprawy – gdy się w nią wmyślić, to jest niesamowita, ale czy zmieni ona psychikę świata i człowieka? Kiedyś przekomarzałem się z księdzem Bardeckim, co będzie z chrześcijaństwem, jeśli na innych planetach znajdą się ludzie nie znający Chrystusa ani Odkupienia. No a tu, jeśli się okaże, że tam nie ma – może to jeszcze gorzej? Nie wiem, co sądzić, nie „ustawiłem się" (w „Polityce" płytki reportaż z amerykańskiego ośrodka lotów). Nasza prasa reaguje głupawo i małodusznie jak zwykle – no bo jakże tu chwalić Amerykanów, a z drugiej strony Księżyc jest przecież Księżycem. Ci mają zmartwienia! Nikogo tak nie nienawidzę, jak naszych dziennikarzy – przykład polskiego sprytu i braku skrupułów, oportunizmu i tchórzostwa. A niech ich szlag!

Trochę się pod wieczór wypogadza – może będzie pogoda? Miło tu, spokój, tylko pies przeszkadza. Chcę dużo popracować, zobaczymy, czy się uda. Właściwie to ja teraz dopiero robię się pisarzem dzięki temu, że mi zabronili pisać felietony. Polityka też mi zjełczała: przeczytałem w „Tygodniku" sejmową mowę Stommy – mdłe, ostrożne wicie się – po co to komu, po co mi to było?

Ciekawym, czy Jerzyk zdał na uniwersytet. Wacek podobno dzwonił, jedzie na lato do Hiszpanii. Samochód na szczęście nie przychodzi. Świat mnie teraz może nie interesować – chcę pisać!

15 lipca

Dziś pierwszy dzień pięknej pogody, a u nas „klops", bo Lidia zachorowała nagle na ciężką anginę – pewno po wczorajszym wieczornym spacerze. Okropnie się źle czuła i nadal czuje – po różnych wahaniach sprowadziłem wreszcie doktora, raczej niemłodego, inteligentnego – dał antybiotyki, ale biedna „Krowa" (tak ją zawsze nazywam) czuje się okropnie źle, wszystko ją boli, leży oczywiście w łóżku, a tu pies szaleje i nie można sobie z nim dać rady. Dzwoniłem nawet do Warszawy, żeby ktoś wreszcie przyjechał, a tam tymczasem też różne kramy, bo Francuzka, która miała przywieźć auto od Wacka, gdzieś się po drodze wykropiła, leży w szpitalu w Gdyni (?! – nie wiem dlaczego), a auto powgniatane. Jerzyk z Krysią przywozili „pogotowiem drogowym" za 1500 złotych z Pomorza. Nie wiem po cholerę mi to wszystko potrzebne, tak się zawsze kończą prezenty Wacka – wolę już dawać sobie radę bez niego. Słowem mnóstwo różnych kramów na głowie, a tu pies mi pod nosem skiełczy a skiełczy. Żeby tylko ta Lidia była zdrowa – miałem na jej temat chwilę bardzo ciężkiej obawy, aż mi coś zimnego zajrzało w oczy. Ale chyba te antybiotyki (doustne) pomogą, na razie czuje się bardzo źle, leży w łóżku i w ogóle ledwo mówi.

Byłem na rowerze w Zawoi – przepiękna droga, rzeka Skawa wije się kaskadami i wodospadami. W tamtą stronę wciąż pod górę, z powrotem zjazd boski – kilkanaście kilometrów prawie ciągle w dół. Zawoja przepiękna, krajobraz tam już wręcz tatrzański, bo to pod samą Babią Górą. W Zawoi są luksusowe domy wczasowe (PAN-u, etc.), więc luksusowe samochody smyrgają od czasu do czasu. Ludność miejscowa też niczego sobie ubrana – dziewczęta pasą krowy w minispódniczkach. Samochód to marzenie – frajer ten Gomułka, że nie chce się zgodzić na powszechne zmotoryzowanie – przyszłoby z tym ogólne utechnicznienie społeczeństwa, a także jeszcze większe przemieszanie i ujednolicenie, chyba to przecież zgodne „z polską racją stanu". No ale co tu tłumaczyć, wiadomo, jak się wszelkie tłumaczenie kończy. Na razie więc przyglądam się góralskim chłopakom w ortalionowych płaszczach i z przewieszonymi przez ramię tranzystorowymi aparatami radiowymi. A jednak postęp jest – może te komuchy mają swoją rację, że tak wszystko w garści trzymają: inna rzecz, że niby co mają robić w tej sytuacji? Różne takie myśli przychodzą mi do głowy, może to ja nie mam racji robiąc „szum", może w obecnym układzie rzeczy trzeba siedzieć cicho i ciułać co się da? Żeby tylko te komuchy nie były takie aroganckie i agresywne – ale przecież szlag jednak może trafić, kiedy się w sercu gór czyta na tartaku olbrzymi napis: „Myśl partii – myślą narodu". Czy naprawdę komuś są potrzebne takie bzdury? A poza tym awans, postęp, demokratyzacja, widoczne tu są jak na dłoni – nie bez pomocy zresztą przysyłanych z Ameryki dolarów, o czym się oczywiście nie mówi.

Jest już późny wieczór, martwię się chorobą Lidii, dzisiejsza noc będzie najcięższa. Psa wziąłem do siebie do pokoju i spróbuję jakoś pół czuwać, pół spać. A za oknem cudne gwiaździste niebo – nareszcie pogoda jak złoto! Jedyna pociecha, że Jerzyk, jak się zdaje, dostał się w końcu na ten uniwersytet. Chwała Panu Bogu i za to, bo przecież mogli go nie przyjąć „dla zasady". Widać jednak nie zawsze karze się dzieci za „grzechy ojców".

19 lipca

Cały tydzień już pod znakiem choroby Lidii – antybiotyki, noszenie obiadów, analiza i tak dalej. Na szczęście miewa się lepiej, gorączka po trzech dniach wreszcie spadła. Ale z nerkami nie jest w porządku, pierwsza analiza była bardzo zła, druga już trochę lepsza, ale biedaczka musi poleżeć w łóżku. Doktor wydaje się wytrawny (to, okazuje się, były dyrektor szpitala), tak czy owak ze dwa tygodnie przynajmniej zmarnowane na leżenie. Ale, przynajmniej „Krowa" ma trochę spokoju, bo w Warszawie, jak się zdaje, okropny jest w naszym domu bałagan: Francuzka rozbiła auto gdzieś pod Łowiczem, sama jeszcze nie przyjechała ze szpitala, jej rzeczy są u nas, Krysia pracuje w Pałacu Kultury oprowadzając wycieczki polonijnych dzieci, Jerzyk, który na uniwersytet zdał, czeka na „przydział pracy" i nie przyjeżdża, słowem, zamęt nielichy, a my tu z chorą Lidią i z dokuczliwym psem – istne piekiełko. Ale może lepiej, że Lidia nie jest tam i nie denerwuje się. Poza tym dzwonił Andrzej M. [Micewski], że wpadnie tu na trochę. Cały ten zamęt podenerwował mnie niezgorzej, a podziemną „dominantą" zdenerwowania był fakt, że „dzieło" mi nie szło, jęła mi się (teraz, pod koniec!) załamywać cała koncepcja – może to Maków tak na to wpłynął? Ale chyba w końcu jakoś tam wybrnę – ale przez chwilę pot mnie zalał na myśl, że dwa lata pracy byłyby na nic! Nie ma się już przecież tak wiele czasu.

Katastrofa tej Francuzki należy do całego pechowego cyklu – w tym samym niemal miejscu zginęła żona ciężarowca Baszanowskiego, a na Pomorzu zabił się inteligentny aktor – Kobiela. Polacy nie umieją jeździć – a bardzo chcą!

Spokojne tu życie w tym Makowie i dosyć sobie nawet wesolutkie. To tylko ta nieszczęsna rozhisteryzowana i nasycona intrygami Warszawa jest taką plamą na polskim życiu. Wyobrażam sobie, jakie tam teraz musi być piekło z powodu defilady na 22 Lipca. Zresztą w całej Polsce straszna galówka, z racji 25-lecia PRL, potoki jubileuszowej mowy płyną a płyną, ma być sesja Sejmu z Breżniewem – wyobrażam to sobie, wyobrażam sobie, że Stach będzie się wił jak piskorz. A tu znów świat szaleje z powodu lotu Amerykanów na Księżyc – jak na razie wszystko idzie im świetnie. Ale nie mam sentymentu do wielkich (ilościowo) narodów, wolę małe. Sowieci też wyłażą ze skóry, wysłali na ów Księżyc jakąś „Łunę", wciąż po dziecinnemu przypominają własne „kosmiczne" zasługi. Na świecie, słowem, wielki jubel, dobrze, że chociaż my w Makowie zajmujemy się „drobnym życiem". Ale nie mogę jednak tak się skupić na swojej pracy, jak liczyłem – zamęt dociera i tutaj. Zawsze jednak milej tu niż w Warszawie!

22 lipca

A więc Jerzyk już przyjechał. Na uniwersytet zdał (Studium Języków Obcych), a cały wrzesień będzie w hufcu pracy w Słupsku. Opowiadał epopeje z rozbitym autem i Francuzką – auto na razie wciąż u nas na podwórzu. Dobrze, że mnie tam nie było, bobym się okocił ze złości.

A więc Księżyc zdobyty! Wielkie tu było podniecenie, całą noc latali i oglądali transmisję telewizyjną. Momentu lądowania ani startu widać nie było (może jednak Amerykanie też dbają trochę o tajemnicę), ale chodzenie po powierzchni Księżyca było – bardzo „ulotne", jakby czasem we śnie, kiedy człowiek myśli, że unosi się w powietrzu. Muszę powiedzieć, że i mnie „wzięło", w momencie kiedy długo nie było wiadomo, co z lądującymi, zrobiło mi się po prostu słabo. To jednak niesamowita rzecz, aż się w głowie kręci – no i odwaga ogromna. Oglądał rzecz przez telewizję dosłownie cały świat, tylko Rosja, jak się zdaje, zrezygnowała z transmisji. U nas, o dziwo, informowano dobrze i obiektywnie, transmisja z Houston szła bezpośrednio, dopiero wczoraj wyparła ją nie kończąca się transmisja z uroczystego posiedzenia Sejmu, poświęconego 25 rocznicy Polski Ludowej.

Swoją drogą oni mogą takimi obchodami obrzydzić patriotyzm raz na zawsze – długa, tasiemcowa, solenna nuda, przemówienie Gomułki po raz setny pedantycznie sumujące i powtarzające te same tezy, czasem jak w opisie wojny, rewoltujące swym fałszem, czasem „geopolitycznie" rzecz biorąc zgoła słuszne, nawet po prostu niezbite (no bo co Polska ma robić w tej sytuacji – być za Ameryką?!), w dziedzinie gospodarczej lipawe, w dziedzinie polemicznej chamskie i kłamliwe. Ale w sumie – jest w tym jakieś wewnętrzne przekonanie i żarliwość: on się uważa za historyczną postać i, co najgorsze, prawdopodobnie nią jest. Tylko że nudne to śmiertelnie, ale nuda należy do komunistycznego rytuału – jak nudne, to niegroźne. Tak zapewne uważał i Breżniew (tzw. w Warszawie Ufryzowany), który, a jakże, był i gadał, a także Husák z Czechosłowacji i Stoph, premier NRD. Husák mówił tak, że prawie dziękował za zajęcie swego kraju. Tyle że o „syjonizmie" nic nie było i Amerykanów trochę jakby oszczędzili – może z powodu Księżyca. Do tego Wycech jąkała i posłowie, falami mechanicznych oklasków kwitujący wszystko pospołu. Przygnębiające to widowisko, bo obnaża okropną obcość duchową, widoczną przede wszystkim w tym uniformistycznym marksistowskim języku – choć może młodzi, wychowani w tym języku „od kolebki", odczuwają rzecz jako normalną? Ale rodzina naszych gospodarzy okazywała duże zniecierpliwienie, a przecież to ludzie, którym się bardzo nieźle powodzi, tak dawniej na wsiach się nie żyło. Diabli wiedzą, faktem jest, że nie ma co tym komuchom przeciwstawić, nie ma tu innego języka, tylko jeden Kościół się trzyma. À propos Kościoła, to dekorowano też „działaczy katolickich", Piasecki dostał Sztandar Pracy I klasy, a Kostek Łubieński – II klasy. A w ogóle ekran telewizyjny aż się tłoczył od nagradzanych dygnitarzy w czarnych garniturach, dekorujących nawzajem samych siebie. No cóż, właściciele Polski Ludowej, nie ma rady. Jeśli chcesz pozostać patriotą, musisz ich pokochać: nie chcesz, toś zdrajca i wyrzutek. O cholera! Wpadliśmy – i to już 25 lat temu.

Były też nagrody artystyczne, stosunkowo możliwe, zwłaszcza w muzyce (Czyż i Górecki). W literaturze Centkiewiczowie, głupi Żukrowski i jakiś Biliński, którego nie znam. W sumie jeszcze do wytrzymania, bez moczarowskich wynaturzeń (à propos – Jerzyk twierdzi, że Lena Moczar na uniwersytet się nie dostała. Chi, chi). Jestem przygnębiony, bo czuję, że oni wygrywają dzięki jedynej możliwej w tej sytuacji racji, a ja jestem wyobcowany, jałowy i tyle. Zostaje mi tylko „dzieło", ale i jego koncepcja chwieje się pod naporem argumentów nieodpartych. Ha, cóż – przyjdzie człekowi ssać łapę – duchową. Nikt mi przy tym nie będzie współczuł – jak się ludzie dobrze mają, nie w głowie im polityka. Tak!

24 lipca
Dziś pogoda przepiękna, wszystko rozsłonecznione, siano pachnie jak aromat. Rano z Jerzykiem i psem kąpaliśmy się w Skawie, Dyzio płynie prześmiesznie. Przypomina mi się młodość, nie

kończące się wakacje w górach i zawsze takie kąpiele w górskich rzekach, w Bukowinie, Poroninie, Nowym Sączu, gdzie się dało. Zawsze chodziłem z Ojcem, puszczaliśmy „kaczki", moczyliśmy się, opalali. Dziś wieczór też przepiękny, na niebie trzy czwarte Księżyca – teraz, po zdobyciu, Księżyc pisze się już dużą literą, bo to teraz już kraj. À propos Księżyca straszne bzdury popisał w „Słowie Powszechnym" Jaś Dobraczyński – ustawiłem sobie kolejność najgłupszych ludzi w literaturze polskiej: 1) Dobraczyński, 2) Żukrowski, 3) Lichniak. Oczywiście durniów jest jeszcze znacznie więcej, choćby biedny Machejek, który tak niestworzone, niewiarygodnie bezkarne brednie wypisuje w „Życiu Literackim". Swoją drogą, jak chłop zwariuje, to już jest bardzo źle!

Przyszły dokładne dane o odznaczeniach, jakie otrzymali „działacze chrześcijańscy". Bardzo to jest ciekawe: z całą premedytacją wrzucono do jednego kotła PAX, „Znak" i Chrześcijańskie Stowarzyszenie Społeczne, czyli zrealizowano to, co ja kiedyś nazwałem CHUJ-em (Chrześcijańska Unia Jedności). A więc partia matka nasza zadbała troskliwie, aby wszystkich zmieszać w jedno – cała moja niegdyś praca, aby „Znak" się wyosobnił, poszła, jak widać, na marne. I ciekawe, że ordery dostali wszyscy prócz Myślika posłowie „Znaku", Stach nawet komandorię – można więc na kogoś pluć i odsądzać od czci i wiary, tak jak pluto na „znakowców" w kwietniu 1968, a potem puścić wszystko w niepamięć i dekorować. Nic jednak w tym komunizmie nie jest poważne!

Ciekawa jest kolejność hierarchii: najwyższe, Sztandar Pracy I klasy – Bolcio Piasecki (pomijam księży), II klasy – Kostek Łubieński. Komandorię Odrodzenia Polski: Filipowicz (Ch.S.S.), Jankowski i Przetakiewicz (PAX), Stomma („Znak"). Krzyż Oficerski: Czajkowski, ks. Iwanicki, Mazowiecki, Andrzej Micewski (!), Adzio Morawski, Sawajner (ubek), Zabłocki. Krzyż Kawalerski (taki, co i ja kiedyś dostałem): Auleytner, Krzysztof Morawski, Ślaski, Wrzeszcz i... Turowicz. Jest to więc, jeśli o nasz zespół chodzi, stopniowanie wazeliny, czyli lizusostwa: najwięcej wazeliny – Kostek Łubieński, najmniej – Jerzy Turowicz. Wymyśliłem sobie dowcip à la Słonimski: – Gratuluję panu! – Czego? – Nieotrzymania orderu na 22 Lipca! A jednak to jakieś szczęście, że biedny Zawiey nie żyje, krygowałby się i usiłował przypodobać, a tak odszedł w jakiejś glorii tragizmu. Myślę teraz, że właściwie nigdy go nie lubiłem, teraz jest mi jakoś bliższy niż wtedy, zostało w pamięci to, co naprawdę dobre, a ulotnił się osad zewnętrzności. Gołubiew dobrze to napisał w swoim pośmiertnym artykule o nim.

Zapomniałem napisać, że rzeczywiście ogłoszono amnestię, ale jakąś mętną i zawiłą, niewiele z niej mogę wymiarkować, jak w ogóle z naszych ustaw.

27 lipca

Przyjechał tu na cały dzień Andrzej M. [Micewski], przywiózł mi różne wieści, gadaliśmy sporo. Był we Włoszech i w Wiedniu, widział moich różnych przyjaciół, mieliśmy więc o czym gadać. Swoim orderem niezbyt jest przejęty, bardziej nagrodą „Polityki", którą dostał za książkę „W cieniu Marszałka Piłsudskiego". Książka niezła, choć nie tak dobra jak jej tytuł, w każdym razie autor starał się unikać w niej łatwizn, demagogii i wszelakiego rodzaju asekuracyjnej wazeliny. Oczywiście, uniknąć tego trudno, bo już w samej połowiczności podania niektórych faktów zawiera się fałsz, no ale to są już prawa „obiektywne", czyli cenzura, jesteśmy wszyscy jamnikami wyhodowanymi pod szafą, tyle że o szafie nie wolno wspominać ani słowa, wolno tylko podziwiać jej produkt – jamnika.

Andrzej opowiadał mi jeszcze sporo rzeczy, o których tu nie napiszę, bo mam i ja w tym pamiętniku swoją autocenzurę – zresztą uważny czytelnik (czy znajdzie się taki kiedyś?!) dostrzegłby to już zapewne. Poza tym dostałem list od Bartosza, że wyjeżdża jednak za granicę, choć jak się zdaje, nie obeszło się bez jakichś wyższych interwencji. B. [Władysław Bartoszewski] ubolewa, że nie dostałem orderu w grupie językoznawców, bo, jak pisze, „...nie każdemu udaje się stworzyć pojęcie i określenie zwięzłe i precyzyjne zarazem, no i powszechnie już przyjęte..."

Wczoraj w radio wiadomość, że na Riwierze zmarł Witold Gombrowicz. I znowu ktoś – istna to czarna seria: Zawiey, Hłasko, on. Był to na pewno wielki pisarz, choć nie czytywałem go nigdy dla przyjemności (najbardziej lubiłem nowele i „Trans-Atlantyk"), ale jak się zdaje, o dostarczenie ludziom przyjemności specjalnie mu nie chodziło. Miał swoje niezwykłe bystrości, zwłaszcza w „Dzienniku", poza tym formę wypowiedzi wieloznaczną, ogólnoludzką czy nadludzką – śmiało mógł być drukowany w Polsce Ludowej, z którą pokłócił się z powodu nieporozumienia, wywołanego przez głupiego Machejka – grafomana (pewno umyślnie). Szkoda, że umarł, i to właśnie niedługo po tym, jak zdobył światowe uznanie, przebąkiwano nawet o Nagrodzie Nobla dla niego. Wszyscy umrą i jak kiedyś po latach pojadę na Zachód, nie będzie już z kim gadać – a Gombrowicza nie znałem osobiście, choć parę razy chamraliśmy się ze sobą na odległość. Zdaje się, że wykończył go po trochu dwudziestoletni przeszło pobyt w Argentynie, gdzie siedział bez forsy i czasem nędzował. I nigdy już nie będę się mógł dowiedzieć, czy był pederastą, czy impotentem, czy jak twierdził K. – „zwykłym onanistą". Wszyscy będziemy musieli przejść przez śmierć: prawda to banalna i przez to niedoceniana.

W „Tygodniku" jest wypowiedź Słonimskiego w ankiecie o Wyspiańskim – cenzura długo nie chciała jej puścić, aż wreszcie się zdecydowała (oni zawsze tak działają ni to, ni owo – „ni chuj, ni wydra"). Niestety, wypowiedź okropnie słaba, raczej o sobie niż o Wyspiańskim, zawartość myślowa równa zeru, może zaledwie dwa zdania coś tam znaczą. A tak się dziadek pali do druku, podobnie Wańkowicz, który już pisze coraz głupiej. Smutna to rzecz starcy, którzy myślą, że są najważniejsi – oby tylko samemu w to nie popaść!

Tu upały cholerne, po południu w moim pokoju słońce pali jak w Warszawie. Istny pech. Lidia ma się lepiej, Jerzyk „wprowadzony", więc jutro jadę na trzy dni do Krakowa: spotkam tam też Henia, pogadam z redakcją, no bo skoro Słonimskiego przywracają, to może i mnie? Co prawda ze mną jest gorzej, bo jakżeż tu odwołać tych „ciemniaków", których zresztą oni sami tak rozreklamowali?! Przypomina mi się anegdotka: pewien dziennikarz napisał, że połowa radnych miejskich to idioci. Sąd skazał go na grzywnę i odwołanie kalumnii. Dziennikarz odwołuje: połowa radnych miejskich to nie są idioci.

1 sierpnia

A więc byłem trzy dni w Krakowie, wypiłem tam sporo wódki i nazachwycałem się miastem co niemiara. Zdumiewająca to rzecz, że mieszkając tam 17 lat jakoś obojętny byłem na wszystkie wawelskie i podwawelskie uroki, a teraz łaziłem w zachwyceniu, odnajdując coraz to nowe piękności, w miejscach, które wydawały mi się kiedyś jak najzwyklejsze. Po raz pierwszy też obejrzałem z bliska ołtarz Wita Stwosza, rzeczywiście wspaniały. Przy okazji zadawałem pytania „kustoszowi" czy oprowadzającemu, którym był starszy facet z długawymi siwymi włosami. Spytałem, czy to prawda, że Wit Stwosz był Niemcem, na co on odpowiedział, że nie, ale że miał rodzinę za granicą, co się dzisiaj często zdarza. Niby dowcipnie, ale głupio, kładąc wciąż akcent na kosztowność ołtarza. Szkoda, że nie żyje już ks. Machay, który mnie bardzo lubił i któremu bym na ten temat to i owo powiedział.

Widok z Wawelu cudowny, Wisła uregulowana płynie pięknym łukiem, na horyzoncie klasztor Kamedułów na Bielanach, kopiec Kościuszki i resztka Sowińca — kopca Piłsudskiego, masę starych kościołów, błyszczących w słońcu zieloną miedzią wież i kopuł. Aż już byłem znużony tym przepychem, zatęskniłem do miast bardziej ascetycznych, nie narzucających się natrętnie uwadze i wrażliwości, pojechałem więc z Heniem (który też przyjechał — z Warszawy) do Nowej Huty. Wbrew Heniowi, który rozdzierał szaty, że domy tam brzydkie, a w powietrzu dym, bardzo mi się podobało: miasto młode, bez przeszłości, ma także swój urok — nie obcuje się tam przynajmniej przymusowo „z gustem naszych pradziadków", co najwyżej z epoką stalinizmu — obok jednak jej wytworów są tam również śliczne nowe ulice, sporo jest kwiatów, młodzież — tylko właściwie nie bardzo wiadomo, co się robi w tej hucie i czy to jest rzeczywiście niezbędne i korzystne ekonomicznie — ale to już są głębokie tajemnice nie dla laików.

Mieszkałem u Tadzia Nowaka na ulicy Kanoniczej, której starość tak jest malownicza, że aż wierzyć się nie chce w jej naturalność. W „Tygodniku" Jerzy [Turowicz], Kozioł [Krzysztof Kozłowski], Myślik, Mamoń etc. sporośmy na ich koszt zjedli i wypili. Byłem z Heniem w muzeum, oglądałem kolekcję obrazów podarowanych Polsce przez poetę [Jana] Brzękowskiego, mieszkającego we Francji. Jest tam jeden Vlaminck, jeden Dufy, trochę grafiki, mnie wzruszyły dwa obrazy Stanisława Grabowskiego, Polaka mieszkającego w Paryżu, wnuka Konstancji Gładkowskiej (tej od Chopina), mojego niegdyś sąsiada w domu na Lamandé. Malował on dużo całe życie, sukcesów miał niewiele, a jak umarł, to podobno wszystkie jego obrazy przyjęto z łaski do piwnicy w Ambasadzie Polskiej w Paryżu. Taki to los polskiego artysty!

W Krakowie jest wielka draka z Marianem E. [Eile], redaktorem i twórcą „Przekroju" od lat dwudziestu pięciu. Przed pięciu miesiącami wyjechał do Paryża i nie wraca, pracuje w wieczorówce „France Soir", gdzie rysuje codziennie cykl pod ogólnym tytułem: „Pensée de Fafik". Janka „Kamyczek" w rozpaczy, bo jej za granicę nie puścili, a to była para nierozłączna. Facet był uczulony na antysemityzm „oddolny", którego podobno w Krakowie dużo. Poza tym, skoro 25 lat pracował wiernie i z zapałem, a w końcu „Przekrój" wychował jakoś całe pokolenie, to mógł być przygotowany, że go kopną, wyrzucą, obsmarują w prasie – tak się u nas na ogół robi, to należy do państwowego *bon tonu*. Nie chciał emigrować do Izraela, zaczął nowe życie w inny sposób: był ambitny, ojca miał pułkownika, sam oficer rezerwy – wolał być Polakiem w Paryżu niż Żydem w Krakowie. Nieraz się z nim kłóciłem, ale lubiłem go – znów mi jeden ubył, cholera!

W Dąbrowie wielka katastrofa w kopalni, zatopionych górników udało się jednak uratować za pomocą wiertarek, wypożyczonych w NRF, o czym jednak nasza prasa milczy jak zaklęta, pisząc poza tym o wszystkim, co się da. Dziś 25. rocznica Powstania Warszawskiego, w radio pełno przemówień, o których zapomniało się już, że są obłudne – na czele oczywiście sakramentalna mowa Kliszki. Tu pogoda przepiękna, tyle że za gorąco. Rozkleił mnie trochę ten Kraków, a trzeba się wziąć w łapy przed czekającym mnie finalnym wysiłkiem w „dziele". A tu niespodzianie „Współczesność" przypomniała moje „Sprzysiężenie", klasyfikując je obok „Sedanu" Hertza, „Drewnianego konia" Brandysa i „Jeziora Bodeńskiego" Dygata jako książkę katastroficznie wielbiącą historię i wobec tego... przygotowującą socrealizm*. Zwariowali kompletnie albo jakaś w tym jest durna taktyka. A w ogóle to komuchy w Polsce wygrały na całego, mogą robić i pisać, co im się podoba, a więc zapewne... mają rację. We wszystkim.

6 sierpnia
Od trzech tygodni w całej Polsce upały nieprawdopodobne, niebo bez chmurki. Tutaj jest przepięknie, kolory gór na tle nieba o każdej porze dnia inne, piękniej teraz nawet niż w Zakopanem, bo mnóstwo kwiatów. Byłem znów na rowerze w Zawoi i na przełęczy Krowiarki, a także w Suchej, wszędzie jest wspaniale – może to człowiek przed odejściem z tego świata tak się zachwyca pięknościami natury? Dawniej nie byłem na to za bardzo wrażliwy.

Plagą są tylko głośniki i ludzie z radiami, których wszędzie pełno. Słuchając w nieskończoność idiotycznych piosenek biję się

---

* Jerzy Niecikowski, *Rzeczywistość w polskiej prozie powojennej*. „Współczesność" 1969, nr 16, 17.

w piersi, bo to po trochu i moja wina. Ja przecież walczyłem kiedyś o jazz, big-beat, piosenkę rozrywkową i takie różne historie, przekonując komunistów, że to im nic nie zaszkodzi, przeciwnie, pomoże. No i uwierzyli mi – niech to ciężka cholera. Podobnie zresztą przypisuję sobie zasługi co do muzyki poważnej, awangardowej – również ja dostarczyłem partii matce naszej odpowiedniej formuły: że muzyka nie wyraża treści merytorycznych, ideologicznych czy jakich tam, że to jest „czysta forma" i nie ma się jej co bać. Oni kupili to ode mnie i stąd są np. festiwale „Warszawska Jesień" i inne pendereckiady. A kompozytorzy zamiast mi być wdzięczni, to mnie nie znoszą i szyją mi buty przy każdej okazji (ci starsi, Baird, Serocki, Turski etc.). Taka to psia wdzięczność na świecie – zresztą oni są głupi i poza swoim geniuszem nic nie rozumieją. Ale dźwięki wszędzie wokół są rzeczą potworną – i nie ma co protestować, bo nikt nie zrozumie, o co chodzi.

Napisałem zdaje się, że w Suchej jest nowoczesny szklany dworzec, chyba pomyliło mi się z Chabówką, bo w Suchej jest klasyczny stary dworzec austriacki, wśród lesistych gór i tartaków, aż serce rośnie. W ogóle dużo tu nastrojów z mojego dzieciństwa, w Zakopanem i w pobliżu, Galicja to, obok Warszawy, druga moja ojczyzna.

Przeczytałem w krakowskich „Wieściach", organie ZSL, że stary Kiernik obchodzi 90-lecie urodzin. To też typowa postać galicyjska, adwokat z Bochni, przyjaciel Witosa, więzień brzeski. Chwalą go teraz zapominając, że w 1923 był ministrem spraw wewnętrznych i ponosi odpowiedzialność za masakrę robotników krakowskich. Ale on się teraz podlizuje komunistom jak może (jeśli ma jeszcze czym), a to im wystarcza najzupełniej.

Prasę czytam piąte przez dziesiąte, słucham za to „Wolnej Europy". Nixon był w Azji, a także w Rumunii (sensacja), nie widzę, aby miał dotąd jakieś istotniejsze sukcesy w trójkącie z Rosją i Chinami.

10 sierpnia
Bardzo się zdenerwowałem, bo w „Słowie Powszechnym" niejaki St. [anisław] Edward Bury, który nieraz się mnie już czepiał, napisał, że w „paszkwilanckiej" powieści „Miałem tylko jedno życie" oszkalowany został Edmund Rudnicki, dawny dyrektor muzyczny, a potem naczelny (mianowany przez Starzyńskiego po nawianiu in-

nych dyrektorów w 1939) Polskiego Radia. Bury pisze to bez mojego nazwiska (ale można się domyślić), z racji telewizyjnej audycji, poświęconej działalności konspiracyjnej Polskiego Radia, kierowanej właśnie przez Rudnickiego. Tyle że ja, jako przedwojenny radiowiec, byłem akurat w tej konspiracji, z Edziem-Mundziem Rudnickim przyjaźniłem się całe lata, był moim szefem i przyjacielem, był obecny przy ranieniu mnie trzeciego dnia Powstania, wiem o nim masę, a w powieści opisałem go jak najpochlebniej, choć trochę rzeczy pozmyślałem, ale sylwetka Rudnickiego wyszła, mam wrażenie, plastycznie i dodatnio, to był wspaniały facet – tyle że ten głupi Bury nic nie zrozumiał. Napisałem do niego list z wymyślaniami jako „Teodor Klon" (pod takim pseudonimem powieść została wydana, a także drukowana w „Przekroju"), że nie kopie się związanego i zakneblowanego – ale co to komu pomoże? Takie jest moje szczęście, że myśli moje są wypaczane, załgiwane, pokrajane (przez cenzurę całe życie) – a ja nigdy nic nie mogę sprostować, niech to cholera i diabli!

Dziś był w Makowie odpust, jakież to miłe i zabawne, a jak oni się tu świetnie mają, jak dziewczęta modnie ubrane, ile amerykańskich ciuchów! Na cmentarzu grobowce piękniejsze niż w Warszawie, kościół wielki, napchany ludźmi po wręby, a dalej zabawy, karuzele, strzelnice, jak to na odpuście. Świetne, bardzo mi się podobało – rzeczywiście Gomułka to „król chłopów", powodzi im się doskonale, zwłaszcza w „dolarowych" wsiach galicyjskich: „trochę z tacy, trochę z macy", i stąd biorą, i stąd. He, he.

Jutro jadę do Żywca zobaczyć, a raczej poznać mojego stryja, księdza Leopolda Kisielewskiego – ma on już 76 lat, a ja go chyba nie znam – trzeba jechać póki czas. Ostatnio obchodził 50-lecie kapłaństwa, posłałem mu z tej racji depeszę, a on mi odpisał listem, miłym i inteligentnym. Tak to na starość wraca człowiek do rodziny.

12 sierpnia

A więc byłem w tym Żywcu, cóż to za śmieszne miasteczko, nic w nim właściwie nowego, bo sakramentalne „nowoczesne" bloki są zebrane razem gdzieś na uboczu, a w środku miasta króluje dawny pałac arcyksięcia Ottona Habsburga i wielki piękny pałacowy ogród, częściowo zresztą zapuszczony. Stary drewniany pałac ma dziedziniec arkadowy niczym Collegium Maius w Krakowie, a nowy wielki jest jak eks-Zamek Warszawski. Z tym arcyksięciem to było arcyciekawe, bo twardo uważał się za Polaka, jak przyszli Niemcy, nie chciał się zgłosić na „foksa", twierdził, że jest polskim oficerem, wobec czego szkopy wywiozły go gdzieś do Niemiec i internowały. Po wojnie przysłał żonę dla pertraktacji z władzami, proponował, że odda pałac i ziemię, żeby mu tylko zostawili browar, ale głupie komuchy się oczywiście nie zgodziły (Stalin by się zgodził!) i facet umarł gdzieś w Szwecji. Ale chyba to nie był Otto, tylko miał inne imię, Otto to przecież żyjący jeszcze syn albo wnuk cesarza Karola. Zresztą cholera wie!

Stryja księdza odnalazłem – oryginał niezwykły, ale byczy. Ma lat 75, 40 lat nie wyjeżdżał z Żywca, nigdy nie był w Warszawie ani w ogóle na północ od Krakowa, mnie zaś widział ostatnio w roku... 1914. Chory na serce i na bezsenność, ale słyszy świetnie, inteligentny, wie mnóstwo, nie jest entuzjastą reform soborowych, o mnie słyszał wszystko, mówi mało, ale treściwie, ma wielki chudy nos Kisielewskich, opowiadał o rodzinie i częstował „martelem", którego przywiózł z Londynu stryj Wicek. Dowiedziałem się też, że najstarszy syn Olka (a więc mój stryjeczny bratanek) pracuje w UB w Katowicach – a więc będę miał protekcję!

Stryj Leopold mieszka w małym zabawnym domku, domek jest w zapuszczonym ogródku z malwami i jabłonką, ksiądz ma grubą gospodynię, bardzo miłą – stareńkie to wszystko, wprost sprzed I wojny. Cały Żywiec taki, tyle że knajpy ohydne (za to ładna księgarnia), za miastem prześliczne jezioro na tle gór – Szwajcarzy robią na takich jeziorach majątki, u nas stoi zapuszczone. Wróciłem nocą, z Suchej szedłem pieszo i oświetlony nagłym reflektorem przez wielkie auto, wpadłem do stromego rowu i obłociłem się cały.

Radio i prasa podają niesamowitą wiadomość z Hollywood: w domu Romana Polańskiego zamordowano pięć osób, w tym jego żonę w ósmym miesiącu ciąży i jej dawnego narzeczonego oraz Wojciecha Frykowskiego, pierwszego męża Osieckiej, który wraz z Hłaską upił Komedę, wtedy kiedy uderzył się on śmiertelnie w głowę. A więc z tej trójki nikt już nie żyje. Żonę Polańskiego i jej dawnego amanta znaleziono powieszonych ze związanymi wzajemnie rękami, jakby stułą. Niesamowita historia, jakby wzięta żywcem z filmu Polańskiego. Sam Polański był wtedy w Londynie. Zupełnie jakby kto chciał zimitować jego film. I ten Frykowski – niesamowite. Poznałem go kiedyś w SPATiF-ie.

Dziś jeździłem parę godzin na rowerze po niestworzonych wertepach i wylądowałem w Zawoi. Chłodno, żniwa na ukończeniu, czuć jesienią, trzeba powoli wracać do Warszawy. Wacek pisał z Paryża, przejęty sprawą samochodu, list dowcipny. „Dzieło" moje też śmierdzi końcem – lada dzień dojdzie.

18 sierpnia

Nie pisałem długo, bo kończyłem „dzieło"*, bądź co bądź taki moment zdarza się rzadko, parę razy w życiu, a raczej raz – no bo każde dzieło jest inne. Bardzo się tym kończeniem zmęczyłem, wpadłem w podniecenie i w jakiś szał poprawiania, do tego wieczorem zażywałem środki nasenne, a potem jeszcze sobie „naczytywałem" i zamiast zasnąć, ekscytowałem się jeszcze bardziej. Czytałem akurat w „Życiu Literackim" wyznania faceta, który narkotyzował się środkami nasennymi (takimi jak ja biorę: fanodorm, glimid) i potem zabił żonę. Akurat to czytałem w stanie barbiturowego rauszu i strach mnie oblatywał. No, ale grunt, że „dzieło" gotowe, a co będzie z nim dalej? Któż to wie – w każdym razie nie ten dziennik, jemu tej sprawy nie powierzę.

Tu od paru dni deszcze jak licho – Jerzyk pojechał na rowerze do Zakopanego i już czwarty dzień nie wraca, przyjaźni się ze znacznie od siebie młodszym synem Karola Małcużyńskiego, który właśnie jest w Zakopanem. Tego Karola znam od dziecka i nigdy nie przyszło mi do głowy, że z niego wyrośnie komunistyczny pyskacz – toć ojciec ich (Jurka, Witolda, Janka, Karola i Tereni) był sobie solidny dyrektor warszawskiej giełdy – jak to daleko pada jabłko od jabłoni!

Kończąc „dzieło" dostawałem szału z powodu grających zewsząd głośników. W końcu do stołówki Funduszu Wczasów naprzeciwko nas posłałem anonimowo wycinek z „Życia Warszawy" o walce z hałasem, pomogło, bo umilkli jak zamurowani. Żałosne swoją drogą są te pracownicze wczasy z tępą muzyką głośnikową przez cały dzień, z telewizją, tańcami i dreptaniem cały dzień koło koryta, czyli stołówki. Jakaś polska parodia *dolce vita*. Dlaczego na Zachodzie pierwszy lepszy samoobsługowy bufet ma swój urok,

---

* „Cienie w pieczarze".

a tu jest wszędzie ohydnawo? Hm, księgę by na ten temat można napisać, co zresztą właśnie i robię.

Z wydarzeń ostatniego tygodnia, których nie zapisywałem, przypomnieć muszę wyprawę z Lidią pieszo z Zawoi na Krowiarki, zaczęło się w deszczu, skończyło w upale, bardzo to daleko, ale Lidia szła dzielnie, lepiej niż ja, bo mnie bolała otarta noga. Aha, arcyksiążę Habsburg z Żywca miał chyba na imię Karol.

Słuchamy tu co wieczór „Wolnej Europy", fantastyczna jest historia radzieckiego pisarza Anatola Kuzniecowa, który pozostał w Londynie i patetycznie wyrzekł się nie tylko całej własnej twórczości, jako sfałszowanej przez cenzurę, kłamliwej i oportunistycznej, ale nawet nazwiska. Potępił też „marksizm-leninizm" jako teorię przestarzałą i naiwną, opisał, jacy to ludzie bez pojęcia („ciemniaki") kierują tam literaturą, jak zakopywał swoje rękopisy i robił fotokopie, które wywiózł zaszyte w marynarce. Wspaniały facet – dla świata to jest kino, ale on dokonał wielkiej, odważnej rzeczy, nareszcie zerwał z tą kretyńską sugestią, że jak ktoś się nie zgadza z głupią polityką swego kraju, to „zdradza ojczyznę". Toć wszyscy rewolucjoniści od Hercena do Lenina siedzieli za granicą i tam drukowali – na cenzurę i policję konfiskującą rękopisy nie ma mocnych (tfu – odpukać!). Oczywiście w Rosji już zucha potępili, najbanalniej i najgłupiej, właśnie że zdrajca, podlec, kłamca. Potępił go przyjaciel, Borys Polewoj, „dla chleba, panie, dla chleba".

Słuchając w radio słów Kuzniecowa słyszałem echa naszych przemówień z marca ubiegłego roku: ta sama problematyka, ta sama obojętność władz i głupia perfidia cenzury. Literatura w tym ustroju istnieć nie może, ale znowu jak facet wyjedzie na Zachód, to traci z jednej strony źródło obserwacji, z drugiej publiczność, z autora państwowego staje się prywatnym i musi żebrać o względy tamtejszej publiczności, dla której w końcu sprawy wschodnie nic nie znaczą. Komedia czy tragedia omyłek: tam, gdzie ludzie chcą słuchać, nie można mówić, a tam gdzie można mówić, mało kto chce słuchać! Kuźniecow powiedział, że nie wróci do Rosji, póki jej wojska nie opuszczą Czechosłowacji. Facet świetny, a przecież to czysty produkt sowiecki, lat ma zaledwie 40. Krzepiące to, choć do świtu daleko.

Idę słuchać radia i pić wino z okazji skończenia „dzieła", więc już następnym razem zanotuję prostą myśl o Bolciu Piaseckim, jaka przyszła mi do głowy.

24 sierpnia

A więc już jutro wieczór wracamy do Warszawy – trochę mi żal Makowa, jednak we mnie tkwi coś z rodziny ojca, która lubiła wieś czy małe miasteczka, a stroniła od wielkich mieścisk. Byłem jednak dzień w Zakopanem – zupełnie przerażające są owe tłumy ludzi na Krupówkach, ludzi nowych, drapieżnie spragnionych stroju, popisania się, wyżycia – całkiem obcy Polacy, no tak, plebejscy, sam to kiedyś wychwalałem, a teraz widząc tę bandę nowobogackich dostaję drżączki. I co zrobiono z tego miasta – za bloki na Nowych Krupówkach zakazałbym architektom wykonywania zawodu. Tłumy przelewają się tam i sam, a z wyżyciem się – pożal się Boże – nawet zjeść nie ma gdzie! Ohyda.

Poszedłem do Kościeliskiej przez Miętusią, tam znowu, mimo deszczu, tłumy, w schronisku śmierdzi, piekło! Wszystko ubrane po turystycznemu, kolorowo, bogato, ale gór nie czują wcale – sam słyszałem rodzinę wyrzekającą, że strumień strasznie hałasuje (a tranzystory w ręku ich nie rażą!) i że trzeba wracać. Tak mi ten tłum obrzydł, że nie chciałem już nawet jechać z nimi autobusem, poszedłem pieszo gdzieś na Kiry i Kościelisko pobłądzić po pustej i melancholijnej Orawie – tu jeszcze coś zostało z ducha dawnego Podhala, Zakopane latem odpisać trzeba na straty – to koszmar. Jeszcze w pociągu prześladował mnie tłum – wróciłem do domu z głową pełną hałasu.

Co poza tym? W Czechosłowacji, w rocznicę wkroczenia wojsk, istna masakra, i to najwyraźniej sprowokowana przez rząd, aby pokazać Ruskim, że panuje nad sytuacją. Od tego więc jest ów Husák – wszystko idzie zatem normalnie: wewnątrz swojej strefy Rosjanie mogą robić, co im się podoba, a Amerykanie co najwyżej podnoszą wtedy krzyk prasowy, po którym nic nikomu. Świat pojałtański trwa w najlepsze – i będzie trwał.

Podobno Alicja Lisiecka „wybrała wolność" w Londynie. Nie podoba mi się ta sprawa: była to idiotka, histeryczka i intrygantka – czy to w ogóle nie jakaś prowokacja? Za to ten rosyjski Kuzniecow wspaniały – lecz co to obchodzi ludzi Zachodu? Gramy przed nimi nasze kino, a oni się dobrze mają. Najgorzej chyba Francuzi, gdzie dewaluacja to chyba początek dopiero ostrego kryzysu. No cóż, płacą za de Gaulle'a i jego dyletancką bufonadę – za wielkich ludzi narody muszą płacić, nie ma rady!

W „Tygodniku" znakomita wypowiedź kardynała Kanady, Legera, który zrzekł się arcybiskupstwa w Montrealu i pojechał do Afryki na misje. Krytykuje ostro owego luterańskiego Swensa, nawołuje do zaprzestania dysput i do kontemplacji, przypomina o miliardach ludzi Trzeciego Świata, którzy teraz dopiero dostrzegli Kościół i którym pokazuje się, miast skupienia, świecką, rozżartą kłótnię. Nareszcie głos rozsądnego chrześcijanina, ale że też głupi „Tygodnik" to umieścił!

Aha, miałem napisać o Bolciu Piaseckim. Więc przyszło mi do głowy, że my się niepotrzebnie dziwimy jego solidarności z komunistami. Przecież on taki był od młodości: kto pamięta na przykład tak zwany „Zielony program" Falangi, ten wie, że był on totalistyczny i społecznie nader radykalny, wszystko tam miało być upaństwowione, podporządkowane jednemu celowi, rządzone jedną ręką. Różnica była tylko w nacjonalizmie, a raczej – w antysemityzmie. Skoro dziś kwestia żydowska przestała komunizmowi leżeć na sercu, no to jakaż właściwie jest różnica?! Żadna. ONR-owiec to z natury rzeczy sojusznik komunisty!

Na tym „odkryciu" kończę – jutro mnie czeka wyrwanie zęba, czyli podróż z rodziną i psem slipingiem do Warszawy. A potem znowu – aklimatyzacja w tym niemiłym, choć niby kochanym mieście. W Czechosłowacji wprowadzono przymusowe wysiedlanie z miast i wyznaczanie miejsca pobytu – jak w carskiej Rosji – może i nas to czeka, może stracę nasze mieszkanisko w Warszawie?! To by była heca – cholera!

28 sierpnia

A więc już parę dni jestem w Warszawie, wrażenie jak zwykle niekorzystne, wszystko jakieś tandetne, ludzie nierasowi, zbieranina nieżyczliwa i obojętna. A jednak tradycyjna wieś ma w sobie coś szlachetnego, prawdziwego! W dodatku ta Polska północna jest gorsza i krajobrazowo, i ludzko, i materialnie, to naprawdę Polska B. Choć jesienna Warszawa jest też i śliczna, ma swój mazowiecki smętny urok. Tak czy owak – trzeba się na nowo przyzwyczajać...

W Warszawie aktualne się znów stają rzeczy, o których tam na wsi nikt nie myśli. Na przykład sprawa żydowska. Znów mam pełną głowę tego, kto wyjeżdża, a kto nie, mówią nawet, że wyjechać ma Sandauer... To już niepojęte – człowiek tak głęboko zaangażowany w polską kulturę! Decyduje może typ fizyczny, ogromnie semicki, zwracający uwagę, a także pewno sprawa syna, który miał tu na uniwersytecie jakieś przykrości – umyślnie, chcąc przedstawić studencką rewoltę jako spisek syjonistyczny, wkręcono w tę sprawę jak najwięcej Żydów. Sandauera szkoda – choć głupi on, ale uczony, i miewa czasem odświeżające koncepcje. Życie literackie mamy przecież tak ubogie, że każdy ubytek staje się bolesną stratą. Ale kogo to obchodzi. Zresztą może to jeszcze plotka z tym Sandauerem. Spotkałem też sąsiada, p. Herbsta, dyrektora przepotężnego państwowego koncernu „Ruch". Powiedział mi, że cała jego rodzina wyjeżdża (żona, dzieci, etc.), a on zostaje. Tyle że, jak twierdzi, odezwie się pewno niedługo „głos ludu", który stwierdzi, że nie może być dyrektorem ktoś, komu wszyscy z domu wyjechali. Facet jest przyzwoity, dobry pracownik, oddany – ciężka to sprawa. I zostaje (zdaje się, ma tu od lat jakąś facetkę...) Ale dzieci bardzo miłe – szkoda ich dla Polski, Polska bez Żydów będzie uboższa. A tu niektórzy już wymyślają na nich, że oni swymi wyjazdami potwierdzają zarzuty o obojętności na Polskę i jej sprawy. Łatwo im mówić, ale być wyobcowanymi i napiętnowanymi w społeczeństwie teraz już półchłopskim – to sprawa psychologicznie zawiła. Oczywiście – są i żydowscy spryciarze, kombinatorzy bez czci i wiary, a cierpią za nich zazwyczaj właśnie Żydzi-Polacy, Bogu ducha winni. Zawiła to sprawa. A tu w Jerozolimie spłonął meczet Omara, święte miejsce muzułmańskie, i oczywiście robi się okropny arabski wrzask przeciw Żydom, czemu też, oczywiście, wtórują zachwyceni gratką Rosjanie, którzy stali się nagle obrońcami tradycji religijnych – podobnie zresztą, jeśli chodzi o Irlandię, upominają się gromko o prawa „prześladowanej mniejszości katolickiej". Bezczelność Moskalików jest wirtuozowska, a z zasady *divide et impera* zrobili sobie odskocznię do cynizmu absolutnego. No cóż, wszystko w naszej epoce wydoskonala się i perfekcjonuje, cynizm też. Absolutne tego przykłady widać też w dochodzących nas odgłosach z Czechosłowacji. Sprawdzają się tam najbardziej ponure proroctwa. I nikt nic na to – chyba na Zachodzie, lecz cóż nam przyjdzie z Zachodu?! Co najwyżej można tam zwiewać, ale to też nic nikomu nie daje!

Przeraża mnie ofensywa ciemniactwa i bezczelności także w naszej prasie literackiej czy „elitarnej" – są to rzeczy już wręcz niewiarygodne. Na przykład w „Prawie i Życiu" jakaś facetka pisze o krakowskiej szkole historycznej, o Szujskim i Bobrzyńskim jako o zdrajcach spotwarzających ojczyznę, zarzucających jej mianowicie brak talentów państwowotwórczych, jako o łobuzach i karierowiczach, zawdzięczających swe katedry poparciu Austriaków. Artykuł, pisany chamsko „ojczyźnianą" manierą osławionego Gontarza, roi się przy tym od bzdur i błędów. A znów we „Współczesności" ów jakiś Niecikowski, o którym już wspominałem, „rozprawia się" z literaturą 25-lecia, że była ułamkowa i tchórzliwa, niezasadnicza. Jest to niby prawda, ale niby, bo autor pomija drobnostkę: cenzurę. Traktuje pisarzy jako ludzi, którzy piszą, co chcą, gdy oni w rzeczywistości piszą tylko to, c o m o g ą. Mając do dyskusji 20 procent realiów (na tyle oceniam zakres udzielanych nam cenzuralnych swobód), przedstawić jakoś aluzyjnie swój pogląd na całość – muszą z tego wyniknąć dziwactwa i „tchórzliwe" anomalie. Mrożek jest Mrożkiem, bo takim go zrobiła cenzura: to pies hodowany pod szafą, który zmienił się w jamnika. Ów kłamca Niecikowski pomija oczywiście głuchym milczeniem książki prawdziwe, ale wydane na emigracji: takie „Zdobycie władzy" Miłosza zawiera trzy razy większą prawdę o latach powojennych niż rozmizdrzony i fałszywie upozowany „Popiół i diament". Ale polemizuj tu ze sforą Niecikowskich. Bezsilność prawdy, oto moje zmartwienie w Warszawie – stolicy kłamstwa! Koncentracja kłamstwa tutaj aż boli – na prowincji mniej się ją wyczuwa, zdrowsze tam powietrze.

1 września
Dziś 30. rocznica wojny – właśnie przed chwilą wyły syreny, ruch na ulicach zamarł na dwie minuty, ludzie stali milcząc, jak skamieniali. Ta wojna zdecydowała o naszym życiu, przekreśliła wszystko, zmarnowała naszą młodość i wiek dojrzały, wyrwała nam sześć lat życia, przekreśliła marzenia o Polsce całkiem wolnej – i tak cud, że żyjemy. A dziś świętują rocznicę komuniści i urządzają wiece – „przeciwko wojnie". Pacyfizm Europy ułatwił kiedyś zadanie Hitlerowi, dziś ma je ułatwić Ruskim, no bo jak połknęli pół Europy, to teraz chcą pokoju, żeby kąsek strawić. Tak toczy się ten świat! Staliśmy z Lidią na balkonie przez te dwie minuty wycia syren: ta wojna to nasze życie, nasze małżeństwo, nasze przekreślone „kariery". I to wszystko zrobił Hitler! Sukinsyn!!

3 września
Mam już za sobą imieniny, dość męczące, choć niby przyjemne, ale nie starcza mi dziś jakoś cierpliwości do słuchania ludzi –

może to zmęczenie, może za szybko myślę, a może przychodzi już jakieś starcze zamknięcie w sobie? Stach wydał mi się zadowolonym z siebie sklerotykiem, Andrzej M. podnieca się gadaniem o rzeczach, których wcale nie przemyślał (np. reformy liturgiczne w katolicyzmie), a znów Żydzi-pederaści żyją, jak mówiono w Krakowie, „w swoim głupim świecie", bardzo już specyficznym i niejako wyspecjalizowanym, jeszcze w związku z antysemityzmem, wyjazdami, wyobcowaniem etc. Jakoś nie chce mi się zagłębiać w ten świat, który zresztą mógłby być moim. Najbardziej lubię Henia, bo czuje się w obowiązku być dowcipnym i trzymać fason. Zresztą Paweł też miły, ale w sumie mocno mnie zmęczyli, najbardziej Andrzej, bo wkręcony jest w jakieś porachunki personalne w Klubie Katolickim, które mnie oburzają i niecierpliwią: czyż, do cholery, przynajmniej katolicy nie mogliby się zachowywać przyzwoiciej niż ten cały intrygancki warszawski światek? Nie zachwycają mnie Polacy: komunizm plus polska natura to już stanowczo za dużo!

Rozmawiałem z Michałem B. [Bristigerem], od którego, zdaje mi się, zacząłem w ogóle pisanie tych notatek – jesteśmy teraz w dobrych stosunkach, przeprosił mnie za pominięcia moich prac i niby się jakoś z tego wytłumaczył. Zarzuca mi, że to ja walczyłem o „zielone światło" dla muzycznej awangardy, a teraz wynika z tego beznadziejna pustynia twórcza, bo jest tylko ten jeden festiwal, a wokół niego starsi i młodsi satelici krążą w kółko marząc o zrobieniu kariery na przerozmaitych happeningach i aleatoryzmach, które okazały się dla naszego malutkiego ryneczku muzycznego szansą popisania się w świecie. Prawda, że ja walczyłem o wolność dla awangardy, tyle że traktowałem to jako zastępczy odcinek w walce o wolność ogólną, tymczasem komuchy okazały się elastyczne i dały swobodę awangardzie muzycznej nie dając żadnych innych swobód – tutaj też wykorzystali moją tezę, że muzyka nie ma treści merytorycznej, jest sztuką formalną, bezpojęciową i żadnej idei czy polityce nie zaszkodzi. Tak więc B. ma trochę racji, że moje dobre chęci obróciły się na złe, tyle że dla mnie wtedy, przed dwudziestu laty awangardą był jeszcze Strawiński, o dzisiejszych wariatach i megalomanach jeszcze mi się nie śniło. Dzisiejsi nowatorzy, według określenia tegoż Strawińskiego, nie komponują, lecz filozofują: istotnie, a sprawa koncepcji muzyki jest dla takiego Cage'a znacznie ważniejsza od samych dźwięków – Stockhausen też idzie w tym kierunku i wielu innych. Ciekawe jest to filozofowanie, ale rzeczywiście, gdy na placu zostanie tylko ono samo, sytuacja staje się dość jałowa. Lecz jam temu nie winien...

A propos jeszcze muzyki, to jest w Paryżu międzynarodowy konkurs kompozytorski, dosyć dla mnie odpowiedni: dowolna muzyka, 10 do 20 minut, na najwyżej dziesięciu wykonawców. Łamię się ze sobą, bo termin dosyć krótki (do 15 listopada), a nagrody tylko dwie – ale przecież jak się rzecz napisze, to nawet jeśli ona konkursu nie wygra, to zostanie „w tece" na przyszłe lata. Kto wie – może się połakomię?! Choć wysiłek będzie spory, a skutek niepewny.

6 września

Jakoś nie mogę się skupić w tej Warszawie, a przecież roboty jest sporo, postanowiłem napisać muzykę na konkurs, czasu zaś jest niewiele. Tymczasem ciągle ktoś zawraca głowę i to sprawami irytującymi w sensie ogólnym. Na przykład przylazł Adaś Wiernik, stary mój kolega z konserwatorium, ruchliwy muzykant, spryciarz, komik i frant, że – wyjeżdża i to już jutro. Jakżeż ta Polska bez Żydów będzie wyglądać. A swoją drogą szlag mnie trochę na nich trafia – jak mieli sytuację wyjątkową, uprzywilejowaną, to siedzieli, a teraz nie odpowiada im życie, które jest tu udziałem milionów ludzi. Adasia W. to się może nie tyczy, ale na przykład wyjechać chce podobno Staszewski, mój sąsiad, o którym było tyle szumu w marcu 1968. Jeden z twórców komunizmu w Polsce, dostojnik państwowo-partyjny, jak go wylali, to chce wyjeżdżać. Nieładnie to jakoś, powiem mu, bo chce ze mną porozmawiać – mam gęsią skórę przed tą rozmową, bo nie lubię takich sytuacji: trudno mu prawić kazania, że się nie czuje Polakiem, w dodatku wiem, że tam na Zachodzie będzie rozrabiał i gadał, korzystając z tamtejszej wolności, a także z tamtejszej głupoty, jeśli chodzi o sprawy polskie. Zawiła to sytuacja. Ale znów powtarzam, że Polska bez Żydów zszarzeje jeszcze bardziej, choć grupa Żydów-komunistów narobiła tutaj głupstw i świństw, za co teraz wszyscy Żydzi pośrednio pokutują, co zresztą przepowiedziałem im kiedyś w rozmowie z Ważykiem dwadzieścia dwa lata temu. Mam już manię, że nikt nigdy nie słuchał moich przepowiedni, a przecież jednak one się sprawdzają!

Umarł Ho Szi Min, moim zdaniem wielki zbrodniarz, który dla politycznego interesu komunistów rzucił nieszczęsny naród wietnamski do niepotrzebnej, okrutnej walki. Tu zresztą inaczej się o nim myśli, robiąc z niego „ojczyźnianego bohatera". Ciekawym, co będzie dalej w Wietnamie – podobno Czou En-Laj złożył hołd zmarłemu i natychmiast wyjechał z Hanoi, była to najwyraźniej demonstracja antyruska. U nas zresztą ukrywa się stan napięcia rosyjsko-chińskiego, prasa nic o tym nie pisze, ale czuje się, że coś tam ciężko wisi w powietrzu. Pawełek twierdzi, że Amerykanie powinni pomagać... obu stronom. Tylko żeby oni znów nie zachowali się głupio, co im się ostatnio tak często zdarza... A swoją drogą narody oszalałe stanowią już większość świata: Ruscy, Chińczycy, Arabowie... Choć może ci Ruscy zrozumieją wreszcie, że należą jednak do rasy białej. Ale już może być za późno – cha, cha!

Kraje arabskie wstrzymują import z Rumunii: już idę widzieć, jak się tym Rumuni martwią. Nieliche filuty – umyślnie zrobili izraelskiego posła ambasadorem, aby się na nich Arabowie obrazili i aby nie musieli płacić im na zbrojenia. To jest zręczna polityka, nie to co biedni Czesi, którzy zamiast robić – mówili i to na cały regulator, w prasie, radiu, telewizji. Czesi nie znają Rosjan tak jak my: Jasienica słusznie powiedział, że Ruscy zniosą Iwanów Groźnych i Stalinów, ale nie zniosą władcy mającego za lekką rękę wobec krajów wasalnych. Breżniew to wiedział, stąd reakcja na „czeską wiosnę" – gdyby siedzieli cicho i nie prowokowali, może by im prędzej uszło – jak Rumunom (odpukać!). A tu Swoboda jeździ po Polsce z „wizytą przyjaźni", jakby się nic rok temu nie stało. Zadziwiający świat – a może to my jesteśmy winni, myśląc, że żyjemy w XIX-wiecznej liberalnej Europie?

9 września

Siedzę w naszym rozklekotanym, wysokim mieszkaniu jak w wieży, robić się nic nie chce, gorące wrześniowe słońce potwornie rozleniwia, taka sama cudowna pogoda jak we wrześniu 1939. A tu nic się nie dzieje (to pewno dobrze), nikt nie dzwoni, nikt nie ma do mnie żadnego interesu – tylko w powietrzu jakieś irracjonalne podniecenie – pewno za jakiś czas wypadki ruszą nagle jak z kopyta, na razie nic, cisza. Tylko nieszczęśni Żydzi ciągle dają znać o sobie. Adaś W. opowiadał, jak to jego syn, emigrując, nie mógł w żaden sposób udowodnić swego żydowskiego pochodzenia (matka Rosjanka!), latał do gminy żydowskiej do różnych miejsc i nic, bo chłop jest z wyglądu aryjski blondyn i byk. Co za paradoksy stwarza rzeczywistość: za Hitlera trzeba było udowadniać, że się nie jest Żydem, a teraz przeciwnie, że się jest Żydem. I to w ciągu zaledwie ćwierćwiecza wszystko całkiem staje na głowie!

„Więź" wydała książkę Wojciecha Wieczorka „Szkice z prowincji". Jest to monografia małego miasteczka w Lubelszczyźnie, gdzie było przed wojną 50 procent Żydów. Charakter tego społeczeństwa i rozliczne jego, paradoksalne nieraz stosunki ze społeczeństwem polskim, konflikty obyczajowe i psychologiczne, wszystko to opisane jest znakomicie, obiektywnie i bystro: taka rzecz powinna być przetłumaczona i sprezentowana Zachodowi, żeby oni wreszcie coś ze spraw polskich zrozumieli. Tymczasem, jak na razie, trwa tam kompletne co do Polski „pomieszanie z poplątaniem". Paulina Ż. [Paulina Żuławska, żona Juliusza] przyjechała z Paryża, mówi, że widziała tam dziwne filmy antypolskie, np. kawalerię polską wkraczającą na Zaolzie w 1938 jako analogię do wjazdu polskich czołgów w sierpniu 1968. Głupie Francuzy, a o swoim Petainie i o Lavalu, który wysłał żydowskie dzieci do Oświęcimia, to ani słówka nie pisną!

Ale za to Widy-Wirski opowiadał mi bardzo śmieszne rzeczy o Francji: że partia komunistyczna, łagodna jak baranek, nie żąda nawet podwyżek dla robotników po ostatniej dewaluacji, a rewolucyjnie rozrabiają tylko bogaci maminsynkowie. Zaiste, świat stanął na głowie – a ja życzę Francuzom, żeby jeszcze dostali w dupę, nie mam sympatii do tej nacji zarozumiałej, egoistycznej i ignoranckiej, choć niby kocham kulturę francuską jak podobno każdy Polak. Ale nic nam z tej miłości nigdy nie przyszło, przeciwnie. Szlag by ich trafił.

Wacek ma podobno wrócić aż na wiosnę (Paulina mówiła). Widzieli w Paryżu Mariana E., podobno biedaje, postarzały i zgnębiony, rysowanie „Fafików" niewiele mu daje. Tak – niełatwo jest tam żyć, a tu znowu – głupio. Ładny dylemat, w istocie nie do rozwiązania.

14 września

W Warszawie tylko i wyłącznie mówi się o paszportach, wyjazdach etc. Resztki warszawskich Żydów wyjeżdżają, zgłosił się na wyjazd nawet mój sąsiad Staszewski, niegdyś „stalinowiec", potem „październikowiec", w istocie człowiek zarozumiały i nie za mądry. Gdyby go puścili, to już chyba byłoby pewnikiem, że żyjemy w domu wariatów – toć facet nagadałby tam Bóg wie czego. Ale któż pojmie tajniki tutejszych decyzji? Zagórskiemu, na przykład, nie dali... wkładki do Bułgarii. Tenże Zagórski przypomniał mi stary kawał, mający dziś, wobec przeróżnych wyjazdów, nowe zastosowanie. W ogrodzie szkolnym siedzi Aronek, rozkoszując się słońcem, zielenią, śpiewem ptaków. – Aronek, czemu ty nie jesteś w klasie? – pyta przechodzący dyrektor. – Bo logiki nie ma, panie dyrektorze – odpowiada Aronek. – Jak to?! – No bo ja się zesmrodziłem i pan nauczyciel wyrzucił mnie z klasy. To oni teraz siedzą w moim smrodzie, a ja odpoczywam w ogródku! Cha, cha, cha!

Wacek pisał, a także telefonował gdzieś z Niemiec. Zainstalowali się już na stałe w Paryżu i jeżdżą wciąż do szkopów, wrócić mają rzekomo w maju. Zmartwiło mnie to mocno, chłopak nie zdaje sobie sprawy, jakie może mieć potem komplikacje, no cóż, tam na Zachodzie człowiek traci poczucie praw panujących w naszym domu wariatów. A niech robi, co chce – jest przecież dorosły.

Kompozycja idzie mi niesporo, choć pomysłów mam dużo. Trudno tu sobie zorganizować czas, może za dużo czyta się gazet, co jest ogromnie irytujące – prasa nasza jest gorsza od samego ustroju. Ostatnio sporo czytałem o Kubie, jak to np. Fidel Castro rżnie osobiście cały dzień trzcinę cukrową maczetą, aby dać przykład. I znów to samo: lud płaci słono za swego „wielkiego człowieka", który w sposób autokratyczny i apodyktyczny realizuje swoje utopie lub fobie (antyamerykanizm), w pogardzie mając wszelkie myślenie pragmatyczne. To samo robi Mao. Zwariowani inteligenci, przewodzący bezwolnemu ludowi – oto osobliwe signum naszych czasów. A ilu wariatów wychynęło do góry w Afryce – ho, ho! biedny jest ten lud w dobie swej „emancypacji"!

A tymczasem w Rosji trwa jednak chyba jakiś, mało z zewnątrz widoczny, sprzeciw tak zwanych intelektualistów. Dowodem tego może być wydana w... Warszawie płyta z piosenkami Bułata Okudżawy. Okudżawa to popularny w Rosji bard, autor piosenek wojskowych nader niekonformistycznych, które tam nagrywa się prywatnie na taśmy (podobno masami), ale płyt jego nie ma. Tutaj zrobiono mu za to płytę, śpiewaną po polsku przez najlepszych piosenkarzy (Młynarski, Łazuka, Przybylska), efekt jest świetny, śliczne rosyjskie melodie, coś z Wertyńskiego, a zarazem antystalinowska gorycz przebija wyraźnie – ciekawe, że to wyszło w Polsce. A jest przecież jeszcze w Rosji piosenkarz całkiem już konspiracyjny, niejaki Wysocki, którego taśmy wręcz są zabronione. Opozycja piosenkowa, osobliwe zjawisko, jedyne w swoim rodzaju!

À propos płyt: w „Argumentach" grzmiąca diatryba przeciw prywatnym producentom dźwiękowych pocztówek, że zarabiają miliony (okropny grzech, choć rzecz jest legalna) i że dostarczają muzykę, na którą jest zapotrzebowanie społeczne, znacznie prędzej niż nieruchawe państwowe „Polskie Nagrania". Autor rozdziera szaty i patetycznie pyta, co to właściwie znaczy? Mógłby sobie sam prościutko odpowiedzieć, ale *warum einfach wenn man komplizieren kann?* Chi, chi, chi. Ustrój rzecz święta, a po cóż komu płyty?!

Dziś był u nas ubek udający sparaliżowanego żebraka. Zdenerwowałem się, poszedłem za nim i śledziłem go tak, żeby widział. Z kolei on się zdenerwował, zaczął pytać, czego od niego chcę (zupełnie dobrze mówi, wcale nie sparaliżowany) i czy ja myślę, że... Powiedziałem mu, że ja nigdy nic nie myślę, pokazał mi jakieś tandetne pisemko, że prosi o wsparcie, więc dałem mu pięć złotych. A to heca: człowiek ugryzł psa. A to wszystko pewno w związku z tym, że widziałem wczoraj, przypadkiem zresztą, zwolnionego z więzienia Michnika – widziałem go na schodach ze Staszewskim (tego to wciąż świerzbi dupa!), z tyłu stała dozorczyni, pewno doniosła. Jakież to głupie – o rety!

20 września

Zima jakoś zapada, choć pora jeszcze wczesna, ale chłodno jak diabli, w domu nikogo nie ma, wszyscy wyjechali prócz Lidii. Moją Kołysankę grali (pod pseudonimem) na festiwalu pianistycznym w Słupsku, było to nawet podobno transmitowane przez radio. Pisać muzykę pod pseudonimem – to już szczyt bzdury!

Odbywa się kongres Związku Bojowników o Wolność i Demokrację (cóż za nazwa pretensjonalna!), Moczar zasuwał z tej racji mowę niezbyt ciekawą, za nim, dla dekoracji, siedziało też, obok mord „partyzanckich", paru starych oficerów „londyńskich" i akowców (Skibiński, Radosław etc.). Martwa to organizacja, gdzie powtarza się w kółko najbardziej zdawkowe i ogólnikowe hasła „patriotyczne". Charakterystyczna rzecz, że wskrzesza się dziś dwie rzeczy minione: hitlerowców i Żydów, bo nowego nic nie ma, żadnej konfliktowości ani dramatu, tylko komedia powtarzania w kółko haseł antyhitlerowskich, z dokładnym pominięciem Rosji i jej gwałtów – liczą na to, że ludzie zapomną o Wschodzie! W ogóle paradoks, że prasa nasza, pełna złośliwości i uszczypliwych szczegółów o Zachodzie, milczy jak kamień o Rosji. Czyż tam, w 200-milionowym kraju, nic się w ogóle godnego uwagi nie dzieje?! Ale do kogo ta mowa! W paryskiej telewizji była podobno trzygodzinna dyskusja o ataku Hitlera na Polskę, występował m.in. stary Bonnet, wielki winowajca i głupiec (choć w świetle jego słów najbardziej winien był Gamelin, który nie pozwalał atakować Niemiec i kazał czekać). Jak można wnosić ze skąpych uwag naszej prasy, francuscy rozmówcy, a także Eden (na taśmie) duży stopień winy przypisywali „zdradzie" Rosji (jakby Rosja od czasów Rapallo nie popierała Niemiec) – ciekawym, jak było w pysku polskim uczestnikom dyskusji (Putrament, Jędruszczak, Skibiński) – toć o Rosji u nas mówić nie wolno, a ta sprawa wspólnictwa Hitlera ze Stalinem w ogóle jest tabu. Nie ma tutaj prawdy i relacji, jest tylko propaganda – ciekawa koncepcja (Orwell!).

Tymczasem powstał popłoszek, bo zbrakło masła, ceny idą w górę, minister handlu wewnętrznego oświadczył, że była susza, wobec czego są trudności i trzeba jeść margarynę. Polacy bardzo są na to wrażliwi, więc nastrój nieszczególny, ja osobiście nic nie mam przeciw margarynie, ale zadziwia mnie gospodarka, gdzie trochę złej pogody wywołuje takie perturbacje, podczas gdy w krajach Wspólnego Rynku wylewa się nadmiar mleka i wyrzuca masło i jaja. A co by było w czasie wojny?! Toć po dwóch dniach Polska nie miałaby co jeść – i cześć!

Niezgłębione są w ogóle tajniki ekonomiki socjalistycznej, a raczej komunistycznej. Na przykład w Alejach Ujazdowskich naprzeciwko SPATiF-u stoi nowy, piękny, 11-piętrowy dom, którego cały parter zabity jest deskami. Otóż ma tam być elegancki lokal dancingowo-gastronomiczny, ale od paru lat nic wokół niego nie robią. Dlaczego? No bo trzeba by zebrać ludzi, specjalistów, odpowiednie materiały budowlane i elektryfikacyjne, na długi czas odciągnąć siłę roboczą, a rezultat tylko taki, że bywalcy lokalu zechcą jeść i pić, płacąc tymi samymi polskimi złotymi, czyli znowu jedynie przekładanie tej samej forsy z jednej kieszeni do drugiej. W kapitalizmie im szybszy obieg pieniądza, tym lepiej, bo działa to pobudzająco na produkcję, tutaj broń Boże, aby pobudzać produkcję, skoro mimo maksymalnego zatrudnienia jest za mała, a nasi rządcy tylko się trzęsą ze strachu, aby na rynku nie pojawiło się 100 miliardów złotych złożonych jako oszczędności w PKO – wtedy już plajta kompletna, bo pokrycia w towarach brak. Ale nasza „kadra polityczna" o tych sprawach ni chuja: oni mają większe zmartwienia, na przykład właśnie zjazd ZBoWiD-u, gdzie najaktualniejszym hasłem jest... walka z Hitlerem, a frazeologia patriotyczna przypomina czasy króla Ćwieczka, tyle że wydarzenia II wojny światowej zakłamane są tak, że aż się chce wyć. W ogólny klangor kłamstwa włączył się i durny Romcio Szydłowski, który we wspomnieniu teatralnym o Witkacym nazywa go „ofiarą faszyzmu", podczas gdy piewca Czystej Formy odebrał sobie życie w okolicach Baranowicz [w rzeczywistości: na pograniczu Polesia i Wołynia], motywując to (w pozostawionym liście) wkroczeniem Armii Czerwonej. Co za łgarze, o mój Boże! I cóż za groteska.

Spotkałem dawnego ambasadora G. [Gajewskiego], przerażony jest tym ZBoWiD-em i inwazją byczków, karierowiczów bez sumienia, zamierzających, jak twierdzi, po wyrzuceniu Żydów wziąć się do oczyszczania „sfery zażydzonej", czyli w ogóle wszelkich ludzi odrobinę myślących. Pocieszałem go, że rewolucja musi iść swoim torem, ale nie bardzo go to zdaje się urządzało... *Dołoj gramotnych!*

24 września
Zmęczony jestem i smutny. Jak zwykle nuży nieco festiwal „Warszawska Jesień", bo muzyki za dużo, przy czym dawne bóstwa jakoś się zmierzchają – np. „Koncert na dwa fortepiany" Strawińskiego, niegdyś uwielbiany, dziś wydał mi się zdawkowy, szablonowy (fuga), jakiś nieświeży, ograny, choć wspaniale wykonał go angielski pianista Ogdon ze swoją żoną. Z polskich utworów tylko Lutosławski: jego „Livre pour orchestre" to naprawdę utwór wielki, z zębem, z koncepcją, przemyślany i nowoczesny w miarę, tyle ile wypada. Za to tandem Baird – Serocki dał okropnie słodkie, „uczuciowe" chały: wyrafinowana instrumentacja, ale cóż z tego, kiedy tzw. „zawartość uczuciowa" trąci Mniszkówną, III Symfonia Bairda to, jak sobie określiłem, „ordynat Michorowski w muzyce". A znów Serocki dał utwór do poezji Różewicza (śpiewany po angielsku przez Dorothy Dorow), poezja to przecież oszczędna i oschle tragiczna, a on dał przesubtelnioną teatralną orkiestrę i drżącą od liryzmu kantylenę – zły smak u tych ludzi idzie w parze z komercyjnością – oto zdaje się cała tajemni-

ca! A w ogóle najlepiej obroniły się dzieła starych mistrzów: „Pierrot lunaire" Schönberga i „Integrales" Varese'a. Był też nocny koncert awangardowych wydzierań, oczywiście z Cage'em na czele, ale mało to ciekawe: jak powiedział Strawiński, to nie komponowanie, lecz filozofia. Np. utwór, gdzie przez 70 minut wali się w jeden klawisz fortepianu. Jest to raczej test psychologiczny i to jednorazowy. Ludzie nawet mało protestowali – jakoś się słuchało... Zresztą mało jest młodzieży: dawniej muzyka awangardowa miała posmak zakazanego owocu, uprawianie jej było niemal zastępczą walką ideową czy zgoła polityczną. Teraz wszystko minęło: władze pozwalają (raz okazały się mądre) i oto cała rzecz staje się igraszką bez znaczenia, nader mało poważną. W dodatku ranga muzyki spada: tyle tego wszędzie, w radio, na płytach, na ulicy, że zeszło do roli natrętnego brzęczenia. Jeszcze stare legendy trwają: Bach, Beethoven itp., ale stworzyć legendę nową bardzo jest trudno. Smutne, lecz prawdziwe! I stąd cały ten festiwal to już istny niewypał, a kiedyś przecież tak nas wszystkich podniecał. „Rewolucja zmarła, trzeba szukać nowego płomienia" – powiedział kiedyś Ignazio Silone. No właśnie – tak samo zmarła awangarda – i to zanim się na dobre urodziła.

Na festiwalu masę ludzi znajomych, patrzą na mnie trochę jak na zjawę z innego świata, a może mi się tylko tak zdaje? Moja sytuacja „polityczna" jest trochę taka jak Rumunów w sprawie Izraela. Podnosząc poselstwo izraelskie do rangi ambasady Rumunia obraziła państwa arabskie, te zerwały z nią stosunki dyplomatyczne oraz handlowe, tak więc sytuacja jest jasna, Rumunia nic im niewinna, ma spokój, choć nieco złowrogi. Ja też mam spokój nieco złowrogi – czuję to nieraz, aż się zimno robi. Ale na razie spokój trwa: można się nim było rozkoszować w Makowie, gorzej jest w Warszawie, bo za dużo tu ubeków, a także znajomych Żydów, bardzo zdenerwowanych – zresztą mają czego. A ja tymczasem piszę tę kompozycję na konkurs – nie bardzo wiem, jak mi to wyjdzie, ale starać się trzeba („wszystkich kobiet nie prze... ale starać się trzeba").

26 września
W Czechach trwa proces wykańczania wszystkiego co swobodne, proces precyzyjny a ostentacyjnie bezwstydny. Myślę, że nie skończy się na wylewaniach i pogróżkach, że zaczną się aresztyi ka-

ry, może nawet kogoś rozstrzelają, np. Dubczeka – właściwie czemuż by nie, to tak jak z Nagy'em na Węgrzech: zwlekali, czekali, aż się wszystko uspokoi, a potem w czapę i cześć. Przecież element liczenia się z jakąkolwiek „opinią światową" odpadł już dawno: Europę podzielono na strefy i niczyje jęki czy ubolewania stanu tego nie zmienią ani w ogóle nikogo nie wzruszą. A Breżniew musi pokazać swej wewnętrznej publiczności, że umie twardą ręką tłumić ościenne niepokoje, musi, bo inaczej wyleci. Zresztą Henio twierdzi, że i tak Ufryzowany (pseudonim Breżniewa) wyleci, że w Rosji coś się szykuje, a historie z Chińczykami to tylko dymne zasłony. *Uwidim, skazał ślepoj.*

Podobno u starego Iwaszkiewicza w jego warszawskim *pied-à-terre* była rewizja, zamaskowana formą włamania – zdarzyło się już kiedyś coś takiego u Putramenta, szukają pewno jakichś papierów czy pamiętników (mają więc jednak zainteresowania literackie!). Dobrze tak staremu pieczeniarzowi, niech pozna coś niecoś i na własnej skórze. Ale swoją drogą memento w tym jest nieliche.

Znów w prasie jakieś alarmy o skutkach suszy, o braku kartofli (!) itp. Cóż to za zasrana gospodarka ważna na parę dni! A znowu w „Słowie Powszechnym" była wielka diatryba przeciw alkoholizmowi, o wszystkim tam mówiono, tylko nie o tym, że na sprzedaży wódy stoi budżet państwa, boć to jest jedyny skuteczny „drenaż" forsy z ludzkiej kieszeni, jeśli brak na rynku dostatecznej ilości atrakcyjnych towarów i jeśli pieniądz jest niewymienialny ze strefą wolnorynkową (dolarową), a więc skazany na jałową i niemrawą cyrkulację wewnętrzną. Ale u nas nigdy się nie pisze o istocie rzeczy, tylko o jej zewnętrznych objawach czy pozorach.

Festiwal „Warszawska Jesień" trwa, ale mało jakoś atrakcyjny. Albo się gra utwory „szkoły polskiej", kokietujące pawim ogonem kolorystyki instrumentalnej i ledwo zamaskowaną melodyjnością, albo też awangardowe pomysły raczej niż utwory, pomysły jednorazowe, jak już pisałem. Brak indywidualności odrębnych i charakterystycznych, które świadomość swej odrębności potrafiłyby raz na zawsze narzucić słuchaczom. Może jeden Lutosławski, ale on też za bardzo lubuje się w epatującej tęczy orkiestrowych kolorów. Brak jest świadomej, selekcyjnej ascezy – a tylko asceza bardzo wyrazista narzucić się może publicznej pamięci. Taką ascezę próbuję realizować w utworze, jaki piszę teraz na paryski konkurs (tytuł: „Spotkania na pustyni") – na pewno mam przecież swój styl, domek ciasny, ale własny. Idę teraz dalej komponować, choć nie lubię tej czynności, przygnębia mnie, że jest taka sama w sobie, że nic w niej nie ma poza nią. „W szyciu nic nie ma oprócz szycia" – jak powiedział Leśmian. A na dworze pogoda przepiękna, zamglona, słoneczna uroda jesieni. Niedługo już potrwa, Jerzyk i Krysia lada dzień wracają, zacznie się nowy rok „szkolny". A jaka szkoła szykuje się dla mnie?!

2 października

Mnóstwo rzeczy do zapisania, a dosłownie nie ma na nic czasu, bo piszę ten utworek na konkurs do Paryża: nazywa się już na pewno „Rencontres dans un desert", na 10 instrumentów, czas trwania ze 12 minut. Piszę to w chaosie i pośpiechu, ale z doświadczenia wiem, że w sytuacji takiej powstaje czasem niezły utwór, bo człowiek instynktownie, jako punkty oparcia, wybiera sobie wówczas chwyty techniczne i formalne, których jest pewien, które dokładnie zna, w ten sposób z pośpiechu i chaosu rodzą się często kreacje „murowane". Mnie w każdym razie tak się zdarzało, a za to z długich deliberacji wychodziły częstokroć utwory poronione. Ciekawym, co będzie teraz, bo pisząc szybko i oddając napisane strony kopiście (jak, nie przymierzając, Mozart), nie wiem nawet, co właściwie napisałem.

Byłem u Jerzego Andrz. [Andrzejewskiego], pogadaliśmy sobie, co nam się rzadko zdarza, ustalając pewne wspólne punkty widzenia na rzeczy te i owe. Podobnie do mnie, za najobrzydliwszą cechę obecnej antyinteligenckiej i antysemickiej reakcji Jerzy uważa wypożyczenie sobie przez nią, a raczej przywłaszczenie frazeologii patriotycznej – jest to tak obrzydłe i obłudne, że aż ręce opadają. Zgodziliśmy się również, że nowa literacka mitologia konstruowana przez młodego krytyka Mencwela we „Współczesności"*, trochę moczarowska, potępiająca kawiarnianych marksistów-pięknoduchów (hasło wywoławcze: Brandys) ma swój sens, oczywiście jako mit, ale zdani jesteśmy na mity w życiu literackim zastępczym, gdzie nigdy i o niczym nie można powiedzieć całej prawdy. Takim „roboczym mitem" było bałakanie „Kuźnicy" o racjonalizmie i pozytywizmie, takież mity konstruował sam Jerzy Andrzejewski, pisząc o realizmie socjalistycznym i o człowieku radzieckim (teraz mi to przypomniał!), czemuż więc wszyscy jadą ile wlezie na owego

---
*Andrzej Mencwel *Kryzys w literaturze polskiej*, „Współczesność" 1969, nr 19, 20, 21, 22.

Mencwela, jakby mieli w zanadrzu co lepszego?! To rzeczywiście chyba echa terroru „słonimskiej" kawiarni – aleć przecież, skoro żyjemy wszyscy w domu wariatów i nie mamy nic do roboty, to dlaczegóż by nie popodziwiać jednego z wariatów, któremu udają się karkołomne sztuczki – choćby za to, że ma do nich głowę?

Jerzy ubolewa nad wyjazdami ludzi zdolnych i wartościowych, wyjazdami pod pretekstem żydowskości choćby. Ostatnio wybył Julek Stryjkowski, rzekomo tylko na dziewięć miesięcy na wykłady do stanu Iowa, ale czyż on powróci? Wyniszczają inteligencję dawnego typu, na jej miejsce pchają się nowe byczki. A do tego ileż ubytku poprzez śmierć?! W tym roku Kędra, Bacewiczówna, Kowalska, Wierzyński, Zawieyski, Hłasko, Gombrowicz, Komeda, Kobiela i inni. Istny pomór. Powzdychaliśmy sobie z Jerzym katastroficznie, ale nie bez perwersyjnej, utajonej satysfakcji: gdy jest już bardzo źle, rodzą się czyny desperackie, ale i odważne, cenne – choćby właśnie chlubne postępki Jerzego A. [Andrzejewskiego], jego protest czeski czy wydanie „Apelacji" w Paryżu (nawiasem mówiąc, nikt mu za to złego słowa nie powiedział – grunt to stawiać komuchów w sytuacjach, kiedy nie wiedzą, jak postąpić. Co prawda ci młodzi, co idą, nie będą już mieli żadnych względów czy skrupułów: Andrzejewski czy nie Andrzejewski to dla nich „wsio ryba", w ogóle cała literatura wisi im kalafiorem poniżej pasa!).

Powtórzono mi zabawne powiedzenie Tyrmanda, który następująco tłumaczył swoje dobre samopoczucie w Nowym Jorku: „Nie muszę tutaj niczego ani nikogo udawać, bo takich szmondaków jak ja jest tu kilkaset tysięcy!" Bardzo ciekawe, miłe, szczere, trzeba dobrze znać Leopolda, z zamiłowań polskiego harcerza, aby ocenić i dowcip, i jego głębszy podtekst.

Byłem na wieczorze u Wańkowicza. Towarzystwo akurat na pięć lat ciupy: Jasienica, Janek L. [Lipski], mecenas O. [Jan Olszewski] etc. Stary przywiózł swą mieszkającą w Ameryce córkę, opowiadała, że jej dzieci uważają Stany za krainę niewoli, a Nixona za satrapę typu niemal Hitlera. Świat zwariował kompletnie i stanął na głowie – trzeba robić swoje (ale co jest swoje?!), nie dać się ogłupić i czekać. Ale na co?! Jerzy A. [Andrzejewski] twierdzi, że choć jest pesymistą, czuje, iż dożyje epoki Nowego Słowa, bo historia toczy się teraz nader szybko i paradoksalnie. Szczęśliwy, że wierzy – ja chciałbym także: abyśmy tylko zdrowi byli!

7 października

Skończyłem nareszcie tę muzykę na konkurs – wyszło coś ni pies, ni wydra na jedenaście i pół minuty, niby nowoczesne, niby lekkie, takie chyba, jakie było intencją inicjatorów, ale na nagrodę nie liczę, pewno będzie masę zgłoszeń, w każdym razie utwór jest i mogę się przed własnym sumieniem wytłumaczyć, że jednak coś tam robię, mimo głupiej „odstawki", w jakiej żyję. Przyjechał z Kanady prof. Bromke, Polak, autor książki o polskich politykach (w której bardzo wywyższył „Znak"), może on mi to zawiezie i wyśle.

A więc już po wyborach w NRF – chyba do władzy teraz dojdzie Brandt, postać sympatyczna. Ciekawym, co on robi z polityką wschodnią, zresztą cokolwiek zrobi, będzie to sukcesem Rosji, bo ruszy się martwa linia demarkacyjna w Europie, ustalona w Jałcie. W końcu Niemcy Zachodnie nic nie mają z obecnego stanu zamrożenia i kompletnej izolacji od NRD, czas nie pracuje dla nich, a znowu wszelkie odmrożenie będzie okazją do otwarcia drogi dla wpływów sowieckich w Europie Zachodniej. Rosja jest w Europie najsilniejsza, głupi de Gaulle jeszcze się do tego przyczynił, Ameryka zaś, jak się zdaje, zadowala się w tejże Europie istnieniem i trwaniem *status quo*, angażując się natomiast w Azji, zresztą w sposób nie najszczęśliwszy, jak to widać w Wietnamie. Nie wiem, co z tego wszystkiego dalej wyniknie, chyba nowe sukcesy Rosji, choć byłby już chyba czas na początek „zmierzchu imperium". Sukcesy Rosji są, formalnie rzecz biorąc, naszymi, polskimi sukcesami, istotnie, z punktu widzenia formalnej racji stanu Polska ma teraz sytuację bezbłędną: w sojuszu z drugą (co najmniej) potęgą świata, chroniona przez tęże potęgę od Niemców, zabezpieczona przeciw tradycyjnym obcęgom rosyjsko-pruskim, z dobrymi granicami. Formalnie pięknie, tylko treść, ta przenudna sowiecka treść, prowincjonalizm, drętwota życia publicznego. Ale cóż – darmo się tu miotać jak ryba w sieci, nic nie dadzą ciągoty prozachodnie, Zachód nic do nas nie ma, odpisał nas na straty i tak już to zostanie. Czesio L. [Czesław Lewicki] był we Włoszech i w Niemczech, mówi, że absolutnie nikt się tam nami nie interesuje, uważają nas za kraj zacofany, w handlu i produkcji mało solidny, odpisali nas właśnie na straty. Opowiadał cuda o komputerach zastosowanych tam do życia codziennego, np. do komunikacji lotniczej. Istotnie: wygoda i organizacja życia dochodzi w kapitalizmie do perfekcji, ale jest w tym chyba jakaś dekadencja, bo to osłabia prężność polityczną i narodową. A Rosja ma w dupie wygodę swych obywateli, za to zbroi się i prowadzi ekspansję dyplomatyczną, często głupią, ale w sumie jednak skuteczną. W dodatku Zachód podminowywany jest coraz bardziej przez ową zbuntowaną młodzież, która nie wie, czego chce, ale potrafi swym anarchizmem sparaliżować niejeden rząd. Zachód zdziecinniał w swym dobrobycie i nie potrafi nawet zdobyć się na skuteczną obronę moralną własnych racji i osiągnięć. Podjąłbym się obrony i apologii kultury mieszczańskiej, zamożnego mieszczaństwa jako pewnego, na swój sposób doskonałego wzorca i zespołu norm czy ideałów – taki głos, podnoszący się ze Wschodu, miałby swoją pikanterię. Już dawno przecież Gombrowicz napisał, że toczy się mecz między Białymi a Czerwonymi, ale publiczność biała oklaskuje Czerwonych, a czerwona Białych. Tylko jak by tu podnieść taki głos, tkwiąc ciałem w Polsce? Trzeba by emigrować, a głos emigrantów z reguły się nie liczy. Djilasowi to się udało (choć długo siedział w ciupie), ale tu przecież nie Jugosławia, tu Polska, gdzie nikt nie odczuwa potrzeby publicystyki czy politycznej prasy, a ludzie coraz bardziej i bardziej przyzwyczajają się do schematycznej głupoty krajowych gazetek. Skoro zaś im z tym dobrze, to jakże tu uszczęśliwiać ich wbrew ich woli? *Mein Liebchen, was willst Du genau?!*

Wracając jeszcze do wyborów w NRF, to sprawdziła się (jak zwykle stwierdzam skromnie) moja przepowiednia, że partia „neofaszystowska" NPD nie weszła do parlamentu. Prasa nasza jednak, która ujeżdżała z rozkoszą na tym koniu-straszaku, nie raczyła nawet uznać czy odfajkować swej porażki i wygłupu. Po co, skoro tu z dnia na dzień wszyscy wszystko zapominają i w ogóle nikt o nic nie pyta („a cierpliwa publika łyka i łyka", jak pisał Boy). To tylko bystrzy Żydzi z marca 1968 dociekliwie analizowali prasowe bujdy – teraz już nikt tego długo nie będzie robił. Zaiste, fatalnie nieprzydatny wybrałem sobie zawód: ani proroka, ani nawet jakiego takiego dziennikarza nikt tu nie potrzebuje. Po co pisać dobrze i mądrze, kiedy można źle i głupio, bo nikt niczego innego nie potrzebuje. Nasi rządcy dawno już zrozumieli, że ludzie nie znający mięsa nie będą go pragnąć ani żądać. Dlatego, gdyby miała wyniknąć jakaś nowa rewolta, to musiałaby wyjść z łona partii, tak jak w Czechosłowacji. Ale nie wyjdzie i nic takiego się nie zdarzy: nowi chłopscy Polacy to najbardziej apolityczny i pokorny naród świata. Narody się przekształcają: Szwedzi, niegdyś awanturnicy i zdobywcy, zmienili się w konsumpcyjno-neutralistyczne owieczki, Polacy, romantyczni i niespokojni, to dziś rzesza ledwo, ledwo na czerwono pomalowanych, spietranych filistrów. O cholera!

10 października

Było tu niemieckie małżeństwo z NRF, przysłane przez Wacka, właściciele przedsiębiorstwa samochodowego. Młodzi ludzie, zabawni, łagodni, filistrzy – i pomyśleć, że to są potomkowie hitlerowskich „wikingów" – aż wierzyć się nie chce. A w ogóle nie wiem, co z tym Wackiem, i niepokoję się, bo siedzi tam długo, wsiąknie w ten głupi Zachód – głupi, choć uroczy. A przecież w końcu tu jest ciekawiej, choć też bezdennie głupio (na swój sposób), no i nudno jak cholera. Nudna ojczyzna – to rzeczywiście problem nie do zgryzienia!

A tu, jak się zdaje, Marian Eile też pozostał w Paryżu – w każdym razie po raz pierwszy ukazał się „Przekrój" bez jego nazwiska, z adnotacją „redaguje zespół". Nikt się oczywiście nie zapyta, co się właściwie stało. Myślę, że Marian, ogromnie ambitny i nerwowy, bał się po prostu antysemityzmu, nie tylko urzędowego, lecz i tego oddolnego, który, zachęcany przez górę, wybucha tu i ówdzie. Pospieszył się jednak chyba, przecież niemożliwe, żeby wszystkich Żydów wylano, ktoś „w sklepie" zostać musi. „Przekrój" bez Eilego długo nie pociągnie, on był jego duszą, twórcą, animatorem. Dla mnie to też jakaś kluczowa chwila w życiu, choć z Krakowem tak dawno nic mnie już nie łączy. Zaraz po wojnie pierwszą moją posadę dostałem w „Przekroju" (dał mi ją Ryńca, ówczesny dyrektor krakowskiego „Czytelnika", znany mi z tego, że w czasie okupacji kupował rękopisy), „Przekrój" był jakąś moją szkołą dziennikarską, choć często się z Marianem nie zgadzałem, styl pisma był mi obcy i szybko stamtąd wyszedłem – do „Tygodnika Powszechnego". Ale jednak kawał to życia i kawał wspomnień. Marian był jedynym redaktorem naczelnym, który trwał na stanowisku nieprzerwanie 25 lat. Odszedł cicho, niezauważony – *signum temporis*. Nie chciał „im" dać okazji, aby go wylali wśród głupawego wrzasku, uprzedził ich, wygrał, ale przy tym złamał i siebie, i Kamyczka. Tak się toczy ten biedny światek!

B. [Władysław Bartoszewski] wrócił z zagranicy. Oglądałem u niego dużo wydawnictw emigracyjnych. Poziom wysoki, wiele książek wspomnieniowych i historycznych wręcz doskonałych, pisma ciekawe (np. „Wiadomości", których dawniej nie lubiłem, straciły swój ton arogancki, a stały się pismem kulturalnym, o szerokich horyzontach i wcale niezłych wiadomościach z kraju), nawet powieściowa produkcja ruszyła z kopyta, nie mówiąc już o wysokim poziomie poezji. Emigracja wzięła się do roboty, a mając już widać ustabilizowaną sytuację materialną, odnaleźli pewną równowagę psychiczną, konieczną w ich sytuacji, aby móc pisać i „dawać świadectwo". Wobec naszej idiotycznej literackiej bryndzy oni, zasilani sokami z kraju, wolni od wszelkiej cenzury, zaczynają się liczyć coraz bardziej. To przecież także Polska, i to znacznie bardziej oświecona niż nasza nadwiślańska. Obyż dokonać jakiejś syntezy – to by było coś. Niestety, u nas drakoński zakaz pisania o emigrantach uchylany bywa dopiero po śmierci pisarza: teraz np. dopiero puszczono ks. Pasierbowi w „Tygodniku" kapitalny wywiad z Gombrowiczem pochodzący z roku 1962. O wandale, durni, ciemni wandale!

Miałem długą rozmowę z Dejmkiem, byłym dyrektorem Narodowego – opisał mi historie, jakie miały miejsce przy zdejmowaniu „Dziadów", historie, których do dziś nie znałem. Była to czysta, na zimno przeprowadzona prowokacja polityczna – aż dziwne, że ludzie ciemni potrafią być tak perfidni. Poruszyła mnie ta rozmowa, bo i Dejmek zmieniony, nie ma w nim już dawnej władczej pogody, nadgryza go przy tym ohydna sprawa antysemicka (żona, syn). Spodziewa się wszystkiego najgorszego – co i ja myślę. O diabli!

Utwór na konkurs w Paryżu zaniosłem do młodego pianisty, jadącego jutro za granicę. Kawałek roboty jednak zrobiłem – dobre i to, na bezrybiu... (na zadupiu...)

12 października

Bardzo zabawna rzecz w „Kulturze" (warszawskiej oczywiście), choć zabawności tej nikt zdaje się nie dostrzegać. Oto był tam wywiad z pionierem „mózgów elektronowych", inżynierem Krzysztofem Rejem (ładnie się nazywa), który z entuzjazmem opowiadał, jakie to rezultaty dadzą owe mózgi, wprzęgnięte do naszego planowania, określające, kiedy i z kim trzeba kooperować, jaka kolejność budowy, jakie materiały, skąd etc. Na pytanie jednak, czy tego rodzaju współpraca planistów z komputerami miała już w Polsce miejsce, inżynier nasz odpowiedział, że tak, ale że na przeszkodzie stanęły... problemy prawne. Uśmiałem się z tego dziko, nasi kandydaci na technokratów nie rozumieją bowiem, że w tym ustroju ważniejsze od sprawności technicznej są warunki psychologiczne, umożliwiające sprawowanie totalnej władzy. Wszystko, co tę totalność narusza, jest źle widziane – np. właśnie wszechmoc inżyniera elektronika, dyktującego sposób planowania sekretarzowi partii. Mowy o tym być nie może i dlatego przeciw mózgom elektronowym zawsze się znajdą „zabezpieczenia prawne". Cha, cha, cha, jakież to śmieszne w swej bzikowatej prawidłowości – obłęd ma też swoją prawidłowość, tak jak cyrk czy magiczne sztuki.

Inną formą przyjętego powszechnie obłędu jest codzienny u nas ostatnio... rasizm. Co chwila ktoś w Warszawie wynajduje sobie babkę Żydówkę, składa podanie o wyjazd i emigruje, a na Zachodzie dostaje od razu dobrą posadę, mieszkanie, rentę, etc. Chciałoby się powiedzieć, że w tym szaleństwie jest jakaś metoda, tyle że nie wiem jaka, bo wyzbywanie się *za bezdurno* zdolnych ludzi to idiotyzm, a Polska bez Żydów to nuda i bzdura. No, ale może to ja jestem głupi i nic nie kapuję?!

16 października

Jestem oto w Zakopanem i pracuję ciężko nad „dziełem", nie zważając nawet na uroki gór i cudownej, październikowej pogody. Mieszkam w literackiej „Astorii", jest tu trochę starych znajomych (Mula [Krasicka] – kierowniczka, siostra Pawełka Zdziechowskiego, który mnie przed... trzydziestu siedmiu laty zaprotegował do „Buntu Młodych", Staś Zieliński, Szewczyk), ale nie mam czasu z nimi gadać, tyle że z Szewczykiem wybieram się za chwilę na wódkę. Wiem nawet, co mu powiem: że bawi mnie proces „uendeczniania" komunizmu, proces, który zresztą przewidziałem, bo skoro Polska miała zawsze „endecki" lud, no to trzeba jej dać „narodową" ideologię, zwłaszcza gdy skończyły się rządy inteligenckich przebierańców, różnych Bermanów etc. Produkt „rewolucji postagrarnej" to funkcjonariusz partyjny chłopskiego pochodzenia. Aby uspokoić mu sumienie, daje mu się ideologię „narodową", okraszoną, dla tradycji, antysemityzmem. Wyjdzie z tego okropna, kołtuńska nuda na całe pokolenie, zanim narodzi się wśród nowej inteligencji jakaś „nowa lewica". Ale czekaj tatka latka...

Tymczasem, jakby w przewidywaniu tych moich myśli, prasa

krakowska rozpoczęła dyskusję o „socjalistycznym drobnomieszczaństwie" z okazji sztuki Brylla „Kurdesz", gdzie on, zdaje się, mocno rodzime „czerwone" kołtuństwo ośmiesza. Ten Bryll jest zdolny, ale niezły bigosik w głowie – może teraz, przez „prześladowania" coś mu się we łbie uporządkuje. A swoją drogą, że też te komuchy muszą z każdego pisarza zrobić wariata: najpierw go lansują pod niebiosa, potem nagle dają w łeb. Od czego to zależy?! Może od tego, że on tam, jak się zdaje, ośmieszył ludowo-partyzanckiego generała, przecinającego wstęgę... Osobiście czytałem tę polemikę z bezinteresowną uciechą jak ateusz dyskusję o Trójcy Świętej, bo zarzutu mieszczańskości nie uważam za zarzut, a zjawiska kołtuństwa, egoizmu, karierowiczostwa są apolityczne, możliwe wszędzie. Ale coś im ten Bryll dopiekł, może mu się znudziło być dworskim panegirystą.

Z innej beczki: sprawa Niemiec. Brandt zostaje kanclerzem i zapowiada zmianę polityki wschodniej. Oczywiście, dla Niemiec zachodnich *status quo* przestaje być zabawne, bo NRD coraz bardziej oddala się, krzepnie i umacnia się, czas pracuje dla nich. Rosja znowuż chciałaby „otwarcia na Zachód" – nuż się coś na tym skorzysta, zwiększy swe wpływy, zrobi propagandę? Tylko Polska nic w tym wszystkim nie ma, wlecze się w ogonie, zdezorientowana i bierna. Ale, swoją drogą, nie bardzo wiem, co można by zmienić. Przecież Brandt nie przestanie być zachodni i proamerykański, a zbliżenie z NRD za darmo odbyć się nie może. Ciekawe, na ile obie strony mogą ustąpić, myślę, że niewiele. Strauss ma rację, że albo to są mrzonki, bo zarobi na tym Rosja – tylko że sam jest również mitomanem, bo licząc na jakąś „jedność europejską", odkłada sprawę *ad calendas graecas*. I tak źle, i tak niedobrze, mają szkopy problem, nie trzeba było zaczynać wojny. Ale co na to Polska – czy i w tym wypadku boi się nowego Rapallo?!

23 października
Długo nie pisałem, okropnie zapracowany po same uszy. Całe dnie siedzę nad korektą „dzieła", zmęczony tym i znudzony dogłębnie – można umrzeć, obcując tak ciągle z samym sobą i swymi płodami. Do tego chorowałem, „strzeliło" mnie w krzyż zapalenie korzonków nerwowych i dopiero kolega szkolny, doktor W.,. uleczył mnie zastrzykami i lekarstwami, roztaczając jednocześnie ponury obraz mojego kręgosłupa w przyszłości (jest podobno zbyt

sztywny). Sypiałem źle, jedzenie mi nie służy, a pracuję mnóstwo dniem i nocą, w rezultacie postarzałem się przez te dni, aż mi się rzygać chciało. A tu pogoda była wręcz niesamowita, niebo jasnobłękitne, bez chmurki, jak majolika, góry szarawobłękitne, w nocy księżyc niczym jakaś „srebrna tarcza", ani tchnienia wiatru, po prostu orgia, nie pogoda. Tymczasem ja, ślęczący nad papierami ze zgiętym grzbietem i czasem tylko rzucający przez okno oko na Giewont i na orgię złocistopurpurowych liści za oknami. Potworne!

Jedyne intermezzo to była wóda z Szewczykiem u „Jędrusia". Wiluś postarzał, filut endekoidalny imitujący komunistę, nie miał wobec mnie czystego sumienia (marzec 1968), ale ja z zasady nie mam nigdy do niego żadnych pretensji. Trochę się sam z siebie kajał, porozumiewawczo mrugał, nawiązywał do tego, że jego żona mnie lubi, w sumie, właśnie przez to kajanie, nie było zbyt przyjemnie, nastrój trochę skrępowany, mimo dużej wódy. Tak to nie sposób wejść drugi raz do tej samej rzeki... Właściwie smutno – wolałbym, żeby pluł i się rzucał. Taki to człowiek bywa przewrotny. Zresztą posła (!) Szewczyka usprawiedliwia fakt, że jest Ślązakiem – oni tam na Śląsku mają w gruncie rzeczy wszystkie nasze sprawy w dupie, patrzą tylko, jak by sami na tym skorzystali...

W „Polityce" był zapowiadany artykuł Koźniewskiego o początkach „Tygodnika Powszechnego" i „Dziś i Jutro". Dużo tam namylił i nachachmęcił, w sumie jednak coś niecoś powiedział, nawet i o mnie sporo. Według zasady tegoż Kazia: „Niech piszą źle czy dobrze, aby tylko z nazwiskiem".

W „Trybunie Ludu" dyskusja o polskich perspektywach demograficznych. Przyznają zahamowanie przyrostu, ale kręcą, nie mówiąc, czy to źle, czy dobrze. A na Zachodzie przyrost jak cholera... Znowu jestem prorokiem, przepowiedziałem, i dalej podtrzymuję, że za parę lat będzie to sprawa najważniejsza i gwałt się podniesie okropny. Głupio sztywna polityka „metrażowa", budownictwo opóźnione, przerost zatrudnienia, dużo przyczyn się tu złożyło. Oni zresztą podają raczej przyczyny związane z postępem: że małżeństwa chcą żyć „po ludzku" etc. Ale na Zachodzie też przecież chcą żyć po ludzku, a dzieci dużo. He...

26 października

A więc dziś wracam do Warszawy. Namęczyłem się tutaj, napracowałem i naharowałem, ale „dzieło" poprawiłem, choć czułem już czasem wyraźnie, że mózg mi wysiada i nie funkcjonuje. Ciekawym, co będzie dalej i czy zostanę już przy tym, tak niespodziewanie z powrotem na mnie spadłym powieściopisarstwie. Zabronili mi publicystyki, wyświadczając mi tym wielką przysługę, bo publicystyka przy tej cenzurze zupełnie jest przecież niemożliwa – w ten sposób dzięki nim stałem się wolny, czego pewno wcale nie oczekiwali. Chi, chi.

Wczoraj przyjechał tu Genio Paukszta, miły człowiek, trochę wileński chytrusek, ale przyzwoity i rozsądny, przy tym z wielu pieców chleb jadał, był i w Rosji, i w AK, i w ciupie, ma proporcję spojrzenia na rzeczy, której nie ma dzisiejsza młodzież, odcięta od dawnego Wschodu. Złożył mi kurtuazyjną wizytę w pokoju, rozglądał się ciekawie, nad czym pracuję. Rozmawialiśmy o marcu 1968 oczywiście, ma na to zdrowy pogląd: wewnętrzny manewr czy skurcz partyjny, prowokacja, my (ja i Jasienica) dla pozoru, na dokładkę, przypadkowo. Tak było, ale ja z tego, paradoksalnym zrządzeniem losu, wyciągnąłem korzyści: oderwałem się od „Tygodnika", stałem się prawdziwszy (niewdzięczność wobec „rodzonego" pisma, ale trudno), wyszedłem z trzaśnięciem drzwi, z ostatnim słowem. Dobra – aby wyzyskać ten „czas darowany".

Dziś, po paru dniach deszczów, znowu pogoda przepiękna – nigdy jeszcze nie zmarnowałem tak bardzo uroków Zakopanego jak za tym pobytem. Trudno – chciałem jechać pod Warszawę, w krajobraz obiektywniejszy, aby mnie nie kusiło, ale nie było miejsc, a „dzieło" poprawić musiałem w skupieniu. Teraz też, patrząc na zalany słońcem Giewont, zamiast iść na spacer, kończę ten brulion notatek – to już szósty, choć dla ewentualnego czytelnika (czy się taki znajdzie?!) nie będzie to miało znaczenia, ten podział na bruliony. Wczoraj zalałem się z panem K., autorem powieści kryminalnych. Lecę jeszcze trochę na słońce, może na Antałówkę, choć grzbiet mnie boli od pakowania walizki. W duszy coś mi śpiewa z radości, że ukoronowałem dwuletnią pracę, jednak człowiek stworzony jest do twórczości, czego i wszystkim życzę – amen. A więc – w góry, w góry, miły bracie. (To ci dopiero góry!) Tyle słów pisma mojego na niedzielę dzisiejszą – ha!

ZESZYT 7

6 listopada

Długo nic nie zapisywałem, a tu już listopad dziwny, to zimowy, to ciepły, w każdym razie już po liściach na drzewach i po Święcie Zmarłych. Miałem tu mnóstwo kłopotów, najpierw jeszcze z „dziełem", a teraz z kolei z utworem muzycznym na konkurs w Paryżu. Pianiście K. [Zygmunt Krauze] zginęła walizka, w niej utwór. Strasznie był przejęty, oddał rzecz do przepisania jeszcze raz, ale czy uda się i zdąży ją wysłać – bardzo wątpliwe. Tak to biednemu zawsze wiatr wieje w oczy...

Poza tym „oddawałem się" tu nadmiernie alkoholowi, i to z cudzoziemcami. Skutki tego nie były fortunne, bo po kolacji u sekretarza ambasady USA jechały za mną i za Heniem dwa auta, a szpiegów po drodze (w Królikarni) też nie brakło. Chuj wie, po co oni to robią, Szpotański, z którym się spotkałem, twierdzi, że to dla „chałtury", czyli zarobku, bo liczą im się godziny przepracowane ekstra. Tenże Szpotański, osobliwie spokojny (gdy nie wypije), chwali sobie nader nasze więziennictwo (nie śledcze, lecz regularne), że spokój i nieźle dają jeść, do tego obfita biblioteka. Dobrze wiedzieć!

Na świecie dużo zmian. Czechów wykończyli już prawidłowo, ale jak ohydnie: Husák w Moskwie łkając i całując się z Breżniewem wołał, że interwencja wojskowa w Czechosłowacji była aktem pięknym, przyjaznym, internacjonalnym. W Niemczech sympatyczny Brandt (że też się Niemcy zgodzili na norweskiego majora – to coś znaczy!) poczyna sobie dzielnie, ale wątpię, czy na Wschodzie coś wskóra – co najwyżej ustąpi Sowietom (a więc i nam – tak to człowiek ma rozdarte serce). Nixon zaryczał wreszcie godnie w sprawie Wietnamu, bo na tych rokowaniach w Paryżu robili go już nadmiernie w konia – tu prasa, załgana coraz bardziej po radziecku, udaje święte oburzenie. Warszawa zajmowała się też (a raczej głównie) popłochem na temat zmiany pieniędzy: wykupiono wszystkie „buble" i wyzbyto się oszczędności, a w sklepach nic nie ma. Pewno to umyślnie było zrobione, ten popłoch: wyciągnięto od ludzi forsę, a teraz ceny pójdą w górę. Plajta, klapa, kryzys, krach!

7 listopada

Jak zawsze pod koniec tygodnia mocno jestem przygnębiony, naczytawszy się prasy periodycznej, którą mi odkładają w kiosku.

Bizantynizm nieprawdopodobnej czołobitności (52. rocznica Rewolucji Październikowej i zbliżająca się 100. rocznica urodzin Lenina) idzie w parze z taką nieudolnością myślową, bezkrytycyzmem i brakiem talentu, że aż wyć się chce. Czy po takim potopie prymitywnej wazeliny będzie się tu kiedyś mogła odrodzić publicystyka polityczna, czy też ludzie zapomną na zawsze o jej istnieniu?! Jedna „Polityka" jest jeszcze pismem; grupuje obowiązującą wazelinę w pewnych, z góry skazanych artykułach, np. rocznicowych (przeważnie niewdzięczne to zadanie realizuje sam redaktor Rakowski), poza tym stara się o żywą kontrowersyjną publicystykę, choć niby marksistowską, ale ciekawą. Tylko że „Polityka" znienawidzona jest przez tzw. „partyzantów", zwłaszcza że, pech chciał, zebrało się tam nieco zdolnych Żydów. Co prawda Żydzi są jeszcze i w oficjalnej agencji PAP, która takie niecne bzdury puszcza w świat, mówią też, że naczelny redaktor moczarowskiego „Interpressu" jest Żydem. Czyli że Żydzi są wszędzie, a zatem nigdzie... Tyczy się to oczywiście Żydów „intelektualistów", oblatanych i obecnych na salonach prasy – za to paromilionowa biedota żydowska zginęła w mękach gett i komór gazowych. Czytam właśnie na ten temat nowe wydanie książki Bartosza [Władysława Bartoszewskiego], lektura jest straszliwa, choć przecież zna się te rzeczy, żyło się obok nich, jeśli nie w nich. To, co zrobili Niemcy z Żydami w Polsce, nadal nie może się zmieścić w głowie i jest sprawą bez precedensu w historii.

Wracając do prasy, to chce się, jak mówił Lopek Krukowski, „palce lizać i odgryzać". A owe tasiemcowe i talmudyczne dyskusje młodych krytyków i literatów, które dałyby się przecież zastąpić jednym jedynym zdaniem: nie ma literatury o współczesnej Polsce, bo cenzura nie daje pisać! Swoją drogą ciekawe to zjawisko, jak nasi władcy boją się (przesadnie!) literatury i nie rozumieją jej roli, mieszając ją z dziennikarstwem czy zgoła agitacją. Klasyczny był pod tym względem Gomułka, gdy w wiadomym przemówieniu pytał, jakżeż można drukować Nowaczyńskiego, skoro tenże był endekiem i antysemitą. Zdziwiłby się bardzo, gdyby mu powiedzieć, że właśnie dlatego trzeba autora „Fryderyka" drukować i – polemizować z nim. Ci ludzie chcą mieć tylko literaturę słuszną (przy taktycznie zmiennym kryterium słuszności), czyli „politycznie użyteczną", nie pojmują, że w piśmiennictwie figurować winna zarówno teza, jak i antyteza. A niby dialektycy!

Wacek pisał parokrotnie, wybierają się na tournée do Afryki Południowej, tak przez nas zwalczanej – z tego będzie już straszliwa draka, w ogóle ja politycznie bardziej świecić będę oczami za tego osła niż za siebie. Inna rzecz, że rozsmakował się pewno, bestia, w tym Zachodzie, zwłaszcza w Paryżu, gdzie można pić od rana nie będąc pijanym i żyć, będąc etranżerem, poza życiem. Francuzi wytworzyli swój styl *dolce vita,* który bardzo ich odróżnia od innych narodów. Ale są już na „bocznym torze" – mówił o tym podobno Stach Stomma, który, bardzo podniecony, wojażuje po NRF-ie, składa wizyty prezydentom i ministrom, korzystając, że teraz niby wolno (choć nikt w naszym tzw. MSZ nie wie tego na pewno – to tylko Ruskie wiedzą) – podczas gdy ja w 1962 dostałem za to w dupę. Tak toczy się światek...

W Czechosłowacji istny Orwell: cofają wstecz przeróżne decyzje partyjne, ogłaszają za niebyłe odbyte kiedyś zebrania, etc. Życie w totalizmie bywa domem wariatów, odgrywanym zresztą przez poważnych panów w poważnych celach. Chi!

10 listopada

Latam jak wariat w związku z wysyłką tej kompozycji na konkurs – zdaje się, że w końcu pójdzie, choć w ostatniej chwili. Nie wiem, po co tyle szumu, bo przecież żadnej nagrody na pewno nie będzie. No ale – starać się trzeba: taki los wypadł nam.

Martwię się trochę swoją starością – to przecież niebywałe podchodzić pod sześćdziesiątkę: po prostu nie sposób w to uwierzyć. Kontroluję usilnie, jakie mam już objawy starzenia się. Chyba przede wszystkim zanik pamięci do nazwisk i do niektórych epok życia – wcale nie do tych najdawniejszych, lecz na przykład do bezpośrednio powojennych. I w ogóle jakieś uciekanie czasu, ani się człowiek obejrzy. Dzień za dniem schodzi na niczym – to pewno jest starość!

Byłem na koncercie „sowieckim", w rocznicę rewolucji. Wrażenie – przygnębiające. Najpierw poemat symfoniczny Iwanowa (również dyrygent) „Gorące dni" – straszliwa chała z jakąś katorżniczą melodią, dosłowną, wcale nie przetworzoną, instrumentacja straszna, aż wstyd grać coś takiego. No i Prokofiew. I Koncert skrzypcowy znam świetnie, to taki wczesnoprokofiewowski, przekorny cukierek z motywami z Symfonii klasycznej. Za to V Symfonia z roku 1945 – straszna. Reklamowana jako „największe dzieło" autora, opatrzona w jego rzekomo słowa, że chciał w niej oddać „duszę człowieka wolnego i szczęśliwego" (jakież to nieprokofiewowskie), rzeczywiście nie ma w sobie prawie nic z Prokofiewa, ale też nic inwencji ani mistrzostwa instrumentalnego. Wulgarna, pusta, płaska, może uchodzić za protest kompozytora przeciw zmuszaniu go do tego, czego nie lubi. Ale nikt pewno nie zauważył, że to jest protest, a koledzy kompozytorzy zacierali ręce, że tak go zgwałcono i zmaltretowano. „Człowiek człowiekowi kompozytorem" – dobre przysłowie. Prokofiew płakał kiedyś w Moskwie przed Fitelbergiem, że zafałszowano mu twórczość – ano, to właśnie była cena powrotu do ojczyzny. Kiedy wrócił do Rosji na stałe, Strawiński miał powiedzieć: „To wielki kompozytor, ale mały człowiek". Hm.

W naszej prasie toczy się pierwsza od dłuższego czasu swobodna dyskusja: o psach. Rada Narodowa chce z powrotem wprowadzić urząd hycla, zakorkować psy kagańcami, łupnąć ogromny podatek – po sowiecku. Ale pozwolono dyskutować, więc prasa pełna jest doskonałych polemik. Mamy publicystów – aby tylko im pozwolono na coś więcej niż na psy. „Schodzą na psy" – powiedziałby Słonimski. Pomyśleć, że wszystko zależy od cenzora!

Pisząc o polskiej prasie zapomniałem wymienić redagowaną przez Iwaszkiewicza „Twórczość". Dobre to pismo, dostojne, tyle że paseistyczne, omijające komunizm, tak jak robi i twórczość Iwaszkiewicza. Lepsze to niż agitka, ale dziwne sprawia wrażenie – trochę smutne, gest przeszłościowy, wykonany zresztą z pederastycznym wdziękiem. No i młodych, zdolnych chłopców dużo tam pisuje – tyle że raczej o niczym, „o psach". Schodzimy na psy – ja po cichu, oni głośno. Czy to nieodwołalne?! Hm. (Nawet w tym dzienniku boję się wszystkiego pisać). Ale „Twórczość" jest niezła, na przykład ostatnio świetny szkic Jastruna o Krasińskim. No i Żydów drukują – to się dziś ceni!

17 listopada

Ani się obejrzałem, że to już cały tydzień nie pisałem tego dziennika: a więc znów ów objaw starości, że traci się miarę czasu, panowanie nad czasem. Życie snem – jak z Calderona.

U nas była wielka heca. O godzinie drugiej w nocy nagle dzwonek i dobijanie się do drzwi. Pies się rozszczekał, wszyscy zerwali się na nogi i cóż się okazało: dobijał się pijany Szpotański z jakimiś miarkującymi go typami (zdaje się, że był wśród nich Michnik) – byli piętro niżej u Staszewskich i w pijanym widzie przyleźli. Oczywiście drzwi nie otworzyłem, na co ten głupi Szpot wybuchnął podobno potokiem przekleństw i wymyślań pod moim adresem („głupiec", „tchórz", „gnom" – to były, jak twierdzi Jerzyk, jego słowa – ja zresztą tego nie słyszałem). Potem jeszcze telefonował parę razy, aż wyłączyłem aparat. Rano dzwonił Jasienica, że do niego również się odezwał, oskarżając mnie, że go poszczułem psem i mimo jego kalectwa (chodzi o kulach) zrzuciłem ze schodów. Głupi cham i dypsoman – a swoją drogą tylko taki obłąkany facet może być w tym ustroju nieustraszonym opozycjonistą: obłęd rządzących pociąga za sobą wariactwo rządzonych (coś z tego tkwi w „Apelacji" Andrzejewskiego). Ten biedny Szpot myśli przy tym, że jest wielkim satyrykiem: istotnie, tam gdzie satyry w ogóle nie ma, wystarczy napis kredą na murze, aby się wyróżnić.

Odbywa się któreś tam plenum KC, poświęcone sprawom postępu technicznego. W przemyśle naszym jest wielka plajta, teraz mści się nienowoczesność, głupie inwestycje, powolne tempo ich budowy, brak kontaktu z technologią Zachodu. W końcu i komuchy zrozumiały, że „coś nie gra", toczą więc dyskusję o konieczności „wdrażania" postępu technicznego i wynalazczości, ale dyskusję tak groteskową, że wręcz wierzyć się nie chce. O wszystkim jest w niej mowa, tylko nie o rzeczach najoczywistszych: że postęp techniczny napotyka największe przeszkody w... przepisach i zawiłych metodach zarządzania produkcją, że wynalazca w fabryce to katastrofa wobec konieczności wykonywania norm, planów, otrzymywania premii etc., że wtrącający się we wszystko wszechwładni dyletanci partyjni zniszczą każdą indywidualną inicjatywę i tak dalej, i tak dalej. A w ogóle to nikt dziś w Polsce nie pali się do uporczywej pracy, bo wie, że w nagrodę nic nie dostanie, co najwyżej kopną go i wyrzucą. Bogacić się po cichu, nielegalnie, aby nikt nie widział, to i owszem, ale pracować i walczyć w świetle dnia – nie ma głupich, a w każdym razie jest ich coraz mniej. Powikłany system „kontroli" i wieloinstancyjnego zarządzania, nieświadomość prostych spraw rynkowo-ekonomicznych, dyletantyzm, wszystko to sprawia, że owo, przez całą prasę drukowane, tasiemcowe plenum KC sprawia wrażenie groteski Mrożka czy Ionesco. A jeszcze do tego z całą najgłębszą powagą uchwalają uroczyste obchody na 100-lecie urodzin Lenina. (Czym są podobne urodziny Lenina do gówna? Tym, że jedno się obchodzi i drugie się obchodzi!) Tak więc poleje się na nas znowu rzeka hagiograficznego gadulstwa na temat tego obrzydłego Lenina. O Jezu, jacyż idioci nami rządzą! I jacy dyletanci. Ten dyletantyzm odbije się na pewno w rozmowach z NRF-em. Brandt przyśle notę i nasi będą musieli gadać, bo im Ruscy każą. Wyobrażam sobie, co to będzie za krygowanie się i puszenie, połączone z niewiedzą. Ktoś zwrócił mi uwagę, że [Kurt Georg] Kiesinger w sprawie granicy na Odrze i Nysie wypowiadał się bardziej wiążąco niż Brandt, tylko że nam nie wolno wtedy było słuchać, bo Sowiety nie chciały. Życie polskie to komedia, ale całkiem niewesoła!

Rozmawiałem z młodym zdolnym literatem Markiem N. [Markiem Nowakowskim] (lat 34). Stwierdziłem, że w swym pesymizmie i zdesperowaniu dzisiejszym polskim życiem idzie dalej niż ja (!). Nasze pokolenie dużo widziało historycznych huśtawek, porównując dzisiejszość z okupacją czy stalinizmem stwierdzamy, że w końcu „jakoś się żyje". Oni za to nie mają porównań, widzą tylko absurd, niemożność i, jako „opozycyjną" reakcję, bezsilny kawiarniany bełkot. Nuda i ohyda bierze ich na to wszystko, zwłaszcza na pseudopatriotyczną frazeologię, w swoim bezkompromisowym buncie gotowi są wylać dziecko (polskie) razem z kąpielą. Doigrały się komuchy, utraciły najlepszą młodzież – ale pewno tego nie dostrzegli, zresztą co im to szkodzi: oni tokują jak głuszce i tylko na tym tokowaniu oraz na poparciu Rosji im zależy. Aleśmy wpadli – o rety!

20 listopada
Amerykanie znów na Księżycu! I pomyśleć, że nikt się już temu nie dziwi, nawet transmisja telewizyjna (zresztą nieudana) nie budzi zainteresowania – tylko Ruscy (a z nimi oczywiście nasza prasa) sączą sugestie, że owe amerykańskie loty na Księżyc to jedynie efekty propagandowe, bez naukowego znaczenia. Nikt się już niczemu u nas nie dziwi, podobnie jak nikt się nie dziwi orwellowskim praktykom w Czechosłowacji ani uroczystej wizycie w Warszawie jakiegoś tam syryjskiego przywódcy, obwożonego po ulicach w asyście plutonu motocyklistów. Zobojętnienie naszej opinii na absolutnie wszystko, co nie jest własnym doraźnym interesem – oto groźny objaw degeneracyjny, towarzyszący polskiej rewolucji „postagrarnej". Tej degeneracji nie dostrzeże nigdy owe rządzące „pięć

małp" na górze – a zresztą bierność społeczeństwa jest im na rękę, ułatwia utrzymanie się przy władzy, uśmierza ciągły strach przed tym społeczeństwem. Mogą więc rządzić, jak chcą, tylko po co? Bez zdynamizowania społeczeństwa ten kraj prosperować będzie coraz gorzej – żeby zaś je zdynamizować, trzeba by mu dać autonomię, przede wszystkim gospodarczą. Jakaś polityka NEP-u by się tu prosiła, ale któż z naszych odgórnych sklerotyków ją zarządzi? Gdyby zaś nawet zarządził, to inni zaraz go zadziobią, oskarżą przed Moskwą o nieprawomyślność etc. Tu mały ciasny kraj, tu nic reformować nie można. Jerum, jerum! Dobrze, że są jeszcze chłopi.

Co prawda przeczytałem w londyńskich „Wiadomościach" (pożyczyłem ich całą kupę od B. [Władysława Bartoszewskiego]), opinię wielkiego ekonomisty prof. Świaniewicza, że prywatna inicjatywa gospodarcza na Zachodzie dawała rezultaty znakomite, natomiast na Wschodzie stawała się elementem stagnacji i zacofania. Coś w tym jest: nie rodzili się u nas menadżerowie przemysłu i handlu jak Wokulski czy Połaniecki, a szlachta w majątkach gospodarowała dość niezdarnie. Również w Rosji skoki cywilizacyjne dokonywały się tylko dzięki odgórnemu wzięciu za mordę, czy to w wykonaniu Piotra Wielkiego, czy Lenina lub Stalina. A więc taki już ma być porządek po tej stronie świata!

Cóż więc tu robić? Ano – dawać świadectwo, czyli pisać, trzymając się na uboczu. Nic mi chyba innego nie pozostaje, teraz tylko trochę się duszę, bo jedno „dzieło" skończyłem, a następnego nie zacząłem. Powtarzam sobie jednak pytanie [Ludwika] Starskiego, filmowca, zaiksowca, faceta ruchliwego jak diabli, który od dwóch lat przymusowo nic nie robi: „Jak długo można żyć nie dotykając nogami ziemi?!" Istotnie – czy w ogóle można (toć tutaj ustrój kolektywny!), a jeśli można, to jak długo? I jak długo się duchowo wytrzyma?!

Korzonki w krzyżu wciąż mnie bolą, a jeszcze dołożyłem sobie jazdę na rowerze – jedna to z niewielu moich „młodzieńczych" przyjemności. Byłem u Zygmunta Myć. [Mycielskiego]. Zdjęli mu z „Tygodnika" artykuł o festiwalu „Warszawska Jesień", pięknie i subtelnie napisany, choć nie wiem, czy całkiem słuszny. Napisał list do premiera zapytując, na jakiej zasadzie odbiera mu się prawo do wszelkiej pracy i co właściwie ma ze sobą robić? Odpowiedzi, rzecz prosta, nie otrzyma, bo jakaż miałaby być ta odpowiedź?! Toć tego nawet i sam najjaśniejszy premier nie wie!

Była zabawna heca w telewizji. W zapowiedziach programu podano, że następnego dnia odbędzie się audycja z cyklu „Klub sześciu kontynentów" poświęcona Odessie i że między innymi wystąpi w niej Robert Satanowski, dowódca partyzanckiego zgrupowania „Jeszcze Polska nie zginęła", które walczyło też w okolicach Odessy. Zelektryzowało mnie to, wiem bowiem, że Satanowski wyjeżdża za granicę jako Żyd i ma dyrygować w Niemczech – a rzeczywiście postać to malownicza, choć z tą partyzantką trochę chyba podkoloryzowana. Siadam więc następnego dnia do telewizora i cóż słyszę: spikerka z uroczym uśmiechem zapowiada, że audycja z powodu „uszkodzenia telerecordingu" się nie odbędzie. Chi, chi! Ktoś tam jednak czuwa, aby bzdura nie przestawała być bzdurą, i tak cud, że zapowiedź się przemknęła!

Sołżenicyna wylali z rosyjskiego związku literatów. Szum się podniósł na świecie, ale częstokroć szum całkiem głupawy, np. Aragon apeluje do towarzyszy, aby nie dostarczali argumentów „wrogom socjalizmu". Nikt na świecie nie lubi gołej, bezkierunkowej prawdy, Ruscy dobrze o tym wiedzą i korzystają, że aż ha!

22 listopada

W ciągu niewielu dni dwa polskie samoloty pasażerskie zostały uprowadzone: jeden do Berlina Zachodniego, drugi do Wiednia. W pierwszym wypadku sprawcami byli dwaj młodzi Niemcy, w drugim dwaj bardzo młodzi Polacy. Ci ostatni, jak się zdaje, w ogóle nie mieli broni, tylko przegrażali jakąś puszką od konserw. Okropnie jest śmieszna reakcja naszej prasy: na ogół, gdy porywano samolot amerykański czy izraelski, prasa nasza dosyć była filuterna, i rada, teraz za to nadyma się jak wielka żaba i sypie wyzwiskami, co drugie słowo to „piraci" lub „gangsterzy". Bardzo to jest śmieszne i jakoś nie mogę się powstrzymać od frajdy na temat tej „ojczystej porażki" – zresztą widzę, że wszyscy się zaśmiewają, od szoferów taksówek poczynając. „Nie śmiej się, dziadku, z cudzego wypadku"...

W ogóle nie należy czytać prasy (powtarzam to sobie co sobotę, pochłonąwszy cały jej stos), bo ona naprawdę nazbyt już bezczelnie robi nas „w konia". Jej arogancja, z jaką poucza Amerykanów o tym czy owym, jest niezrównana, idzie zaś w parze z równie niezastąpioną ignorancją. Prawią na przykład owym Amerykańcom kazanie na temat, że miliardy wydane na wyprawy księżycowe obrócić należy na cele społeczne. Nie pojmują zaś zgoła, że w ustroju wielkokapitalistycznym wzrost wydatków państwowych na wyprodukowanie czegokolwiek (np. aparatury księżycowej) oznacza ożywienie rynku, wzrost zatrudnienia etc. Natomiast w komunizmie, gdzie zatrudnienie jest pełne, ale słabo płatne, zaś wydajność pracy mała, jakikolwiek zamysł ekstra (np. zbrojenia) zubaża społeczeństwo, bo odciąga ludzi i fundusze budżetowe od i tak niewystarczającej produkcji konsumpcyjnej. Stąd gdy się Ameryka zbroi, to, jak piszą nasi domorośli publicyści, „nakręca koniunkturę", a gdy my się zbroimy (po chuja?!), to biedniejemy. Ale nasi „dziennikarze" nic z tego nie kapują, a jakby nawet kapowali, to nie mogliby napisać, jak to jest.

W „Życiu Warszawy" toczyła się polemika na temat kina „Non Stop" w „Atlanticu". Jest to kino dodatków i krótkich filmów, teoretycznie należałoby wpuszczać ludzi bez przerwy, ale nigdy nie wiadomo, ile jest wolnych miejsc i jak to zorganizować, wynikają ciągłe awantury i draki. Przypomniałem sobie, jak we Frankfurcie chodziłem stale do takiego kina na dworcu, czynnego bez przerwy 12 godzin. Podobnie zresztą w Paryżu. Porównanie tych spraw to obraz antynomii socjalizm – kapitalizm. W socjalizmie wielki popyt, mała podaż, fatalna organizacja, pełne zatrudnienie, niskie płace, równość w brakach życiowych i w braku praw do gadania; w kapitalizmie – odwrotnie. Dziwnie się wszystko plecie na tym tu biednym świecie – a raczej w dwóch światach. Ale Rosjanie myślą, że na całym świecie jest tak źle jak u nich, zaś zachodniacy są przekonani, że w Rosji jest co najmniej tak dobrze jak u nich. A niechże ich wszystkich gęś skopie!!

Byłem na koncercie ZKP – wrażenia smutnawe, bo w programie albo utwory okropnie konserwatywne (Paciorkiewicz, Prejzner), albo, jeśli nowoczesne, to bez sensu (Kotoński, „A piacere" Serockiego). Dobre były dwa preludia Serockiego z roku 1952, ale tam panuje jeszcze dawna wrażeniowość, choć jest zarazem udawanie techniki dwunastotonowej (w istocie zresztą nie ma tu sprzeczności: dodekafonia to w praktyce przeważnie dawny niemiecki ekspresjonizm). Natomiast głośne „A piacere", polski odpowiednik „Klavierstücku XI" Stockhausena, to na zimno zrobiona lipa. Cóż z tego, że utwór w każdym wykonaniu będzie inny – to raczej dowód jego nijakości. Dziwne są rzeczy z tą muzyką: cofnąć się w wyeksploatowaną epokę nie sposób, drogi w przód są nieciekawe i właściwie niemuzyczne (aleatoryzm to pomysł filozoficzno-estetyczny, dźwiękowo nic określonego nie znaczy). Jaka więc droga?! Ha, żebyż to można wiedzieć. Myślę, że ja na przykład mam swój światek dźwiękowy, ciasny, ale własny – tyle że mało komu znany i mało komu potrzebny. Niepotrzebność – oto jest mól, który kąsać musi człowieka w mojej sytuacji w dzisiejszej Polsce.

Śmierć Peipera – wstrząsająca. Był absolutnie samotny, z nie leczoną prostatą i innymi schorzeniami. Był niby obłąkany, a przecież od lat wybrał sobie wyjście zgoła rozsądne: izolować się, nie drukować, pisać „do szuflady". Szuflada ta ma być otwarta za lat 50 – na razie wszystkie rękopisy opieczętowano. Umierając marzył podobno (był z nim Łaszowski) o gajach pomarańczowych w Hiszpanii, gdzie spędził parę lat młodości.

Piłem sporo wódy z Zygmuntem i Pawłem, a także z młodym prozaikiem N. [Markiem Nowakowskim]. Niestety, rozmowy z „opozycją" też są przygnębiające – każdy chce zagłuszyć własną niepewność i niepokój oraz przechytrzyć drugiego. Trzeba by chyba zacząć jakieś nowe „dzieło". Jadę w grudniu, starym zwyczajem, do Sopotu, może tam mi co do głowy wpadnie. Pogoda okropna, znikąd żadnej radości. O cholera!

29 listopada

W „Trybunie Ludu" na pierwszej stronie pod ogromnymi tytułami mamy wiadomości o kongresie kołchoźników w Moskwie, o sesji leninowskiej w Pradze, o jakiejś tam rocznicy Republiki Mongolskiej, a gdzieś na samym dole maleńka notatka, że premier federalny Willy Brandt wystosował do rządu polskiego notę, proponującą rozmowy. W tym zamieszczaniu najważniejszej dla Polski wiadomości gdzieś w ukryciu, a zajmowaniu uwagi bzdurami widzę przejaw świadomej metody. Co ma ona na celu? Odwrócić uwagę społeczeństwa od wszelkiej polityki, to znaczy od zastanawiania się choćby (nie mówiąc już o wywieraniu wpływu) nad decyzjami dotyczącymi losu narodu. Decydować należy w ukryciu, tajnie, na jakiejś zamaskowanej górze, naród mógłby tu tylko przeszkodzić, masę należy trzymać jak najdalej od wszelkich rozstrzygnięć. Jest w tym przerażający, sowiecki pesymizm w stosunku do zbiorowiska, pesymizm nabierający cech niebywałego cynizmu, jeśli się zważy, że dzieje się to w ustroju, gdzie ciągle i nieustannie ględzi się o demokracji i rządach ludu. To jest najbardziej właśnie wściekające, bo niech już sobie owa „elita" z łaski Bożej (czyli z łaski Rosji i przypadku) rządzi, ale po cóż wmawiać ludowi, że to on rządzi? Pytam po cóż, ale przecież znam odpowiedź: gdyby masa podejrzewała, że coś jest nie w porządku, władza byłaby zagrożona, źle by się czuła, musi więc zakląć ludzi „w capa", wpierając w nich bujdę jako rzeczywistość. W dodatku przybysze ze wsi, w pierwszym pokoleniu, „umieszczanieni" uwierzą we wszystko, bo nie mają doświadczeń ani porównań – skąd mogą wiedzieć, że może być inaczej, kto im to powie? No niby powie im na przykład „Wolna Europa", ale któż by jej uwierzył, jeśli tyle czasu gada ona nadaremno. Tak, z tej sytuacji nie ma wyjścia, naród jest w kunsztownej, psychicznej sowieckiej niewoli i nikt mu na to nie pomoże. Tyle więc można się nauczyć z rzeczy na pozór nieważnej: z układu wiadomości na pierwszej stronie „Trybuny Ludu".

A do tego rozmawiałem z N., który był teraz w Rosji, i to nie typowo (Moskwa – Leningrad – Krym), lecz w małych miasteczkach na Ukrainie. Mówi, że wrócił zachwycony... naszą wolnością, naszą prasą, naszym rządem. Mówię mu na to, że słuchałem właśnie w „Wolnej Europie" wywiadu Kuzniecowa, który to Kuzniecow też zachwycał się polską prasą, bo na przykład dzięki „Przekrojowi" dowiedział się o istnieniu Salvadora Dali, o czym w Rosji nie miałby pojęcia. A na to N.: – A po cóż „Przekrój", toć już „Trybuna Ludu" jest rewelacyjna! Może się pan z niej dowiedzieć, że w Warszawie pies wpadł pod tramwaj. W Moskwie nigdy żaden pies pod tramwaj nie wpada! Okropne!

W myśl zasady nieinformowania „ludu" o niczym wylano ostatnio Sołżenicyna z rosyjskiego związku literatów, zaś na interwencję PEN-clubu francuskiego udzielono odpowiedzi, że „...nikt nie będzie stawiał przeszkód Sołżenicynowi w wyjechaniu tam, gdzie go oczekują i gdzie go drukują, ale nikt nie zmusi literatów radzieckich do tolerowania wśród siebie wrogiej działalności". Proste: za granicą niech sobie drukuje, oni na to gwiżdżą, ale nie chcą, żeby sowiecki czytelnik za dużo się o sowieckich łagrach dowiadywał. Oczywiście, N. powie, że to duży postęp, bo za Stalina Sołżenicyn w ciągu paru godzin przepadłby bez wieści i w ogóle nikt by o nim już nie usłyszał, a tu się z nim cackają, jeszcze odpowiedzi udzielają. Prawda, postęp jest, ale pociecha – minimalna.

Zresztą my wszyscy już się po trochu robimy sowieckimi ludźmi i, nie zdając sobie z tego sprawy, przybieramy sowieckie obyczaje. Czy na przykład ktokolwiek interesuje się tym, dlaczego sławieni w gazetach i telewizji ludzie nagle znikają i co właściwie się z nimi dalej dzieje? Przed nie tak wielu laty dowódcą lotnictwa był niejaki gen. Frey-Bielecki, przyjmował defilady, latał, prezydował, posłował – czy ktoś się zapytał, czy choćby pomyślał, co właściwie się z nim stało? Wynika to zresztą i z faktu, że komuniści często wysuwają na wysokie stanowiska różnych przebierańców lub figurantów jak Wycech czy Wende, nikt się nie może rozeznać, kto jest ważny, a kto nie, wobec czego wszyscy wszystkiemu obojętnieją, o co właśnie naszym władcom chodzi. Niesamowity to system, największa zaś tragedia, że młode cywilizacyjnie, bo dopiero co awansowane społeczeństwo nie może mu się oprzeć, bo nie ma potrzebnej tradycji ani doświadczeń. Oczywiście – w Rosji jest znacznie gorzej, bo ona zawsze była niewolnicza, a do tego jest całkowicie, od setek lat izolowana od wszelkich liberalnych, swobodnych kultur. Tak – Polska to nie Rosja, ale w tym też nie największa pociecha, chociaż niewątpliwie jakaś tam jest. Tak, nieprędko nastąpi tutaj jakiś nowy, wolnościowy zryw – przykład Czechosłowacji wystarczy na długo. Właściwie na tle tego wszystkiego widać dopiero, jakiego wysiłku dokonał w swoim czasie (to już 13 lat!) Chruszczow, opowiadając na XX Zjeździe *all about Stalin*. To był cios, jakiego Rosji nikt nie zadał, i to cios z samego środka rządzącej elity. To był wielki człowiek – toteż go wyrzucili, bo uważali, że szkody przyniósł więcej niż pożytku. Chciał być liberalniejszy, ale niewolniczy lud ani go nie zrozumiał, ani nie poparł. Poza tym zresztą był bałaganiarzem i pewno by Rosję osłabił – Susłowy to zrozumiały i wylano go (a przecież w Budapeszcie Chruszczow nie zawiódł, pokazał się rosyjskim imperialistą całą gębą – zresztą każdy z nich musi). Tak toczy się ten dziwny świat.

Pojutrze jadę nad morze – a nuż tam coś wymyślę – choć wątpię. Jasienica dzwonił, że się żeni – na szczęście nie będę na jego ślubie. Na szczęście, bo nie lubię „opozycji" zgrupowanej w większym gremium – widać wtedy degenerację tego całego interesu jeszcze bardziej. O cholera – robię się zgorzkniały. No cóż, przyszło i na mnie, aż dziwne, że tak późno.

30 listopada
À propos „rządzącej elity". Był w Sejmie urzędnik, sekretarz jednej z komisji, taki sobie młody ubeczek, gładki, filut, grzeczny,

półinteligent, pan S. Parę dni temu go spotykam, eleganckiego w pozłacanych okularkach i nylonowym kołnierzyku. Kilka lat go nie widziałem, więc pytam, co robi. – A, urzędolę w MSZ – mówi. – To niedługo pan pojedzie na placówkę – powiadam. – A już byłem, trzy lata, właśnie wróciłem. – Gdzie? – W Paryżu, w attachacie kulturalnym! Tak to wygląda nasza paryska „reprezentacja" – a ja od ośmiu lat nie mogę wyjechać! Zna Wacka, zaprzyjaźniony, układny. Jurek S. ma rację, żeby coś załatwić, trzeba z takimi typami iść na wódkę, a nie pisać listy do ministrów czy premierów. Rządzi sitwa, cwaniacka warszawska sitwa, a my bierzemy to na serio. A niech ich szlag!

W naszej prasie straszny wrzask na temat zbrodni USA w Wietnamie. A wiadomości pochodzą przeważnie... z prasy i telewizji amerykańskiej. Wyobraźmy sobie, żeby prasa robiła coś takiego u nas! Ale u nas nie wie się nic, choćby o tym, jak Vietcong morduje całe wsie, które nie są mu posłuszne, w ogóle nikt o tym nie słyszał. Jednak wolność masowych środków przekazu to rzecz fatalna – przekonują się o tym Amerykanie, w rezultacie i oni rzecz skasują, wobec tego nigdzie nic nie będzie wolno. He!

Myślę dużo o Niemczech, bo naczytałem się numerów „Spiegla". Młodzi, zamożni Niemcy palą się do lewicowości, bo się w tej dziedzinie nie wyżyli – chcieliby rozwalić Niemcy, tak jak już rozwalono Francję. Bolszewicy to wiedzą, dlatego też kadzą Brandtowi (choć zawsze nienawidzili niemieckiej socjaldemokracji), aby złamać sztywne ogniwo, jakim było dotąd NRF, i utorować sobie wślizg na Zachód. Dziwnie to stwierdzić, ale w tej sytuacji jestem po stronie Straussa – nie potrafię jakoś utożsamić polskiej racji stanu z rosyjską. Marzyło się niegdyś, żeby Niemcy poszły trochę na lewo – dziś w praktyce wygląda to całkiem inaczej. Bardzo paradoksalnie zmieniają się perspektywy tego świata!

Jutro jadę do Sopotu – pobyt tam zawsze przynosił mi coś odświeżającego, ciekawym, jak będzie teraz. Liczy się wszakże tylko wykonane dzieło, w moim wypadku tylko to, co napiszę do szuflady. Czy jednak długo potrafię żyć, „nie dotykając nogami ziemi?"

4 grudnia
A więc jestem w Sopocie i zachwycam się po staremu. Okropnie lubię, patetycznie nawet powiedziałbym: kocham to wybrzeże, tę zatokę. Powietrze tutejsze po prostu smakuje, a w dodatku wła-

ściwie nie ma tutaj zimy, jest pora zimowa, ale nie zakuta lodem czy morzem, lecz rozluźniona wilgotnym morskim wiatrem, przy tym chmury nie trzymają się zbyt długo, jest ciągły ruch, nieustanna zmienność. Choćby dziś: grudzień, Boże Narodzenie przed drzwiami, a ja robię w słońcu spacer plażą do Orłowa. Morze to błękitne, to stalowe, to srebrne, na horyzoncie płynące wielkie statki, koło mola w Orłowie szaleją rybitwy, słońce to się wynurza, to chowa, istny kalejdoskop uroków. Jakże stąd daleko do błotnisto-śnieżnej warszawskiej szarzyzny!

Przyjechałem z 50-minutowym spóźnieniem, na stacji czekał Henio, czyli, jak go nazywa Lidia, Stary Byk. Miał w pokoju przygotowaną butelkę Białego Konia (whisky „White Horse"), więc popiliśmy solidnie, bo aż do wpół do czwartej rano. Dużo było pijackiego, podnieconego bełkotu, ale sporo mogłem był skorzystać, bo Henio dużo opowiadał o komunistach w Rosji, sformułował nawet na ten temat całą teorię, tyle że ja, pijany, przeważnie wszystko zapomniałem – zostało mi w głowie, że podzielił ich na trzy grupy: sowieckich (grupa Wasilewskiej), narodowych (Zawadzki) i krajowych (Gomułka). Ale on poprzydzielał do tego innych ludzi, ustawił też Żydów, podał jakieś efektowne, może nieco zmyślone szczegóły – diabli, że też musiałem się spić i pozapominać. Oto są skutki debatowania przy wódce, inna rzecz, że ja też się wygadałem z paru niepotrzebnymi rzeczami i liczę, że z kolei Henio zapomniał. Takie to są dziś Polaków rozmowy!

Henio na drugi dzień wyjechał, a ja z punktu pogrążyłem się w uroczym tutejszym życiu i klimacie. Dom prawie pusty, tylko straszy kilku muzykantów, można myśleć do woli, toteż od razu zaczęło mi się krystalizować w głowie nowe „dzieło" – może nawet za łatwo się ono rodzi, to podejrzane – ale chyba już pojutrze zacznę je „w mękach" wydawać na świat. Swoją drogą dobry to pamiętnik, że nie można w nim napisać żadnych szczegółów – nawet tego, co już jest, się boję. Ale pisać trzeba – może jaki cud?

Mniej za to tutaj myślę o polityce – mniej, ale bardziej syntetycznie. „Państwa socjalistyczne" (czytaj: komunistyczne) obradują znów w Moskwie, w Wiedniu była wielka międzynarodowa konferencja błaznów w rodzaju Iwaszkiewicza, mają się zacząć rozmowy Bonn z Moskwą i Warszawą. Wszystko to, moim zdaniem, jest bardzo jasne: Rosja chciałaby otworzyć sobie drogę na Zachód i zyskać wpływ na Europę Zachodnią, próbując ją zneutralizować, wyciągając po trochu z orbity amerykańskiej. Francja już kiedyś się wyłamała, Ruski przemyśliwają teraz, jak by wyłamać NRF, łudząc ją mirażem zbliżenia z NRD. Temu właśnie ma na pewno służyć lansowana przez Rusów ogólnoeuropejska konferencja w sprawie „bezpieczeństwa". Chodzi po prostu o znęcenie Niemiec: NRF nie jest przecież członkiem ONZ, konferencji pokojowej nie było, a tu nagle NRF i NRD mają zasiąść przy wspólnym, „europejskim" stole. Pokusa niby łakoma, ale rzecz szyta jest zbyt grubymi nićmi i nie sądzę, aby Brandt się na to nabrał. W dodatku Francja zaczyna powoli, ale wyraźnie, wysuwać się z absurdalnego kręgu polityki zagranicznej de Gaulle'a, widać to choćby po zmianie stanowiska w sprawie przystąpienia Anglii do wspólnego rynku. To też chyba się Moskalikom nie uda – chi, chi!

Ale z czego się tu właściwie cieszyć? Niech Moskale idą na Zachód, to nam będzie lżej, bo zajmą się innymi – mówi ten i ów. A znowu Bolcio Piasecki nauczał kiedyś, że trzeba zrozumieć, iż sukcesy Rosji są naszymi sukcesami. Hm. Istotnie: plotąc o sojuszach, bloku socjalistycznym i racji stanu można stać się kpistą polityki sowieckiej, jak Stefanowicz z Bolciowego PAX-u, który zresztą myśli, że jest prawdziwym publicystą. Ale z drugiej strony trudno też być wyłącznym patriotą rządów krajów Zachodu, które to rządy sprzedały nas za odrobinę spokoju, którego zresztą nie otrzymały, i mają nas głęboko w dupie. Jakież więc wyjście z dylematu polskiej duchowej podwójności? (Tam dobrze, gdzie nas nie ma?) Stworzyłem sobie w tej materii formułę roboczą. Rosji po II wojnie udało się zhołdować sobie pół Europy z nami włącznie, teraz próbują, pod pretekstem „jedności europejskiej", zhołdować drugie pół. Nie widzę powodu, również i polskiego, egoistycznego powodu, abyśmy mieli Rosjanom w tym sprzyjać (rząd sprzyja, ale nie o nim tu mowa). Dlaczego Rosja ma być silna, dlaczego nie ma trwać balans i próba sił? Wszak dzięki temu balansowi nie następuje tu jeszcze pełna, całkowita sowietyzacja, gra jeszcze jakaś, choć mętna, ale obecna, opinia Zachodu (wpływ jej przy rozwoju międzynarodowej telewizji będzie rósł), jest jakaś przeciwwaga, ma się gdzie wyjeżdżać na duchowe urlopy czy ewentualnie nawiewać. Mała to pociecha, ale jakaś jest. W tezę natomiast, że Rosja wchłonąwszy zachodnią Europę zmieni się, nie wierzę zgoła: to teza samobójcy, który daje się połknąć wielorybowi, aby mieć w jego wnętrzu spokój.

8 grudnia

Parę dni ciężko pracowałem i napisałem początek nowego „dzieła" (milcz, serce!). Namęczyłem się okropnie, bo w pokoju było zimno (16 stopni!), do tego szalałem z nasennymi proszkami, które mnie podniecają (!). Robiłem w ogóle dzień z nocy i odwrotnie, z domu nie wychodziłem, w ten sposób przetrwałem sztorm i śnieżycę. A dziś znowu świat jakby odrodzony: zatoka błękitna, na horyzoncie statki, na molo masę mew. Cudo! Podtrzymuję więc w sobie irracjonalną wiarę, że tu nie ma zimy. A w ogóle miałem dziś przypływ optymizmu: skoro mogę pisać, to dowód, że mózg jest jeszcze sprawny. Jak długo taki będzie? I pomyśleć, że to ten cały marzec 1968 skierował mnie z powrotem do twórczości – zacząłem wprawdzie wcześniej, ale limfatycznie, bez jaj, dopiero ten marzec dał mi popęd. Chwała niech będzie Panu Najwyższemu!

Obcując tu wieczorami z „Dziennikiem Telewizyjnym", „Monitorem", „Światowidem" itp., myślałem sobie ciągle o naszych dziennikarzach, różnych Wojnach, Janiszewskich, Albinowskich, Małcużyńskich itp. Są to przecież absolutne automaty do robienia rosyjskiej polityki, ale czy oni zdają sobie z tego sprawę? W każdym razie puszą się tak i pozują, jakby sami wpadli na te wszystkie myśli, żywcem przepisane z „Prawdy", tyle że opowiedziane własnymi słowy. Otóż przed dwoma dniami ogarnęło mnie nagle zwątpienie. A może ja upraszczam, może żyjąc w izolacji, nie uczestnicząc w żadnych konkretnych wydarzeniach, tworzę sobie suchy schemat, tymczasem życie jest jednak bogatsze, autentyczniejsze, bardziej złożone? Dwa dni nurtowała mnie ta wątpliwość, ale pod wpływem intensywniejszej lektury gazet i oglądania telewizji doszedłem do wniosku, że żadnych wątpliwości być tu nie może: wszystko to służy SCHEMATOWI SOWIECKIEMU, niczemu więcej.

Schemat ten jest prosty, choć perfidny. Na przykład zacząć naraz krzyczeć o jakiejś „europejskiej konferencji w sprawie bezpieczeństwa". Nikt nie wie co, jak, o co chodzi, co to za konferencja, ale wrzask jest i nagle Zachód zostaje oskarżony o „sabotowanie" tej konferencji, znajduje się w defensywie, musi coś tam wyjaśniać, niezgrabnie, bo nie był na to przygotowany. Słowem wiele hałasu o nic, ale hałas ten ma swoje propagandowe cele, to hałas skuteczny dla niektórych frajerów. Rosjanie są mistrzami w robieniu takich odwracających uwagę sztucznych hałasów. Podobnie kiedyś Chruszczow darł się długo, że zawrze osobny pokój z NRD (co przecież nie miałoby najmniejszego znaczenia), ale tak mu się udało zasugerować głupi Zachód, że kiedy przestał, uznano to za wielkie rosyjskie ustępstwo i dobrodziejstwo. To podobnie jak w boksie: pokazuje się jedno miejsce, a wali w inne. W tym wypadku chodzi o wypróbowanie, czy narody zachodniej Europy dojrzały do tego (to znaczy, czy dostatecznie zgłupiały), aby wyślizgać ze starego kontynentu Amerykanów. Ale ileż wielkich słów używają nasze dziennikarskie Broniarki, aby ukryć to, a zasugerować piękne, pokojowe, komunistyczne cele rzekomej konferencji. Czy oni zdają sobie sprawę, że po prostu chodzi o to, aby oddać w przyszłości całą Europę w ręce Ruskich? Bo jeśli zdają sobie sprawę, to straszne z nich łobuzy bez czci i wiary.

A jakże łobuzerska jest polityka Rosji! Najpierw, pośrednio lub bezpośrednio, wywołali trzy wojny (Korea, Wietnam, Izrael), a gdy już Ameryka uwikłała się w te rzeczy, Ruscy podnoszą wrzask, że oni chcą pokoju, a Amerykanie to imperialiści. Albo teraz ten krzyk o sprawie okrucieństw amerykańskich w Wietnamie (Vietcong, prowokujący walki w środku natłoczonych miast, to niewinne baranki!). A może zawsze polityka była tak zakłamana, tylko ja jestem frajer? Myślę, że jednak nie zawsze: dawniej nie było przecież radia, telewizji, propagandy. To dzięki tym środkom kłamstwo przeżera tak koszmarnie nasze życie.

Ale jedna sprawa Ruskim nie idzie: populacja. Podobno u nich przyrost maleje katastrofalnie! U nas też, choć nasze dudki na górze jeszcze tego nie dostrzegły – za dwa lata to będzie w Polsce problem najważniejszy. A Zachód przyrasta jak diabli, Niemcy, Francuzi, Amerykanie też. To będzie dla Rusów problem – a z drugiej strony miliard Chińczyków. Polityka to budowanie gmachów z piasku, które wiatr ciągle rozwiewa. Rosjanie wmówili światu (a w każdym razie wmawiają), że ich gmachu nic nie rozwieje, bo komunizm to ostateczna faza rozwoju ludzkości. Głupi są, bo nie wierzą w Boga i myślą, że człowiek jest wszechmocny. Zrozumieją, że są głupi, ale poniewczasie. „Kto się wywyższa, będzie poniżony". Tylko że przy tym sprawiedliwym procesie Polska znów dostanie w dupę – jako najwierniejszy sojusznik Rosji. A jednak perfidia rządzi światem!

13 grudnia

A więc pojutrze wracam już do Warszawy. W tej chwili jestem pod smutnym wrażeniem radzieckiej rewii rozrywkowej, nadawanej właśnie w telewizji z Leningradu. Coś tak okropnie starczego, że aż wyobrazić sobie trudno: styl śpiewania piosenek, dostojnie sentymentalny, starożytny wręcz akompaniament orkiestry, ohydne stroje i dekoracja w stylu starych zapluskwionych mieszczańskich hoteli. Smutne jest nie to, że to jest smutne, ale fakt, że oni tego nie dostrzegają, że dla nich to jest dobre, że żyją całkowicie w swoim, izolowanym od zewnątrz świecie. Naród tak izolowany i smażący się w swoim sosie musi być groźny – podobnie jest i z Chinami. Izolacja, brak konfrontacji ze światem sprzyjają rozwojowi wszelkich szaleństw.

Co prawda i z ostatnich polskich „przeżyć" artystycznych nie wyniosłem nadzwyczaj budujących wrażeń. Byłem w Gdyni na bardzo słabej polskiej operetce – choć może dla Rosji byłaby ona rewelacją, a w kinie widziałem po raz pierwszy „Lotną" Wajdy. To ostatnie oburzyło mnie okropnie, choćby jako żołnierza Kampanii Wrześniowej. Jak można było na tle narodowego dramatu wykoncypować tak niesmaczną bzdurę, istną antologię stereotypów z Mniszkówny rodem, to już tajemnica tego reżysera (Wajdy), który, nie wiedząc o tym, lubuje się w karykaturowaniu polskości, choć tym razem w imprezie uczestniczył również zawodowy patriota – Żukrowski. Brak mózgu tym Polaczkom, ot co!

Brak mózgu uwidocznił się również w polskim udziale w międzynarodowym koncercie w Paryżu, również nadawanym w telewizji. Koncert był galowy, „najlepsze towarzystwo", program dość popularny, ale na estradzie same bomby: Mario del Monaco śpiewa piosenki neapolitańskie, Igor Markevitch dyryguje „Trójkątny kapelusz" de Falli, świetnie grany Mozart, a także – Jan Strauss. A Polskę w tym efektownym bukieciku reprezentowało „Mazowsze" z tańcem góralskim i wyszło to nad wyraz żałośnie, jakbyśmy chcieli podkreślić, że mamy tylko folklor, tylko chłopską kulturę, powodzenie było żadne, zbójnicki, bez sentymentu, jaki my do niego mamy, wyszedł tanio i wulgarnie, jak radzieckie prysiudy. I znowu brak mózgu, jakieś osły („ludowe") wzięły się tu do rzeczy.

A przecież i tak Francuzi z zasady mają nas w dupie i nie chcą o nas nic wiedzieć. W „Miesięczniku Literackim" są dwa wywiady na temat wybuchu II wojny światowej: z wielokrotnym ministrem

Julesem Mochem i z komunistą Duclos. Na pytanie, dlaczego Francja nie przyszła Polsce z pomocą we wrześniu 1939, Moch odpowiada, że dlatego iż nie podobał im się Beck i że pamiętali, iż przyczyną rozbiorów Polski było *liberum veto*. Idiota ciężki, żabojad – nie potrafi się zdobyć na potępienie tej Francji, której wyczekiwanie za Linią Maginota doprowadziło świat do tragedii (stało tam naprzeciw siebie 4 miliony Francuzów i 900 tysięcy Wehrmachtu bez czołgów i lotnictwa). A znów Duclos bredzi generalnie pragnąc przede wszystkim ominąć sprawę paktu Ribbentrop – Mołotow i wybielić swoją partię, o której twierdzi, że „wyszła z honorem". A oto próbka jego stylu. Autorka wywiadu pyta: „Jak francuskie sfery polityczne przyjęły procesy moskiewskie i fakt likwidacji radzieckiego dowództwa wojskowego, m.in. marszałka Tuchaczewskiego?" A Duclos na to: „W tym okresie procesy moskiewskie nie były dla nas zaskoczeniem. Niemniej jednak sprawę tę uważam za przykrą. Osobiście nie miałem wobec tych procesów żadnych wątpliwości. Nie wysuwałem żadnych pytań pod ich adresem. Masy robotnicze nie były tym zaskoczone. Doświadczenia Rewolucji Francuskiej udowodniły nam przecież, że rewolucjoniści potrafili przeobrazić się w kontrrewolucjonistów". Tako rzecze Duclos, syn piekarza. „Nie wysuwał pytań", rzecz uważa za „przykrą", ale „masy robotnicze..." etc. Czyż to nie bezczelny bęcwał i krętacz?! Życzę Francji stu lat komunizmu, to może egocentrycznych, w swój pępek zapatrzonych żabojadów nauczy wreszcie rozumu! I takich Duclos wyprowadzą na latarnie – tyle że przedtem upaństwowi im się wszystkie „bistra" i nie będzie można dostać ani wina, ani chrupiących rogalików. To ich dopiero ruszy – tych obżartuchów!

14 grudnia

Cała Polska pełna jest gadania o przejściu z gospodarki ekstensywnej na intensywną, o produkcji selektywnej, o koncentracji na „wybranych kierunkach", o wysokiej jakości technicznej, o „rewolucji technicznej" niemal, etc. Pełno tego w radio, w prasie, w telewizji, w Sejmie itd. To gadanie ma pewno na celu odwrócenie uwagi od faktu, że nabudowali fabryk niepotrzebnych, bez oglądania się na osiągnięcia zagraniczne, i teraz produkują rzeczy niepotrzebne, przestarzałe, nie produkują zaś i nie mogą produkować potrzebnych. Do tego pełne zatrudnienie przy małej wydajności pracy sprawia, że nie ma skąd wziąć ludzi, a brak ich w kraju do elementarnych usług. Np. na kolei: tabor wzrasta, a liczba zatrudnionych nie wzrasta od lat. W tej sytuacji jakiś tuman rzucił hasło utechnicznienia, podnoszenia jakości, a „środki przekazu" bełkoczą za nim. Hasło niewątpliwie słuszne, ale tutaj służy do odwrócenia uwagi od własnych wieloletnich błędów i uniknięcia za nie odpowiedzialności. „A cierpliwa publika łyka i łyka" – co ma robić, jak nikt nic z tego nie kapuje, bo nikt za produkcyjne kierunki nie odpowiada, tylko jakiś Kulesza (też mędrzec) na górze. W kraju kapitalistycznym byłoby 10 tysięcy Kuleszów, i to zainteresowanych finansowo. Tutaj rządzą sami „swoi" – ot i skutki. Czy jest na to jakaś rada? Osobiście wątpię. Trzeba by przebudować całą strukturę wszystkiego, a to bez mądrych samodzielnych ludzi i bez zastrzyków importowych się nie uda. Wydajność również nie wzrośnie, bo płacą mało, a utrzymanie drogie. Ciągle cytują zdanie Lenina, że batalia między kapitalizmem a socjalizmem rozegra się w dziedzinie wydajności pracy. No to przecież kapitalizm już wygrał!

Czytam książkę Tournoux o de Gaulle'u *(La tragédie du Général)*. Głupia to książka – jak i Francja. De Gaulle, maniak dziejowej roli Francji, nie chce widzieć, że rola ta się kończy, zwłaszcza przy próbie przeciwstawienia się Amerykanom. Wielkość de Gaulle'a jest polityczna, w rozgrywce o władzę, a raczej w umiejętności przekonania Francuzów, że trzeba mu oddać absolutną władzę. To wielki hipnotyzer, tyle że po dziesięciu latach sprawowania władzy i widocznych gołym okiem błędach hipnoza jego przestała działać. Wielki hipnotyzer o przestarzałych i maniakalnych poglądach. Ale tylko taki może uzyskać pełnię władzy w państwie nietotalnym, a więc nie opartym na jednostronnych rządach gangsterów, lecz posiadającym różne agendy i różne sposoby kontroli władzy. Z książki Tournoux widać jednak, jak miałki jest świat myślowy tego hipnotyzera: ochy i achy nad historyczną rolą Francji to dla prezydenta Francji za mało.

Siłą ustroju komunistycznego jest to, że buduje się w nim aparat władzy, którym posługiwać się mogą tylko komuniści. Aparatu tego nikt nie może przejąć, poza komunistami: dojście do władzy niekomunistów musiałoby się stać końcem tego aparatu, a więc końcem tego typu państwa. O ile na Zachodzie aparat państwowy służy lojalnie każdorazowo wybranemu rządowi, o tyle tutaj aparat jest tylko podatny rękom jego twórców. Ciekawym, co sobie o tym myśli Dubczek i jaki jest właściwie prawdziwy jego stosunek do komunizmu. A może on go wcale nie rozumie?!

Widziałem w telewizji jednego z wirtuozów tego aparatu: sekretarza wojewódzkiego w Rzeszowie, K. [Władysław Kruczek]. Smutny to widok: oto człowiek twardy, jak to się mówi „nieugięty", a zupełnie pozbawiony jakichkolwiek kwalifikacji umysłowych i wiedzy. Po prostu ilustracja do pewnego określenia, które mi się kiedyś wypsnęło, smutne powodując konsekwencje. (Boję się napisać – co za czasy!)

Mały Toeplitz napisał w „Kulturze", że więcej niż literatura daje mu wiedzy o współczesnym świecie telewizja i nauka, literatura więc nie bardzo mu potrzebna, tylko co najwyżej klasycy. Myślę, że napisał głupio, ale to wina literatury. Prawdziwa literatura winna dawać to, czego nie da żadna inna dziedzina sztuki czy nauki: obraz myśli ludzkiej widzianej od środka, myśli rodzącej się i jej mechanizmu. Pisarz, nie radiowy czy filmowy, lecz „czysty", winien więc pisać tak, aby dzieła jego nie dało się przetransponować na język filmu, dramatu czy radia. Tamci dają akcję, gest, słowo, czynność, obraz, dźwięk, on może dać samą tylko czystą myśl. Ale musi być swej specyfiki świadomy i mieć do niej odpowiedni aparat, Joyce tworzył sobie taki aparat, to czysta literatura. Ja mam świadomość, ale czy potrafię?! (w wieku lat niedługo 59).

Boje huczą za oknami, jest niedzielny wieczór, pusty jak w klasztorze. Jutro już jadę, mam w Warszawie trochę rzeczy do zrobienia, potem święta – nudzić się nie będę. A do zaczętego „dzieła" wrócę po świętach. Nieprędko już pewno będę nad morzem.

18 grudnia

Z trudem przyzwyczajam się do Warszawy – jak zawsze po powrocie skądś. Bałagan, zła organizacja ruchu i w ogóle wszystkiego, niegrzeczność i niezgrabność ludzka, niemożność chodzenia po ulicach z powodu zwałów śniegu nigdy nie uprzątanych – wszystko to wydaje się piekłem w porównaniu na przykład z małym, ale zadbanym i czystym Sopotem. Nasuwają się też myśli socjologiczno-ekonomiczne, zwłaszcza jak poczyta się jeszcze koszmarne listy młodych, pracujących małżeństw o ich warunkach życiowych i niemożliwości w związku z tym posiadania większej liczby dzieci. Myślę, że jedną z ważnych przyczyn bałaganu, jaki się robi w Polsce, jest tzw. „pełne zatrudnienie", czyli fakt, że pracują wszyscy, którzy tylko mogą, za psie pieniądze, ale pracują. Wynika z tego, że: a) nie ma ludzi, gdy trzeba uruchomić jakąś ważną, opłacalną produkcję ekstra, b) nie ma ludzi do usług (handel, komunikacja, łączność, reperacje domów i mieszkań, usuwanie śniegu), a usługi są dla poziomu życia ważniejsze niż nasza produkcja, c) nie można podnieść wydajności pracy, bo ludzie nie zagrożeni konkurencją bezrobotnych pracują byle jak (sławne: „czy się stoi, czy się leży dwa patyki się należy"), d) nie ma „osób" do opiekowania się dziećmi, w związku z tym spada przyrost naturalny. Ta ostatnia sprawa, powtarzam to wielkim głosem, przybierze niedługo rozmiary katastrofy – ciekawym, kiedy nasi rządzący mędrcy dojrzą ten fakt i jego rozmiary.

Na razie trwają „reformy gospodarcze", a bałagan i nienowoczesność w naszej produkcji wydają się sięgać szczytu. Podobno szkopski Brandt chce przede wszystkim dać Polsce pożyczkę, ale my przy naszej strukturze gospodarowania nie bardzo mielibyśmy co z nią robić: importowane maszyny stałyby nie zmontowane na mrozie, boć mamy już „pełne zatrudnienie" i któż miałby się zająć jeszcze nowymi kłopotami. Z nowych pomysłów gospodarczych prasa sygnalizuje utworzenie trzech kombinatów, czyli konglomeratów przemysłowych, skupiających zakłady o podobnej produkcji. Oni naprawdę wierzą, że jak mówił Zygmunt, „herbata zrobi się słodsza od mieszania w niej łyżeczką" i że zasadnicze ćwierć już wieku mające błędy w strukturze społeczeństwa i w określeniu kierunku produkcji da się naprawić doraźnie, zewnętrznymi reformami. Reformy istotne musiałyby iść w kierunku „rewizjonizmu", a więc stopniowego przywracania prawa wartości, na co się partia matka nasza nigdy nie zgodzi.

Byłem na koncercie Związku Kompozytorów, który to koncert dwojako podniósł mnie na duchu. Po pierwsze, że najmłodsi kompozytorzy zaczynają mieć dosyć filozofowania zamiast komponowania, przestają ich bawić nader inteligentne, ale dźwiękowo jałowe pomysły Cage'a i towarzyszy, powracają do muzyki „krwistej", choć wyzyskującej wszystko, co „Warszawska Jesień" daje w dziedzinie dźwiękowej śmiałości. Utwory Małeckiego, Fotka, Twardowskiego to muzyka pożywna i z temperamentem – nie jałowe, rabiniczne rozszczepianie włosa na czworo. Wydało mi się to dobrą prognozą, choć może ja jestem już konserwatystą, rytlowcem i kwita?!

Osobiście podniosła mnie na duchu wiadomość, że Twardowski (prezes oddziału warszawskiego) zmusił starego Śledzia [Stefan Śledziński] i poszli do cenzury dowiedzieć się, kogo można grać, a kogo nie. Okazało się, że Mycielskiego i mnie można już umieszczać w leksykonach, encyklopediach etc., można też grać, aby tylko nazwiska nie było na dużych afiszach na mieście. Panufnika można grać, ale rzadziej, Palestra w ogóle nie. Wszystko to jest bzdura, ale jednak miło mi będzie usłyszeć coś swojego, a już w lutym ma właśnie być grane „Cappriccio energico" na skrzypce i fortepian. Dobra psu i mucha, w ten sposób nie będę już tak całkiem poza życiem.

Przeczytałem „Bołdyna" Putramenta. Zdumiewające to, ale ten człowiek nie znosi komunistów i opisuje przeróżne ich okropieństwa z masochistyczną satysfakcją. I wydają mu to, okiem nie mrugnąwszy. Ciekawe!

1970

2 stycznia
Świąteczna „bryja", to znaczy ogłuszenie mrozem, wódą, nadmiarem żarcia i telewizji. Nic te święta pod względem treści przeżyć nie dają, po prostu powtórzenie znanego „ludowo-polskiego" nastroju czy schematu. Pod tym względem klasyczna jest telewizja. Telewizja to w tej chwili prawdziwy wychowawca narodu: wychowuje naturalnie poprzez audycje rozrywkowe, bo tylko one przyjmowane są z uwagą, na „produkcyjniaki", rzecz prosta, nikt nie zwraca uwagi (ciekawym, kiedy komuniści to zrozumieją). Cóż więc nieznani i nie wiadomo przez kogo kreowani wychowawcy proponują narodowi? Starszym „Pana Wołodyjowskiego", młodszym głupawo sentymentalne piosenki młodzianów z długimi blond włosami. O telewizyjnym „Panu Wołodyjowskim" mówił mi niedawno z ogromnym wstrętem młody pisarz Marek Nowakowski. Twierdzi on, że sam Wołodyjowski to debil z zahamowaniami erotycznymi, do tego Zagłoba to wiecznie pijany cwaniak, jakich pełno w naszych biurach (główny księgowy!), a cała szlachta to rubaszne żarłoki i chamy przeświadczone o swojej wyższości – na ich tle Azja Tuhaj-Bejowicz wychodzi jako jedyny człowiek o autentycznych uczuciach i jakiejś wielkości. Coś w tym jest z racji – choć znowu lepiej mieć Sienkiewicza niż nie mieć nic albo mieć sowiecki balet.

Wyszedł wreszcie „Ulisses" Joyce'a, w 40 tysiącach egzemplarzy i podobno od razu rozkupiony. A więc przeczyłoby to poprzedniemu: Polacy, widać, nie tylko się lubują w „czerepie rubasznym", ale pragną także prawdziwej kultury. Hm. Ale którzy Polacy są reprezentatywni? I co to są Polacy nie znający własnej historii najnowszej? Za to na emigracji można się w tej historii pławić: tam jest wszystko, tu nic. Z kolei o dzisiejszej Polsce wiedzą na emigracji najmniej. Zaczytuję się obecnie w londyńskich „Wiadomościach". Dobre pismo, znakomite ma np. wiadomości z Rosji (Pawlikowski – żadne polskie pismo w kraju nie ma takiej rubryki), świetne analizy polityczne Pragiera (ileż by z tego skorzystali Amerykanie, gdyby je czytali), masę przyczynków z historii najnowszej właśnie. Ale za to o rzeczywistym klimacie Polski dzisiejszej niewiele tam, no bo i sprawa bardzo jest trudna, nawet dla nas tutaj, a cóż dopiero dla nich. Jak właściwie ma wyglądać patriotyzm dzisiejszego Polaka w kraju powstałym na nowo, w którym: a) zniwelowano wszelkie społeczne i narodowe zbiorowe organizmy – najpierw Niemcy terrorem, a potem komuniści wiadomą doktryną; b) wyżęto i wykorzeniono wszelkie mniejszości narodowe, brak więc jakiejkolwiek konfrontacji i podmuchu uniwersalizmu; c) żyje się w tępej izolacji i w prymitywnych hasłach patriotycznych, zabarwionych ksenofobią; d) społeczeństwo przejęte jest drobnym materializmem, pogonią za dolarami doczesnymi i snobizmem na nie. W tej sytuacji, przy całkowitym zaniku życia politycznego, zmobilizowanego przez partyjną górę, nie bardzo widać, jakie hasła „idealistyczne" poruszyć by mogły ten ubezwłasnowolniony lud. Raczej filisterstwo zapanuje tu niepodzielnie – dobrze, że choć „Pan Wołodyjowski" jest. Prawda – prymas daje temu narodowi na swój sposób pewne drogowskazy duchowe, z tym że chcąc to robić, musi istnieć w tym społeczeństwie legalnie i prawnie, istnieć w jego dniu powszednim. Stąd konieczność pewnych kompromisów, które on dozuje zręcznie i niegłupio, a o które oskarża go właśnie podszczuta przez Mieroszewskiego emigracja. Bo emigracja, powtarzam, nie jest w stanie zrozumieć istotnej dotkliwości naszej sytuacji.

Pan minister Bieńkowski wydrukowany został na Zachodzie, w bibliotece „Kultury" – a to heca. Ciekawy jestem, co z tego będzie. Henio głupio twierdzi, że nic, bo B. w swej książce zaatakował tylko Moczara, ja myślę, że to nic nie łagodzi. Dla Gomułki i Kliszki wynoszenie na zewnątrz jakichkolwiek spraw wewnątrzpartyjnych już jest zbrodnią. Pamiętam, gdy w 1957 zostaliśmy posłami ze „Znaku", Kliszko z naciskiem nam podkreślił, że dla nas, ludzi z zewnątrz „rewolucji", nie ma różnicy między okresem sprzed Października 1956 i po tej dacie, nie obchodzi nas też nic, że on i Gomułka siedzieli w ciupie, bo to są „ich" wewnętrzne, święte, partyjne sprawy. W myśl tej zasady szlag ich musi trafić na Władzia B. [Władysława Bieńkowskiego], z partii go już wylali, teraz wezmą się do niego dalej, a jak się wezmą, to jeszcze nie wiem, pewno zresztą i oni nie wiedzą. Na razie przyszły delikwent jeździ na nartach po ogrodzie sejmowym – to dobre.

Na sylwestra byliśmy u Jasieniców (!). Natańczyłem się nawet z jedną panią niezbyt młodą, ale pełną temperamentu i niezadowoloną ze swego męża, przedwojennego oficera Dwójki. Ale w ogóle było trochę rybio, Lech starawy i bez zębów, ona dość apodyktyczna, poza tym jeszcze bardzo miły mecenas Olszewski z żoną (ten, co bronił Szpotańskiego). Noc sylwestrowa piekielnie mroźna, wróciliśmy o piątej rano. Cały Nowy Rok kac plus oglądanie telewizji, czyli radowanie się „czerepem rubasznym" w wersji ludowej w wykonaniu Siemiona. Typowy tytuł z dzisiejszej prasy to: „Warszawiacy witali Nowy Rok". Jest w tym tytule coś niepomiernie głupiego i służalczego, ale z naszych dziennikarzy nikt tego nie zrozumie. Zresztą i polszczyzna im się zmienia, piszą np. ciągle „siarczysty mróz", nie czując, że jest to wyrażenie raczej slangowe – myślą pewno, że to pochodzi od zawartości siarki w mrozie.

Żyjemy w epoce wielkich maniaków, ludzi o pojęciach dziwacznych i dyletanckich, którzy potrafią jednak jakimś cudem wszczepić te pojęcia milionom. Maniacy tacy to np. Hitler, Stalin, Mao Tse-tung, a także i megaloman de Gaulle. Ostatnio przeczytałem w tychże właśnie londyńskich „Wiadomościach", że pod Kantonem aresztowano pewnego chińskiego studenta, który nastawiał sobie gdzieś w lesie radio, słuchając go dowiedział się, że Amerykanie wylądowali na Księżycu, i zaczął to opowiadać. Zamknięto go za szerzenie imperialistycznych bredni, tak więc w Chinach nic się oficjalnie o amerykańskich lotach nie wie. Czy to nie dom wariatów, i to dla 700 milionów ludzi w dobie radia, telewizji, sztucznych satelitów?! Świat niewątpliwie zwariował, choć wyjścia są na ogół proste, to jednak nieosiągalne (np. regulacja urodzin). Dlaczego w sytuacji obłędu na skalę miliardową nie miałoby dojść do wojny atomowej? Moim zdaniem dojdzie na pewno – ciekawym tylko, czy te notatki przetrwają – he, he.

5 stycznia
Już po mrozach, odwilż zgniła, na ulicach góry czerniejącego śniegu (czerniejący śnieg – oto coś dla poetów!). Był u mnie szkop, Baumgarten z NRF-owskich agencji, sam socjalista, „brandtowiec". Mówi, że rozmowy z Polską kuleją, zwłaszcza gospodarcze.

Podobno Polska zażądała tym razem, przeciwnie niż dawniej, nie drobiazgowej umowy gospodarczej, lecz ogólnego, dużego kredytu, spłaconego w towarach, a NRF nie chce na to iść, twierdząc, że tego samego chce Bułgaria, Rumunia, Jugosławia etc. i że nie warto topić forsy w biedakach tudzież niedołęgach. No bo za późno żeśmy się zdecydowali (a raczej za późno Rosja pozwoliła) – pomyśleć, że w roku 1964 stała już umowa kooperacyjna z Kruppem, miało przyjechać do Polski dwustu NRF-owskich inżynierów! Rozmawiałem o tym wówczas z przybyłym do Warszawy deputowanym CDU, Blumenfeldem, który się martwił na zapas o mieszkania i bezpieczeństwo tych szkopów, aż tu nagle trrach! – całą umowę, już podpisaną, anulowano bez żadnych wyjaśnień. Wtedy rzecz była oryginalna i twórcza, dzisiaj jest banalna, bo wszyscy chcą – tylko NRF nie.

B. twierdzi, że również rozmowy z NRD nic nie dadzą, bo Brandt forsuje formułę, że istnieją dwa państwa jednego narodu niemieckiego nie wymagające osobnego uznawania. Ulbricht się na to oczywiście nie zgodzi, tak więc rozmowy, jak przypuszczałem, nic nie dadzą. W końcu to dla Polski lepiej (oddala się cień Rapallo), ale gospodarczo i pod względem wewnętrznej wolności to my tutaj skiśniemy i uświerkniemy. Biedna ta Polska, a my z nią.

Widziałem w telewizji noworoczną szopkę polityczną, a raczej bezpolityczną, czysta to w gruncie rzeczy hagiografia, czyli wazelina, nawet Moczar otoczony boską aureolą, choć to Marianowicz jest jednym z trzech autorów. A w ogóle Żydzi odgryzają się z powrotem – oczywiście ci, co zostali. Ciekawym, jak to długo potrwa, bo przecież huśtawka trwa. Trzeba jednak hartu, aby być dziś Żydem, przy tym skrupia się zazwyczaj nie na tych, co są winni, lecz na tych rzeczywistych patriotach. Żydzi ubecy i komuniści dawno drapnęli, została ich drobinka. Dziś Staszewski (sąsiad) pokazywał mi odmowę z biura paszportowego. Mówiłem, że tylko wariat by go wypuścił, ale on zdaje się liczy jednak na takiego wariata, bo ma zamiar się odwoływać.

Za to Żydzi izraelscy imponują determinacją i pomysłowością. Cały świat rozpisuje się o owych uprowadzonych przez nich kanonierkach z Cherbourga (był taki film „Parasolki z Cherbourga"). Dobrze tak Francuzom, prowadzą politykę tak głupią i niezdecydowaną, że świat w ogóle przestanie się z nimi liczyć. Tłumaczą, że Pompidou nie może tak od razu zmienić polityki de Gaulle'a – ale właściwie kogo to obchodzi?! Dali się zwariować temu nosaczowi, który im wmówił, że to on wybawił ich z hitlerowskiej niewoli, gdy w istocie wybawili ich Amerykanie, a on się tylko pętał i zbierał owacje, należne komu innemu. Spryciarz. Zresztą każdy polityk tak robi (Piłsudski podczas I wojny!), ale żebyż ten Gaulle był politykiem mądrzejszym i zamiast o pustym prestiżu myślał więcej o interesach Francji!

Wczoraj byłem z Heniem w węgierskiej restauracji, orkiestra z cymbałami na czele grała stare wiedeńskie melodie aż miło. Na sali siedział Grzegorz L., kiedyś stalinista i literacki ubek, potem wygłupił się w telewizji służalstwem na temat sławnego przedstawienia „Dziadów", chcieli go nawet bić, teraz dalej pracuje w telewizji, ale w produkcji filmów, i ma żonę, Mulatkę z Wenezueli, studentkę, podobno z bardzo bogatego domu. Ten Grześ to był donosiciel i szpicel, postać arcynędzna, ale jakoś nie mam doń pretensji, toć i pluskwa jest stworzeniem bożym. Skoro tylu sprytnych Żydów z Dzielnej i Nalewek zginęło w gazie, daruję jednemu, że przeżył i wciela w sobie spryt tamtych wszystkich. A niech se żyje!

7 stycznia

Skończyłem właśnie pisać artykuł „dla Stacha", to znaczy do „Tygodnika". Artykuł ten musi być zaaprobowany przez partię, tj. przez Olszowskiego lub Kliszkę czy też ich obu naraz. To, co napisałem, wydaje mi się konsekwencją tego, co zawsze mówiłem, w żadnym zaś razie jakimś „kłanianiem się". Napisałem, że w dzisiejszych atomowych czasach i w tym miejscu Europy publicysta polityczny nie ma nic do gadania o racji stanu, bo nic w gruncie rzeczy nie wie, może natomiast i powinien dbać o autentyczność i różnorodność narodowego ducha, w tym zaś celu winien podkreślać kontrowersje (choćby historyczne), nie zaś zamazywać je. Przypomniałem istnienie Frontu Jedności Narodu i że nie powstałby on, gdyby wszyscy myśleli to samo. Powołałem się też na katolicyzm i na prymasa, słowem zrobiłem, co mogłem. Myślę, że napisane jest zręcznie i dla nich do przełknięcia (maksimum tego, co mogę im dać), jeśli się zgodzą, to wrócę do publicystyki, z tym że nie będę pisał o polityce (co uzasadniłem), lecz o literaturze, muzyce, etc. Wtedy będę też miał spadochron dla zrównoważenia niekorzystnego wrażenia, jakie ewentualnie zrobi „dzieło". A jak się nie zgodzą? Ano, wtedy będę miał czyste sumienie, że zrobiłem, co mogłem, a „dzieło" tak czy owak mi zostanie. Boję się, że się nie uchowam, bo jestem za mądry!

W artykule wyzyskałem myśl ze szkicu Aleksandra Hertza o „Trylogii", szkicu, który przeczytałem oczywiście w nieocenionych londyńskich „Wiadomościach" (kończę już czytać ten rocznik, dużo z niego skorzystałem, choć razi jakiś polski „prowincjonalizm" czasowy ludzi, którzy ostatnią przygodę z Polską mieli w roku 1939, a w najlepszym wypadku w 1945). Hertz pisze, że *liberum veto* nie było żadnym przejawem indywidualistycznej anarchii, lecz przeciwnie, szlacheckiego konformizmu: posłowie byli związani zaleceniami sejmików i szło o to, aby byli tym zaleceniom posłuszni i stali przy nich twardo, aż do zerwania sejmu włącznie. Ciekawa obserwacja! Poza tym ów nowojorski Hertz suchej nitki nie zostawia na bohaterach „Trylogii", zwłaszcza Zagłobie, urągając im od debilów (jak Marek Nowakowski), o samym Sienkiewiczu też mówi, że głupi. Twierdzi, że jedyny wśród Sienkiewiczowskich bohaterów intelektualista to Petroniusz, a Płoszowski nie (Irzykowski uważał, że właśnie Płoszowski). Ale w sumie wydaje mi się, że coś temu Hertzowi z Sienkiewicza umknęło, jakaś mądrość ponadmózgowa, zespolona w jedno z intuicją i uczuciem. Wie się przecież, że jest on ponad swymi postaciami, choć się i w nich kocha. Myślę, że autor „Trylogii" mądrzejszy był, niż się nam wydaje.

Stach opowiadał mi o pobycie amerykańskim Jacka Woźniakowskiego. Zrobił furorę, miał odczyty, widział masę ludzi. Ale najlepsza jest jego historia z Białym Domem. Umówił się tam z Kissingerem (doradcą Nixona, o którym pisałem) i czekał w hallu, gdy wtem ujrzał wychodzącego do ogrodu prezydenta. Jako człowiek grzeczny wstał i ukłonił się, Nixon w odpowiedzi zamachał mu ręką. Przed nim szedł „goryl", za nim jakiś facet z czarnym pudłem w ręku. Gdy Jacek zapytał potem Kissingera, co to był za facet, tamten powiedział mu, że nosi on za prezydentem pudło, w którym znajduje się telefoniczna aparatura do zarządzania wojny atomowej w razie niebezpieczeństwa. Prezydent się z tą aparaturą nie rozstaje, wszakże „...nie wiecie dnia ani godziny..." Ładna historia!

Znowu mróz się zaczyna, trochę mi się zrobiło nudno. Mam też niesmak po napisaniu artykułu – nie ze względu na jego treść, bo jest przyzwoita, ale że mąci moją długotrwałą duchową ciszę. Chociaż z drugiej strony – cisza to lenistwo, a więc: precz z lenistwem!

12 stycznia

Miałem dalszy niesmak po napisaniu artykułu (tytuł jego: „O szersze spojrzenie"), ale jeszcze większy po rozmowie ze Stachem, bo on tylko zaznaczał ołówkiem miejsca, które się mogą nie podobać Kliszce. Taki to mu się zrobił użytkowo-serwilistyczny mózg – biedny on, w końcu do tego „został przeznaczony". Artykuł zostawił mi niesmak nie dlatego, żebym w nim napisał coś, czego się wstydzę, lecz po prostu oduczyłem się już pisać tak „propagandowo", żeby coś tam osiągnąć, a także zapomniałem o istnieniu tych obrzydliwców z naszej partyjnej góry. Kiedyś mnie oni bawili jako osobliwe, dziwne postacie, teraz trącą czymś obrzydle jałowym. Te dwa lata nierobienia nic publicznie znarowiły mnie, nauczyły, choć brzmi to paradoksalnie, wolności i samotności. Trudno będzie wzwyczajać się na nowo – cała nadzieja, że może się nie zgodzą. Stach twierdzi, że chcę tam kupić coś za nic, że nic im nie dałem (a raczej dałem nic) – ja uważam przeciwnie, że sam fakt pisania (jak gdyby nigdy nic) już coś znaczy. Zobaczymy.

Jest w powietrzu straszna gospodarcza plajta, w partii z tego powodu panika, co znalazło wyraz w jakimś partyjnym liście do organizacji zakładowych, gdzie zaklinają robotników, aby ratowali sytuację, i wzywają do oszczędności. Cha, cha, za późno, braciszkowie, nie trzeba było tak się puszyć i wyrzucać wszystkich ekonomistów-reformatorów. Handel zagraniczny leży, podobno jakieś umowy całkiem zostały zawalone. Produkujemy maszyny przestarzałe, nikt ich nie chce, a dzięki RWPG nie można ich nawet upchnąć Bułgarom czy Rumunom. Taka jest np. sprawa z ogrom-ną liczbą wyprodukowanych motocyklów „Gazela", które nie znajdują nabywców i rozpaczliwie, po zniżonych cenach ogłaszają się w „Trybunie Ludu".

Przeczytałem w „Tygodniku" zupełnie dobre przemówienie posła „Znaku" Janusza Zabłockiego (mojego „następcy"), w dodatku poruszył on sprawy populacyjne, czego dzisiaj publicznie nikt jeszcze nie robi. Wobec tego wyrżnąłem do niego długi a pełen zapału list (Lidia mówi, że zarówno artykuł dla Stacha, jak i ten list napisałem za darmo i na darmo). Jako punkt wyjścia posłużył mi jego wywód, że obecne nasze ekonomiczne pierepałki nie wynikają z socjalizmu „jako takiego", lecz z popełnionych obiektywnych błędów. Udowadniałem mu, że zarówno rozdział decyzji, odpowiedzialności i pracy, jak również gospodarka pieniężno-inwestycyjna są w socjalizmie (tfu, w komunizmie, nie w żadnym socjalizmie) takie, iż musi z tego wyniknąć chaos oraz przestarzała i nieodpowiednia dla rynku produkcja. Zakończyłem cytatem z prof. Taylora: „»Musimy się zdecydować, albo wydajna produkcja i sprawne usługi, albo socjalizm«. – Pan, panie Januszu, już się zdecydował, a z panem jakiś miliard ludzi. Ale czy wszyscy zrobili to tak dobrowolnie jak pan?" Hm! Tak zakończyłem ów felietonowy list, zresztą wsadziłem weń całą moją gospodarczą wiedzę.

Dziś, czytając w „Przekroju" wspomnienia automobilowego mistrza Zasady z rajdu Safari w Afryce, gdy opisuje, jak to w dzikim buszu znajduje się supernowoczesne hotele i stacje obsługi samochodów, pomyślałem sobie, że jest rzeczą oczywistą, iż państwowy hotel czy państwowa stacja benzynowa nie mogą być dobre. Dobry natomiast może być państwowy cyrk – stąd też cyrkowcy czują się tu znacznie lepiej niż producenci czy organizatorzy. Ciekawym, co to z tego wylezie na przednówku – pewno straszna bida i dodupizm: chcąc, żeby ludzie wzięli się naprawdę do pracy, trzeba by im sprokurować jakiś wstrząs, nadzieję odmiany, coś politycznego, nie zaś zawiłe i talmudyczne głędzenie o przestawieniu modelu produkcji. I w ogóle stworzyć NEP dla inicjatywy oddolnej i dla wynalazców. W „Polityce" są wyczerpujące rozmowy z gośćmi z Urzędu Patentowego – toć wręcz to jest niesamowite, jakie tam trudności i biurokracja. W dodatku wynalazca indywidualny musi działać na własny koszt, nawet prototyp sporządzić z własnego materiału (?!), a po (co się rzadko zdarza) zainstalowaniu wynalazku otrzymuje forsę w miarę eksploatacji, to znaczy mało i biurokratycznie. Typowe antybodźce – jak ci idioci chcą to wszystko zreformować, toć nawet mózg elektronowy w roli ustawodawcy nie dałby rady!

Rozmawiałem przy dużej wódce z tym szkopem Baumgartenem. Rozkrochmalił się i opowiadał o swoich kolegach z dzieciństwa (pochodzi z Lipska), którzy zrobili kariery u Ulbrichta. Gdy widuje ich czasem w Berlinie i chce coś powiedzieć na temat NRD, oni wołają: nic nie mów, wszystko wiemy, ale t y t u n i e ż y j e s z. Opowiadał też o śląskich starych przesiedleńcach, że to ludzie nie z tego świata, którzy nic nie rozumieją, nie wiedzą, gdzie żyją, a nawet po niemiecku mówią źle. Za to z młodzieżą dogadamy się łatwo, bo ona, jak twierdzi B., nie zajmuje się ani Śląskiem, ani Prusami, nic im te miejsca nie mówią i zgoła nie interesują. Ciekawym, czy w przyszłych pokoleniach nie obudzi się jakaś skłonność ku Wschodowi? Chociaż nie – tu już wszędzie będą wtedy trwały niwelujące wszystko rządy Moskali lub Chińczyków. O cholera, rację miał Witkacy!

Umarł Piotr Rytel, mój pierwszy profesor harmonii, kontrapunktu, kompozycji. Stary był mocno (85 lat), ale jakoś nie mogę czuć do niego sentymentu nie skażonego niechęcią. Nawet nie o to chodzi, że był głupim konserwatystą (bo są też mądrzy konserwatyści) i bez sensu zatruwał życie Szymanowskiemu. Idzie o to, że bywał po prostu świnią, dla swojej prywaty niszczył ludzi perfidnie, do tej taktyki stosował recenzje (zresztą pióro miał niezłe), w razie potrzeby nie gardził też brutalnym antysemityzmem. Piszą o nim, że „nestor", że „niestrudzony", w Polsce tak zawsze. Marzę, żeby na mnie przynajmniej po śmierci napluli, tak jak francuska młodzież studencka na Anatola France'a. Śmierć nie daje przywilejów, umrzemy przecież wszyscy!

14 stycznia

„Wiadomości" londyńskie rozpisały wśród różnych ludzi z emigracji ankietę na temat Gombrowicza. Zastanawiałem się, co bym ja na tę ankietę odpowiedział. Myślę, że to był bardzo wybitny pisarz, o zupełnie samorodnym sposobie myślenia, bardzo ważkiej problematyce wewnętrznej i ciekawym, choć nie zawsze równym warsztacie pisarskim. Tylko, moim zdaniem, za mało on przeżył, stąd też problematyka jego utworów nazbyt jest jednostronna i jakby abstrakcyjna, co, osobliwym trafem, ułatwiło mu zrozumienie u czytelnika zachodniego. Za mało przeżył, jeśli chodzi o Polskę, o Wschód, toteż w ciągu dwudziestu lat swego starokawalerskiego żywota w Argentynie obracał w myślach tylko te trochę tematyki, którą wyniósł z przedwojennej Polski i utrwalił w „Ferdydurke". Ale ten bunt przeciw „polskiemu zaściankowi", belfrom, guwernantkom, starej formie, upupieniu i narodowemu dziecięctwu dosyć jest w istocie ubogi, jeśli chodzi o osadzenie go w realiach, stąd właśnie, osobliwym paradoksem, dla czytelnika światowego staje się on nie buntem polskim (co by nikogo nie ciekawiło), lecz buntem uniwersalnym, symbolicznym, łatwo przyswajalnym przez zachodnią „awangardę" literacką. Stąd sukces Gombrowicza, stąd też mniejsze powodzenie jego najbardziej polskiej książki: „Trans--Atlantyku". Ale pewien niedosyt przeżyć „poważnych" (wojna przesiedziana w oderwanej Argentynie) sprawił, że jest to twórczość jakby niepełna, niedokształcona, jakby zapowiedź tylko – nie chodzi mi rzecz prosta, aby była jakaś „narodowa", ale jest na niej jakieś piętno oderwania od światowych wichrów, jakaś atmosferka nieprzewietrzanego, kawalerskiego pokoju. Oczywiście – nie ma co wybrzydzać (tak jak wybrzydziłem się niegdyś na „Ferdydurke" pisząc recenzję w „Czasie", gdzie porównałem Gombrowicza do sportowca, który bierze udział w masowym biegu nie tak jak inni, lecz w damskich pantofelkach na wysokim obcasie), nie ma się co wybrzydzać, bo to ludzkie niedokształtowanie czy niedojrzałość Gombrowicza przysparzają jego dziełu oryginalności, niepowtarzalnej odrębności, tyle że bardzo ją zawężają. Również myślowe horyzonty pisarza nie zawsze są nasycone odpowiednią wiedzą – to widać choćby w partiami bardzo nierównym, choć mającym i genialne zrywy „Dzienniku" (np. dyletanckie wywody o muzyce). W tym „Dzienniku" schepał po trochu i mnie – biorąc mnie za tradycyjnego katolika: zabawne nieporozumienie, ale również dowód jego dezorientacji.

Gombrowicz, rozprawiający się obrazoburczo ze światem, który reprezentowała dlań Polska przedwojenna, był siłą faktu zdany przede wszystkim na czytelników emigracyjnych, którzy tę właśnie Polskę zachowali w oczach. To właściwie przypadek: gdyby w roku 1939 autor „Trans-Atlantyku" nie wyjechał był do owej Argentyny, gdyby przeżył w kraju okupację i wkroczył w Polskę Ludową, daleko odbiegającą od przedwojennego inteligenckiego stereotypu – dopieroż by było ciekawie! Mam swoją teorię, że Gombrowicz doskonale by się do PRL dopasował, ba, może został by jej bardem! Dobrze jednak, że się tak nie stało, obawiam się, że byłby dla nas wtedy dosyć przykry. Ale i to, co napisał, doskonale by mogło w Polsce Ludowej funkcjonować: władze traktowałyby to jako protest przeciwko Polsce przedwojennej, a młodzież jako bunt przeciw dzisiejszości – ogólność Gombrowicza da się odczytać różnie. Właściwie już się po Październiku na coś takiego zanosiło, a i autor „Ferdydurke", bardzo dbały o krajową publiczność, wcale był nie od tego. Dopiero bezmyślna prowokacja głupiego Machejka łącznie z prymitywizmem władz pozbawiła nas Gombrowicza. Dziś sytuacja jest absurdalna, bo sporo się o nim u nas pisze, powołując się na książki oficjalnie w kraju nie znane, jak „Trans-Atlantyk", „Pornografia", „Kosmos", „Dzienniki", „Operetka". Absurd jawny, ale kogo to obchodzi?!

Skorośmy już przy emigracji, to odnotować muszę artykuł Kotta o awangardowym teatrze – efektownie napisany, ale w swym sednie głupi i pusty, jak wszystko co Kotcie. Ten facet to niewielka strata dla polskiej kultury. Niepowetowaną natomiast jest strata Czesia Miłosza, wielkiego poety, bystrego a szerokiego, erudycją podpartego umysłu. Przyjaźniliśmy się niegdyś, w czasie okupacji patronował niejako moim literackim próbom. Brak kontaktu z nim to najbardziej dokuczliwy brak, wywołany przez moją niemożność wyjeżdżania. Ostatni raz widziałem go w 1960 w Kopenhadze – gdy się teraz po latach spotkamy (?!), kontakt będzie utrudniony: wstyd nas weźmie, żeśmy już starzy. Czesio wydał po angielsku jakąś wielką historię polskiej literatury. Poza tym w rozgoryczeniu napisał gdzieś tam, że pisanie na emigracji książek po polsku to to samo, jakby się upychało rękopisy w leśnych dziuplach. Takiś to Ty, Czesiu? Co w takim razie ja mam mówić?! Pocieszam cię, że Słowacki nie widział żadnego ze swych dramatów na scenie, ale słaba to pociecha. Jedyna moja radość, że to, co piszę, bez względu na druk czy niedrukowanie, piszę w Warszawie. Mnie z kraju nie wypchnęli – i nie wypchną! Choć nawet pokąpałoby się w Morzu Śródziemnym i pojadło ostryg. W dupie!

16 stycznia

Ciągle dochodzą słuchy o gwałcie podnoszonym przez partię(!) na temat trudności gospodarczych. W pewnym przedsiębiorstwie odbyło się otwarte posiedzenie partyjne, gdzie lektor z KC opowiadał straszne rzeczy o nienowoczesności naszego przemysłu, o katastrofie eksportu, a także dosyć wyraźnie, choć specyficznie, wygadywał na Rosję. Mówił na przykład, że rurociąg naftowy dostarcza teraz radziecką ropę głównie do NRF, niedługo będzie pracował dla Hiszpanii, a nam mogą w ogóle wstrzymać dostawy, a także przestać kupować od nas przestarzałe maszyny. Twierdził też, że produkując przeważnie okręty dla ZSRR, stocznie nasze muszą importować za dewizy różne urządzenia do nich, np. elektroniczne, że to wszystko jest alarmujące, że jeśli nie unowocześnimy naszej produkcji i nie przestawimy jej kierunków, to grozi nam pozostanie w tyle i wyeliminowanie nas spośród narodów, które się produkcyjnie liczą. Lektor ów mocno nastraszył salę, z której padały nawet pytania, kiedy to i czemu tak nagle cała rzecz się objawiła. Nie pytano, kto tu właściwie zawinił, ale, rzecz prosta, sala myślała sobie na ten temat to i owo.

Opowiedziałem całą rzecz Heniowi, który mnie wyśmiał zdrowo. Powiada, że jeśli partia puszcza w naród takie rzeczy (a jest jeszcze jakieś orędzie KC, podobno płaczliwe i jękliwe aż do ostatnich granic), to ma w tym swój określony, polityczno-propagandowy cel – tutaj nic się nie dzieje przypadkiem. Jaki cel? Na przykład otworzenie jakiegoś społecznego wentyla, przerzucenie odpowiedzialności na wszystkich, przygotowanie ludzi, nastraszenie ich, uprzedzenie ich reakcji, uczynienie z nich wspólników – licho wie co. Henio, człek sowiecki, ma na pewno rację – Stalin wielokrotnie podnosił larum na temat tych czy owych niepowodzeń, którym sam był winien, po czym zwalał ową winę na kogo innego. Ale to, że teraz właśnie odczujemy skutki głupich inwestycji forsowanych od lat wielu – jest faktem. Co więcej, ludzie masowo zatrudnieni w hutach czy kopalniach dalecy będą od uznania, że właśnie ich praca obciążyła fatalnie nasze plany i budżety: człowiek nader niechętnie uznaje nieprzydatność czy małą przydatność swej całożyciowej pracy. Komuchy o tym wiedzą, stąd obłudnie, ale zręcznie apelują teraz do nas. W istocie racjonalne posunięcia naprawcze musiałyby być nader niepopularne: zamknąć część zbędnych fabryk czy kopalni, stworzyć rezerwową armię bezrobotnych, przeznaczając ją do ewentualnych selektywnych prac, szukać daleko posuniętej kooperacji z utechnicznionym Zachodem, a także kredytów, wreszcie szukać nieprodukcyjnych sposobów zarabiania dewiz, na przykład z pomocą floty handlowej lub turystyki. Tego wszystkiego nasze rządzące komuchy nie zrobią, bo to zbyt dalekie od ich mentalności, przyzwyczajeń i doktryny. A morał ogólny? Że Rosja, mająca nieskończone zasoby surowcowo-energetyczne oraz sposoby zarabiania dewiz (złoto, futra!), a także ludność pokorną i zbałamuconą, która zniesie każde przykręcenie śruby, że ta Rosja wytrzyma i socjalizm, natomiast niezbyt wielkie i niebogate kraje satelickie znajdą się w sytuacji coraz bardziej kłopotliwej. Związek Radziecki ich nie utrzyma, RWPG to zawracanie dupy i wspólnym rynkiem nigdy nie będzie, zaś bariera dewizowa, odcinająca te kraje od Zachodu, skazuje je na coraz to bardziej rosnące techniczne zacofanie. Tu wspaniale dali sobie radę Japończycy, jeżdżąc po całym świecie i kradnąc patenty, a potem uruchamiając dumpingową produkcję. A my i nasz przemysł sierocy, nikomu niepotrzebny? Hej, łzy się kręcą! Nawet niniejsze przepowiednie nie są nikomu potrzebne, piszę je już nie do drzewnej dziupli, lecz wręcz psu pod ogon! Najbardziej zaś mnie wścieka nasza załgana i dyletancka prasa, która teraz na rozkaz uderza na larum, ale tak głupio, że płakać się chce. Olo Bocheński w „Słowie" odkrył nagle, że jesteśmy zapóźnieni w elektronicznych maszynach cyfrowych. Inna rzecz, że choćby taka maszyna naliczyła Bóg wie co, to nie zmieni idiotycznych, sprzecznych, od lat się nawarstwiających zarządzeń. A ta ciągła prasowa radość, że mamy na książeczkach oszczędnościowych 90 miliardów złotych! Głupia radość z martwego kapitału, który nie znajduje sobie ujścia na rynku, nie może też być użyty jako inwestycyjny, boć prywatnym ludziom inwestować nie wolno – nawet budki z piwem zbudować. O idioci, potrójni idioci!

Pies to wszystko wy... – mnie się o zdanie nie pytali i nie pytają. Trzeba się zająć swoimi sprawami: pisać „dzieła", a także muzykę. Odnalazły się głosy mojego kwartetu, trzeba więc zrobić partyturę – oto zadanie! Zaczynam też pisać „Muzykę rakietową", jak skończę, dam ją Rowickiemu, który nigdy nic mojego nie dyrygował: nie cenił mnie i żarliśmy się o Wodiczkę. Ale może teraz, na starość się pogodzimy?! Tylko że tymczasem znów przyjdzie skrajna niełaska i o graniu nie będzie mowy...

20 stycznia
Śnieg zasypuje nas po uszy, mróz jak diabli, a tu Zarząd Miejski ogłasza, że śniegu wywozić nie będzie, bo mu się to nie opłaca. Hm – zależy, jak kto liczy: gdy zsumować wszystkie spóźnienia, katastrofy, absencje w pracy, to okazałoby się, że oczyścić ulice na pewno się opłaci, tylko że kto u nas chce i potrafi takie rzeczy liczyć? O całość nikt się nie troszczy, choć wszyscy o niej gadają – oto właśnie jest socjalizm.

Swoją drogą oni (jacy oni?!) traktują społeczeństwo niby stado baranów. Przypomina się zupełnie historia z Orwella, kiedy to najpierw podnoszą cenę czekolady, a później z wielkim hukiem i szumem obwieszczają jej obniżkę. Prasa mianowicie pisze teraz (niejaki Kleer, lektor KC w „Polityce"), że błędem jest maksymalne wyzyskiwanie rezerw produkcyjnych w fabrykach, bo przy zacofaniu przemysłu będzie to tylko mnożenie towarów przestarzałych. A tymczasem na początku sezonu towarzysz Strzelecki [Ryszard Strzelecki] i inni najwyżsi objeżdżali fabryki i nawoływali właśnie do

gwałtownego szukania rezerw produkcyjnych, że niby tylko to może nas ocalić. Kto tu wariat i kto kogo kiwa?!
Andrzej K. [Kijowski] ma na ten temat swoją teorię. Powiada, że władcy muszą utrzymywać aparat partyjny w stanie mobilizacji, podrzucając mu wciąż jakieś gwałtowne i namiętne hasła do głoszenia. Wobec rozmów z Niemcami nie można już bez przerwy pluć na nich, trzeba znaleźć coś nowego. Czemu by więc na przykład nie ryczeć o sprawach gospodarczych – a że coś przeciwnego niż wczoraj, cóż to szkodzi, kto o tym pamięta? K. powiada, że dla zrobienia sztucznego ruchu oni gotowi będą nawet proklamować nową „odwilż", no i fatalnie, bo my się wtedy znów wygłupimy. Chi, chi.

A Rosja wobec tych wszystkich tutejszych igraszek trwa posępna i nieruchoma. Czytałem artykuł jakiegoś węgierskiego sowietologa, twierdzącego, że władza sowiecka w Rosji jest ustabilizowana na wieki, bo odpowiada ona świetnie rosyjskiej tradycji i naturze pochodząc w prostej linii od caratu. Istotnie, carowi oddawano cześć boską, Leninowi i Stalinowi też, trudno natomiast było czcić jak Boga wygadanego, liberalnego adwokata (podobno do tego pederastę). Ludność Rosji nie narzeka na swój los, bo nie ma porównania, państwo, choćby nie wiem, jak źle gospodarowało, ma jednak niezmierzone bogactwa, złoto, futra, rudy, naftę, energię wodną. Nikt tego systemu nie obali, chyba żeby zadarli z Chińczykami, o czym teraz coraz głośniej. Myślę, że to wszystko prawda: władza w Rosji jest stabilna, w polityce zagranicznej zimno trzeźwa i wbrew pozorom nic nie ryzykująca. Rosja nigdy nie rzuca się na silnych i wielkich, tylko zawsze na słabych, wykalkulowawszy przedtem dokładnie, że nic jej nie grozi – tak było z Czechosłowacją. Te Rusy to nieszczęście dla świata, a już zwłaszcza dla nas – w końcu ściągną oni komuś na łeb wojnę atomową i wtedy będzie dopiero ładna polka.

22 stycznia
Ostatnie dni upłynęły pod znakiem wizyt dwóch przybyszów z Ameryki: Jacka Woźniakowskiego i Jasia Józefa Szczepańskiego. Dużo anegdotek, opowiadań, historii, wyłania się z tego kraj ogromnie różnorodny, odrębny, dziwny – może nie jest się go w stanie zrozumieć z daleka, bo to coś zupełnie nowego?! Ale Polacy czują się tam nieźle, wiele opowiadali o Tyrmandzie, Miłoszu

etc. Jaś twierdzi, że to kraj wspaniały i że ja czułbym się tam bardzo dobrze – no, ale cóż, paszportu nie ma i pewno *nie budiet*. W dodatku z moją angielszczyzną byłaby kompletna plajta, a oni mówią po angielsku od dziecka. Więc chyba skazany już jestem, żeby być piewcą polskiej prowincji – nie ma wyjścia, zresztą dobrze by było, żeby się chociaż to udało. Podobno syn Czesia Miłosza powiedział, że nie pojedzie do Europy, bo to kontynent dla karzełków. Może i prawda. Ale co mnie z tych wszystkich prawd, skoro zadowalniać się muszę lizaniem cukru przez szybę. O kurwa!

Jaś ma predylekcję do różnych dziwactw, więc siedział w rozmaitych indiańskich rezerwatach, zadawał się z hipisami etc. Będzie o tym pisał, to facet bardzo uczciwy i prawdomówny, więc będzie co czytać.

Zdaje się, że sprawa mojego pisania w „Tygodniku" jakoś rusza z miejsca – artykuł złożyli, chyba Stach kieruje sprawą dalej (o ile nie zapomniał!). Ale o czym będę pisał? Kiedy powiedziałem Andrzejowi K., że o literaturze, skrzywił się, bo, jak powiada, ja mam wąski pogląd na tę materię i umiem tylko cytować staroświeckiego Irzykowskiego. Może to i prawda? O jerum, jerum – co właściwie robić?!

26 stycznia

Byłem z Pawłem w SPATiF-ie i ogromnie się zmierziłem, bo przyczepili się do mnie różni ubeczkowie i „partyzanci", pijani w trupa, wobec czego obleśnie serdeczni i ściskający porozumiewawczo rękę, jakby prosili o „wybaczenie". Obrzydłe to, w dodatku głupio chamskie, bo nie przyjdzie im do głowy, że ja się nimi po prostu nie interesuję, a do lokalu przychodzę popić i pogadać z przyjaciółmi. W rzeczy najprostsze, a mało łechcące naszą próżność najtrudniej nam jest uwierzyć. Rekord pobił Krzysztof S., syn starych moich znajomych, pracuje on w Interpressie i chodzi wciąż pijany: przyczepił się tak, powtarzając to samo po dziesięć razy, że aż musiałem go otrzeźwić dość brutalnie, co jednak, jak się zdaje, zgoła do niego nie dotarło. Są to ludzie ohydni nie przez to, co robią, lecz przez to, że w głębi duszy sami wiedzą, iż kłamią i że nie mają wyjścia. Podobnie jak nasi korespondenci zagraniczni, których klub widziałem w telewizji. Cóż to za abominacyjne towarzystwo! Inna rzecz, że łatwo mi mówić, skoro zdecydowałem się na opozycję i izolację, a forsę mam z „Tygodnika". Zdecydowany „wróg" ma w tym ustroju (po odejściu Stalina oczywiście) lepszą sytuację niż współpracownik, bo współpracownika co pewien czas straszą, szantażują i wyrzucają, a wróg to wiadomo wróg i niczego się odeń nie wymaga, czekając tylko, aż się sam rozsypie. Znów przypomina mi się film „Pepe le Moko".

Innego przykładu małości, tchórzostwa, fałszerstwa i gówniarstwa dostarczył Stanisław Ryszard [Dobrowolski], którego książkę (nową powieść) przeczytałem parę dni temu. Mój stary znajomy, ocieraliśmy się o siebie, bywaliśmy w tych samych miejscach i okolicznościach (okupacja) i teraz z przerażeniem widzę, jak te same sprawy mogą wyglądać w oczach pętaka i tchórzowskiego konformisty. Powieść tę napisał on po Marcu 1968 w trzy miesiące, tytuł jej „Głupia sprawa". Literacko rzecz jest kompletnie bez wartości, ale cóż to za dokument bojaźni, głupoty i chorobliwego braku skrupułów. Facet po Marcu, naczytawszy się rozmaitych Kąkolów i Gontarzy, musiał popaść w Wielki Strach i postanowił zadenuncjować wszystko, co może być źle widziane (po co mu to, toć nie o niego idzie?! – oto właśnie tajemnica). Napluł więc na Żydów przed wojną i po wojnie (miał kiedyś żonę Żydówkę, moją koleżankę z Konserwatorium), na Żydów rewizjonistów i na Izrael, na Schaffa, „Małowiernych" Putramenta, kawiarnię PIW-u, poezję awangardową, na Amerykę, na antykomunizm, także na własną przeszłość (był w AK). W sumie rzadka ohyda, choć to człek z mojego świata, widział to co ja. Po Październiku 1956, gdy go wyrzucono z zarządu Związku Literatów, płaszczył się przede mną i ślinił, aby go postawić choćby do Komisji Rewizyjnej. Zrobiłem to z litości, ale nie przeszedł – nie należy litować się nad pewnymi wadami. A drugi rad z siebie załganiec to Jaś Dobraczyński – z pompą obchodzi teraz swoje zasrane 60-lecie. Cóż to za typy fałszywe od środka, jak to się dzieje, że ten ustrój tak ich deprawuje, a zarazem honoruje. Trzeci taki to Żukrowski – ten gorszy, bo zdolniejszy. A wszystko prawdopodobnie z głupoty, z kurzych mózgów zagubionych na dziejowej fali.

W „Nowych Drogach" zrobili odkrycie, że zła produkcja jest wynikiem tego, co robiono w poprzednich latach. Tylko nie piszą, kto to robił i kto jest winien – okaże się pewno, że to my. „Nie morderca jest winien, lecz zamordowany". Rządy dyletantów mają zamiar trwać dalej, plajta też. Niedorzeczność ludzka nie ma na tym świecie granic.

ZESZYT 8

31 stycznia

Martwię się wciąż Wackiem, boję się, że oduczy się pracować w tym Paryżu, poza tym mogą mu nie przedłużyć paszportu w związku z projektami wyjazdu do Afryki Południowej (kraj źle widziany). Chłopak się znajdzie w sytuacji bez wyjścia, a ja nic na to nie mogę poradzić. Ani się człowiek obejrzy, kiedy życie tak się zawęźli, że już nie ma wyjścia. Szkoda mi „dziecka" (27 lat). Choć sam bym chętnie posiedział trochę w Paryżu, głównie aby zobaczyć przyjaciół, którzy zemrą nie widząc mnie. Francuzów zresztą niezbyt lubię – ale Paryż ma to do siebie, że można tam siedząc wcale z nimi nie gadać. Henio ma rację, że w gruncie rzeczy, mimo wielu deklamacji, Francja była zawsze politycznym wrogiem Polski. Szło jej o to, żeby szachować Niemców Rosją, w tym celu chciała, aby Niemcy z Rosją graniczyły. Polska im przeszkadzała w politycznym pokerze, podobnie zresztą jak Anglikom.

Bieńkowskiego (Wł.) przenoszą na emeryturę za to, że ta jego książeczka wyszła w Paryżu. Widziałem go, nadrabia miną, ale niezbyt kontent: na swojej posadzie zastępcy przewodniczącego Rady Ochrony Przyrody jeździł sobie po całej Polsce, po leśniczówkach, schroniskach etc. i bawił się nieźle – a teraz z zabawą koniec, zaczyna się gnicie (takie jak moje), chyba że będzie dalej pisał. Henio zresztą też nieźle powiedział na temat jego i Stefana S. [Staszewskiego], że póki są przy władzy, to wszystko jest dobrze, opozycjonistami stają się dopiero, jak ich wyrzucą. A jednak Djilas był inny. Przeczytałem zresztą w Związku wywiad z Djilasem w paryskiej „Kulturze" – rewelacyjny. Oczywiście nie ciekawi mnie jego dzyndzolenie na temat ewolucji socjalizmu (bzdury!), mówi natomiast niezwykle ciekawe rzeczy, jak to Rosjanie próbują wzniecić na nowo tradycyjny konflikt między Serbami a Chorwatami, jak intrygują i podmawiają generałów. Podobno podczas zajmowania „przez nas" Czechosłowacji jakiś ważny generał wycofał wojska nad morze, odsłaniając drogę do Belgradu – podobno został za to aresztowany czy nawet rozstrzelany. Bardzo to ciekawe.

Będąc w Związku spotkałem pułkownika Grzędzińskiego (!).

To niedobity starzec, wygląda doskonale, humor ma jak złoto. Powiedział mi, że został „skazany na amnestię". Chi, chi.

À propos jeszcze marksistów rewizjonistów, to denerwują mnie oni jak diabli (zawsze zresztą denerwował mnie Kołakowski niezdolnością do rozstania się z ulubionymi mitami). „Wolna Europa" nadała sądowe przemówienie młodego Michnika, bardzo się tym nasładzając. Bohater nasz cacka się ogromnie ze swoim ciągle podkreślanym marksizmem i „socjalizmem", dużo też mówi o Kuroniu i Modzelewskim, drobiazgowo analizując swoje z nimi różnice. Przypomina mi to rabiniczne dyskusje między Plechanowem a Leninem – znów jakieś marksistyczne szakale przygotowują się, aby nami rządzić. Jest nawet o tym anegdotka. Kto za dziesięć lat przyjmować będzie w Warszawie 1-majową defiladę? Towarzysze Kuroń, Modzelewski i Cyrankiewicz! Nie żal mi tych maniaków, wszystkich dyskutujących o „dyktaturze proletariatu" do ciupy i kwita! He, he.

Moje proroctwa się sprawdzają, bo zaczyna się zwalnianie robotników i redukcja zatrudnienia, próbują odkręcić to, co zawalili w ciągu lat dwudziestu, ale wątpię, czy to pomoże, przy niskich płacach i braku perspektyw na modernizację przemysłu. Tu potrzebny byłby wstrząs polityczny, żeby ludzie naprawdę zobaczyli coś nowego. Wstrząs polityczny, zmiana oficjalnego języka. Ekonomii nie da się odłączyć od polityki, ale tego nasi „dialektycy" nie chcą widzieć. No, zresztą gdyby zobaczyli, to zobaczyliby też własną plajtę i koniec – a tego nikt widzieć nie lubi i nie chce. Liczą, że tak czy owak będą rządzić, podnosi ich na duchu przykład Czechosłowacji, gdzie właśnie wyrzucono Czernika (parę tygodni temu był bardzo fetowany w Warszawie – ależ oni mają w dupie lud!). Na jego miejsce – Strougal. Podobno Czechów wydupczyli, oczernili i wystrugali.

Byłem w żydowskiej restauracji na Kredytowej. Przyjemnie popatrzeć na Żydów nie z rządu i niebogatych, na kelnerki i szatniarzy, na Mośki i Ruchle całkiem zwyczajne – jak przed wojną. Tyle że ubeków tam mnóstwo i podsłuchują jak cholera – idioci. A tu nasz reprezentacyjny Artur Starewicz pojechał do Kairu z „wizytą przyjaźni". Po co to jemu? Diabli wiedzą.

Nowa fala mrozu, dziś dochodzi do –20. Człowiek czuje się podwójnie czy potrójnie uwięziony, koleje mało chodzą. Piszę „Muzykę rakietową", zaczyna iść, nawet zbyt gładko. Sam właściwie nie wiem, czy lepsze utwory powstają, jak się pisze łatwo czy trudno. Nowe „dzieło" literackie też mi dosyć leci. Z nudów trzeba być pracowitym – trudna rada. Stach milczy jak grobowiec na temat mojego artykułu i dalszych jego losów. Umarła żona Mazowieckiego, to już druga żona, która mu umiera. Biedny facet!

3 lutego
W prasie jest prawdziwa sensacja, której jednakże nikt nie dostrzega – czy to tylko ja taki wyczulony? Mianowicie „Forum" przedrukowuje ze „Spiegla" wywiad z niejakim profesorem (?!) Mielnikowem, prezesem sowieckiego Instytutu Stosunków Międzynarodowych, podobno doradcą Kosygina od spraw niemieckich. Ten Mielnikow po prostu proponuje Niemcom drugie Rapallo, mówi, że muszą przestać być „karłem politycznym", słowem dmucha im w dudkę, proponując również zjednoczenie i neutralizację (czyli wywalenie wojsk amerykańskich), a więc coś w rodzaju planu Rapackiego. Co jednak rewelacyjne, to fakt, że w PAX-owskim „Słowie Powszechnym" jest na to replika Stefanowicza, bardzo ostra. Zarzuca on Mielnikowowi, że dał się nabrać przez „Spiegel", że go tam wykorzystano i zrobiono na wała i że w ogóle tego rodzaju „rapallowskie" wypowiedzi, jako sprzeczne z linią i duchem polityki radzieckiej (Stefanowicz wie to najlepiej!), nie mogą mieć miejsca. Wszystko to jest zdumiewające: nie tyle nawet sam fakt rosyjskich propozycji (te przewidywałem), ile to, że pozwolono Stefanowiczowi na replikę. Od dawna już słyszałem, że PAX jest przeciw rozmowom z Niemcami, ale fakt ukazania się tego artykuliku dowodziłby, że partia też jest przeciw. Nigdy jeszcze w prasie polskiej nie krytykowano tak bezceremonialnie Rosjan, a przecież Stefanowicz, stary krętacz i lis, wie doskonale, że ów Mielnikow nie działa we własnym imieniu i że nie jest to żadne przejęzyczenie – takie rzeczy zdarzały się w epoce Adżubeja i jego teścia – nie dzisiaj. A więc?

A więc pan Gomułka się dowojował. Długie lata byłem zwolennikiem p o l s k i e j oferty rozmów z NRF. Propozycja taka, wysunięta przy tym wobec Niemców rządzonych przez chadeków, a więc ściśle prowadzonych na amerykańskim pasku, miałaby też sens wobec Amerykanów, byłaby w tym cicha aluzja, że Polska chce, ale nie może, aluzja, na którą Amerykanie byliby bardzo łechotliwi. Gomułka nie miał na to chęci ani odwagi, wolał nic nie robić i doczekał się, że Ruscy ruszyli ze swoim Rapallo. Nic z tego pewno nie będzie, bo Brandt nie jest samobójcą, ale Ulbricht i Wiesio mocno się nadenerwują. A publiczność polska nic z tego wszystkiego nie rozumie, stąd i małe echo obu niebywałych wystąpień. Publiczność tę wychowywano od lat w prymitywnej antyniemieckości, stąd też ona w tej chwili absolutnie nic nie pojmuje. Już to komuniści niezwykłą mają pogardę dla masy, stosując wobec niej t e o r i ę n i e - i n f o r m a c j i (w przeciwstawieniu do teorii informacji, modnej na Zachodzie). Co prawda zarówno z naszej nieinformacji, stosowanej na Zachodzie, wychodzi w rezultacie to samo, to znaczy masowa niemożność. Czyli że wszelkie metody są równouprawnione, bo człowiek nic nie może, a wszystko jest w ręku Boga?! Hm.

Ma być podobno proces Schellenberga i Bromberga – tak mówi plotka i „Wolna Europa", oczywiście nikt poza tym. Schellenberg był dyrektorem „Ars Polony", wydrukował dla Szwedów jakiś atlas geograficzny, gdzie widniała przedwojenna granica polsko-niemiecka. A znowu Bromberg doskonale postawił handel zagraniczny wydawnictwami naukowymi oraz kooperację w tej dziedzinie z Zachodem. Pewno działał nieformalnie, miał na to od kogoś wysoko postawionego *carte blanche*, dziś o tym zapomniano i facetów ciągną przed sąd. Tak wygląda ktoś, kto zawierzy komunistom.

Całą niedzielę siedzieliśmy u Waldorffa, pijąc potężnie – był uroczy, malowniczy, zabawny. Podobno Jankę „Kamyczek" wylano z „Przekroju" z miejsca, podobno również Eile wraca z Paryża. Co ten człowiek narobił i po co – to zadziwiające. A zawsze był ostrożny i asekurant. Żydzi zwariowali – zresztą nie dziwię im się, ta huśtawka może przyprawić o nielichego hyzia. Co prawda wszyscy wariują, a listy do różnych redakcji od różnych domorosłych jakobinów żądających wzmocnienia „socjalizmu" i zwalczania społecznych „pasożytów" dowodzą zupełnej, powszechniejącej głupoty. O diabli, co ja tu w ogóle będę robił?! A tymczasem Stomma milczy jak ostryga, to już parę tygodni, jak dałem mu ten artykuł – i nic. No cóż – wszystko w ręku Boga. (Tak powiedział Stalin Churchillowi – ten ostatni cytuje to w swych pamiętnikach).

Tymczasem mrozy, śnieżyce, zawał na kolejach, do tego plajta gospodarcza, zwalnianie ludzi z pracy etc. Mam nawet cichą *Schadenfreude*, choć to nieładnie cieszyć się z niepowodzeń ojczyzny. Chi.

6 lutego

Wczoraj koncert w rocznicę śmierci Grażyny Bacewicz – smutno, ludzi mało, a jednak wspominanie to czynność przykra, niewesoła. Sporo muzyki, najlepszy chyba, choć bardzo tradycyjny, Koncert na smyczki z 1948 roku. Ale ten brak zainteresowania jest okropny – Grażyna taki miała namiętny stosunek do twórczości, przykro pomyśleć, że publiczność tak mało to docenia. Jej muzyka zrobiła na mnie wczoraj wrażenie bardzo dojrzałej i jakoś, formalnie, wręcz wytwornej, ale trochę jest nijaka, a publiczność właśnie lubi rzeczy wyraźne, plakatowe – ot, taki Penderecki, znacznie mniej pracując, „wskoczył" od razu. Tak jak w przypowieści o robotnikach w winnicy: później przyszedł, a dostał to samo! (A raczej dużo więcej).

Na koncercie stare znajome twarze: nieśmiertelny Lefeld, mój przecież profesor, jak zawsze przemiły, łagodny niby gołąb, w dodatku wcale się nie starzeje. Za to zdziadziały Śledź [Stefan Śledziński], siwy Rudziński, no i inni: Marysia Dziewulska, Lutos [Witold Lutosławski], Zygmunt Mycielski. Zygmunt podniecony, bo ma jechać do Monte Carlo na jury konkursu. Poza tym nagrywają jego III Symfonię. Dziewiątego jest jeszcze jeden wieczór poświęcony Grażynie, właśnie Myciel ma go prowadzić, ciągnie i mnie, abym zabierał głos w „dyskusji", a ja niezbyt mam ochotę, bo to smutne. Zygmunt zapala się swym rzekomym powrotem do „legalnego" życia, mnie to wisi u dupy, nie mam ochoty wkręcać się na siłę, tak jakoś bokiem. A tymczasem o powrocie do „Tygodnika" ani słychu. Ale za to jak na razie pracuje mi się „dla siebie" zupełnie dobrze. „Muzyka rakietowa" postępuje, „dzieło" też, poza tym napisali do mnie księża z Wrocławia z propozycją skomponowania piosenek religijnych. Wybrałem sobie dwa teksty, może i co z tego będzie.

W „Tygodniku" wywiad Turowicza z przewodniczącym „Pax Romana" jakimś tam Hiszpanem. Szlag mnie trafia, gdy czytam takie rzeczy. Tutaj całe życie oparte jest na gwałceniu sumień i metodycznym, codziennym przymuszaniu ludzi do kłamania, a ten mi pieprzy o braku wolności w Hiszpanii oraz reformach soborowych i ich odbiorze na Zachodzie. „Tygodnik" w istocie niczym nie różni się w tych sprawach od „Argumentów", a do tego jeszcze ów Hiszpan gratuluje nam, że tak dzielnie budujemy społeczeństwo „egalitarne". Ci moi dawni przyjaciele nie wytrzymali dwudziestu pięciu lat komunizmu, przerobiono im mózgi, ani się obejrzeli. Już po nich – odpisuję ich na straty.

Cała nadzieja w młodzieży – miałem znów kontakty z młodymi, bardzo myślącymi, świadomymi na co dzień zniszczeń duchowych, jakich się tu dokonuje. Mają oni bardzo silne poczucie misji kultury polskiej, zarówno wobec głupiego Zachodu, jak i wobec głupiego Wschodu: ocalić odrębność naszej kultury, to znaczy przestrzec Zachód przed Rosją i jej „nihilistycznym maksymalizmem". W istocie Zachód nic nie wie o świętej Rusi, a Moskale nie mają w ogóle pojęcia o niczym. „Teoria informacji" zastąpiona została przez teorię nieinformacji. I to w epoce tak wspaniałej techniki. Jakiż nieoczekiwany jest człowiek, jakże paradoksalny bywa świat, to mnie nawet pociesza, że nie tylko ja żyję w domu wariatów i że tak dokładnie sobie z tego wariactwa zdaję sprawę. Zdawać sobie sprawę to znaczy mieć swego rodzaju satysfakcję z odbierania doskonałości zjawiska. Gówno też może być doskonałe w swej gówienności.

Wracając do owej młodzieży, to zadziwia mnie w niej bezkrytyczny niemal kult Piłsudskiego – to także niespodziewany rezultat nieinformowania: tyle lat komuniści nic nie mówili o Piłsudskim i oto proszę – wynik jest przeciwny. Powtarzam, świat ma swoje paradoksalne niespodzianki, aby tylko mieć cierpliwość i zdrowie do ich doczekania!

Umarł stary dureń Bertrand Russel: kiedyś wielki antykomunista, zamartwiający się, że nie rozstrzelano Lenina, gdy niemieckim pociągiem jechał do Rosji, potem dla odmiany „antyimperialista", dokuczający, ile się da, Amerykanom. Tutaj go czczą, licząc na krótką ludzką pamięć i się nie przeliczą, bo w Polsce naprawdę oduczono się cokolwiek pamiętać. W Czechosłowacji draki okropne, tak klasycznie mafijne i po stalinowsku zakłamane, że znowu z tej ich doskonałości można by czerpać bezinteresowną satysfakcję. W Warszawie zaczęły się rozmowy polsko-niemieckie, o których nic nie wiadomo, Gomułka skończył 65 lat i dostał Order Lenina, we Francji nagonka na syjonizm itp. itd.. Szczęście, że ja już pewno nigdy nie będę się zajmował polityką, w każdym razie nie będę jej podmiotem, co najwyżej przedmiotem. Przed laty wymyśliłem z kolegami „Znak", dzisiaj „Znak" stał się gównem: człowiek w polityce staje się odwrotnością króla Midasa – czego się tylko dotknie, zamienia to nie w złoto, lecz w gówno. Na zdrowie – ale już beze mnie!

Aha, na koncercie Grażyny był jeszcze pan minister Bieńkowski, jej dawny kolega z Łodzi, obecnie świeżo upieczony emeryt. Nie śmiej się, dziadku, z cudzego wypadku!

7 lutego
"Twórczość" zamieściła listy Gombrowicza do Iwaszkiewicza z lat 1947–1949. Ciekawe są to listy, bo widzimy w nich autora "Ferdydurke" z całkiem innej strony. Doprasza się on pomocy z kraju, chce być dyrektorem polskiego i "reżymowego" banku w Buenos Aires, bardzo chce być w Polsce wydawanym, nie wyklucza nawet powrotu. W jednym miejscu podkreśla, że jego problematyka i dialektyka może funkcjonować "w każdej koniunkturze politycznej". Tak więc, gdyby nie fujarstwo ludzi z "Polski Ludowej", a raczej ich obojętność oraz obawa przed powzięciem decyzji, Gombrowicz śmiało mógł się objawić jako "krajowiec". Dopiero zrażony ojczystą obojętnością związał się z Zachodem, przypieczętowując rzecz "Dziennikiem", który jest właściwie jedyną jego niecenzuralną u nas książką. Ale i tak z czasem zaczęto go drukować i rozszerzałoby się to, gdyby nie głupi Machejek.

Czy starać się, aby w Polsce było lepiej, czy też przyjdzie skończyć na dewizie "im gorzej, tym lepiej"? Z nałogu jestem poprawiaczem i to w każdych warunkach, z drugiej strony zaczyna mnie już ogarniać beznadzieja wobec buty komunistów i zajadłości, z jaką przerabiają oni wszelkie pojęcia na bzdurę. Przed dziesięciu jeszcze laty liczyli się z oporami w społeczeństwie, z katolikami, chłopami, licho wie kim. Teraz nie liczą się już z niczym, wiedzą, że w społeczeństwie nie tylko nie ma grup mogących się czemukolwiek sprzeciwiać, ale nie ma konkretnych idei czy nadziei, mogących uczynić ten sprzeciw czymś realnym. Nikt już w nic poza rządami komunistycznymi nie wierzy, M. na przykład mówił mi wczoraj, że Zachód zawsze oddawał Polskę Rosji, aby skutecznie rosyjską potęgą szachować od wschodu Niemcy, skoro zaś robił tak zawsze, to czemuż by nie miał robić i dzisiaj, gdy cała Polska jest *de facto* w orbicie rosyjskiej? A zwłaszcza że decydują Amerykanie, dla których są to wszystko sprawy dalekie – toć oni nawet ze swoją Polonią nie muszą się specjalnie liczyć. Tak więc – sprawy polskiej nie ma, "będzie to, co jest". Czy można wierzyć w narodzenie się jakiegoś oporu? Ja w to nie wierzę – w miarę przybywania nowych pokoleń, dla których wszystko, co się tu dzieje, jest najzupełniej normalne, rzecz staje się coraz bardziej nieprawdopodobna, prowokacja z Marca 1968 wydobyła na światło i rozpirzyła resztki oporu, zmuszanie do wyjazdu Żydów to pozbywanie się ostatnich elementów niepewnych. Zostaną „sami swoi" oraz bezmierna nuda komunistycznej stabilizacji. Po Gomułce przyjdzie Tejchma (podobno), potem jeszcze ktoś inny – to zresztą wszystko jedno kto. Komunizm, rosyjski czy chiński, bez różnicy, oddaje miliardy ludzi we władanie niewiadomym grupkom wariatów na górze, wszystkim tu rządzi izolacja, niewiedza, niepoinformowanie. A człowiek będzie w tym bezwolnie tkwił do śmierci. Marne to – bez nadziei.

Taki to mnie opanował pesymizm, choć niby wiosna się zbliża. Warszawa żyła parę tygodni w obsesji żywiołowej klęski – śniegu. Na ulicach istne okopy, ślizgawica, potem woda, komunikacja sparaliżowana, życie uniemożliwione, piekło. „Odnośne władze" dały dowód skrajnej bezsilności, ale nikt się temu nie dziwił, choć ludzie psioczyli. Istnieje magiczna formuła, że socjalizm nie jest niczemu winien, wszystko złe, co widzimy, to błędy niewłaściwie go wykonujących ludzi. W ten sposób można wszystko wytłumaczyć i wykręcić się od wszelkiej odpowiedzialności, a także po wiek wieków ustabilizować rządzące głupstwo. Głupstwo jest wszakże wieczne! A nikomu na Zachodzie nie da się tego wszystkiego wytłumaczyć, stąd i emigracja nic nie przynosi. Komuniści mają wspaniałą polityczną sytuację, tylko po co im to wszystko i kto to właściwie są komuniści?! Miliony ludzi rządzone potajemnie – oto paradoks naszej strony świata. A głupim Amerykanom jeszcze za mało zgubnej jawności i chcą manifestacjami unicestwić resztkę egzekutywy, jaką posiadają!

8 lutego

Jak jest w końcu z tą polską gospodarką, bardzo źle, średnio czy możliwie – oto pytanie, na które mało kto u nas umie jednoznacznie odpowiedzieć. Obrońcy rządu i partii (a w końcu trudno od ludzi wymagać, aby wciąż ganili własną władzę, ludzie lubią konformizm i nie widzą innej alternatywy niż to, co jest), otóż obrońcy ci wskazują, że kraj jest uprzemysłowiony, że mnóstwo w nim zbudowano. I w tym właśnie tkwi sedno rzeczy: skoro bowiem jesteśmy krajem uprzemysłowionym, to *eo ipso* przykładać do nas trzeba miarę wysoką czy najwyższą. Otóż jak na kraj uprzemysłowiony mamy produkt narodowy raczej kiepski, nieobfity i trudno zbywalny, zwłaszcza za dewizy. Statki, wagony, trochę obrabiarek, tekstylia, produkty spożywcze, węgiel, miedź – oto prawie cały nasz eksport, nic więcej z rzeczy potrzebnych światu nie wytwarzamy, a i to, co jest, biorą przeważnie kraje socjalistyczne. Gdybyśmy byli krajem rolniczym, zajmującym się poza rolnictwem czynnościami „dodatkowymi", jak handel morski czy turystyka, to owszem, ale skoro nas uprzemysłowiono, to trzeba powiedzieć, że jesteśmy krajem o przemyśle chorym, przestarzałym, mało wydajnym, nierentownym. Do tego przemysłu się dokłada, dołożono doń sporo energii społecznej, teraz już ludzie nie bardzo chcą dokładać, stracili wiarę czy entuzjazm, jeśli je mieli. Czy da się to naprawić? W obecnej sytuacji wątpię, zwłaszcza bez zmiany warunków politycznych, na co się nie zanosi. Panegiryki ku czci Gomułki w jego 65-lecie świadczą o stabilizacji epoki „gomułkowskiej". Owszem, nie przeczę, że w danych okolicznościach („jak na garbatego") miała ona swoje zalety (stosunkowo mały terror, a właściwie niemal brak terroru, zastąpionego metodą usypiania), ale w dziedzinie gospodarczej, poza wsią, nic jej się nie udawało zrobić, propagowano ufny barani konserwatyzm typu Jędrychowskiego. Rosja to wytrzyma, a Polska? Wytrzyma póki, dzięki rolnictwu, nie cierpi głodu. A przemysł? Wątpię – jego nierentowność wynika z doktryny i jest absurdalna. Mamy wspaniałe statki rybackie, ale ryb na stołach brak – bo nie ma chłodni i środków transportu. Produkujemy świetne lokomotywy, a nasz tabor kolejowy jest stary i coraz gorszy. Obłędna jest niepraktyczność tego ustroju, manifestująca się, na przykład, w urzędowym upośledzeniu usług jako dziedziny „nieprodukcyjnej". A jeśli już się usługami zajmujemy, to w sposób gigantyczny, uniemożliwiający precyzję. Na przykład ostatnio prasa się chlubi, że powstaje w Warszawie wielki dom obsługi i reperacji polskiego „Fiata". Dom – gigant, kubatura kolosalna, 400 pracowników etc. A po ch... te rozmiary – już sobie wyobrażam, jaka tam będzie biurokracja, komplikacja, koszta, obłęd. Tymczasem małe prywatne stacje obsługi załatwiłyby rzecz prędko, aby tylko mieć zaufanie do ludzi i nie kierować się postawioną na głowie obsesją „walki klas". Ale czegóż chcieć w kraju, gdzie przemysłem zamiast przemysłowców kierują ministrowie, gdzie nie ma opinii, nie ma samorządu, nie ma związków zawodowych, a jest totalna odgórna mafia i wszechobecna arcygłupia propaganda. Wbij zęby w ścianę!

9 lutego

Jeszcze wrócę (maniakalnie) do spraw gospodarczych, bo wściekł mnie artykuł Secomskiego (jednego z naszych majstrów od ekonomii) o prognozowaniu. Przecież to dureństwa czyste. Jasne jest, że dzisiaj żaden mały czy średni kraj nie może organizować sobie nowoczesnego przemysłu w odosobnieniu od innych. Zaledwie parę mocarstw stać na wielkie inwestycje elektroniczne czy inne, kraje małe muszą z nimi kooperować, same nie stworzą sobie w żadnym wypadku wszystkich gałęzi najnowszej produkcji. A Polska jest skazana na samotność (w najlepszym wypadku). Z Zachodu nic nie kupi, bo przeszkadza temu bariera dewizowa, ze Wschodu nic nie dostanie, bo tam albo nie ma, albo nie chcą dać, albo postawią jakieś warunki polityczne. Jakże tu w tych warunkach chce Secomski „prognozować"? Toć Polska ze swoim nikomu niepotrzebnym przemysłem pozostawać będzie w tyle z roku na rok, a RWPG to czysty miraż. To tylko Ulbricht dostaje najnowsze urządzenia od wszystkich: od Zachodu, dla propagandy „wolnego świata", od Wschodu, dla propagandy socjalizmu. Bierze od jednych i drugich, każe ludziom pracować „i tak sobie śwista". Cwaniak, cholera.

A nam co zostanie? Ano bełkot Lenina, którego teraz przez rok pełna będzie prasa – mamy już przedsmak. Czytałem ostatnio jakieś tam wypowiedzi Lenina do Gorkiego na temat religii. Przysięgam, że to czysty bełkot, do tego chamski, arogancki, jakiś ton nieomylnego mędrca przy wypowiadaniu najpłytszych komunałów. Ale cóż, zwyciężył politycznie, więc nie uważa się tego za bełkot, lecz za objawy tajemniczej mądrości. Ten, co ma siłę, uchodzi za mędrca, bo skądże by inaczej wziął swą siłę? To tak, jak jeden kolega w szkole, któremu tłumaczyłem, że jest głupi, powiedział mi: – A jednak jak zechcę, to cię naleję! I rzeczywiście.

Rozpoczął się proces tzw. „taterników", młodych ludzi, którzy mieli kontakty z Giedroyciem i „Kulturą". Przy okazji prasa bredzi oczywiście o renegatach i agentach amerykańskich, o funtach, frankach i dolarach (jakaż pogarda dla pieniądza – u materialistów!). Cel całej chryi jasny: przedstawić G. nie jako wydawcę i intelektualistę, lecz jako agenta i „wroga". Po co? Aby odstraszyć gryzipiórów od pisywania u niego. Rzecz się, od strony procesu, na pewno uda: chłopcy nagadają głupstw, aby ocalić skórę. A jak się nie uda, to i tak prasa napisze przeciwnie i nikt tego nie sprawdzi, bo na proces wpuszczą tylko wybranych. Niewiele się zmieniło od czasu książki Koestlera.

11 lutego
W „Znaku" ukazał się pod pseudonimem mój artykuł – recenzja z książki Bartoszewskiego „Ten jest z ojczyzny mojej". Nawet redakcja nie wie, że to ja pisałem, a więc podwójna konspiracja – chi, chi*. Pomyśleć, że dawniej drukowałem co tydzień, a teraz po kryjomu raz na rok – jednak życie ma w zanadrzu większe niespodzianki, niż to sobie ktokolwiek może wyobrazić.

Na każdych pięciu ludzi jest na świecie dwóch Chińczyków, czyli że na każdych pięciu ludzi dwóch żyje w domu wariatów. Ostatnio u nas w prasie sporo się wymyśla na Chiny i na chińską partię, z czego wniosek, że stosunki rosyjsko-chińskie są złe. Jednocześnie toczą się w Warszawie rozmowy chińsko-amerykańskie (20 lutego najbliższa, rozmawiają teraz w ambasadach, a nie w pałacyku łazienkowskim – pewno ze względu na podsłuch). Nawet w kronice filmowej pokazywali początek ostatniego spotkania, Amerykę reprezentuje ambasador Stoessel jr., drobny, siwy, z młodą zimną twarzą. Myśląc normalnie, to Amerykanie chętnie napuściliby Chińczyków Rosjanom na grzbiet. (Był taki dowcip: – W Ameryce wzięto do wojska wszystkich pederastów. Po co? Żeby zajść Rosję od tyłu!). Tak by było, gdyby się myślało normalnie, ale przekonałem się, że normalne myślenie nic w polityce nie daje. Wiem, że nic nie wiem!

Pewne mieszane polsko-żydowskie małżeństwo wyjechało na stałe do Kanady, a teraz ślą rozpaczliwe listy, że na myśl, iż do kraju nie ma już powrotu, można zwariować. Na pewno tak jest, w gruncie rzeczy my już jesteśmy z innego świata. Zachód nas nic nie obchodzi ani my Zachodu. To tak jak Węgrzy z Transylwanii, którzy są nieszczęśliwi pod władzą rumuńską, ale gdyby ich przyłączyć do Węgier, też byliby nieszczęśliwi, bo są już inni, są sami dla siebie. Polonia amerykańska czy francuska też nas już nie urządza, bo ani oni nas nie rozumieją, ani my ich. Dziwaczna się robi ta „polska sprawa", coś jakby żydowska czy irlandzka. Martwię się o Wacka w tym Paryżewie. A podobno Marian Eile naprawdę wraca – będzie z tego jakaś heca, ale niewesoła!

---
*Antoni Woyciechowski, *Księga naszych sumień*, „Znak" 1969, nr 12, s. 1627–1632.

Czytałem sobie „Humanité", jakież to głupie pismo! Całkiem jak nasza prasa: demagogiczne wymyślanie na „amerykański imperializm" i nic więcej. Z francuskiego KC wylali Rogera Garaudy, który upierał się przy potępieniu inwazji na Czechosłowację. Ale ja nie żałuję wyrzuconych komunistów: jak ktoś latami pracuje nad skonstruowaniem diabelskiej partyjnej maszynki, winien, gdy pada jej ofiarą, mieć pretensję przede wszystkim do siebie samego. Adolf Warski uznał kiedyś mojego ojca za kompletnego durnia, ojciec bowiem powiedział mu: – Zobaczycie, że w końcu skręcą wam łeb w Moskwie! I kto tu był durniem? Marksizm to rak umysłu, który uniemożliwia ludziom widzenie spraw w ich rzeczywistej postaci.

A swoją drogą ciekawie podzielił się dziś świat. Kraje komunistyczne, jak Rosja i Chiny, to olbrzymi rezerwuar ludnościowo-przestrzenny, nacechowany jednak niedowładem technicznym, cywilizacyjnym rozrzedzeniem. Za to Japonia i Europa Zachodnia to maksimum techniki i cywilizacji ściśnięte, nabite w małą przestrzeń. Istotną przyszłość świata kapitalistycznego stanowią zatem kraje szersze, pełne rozmachu: najpierw Stany Zjednoczone, potem Kanada i Australia. Do Europy Zachodniej stosują się słowa Mao o mieście i wsi świata – do Ameryki czy Kanady już nie. A kto w ogóle wygra walkę o świat? Hm.

Moje określenie towarzysza Wiesława: dosyć humanitarny nadzorca więzienia.

14 lutego

A więc sprawa z moim pisaniem do „Tygodnika" jakoś się wykrystalizowuje, dużo z tym było kramu, bo jednocześnie zjawił się Kozioł [Krzysztof Kozłowski] (siedzi na procesie „taterników", gdzie sądzą jego kuzyna), Stach, a i Władek był w robocie. Więc p. Olszowski z KC uznał łaskawie, że mój artykuł jest dobry i może iść, ale że to nie wystarcza, że prócz tego powinienem jeszcze napisać list do Gomułki. Najeżyłem się srodze, bo jakże tu po wszystkich świństwach, jakie mi zrobili, pisać listy – w dodatku nie należy w ich rękach zostawiać jakichkolwiek dokumentów, bo zrobią potem to, co z Jasienicą. Ale Stach Stomma poszedł jeszcze do Kliszki, który powiedział, że listu nie potrzeba („kajać się przecież nie będzie" – tak się wyraził), że wystarczy jakiś komentarz redakcyjny. Jaki – to już redakcja winna się pomęczyć. Tyle że Kliszko jeszcze artykułu nie czytał – Stach zostawił mu odbitkę.

Mam co do tej sprawy mieszane uczucia i nawet wytrąciła mnie ona z równowagi. Nie bardzo lubię „Tygodnik" z jego reformatorskimi maniami i ze zdezorientowanym Jerzym, nie wiem też, co pisać, bo felietony już mi zjełczały, cenzura nic nie puszcza, a na samych recenzjach literackich jechać trudno. W gruncie rzeczy pewno się zdemoralizowałem pisaniem „dla siebie", robieniem, co mi się podoba, i braniem forsy za nic. Trzeba się więc przełamać, trzeba wejść z powrotem w życie, a „dzieło" kontynuować swoją drogą. Mieć dwie twarze, podwójne życie, to w końcu jest dobre, nie można się za bardzo nudzić, bo człowiek uśnie czy zagaśnie. A swoją drogą nie chce mi się do tego „Tygodnika" pisać rzeczy „umownych" przy cenzurze, czyhającej na każde słowo. Och, jakże mi się tego nie chce!

Z Wackiem sprawy marne, powtarzano mi, jakoby faceci z UB piorunują na niego, że siedzi w tym Paryżu, rzekomo piorunują za „styl życia" (poker etc.), w istocie pewno wściekają się na niego za towarzystwo, w którym się obraca. Grożą, że mu tu w Warszawie dadzą w dupę, ale czy on wróci? Ja sam nic już z tego nie rozumiem, najchętniej pojechałbym do Paryża z nim pogadać, ale cóż, jak mi ch... nie dają paszportu. Mówiłem o tym ze Stachem, on też słyszał, że mają do Wacka jakąś pretensję, niby coś sobie zanotował, ale to człek roztargniony i bojaźliwy. Więc? A czort z nimi, niech się koń martwi, on ma większy łeb!

Ogarnąć sprawy współczesnego świata jest coraz trudniej, w dodatku obraz zaciemnia mi nasza prasa, do której czuję szczerą nienawiść. Choćby sprawozdania z tego „procesu Giedroycia" są tak głupie, że aż wyć się chce. Widać z nich zresztą, że całe oskarżenie jest dęte i bzdurne, ale to wcale nie pociesza, przeciwnie. Stale odczuwam obawę, że bzdurność prasy, oskarżeń etc. widzimy tylko my, tj. pewne wąskie ograniczone środowisko, a społeczeństwo, czyli „wielki niemowa", bierze już wszystko za dobrą monetę, a raczej nie bierze wcale, bo go to nic nie obchodzi i jest w ogóle poza granicami jego pojęć. Paweł [Hertz] mi mówił, że najgorszy okres bywa, gdy do życia ideowego dostają się wykorzenieni chłopi, ludzie, którzy utracili swą wielką tradycję rodowo-folklorystyczną, a nie zyskali jeszcze żadnej innej. Może to i prawda. Ludzie ci posiadają za to jednego bożka, przed którym padają na twarz: politykę. Politykę, pojętą jako poruszanie się wśród skał i raf ustawionych przez konieczność, politykę, rozumianą wyłącznie jako kult siły. Siła jest argumentem zasadniczym, ideologia bywa jej przydatna do pomocy, ale niekoniecznie. Jak ideologia potrafi znęcić do siebie siłę i obrosnąć w nią – oto zagadnienie osobne, ciekawe. U nas zresztą proces ten nie miał miejsca, lecz przeciwnie: najpierw przyszła goła, brutalna siła, a potem, po latach, przyjmować zaczęto towarzyszącą jej ideologię. Właśnie owi chłopi ze wsi przyjmują ją chętnie, bo oni narodzili się już ideologicznie goli, wobec tego podatni są na „idee nabyte". Ciekawe by było to wszystko opisać, ale czy się zdąży i czy się znajdzie odpowiednią formę? W końcu nie jestem przecież powieściopisarzem, a publicystyka nic tu nie pomoże.

Rakowski z „Polityki" ma odczyty o sprawie niemieckiej i mówi to, za co mnie przed siedmiu laty tak strasznie wyklinano, na przykład, że przesiedleńcy nie są groźni, bo się starzeją, wsiąkli w nowe strony, a dzieci nic nie pamiętają i na Wschód wracać nie myślą. Kiedyś straszono przesiedleńcami od rana do nocy, teraz się ich bagatelizuje, wszystko na rozkaz, a ja proponowałem, żeby na ten temat trochę myśleć, nie licząc tylko na rozkazy. Tymczasem tu jest tak, że gdy myśl zbiegnie się z kierunkiem rozkazu, to dobrze, jeśli nie – tym gorzej dla myśli. Nie jest to kraj i ustrój dla myślicieli, raczej właśnie dla pokornych, chłopskich polityków. Choć może, po upadku wielu pięknych mitów inteligenckich, potrzeba tutaj właśnie chłopskiej pokory? Może.

Wracając do Niemców, to sytuacja mocno jest niejasna: rozmowy przerwano, kontynuowane będą za miesiąc, żadnego komunikatu nie ogłoszono, czekamy pewno na Ruskich, w każdym razie z prasy zniknęło wszelkie antyniemieckie szczucie. Myślę, że cudów nie będzie, bo Brandt nie wariat i Amerykanów się nie wyrzeknie, a tylko wyczekujące załagodzenie: Moskale mogą mieć Chińczyków na karku i nie chcą zaogniać sobie drugiego frontu. Tak też myśli Zabłocki, którego spotkałem i z którym mówiliśmy też o casusie Mielnikow – Stefanowicz. W fakcie, że PAX mógł tak ostro zaatakować Sowieta, Z. dopatruje się jakiejś dwoistości w samej Rosji, że niby jedna ze stron musiała paksiarzy zainspirować, bo przecież cudów nie ma, zwłaszcza w tej dziedzinie: toć już Bolcia o „antyradzieckie awanturnictwo" podejrzewać nie sposób.

Spotkałem się w kawiarni z facetem, który do mnie dzwonił podając się za mojego „wiernego czytelnika". Mówił, że jest rzemieślnikiem, prywatną inicjatywą, że siedział w więzieniu „za niewinność", słowem brał mnie na to, co lubię. Chyba był to ubek. Pytał mnie, czy znałem Nowaczyńskiego i czy to był Żyd (twierdził, że „przechrzta"), potem mówił o procesie „taterników", że to też Żydzi. Oni już mają chyzia z tymi Żydami, Żyd stał się symbolem obrotowym do wszystkiego: Żyd = komunista, Żyd = syjonista, Żyd = imperialista, Żyd = rewizjonista. Bardzo to pożyteczne pojęcie, zwłaszcza dla ubeków, bo załatwia wszystko i nie potrzeba dalej szukać. A tymczasem właśnie autorka parszywych sprawozdań prasowych z procesu Giedroycia, Kłodzińska, jest Żydówką. Akurat odwrotnie, ale to też wypełnia konwencję, że niby jak coś złego to Żyd – toć nieoceniony Artur Starewicz pojechał właśnie w delegacji do Kairu i wymyślał tam okropnie na Izrael. Po co mu to? I tak wyleci, choć na końcu – to coś jak żydowska policja w getcie: idzie do gazu na końcu. I oto sam mówię po antysemicku – każdy ma widać swój antysemityzm, na jaki go stać. Przypomina mi to endecką, przedwojenną piosenkę, śpiewaną na nutę majufesa. „Same Żydy, same Żydy, ta ra ra ram! Jak się pozbyć tej ohydy, ta ra ram!" Fu! Ale prorocze.

20 lutego

Był tu podobno parę dni Witek Małcużyński i okropnie się zapijał. Kiedyś ogromnie lubił pić, potem żona, Francuzka (z domu Gaveau, poznał ją kiedyś na Konkursie Chopinowskim w Warszawie) zabraniała mu. Teraz żona owa jest chora (zniedołężniała po wylewie do mózgu), wobec czego on popija znowu. Biedny chłopak właściwie, życie ma ciężkie mimo światowych sukcesów, a raczej właśnie z ich powodu – jest po prostu niewolnikiem swojej sławy i impresaria. Kiedyś, we wczesnej młodości, bardzo go namawiałem na zawodowe zajęcie się pianistyką – byliśmy wtedy u Lefelda i on wcale jeszcze do tej trudnej pracy się nie palił. Potem, na wyższy kurs, poszedł do Turczyńskiego, a tam już nie można było się migać, no i stało się. Dziś chyba nie jest szczęśliwy, choć został światowym „lwem fortepianu". Daleko mu oczywiście do klasy Richtera czy Michelangelego, jest dawnym typem pianisty, raczej narzucającym swą osobowość niż perfekcję gry – ale i to się liczy.

A znów Karol, jego brat najmłodszy (było ich czterech braci i siostra – ojciec, dyrektor warszawskiej giełdy!), stał się u nas głównym telewizyjnym „komentatorem politycznym". Komentator to nie w znaczeniu zachodnim, ale sowieckim – propagandysta, nie analityk. Z jego wszystkich wywodów wynika niezbicie, że Rosja to kraj cudowny, święty i mądry, nigdy nie uciekający się do siły, gwałtu czy perfidii, natomiast Ameryka jest uosobieniem zła, niesprawiedliwości, imperializmu. Ten dudek pewno nie zdaje sobie sprawy, że takie właśnie głosi rzeczy, bo jest, przy zewnętrznej kulturze, bardzo głupi. Mimo to publiczność go dość lubi, może dlatego, że sama jest bardzo głupia, a może z powodu jego dystyngowanego wyglądu. Mówiąc te same sowieckie komunały co inni, robi jednak miny, jakby się namyślał i sam do tego dochodził. Co dziwniejsze, lubią go też cudzoziemcy, na przykład właśnie Amerykanie. Skoro więc go wszyscy lubią, to wyjdzie na to, że ja się czepiam – jak zwykle. Cóż to szkodzi, że ktoś mówi kłamliwe komunały, skoro poza tym jest ujmujący?

Wracając jeszcze do muzyki i muzyków, to wciąż nie mogę pojąć, że ci artyści i twórcy kultury są częstokroć takimi osłami i świniami. Przekonałem się o tym niejednokrotnie na własnej skórze – ostatnio zaniosłem partyturę moich „Spotkań na pustyni" do Związku Kompozytorów proponując je na „Warszawską Jesień" – cóż, kiedy na pewno ktoś mi tam uszyje buty, zwłaszcza że polityki, jako dworacy, boją się oni jak ognia. Ale nie tylko o mnie tu chodzi. Ostatnio w „Kurierze Polskim" ukazał się wywiad z Czyżem. Czyż był triumfalnym wykonawcą szeregu utworów Pendereckiego w świecie, potem pokłócił się z powodu wykonania opery „Diabły z Loudun" w Hamburgu, co też było głośne. Wydawałoby się, że po takiej historii Czyż w wywiadzie nie będzie źle mówił o Pendereckim, boć dziecko nawet domyśli się przyczyny. Tymczasem właśnie przeciwnie – mówi i to jeszcze jak ostentacyjnie, osioł ciężki! I wszyscy oni są tacy, nawet ci najwięksi. Muzyka nie wyrabia charakteru i umysłu, przeciwnie, niszczy je zdecydowanie. Dlaczego? Może dlatego, że jest sztuką niesemantyczną, samą dla siebie, przy tym rynek jej jest dość wąski, a adeptów dużo, więc żrą się wszyscy o jedną kość bez opamiętania. Nie ma już takich kompozytorów, którzy pracowaliby dla samej sztuki i dla pośmiertnej sławy – wszyscy chcą sukcesu zaraz, dziś, wszyscy są własnymi, zawistnymi wobec innych impresariami. Czysta ohyda, czyli „strumień piękności".

Trwa proces młodych „taterników", przy okazji „stary" Giedroyc oskarżany jest na wszelkie sposoby, że agent CIA, agent „Wolnej Europy", dywersant, wróg Polski etc. Jako tzw. rzeczoznawca powołany był Kolczyński z Interpressu, z owej stajni mętniaków – karierowiczów. Jakież to sowieckie i jakie głupie – najsmutniejsza zaś jest bierność otumanionego społeczeństwa, które w ogóle nie wie, o co chodzi. Czesi mieli rację, że wszelką odnowę zacząć trzeba od przywrócenia wolnego prasowego słowa, ale Moskale też o tym wiedzieli i wyciągnęli konsekwencje. Jedno jest słuszne: że Giedroyc nie rozumie i nie zna dzisiejszej Polski, stąd jego złudzenia co do mody na odwilż, rewizjonizm etc. Takiej mody wcale tu nie ma, a od samodzielnego myślenia gruntownie ludzi odstraszono (przykład Bieńkowskiego). Giedroyc tego stanu rzeczy nie zmieni: jest za daleko i nie ma sił. „Wolna Europa" okazuje się tu realistyczniejsza, Książę to trochę Don Kichot, choć szlachetny, pełen zapału i poświęcenia. Dla kultury polskiej ma już zasługi ogromne, powinien to dzieło kontynuować, a dać sobie spokój z polityką. Cóż, kiedy każda kolejna „Czechosłowacja" działa na niego jak dźwięk trąbki na wojskowego konia. W dodatku nic nie wie on o tym, że ma do dyspozycji wyłącznie młodzież, wychowaną przez komunistów, a ci, choćby najlepsi, nie wszystko rozumieją, mając zawsze po trochu „zniewolony umysł". Wytłumaczyłbym mu to, ale cóż, kiedy nie mogę pojechać. Istna komedia omyłek.

Odezwał się znowu (tym razem w „Argumentach") osławiony Kąkol, tłumacząc szeroko, że wolność słowa na Zachodzie to pic dla naiwnych, bo jest uwarunkowana klasowo. O naszej wolności słowa nic jakoś tym razem nie pisze, że jest cudowna i wspaniała – furt tylko o Zachodzie i o Zachodzie. Zawsze gnębi mnie problem, którzy z tych ludzi wierzą w głoszone brednie, a którzy zwyczajnie kłamią dla kariery. Kąkol na pewno należy do tych drugich, bo jest nazbyt już bezczelny: idzie nie tyle na przekonanie ludzi, ile na ich zastraszenie. A jednocześnie cała nasza prasa przedrukowuje antynixonowskie artykuły amerykańskie i nikogo to nie dziwi, że tam, w „klasowo uwarunkowanej" prasie można to robić. Jakże oni lekceważą masę i czytelników – ale czy ktoś to zauważa? Myślę, że mało kto: ludzie z musu przyjęli komunistyczną sieczkę myślową za swoje i przywykli do tego, inaczej już nie potrafią. Tego właśnie nie rozumie Giedroyc – obym się zresztą okazał przesadnym pesymistą!

Za parę dni jadę do Konstancina popisać, ustawić jakoś moje nowe „dzieło" literackie. Lubię Konstancin i może będzie wreszcie trochę wiosny?!

21 lutego

Odwiedził mnie p. Teodor B. [Brachmański], mój stary znajomy z „Ars Polony", z którym w roku 1962 jeździliśmy do Francji i Niemiec ustalać zagraniczne umowy muzyczne z wydawcami nut. Była to moja ostatnia podróż na Zachód, po niej to właśnie przestali mi dawać paszport. B., wówczas dyrektor działu muzycznego „Ars Polony", dziś prowadzi sklep „Cepelii" w Brukseli z filią w Holandii. Prowadzi go na zupełnie wyjątkowych zasadach, bo jest tam jedynym Polakiem, zatrudnia 27 osób, towar kupuje w kraju za dewizy, a tam ceny ustala samodzielnie. Żeby tak wyglądał nasz handel zagraniczny, to byłoby coś, niestety jest to wypadek wyjątkowy, jak i sam B., Ślązak, syn górnika, uczestnika powstań śląskich i hallerczyka, poliglota, wieloletni pracownik NIK-u, partyjny, jest w istocie z zamiłowania i zdolności handlowcem, ale handlowcem uczciwym – cud, że się taki w naszych stosunkach uchował. Pracuje jak koń, walczy z naszymi ustrojowymi nonsensami jak może, opiera się kontrolom, które ani rusz nie mogą przypuścić, że na tego rodzaju stanowisku może być ktoś uczciwy. Oczywiście – o sobie nie zapomina, ale w sposób legalny, wszystko rozumie, chce, aby Polska zarobiła, a i on przy niej, niski, grubawy, rozsądny, spokojny – to naprawdę niezwykłe, że się taki uchował. Bliski mi, choć zainteresowania całkiem mamy różne, ciekawym jego dalszych losów, tak dalece jest nietypowy. Pewno w końcu dostanie w łeb – nietypowy a uczciwy to dla ustroju niebezpieczne. Mówiłem mu zresztą tę moją prognozę, nie wyklucza jej, grozili mu już zresztą ciupą za zbytnią operatywność typu kapitalistycznego. Ale jakże tam można inaczej handlować? – pyta on i pytam ja. Tam naszych przepisów ani w ząb nie rozumieją (tu zresztą też nie), chcąc z nimi handlować, trzeba przyjąć ich pragmatyczne normy myślenia. Ciekawy wypadek!

Dziś ma być u mnie Jerzy Turowicz. Brał udział w posiedzeniu Frontu Jedności Narodu. Prasa podaje jego przemówienie, m.in. o „prastarych ziemiach zachodnich, które wróciły do Macierzy". Okropnie mnie drażni ten endecki język, wznowiony przez komunistów. Toć wszystkie ziemie są jednakowo prastare – Europa to jednolita formacja geologiczna – a „Macierz" przypomina mi nobliwą, endekoidalną „Polską Macierz Szkolną". Ale kto dziś o takich subtelnościach historyczno-terminologicznych pamięta? Jerzy uległ strumieniowi semantyczno-propagandowemu: owszem, Ziemie

Zachodnie są nam niezbędne do życia i należą się nam, ale czy praw naszych do nich nie moglibyśmy uzasadnić w sposób mądrzejszy? A może właśnie nie, może ten patetyczno-tandetny żargon jest potrzebny i jedynie zrozumiały dla ludzi? Hm.

Książę Aleksander Małachowski, dobry, kulturalny publicysta, pisujący felietony do „Współczesności", omawiając telewizyjną serię „Czterej pancerni i pies", przedstawiającą polsko-radzieckie „braterstwo broni" w czasie ostatniej wojny, dał do zrozumienia, że wszystko tam jest raczej skłamane i polukrowane, ale cóż to znaczy, skoro cykl jest taki ładny, miły, wychowawczy. Wstrząsnął mną ten felietonik – a więc prawda się nie liczy, jest niepotrzebna, samotna, jej obrońcy to odosobnieni maniacy?! Tu, w użytkowym stosunku do prawdy czy nieprawdy tkwi sedno tego, co z nami psychicznie wyrabiają, z czym moi koledzy, jak się zdaje, całkowicie się pogodzili, a ja nie mogę. Maniak ze mnie – ale ktoś chyba takim być musi! W ten sposób się wywyższam, pocieszam, podnoszę na duchu.

25 lutego
Jestem już w Konstancinie – cisza tu, aż w uszach dzwoni, śnieg, las, są Jastrunowie i jeszcze jacyś państwo, dosyć miło, da się chyba popracować

Bardzo przykre miałem ostatnie dni. Z Jerzym T. pokłóciłem się okropnie – oczywiście o „Tygodnik". Doszło do krzyków, trzaśnięcia drzwiami, niepożegnania się niemal. A postanowiłem się hamować, bo wiedziałem, że Jerzy będzie miał przedtem inne rozmowy, niezbyt miłe, np. z Heniem, który obiecał mu wygarnąć wszystko na temat tego okropnego dziś pisma. Jedyny prywatny tygodnik na 32 miliony ludzi, który, mimo cenzury, miałby szansę zaznaczyć jakoś, że są w tym kraju niemarksiści, którzy coś myślą i robią, stał się, dzięki maniakalnemu skupieniu się na sprawach reformy Kościoła, czymś niemal dywersyjnym wobec prymasa i rozbijającym zainteresowanie katolicyzmem u wielu laickich środowisk. Mania reform jest w dodatku oparta na wzorcu zachodnim, rak zachodniości toczy to nieszczęsne pismo i nie pozwala mu dojrzeć problemów specyficznie polskich dzisiaj, wynikłych ze znalezienia się katolickiego kraju w rękach marksistów. Sumienia ludzi są tu codziennie gwałcone, co dzień, na wszystkich zebraniach, w szkole, w pracy głosić trzeba marksistowskie kłamstwa, a „Tygodnik", jakby drukowany na bezludnej wyspie, zajmuje się synodem czy soborem oraz drażnieniem prymasa. Do tego redagowany jest fatalnie, a raczej, jak przyznaje sam Jerzy, nie redagowany w ogóle. Długo się hamowałem, ale w końcu (może i wódka odegrała tu swoją rolę) wybuchnąłem, Jerzy też. Zwłaszcza się wściekł, gdy mu powiedziałem, że „Tygodnik" redagowany być winien przez Jacka W. [Woźniakowskiego] – tu odezwała się w nim jakaś zawiść czy animozja, to nieładnie – zresztą w ogóle nie zachował się ładnie, w każdym razie nie jest to już ten dawny Jerzy, szlachetny i wszystko rozumiejący. Zjadła go owa pasja reformowania religii, przypisuje tu sobie, jak się zdaje, olbrzymią rolę, choć wścieka się, gdy go oskarżyć o megalomanię. Nie będę z nim już rozmawiał w ogóle, właściwie od dziesięciu lat toczymy ten dialog głuchych na temat nieszczęsnego pisma. Ludzie na starość wyrodnieją, degenerują się – może ja, może on? Ja uważam, że on. To już obcy mi człowiek.

Nie bardzo ta kłótnia wypadła w odpowiednim czasie, bo jest wciąż aktualna sprawa mojego pierwszego artykułu do „Tygodnika". Redakcja napisała komentarz (pokazał mi go Stach), byłby dobry, gdyby nie jedno zdanie, jakieś takie, że ja „uznaję" przemiany dokonane w Polsce od lat dwudziestu pięciu, co widać z mojego artykułu. Wcale zresztą z artykułu tego nie widać, poza tym co to znaczy uznać lub nie uznać, skoro już się coś stało. Ale Stach nie chciał z tego ustąpić i w końcu się zgodziłem, przecież to oni piszą, a nie ja. Stach strofował mnie za kłótnię z Jerzym, o której już wiedział. Aha, na dobro Jerzego powiedzieć muszę, że nie mówił on na „narodowym froncie" o „prastarych ziemiach" i „Macierzy", to już nasza idiotyczna prasa sfabrykowała, aby ton tego przemówienia nie odbiegał od innych. (À propos przytoczę pewne państwowotwórcze zalecenie: „Zamiast w kącie rąbać prącie stań przy Narodowym Froncie!").

Stach [Stomma] robił tajemnicze aluzje, że podobno Olsz. [Stefan Olszewski] pytał, nad czym ja pracowałem ostatnie dwa lata i co będzie, gdy zaczną mnie w „Tygodniku" drukować, a tutaj coś wystrzeli jak diablik z pudełka. Dałem mu odpowiedź wymijającą, jak ów sierżant rekrutom: „Powiedziałem im, żeby mnie pocałowali w dupę!". Trochę się tym zdenerwowałem. Pisać tu o tym nie będę.

Proces „taterników" zakończony, dostali od trzech do czterech lat, trochę mniej niż chciał(a) prokurator. Dziwny to proces, jako że publiczność nie wie w gruncie rzeczy, o co chodzi: co prze-

mycali, co pisali, czego chcieli. W SPATiF-ie twierdzono, że to jest proces dla Rosjan, aby im pokazać, że polska partia jest pryncypialna i czujna. Rozwinięto też moje powiedzenie, że Gomułka to humanitarny dozorca więzienia. Powiedziano mianowicie, iż nie tylko jest humanitarny, ale jeszcze zręczny, gdyż od czasu do czasu okropnie krzyczy na więźniów, tak aby dyrektor słyszał, że on jest surowy. Chi, chi!
W Czechosłowacji zaczęto już odbierać obywatelstwa: utracili je m.in. Szik, Pelikan, Świtak. Ciekawym, czy dojdzie do aresztowań – chyba tak. A u nas? Myślę, że w końcu będą draki, względna łagodność nie może trwać w nieskończoność – chyba tylko w Jugosławii. Jak poleci Zenon K. [Kliszko], to poleci i Stach. Zarzucał mi on, że pisząc w moim artykule o patriotyzmie ubezpieczam się na wypadek przyjścia Moczara. Pytałem go, o czym więc miałbym pisać, toć patriotyzm nie jest niczyim monopolem. Powiedział, że o internacjonalizmie. Wyśmiałem go, że nie wiem, co to znaczy. W istocie, artykuł mój napisany jest „obrotowo", przy tym tak ogólnie, aby zaspokoił wszystkich, a nic nie powiedział. „Piszcie jak najkrócej i jak najmniej jasno" – miał powiedzieć Napoleon do prawników układających konstytucję Cesarstwa.

27 lutego

Dziś dopiero uchwyciłem wdzięk zimowego Konstancina, bardzo polski urok sosen i jodeł tonących w śniegu, starych willi i leśnych duktów. Musi się tu myśleć o Żeromskim, pisarzu, który zmarnował swój geniusz przez polskość. Mieszkał tutaj długie lata [Żeromski mieszkał w Konstancinie w latach 1920–1925], miał zdrowy pęd do prowincji, do wsi. W ogóle różne tu gryzipióry mieszkały, biedny Zawieyski, a dziś spotkałem Leopolda Buczkowskiego, który tkwi tutaj 25 lat. To chyba wielki pisarz, choć dziwaczny i niezrozumiały. Drugi taki to Parnicki – mamy też swoich Joyce'ów obok starczych gawędziarzy jak Iwaszkiewicz – osioł. Dobry to jest pisarz, a zarazem osioł – jak to idzie w parze?

Wacek pisał, że już dwa miesiące czeka na paszport, z czego wniosek prosty, że albo już ma swój nieważny, albo niedługo będzie miał, i co wtedy, skoro uparł się i pewno zobowiązał jechać do tej Afryki? Martwi mnie ten chłopak, wklepie się w sytuację bez wyjścia, bo tu UB tylko czeka, aby mu dać w dupę. Inne zmartwienia są domowe: Regina, siostra Lidii [Regina Hintz, siostra Lidii Kisielewskiej], poszła na jakąś operację, mama ich jest w stanie półprzytomności, u nas w domu też z tego powodu niewesoło. Siedzę więc tu, próbując się skupić na pracy, zrekapitulować ostatnie czasy, zwłaszcza awanturę z Jerzym Turowiczem. Myślę, że w końcu dobrze, że się ona odbyła, zrobiłem wszystko, co mogłem, aby przestrzec – zawsze taka moja rola, że mnie nie słuchają, a potem jest tragedia. Przecież oni naprawdę są narzędziem w ręku psychologicznej akcji marksistów. Zacząłem tu nawet szkicować artykuł na ten temat: dlaczego „Tygodnik" unika konfrontacji teoretycznej z marksizmem, czy tylko ze względów taktycznych, czy ma to głębsze przyczyny? Oj, ma, ma, po prostu mózg im się zmienił pod naporem „dziejów". A ten artykuł pewno się nigdzie nie ukaże, w ogóle wątpię, czy mnie przyjmą do pisania, choć o tym wszędzie głośno i nawet Jastrun coś takiego słyszał.

Czytałem tu w „Tygodniku Demokratycznym" (organ Stronnictwa Demokratycznego) o tym, jak to rzemieślnicy polscy namiętnie kochają Lenina. Miłość ta wynika stąd, że Lenin był kiedyś łaskaw napisać, iż na razie rzemieślnicy są potrzebni, uzupełniają bowiem pracę robotnika i chłopa, aby tylko, broń Boże, się nie bogacili. Więc „Tygodnik Dem.[okratyczny]" okropnie fetuje za to Lenina i obiecuje, że rzemiosło polskie urządzi ku jego czci przepiękne akademie. Przypomina mi to scenę, opisaną w „Napoleonie" Tarlego, jak to Napoleon gra sobie przy kominku w karty, a dopuszczeni to towarzystwa książęta niemieccy, świeżo przez niego mianowani, coraz to klękają i całują go po rozdających karty rękach. Tak, jeśli pan pozwala nam jeszcze troszeczkę pożyć, trzeba go lizać po łapach – zresztą całe „Stronnictwo Demokratyczne" w ogóle nic innego nie robi. „Cóż zrobić, Panie, kiej trzeba, dla chleba, Panie, dla chleba...".

Myślę, że w tym ustroju polityk musi być lizodupem. A pisarz? Jeśli decyduje się pisać do szuflady lub wydawać za granicą, a tu jakoś migać aluzyjnie, to może trochę godności oraz talentu zachowa. Czego i sobie życzę...

Obserwuję w telewizji stałą kampanię „antysyjonistyczną" i przyszło mi do głowy, że międzynarodowe Żydostwo po raz pierwszy od długiego czasu przestało być symbolem lewicy. Nie ma już „żydokomuny", jest za to „imperializm izraelskiej soldateski". Oczywiście, znajdą się na świecie masowe grupy niebogatych Żydów (np. w Nowym Jorku), jest też trochę obłąkanych inteligentów maoistów, trockistów, licho wie kogo, którzy jeszcze nie skapowali, że światowy komunizm wyrzekł się Żydostwa. W sumie jednak symbol „czerwonego Żyda" zniknął, no i na zdrowie. Ruskim to bardzo na rękę, bo żaden totalizm nie lubi mniejszości ani też międzynarodowych sprzysiężeń. Żebyż tylko jeszcze Marks nie był Żydem – ale to już rzeczywiście *zu viel verlangt*. Chi! A różne Kace-Suche i Laptery, którzy budowali tu stalinizm, przedstawiają się teraz na Zachodzie jako ofiary stalinizmu oraz polskiego antysemityzmu i robią Polsce koło pióra, ile wlezie. To moczarowcy wywołali tę bzdurę, a Gomułka ją poparł, nie bardzo wiedząc, co robi. Skutek propagandowy dla Polski opłakany i nie można nic odkręcić, bo nie dają napisać, jak naprawdę było. Jakimiż niewolnikami własnej konwencji słownej bywają komuniści!

2 marca

Śnieżyce trwają jak diabli, Konstancin zasypany. Nie ma szczęścia pan Gomułka – przedtem susza go zjadła, teraz zjada śnieg. Mnóstwo szos zablokowanych, węgiel nie odchodzi ze Śląska, wagonów brak – dawno takiej zimy nie było, długiej i złośliwej.

Tyle o pogodzie. Może ja też już znudniałem, bo tu tkwią przeważnie stare trupy, okropnie nudne i rozmawiające bardzo głośno o pogodzie. Nie jestem już młody, ale denerwują mnie oni okropnie i czuję się od nich inny. A może to się zawsze tak zdaje – do czasu? Może dla Jerzyka i Krysi też już jestem nudny? Co zrobić, żeby nie znudnieć na starość, o mój Boże! A czasu już tak niewiele!

Pomyślałem sobie, że pisząc teraz „dzieła", sam dla siebie i nie licząc na szybką ich przez kogokolwiek lekturę, nawiązuję do niesamowitych czasów okupacji, kiedy to nie dbając o nic pisałem „Sprzysiężenie" – cudem się ono zresztą ocaliło u p. Ryńcy w Piastowie. To chyba wiem na pewno, że pisarz, kiedy już pisze, powinien być sam. Co prawda właśnie na samotność skarży się Czesław Miłosz w książce „Widzenia nad zatoką San Francisco", którą teraz czytam. Smutna to książka, autor jakby dostał w tej Ameryce lęku przestrzeni. A po cóż on właściwie emigrował – przez tchórzostwo Janki? Gnębi go brak czytelnika: tam można być drukowanym, tu za to ma się czytelnika – wybór trudny. Ale poezje mógł pisać tutaj, tego się cenzura nie ima. To wielki poeta i wielki mój przyjaciel, ale ktoś skaził mi jego obraz mówiąc, że on całe życie kierował się dwoma lękami: lękiem przed bolszewikami (to u ludzi ze Wschodu obsesja) i lękiem przed nędzą. A Janka jeszcze te dwa lęki w nim rozbuchała. Poznałem ją przed wiekami w Warszawie, gdy była jeszcze żoną reżysera filmowego Cękalskiego. Śliczna była i bardzo inteligentna, ależ apodyktyczna! Refleks tego widzę w książce Czesława, gdy pisze, że kobiety spiskują przeciw mężczyznom w zmowie z naturą.

Czytałem w „Słowie Powszechnym" artykuł Nika Rostworowskiego o stosunku PAX-u do polityki. Nie znoszę tego publicysty, jest zakłamany tak subtelnie, że zawsze się wyśliźnie, jakby był nasmarowany mydłem. Pisze, że religia jest „transcendentna", ale to nie przeszkadza, iż katolik angażuje się w sprawy swego narodu, kierowane przez komunistów. Nie wspomina, że komunizm to nie jedynie upaństwowienie produkcji, lecz filozofia i ideologia całościowa. Do tej całości należy również taktyka, kążąca wciąż kłamać, wyolbrzymiać wady przeciwników (np. Amerykanów), a pomijać swoje. Co ma zrobić ksiądz, jeśli mu się ktoś wyspowiada, że co tydzień „daje fałszywe świadectwo" uchwalając przymusowo różne kłamliwe rezolucje. Tu właśnie kościół polski musi wprowadzić „reformę", ale nie taką, jaką zamyślają na Zachodzie, tam przecież nie mają komunizmu i nie znają tego rodzaju problemów. Nie da się z tego wykręcić sloganem o „oddaniu cesarzowi co cesarskie", bo ten cesarz żąda duszy. Komunizm to nie polityka, lecz religia. Kto tego nie widzi, ten się okłamuje. Siebie i innych, przykładem prasa PAX-u, a także „Tygodnik Powszechny", który również przyjął niefrasobliwą postawę państwowego konformizmu i gładko utożsamił sobie społeczne cele Kościoła z interesem komunizmu. Do tego ten ich obrzydliwy historyczny optymizm – co to ma wspólnego z katolicyzmem? Tfu, rzygać mi się chce na nich i na Jerzego Turowicza. Ten ostatni przysłał podobno do Lidii list z przeproszeniami za swoje zachowanie. Ze mną on już gadać nie będzie – zbyt namiętnie jak na chrześcijanina broni siebie – gdzie ta sławiona pokora?!

Pracuję tu dużo, ale mózg mi się łatwo męczy i nie bardzo wiem, jaki kształt przybierze to moje trzecie „dzieło"*. Za to prasy czytam mniej, co i dobrze. Może na wsiach, gdzie ludzie nie czytują prasy, życie nie jest tak ohydnie podszyte kłamstwem?! Ale nie, jest przecież radio. Co z duszą narodu?! I czy w ogóle istnieje takowa?!

---

* „Romans zimowy".

Czesi walą na całego: odbierają obywatelstwa i paszporty (*Goldstücker*), gwiżdżą na kierownictwo związków twórczych, piszą, że trzeba kierować sztuką. Jak za dawnych lat... U nas też to przyjdzie, gdy odejdzie „liberalny dozorca", a na nas spuszczą sforę hunwejbinów czy, jak mówi Zygmunt Mycielski, hujwenbinów. À propos: Zygmuntowi nagrali w Katowicach III Symfonię, Henio był na nagraniu, mówi, że dobra.

4 marca
Skończyłem książkę Miłosza „Widzenia nad zatoką San Francisco". Pomyśleć, że piętnaście lat temu, gdy przeczytałem „Rodzinną Europę" (było to w Poroninie), to po prostu siadłem i napisałem do niego długi list – teraz nie tylko, że nie ma mowy o liście, ale boję się pokazywać książkę, bo to „druk nielegalny". Ale z nas wystrugali głupków, ha!

Książka świetnie napisana, okropnie pesymistyczna, miejscami drażniąca ubezpieczaniem się autora na wszystkie strony, chciałoby się rzec drażniąca za dużą jego inteligencją i wszechwiedzą. Zarzuciłbym mu, że on, realista i człowiek ceniący sobie zawsze zdrowe uroki życia, tutaj uległ jakimś światoburczym zwątpieniom i drapie się tam, gdzie go nie swędzi, ulegając (choć się temu sprzeciwia) buntowi młodych amerykańskich narkomanów, a także swego uniwersyteckiego kolegi Marcuse'a. Po prostu Czesio żył niehigienicznie. Żyć higienicznie, to żyć w małym kręgu spraw, w których ważność i w ogóle losy jest się osobiście zaangażowanym – to nadaje wyższy sens codziennemu istnieniu i chroni przed szkodliwym zawrotem głowy. Nie można żyć nad dwoma oceanami i kibicować całemu światu – człowiek gotów rozpłynąć się wtedy w trwodze i w bezosobowej, obserwatorskiej wizyjności. Miłosz często myślenie zastępuje wizją, a że jest piekielnie inteligentny, więc, ubezpieczając się wciąż przed wszelkiego rodzaju jednostronnościami, wysypuje tych wizji taką masę, że w końcu przestaje już stać za którąkolwiek z nich, angażować się, twierdzić cokolwiek – jest zbyt ostrożny (intelektualnie też), aby w pełni podpisać się pod jakąś tezą – jeśli w końcu opowiada się za Ameryką „cnotliwą" (wypada to w końcu zadowolonemu z życia gościowi tego kraju – to tylko hucpa Kott zamienił się tam w Czarną Panterę), to czyni to z mnóstwem zastrzeżeń i aneksów, aby go tylko ktoś nie posądził o „ograniczenie". A jednak presja intelektualistów, zażywających marihuanę i pogardzających przyziemnym dobrobytem, musi tam być piekielna i do tego terroryzująca moralnie, jeśli nie wypada człowiekowi inteligentnemu im się sprzeciwiać. Całe szczęście, że Moskale są tak bardzo pryncypialni i zamiast w Pana Boga wierzą w swój święty proletariat, więc nie popierają tej rewolty bogatych paniczów – gdyby ją oficjalnie „doktrynalnie" poparli, zrobiliby Amerykanom nieliche „kuku". A tak, na proletariat przemysłowy czekać mogą długo, bo on jest w Ameryce zamożny i konserwatywny – co najwyżej z Murzynów będą mieli profit. O kwestii murzyńskiej zresztą pisze Czesław rewelacyjnie – w ogóle cała ta jego książka mogłaby śmiało wyjść w Polsce (jest tam jedynie kilka wypadów antymarksistowskich – zresztą *en passant*), tyle że na szczęście nasi tępi sekciarze do tego nie dopuszczą. Na szczęście, bo przecież cała nasza nadzieja to wiara w Amerykę pozytywną i cnotliwą. Czesław też się do tej wiary przyznaje, ale wstydliwie, bo nie wypada mu zdradzać swoich „jajogłowych" intelektualistów. A ja mam jajogłowych w dupie, a roztkliwiać się nad zwariowanymi maoistami, trockistami, marcusowcami etc. ani mi głowie. Myślę, że w końcu zdrowy nacjonalizm amerykański da tym rewolucjonistom z nadmiaru dobrobytu porządnie w łeb – czego im szczerze życzę.

Miłosz o Polsce nic już prawie nie wspomina, nie chce pewno być „prowincjonalny". Jakby nie rozumiał, że dla pisarza mikrokosmos jest ważniejszy niż makrokosmos, bo ułatwia uchwycenie praw świata na materiale konkretnym – a prawa te wszędzie są w istocie takie same. Kant całe życie nie ruszał się z Królewca. Myślę, że Czesław zatruł się pozornym ogromem świata i Ameryki – stąd trochę upozowana rozpacz jego, świetnej zresztą, książki. O ileż mądrzej postąpił Giedroyc: stworzył sobie polski mikrokosmos w Paryżu, żyje Polską i konkretnymi pracami dla niej – mimo swoich „hobby" i dziwactw politycznych jest w gruncie rzeczy pracownikiem pięknego i pożytecznego polskiego ogródka kulturalnego. Żyjąc polskim konkretem uniknął w istocie choroby duchowej, jaką jest emigracja. Żyje w Polsce swoich wyobrażeń i wspomnień, w jakiej w gruncie rzeczy żyli Mickiewicz, Słowacki, nawet Chopin. A Czesław jest już bez miejsca na świecie, choć usiłuje się do tego nie przyznawać, drapując się w szaty myśliciela ponadkontynentalnego. Ale jego głos przechodzi nie zauważony, czyli w rezultacie ma to samo, co gdyby został w kraju i podlegał tutejszej cenzurze. Po cóż więc wyjechał: dla wygody, dla ciekawych wrażeń i pejzaży? Tak, oczywiście, po cóż więc przebiera się w szaty nie zrozumianego cierpiętnika?! Toć to nawet nie wypada! Pompidou był w Ameryce i Żydzi (po naszemu syjoniści) zrobili mu nielichą kocią muzykę. Nasza prasa oczywiście strasznie się tym „niesłychanym" postępowaniem gorszy, a mnie się to ogromnie podoba, że nareszcie Żydzi nie demonstrują w sprawach „internacjonalnych" i głupio marksowskich, lecz w sprawie swojej ojczyzny i jej walki. To odrodzenie się narodowe międzynarodowego Żydostwa oraz zmiana jego ideowej funkcji to jest wielka oryginalność naszych czasów. Oczywiście, działają też jeszcze resztki „żydokomuny" odprawiające swoje wygłupy trockistowskie czy inne, ale rdzeń Żydostwa staje się narodowy, przestają drapać się, gdzie ich nie swędzi, cierpieć za innych i przysparzać narodom rewolucyjnych kłopotów. Żydzi na prawicy – oto dobra historia, która wścieka naszych faszyzujących bolszewików. *Hospody*, świat się przekręcił!

Kończy już mi się tegoroczny Konstancin, wczoraj byłem na wódzie u Berentowicza (stara knajpa jeszcze sprzed I wojny), dziś już wreszcie coś w rodzaju wiosny. Sporo tu popracowałem, ciekawe, co też mnie czeka w Warszawie? Mam na ten temat różne myśli, snuję je sobie spokojnie w konstancińskim zawieszeniu. Henio twierdził, że pobyt w Konstancinie to trening do siedzenia w ciupie. Tfu, bodaj się w ozór ugryzł.

6 marca
Jutro już stąd wyjeżdżam, jutro są też moje urodziny – kończę 59 lat – aż wstyd. Nie będę już powtarzał komunałów, że nie wiem, jak te lata zeszły i że ich nie czuję. Jedno, co uważam za swój dorobek, to fakt, że o ile pamiętam, mało się zmieniłem. Być tym samym człowiekiem przez kilkadziesiąt lat to jednak jest dobre. Moje marzenie, być tym samym do końca. Ale to rzecz trudna i niezależna od naszej woli – przypominam nieszczęsnego Zawieyę, który stał się na ostatnie miesiące ciałem bez duszy, a także matkę Lidki, która jest w tym stanie obecnie. Dałbym wiele, żeby uniknąć takiego zdziecinnienia czy też wyłączenia mózgu – tutaj są starzy ludzie i widok ich nie podnosi na duchu. Nudni a hałaśliwi – o Jezu!

Był tu jakiś pan K. z Klubu Inteligencji Katolickiej, miał ciekawą odmianę manii antysyjonistycznej, że niby Żydzi umyślnie robią teraz akcję antysemicką w Polsce, aby dodać sobie ważności, że to taka mistyfikacja *a rebours*. Twierdził, że Stomma i Zawieyski to pół-Żydzi – chi, chi. Ale powiedział rzecz, która mi zapadła w głowę, zresztą prostą: że mianowicie polityką dzisiaj (po obu stronach świata zresztą) zajmować się mogą tylko skończeni dranie, łgarze i cynicy. Muszę to powiedzieć Stachowi Stommie, że jednak ma on kwalifikacje niezupełne...

À propos Stacha, podobno dzwonił do nas do Warszawy i bardzo cienko śpiewał w telefonie, powiedział zresztą, żeby mnie nie ruszać. Prawdopodobnie nic nie wyszło ze sprawy artykułu, Gomułka lub Klisio, przeczytawszy tekst, się nie zgodzili, pewno mu jeszcze nasobaczyli. A może to co innego?! Trochę się tym przejąłem, ale potem mi przeszło, bo zacząłem czytać szpiegowską powieść Jamesa Hadleya Chase. Ten Anglik to ma magię zaciekawiania w piórze, tyle że po całonocnym czytaniu człowiek klnie, że czas zmarnował. No ale przynajmniej wprawiam się we francuskim. Czytam też po angielsku (!) fragmenty wspomnień Koestlera. Ten człowiek przynajmniej poznał się na komunistach i umiał krytycznie spojrzeć na samego siebie. Ale nie wszystkim się to podobało, pisze, że niektórzy, i to nie komuniści, mieli do niego zawsze stosunek dwuznaczny, niechętny, jak do księdza, który zrzucił sutannę. Dewocja ma swoje prawa – po każdej stronie.

Wracając do Żydów, prasa od paru dni przynosi oświadczenia Żydów radzieckich przeciwko państwu Izrael. Najpierw był to list z okręgu żydowskiego Birobidżan, z kolei deklarację złożyły różne osobistości, pisarze, muzycy, z wicepremierem Żydem Dymszycem na czele. Zredagowane to jest, w absolutnej swej czołobitności i głupawym konformizmie, tak idiotycznie, aby już nikt na świecie nie mógł mieć wątpliwości, że to bujda na resorach i przymus. Ciekawe, że Ruscy, tak chytrzy w niektórych sprawach, tak są głupi, jeśli chodzi o opinię publiczną. No cóż, oduczyli się z nią liczyć, a nauczyli ją lekceważyć. Rzeczywiście, w epoce bomby atomowej wszelka polityka staje się niewypowiedzianie brutalna i prostacka.

Ciekawią mnie losy grupy „Polityki" (Rakowski i spółka). W okresie Marca było z nimi nader krucho, moczarowcy chcieli ich pożreć na surowo, przed zjazdem partii się jednak odkuli (za pomocą, jak słychać, Starewicza i Gomułki), przedstawili wówczas ów ciekawy program gospodarczy (selekcja gałęzi przemysłu, odejście od baraniego kultu kopalnictwa i hutnictwa, zrezygnowanie z pełnego zatrudnienia etc.). Myślałem, że ich „stary" za to opieprzy, tymczasem ten program stał się podstawą dzisiejszych reform, o których się dużo krzyczy (choć mało robi, bo jak?). Ale podobno ostatnio coś się zmieniło i z tych reform się wycofujemy! Musi się tam toczyć za kulisami nielicha walka, a argumentem jest pewno odwieczna „maczuga obrotowa" – antysemityzm, bo w „Polityce" jest sporo Żydów. Ale ten Dajan dał tu argument ani się spodziewał komu. Powinien dostać Sztandar Pracy!

Podobno na Biurze Politycznym przeciwko prowadzeniu rozmów z Niemcami głosowali Moczar, Szydlak i Gierek. *Si non e vero*. Ciekawe się tam dzieją rzeczy, szkoda, że tajne i nic się o nich nie wie!

Jutro się pewno dowiem, czego tam Stach nie zdziałał – a może to Jerzy wierzgnął wreszcie, zmęczony moją niegrzecznością i krytycyzmem! Tak czy owak wydaje mi się, że nie będę już publicystą Polski Ludowej. Szkoda to czy przeciwnie? Ale emigrantem też nigdy nie będę – nie ułatwię komuchom sytuacji! Tylko że swoją drogą powtórne moje pisywanie w „Tygodniku" dałoby mi alibi i skonfundowało przeróżne amatorskie psy gończe. Więc po trochu szkoda!

11 marca

Już jestem w Warszawie i oczywiście po staremu zamęt nieludzki, nic się nie robi, a człowiek zmęczony i skotłowany wewnętrznie przez ciągłe rozmowy – Henio, Władek, Stach, wszystko podniecone, a nie uporządkowane że aż hadko. Oczywiście z moim pisaniem w „Tygodniku" nic nie wyszło. W ostatniej chwili wiadomy Zenon się rozmyślił, powiedział Stachowi, że artykuł mój jest dwuznaczny i mało mówiący (święte słowa), wobec czego należy dać sobie spokój – czy na zawsze? – nie mówił. Stach był bardzo speszony, ja mniej, bo się czegoś podobnego spodziewałem, zwłaszcza dowiedziawszy się, że sprawa poszła do Zenona. On chyba nigdy nic po ludzku nie załatwił, zwłaszcza w sprawach literackich. Może to lepiej, a może gorzej? (jak w żydowskim kawale, są dwa wyjścia). Na pociechę mam, że na koncercie u kompozytorów 16 bm. będą grali moje „Cappricio energico" na skrzypce i fortepian, jest już wydrukowane w programie. Dobra psu i mucha...

Brandt nie może dogadać się z NRD co do rozmów, bo Ulbricht postawił warunek, że... nie będzie mu wolno (Brandtowi) przyjechać na rozmowy z Berlina Zachodniego przez mur, ale ma przybyć samolotem czy samochodem bezpośrednio z NRF. Jest to w duchu rosyjskiej polityki, nalegającej, że Berlin Zachodni nie jest częścią NRF, lecz czymś w rodzaju wolnego miasta. A w ogóle Rosjanie w różnych swoich notach, artykułach, przemówieniach, wystawiają krajom Europy Zachodniej cenzurki, stopnie ze sprawowania, jakby się już czuli ich protektorami. Stopniowo Zachodniacy zaczną się do tego przyzwyczajać, uznawać to za normalne – na to właśnie Ruscy liczą. Opowiadano mi, że dawniej Europa bała się dwóch rzeczy: Kozaków i komunizmu, natomiast teraz te dwie rzeczy stały się jedną. Chi.

Wyrzucono Kuleszę, to znaczy z przewodniczącego Komisji Planowania Gospodarczego został wicepremierem. Zawsze uważałem, że to kompletny osioł, a jego nominacja jest zwykłym nieporozumieniem, ale „oni" muszą zawsze przekonać się sami – aż dziw, że tym razem przekonali się tak szybko, w niecałe 15 miesięcy. Zrobić konia senatorem to jeszcze, ale osła prezesem – *fi donc!* Na jego miejsce przyszedł Majewski, finansista bankowiec – pewno chodzi o oszczędzanie. Coś mi się widzi, że Rosja w końcu przestanie kupować od krajów socjalistycznych przeróżne buble, lecz nastawi się na stosunki handlowe z Europą Zachodnią, a wtedy my wyglądać będziemy całkiem już jak kot w kalesonach. I znów kawał, tym razem gospodarczy. Amerykanin przyjeżdża do Polski i chce zwiedzić pewną fabrykę, ale widzi, że nie ma tam wcale robotników. – Cóż to u was taka automatyzacja? – pyta. – Nie – mówią mu – robotnicy piją w knajpie naprzeciwko! Po namyśle Amerykanin mówi: – Aha, rozumiem, u was jest dyktatura proletariatu – u nas też klasa rządząca nie pracuje fizycznie!

Dowiedziałem się, że pół miliona robotników jugosłowiańskich pracuje sezonowo poza granicami, na Zachodzie. No tak, w ten sposób nawet socjalizm może egzystować, mając dopływ dewiz. Ruscy pewno też chcą sobie jakiś kanał dopływu zorganizować – ludzi, rzecz prosta, nie wypuszczą, ale wrażą kapitalistyczną forsę wpuszczą. Tylko u nas ciągle: plajta, klapa, kryzys, krach!

13 marca

Ogromny krzyk się robi z nową reformą płac i wynagrodzeń – ogólnie mówiąc ma się dać premię nie od wykonania rocznego planu, lecz od poszczególnych zadań produkcyjnych z kooperacją włącznie. Bałagan to będzie niesłychany, „Trybuna Ludu" pisze, że dla ustalenia nowych stawek trzeba mieć „dużą wiedzę ekonomiczną". Już sobie wyobrażam, jakie walki będą się toczyć w przedsiębiorstwach, ile będzie lipy, kombinacji, intryg – już to nasi władcy są mistrzami od siania bałaganu i nieporozumień, a z kolei społeczeństwo zamienia się w niesolidarne zbiorowisko rozżartych egoistów. Ciekawy przykład, jak „góra" sieje zamęt w sprawach zasadniczo słusznych, to sprawa praktyk studenckich w zakładach pracy. Praktyki to na pewno ważne i potrzebne, ale najpierw ustawiono je tak, jakby były karą dla młodzieży za Marzec 1968, potem okazało się, że wprowadzono je, zanim fabryki czy PGR-y zdołały przygotować rzecz organizacyjnie, w rezultacie młodzież nabrała do całej sprawy stosunku ironicznie negatywnego, co jest rzeczą nie do odrobienia. Tak, nasi władcy to mistrzowie w demoralizowaniu narodu, ale ani o tym wiedzą, ani czegokolwiek z tego rozumieją. Tyle że co im szkodzi? Władzę mają od Rosjan i będą mieli nadal, o nic im więcej nie idzie. A ludzie demoralizują się i głupieją na potęgę. W prasie pojawiają się listy, aby wzmóc „socjalistyczne" represje przeciw tym, co się nielegalnie bogacą, na przykład adwokatom, przyjmującym prezenty finansowe poza oficjalnym wynagrodzeniem. Ludzie tak już są zdezorientowani, że na oślep szukają „winnych" tam, gdzie ich wcale nie ma. Wszelka demagogia może chwycić, bo ludzie nie widzą wyjścia. Beznadziejnie to wszystko wygląda. Gdyby skomunizowani robotnicy Francji i Włoch pożyli tutaj dwa lata, wyleczyliby się z komunizmu na całe życie. Ba, gdyby – ale to niemożliwe. Świat stoi na niepoinformowaniu i żadnej na to rady nie widać, komuniści wiedzą, co robią, zamykając swoje kraje i kasując wszelką swobodną informację. Są to pesymiści co do ludzkiej natury, a zarazem cyniczni spryciarze, którzy z tego pesymizmu wyprowadzają krańcowo konsekwentne wnioski. Któż im dorówna?!

Oglądałem telewizyjne widowisko seryjne „Czterej pancerni i pies". Jest to propagandowa bujda pełna żołnierskiej „krzepy" i polsko-radzieckiego „braterstwa" z czasów ostatniej wojny, bujda zresztą nieźle grana i ogromnie popularna (biednaż ta obełgana młodzież), ale mnie tu interesuje co innego. Zrobił ją płk Janusz

Przymanowski, tak zwany „Żyd pancerny" (a Centkiewicz to „Żyd polarny") oraz jego żona Maria Przymanowska. Otóż w tym właśnie rzecz: Maria Przymanowska to p. Hulewiczowa, bohaterka okupacyjnej konspiracji, potem sekretarka (i nie tylko?!) Mikołajczyka w Polsce. Nie udało jej się uciec z Mikołajczykiem, złapana na granicy przypłaciła rzecz długoletnim więzieniem, męczona przez Różańskiego. I oto osoba o takiej przeszłości (bohaterstwo jej okupacyjne tym było większe, że z pochodzenia jest również Żydówką) wychodzi za komunistycznego fagasa i robi z nim głupkowatą propagandę, fałszującą przeszłość. Zaiste, niezbadane są ludzkie drogi!

Trzeba się brać do „Muzyki rakietowej", choć jak długo można pisać „pod siebie?" Co prawda starzy kompozytorzy, choćby Bach, pisywali tak całe życie nieraz. Ze sztuką też się wyrabiają dziwne rzeczy. Widziałem na przykład ostatnią wystawę Gierowskiego, malarza ciekawego a dobrego, nieraz wręcz mistrzowskiego. A tu – przekreślenie wszystkiego: wielkie czerwone płótniska, a na dole trochę różnokolorowych kropek. Choćby mi rok tłumaczyli całą tego filozofię, muszę uznać, że jest to po prostu zdążanie do nicości – nie może wieloletnia ewolucja techniczna i mozolne nabywanie mistrzostwa zostać nagle zastąpione przez wielkie zero. To jakiś rak nihilizmu przeżera ich wszystkich, w muzyce spotyka się to samo, np. ostatni Stockhausen. Nie wierzę w dzieło, które nie wymaga wysiłku technicznego, przezwyciężania oporu materii, a jest tylko czystą koncepcją. To łatwizna, unik, nieporozumienie!

U mnie znów stan obserwacyjno-alarmowy: UB wzmogło kontrolę, czuję ich wokół – pewno w związku z paru sprawami i rozmowami. Wczoraj widziałem Jurka. Na wiadomość, że nie zgodzono się na moje pisanie w „Tygodniku", powiedział ciekawie: niech chociaż jeden obserwuje wszystko z boku. Ciekawe słowa, choć tkwi w tym projekt trudnego życia. Jak długo można trwać w zawieszeniu, poza prawami ciążenia?!

15 marca
Typowe marcowe popołudnie, zmierzch – przedwiosenny smutek. Wybieram się do Amerykanów na obejrzenie filmu „Apollo 12", ciekawym, czy ubecy będą za mną leźli, ostatnio jakoś, jak już pisałem, sporo jest tego wokół. Przeczytałem niedawno wydaną książeczkę Fillera „Twórczość małej emigracji" o literaturze emigracyjnej („mała" to oczywiście przeciwstawienie dawnej „wiel-

kiej"). Książka, pisana nie bez inteligencji czy sprytu, jest łajdacka, bo w sposób celny operuje fałszerstwem i przekręceniem, bezbłędnie wykorzystując fakt, że nikt w Polsce tych tekstów nie zna (lub prawie nikt). „Ułaskawia" tylko Gombrowicza, dostrzegając miłościwie, że jest on apolityczny, docenia talent Miłosza, zarzucając mu tylko, że zdąża do kosmopolityzmu (właściwie racja), jeszcze parę nazwisk cytuje z pewnym aplauzem, resztę rąbie bez litości, zarzucając hojnie zdradę i antynarodowość. Powiada, że wspólność języka o niczym tu nie świadczy, co nie tkwi w dzisiejszej Polsce i jej poglądach, to jest obce, niepolskie. Krótko mówiąc, polskość to jest komunizm, kto ma inne poglądy niż obowiązujące u nas, ten nie-Polak, zdrajca i kwita. Jest to konsekwencja wyciągnięta z poglądów sowieckich o socjalistycznym narodzie: znika pojęcie „opozycji politycznej", bo warunkiem takiej opozycji jest zmiana ustroju, czyli likwidacja istniejącej baraniej jednomyślności, a więc, w warunkach polskich, rzeczywiście likwidacja istniejących podstaw wspólnoty narodowej. Czyli że sylogizm Fillera: kto nie jest komunistą, ten nie jest Polakiem, paradoksalnie się sprawdza, bo skoro wszyscy Polacy są komunistami, to ten, kto nie jest komunistą lub też krytykuje komunizm, nie chce należeć do jedynej istniejącej polskiej wspólnoty, *ergo* nie chce być Polakiem, więc jest zdrajcą, renegatem. Doprowadzenie do tego, że posiadanie czy głoszenie odmiennych niż obowiązujące poglądów politycznych jest renegactwem, to wyciągnięcie maksimum konsekwencji z ducha rosyjskiego, choć Filler pewno o tym nie wie i myśli, że to jest polski wynalazek „narodowy". Rzeczywiście, polska wspólnota bez komunizmu istnieć by dziś nie mogła, bo Rosjanie weszliby czołgami i przywrócili „porządek" – czego zresztą Filler nie dopowiada. Paradoksalną rzeczy koleją bez komunizmu mogłaby istnieć Rosja, bo komunizm to jest jej własny wynalazek, jak się go wyrzeknie, będzie żyć dalej, nikt jej w końcu nic nie zrobi, co najwyżej utraci nieco zrabowanych ziem. Ma więc swoją rację stary Książę, gdy mówi, że najważniejsza jest opozycja w samej Rosji. Ba! Ale na razie o to nie chodzi, tylko o filuterną wesz – Fillera, który genialnie udając Greka (a raczej może będąc Grekiem, czyli zniewolonym Polakiem, którego niewola polega na niewiedzy, iż jest zniewolony) rządzi się jak szara gęś, wiedząc, że mu nikt nic nie zrobi. I rzeczywiście – nieodpartość jego nędznych sylogizmów plus... cenzura czynią zeń mocarza. Szmaciany mocarz, ale mocarz.

Podobno Kliszko kazał zwolnić wszystkich siedzących jeszcze w cieniu Giedroyciowych „taterników" bez oglądania się na prawo, prokuraturę etc. Myślę, że ci na górze tylko wiedzą w pełni, jak mało obowiązuje w Polsce jakiekolwiek prawo – gdyby byli nieco solidarniejsi ze społeczeństwem i czasem mrugnęli doń porozumiewawczo! Ale to niemożliwe – wtedy już nie pozwolono by im być na górze! Commediante czy Tragediante?! Piszę to w zupełnej próżni, więc sam nie wiem. Wątpię, czy „samotność mędrców mistrzami czyni". Ciężko mi robić dalej swoje w próżni i bez rezonansu, ale porzuciwszy politykę, czyli [?] * się na boki, nie mam innego już wyjścia. Stach chyba to zrozumiał, dlatego był ostatnio dość serdeczny.

16 marca

W gruncie rzeczy ten Filler ma swoją rację, bo jeśli, pod grozą narodowych nieszczęść, może istnieć tylko taka Polska, jaka jest, to znaczy sowiecka, w takim razie każdy, kto przeciw niej występuje, automatycznie, chce czy nie chce, jest antypolski. Dochodzimy tu do jakiegoś absurdalnego dylematu, który właściwie nie bardzo w sobie samym umiem rozwiązać. Można by tłumaczyć, że literatura to nie polityka, że na przykład wszyscy wielcy pisarze amerykańscy występowali przeciw Ameryce i nie tylko że jej nie zniszczyli, ale przeciwnie, przynieśli jej chwałę. Ale znowu przypomnieć trzeba, że Ameryka jest silna, a Polska słaba, po drugie zaś, że warunki są tu inne, bo naprawdę wolność słowa rozbuchana w Czechosłowacji ściągnęła na ten kraj nieszczęście. Można by też powiedzieć jeszcze, że opozycja literacka u nas wyraża nie mogącą się w inny sposób uzewnętrznić opozycję społeczną, ale czy o tej ostatniej coś wiadomo? Toć ludzie w ogóle nie wiedzą już, że można być w opozycji, nikt ich tego nie nauczył (my jesteśmy starzy, to co innego, znamy rzecz z autopsji), nie wiedzą też, że mogą być niezadowoleni z rzeczywistości, bo coraz mniej mają możliwości porównywania. W sumie opozycja literacka to rzeczywiście opozycja ludzi oderwanych od życia (co prawda Lenin przez długie lata też był oderwany od życia Rosji – ale za to miał swą doktrynę, twardą jak kamień) i ludzi przeszkadzających ogółowi. Hm. Ale w takim razie dla względów narodowo-patriotycznych zrezygnować trzeba z literatury o współczesności, lub uprawiać ją tylko na emigracji, pilnie bacząc, aby broń

---
* Tekst nieczytelny

Boże, nie dotarła do kraju. Czyli że Filler ma rację albo też ja już jestem sowiecki człowiek. Zwariować można! Wczoraj u Amerykanów było bardzo miło – młodzi chłopcy pracowici i pozytywni, jakże daleko odbiegający od hipisów odmalowanych przez Miłosza. Był Słonimski i Stach Stomma, ten ostatni mówił mi, że był u pułkownika M. [Stanisława Morawskiego] w sprawie wyjazdu Lidki do Paryża i tamten w zasadzie nie stawiał sprzeciwów, powiedział, że „sprawdzi". Pytał też przy okazji, dlaczego ja nie występuję o wyjazd, a gdy mu Stach odrzekł, że jestem zniechęcony przez wielokrotne odmowy, powiedział: „At, powinien jechać, siedzą tam tacy różni, co szkalują, może i on szkalować!" Jest w tym jakaś aluzja do wyjazdu na zawsze, emigracyjnego. Tylko że tej przyjemności im nie zrobię, będę tu, właśnie jako opozycjonista. Lecz znowu pytanie – jaki cel tej opozycji?! Skoro mało kto ją chce, a agitować czy organizować nic nie wolno, to można tylko siedzieć w samotności i pisać pod siebie lub... Tak, niewesołe to perspektywy, ale coś w środku mi mówi, że wytrwać trzeba. Jakże szczęśliwi są ci młodzi Amerykanie, sprawy układają im się całkiem prosto, a swoją ojczyznę z prezydentem włącznie krytykować mogą, ile wlezie, i nie muszą po to jechać na emigrację. Orzeźwili mnie nieco, zapomniałem, żem Sowiet.

19 marca

Tyle mam różnych myśli i wydarzeń, że nie wiadomo, co zapisać. Brandt i Stoph (NRD) spotykają się w końcu w Erfurcie. Tutejsi dziennikarze zachodnioniemieccy „podziwiają się", bo taka panuje idylla, z Polską podobno też (choć rokowania gospodarcze nie idą), nikomu z tych młodych ludzi nie przychodzi do głowy, że to po prostu Rosja kontynuuje swoją grę w szachy. Do Łaby Ruscy mają wszystko w ręku, dwadzieścia lat odpoczęli, a teraz kombinują, jak by tu podgryzać Europę Zachodnią i oderwać ją od Ameryki. Ale skoro ja to wiem, to Brandt też chyba wie (choć politycy nie wiedzą często tego, co wiedzą „prości" ludzie). A poza tym Adolf R. [Adolf Rudnicki] twierdzi, że Rosja żyje ciągle z osiągnięć Stalina, że potem żadnych już sukcesów terytorialnych nie miała. Może to i prawda?

I znów łapię się na tym, że nie myślę kategoriami polskiej racji stanu. Przecież jeśli Polska jest w rosyjskim bloku, to trzeba życzyć sukcesów politycznych Rosji, a nie rozczulać się nad losem szkopów. O cholera, znów ten odwieczny a idiotyczny, choć realny, polski dylemat dwóch wrogów. W dodatku nie możemy już dziś modlić się jak Mickiewicz „o wojnę powszechną ludów", bo taka wojna byłaby wojną atomową, czyli powszechnym zniszczeniem, tego zaś w końcu życzyć sobie nie można. Czyli że w rezultacie myśleć o wolnej Polsce to znaczy przeszkadzać wszystkim, a do tego jeszcze źle doradzać samym Polakom, to znaczy być – antypolskim. Więc znowu ów problem Fillera!

Adolf R. [Adolf Rudnicki] rozdygotany, wstrząśnięty, choć i zafascynowany dziwnym obrotem sprawy żydowskiej na świecie. Adolf był bardem „epoki pieców", a co ma, jako człowiek i pisarz, robić teraz? Powiada, że sam tego nie wie, wyjeżdżać nie chce, drukują go nie bardzo, finansowo go zniszczyli, gdy, osioł, próbował wywieźć 300 dolarów za granicę. Czuje się osamotniony, bez towarzystwa „swojego", bez środowiska, niepewny jutra, trochę pomylony. Muszę się nim jakoś zająć.

W „Kulturze" (warszawskiej – dla pewności) ukazała się nowela Jerzego Andrzejewskiego, taka, którą nam kiedyś czytał: dzieje się w Paryżu, bohaterem jest sfrancuziały Polak, który nosi w duszy wspomnienie z obozu, kiedy to dla ratowania siebie wydał na śmierć kolegę – Rosjanina. Typowy „moralitet" Jerzego, ładnie napisane, dedykowane Zygmuntowi H. (Hertzowi – he, he!), ale niespecjalnie rewelacyjne. Rewelacyjny natomiast jest fakt samego ukazania się owej rzeczy i to w takim miejscu. Adolf mnie pytał, czy wydrukowanie tego w „Kulturze" to nie jest „zdrada", ja uważam, że po czynach Andrzejewskiego (protest w sprawie czeskiej, wydrukowanie „Apelacji" w Paryżu) jest to sukces – sukces nazwiska i talentu, którego komunistyczni politykierzy jednak się boją. Grano też już w radio symfonię Mycielskiego, słowem jakaś amnestia, mnie jednak ona nie obejmuje, jubileuszowy numer „Tygodnika" (25 lat) ukaże się beze mnie. Ale za to moje „Capriccio energico" na skrzypce grano na koncercie Związku Kompozytorów – tylko na afiszu mnie nie umieścili, nie wiem, czy ze strachu, czy im kazano. Wyszło nawet dobrze, ludzi sporo, poza tym w programie były wzruszająco stare i rzadko grywane rzeczy: Trio Kofflera i Suita na skrzypce i fortepian Szałowskiego. Koffler dzisiaj brzmi całkiem idyllicznie (kiedyś przed wojną zaatakowałem go za „dwunastnicę", czyli technikę dwunastotonową – teraz mi wstyd, głupi byłem), Szałowski to małe arcydzieło, po ravelowsku mistrzowskie, a ma już ten utwór 39 lat. Szkoda tego Antka, siedzi w Paryżu, zdziwaczał i mało się o nim wie.

Mój utwór na konkurs w tymże Paryżu wrócił – więc znów nagrody nie dostałem. A w ogóle to nie wiem, jaką muzykę pisać – nie wierzę w awangardę z jej happeningami i aleatoryzmem, dalej trzymam się zasady, że kompozytor winien kontrolować wszystko, do najdrobniejszego współbrzmienia. Robię tak właśnie w pisanej teraz „Muzyce rakietowej", ale że to partytura pionowo spora i dużo w niej lataniny, więc praca idzie bardzo powoli i zastanawiam się, czy to nie donkichoteria i czy uszy ludzkie nie odwykły od takiej precyzji. Może to jest próba „mistrzostwa" trafiająca w próżnię? Ale ja już inaczej robić nie będę, tak umiem, inaczej nie. Czy jestem skamieliną, zastygłą w kamieniu starą muszlą? Myślę, że nie można dać się obłąkać awangardzie i stracić całkowicie wiarę w siebie. Jeśli mam coś robić (to zresztą też pytanie, czy warto), to po swojemu. W muzyce po latach każdą odrębność się ceni, a „mój konserwatyzm świadczy o mnie". Tak się pocieszam, choć robak zwątpienia czasem mnie podgryza – jego prawo. Byłem dziś w „Czytelni Austriackiej" na wystawie partytur Jana Matthiasa Hauera, który pono wymyślił dodekafonię przed Schönbergiem. Całe życie konsekwentnie i maniakalnie drążył i drążył jedną ideę – tyle że był zupełnie nieznany i zapomniany. Istny bohater – takim tylko wariat być potrafi! A więc – być wariatem!!

20 marca

Cała nasza prasa, radio, telewizja pełne są wieści o nowym systemie bodźców materialnych w przemyśle, o premiach, uzależnianych od „istotnej wartości" produkcji i o normach, dla których miernikiem porównawczym ma być produkcja roku 1970. Toczy się na ów temat dyskusja w fabrykach, rzecz oczywiście w tym, że nikt nie wie, jak ustalić rzeczywistą wartość produkcji. Wszyscy już niby przyjęli tezę, że nie chodzi o „masę przerobową ani o globalną wartość całej produkcji, lecz trzeba znaleźć mierniki, które uwzględniłyby i postęp techniczny, czyli nowoczesność tej produkcji, i sprawność kooperacyjną, i wyzyskanie rezerw. Skąd wziąć taki uniwersalny miernik? Mówi się o „stopie zysku" lub o „kwocie zysku", zapominając (rozmyślnie), że przy naszych cenach dowolnie ustalonych i nie stojących w stosunku do istotnej wartości danego produktu wszystkie mierniki będą „księżycowe", nawet miernik eksportu.

Istotna reforma może być tylko jedna, ta, którą w Czechosłowacji proponował Szik (obecnie emigrant), a u nas Brus, i którą stosują Jugosłowianie: szukać w socjalizmie kryterium rynkowego, to znaczy uzależnić ceny i płace od podkupności danego towaru, produkcję fabryczną zaś premiować, jeśli wygrywa walkę konkurencyjną i zostaje sprzedana. Ale słowo „rynek" jest u nas wyklęte, strzegą się go wszyscy jak diabła, wiedząc, co za to grozi. A przecież, zdawałoby się, „rynek" to pojęcie bardzo demokratyczne, bo dla kogóż się produkuje, jeśli nie dla ogółu obywateli?

Bez tego rzeczywiście obiektywnego i uniwersalnego miernika wszelkie „kwoty zysku" czy „stopy zysku" przedsiębiorstw są z ekonomicznego punktu widzenia fikcją, a proponowana reforma wywoła tylko niesamowity bałagan – już go zresztą widać! Myślę, iż inicjatorzy reformy (zdaje się, że są to m.in. goście z grupy „Polityki") są rzeczy świadomi, ale chcą chociaż cokolwiek zreformować, jeśli już nie można przejść na jedynie sensowne kryteria rynkowe, bo to jest tabu. Swoją drogą sytuacja, w której wszyscy, wiedząc o tym doskonale, trwać muszą w nonsensie, bo taka jest umowa czy konwencja, to czysty surrealizm. Wobec niego ani „Nowe szaty króla" Andersena, ani wszelkie fantazje Mrożka nie wydają się ani odrobinę przesadzone. „Życie to sen wariata, śniony nieprzytomnie". Aż się wierzyć nie chce, że dorośli ludzie, profesorzy, doktorzy, ministrowie kręcą się z całą powagą w kręgu umownego, wymuszonego werbalnego z pochodzenia nonsensu. To właśnie są cuda komunizmu!

Bardzo mnie zmartwił ostatni (marcowy) numer paryskiej „Kultury", który czytałem u Literatów. Są tam artykuły jakby umyślnie wyreżyserowane stąd, na przykład o rewizjonizmie czy Tyrmanda dalej o Żydach. Stary Książę nie rozumie, że dostarcza walkom wewnątrzpartyjnym w kraju amunicji, ale nie takiej wcale, jak myśli: po prostu dostarcza ciała straszakowi rewizjonizmu i syjonizmu, który to straszak służy do wywalania z partii resztek samodzielnie czy odmiennie myślących ludzi. Ale z prawdziwą grą polityczną toczoną u nas o władzę nie ma to nic wspólnego: ci, co taką walkę toczą, nie zajmują się mówieniem rzeczy merytorycznych, lecz właśnie ukrywaniem swych myśli – ich walka rozgrywa się w ukryciu i w milczeniu, a jeśli już coś mówią, to jedynie aby pokazać, że nie powiedzą nic więcej poza umowną konwencją. Dopiero po dojściu do władzy mogą objawić swoje tendencje – na przykład Gomułka dopuścił do prywatnej gospodarki rolnej i stał się przez to rzeczywistym „rewizjonistą", ale ani przed tym, ani po tym niewiele na ten temat mówił. Słowo nie służy tutaj polityce, lecz ją udaremnia. Nie przeceniam demokratyczności krajów Zachodu, niemniej publiczne wypowiadanie się celem wpłynięcia na opinię i zdobycia sobie głosów wyborczych ma tam jeszcze swoje polityczne znaczenie, bo gra toczy się przynajmniej wobec szerokiego audytorium (chociaż i tam już obecnie nie zawsze po myśli tego audytorium). Tu natomiast gra się toczy wobec audytorium niezwykle wąskiego, a jedną z jej żelaznych reguł jest tajność – niemówienie, przynajmniej do czasu, o co chodzi (nawet po dojściu do władzy trzeba umieć milczeć i przestrzegać konwencji – to właśnie przedwczesna szczerość zgubiła Dubczeka). Stary Książę z Paryża nie rozumie, że wydając „rewizjonistyczną" książkę Bieńkowskiego raz na zawsze wyłączył pana Władzia z wszelkiego naszego życia politycznego, czyli z możności wpływania na cokolwiek. Albo głoszenie własnych poglądów, albo wpływ na rzeczywistość – nie rozumieją tego na Zachodzie, nie rozumiał tego też u nas Oskar Lange i dlatego nic nie mógł zrobić, inna rzecz, że ekonomiście specjalnie jest trudno milcząco godzić się z nonsensem i czekać (na co?!). Tak, tutaj przede wszystkim chodzi o władzę – poglądy przychodzą później, gdy się ją już ma – a i to nie zawsze są stałe i sprawdzalne (jakże tańczył i zmieniał koncepcje biedny Chruszczow, jedyny zresztą ludzki człowiek w komunizmie rosyjskim – toteż i źle skończył). Toczy się gra masek, a Giedroyc – naiwny – chce demaskować. Wobec tego staje się również maską – ale bierną, inną, niż myśli. My z Jasienicą też byliśmy za takich frajerów w Marcu 1968 – i też dzięki chęci do gadania. Tak jak w komedii „Madame Sans-Gêne" Minkiewicza pomalowani na czekoladowo mamelucy śpiewają: „Nie wiemy nawet, kogo gramy i czemu czarne pyski mamy". No i naprawdę nie wiemy – dlatego właśnie odrzekłem się od polityki i mogę sobie gadać (do lustra). Ale Książę się nie odrzekł – bo jeszcze nie zrozumiał. Co prawda jak tu rozumieć z Paryża?

26 marca

Znów myślę, jak ocalić naszą gospodarkę(?!). Potrzeba nam dewiz, a z produkcji wiele ich nie wyciśniemy. Więc stary mój program: rozbudowywać międzynarodowe usługi, flotę handlową, turystykę zagraniczną, no i rolnictwo plus pewne tylko, wyselekcjonowane dziedziny przemysłu. Ale jak to zrobić, kiedy tutaj rozbudowa przemysłu należy wręcz do dogmatów ideologicznych – żeby pomnożyć klasę robotniczą, bo jakiż to socjalizm bez robotników? Przy tym robotnicy są bez reszty zależni od państwa, podczas gdy chłop ma swoją materialną niezawisłość, swój własny warsztat, póki więc nie zrobiono kołchozów, to się trzyma samodzielnie. Czyli że przemysłu redukować się nie da, z czego wniosek, że bez dużej kooperacji z zagranicą „będzie to, co jest". U nas mamy przy tym jeszcze jedno uzasadnienie na socjalizm: przemysł musi być państwowy, bo któryż prywatny facet wziąłby na własność coś tak deficytowego?!

Tych wszystkich zmartwień nie ma Rosja, gdzie państwo jest bogate (złoto, kopaliny, futra, tania energia), a obywatele przyzwyczajeni do ubóstwa i nie mający żadnego porównania swojej stopy życiowej z czymkolwiek, bo nie wyjeżdżają za granicę, a kraj jest olbrzymi i wszędzie w nim taka sama „stopa". Myślę więc, że problemy strukturalno-rewizjonistyczne to tylko i wyłącznie specjalność mniejszych krajów socjalistycznych, Rosja jest poza wszystkim i będzie trwała, aby tylko pozostawała zamknięta na świat, a tak na pewno i będzie. Oczywiście, zachodnia lewica w żaden sposób nie może pojąć, z jakim to mocarstwem ma do czynienia, nawet chorobliwa izolacja Rosji nic im do myślenia nie daje. Wczoraj poseł Myślik mówił mi, że nasza emigracja, „Wolna Europa" itp. najlżejszego pojęcia nie mają, w jakim napięciu żyją nasze sfery kierownicze, boć walka tam się toczy nie na żarty i być dwadzieścia pięć lat Cyrankiewiczem to trzeba mieć nerwy ze stali. A ci na Zachodzie to lekkomyślne motylki, nie mające pojęcia, w czym my żyjemy. Zaiste, za poważne tu kraje! Wpadliśmy jak śliwka w gówno, jest nawet na ten temat kawał. „Jak rozmawia mądry Żyd z głupim Żydem? Przez telefon z Wiednia!" Dlaczego właściwie narodom zachodnim jest dobrze, a wschodnim źle? Diabli wiedzą, ale tak ciągle jest.

U nas w dodatku przyrost naturalny ciągle spada, co wynika z ciężkich, niewygodnych warunków życia, i nie da się tak prędko odkręcić. W ogóle nic jakoś się tu nie dzieje. Przeczytałem ostatnio, że do dziś nie udało się zorganizować w Polsce zbiórki makulatury: nie wiadomo, kto powinien to robić, nikomu się nie opłaca, nikt nie ma czasu. A w NRF, troszkę przecież od nas bogatszej, zbiórka makulatury przeprowadzana jest rygorystycznie i idzie jak w zegarku! Oczywiście, nie sposób wszystkiego składać na komunistyczny bałagan, charakter narodowy Polaków też ma coś tutaj do rzeczy – jedno z drugim, czyli zdjęcie z ludzi odpowiedzialności za cokolwiek (tzw. kolektywizm!) robi swoje. Zadziwiająca to rzecz, jak ustrój ten łączy drakońską surowość w pewnych dziedzinach z absolutną pobłażliwością w innych. Możesz nic nie robić, zawalać pracę, szkodzić społeczeństwu i nikt tego nie dojrzy. Spróbuj natomiast założyć pięcioosobową choćby partyjkę polityczną, za moment już będziesz w ciupie i podniesie się straszny wrzask. Całkowita niwelacja i atomizacja społeczeństwa, wywoływanie sztucznego marazmu dla celów politycznych, dla celów władzy – oto najważniejsza cecha tego reżimu. Aby rządzić – reszta to mucha.

Ktoś ze sfer „partyzanckich" powiedział podobno na temat procesu „taterników": cóż to za debile ci prokuratorzy – miał być proces „Polityki", a oni zrobili z tego proces Giedroycia! To bardzo charakterystyczne: to co się pisze czy mówi gdzieś na emigracji, to dla nich absolutne gówno, ważne są intrygi i rozgrywki wewnętrzne, bo one dotyczą władzy. Tylko władza ich interesuje, tylko walka o władzę jest tutaj polityką. Cóż za asceza, cóż za czystość linii! Rzygać się chce!

À propos komunizmu, czytam teraz wydaną na emigracji powieść Józefa Mackiewicza „Nie trzeba głośno mówić". Uchodzi on za świetnego pisarza (niezależnie od wszelkich zarzutów innej natury, ja uważam, że to jest materiał na pisarza, ale niechlujny, nierówny, bałagulski. Inna rzecz, iż bywa w tym jakaś siła i epicki rozmach, gdy opisuje Wileńszczyznę, tygiel narodów, po wkroczeniu Niemców. Zawiłe to i wariackie, te sprawy Polaków, Litwinów, Ukraińców, Białorusinów, Żydów, Niemców, Łotyszów etc. Ale Mackiewicz się w tym lubuje, to jego kraj, nie znosi za to Anglosasów i akowców „warszawskich", ich sojuszników. Jest antykomunistą i w gruncie rzeczy progermaninem, nie może jednak po dziś dzień wyjść ze zdumienia, że Niemcy, zamiast obalić komunizm i ustanowić na Wschodzie różne liberalne czy „europejskie" państwa, mieli swoje, po hitlerowsku absurdalne cele, chcieli wszystkich mordować, w rezultacie sami dostali w dupę i utorowali Stalinowi drogę. Mackiewicz, choć niby taki „zimny realista", nie może w istocie pohamować swego naiwnego zadziwienia, że nie stało się tak jak w I wojnie, nie dało się wykańczać jednych rękami drugich, lecz wszystko poszło głupio, wyłaniając w tej części świata jednego zwycięzcę: Rosję. Ano, historia to nie idylla ani nie jakiś logiczny deseń. Książka ciekawa, ale mieszanina naiwności z furią i wyładowująca przeróżne animozje autora, na przykład właśnie niechęć do anglofilskiego AK, niechęć, która dziś przerodziła się w konflikt autora z „Wolną Europą", gdzie siedzą starzy akowcy. Dziwny to człek, ten autor „Kontry", dziwni byli w ogóle ci Mackiewicze. Ciekawa wynikłaby dyskusja nad tą książką, tyle że jak zwykle, na emigracji nie umieją jej przeprowadzić, a w kraju by nie było wolno, zresztą może 50 ludzi ją tu czytało. Nasze istotne narodowe życie umysłowe jest tajne, nie dopowiedziane, a toczy się między niewielu ludźmi, rozsianymi po całym globie. Dziwaczne to – jak wszystko, co dotyczy Polski!

28 marca

Dalej myślę o książce Józefa Mackiewicza, myśli to niewesołe, bo jakkolwiek by się oceniało różne ujęcia tam zawarte (choćby płytki i jednostronny obraz przedpowstaniowej Warszawy), to jednak jest to w gruncie rzeczy jedyne tego rodzaju świadectwo w literaturze polskiej z czasów ostatniej wojny – i to sfinansowane czyimś prywatnym sumptem na emigracji, zupełnie w kraju niedostępne. W normalnej ojczyźnie o takich zawiłych i bolesnych sprawach jak wojna na Wileńszczyźnie napisano by 100 książek, byłyby dyskusje wszechstronne, przywołujące różne fakty i różnych świadków – a tu tylko raz jakiś akowiec nawymyślał Mackiewiczowi za kolaborację. Nawet ta kolaboracja (nie wiadomo zresztą dokładnie, jaka ona właściwie była) mogłaby się stać tematem do szerokich rozważań, podobnie jak kolaboracja Skiwskiego, którego zresztą znałem osobiście – bardzo to dziwaczny wypadek „kolaboracji ideowej", facet był inteligentny i naprawdę wierzył w różne rzeczy – nie mógł tylko uwierzyć, że Niemcy są tak głupi, jak byli – nie mógł w to nawet uwierzyć taki stary polityk jak Studnicki, który przewidział wszystko z wyjątkiem tego, że go każą zrzucić ze schodów w pałacu Brühla (gdzie urzędował gubernator Fischer). Ale u nas, sowiecką modą, o wszystkich takich sprawach się milczy, rezultat może być taki, że za pięćdziesiąt lat jedynym świadectwem tych zawiłych dziejów na Wschodzie będzie właśnie... książka Józefa Mackiewicza, świadectwem niepodważalnym, bo już wtedy nie będzie żył nikt, kto mógłby je podważyć. O nędzo naszej historiozofii, w jakże to głupią i dwuznaczną sytuację jesteśmy wprowadzeni, tracąc skarb bezcenny, tracąc nasze dzieje najnowsze. Mackiewicz twierdzi na przykład, że wszystkie oddziały ukraińskie, rosyjskie, kałmuckie, pozostające na służbie Niemców, nienawidziły Polski za... przystąpienie do koalicji antyhitlerowskiej wraz ze Związkiem Radzieckim. Tłumaczyłoby to, dlaczego oddziały słowiańsko-kałmuckie (np. Brygada Kamińskiego) tak nas z furią rżnęły w czasie Powstania. Ale sprawa nie jest wyjaśniona, może Mackiewicz przesadza, wyjaskrawia, jest stronniczy?! Gdzie dyskusja na ten temat, jeśli jedni piszą na Zachodzie, drudzy na Wschodzie, a pomiędzy nimi głucha bariera milczenia?! Absurd, kompletny absurd!

29 marca

Dziś Wielka Niedziela, byłem na pięknej mszy, ludzie ładnie śpiewają, trudno mi tylko przyzwyczaić się do nowych tekstów, na przykład „Credo" jakieś jest teraz barokowe i rozpoetyzowane, gdy dawniej było prostsze i bardziej monumentalne. Pogoda wciąż ostra i kapryśna, gdzież ta wiosna – nie tak już wiele wiosen zostało człowiekowi w życiu, a tu jeszcze mu ją skracają...

Skończyłem książkę Józefa Mackiewicza, miejscami bardzo jest niemiła i naciąga fakty, przy tym politycznie obłędna, bo czegóż on właściwie chce: żeby Niemcy w ostatniej wojnie pobili byli Rosję, a potem dali się pobić Zachodowi? Cóż, kiedy oni właśnie ani rusz tego nie chcieli! A gdyby tak udało im się zwyciężyć Rosję, a nie dali się ugryźć Zachodowi (załóżmy, choć to niemożliwe), to przecież ani było im w głowie tworzyć te przeróżne Ukrainy, Białorusie, Litwy, Turkmenie, Gruzje, o których M. tak marzy. Autor „Kontry" nie lubi przy tym w zasadzie Polski, jest kresowcem z upodobania i przekonania (Litwinem?), nie ma zaś zaufania do Warszawy, pomawiając ją o ciągłe machinacje z Kremlem na niekorzyść innych narodów słowiańskich (jakby Ukraińcy, na przykład, nie byli sobie sami winni swą zupełnie szaleńczą polityką walki ze wszystkimi wokół i liczenia na fikcyjnych niemieckich przyjaciół – toć jeszcze długo po zakończeniu wojny bili się z Polakami na Rzeszowszczyźnie – po co?!). Stąd, z tej niechęci do polskiej polityki „ugodowej" pochodzi u Mackiewicza ów nieprawdziwy a jadowity opis przedpowstaniowej Warszawy. Na tle tej książki zaczynam sobie dziś myśleć, że polskie rządy emigracyjne podczas wojny osiągnęły w k o n k r e t n y c h w a r u n k a c h (tj. w warunkach nieugiętej zaborczości Rosji oraz egocentryzmu i głupoty Anglosasów) wcale niemało – kiedyś mi to mówił Amerykanin William Griffith, ale wtedy jeszcze tego nie przetrawiłem. Otóż polityka uporczywego trzymania się Anglosasów, a zarazem maksymalnego, o ile się da, unikania starcia wręcz z Rosją przyniosła w rezultacie: a) możliwość opuszczenia ZSRR przez kilkaset tysięcy Polaków, wyprowadzonych przez Andersa, b) wyjście z Rosji dalszej grupy Polaków, tym razem z Berlingiem, c) dużą rekompensatę za tereny wschodnie, m.in. Wrocław, Szczecin, ogromny pas wybrzeża (tu larum podniesione o Wilno i Lwów w Londynie dało pewne rezultaty – Anglosasi zrozumieli, że trzeba Polsce coś odpalić), d) względną łagodność rządów nad Wisłą (np. Gomułka w ciupie, ale nie zabity). Gdyby nie katastrofalny wyskok Powstania Warszawskiego, bilans wcale niezły w porównaniu, na przykład, z okrojonymi terytorialnie Węgrami, sterroryzowaną i zubożałą Czechosłowacją etc. Nie ma więc tego złego, co by na dobre nie wyszło – za tę względną „małą stabilizację" nienawidzi nas właśnie Mackiewicz, człek zasadniczy, który wolałby tu widzieć krwawy terror i walkę do upadłego, to, co mamy, uważa za upodlenie, za żebraninę o minimum ochłapa. Łatwo mu mówić!

A swoją drogą jest we mnie dwóch ludzi, bo czasem gdy widzę, jak się tu wszystko zamienia w gówno, kusi mnie, aby przyznać mu rację. Przestraszają mnie także owe niemieckie rozmowy w Erfurcie. Czy ten Brandt, chcąc być giętki i zręczny, nie stanie się, choćby wbrew swej woli i wiedzy, kapitulantem przed hegemonią radziecką, czy nie zniechęci Amerykanów, wśród których nie brak zwolenników opuszczenia „europejskiego przyczółka?" Brandt będzie myślał, że to on wpłynie na ewolucję europejskiego Wschodu, tymczasem ani się obejrzy, jak ten Wschód wchłonie jego i już będzie za późno. Może jestem konserwatystą, ale wydaje mi się, że polityka chadecji, polityka izolacjonizmu i nieustępliwości byłaby pewniejsza. Nie mówię tego rzecz prosta z punktu widzenia obecnej, konkretnej polskiej „racji stanu", mówię z punktu widzenia interesu Zachodu, który na dalszą metę jest i naszym duchowym interesem, choć ten Zachód tak bywał egoistyczny i głupi. Wszak jeśli komunizm radziecki nie może zniszczyć nas duchowo całkiem, to dzięki temu, że istnieje jednak ten niewdzięczny Zachód i nasze psychiczne w nim oparcie – choć często wcale o tym nie wiemy. Bez Zachodu – na cóż byśmy się mogli powołać?

À propos sowietyzmu, przypomniało mi się zdanie pewnego prostego człeka w Krakowie po wojnie. – Rady to oni nam nie dadzą – powiedział – ale co nas zanudzą, to nas zanudzą! Święte słowa, istne proroctwo! Nudzić to oni potrafią znakomicie.

1 kwietnia

Mam grypę, bronchit, anginę, kaszel, diabli wiedzą, jak to się właściwie nazywa, poza tym okropnie się zdenerwowałem na rodzinę – dzieci, które żyją za dobrze i dzięki temu nie interesują się właściwie niczym poza przyjemnościami – to pewno problem nienowy, ale niemniej dotkliwy. Wydawałoby się, że w mojej dwuznacznej sytuacji dołożą one wszelkich sił, aby prędko skończyć studia i ułatwić mi życie, ale one się tym nie interesują. Skąd tak krańcowy brak odpowiedzialności za cokolwiek u tego pokolenia? Może to skutek „socjalizmu", że on tak czy owak wszystko za nich załatwia? Ale nie będę się na te tematy rozpisywał, nie chcę być śmieszny: pewno wszyscy ojcowie we wszystkich epokach zawsze mówili to samo. Że też człowiek tak czy owak da się w końcu zawsze nabrać naturze! I tak nie piszę w tych notatkach wszystkiego (ze względów wiadomych, na przykład pomijam sprawę „dzieł"), po cóż więc pisać o rodzinnych kwasach?

Moja sytuacja jest w ogóle dziwna i czort wie jaka. Grali na przykład mój utwór w Związku Kompozytorów, ale w radio już cenzor nie pozwolił, choć była notatka o koncercie w samej „Trybunie Ludu". Nie wiedzą więc oni, co ze mną zrobić, a ja ani myślę im ułatwiać, niech mój nietypowy wypadek trwa a trwa (oby tylko ludzie o nim nie zapomnieli). Widzę oczyma duszy sytuację, siebie jako Łukasińskiego, który siedzi w Schlüsselburgu 40 lat, nikt już nie pamięta, kto on jest i za co go uwięziono, wypuścić go zaś nie można, bo brak podstaw i nie ma dokąd. Cha, cha!

„Tygodnik" obchodzi grzmiący jubileusz 25-lecia, zaprosili mnie, nawet Jerzy przysłał kartkę dość serdeczną (!), mimo to nie pojadę, raz, że jestem chory, dwa, że będę się tam czuł obco. Oni nie rozumieją, o co mi chodzi, a przecież rzecz wydawałaby się tak prosta: jedyne niemarksistowskie i niezależne pismo na trzydzieści dwa miliony ludzi nie może być redagowane „zwyczajnie": tu liczy się każde słowo, każda notka, każdy szczegół, miejsce w „Tygodniku" powinno być cenione na wagę złota, nie zaś zapychane byle czym przez byle kogo. Wydawałoby się to tak proste, tymczasem nie ma do kogo mówić: Jerzy, który przez długie lata wydawał mi się człowiekiem głębokim i wręcz wszystkowiedzącym, teraz nic nie rozumie. Przykładem jego artykuł w jubileuszowym numerze, tchnący doktrynerskim zimnem i próbujący w rzekomej syntezie znów przemycić okruchy frazeologii głupiej zachodniej pseudolewicy. Nie ma co tam do nich gadać, bo jeśli nie do Jerzego, to do kogo? Zresztą będzie tam Henio, który tak się ostatnio uaktywnił, może on ich jakoś dziabnie? Co prawda jakże tu tłumaczyć ludziom, że są bez talentu czy też bez rozumu?

Coraz częściej i coraz nerwowiej zarzucam ludziom, że nic nie rozumieją i „dali się zwariować", a może to już po prostu ja sam ze starości wariuję: niemożliwe przecież chyba, żeby tylko jeden się nie mylił. Ale na przykład sprawa niemiecka: coraz więcej ludzi zaczyna tak myśleć, jakby nie było Rosji, Ameryki, Paktu Atlantyckiego, jakby Ulbricht był samodzielny, Polska też. Pawełek coś bredził, że nastąpi zjednoczenie Niemiec, bo „poczucie narodowe" jest najważniejsze, Andrzej też się podniecił czymś nielogicznym. Tymczasem sprawa jest prosta: rokowania między NRD a Brandtem pójdą naprzód o tyle, o ile będzie to przez Rosję uznane za postęp w dziedzinie neutralizowania i osłabiania Europy Zachodniej: nie po to w Berlinie budowano mur, aby potem pozwolić na infiltrację „liberalizmu". Infiltracja ze Wschodu na Zachód tak, odwrotnie nie – to chyba oczywiste, przecież Rosjanie to szachiści, a nie utopiści – jedynie kompletny dudek jak Sebastian Haffner ze „Sternu" (poznałem go tu kiedyś – cóż za kretyn!) może się w tej sytuacji dopatrywać czegoś innego niż zimna gra szantażu i próby sił. Jeśli zaś chodzi o rokowania NRF – Polska, to jest tu tylko taki margines dowolności, iż ostatecznie Rosji sprawa uznania lub nieuznania przez Brandta granicy na Odrze i Nysie jest w zasadzie dosyć obojętna, rokowania handlowe też, tutaj więc Polacy mogą się trochę i podniecać, ale znów nie tak przesadnie, boć wszystko w ręku nie tyle Boga co Rosji, czego zresztą zdaje się nie rozumieć także jakiś głupkowaty specjalny wysłannik „Monde'u", który ogląda Polskę, jakby się z choinki urwał czy dopiero narodził.

A może oni wszyscy mają rację, może ja tkwię w przeszłości, tu zaś istnieje już nowa rzeczywistość, którą traktować trzeba jako n o r m ę? Ale przecież nie można traktować jako normy bzdur sowieckiej propagandy – Rosjanie szachistami są świetnymi, kiedy jednak próbują wobec Zachodu propagandy prasowo-publicystycznej, to już przecież i najgłupszy Haffner by się uśmiał. Gdy, na przykład, ogłaszają triumfalnie, że Alram Myszigis czy jakiś tam dostał paszport z Izraela do Rosji albo że facet, który przed rokiem strzelał u wrót Kremla, okazał się ciężkim psychopatą i ma być przymusowo leczony. W kraju, gdzie zabić człowieka to jak zabić muchę, prawdopodobny sprawca zamachu na najwyższych komunistycznych dostojników skazany na „przymusowe leczenie". Toć koń by się uśmiał, ale nikt się już nie śmieje, tak jak nie śmiano się z bzdur Hitlera. Sytuacja jest widać wprawdzie niepoważna, ale za to groźna – śmiech zamiera na ustach...

Zastanawiam się, czy nie popadam przypadkiem w maniakalny, obsesyjny antykomunizm, jak Józef Mackiewicz. Dla niego Rosja sowiecka jest wszechmocnym demonem, który działa nieodparcie i zawsze tak samo, nie przyjdzie mu do głowy (Mackiewiczowi) uwzględnić, że wszystko na świecie się zmienia, że nawet, na przykład, w Polsce wstrząs komunistyczny dał i dobre rezultaty, w postaci usunięcia anachronizmów społecznych, przemieszania, demokratyzacji etc. Inna rzecz, że ceną za to jest ogłupienie społeczeństwa: to Rydz-Śmigły powiedział, że Niemcy chcą Polsce odebrać życie, a Rosja – duszę. Tylko że duszy tak raz dwa się nie odbiera, a ten Mackiewicz, monomaniak, tylko to jedno ma w głowie i jeśli widzi, że coś odbiega od tej jego katastroficznej idei, to ma za złe, że mu się nie zgadza: nie stać go na stoicki, obiektywnie harmonijny stosunek do świata. Bo w gruncie rzeczy, paradoksalnie sprawę ujmując, jest to człowiek i twórca nader rosyjski, lubujący się w ciemnościach, gwałcie, tragicznej beznadziei. Wyrósł z Rosji, dlatego nienawidzi jej tak namiętnie, podczas gdy ja nie lubię jej jako tworu obcego, dziwacznego i niedowarzonego, zbrojnego w głupią (dlatego zaraźliwą) ideologię.

Rozpisałem się przy tej chorobie – aby się uwolnić od wyrzutów sumienia, że nic nie robię. Ale czy to nie jest samołudzenie się, czy te zapiski trafią do kogo, czy będą zrozumiane na tle wydarzeń, czy nie są za płytkie, uwieczniając tylko zewnętrzne ślady myśli? Diabli wiedzą. Robiąc publicystykę, choćby niewolniczą, bo kastrowaną przez cenzurę, wiedziałem jednak przynajmniej, dla kogo piszę. A teraz, być może, karmię się chimerą i piszę donikąd? Być może. Ale nie ma na to rady.

5 kwietnia
Dziś rano umarła Matka Lidii – w szpitalu, gdzie była dwa dni, zresztą już mało przytomna. Lat 87, całe życie wręcz służąca całą

sobą rodzinie, dzieciom, wnukom. Życie ciężkie, parę razy zaczynane na nowo: przed I wojną w Rosji, skąd wrócili w 1921, potem II wojna, okupacja, Powstanie. Ale z sześciorga dzieci nikt nie zginął. Fanatycznie oddana miłości rodzinnej, dusza całego ich życia, choć tak mało widoczna. Ależ się nadreptała, nakrzątała, namęczyła. Lidia spłakała się, choć przecież śmierci oczekiwało się z dnia na dzień.

Moja grypa się powoli kończy, a tu wiosna nie może się zacząć, zadymki śnieżne, zimno – o diabli. W dodatku cały prawie tydzień nic nie robię, pisać mi się nie chce, komponować też nie – czy ja właściwie mam naprawdę tyle do powiedzenia, jak to mi się dawniej zdawało? Może moje źródełka już wyschły, a ja tylko żyję dawną megalomanią? Widziałem w telewizji odstręczający przykład starczej megalomanii: wywiad z Wańkowiczem. Jakżeż się ten stary komediant ustawia „na szanowno", kryguje, maluje swój portret dla potomnych, chytrze (jak sądzi) ukrywając wszelkie swe błędy, luki, potknięcia, bajdy. Oczywiście mówi o swoich błędach, ale tylko po to, aby je rozładować, aby zwrócić światło na błędy drugorzędne, mniej istotne, aby jeszcze mieć profit, że taki skromny i autokrytyczny („Słyszeliście moją samokrytykę? Genialna, co?"). W istocie cały ocieka miłością do samego siebie i pychą ze swej pracy, za to pokory ani tam za grosz. Ciekawe, czy on o tym wie? Zawsze sądziłem, że autor, pokazując się publiczności, winien okazać raczej zażenowanie czy rozdwojenie – zresztą kronika duszy to kronika skandali i rozdwojeń, konfliktów i dwuznaczności. Pisarz nie wątpiący o sobie, nie rozdarty, niewart jest pokazywania się publiczności – tymczasem Wańkowicz uważa, że taki tylko jest wart pokazania, że błędy i wstydliwości należy przemilczeć. Jest to właściwie psychika amerykańskiego, „budującego", umoralniającego gwiazdora telewizyjnego, zresztą na gwiazdora nadaje się ten chytry a zakochany w sobie starzec niezwykle, bardzo jest fotogeniczny, gdy udaje zadumę nad zadanym sobie pytaniem, które na pewno sam wymyślił i wyreżyserował. A żeby tak opowiedział, jak parę zaledwie lat temu został aresztowany rzekomo za „Wolną Europę" i nawet skazany – tyle że potem jakoś się wyprosił u Gomułki – „czaruś" dla ubogich! To by było najciekawsze i najbardziej kontrowersyjne, co by mógł opowiedzieć, znacznie atrakcyjniejsze od obłudnego dziwienia się, że nakłady jego książek błyskawicznie znikają z księgarń. Ale oczywiście o tym idiotycznym zresztą aresztowaniu mowy dziś nie ma – publiczność zapomniała, niczym na rozkaz („a cierpliwa publika łyka i łyka..."), jeśli zaś kto pamięta, to ma z tego stary Wańkowicz tylko dodatkowy laur. Tak to mu w życiu wszystko idzie – cha! cha!

Druga, niestety, książka pełna samoubóstwienia to migawkowe wspominki Grażyny Bacewicz, wydane w zbiorku. I tu aż wszystko ocieka od miłości do samego siebie, i tu autorka nie ma o tym pojęcia, sądząc, że jest na zewnątrz arcyskromna. Czy ludzie muszą tak kochać siebie i swoją twórczość, może bez takiej miłości nie można w ogóle być twórcą? A przecież doskonale sobie wyobrażam, że człowiek tworzy, lecz nie lubi swojej twórczości, bo jest niedoskonała, bo go fałszuje i przeinacza. To by był dopiero prawdziwy problem wart pokazania – mamy go w „Zapiskach z życia" Irzykowskiego, ten rozumie, że z psychologii twórcy tylko i jedynie rozdwojenie, autorozbicie, autozwątpienie są rzeczami, które warto pokazywać. Ale czy ja sam stosuję się do tej zasady w niniejszych notatkach?! Oto jest pytanie!

Naszą polską nędzę uświadomiłem sobie znowu dotkliwie, czytając ostatnio dyskusję na temat rządów Leona Bluma w paryskim „L'Expressie". Francuzi potrafią otoczyć nimbem i pośmiertnym zainteresowaniem każdą, nawet mniej udaną postać swej historii, a czy u nas w tej sowieckiej „wirówce propagandy" jest możliwe obiektywne, wielostronnie naświetlone przedstawianie naszych postaci politycznych z „II Rzeczypospolitej"? (notabene muszę przypomnieć, że termin „II Rzeczpospolita" zaproponował jeszcze w krakowskich czasach Adam Mauersberger, a podchwyciłem rzecz i rozreklamowałem ją – w felietonach). Emigracja pisze o tych rzeczach, ale emigracyjne pisanie ma swoje specjalne piętno, poza tym – tu nie dociera. Na przykład nieznane są zupełnie u nas książki naświetlające z francuskim blaskiem nasze najnowsze dzieje, np. „Historia polityczna Polski 1918–1938" St. Mackiewicza albo „Od Witosa do Sławka" Regnisa. Takiej luki nie wypełni swą historiozofią pełen najlepszych chęci Andrzej M. [Micewski], zwłaszcza że, aby książki przeszły przez cenzurę, musi się mądrzyć „na społeczno" i to naszym dzisiejszym, dziecięcym bełkotem. „Upupić ludzi" – cóż za idea! Ale odebrać im historię – to już pogrążyć ich w żałosnej narodowej nędzy.

Uśmiałem się okropnie z telewizji – ale uśmiałem choć raz przyjemnie. Otóż zapowiedziano nieznaną dotąd komedyjkę Witkacego o dziwacznym tytule. Krytyk teatralny Treugutt wygłosił wstęp po wielekroć podkreślając, że sztuczka owa nie ma normalnej treści, że nic się w niej określonego nie dzieje i że nie trzeba w niej szukać żadnych znaczeń. Po czym zaczęła się... znakomita, ostra satyra na komunizm, istny antysowiecki (bo i rosyjskich nazwisk nie brak) Orwell, a już „Tango" Mrożka siedzi tam z rogami i kopytami! Uśmiałem się z tej prezerwatywy, jaką stanowiło zagajenie Treugutta – ależ i ten Witkacy to spryciarz nadgrobny, bo rzecz jest udziwniona zewnętrznie, jakby w przeczuciu, że trzeba będzie mamić cenzurę i dać okazję Treuguttom do rozsnucia sztucznej mgły.

Wreszcie – kawał. Na Kremlu dzwoni telefon. Breżniew odbiera i słyszy głos: „– Tu Fantomas! Za pół godziny Kreml wyleci w powietrze! A Breżniew na to: – Oj Nikita, Nikita!...

10 kwietnia

Więc już po pogrzebie Mamy Lidii – na cmentarzu ewangelickim przy Młynarskiej, pastor młodziutki mówił bardzo ładnie – jest tam prawdziwe skupienie, bo pogrzebów mało, cisza, spokój. Leżą głównie stare rodziny ewangelickie, Schielów, Szlenkierów, Hersów, pastor Bursche (cała ogromnie patriotyczna rodzina Bursche rozstrzelana przez Niemców), malarz Wojciech Gerson etc. Myślałem sporo o śmierci, co na katolickich cmentarzach raczej rzadko się zdarza. Msza w kaplicy Halpertów, ufundowanej prywatnym sumptem, bardzo skupiona – była tylko rodzina.

Wczoraj wieczorem „szalałem" w ambasadzie francuskiej, żegnaliśmy ambasadora Waplera, który idzie do Turcji. Przyjemny on i przystojny, chyba nie jest już takim gaullistą, jak był z początku. Witałem się też z amerykańskim ambasadorem Stoesselem, wsławionym rozmowami z Chińczykami. Byłem z Krysią, dużo nakłapałem się z Francuzami, którzy nie chcą rozumieć polskich spraw, mówiłem im nawet, że zawsze byli naszymi wrogami politycznymi i że Ludwik XVI zainicjował rozbiory. Z Polaków gadałem ze Stachem Stommą, który wciąż mi obiecuje załatwiać jakieś sprawy, a nic z tego nie wynika, oraz z Zygmuntem Mycielskim. Ten ostatni podniecony, że jednak nie dostał paszportu, powiedziałem mu, że nic nie rozumiem z jego artykułu o sztuce, bardzo się gniewał. On chce pochwał, chce, żeby go pieścić, a ja jakoś nie jestem w nastroju. Był też minister Winiewicz, pytał się o Wacka, a ja jego, kiedy wreszcie dostanę zagraniczny paszport. – Niech pan jeszcze więcej nagada – powiedział na to niezbyt grzecznie. Poznałem też bardzo miłego i wesołego ambasadora Maroka, gratulowałem mu, że przynajmniej jeden kraj „na dorobku" nie jest komunistyczny. Aha, w Warszawie jest już nieoficjalny na razie ambasador hiszpański, oficjalnie prowadzi misję handlową, ale już niezadługo ma podobno otrzymać status dyplomatyczny. Zgadzamy się ze Stachem Stommą, że generał Franco to jeden z największych polityków europejskich. Dla Hiszpanii zrobił masę, bo: 1) ocalił ją przed komunizmem, 2) ocalił ją przed hitleryzmem, 3) ocalił ją przed wojną, nie przystępując do niej, jak idiota Mussolini, 4) przeczekał powojenne ataki aliantów, po czym wprowadził Hiszpanię do sojuszu zachodniego, co dało jej dzisiaj koniunkturę i „cud gospodarczy". W polityce liczą się prawdziwe dokonania, nie zaś bufonada i puste słowa jak u de Gaulle'a.

Zabawny kwiatek z naszej prasy. Podała ona, iż rząd Kambodży chce proklamować republikę, i dodaje komentarz, iż jest to posunięcie prawicy, aby zdyskredytować wypędzonego księcia Sihanouka. Komuniści naprawdę myślą, że oni są lewicą i że lewicowe jest to, co oni pobłogosławią. Ale pisać, że wprowadzenie republiki jest posunięciem prawicowym, to już supergłupie nawet jak na naszych pisarczyków. Tylko kto im to wytknie?!

Brandt mnie uspokoił: pojechał do Ameryki, gdzie odbędzie z Nixonem „długie nocne rozmowy" – z nim pojechali Bahr i Duchwitz, którzy prowadzą pertraktacje w Moskwie i Warszawie. Opowiedzą więc wszystko Amerykanom, Moskalom to nie w smak będzie, no ale przecież jasne było, że Brandt to nie samobójca i że nie da się tak łatwo zsowietyzować. Tylko co my z tego mamy? Może, gdyby Sowieci poszli na Zachód, nam byłoby lepiej, jako starym komunistom, dobrze wtrenowanym we wszystkie absurdy tego systemu? W Czechach płacz i zgrzytanie zębów: wylewają z partii masami, przetrząsają stare grzechy każdego członka, zupełnie jak u Orwella korygują przeszłość. To byłby i nasz los, ale Polacy od roku 1956 stali się Czechami – tymi z czasów Szwejka oczywiście. Właściwie niezbyt to dzisiaj sympatyczny narodek – a znów ci z emigracji żyją przeszłością i nic nie rozumieją. Taki los wypadł nam.

Była Kasia Eilowa, rozpita, rozpuszczona, rozwrzeszczana. Podobno Marian rzeczywiście wraca – ale nie będzie tu miał dobrej sytuacji osobistej: u obu swoich kobiet stracił trochę nimbu, bo rzeczywiście nie najmądrzej postępował. Pewno teraz dopiero zaczął smakować paryską wolność – a tu trzeba wracać. Skończy się to, ani chybi, jakąś plajtą. A redaktorem „Przekroju" mianowany został niezdolny Kieta – oczywiście ani słowa nie bąknięto, kto był redaktorem przez 25 lat i twórcą pisma. Komuchy są w swej niewdzięczności i w wykreślaniu ludzi z życia i z pamięci absolutnie nieugięci. Nie skojarzyli tylko dotąd, że metoda ta uderza rykoszetem w nich samych. Większość z wybitnych komunistów kończy w niepamięci i w partyjnej niesławie – chyba że umrą na czas. Rację miał kiedyś Leopold [Tyrmand], że w tym ustroju każdy prędzej czy później będzie ukarany. A za co, pod jakim pretekstem? To mniej ważne – grunt, że tak czy tak w łeb dostanie. Tylko nie żałować komunistów – oto zasada. „Nie znałeś litości, panie – i my nie znajmy litości". Tylko jacy „my", jak pytał ś.p. prof. Adam Krzyżanowski. Był to człowiek o dowcipie historycznym, perspektywicznym – rzecz już dziś w Polsce rzadka.

13 kwietnia

Cała prasa nasza wciąż z okropnym oburzeniem na Amerykanów rozpisuje się o Kambodży, ale oczywiście nie pisze, o co tam właściwie chodzi. A szło po prostu o to, że wojska komunistyczne z Wietnamu miały tam za poprzedniego rządu stały azyl, „gwałciły" bowiem bez żenady kambodżańską suwerenność. Zrozumiałem tę rzecz dopiero przeczytawszy jakiś angielski artykuł – u nas robi się wielki szum, ale o co chodzi, się nie pisze. W PAP-ie siedzą zawodowi fałszerze i to, niestety, starzy komuniści Żydzi, jak Michał Hoffman. Ci niczego się nie nauczyli, nawet jak ich kopią i opluwają. Komunizm to niezwykły czad na pewnego rodzaju mózgi, ale nie mam, powtarzam, dla tych mózgów tłumaczenia ani współczucia. Skoroś taki głupi, to cierp!

Episkopat polski ogłosił doskonały komunikat, atakujący z jednej strony Watykan, za niezałatwienie dotąd sprawy polskich diecezji na Ziemiach Zachodnich, z drugiej strony rząd PRL za uznanie kościołów i budynków przykościelnych na tych Ziemiach za „dobra poniemieckie", które to budynki obciąża się ogromnymi, niemożliwymi do zapłacenia podatkami. Komunikat wskazując na podwójną nienormalność tej sytuacji proponuje zwołanie trójstronnej konferencji: Watykan, rząd PRL, Episkopat polski. Komunikat ten przekazano Reuterowi i PAP-owi, PAP go oczywiście nie wydrukował, wobec czego opinia polska dowiedziała się o nim jedynie z radia zagranicznego. Wyobrażam sobie, jak się muszą wściekać nasi właściciele Polski Ludowej, że ktoś ośmiela się ich krytykować i to publicznie. Krytyka to początek końca wszechwładzy – wiedzą oni o tym dobrze. Ciekawym, co zrobią, a sprawa będzie niełatwa, bo komunikat jest słuszny i bolesny, gdyż rzeczywiście ta ustawa o „poniemieckich" dobrach kościelnych arcy była głupia i dla Polski szkodliwa. Pamiętam nawet, jak Bieńkowski, ówczesny minister oświaty, tłumaczył to Kliszce – naturalnie bez rezultatu.

Ale co nasze biedne, ogłupiane społeczeństwo rozumie z tego wszystkiego? Obawiam się, że niewiele. Ostatnio znów czytałem w „Argumentach" list jakiegoś prywatnego zwolennika i miłośnika terroru: chodzi mu tym razem o sektę świadków Jehowy, że trzeba ich tępić policyjnie, bo za nimi stoi „złowrogi cień CIA", amerykańskie dolary etc. Ciekawe, że wszyscy totaliści tak nienawidzą sekt – uważają zapewne, że sekciarstwo powinno być wyłącznie państwowe. Teraz właśnie karmi się nas bez przerwy sekciarstwem leninowskim – Lenin we wszystkich pismach, Lenin w radio, w telewizji, Lenin wręcz wychodzi nosem (w najlepszym wypadku). Ale cóż – o tym sekciarstwie listów do redakcji pisać nie można. Niechby tylko kto spróbował!

Wziąłem się znów do kompozycji, zwłaszcza że pisał do mnie mój Amerykanin, przypominając o wyciągu fortepianowym owej nieszczęsnej „Carissimy". Komponuję dalej „Muzykę rakietową", ale tytuł dam inny i poślę rzecz na konkurs im. Malawskiego. I znów nawiedza mnie problem, czy warto tak drobiazgowo dobierać barwy instrumentalne i współbrzmienia harmoniczne, jeśli „mistrzowie współcześni" (czy Stockhausen to mistrz? – chyba tak) zarzucili tę rzecz, piszą inaczej, słuchają inaczej? Otóż przyszła mi do głowy pewna krytyczna argumentacja wobec awangardy, stawiająca pod znakiem zapytania wartość dwóch jej przynajmniej głównych koników: aleatoryzmu i happeningu. Otóż wydaje mi się, że aleatoryzm i happening spopularyzowały się na młodzieńczych festiwalach nie jako zjawiska muzyczne, lecz przyjęto je jako jeden z elementów, jako muzyczny odpowiednik ogólnoświatowego „buntu długowłosych". Długowłosi na tych festiwalach podniecają się kwartetem, którego każdy uczestnik gra, co chce, lub też estradą koncertową, gdzie się robi miny czy jakieś sztuczki tylko dlatego, że widzą w tym przejaw ogólnej, pozaartystycznej negacji. Z punktu widzenia rozwoju środków muzycznych te zjawiska natomiast nic nie znaczą – a rozwój i bogacenie środków wyrazu to chyba nadal ideały artysty. Teoretycy, jak nasz Schäffer, usiłujący nam wmówić, że aleatoryzm (skrajny) i happening to dalszy ciąg ścisłego rozwoju techniki kompozytorskiej, która doprowadziła do dodekafonii i totalnego serializmu, łudzą siebie i nas, pragnąc wyzyskać dla muzyki popularność zjawiska, w istocie ją niweczącego. Aleatoryzm częściowy można przyjąć, gdy wzbogaca, gdy daje zapisowi muzycznemu to, czego on przedtem nie miał. Z tego punktu widzenia uznaję aleatoryczne wtręty Lutosławskiego, z tym że on sam nieco przesadza podkreślając ich ważność. Przesadza, bo chce być „nowoczesny". Tak więc, skonstruowałem sobie niby teoryjkę, pozwalającą mi po staremu pieścić się ze współbrzmieniami i instrumentalnymi łamigłówkami. Ale jeśli się łudzę? No cóż, nie sposób, gdy ma się dopiero (!) 59 lat, wyrzec się wszystkich złudzeń dotyczących tego, co się robi. Można by wtedy zemrzeć ze smutku – i tak dosyć mi już smutno podczas tej zimnej i jakoś jeszcze bardziej samotnej wiosny. Smutek ten dzielę z Andrzejem [Micewskim]. Widziałem go: zatrzymali mu w cenzurze książkę, drugą (o Dmowskim) też nie wie, czy puszczą, złuda przydatności swej pracy domowej prześladuje go – jak i mnie. Poza tym boi się śmierci, choroby, smutku. Ba – wymagania!

Andrzej [Micewski] pożyczył mi książkę Bieleckiego (emigracyjny prezes endecji) o Dmowskim. Po lekturze myślę, że nasze zdziwienie nad endekami, którzy dobrze się czują w ustroju komunistycznym i nader wiernie służą (np. Gluck, Hrabyk, Męclewski, Dobraczyński – endeki i endekoidy), wcale nie jest słuszne. Endecy i komuchy dzisiejsze (narodowe w formie) wcale dobrze do siebie pasują. Dmowskiego koncepcja narodu była kolektywistyczna i wsparta na socjologii – np. antysemityzm wynikał z przekonania, że z powodu opanowania miast przez Żydów nie może się rozwinąć polskie mieszczaństwo, a więc naród jest niepełny, spaczony. Kolektywna koncepcja narodu wsparta była na konstrukcji historyczno-geograficznej i antyniemieckiej – kierowała się ku Śląskowi i Pomorzu, rezygnując z nazbyt etnicznie mieszanego Wschodu. To więc także bardzo się dziś nadaje. Polska jednolita narodowo, bez Żydów, władająca Śląskiem, Pomorzem, Prusami, oparta na Odrze i Nysie – toć przecież istny raj endecki. Dmowski wprawdzie nie uznawał walki klas i wszystkich tych teorii profetyczno-społecznych, ale skoro klas już i tak nie ma, to o cóż się kłócić? Zresztą o harmonijne złączenie teorii endeckiej z marksistowską postarał się już był Bolesław Piasecki. W sumie: nacjonalistyczna endeckość jako psychika kraju rządzonego przez komunistów to wcale nie taki paradoks, jak się nam zdawało kiedyś, w czasie wojny, kiedy to Wanda Wasilewska zaczęła pisać o „prastarych piastowskich ziemiach", które powinny wrócić do „Macierzy" (a Róża Luxemburg, czy, jak mówi Pawełek, Laksemberg, w grobie się przewracała). Stalin to sobie wymyślił, ale rzecz chwyciła zdrowo – choć trochę nudno („w zdrowym ciele zdrowe cielę"). Żebyż przy tym nie panował tu taki bałagan! Władek (szwagier), od dwudziestu pięciu lat pracujący w budownictwie warszawskim [Władysław Hintz, brat Lidii Kisielewskiej], opowiadał historie nie z tej ziemi: wszystkie cyfry wzięte są z powietrza, wszystkie statystyki lipowe, grandy masę, w ogóle do chrzanu. Jak na Polskę odrodzoną, zdrową społecznie, w historycznych granicach, to jednak jest bałagan za duży. Czemu jednak oczywiście Dmowski już winien nie jest...

Umarł nagle ksiądz Eugeniusz Dąbrowski, biblista, uczony, dyplomata, podróżnik i smakosz, a także proboszcz parafii na Grochowie. Postać trochę dwuznaczna, czasem nieco kanciarska, ale malownicza, z wdziękiem, trochę Zagłoba (choć chudszy), błyskotliwy dowcipniś, krzykacz i swoisty Lukullus. Miał zawsze dużo forsy, na przekładzie Pisma świętego dla Polonii amerykańskiej zarobił podobno milion dolarów. Całą epopeją był jego stosunek do PAX-u, kiedyś ich orędownik i bliski przyjaciel, nagle zmienił front, gdy Piasecki miał pójść na indeks, potem już trzymał się od nich z daleka, „znakowców" też nie pochwalał, przyjął linię prymasa, choć ten go niezbyt lubił. Trochę renesansowy cynik był ten „ksiądz Gienio", a zarazem tak bardzo warszawski. Śmierć wcale do niego nie pasowała, ale ona, jak wiadomo, nie wybiera sobie swoich klientów, bierze, jak popadnie. I znów życie stało się o coś uboższe... Hm.

ZESZYT 9

18 kwietnia

Była wielka historia z amerykańskim statkiem kosmicznym „Apollo", który do Księżyca nie doleciał z powodu awarii i wracał w niebezpiecznie skomplikowanych okolicznościach. Lidia bardzo się tym przejmowała, ja jakoś mniej. Miliony ludzi ginęły podczas ostatniej wojny przy zupełnej obojętności Amerykanów (którzy sami stracili „zaledwo" trzysta kilkadziesiąt tysięcy zabitych), nie widzę, dlaczego akurat mam się przejmować tymi trzema chłopcami, na których czeka sława i zaszczyty. Niepopularny to może punkt widzenia, ale jestem ostatnio bardzo rozgoryczony upośledzeniem narodów pechowych jak Polacy z jednej strony, a butną, zarozumiałą beztroską szczęściarzy – z drugiej. No cóż – sprawa nienowa...

Byłem wczoraj w Związku Literatów i czytałem kwietniową paryską „Kulturę". Znów się trochę zdenerwowałem, bo jest tam, jak mówią w Warszawie, „pomieszanie z poplątaniem". Zwłaszcza nowi przybysze z kraju, których Giedroyc drukuje bez komentarzy, a którzy załatwiają jakieś swoje warszawskie porachunki (o czym on nie wie), wnoszą ton jakiś wariacki, bo to przeważnie podnieceni Żydzi (Wygodzki, Unger), w dodatku komunistyczni, którzy długie lata pilnie służyli partii i rządowi, a odeszli nie sami z siebie, lecz dopiero, gdy ich wypędzono. Czy to są autorytety do wyrokowania o naszej sytuacji politycznej? Wątpię, bo z ich relacji odnosi się obraz fałszywie jednostronny, choćby owo obsesjonalne akcentowanie „rasizmu" nie ma tu wielkiego sensu. Ale cóż, Książę Pan kocha się w żydowskich sprawach i nic się na tę fanaberię nie poradzi. A w końcu szkoda pisma wyłącznie na omawianie „rasizmu" i „rewizjonizmu", które to dwa zjawiska żadną miarą nie są w Polsce ani najważniejsze, ani masowe. Są charakterystyczne dla pewnych wąskich środowisk, ale dla Giedroycia, tak widać jak dla marksistów, ważne jest nie to, co przeważa ilościowo, lecz to, co jest reprezentatywne – z punktu widzenia jego teorii oczywiście. Wielki to subiektywista – nie ma co mówić. Ale może i dlatego, że sytuacja obiektywna byłaby dlań nazbyt okrutna, bo – obojętna.

Taką właśnie okrutną obojętność realiów życia, nielitościwą wobec szamocącej się jednostki odmalowuje w wywiadzie dla „Monde'u („wywiadowcą" jest Tatu) Kuźniecow, ten rosyjski pisarz, co nawiał latem do Londynu. Przedstawia on sytuację „opozycji" w Rosji bez najmniejszych złudzeń, powiada, że to jest garstka ludzi, z których każdy żyje jakimś swoim bzikiem: Sołżenicyn „demaskowaniem" stalinizmu, Grigorienko walką o przywrócenie „norm leninowskich" etc. W istocie rzeczy każdy z nich podpiera się jakimiś złudami, bo dla człowieka, który by uważał, jak Kuźniecow, że socjalizm to w samej swej istocie ustrój błędny i absurdalny, a Lenin to postać ciemna i szkodliwa, jest w Rosji miejsce tylko w domu wariatów. Według Kuźniecowa opozycjoniści w ZSRR są bohaterami jedynie dla małej grupki znajomych, o „samizdacie" nie wiadomo, czy wie jeden człowiek na stu, a totalizm sowiecki ma dalsze szanse stabilizowania się i utrwalania. Gorzkie to myśli, zwłaszcza dla Księcia, dlatego na pewno je odrzuci. Istotnie, trudno przyjąć beznadzieję za normę i rzeczywistość, a jednak ja właśnie w takiej beznadziei żyję, uważam, że ten ustrój przerobił już duszę narodu, że reakcja opinii społecznej uległa u nas wypaczeniu i dezorientacji, które mogą się tylko pogłębiać. Resztki „mojego świata" obumierają, społeczeństwo młode rozumieć będzie coraz mniej i tracić wszelki samodzielny instynkt. Może tak być musi, dlatego nie popadam w rozpacz, ale sądzę, że rolą takich ośrodków jak paryska „Kultura" winno być przechowywanie pewnej archaicznej, ale cennej, mamuciej choćby polskości. Tylko że Książę tego nie chce – on chce walczyć politycznie o współczesność, taki on jest młodzieńczy. I zrób mu dziecko!

20 kwietnia

Jestem ciągle w złym humorze, może dlatego że nadeszła już taka rozbuchana, parująca wilgocią wiosna, której nie znoszę. Wczoraj jeździłem na rowerze, ale niedziela nie jest do tego celu najlepsza, bo masa spacerowiczów, dzieci na małych rowerkach, psy etc. Na zły humor wpływa również poczucie własnej odmienności od otoczenia: jestem „oderwany od społeczeństwa", jak mówią marksiści, i nic się na to nie poradzi. Zresztą to zapewne nie jest tylko sprawa odmiennych poglądów, opozycyjności itd., to po prostu sprawa, że każdy mężczyzna w okolicach sześćdziesiątki zaczyna się buntować „fizjologicznie", wariować, tracić równowagę i busolę, w ogóle głupieć. Widzę to choćby po artykule Czesława Miłosza w ostatniej paryskiej „Kulturze"*, a Czesio ma przecież równą sześćdziesiątkę. Artykuł ów to jakby szybki przegląd historii polskiej literatury i jej sytuacji w świecie, ale tym razem jakiś minoderyjny, z perspektywy ponadczasowego i ponadnarodowego arbitra, dużo tam głupstw i niedokładności, aż szkoda. Że też nie można nic napisać o niczym, starzejący się facet z zawiązanymi rękami i za-

---
* Czesław Miłosz, *O historii polskiej literatury, wolnomyślicielach i masonach*, „Kultura" 1970, nr 4.

kneblowanym pyskiem (niby ja), to widok arcyżałosny – zresztą widok dla mnie samego, bo nikt już mnie nie ogląda.

W „Newsweeku" okropnie zerżnęli książkę Leopolda Tyrmanda (angielską), zbiór jego wrażeń amerykańskich, drukowanych częściowo w „New Yorkerze". Zjechali go okropnie brutalnie, facet, który to pisał, nie rozumie zgoła, iż Leopold w gruncie rzeczy prowadzi wciąż polemikę z poglądami tutejszymi. Na przykład, skoro tu wciąż piszą, że Amerykanie prześladują Murzynów, to on odwrotnie, pokazuje, jak Murzyni niszczą Amerykanów. Jest to przekora, mająca swój głęboki podtekst, nawet tragiczny, ale tego durny autor recenzji ani w ząb nie rozumie (jak się trafi głupi Amerykanin, to już rozpacz). I znowu nieporozumienie, którego nie ma kto wyjaśnić, a zresztą i nie ma dla kogo, bo nikt specjalnie się tym nie interesuje. Czasem mi się zdaje, że świadomość ogólnego nieporozumienia i mówienia przez różnych ludzi różnymi językami wylęgła się w mojej czaszce i w niej pozostaje – nikomu innemu ta rzecz spokoju nie zakłóca. Poczucie własnej maniakalności i nieprzydatności zwiększa duchowego „kaca", w jakim żyję tej wiosny – jakby nagle podstawa istnienia usunęła się spod nóg. A przecież to wcale nie nagle – to już od dawna, tylko człek karmił się złudami.

Wyszedł jubileuszowy numer „Przekroju" na 25-lecie. Wiele w nim wspomnień, lecz o Eilem ani słowa – po prostu nie istniał. Przekonanie, że człowieka niewygodnego można wytrzeć jak gumą i nikt tego nie zauważy, choć przez 25 lat co tydzień czytało się jego nazwisko w nagłówku pisma, jest przekonaniem bardzo faszystowskim i bardzo materialistycznym. Śmierć martwym! – oto hasło. Ale rzecz się sprawdza: nikt na przykład nie pamięta już u nas o Mrożku, do niedawna tak sławnym. Komuchy mają co do natury ludzkiej trafny pesymizm – wszystko im się sprawdza, wobec czego jeszcze bardziej ufają swej totalnej bezwzględności. Nie ma już jak ich wychowywać.

Zygmunt Mycielski pojechał jednak za granicę. Rozmawiałem z nim na wyjezdnym o... muzyce. Twierdził, że muzyka, jak inne sztuki, musi wyrażać ważne ludzkie problemy i że zrozumiał to Penderecki, dzięki czemu ominął różne rafy eksperymentatorstwa i pisze swoje pasje. A ja jednakże dalej myślę, że muzyka jest w zasadzie sztuką asemantyczną, wobec czego problemów jej nie rozwiąże się drogą doczepiania tekstów, tytułów, apelowania do starych, masowych skojarzeń etc. Owszem, ta droga prowadzi do sukcesu, ale jest unikiem. A co do sukcesu Penderecjusza, to jednak można się obawiać, czy nie będzie to znowu sukces w typie Siemiradzkiego, Styki lub w najlepszym wypadku „Quo vadis". Szkoda by było! Religijny kult Lenina dochodzi już do kompletnego absurdu – prasa pełna leninowskich bredni, aż się chce płakać. Stary Iwaszkiewicz dostał „nagrodę leninowską" – temu też droga, wymoszczona wazeliną, absolutnie się sprawdza, a w książkach za to pisze o tym, co go naprawdę interesuje, tj. o dupie Maryni (a raczej Marysia). Zarazem lizus i okpis-filut, ale nie zamieniłbym się z nim. Wolę mój cichy bojkot i absenteizm. A czyje będzie „za grobem zwycięstwo"? Pewno jego!

Podniesiono trzykrotnie cło na samochody przywożone z zagranicy. To brutalny cios w przeróżnych inżynierów, co siedząc za granicą głodują, aby odłożyć na samochód. Rzeczywiście nasza władzuchna umie zniechęcić ludzi. A po co? Nie wiadomo – żeby było głupiej. W ogóle mało jest tu rozrywek i pociech, toteż masa ludzi daje się wciągnąć w kibicostwo sportowe – ja sam długie godziny tkwiłem przy telewizorze, oglądając mecze „Legii" i „Górnika", które to drużyny doszły do półfinałów pucharów europejskich. Oglądając taki mecz człowiek jest patriotą prostym i jednoznacznym – rzadka okazja! Cholera, że też człowiek nie może być komunistą! No ale cóż: komuniści wymagają takiego zaparcia się własnej inteligencji, własnego myślenia, że mimo najlepszych chęci, *non possum!*

Zanotowałem przypływ świeżych kawałów. Na przykład. Nowe perfumy: „ostatni oddech Lenina". Tapczany robi się obecnie trzyosobowe, bo „Lenin zawsze jest z nami". Nowe tańce: „Husaczok" – krok naprzód, trzy kroki w tył, ukłon w lewo. „Gomułczok" – krok naprzód, krok w tył, wszyscy klaszczą. Chi!

22 kwietnia
Widziałem się dziś ze Stachem Stommą, opowiadał mi dokładnie swoją rozmowę z Kliszką na temat mojego artykułu. Zenuś powiedział, że to artykuł „nacjonalistyczny", pytał, do kogo on jest adresowany, dawał do zrozumienia, że do moczarowców. Powiedział także coś tajemniczego, że jak zacznę pisać nie taktycznie, lecz „szczerze", to się dogadamy. Zdaje się, że walka frakcyjna całkiem się im już na mózg rzuciła i nawet czytać normalnie nie potrafią. Zresztą słowo spełnia tu jakąś rolę absurdalnej dekoracji: wszystkie

przemówienia podczas niesamowitych obchodów leninowskich (zupełne Tworki) pozbawione są treści, mają tylko obowiązującą, hieratyczną formę słowną, w kółko, do znudzenia tę samą. W dodatku występy artystyczne (telewizja transmitowała akademię z kremlowskiego Pałacu Zjazdów) też są od pięćdziesięciu lat te same: balet klasyczny, tańce ludowe (gruzińskie), trochę starych arii operowych. Wydaje się, że skostnienie w niezmiennej postaci jest tutaj warunkiem *sine qua non*, że bez tego nastąpiłoby jakieś niebezpieczne naruszenie równowagi. Makabra!

Gomułka jest mistrzem takiego ceremoniału – jego przemówienie to już było arcydzieło beztreściowości – widocznie tak musi. Stach twierdzi, że w partii jest ogromne niezadowolenie, wręcz opozycja przeciw Gomułce i Kliszce, czyli grupie centrowej, oskarża się ich o złą sytuację gospodarczą, głupią politykę z Niemcami etc., ale oni (tj. Wiesio i Zenek) mają wszystko gdzieś, bo Ufryzowany, czyli Breżniew, popiera ich na całego. Owa opozycja partyjna to niestety tylko „partyzanci" (też ze specyficznym „zajobem" na temat żydowski), bo trzeci partner, czyli tzw. rewizjoniści zostali wyrolowani. W jaki sposób? Ano, wykończono ich w Marcu 1968, gdy pokazało się, że nie stoi za nimi nikt z partyjnej góry i tylko apelują do „głosu ulicy", co w komunizmie jest grzechem śmiertelnym, jeśli nie ma się tego uzgodnionego z górą. Dobiła ich plajta czeska, „syjonizm", wyjazdy za granicę na stałe, a także reklama ze strony Giedroycia i „Wolnej Europy". Jak pisał kiedyś Jedlicki, były „chamy" i „Żydy" oraz ośrodek centrowy – gomułkowcy. Teraz Żydów już nie ma, funkcję opozycji przejęły niestety tylko „chamy", a gomułkowcy oparli się na sowieckiej martwocie, utrzymując konwencję niemówienia o niczym istotnym (jedyna u nich grupa żywa to „Polityka", ale ci znowu mają „grzech pierworodny" – sporo Żydów). Smutne to, że funkcje opozycji przejęli tylko moczarowcy, a nikt inny nie ma nic do gadania. *Die beiden stincken*, jak mówił Heine. Polityka u nas to tajna walka o władzę, w której to walce arbitrem jest Rosja. A Książę Giedroyc tylko kocha owych żydowskich rewizjonistów, którzy nie mając nic do stracenia, bo z Polski wyjechali na zawsze, załatwiają sobie w „Kulturze" stare porachunki, Książę zaś myśli, że to światoburczy rewizjonizm, który lada moment zatrzęsie Polską. Po prostu bzika można dostać na tę sytuację, a wytłumaczyć nic mu się nie da, nie tylko dlatego, że jest daleko, ale również z powodu faktu, że on nigdy nie był w sowieckiej Polsce, wyobrazić zaś jej sobie nie jest w stanie. Myśli, że tu jest sytuacja gwałtownie anormalna, a ludzie walczą o jej zmianę, tymczasem tu trwa sytuacja stabilizacyjnie anormalna, natomiast ludzie sowieccy (czyli nowi Polacy) uważają ją już za normalną, walczą zaś o korzyści osobiste i o wygodne życie w kanciarstwie. G r o z a n o r m a l n o ś c i i stabilizacji, oto jest groza prawdziwa, straszniejsza od wszelkich opisów z Giedroyciowych książek. Ale tego to już on pojąć nie jest w stanie!

Paweł załatwia z Putramentem, abym ja mógł jednak coś robić w PWM-ie, komuchy pewno chętnie ograniczyłyby mnie do samej muzyki: dadzą mi gówno i powiedzą, że swoje dostałem i jestem załatwiony. Poza tym Lidia ma podobno szanse na wyjazd do Paryża – zacząłem już w tej sprawie jakieś arcynudne starania. Ale w sumie nic mnie nie cieszy: sprawa „dzieła" nie wyjaśniona i czuję się samotny jak niedobra wódka. W braku innych emocji oglądam właśnie w telewizji mecze „Górnika" – zresztą cała Polska się na to gapi, bo cóż ma robić. Nuda, ona jedna jest widać wieczna! Poczucie, że człowiek ma mało czasu, a mimo to czas trwoni, to jednak jest zabijające. Próbuję się nie dawać, ale chyba przeliczyłem się z siłami. Porażka jest raczej nieunikniona, także zresztą człowieczy los. Przy tym specjalność mam niedobrą: widzieć kłamstwo komunizmu, którego nikt już nie dostrzega i o którym nie wolno mówić – cóż za rola niewdzięczna!

Największy sukces radzieckiej medycyny: Lenin wiecznie żywy!

5 maja
Nie pisałem długo, bo „podróżowałem", byłem prawie tydzień w Krakowie. A tu na świecie nowe hece. Nixon widząc, że wojska komunistyczne chronią się w Kambodży, wszedł tam z armią korzystając ze zmiany rządu. Posunięcie zgoła rozsądne, ale jakiż u nas się wrzask podniósł, i to wręcz nieprawdopodobnie kłamliwy, bo o wszystkim się pisze, tylko nie o tym, po co właściwie ci Amerykanie tam weszli – można by sądzić, że chodzi im o 7-milionową Kambodżę i zamieszkujący ją naród Khmerów. A już dzisiejszy wywiad Kosygina to szczyty obłudy i bezczelności. Rosja, po Budapeszcie i Pradze, ma czelność pouczać świat, że wielkim narodom nie wolno narzucać swej woli małym! Ale któż tę bezczelność zarejestruje, co najwyżej osamotnieni ludzie z emigracyjnych grupek antykomunistycznych. Zachód zdaje się raczej przestraszony

posunięciem Nixona, choć przecież Amerykanie bronią w końcu świata przed wariacją komunizmu, przed Rosją i Chinami. Ale świat zachodni stracił instynkt samozachowawczy, godność i busolę, grupy zaś długowłosych chcą go rozłożyć do końca. A może dzieje naszej kuli ziemskiej zdecydowanie muszą iść w kierunku, którego ja nie lubię, i nie ma co się im przeciwstawiać? Ale czyż trzeba tak okropnie kłamać, jak to robią Sowieci?! Pytanie retoryczne! Tyle że ja wybrałem sobie najgorszy zawód świata: pisanie, publicystykę. Trzeba by całkiem wrócić do muzyki, ale to niełatwe. Dostałem właśnie od Geysenheinera (mój dawny agent literacki!) książkę Dibeliusa „Moderne Musik 45–65". Odrzuca mnie od tej rozchełstanej awangardy! Od wszystkiego mnie, jak widać, odrzuca: może to po prostu starość i kwita?

Byłem więc w Krakowie i Katowicach, oglądałem pochód pierwszomajowy i nieprawdopodobne wręcz dekoracje leninowskie: w Katowicach wisi Lenin na pięć pięter wysokości, a absurdalność gigantycznych napisów przekracza wszystko, co sobie można wyobrazić. Nowe Katowice projektowane są z dużym rozmachem, pomnik Powstańców piękny, tyle że w reprezentacyjnym nowym hotelu kuchnia jak w podrzędnej stołówce, a dworzec rozbebeszony i prowizoryczny. Wąskie gardła usługowe – tak by to można określić urzędowym żargonem. Znamienne i demaskujące, jakby powiedziano w żargonie dzisiejszych dziennikarzy.

Tadzio Nowak, u którego mieszkałem w Krakowie, dostał 1000 zł kary za niewywieszenie na domu sztandarów. Chi! zaprowadził mnie do grobu Piłsudskiego na Wawelu – jest on, podobnie jak groby królewskie, pod wyłączną opieką księży – i pomyśleć, że kiedyś kler niezbyt kochał Marszałka, uważając go za socjała. Tak to dziwnie toczy się świat.

Kraków ładny, ale smutny, jakiś „smętek wieków" unosi się w powietrzu, do tego obłęd życia w swoim sosie, jaki uderzył mnie w „Tygodniku". Ci ludzie trwają w dziwnym odosobnieniu, choć bywają u nich cudzoziemcy i choć prowadzą światowe życie, wyjeżdżając często za granicę. Odcięci od powszechnego dnia komunizmu – wolę już Warszawę, gdzie przewala się chamstwo, ale gdzie jest jakoś normalnie – tam w Krakowie nie ma właściwie o czym gadać. Jerzy mnie ucałował, kłócić się już nie będziemy, bo o co i z kim? Tolo Gołubiew chory na serce (truje się diabelską kawą, tytoniem, słodyczami), ma zmartwienia podobne do moich, że nie dokonał dzieła, zaczął parę powieści, ale stały się albo niecenzuralne, albo nieaktualne. Hania Malewska trochę zgłupiała, zdaje się, że opętała ją po paxowsku myśląca Anna Morawska i aktywna dewotka Halina Bortnowska. Widziałem też Jankę, czyli „Kamyczka", jest po jakichś środkach uspokajających, spokojna, lecz strasznie nudna. Eile podobno wraca, choć nie wszyscy w to wierzą (on się boi UB czy licho wie czego), tymczasem w redakcji „Przekroju" ciągłe partyjne naloty i inne bzdury – potrafią oni robić z ludzi wołów. Czułem się okropnie samotny, choć ciągle byłem z ludźmi i piłem wódkę – nie potrafię żyć połową spraw i bez ciągłej świadomości kłamstwa komunizmu – a oni to potrafią coraz lepiej. Katolicy!

Trochę radości wnosił Henio, który specjalnie przyjechał z Zakopanego – jednak to psychika warszawska, choć pali się do dawnej Galicji. Poznało mnie paru starych kelnerów, poza tym obcość i smutek, smutek i obcość. Aha, jeszcze Myślik obwiózł mnie samochodem po Nowej Hucie, widziałem też kościół w budowie. Smutno było – zimne przedwiośnie, brak zieleni i kwiatów. Cóż za jakaś hamletyczna hipochondria mnie oblazła!

A tu? Wczoraj z Lidią siedziałem pół dnia w Pałacu Mostowskich próbując załatwić jej sprawy paszportowe, z czego jednak nic nie wyszło, bo trzeba mieć nowe zaproszenie. Wacek to załatwia, może więc Lidia pojedzie. A ja? Siedzę na dupie smutny i śmieszny, nie wiedząc, co z sobą robić. Ładny stan, nie ma co. Przeżyłem w dobrej formie okupację i stalinizm, miałbym się załamać teraz? Tylko że wtedy miało się nadzieję i oparcie w świecie, w ludziach, a teraz ma się gówno. Ale dość już tych jęków!

8 maja
Wczoraj objechałem na rowerze przedmieścia Warszawy – osobliwy kontrast między zachowanymi dawnymi domkami w ogródeczkach a nowymi, szklanymi „wysokościowcami", wznoszącymi się często w szczerym polu. Mieszkańcy ich gonią nieraz kilometrami do małych sklepików za mlekiem czy chlebem, piękne asfaltowe magistrale ukrywają się w mazowieckim polu – dziwny to ustrój, dziwny kraj. A może to ja jestem dziwny, że się jeszcze dziwię?! Kraj jest chłopski, wiejski, Niemcy wymordowali żydowskie mieszczaństwo, bolszewicy wykończyli resztę, teraz czas na awans chłopstwa, chłop zalewa miasta, urzędy i partię korzystając, że mu matka przywozi ze wsi masło, jaja i mięso. Chłop nie ma oporów

ideowych, wszystko, co zastaje w mieście, z mafijnymi rządami partii włącznie, wydaje mu się częścią awansu, przyjmuje rzecz z dobrodziejstwem inwentarza. Tak jest i inaczej być nie chce – a ja już chyba całkiem jestem przeszłościowym Don Kichotem. Był tu p. [Benedykt] Heydenkorn z Kanady, też człowiek z mojego „gasnącego świata" – opowiadaliśmy sobie przeróżne ploty o starych ludziach. Mówił też o Leszku Kołakowskim w Kanadzie – że ciągle jest marksistą: namawia ludzi na ustrój, z którego sam nawiał. Niepoprawni!

U nas nieustające obchody patriotyczne, wczoraj słyszałem, jak beznadziejny wodolej minister Wieczorek przemawiał do małych harcerzyków. Frazeologia iście (a raczej czysto) nacjonalistyczna: bohaterstwo, wspólnota, ofiarność, wysiłek, walka. Trochę chce się rzygać – jak tu kochać ojczyznę, skoro tacy tandeciarze ideologiczni nią zawładnęli?! A może są to tylko opory pięknoducha, opory natury estetycznej – ojczyzna to masa, kto jej nie kocha, kto stroi inteligenckie fochy, ten niech będzie przeklęty?! O cholera. Przeklęty, samotny i niepotrzebny, tak się właśnie czuję.

Tę nową Polskę obrzydzają przy tym nieprawdopodobnie rozmaici budowlani nowatorzy, niszcząc resztki secesji w imię tandetnej nowoczesności. Dużo w tej niechlubnej materii zrobiono już na terenie Krakowa (niszcząc przy remontach różne zabytkowe wnętrza), teraz z kolei czytałem gdzieś, że chcą się wziąć za strome uliczki starego zabytkowego Bielska (budował je włoski architekt), aby, wyburzywszy starocie, otoczyć miasto jakąś nowoczesną magistralą. Ta Polska stanie się coraz bardziej zglajszachtowana i jednorodnie nudna. Przeżywam wyraźny kryzys patriotyzmu, do czego walnie przyczynia się patriotyczna propaganda wokół. Co ma robić człek przewrotny w tym prostodusznym ludowym kraju?!

Zapomniałem napisać, że w Krakowie widziałem się z Mieczysławem Tomaszewskim, jednym z niewielu porządnych i nie złajdaczonych ludzi w środowisku muzycznym. À propos obrzydłego charakteru tego środowiska myślę zresztą, że obrzydłość jego łączy się z trudnym i skomplikowanym wykonawstwem muzyki awangardowej, a także z jej festiwalowo-grupowymi manifestacjami. Oni ciągle są razem i muszą być, żeby się jakoś wzajemnie sprawdzać – nie do pomyślenia jest dziś jakiś Schubert, który by żył w odosobnieniu i pisał arcydzieła po prostu dla siebie samego. Nie do pomyślenia jednak są również takie indywidualności jak Bach,

Mozart, Beethoven. Ten mój antyawangardowy pesymizm podzielił zresztą właśnie wcale przeze mnie nie uprzedzony Miecio Tomaszewski. Opowiadał on mnie i Heniowi o festiwalu nowej muzyki na Sycylii: cudowna, południowa noc, piękno przyrody niewysłowione, a tu siada Berio czy inny pewny siebie ch... i produkuje ohydne dźwięki na tle jakiejś specjalnie odestetycznionej rupieciarni. Z czego to pochodzi? Zniknął kult doskonałej formy (czyli arystokratyzm formy?!), muzycy chcą być treściowcami, a że są też półinteligentami, więc skutek wiadomy. Nie lubię tej awangardy za jej przemądrzałość, widocznie ze mnie konserwatysta – czas by już był zresztą. Więc co właściwie lubię?! Lubię pisać o tym, czego nie lubię – ale takiego pisania właśnie mi zabroniono. O jerum!

Zygmunt Mycielski przysłał kartkę z południa Francji, zdaje się, że jest w rozterce i że kręci mu się w głowie od nadmiaru spotkanych ludzi. Wspomina coś, że może lepiej nie wyjeżdżać z kraju i „spróbować jeszcze raz", a także, że tam nie dałoby się pisać takich książek, jakie trzeba by napisać tu. Dwa różne światy – on to czuje. Wraca w czerwcu, ma się widzieć z Wackiem. Sprawy paszportowe Lidii nie ruszyły, bo nie ma jeszcze nowego zaproszenia. Zresztą żadne w ogóle nasze sprawy nie ruszają – aż się już boję tej ciszy. Myślę dużo, piszę mało – stan wybitnie nietwórczy. I tak już do śmierci?!

Pisanie muzyki wybitnie mnie nudzi – to zresztą awangarda mnie „zwariowała" i nie mam wiary w swoje poczynania. Oddziałali na mnie à rebours – też bywa. Krótko mówiąc, nowy świat już nie dla mnie. Zygmunt też to czuje – jeszcześmy się łudzili, ale wypadki z Marca 1968 wyrzuciły nas na mieliznę i raz na zawsze pozbawiły złudzeń. A może to dobrze, może to stopień do jakiejś doskonałości?! Dziękuję – niemiło. Zresztą najgorsze, że rozumiejąc masę rzeczy skomplikowanych, nie potrafię tego napisać. Zawsze pisałem prosto – czy to mankament?!

9 maja
Dziś burza – wiosenna, grzmoty i ciepły deszcz, potem łagodnie pachnące powietrze – a więc te same uroki jeszcze raz – w kółko. Sam nie wiem, czy im ulegać, czy nudzić się i wzruszać ramionami, że to jeszcze raz to samo. Wokół trwa obchodomania, ludzie stracili już rachubę, co to za rocznicę akurat się obchodzi – 25-lecie zakończenia wojny – jakże dwuznacznie brzmi ta rocznica w uszach

ludzi mojej generacji i jak komuniści starają się to zagłuszyć patetycznie patriotycznym wrzaskiem. A skoro starają się zagłuszyć, znaczy, że wiedzą doskonale, iż rzecz ta w nas jeszcze nie umarła, jeszcze brzmi. Ale im chodzi o młodzież – my, świadomi rzeczy, nie jesteśmy im potrzebni. Wiedzą, że i tak będziemy milczeć, wobec milionów młodzieży – bezsilni, zakrzyczani, zapomniani. Czy nie ma na to rady? Chyba nie! Zresztą dla Polski, czyli dla „racji stanu", o którą kiedyś walczyłem, lepiej zapewne, aby wszyscy zapomnieli o przeszłości – tak powiedział mi kiedyś zabawny minister finansów Dietrich na premierze „Nocy listopadowej". „Trzeba o tym zapomnieć raz na zawsze" – tak właśnie powiedział. Szczęście i istnienie narodu, budowane na powszechnej niepamięci – to zaiste rzecz przedziwna. Kłamstwo, żeby „łudzić najeźdźcę"? Nie – to byłoby jeszcze wcale dobre. Tu chodzi o to, aby nikt nie wiedział o żadnym najeźdźcy, aby nawet nie znał tego słowa, aby cudze od dziecka uważał za swoje. Wychować ludzi nie znających przeszłości ani dawnych pojęć – oto sztuka. Przeszłość jest największym wrogiem ustroju, dlatego pewno tyle jest obchodów – chcą przekonać samych siebie, że już się tej przeszłości nie boją. Nie ma upiora, upiory w ogóle nie istnieją. Ciekawe – czy tak już zostanie?

Pomijanie we wszystkich obchodach (którym telewizja nadaje zasięg wielomilionowy) wszelkich momentów rzucających na Rosję dwuznaczne światło dowodzi, że ci, co to robią, są w pełni świadomi rzeczy. Nie ma paktu Ribbentrop – Mołotow, nie wspomina się, że Rosja przez dwa lata przyglądała się biernie a z satysfakcją, jak Hitler lał wszystkich wokół (pomagając mu dostawami do ostatniej chwili), nie wiadomo, skąd wzięło się w Rosji mrowie Polaków. Tego wszystkiego nie ma i być nie może – bo jakżeby wtedy wyglądała cała skonstruowana po fakcie teoria? A łatwiej, jak się okazuje, zmienić przeszłość i powszechną o niej wiedzę niż wyrzec się ulubionej teorii. Przewaga idei nad faktami – oto zjawisko, które rządzi Polską. Chi. Bizantynizm ożeniony z Marksem – dziwna to, ale jakże groźnie obezwładniająca miszkulencja!

13 maja
Pawełek twierdzi, że Żydzi, będąc historycznie starsi od innych narodów, mają większe i bardziej gorzkie doświadczenie – niejako we krwi. Stąd też szybko nałamują się do nowych konieczności historycznych, nowych koncepcji i nowej władzy, stając się w ra-

mach konserwatywnych społeczeństw awangardą nowego. A że nie przejmują się zazwyczaj tradycją tych społeczeństw, będąc z nich mniej lub więcej wyobcowani, stąd też otacza ich nieraz opinia zdrajców i sprzedawczyków oraz nienawiść. Tak zresztą było i u nas po wojnie: pierwsi rzucili się do „wdrażania" komunizmu, otoczeni powszechną bezsilną pogardą. Ale mieli pecha, bo z Rosji przyszedł oficjalny antysemityzm, a wobec ich nieliczności w polskim społeczeństwie szybko ich wyeliminowano, miejsce ich zajęła podchowana tymczasem falanga aryjskich arrywistów – też bez czci i wiary, ale nie stających już przed tak drastycznymi problemami jak tamci, na których przerzucono winę za cały „miniony okres". Tak więc ze spontaniczną gorliwością odwalili dla komunizmu czarną robotę, po czym ich wypędzono. Nie udała im się ta historyczna rola – wbrew twierdzeniom Władka B. [Bartoszewskiego], że Żydzi nigdy nie przegrywają, przegrali niewątpliwie kiedyś w Niemczech, a teraz w Rosji. Rola ich duża jest nadal w krajach anglosaskich, z nich też czerpie soki państwo Izrael – próba przywrócenia staremu narodowi nacjonalistycznej młodości i prężności. Czy się to uda? Oto arcyciekawe zagadnienie.

Amerykanie robią w Kambodży to, co – jeśli chcieli naprawdę wygrać wojnę – powinni byli zrobić już dawno. Mowa Nixona, o akcentach desperackich, była dla mnie osobiście nader piękna: nie czuło się w niej żadnej buty, przeciwnie, ton prawdy nie mogącej się przebić przez pokłady perfidii i subtelnego, choć bezczelnego łgarstwa, nagromadzonego przez światowy komunizm. Cóż to za paradoks, że Nixon walcząc w istocie o wolność krajów Azji (choć brzmi to sloganowo, jest to najczystsza prawda) natyka się we własnym kraju na opór młodzieży, może i szlachetnej czy wolnościowej, lecz obałamuconej i nie mającej o niczym pojęcia, poza tym przyzwyczajonej do amerykańskiej stopy życia, nawet zbrzydzonej bogactwem. Ideałem tej młodzieży jest brodaty, rozmyślnie niechlujny i obdarty wagabunda, murzyński intelektualista w okularach, nie przywiązujący znaczenia do dóbr materialnych. To jakiś potężny prąd materialnej abnegacji i nihilizmu, znużenia cywilizacją – cóż za paradoks, gdy my, narody „socjalistyczne", cierpimy wciąż na cywilizacyjny niedowład. Co będzie dalej? Nie wiem, ale Nixon wydaje mi się świadomym rzeczy przedstawicielem amerykańskiego racjonalistycznego idealizmu, tak mi bliskiego. Zawsze miałem do niego (Nixona) sentyment, choć Amerykanie jakoś nie widzą w nim legendy czy nimbu, nie imponuje im. A mnie właśnie imponuje swą twardością wobec głupiej ulicy, zdrowym rozsądkiem i uporem. Co prawda nie wiem, co Polska z tego ma: Ameryka walczy z komunizmem w Azji, nie nad Wisłą. A tu po staremu: rewie, pochody, uroczystości (teraz już wręcz codziennie) i nieskończone mowy o historii, w których nie ma ani słowa prawdy, a za to „prastare dzieje" i „Macierz" odmieniają się we wszystkich przypadkach. Wyrzygać się można.

Przeczytałem od deski do deski miesięcznik „Odra". Dobrze redagowany, doskonałe artykuły, o wszystkim piszą z wyjątkiem jednego: z wyjątkiem komunizmu, czyli otaczającej nas rzeczywistości. Zdumiewające, choć nikt się temu nie dziwi, jakby wszyscy milcząco rozumieli, że o komunizmie mówić nie należy – póki się milczy, idylla trwa (?!).

Spotkałem Kazia Koźniewskiego – kiedyś go lubiłem, żywy, przedwojenny i okupacyjny facet, z mojego świata, niegdyś odważny (okupacja!), dziś zgubiony w partii i w żarliwej na przekór wszystkiemu lewicowej dewocji. W sumie swego rodzaju wrak, też ofiara komunizmu, choć się do tego nie przyznaje. Dawni faceci zagubieni w dzisiejszych grandziarskich stosunkach i na próżno usiłujący im sprostać. Ale nie żałuję go – po co lazł do partii?! (ćma do ognia). Mówił, że skonfiskowali mu kawałek na mój temat w „Twórczości". Chi!

Podobno Zygmunt Myciel siedzi w Paryżu bez forsy i, bardzo wściekły, chce szybko drapnąć do Warszawy. Książę Rainier nic mu nie dał. A za co miał dać, że on w Polsce stara się o wolność? Książę Monaco ma polską wolność głęboko w dupie, a *les braves Polonais* do niczego mu nie są potrzebni. Siedź w domu, jak ci źle!

Umarł generał Anders. Wyprowadził tłum nieszczęsnych Polaków z Rosji, ale potem poszedł na karierę zachodniego generała, z której Polsce nic nie przyszło. Co prawda nie wiadomo, co innego miałby robić – Berlingiem zostać nie chciał (a szkoda!). U nas w prasie króciutkie wzmianki, o jego rosyjskiej działalności oczywiście ani słowa. To przynajmniej są łgarze konsekwentni – czy konsekwencja w kłamstwie też staje się wartością?!

19 maja
Trzy dni podróżowałem samochodem po Polsce – byliśmy w Witowie na Orawie z panią Zosią K. [Kielanowska], jej synem

i Krysią. Jazda samochodem pokazuje, jaka ta Polska mała – właściwie w jeden dzień można ją przelecieć od krańca do krańca. Ładny kraj, idylliczny na pozór, choć i masę nonsensów rzuca się w oczy, no i jedzenie wszędzie potworne, w knajpach pijacy, smród, klozetów brak. Ale pejzaże cudne, młodzież ładna, dobrze ubrana. Znów było jakieś „święto ludowe", więc cały kraj w transparentach „ślubujemy ci, ojczyzno" etc. A tu ludziom ani się śni myśleć o ojczyźnie, wszyscy tkwią po uszy w swoich sprawach osobistych, materialnych – patriotyzm zdewaluował się przez to nieustanne, nachalne odgórne gadanie, jest to teraz patriotyzm o płytkim dnie. Owszem, ludzie go nie negują, ale nikogo już nie podnieca. Kraj „normalny", bez egzaltacji – niby marzyło się kiedyś o tym, o Polskę zwyczajną, jak inne narody, modlił się Wyspiański, a jednak... Czegoś tu brakuje – myślę, że prawdziwej hierarchii społecznej i prawdziwych autorytetów, bo rządzą jacyś zamaskowani przebierańcy, którym w gruncie rzeczy nikt nie ufa. A może mnie się tylko tak zdaje?

Dopiero góralszczyzna opływa człowieka swą niezmiennością i tradycjonalizmem, choć górale jednocześnie łatwo umieją kumać się ze współczesnością. Ameryka im nieobca (dolary!) ani auto czy maszyna rolnicza. Nie idealizuję górali, wiem, że z nich nieraz komedianci i wydrwigrosze, a także egocentrycy i egoiści, ileż tu jednak swojskości, tej co dawniej, przedwojennej – to już w Polsce rzadkie. Ale na mszy w Witowie (Zielone Świątki) ludzi mało, przeważnie kobiety – więc i tu zaraza doszła!

Mieszkaliśmy w starym obszernym góralskim domu państwa K. – znajome zapachy, szum Czarnego Dunajca, język góralski zawsze ten sam, krowy pasące się na zboczach, liche siano, owies – ale dobrobyt jest, wielu pracuje w przemyśle, dolary w pończosze, maszyny rolnicze, telewizja. Byłem w Chochołowskiej i na szczycie Grześ – pustka, ani śladu turystycznej „stonki", śnieg na górach – przepięknie. Jeśli tam pojedziemy, to połażę po Orawskich Tatrach, to jeszcze dla mnie dostępne, mało skalne, łagodniejsze. Śmieszne – dochodzę do sześćdziesiątki!

Cała podróż jak migawka: Grójec, Skarżysko, Kielce, Jędrzejów, Kraków, Myślenice, Zawoja, Zubrzyca, Czarny Dunajec, Witów. Powrót przez Śląsk i Zagłębie (nędzny obiad w Mysłowicach), Częstochowa – Jasna Góra, nabożeństwo przed Cudownym Obrazem, jazda nocna, Warszawa. Jechaliśmy skodą, częściowo prowadziła Krysia, szosy puste, lecz niebezpieczne. Charakterystyczne: im bliżej Warszawy, tym ludność bardziej nie lubi samochodu czy raczej jadących w nim facetów. Za to na Podhalu lubią auciarzy – forsa ich tam nie razi, chcieliby ją tylko mieć. W Warszawie, czyli jak powiedział pewien szofer taksówki, w „wielkiej wsi" niespodziewany ruch ku mojej osobie. Są Międzynarodowe Targi Książki, przyjechało sporo tłumaczy i moi przyjaciele próbują ich namówić na mnie – zdaje się, że szkop Lachmann (dawny Polak z Gliwic) myśli o przekładzie „Sprzysiężenia", mam się z nim zobaczyć. Jest też parę innych propozycji, do tego przyjęcie u Niemców, odwykłem już od takich rzeczy. Związek Kompozytorów zaprosił mnie do jakiegoś jury (utwory młodych), jest to niby jutrzenka „lepszych czasów". Ale utwór „Rencontres dans un désert" mi odesłali – na festiwal nie pójdzie. Kiedyś walczyłem o kompozytorów z socrealizmem, wylano mnie za to z krakowskiego Konserwatorium, a kompozytorzy ani słówkiem się nie odwdzięczyli, przeciwnie, wściekli byli, że się ich wciąga w politykę. Potem to samo było z literatami: walczyłem dla nich przeciw cenzurze, skutek wiadomy, a pies się o mnie nie upominał. Można by popaść w pesymizm na temat ludzkiej natury, coś jak Tymon Ateńczyk. Ale nie chcę przedwcześnie wariować, odstręcza mnie przykład Wł. Bieńkowskiego. Spotkałem go, stracił już swój spokój i humor – podniecony anormalnie, zhisteryzowany. Już go bierze – podobno w Paryżu jest teraz główną „rewizjonistyczną" gwiazdą, obok Djilasa i Garaudy'ego. Ale cóż mu z tego przyjdzie – on tu żałosny emeryt. Zachować spokój starzejąc się w bezczynności – oto moja dewiza. Nie pokazać komuchom słabości – to przecież także idea i program. W braku laku – wystarczy.

Lidia wciąż nie ma zaproszenia, wysłałem telegram (drogi) do Wacka. Nic się nie daje załatwić – cholera! Spotkałem zabawnego Widy-Wirskiego, który kieruje w Paryżu polskim ośrodkiem naukowym (naukowiec to zresztą jak z koziej d... trąba), mówi, że Polskę całkiem tam lekceważą i zapominają. No tak – my już ludzie sowieccy! Andrzej powiada, że w większości na świecie zawsze panowała tyrania i nuda, że to jest normalne i trzeba się przyzwyczaić. Rzeczywiście – szlag by to trafił. A Polską to na Zachodzie nikt się nie interesuje, prócz Niemców. Czasy są coraz dziwniejsze, a ten mi pieprzy, że to normalne. Hegel twierdził podobno, że wszystko, co jest, jest rozumne – ja tego nie widzę.

25 maja

Cały tydzień zmarnowany był na rozmowy, przeważnie z Niemcami, których masę najechało z okazji Targów Książki – było też przyjęcie w Misji Handlowej NRF, sporo również gadałem z Pszonem, który wyjeżdża też do *Bundesrepublik* w delegacji „Tygodnika". Chaos mam w głowie po tych wszystkich rozmowach – istnieje już chyba nowa Europa, której ja nie znam, jako że tak dawno nie wyjeżdżałem. Europie tej nadaje pewno koloryt nowa młodzież – głupia, ale uczciwa, czytająca książeczkę Mao i nie mająca pojęcia ani o Wschodzie, ani o historii, ani o komunizmie. Starsi Niemcy (choć wszyscy już, cholera, ode mnie młodsi) też już są zdezorientowani. Co do rozmów ze Wschodem to wszyscy są na ogół zgodni, że z NRD nic nie wyjdzie, a z Polską powinno. Pokpiwałem sobie nieco z obecnej łagodności Niemców, na co Herr Botschafter (takiego tytułu używa) powiedział, że kiedy NRF ulegnie wszystkim: Ulbrichtowi, Polsce, Rosji, wystąpi z NATO, to wtedy dopiero nastąpi... piąty rozbiór Polski. Miłe.

Podobno Brandt ma totalną już manię na temat polityki zagranicznej i Wschodu. Niewiele prawdopodobnie z tego wyjdzie, ale to na pewno człowiek dobrej woli. Niektóre szkopy twierdzą, że się w końcu na tym wszystkim wywali, do władzy przyjdzie CDU i ono dopiero zawrze ze Wschodem skuteczne porozumienie. Wszystko możliwe. Ale jakie to ma być porozumienie, co z Rosją i Ameryką? Jedno nie ulega wątpliwości – że komuna tu zostanie i ogłupi ten naród do imentu. Ostatnio instrumentem odwracania uwagi ludzkiej od spraw istotnych i skupiania jej na bzdurach są zawody sportowe, przedtem piłkarskie, teraz Wyścig Pokoju. Sam się tym interesuję, choć to idiotyczne. Ale jakie gromy spadły na korespondenta „Mondu" Margueritte'a, że ośmielił się napisać coś złego o naszym sporcie. Istne szarganie świętości. Biedni Polacy!

Naprawdę biedni, bo rządzi nimi nie wiadomo kto, robiąc nie wiadomo co. Ostatnie plenum KC poświęcone sprawom gospodarczym to coś zgoła surrealistycznego. Surrealizm ten kondensuje się w przemówieniu Gomułki, oczywiście ktoś mu je wykoncypował, bo skąd ów człek bez wykształcenia miałby się znać na wszystkim. Przemówienie to zapowiada powołanie tysięcy komisji fabrycznych, które będą miały za zadanie ustalić sposób obliczania płac pracowniczych na zasadzie zdobycia „punktów" za wykorzystanie rezerw produkcyjnych, za postęp techniczny, za zmniejszenie zatrudnienia, za amortyzację etc., etc. W jaki sposób bez komputerów ma to być wszystko obliczone, czort wie, zwłaszcza gdy ceny zaopatrzeniowe i rynkowe wzięte są „z kapelusza", dowolne, nie oparte na żadnym uchwytnym wskaźniku. Nie ma to wszystko nic wspólnego z ekonomią, choć ten biedny człowiek wciąż bredzi o „rachunku ekonomicznym". Jedyne wyjście to byłaby próba urealnienia cen przez zastosowanie normalnych kryteriów rynkowych, podaży i popytu, lecz tego właśnie nie wolno i wszyscy „wysocy" dyskutanci, Jaszczuki, Kulesze etc. omijają tę sprawę pieczołowicie, jakby sprawę córki, która zeszła na złą drogę. Wstydliwi to ludzie, a wszystko razem jest jak groteska Mrożka: zebrani nad łóżkiem, w którym leży tygrys, rozmówcy z najpoważniejszymi minami starają się udawać, że tygrysa nie widzą. Widowisko niewiarygodnie dziecinne: i pomyśleć, że ta dziecinada ma na swe usługi wojsko, policję, olbrzymi państwowy aparat. Niewiarygodne!

Inna rzecz, że wprowadzenie u nas praw rynkowo-ekonomicznych przy tej demoralizacji aparatu oraz zwichnięciu wszelkich sensownych kryteriów społecznych byłoby piekielnie trudne. Zacząć by trzeba od stworzenia jakiejś wymienialności pieniądza ze sferą wolnodewizową, a to przecież piekielnie trudne przy naszym braku forsy i absurdalnych spiętrzeniach biurokratycznych. Chyba nic się nie da zrobić i skazani jesteśmy na zawiłe rządy dyletantów i niemniej zawiłe, nielegalne oczywiście kombinacje wszczynane przez ludzi chcących zarobić. Fantastyczna pod tym względem jest opisana w „Polityce" historia aferzysty Śliwy-Silbersteina (nie-Żyd, udający Żyda – przeciwnie niż zwykle), faceta, który podając się za konsula austriackiego wodził za nos najprymitywniejszymi sposobami wszystkie ważne władze. Genialny facet, genialny, bo tak sprawnie rozszyfrował rządzące nami głupstwo, dyletantyzm i dziecinadę.

À propos dziecinady, to tutaj siedzi ona w rządzie, na Zachodzie zaś – w opozycji. Owa młodzież amerykańska, która usiłuje wykończyć Nixona ratującego w Kambodży twarz Ameryki – przedziwne to naprawdę zjawisko. Nie bardzo jestem w stanie to wszystko zrozumieć, zbyt długo nie wyjeżdżałem za granicę. Najlepiej jeszcze dogaduję się z Niemcami, oni mają nasze pojęcia (!) – oczywiście Niemcy z NRF-u, a „nasze" to znaczy nas, „starych". Mietek [Pszon] twierdzi, że Niemcy to ten sam co my krąg kulturowy i że po wszelkich okrucieństwach II wojny będziemy się z nimi przyjaźnić, tak jak kiedyś z Turkami – po wojnach, na ówczesną skalę też nader okrutnych. Ano, straszne, lecz możliwe – widać płomień się wypalił, a naprawdę strasznych Niemców oglądać będziemy tylko w polskich filmach (teraz nie ma już u nas filmu bez hitlerowców i strzelania).

Pani Szymańska z „Czytelnika" twierdzi, że wyda mi kryminalną powieść, a znów „Ruch Muzyczny" zwraca się do mnie o współpracę. Czyżby działała tu sprowokowana przez Pawełka interwencja Putramenta? Ale w takim razie Stach Stomma ze swoim Kliszką okaże się wałem korbowym. I rzeczywiście. Poza tym chyba kończy się już jego – Stacha – polityczna kariera: doprowadził do tego, że na pięciu posłów „Znaku" jest czterech byłych paxowców, i ci go w końcu, poduszczeni przez UB, wyleją na twarz, nawet Mazowiecki nic mu nie pomoże. Ano, Stach długo bezkarnie robił głupstwa, teraz zbierać będzie ich żniwo. Niewesołe to, ale z drugiej strony cały ten „ruch" wobec omnipotencji partii stał się już dawno groteską. Jeden „Tygodnik", choć słaby, coś tam robi – no i oczywiście mnie utrzymuje, co mu się bardzo chwali.

28 maja

Właściwie to Zachód wcale nie chce dokładnie wiedzieć, jak tutaj jest, bo nie chce sobie zakłócać spokoju obrazem całkiem innego świata. Jeżeli się czymś interesuje, to tylko ważnymi komunistami, którzy wyłamali, buntują się czy protestują. Zainteresowanie nimi też podyktowane jest względami egoistyczno-politycznymi: że oni osłabią komunizm. Obraz literacki tutejszego świata to już naprawdę nikogo t a m nie obchodzi. A tu znów w Rosji aresztowali jakiegoś biedaka, który przesyłał na Zachód rękopisy. Zamkną go do domu wariatów, bo tam teraz taka moda. I pomyśleć, że ten niewątpliwy bohater poświęca się za nic, za fikcję, że gest jego po paru dniach zejdzie z łamów „wolnej prasy" i już nigdy na nie nie wróci. Okrutni są ci ludzie Zachodu, a przy tym jakże lekko- czy bezmyślni: toć jak na nich przyjdzie ta choroba, nie będą zbrojni w żadną wiedzę, w żadne doświadczenie. Życzę im wszystkiego najgorszego, no bo niby co my tu mamy do stracenia?

To już całkiem inna Polska niż ta sprzed lat jeszcze dziesięciu: polskość zachowała tę samą nazwę, a treść przybrała sobie częstokroć przeciwną. Nie rozumie tego emigracja, myśli, że tu kogoś do czegoś przymuszają, podczas gdy tu wszyscy działają częstokroć *con amore*. Ciasnota, egoizm, prywata, brak odwagi cywilnej i solidarności, tępy szowinizm, niewiedza o niczym – smutne to cechy tego schłopionego narodu. I nie ma się z kim konfrontować, nie ma mniejszości, nawet Żydów i Cyganów jak na lekarstwo. Kolarski Wyścig Pokoju okropnie szowinistyczny: Polacy, przygotowani jak zawodowcy, wygrali w cuglach (choć regulamin faworyzował zespoły, a krzywdził wielkie indywidualności, jak młody Francuz, co jechał szybciej od Szurkowskiego). Ale jakżeż idiotycznie pisze prasa, bez przerwy podkreślając „ofiarny trud" i „wytrwałą, pełną wyrzeczeń pracę" polskich kolarzy. A więc sport to już nie zabawa, lecz również „ofiara" i „trud". Jakież to sowieckie, aż się rzygać chce! Ale ludzie czytają tę kretyńską prasę (nie pisze ona zresztą rzeczy przypadkowych) i myślą, że tak musi być, ciekawią się tylko, ile kolarze dostają forsy. Ludzie w ogóle myślą, że trzeba słuchać prasy, radia, telewizji, zatracili ducha przekory, sprzeciwu, wolności. Jeszcze dwa pokolenia i zapomną o wszystkim – to jest właśnie najgorsze, a ten Książę w Paryżu [Jerzy Giedroyc] nic a nic z tego nie rozumie. Ano tak – syty głodnemu nie wierzy...

Dziś Boże Ciało, od rana piszę artykuł do „Ruchu Muzycznego" o awangardzie i festiwalach. Podnieciłem się nawet, myśli biegną szybko, jednak to piękna rzecz pisać na zamówienie, wiedząc, że to jest komuś naprawdę potrzebne. Ale czy rzecz przejdzie? Oni mówią, że to wyjdzie latem, kiedy nikogo w Warszawie nie ma, i że Gomułka „Ruchu Muzycznego" nie czyta. Chyba jednak nie może to być tak proste, chyba oni mają jakiś „cynk" z góry. Szybko przyzwyczaiłem się do myśli, że ten artykuł wyjdzie – jak nie, to znów będzie zawód! Ten biedny Sowiet, co wysyłał na Zachód po kawałku książki, tak już był nerwowo skończony, że znaleziono u niego notatkę: „Kiedyż oni mnie już wreszcie zamkną!" I rzeczywiście.

Był p. Benedykt H. [Heydenkorn] z Kanady, redaktor „Związkowca", wziął parę moich książek i utworów muzycznych – może co przedrukuje. Od czasu jego wizyty UB się kręci naokoło jak psy – a może to z innych powodów, o których nawet nie będę tu pisać? Lidia wciąż nie ma zaproszenia, Wacek marnuje się w tym Paryżu, ja nigdzie nie wyjeżdżam, choć przydałoby się wyrwać z tej prowincji i zobaczyć, jak świat wygląda. Posłałem tam tylko „gońców", zobaczymy, co przyniosą. Nie piszę już nazwisk, bo się boję. Ale czy ten pamiętnik będzie kiedy drukowany i czy będzie komu potrzebny? Obsesja niepotrzebności gnębi mnie okropnie – przeczytałem sobie swoje stare felietony: toć ja już wszystko napisałem, robiłem, mimo cenzury, co się dało. No i wszystko poszło w diabły, jak psu w d.... O cholera.

2 czerwca

Wczoraj znów przyjęcie u Włochów, jak przed dwoma laty, kiedy zaczynałem ten pamiętnik. Ten sam Jędrychowski, pod oknem „wódz", czyli Bolcio Piasecki (nie podchodziłem do niego – już mi się znudził), ci sami zagraniczni dziennikarze, sporo kociaków, trochę ubeków. Byłem z Krysią, wypiłem parę szklanek czystej whisky, tyle że z lodem, dziś kac dokucza – cierpienie, które nie budzi niczyjego współczucia.

Julek Stryjkowski wrócił z Ameryki, nie bardzo się tam czuł, pewno jest za mały na tak wielki kraj. Opowiada, że Los Angeles to jedna 150-kilometrowa ulica, na której nie można wysiąść z auta, bo brak chodników. Podobno Karst, Kott i Wittlin płaczą bardzo za Polską, ale urządzeni są doskonale. W Paryżu widział Wacka, z brodą i pijanego – martwię się o chłopaka, nie wiem, co z nim będzie, a tu Lidia wciąż nie ma jeszcze zaproszenia.

Napisałem duży artykuł o muzycznej awangardzie i dałem „Ruchowi Muzycznemu" na ich prośbę – ciekawym, czy co z tego wyjdzie. Także pani Szymańskiej z „Czytelnika" dałem powieść „Przygoda w Warszawie", nigdy w książce nie drukowaną (tylko w odcinkach, w „Tygodniku" i w kanadyjskim „Związkowcu"). Podobno jest jakiś „cynk", żeby mnie po trochu drukować, ale coś niezbyt w to wierzę. A może lepiej być nadal męczennikiem, a po cichu pracować nad swoim „dziełem"? Tylko że na to trzeba mieć samoczynną energię psychiczną – skąd ją brać?!

Nixon zrobił Kambodżę, aby móc w spokoju wycofywać wojska – tak twierdzi Stewart Alsop w „Newsweeku". A więc w sumie tak czy owak będzie to klęska. Komuniści wietnamscy nie mają zatem nic innego do roboty, jak spokojnie poczekać, aż się Amerykanie wyniosą, po czym z pomocą chińskiej i rosyjskiej broni zalać cały Wietnam. Zatem Nixon będzie „ojcem klęski", a tu mu rozhisteryzowani „lewicowością" młodzi Amerykanie robią hece i demonstracje. Cóż to za komedia omyłek – ciekawym, czy sobie facet z nią poradzi. Chociaż niby jak?!

Najgenialniejszym trickiem naszych czasów jest ukrycie przed światem, jak właściwie wygląda wewnątrz w komunizmie. Dzięki temu, że nikt nie wie, jak groteskowo (w najlepszym wypadku) tu wygląda, Rosja może odgrywać rolę protektora światowych ruchów lewicowych i dokuczać Amerykanom ile wlezie, sama bezpiecznie trwając w swym zamknięciu. I nawet miliony turystów wpuszczone do Rosji nie potrafią dojrzeć, co tam się naprawdę dzieje. To dla nich za trudne, zbyt niewiarygodne, a przy tym robota koronkowa, tak że nawet tubylcy nie potrafią (no i nie chcą) objaśnić, na czym rzecz polega. Weźmy na przykład u nas: robi się ostatnio dużo filmów z pierwszych lat powojennych, zasiedlania Ziem Zachodnich etc. Oczywiście w filmach tych nie ma ani słowa o atmosferze klęski (nie zwycięstwa!), jaka wisiała wtedy nad krajem: Rosjanie wchodzą, aresztują i wywożą akowców, wysiedlają ludzi z Ziem Wschodnich, niepodległość utracona, jedyna, wątła nadzieja w Mikołajczyku etc. Tego wszystkiego oczywiście w owych filmach nie ma, czyli rzeczy najważniejszej nie ma. No a dzisiejsza młodzież, oglądając te filmy myśli, że pokazują one prawdę (np. kłamliwy „Album polski" Rybkowskiego do scenariusza Ryszarda Frelka – komunistycznego zelanta, byłego sekretarza Kliszki. Rybkowski, pracuś, pochodzenia żydowskiego, bardzo atakowany w 1968 przez paxowców za rzekomy brak patriotyzmu w niezłym filmie „Dziś w nocy umrze miasto" – z moją muzyką zresztą, postanowił tym „Albumem" „zrehabilitować się" za wszystkie czasy). W ten sposób owa młodzież nabywa od dziecka zafałszowaną wiedzę historyczną, skądże ma bowiem znać minione fakty, jeśli jej o nich nikt nie mówi. Zmienianie przeszłości, działanie wstecz – jak u Orwella. Subtelności tej codziennie dokonywanej fałszerskiej pracy nie są w stanie ocenić ludzie Zachodu – w ogóle pojąć nie mogą, po co to się robi. O naiwni – a jak cała rzecz przyjdzie do nich, będzie już za późno. Jak komunizm gdzieś wlazł, to już stamtąd nie wyjdzie. Nawet w Jugosławii wolność jest dosyć wątpliwa – jak mi powiedział ktoś, kto tam mieszka, jest to „wolność wyłącznie dla głupich". Chi!

Żydzi pozostali w kraju, ci ze środowiska artystycznego, odgrywają się po trochu, ale za pomocą czołobitności i wazeliny wręcz obrzydłej – tak robi np. Jurandot, który dostał za to jakiś bardzo wysoki order (w związku z dziwnie, w ukryciu obchodzonym jubileuszem 50-lecia Związku Literatów Polskich). Ale przezorniejsi mają już uraz, liczą na nową falę antysemityzmu „urzędowego", gdy stary Wiesio po najdłuższym życiu odejdzie. Stąd też sporo osób pieczołowicie maskuje swe pochodzenie. Kobieta nie przyznająca się do swej żydowskości nosi nazwę „skrytka". Tak to jest na tym świecie.

5 czerwca

W Czechach dzieją się rzeczy niestworzone, ale nikt już o tym nie mówi, jakby to było normalne. Jak się zdaje, ponieważ Czesi wciąż krzyczeli, że są „socjalistami", i powoływali się na partię, więc też nastąpiła w tejże partii czystka nie z tego świata, wylewają kogo się da, nawet Dubczeka wezwali ze Stambułu i przesłuchiwali – ciekawym zresztą, co z nim będzie. Tak to bywa, kiedy się chce mieć własną partię, czyli własny kościół – to już lepiej nam, antypartyjnym, którzy o żadną herezję oskarżeni być nie możemy, bośmy w ogóle niedowiarki, relikty minionego świata. A swoją drogą, jak ten zadziwiająco habsbursko-czeski lojalizm, konformizm i szwejkizm przemienił się w konformizm wobec rządzącej komunistycznej partii i jak potem ten lojalizm i konformizm przerósł nagle w bunt zawiedzionych nadziei. Można by o tym napisać całą księgę – o tym i o zupełnie innej polskiej „psychicznej drodze do socjalizmu". Tyle że ksiąg o takich rzeczach pisać u nas nie wolno – w ogóle nic tu pisać nie wolno. W „Życiu Literackim" ukazała się obłudna dyskusja na temat literatury: dyskutanci Maciąg, Nawrocki, Pieszczachowicz i inni prześcigają się w narzekaniach, że „literatura nie spełnia swych obowiązków, nie dyskutuje ze społeczeństwem, nie krytykuje rzeczywistości, nie wystawia rachunku historii" – przy okazji jednak asekurancko stwierdzając, że ta krytyka niczym nie grozi, bo „socjalizm stał się powszechną własnością, jest zaaprobowany przez świadomość społeczeństwa, które buduje Polskę Ludową, i nie trzeba zadań literatury socjalistycznej utożsamiać z propagandą osiągnięć tego ustroju". Chytry to niby wybieg, aby jednak móc coś tam niesloganowego napisać, ale niezawodny Machejek zaraz im przypomina, że do zwalczania są jeszcze ci, co mają psychikę mieszczańską, prywatna inicjatywa, „plastikowa burżuazja", ci co gonią za wygodą życia etc. A więc pokazuje wroga, że niby krytykować jest co, więc po cóż ta tęsknota za inną niż klasowa konfliktowością. Udaje osioł, że nie rozumie problemu. W istocie zaś literatura jest niemożliwa, jeśli nie założymy, że ustrój komunistyczny może być traktowany jak każdy inny ustrój, jako rzecz ludzka, przemijająca, forma dla ludzkich błędów i niepewności, forma taka sama dobra jak każda inna. Wtedy pisarz jest u siebie, bo pisarstwo to w wielkiej mierze krytyka, walka, destrukcja. Jeśli natomiast ustrój ten uważać trzeba za ideał, spełnienie ludzkich marzeń, ustabilizowany raj na ziemi, a przynajmniej drogę do niego, wtedy o literaturze mowy nie ma: istnieć ona nie może i nie istnieje, co najwyżej jej resztki, okruchy, marginesy, tak właśnie jak u nas. Jest to zresztą w komunizmie fach dosyć popłatny, można niby to i owo napisać, ale w sumie degeneracja duchowa jest nieunikniona: karzeł hodowany pod szafą. A swoją drogą to masochizm próbować pisać akurat w kraju, gdzie tego nie można, i to próbować pisać swobodnie. Skończy się to źle – oj skończy! (Dla mnie, rzecz prosta).

6 czerwca

Groteskowe rzeczy dzieją się u nas w dziedzinie gospodarki – skutki tego zresztą obserwować można dobrze w kulturze, w wydawnictwach, filharmoniach, redakcjach etc. Rzucono hasło rentowności, dochodowości przedsiębiorstw, a jest to hasło puste, oparte na tysięcznych nieporozumieniach, jeśli nie będą mu towarzyszyć podstawowe zmiany strukturalno-systemowe – ale te zmiany towarzyszyć nie mogą, bo to już byłby „rewizjonizm", rzecz jak wiadomo absolutnie wyklęta, której propagowanie, zwłaszcza po historiach czeskich, doprowadzić może do gwałtownego zakończenia kariery każdego działacza „rządu i partii". W strachu przed „rewizjonizmem" zostawiono tylko fasadę, którą stanowi owa „rentowność będąca w zasadzie fikcją, jeśli nie zacznie się działać w kierunku: a) usamodzielnienia przedsiębiorstw przez pozwolenie im na płacenie pracownikom według własnego klucza oraz na ustalanie konkurencyjnych cen i miejsc zbytu własnych produktów, b) urealnienie cen zaopatrzeniowych różnych surowców – póki te ceny są dowolne i nierealne, wszelka gospodarka staje się księżycowa, pojęcie dochodu narodowego rozciągliwe jak guma, zaś „zysk" i „strata" przedsiębiorstw są czystą fikcją. U nas jednak w tej chwili nalega się na „rentowność" bez żadnych zmian strukturalnych, więc też cały ten „socjalistyczny kapitalizm" budzi śmiech, choć i prawdziwy reformistyczny socjalizm to tylko marne odbicie „kapitalistycznie zdrowej" gospodarki, o czym poucza choćby przykład Jugosławii. No a już to, co robią u nas w kulturze, to istny nonsens: oszczędzają, tną, obcinają stawki, sprawdzają wszystko po sto razy – kultura ma być dochodowa, gdy gastronomia jest deficytowa!

Toć nawet przecież w kapitalistycznej Francji do opery się dopłaca! A tu wszystko staje na głowie: gospodarka ma być rentowna, podczas gdy nie ma żadnego prawa wartości, stawki i ceny są dowolne, decyduje o nich niedouczony i nieświadomy życia, na abstrakcjach wychowany kacyk partyjny. Istny surrealizm!

Ciekawe: młode ruchy na Zachodzie, mieniące się socjalistycznymi, występują przeciw monopolom, trustom, koncentracjom kapitału, a w obronie drobnych producentów. Jest to zgodne z literą Marksa, który gdzieś tam powiedział, że społeczeństwo socjalistyczne to ma być „związek wolnych producentów". Jakżeby się zdziwili dowiedziawszy się, że u nas jest jeden gigantyczny monopol, który dusi wszystkich producentów dużych i małych, wyznaczając im drobiazgowo ramy i formy działania, zaś producent, jeszcze niezależny i względnie wolny „prywaciarz", uważany jest za społecznego szkodnika, wroga, relikt epoki kapitalizmu. Absolutne tu jest nieporozumienie i nawet warszawscy korespondenci prasy zachodniej nie umieją świata poinformować, na czym cała rzecz polega. Wynika to może stąd, że tutejsi ludzie, którym 25 lat kręcono w głowie mętnymi a zmiennymi pojęciami, niewiele rozumieją. Henio przysięgał mi, że taki Wiesław Górnicki, którego uważałem za perfidnie kłamliwego propagandzistę, w istocie wierzy w ten cały fałszywy a bazujący na nieznajomości historii obraz, jaki roztacza. Co tu zresztą mówić o Górnickim, jeśli taki „Le Monde" na co dzień już nazywa Amerykanów imperialistami, a prawie nigdy nie nazywa tak Rosjan. Młodzi „wściekli" na Zachodzie ryczą o zbrodniach „amerykańskich interwentów", a nie zająkną się o zbrodniach komunistów i o ich agresywności. Jeśli nawet szlachetne intencje przesiąkły kłamstwem i to w epoce masowej, znakomitej informacji, to już dowodzi jakiejś światowej atrofii. Być może, iż nigdy prawda nie wpływała decydująco na politykę, ale przynajmniej była znana! Wydaje się, że nadchodzi epoka ciemnych dyletantów, którzy chcąc uspokoić kataklizmy będą je rozpętywać, a chcąc uszczęśliwiać ludzkość wpędzą ją w katastrofę. A ci głupi Francuzi z „Monde'u" tkwią w tym wszystkim zadufani, jakby byli nietykalnym pępkiem świata. Idioci!

À propos naszych karykaturalnych reform gospodarczych słyszałem wersję, że umyślnie sieje się bałagan i niszczy to, co jakoś tam funkcjonowało, aby wywołać robotnicze rozruchy i zdemaskować w partii przyczajone „wrogie elementy". Byłoby to w duchu genialnej prowokacji, jaką nieraz posługiwali się komuniści (Stalin) dla umocnienia swej władzy. A więc na swój sposób doceniają oni istnienie masy. Chi! A co z tego rozumie nasz paryski Książę?! Nic. A jeszcze poucza innych.

10 czerwca

Znów był koktajl "międzynarodowy", tym razem u Amerykanów na pożegnanie attaché Jenkinsa. W ogrodzie pałacyku przy ulicy Dąbrowskiego zgromadziła się pseudoelita dziennikarska, towarzystwo dosyć pstre, przeważnie łobuziaki, zazwyczaj plujące na Amerykę ile wlezie, ale Amerykanie to masochiści i zapraszają z reguły tych właśnie, co na nich plują (Górnickiego na przykład). Rozmowy raczej obleśne i niezbyt miłe, tylko trochę szerzej pogadałem z Eligiuszem Lasotą, niegdyś redaktorem sławnego "Po prostu", "odwilżowym" posłem etc. To miły chłopak, ale jak mu partia matka nasza przetrąciła kręgosłup w roku 1958 (wylanie z partii po głośnych rozruchach), tak nie podniósł się już z tego do dziś, bo on jednak bardzo tęskni do budowania socjalizmu. Pracuje gdzieś na małych posadkach dziennikarskich, a o Ameryce też źle pisze, obowiązkowo – wyrzucałem mu to, bronił się miękko, no bo co właściwie ma chłopak robić? Było tam zresztą sporo osób, tkwiących w niewyraźnej sytuacji – na przykład profesor Schaff. Byli też "marksiści z kariery" – Wiatr czy Pastusiak, a obok stary Słonimski, mówiący już teraz wyłącznie o sobie i powtarzający bardzo wiekowe dowcipy. Najsympatyczniejszy okazał się właściwie Staś Dygat. Ustaliliśmy z nim, że mamy obaj kompleks wobec ludzi robiących świństwa: nie śmiemy im spojrzeć w oczy, jesteśmy zmieszani, zażenowani – po prostu czujemy się winni i tyle.

Potem poszedłem z Heniem i Krysią na kolację do "Szanghaju", gdzie spotkaliśmy ambasadora PRL w Ameryce Michałowskiego. Ja go prawie nie znałem, ale to wielki przyjaciel Eilego, więc zaczęliśmy rozmowę o Marianie. Mówił, że już na drugi dzień będzie z nim rozmawiał w Paryżu, że Marian naprawdę chce wracać, ale ma kompleksy i opory, że to również "skomplikowana sprawa osobista". Wyobrażam sobie: wróciłby już nie jako wielki redaktor, lecz w roli prywatnej, a tu dwie kobiety i sytuacja zawiła. Nie – chyba on jednak nie wróci, ale w Paryżu powodzi mu się podobno bardzo źle. Żal mi go: był człowiekiem silnym, czasem aż apodyktycznym i bezwzględnym, a teraz zrobili go na bezwolną szmatę — już oni to potrafią!

Podobno Jasienica bardzo ciężko chory, z jakimś guzem w piersi — przygnębiło mnie to okropnie, tego też wykończyli, choć w inny sposób. W ogóle robię się pesymistą, dałem temu wyraz w rozmowie ze szwajcarskim dziennikarzem, który się u mnie zjawił. Dosyć mam tych cudzoziemców, trudno im coś wytłumaczyć, a uważać trzeba. W dodatku dzieci, Jerzyk i Krysia, przesadnie są zachwycone każdą zagraniczną wizytą czy okazją — gdzież u nich, do licha, ten patriotyzm: ja mam prawo być w opozycji, ale one, które nic jeszcze ze świata nie znają?!

Rosjanie okropnie krzyczą, że Moskwa nie otrzymała organizacji olimpiady w roku 1976. A przecież to całe szczęście: nie byłaby to olimpiada, lecz jeden pean propagandowy na cześć „socjalizmu" — coś takiego jak olimpiada berlińska 1936. To byłby już w ogóle koniec olimpiad. Tym razem jednak ludzie Zachodu okazali trochę oleju w głowie, choć „Wolna Europa" jest innego zdania, uważając, że dla Rosjan byłoby pedagogicznie zetknąć się z „wolnym światem". Chyba to są złudzenia — po prostu jeszcze raz Zachód dałby się okantować. Oni nie są w stanie mierzyć się ze wschodnim aparatem propagandowej perfidii — do tego często patetycznej. Tak zresztą było też z Hitlerem i jego olimpiadą, a Moskwa zamiast nacjonalizmu (którego zresztą ma mnóstwo) prezentowałaby przecież swój mniemany „uniwersalizm". Lepiej się stało — niech chociaż sport będzie jeszcze autentyczny, a nie załgany po dziurki w nosie jak wszystko wokół!

14 czerwca

Był tu William Griffiths, Amerykanin, mój znajomy profesor „sowietologii" w Massachusetts. Znam go od lat, umysł ma zimny, amerykański, ale sporo wie o Polsce i niegdyś bardzo się nami interesował. Teraz niestety zainteresowanie to mocno opadło: mówi, że u nas panuje marazm, walki personalne, że „skompromitowaliśmy" się antysemityzmem i że nie ma tu czego szukać. Jechał do Moskwy rozmawiać tam w jakimś instytucie do spraw międzynarodowych na temat „bezpieczeństwa Europy". Pytałem go, czy bezpieczeństwo oznacza dla nich utrzymanie podziału na strefy wpływów między Rosją a Ameryką, dokonane w Jałcie. Nie przeczył — tak to zawsze ludzie Zachodu znajdują sobie jakiś pretekst, aby Polskę wystawić do wiatru i zlekceważyć. Charakterystycznie też powiedział o Czechach, że popełnili dwa błędy: jeden, iż za dużo i za głośno krzyczeli prowokując Rosjan (to na pewno prawda), drugi, że zapowiadali, iż z Rosją bić się nie będą. Należało grozić, że będą – mówi Griffiths. Ciekawym jednak, co by Amerykanie zrobili, gdyby naprawdę krew się polała. Najpewniej nic, tak jak i w wypadku Budapesztu 1956. Tacy to oni są dobrodzieje – zresztą wcale tego nie ukrywają. Wniosek z tego – trzymać się cara, co proponuje po raz setny Stomma w ciekawym artykule o generale Andersie. W artykule tym Stach robi paralelę między Andersem a generałem Wincentym Krasińskim: Krasiński walczył po stronie Napoleona, lecz widząc, że tenże przegrał, zgłosił się do cara – no i dobrze, no i na zdrowie, jak mówi Broniewski. A tymczasem Anders do cara się nie zgłosił, toteż umarł na obczyźnie, a ofiara krwi w Monte Cassino poszła na darmo. Tylko komuniści reprezentują nas wobec cara, wobec czego zdają, jak pisze Stomma, wielki egzamin historyczny. Prawdy to niewątpliwe, tyle że nudne jak flak. No ale cóż – los dzisiejszej, schłopiałej Polski jest nudny i nic na to nie poradzimy. Co nie jest dowodem, że trzeba kraj opuszczać, jak proponuje niejeden (np. Staszewski). Tylko co tu robić, jak nic nie pozwalają?!

Griffiths opowiadał o Tyrmandzie, że mu się świetnie powodzi, forsę ma, no i wigor, z jakim zwalcza „nową lewicę". Temu jednemu Ameryka posłużyła, odzyskał tam siebie, odnalazł teren do pracy, pozbył się kompleksów – a tu już nader był żałosny. Ciekawym, czy go jeszcze kiedyś zobaczę.

W Niemczech wybory do trzech Landtagów, mające, wobec wschodnich prób Brandta i gwałtownej opozycji CDU, charakter referenudm. A jednak Strauss ma trochę racji: flirty Brandta ze Wschodem muszą tak czy owak przyczynić się do osłabienia Europy Zachodniej i do rozluźnienia więzów ze Stanami Zjednoczonymi. Gestia sowiecka nad całą Europą stanie się ciałem? Pewno jeszcze nieprędko, ale jeśli Niemcy wciąż będą marzyć o zjednoczeniu, to Rosja takie im właśnie będzie stawiać warunki. Niemcy między młotem a kowadłem, Niemcy marzyciele i fantaści, a za to Polacy – twardzi realiści pod berłem cara. Oto jak historia przemienia narody – niczym starożytna Kirke, co zmieniała żeglarzy w świnie. Chi! Niemcy rozebrane, podzielone, niejednolite i Polska, etnicznie jednolity, chłopski monolit pod berłem cara (czerwonego). Tak toczy się światek – a my z nim (nie wszyscy).

W „Forum" jest wywiad z jakimś sowieckim ekspertem technicznym, który to ekspert twierdzi, że „wdrażanie" nowego wynalazku do produkcji trwa w ZSRR przeciętnie osiem lat. Zdumiewać musi, jakim sposobem wobec tego zdołali oni dojść do czołówki w dziedzinie broni nuklearnej. Myślę, iż rzecz polega na tym, że prace z tej dziedziny wyjęte są z sowieckich ram ustrojowych, po prostu gdy chodzi o bomby wodorowe, socjalizm nie obowiązuje, zaś pracownicy tej dziedziny nie podlegają normalnej pragmatyce służbowej, lecz stanowią uprzywilejowaną, stojącą ponad prawem elitę. W ten sposób Rosjanie, gdy chodzi o najważniejszą sprawę, sprawę życia i śmierci, sami wyrażają wotum nieufności swemu ustrojowi. Ale cóż nam z tego? – osobiście wolałbym, żeby bomby produkowali tak samo socjalistycznie, jak pralki lub lodówki. Ale tak daleko, zdaje się, ich przywiązanie do idei nie sięga!

21 czerwca

Wreszcie upały potężne – dziś pojechałem na rowerze nad Jezioro Czerniakowskie – tłumy młodzieży, całkiem nowej, tchnie z tego obcość, mimo warszawskiej mowy. A swoją drogą zdumiewająca to rzecz przeżyć zagładę tego miasta, potem jego odrodzenie i teraz widzieć to nowe mrowisko. Człowiek przygląda się nowemu życiu jakby zza grobu wspomnień i dawnej Polski. A tu Wiesław Górnicki, z którym wciąż psychicznie obcuję i dyskutuję w myśli, szeroko znów pisze, że woli być obywatelem Eurazji niż ulec Niemcom, że taka Polska, jaka jest, ma już być po wiek wieków, żadna inna nie byłaby możliwa etc. etc. Tę prostą prawdę historiozoficzną (?) marksiści nasi wyzyskują do maksimum, grają na tej jednej strunie, aż niemal do jej zerwania, czyżby innej nie mieli? Mamy być po wiek wieków członkiem Bloku Wschodniego, dobrze, ale czy to dowód, że winno tu być tak głupio, jak jest, i że każda próba zmiany czegokolwiek w kierunku zdrowego rozsądku to już gest niepatriotyczny, narażający nas na zerwanie sojuszu z Rosją? Ano tak, Rosja ze wszystkiego zrobiła sobie papierki lakmusowe, wskaźnik stosunku innych do siebie – ciekawe, że wielkie mocarstwo tak bardzo jest wrażliwe, skompleksowane – w rezultacie nawet kiwnięcie palcem w bucie okazuje się niepatriotyczne. Ten Górnicki jest ciekawy, bo choć umysł ma zaludniony i obstawiony komunistycznymi stereotypami, to tkwi w nim jakaś niepodrabiana żarliwość sprawiająca, iż dopowiada rzeczy bardzo daleko, co w rezultacie daje czasem efekt przeciwny do zamierzonego. Tak i z ową Eurazją oraz z piekielnym dylematem: komunistyczna Rosja lub polakożercze Niemcy. Nazywa się to „Raport z Hamburga". Czy dylemat jest pozorny czy rzeczywisty? W tej chwili wciąż jeszcze rzeczywisty i stąd nieustający szantaż, któremu wciąż musimy ulegać: albo absolutne posłuszeństwo, albo Polska przestanie istnieć. Ale gdy młodzież znad Jeziorka Czerniakowskiego dorośnie, może otworzą się inne perspektywy, świat wszakże tak szybko idzie do przodu? Choć co prawda Polska zawsze tkwić będzie w tych piekielnych obcęgach – w tym miejscu Europy (tytuł mojej niemieckiej książki) nic się od dawna nie zmienia, bo to styk Niemiec z Rosją, a na tym styku Polska zawadza. Ot i tragedia naszego patriotyzmu, a Górnicki się cieszy – bo Stomma przynajmniej podsumowując fakty i konieczności nie skacze z radości do góry. No cóż on znał Polskę naprawdę wolną, Górnicki już nie, a ci znad Jeziorka Czerniakowskiego pojęcia nie mają, że w ogóle taka była i być może. A gdyby tak jaki cud?!

U Jasienicy w szpitalu byłem już dwa razy. Przed tygodniem wyglądał bardzo źle, wymizerowany i zgnębiony, dziś prezentował się o wiele lepiej. Robią mu naświetlania i jakieś bardzo mocne zastrzyki – czyż możliwe, żeby to był rak? (naczyń limfatycznych). On sam nie mówi o tym, wie czy nie wie – nie wiadomo, a lekarze też w takich sprawach milczą dyplomatycznie. Byłoby strasznie go stracić – kłóciliśmy się czasem, ale w istocie kocham tego chłopca. R. [Rzepecki] mówi o jego stanie bardzo pesymistycznie, ale dziś naprawdę wyglądał lepiej. Czy jest nadzieja czy nie?! Rak to niby wyrok śmierci, z drugiej strony lekarze nieraz już się pomylili. Przykra to sprawa – brrr!

W Krakowie samochód zabił profesora Konstantego Grzybowskiego. Młodsi ode mnie (i gorzej pamiętający) uważają go za człowieka światłego i niezależnego, który z przekonaniem, ale i niezależnością poparł „socjalizm" – ja miałem go za koniunkturalnego wazeliniarza, perfidnego tchórza tudzież krakowskiego błazna, gotowego służyć wszelkim reżimom. Jest więc różnica poglądów – dość nawet wyraźna. Tyle że *de mortuis* itd. Ale ja pamiętam i jego czasy przedwojenne (publicystyka w „Polsce Zbrojnej") i stalinowskie. Co zrobić z za dobrą pamięcią?!

Jakby w kontraście do myśli o śmierci, chorobie, szpitalu był wczorajszy Memoriał Kusocińskiego. Pogoda cudowna, nad całymi zawodami dominowała urocza sylwetka rekordzisty świata na 5 i 10 kilometrów, fanatyka bieżni Australijczyka Rona Clarka. Wygrał bieg nie bez trudu, ale przepięknym stylem, po dżentelmeńsku, z uśmiechem. Myślałem o Kusym – tyle razy go widziałem, oklaskiwałem, podziwiałem – przed czterdziestu laty! Zdumiewająco długie jest jednak życie.

Wracałem z zawodów autem przyjaciela Jurka, pana Ż. Ktoś mi opowiadał, że kardynał Wyszyński bardzo nie lubi, jak księża mają auta; a znowu Gomułka nie lubi, gdy robotnicy mają auta. Czemu? Bo człowiek w aucie jest na chwilę wolny, nieosiągalny, wolny wolnością burżuazyjnie indywidualistyczną: jest poza społeczeństwem, poza narodem także. Ciekawy to test na psychikę dwóch naszych konformistów!

W tym tygodniu wielka sensacja: Partia Pracy najniespodziewaniej w świecie przegrała wybory w Anglii. A więc jest gdzieś jeszcze owa demokracja parlamentarna, tylekroć u nas wyśmiewana i spotwarzana. Ale „w tym miejscu Europy" ona nie gra – nie dla psa kiełbasa!

Minęły już dwa lata, jak piszę ten dziennik – dziwne zajęcie i mało twórcze. Za to komponuję: piszę kompozycję na konkurs im. Malawskiego – 6-, 7-minutowy fajerwerk symfoniczny – „wieczny ruch". Znowu pewno nic z tego nie będzie, ale starać się trzeba, jak mówi rosyjskie przysłowie. W końcu dla mojej z musu pozaspołecznej sytuacji tylko twórczość może być usprawiedliwieniem. Niech więc szuflada pęcznieje, zresztą nie tylko ona (milcz, serce – nawet dziennikowi zwierzać się nie należy).

25 czerwca

Wczoraj były z wielką pompą urządzone „Wianki" na Wiśle. Komuchy dbają o *circenses* dla ludu, ale dbają po swojemu – nagle, irracjonalnie, niewygodnie, ale za to z olbrzymią (ni stąd, ni zowąd) reklamą. Chyba życia mi nie starczy na poznanie i rozszyfrowanie wszystkich dziwactw komunizmu i jego propagandy – u podstaw ich tkwi w istocie lekceważenie ludu, ale także obawa przed nim, stąd też urządzanie uroczystości pustych, beztreściowych, ale mających dać tłumowi okazję do wyżycia. Żałosna to zresztą okazja i co chwila okazująca swoje płytkie dno. Tak zwane bulwary nad Wisłą zalane były setkami tysięcy młodzieży, tłoczącej się w poszukiwaniu nie wiedzieć czego, tratującej skwery i trawniki – straty muszą być ogromne. Tymczasem atrakcji dano nader niewiele: trochę orkiestr beatowych i ludowych, do których dołączyć się nie sposób, bufety, w których po dwóch godzinach nic już nie było (jak oni to robią?!), kurz, brud, ciżba spragniona czegoś, ale właściwie nie wiadomo czego. Przeważała młodzież, przystojna (wiejskie chłopaki – pierwsze pokolenie nowych warszawiaków), niby modnie ubrana, nieraz z długimi włosami, ale zdezorientowana, bez stylu, z nieokreślonym temperamentem, nie bardzo wiedząca, jaka właściwie ma być. Warszawa, po swoich klęskach i z odnowionym składem ludności, to doskonała, typowa retorta nowego polskiego życia. Tłum awansowany, ale bezkształtny, bierny, choć z odruchami bezprzedmiotowej gwałtowności – nagłe pijackie burdy jak na wiejskiej zabawie. Co doskwiera temu tłumowi? Myślę, że brak rzeczywistej elity i autorytetu – nie stanowi ich wszakże partia, choć pcha się jak może – przegłupi Loga-Sowiński i tępy brutalny Kępa, którzy podobno prezydowali na „Wiankach", to tylko pozór elity, sztuczne gwiazdy. Ciekawe, że to samo pisał niedawno o Ameryce Alsop w „Newsweeku": że skończyły się tam wszystkie elity, anglosaska („Mayflower"), kościelna, masońska, żydowska, a wzbogacona różnobarwna masa prze naprzód na ślepo, za nic sobie mając wszelkie tradycje, względy i urzędy. U nas wprawdzie masa jest jednojęzyczna i słabo wzbogacona, ale jej bezlitowość, bezkształtność, brak wzorców i autorytetów rzuca się w oczy. Na Śląsku i w Krakowie czy Poznaniu trwają jeszcze resztki wzorców mieszczańskich i rozmaitych tradycji , w zniwelowanej i schłopiałej Warszawie niewiele tego zostało, ton nadaje tutaj ów bezkształtny, odmłodzony tłum, kłębiący się nad Wisłą w poszukiwaniu nie istniejących emocji i atrakcji.

Jedyne, co się na „Wiankach" udało, to atrakcje mechaniczne i zewnętrzne, niezależne od socjologii, ideologii czy nastroju masy, bo zaplanowane z góry – w tym to socjalizm jest mocny (tylko w tym – o paradoksie!). Mam na myśli same wianki, ognie sztuczne, rakiety. To nie może się nie udać – nawet na Kremlu przy ważnych rocznicach szaleją feerie kolorowych gwiazd. Tutaj również niebo rozświetlało się różnokolorową gamą kolorowych gwiazdek, a Wisła paliła się od płonących wianków (nagłej aktualności nabrało więc powiedzenie: „Wariat, Wisła się pali!"). W blaskach ogni rozświetlały się różne przegłupie propagandowe napisy, na przykład „Byliśmy, jesteśmy, będziemy" – co to właściwie znaczy, skąd pesymistyczna supozycja, że mogłoby nas nie być? (Chociaż właściwie...) Nie wiadomo w sumie, czemu akurat te „Wianki" tak hucznie się obchodzi – może jakiś mędrek z partii wpadł na pomysł, że to pogańskie święto Kupały, więc trzeba je propagować jako odtrutkę na religianctwo? U nas wszystko możliwe! Ale co charakterystyczne, to ta nieumiejętność zorganizowania żarcia, bufetów – to samo było na plaży, gdzie na sam widok gulaszu można było umrzeć. No racja, przecież nie mamy być wcale „społeczeństwem konsumpcyjnym" – konsumpcja to rzecz płaska, przyziemna, burżuazyjna. He, He!

27 czerwca

Jan Nowak w „Wolnej Europie" polemizował zasadniczo z artykułem Stommy o generale Andersie. Była to właściwie nasza stara dysputa Piłsudskiego z Dmowskim – jeden o imponderabiliach, drugi o konkretach, jeden o walce i bohaterstwie, drugi o konieczności ugody. Właściwie ogromnym sukcesem artykułu Stommy okazało się jednak to, że dyskusja toczyła się niejako ponad głowami komunistów i że nie było w niej mowy o ustrojach, socjalizmie etc., a tylko o tym, czy i jak służyć carowi. Bardzo polska dyskusja, a kto miał w niej rację? Ano – każdy swoją, każdy na swojej płaszczyźnie, w swoim ogródku. Piłsudski uważał, że powstania były potrzebne dla ocalenia narodowego ducha, Dmowski, że były szkodliwe, bo wykrwawiły naród bez potrzeby. Każde słuszne – na swój sposób. Pewne tylko, że racja Stommy jest nudna jak flak, a racja Nowaka podniecająca. Ale to oczywiście nic nie znaczy – w końcu nie chodzi tutaj o zabawę. Na marginesie pomyślałem sobie, że jednak Rosja dała naszym krajom jakąś tam autonomię, skoro w ogóle jest jeszcze w narodzie duch do tego rodzaju dyskusji. W narodzie czy w jakiejś jego elicie, która jednak tak czy owak istnieje mimo sztucznych ogni i pozbawionych świadomości (a może i nie?!) biedaków, tłoczących się na plaży.

Żebyż tylko ten ustrój nie był taki głupi i nie wymagał od ludzi, żeby się na całego wygłupiali! Ostatnio, w związku z „ogólnonarodową" dyskusją o reformie zarządzania przemysłem i o sławnych już „bodźcach" (podobno krowa ma na głowie nie rogi, lecz właśnie bodźce) dużo jest w telewizji audycji krytycznych, pokazujących różne absurdy kooperacyjno-biurokratyczne. Ale bąknąć nie można słówkiem, że tego wszystkiego mogłoby nie być, gdyby panował tu inny ustrój. We wsi góralskiej Ochotnica piętnaście lat trwał spór o tartak, bo nie dawali koncesji facetowi zza Buga, który miał nowoczesne maszyny, a faworyzowano miejscowego górala- -intryganta, który miał stary nieudolny tartak. Rzuca się dziś za to gromy na Radę Narodową i w ogóle na kogo się da, ale nikt pod grozą cenzury i strasznych awantur nie śmie powiedzieć, że przecież w kapitalizmie dano by koncesję obu tartakom, a utrzymałby się ten, który okazałby się potrzebniejszy i ekonomiczniejszy. Proste i jasne, ale tego właśnie powiedzieć nie można. Istna komedia, tyle że ludzie już nawet nie czują, że to komedia: autor reportażu na pewno uważa się za człeka bardzo odważnego, który nieustraszenie piętnuje „społeczne bolączki". A to wcale nie społeczne, lecz odgórne, rządowe bolączki. Heca, ale smutna, bo przez takie rzeczy beznadziejnie dziecinniejemy!

Ktoś z moich znajomych, broniąc naszego ustroju, jeśli chodzi o gospodarkę, twierdził, że po wojnie Polska była tak zniszczona, iż odbudowywać ją można było tylko w „komunistycznym gorsecie", były to koszty z góry założone i wkalkulowane. Może to i słuszne w pewnym okresie, ale tylko do czasu. Od dobrych paru lat komunistyczny „gorset" paraliżuje produkcję i jej rozwój, uniemożliwia nowoczesną konkurencję, tempo, indywidualną rozbudowę zakładów – do tego na czele całego interesu stoi facet z paru klasami szkoły powszechnej i marksistowskim zajobem w głowie. Ale poradzić na to nic nie wolno: Dubczek próbował i oto wylano go w Czechach z partii i z posady, a co w ogóle dalej z nim będzie – nie wiadomo. W Pradze działa już sugestywna maszynka do samoopluwania i samoniszczenia. Jednak ci Sowieci to czarodzieje – nie ma co!

Jasienica wrócił ze szpitala do domu, dzwonił nawet – boję się jednak, że to poprawa chwilowa – tak coś bąknął stary pułkownik Rzepecki z dawnego (Boże, jak dawnego!) BIP-u, którego spotkałem na ulicy. Zaproszenie dla Lidii nie przyszło, nie wiem, czy ten Wacek nie zwariował. Skończyłem utwór muzyczny na konkurs Malawskiego – utwór nazywa się „Cosmos I" – oczywiście nagrody żadnej nie dostanę, nie ma się co łudzić. Tu upały diabelskie, trzeba kichnąć na cały Paryż i jechać w góry. Amerykanie nie zaprosili mnie na swoje święto narodowe – nie wiem, czy to przeoczenie czy coś umyślnego – a tu nie ma się u kogo upomnieć, bo wszyscy moi znajomi z ambasady wyjechali. „Tygodnik" też się nie odzywa, nie mam już chyba przyjaciół, nie mam na co liczyć i w końcu diabli mnie wezmą. Zresztą mówię to bez goryczy – taka jest wszakże kolej rzeczy. Kończy się życie źle i samotnie – to jest zasada. Aby tylko coś po sobie zostawić! (Tylko czy będzie „to" komuś potrzebne i czy w ogóle ktoś to zrozumie?!).

1 lipca

Lipiec zaczął się deszczem, pluchą – trzeba by jechać już w te góry, bo tu w Warszawie nic już po nas. Lidia zaproszenia nie dostanie, Zygmunt Myciel powiedział, że jak wyjeżdżał z Paryża, to jeszcze nic nie było, rzecz ma załatwić jakaś polska hrabina, która tu przyjechała (?!) z Paryża, słowem jakieś wielkie zawracanie głowy. Wacek nawalił czy nie może załatwić. „Biednemu zawsze wiatr w oczy" – a jak po wielu miesiącach zaproszenie owo wreszcie się urodzi, to tutaj naszym władcom coś się przekręci w głowie i nie dadzą paszportu. Henio właśnie dostał odmowę do swojej Anglii – a tak na to liczył, bo zaprosił go lord Snow, wielka londyńska fisza. Ale nasi władcy mają wszystko w dupie – i słusznie.

Zygmunta widziałem na imieninach Pawła – był Henio, Julek Żuławski, wpadł też Jerzy Andrzejewski, który skończył „Miazgę" (500 stron!) – ciekawym, czy mu ją wydrukują, jak nie – posyła do Paryża. Zygmunt był we Francji i Anglii (u Andrzeja Panufnika – cóż za upiory dawnych dni!), mówi, tak jak myślałem, że nikt się tam Polską i w ogóle Wschodem nie interesuje, cieszą się swoim życiem, uważają się za bezpiecznych, Rosja i Chiny im imponują, o nas w ogóle nic nie wiedzą. O idioci, potrójni idioci! Życzę im potopu sowieckiego, na nic innego sobie nie zasłużyli! Zresztą do potopu tego walnie ich przygotowuje ich własna młodzież, owa „maoistowska" czy „trockistowska". Ciekawe: Rosja i Chiny cementują się wokół swoich nacjonalizmów, a za to Zachód dezintegruje się i samorozbraja jak tylko może. Nawet Niemcy już są w młodzieżowym rozkładzie, jeden Nixon coś tam próbuje, ale trudności ma olbrzymie. W końcu Wschód wygra, a my z nim – he, he!

Półmilionowa armia amerykańska, pokutująca bezskutecznie w dżunglach Wietnamu, to też zjawisko nie z tej ziemi. Wynikło ono z pewnej psychozy minimalizmu, jaką roztoczył przede mną kiedyś Zbigniew Brzeziński. Normalnie, gdy ktoś prowadzi wojnę, to chce ją wygrać, Amerykanie natomiast dali sobie wmówić, że ich celem jest tylko bronienie czegoś tam, nie wiadomo dobrze czego (rządu Thieu?!). W rezultacie, zamiast na przykład szybkim desantem zdobyć Hanoi, pieprzą się w dżungli, ku rosnącej wściekłości własnego narodu, a pośmiewisku komunistów. Teraz znów dali sobie wmówić, że mają się do 1 lipca wycofać z Kambodży, więc cała prasa komunistyczna z wielkim szumem czeka na konferencję prasową Nixona w tej sprawie („...zobaczymy, zobaczymy..."), a tymczasem komuniści ani się znikąd nie obiecują wycofać, ani nie urządzają konferencji prasowych – i dobrze, nikt nie ma do nich pretensji. Zachód ma jakieś kompleksy win, że niby musi być humanistyczny i pacyfistyczny, podczas gdy przeciwnikowi ani się o tym śni. Kto wobec tego wygra?! Hm.

U nas była, po sporcie i wiankach, dalsza porcja „opium dla ludu" w postaci Festiwalu Piosenki w Opolu. Śpiewano tam przeważnie o żołnierzach, o powrocie na „ojczyste ziemie zachodnie" itp. – nacjonalizm tak prymitywny i naciągany, że aż rzygać się chce. Myślę, że komuniści zrobili w Polsce rzecz straszną: obrzydzili młodzieży patriotyzm, Polskę, ideały społeczne, wszystko. Przez tandetność podawanej społeczeństwu „strawy ideologicznej" wywołali u młodych niechęć do wszelkiej ideologii w ogóle. Widzę to po moich dzieciach też. I jeszcze druga rzecz: niemożność rozpoczęcia własnego samodzielnego życia. (Aha, są jakieś zmiany w rządzie, m.in. Kociołek i Jagielski zostali wicepremierami. Nikt oczywiście nie wie, co te zmiany znaczą i nikogo one za bardzo nie obchodzą). Nie wiem, co w ogóle z tą Polską będzie.

A swoją drogą Zygmunt, Julek i inni mówią, że tu się żyje ciekawiej niż na Zachodzie – to znaczy n a m się żyje ciekawiej, bo myślimy za trzech, a tam byśmy wegetowali. Tak „wegetują" w superdobrobycie Kott, Karst i inni „uciekinierzy". Jeden Tyrmand wygrał los na loterii, bo tu był upokarzany i nie mógł żyć, a tam szybko przeskoczył barierę językową i stał się kimś. Inni się rzekomo nudzą, wobec czego my się widocznie bawimy. Co prawda nie widzę tej zabawy. Tu jest podobno ciekawie, ale, jak kiedyś powiedział prof. Rytel o nowej muzyce: „nikt już nie jest ciekawy utworów ciekawych". Tak nas urządzono, że w Polsce nam źle i za granicą też źle, bo nie należymy ani tu, ani tam. To dopiero cholera! Trzeba jakoś żyć, ale jak? A komuniści z satysfakcją przyglądają się, jak gnijemy – gdy telefonuję do Henia czy Pawła, słyszę oddech podsłuchiwacza – mają radość, oj mają! Ale spłatam im jeszcze kawał – tą nadzieją żyję!

4 lipca
A więc wreszcie Lidia złożyła podanie o paszport. Wacek nadesłał zaproszenie – od jakiegoś Francuza – wypełniliśmy kwestionariusz i ciach. Nawet się długo nie czekało – marne trzy godziny... Złożyłem też podanie o wizę w konsulacie francuskim. Słowem – wielkie nadzieje – oby tylko na nich się nie skończyło. Bo fala „liberalnego" dawania paszportów wydaje się mijać, Henio dostał odmowę, Bartosz zdaje się też. Żeby tylko nie zapeszyć... Kiedyś znajomy szkop (Geisenheyner) powiedział mi, że my sądzimy, iż nie jesteśmy komunistami, a tymczasem, wcale o tym nie wiedząc, myślimy i czujemy po komunistycznemu, tak jak pan Jourdain nie wiedział, że mówi prozą. I rzeczywiście, sam się na tym złapałem. Przeczytawszy artykuł Teoplitza o Powstaniach Śląskich, gdzie twierdził, że lewica polska domagała się zwrotu Śląska, a prawica parła na Wschód, postanowiłem napisać doń list wskazujący, iż w istocie rzeczy ideologiem powrotu Śląska do Polski był Dmowski tudzież Korfanty, a komuniści (jeśli to lewica?!) żywili stary luksemburgowski pogląd o solidarności proletariatu Śląska z proletariatem Niemiec. Chciałem się powołać na książki Dmowskiego, gdy nagle uświadomiłem sobie, że książek tych nigdzie w Polsce nie ma – najwyżej w paru ekskluzywnych bibliotekach. I nagle wstrząs: przecież na owym sławnym zebraniu literatów, 29 lutego 1968 roku, kiedy domagałem się drukowania książek Szajnochy, Koźmiana, Bobrzyńskiego, Nowaczyńskiego, nie odważyłem się (a raczej może nie przyszło mi do głowy) upomnieć się o dzieła Dmowskiego czy Piłsudskiego. Nie mamy tych dzieł, a więc nie mamy kilkudziesięciu lat polskiej historii – a ja uznałem to za rzecz niemal naturalną! Boć to przecież byli wrogowie dzisiejszego reżymu, jakże więc ich tu drukować?! Tak, szkop miał rację – komunizm przeżarł nas, choć o tym nie wiemy! I co się tu dziwić młodzieży.

Do ogólnej niewiedzy i pomniejszania pojęć przyczynia się (nic zresztą o tym nie wiedząc) paryska „Kultura". Ile razy ją przeczytam (u Literatów), mam w głowie zamęt, groch z kapustą. Mieroszewski idiocieje kompletnie, największym jego zmartwieniem jest, czy po upadku Rosji Radzieckiej Polacy nie będą zbyt antyrosyjscy. Nie pisze tylko, jak ma nastąpić ten upadek – czy cudem?! Ten jego bzik wynika z faktu, że jedyny odzew bezpośredni, jaki napotyka jego pisanie, to negatywny odzew starej londyńskiej emigracji, wobec czego on pisze głównie przeciw nim – ale co to nas w Polsce obchodzi? W tymże numerze pisze niejaka pani Jolanta Dworzecka: tu była początkującą pisarką paxowską, polemizowałem z nią, gdy piorunowała w „Kierunkach" przeciw góralom, że dostają dewizy i bogacą się, że to niesocjalistycznie czy tam coś. A teraz pieje o zachodniej wolności – no i oczywiście Książę drukuje. Jest w tym ton fałszu i przypochlebiania się nowemu środowisku, ale skąd ci w „Kulturze" mają o tym wiedzieć?!

Robię się zgryźliwy – może to z wiekiem, bo okropnie mnie drażni młodzież. Zwłaszcza ta zachodnia, ze swoją „rewolucją obyczajową" i żądaniem „swobód" – głównie zresztą seksualnych. A tutaj palcem nie można kiwnąć i dwóch słów powiedzieć, lecz nikogo to „tam" nie obchodzi – po prostu nie wiedzą. Podział świata na krateczki, brak wszelkiego poinformowania – jakież to wszystko dziwne!

Jerzyk jest na studenckich „robotach" wprowadzonych po roku 1968 – dla ukarania studentów, choć rzekomo dla ich zapoznania się z klasą robotniczą i jej pracą. Ostatecznie mogłoby tak być, rzecz sama w sobie nie jest zła, ale jakże głupio przeprowadzona! Jerzyk pracuje w hucie „Warszawa", ale przy... porządkowaniu trawników i posypywaniu alejek piaskiem – samą hutę zwiedzili jedynie na własne życzenie. Roboty właściwie dla nich nie ma, pętają się niepotrzebnie i marnują wakacje – a o przemyśle nie nauczą się niczego, o nowoczesności też nie, skoro ich głównym narzędziem pracy jest... łopata. Dlaczego u nas każda rzecz musi być udupiona?! Do tego przypatrują się, jak ludzie marnują czas, bycząc się z powodu złej organizacji pracy. Śliczna to zaiste propaganda socjalizmu!

Za parę dni jedziemy do Witowa. Chcę połazić po górach i zapomnieć trochę o Warszawie. Podanie złożone, karty rzucone – ha! Tak to wymyśla sobie człowiek sztuczne cele życia. Spotkałem niedawno przedwcześnie emerytowanego generała Kuropieskę – on też nie ma co robić, tylko jeździ od jednego domu wczasowego do drugiego. Dziwne jego losu koleje: przedwojenny zawodowy oficer--komunista (rzadkość), potem w oflagu, po wojnie attaché wojskowy PRL w Londynie, odwołany do kraju i zamknięty w ciupie na długie lata („sprawa" Spychalskiego), po roku 1956 dowódca Warszawskiego Okręgu Wojskowego, potem rektor wojskowej akademii, po Marcu 1968 won na emeryturę. Takie to dziwne życie – a w zamknięciu dobrze ponad dziesięć czy dwanaście lat. Miły człowiek, prosty, bez fumów ani pozy – taki widać nie może być pełnoprawnym komunistą! Bardzo go lubiłem w Sejmie, teraz też poczuliśmy się do siebie nader przyjaźnie.

Co z moim „dziełem"? Nie wiem, czekam, to w gruncie rzeczy główny motyw mojego niepokoju (nie pisałem o tym w dzienniku z zasady, ale trzeba zostawić ślad). Niedługo zresztą pewnie rzecz się wyjaśni – a potem dopiero heca. Ale wolę to niż nic – to zresztą mój obowiązek.

7 lipca

Czasem zbiera mnie przerażenie, że już nie wrócę w Polsce do oficjalnego pisania ani do żadnej pracy, że już tak będę tkwić na dziwacznym marginesie, wszystko, co napisałem, zostanie zapomniane i w ogóle przepadnie (przepadnie czysto materialnie, po prostu nigdzie tego nie będzie), umrę ze zmarnowanym życiem w Polsce zupełnie obcej, nowej, nie rozumiejącej i nie rozumianej. Tak przecież w historii nieraz bywało, a historia współczesna, ze względu na miliardowe masy ludzkie i nowoczesną technikę specjalnie jest dla jednostek sroga i przerażająca. Rzecz to niby nienowa i dobrze wiadoma, a jednak nagle jakaś przepaść otworzyła się pod nogami – może za dobrze mi się jednak wiodło w tym „Tygodniku", to była jakaś cieplarniana atmosfera, tam nie czuje się rzeczywistego ciężaru dokonanych w kraju przemian – dopiero jak się pożyje „osobno", dostaje się, jak ja dzisiaj, nagłego lęku przestrzeni. To już jest nowa Polska, całkiem inna – zapomina się o tym czasem w kręgu przyjaciół „z dawnego świata", ale przecież ta nowość oplata nas nieustannie w postaci choćby milionowych mas młodzieży wokół. Wyśmiewam się z nowej prasy, gdzie nie ma ani słowa prawdy i wszystko jest bezdennie głupie, a przecież cała Polska czyta tę prasę jako coś zupełnie normalnego i karmi się nią na co dzień. Obcość psychiczna rośnie, do tego degeneracja wywołana anormalnymi stosunkami w każdej dziedzinie. Weźmy na przykład studia – cóż z tego, że tyle mamy akademickiej młodzieży, jeśli poziom nauki jest absurdalnie niski, a kierunek jej, w sferze humanistyki, na przykład, uwarunkowany absurdami marksowskimi, interpretowanymi przez karierowiczów bez czci i wiary, którzy prześcigają się w serwilizmie i konformizmie. Wszystko przeżarte jest walką o uzyskanie aprobaty władz, nikt nie ma ambicji zrobienia czegoś własnego, twórczego, odrębnego, bo wie, że to się musi źle skończyć. Obniżenie poziomu całego społeczeństwa, niwelacja charakterów i ideałów społecznych, oto rezultat tej szaleńczej, komunistycznej terapii, jakiej poddane są miliardy ludzi, a wśród nich nasza Polska. Tylko że nie ma już od tego odwrotu, świat zachodni uznał rzecz za normę, marzy tylko, jak by się dogadać czy to z Rosją, czy to z Chinami, nikt nie liczy na zmianę sytuacji, zresztą przeobrażenie psychiki pokoleń to rzecz nieodwracalna, na to nie ma mocnych. Sytuacja jest więc całkowicie bez wyjścia, wie o tym dobrze Pawełek, który już na nic nie liczy, podczas kiedy ja ciągle się bawię tym i owym usiłując sztucznie zapełnić wytwarzającą się wokół pustkę.

Zdaje się, że odkrywam na nowo Amerykę, ale w gruncie rzeczy mnóstwo zależy tu od uświadomienia sobie lub nieuświadomienia pewnych rzeczy. Myślę, że Julek S. [Julian Stryjkowski] po powrocie z Ameryki jest bardzo smutny, bo właśnie dosłownie „odkrył Amerykę", zobaczył, jak tam jest i że tam żyć nie można człowiekowi „nie przyzwyczajonemu", ale trzeba żyć tutaj, a tu też nie można, zwłaszcza w jego sytuacji pisarza z jednej strony, a Żyda z drugiej. To już nie są śmichy-chichy czy jakieś żarciki, lecz przepaść pod nogami. Poczułem to nagle, dziś, może dlatego, że jestem zdenerwowany, że upał, że praca nie idzie, a może jeszcze z innych powodów, niejasnych częstokroć dla mnie samego – coś się tam w człowieku nieraz dzieje bez jego na pozór udziału i dopiero rezultat objawia się nagle, często ku zdumieniu i przerażeniu delikwenta.

Wacek dzwonił z Niemiec: mają sukcesy, czują się dobrze, świat wydaje im się otwarty i pełen obietnic. Tyle że ważność paszportów kończy się 15 sierpnia. Nie wiedzą jeszcze, czy dostaną przedłużenie, to będzie dopiero próba losu, próba nerwów, świadomości, wyboru. Sami się w tę sytuację wpędzili, łatwo można było tego uniknąć – a teraz nic już nie można poradzić, nie mogę im pomóc nawet dobrą radą, boć jak obecnie wrócą, to się tutaj tak za nich wezmą, że aż się zakurzy. Niemądrzy chłopcy, ale mogą się stać tragiczni – to pewno też mnie w środku gryzie i nie pozwala odpocząć od pesymizmu. Choć przecież nie trzeba się poddawać, nie trzeba brać komunistów zbyt tragicznie, wspominając owego wiedeńskiego rabina, który gdy Hitler wkroczył do Austrii, miał powiedzieć, że „sytuacja jest groźna, ale nie poważna". Przeżyło się przecież rzeczy gorsze, właśnie okupację i Hitlera, tyle że człowiek był wtedy młody, no i liczył na zmianę, która w końcu przyszła.

Tymczasem ja dzisiaj w tej dziedzinie na nic nie liczę – zmiany mogą przyjść tylko w mojej duszy, w moim pokoju, ewentualnie w moim samotnym pisaniu – jeśli oczywiście długo jeszcze mi na nie pozwolą. Bo mogą i nie pozwolić – oni wszakże wszystko mogą. Mam nawet w tej dziedzinie jakieś przeczucie, właśnie teraz, przed wyjazdem do Witowa – ale lepiej o tym nie pisać, żeby nie zapeszyć. A w ogóle głupie zajęcie to pisanie – muzyka lepsza, bo nie tak ekshibicjonistyczna i niełatwo się komuś w nią wtrącić, choć i to bywało.

Jeszcze o Wacku: opowiada o Zygmuncie M. [Mycielskim], że spieszył się do kraju i wciąż tam pytał samego siebie, po co on właściwie wyjechał za granicę. Ano tak, znowu zawrót głowy: dwustronny, na skrzyżowaniu światów. Nieszczęśni są ci Polacy, zwłaszcza starsi, nie wiedzący, gdzie przynależą.

14 lipca

A więc już czwarty dzień jesteśmy w Witowie. Marzyłem o takich właśnie wakacjach w samym sercu góralszczyzny, wakacjach, które przypominałyby mi niedawne lata, kiedy to z rodzicami siedziałem całe miesiące w Bukowinie. Zakopane to już dziś nie góralszczyzna, lecz zbieranina, w dodatku latem na „ludowo" umiędzynarodowiona – pełno Niemców z NRD, Czechów, Węgrów, nawet Rosjan. Nie wiem co prawda, jak oni tu wytrzymują przy naszej okropnie wciąż niskiej kulturze restauracyjnego czy samoobsługowego jedzenia (brud, bylejakość, niegrzeczność), jakoś im się to widać jednak kalkuluje, skoro tłumnie tu walą. Za to w Witowie nie ma tych rzeczy: tu panuje czysta góralszczyzna, ta sama mowa, strój, obyczaj, hierarchia spraw co dawniej, tyle że znacznie zamożniej, nawet z motoryzacją, maszynami rolniczymi i krewnymi z Ameryki (dolary). Że też w tym kraju, gdzie wszystko się przekręciło i stanęło na głowie, zachował się choć taki jeden mikroklimat, stanowiący istną arkę przymierza, „między dawnymi a młodszymi laty". Dla mnie to po prostu powrót do lat dzieciństwa i młodości – każdy zapach, pejzaż, powiew wiatru przypomina mi zamierzchłe czasy przed wojną, to po prostu jak przed potopem. Nader krzepiący jest też fakt, że góralszczyzna, mimo całej, gołym okiem i na każdym kroku widocznej modernizacji, żyje tu własnym, autentycznym życiem – kłamstwa i sztuczności komunizmu wydają się stąd tak odległe, jakby w ogóle nigdy nie istniały. Prawdziwy lud bywa samodzielny i konserwatywny, to tylko wykorzeniona miejsko-wiejska zbieranina daje sobą komunistom manewrować jak pies ogonem. Słowem – Polska i polskość stoją jeszcze wsią – stare to moje spostrzeżenie, sam nie wiem zresztą, czy całkiem optymistyczne.

À propos wzbogacania się góralszczyzny, dowiedziałem się, że stary Książę krzywi się na moje ostatnie „dzieło", dopatrując się w nim „prorężymowości" (będę już o tych sprawach pisał w tym dzienniku, pal diabli ostrożność!). Zdumiewające to spostrzeżenie – a ja myślałem, że cała ta książka (a raczej maszynopis) jest jedną nieustającą polemiką z marksizmem. Ale on, jak się zdaje, nie chce polemiki z marksizmem, lecz pali się do „rewizjonizmu", przy tym stał się socrealistą à rebours, chce, żeby każda książka potwierdzała jego tezy, chce tego zwłaszcza ode mnie, którego uważa za polityka, podczas gdy ja, zwątpiwszy o możliwości politykowania tutaj, chcę właśnie (rychło w czas!) zostać literatem. Piętrowe to nieporozumienie, trudne do rozwikłania na odległość, poza tym Stary, chociaż contre coeur, obiecuje książkę wydać. Wychodzi jednak na to, że jestem niepożądany ani tu, ani tam, zapewne dlatego, że zbrzydzony do marksistowskich metod literackich nie chcę wyrażać żadnej tendencji, lecz być obiektywnym świadkiem, fotografować. Niewdzięczna to widać w naszej epoce rola, takiego świadka wszyscy biją i popychają.

Byłem tym wszystkim nieco rozgoryczony, pozbawiony wiary w celowość pisania, wobec czego wakacje będę miał raczej nietwórcze w przeciwieństwie do tych w Makowie, kiedy to właśnie z ogromnym zapałem kończyłem tamto „dzieło". Mieszkamy tu w domu mojej dawnej koleżanki konserwatoryjnej i niegdyś wielkiej sympatii, Zosi C. Jej mąż, Jan [Kielanowski], zootechnik i teoretyk hodowlano-żywieniowy, podobno światowa sława w swej specjalności, to człowiek światły, o wielkiej wszechstronnej kulturze, przy tym idealista z dużą fantazją, natura artystyczna, w ogóle ktoś – tyle że hoduje teraz jakąś manię na temat starzenia się, śmierci etc. Ma przecież dopiero 60 lat (niemal tyle co ja) – a już go coś takiego chwyta. Próbuję mu rzecz wyperswadować, a na razie, żeby przekonać się o własnej młodości, staram się chodzić po górach korzystając ze wspaniałej pogody. Idzie mi pod względem fizycznym bardzo dobrze, gorzej trochę z lękiem przestrzeni. Na Siwą Przełęcz i Ornak wlazłem gładko, gorzej z Kominami Tylkowymi, gdzie się nastraszyłem, że tkwię jak czubek w dookolnej próżni, i szybko zlazłem w bok na teren ścisłego rezerwatu, w którym piekielnie musiałem się nagimnastykować, aby wybrnąć z kosówki, paproci i wszelkiego zielska. Wczoraj znowu byłem z Lidią w Dolinie Chochołowskiej pieszo. W górnych partiach Tatr, przynajmniej tutejszych, Zachodnich, kompletna pustka – tak zwana „stonka", czyli przyjezdni, dojeżdża autami i autokarami tylko do podnóża gór, do nędznych schronisk i restauracji w dolinach. Mimo to w „Dzienniku Polskim" (krakowskim) napisano, że w górach tłok – czyżby ci ludzie musieli już kłamać nawet bez powodu? Dziś kąpiel w Czarnym Dunajcu i tak *go on* aż do skutku – może to „postawa konsumpcyjna", ale na parę tygodni dobra i ona. Jeszcze się przecież nie umiera (!).

15 lipca

Dziś dla odmiany zła pogoda: w nocy był halny (bardzo lubię), nawiał burzę, później deszcze, mgła, zimno. Janek K. pojechał do Krakowa po zięcia zamieszkałego w Anglii. Jego żona jest tutaj z dwojgiem dzieci, pracuje wciąż z nimi jak koń. W Londynie to samo – jej matka twierdzi, że ma ona z życia tyle, co gdyby mieszkała w Grójcu. Dlaczego zwierzęta nie mają żadnego kłopotu z wychowywaniem dzieci?

Jesteśmy tu nad samą czeską granicą. Górale dla fasonu chodzą na przemyt, tak jak robili to zawsze, ale władze „ludowe" biorą się do nich bez żartów, każą straży granicznej strzelać, były wypadki śmiertelne. Tak to izolowane mają być od siebie „bratnie" socjalistyczne kraje. No a już chodzenie w Tatry stało się zupełnie niemożliwe, góry są poprzegradzane granicą w sposób absurdalny, przepustkę dostać trudno niczym jakiś skarb, a jak się ją już dostanie, to przekraczać granicę można tylko w pewnych określonych punktach i z zastosowaniem drobiazgowych restrykcji „dewizowych". I pomyśleć, że przed wojną, gdy nie było „socjalizmu" ani „wspólnoty bratnich krajów", chodziło się z legitymacją PTTK choćby do samej Pragi, a złote korony wymieniać było można w dowolnych ilościach. No i mówić tu o postępie w historii!

Tymczasem jakaś radziecka idiotka nazwiskiem Pietuchowa (oczywiście jakiś tam doktor, docent, profesor) wpadła na genialnie nowy pomysł, że istnieje turystyka, że może przynosić dochody, że usługi turystyczne trzeba zorganizować, że kraje RWPG powinny się tym zająć i tak dalej, i dalej. Jako przykład zaawansowanego rozwoju zatrudnienia w usługach turystycznych przytacza... nasze województwo koszalińskie oraz Zakopane, broń Boże oczywiście, żeby wspomniała Hiszpanię lub Szwajcarię – to są przecież wraże kraje kapitalistyczne i one w gruncie rzeczy nie istnieją, skazane są na nieuniknioną zagładę. Tak więc idiotka owa powtarza słowo w słowo to, co w krajach kapitalistycznych wykryto i napisano piętnaście lat temu, a o co ja handryczyłem się w „Tygodniku" od roku 1957–1958. Komunizm stopniowo odnajduje to, co w kapitalizmie odkryto już dawno – być może po dziesięcioleciach awantur i rozbieżnych rozważań dojdzie wreszcie do swego najwyższego stadium: wolnej inicjatywy produkcyjnej. Dlaczego jednak trzeba tak mozolnie odkrywać dawno już odkrytą Amerykę?! Ano, to już tajemnica przegłupiej pani Historii, która to pani rządzi nami a rządzi.

W dodatku intelektualni rewolucjoniści w krajach kapitalistycznych chcą za wszelką cenę zniszczyć to, co mają. Sartre dał się za swe anarchiczne wygłupy zamknąć do więzienia, syn Steinbecka demonstrował w Sajgonie przeciwko wojnie (chciał pewno zmazać „winy" ojca), po całym świecie szaleją przeróżni maoiści, trockiści, anarchiści i jak ich tam jeszcze zwać. Wszyscy oni mają jedną wspólną cechę: lekceważą dobra materialne wytworzone przez kapitalizm w ciągu wieków, wydają im się one czymś przyrodzonym, co samo przyszło i niegodne jest uwagi. Całą swoją pasję ci młodzi i starzy wariaci koncentrują na zmianie natury ludzkiej, zniszczeniu instynktu własności, niwelacji wszelkich hierarchii etc. Aż dziw, że nie rozumieją oni, iż to się udać nie może i że, jak uczy historia, teorie takie stosowane w praktyce prowadzić muszą do chaosu, nędzy, a w końcu do żelaznej dyktatury, takiej na przykład jak sowiecka. Oni chyba w ogóle nie znają historii, a także niezmiennej ludzkiej natury. Moim zdaniem kondycja człowieka jest w ogólnych swych zarysach niezmienialna, cechuje ją niedoskonałość (skażenie natury ludzkiej), nierówność, działanie cząstkowe dokonywane poprzez środki materialne, konieczność stosowania wyjść kompromisowych i prowizorycznych. Człowiek posadzony został na tej biednej ziemi dla zdania indywidualnego egzaminu moralnego, nie aby starał się dorównać Panu Bogu i budował tutaj wieczną szczęśliwość. Ja to wiem, choć marny ze mnie katolik – nie wie już tego Jerzy Turowicz, bo on ostatni całą resztkę swej energii poświęca na reformowanie (czytaj: niszczenie) Kościoła, który bez narosłej przez tysiąclecia otoczki kulturowo-hierarchicznej i społecznie kompromisowej istnieć nie będzie, choć Jerzemu się zdaje, że uda się powrócić do jakiejś pierwotnie czystej wspólnoty chrześcijańskiej. Zresztą wszystkim się coś zdaje i wszyscy zwariowali, od Sartre'a do maniakalnego Księcia w Paryżu, od Jerzego do Henia, który rozsnuwał przede mną w Warszawie jakiś bzdurny „system podejrzeń" – że niby wszystko ma inny sens, niż nam się wydaje, że działają tajemnicze grupy i siły (odwieczni Żydzi i masoni?) etc. Wszystkich gubi subiektywistyczny idealizm, czyli branie swoich pojęć i przywidzeń za zewnętrzną rzeczywistość. Ja, pochlebiam sobie, pozostałem realistą i trzeźwiakiem, dlatego pewno jestem mniej atrakcyjny i gorzej się bawię. A oni wszyscy podniecają się jeszcze ze starości, bo mucha brzęczy najgłośniej przed zdechnięciem.

18 lipca

Deszcz leje już trzeci dzień bez przerwy, Dunajec wezbrał groźnie, żółtobury, ogromny – może zerwać mostek i odciąć nas od szosy. Wszystkie drogi zmieniły się w potoki, nawet woda w studni podniosła swój poziom, bo pełno w niej deszczówki. Siedzimy w domu i palimy w piecu, ja napisałem nawet ów artykuł o Beethovenie, który ma ewentualnie pójść w „Tygodniku" – wyszedł mi krótki i frazeologiczny, choć pisałem z rozmachem. Ale cała rzecz w ogóle jest na wodzie pisana, bo „Ruch Muzyczny" nie ma jeszcze odpowiedzi z cenzury, o czym napisał mi Henio.

Był tu brat gospodarza, były rektor Akademii Medycznej [prof. Tadeusz Kielanowski], wieleśmy rozmawiali o obrzydłej, szantażowej atmosferze panującej na wyższych uczelniach – pod byle pretekstem wyrzuca się ludzi o jakiejkolwiek niezależnej postawie i przyjmuje „swoich" łobuzów, gotowych na wszystko. Profesor długo wyrzekał na to i w ogóle na absurdalny brak wolności w każdej dziedzinie, potem jednak zauważył, że może to już jest taka w polskim życiu epoka, kiedy wszystko zatrzymało się w miejscu, a za to tylko się buduje, odrabiając zaległości. Ciekawe to powiedzenie, bardzo charakterystyczne: każdy inteligent polski jakoś się w ten sposób pociesza, konstruuje sobie pewne punkty widzenia, bazy myślowe, aby jakoś móc żyć, pracować i mieć dla siebie jaki taki szacunek. A raczej nie tyle może bazy myślowe, co elementarne imponderabilia – trzeba przecież jakoś uzasadnić przed samym sobą swoje istnienie i codzienne przełykanie w milczeniu różnych obraźliwych upokarzających absurdów komunizmu. A przecież życie polskie jakoś się jednak toczy – pocieszają się ludzie – toczy i krzepnie. Owszem, prawda, ale czy degeneracja społeczna, polegająca na zaniku pewnych instynktów i godności, da się pogodzić z rozwojem i krzepnięciem, czy nie pociągnie za sobą w przyszłości skutków ujemnych, uchwytnych konkretnie i materialnie? Już przecież to widać, choćby w postaci ogólnej nieuczciwości i zobojętnienia. Czy absurd może trwać? Co prawda przykład Rosji pokazuje, że może, i to nader długo. O co więc się bijemy?

Właśnie, o co się bijemy? Tenże profesor zwrócił uwagę, że młodzież, ta najlepsza, która chce się buntować, nie wie właściwie, pod jakimi hasłami ma to robić. Rzeczywiście, w Marcu 1968 młodzież wysuwała same ogólniki, że żąda demokratyzacji i „socjalizmu z ludzką twarzą", lecz żadnych konkretnych postulatów, nawet personalnych – nie było. Rzecz w tym, że komunizm zawładnął językiem „rewolucyjnym", wmówił ludziom, że ma monopol na rewolucyjność i przemiany społeczne, przelicytować go „na lewo" nie sposób, a gdy ktoś próbuje to zrobić (np. Kuroń i Modzelewski), nader łatwo wygrywa się z nim polemikę, wykazując mu absurdalny brak realizmu. Trzeba by komunizm licytować „na prawo", żądając na przykład swobodnych praw wytwórczych dla wszystkich, nie tylko dla chłopów, ale to nie jest popularne ani zrozumiałe, o takich rzeczach zapomniano, a ostatni przedstawiciele wolnej wytwórczości, rzemieślnicy i „prywatna inicjatywa", są rozmyślnie skompromitowani, ośmieszeni i nie stanowią siły społecznej. W ten sposób każdy bunt u nas znajduje się bez haseł, bez własnego języka, chyba że zdecyduje się mówić językiem marksistowskim, jak Władysław Bieńkowski, czyli językiem „rewizjonistów". Ale Bieńkowski byłby dobry, gdyby stała za nim rewolucja pałacowa na górze partyjnej: bez tego jest tylko dziwacznym wyskokiem. Opozycja skazana na odium dziwaczności, odosobnienia, niepopularności – oto zręczny trick komunistów, trick, jak na razie, nieodparty. Nie wiadomo, o co walczyć – oto dramat młodzieży.

Co więc stoi przed Polską? Nabrać, zapominając o wszystkim innym, „patriotyzmu socjalistycznego" i zamienić się w drugie NRD? Trzeba by na to szkopskiej dyscypliny, porządku i niewolniczości. NRD rzeczywiście dokonywa cudów – postanowili pokazać, że oni i w tym ustroju będą silni, a Rosja im nie przeszkadza, przeciwnie – pomaga. Stają się, na przykład, potęgą w sporcie: wyławiają talenty i z żelazną dyscypliną szkolą od dziecka, w rezultacie biją

rekordy świata, będą lepsi od Amerykanów. Wszystko gwałtem, przymusem, totalizmem – ale idzie i wchodzi w krew. A Zachód nic na to nie może zrobić, nawet mu to imponuje, nawet Brandt chce się dogadać! *Mein Liebchen, was willst Du noch mehr?!*
Tak więc, opozycja jest tu skazana na donkiszoterię lub na uwiąd – ja jestem marzycielem, wodzem bez wojska. Jeszcze gdy pisywałem w „Tygodniku" felietony lub byłem posłem, miałem jakiś cień, pozór bazy realnego działania, teraz nie mam już nic. I ten stary Książę w Paryżu też mi już nie pomaga, z sobie wiadomych dziwacznych względów. Zostałem sam, jak niedobra wódka. Zresztą nie tylko ja jeden – cała inteligencja naszego typu. Dużo się tu o tym gada, Janek powiada, że trzeba, aby ludzi obudzić, spowodować jakąś drakę, awanturę jak w Marcu. Nie wiem, czy to dobra droga, zresztą ja mam jako broń pióro, a z tym już naprawdę nie ma dzisiaj co zrobić. O jerum!

25 lipca

Tydzień nie pisałem dziennika, a tu natłok (?!) wrażeń – wycieczki w góry, odpust w Poroninie, wizyta w Bukowinie, gdzie poznali mnie górale, których widziałem ostatnio trzydzieści siedem lat temu, wreszcie Święto Narodowe 22 lipca i panegiryczny jazgot całej prasy (nawet z „Tygodnikiem" włącznie) z tej okazji. Myśli się kłębią, takie i owakie, mnogość ich i powikłana sprzeczność trudna jest do ujęcia w słowa – próbowałem to zrobić w wiadomym „dziele", czyli powieści, ale dzięki staremu Księciu rzecz ta spoczywa wciąż w manuskrypcie – drażni mnie to, choć może to na razie lepiej? Cholera wie.

Dużo korzystam z rozmów z moim gospodarzem, profesorem Jasiem. Uświadomił mi on na nowo, jako lwowiak, dublańczyk i w ogóle człek ze Wschodu, rzecz, o której skłonni bywamy zapominać – zresztą wszystko nas do tego skłania. Oto zbrodnie niemieckie, czyli hitlerowskie, żyją po dziś dzień, wciąż reklamowane, dokumentowane, czczone, celebrowane, natomiast zbrodnie rosyjskie ulegają programowemu przemilczeniu i, co za tym idzie, zapomnieniu. Zresztą zapomnienie to jest konieczne, jeśli się chce tutaj żyć i przyjmować wbijaną powszechnie do głów „rację stanu", czyli sojusz z radzieckim Wielkim Bratem. Poza tym i materialne okoliczności nie sprzyjają pamiętaniu: polskość wyemigrowała ze Wschodu, starzy ludzie wymierają, nikt nie będzie już wiedział, jak tam było i o co szło, jedni wiarygodni świadkowie są przeważnie na emigracji – w Londynie czy „Wolnej Europie", a tutejsza młodzież uważa ich po trochu za maniaków. Tak więc prawda pozbawiona świadków i świadectw tudzież reklamy ginie, gaśnie, przestaje być prawdą. Wiedzą o tym dobrze bolszewicy, mistrzowie w ustawianiu i regulowaniu przeszłości, w przemienianiu minionych faktów. A przecież prócz wywiezienia do Rosji półtora miliona ludzi (był wśród nich i zięć naszego gospodarza, który wczoraj wyjechał z powrotem do Londynu), prócz mordów w Katyniu i na Morzu Białym, bolszewicy w 1941, wycofując się przed Niemcami, rozstrzelali wszystkich więźniów, jakich akurat mieli w więzieniach, nie wchodząc w to, czy to polityczni, czy jacykolwiek. Liczba ich nie jest znana, nikt rzecz prosta nie ma ani chęci, ani możliwości jej ustalania. O ile Niemcy w końcu wyrażają dziś taką czy inną skruchę za popełnione zbrodnie, o tyle Rosjanie nie tylko nie wyrażają skruchy, lecz w ogóle nie uznają swych zbrodni za fakty – a świat przyjmuje to, także małoduszny świat zachodni, który chce mieć spokój i dobre stosunki z Rosjanami, a o zabitych gdzieś tam Polaków troszczy się tyle co pies o piątą nogę. Zbrodnia wymaga reklamy, zwłaszcza zbrodnia dokonana dawno – a tu reklamy nie ma, wręcz przeciwnie.

Co o tym wszystkim wiedzieć może młodzież, ta nowa, „z awansu", której pełno choćby tu na Podhalu? Niestety – głupia to dosyć młodzież (tu odzywa się we mnie starzec – powie ktoś). Młodzież ta ma rozbudzone pewne instynkty, a całkiem zanikłe inne – choćby instynkt polityczny. Wychowano ją bez jedzenia mięsa – bez znajomości najnowszej historii Polski oraz sytuacji świata, bez wiedzy o genezie wszystkiego, co nas otacza – wobec tego, nie wiedząc, że mięso istnieje, nie może go ona świadomie pragnąć. Pragnie za to strojów (zagranicznych), przegłupich radiowo-telewizyjnych piosenek, celebruje urlop i słońce, jakby tu była co najmniej Nicea, poza tym nic jej nie obchodzi. No i ten żargonik z telewizyjnych kabaretów: pseudodowcipny, nonszalancki, pusty. Polska Ludowa to wielka szkoła półinteligencji, wszyscy będą półinteligentami, nawet (a zwłaszcza) ci, co kończą wyższe uczelnie. Jest więc u nas niby-stan, o którym kiedyś wielekroć pisałem, chcąc wykryć w naszej rzeczywistości dobre dla narodu strony: przemieszanie, zrównanie, średni poziom ogólny, plebejskość. Jednego tylko nie powiedziałem – że to będzie tak nudne i głupie. Nudna ojczyzna, głupi obywatele – mniej co prawda głupi niż Sowieci, a raczej inaczej głupi – czyż to nie okropne? A może się w nich z czasem obudzi coś, co ich znowu zwiąże z nami? Choć kto to właściwie są ci „my" – dobrze nie wiadomo, a i ilościowo coraz nas mniej. Zawsze między pokoleniami były różnice, nawet przepaście, ale w Polsce dzisiejszej tak dalece obecnie wszystko jest inne niż przed wojną, że w ogóle nie ma nawet wspólnego minimum pojęć wspólnego języka. Treść kojarzeniowa języka, poszczególnych jego słów, o czym pisał kiedyś Witkacy w związku z poezją, uległy diametralnej zmianie – a przecież język to w ogromnym stopniu wyraz czy forma duchowości. Co więc pozostaje dla ludzi w moim rodzaju? Dać wyraz polskim treściom, które przeminęły za naszego życia, utrwalić je na piśmie. Tylko że nie ma gdzie tego robić i nie ma dla kogo. W kraju nie zrozumieją, zresztą nikt im tego nie udostępni, za granicą, poza grupką zbzikowanych emigrantów, nikt tego nie potrzebuje, a już zwłaszcza nie potrzebują cudzoziemcy, którzy programowo mają Polskę w dupie i lekceważą ją, *ergo* nie chcą o niej nic wiedzieć. Po cóż więc utrwalać coś, co nikogo nie interesuje i w ogóle wydaje się fantomem czy fikcją? Wczoraj byliśmy tu u państwa Banachów (krakowski historyk sztuki), rozmawiano m.in. o twórcach zapoznanych i niepotrzebnych a gorliwych, którzy całe życie pracują nad mnożeniem tworów ducha czy wyobraźni zupełnie nikomu niepotrzebnych. Nie ma co, ładna rola – czyż wystarczy uzasadnienie – że m n i e to jest do życia potrzebne, bo inaczej nie miałbym co ze sobą robić?! To jak z tą staruszką, której dawano do przebrania groch zmieszany z fasolą, gdy zaś rzecz pracowicie rozsortowała, w nocy mieszano je z powrotem, aby znów miała robotę.

Nowy język tworzy się oczywiście głównie poprzez łgarstwo polityczne. Taką manifestacją łgarstwa jest coroczne „święto" 22 Lipca. Prasa prezentuje łgarski do najdrobniejszego szczegółu obraz przeszłości, fałszuje nawet (a raczej przede wszystkim) komunizm i jego taktykę, przemilczając np. Manifest lubelski (a raczej chełmski), z którego okazji jest przecież cały ten szum. Maluje się idyllę ociekającą fałszywym patriotyzmem: żołnierz polski ze wschodu przekroczył Bug i znalazł się w ojczyźnie (a gdzie był przedtem i skąd się wziął na wschodzie?!), potem zajął rdzennie polskie „prastare" Ziemie Zachodnie, radość była olbrzymia, wszyscy płakali ze wzruszenia, tylko...

ZESZYT 10

...niecni londyńscy agenci burżuazji i imperializmu strzelać jęli zza węgła, ale lud dał im „godną odprawę" i zabrał się z zapałem do budowania na nowych ziemiach zrębów socjalizmu. Rosji oczywiście nie ma w tym wszystkim ani śladu, rzecz utrzymana jest w barwach czarno-białych, w przymilnym, obrzydliwie mdłym sosie „narodowym", bez cienia prawdopodobieństwa, za to z kurczową dbałością o to, aby do całego obrazu nie przedostał się cień prawdy. Dla kogo jest ten obraz? Chyba dla mocodawców rosyjskich, ale przecież taki, na przykład, dureń Osmańczyk pisze te wszystkie bzdury popierdując ze wzruszenia, wielu innych też. Orgazm wywołany emocją przy lizaniu dupy wielmożnego pana?! Tajemnica! A co na to naród, któremu załgano życiorys i zmieniono język? Nic. Wszystko to jest zdumiewające „jak sen wariata śniony nieprzytomnie", ale przecież nikt się nie zdumiewa: Jan K. nie czyta gazet i zajmuje się rolnictwem. Banach nie czyta gazet i zajmuje się obrazami, przy czym krakowski filut nabiera władze i jeździ na ich koszt za granicę, wszyscy w ogóle, nie turbując się, robią coś tam swojego. A więc można żyć mimo publicznego kłamstwa, nie przejmując się tym zgoła?! A może zawsze tak było?! Ale czy powinien patriotyzm opierać się na kłamstwie? A może i to zawsze było?! Cholera wie!

26 lipca

Od wczoraj wieczór do dzisiaj popołudnia lało jak z cebra, wobec czego nie odbył się odpust we wsi Płazówka, bardzo uroczej, tu niedaleko. Odpust to taki góralski bal, do tego pod protektoratem Kościoła. Władze się zgadzają, nie robią trudności – po latach zmądrzały, zresztą tutejszy proboszcz (z Chochołowa) to podobno „ksiądz-patriota". Bar jest tu również państwowy, ale kierowniczka – góralka zażywa splendoru właścicielki, ma swoje własne przepisy, a także na pewno odciąga sobie „na lewo" różne procenty. Władze przymykają na to oko, zresztą tutejsze władze również składają się z górali, a górale są solidarni. W ten sposób podhalański nie wykorzeniony „mikroklimat" na swój sposób opiera się komunizmowi, opiera się solidarnie i świadomie: przyjmuje to, co dla niego dobre, odrzuca to, co złe. W Warszawie rzecz byłaby niemożliwa, bo tam nie tylko mikroklimatu, ale w ogóle żadnego klimatu nie ma, tylko pseudowielkomiejski wygwizdów. A więc – górą górale, szczep zdolny i interesujący, choć egoistyczny, czasem okrutny lub obojętny. Ale to pewno ich ochronny kolor, bez którego by się nie utrzymali.

Wzruszyli mnie górale w Bukowinie, wspominający mnie i moich rodziców jako postacie niemal legendarne. Rzeczywiście, jeździliśmy tam chyba od roku 1928 przez sześć wakacji z rzędu. Przypomniałem sobie różne bukowińskie sprawy rodzinne, które mi tkwiły gdzieś w podświadomości. Na zakończenie jeden spytał mnie, czy to ze mną w roku 1968 „wyrabiali takie hece". Śmiałem się – wiedzieli oczywiście wszystko z telewizji. A jeszcze przecież byłem w Bukowinie podczas okupacji, w strasznie mroźny luty 1940 – przeszliśmy wtedy na Słowację (z Wiśniewskim i jego szwagrem), aby jechać potem na Węgry i do Francji do wojska. Nie udało się, wróciliśmy do Warszawy – jakże inaczej potoczyłyby się moje losy, gdyby się udało! Byłbym emigrantem i miałbym ich dziwaczną psychikę, tak jestem krajowcem i mam tutejszą dziwaczną psychikę. Ale przynajmniej mogę obserwować z bliska ten opętany eksperyment komunizmu. W zdrowiu duchowym trzyma mnie wrodzona przekora – dzięki temu, że wciąż czytam całą prasę z jej przymilnym sielankowo-patriotycznym łgarstwem, mam wciąż zdrowy odruch irytacji i wstrętu, który utrzymuje mnie w dystansie od wszystkiego, co się tutaj dzieje i nie pozwala zatracić wrażliwości na codzienne absurdy. Ci, co prasy nie czytają, zatracają tę wrażliwość – trzeba wzmagać swój duchowy opór, najlepszy na to sposób to drażnić się zmasowaną dawką gazet.

À propos jeszcze Podhala, to obserwując jego turystyczne zatłoczenie latem, myślę, że nawołując niegdyś w „Tygodniku" do rozbudowywania turystyki byłem „ojcem klęski". Ten kraj, jak we wszystkim, umie pobudzić ogromny popyt, a w żaden sposób nie umie mu sprostać podażą – zwłaszcza jest to dotkliwe w dziedzinie tzw. usług. Tu wszystko pęka w szwach, żarcia nie ma, nie, żeby w Polsce był głód, ale dlatego, że w systemie biurokratycznym nie sposób nagle, na parę miesięcy, zmienić dla pewnych okręgów kraju „gęstości" zaopatrzenia. Jakże to zrobić, jeśli wszystko musi się dziać powoli, urzędowo, etatowo i biurowo. A już z turystami zagranicznymi mimo wielkich starań całkiem jest źle, bo to jest „produkcja ponadplanowa", mimo iż przynieść może więcej dewiz niż niejedna ich głupio przestarzała wytwórczość. Ale „nie wie prawica, co czyni lewica": jeśli w planie inwestycyjnym na długie jeszcze lata nie przewidziano masowej budowy hoteli, to mimo nawet pewnych alarmów prasowych nic się na to nie poradzi. Co prawda w Rumunii czy Bułgarii jakoś sobie radzą, ale oni mają południowe morze, więc gwarancję turystyczną, a my bez gwarancji nie możemy, bo w socjalizmie nie wolno bankrutować, a więc też nie wolno ryzykować. Jak się więc ma dokonywać postęp? To jest właśnie tajemnica – marksiści uważają pewno, że rodzić trzeba zawsze w bólach, bo jak bez bólu to „nieklasowo". Że też konserwatywne, bojaźliwe niezdarstwo, praktykowane tu w każdej dziedzinie, przybrało sobie nazwę światoburczego rewolucjonizmu! Zdumiewający to paradoks i nie wiadomo w dodatku, jak go opisać, aby głupki z Zachodu coś wreszcie zrozumiały. Jak i gdzie?!

30 lipca

A swoją drogą niezwykła jest komedia historii: dobrzy Niemcy, kajając się i przepraszając, oddają w dwadzieścia pięć lat po wojnie ziemie i granice sowieckiemu wilkowi. Wprawdzie niby oddają je nam, ale my jesteśmy akurat po stronie wilka – tak wyszło. Świadczy to niby dobrze o naszych politykach, Gomułkach etc., że uplasowali nas w obozie wygrywającym (częstokroć inaczej ż Polską bywało), nie ulega jednak wątpliwości, że jest to obóz wilka. Niemcy wyleczone z totalizmu właśnie – oto istotny rezultat ostatniej wojny, oto na co przyszło socjaliście Brandtowi. Naturalnie, Niemcy w pełni sobie na ten puchar goryczy zasłużyli, tylko że z reguły nie ten odpowiada, co nabroił, lecz całkiem kto inny. A Amerykanie są już w tej sprawie tylko figurantami. Oczywiście – trudno mi występować przeciw interesowi własnej ojczyzny, a Ziemie Zachodnie są nam na pewno niezbędne do życia – żebyż tylko przekazywanie ich Polsce odbywało się bez tego całego arsenału napuszonych sowieckich łgarstw, żebyż choć raz wspomniano o utraconym Wilnie i Lwowie. Rosjanie są mistrzami kłamstwa, a polityczną zasadę „cel uświęca środki" doprowadzili do rekordowej kondensacji i czystości. W dodatku jednak znaleźli sobie wśród Polaczków zmyślnych naśladowców. Niejaki Włodzimierz T. Kowalski, doc. dr hab. (tak się teraz pisze, pewno dla oznakowania superkłamcy o „naukowym" tytule), młody facet a bezczelny, rozpisuje się szeroko, że Polska została pierwszym triumfatorem ostatniej wojny, że brała udział w konferencji poczdamskiej, że dostała wspaniałe ziemie, pełną suwerenność i cudowny ustrój. I w końcu wszyscy, zwłaszcza ludzie „z awansu", w to uwierzą, jakże nie wierzyć jedynym informacjom, które się otrzymuje. Zresztą może w ten sposób tworzy się właśnie tzw. prawda historyczna, mieszanina propagandy, tendencyjnej selekcji i interpretacji faktów oraz nacjonalistycznych „trendów", spekulujących na tym, że przyszłe pokolenia nie będą wiedziały (bo skąd?), jak tam naprawdę było. Ciekawe, że okres największego rozwoju środków informacji jest zarazem okresem największych fałszerstw. Radio to broń obosieczna – jak bomba atomowa – zależy w czyje ręce się dostanie. A swoją drogą na Niemcach mści się to, że, domagając się praw do swoich dawnych ziem wschodnich, nigdy ani słowem nie wspomnieli o prawie Polski do jej dawnych ziem wschodnich, czyli Kresów. Nie robili tego, bo nie chcieli drażnić Rosjan, licząc, że może jakoś się z nimi jeszcze dogadają – oczywiście kosztem Polski, jak to dawniej bywało. Ale tu się przeliczyli: Polska jest sowiecka i nic jej nie zrobisz. Czy tylko Polska sowiecka może istnieć? Prawdopodobnie tak, a w tym wypadku ja i mnie podobni opozycjoniści jesteśmy po prostu wrogami polskiej racji stanu. Tak wychodzi, inaczej być nie chce. Uczuciowo i ustrojowo jestem przeciw, bo to już nie będzie Polska, lecz kraj sztucznego wylęgu sztucznych ludzi. Politycznie jednak widzę wyraźnie, że innego wyjścia nie ma. Amerykanie nic nam nie dadzą: przeczytałem ostatnio nowe majaczenia Zbigniewa Brzezińskiego na temat przyszłości Rosji. Częstuje on swych przybranych ziomków bajeczkami à la Giedroyc, że Rosja rozpadnie się od wewnątrz, bo prą do tego w partii rzekome siły rewizjonistyczne, a pomogą im odśrodkowe tendencje różnych narodowościowych dynamizmów. Jest to *wishful thinking*, czyli branie swoich życzeń za rzeczywistość. Nic za tym nie przemawia, najmniej zaś sprawa czeska, którą Brzeziński uważa za symptom rosyjskiego rozkładu, a ja właśnie przeciwnie, za działanie jednolite, bezczelne a sprawne. Tylko że Brzeziński żyje z wmawiania Amerykanom miłych rzeczy, a mnie za niemiłą prawdę nikt nie zapłaci ani grosza.

Jak się Amerykanów nabija w butlę, tego przykład mamy w przebiegu międzynarodowej konferencji młodzieży, zorganizowanej pod egidą ONZ za amerykańskie pieniądze. Młodzież zachodnia szalała tam, uchwalając protesty w sprawie „imperialistycznej wojny w Wietnamie" etc., gdy tylko jednak chciano uchwalić protest przeciw rosyjskiej interwencji w Czechosłowacji, natychmiast sprawnie zorganizowana młodzież krajów wschodnich podnosiła taki wrzask, że nic się nie dawało zrobić. Wreszcie frajerzy zachodni sięgnęli po rozum do głowy i jakoś tam, niewielką większością, przeprowadzili uchwałę o Czechosłowacji (poprzednie zapadały jednomyślnie), ale oczywiście prasa krajów komunistycznych ani słowa o tej uchwale nie podała, wrzeszcząc natomiast co sił o poprzednich. Śmierć frajerom!

Rozpisuję się tu o tym, na co nie mam i nie będę miał najmniejszego wpływu, czyli o polityce. Taka już mania – a tu przecież przepiękne Tatry, śliczne wycieczki: mam za sobą przejście z Wołowca przez Rakoń na Kończystą (teraz zwaną Grzesiem), byłem też w Pieninach. Sprawy domowe z lekka się wyjaśniają: Krysia i Jerzyk jadą nad morze, Lidia ma już promesę wizy francuskiej, choć nie ma jeszcze paszportu (?!). Aha – i rzecz najważniejsza: mój artykuł w „Ruchu Muzycznym" o awangardzie został puszczony i idzie! Wracam więc do pisania, na razie o muzyce, a potem? Potem w najlepszym wypadku w ramach cenzury może i o innych rzeczach? Trochę to obmierzłe, choć życiowo niezłe. No, ale wracam do bezpłciowego pisania nie pokajawszy się za „ciemniaków", jak gdyby nigdy nic. Sam nie wiem, czy to sukces, czy nie. Tak czy owak wygodne – zwłaszcza ze względu na „dzieło"... Cha, cha!

4 sierpnia

Nasz pobyt w Witowie powoli dobiega końca. Niezwykle sugestywny jest tutejszy świat, czyli ów „mikroklimat" góralskiego życia. Zachowały się dawne ludowe formy tego życia, stroje, hierarchia wartości, nie przeszkadza temu nowoczesność, której potrzebę górale odczuwają bardzo mocno i wprowadzają ją... za pomocą dolarów. Bo Witów należy do wsi najbardziej zamerykanizowanych („strefa dolarowa"), najbogatszych. Nierzadko widzi się góralkę rozbijającą się amerykańskim „krążownikiem szos", wszędzie amerykańskie swetry i wiatrówki, sporo też maszyn rolniczych. Górale tutejsi jeżdżą do Ameryki z wizytą do krewnych, pracują tam pół roku czy więcej (choć oficjalnie bez obywatelstwa nie wolno), odmawiając sobie wszystkiego, ale za to wracają z samochodem lub dolarami, a za dolary w Polsce Ludowej dostać można wszystko – dolar jest tutaj, jak mawiał Stanisław Mackiewicz, walutą oficjalną i uprzywilejowaną. W rezultacie w Witowie jest dobrze – chłopi mają nawet na własność traktory, pewno kupione na lewo lub samemu zmontowane, bo oficjalnie bez pośrednictwa kółek rolniczych traktoru wypożyczyć nie można, tym bardziej zaś mieć na własność. W rezultacie Witów żyje pełną piersią, żyje swoim materialnym mikroawansem i ani się kłopocze, że w Polsce jest coś nie w porządku. Bardzo im tego zazdroszczę – w końcu świat jest przecież dla nas taki, jakim go widzimy. A ja nie potrafię dziś żyć pełnią jakiegokolwiek uczucia czy przekonania, bo coraz dotkliwiej odczuwam połowiczność i zakłamanie każdej sprawy tutaj realizowanej. Patriotyzm jest zafałszowany, bo przecież służymy chcąc nie chcąc perfidnej polityce rosyjskiej, wojsko nie jest naszym wojskiem, ojczyzna nie jest ojczyzną, każde słowo jest zafałszowane i brzmi dwuznacznie. Nawet tzw. praca organiczna, praca dla materialnego dobrobytu, nie na pewno ma wartość obiektywną, bo nigdy nie wiadomo, czy jakiś dyletant na górze nie zmarnuje jej wyników. Idiotyzm tego ustroju widać tutaj nader wyraźnie w każdej sprawie. Weźmy choćby komunikację autobusową, która latem, wobec masy przyjezdnych, staje się na Podhalu problemem pierwszej rangi. Rozgrywają się dantejskie sceny, ludzie jeżdżą w strasznych warunkach, rozkład jazdy staje się fikcją, a poradzić na to nic nie można. Tymczasem w ustroju kapitalistycznym, czyli normalnym, gdzie istnieje związek między podażą, popytem a zyskiem, przedsiębiorca autobusowy ze skóry by wyskoczył, by zwiększyć liczbę autobusów, względnie przejazdów i więcej zarobić. Tutaj ludziom kierującym komunikacją jest absolutnie wszystko jedno, ilu pasażerów przewiozą, wolą mniej, bo mniej roboty, wszakże płaca nie zależy od intensywności pracy, a nadwyżkę finansową zabiera państwo. W ten sposób socjalizm (czy komunizm) to szkoła społecznego nihilizmu i obojętności. Owszem, można by ludzi uczyć altruizmu, ale kojarząc go z interesem materialnym – innej metody wychowawczej jeszcze nie wynaleziono. A u nas prasa opisuje, jak to na Zachodzie niecnie „przelicza się wszystko na pieniądze", podczas gdy tu celem jest nie pieniądz, lecz człowiek. Cyniczne załganie tych pismaków przekracza wszystko, choć trafia, dziwnym zbiegiem rzeczy, w szerzone na Zachodzie przez rozmaitych maoistów czy anarchistów nastroje negacji wobec zrębów „cywilizacji pieniądza". Nie rozumieją durnie, że odcinają gałąź, na której siedzą: pieniądz to symbol ludzkiego wysiłku, pracy, twórczej pasji, nie zaś rzecz, której należy się wstydzić czy zapierać.

Atmosfera zatrucia i połowiczności sprawia, że nie mogę brać na serio naszego życia i podziwiam, gdy ktoś się bardzo przejmuje pracą. Kto zatruł naszą atmosferę, nasze życie i wszelkie pojęcia czy ideały? Rosjanie, marksiści, nasi władcy? Trzeba by im się sprzeciwić, ale tu nasuwa się właśnie jakaś trudność na pozór nieuchwytna i abstrakcyjna, w istocie olbrzymia i skutecznie pętająca wszelkie próby oporu. Trudnością tą jest brak haseł, popularnych a trafnych, nadających się dla ewentualnej opozycji. Hasła winny być „postępowe", lewicowe, boć prawica jest rzekomo powszechnie skompromitowana. Tylko że nie wiadomo, co jest lewicowe, a co prawicowe, komuniści wyzyskują tę niejasność dla swej żonglerki propagandowej, wobec czego każdy przeciwnik natychmiast staje się faszystą, choć czasem „socjalfaszystą". Hasła rewolucyjne? Toć już jest po rewolucji, powiedzą. Hasła narodowe? Nimi operuje Moczar. Hasła katolickie? Od tego jest PAX i Piasecki. Naprawa rzeczywistości? Proszę bardzo – o tym się dyskutuje w partii. Żeby pozwolić ludziom produkować? To właśnie droga do socjalfaszyzmu. Wolny rynek? To hasło przestarzałe, nikogo nie podnieci – toć tutaj poza chłopami żyje już społeczeństwo urzędników nie mających zamiaru robić czegokolwiek samodzielnie. Pozostają ultralewicowe, maoistowskie hasła Kuronia i Modzelewskiego – to już kompletna bzdura. W rezultacie, co stwierdziliśmy z moim gospodarzem Jasiem, opozycja pozostaje bez wyraziście sformułowanych haseł, wobec czego, w okresie sloganów wbijanych w głowy milionom, wydaje się nie mieć nic konkurencyjnego w zanadrzu. Tymczasem jest hasło, ale nikt poza starą emigracją nie odważy się go wysunąć. Hasło to brzmi: rozbić monopartię! Obalić monopol na władzę! Ale rozbić monopartię to może znaczyć rozbić dzisiejszą Polskę, a licho wie, czy inna Polska istnieć by potem mogła. Toć i Zachód utożsamia teraz Polskę z partią i rządem, przyzwyczajono się tam, że Polska to posłuszny „kraj satelicki", to jest trwały element sytuacji polegającej na równowadze sił atomowych między supermocarstwami. Zachód odpisał nas na straty, ani mu w głowie robić jakieś rozróżnienia między rządzącymi a narodem, potrzebna jest sytuacja uproszczona, nie zawiła. Kogóż obchodzą moralne trudności i zawiłości Polaków, narodu niezbyt lubianego i mało popularnego? Zresztą Czesi byli lubiani i też im to nic nie pomogło. I w tej sytuacji opozycyjne zapędy więdną w zarodku, opozycyjność – traci nimb walki o lepszą przyszłość, bo sprowadzić może na kraj tylko – przyszłość gorszą. A skoro tak, to opozycjonista staje się po prostu szkodliwym maniakiem, a rej wiodą i muszą wieść – realistyczni oportuniści. Stomma usiłuje nadać realistycznemu oportunizmowi jakiś nimb, ale czcze to usiłowania. Oportunistyczny kompromis to przejaw małości, a małość nie przestaje być obrzydliwa nawet wtedy (czy raczej zwłaszcza wtedy), gdy jest postawą wymuszoną, jedynie możliwą. Toniemy w małości nieuniknionej, w narodowej małości nieodpartej, a przez to jeszcze bardziej obrzydliwej. Jak toniemy – tego nie widzi obserwator z zewnątrz, na przykład Książę z Paryża, który nigdy nie żył w komunistycznej Polsce.

A wokół górale pracują przy żniwach, kultywują swój obyczaj, swoją sztukę i formy życia, nic ich to, o czym ja piszę, nie obchodzi, nic ich też nie obchodzi partia ani Rosja. Może oni są mądrzy ostatnią naszą mądrością zamożnego, osiadłego, nie przemieszanego ludu (ostatnia nasza szlachta), może w tym właśnie mikroklimacie szukać należy przetrwania? Hm.

7 sierpnia

Ciekawa jest ogromnie sytuacja z Izraelem. Amerykański minister Rogers opracował plan zakładający trzymiesięczne zawieszenie broni celem porozumienia się stron co do wycofania wojsk izraelskich i zawarcia pokoju. Myślałem, że Amerykanie starym zwyczajem porozumieli się z Rosją, aby wyślizgać Izrael i urządzić mu kolejną Jałtę. Tymczasem, o dziwo, Izrael przyjął plan amerykański (przy dymisji pięciu ministrów, którzy się z tym nie zgadzali), przyjął go też Nasser, odrzuciły natomiast Irak, Algieria oraz organizacje palestyńskie, które z kolei poczuły się sprzedane i twierdzą, że będą walczyć aż do zwycięstwa. W ten sposób Arabowie zostali podzieleni, a Izrael zamanifestował ugodowość, co go na razie nic nie kosztuje. Myślę, że Rosja namówiła Nassera, aby się zgodził (siedział w Moskwie parę tygodni), widać bolszewicy przelękli się jednak izraelskiej szaleńczej determinacji. Tak więc mały naród, nieustraszony a solidarny, nie dający się zastraszyć „humanitarnym" szantażem antyatomowym (bolszewicy to jak zawsze nieproszeni dobroczyńcy ludzkości), może wywalczyć wśród wielkich tego świata poszanowanie dla swych praw. Jeśli oczywiście ma poparcie w świecie – po wszystkich zbrodniach, jakie na nim popełniono. Ciekawe – co będzie dalej?

A Polska – średni naród, nie mający poparcia w świecie, wobec czego łykający posłusznie wszystkie kolejne Jałty! To istna tragedia, a raczej tragikomedia: w Moskwie podpisano właśnie traktat rosyjsko-niemiecki o nieużywaniu siły (?!), niedługo podpisany zostanie na pewno nasz pakt z NRF-em o uznaniu granicy Odra – Nysa, w ten sposób, zawierając pakty konieczne dla naszego życia, parafujemy chcąc nie chcąc podboje sowieckie w Europie, błogosławimy Jałtę, która oddała nas w niewolę. Komuniści polscy muszą to robić, naród polski jest zrezygnowany, poza tym niewiele kapuje. Ale czy Brandt musi też błogosławić Jałtę? Ano musi, bo był przeciw Hitlerowi i nie może odrzucać decyzji zwycięskich mocarstw. I oto komedia: na trupie imperializmu niemieckiego wyrósł światowy imperializm rosyjski, a my go błogosławimy wraz z „dobrymi Niemcami" i, nie mając wyjścia, przyjmujemy granicę będącą dla świata symbolem radzieckiego gwałtu. Fakt, że przez nasz komunistyczny rząd jesteśmy teraz agentem rosyjskiego imperializmu, będzie nam kiedyś wypomniany i obwinią nas za to, bez względu na to, cośmy wycierpieli, nie pamiętając o milionie czy więcej wywiezionych do Rosji, o tym, że nasz rząd londyński protestował i krzyczał. „Nie morderca jest winien, lecz zamordowany". Oszaleć można! Oswobadzając Polskę od hitlerowców Rosjanie i polska armia z Rosji zamykali tęże Polskę w nowym, „socjalistycznym" więzieniu. Taki był nieuchronny skutek położenia między Niemcami a Rosją. Jakie wyjście – kochać platonicznie Amerykę?! Oczywiście, że nie – pokochać trzeba, miłością z rozsądku, jednego z ulubionych sąsiadów. Wychodzi na rację Stommy i generała Krasińskiego: pójść z sercem na dłoni do cara. Jedyny sposób na mendy – polubić je.

A co na to wszystko Ameryka? Czy da się wyślizgać z Europy, czy w końcu, zniechęcona, wycofa swe wojska? (Mówią, że Nixon groził tym, gdy Rusy i „my" zażądaliśmy wycofania z Monachium „Wolnej Europy"). Trudno Amerykanom krzywić się na to, że Niemcy aprobują ich własną, rooseveltowską Jałtę. Niewątpliwie jednak to ich oddali od dzisiejszych spraw europejskich, zwłaszcza że mają w głowie przede wszystkim Azję, Chiny, Japonię etc. To właśnie mówił mi Griffiths. Słowem nic pocieszającego. Zgoda już na rozsądkowy sojusz z Rosją, jaki zawarła, na przykład, Finlandia, ale za jakie nie popełnione grzechy mamy żyć po wiek wieków w tym idiotycznym ustroju?!

Podobno Fidel Castro wygłosił kającą się mowę, gdzie odkrył, że na Kubie jest z roku na rok coraz gorzej, ponieważ on i jego ekipa nie znają się na sprawach gospodarki, którymi podjęli się zarządzać, i że lud powinien wyciągnąć z tego konsekwencje. Cha, cha, cha! Nasza prasa oczywiście nie wspomniała o tym – analogia aż się prosi. Chi!

Lidia przejrzała ten zeszyt i powiedziała, że ja piszę „powieść polityczną". Istotnie, sama tu polityka – ale kogóż w przyszłości interesowałyby moje sprawy prywatne?! Co prawda polskie rojenia polityczne też mogą nie wzbudzać ciekawości – to naród pechowy, dotkliwiej jeszcze niż Żydzi, bo jego pech nikogo nie obchodzi. Chroniczny brak reklamy!

Więc parę słów o sobie. Artykuł w „Ruchu Muzycznym" się ukazał („Awangarda czy bezsilność") – niby mądry, ale trochę mętny, trudny i ze złą korektą – moja wina, że nie dopilnowałem. Jutro rzucamy piękny Witów i jedziemy do Warszawy, trzeba się wziąć do roboty (?!). Lidia nie ma jeszcze paszportu, ale bądźmy przy nadziei – matce głupich!

13 sierpnia

Już parę dni jesteśmy w Warszawie. Smutno tu, pusto na ulicach, łażą tylko jakieś siwawe nędzne wyskrobki – cała młodzież wyjechała, popędzana pasją campingowo-turystyczną, o którą kiedyś tak walczyłem (myśląc, że robię „koło pióra" komunistom, popierając coś, czego oni nie mieli w planie), a do której Polska tak zupełnie nie jest przygotowana. Za każdym razem, gdy wracam „z prowincji", uderza mnie mizeria, głupiość i zła organizacja warszawskiego życia, niegrzeczność ludzi i bylejakość urządzeń, a do tego chciwość na forsę bokiem zarobioną. Jednak prowincja jest prawdziwsza, organiczniejsza, a Warszawa wciąż robi wrażenie jakiegoś miasta prowizorycznego. Może to jeszcze skutek klęsk okupacyjnych i powstańczych?

Lidia wciąż jeszcze nie ma paszportu, spotkanie z Wackiem w Cannes diabli wzięli, zastanawiam się, czy w ogóle dostanie. Ze mną też nieszczególnie: artykuł w „Ruchu Muzycznym" ukazał się, natomiast w „Tygodniku" o Beethovenie nie puścili, motywując tym, że nie ma cenzorów, bo są urlopy – decyzja ma przyjść za dwa, trzy tygodnie. Nie wiem, czy to bałagan, czy jednak brak decyzji – zresztą ta sprawa mało mnie w końcu przejmuje, pisanie o muzyce to rzecz niezbyt rajcowna. Dostałem parę miłych odzewów na mój artykuł – m.in. od „Bogusia" Schäffera, od Wiszniewskiego (kompozytora), Briestigera etc. Brakiem decyzji co do „Tygodnika" mniej się przejmuję niż sprawą paszportu Lidii oraz faktem, że nie dochodzi jakoś paczka z ubraniem i książkami, którą nadaliśmy w Witowie – co gorsza był tam również mój dowód osobisty. O cholera!

Zawarto pakt o nieużywaniu siły między ZSRR a NRF. K. twierdzi, że to dowód wycofywania się Rosji z Europy Środkowej – że niby Moskale porządkują swoje sprawy europejskie, aby zająć się Chinami, Japonią etc. Nie wierzę w takie bujdy i „pobożne życzenia". Za to Andrzej [Micewski] opowiadał mi historię okropnie zabawną. Oto Episkopat Polski przygotował na święto Matki Boskiej 15 sierpnia list pasterski, gdzie był passus o „cudzie nad Wisłą", że mianowicie Matka Boska uratowała wtedy naród polski przed zagładą (koncepcja endecka: nie Piłsudski uratował, lecz cud). UB dowiedziało się o treści listu, no i partia wpadła w popłoch, że to niby „antyradziecka prowokacja" („prowokacja" to ulubione słowo i pojęcie komunistów). Przygotowano już całą gigantyczną akcję antykościelną, miała być masa wieców robotniczych, protestów etc., a tu kardynał Wyszyński, dowiedziawszy się o wszystkim, wycofał ów list. Szkoda, że on już taki ostrożny, byłaby śmieszna heca.

W Związku Radzieckim cholera (dosłownie!), ale nie ma na ten temat żadnego komunikatu, tylko wiadomość, że zamknięto punkt graniczny w Medyce z powodu wypadków cholery „w niektórych krajach" („na terytorium niektórych państw"). Ależ dyskretne są te Rusy: po prostu nie informują o swoich sprawach, za to wyczerpująco informują o wszelkich niepowodzeniach czy drastycznych sprawach, na przykład w Ameryce – a za nimi robią to nasze łobuzerskie pieski prasowe, Głąbińscy, Berezowscy, Nowalińscy, Górniccy i inni „korespondenci". Metoda to głupia i chamska, ale skuteczna. Zaś w polityce liczy się podobno tylko skuteczność, a Rosja zajmuje się wyłącznie polityką.

Idę po forsę za artykuł w „Ruchu". Brrr, jakże nie lubię tej Warszawy!

16 sierpnia

A więc pakt o „nieużywaniu siły" między NRF a Rosją został podpisany z dużą pompą w obecności Brandta na Kremlu, etc. Niby się wszyscy bardzo cieszą, ale nie wiadomo dlaczego i co to właściwie znaczy. Według mnie znaczy tylko jedno: sowiecką próbę ogarnięcia swym wpływem Europy Zachodniej i wyeliminowania z niej wpływów amerykańskich, które dotąd opierały się na udzieleniu krajom Zachodu gwarancji przez USA w razie ataku ze strony Rosji. Teraz rzekomo żadnej gwarancji nie będzie potrzeba, bo Rosja sama gwarantuje. Co gwarantuje? Ano nieużywanie siły. Ale czy taka gwarancja coś w ogóle znaczy, czy to po prostu zwykły papier dla zaczarowania chcących dać się zaczarować ludzi Zachodu? Hm. Oczywiście, w teorii żadna agresja nie jest niemożliwa, skoro istnieje groźba broni nuklearnej. Ale w praktyce można powoli likwidować wpływy amerykańskie w zachodniej Europie, likwidować ich zasięg psychologiczny, choćby przez to, że o sprawie Berlina i praw Czterech Mocarstw w nim nie ma w pakcie ani słowa. I ta sprawa przyschnie po dalszych dwudziestu pięciu latach. W końcu któryż Amerykanin zechce ginąć za Berlin, jeśli samym Niemcom ani się to śni?!

Tak więc Europa zbiera po dwudziestu pięciu latach owoce tego, że nie umiała się sama obronić przed Hitlerem, wobec czego obronił ją Stalin, wtrząsając się za to aż po Łabę. Europa, rozbrojona dosytem, dalej bić się nie chce – pierwszy okazał to de Gaulle, występując z Paktu Atlantyckiego. Francja nie chciała się kiedyś bić o Gdańsk, teraz nie chce o Berlin czy Drezno (nie mówiąc już o Warszawie) – praktykuje niezmiennie petainizm, przysłaniając to bzdurzeniem o suwerenności. Widząc to Niemcy poczuli się pozostawieni sobie samym, w tej sytuacji zadeklarowali po prostu zgodę na zaistniałe fakty. Oczywiście i na podział Niemiec, i na naszą granicę. Właściwie nie potrzeba już paktu NRF – Polska co do granic, bo w tym kremlowskim wszystko jest zawarte. Mamy już tę granicę, mamy też hegemonię Rosji i nasz sowiecki „socjalistyczny" ustrój. Większość ludzi w Polsce już się z tym pogodziło, o żadnej zorganizowanej opozycji nie ma mowy, więc czego ja właściwie chcę?! Kogo reprezentuję? Piasecki miał kiedyś swoją rację, gdy powiedział, że interesy Rosji są naszymi interesami, a sukcesy Rosji naszymi sukcesami. Gdyby się coś odwróciło w Europie (co jest zresztą zgoła nieprawdopodobne), Zachód przecież, starym zwyczajem, nic by nam nie dał, co najwyżej odebrał, wlewając z powrotem Niemców na Ziemie Zachodnie. A tak jesteśmy przecież obywatelami nowoczesnego Rzymu, przed którym drży Europa. Więc o co chodzi?

Hm. Chodzi o duchowo-organizacyjną treść tego „rzymskiego" życia, o powódź kłamstwa i upokorzeń, jaka zalewa nas codziennie. Co prawda rzecz realizują przeważnie nasi rodzimi pismacy, i to wręcz z amatorstwa. Ostatnio jakiś Zbigniew Lesiewicz w „Kierunkach" dał antologię kłamstwa, prezentując sowiecką wizję historii na przestrzeni ostatnich lat trzydziestu. Nie ma tam paktu Ribbentrop – Mołotow, nie ma zajęcia ziem wschodnich i wywózki Polaków, nie ma morderstw, Katynia, gwałtów stalinowskich – jest tylko „interes klasowy" rządu w Londynie i opiekuńcza, ludowa łaskawość Stalina. To zły Churchill chciał nam jeszcze odebrać Nysę Łużycką, to dobry Stalin nie pozwolił. Cały ten skłamany obraz tyczy się przeszłości, którą już mało kto zna – czyż to kłamstwo jest konieczne? Hm, pewno tak, dla bolszewików konieczne, aby po orwellowsku przemienić historię i w ten sposób wytrącić swym przeciwnikom ostatni argument z ręki – wobec Zachodu. A ten Zachód i tak jest na nasze sprawy głupi jak pień – ostatnio czytałem w „Mondzie" informację, że generał Anders był londyńskim głównodowodzącym Polskich Sił Zbrojnych podczas ostatniej wojny. Ignorancja Francuzów i w ogóle ludzi Zachodu wobec polskich spraw chroni ich od poczucia winy i odpowiedzialności za problemy Wschodu. Życzę im wszystkiego najgorszego, tym sobkom i zadufanym bałwanom – bodaj ich Armia Czerwona spotkała! A cóż nam pozostaje? Pokochać Wielkiego Brata, czyli Sojusznika ze Wschodu, co nam setki tysięcy razy zaleca prasa, radio, telewizja, nawet Staś Stomma, on jeden tylko stwierdzający, że jest to miłość trudna.

Oj, trudna, trudna! Rosyjska propagandowa hucpa, zohydzająca pilnie a skwapliwie każdy przejaw zachodniej demokracji, a przemilczająca u siebie nawet... cholerę, przemawiająca do nas co dzień ustami pismaków w rodzaju Berezowskich, Głąbińskich, Nowalińskich, Górnickich, Szyndzielorzów i mnóstwa innych, czyni (dla mnie przynajmniej) miłość zupełnie niemożliwą. Jakże tu wierzyć komuś tak bezczelnie załganemu, jakże oprzeć się wątpliwościom i podejrzeniom, gdy ktoś tysiące razy powtarza nam, że musimy go kochać nad życie, bo inaczej zginiemy. Jest w tej nachalnej propagandzie jakiś dziecinny bizantynizm, ale przecież operują nim dzisiaj wszystkie narody „socjalistyczne", a już zwłaszcza Azjaci z Chińczykami na czele, którzy z absurdalnego zapluwania się zrobili sobie urzędowy polityczny język. Skoro nas wcielono do tego świata, to pewno musimy zgłosić akces i do jego języka? Naród zapewne to rozumie, stąd tylu chętnych dziennikarskich wolontariuszy, którzy wcale nie wiedzą, że są łobuzami. A może w tym kraju język ten nikogo już nie razi, oprócz mnie i paru moich przyjaciół? Toć nie można w imię konwencji słownej występować przeciw racji stanu swojego narodu! Jeśli o słowa rozpętać się może straszna draka, jak to było w Czechosłowacji, to widocznie trzeba wyrzec się przywiązania do słów prawdomównych? Toć w historii zawsze kłamano i pluto, a człowiek na wskroś zachodni, Talleyrand, powiedział, że słowa służą do ukrycia myśli!

Oto moja tragedia czy tragikomedia: jak Don Kichot walczę o sławne wiatraki, których nikt nie widzi, w dodatku sam nie bardzo jestem do tej walki przekonany i nie dostrzegam żadnych sojuszników, ani na Wschodzie, ani na Zachodzie. Za dokładnie i za wyraźnie wszystko widzę – o ileż lepiej paryskiemu Księciu, którego przy życiu utrzymuje absurdalna wiara, iż Rosja się lada moment rozleci, rozsadzana opozycją wewnętrzną. Jemu to dobrze, to prawdziwy Don Kichot – nie podrabiany.

À propos Paryża: Lidia wciąż nie ma paszportu, siedzimy tu jak głupi, nie wiadomo po co przyjechaliśmy przedwcześnie z Witowa. A tu pogoda piękna, w słońcu nawet ta ośla Warszawa wygląda prześlicznie. Pełno tu cudzoziemców nic nie rozumiejących. A może to ja po prostu samotny wariat i kwita? Do tego stary! Pora zmądrzeć: w moim wieku widzi się już tamten brzeg i czuje nieuchronność wyroku, który zapadł na długo przed tym, nimżeśmy się narodzili! Choć znowu, w mojej nie podrabianej samotności tkwi właśnie trud mojego życia, mój problem egzaminacyjny, moje zbawienie?!

Paczka z Witowa nadeszła – choć to jedno. A w ogóle mało co mnie cieszy – nawet wódka straciła magię. A tu wszyscy wokoło chcą żyć, bawić się, nic ich żadne skrupuły nie obchodzą. Zaprawdę, ci lepszą wybrali cząstkę!

17 sierpnia
Czytałem okropnie śmieszne listy w „Perspektywach": listy kobiet, którym narzucono modę „maksi", a które na taką suknię nie mają forsy (cena dwa tysiące dwieście złotych, jeśli łaska!), zresztą trudno w ogóle coś takiego dostać. Oto znów smutny paradoks i przykład nieautentyczności naszego życia. W kapitalizmie zmienia się modę, aby zwiększyć obieg pieniężny, pobudzić popyt,

co wobec stałej nadprodukcji i groźby bezrobocia, mogącego ogarnąć szeroko rozbudowany aparat produkcyjny, jest konieczne. U nas natomiast trwa chroniczna niedoprodukcja i brak urozmaiconego asortymentu towarów, nie ma zresztą kto tych rzeczy robić, bo krawcowa jest wręcz unikatem. Mimo to wywołuje się zmiany mody (rzecz lansuje między innymi nie za mądra Basia Hoff) i stawia babki w sytuacji absurdalnej. Co prawda stosowanie się do zachodniej mody to niby nasza specyfika: odróżnia to nas od Sowietów i czyni rzekomym „Paryżem Północy". No owszem, cacy, ale wygląda to jednak śmiesznie – jak kwiatek do kożucha. Podobnie trochę wygląda nasza krajowa turystyka, niegdyś mój bojowy konik – wszyscy krążą po Polsce jak szaleni, lecz ani transport, ani gastronomia, ani ośrodki noclegowe czy campingowe nie są na to przygotowane. W naszej odmianie „socjalizmu" nikt nie jest zainteresowany w rozbudowie tzw. bazy usługowej, bo nikt na tym nie zarabia, gdyż marżę zysku zgarnia państwo – forsa idzie do banku i tyle ją widzieli. Oczywiście – sporo prywatnych osób próbuje na turystyce zarobić na własną rękę, oferując prywatne noclegi, obiady etc. Dawniej władze w imię socjalizmu nie pozwalały na to, dziś, widząc lawinę turystów i własną niemożność musiały trochę ulec – stąd też turystyka, choć mozolna i nieudaczna, jest jednak w ogóle możliwa.

À propos turystyki: trwa jakaś propagandowa wojna ze Szwedami, którzy masowo przyjeżdżają do Szczecina promem z Ystad. Konsul szwedzki w Gdańsku udzielił prasowego wywiadu (w Szwecji, rzecz prosta), gdzie narzekał, że Szwedów w Polsce łupią ze skóry, że oszukują ich ile wlezie knajpiane, waluciane prostytutki. My z zapałem odpieramy te „haniebne" zarzuty, a w „Życiu Literackim" ukazał się reportaż ze Szwecji niejakiego [Aleksandra] Rowińskiego (reportażysta dyspozycyjny, piszący zawsze niby „drapieżnie", ale w istocie to, co trzeba), przedstawiający ten kraj jako jedną chuligańsko-pijacką melinę. Myślę, że obie strony mają swoją rację. Szwedów w Polsce łupią ile wlezie, zwłaszcza na kursie walut i innych pułapkach, oni za to chcąc się tu rozerwać wykorzystują niskie stosunkowo ceny wódki oraz rozłajdaczenie pewnych, wcale sporych środowisk. Słowem przyganiał kocioł garnkowi, a przydałoby się przecież trochę realizmu i samokrytyki. Myślę jednak, że władze nasze wściekłe są na Szwedów za ich stanowisko w sprawie wyjeżdżających z Polski Żydów i zgrzytają zębami, bezsilnie zresztą, bo dewiz potrzebują jak cholera. Ile tych dewiz zarabiamy – nie wiadomo, na co idą – też nie wiadomo. No bo przecież jest demokracja – lud rządzi. (Dlaczego jest w Polsce zimno? Bo lód rządzi!). Przeczytałem, że bramkarz „Ruchu", Kurowski, ukończył Akademię Wychowania Fizycznego i pisze pracę magisterską pt. „Socjologiczne przesłanki meczu Kadra – »Express«". Ale będziemy mieć magistrów – niebywałych! A w mistrzostwach kolarskich świata dostaliśmy generalnie w dupę – dowód na słuszność tego, co kiedyś pisał w „Mondzie" Margueritte. Ale nasz szowinizm w drobiazgach nie zna granic, podczas gdy zanikła całkiem narodowa ambicja polityczna. Smutne!

W prasie literackiej dużo się pisze o Gombrowiczu, choć jego książek nie ma (może dlatego, że żona oddała wyłączne prawa Giedroyciowi). Tak więc subtelni krytycy jak Błoński mądrzą się na temat książek, których nie można przeczytać, i jakoś to nikogo nie dziwi. Czy to nie dom wariatów?! A Zygmunt Myć mówił mi, że Iwaszkiewicz przygotowuje druk dalszych listów Gombrowicza do siebie, w których autor „Ferdydurke" psy wiesza na Giedroyciu. Książę się pewno wścieknie, ale Gombrowicz taki był: opętany manią siebie marzył, aby za wszelką cenę zyskać sobie polskiego czytelnika. Cenę zapłaciłby komunistom, na pewno nie mniejszą niż skwapliwie dał Gałczyński (jego powojenne diatryby przeciw polskiej inteligencji, które zresztą nie uchroniły go przed późniejszą nagonką „ważyków ców"). Już widzę dialektyczną argumentację Gombrowicza, że Polska Ludowa to wejście narodu z okresu szlacheckiej epoki „Młodziaków" w spóźnioną, ale cenną dojrzałość. – On by nam dał w dupę – powiedział Otwinowski, ostatnio autor zabawnego wspominkowego szkicu o Gombrowiczu. (Najlepszy dowód, że już można – Stefan bez pozwolenia nic by nie zrobił).

Myciel mówi, że na Zachodzie nie wolno wymyślać na Rosję i komunizm – żeby to robić, trzeba jechać do Warszawy. Jutro z Heniem i Jurkiem jedziemy samochodem nad Zalew Zegrzyński. Mam ciągle kompleks niepotrzebności, nawet w dziedzinie kompozycji: po co pisać, kiedy nie grają? Trzeba z tym walczyć, bo się załamię, a komuniści zatriumfują. Ale jak walczyć? Trochę trzeba się bawić, ale czym? „W co się bawić?", jak pyta w piosence Wojciech Młynarski. W wolnego człowieka!

23 sierpnia

Umarł trzy dni temu Paweł Jasienica, czyli Lech Beynar – parę dni bez reszty zaprzątała mnie Jego śmierć i pogrzeb. Dusił się trzy dni, tlen także nie pomógł, naczynia oddechowe przeżarte miał rakiem, czyli ziarnicą. A na parę dni przed śmiercią dzwonił do nas, zakaszlał się w czasie rozmowy, potem głos mu się załamał, jakby w łkaniu. Czy wiedział już, że nie ma ratunku? A szybko, przerażająco szybko to wszystko poszło – zaledwie parę miesięcy. Zaszczuli tego szlachetnego i niezwykłego człowieka. Powiedział o tym na cmentarzu z nieprawdopodobną wręcz odwagą Jerzy Andrzejewski: jego przemówienie o niewoli słowa, o fałszach i wymuszonym milczeniu pisarzy było znakomite. Pięknie, choć nie tak odważnie mówił Stomma, mocne, choć nieco zbyt krasomówcze, przemówienie wygłosił mecenas Siła-Nowicki. Od towarzyszy broni przemówił pułkownik Rzepecki, dawny szef BIP-u (Biuro Informacji Politycznej AK), oraz inny pułkownik, z 1939 roku, pod którym Lech walczył. Od literatów mówiła Auderska (prezes oddziału warszawskiego) i niepotrzebnie moim zdaniem przez Władka B. [Bartoszewskiego] zgwałcony Parandowski od Pen-Clubu. Celebrował biskup Miziołek i ksiądz Falkowski, który w białostockiej wsi Jasienica ukrył niegdyś rannego Lecha, ratując mu życie – stąd potem pseudonim „Jasienica". Na zakończenie odśpiewano „Jeszcze Polska" – to było wzruszające, wszyscy mieli łzy w oczach.

O haniebnym zarzucie postawionym Jasienicy przez Gomułkę – że go zwolniono „z powodów jemu wiadomych" (aluzja, że jakoby godził się być agentem), powiedział wyraźnie Andrzejewski. Ten zarzut skrócił Lechowi życie, publicznie odeprzeć go nie mógł, choć rozesłał wyjaśniający list. Gomułka już pewno o całej sprawie zapomniał, licho wie, kto mu to świństwo podsunął – i tak „mimochodem" złamali cudownego człowieka. A parę tygodni temu Wańkowicz był u Jasienicy i spytał go, czy on jednak aby na pewno nikogo nie wydał, bo jakiś „młody historyk" twierdzi, że jednak tak! Stary kretyn! Na pogrzebie Wańkowicz chciał gwałtem przemawiać, ale Władek do tego nie dopuścił. Za to ostentacyjnie nagrywał wszystko na magnetofon, dzisiaj zaś zadzwonił do mnie, że chce posłać taśmę córce do Ameryki, co ja na to, czy nie zechciałbym jej (taśmy) skopiować. Zbaraniałem na to kompletnie – czy ten stary zgłupiał z kretesem, czy to jaki prowokator?! Nie, pewno senilne zidiocenie.

Cenzura wiele pokonfiskowała w klepsydrach Jasienicy, m.in. cały nekrolog od towarzyszy broni, wzmianki wszelkie o służbie żołnierskiej oraz... że Lech był wiceprezesem Pen-Clubu. Konfiskaty pochodzą na pewno od tchórza Korotyńskiego, w dodatku nasza „góra" (Gomułka, Kliszko, Cyran i inni) była w Moskwie i pewno nie miał kto dać instrukcji, więc Korotyński, tchórz jak wszyscy służący komunistom dawni endecy, podziałał na własną rękę. No ale nie ma się co łudzić, komuchy szerokiego gestu nie mają, łaska wielka, że w ogóle pozwolili wydrukować te nekrologi.

Wstrząsnęło mną to wszystko. Lecha kochałem, choć się z nim nieraz kłóciłem, bo raził mnie naiwną popędliwością, nie rozumiałem też, po co angażował się w takie mętne imprezy jak Klub Krzywego Koła. No ale jak miał żyć, on, człowiek o takim temperamencie i zainteresowaniach? A jak ja mam żyć?!

Pokłóciłem się mocno z Andrzejem M. [Micewskim] o jego świeżą książkę „Postawy i poglądy". Zrobił sobie pewne nazwisko dwiema książkami z historii II Rzeczpospolitej, a tu, czort wie po co (dla wazeliny?!), wrócił do swej epoki młodzieńczej, zetempowsko-Bolciowej. Książka nudna, namaszczona i pseudonaukowa, pisana komunistycznym żargonem, gdzie każde słowo znaczy co innego, niż znaczy („socjalizm", „ruch robotniczy", „lewica" etc.). Język, twierdzę, jest najważniejszy, tym fikcyjnym językiem, „nowomową" komuniści zaklinają przeciwników w capa. Kto przyjmie ten język, ten już przegrał, bez względu na to, co w nim powie. Przegrał też i Andrzej: dobrowolnie utwierdza komunistyczne kłamstwo, drapując się w togę nader poważnego niby-naukowca. Komiczne by to było, ale jest też smutne. On należy do pokolenia oszukanych, którym zmieniono język – oni już po ludzku mówić nie będą. W dodatku on kocha ten żargon, wyżywa się w nim, myśli, że to coś znaczy. Szkoda chłopa, choć pewny jest siebie jak diabli – jeszcze na mnie nakrzyczał. No cóż – każdy kocha siebie i swoje myśli.

W partii naszej kac panuje i drętwość po ostatnim „pakcie Ribbentrop – Mołotow" jak to określa Henio. No bo jednak Rusy dogadały się z Brandtem poza plecami Polaków, oni to niby gwarantują nam granicę, o swoim Królewcu nic nie wspominając. Po co właściwie teraz rozmowy szkopów z Polską, co jeszcze można dodać? Naciął się Gomułka – a trzeba było robić wcześniej i szybciej!

Lidia nadal nie ma paszportu – Stach obiecał interweniować u „spułkownika", ale czy to co pomoże? (zwłaszcza po ostatnim, podsłuchiwanym przez UB telefonie Wańkowicza?). W ogóle smutno i bezperspektywicznie. Brrr!

25 sierpnia
Brat Jasienicy walczył pod Monte Cassino, gdzie był ranny. Przeszedł więc uprzednio przez Rosję jak tylu innych ludzi ze Wschodu, umarł w Warszawie ze sześć lat temu, na tę samą ziarnicę co Lech. Ojciec też umarł w Warszawie na to samo. Cóż to za rodzina: urodzeni w Symbirsku (tam gdzie Lenin!), potem osiedli na Wileńszczyźnie, teraz wszyscy w Warszawie. Taki typowy los polskich rodzin ze Wschodu – została jeszcze matka staruszka (osiemdziesiąt cztery lata), siostra, wuj. Pochodzenia są chyba rosyjsko-tatarskiego, a patrioci polscy lepsi niż ktokolwiek. Dziś na kościele św. Krzyża wisi klepsydra: Paweł Jasienica, żołnierz kampanii wrześniowej, ZWZ i AK, pięciokrotnie odznaczony Krzyżem Walecznych, były wiceprezes Związek Literatów i Pen-Clubu, były prezes Klubu Krzywego Koła – przyjaciele i towarzysze broni. Klepsydra pisana jest ręcznie, to pewno Rzepecki „zadziałał". Ciekawym, czy nasza głupia partia wścieknie się, czy też ma jednak większe zmartwienia?

Na razie ubecy uaktywnili się koło mnie – w postaci żebraków, przechodniów zaczepiających na ulicy etc. Dzwonił też niejaki pan Gwiazda, rzekomy rzemieślnik, co siedział w więzieniu, chce się ze mną spotkać pod pozorem sprzedaży Kolberga (!!). Nie wiem, czy ta ubowska ruchawka spowodowana jest telefonem Wańkowicza czy sprawą paszportu Lidii. Co do tego paszportu, to Stomma twierdzi, że pułkownik („spułkownik" jak ja nazywam – jest też jeszcze „jajor", „chlapitan" i „polucnik" oraz „podchęzony") robił nadzieję. No zobaczymy. Na razie mam się dziś spotkać z ową „gwiazdą". Stach smutny po zgonie Lecha, zapowiedział się na moje imieniny. Już jesień – jeszcze jedna. O kurwa – jak mówią w Warszawie.

Spotkałem mizernego i chudego Ola Bocheńskiego. Z tej okazji pomyślałem sobie o „ludziach pozornych", nieprawdziwych, których kariery są złudą dzięki przytłaczającemu wszystko przymusowi kłamstwa. Olo Bocheński, niegdyś konserwatywny liberał z giedroyciowej „Polityki", w czasie okupacji zwolennik Studnickiego próbujący się dogadać z Niemcami, po wojnie „realista polityczny" i inicjator ruchu Piaseckiego, teraz basuje komunistom w swej zakłamanej publicystyce, choć czasem przemyca pewną niezasadniczą krytykę gospodarczą. Gdzie u niego prawda, a gdzie kłamstwo, co on sam o sobie myśli? Licho wie. Albo pozorny minister Winiewicz, kiedyś, podczas wojny, w MSZ londyńskim – czy on naprawdę o sobie myśli, że jest dziś ministrem, a nie bezwolnym i tchórzliwym pionkiem? Z kolei nasz Jaś Dobraczyński, endek wysługujący się komunie, katolik gotów zawsze zaprzeć się Kościoła, niby pisarz, żołnierz, obywatel, a w istocie błazen. No i zesklerotyczniały Wańkowicz, gotów za popularność i drukowanie wyskoczyć ze skóry, aby zręcznie (a dla „opinii" drażniąco) przypodobać się władzom. Dlaczego oni wszyscy są tacy nędzni, pozorni, nieprawdziwi? Myślę, że wszystkich gubi posługiwanie się komunistycznym językiem historiozoficznym, który w każdym podtekście zawiera mnogość przeróżnych kłamstw. Bo nie wolno, na przykład, powiedzieć, że oddanie Wilna i Lwowa, a wzięcie Szczecina i Wrocławia to był logiczny akt konieczności historycznej (co najwyżej Stach spróbuje tak powiedzieć), trzeba natomiast zapomnieć o tym, że Polacy kiedykolwiek w Wilnie i we Lwowie byli, a jeśli nie zapomnieć, to napluć na tamtejszą polskość. Przyjęcie zasady „sojuszu ze Związkiem Radzieckim" oznacza zapomnienie o wszystkim, co bolszewicy kiedykolwiek wobec Polski robili. Słowem cechą tej „nowomowy" jest korygowanie swych myśli wstecz (Orwell, zawsze Orwell!), oto warunek *sine qua non*. Do takiej mowy przymuszali komuniści zawsze swych przeciwników, wiedząc, że przyjęcie jej jest już porażką moralną, jest dobrowolną zgodą na wspólnictwo z tym, kto tę mowę wymyślił. Taką mową oskarżali się sami podsądni w słynnych procesach moskiewskich lat trzydziestych, taką mową skazał sam siebie zawczasu Dubczek, gdy gorąco a banalnie zapewniał świat, że jest za Związkiem Radzieckim i za socjalizmem – jasne było, iż oskarżą go, że jest przeciw, a jednocześnie on sam stwierdził, że być przeciw to źle. Pogrążać samego siebie, czynić swoją postawę połowiczną i moralnie nieskuteczną – oto do czego komuniści doprowadzają ludzi zostawiając ich na pozór własnemu ludowi i śmiejąc się w kułak, gdy uwikłani w „magiczny kwadrat" fałszywych sylogizmów sami na siebie wydają wyrok. Nie rozumie tego biedny Andrzej – i wsiąknie. A swoją drogą zbadanie i prześledzenie, jak ten proces myślowy przebiega, to sprawa, którą coraz bardziej zaprząta mój mózg. Chciałbym dać jej wyraz literacki, może byłoby to wreszcie dzieło mojego życia? Tylko materiały trzeba by zebrać, zacząłem już kompletować wycinki z prasy, która daje w sumie kompendium tej metody. Ostatnio klasyczny jej pokaz dał w „Prawie i Życiu" niejaki Wit Gawrak, podciągając wszystko, co nie sprzyja Rosji, pod miano faszyzmu. Faszystami są więc: Nixon, Dajan, Strauss, Servan-Schreiber i... Mao Tse Tung. Napisane to przemyślnie, ale zupełnie obłąkańczo. Metoda w szaleństwie – oto rzecz fascynująca! Frapujące też jest, o ile i w którym miejscu facet wierzy w to, co pisze, o ile jest autentyczny. To stary problem Koestlera i Orwella, warto by go odtworzyć w polskiej, piastowskiej, nadwiślańskiej wersji. Jeszcze Polska nie zginęła!

30 sierpnia

Dzieci (Krysia, Jerzyk) wróciły znad morza wesołe i opalone – w Sopocie widziały Hertza z Zygmuntem. Pogoda już po trochu jesienna, a Lidia nadal nie ma paszportu – niech ich cholera tych ubeków – oni umyślnie każą czekać i denerwują.

Słuchamy w telewizji Festiwalu Piosenki z Sopotu. Nawet w tym roku niezły, zirytowała mnie tylko występująca poza konkursem Amerykanka, mistrzyni od „protest-songów". Jest to apodyktyczna, rozgadana agitatorka antyamerykańska. Najpierw pokazała publiczności swoje małe dziecko i poinformowała, że jej mąż siedzi w więzieniu za odmowę służby wojskowej. Potem śpiewała okropnie nudno, choć ładnym głosem, piosenki przeciw wojnie w Wietnamie, o getcie murzyńskim, o braku wolności w Ameryce etc. Publiczność po trochu wychodziła, co artystki jednak bynajmniej nie peszyło, wyła dalej. Ułożyłem sobie do niej imaginacyjną mowę po angielsku (!), że jej osoba jest dla nas symbolem amerykańskiej wolności, bo gdyby u nas ktoś mając męża w więzieniu próbował wyjechać za granicę i śpiewać przeciw „swemu krajowi", to dostałby w dupę, aż by się zakurzyło i zamiast na turystyczne wycieczki powędrowałby do ciupy. Ta szlachetna idiotka z bogatej zresztą rodziny nie wie w ogóle, gdzie się znalazła i o co tu chodzi. Tacy już są ci Amerykanie, jakżeż tu im powierzać losy świata? A komuchy umieją wykorzystać tę ich głupotę, że aż ha!

U nas prasa znów robi raban przeciwko „prywaciarzom", że zbijają majątki, bo zamiast „świadczyć usługi" zajmują się produkcją rozmaitych drobnych detali. Ale przecież te detale są nader potrzebne, kupują je zazwyczaj instytucje i zakłady państwowe, o cóż więc chodzi? Zresztą taka kampania wybucha u nas co pewien czas, prasa robi święte socjalistyczne oburzenie, zamyka się szereg warsztatów, potem okazuje się, że brak niezbędnych części dla produkcji państwowej, podnosi się rumor przeciwny i potem znów dla prywatniaków przychodzi „odwilż", tyle że tymczasem wielu ludzi się zraziło i odeszło. Jest to przegłupia komedia, a najgłupsze są te dyletanckie pismaki, które naprawdę święcie się oburzają, że ktoś śmie produkować, kiedy przeznaczono go do „świadczenia usług". Produkowanie jako przestępstwo to już zupełny absurd, ale jakoś nikt tego za absurd nie uważa. Czyżby świat zwariował, jak to podejrzewał Hamlet?

Czytałem też artykuł o Fidelu Castro. Dawano tam do zrozumienia, że doprowadził on wprawdzie swój kraj do ruiny, ale „za to" jest pierwszym premierem, który sam wraz ze swym ludem pracuje fizycznie przy zbiorze trzciny cukrowej. Oto znów przykład tego, co ja nazywam „rewolucyjną głupotą". Amerykańska śpiewaczka to inny przykład tego zjawiska. Dyskretną satyrę na taką głupotę szlachetnych dał Julek Stryjkowski w powieści „Czarna róża" – satyra to dyskretna, niczym „Podfilipski" Weyssenhoffa, toteż mało kto ją zauważył (albo zauważyć nie chciał), tyle że książka nie miała następnych wydań, widocznie jednak rzecz do czyjegoś tam mózgu trafiła. A może to ministrunio Wolski z Krakowa stał się detonatorem-denuncjatorem, bo wziął książkę na serio i podniósł krzyk, że komuniści wcale tacy nie byli. Tę „Czarną różę" to powinien był wydać w Paryżu Książę, zamiast wygłupiać się ze swoimi rewizjonistami. Ale cóż, jego też już chwyta rewolucyjna głupota – pozazdrościł Polakom w kraju. Więc tylkom ja jeden mądry?! Tak, bo jestem poza życiem i w nic się nie mieszam. A niech to szlag!

1 września
Przeczytałem tom wspomnień Putramenta zatytułowany „Literaci" i bardzo jestem zdezorientowany. Trudno się bowiem zorientować, czy on udaje głupiego, czy naprawdę jest głupi. Tolo Gołubiew twierdził kiedyś, że konsekwentne udawanie głupiego to wielka sztuka. Dokonuje więc Pucio tej sztuki, gdy twierdzi, że nigdy nie miał pojęcia, iż w procesach moskiewskich 1937 roku było coś anormalnego, gdy podkreśla, że zawsze wielbił Stalina i nigdy mu do głowy nie przyszło, jakoby takowy mógł umrzeć, a potem jego następcy wziąć się ze sobą za łby i tak dalej, i dalej. Świę-

ty też naiwniaczek z naszego Pucia, gdy okropnie wciąż gromi brutalny terroryzm amerykański (np. sprawa Rosenbergów), ani odrobinki nie mając w tym względzie do wyrzucenia Rosjanom. Natomiast autentycznie naiwna (i głupia) wydaje mi się jego wiara, że literatura zależy od tego, co się gada i co się płaci w Związku Literatów, gdy bierze pozory spraw za same sprawy, gdy widzi tylko grupki zwariowanych, intryganckich marksistów (czy pseudomarksistów) w Warszawie, a nie zdaje sobie sprawy (czy udaje?!) z tragedii, jaką dla całego zniszczonego i skopanego przez wojnę kraju było i jest odebranie mu możności autentycznego mówienia. Nie wiem, czy o naiwności czy o chytrości świadczy jego ciągłe namiętne podkreślanie swej walki z rzekomymi „urzędusami" i oddzielanie ich od sprawy ustroju – że niby „socjalizm" dobry, tylko biurokraci źli. Toć w systemie, gdzie wszystko zostaje upaństwowione, „urzędasy" muszą automatycznie stać się pępkiem świata, bo niby przez kogo ma państwo sprawować swoje zarządzanie wszystkim – przez wszechwiedzących aniołów?! Irytująca to książka, ciągłe w niej unikanie istoty rzeczy i posługiwanie się mową zastępczą – choć może właśnie w tym uporczywym udawaniu Greka czai się wielki spryt, spryt ten zresztą nie musi być wyrozumowany, lecz wrodzony, instynktowny, choć nie sposób jednego od drugiego oddzielić, jak to zwykle u ludzi ze Wschodu. Tak czy owak Pucio napisał tu swoją biografię, w której przedstawił się czytelnikom (i zapewne ich potomkom) jako człowiek bądź co bądź dobrej woli. Osobiście zresztą nie mam nic specjalnego przeciw niemu poza tym, że bardzo krzyczał zaraz po wojnie w Krakowie przy redagowaniu „Dziennika Polskiego" i „Przekroju". (Raz krzyczał, że piszą po burżujsku, drugi raz, że niepotrzebnie praktykują sowiecką ascezę, że trzeba śmielej i po zachodniemu – chodziło oba razy o modę w „Przekroju"). Dla nas z „Tygodnika" bywał raczej dobroduszny, nawet mnie i Turowicza wyratował kiedyś od wylania ze Związku – czym się oczywiście taktownie nie chwali. Mówiono, że w 1939 we Lwowie odegrał jakąś złą rolę, że pomagał NKWD czy coś takiego – ja go jednak raczej lubię, bo wydaje się żywy i popędliwy, a więc jednak na swój sposób autentyczny. Najbardziej nienawidzili go Kott i Ważyk, ale to już jakieś partyjne porachunki, których ja nigdy nie zrozumiem, boć przecież antysemitą nie był. „Małowierni" to bądź co bądź ciekawa i jakoś tam (mimo dawki ochronnej wazeliny) śmiała książka. Bóg z nim – choć prawdy o istotnych problemach naszej literatury i o sobie dał niewiele. [?]* – „prawda": towar rzadki i niespotykany. W każdym razie tak ustawił swój życiorys, że mówiąc słowami Miłosza, „jaka była w nim trucizna, najlepszy spec się już nie wyzna". Ale czytałem jednym tchem – i zrób mu dziecko!

Spotkałem panią Hulewiczową, tę bohaterkę okupacji, potem sekretarkę Mikołajczyka i wieloletnią więźniarkę UB, która wreszcie wyszła za Przymanowskiego i razem z nim pisze tę fałszerską budę „Czterech pancernych i psa". Kiedyś w Krakowie z lekka robiliśmy do siebie słodkie oczy, teraz też rozmawialiśmy serdecznie, choć o niczym – bezradny jestem wobec tego rodzaju metamorfoz, lecz pretensji nie mam – nie sposób od kogoś wciąż wymagać bohaterstwa za darmo, a Mikołajczyk postąpił z nią obrzydle, sam nawiał, a ją zostawił na pastwę Różańskiego.

Partia nasza nadal wyniszcza resztki wszelkiej ideowości wśród młodzieży – młodego K. [Jakuba Karpińskiego] wylano z asystentury, a jego brata [Marka Karpińskiego], który zdał na uniwersytet, skreślono z listy. A jednak te komuchy panicznie się boją odrodzenia jakiejkolwiek opozycji i tłamszą wszystko na wszelki wypadek, choć mają przecież wojsko, milicję, UB, Ruskich, co kto chce. Przezorni ludzie i konsekwentni.

Ta śpiewaczka od „protest-songów", Joan Baez, występowała na angielskiej wyspie Wright, gdzie przyjechało 600 tysięcy hipisów. Okropnie się podniecili i wywołali burzliwe rozruchy. Niewiele im potrzeba, tej zachodniej młodzieży – niechby tak u nas spróbowali. Ale te zapatrzone w swój zachodni pępek bałwany nic a nic nie rozumieją – istna rozpacz.

Gorąco, duszno, wczoraj nawaliło mi serce. Dziś 31. rocznica wybuchu wojny – wierzyć się nie chce, że to tak długo, a my wciąż żyjemy w cieniu tej sprawy, która przeorała polskie życie w sposób nieodwołalny. To jest historia – podobno nie należy się na nią obrażać, tak przynajmniej wmawiają nam ubóstwiający ją marksiści. A co będzie, gdy z kolei dla nich okaże się ona niełaskawa? To coś jak z porywaniem samolotów: póki porywano „imperialistom", wszystko było cacy, za to teraz gwałt, krzyk, rwetes. Rozbrajające bywają te komuchy.

Lidia dalej czeka na paszport. Wściekłość mnie porywa na naszą głupotę, żeśmy tak wcześnie wrócili z Witowa. Liczyć na do-

---

* Tekst nieczytelny

brodziejstwo komuchów to jak na kierunek wiatru. Pies ich drapał tam i z powrotem (ale bez żadnej przyjemności).

Aha, Pucio przyznaje się jeszcze, że nie wierzył w wybuch wojny sowiecko-niemieckiej w 1941. To mu ujmy nie przynosi – Stalin też nie wierzył...

5 września

Imieniny moje w tym roku przebiegły tłocznie, zbiegło się niemało ludzi, w tym spory procent mniejszości narodowej i seksualnej. „Znowu jest na ciebie moda" – powiedział Andrzej M., na co B. zareplikował, że na niektórych była moda nieustająca. Sporo się wypiło, choć praca z tłumem gości (około dwudziestu osób) była ciężka. Stacha Stommy nie było, tylko Ela, która wyglądała ślicznie.

Stacha za to widziałem dzisiaj, ponieważ, jak mówił, chciał „zasięgnąć mojej rady". Rzeczywiście umyślił sobie rzecz nader dziwną. Otóż w partii naszej nadal panuje konsternacja na temat zawarcia przez Rosję paktu z NRF-em bez oglądania się na nas i raczej bez porozumienia z nami – komuchy nasze poczuły się dotknięte w swej suwerenności, mają kaca i ochłodły pono w swych afektach do Wielkiego Brata. Wobec tego Stach wpadł na genialny pomysł i napisał do „Tygodnika" artykuł wiernosojuszniczy wobec Rosji. Miał to być manewr, aby przekonać Rosjan, że niemarksistowska, katolicka część (większość?) naszego społeczeństwa nie jest antyrosyjska, co ma skłonić Moskalików do traktowania nas liberalnie. Na szczęście redakcja artykuł wstrzymała, bojąc się partii (o społeczeństwie zdaje się mniej myśleli). Wyśmiałem Stacha do reszty, czego zresztą zdaje się oczekiwał. Byłby to przecież istny krok w próżnię, nikt za niego nie zapłaci, bo Moskalom to przejdzie mimo ucha, a Gomułka z zasady nic nie płaci i nie ma zamiaru w niczym ustępować społeczeństwu, uważając, że nos jest dla tabakiery, nie odwrotnie. Ciekawe swoją drogą, skąd on ma to zakorzenione poczucie, że jego władza pochodzi od Boga? Może jest potomkiem jakiejś starej dynastii?!

À propos tabakiery i nosa, przyszły mi refleksje po przeczytaniu artykułu, w którym ktoś utyskuje, że wielka (i droga) restauracja „Złota Kaczka" „przynosi państwu deficyt". Czytamy codziennie tego rodzaju zdania i w końcu przestaje nas już uderzać tkwiący w nich podstawowy absurd. Toć jeśli państwo w tym ustroju uparło się zarządzać wszystkim i dostarczać wszystkim środki utrzymania (nikt zresztą o to nie prosił, państwo samo tak postanowiło), to płacenie pensji pięćdziesięciu czy stu pracownikom „Złotej Kaczki" nie jest żadnym deficytowym gestem łaski, lecz obowiązkiem tegoż państwa – nie z łaski przecież pozwala się ludziom żyć (i kraść – ale to inna już sprawa). „Złota Kaczka" istnieje więc nie po to, aby państwo na niej zarobiło, ale po to, by dać pracownikom utrzymanie a klientom ułatwić „konsumpcję". Jeśli państwu cały ten trud nie dogadza czy też się nie opłaca, niechże zrezygnuje ze swego monopolu i odda „Złotą Kaczkę" prywatnym ludziom – im się to na pewno bardziej opłaci. Ale gadaj tu do lampy, czyli do pana Karola Marksa (wariata z brodą) i jego niezbyt zresztą prawych następców.

Podobnie jak z tym „deficytem" ma się sprawa z całą masą innych słów, które przełykamy gładko, przyzwyczajeni do ich dawnego znaczenia, tymczasem dzisiaj znaczą one zupełnie co innego. W ogóle zmiana znaczenia słów to jeden z niezwykle ważnych elementów dzisiejszego życia publiczno-politycznego w świecie. W „Le Monde" czytałem bardzo ciekawy artykuł jakiegoś działacza żydowskiego, który, omawiając zebranie Żydów, członków Komunistycznej Partii Francji, gdzie próbowano wyjaśnić dzisiejszy stosunek komunistów do kwestii żydowskiej (trudny orzech!) zwraca właśnie uwagę, że szereg słów, jakimi tam szermowano, straciło dzisiaj swą tradycyjną treść. Nie wiadomo już dobrze, gdzie jest lewica, a gdzie prawica (czy np. liberalizm jest prawicowy czy lewicowy?), nie bardzo dobrze wiadomo, co to jest imperializm i czyj on właściwie jest (np. reżim grecki oraz frankistowska Hiszpania w konflikcie bliskowschodnim stoją po stronie Arabów), nie wiadomo, co to jest socjalizm, wolność, faszyzm, patriotyzm, reakcyjność, postępowość etc. Tradycyjne znaczenie tych słów się wykruszyło, nowych, jednoznacznych treści nie ustalono, toteż przeróżni żonglerzy wyzyskują tę wieloznaczność dla celów agitacyjnych, siejąc na świecie „pomieszanie z poplątaniem", którego nikt nie rozwikła. Tak, nikt, zwłaszcza nie ja, który siedzę z zatkniętą gębą w kraju, gdzie wszyscy mają zatknięte gęby; w dodatku dziewiąty rok nie wyjeżdżając za granicę, tracę też wszelkie miary porównawcze, boć każda sprawa z innego punktu widzenia wygląda inaczej. Pomieszanie słów i ich treści, stare terminy, próbujące ująć nowe sprawy – toż bezradnie zagubić się można w tym gąszczu, a ja tu jeszcze uczę się angielskiego, jakby dobrowolnie chcąc sobie zwiększyć w głowie chaos!

Tak to wszystko dziwacznie wygląda – w dziwactwie, a raczej w jego świadomości traci się prostotę celów i dążeń – nie wiadomo, co robić. Może to zresztą wynikać z faktu, że właściwie nie mam co robić, mogę tylko myśleć, myśleć coraz dotkliwiej i coraz bardziej skomplikowanie (choć zapisać tych komplikacji mi się nie udaje, podobnie jak nie da się oddać słowami tego, co przeżywa się po alkoholu). Pod względem prostoty, a więc i zdecydowania góruje nade mną Stach Stomma. Ma on chyba ściśle wytyczone to, co chce i może robić, wybrał sobie nieliczne aksjomaty, między którymi obraca się jego myśl, wszystko, co pisze i o czym mówi. To w rezultacie człowiek czynu (choćby czasem zabawnego lub nieudanego), ja za to z czynem zerwałem, nie całkiem zresztą dobrowolnie, a nie mam przecież wyłącznego temperamentu myśliciela i twórcy. Stąd pewno niedosyt i nadmiar krytycyzmu – choć ten stan ma też swoje korzyści. Aby tylko móc go uwiecznić, i to nie tylko w tych notatkach! Wtedy i tylko wtedy życie nie będzie marnowane. Trzeba więc szukać straconego czasu, choć przychodzi to coraz trudniej. Tylko Waldorff twierdzi, że „stare pryki nie rdzewieją".

6 września

Zaopatrzenie w mięso bardzo słabe, przed sklepami stoją długie ogony – dlaczego, nikt nie wie – tylko „Wolna Europa" próbuje rzecz wytłumaczyć, powołując się na dane dotyczące hodowli, a zaczerpnięte z naszego własnego rocznika statystycznego. À propos „Wolnej Europy", to prasa nasza po traktacie ZSRR – NRF ciągle „dziwi się", że Niemcy nie zabraniają funkcjonowania tej rozgłośni na swoim terenie. Jest to pierwsza próba (albo i nie pierwsza) wywierania nacisku na zachodnią Europę – liczy się, że kraje Zachodu ustępować będą życzeniom nowego hegemona, Rosji. Może i będą, na razie „Wolna Europa" jeszcze się trzyma, co i chwała Bogu, bo to jedyna osłoda w otaczającej nas drętwej nudzie i braku jakiejkolwiek informacji czy w ogóle alternatywnego poglądu. Ciekawym, czy to społeczeństwo długo znosić będzie biernie ów nieustający zalew sowiecką z pochodzenia (choć po polsku wykonaną) tandetą i nudą. Inna rzecz, że to już całkiem odmienne, „awansowane" społeczeństwo. Wiejski chłopak, który od ciężkiej pracy, od pasania krów i wożenia gnoju poszedł do miasta, gdzie po ośmiu godzinach pracy w fabryce jest wolny, spaceruje z dziewczynami i ogląda telewizję, taki chłopak jest wdzięczny za awans, chciałby awansować dalej i ani mu w głowie niszczyć czy krytykować system, który go wyniósł do góry. Tak, chłopi miejscy nadają ton dzisiejszej Polsce, to jedyna, ale za to liczna warstwa quasi-zadowolona, nie mają oni żadnych porównań, nie widzą alternatywy, wszystko, co jest, uważają za normalne. Dla pobudzenia ich i zasiania w nich twórczych wątpliwości trudzi się bardzo pan Jan Nowak z „WE", człek pozytywny, miły, o psychice akowskiego harcerza. Trudzi się bardzo, czy zaś nie są to syzyfowe prace – któż to wie? Ale dla nas rozrywka jest – Lidia słucha ich całe wieczory z napięciem, spragniona z fal eteru ludzkiej, a nie komunistycznej mowy.

Zdumiewa mnie czasem bystrość krytyczna niektórych naszych reporterów, którzy niezwykle ostro potrafią dostrzec błędy i idiotyzmy naszej gospodarki, lecz ani im w głowie próbować wskazać na przyczyny tego stanu rzeczy – być może zresztą, że przyczyny te są im znane, lecz wskazać na nie nie mogą czy się boją. Przyczyna właściwie jest jedna: u s t r ó j. Ustrój plus polskie warunki, plus oportunistyczna i krótkowzroczna taktyka gospodarcza Gomułki. Oczywiście: ustrój to jest świętość nad świętościami i tknąć go nie wolno („dziewica nie tknięta nawet palcem"), pozostałe dwie rzeczy dałoby się zmienić, gdyby nie dyktatura tego niedouka i konserwatysty. Jakie środki zaradcze można by dziś zastosować, nie naruszając świętości ustroju? Wiadomo już powszechnie, że owe zmiany modelowe, skomplikowane i mętne, o które było tyle wrzasku, skończyły się fiaskiem – prasa i sam Gomułka już o nich milczą. Moim zdaniem środki zaradcze mogłyby być następujące: a) twardo zamknąć szereg zakładów produkcyjnych, nie bojąc się wstrząsów, bezrobocia etc., b) spróbować za to uaktywnić niemowę ekonomicznego, jakim jest społeczeństwo, przez jakiś nowy rodzaj NEP-u – pozwolić wreszcie ludziom nieco produkować, c) uruchomić jakiś nowy sposób zarabiania przez państwo dewiz, sposób niekonwencjonalny, może przez sezonową emigrację zarobkową (nie wstydzą się tego Włosi, Hiszpanie, Jugosłowianie), może przez gwałtowne rozbudowanie turystyki – w tej dziedzinie jesteśmy wśród krajów naszej strefy na ostatnim miejscu), d) rzeczywista, eksploatacyjna współpraca z kapitałem inwestycyjnym zagranicznym, zaproszenie tutaj obcych firm i inżynierów, co ukróci naszą dyletancką „suwerenność" gospodarczą: mamy wszakże zdolnych techników, brak nam ekonomistów i organizatorów produkcji.

Oczywiście, na takie reformy trzeba mieć trochę samokrytyki, odwagi i polotu, czego konserwatywni gomułkowcy nie mają ani śladu: rozgromili po dwu latach bredni swych moczarowskich antagonistów i spoczęli na jajach, dumni i zachwyceni sobą – a tu kryzys i plajta. Zaś „rewizjonistów" rozgromili przedtem „partyzanci", przy walnej pomocy Giedroycia i „Wolnej Europy", która ich skompromitowała chwaląc. W rezultacie beznadziejna niemożność, może dlatego, że zbyt duży to jednak kraj, aby nim rządzić dojutrkowo, co się udało, na przykład, Kádárowi na Węgrzech. A więc – niemożność, bzdura, beznadzieja.

Pisząc o niejednokrotnej bystrości krytyki prasowej miałem na myśli m.in. miażdżący reportaż Aleksandra Rowińskiego (zdolny to dziennikarz, choć kurwa) w „Życiu Literackim" na temat naszego przemysłu tekstylno-odzieżowego. Przemysł ten produkuje olbrzymimi seriami ubrania, których nikt nie kupuje, a tego, co ludzie szukają, nie ma w sklepach ani śladu. Wobec tego „modny Polak" urządza się jakoś bokiem, bądź przywożąc zagraniczne ciuchy, bądź też szyjąc coś prywatnie, nie sprzedany zaś towar zalegający magazyny dochodzi w niektórych latach do 30 procent produkcji (!!). Rowiński daje przykład domu mody „Cora", który pracuje na dwóch frontach: dla eksportu i dla kraju. Eksportuje świetne płaszcze do Anglii i NRF (!), bardzo poszukiwane, ale w małych seriach – 600, tysiąc, maksimum 2 tysiące sztuk, bo zagranicznemu kontrahentowi ani się śni zamawiać więcej jednakowych ubiorów. Natomiast dla kraju robi się wielkie serie po 10 tysięcy lub 20 tysięcy sztuk i wszystko leży w magazynach, bo tymczasem moda się zmieniła. Przykład, który w klasyczny sposób pokazuje wyższość zdecentralizowanej, rynkowej gospodarki zachodniej nad naszą „centralną", gdzie naturalne i w istocie nader demokratyczne bodźce podaży i popytu zastąpione są przez tysiące odgórnych zarządzeń, nie będących naturalnie w stanie uregulować żadnej sprawy produkcyjnej. Ale pan Rowiński, rzecz prosta, takiego wniosku wyciągnąć nie może: on musi leczyć objawy choroby, nie jej przyczyny. Byłoby to komiczne, gdyby nie tak strasznie głupie i upokarzające, że ludzie muszą się kręcić jak zwariowane mrówki, aby rozwiązywać kwadraturę koła w narzuconym sobie systemie. Stomma sądzi, że w miarę „otwarcia na Zachód" dysproporcje między dwoma systemami gospodarki staną się tak jaskrawe i widoczne, że będzie to musiało doprowadzić do jakichś reform. Nie jestem takim optymistą, wierzę w nieskończoną potęgę bierności i głupoty.

A tu spotkałem panią docent Z., Żydówkę, która w 1968 dostała mocno po dupie, a która powiedziała mi, że jest nadal marksistką, bo marksizm to jedyna „naukowa analiza społeczna". O idiotka – niczego się nie nauczyła! Gdy jej mówię, że praktyka nasza dowodnie wykazuje plajtę marksizmu, ona powiada, że to nic: idea dobra, tylko wykonanie złe. Ileż ja razy słyszałem tę groźną bzdurę, śpiewkę wszystkich rewizjonistów, wszystkich „zniewolonych umysłów", którzy nie mogą żyć bez sztucznej podpórki umysłowej, jaką jest dla nich marksizm, tak jak dla innych freudyzm. Rzecz w tym, że „nauki" humanistyczne (z ekonomią społeczną włącznie) nie są naukami sprawdzalnymi jak fizyka czy chemia, lecz zbiorami hipotez i diagnoz. Hipotezy te przy stosowaniu ich w praktyce napotykają setki współczynników niewymiernych, co w końcu sprawia, że praktyka ma się do teorii jak pięść do nosa. Reakcję chemiczną czy działanie maszyny da się przewidzieć, natomiast skutków społecznego zastosowania takiej czy innej doktryny – nie, bo wchodzi tu w grę tysiąc nieobliczalnych czynników, jak człowiek, miejsce, czas, warunki, nawet pogoda. Tego zachwycony sobą idealista Marks nie przewidział, ale pora już, żeby tzw. marksiści po pięćdziesięciu latach bzdur czegoś się nauczyli. Zwłaszcza że obok niby naukowej, nieaktualnej dziś już zresztą, analizy ekonomicznej Marks fabrykował wyssane z palca sentymentalne fetysze i mity, słowa–maczugi intelektualne, takie jak „klasa", „solidarność klasowa", „proletariat przodującą klasą" (dlaczego?!), „dyktatura proletariatu" etc. To już na pewno nie są żadne naukowe pewniki, lecz „prometejskie" zapędy polityka i rewolucjonisty *in spe*, miłośnika ludu spod zakichanej gwiazdy. I pomyśleć, że to opium duchowe nadal działa na różne idiotki. Dlatego to w Marcu 1968 młodzież studencka wykazała tak żenujący brak konkretnych haseł: prowadzili ich ludzie nadal zaczadzeni marksizmem, stąd powtarzanie tych samych „socjalistycznych" bełkotów. Naprawdę na owych wciąż marksizujących Semitów jedna jest tylko rada czy odtrutka: zdrowo nacjonalistyczna i prężna postawa państwa Izrael. Ten Dawidek nie daje się dwóm Goliatom w imię normalnej narodowej racji. Brawo – uczcie się u swych braci, wy niedobitki marksistowskich rabinów we wschodniej Europie!

À propos jeszcze reform ekonomicznych, jakie powyżej proponowałem, to jasne jest, że potrzeba na nie z początku, dla ich zamortyzowania, zastrzyku dewiz. Ale kto je da bankrutowi? NRF już nie da. Gomułka myślał, że targując się o formułę uznania granic, wyciągnie od szkopów jakąś forsę za ustępstwa. Tymczasem targi są już bezprzedmiotowe, bo formułę ustalono w Moskwie i teraz Niemcy mają lepszą pozycję przetargową, będą więc żądać za zaaplikowanie i nam uświęconej moskiewskiej formuły takich rzeczy, jak prawo do emigracji ludzi ze Śląska, dalszego „łączenia rodzin" itd., a o forsie wiele już mówić się nie będzie. Oj, wykiwali Ruscy pana Gomułkę, Henio ma rację, że nigdy się nie dowiemy, jak bardzo wykiwali! „A cierpliwa publika łyka i łyka!"

Kawał: W Australii rekin zjadł premiera. A u nas? U nas tylko dorsze i dorsze!

Lidia dalej nie ma paszportu, a Wacek ma dziś dzwonić. Zdaje się, że nie tylko pan Gomułka został wykiwany... J... pies kanarka, kanarek niedźwiedzia, niedźwiedź salamandrę, salamandra śledzia...

13 września

Bardzo był burzliwy i irytujący tydzień, bo Lidia nie dostała paszportu, co mnie okropnie ubodło (aż dziwne, że na cokolwiek jeszcze ze strony komuchów liczyłem – oni po prostu blokują mnie i czekają, aż duchowo zgniję – tak właśnie, jak było niegdyś w filmie „Pepe le Moko" z Jeanem Gabinem). Odpowiedzi odmownej z milicji, mimo przeminięcia urzędowego terminu, wcale nie ma, Stach rozmawiał za to z niejakim pułkownikiem M. [Stanisławem Morawskim], który jest w MSW od spraw katolickich. Powiedział on rzekomo, że sprawę odraczają – Stach wyczuł, że jakoby decyzja nie pochodziła od nich, co potwierdziło się następnego dnia w rozmowie z nieocenionym Kliszką (polski Numer Drugi – ha!), Stach oczywiście polazł do niego w swoich sprawach, jako że wyjeżdża do Włoch. Klisio powiedział, że Lidia nie ma po co jechać, a na mój temat nadmienił łaskawie, żebym się „uaktywniał muzycznie", bo o pisaniu politycznym mowy nie ma. W powiedzeniach tych roi się aż od bzdur, bo po pierwsze o żadnym pisaniu „politycznym" przy tej cenzurze od lat już nie ma mowy (boć nie jest dla mnie polityką gęganie za komuchami jak za panią matką), jak zaś tu „uaktywniać się muzycznie", skoro cenzura nie puszcza moich muzycznych wypocin ani w „Tygodniku", ani jak na razie w Filharmonii. Słowem lipa, bujda, pic i nawalanka. Żałuję w ogóle, że Stach łaził do tego maniaka i dał mu przez to okazję do załatwienia mnie odmownie. Wściekłem się bezsilnie, bo od tylu miesięcy układamy życie pod kątem wyjazdu

Lidii, zawracamy głowę Wackowi, skracamy wakacje etc., a UB doskonale to wie, podsłuchując wszelkie rozmowy i czytając listy, i zapewne śmieje się w kułak z naszej naiwności. Wściekłem się, napiłem wódy i zadzwoniłem do J., wygadując przez telefon ile wlezie, aby podsłuch słyszał. Mizerna to satysfakcja, ale zawsze.

To, co Zenon mówi, abym nie pisał o polityce, łączy się zapewne w jego dziwnym mózgu ze sprawą owego mojego niedoszłego (bo nie wydrukowanego) artykułu, który onże Zenon uznał wtedy za „moczarowski". Bo podobno z Moczarem jest teraz bardzo źle – widziałem go zresztą na ulicy, wygląda okropnie, postarzały i wściekły. Chyba teraz dopiero Gomułka wziął się do niego na serio, w Kielcach, gdzie jest „partyzancka" baza, wylano z UB sto siedemdziesiąt ludzi „Miecia" itd. Ano Wiesio obecnie pewno odzyskuje pełnię władzy i wobec tego postanowił wykończyć Moczara, choć „Wolna Europa" doradzała mu to zaraz po wypadkach marcowych. Ale nie taki on znów bystry, aby od razu słuchać cudzych rad, i to „wrogich" – musi się sam przekonać. Zresztą wtedy nie miał pewno jeszcze dostatecznej siły, dopiero sprawa czeska tak go wzmocniła wobec partii (bo stał się arcypewnym „człowiekiem Moskwy"), że może sobie pozwolić na stopniową czystkę. Zresztą i tak nie uda mu się wyrugować „partyzantów" zewsząd, co zyskali, to zyskali, utają się i przeczekają jak warszawski sekretarz Kępa. W gruncie rzeczy dalsze postępy „partyzantów" w partii wydają mi się nieuniknione. Komunizm to ludowy faszyzm, co zresztą bardzo dobrze się zgadza z chłopskim czy „chłopo-robotniczym" charakterem dzisiejszego naszego społeczeństwa – hasła moczarowców dosyć do tego chłopstwa pasują, znacznie bardziej niż hasła „internacjonalistów" z żydowskimi żonami. Toteż Gomułka tak czy owak jest skazany, z czego zresztą nie ma się co cieszyć, jako że o obydwu walczących skrzydłach partii powiedziałbym to, co powiedział Heine o lewicy i prawicy: *die beiden stincken* – obaj śmierdzą.

Dwa skrzydła w partii, bo trzeciego „rewizjonistycznego" już nie ma: wykończyło ich wyjście na ulicę w Marcu 1968, wykończyła ich sprawa żydowska, a także „pomoc" Giedroycia i „Wolnej Europy". Stary Książę zresztą wcale o tym nie wie, lecz dalej lansuje w „Kulturze" kurs rewizjonistyczny (nr IX), baja o zwycięstwie „prawdziwego socjalizmu" czy „socjalizmu z ludzką twarzą", roi o „robotnikach i studentach", którzy poprowadzą „ruch" do zwycięstwa, ignoruje przy tym zupełnie właśnie ów predominujący teraz w Polsce Ludowej element chłopski, dobrze ustawiony materialnie, lekceważący wszelkie idee poza co najwyżej prymitywnie pojętym nacjonalizmem. Tylko ten element może realizować fermenty w partii, ale to są fermenty, które Giedroycia ani nie ciekawią, ani nie podniecają (nie dziwię się), woli słuchać marzeń swoich rewizjonistycznych Żydów o „prawdziwym socjalizmie". Tymczasem prawdziwa jest tylko rzeczywistość, a jeśli nie zgadza się ona z naszymi marzeniami, to raczej chyba nie jej wina. Świat jest bezlitosny, przekonałem się o tym jeszcze raz na sprawie paszportu Lidii, ale moje wyobcowanie i emigracja wewnętrzna są niczym wobec tego, co przeżywa stary Giedroyc w Paryżu – cóż dziwnego, że tworzy sobie pomocnicze złudy i marzenia pozwalające mu żyć i pracować. Takich złud dostarcza mu ostatnio wydana książka Amalrica „Czy Związek Sowiecki przetrwa do roku 1984?" Autor przepowiada nieuchronny upadek Rosji, choć wcale tego nie próbuje udowodnić. Trzeba mu wierzyć na słowo honoru – podobnie jak Giedroyciowym Żydom.

A z prawdziwymi Żydami, czyli z Izraelem, dzieją się niesamowite hece i historie. Najpierw Izraelczycy przerwali rozmowy z Jarringiem, oskarżając Egipt o naruszenie rozejmu, potem wszystko zeszło na drugi plan wobec porwania przez skrajny arabski Front Wyzwolenia Palestyny szeregu samolotów zachodnich, domagania się za ogromną liczbę pasażerów wydania arabskich jeńców, wobec wysadzenia dynamitem na lotnisku w Kairze olbrzymiego samolotu amerykańskiego „Jumbo" etc. W rezultacie świat arabski został skłócony, bo szereg państw i organizacji wyparło się tych terrorystycznych działań – a o to zapewne szło i Żydom, zacierającym pewno po cichu ręce, że rozmowy przerwano, i to nie z ich winy. Bo w gruncie rzeczy zarówno Izrael, jak i ekstremiści arabscy pospołu boją się rozmów, choć każde z innego powodu. Żydzi boją się, że będą się musieli znów skurczyć do granic sprzed 1967, Arabowie palestyńscy boją się, że zawarte porozumienie mocarstw przekreśli raz na zawsze ich aspiracje do własnego państwa (całkiem zresztą nierealne). Ciekawa sytuacja i licho wie, co z niej wyniknie – osobiście podziwiam młody izraelski nacjonalizm, który ani myśli pogodzić się z dyktatem wielkich mocarstw. Brawo – żebyśmy tak my mogli byli zrobić po Jałcie, ale cóż – zupełnie inne, tragicznie nie sprzyjające były warunki, zupełnie inny stosunek świata do Polaków niż dziś do Żydów. I wyglądamy jak kot w kalesonach – zresztą nie my jedni! Ale Żydzi nie chcą, chcą raz być u siebie – i mają rację! Ciekawe, jak to się rozwinie!

U nas podobno wykryto jakiś spisek i aresztowano sporo osób, zbliżonych do sfer katolickich (Gołębiowski, Czuma). Może to jakaś prowokacja związana z likwidacją wpływów Moczara? Nic pewnego nie wiadomo, bo prasa oczywiście milczy, a „Wolna Europa" też wie niewiele. W ogóle siedzi człowiek jak w saku, nic nie wie, poza tym że brak mięsa (ale wódka jest!). Nie wiem, co będzie z tym Wackiem, skoro Lidia nie pojedzie. A niech to wszyscy diabli! Znowu smutek, kac, uczucie bezsilności i niepotrzebności. Nieoryginalne to – tym bardziej przykre.

16 września

Jesień w tym roku bardzo jest terminowa i akuratna, choć wiosna była spóźniona i należałoby się nam trochę odszkodowania. Dziś zresztą pogoda cudna, „babie lato", słońce zamglone, ale bardzo ciepło, drzewa już po trochu kolorowe. Byłem pół dnia pod Warszawą, bo prowadzę pewne studia do „dzieła" – ma się jednak ten upór maniaka – w końcu co innego człowiekowi pozostaje? Ale pracuję mało intensywnie, wciąż jakieś „dystrakcje" – na przykład w niedzielę byłem na meczu lekkoatletycznym z Anglią – bardzo ładne zawody, wygraliśmy „w cuglach", choć mniej się cieszę od czasu, jak mi Staś D. [Dygat] powiedział, że u nas sportem rządzi policja, która decyduje, kto ma wyjechać za granicę i zarabiać na przemycie, a kto nie. Ostatnio za przemyt spirytusu do Szwecji zdyskwalifikowano trzech zawodników, wśród nich miotacza kulą Komara, który jest... zięciem Spychalskiego. A to heca!

Zbliża się znów festiwal „Warszawska Jesień" – muszę na nią pochodzić, choćby dlatego, że zaproszono mnie do jury festiwalowej nagrody „Orfeusz" (pewno w ramach owego kliszkowskiego „uaktywniania się" muzycznego). Ale wybieram się na te koncerty bez entuzjazmu. Byłem teraz na kilku pokazach awangardy, słyszałem typowe utwory takich kompozytorów, jak Schäffer, Górecki, Kotoński, Krauze, Dobrowolski, Rudziński etc. Słuchałem nawet z zainteresowaniem, dużo zabawnych pomysłów, na przykład z muzyką „audiowizualną" u Schäffera. Ale sumaryczne wrażenie jest płytkie, naskórkowe – może u jednego Góreckiego jest coś więcej poza poszukiwaniem nowych brzmień i unikaniem wszelkich dawnych konwencji – on się nie boi prostoty, w utworze „Musiquette 4" dał jakiś potężny „chłopski Sąd Ostateczny" – potężny, choć grany na czterech instrumentach (hałas solowy jest, okazuje się, znacznie bardziej przenikliwy niż dawny hałas symfoniczny). Rozbijają więc konwencję i rozumiem ich – jeden Serocki się wyłamał, bo dał utwór rytmiczny, po staremu temperamentny (*swinging music*), a tu nic nie może być po staremu. Rozumiem więc ich, ale wrażeniowo osiągają niewiele, bo dają obraz dźwiękowy jakby plakatowy, jednopłaszczyznowy. Jednocześnie jednak, rozumiejąc to, co oni robią, nie sposób już komponować po staremu – to są dwa światy wykluczające się wzajem. Chyba że awangarda zniknie: Schäffer powiedział żartobliwie, że skoro muzyka dąży do zniszczenia, to trzeba zniszczyć ją jak najprędzej, aby móc zacząć od nowa. Hm. Podobno Rosja ma już wcale potężną awangardę, tyle że tępacy w rodzaju Chrennikowa nie chcą ich puszczać na „Warszawską Jesień", nie mówiąc już o Zachodzie. Hm. Może i lepiej, bo zrobiliby w świecie furorę i o Polsce nikt by już wtedy w ogóle nie wspomniał. Podzielone mam więc uczucia: niby sprzyjam awangardzie, a jednocześnie widzę (słyszę), że usuwa mi ona grunt spod nóg. Bo niby jak pisać? Po staremu?! Nie ma człowiek odwagi i żałuje czasu, choć teoretycznie go niby nie brak. Chciałem, na przykład, pisać kwartet, ale czy się na to zdecyduję wobec dziwów, jakie tu wyprawiają z instrumentami smyczkowymi? Bo albo pisać nowocześnie, albo całkiem staro – mistyfikować w środku jak Baird nie potrafię. Pocieszam się, że nie jestem jedynym, któremu awangarda odebrała pracę. Na imię mam legion!

19–21 września

Widać jestem już okropnie stary, bo pamiętam rzeczy, których nikt nie pamięta, co gorsza takie, na których mało komu zależy. Na przykład wczoraj Perzanowski mówił w „Wolnej Europie" o Sokorskim i jego błyskawicznej orientacji w partyjnych koniunkturach, pociągającej za sobą równie błyskawiczne zmiany poglądów. Prawda, bo „prezes" to rzeczywiście genialny kameleon, ale ów Perzanowski, choć nie tak dawno przybył z kraju, to jednak pokręcił wszystko, zrobił przy tym z Sokorszczaka ministra oświaty, którym nigdy nie był. Ja bym o Sokorskim opowiedział z detalami i od początku. Jak był w Rosji zastępcą Berlinga do spraw „polityczno-wychowawczych", jak go potem wyrzucili i zdegradowali, jak po wojnie wspinał się na nowo od sekretarza CRZZ-u, przez wiceministra kultury do ministra, jak inteligentnie bredził o socrealizmie w muzyce (inteligentnie, bo to sztuka mówić o czymś, co nie istnieje i na czym człowiek się zupełnie nie zna, a on bredził gładko jak z nut), jak po 1956 roku równie gładko potępił sam siebie (m.in. pokajał się za wylanie mnie z krakowskiej Wyższej Szkoły Muzycznej w roku 1949 – stało się to – wylanie – po głośnej awanturze na zjeździe młodzieży artystycznej w Poznaniu), jak potem przeszedł do Radia i Telewizji, był wielkim liberałem, aby później znów, w razie potrzeby „stalinizować". To ja mógłbym o tym mnóstwo opowiedzieć, „WE" dała tylko słaby odblask tej malowniczej postaci („Łgarze pod Złotą Kotwicą" – ten tytuł z Szaniawskiego zawsze mi się przypomina, gdy myślę o naszym Włodziu). Zresztą nie jest to człowiek najgorszy – ma swój snobizm, cenną rzecz dla kultury, swój wdzięk, swoją inteligencję – jak na naszą sztywną partyjną nudę postać to wcale malownicza, na tym tle popadł nawet w konflikty z Gomułką, który zgromił go, na przykład, za pokazywanie fotografii nagich dziewczynek, wśród nich... własnej żony (a miał ich parę).

Albo inna ciekawa postać: Włodzimierz (również) Lechowicz, którego spotkałem parę dni temu. Podczas okupacji działał w kontrwywiadzie AK, po wojnie złożył głośne oświadczenie, że uznaje nowe władze, i jako członek SD został ministrem. Ale trwało to niedługo: oskarżony o przedwojenną pracę w „dwójce" i o szpiegostwo na rzecz Zachodu, został aresztowany, pobity i skazany na wiele lat więzienia. Po powrocie Gomułki został z kolei zrehabilitowany, przy czym w sentencji rehabilitacyjnej wzmiankowano, że oskarżenie o współpracę z przedwojenną „dwójką" (wywiadem wewnętrznym) jest niesłuszne, bo pracował w niej na zlecenie polskich komunistów – takiej sentencji nikt dotąd nie otrzymał. Z kolei mianowano go znów ministrem (przewodniczącym Komitetu Drobnej Wytwórczości), a teraz, po latach, ma zostać ambasadorem w Holandii. Tajemnicza postać, a co sobie myśli – któż to wie: na zewnątrz facet energiczny, kipiący życiem, roześmiany, o przeszłości nigdy nie mówi. Warto by takie postacie ocalić od zapomnienia, bo przecież w tej niebywałej komunistycznej drętwocie nie wolno o niczym mówić, a już młodzież ma o takich sprawach pojęcie jak o żelaznym wilku.

Rozpoczął się festiwal „Warszawska Jesień" – przede mną tydzień emocji – wątpliwych. Chociaż pierwszy koncert był wcale dobry, zwłaszcza utwory „awangardowe". Bo zaczęło się Koncertem na orkiestrę Béli Bartóka, który wydał się rozpaczliwie stary i naszpikowany reminiscencjami z Borodina (!) i innych. Za to utwory awangardowe w drugiej części były wcale ładne. Krauzego „Utwór na orkiestrę nr 1" był to właściwie jeden cichy, mieniący się akord czy też „blok akordowy", trwający sześć minut. W przesadnym nieco komentarzu autor stwierdza, że chodziło mu o muzykę wypoczynkową, nieagresywną, której słuchanie można zacząć i przerwać w dowolnym momencie – rzeczywiście rzecz jest kojąca i dosyć przyjemna. Również [?]* Szalonka zaczyna się zabawnie i charakterystycznie baranimi dwudźwiękami instrumentów dętych drewnianych (jego ulubiony trick!), potem niestety pokazać chciał wszystko, co umie i wie, więc rzecz rozlazła się po kościach. Zupełnie ładny, wręcz pieszczotliwie estetyzujący był utwór Konstantego Regameya „4×5". Dołączone jest do niego skomplikowane tłumaczenie jego dwunastotonowej, serialnej konstrukcji, ale w odbiorze zupełnie tej całej mądrości nie słychać, utwór jest barwny i mieniący się niczym Ravel. Powiedziałem to nawet Regameyowi, który przyjechał ze Szwajcarii, a którego znam równe lat czterdzieści (swoją drogą, potwornie długo ludzie teraz żyją). To także jest niezwykły człowiek – do kolekcji. Syn Polki i Szwajcara, który miał szkołę muzyczną w Kijowie, Kocio studiował w Warszawie – jest nadzwyczajnym poliglotą, oprócz wszystkich języków europejskich zna sanskryt, chiński, japoński etc., do tego świetny pianista, kompozytor. Całą okupację spędził w Warszawie, choć szwajcarski obywatel, działał w konspiracji akowskiej. Po Powstaniu Niemcy wywieźli go wraz z żoną do obozu, potem już pojechał do Szwajcarii i jest profesorem języków wschodnich w Lozannie, a także prezesem szwajcarskich kompozytorów. Jego ojciec, który pozostał w Kijowie, został aresztowany po procesie Tuchaczewskiego (zarzucono mu, że jako kierownik muzyczny radia nadał po egzekucji Tuchaczewskiego i towarzyszy marsze żałobne), ślad po nim zaginął. Miał on z drugiej żony, Rosjanki, córkę, którą Regamey odszukał przed pięciu laty, będąc w Moskwie z koncertem jako akompaniator szwajcarskiej skrzypaczki (inaczej nie mógł dostać wizy). Siostra jego (przyrodnia) jest inżynierem, przekonanym członkiem

---

* Tekst nieczytelny.

partii – ciekawe to było spotkanie. Słowem niezwykłe to wszystko przygody, a Regamey człowiek szalenie zdolny i interesujący, do tego niezwykle skromny i ujmujący.

I jeszcze jeden ciekawy facet zjawił się na festiwalu, kompozytor polski Andrzej N. [Nikodemowicz], który pozostał we Lwowie, choć bracia jego wyjechali w 1945 i mieszkają w Krakowie. Nieszczęsny to człowiek, uczy w lwowskim konserwatorium, ale koledzy sowieccy zapewne w imię internacjonalizmu niszczą go ile wlezie, nie pozwalają grać jego kompozycji (jest dosyć nowoczesny), nie puszczają do Polski. Poznałem go osiem lat temu w Warszawie, od tego czasu posunął się okropnie, zgnębiony i nerwowy. Zrezygnował już z oczekiwania na placówce w „polskim Lwowie", chce się repatriować do Polski, ale to trudne i wymaga paru lat starań. Nieszczęsny człowiek. Ależ głupi ci Moskale! A na festiwal nie puścili swoich kompozytorów, choć grano niezły utwór Alfreda Sznittke, podobny w założeniach do nieruchomej muzyki Krauzego.

Wczoraj byłem na rowerze w Pruszkowie i Piastowie, trochę się zmęczyłem – pilnie śledzę postęp lat! Dziś dalej wprzęgam się w festiwal, choć właściwie wszystko już wiem o awangardzie.

23 września

Festiwal w pełni, teraz doszli do głosu młodzi zachodniacy, buntujący się przeciw formie i czysto dźwiękowym konstrukcjom, a propagujący buntowniczy gest, happening polityczny, do tego płyną różne wrzaski z głośników, jęki, ryki elektroniczne, a wszystko dedykowane, na przykład, Theodorakisowi. Dziś właśnie grała taka buntownicza studencka orkiestra z Amsterdamu, cóż za fryzury, cóż za brody, do tego arcykolorowe i arcyswobodne stroje, sztruksy, kobiety w kolorowych hajdawerach i długich butach, słowem szał. Czyż wróci kiedy moda na czerń fraków i smokingów, na skupione wsłuchiwanie się w abstrakcyjne budowle dźwiękowe? Wróci, na pewno kiedyś wróci, trzeba tylko poczekać lat trzydzieści!

Wściekam się swoją drogą na tę zachodnią „buntowniczą" młodzież. Trzydzieści parę lat temu, gdy przygotowywano największą rzeźnię w dziejach świata, wojnę, w której zginąć miało 40 milionów ludzi, żadnej takiej buntowniczej młodzieży nie było, była młodzież konformistyczna, dająca się nabierać Hitlerowi i Mussoliniemu ile wlezie. Dziś za to wyskoczyli jak filip z konopi, a za cel

ataków, za największego imperialistę i wroga wolności wybrali sobie... Nixona. Nic ich nie obchodzi historia i jej lekcje, pojęcia też nie mają o komunizmie, Rosji. Ruscy zresztą pilnie o to dbają, aby świat zachodni nie miał o nich pojęcia. Na przykład na warszawski festiwal Chrennikow nie puścił nikogo – jest resztka sowieckich utworów (bo większość pod przymusem wycofali), nie ma autorów. W „socjalistycznej" Warszawie komunizm reprezentują młodzi ludzie z Zachodu. To doprawdy komedia omyłek – któż i kiedy ją rozwikła?!
Jeden Tyrmand próbuje młodym te sprawy tłumaczyć, i to właśnie – w Ameryce. Opowiadano mi znów o nim, mówi on Amerykanom: – Ludzie, macie tu piękny, świetny kraj, dlaczego pozwalacie tym pseudolewicowym gówniarzom spotwarzać go i obrzydzać?! W łeb ich i spokój! Toteż „nowa lewica" go nienawidzi, podobnie jak i wiceprezydenta Spiro Agnewa. Udał nam się ten Leopold! Ale podobno Leszek Kołakowski też miał przykrości od młodzieży: oskarżyli go o zdradę socjalizmu, grozili pobiciem. Zachód zwariował do reszty!
Ale Wschód też – ostatnio Bliski Wschód. Jordania spłynęła krwią, Amman w gruzach, Araby leją się między sobą, aż trzeszczy. Andrzej mówi, że biją się między sobą na temat różnic w poglądzie na to, jak należy bić Żydów. A Żydzi zacierają ręce, bo świat zobaczył dowodnie, jak dalece Arabowie są niepoważni. Toć w imię humanizmu Anglosasi (nie tylko sami Amerykanie!) powinni tam wysłać wojska i zrobić porządek, ale boją się konfliktu z Rosją. Broń atomowa uczyniła wszelką międzynarodową interwencję (nawet interwencję na rzecz sprawiedliwości) całkiem niemożliwą. Na razie tylko papież śle listy do Wysokich Bijących się Stron. Nie wiem, czy to jest rola papieża wtrącać się (i to nadaremnie) w losy świata tego skażonego, ale ludzie świeccy, Nixony i inni, powinni coś zrobić. Tylko że istnienie wielkich supermocarstw trzęsących się przed bronią atomową odebrało historii sens, zniweczyło historię. Tyle że, jak się spodziewam, historia w końcu barierę atomową, czyli barierę atomowego strachu, przekroczy, a wtedy – będziemy wyglądali jak kot w kalesonach... Zresztą kto tego dożyje?!
Jestem zdezorientowany co do mojej sytuacji „politycznej". Rozmawiałem z Mieciem Tomaszewskim, dyrektorem PWM-u, mówi, że pewien gość z KC powiedział mu, że może mnie po trochu drukować. Co to znaczy po trochu, gdzie jest granica – oto właśnie pytanie. Na razie piszę artykuł dla „Forum Musicum" (duży),

potem dla „Ruchu Muzycznego" o festiwalu, a potem zobaczymy. Nie podniecam się zresztą nadmiernie pisaniem, wolę wsłuchiwać się w pomruki dochodzące z naszej kochanej partii. Podobno (nigdy nic się nie wie na pewno) wzrasta opozycja i wściekłość na Wiesia, bo sprawy gospodarcze zawalone, sprawy zagraniczne takoż (Niemcy), polityka personalna głupia, Zenuś rządzi się jak szara gęś, preferując i lansując głupców na wszelkie stanowiska. Może oni przed zjazdem partii wezmą się jednak w końcu za łby? Choć co z tego może wyniknąć – albo rządy prymitywnych pseudotechnokratów w rodzaju Gierka, albo ludowy faszyzm typu partyzanckiego. Nic mądrego i sympatycznego w każdym razie – z marzeniami trzeba się pożegnać... *Point de rêverie!*

28 września

Wreszcie skończyła się „Warszawska Jesień" – chodzić przez cały tydzień na dwa koncerty dziennie to jednak był trud prawdziwy – dla mózgu także, bo coraz to musiałem się w ten mózg pukać, zadając sobie pytanie, dlaczego ten lub ów kompozytor gwałtem wyrzeka się swego talentu i swej osobowości, aby tworzyć wymądrzony chaos i mnożyć utwory niepotrzebne. Brzmi to, jakby słowa wypowiedziane przez Rytla – tyle że on to mówił z okazji III Symfonii czy „Harnasiów" Szymanowskiego. Ale nie ma w tych sprawach automatyzmu, awangarda awangardzie nierówna, nie można powiedzieć, żeby zawsze tak się działo, iż dane pokolenie nie rozumie muzyki swoich czasów, zrozumieją ją ich synowie, którzy z kolei nie będą rozumieć muzyki swojej epoki, którą znowu... etc., etc. Są okresy, kiedy na pewno powiedzieć można, że dana gałąź sztuki wysycha i jałowieje. Tak jest dziś z muzyką, mimo ogromnego rozwoju środków technicznych (płyta, taśma, aparatura elektronowa itd.). A może nie mimo, tylko z powodu?

Na festiwalu masę znajomych, starzejących się twarzy – w jakże różny sposób one się starzeją! Moi dawni uczniowie na moich oczach stali się starszymi panami. A ja?! Człowiek nie jest w stanie sobie wyobrazić, że jego własna twarz też się zestarzała, nie docenia w ogóle faktu, że to wszystko dzieje się naprawdę, nieodwołalnie, jeden jedyny raz na całą wieczność. Ale w moim wieku już się widzi drugi brzeg – świadomość jego istnienia sprawia, iż człowiek nie jest już taki pewny siebie, milknie czasem, nie upiera się – wie, że powiew śmierci jest realny, że to już nie żadne żarty. Tak!

W Jordanii straszliwie krwawa łaźnia, którą Arabowie sprawili Arabom. Nawet Ruscy są wyraźnie (a oni przecież nic po sobie nie pokazują) zdetonowani, chcieliby bardzo, żeby Amerykanie interweniowali, wtedy mogliby pojechać po nich jak po łysym koniu, obwinić ich o wszystkie zbrodnie i podszczuwać przeciw nim Arabów. Ale Amerykanie tym razem nie są frajerami, nie chcą robić roboty dla kogoś i siedzą cicho, a rzeczy dzieją się same. Swoją drogą wielki to prezent losu dla Żydów, zwłaszcza teraz, w okresie zawieszenia broni. Arabowie skompromitowali się mocno – ciekawym, co będzie dalej. Okropnie mnie rozśmieszyło, że w ambasadzie polskiej w Ammanie Nencki, nasz telewizyjny chwalca Arabów, siedział tydzień w piwnicy, chroniąc się przed kulami i głodując. Chi, chi, chi!

Henio wieszczy, że „rozwiązanie jordańskie" nastąpi i u nas, to znaczy, że komuchy zaczną się prać o sukcesję po Gomułce, a my (?!) będziemy siedzieć w piwnicy, śmiejąc się z nich w kułak. Wszystko możliwe – podobno stary jest bardzo chory i myśli o swoim następcy. Kto to będzie? Chyba Gierek, może młodzi, Tejchma, Kociołek? Będzie to oczywiście dyktatura przejściowa, „ochabowszczyzna", jak powiedział ktoś. Przejściowa – do czego?! A swoją drogą Polska gomułkowska stała się zabitą deskami prowincją, tępą, drętwą, milczącą. Nawet w obozie socjalistycznym jesteśmy już drugorzędni – minęły czasy, gdy mówiono, że Polska to „najwygodniejszy barak w obozie socjalizmu".

Czytam książkę Irwinga „Accident" o śmierci generała Sikorskiego. Jest to de facto książka o... Katyniu, zawierająca mnóstwo ciekawych a nie znanych Polakom w kraju danych na temat reakcji Zachodu na Katyń. Anglię i Amerykę obleciał wtedy wielki strach, że wszczęcie przez Sikorskiego sprawy katyńskiej da Stalinowi pretekst do odwrócenia się od mocarstw zachodnich i zawarcia z Hitlerem drugiego pokoju brzeskiego. Mieli manię na tym punkcie, nie doceniali głupoty Hitlera ani rozumu Stalina. Tymczasem Gruzin szybko zwietrzył okazję do pozbycia się stosunków z Rządem Londyńskim i do przysposobiania do rządów „swoich" Polaków w Moskwie. Tyle że Sikorski miał u Anglików pewien mir. Z tego punktu widzenia jasne się staje, kto był zainteresowany w usunięciu Sikorskiego: 1) Rosjanie, 2) Anglicy dla usunięcia przeszkody w umizganiu się do Rosjan. Dla Niemców natomiast Sikorski był na wagę złota, bo stanowił element rozdźwięku między aliantami.

Znakomita książka. A nasze błazny („znawca" Olgierd Terlecki, dawny żołnierz Andersa, dziś załgany po uszy) cytują kawałki z tej książki nie pisząc w ogóle, o co w niej chodzi – słowo „Katyń" nie pada ani razu. Rzadkie dziwactwa zakłamania kwitną u nas – po prostu nie do wiary, choć ludzie traktują rzecz jako normę.

Zaczyna się dla mnie mała koniunktura muzyczna. Piszę artykuł do „Forum Musicum" („Do czego nam służy muzyka?"), o festiwalu do „Ruchu", mają mi nagrać archiwalnie parę rzeczy w Krakowie i Katowicach, wezmę też udział w zamkniętym konkursie na utwór do słów Broniewskiego. A to heca – znowu mam jeść państwowy chleb, ale na jak długo? Łaska pańska na pstrym koniu jeździ! A Lidia oficjalnie wciąż nie ma odpowiedzi z Biura Paszportowego! Wspaniały pokaz praworządności czy raczej leworządności. A ubecy wciąż łażą w kółko – głupcy!

2 października

Niesamowita historia: Lidia nagle d o s t a ł a p a s z p o r t i jedzie już za niecały tydzień!! Zupełnie niezwykłe! I zrozumże tu tych komuchów: najpierw odmowy rzekomo z najwyższych ust, po czym nagle zawiadomienie, że paszport jest. Nigdy nie zrozumiem tajników psychiki naszych władców. Na razie w domu wielki raban w związku z wyjazdem Lidii – ma się spotkać z Wackiem w Kolonii, powiało wielkim światem. A ja przekazałem już przez kogoś dosyć pesymistyczne wieści, teraz Wacek będzie miał chaos w głowie. Diabli nadali, już się przyzwyczaiłem, że Lidia nie pojedzie, a tu teraz trzeba wszystko przestawiać w głowie i w życiu. Ale dobrze – niech zobaczy tego Wacka, żeby się facet całkiem od Polski nie odbił!

A tu nagła śmierć Nassera – zupełnie pojąć nie można, co się właściwie na tym Bliskim Wschodzie dzieje. Myślałem, że raczej zabiją tego Husseina, który taką krwawą łaźnię wyprawił Palestyńczykom, tymczasem umarł Nasser – nagle na serce. On był w gruncie rzeczy dość umiarkowany i miał wielki autorytet – ciekawym, co będzie dalej, Ruscy pewno wściekli, bo już go sobie wychowali, a tu diabeł wie co. Pogrzeb był jakiś niesłychany, transmitowany przez wszystkie telewizje świata, w końcu wszyscy go pożałowali, bo się przemęczył, zdenerwował i wykończył (chyba że go ktoś rąbnął), a głupie Araby nie dadzą sobie bez niego rady. Żydzi w Izraelu też nie bardzo wiedzą, co o tym wszystkim sądzić – czy Nasser był wojowniczy czy umiarkowany. A swoją drogą Izrael ma szczęście: sprawa „planu Rogersa" i rozmów poszła w zapomnienie, rozejm na linii ognia trwa, a nowe ziemie jakoś przysychają do Izraela. Tylko Palestyńczycy będą skakać, inne kraje arabskie wydają się już zmęczone całą tą sprawą. A więc dzieją się w polityce cuda: mały kraj wodzi za nos kraje wielkie, a pan Bóg jakoś mu sprzyja. Należy się to Żydom choćby za wszystkie ich cierpienia, co prawda Arabowie nigdy tego nie pojmą. Tyle że Arabów jest sto milionów a Izraelczyków dwa i pół, więc krzyki o imperializmie nie bardzo tu przekonują. Tak.

Festiwal „Warszawska Jesień" już się skończył. Były jakieś draki z zespołem Krauzego, który urządzał happeningi, kazał publiczności wyć, stukać, wyczyniać różne hece, a publiczność jak barany wszystko to robiła, nie wykorzystując jednak okazji do okrzyków antypaństwowych (raz tylko ktoś zawołał, czy jest na sali cenzura). Gdy już wygłupiania było bardzo dużo, gospodarze chcieli przerwać występ, na co organizator całej hecy, Amerykanin Tilbury, uczeń Drzewieckiego, ryknął, że u nas jest faszyzm! Faszyzm to u nas, owszem, jest, ale ten głupi hipis nic z tego nie kapuje i myśli, że jest wielkim komunistą. W ogóle ten cały ruch „nowej lewicy" na Zachodzie to jakieś szczyty głupoty u młodych ludzi, którym się za dobrze powodzi i którzy nigdy w życiu nie zrozumieją, jak przegłupi jest komunizm, który nami rządzi. Ostatnio, na przykład, „Kurier Polski" podał, że umarł jakiś polski lekarz w Ameryce i zapisał 70 tysięcy dolarów Polskiemu Towarzystwu Psychiatrycznemu. Ale towarzystwo owe zapisu nie może przyjąć, bo... nie ma u nas na to odpowiedniej klauzuli prawnej. Prywatny człowiek, owszem, może dostać forsę na PKO, ale stowarzyszenie jest dotowane przez państwo i nic mu innego przyjmować nie wolno. Stracimy więc 70 tysięcy, aby socjalizmowi stało się zadość. Chi.

Ale ta „nowa lewica" strasznie w świecie zachodnim wojuje – Tyrmand z nią walczy, że aż ha, ale czy da radę? Szczęście, że Ruscy tego nie lubią, bo ich strupieszały konserwatyzm okropnie się takich rzeczy boi (nie darmo „spontaniczność" jest tu słowem wyklętym). Odblask tych wszystkich historii mieliśmy właśnie na „Warszawskiej Jesieni" w owym stosunku do happeningów oraz w pojawieniu się na tej imprezie młodych ludzi z Zachodu, którym nie zależy na komponowaniu, lecz na politycznym rozrabianiu. Tyle że na Zachodzie rozrabianie to idzie na korzyść Rosji, bo osłabia jej przeciwników, a u nas jest tylko wygłupem. Upraszczam oczywiście, ale nie potrafię w tej chwili głębiej tego ująć – w myśli mam paszport Lidii i jestem podniecony. A XIV „Warszawska Jesień" i poza happeningami była drażniąca – masę na niej pretensjonalnej chaotycznej brzydoty, doktrynerskiej a bezcelowej. Chcę napisać do „Ruchu Muzycznego", że dawniej awangarda miała swoich autorytatywnych liderów, jak Strawiński, Bartók, Ravel, później Schönberg, Berg, Webern, a tu jest plazma i chaos. Niby jest Ligeti, Xenakis, Stockhausen (wynalazczy, ale niewiele mający do powiedzenia, choć teraz podobno nie o to chodzi), ale który z nich jest wielki? Nie widać, nie słychać! Mierzy na wielkość Penderecki, ale wziął się do starych sposobów i mitów. Może jednak wygra – kto wie? O wszystkim tym napiszę zresztą w dwóch artykułach: do „Forum Musicum" i do „Ruchu". Pisać o muzyce?! Cóż zrobić, Panie, kiej trzeba!

5 października

W domu zamęt coraz większy, bo nie dość, że Lidia jedzie do Paryża, a ja nad morze, to jeszcze mamy w mieszkaniu istny konkurs chopinowski, bo Krysia, która została tam „dolmeczerką" sprowadza do domu (do fortepianu) przeróżnych Japończyków, szkopów, Francuzów, którzy nie mają gdzie ćwiczyć. Bałagan jak cholera, a w dodatku przyjaciół naszych spotkała duża przykrość, o czym teraz pisać nie będę „ze względu na wzgląd". Tak więc zamęt i aura nie najlepsza, coś wisi w powietrzu, również w partii naszej ukochanej coś się tam przygotowuje. Oczywiście naród nasz, suwerenny i demokratyczny, nie ma o niczym pojęcia, rzecz dzieje się na górze, na niedociecznonych a tajnych szczytach, i tylko warszawska plotka coś tu próbuje ugryźć. Ciekawym, czy jak do władzy przyjdzie człowiek wykształcony, np. Kociołek lub ktoś taki, czy sytuacja gospodarcza ulegnie poprawie, bo teraz jest coraz gorsza. Obawiam się, że nie – na ten system polityczno-ideowy, zwłaszcza w Polsce, nie ma żadnej rady – musi on pociągać za sobą nieuchronne bzdury. Zresztą wszyscy o tym wiedzą i – co więcej – o tym mówią. W ostatniej „Polityce" ukazał się felieton zatytułowany „Państwo środka", a wyśmiewający nasz bałagan organizacyjny i prawny w dziedzinie nader newralgicznej, bo w dziedzinie przepisów celno-dewizowych, przyjmowaniu cudzoziemców, hotelarstwie etc. Jest to tak ostre i wręcz oskarżające wszystkie władze o głupotę, że wydawałoby się, powinien ktoś na to odpowiedzieć, zareagować, sprostować – ale skąd! Wysokie władze pism nie czytują, czytują co najwyżej niższe władze, bo się czegoś boją, ale te znowu nic w ogóle nie mogą. Błędne koło!

Dziś zdefiniowałem sobie, jaka jest różnica między Polską dzisiejszą a Polską „sanacyjną": tę drugą znałem zresztą wcale nieźle, miałem już przecież dwadzieścia osiem lat, gdy wybuchła wojna. Otóż Polska przedwojenna była niejednolita, pełna dysproporcji, konfliktów, nieraz ubóstwa, rządzona niezbyt dobrze, z elitą władzy dość przypadkową. Niemniej jednak był to kraj normalny, w żaden sposób nie można by go określić jako dom wariatów. Natomiast Polska dzisiejsza to niewątpliwy i klasyczny dom wariatów: to wszystko, co w Rosji jest tragiczne czy dramatyczne, tu jest tylko operetkowe. Kraj z tajemniczą, nikomu nie znaną „elitą" na górze, rządzony w myśl doktryny, którą mało kto podziela, z prawami dziwacznymi i zawile sformułowanymi, egzystujący od przypadku do przypadku, w dużym stopniu dzięki korupcji i łamaniu tegoż prawa, nie informowany o niczym i mający wszystko w dupie, ale za to kierujący się węchem i siódmym zmysłem, kraj, gdzie wszyscy boją się czegoś nie nazwanego, nikt natomiast nie boi się oszukiwać i naciągać, wiedząc doskonale, że bez tego nie można by żyć, kraj, gdzie nikt nie wierzy w marksizm, a partia marksistowska ma dwa miliony członków – etc., etc. Jak z domu wariatów wyłonić się ma normalny naród?! Chyba że dom wariatów rozszerzy się na cały świat, co przy pomocy obłąkanych narodów Afryki i Azji (Arabowie!), a także nie w porę zbuntowanej bogatej młodzieży Zachodu jest zupełnie możliwe. Wtedy my okażemy się jeszcze najnormalniejsi, bo już przyzwyczajeni, zaprawieni.

Krysia, moja córka, miała obiecaną posadę w Instytucie Francuskim. Okazuje się, że nie może dostać tej posady i nie dostanie, bo przyszło zalecenie z ambasady, że trzy osoby pracować tam nie mogą: Ewa Bieńkowska (córka Władysława), Wojciech Karpiński (syn architekta, brat siedzi w ciupie za proces „taterników") i – Krysia. Tak więc Francuzi chcą być lojalni wobec rządu i nawet wśród młodych romanistów przeprowadzają selekcję, odrzucając „opozycję". Francja zawsze się kurwiła wobec Rosji, policja francuska udostępniała swe akta Ochranie, teraz de Gaulle zainicjował to samo, a Pompidou kontynuuje – właśnie jedzie do Moskwy. W styczniu ma być uroczyste otwarcie Instytutu Francuskiego w nowym lokalu, przyjeżdża na to premier Chaban Delmas i oczywiście wśród pracowników nie śmie być „nieprawomyślnych" Polaków. Czyli że komuchy nas tropią, a ludzie Zachodu też. Pocieszam się tylko, że ta stara kurwa Francja odcierpi jeszcze za naszą krzywdę, zawsze nas zdradzała i sprzedawała!

Byliśmy z Lidią na przedstawieniu w Teatrze Klasycznym śpiewanego widowiska o okupacji „Dziś do ciebie przyjść nie mogę". Ma ono już ponad pięćset przedstawień, pokazywane było za granicą w ośrodkach polonijnych, wszędzie ludzie płakali, bo to naprawdę śliczne i przypomina okupację, „jak gdyby to było wczoraj". Ale kawiarniane Katony występują przeciw temu, że to „moczaryzm", „partyzantyzm", „zbowidyzm" etc. Istotnie – idea jest po trochu moczarowska, żeby pokazać i pogodzić wszystkie polskie piosenki wojskowe i partyzanckie z różnych frontów, ze Wschodu i z Zachodu i czort wie jeszcze skąd. Idea to, rzecz prosta, apolityczna i trochę udająca Greka, lecz w wykonaniu wcale smaczna i taktowna: jest tu „Natalia", piosenka batalionu uderzeniowego Konfederacji Narodu, czyli Piaseckiego, jest „Płynie Oka" berlingowców, są „Czerwone maki na Monte Cassino", jest też powstańczy „Marsz Mokotowa" i „Szturmówka" Ekiera, są nawet reminiscencje legionowe i „Piosenka o mojej Warszawie" Harrisa. Niepotrzebnie tylko w programie figuruje fragment z książki Moczara, który to Moczar ohydnie się obchodził z akowcami w czterdziestym piątym roku w Łodzi, kiedy był tam szefem UB (robił to zresztą pewno na rozkaz Gomułki), ale pomimo wszystko przedstawienie jest śliczne i kawiarniane, głupie Katony (które przeważnie nie były tu za okupacji) racji nie mają. Rację mają starawi ludzie na sali, którzy zapłaczą się słysząc te dawne piosenki. Ma to i swój podtekst aktualny: wtedy Polska walczyła, choć była pod niemieckim butem, dziś niby jest wolna, a bezsilna i co gorsza – skurwiona. Bo nikt nie ma ochoty walczyć, nikt nie wierzy w walkę, nikt nie wie, o co właściwie ma walczyć. Komunizm (wschodni przynajmniej, innego nie znamy) umie rzucać na całe kraje jakiś woal beznadziei: że jest nieodparty, bo historycznie konieczny, bo teraz lud rządzi (choć każdy wie, że nie rządzi, ale sugestia jakoś tam działa), bo nie ma żadnej innej alternatywy, bo logika dziejów, mądrość polityczna, odpowiedzialność, racja stanu – dla każdego coś, na co jest wrażliwy – znam ten ból, sam byłem matką. Dlatego też właśnie nie ma wolności słowa – aby nikt nie mógł tych zbiorowych schematów mysłowych przezwyciężyć, aby nie przerywać hipnotycznego letargu. Może rzeczywiście wkroczymy w okres niewoli na pięćset lat i to na całym świecie – „zbuntowana młodzież" zachodnia przyspieszy skutecznie zanikanie wolności w tamtych krajach i cały świat się upodobni. Szczęście, że ja już wtedy żyć nie będę, bo dziś to jeszcze mogę sobie marzyć o zachodniej wolności. Jakże głupio pokierował się nasz świat i jak łatwo było tego uniknąć – dlatego tak nie znoszę Francuzów, że przez swoją kurewską głupotę i wygodnictwo w roku 1939 wpędzili nas wszystkich w taką sytuację, a dziś chcą robić to samo. Ale co tu płakać nad rozlanym mlekiem i nad naszym pękniętym narodowym życiem, którego to pęknięcia nic już i nigdy nie sklei.

7 października

Jakiś „uczony" profesor napisał ostatnio, że przez zakaz meldowania w Warszawie nie ma tutaj przypływu młodych ludzi, wobec czego skład ludnościowy stolicy staje się coraz starszy, a to jest niekorzystne z takich czy owakich przyczyn. O złych skutkach, jakie powoduje zakaz meldowania w Warszawie (brak ludzi do wszelkich usług, wolne tempo budownictwa, gigantyczne dojeżdżanie do pracy z dalekich nawet miast jak Siedlce) próbowałem napisać wielokrotnie, ale zawsze cenzura mi to konfiskowała. Proponowałem stworzyć w Warszawie swoisty NEP mieszkaniowy, pozwolić na przyjmowanie sublokatorów bez przeszkód, twierdząc, że na dłuższą metę się to opłaci, bo przyspieszy się budownictwo mieszkaniowe i inne prace, które tutaj okropnie chromają. No ale cóż, cenzura nie mogła pozwolić, abym ja cokolwiek proponował, a teraz ów „profesor" gada to samo, bo mu kazali, gdyż chcą się pozbyć z Warszawy nadmiaru starych ludzi. Istotnie, tramwaje przepełnione są wiekowymi babuszkami, a ludzi do pracy brak – tyle że trzeba było o tym myśleć wcześniej, tak samo jak o naszym katastrofalnym spadku przyrostu naturalnego – ciekawym, czy ktoś wreszcie w skali państwowej raczy tę sprawą zauważyć – o ile znam naszych rządzących to nie, albo gdy już będzie za późno.

W ogóle bywałem ja prorokiem, ale nie zauważonym i dziś zapomnianym. Na przykład sprawa niemiecka: toć w 1962 podniesiono na mnie straszliwy wrzask za to, co dziś jest chlebem powszednim – że trzeba się jednak dogadać z Niemcami. Tyle że dziś, po zawarciu paktu przez Rosję, sytuacja dosyć jest trudna, bo teraz

Niemcy dyktują warunki, i to nader kłopotliwe: na przykład, żeby uznać, że u nas żyje ponad milion mniejszości niemieckiej. Jest to cyfra oparta na nieporozumieniu, choć Opolan czy innych Ślązaków trudno uznać za Niemców, ale kryje się w całej sprawie niezamierzona chyba perfidia (niezamierzona, wszak Brandt to porządny facet i nie chciałby robić grandy). Perfidia polega na tym, że jeśli za Niemców uznamy wszystkich, którzy chcieliby wyjechać do NRF, to znajdzie się takich na pewno grubo ponad milion, bo legenda zachodnioniemieckiego bogactwa działa, a nie wszyscy w „ludowej" Polsce są takimi tam znów patriotami. Nasze komuchy świetnie o tym wiedzą, stąd też artykuł Karola Małcużyńskiego w „Trybunie", przypominający dosyć żałośnie, żeśmy suwerenni i nie może nam nikt narzucać sposobu postępowania z naszą „emigracją zarobkową". Cha, cha, chi, chi – a trzeba było myśleć o tym wszystkim wcześniej, grubo wcześniej. Nietrudno być prorokiem w naszym kraju!

Lidia jedzie jutro, najpierw do Kolonii, potem do Paryża – Wackowi podobno znacznie lepiej się powodzi, dostali studio z fortepianem, nagrali w Niemczech nową płytę, mieli dobre recenzje itp. itd. Lidia sobie użyje, przy okazji zobaczy różnych ludzi – tego jej zazdroszczę, bo oni przecież wymrą, zanim ja wyjadę. A Wackowi zazdroszczę paryskiego życia, tego, że można nie troszczyć się o nic, jadać w bistro, pijać winko od rana, żyć pełną swobodą (dopóki się ma te trochę forsy i nie podpadło się policji). Nie lubię Francuzów, ale Paryż ma swoją niezwykłą słodycz życia, i wolność dla międzynarodowej bohemy. Trochę to już miasto gasnące wobec nowych stolic świata, ale jeszcze swój stary urok ma. A Pompidou w Moskwie – pies go j..... Nasza prasa rozpływa się nad „braterskim przyjęciem" i tym podobnymi bzdurami, tak jak przed paru dniami rozpływała się nad radzieckim pociskiem, który dotarł do Księżyca (tym razem bez rozbicia się na strzępy). Tyle że nad takimi rzeczami nikt się u nas z czytelników nie rozpływa – lud może być głupi, ale Rosji to on nie kocha, choćby panowie dziennikarze ze skóry wyskoczyli.

U Władka B. [Bartoszewskiego] była rewizja – dwadzieścia siedem godzin, przedtem jakieś aresztowania. Ofiarą padła jego biblioteka, chyba jedyna w Warszawie, gdzie miał po prostu białe kruki, tyczące się okupacji i Powstania, krajowe i emigracyjne, zbierane przez długie lata. Wielki to skandal, może jakieś wewnętrzne porachunki w UB, bo B. płynął na fali patriotycznej i akowskiej (choć oczywiście, wieloletni więzień, w ZBoWiD-zie nie był), wydawał w moczarowskim po trochu Interpressie, więc przypięli mu pewno łatkę moczarowca, a że gomułkowskie UB niszczy teraz konkurentów, więc mogli skoczyć na Władka, aby tamtych skompromitować. A tu ofiarą pada jego biblioteka i jego wielka praca o ogromnym dla międzynarodowego prestiżu Polski znaczeniu. Ale kogo to z nich obchodzi – robią swoje i kwita. Podobno posądzają B. o współpracę z „wrogą rozgłośnią", podobno pytali też o mnie, o Jasienicę i Lipskiego. Szlag by to trafił – a przecież Władek ma duże nazwisko, choćby jako badacz zbrodni hitlerowskich, zagłady Żydów polskich etc. Ale, powtarzam – co to kogo obchodzi z tych „patriotów" od siedmiu boleści.

11 października

A więc jestem już nad morzem: mnóstwo rudych, suchych liści, słońce, specyficzny zapach jesieni, błękitna tafla morza, na horyzoncie białe i czarne okręty. Banalny to zapewne opis, ale tak właśnie tu wygląda – a ja to uwielbiam. Dziś poszedłem sobie lasem do Brzeźna, wróciłem plażą, biegałem, opalałem się – zupełnie jakbym był młody.

Lidia pojechała do Paryża. Widzę ją jeszcze w drzwiach wagonu – pociąg był z Moskwy, sporo Rosjan i Mongołów. Lidia ładnie wyglądała, w nowym płaszczyku, roześmiana. Ciekawym, jak ją powita Zachód, ten obecny: ma się zatrzymać w Niemczech, gdzie była wywieziona po Powstaniu, w Kolonii powinien na nią czekać Wacek i „pomkną" do Paryża. Paszport ma na dwa miesiące, ciekawym, jak to będzie, czy będzie to podróż miła i owocna czy też nie. Zobaczymy – myślę – że to lepiej, iż jedzie ona a nie ja – i tak się wszystkiego dowiem, a resztę sobie dośpiewam i wyobrażę.

Umarł Julian Przyboś [6 października 1970]. Z pochodzenia chłop z Rzeszowszczyzny, niskiego wzrostu, więc zawsze godny i uroczysty, zrobił kawałek roboty w polskiej kulturze, choć nie uznaje go kawiarnia spod znaku Słonimskiego. Zarzucają mu „współpracę" z komunistami, rzeczywiście im sprzyjał, ale w sposób równy i godny, nie histerycznymi zrywami, po których następowało równie histeryczne zerwanie jak np. u Andrzejewskiego (nie mówiąc o okropnym niegdyś Ważyku). Przyboś zresztą też po latach wystąpił z partii i to indywidualnie, gdy rozstrzelano Nagya.

Jego komunizowanie wynikało ze specyficznej logiki „chłopka roztropka", jakiej hołdował – lubił w gruncie rzeczy porządek, nawet totalizm, jego geometryczna jak plakat i metaforyczna poezja sprzyjała treściom ogólnikowym, jakie daje ludowi propaganda komunistyczna. Wiersze jego dość lubiłem i zawsze rozumiałem, poza tym był na swój sposób inteligentny, myślenie miał zaskakujące, a w rozmowie unikał dyskusji na platformie przeciwnika – proponował swoją platformę albo rezygnował. Ostatnio zresztą zgłupiał, wypadki przegoniły zarówno jego myślenie, jak i jego zdolność pojmowania – miał już zresztą nielichą sklerozę i nie mogłem z nim gadać. Tak czy owak był to ktoś i nie zasługuje na lekceważenie „nieprzejednanych", choć z drugiej strony partia nasza w swej niezrównanej płaskości i w swym nieporównanym braku taktu zrobi z tego pogrzebu nieznośną galówkę, co zatruje nam już całkiem pamięć o Przybosiu. Inna rzecz, że mało już kogo mogą oni żegnać uroczyście – chi!

Tutaj grozi mi klęska żywiołowa, bo jest Jerzy Andrzejewski, po skończeniu „Miazgi" znów wiecznie pijany, i to na głupio, spragniony nonkonformistycznych popisów, ekshibicjonizmu, pederastii i w ogóle wszelkiego rodzaju nudnych dla otoczenia, a w jego pojęciu ogromnie interesujących i zabawnych wygłupów. Jest on w stanie popsuć mi i zniweczyć cały tak oczekiwany pobyt, toteż traktuję go z daleka, a dziś po obiedzie, gdy przyszli do mnie z Koźniewskim, byłem niemal niegrzeczny. W dodatku śmierdział ohydnie piwem, próbował kopcić papierosa, brał się do całowania. Ohyda. Gdzież się podział poważny trybun i mówca z pogrzebu Jasienicy! Zupełnie inny człowiek. Jego rozmigotana, namiętna zmienność to cecha typowo pederastyczna, ale zmienność ta i migotanie stają się groźne, gdy człowiek chce być w swych myślach sam. Poza tym migocze on również w polityce i to daje skutki fatalne, w postaci „Popiołu i diamentu" oraz broszurek: „Partia i twórczość pisarza" czy „O człowieku radzieckim". Oczywiście zrehabilitował się po wielekroć odważnymi i szlachetnymi wystąpieniami (podobnie jak przed wojną zrehabilitował się za współpracę z antysemickim „Prosto z mostu" obroną Żydów z Niemiec wyrzuconych do Zbąszynia), no ale jednak wolałbym tu kogoś mniej rozmigotanego i mniej pijącego. Prawdziwy pech, że ta cholera tu siedzi.

ZESZYT 11

13 października

A więc nowy brulion w robocie – zresztą dla ewentualnego czytelnika tych notatek będzie to wszystko jedno – wyjdą one w grubej księdze starannie opracowanej. Marzenia, marzenia – już nawet Książę z Paryża nie pali się do wydawania. Chociaż jednak – pamiętniki Lechonia doczekały się starannego wydania w Londynie. No ale on miał swego Grydzewskiego, a ten był maniakiem pietyzmu, już wobec Skamandrytów zaś był jak opiekuńcza kwoka. Można tej grupy nie lubić, ale jakoś pazurami trzymali się tej polskiej kultury, no a Grydz robił, co mógł, aż do śmierci.

Tutaj trzy dni przecudnej pogody: purpurowa rudość liści, morze błękitne lub szafirowe, na horyzoncie tkwią statki, czekając na wejście do gdańskiego portu. Słońce jak na wiosnę, molo wspaniałe, a jeszcze piękniej jest na małym molo w Orłowie. Rude, ogniste góry leśne nad niebieskością morza – to przepiękne.

Umarł Adam Rapacki, były minister spraw zagranicznych. Zachód go lubił, przyjęła się jakoś nazwa „plan Rapackiego", w ogóle od Marca 1968 miał opinię człowieka nader niezależnego i sympatycznego. Ja znałem go nieźle, bo razem „posłowaliśmy" z Wrocławia w latach 1957–1961, i – nie podzielam tej naiwnej o nim opinii. Był może gładszy od innych i dosyć przystojny, ale żadnej samodzielnej myśli politycznej w nim się dopatrzyć nie mogłem – gęgał to samo co inni, tyle że może trochę ładniejszymi słowy. Taki sam sowiecki minister, bez skrupułów też i mało odważny. Zachodowi widać niewiele potrzeba – przystojna twarz i „plan" wystarczyły – plan, zresztą wcale nie jego, polegał na tym, że Amerykanie mają się wynieść za Atlantyk, a w zamian Rosjanie za Odrę. Takiego planu to i Stalin by się nie powstydził...

W Marcu 1968 (i chyba przedtem) Rapacki zaczął się jednak stawiać, gdy rozpoczęto przemeblowywać mu ministerstwo. Wyrzucono Żydów, a wstawiano „partyzantów", robił to przeważnie wiceminister Naszkowski, ciemna figura, którego zresztą potem los ukarał, bo go wzięto za Żyda (choć jest Ormianinem ze Lwowa) i wylano. Ale Rapacki się obraził, pokazał gest (trochę późno) i przestał przychodzić do ministerstwa. Pewien czas żył tak w zawieszeniu, wreszcie go wylano i dano Jędrychowskiego. Podzielił więc los Ochaba, a że chory na serce, więc po dwóch latach „wykorkował" (powiedzenie warszawskie). Tak, oni na ogół nie mają szczęśliwych emerytur – przykładem Mołotow, Kaganowicz, Chruszczow, Mikojan – na końcu jest zawsze gorycz. Tak czy owak zyskał pewną legendę „opozycyjną" – teraz też chowają go półgębkiem, w prasie zdawkowe wzmianki, choć niby chwalące, ale jakoś tak dyskretnie. A jaki byłby wrzask, gdyby zmarł któryś z aktualnych dygnitarzy – o rety!

Nagrodę Nobla dostał Sołżenicyn – a to heca. Agencja TASS ogłosiła głupawy komunikat określający tę decyzję jako wynik „spekulacji politycznych" i potępiający decyzję nagrodzenia książek, które zostały „nielegalnie wywiezione za granicę". Cha, cha, cha! Pewno nie pozwolą mu przyjąć nagrody, ale on się jej nie zrzeknie, bo to twardy pistolet. Ależ głupie te Sowiety – tak się dobrowolnie blamować przed całym światem. A swoją drogą Stalin to by wiedział, jak w tej sprawie postąpić. Ho, ho!

Sowiety potrzebują (a raczej myślą, że potrzebują) ślepych chwalców, natomiast Zachód nagradza swych krytyków i oponentów. Co lepsze – zależy z jakiego punktu widzenia. Ostatnio pokazywano w telewizji niezwykłą rzecz: Amerykanie zrobili film o sławnym japońskim nalocie na Pearl Harbor w 1941, konsultantem filmu był zaś oficer japoński, który... kierował wówczas tym nalotem. W dodatku w wywiadzie prasowym powiedział on, że spełniał wtedy swój obowiązek i postępował dobrze. Pomyśleć tylko – szczerość, doprowadzona przez Amerykanów do masochizmu. A co by z takim filmem zrobili Sowieci: pialiby jak koguty na temat swego bohaterstwa, pychę doprowadziliby do szczytu jako cnotę, „wielką radziecką ojczyzną" rzygałoby się dziurkami w nosie. Co kraj to obyczaj – ale w tym przypadku wolę amerykański.

Inna rzecz, że w Ameryce powstanie faszyzm, a walnie przyczyni się do tego owa niby lewicowa, antywojenna młodzież. Na razie jednak Nixon ma sukcesy: Izrael się umacnia, w Wietnamie i Kambodży cisza, za to Ruscy wciąż piszą o „amerykańskich prowokacjach" – to najlepszy dowód, że im nie idzie. Idzie im tylko z Francją: głupi Pompidou objeżdża Rosję, całuje się z Moskalami i nasładza. Takie mają dziedzictwo po de Gaulle'u, taką też tradycję – od wieków stawiali na Rosję. Tak czy owak w dupę dostaną – niech im ziemia nie będzie lekka! Za naszą krzywdę!

Myślę ze smutkiem o Władku Bartoszewskim i jego bibliotece. Pewno zaszkodziło mu, że był organizatorem pogrzebu Jasienicy – stary dyhcio (dyktator) musiał się wściec i postanowił się zemścić. A teraz, jak mu zaczęli dogryzać, to nie popuszczą – przepadły książki, wśród nich komplety paryskiej „Kultury", które tak miło było przeglądać. Miał swój okres aktywności legalnej i – skosili go.

Na rynku nie ma kawy – nie importujemy. Najpierw rozpili chłopów kawą w klubach „Ruchu", a potem dopiero, gdy się ludzie przyzwyczaili, zaczęli ograniczać. Gdzie oni mają głowę?! Nowy kawał: czym system bodźców ekonomicznych przypomina opium? Tym, że jedno i drugie powstało z niedojrzałych makówek. Mocna rzecz – niemal jak „dyktatura ciemniaków". O cholera – dziś już mnie strach oblatuje!

17 października

Jakieś mnie gryzie rozgoryczenie i osamotnienie duchowe: naczytałem się prasy i widzę jej całą sowiecką głupotę – z tym że w Rosji to jest ich własne, a u nas naśladowane z tchórzostwa, małości, chęci zarobku. Zdenerwował mnie ten bałwan Wiesław Górnicki, pisze oczywiście o Ameryce, że tam wraca epoka totalistycznego konformizmu w kulturze, że będzie to co kiedyś z Tucholskym i Brechtem. Ale o Pilniaku, Zoszczence, Mandelstamie, Pasternaku, Sołżenicynie i dziesiątkach innych to wspomnieć nie łaska?! Wiem przecież, że ten Górnicki to zwykły łobuziak i agencik, a jednak nie mogę się powstrzymać od wściekłości, w dodatku zdaję sobie sprawę, że ta wściekłość może być wyśmiana – bezsilna wściekłość starszego pana. Jak widzę na molo młodzieńców, którzy szczekają zamiast mówić i którzy w ogóle nic z niczego nie rozumieją, to rozpacz mnie chwyta, czuję się obcy wszystkim i już gdzieś „po tamtej stronie". Problem śmierci coraz bardziej staje się aktualny, tyle że z żadnej strony nie można go ugryźć – ludzie od wieków debatują nad tą sprawą, ale debata dość jest jednostronna, pod nieobecność tych milczących, tych, co już wiedzą. Kto przeszedł na tamtą stronę, ten się już do nas nigdy nie odezwał, coraz ich tam więcej i więcej. Dziwna bardzo sprawa, dopiero w pewnym wieku zaczyna się o niej na serio myśleć. Ale, jak na razie, niewiele z tego myślenia, a przecież „nie wiecie dnia ani godziny". Tyle że zacząłem intensywniej pracować, aby jeszcze zdążyć coś zrobić. Powieść rusza się naprzód, idzie też nowa kompozycja (chyba ją nazwę „Impresja" albo „Intermezzo") na konkurs imienia Fitelberga. Napisałem też dla Schäffera odpowiedź na ankietę w sprawie „college'u" w muzyce, chociaż mi ta sprawa wisi u d... Napisałem więc zapewne zbyt konserwatywnie i reakcyjnie, tak po Rytlowsku, ale trudno, niechże już będzie rozsierdzony starszy pan... Górnicki wychwala tę beatową idiotkę Joan Baez, że walczy z rządem amerykańskim, odmawia płacenia podatków etc., za to w „Prawie i Życiu" (Prawo i Żydzi, jak mówi Henio) niejaki Kretowicz strasznie na nią jedzie, że to hipiska i ośmieliła się z estrady pozdrowić polskich hipisów. Przynajmniej w jednej sprawie komuchy nie zdążyły uzgodnić stanowisk, to jednak mimo wszystko Polska ze swym bałaganem. Bo w Rosji unifikacja tez prasowych jest nieprawdopodobna: „Polityka", chyba dla śmiechu, podała głosy „specjalistów" radzieckich o rewizjonizmie. Mówią doktorzy, profesorzy, redaktorzy, „elita" kraju – włosy stają na głowie dęba. Pomyśleć, że 250 milionów ludzi jest w tak straszliwy sposób ogłupiane – cóż to będzie za straszliwa siła niewiedzy – choć i u nas już rosną pokolenia tego typu. Przejrzałem gdański miesięcznik „Litery" – ileż tam niepoinformowania, tępoty, złego języka, no i tego neoendeckiego zachwyconego sobą nie tyle patriotyzmu, co szowinizmu. Głupie to – o Jezu! Życia nie starczyłoby, żeby to wszystko sprostować, zresztą nikt na takie sprostowania nie czeka. Ludzie nie chcą wiedzieć – w tym tkwi sedno!

Już po pogrzebie Rapackiego. W przemówieniach i komunikatach wyakcentowano, że on „wykonywał polecenia partii", „realizował linię partii", żeby, broń Boże, ktoś nie pomyślał, że on cokolwiek robił sam od siebie. A znów taka pseudoopozycyjna inteligencja oraz głupi Zachód idealizują go, że on rzekomo robił indywidualną politykę odprężenia. Z całą powagą „Monde" cytuje jego ofertę, że Polska zrzeknie się broni atomowej, jeśli zrzekną się jej Niemcy Zachodnie i Wschodnie. Bagatela: jeden koń, jeden zając!

Jerzy Andrzejewski wyjechał, nawet bez pożegnania – pewno się uraził moim brakiem entuzjazmu dla wspólnych pijaństw. Jest za to nowy mól: Kazimierz Rosen-Zawadzki, pułkownik i historyk. Był u Andersa, który kazał go zamknąć za komunizowanie, siedział w Jerozolimie trzy lata. Potem wyszedł bardzo czerwony, zaagitował Milnikiela (też siedział tamże – późniejszy ambasador), miał opinię komunistycznego agenta i ubeka. Teraz, nie proszony, powiada mi, że się z komunizmu wyleczył, wymyśla na cenzurę, dał mi swój artykuł o Hitlerze. O cholera, chce gadać i dyskutować, a ja nie mam najmniejszej ochoty. Że też wszędzie muszą się znaleźć jakieś pragnące towarzystwa mendy. W dodatku pisuje w PAX-ie, dał mi właśnie numer „Życia i Myśli", gdzie jest m.in. bardzo głupi artykuł Ola Bocheńskiego o narodach zapóźnionych przemysłowo, zaleca im zerwanie z kapitalizmem i oddanie władzy „klasie robotniczej". Ale się znalazł robotnik – o rety!

À propos PAX-u, w ich „WTK" („Wrocławski Tygodnik Katolików") znalazłem „opracowanie" na temat Izraela – opisują ich jako hitlerowców, nienawiść do Żydów aż bije. Bezdennie oni są głupi, toć jak ma się za sobą falangistowską przeszłość, to choćby rozum taktyczny nakazywałby nie wychylać się. Ale cóż – natura ciągnie wilka do lasu!

Sekretarz stanu Rogers powiedział, że Rosjanie kłamią co do przestrzegania rozejmu w Suezie i że wprowadzili tam wyrzutnie rakietowe z własną załogą – rosyjską. Ostro to powiedział. A Żydzi (raczej Izraelici) nadal są waleczni, mówią, że wolą atomowe samobójstwo niż śmierć w niesławie. Oni odradzają poczucie narodowego honoru, które zaginęło w spragmatyzowanym i wystraszonym świecie. To piękne.

W Kanadzie, w Quebecu, separatyści frankofońscy rozrabiają, ale rząd bierze ich krótko za mordę. To posiew de Gaulle'a – masa rzeczy, które rozkładają świat zachodni, pochodzi od tego nosatego bufona. Niechęć do Francji robi się już we mnie większa niż „zawodowa" niechęć do Rosjan. Zresztą Rosjan się nie ogląda: oni zmądrzeli od czasów carskich i swoich ludzi nie wysyłają, chyba bardzo zakonspirowanych. Boją się zresztą, żeby się nie zdemoralizowali – wszak Stalin zamykał nawet tych, co wracali z niemieckiej niewoli. Swoją drogą cóż to był za pesymistyczny realista: oceniał swój ustrój całkiem właściwie!

Ten Rosen-Zawadzki to jak wszyscy – póki był u żłobu czy w UB, to było dobrze, jak przestał, to już w opozycji. Dużo takich, całe masy – to już wręcz jakaś reguła.

19 października
Rozmowa z tym Rosenem-Zawadzkim była jednak bardzo ciekawa, to inteligentny facet, bez względu na to, co by o nim ktokolwiek mówił. Ma już siedemdziesiątkę, służył jeszcze w Legionach, potem był w niewoli w Rosji, w okresie międzywojennym jako zawodowy oficer skończył historię na uniwersytecie, ma doktorat.

Podczas II wojny dostał się do Starobielska, potem był u Andersa. Jak twierdzi, wraz z Berlingiem, Milnikielem i paru innymi należał do oficerów „lewicowych", w rezultacie dostał od Andersa dożywotnie więzienie, przesiedział trzy lata w Jerozolimie, potem go Anglicy puścili. Po wojnie w Polsce Ludowej też nie miał łatwego życia, z początku był attaché militarnym w Rzymie, potem go odwołali i zamknęli też na trzy lata, wtedy kiedy były sławne sprawy oficerów, Tatara [?]*, a później Spychalskiego i innych. Powiada, że wtedy rozstrzelano koło trzystu oficerów i że to był „drugi Katyń". O Katyniu mówi, że to było jednak coś nieczystego, bo nie szło z samej góry, że to może doły NKWD zrobiły w porozumieniu z Niemcami (!), ma na to jakieś tam swoje dowody. Może to i lipa, ale facet aż kipi od wspomnień i wiadomości o tamtych czasach i sprawach. Przypuszcza na przykład, że w bitwie pod Lenino ktoś z Ruskich chciał wygubić Polaków, że tylko Stalin dał się przekonać Wasilewskiej o konieczności istnienia polskiej armii, natomiast Mołotow i inni byli przeciw i radziecki dowódca wysłał dywizję Berlinga umyślnie bez ruszenia dywizji sąsiednich (polska była środkowa), wobec czego nastąpiło wykrwawienie niepotrzebne, „tak jak pod Monte Cassino" (jego słowa). Mówi, że Bierut był pod ogromnym naciskiem i że musiał robić, co mu każą, że natomiast dzisiaj Rosja oprymowana przez Chińczyków bardzo spuściła z tonu, że zależy jej tylko, aby kraje satelickie utrzymywały politykę zagraniczną, taką jak ona chce, natomiast wewnątrz Gomułka mógłby robić, co by chciał, ale właśnie nie chce.

Ciekawą też rzecz mówił à propos Moczara, rzecz zaczerpniętą po trochu z „Wolnej Europy", że mianowicie gomułkowcy oskarżają go teraz, że to za jego ministrowania Mijal wyjechał do Albanii. To by było ciekawe: moczarowcy denuncjowali Gomułkę przed Rosjanami, że sprzyja rewizjonistom i syjonistom, Gomułka odbił piłeczkę oskarżając Moczara o sprzyjanie Chińczykom. Dobrze się panowie bawią, ale Miecio z tego chińskiego oskarżenia się nie wygrzebie, bo Ruscy są na tym punkcie ogromnie uczulone.

Rosen-Zawadzki pisze książki historyczne, cenzura go gnębi oczywiście diabelsko. Wspominał, jak w 1938 roku Ribbentrop sondował Becka na temat pójścia razem przeciw Rosji, a ten, „rzekomy demon", powiedział mu, że Polska będzie wierna zarówno trakta-

---

* Tekst nieczytelny

towi o nieagresji z Rosją, jak i z Niemcami. W ten sposób odkrył karty, pokazał, że Polska jest zdana tylko na niepewnych sojuszników zachodnich, słowem uspokoił i szkopów, i Ruskich, że mogą bezkarnie robić z Polską, co chcą. „Rzekomy demon" – to bardzo dobre określenie, wszyscy oni byli w gruncie rzeczy porządni ludzie – Anders i Sikorski też, tylko niezbyt mądrzy. Coraz bardziej ujawnia się obrzydła prawda, że kto nie jest cynikiem, gotowym na wszystko, ten nie ma co robić w polityce. A już Rosjanie doprowadzili tę zasadę do szczytu, pohańbienie słowa mówionego i pisanego też. Pilnie naśladuje ich teraz następca Rapackiego, pan Jędrychowski. Tylko że jak kłamie przedstawiciel supermocarstwa, to jeszcze ma swą grozę, ale jak kłamie taki mały piesek, to już tylko rzygać się chce (ostatnio jego mowa w ONZ-cie – majstersztyk kłamstwa – „palce lizać i obgryzać", jak śpiewał Krukowski).

Ale cóż – słabsi kłaniają się Rosji w pas, na przykład Francuzi (a cóż dopiero my?!). Sebastian Haffner, najgłupszy publicysta zachodnioniemiecki (poznałem go kiedyś w Warszawie), wydał teraz książkę, w której udowadnia podobno, że Niemcom nic nie grozi ze strony Moskwy. Oj durnaż ta Europa, durna! Ale Nixon się stawia, a pan pułkownik (R. Z.) twierdzi, że następuje jednak zmierzch Rosji, że niebezpieczeństwo chińskie etc. Swoją drogą ciekawie mi się z tym panem pułkownikiem pogadało – ubek to on chyba nie jest, a jeśli jest, to sam bardzo przestraszony. O jego perypetiach nie słyszałem, komuchy skrzętnie ukrywają swą historię (frajerzy – co przyszłość o nich powie?), ale po swoich wszystkich przygodach ma bardzo wyrobione poczucie realizmu i racji stanu. Wolę go od tych emigracyjnych niezłomnych – ten przynajmniej wie, czego się boi!

A swoją drogą faktem jest, że cała opozycja przeciw komunizmowi była u nas zawsze prozachodnia (Mikołajczyk!). Ciekawym, czy jacyś filorosyjscy, ale całkiem reakcyjni endecy mogliby wytargować więcej w kierunku statusu finlandzkiego? Hm. Co by było, gdyby...

24 października
Kręgosłup mnie boli jak diabli, przypominają mi się wszystkie fatalne w tej materii przepowiednie doktora W. z Zakopanego. A tutaj jeszcze Jerzy Zagórski opowiada mi, że kręgosłup jest w ogóle obliczony tylko na pięćdziesiąt lat życia, bo przeznaczony był pierwotnie jedynie dla czworonogów – nie było podobno przewidziane,

że czworonóg po iluś tam milionach lat wyprostuje się i zamiast na czterech nogach wspierać będzie swój słup kręgowy na dwóch. Więc co będzie ze mną – wrócę na cztery łapy czy co?!

Umarł Antoni Bohdziewicz – te śmierci chodzą teraz bez ustanku, umierają ludzie, co przeżyli dwie wojny. Bohdziewicz to był wielki mój przyjaciel. Filmowiec, reżyser, pedagog, wybitnie inteligentny, choć jakoś specjalnie rozproszony czy rozwichrzony, miał właściwie życie niedopełnione, choć bardzo ruchliwe i czynne. Filmu żadnego bardzo dobrego nie zrobił, mimo iż pomysły miał znakomite, a wiedzę ogromną – wychował za to cały szereg zdolnych młodych filmowców. Był kiedyś doskonałym reżyserem radiowym, ale to poszło w eter i przepadło. Miotał się i siepał mnóstwo, życie osobiste miał niezbyt szczęśliwe i właściwie można by stwierdzić, że jako twórca zmarnował się. A przecież miał cudowną inteligencję i prawdziwą kulturę, taką z Wilna, a to nie fraszka. Bardzo mi go będzie brakować, choć ostatnio widywaliśmy się rzadko. Znałem go sprzed wojny, ze Spółdzielni Autorów Filmowych, dla niego w radio robiłem pierwszą zamówioną muzykę, spędziliśmy razem całą okupację, po wojnie robiliśmy kilka filmów – kłóciliśmy się, ale zawsze żartobliwie – humor miał niezwykły. Znał dobrze mojego ojca, był świadkiem całego mojego życia – coraz ciężej będzie żyć bez takich świadków. To człowiek z moich czasów – jakże to dziwnie brzmi!

Siedzę tu nad morzem jak za jakąś zasłoną, nie bardzo wiedząc, co się dzieje w „moim" świecie. W Polsce jest niewątpliwie jakiś poważny kryzys aprowizacyjny, nic do żarcia nie ma, nawet tutaj, w „domu pracy twórczej" się to odczuwa. Co oni porobili z mięsem, cholera wie – pewno jakiś mędrzec zrobił jedno genialne posunięcie z cenami skupu czy kontraktacji lub czymś podobnym i zepsuł wszystko na dłuższy czas. Skutki dyktatorskiej koncentracji wszelkich decyzji są loterią – nigdy nie wiadomo, na kogo trafi – na głupiego czy mądrego. Profesor Lipiński, stary ekonomista, proponuje, aby przywrócić temu społeczeństwu „kreacjonizm" – zdolność do stosowania twórczych pomysłów w różnych dziedzinach przez zainteresowanych tym „prywatnych" ludzi. Otóż rzecz to niemożliwa: ten system zabija u ludzi wiarę w możliwość zmienienia czegokolwiek, wyrabia we wszelkich sprawach publicznych bierność i fatalistyczną obojętność. – Chcą rządzić, to niech sobie rządzą! – mówi każdy, troszcząc się tylko o jakie takie, dojutrkowe załatwianie własnych spraw. Zabójczy system – hoduje kaleki. Podobno Marks nie był w fabryce, Engels, syn przemysłowców, chodził, on nie. Skutki wiadome! Za to Ameryka to kraj ludzi z nadmierną inicjatywą. Widziałem tu amerykański film reportażowy „Chłodnym okiem". Ma on niby pokazywać, jak tam policja wali i tłumi demonstracje, w istocie widać kraj olbrzymich możliwości i wolności, o wolności świadczy choćby możliwość zrobienia takiego filmu. Wolność buzuje tam i pieni się, ma też swoje objawy przerażające (przerażający są Murzyni, których głupota, terroryzm i egocentryzm wychodzą w filmie jak na dłoni, wbrew pewno intencjom autorów), ale jest to chyba jedyny przykład wolności danej w tak ogromnym kraju tak niesamowitej mieszance grup narodowych i rasowych. Czy nie jest to wolność za duża, czy dla szczęścia świata nie powinien tam przyjść ustrój bardziej autorytatywny, patriotyczny, totalny nawet? Oto, do jakich pytań już dochodzę. Ale przecież ktoś musi mieć możność postawienia tamy Ruskim i Chińczykom, którzy doprowadzą świat ludzki do obłędu. Obłąkali już wszakże Arabów, którzy sami nie wiedzą, co robią i o co się mają bić. Toć nawet gdyby się Izrael wycofał do granic z 1967 roku, to na tych skrawkach ziemi państwa palestyńskiego się nie zbuduje! Więc jakie wyjście? Przecież Palestyńczycy zostali już nastawieni wyłącznie na walkę, wychowani w poczuciu krzywdy wręcz mistycznej, a z drugiej strony stoi mistycyzm żydowski, pragnący za wszelką cenę „odbudować świątynię Salomona". Jakie może być wyjście? Obłąkani, a zarazem odcięci od normalnego świata, Ruscy i Chińczycy szczują do walki nie wiedząc, co czynią. Jedyna chyba nadzieja to rzeczywiście pokłócić ich samych ze sobą, żeby się wzajemnie zżerali. Unikam na ogół takich zbyt szerokich syntez, ale rzeczywiście świat wariuje i dąży do samozniszczenia, a jedyny naród wychowany jako tako w atmosferze humanistycznego rozsądku, który mógłby ratować sytuację, to Amerykanie. Tylko że oni mogą zwariować od środka – póki rządziła elita anglosaska, było jeszcze jako tako, gdy emancypują się przeróżne dziwacznie wyalienowane grupy narodowe, może się stać czort wie co. Przeraża mnie ten obraz, dlatego wolę myśleć o dyktaturze jakiejś jednej grupy tam. Ale „trend" idzie nie w tym kierunku, nawet w Kanadzie trwają jakieś tendencje odśrodkowe, separatystyczne. Kolosy komunistyczne owszem, te się totalizują i cementują, za to Zachód, liberalny i nasiany swobodą informacji, może się rozlecieć. O jerum! – toż świat rządzony przez oszalałych doktryną głupców zamieni się w piekło. Taka to moja apokalipsa, obym nie żył w ciekawych czasach!

29 października

A więc jutro wyjeżdżam już znad morza i wracam do Warszawy. Dziś pojechałem do Gdyni, ale spóźniłem się na odjazd „Stefana Batorego" do Ameryki. Widziałem za to przybycie ogromnego szwedzkiego frachtowca oraz jakiegoś statku przetwórni. Pejzaż portowy pod wieczór wspaniały, bardzo to lubię, właściwie chciałbym żyć nad morzem. „Twórcza melancholia" – tak określiłbym nastrój portu. I ludzie morza inni od normalnych. Zresztą napisano już o tym mnóstwo, po cóż rzecz powtarzać.

Był tu Eligiusz Lasota, dawny redaktor „Po prostu" z wielkiej epoki 1955–1957. Twierdzi on, że sytuacja w zakładach pracy jest teraz taka jak przed wypadkami poznańskimi 1956. Były już podobno jakieś historie w elbląskim ZAMECH-u i w Stoczni Gdańskiej. Chodzi o żarcie, o brak mięsa i masła, nie mówiąc już o kawie itp. Podobno rzeczywiście wywożą mięso do Rosji, gdzie ostatnio prawie nic nie ma, o czym mówił mi tutaj Jaś, który niedawno wrócił z Kijowa. Swoją drogą socjalizm wszystko potrafi – nawet stworzyć oazy prostego niedostatku w kwitnącej Europie.

Lidia pisała z Paryża. Zmartwiona Wackiem, bo smutny i niezbyt zdrowy. Studio w „Cité" dostali, okazuje się, dzięki Pierrowi Emmanuelowi, naczelnemu prezesowi światowych Pen-Clubów, poecie i działaczowi Kongresu Wolności Kultury, którego znam z Kopenhagi i Paryża. Tak więc protekcje starych wciąż się jeszcze przydają. Sprawy paszportowe Wacka i Marka nadal nie są wyjaśnione, PAGART chce, aby wracali (obiecuje załatwić im dalsze występy zagraniczne – nie wiadomo, czy to nie „podrywka"), ale oni opętani są mitem Zachodu i wielkiej międzynarodowej sławy. Nie wiem, czy się im to uda, w dodatku lekceważą muzykę poważną i wszystko w ogóle, czego sami nie uprawiają. Co się z chłopakami porobiło, jak przeflancować ich z powrotem na teren ojczysty – myślę, o przeflancowaniu duchowym – i czy należy to robić – diabli wiedzą! Przeczuwałem, że z tego wyjdzie heca – no i wyszła. Lidia pisze zresztą, że w Paryżu pełno Polaków, na różnych przedziwnych stypendiach, z ważnym paszportami lub bez. Paryż podobno brudny, zaśmiecony, na ulicach grajkowie i żebracy, do tego wciąż studenckie rozruchy (proces Grimaire'a, jakiegoś idioty od Sartre'a). Daj im, Boże, sto lat komunizmu!

Patrzę sobie tutaj na pułkownika N. [Stanisława Nadzina], żonatego z córką Poli Gojawiczyńskiej, i myślę o tym, jak zmieniły się pewne sprawy u komunistów. Ten N. służył im wiernie, był nie tylko chyba wojskowym, ale i po trochu ubekiem. Facet z przedwojennej, żydowskiej rodziny warszawskiej, która pewno cała zginęła, do tego zabawnie niskiego wzrostu, odnalazł w mundurze rekompensatę, lekarstwo na wszelkie kompleksy, że on też jest kimś, a nie pomiatanym śmieciem. I oto w 1967 czy 1968, gdy wybucha sprawa z Izraelem, przenoszą go na emeryturę bez żadnego innego powodu, tylko z racji pochodzenia. Rentę ma 5000 zł, jest dalej członkiem partii, krzywda mu się nie dzieje, ale wszelkie jego ambicje zdeptali (nie pochwalam zresztą tych ambicji – ja tylko opowiadam) i zrobili sobie w nim cichego, ale zdecydowanego wroga. Dawni komuniści, gdyby powstała sprawa Izraela, właśnie żeby pokazać swój „internacjonalizm", zatrzymaliby u siebie jak najwięcej Żydów, a ci służyliby wiernie, z wdzięczności choćby, że nie są dyskryminowani (tak zresztą służyli przez 25 lat). Za to dzisiejsi komuniści robią tak, jak robią – już nie po komunistycznemu im, lecz po rusku. Rzecz jest bardzo charakterystyczna: komunizm stał się rosyjski, broni bardziej radzieckiej racji stanu niż ideałów „internacjonalnych". Ideał sięgnął bruku!

Są różne hece z samolotami: sowiecki samolot porwano do Turcji, z kolei w Armenii wylądował samolot turecki z dwoma amerykańskimi generałami na pokładzie (czy wylądowali dobrowolnie?!). Łączą się z tym na pewno przeróżne tajne szantaże, o których istocie nic się nie dowiemy. Jest 25 rocznica ONZ, z tej racji Karolek Małcużyński opowiada w telewizji różne duperele, antyamerykanizm stał się już u nas wszechobejmującą normą – no cóż, służymy Rusi świętej, jak możemy. Tylko po co jej ta walka z Ameryką – tego nikt nie wie!

Aha, byłem tu w operze na niezłym przedstawieniu „Borysa Godunowa" – dyrygował tutejszy dyrektor, mój uczeń Jerzy Procner. Duży to wysiłek, ale publiczność niezbyt dobrze rzecz rozumie, jakby była to opera dla niej za trudna. Socjologicznie ciekawy tu jest melanż nad tym morzem. Coraz też więcej słyszy się o ludziach pochodzenia niemieckiego – widać liczą na obiecane wyjazdy do Niemiec. Dziwne sprawy – i cholerne.

3 listopada

A więc znowu Warszawa, do tego listopadowa, wichry i deszcze, choć ciepło. Jak zawsze po powrocie rzuca się na mnie i przytłacza lawina zaległej prasy. Przy tej ilości jej głupota, ciasnota, kłamliwość i konformistyczny schematyzm wybijają się dotkliwie, stają się nie do zniesienia. I to zianie nieustającym ostrzałem na Amerykę, która winna jest wszystkiemu złu świata i uosabia najgorsze wady ludzkie. Czy oni nie widzą całej bzdurności tej propagandy? Co gorsza, że czytelnicy też już chyba tego nie widzą, przyzwyczajają się, cóż to w końcu szkodzi mówić źle o Ameryce, rzecz staje się po prostu konwencją słowną, nawet potrzebną, jeśli o niczym innym publicznie źle mówić nie można. Czyli że znowu powraca Orwellowska zasada „trzech minut nienawiści" – nienawiści zastępczej. A może taki jest właśnie po prostu cel całej owej propagandy? Byłaby więc ona wręcz mistrzowska, tyle że to nie nasi władcy są mistrzami, lecz przejęli metodę gotową, wypracowaną w Rosji. A i Goebbels też z niej korzystał.

Byłem u Władka B., na gruzach jego biblioteki. Rewizję zrobiono mu 27-godzinną, zabrano ze 700 kilogramów książek i to często zupełnie niewinnych, na przykład zagranicznych prac o II wojnie światowej. Był wielokrotnie przesłuchiwany, aresztowano też kilka osób, chodzi o „Wolną Europę". Co gorsza, na mieście ukazał się obrzydliwy anonim, podpisany przez rzekomego „Znicza", oficera AK (był to podobno jeden z pseudonimów Bora-Komorowskiego), anonim ów oskarża Bartosza, że jego „współpracownicy" siedzą w więzieniu za „WE", a jemu nic, wyjeżdża sobie, kiedy chce, za granicę i ma żonę „aktywistkę partyjną". Słowem klasyczna prowokacja w stylu carskiej Ochrany czy też Stalina. Biedny Władek, tyle lat siedział w okresie „minionym", z takim trudem wyskrobał się trochę do góry i oto znów go zniszczą, bo nawet jak mu nic nie udowodnią, to już jego „kariera" będzie zniweczona, wszyscy go się będą bali, nikt mu nie wyda ani o nim nie napisze, otoczy go bojkot tchórzów. Podobno już w „Tygodniku Powszechnym" się spietrali – po krakowsku. Biedny facet, a w końcu robił tyle rzeczy, pożytecznych i dla PRL. Ale co komuchów to obchodzi – oni lubią niwelować ludzi dla samej zasady. Jeden porządny ubek, co go przyjął, to ów pułkownik Janic, z którym ja kiedyś jako poseł załatwiałem sprawę wyjazdów Bartosza, kiedy go jeszcze w ogóle za granicę nie puszczano. Pułkownik J. zaprosił nawet Władka do domu na wódkę (!) i na swój sposób okazywał mu współczucie – cóż z tego, kiedy on sam już zdaje się ledwo siedzi i lada chwila pójdzie na emeryturę. Biedny Władek – nawet nie wiem, czy o tej sprawie pisać, bo jak ten zeszyt wpadnie im w łapy, to mnie powieszą za...

Z racji Zaduszek fala sentymentalizmu na temat ostatniej wojny i oburzeń na... Hitlera. A nie pomyśleliby oni przypadkiem o dniu dzisiejszym i o grozach, jakie mogą z niego wynikać w przyszłości? O Rosji nikt nie mówi, najwięcej się krzyczy o Wietnamie i Nixonie, a przecież to Rosja właśnie maczała ręce we wszystkich ponurych historiach politycznych naszego czasu. Ale gdy ktoś o sobie nie informuje, to i inni przestają to robić, zapada cisza, która sprzyja polityce. Amerykę zgubi jej rozbuchane dziennikarstwo, Rosję ocali brak wolności słowa, owa „sowiecka cisza" (termin Jana Emila Skiwskiego), przez którą nic się nie przebije.

Czytam „Prawo i Życie" – to jeszcze bastion moczaryzmu. Ten Kąkol ma psychikę czysto faszystowską, a na Żydów wymyśla, że aż ha! To też jest forma nienawiści zastępczej, ale już całkiem zdegenerowana i wykrzywiona w przeciwną stronę. Bartosz domniemywa, że może niszczą go w ramach walki z moczaryzmem, że niby on wyrósł na moczarowskiej akcji fraternizowania się z akowcami, czego Gomułka i Kliszko nie lubią. Czyli byłby męczennikiem sprawy mu obcej – ofiarą walk wewnątrzpartyjnych, które nic go nie obchodzą, jako że nie wypędza się Diabła Belzebubem. Pomieszanie z poplątaniem!

Spychalski pojechał do Pakistanu, tam na lotnisku wpadła na nich (umyślnie?!) ciężarówka i zabiła wiceministra spraw zagranicznych Wolniaka. Ludzie sobie z tego kpinkują i pytają, po cholerę oni tam jechali. Już to ludzie nie mają sentymentu do naszych władców. A władcy zapomnieli, że im cokolwiek może grozić. Za dobrze im jest – za to narodowi nieszczególnie.

W Warszawie jest minister spraw zagranicznych i wicekanclerz NRF Scheel – szyją i szyją tę jakąś formułę porozumienia, której wagę tak bardzo osłabili Rosjanie. Za oknami wicher, Lidia w Paryżu, a ja piszę „Dialogi na 14 instrumentów" na konkurs im. Fitelberga. Konkursy się mnożą, utwory moje też, tyle że ich nikt nie gra. Takie to moje psie szczęście – pocieszam się tylko, że Bacha też nie grali, a jednak komponował. *Comparaison n'est pas raison*!

13 listopada

Nic nie zapisywałem przez te dni, bo zaabsorbowało mnie kończenie utworu na konkurs im. Fitelberga: „Dialogi na 14 instrumentów". Utwór nie w moim stylu energicznie ruchliwym, lecz powolny, refleksyjny czy chłodno liryczny, dużo w nim polifonii, tempo cały czas jedno – *andantino*, czas trwania 9 minut. Ciekawym, czy z tych dwóch konkursów zakoszę wreszcie jakąś nagrodę czy nie.

Najważniejsze wydarzenie światowe (choć czy rzeczywiście najważniejsze?) to śmierć de Gaulle'a. Śmierć nie musi wywyższać ludzi, ale czasem, przez nagłą lukę, jaka się wytwarza, daje okazję do rewizji roli, jaką przypisywaliśmy danej postaci. W tym wypadku nie widzę powodu do takiej rewizji. O gen. de Gaulle'u napisałem na tym miejscu sporo złych rzeczy i bynajmniej ich nie cofam. Myślę, że przez swój maniakalny „frankocentryzm" (maniakalny to może złe słowo: fanatyczny, żarliwy – choć zaślepiony patriotyzm na pewno jest jakąś manią) zrobił wiele złego dla Europy, zwłaszcza że był niewątpliwie osobistością sugestywną i świetnym „technikiem politycznym". Paweł twierdzi co prawda, że on pokazał trzecie, alternatywne wyjście z rządzącego światem dwójporozumienia: ZSRR–USA, ale ja nie widzę, żeby on co pokazał, jedynie osłabił Zachód i ośmielił Rosję, która coraz realniej roi teraz o swej roli hegemona Europy. Co prawda, zapyta ktoś (Paweł mnie właśnie czasem o to pyta), co mnie obchodzi Europa, kiedy pod bokiem mam wielką sojuszniczą Rasiję. Ano właśnie – stale ta nie odwzajemniona miłość do Zachodu. Ale cóż tu robić, kiedy Rosję tak trudno kochać... Ostatnio u fryzjera przeglądałem ich propagandowy, barwny miesięcznik „Kraj Rad". Takiego steku absurdalnego samochwalstwa nie sposób sobie w ogóle wyobrazić: ludzie, którzy sądzą, że to jest propaganda, to po prostu troglodyci. Zachód ma nas niewątpliwie w dupie i z ulgą oddycha, gdy nie dajemy znaku życia, a mimo to resztki zachodniości w nas samych nie pozwalają nam brać na serio skolektywizowanych i przez Lenina do reszty ogłupionych Rosjan. Tli się w nas szczątek Europy, ale po co? I nie miłować ciężko, i miłować...

Lidia ogląda więc w Paryżu żałobę narodową... Pisała, że była na kolacji z Adolfem Rudnickim, który jej się zwierzał, że Gallimard coś mu tam wydaje, ale że pisać to on potrafi tylko w Warszawie. Marian Eile twierdzi, że lada dzień wraca i że robi to dla Janki. Najgorsza rzecz to tak mówić i robić: w Krakowie znajdzie się między dwiema zwariowanymi kobietami – Kasia rozpita i rozwrzeszczana, Janka po kuracji uśmierzającej nieruchoma jak statua, do tego on, bez stanowiska, źle widziany, obciążony swoją trochę głupią decyzją wyjazdu i siedzenia w Paryżu. Nie, moim zdaniem nie ma dla niego powrotu, bo tu szybko zdziwaczeje albo umrze. Kto raz zrobił głupstwo i świństwo, niech się już tego trzyma, bo mu jeszcze powiedzą: – Ty jesteś nic niewart, nie masz charakteru, nawet świnią konsekwentną być nie potrafisz. Brr – nie chciałbym być w jego skórze!

U nas sytuacja dziwna, niejasna, jakby przed jakąś nową prowokacją. Pogłoski o niezadowoleniu w partii, o rozruchach i strajkach są tak uporczywe, jakby je ktoś umyślnie rozpuszczał, chcąc wywołać jakąś drakę. Zupełnie to możliwe, że partia jak zwykle sama wywołała awanturę, aby ją później w chwale stłumić – to praktyka znana od czasów Stalina, zapobiega ona tworzeniu się jakiejś rzeczywistej wewnętrznej opozycji: oto macie, jak kończy opozycja. A wcale tym naszym dyktatorom nie przychodzi do głowy, że brak jakiejkolwiek dopingującej alternatywy to właśnie ich tragedia. Przez brak konkurencji degenerują się, usypiają w dosycie i samozadowoleniu (Cyrano wygląda już zgoła jak wieprz). I nie tylko sami usypiają, są również rutynowanymi usypiaczami w stosunku do społeczeństwa. Teraz wspominam ową tajemniczą katastrofę samolotu pod Zawoją w roku 1968, kiedy to zginęło 50 osób, wśród nich profesor Klemensiewicz. Do dziś nie podano, o co chodziło, a podobno samolot był uprowadzony za granicę i został zestrzelony (zginął też syn ministra komunikacji Lewińskiego, a ojciec mało nie oszalał i poszedł do dymisji). Takiej wiadomości nasi usypiacze podać nie mogli – oni za żadną cenę nie chcą budzić tego społeczeństwa. Chyba że pobudzą je umyślnie, wieścią przez siebie samych wymyśloną i podaną. To jest właśnie owa chytra technika prowokacji.

Ale młodzież, ta dobra młodzież, myśląca i czująca, nie wyłącznie „big-beatowa" (że też musimy przejmować z Zachodu to co najgorsze – długich damskich płaszczy też już coraz tu więcej – ohyda!), otóż ta młodzież nie chce wierzyć, że istnieje tylko prowokacja, sztuczne walki, będące odblaskiem jakichś taktycznych rozgrywek na szczytach partyjnej hierarchii. Rozmawiałem wczoraj z młodymi ludźmi z prowincji, którzy do dziś żyją „Marcem 1968", uważając, że ówczesne fermenty młodzieży są dalej aktualne – na prowincji rzecz była całkiem spontaniczna, o elementach prowokacji w ogóle tam nie myślano. Bardzo mnie podniosła na duchu ta rozmowa, tyle że przyszedł Paweł i zaczął główić o szkodach, jakie przyniósł ów Marzec, wyrzucając z siodła mnóstwo ludzi dorzecznych, a osadzając na ich miejsce aparatczykowskich dzierżymordów. Czyżby więc echa dawnych dyskusji między pozytywistami a powstańcami? Słowem – sprawy odwiecznie polskie? No tak, bo tu w końcu dalej Polska, tyle że oprymowana teraz przez tylko jednego sąsiada, jako że drugi już z tonu spuścił: właśnie „bawi" u nas NRF-owski wicekanclerz Scheel i lada chwila podpisze porozumienie. Znajomi niemieccy dziennikarze mówią, że go już mają po uszy, że taki sam nudny jak nasz Jędrychowski. Tak to straszliwa a niepotrzebna tragedia sprzed lat trzydziestu groteskowy zgoła ma finał. Ależ figlarka z tej pani Historii!

17 listopada

Na 11 listopada w prasie nie było ani złamanego słówka, że to przecież rocznica odrodzenia państwowości polskiej. Tyle głupawych komunistycznych galówek obchodzą, a o tym ani słowa. Świństwo i granda, wracamy pod tym względem do epoki najgorszej. W ogóle najgorsze są ich postępki w dziedzinie historii i oświaty, przy czym co pięć lat zmienia się koncepcja określająca, jak by tu polskość „ustawić", wobec czego zmieniają się programy szkolne, propaganda, wszystko. Ponury typ, „profesor" Henryk Jabłoński realizuje te rzeczy – niby to dawny pepeesowiec, w rzeczywistości komunistyczna wtyczka w dawny PPS – łgarz i fałszerz. A pomyśleć, że można by przecież jakoś sensownie ustawić pogląd nowej Polski na swą historię i kulturę. Nastąpiło przecież przemieszanie w jakiś sposób konieczne i ożywcze: mamy miliony nowych Polaków, czy to ze Śląska, Pomorza, Opolszczyzny, czy też z dawnych chłopskich kresów, ludzi świeżych, bez tradycji, których dałoby się natchnąć najpiękniejszymi tradycjami kultury polskiej. No ale jakże to zrobić, kiedy rządzą tumany i nieuki, do tego zmienni niczym pogoda. Przy tym dzieł polskiej historiozofii, ideologii, filozofii w ogóle na rynku księgarskim nie ma: ani narodowej filozofii Libelta, Cieszkowskiego, Trentowskiego, ani dzieł historycznych (Askenazy, szkoła krakowska, Handelsman), ani dzieł socjalistycznych (!), ani endeckich żadnych dawny dzieł politycznych – w ogóle nic takiego na rynku nie ma. Jakiegoż więc poglądu mają nabrać na kulturę i historię młodzi Polacy, gdy do tego durnawy pan Jabłoński zmienia im programy szkolne i uniwersyteckie co parę lat. Rozpacz w kratkę! Co prawda Henio twierdzi, że w bibliotekach naszych więcej jest jednak książek europejskich niż w jakimkolwiek innym kraju „socjalistycznym" i że kto chce czegoś szukać, ten znajdzie. Możliwe, że jakaś zakonspirowana elita jest, ale masa ujęta w ramy oficjalnego życia narodowego strasznie mizerną i załganą dostaje strawę – traktuje się ogół per nogam – przykład z 11 listopada jest charakterystyczny. Co prawda w tym wypadku rzecz nie jest wynikiem nonszalancji, lecz premedytacji: trzeba wyrzucić z głów ślady dawnych dziejów, wszak dla komunistów historia zaczyna się od nich samych, z tym że i swojej krótkiej historii też nie szanują, naginając ją tak i siak według meandrów taktyki politycznej.

U nas tymczasem, mówiąc z innej beczki, w najlepsze trwa walka z rzemiosłem – bierze w niej udział cała prasa, widać nakaz przyszedł z góry. Czy przy kryzysie, jaki panuje, nie mają oni większych zmartwień? Nawet „publicyści" chcący bronić rzemiosła, ci z prasy Stronnictwa Demokratycznego, zaczynają od potępiania prywaciarzy, którzy produkują, a więc wyręczają przemysł państwowy, bo tłumaczą ci biedni obrońcy, że człowiek prywatny czy spółdzielca może „świadczyć usługi", ale broń Boże, żeby coś produkował, a już najgorsze nieszczęście byłoby, gdyby dużo zarabiał. Człowiek zamożny to hańba i obraza dla narodu, „kominy" (wysokie dochody) niszczy się domiarami, podatkiem „wyrównawczym" (stosowanym według widzimisię, głównie w Warszawie), istnym państwowym rabunkiem. A skutek tego? Nie można naprawić czy wyremontować najprostszej rzeczy, w fabrykach przestoje, bo brak drobnych części, których nie opłaca się produkować przemysłowo, za to kto chce kraść, ten kradnie w najlepsze. Chodzi bowiem tylko o jedno: żeby nie bogacić się p r o d u k o w a n i e m, gdyż to jest niesocjalistyczne. Kraść – owszem, to nie narusza doktryny, ale czerpać pieniądze z samodzielnej produkcji to po prostu zgroza. I powiedzcie mi, czy jest na świecie coś głupszego niż ten nadwiślański socjalizm? Wymyślono toto gdzieś tam, a nad Wisłą owocuje bzdura i dziwoląg. Ha!

21 listopada

A więc ogłoszono już tekst porozumienia z NRF-em. Muszę powiedzieć, że tekst jest nader jednoznaczny, powołujący się na Poczdam, znacznie dalej idący niż to co szkopy zawarły z Moskalami. Ten tekst to niewątpliwie – co tu gadać – duży sukces Gomułki, „ukoronowanie kariery", jak napisał w „Mondzie" Margueritte. Nie przepadam za towarzyszem Wiesławem, ale powiedzieć trzeba, że w tej dziejowej koleinie rzeczywiście udaje mu się nieraz wynegocjować dla Polski to, co jej się należy (przyjąwszy już oczywiście za pewnik, że nie należy nam się Lwów i Wilno, a za to Wrocław i Szczecin – co Brandt z Scheelem uznają z dziwną zaiste pokorą). Tak więc Polska Ludowa ma tu sukces i to dość samodzielny, oddzielony wyraźnie od tekstu moskiewskiego. Żebyż tylko ustrój nie był tutaj tak idiotyczny! Ale i pod tym względem znajdują się u nas optymiści. Twierdzą oni, że wizyta naszych władców w Bukareszcie jest również manifestacyjnym gestem samodzielności wobec Rosji, że otrzymamy teraz pół miliarda marek pożyczki z NRF-u i że będzie można zmieniać strukturę gospodarczą dowolnie, Moskwa rzekomo wszystko przełknie, aby tylko robić rzecz po cichu, nie z krzykiem jak Czesi. Słowem mój stary projekt, aby założyć klub zwolenników likwidacji socjalizmu bez zmiany nazwy... Marzenia, marzenia... Gomułka na pewno takich planów realizować nie będzie: terytorium i pewnego typu partyjna suwerenność Polski bardzo leżą mu na sercu, za to ustrojowo i gospodarczo jest to już człek skostniały i nie sądzę, aby mógł coś zdziałać w tej dziedzinie – na tym bądź co bądź trzeba się choć trochę znać. Nie widzę na partyjnej górze człowieka zdolnego do przeprowadzenia rzeczywistych reform systemu produkcyjnego, a to, co jest, przecież trwać nie może: bałagan i marnotrawstwo panują straszne, a ów cały system „bodźców" zachwalony przez Jaszczuka poplątał wszystko jeszcze gorzej. I pomyśleć, że o godzinę drogi samolotem w straszliwych krajach burżuazyjnych produkcja idzie jak złoto, sklepy uginają się pod wszelkiego rodzaju towarem, ludzie zaś wiedzą przynajmniej, po co pracują. Że tam jest nierówność? Owszem, prawda – ale może lepsza bujna nierówność niż jałowa i absurdalna „równość"?! No, ale po cóż zaczynać całą dyskusję „ab owo", jeśli to do niczego nie prowadzi. Racja nierealna, pozbawiona jakiejkolwiek egzekutywy, to rzecz wysoce drażniąca – dlatego pewno ludzie u nas już nie dyskutują ani nie zastanawiają się – robią, co się da, kombinują, owszem, ale broń Boże próbować zmienić coś zasadniczego – wiadomo, że za to można stracić wszystko, zmarnować całe życie – to jest karane najciężej. Oczywiście – u młodych. Na nas, starszych, których dotąd nie udało się przekonać ani złamać – machnięto ręką. Machnięto nawet w gruncie rzeczy dość wspaniałomyślnie – a niech sobie zdechną, aby tylko nie pisali, nie gadali, nie mieli na nic wpływu. Bieńkowski próbuje się z tej przymusowej emerytury wyłamać – ciekawym, co z nim będzie. Pewno nic takiego – zginie w samotności, bo „nas" nikt nie popiera – Zachód także nie: tam jest moda albo na komunizm, albo na współpracę z Rosją. Wbij zęby w ścianę! Trzeba po prostu... przyzwyczaić się, a potem pokochać Starszego Brata. Bo najciężej żyć na świecie człowiekowi nie przyzwyczajonemu.

Dużo mam kłopotów z grypą, która mnie gnębi, a tu wybieram się do Katowic na nagranie „Divertimenta", potem na dwa dni do Krakowa, choć bardzo już nie lubię rozmów w „Tygodniku". Brałem udział jako świadek w sprawie rozwodowej Jurka S., podobno spodobałem się sędzinie (!), choć mówiłem sztywno i z tremą. Pomyśleć, że to ja ich ożeniłem, a teraz ich rozwodzę – ale cóż, ta cała Bożenka siedzi wciąż za granicą i zepsuła mu życie – idiotka. Potem byliśmy na śniadaniu z mecenasem B., który opowiadał ciekawe rzeczy o Piaseckim i sprawie zabójstwa jego syna – do dziś nie wyjaśnionej. PAX ma zresztą złą passę – niszczą go finansowo, częściowo w ramach walki z Moczarem, częściowo, bo „wychylili się" politycznie, sprzeciwiając... dogadaniu się z Niemcami. Jeszcze raz, gwoli sprawiedliwości, stwierdzić muszę, że to dogadanie to naprawdę wielki sukces Gomułki. Przy niechętnym Ulbrichcie i dwuznacznych Rosjanach wywalczył, co się dało. Po raz pierwszy Niemcy uznały naszą granicę zachodnią i fakt spolszczenia Wrocławia i Szczecina (miast przedtem czysto niemieckich, o czym się zresztą nie mówi). Jeśli opozycja CDU nie przeszkodzi i układ zostanie ratyfikowany – to będzie w naszych warunkach wielka rzecz. Obyż tylko Wiesio, „ojciec ojczyzny", zadowolił się sukcesem i przeszedł na zasłużoną emeryturę! Szczerze mu tego życzę – choć co prawda, kto ma przyjść po nim? Kwadratura koła!

26 listopada
Jestem w Katowicach – lubię to miasto, zresztą lubię każde polskie miasto, gdzie życie toczy się bardziej na serio niż w Warsza-

wie. Tutaj ludzie są zasiedziali, poważni, wiedzą, że mają do czynienia ze sprawami serio, nie na przykład z hutą „Warszawa". Biedna swoją drogą ta nasza stolica, którą Gomułka napchał wykorzenionymi mazowieckimi chłopami, sądząc, że na tym polega wielkie miasto. Nawet i urbanistycznie Katowice są bardziej na serio niż Warszawa – nowe centrum ma swoją solidność i monumentalizm, także „uszy słonia", jak nazywam pomnik Powstańców Śląskich. Tylko dworzec wciąż się nie może wykokosić z niebytu – monumentalne fragmenty obok prowizorki gorszej niż w warszawskim dworcu autobusowym na Żytniej. Ale Polska tu jest nie gorsza niż w Warszawie – nawet gwary śląskiej już się nie słyszy. Kobiety mają specjalny wdzięk pracowitości i uległości – o cholera, o czymże ja tu piszę!

Nowy młody dyrektor Orkiestry Radia i Telewizji (WOSP) Kazimierz Kord (młody – lat 40, ale wygląda jak szczeniak) nagrywa mi moje „Divertimento" na flet i orkiestrę kameralną. Kord bardzo się stara i bardzo skorzystałem słuchając, jak prowadzi próbę, ale trochę to nieporozumienie, bo utwór jest już stosunkowo stary (1964), napisałem go po trochu, aby pokazać, że stać mnie na wyrafinowanie, jest za trudny (rytmika), a jednocześnie „treściowo" nieco błahy i nie wiem, czy warto się nad nim wysilać (trwa 6 minut). Inna rzecz, że miejscami brzmi doskonale, a Kord twierdzi, że dobry jest dla orkiestry jako „szkoła fechtunku". To samo mówił kiedyś Krenz o moim, nagrywanym tutaj „Perpetuum mobile", gdzie też każda grupa instrumentów miała swoje specyficzne pole do popisu. Jakiś ze mnie kompozytor treningowy i uboczny – choć może to i dobrze, Irzykowski to polecał.

Z Kordem miałem ciekawą rozmowę, ale nie mogę o niej w tej chwili pisać, bo jestem trochę ubzdryngolony: jadłem kolację z wódką (samotną) w hotelu „Katowice", obserwując arcyzabawny dancing. Mieszkam w tym hotelu, w świetnym pokoju z łazienką, i rozumiem, dlaczego hotelarstwo rozwija się u nas tak powoli. Zaopatrzenie pokoju jest wspaniałe, dzięki czemu budowa musi trwać długie lata – a tacy Bułgarzy budują szybko hoteliki proste, z prysznicami – i opłaca im się to.

Z powodu „ubzdryngolenia" nie mogę też w tej chwili napisać o innych tematach, które się bardzo proszą, na przykład o czytanych właśnie pamiętnikach Dobraczyńskiego (wzruszający, choć odstręczający idiota), o 11 numerze paryskiej „Kultury" z nową porcją sprawy żydowskiej, o filmie „Struktura kryształu" i przedziwnej głupocie komuchów. O tym wszystkim napiszę może w Krakowie, dokąd stąd jadę, a na razie walę się na luksusowy hotelowy tapczan – za oknem iluminacja katowickich drapaczy i szum uliczny, inny niż w Warszawie.

27 listopada
Dziś rano spotkałem się tu z kompozytorem Góreckim, wspominaliśmy sobie Witów i góralszczyznę. Górecki rozwiewał, jak mógł, moje dobre mniemanie o Katowicach, powiedział, że właśnie tutaj życie jest głupie i nudne, ludzie zblazowani, kulturalna pustka. Przyznał tylko, że nastąpiło wymieszanie ludności, czyli integracja (czy to dobrze czy źle?) i że o Ślązakach właściwie już nie ma mowy. Wczoraj wieczór łaziłem po ohydnych starych podwórzach, ciemnych, pruskich, przedwojennych (sprzed I wojny oczywiście), ohyda, ale jest w tym jednak jakiś smak przeszłości – choć pewno miłość do przeszłości za wszelką cenę to już jakaś starcza perwersja, ale nie wyrzekam jej się – to w końcu narkotyk, a jakżeż żyć bez narkotyków?

Po rozmowie z Góreckim pojechałem tramwajem do Parku Kultury w Chorzowie, po drodze oglądając giganty huty „Baildon". Park zrobiony z ogromnym rozmachem i nowocześnie, dziwaczne przestrzenne posągi czy pomniki (bardzo dobre), Stadion Śląski brzydszy od warszawskiego, ale bardziej pakowny, milczące dziś wesołe miasteczko wręcz znakomite. A jednak dają oni w *circenses* górniczemu ludowi – a Gierek się puszy. Byłem jedynym zwiedzającym, jedynym w ogóle człowiekiem w promieniu 10 kilometrów. Biegałem sobie po prowadzących w pustkę asfaltowych alejach, wokół mgła, bo dzień dzisiaj stylowy, ciemny, mglisty. Wróciłem do hotelu zachwycony, podziwiając po drodze rozbudowującą się wspaniale dzielnicę „Koszutka". Mówcie, co chcecie, ale nie robi ona wrażenia takiej tandety materiałowej jak warszawska Ściana Wschodnia.

Ciągle mi siedzi w głowie listopadowy numer paryskiej „Kultury". Jest tam ogromny artykuł Kamili Chylińskiej, dawnej wydry dziennikarskiej z „Życia Warszawy" (ma ona jednak trochę przyzwoitości i nieco się za swój dawny stalinizm kaja – nie to co Unger), artykuł będący podsumowaniem ankiety, przeprowadzonej przez tęże Chylińską wśród „pochodzeniowych" emigrantów po

Marcu 1968. Muszę powiedzieć, że przy czytaniu szlag człowieka może trafić, gdy na przykład jakiś facet stwierdza, że Marzec 1968 to był dla niego największy wstrząs, jaki przeżył w Polsce Ludowej, wstrząs, dzięki któremu przejrzał na oczy. Największy wstrząs! A więc nie pogrom w Kielcach, nie rozstrzeliwanie i więzienie akowców, nie procesy generałów, nie mianowanie Rokossowskiego marszałkiem Polski, nie uwięzienie Gomułki, a potem Wyszyńskiego, nie wypadki poznańskie 1956, lecz właśnie akurat tylko Marzec 1968. Bo wtedy akurat o n i dostali w dupę. Spora to przesada w demonstrowaniu swego skrajnego egocentryzmu, no a już ogromna przesada ze strony Księcia, że od dwóch lat drukuje z Polski niemal wyłącznie materiały tyczące się tej sprawy. Rozumiem, że kwestia odrodzenia się antysemityzmu w Polsce jest sprawą specjalnie bolesną i złożoną, prowokacja moczarowska sprawiła, że krzyżują się tutaj pewne istotne wektory polityczne (prowokacja moczarowska, a z drugiej strony państwo Izrael i sytuacja na Bliskim Wschodzie). Rozumiem też niezwykły symbolizm losu grupy Żydów, którzy pozwolili kiedyś dać się zaprząc do najgorszych stalinowskich działań (prokuratura, sądownictwo, cenzura, UB), po latach zaczęli się łamać przed powszechną nienawiścią społeczeństwa, czując jednocześnie, że perfidna Rosja też cofa im poparcie, próbowali liberalizować, dzieci im się zbuntowały, chciały okupić „grzechy ojców" – dalszy ciąg znamy. To wielki temat dla pisarza, sam go może jeszcze podejmę, ale przecież nie jest to temat w powojennej historii Polski jedyny. Tymczasem właśnie ci ludzie wypuszczeni przez Gomułkę wyjechali na Zachód, ci ludzie umieją pisać i oni to właśnie wypełniają łamy „Kultury" „smoncesem", jak mówi Henio. Jest to spaczenie perspektyw społecznych, toć wiele tu innych grup i środowisk dostało w dupę (choćby dawni Mazurzy, co, szykanowani, powyjeżdżali do NRF), tyle że nie mają swoich bardów. W dodatku problem powojennych Żydów-komunistów nie łączy się nawet bezpośrednio ze straszliwą tragedią 3,5 miliona Żydów polskich za Hitlera. O tym wymordowanym, zgubionym społeczeństwie prawie się już nie mówi, za to o „wyalienowanych", partyjnych polskich Żydach mówi się w „Kulturze" ciągle, do tego nader jednostronnie i tendencyjnie – jakby wręcz z jakimś celem. Dziwaczny robi się ten Książę, ale nie mogę mu tego wytłumaczyć. Za to Władzia Bieńkowskiego drukują dalej (o rolnictwie) – to lubię, to mi się podoba!

2 grudnia

Nagrałem więc w Katowicach moje „Divertimento", potem byłem w Krakowie bawiąc się nieco z „tygodnikowcami" – niezbyt wiele skorzystałem, bo trochę to nudnawe, choć sympatyczne i przyzwoite środowisko. Utrzymują mnie, a ja niezbyt im jestem chętny – to pewno nieładnie, ale cóż robić – powierzam wszakże moje uczucia czy raczej brak uczuć tylko temu prywatnemu i tajnemu dziennikowi. Jakoś z Jerzym nie odnajduję kontaktu – i chyba nie odnajdę. Obciążam go winą za to, że „Tygodnik" nie wykorzystał swej wielkiej szansy i roli, stracił znaczenie, stał się pospolity – oczywiście na swój sposób – ale pospolity. Czy to wina Jerzego – trudno orzec, pewne jest jednak, że zaabsorbowany podróżami i soborami nie przyłożył się do tej polskiej sprawy jak należy, a i z prymasem zadarł czort wie po co. Skutek – pismo nijakie i nikogo ani nie reprezentujące, ani nawet nie drażniące. Przestało być symboliczną choćby opozycją wobec komunizmu, jęło pisać „soborowo", to znaczy pojednawczo i mętnie, niby jacyś paksiarze. Oczywiście, ton inny, ale melodia podobna. Smutne i mało sensowne. Tak jak i podróże papieża po Filipinach i Australii, gdzie coraz to ktoś go próbuje zarżnąć. Jakiś kompleks winy i niższości wstąpił w dzisiejszych katolików, wcale się już nie czują nosicielami prawdy wiecznej. A kompleksy donikąd nie prowadzą, ośmielają tylko wrogów – *vide* przegłupie „Argumenty".

À propos PAX-u to obchodzi on obecnie swoje 25-lecie, stąd wiele samochwalstwa, miejscami wręcz obłędnego, na przykład w przemówieniu Ola Bocheńskiego, który robi z Bolesława jakiegoś katolickiego męża opatrznościowego, a tych, co się z nim nie zgadzają, oskarża właściwie o inspirowanie zabójstwa jego syna, dając przy okazji do zrozumienia, że był to rozgałęziony spisek inspirowany przez Żydów, czego zresztą wprost nie mówi. Bolesław według Ola to jedyny z przedwojennych „przywódców narodu", który zrozumiał, że trzeba iść z Rosją i drogą „socjalizmu". Cacy, cacy, wszyscy w końcu zrozumieli, że „trzeba" (jak mus, to mus!), ale dlaczego trzeba przy tym także tyle łgać i to na co dzień, każdej chwili, każdej godziny? Komunizm zmusza nas wszystkich do nieustannego dawania fałszywego świadectwa, ale ani Bolowi, ani Olowi nic a nic to nie przeszkadza. Nie przeszkadza to również Jasiowi Dobraczyńskiemu, którego wspomnienia „Tylko w jednym życiu" właśnie przeczytałem. Istne tam są arcydzieła obłudy i dyskretnego zakłamania, choćby w łgarskim opisie historii przejęcia przez paksiarzy naszego „Tygodnika". Lejąc krokodyle łzy nad niedobrymi ludźmi wokół, nasz Jaś sam jeden tylko wychodzi na anioła, choć taki jest niby ogromnie skromny i pokorny. Dużo w tej książce endeckich świństw (endek, który postanowił służyć komunistom i uzasadnić to *ex post*), dużo tendencyjnych nieścisłości, które mógłbym na przykład ja sprostować, ale mi nie wolno. Czy ktoś odpowie choćby drwiną na tego nowego „Podfilipskiego?" Wątpię – cenzura nie puści i mało kto by się podjął. Pozostaje tylko problem, czy nasz Jaś to świnia czy idiota? Rację ma chyba J. twierdząc, że jedno nie wyklucza drugiego.

A zarazem w książce tej dużo jest materiału faktograficznego, cennych i ważkich przypomnień, tyle że w kontekście całości wszystko to traci swą wartość. Kłamstwo jest jak ów balzakowski kwas pruski, którego kropla zatruje całe wiadro wody. I znów świadectwo fałszywe jak „literaci" Putramenta. Ale zdaje się, że innych świadectw z naszej epoki tutaj nie będzie, a znów emigranci są daleko i stracili z naszym losem kontakt, więc też nic nie napiszą. Kto więc napisze, może ja? Ale czy dam radę, czy wystarczy sił, pamięci, wiedzy?

Powinienem jeszcze zanotować z Krakowa rozmowę z Mieciem Tomaszewskim – zarzucał mojej „hanslickowskiej" estetyce muzycznej nierzetelności, ba, nieuczciwość, że ignoruję odkrycia muzykologiczne udowadniające, iż każda fraza muzyczna w epoce Bacha miała określone znaczenie semantyczno-uczuciowe. Ale co to ma do moich rozważań? Ja nie neguję, że impulsu twórczego dostarczyć mogło kompozytorowi przeżycie uczuciowe lub myślowe, twierdzę tylko, że po latach, jeśli utwór nie ma słownego komentarza czy tekstu, jego treści semantyczne obumierają dla nas, a uwypuklają się wartości formalne, do których trzeba szukać klucza innego. Ja chcę muzykę wywyższyć, nie pozwalając ograniczać jej do roli ilustratorskiej – muszę to Mieciowi napisać. On ma zresztą do mnie ukryty żal, że nie cenię muzykologów – cóż zrobić, kiedy prawda. Nic z nich nigdy nie skorzystałem, podczas gdy tyle się nauczyłem od estetyków jak Ingarden czy Adorno!

W Krakowie dzieci szkolne witały trójkolorowymi chorągiewkami premiera Francji – Chaban Delmasa. Ileż obłudy w tej nagłej „przyjaźni". Spotkałem wczoraj na ulicy Staszewskiego i powiedziałem mu, że Rosja będzie hegemonem Europy, dlatego to pielgrzymują na wschód Francuzi i Niemcy. Wiadomo: Pan Bóg i Ameryka daleko, za to Rosja blisko. Wściekł się bardzo – nie w smak mu teraz taka prosta prawda.

Lidia nie wraca i nie pisze, ale już jej się kończy termin, więc tylko jej patrzyć. Czegoś się może dowiem – ciągle człowiek na coś czeka. A chwile lecą – jakże jesteśmy rozrzutni!

7 grudnia

Nie ma ciągle ani Lidii, ani listu od niej – nawet się już niepokoję, ale jutro kończy się jej paszport, więc chyba lada moment się zjawi. Wczoraj za to objawił się Marian Eile – więc jednak wrócił! Powiedział, że zrobił to dla Janki, inaczej zostałby w Paryżu, którym się zachwyca, choć narzeka, że walka o miejsce, o byt jest w kapitalizmie ciężka. Postuluje jakąś szwedzką formę socjalizmu, o Polsce mówi z niesmakiem. Opowiada, jak miał dosyć „Przekroju", gdzie wciąż zapowiadano reorganizację, połączenie z innymi pismami, wylanie redaktora etc., nie dawano pieniędzy ani papieru, nie pozwalano pracować. Mówi, że musiał się duchowo wyrzygać, zrobił to w Paryżu, teraz zamierza żyć ze scenografii i żartobliwych książeczek – jedną nawet zaczął już pisać („Myśli wielkich ludzi i psa Fafika o muzyce"). Ciekawym, czy mu pozwolą żyć – w każdym razie wypadek jest oryginalny, nietypowy, bo na ogół nie w tym kierunku ludzie dziś jeżdżą. A nie wierzyłem w jego powrót i wielu ludzi nie wierzyło. Mieszka dalej u siebie, czyli u Kasi, jak mówi, „dla ratowania mieszkania". O Jance powiedział, że się roztyła i że musi nad nią „popracować". Ciekawe – w końcu odważny facet.

Byłem u Stommy na przyjęciu dla Skalników – Skalnik, wiedeńczyk, dawny redaktor katolickiej „Die Furche", nasz przyjaciel, jest dziś sekretarzem prasowym prezydenta Austrii. Człowiek inteligentny, z dużą sympatią dla słowiańszczyzny i wyczuciem naszych problemów – więcej wie, niż mówi. Stach jowialny i dowcipny, choć trochę już jednotonny. Dziś jest w Warszawie Brandt, podpisuje ratyfikację porozumienia. To jednak nie byle co! Stach ma w tym jakiś swój udział, ja poniekąd też, choć nikt już o tym nie pamięta. Ale dzieci szkolnych dla witania Brandta nie zebrano – pojedzie przez szare grudniowe ulice. Wolałbym co prawda, żeby uznanie granic podpisywał nam jakiś niemiecki polityk prawicowy i żeby ze strony polskiej nie występowali komuniści. No ale bądź co bądź Cyrankiewicz, więzień Oświęcimia – to także brzmi nieźle, choć taki z niego filut. A gdyby w Polsce nie rządzili komuniści, toby pewno Niemcy gówno nam podpisali: boją się Rosji, oto sekret. Marzenia o tym, że po ustaniu granicznego szantażu Polska stanie się bardziej niezależna od Rosji, to tylko marzenia. Na karku siedzi przecież jeszcze utrapiony Ulbricht, sytuacja gospodarcza zła – Gomułka w ostatniej mowie na Barbórkę okropnie jęczał, że brak mięsa, że bilans handlowy, że zadłużenie dewizowe etc. Nie bardzo wiem, jak te dudki z tego wybrną. No ale w sprawie granic mają sukces – to nie ulega wątpliwości, trzeba być sprawiedliwym.

Mam kłopot duchowy z tymi pamiętnikami Dobraczyńskiego: cóż to za pomieszanie obłudy i krętactw z rzeczami bliskimi sercu, arcypolskimi. Powstanie, okupacja, czasy powojenne – przeżył wszystko to co ja, a jednocześnie pokazuje to w jakimś krzywym zwierciadle małości, wciąż chciałoby się coś prostować czy dopowiedzieć. Na przykład próby tworzenia „partii katolickiej" w roku 1947 – pamiętam to doskonale, brałem w tym udział, chodziłem do Hlonda, brałem udział w słynnym bankiecie u ks. Dąbrowskiego, po tym jak Hlond, podmówiony przez Mikołajczyka i ambasadę angielską, cofnął poparcie całej imprezie. Mikołajczyk sądził, że wygra wybory, więc nie ma się co wdawać w jakieś machlojki katolickie z komunistami – rzeczywiście, PSL wybory wygrało, tyle że gigantyczne oszustwo wyborcze zmieniło wynik na przeciwny. O tym nasz Jaś katolik nie wspomina, jak również i o tym, że wielu uczestników rozmów (z różnych kół: od endeków aż po dawne „Verbum") nie chciało Bolesława, uważając go za agenta Bezpieczeństwa. Wiem, że o wielu rzeczach nie da się napisać, bo cenzura, ale za to nasz Jaś korzysta z nietykalności przy przeróżnych donosikach i łgarstewkach. Taki to katolik, co modli się wciąż pod figurą, ale swoich spraw pilnuje wcale nieźle a bezwzględnie, choć z nielichą obłudą. No i na temat swojego pisarstwa ma manię – zawsze uważałem, że grafoman to niekoniecznie jest ten, co źle pisze, ale przede wszystkim ten, co za wszelką cenę musi drukować. A Jasio musi! Dał w końcu w swej książce jakiś rodzimy obraz – tyle że i rodzimego smrodu wcale a wcale nie poskąpił. Choć pewno wcale o tym nie wie – to właśnie jest zdumiewające!

14 grudnia
Cały tydzień nie pisałem, a był to tydzień niebywałego u nas zamętu. Lidia wróciła z Paryża, opowiadała masę historii, po War-

szawie kręcił się w kawalkadzie motocykli kanclerz Brandt z Cyrankiewiczem (podpisano układ), wreszcie przyszła przedświąteczna podwyżka cen – do tego masę innych zdarzeń, jak nagła śmierć pułkownika Nadzina – wszystko to toczyło się wokół, a ja w tym zamęcie kończyłem wyciąg fortepianowy dla Amerykanina. Zamęt zaś był wręcz kosmiczny.

Więc po kolei. Lidia wróciła zmartwiona po trochu Wackiem. Choruje na nerki, pije, siedzi w długach, pracują mało – niewesoły to obraz. Do tego uwięźli w specyficznym, polsko-żydowskim środowisku ludzi wykolejonych, zawieszonych między Wschodem i Zachodem, w rezultacie zapijających się i wegetujących. Niezbyt to korzystne dla rozwoju Wacka, w dodatku zdrowie ma złe – szczęście, że choć przebrany za hipisa nie wdał się w to na serio. Ale i tak żyje okropnie, nawet posiadanie ładnego „atelier" z fortepianem sytuacji nie poprawia: żyją od jednej chałtury do drugiej i tyle.

Lidia widziała mnóstwo znajomych z emigracji starej i nowej – wszystko żyje myślą o Polsce, choć jej nie zna i nie rozumie. Liczą na zmianę, nie wiem jaką, a ludzie Zachodu mają ich głęboko w dupie, chyba że, jak Lebenstein, wskoczą na jakieś miejsce eksponowane – Francuzi, jak mówi Eile, zawsze mieli w Paryżu do robienia sztuki „murzynów" – Rosjan, Żydów, Polaków. Największą karierę i sławę zdobył Polański, „pomogła" mu walnie zbrodnia, popełniona na jego żonie – o tym na Zachodzie wie każdy. Głupi ten Zachód a już Francja to kurwa, gotowa lizać d... każdemu. De Gaulle nastawił kierunek tego lizania na Rosję, a im w to graj. Podobno Książę roztkliwiał się nad śmiercią de Gaulle'a. Niemądry.

Więc Lidia opowiadała historie (często wychodziliśmy w tym celu na spacer, bo w domu, ze względów wiadomych, nie na wszystkie tematy się rozmawia), a tu po Warszawie „szalał" Brandt. Składał kwiaty przy Grobie Nieznanego Żołnierza, klękał przed pomnikiem Bohaterów Getta, występował na konferencjach prasowych, przy nim jak cień nieodstępny – łysy Cyrano. Mamy więc ów niewątpliwy sukces polityczny, lecz wciąż się zastanawiam, co ma z tego NRF. Pan D. [Stanisław Dobrowolski] z Ministerstwa Spraw Zagranicznych twierdzi, że Brandt chce odegrać decydującą rolę w sojuszu zachodnim, dlatego postanowił uporządkować sprawy Wschodu, aby tu nikt już nie mógł o nic oskarżać. Hm. Nie całkiem to jest logiczne, boć jak dotąd niewiele posunął się do swego głównego celu – zjednoczenia Niemiec. Co prawda ludzie przebąkują, że

Ulbricht jest już mocno zachwiany i ma być „zdjęty", ale cóż z tego – Rosja i tak nie popuści, nie ma powodu. Chyba żeby Chińczycy... Boże, te nasze odwieczne marzenia – słoń (żółty) a sprawa polska...

W dniu przyjazdu Lidii byłem akurat na przyjęciu u Austriaków, był tam Alfred Łaszowski i bardzo głośno wygadywał przeróżne herezje – nagadałem mu na Bolesława i coraz głupiejącego Ola Bocheńskiego – może im powtórzy. Na nagły i niespodziewany zawał zmarł pułkownik Nadzin, o którym tu pisałem, a znów Henio poszedł do Reginy [doktor Regina Hintz, siostra Lidii Kisielewskiej] do szpitala na badanie. No i wreszcie ukoronowanie dziwnych a nagłych wydarzeń: 13 grudnia natychmiastowa zmiana cen. Podwyżki są ogromne: mięso o jakieś 20%, ryby o 10%, masło, sery, drzewo, węgiel, koks, „za to" obniżka telewizorów, radia, plastiku, tkanin. Przed samymi świętami uderzono ludzi ogromnie, jakby chcąc wyraźnie zaznaczyć: wasze święta my mamy w d... Do tego jeszcze niezwykle głupi i krętacki komentarz PAP-u, umieszczony w całej prasie. Jest to po prostu zakamuflowana dewaluacja: mięsa i nabiału nie ma dosyć na rynku, a eksportować trzeba. Wobec tego podrożyć te rzeczy, a za to próbować wepchnąć ludziom techniczne buble, telewizory, etc. Zwykła plajta, bo z eksportem źle: nikt u nas maszyn i urządzeń nie kupuje, trochę statków, trochę wagonów, no i właśnie – żywność. A swoją drogą niewydolność naszej produkcji rolnej staje się już skandalem: toć uprzemysłowiony zachód Europy zalany jest masłem, mlekiem, serem, wręcz nie mają z tym co robić. Że też ci komuniści muszą zepsuć wszystko tak gruntownie, a uczyć się u nikogo nie chcą – co najwyżej bomby atomowej!

16 grudnia
Wszystko wciąż żyje pod wrażeniem podwyżki cen, były całe ruchy „tektoniczne", to w kierunku sklepów, to znów przeciwnie, mnóstwo też ludzi wpłacało (!) pieniądze na książeczki PKO, obawiając się zmiany pieniędzy. Krążą również pogłoski, że tę hecę zrobiono przed świętami umyślnie, aby skompromitować Gomułkę, z którym ktoś tam podobno walczy. Wszystko to są raczej bujdy, bo ludzie nic nie wiedzą – to społeczeństwo całkowicie jest przez rządzących lekceważone, poza tym zupełnie o istotnych problemach i trudnościach państwa nie informowane. Mają nas

gdzieś – co tu gadać. A sprawa czechosłowacka pokazała, że nawet jednolity zryw społeczeństwa nic w tym ustroju i w tej międzynarodowej konfiguracji nie daje – przeciwnie! Najgorsze i najgłupsze są wypowiedzi na temat owej podwyżki (zwanej w prasie „regulacją"). Jest ich sporo, bo odbyło się właśnie plenum KC poświęcone sprawom gospodarczym. Główne przemówienia – Gomułki i Jaszczuka (specjalista od siedmiu boleści) są rewoltująco głupie. Przewija się w nich ciągle twierdzenie, że ponieważ produkcja drożeje (!), więc państwo nie może dopłacać do towarów. Zadziwiające to zaiste twierdzenie – toć jak się państwu nie opłaci utrzymywać obywateli, to może by owo państwo zrezygnowało ze swej omnipotencji, ze swego wszechpośrednictwa i pozwoliło zwykłym ludziom wziąć się do pracy produkcyjnej? I dlaczego koszta produkcji (np. rolnej) wciąż wzrastają? W miarę mechanizacji koszta produkcji wzrastają?! A cóż to za dziwoląg? Tak samo nieprawdopodobnie głupie jest tłumaczenie, dlaczego nie ma ryb. Że mianowicie łowiska śledzi na Morzu Północnym są rabunkowo eksploatowane przez niedobrych imperialistów, że floty łowieckie są zawsze deficytowe, że za małe jest zaplecze przetwórcze (to jedyny słuszny argument, ale o tym mówi się od piętnastu lat w kółko) itp. Prawie jak w tym kawale: Dlaczego, gdy mamy większe niż przed wojną wybrzeże morskie, tak trudno jest kupić rybę? Odpowiedź: bo gdy więcej jest morza, ryba ma gdzie uciekać i trudniej ją złapać!

We wszystkich przemówieniach przewija się idiotyczna nadzieja, że jak poprawimy naszą produkcję maszynową, to będziemy mogli eksportować maszyny do krajów kapitalistycznych. Tę bzdurną nadzieję żywimy od lat, a jest to przecież, wobec naszego zacofania technicznego, istna utopia. Pod kątem tej utopii nastawiamy również od lat całe nasze życie gospodarcze, lekceważąc w dodatku takie murowane i doraźne wpływy dewizowe jak dochody z turystyki, z usług tranzytowych, z floty handlowej. Znowu stara komunistyczna teza, że tylko produkcja się liczy, nie zaś „nietypowe" usługi. Ale za produkcję nikt nam dewiz nie da, a węgiel oddajemy za grosze (z miedzią też coś mętnie). Do tego zrzekliśmy się, z powodów politycznych (?!), amerykańskich nadwyżek zbożowych, sprzedawanych nam kiedyś za złotówki – o tym to pan Gomułka nie wspomina licząc, że wszyscy zapomnieli. Krótkoterminowe pożyczki bankowe trzeba płacić, dużej pożyczki Brandt na piękne oczy i bez gwarancji nie dał, Ruś święta nigdy nie pali się do pomocy i w rezultacie – plajta, klapa, kryzys, krach, jak mówi Tuwim. Rzecz w tym, że Polska nie jest już krajem małym, lecz co najmniej średnim – 33 miliony ludzi nie może jakoś „przeczekać" komunizm jak Bułgaria czy Rumunia, mające w dodatku stały dopływ dewiz ze zorganizowanej dobrze turystyki, przemysł zaś jednak jakoś wyspecjalizowany, nie tak absurdalnie wielostronny jak u nas. U nas ów „szeroki front" przemysłowy zacofany, uzależniony od surowców rosyjskich i nierentowny musi pociągać za sobą niedowład ogólny, coraz słabsza zaś praca rolnictwa plus eksport artykułów spożywczych wytwarzają wręcz ogólny niedostatek konsumpcyjny. Do tego miliardy złotych na książeczkach oszczędnościowych też grożą wybuchem: zgromadzono pieniądz, za który nie ma co kupić. W sumie głęboka sytuacja kryzysowa, a nagła reforma cen robi wrażenie aktu histerycznego, który wywołać może nieobliczalne konsekwencje.

Co zresztą już się stało. Okazuje się, że wiadomości o rozruchach są prawdziwe: rzecz działa się w Gdańsku, był strajk, podobno podpalono KW, są zabici i ranni. Połączenia z Gdańskiem przerwane, słychać, że obowiązuje tam godzina policyjna. Nic pewnego dowiedzieć się nie można, bo nasza prasa i telewizja oczywiście milczą na ten temat (ich bezczelność nie ma granic), a „Wolną Europę" jakoś trudno złapać. W każdym razie coś się dzieje – doigrali się, bo tym razem, jak się zdaje, rzecz nie ma nic wspólnego z grupami inteligencji jak w roku 1968, lecz ma charakter czysto robotniczy. Ale ta ostentacyjność reformy i to przed samymi świętami, czy to przypadkiem rzeczywiście nie była prowokacja? Namówili na to Gomułkę, wiedząc, co z tego będzie, a on frajer „kupił", dał się nabrać? Hm.

Jak się zdaje, prasa zachodnia (bo słyszałem urywki radiowych komentarzy) twierdzi, że „regulacja cen" jest częścią planu reform modelowych u nas przedsiębranych i że opór ludności wzmocni wrogów reformy – konserwatystów, że też oni nic nie kapują i biorą każdą bzdurę poważnie! Ta Jaszczukowa reforma to nonsens: herbata nie zrobi się słodsza od samego mieszania. To, co mamy, to rezultat 25-letniego pomieszania pojęć na górze i biernej bezwzględności na dole. A imię jego: komunizm.

Jutro jadę do Katowic na nagranie, potem do Krynicy, gdzie spotkam się z Lidią. Chociaż właściwie licho wie, co będzie jutro?!

Nie cieszę się z tego zamętu, bo, jak to w Polsce, nic z niego dobrego wyniknąć nie może. Gdy doły zaczynają działać gwałtownie, to znaczy, że w celach sobie wiadomych poszczuł je ktoś z góry. A ponieważ życia politycznego nie ma, tylko tajne i tajemnicze rozgrywki wśród rządzących, więc na nic ciekawego nie oczekuję. W Polsce najłatwiej być Kasandrą, jak powiedział kiedyś Pruszyński.

17 grudnia

A więc były dwudniowe walki w Gdańsku, jest 6 zabitych i 150 rannych, z tego wielu ciężko. Podpalono szereg gmachów (wśród nich Komitet Wojewódzki), samochodów, wyrzucono oknem milicję, weszło w końcu do akcji wojsko, ale podobno wyraźnie oszczędzając robotników. Bo rozpoczęli wszystko robotnicy stoczni (partyjni, wraz ze swym sekretarzem!), którzy zastrajkowali z powodu nieotrzymania trzynastej pensji oraz z powodu wiadomej podwyżki cen. Ruszyli oni pochodem pod KW, wznosząc okrzyki przeciw Gomułce i podobno śpiewając „Międzynarodówkę" (zawsze to samo – nie rozumieją, że właśnie „Międzynarodówce" zawdzięczają to, co mają). Sekretarz wojewódzki był oczywiście „nieobecny", wyszedł jakiś jego zastępca i zaczął głupio głędzić, wobec czego dostał w ryja, po czym rozpętał się atak na gmach, walka z milicjantami i z ORMO itd. Na drugi dzień do akcji weszli oczywiście chuligani, walki były krwawe, straty podobno ogromne (mówią, że zniszczono też jeden z doków). Statki zagraniczne (głównie zachodnioniemieckie) otrzymały rozkaz odpłynięcia, aby nie podawały za granicę wiadomości.

Trudno się zorientować, co tam się dzieje teraz – podobno strajk w stoczni trwa, próbuje się też otwierać porozbijane sklepy. Nasza telewizja i radio odezwały się na ten temat po dwóch dniach, gdy cały świat trąbił już o tym na wszelkie sposoby, prasa zaś nasza podała komunikat dopiero dziś. Nie negują, że był strajk i sprawa socjalna, kładą natomiast nacisk na „męty" i chuligaństwo. Przypominają, że zmiana cen jest podyktowana „koniecznością uzdrowienia gospodarki", grożą represjami, a w ogóle, jak zwykle, informują minimalnie. Wczoraj w telewizji było trochę zdjęć, głównie popalonych autobusów. Podobno przy okazji spalił się też jakiś zabytek.

Jak zawsze w tym ustroju nasuwa się pytanie, o ile rzecz była spontaniczna, o ile zaś i w jakim celu sprowokowana. Jeszcze w październiku, gdy byłem nad morzem, mówił mi przecież Lasota o wzburzeniu w stoczniach, to samo mówiła Zagórska – zresztą od paru przecież miesięcy wciąż się mówi o narastającym niezadowoleniu mas i o pogotowiu milicji. Można sobie doskonale wyobrazić, że komuś zależy na skompromitowaniu Gomułki i obciążeniu jego konta krwią. No i to ostentacyjne podniesienie cen przed świętami – też zbyt głupie, aby nie było umyślne. Coś się w tym wszystkim kryje, ale nie dowiemy się co, zwłaszcza że nasza zakorkowana „prasa" o niczym nie informuje, a „Wolnej Europy" jakoś nie daje się złapać – aż dziwne. Wierzę w szczerość zrywu gdańskich robotników, podobnie jak w 1956 poznańskich, lecz na pewno wtedy jak i teraz działały podziemnie pewne elementy partyjne. A i Rosja też lubi takie historie – nuż uda się usunąć kogoś niewygodnego? Za plajtę gospodarczą obwinić można wszystkich (tylko nie głównego winowajcę – ustrój, który od 25 lat konstruuje otaczające nas absurdalne stosunki). Smutne to, bo nikt nie powie całej prawdy, na pozór zawiłej, w istocie uderzająco prostej, a poza tym nikt nam nie pomoże: Zachód będzie trąbił, ale i na tym swą rolę zakończy, boć przecież świat podzielony jest na strefy i nikt poza swoją strefą interweniować nie będzie. Żelazna to zasada i straszna.

Podobno Klisio pojechał do Gdańska „robić porządek" (jest tamtejszym posłem). Ciekawym, czy Wiesio się znowu obroni i co się tam dzieje za kulisami. Ciekawym, ale pewno nieprędko się dowiem – albo wcale. Na razie jadę do Katowic na nagranie, choć zupełnie mi to nie w głowie. „Każdemu to, na czym mu mniej zależy". Ale tym razem już chyba na mnie nie zwalą: mam alibi – he, he!

Nie sposób sprowadzać wszystkiego do prowokacji („system podejrzeń"), nie sposób jednak oprzeć się różnym domysłom. A rzecz była zapowiadana, to nie ulega wątpliwości. Czyżby nowa, zdeterminowana akcja „moczarowskiej opozycji"? Cholera wie. A chciałoby się wiedzieć! Do pisania tych notatek wrócę dopiero w Krynicy – może do tego czasu coś się wyjaśni lub przeciwnie, jeszcze bardziej skłębi?!

21 grudnia
Piszę już w Krynicy i już po wszystkim. Wczoraj odbyło się nagle VII Plenum KC, na którym usunięto z Biura Politycznego Gomułkę, Kliszkę, Strzeleckiego, Spychalskiego i Jaszczuka. Pierw-

szym sekretarzem został Gierek, do Biura ponadto weszli: Moczar, Szydlak, Olszowski, Babiuch, Jaroszewicz. Na zastępców członków Biura powołano Jaruzelskiego, Jabłońskiego i Kępę. (Ze starych członków Biura, oprócz Gierka, pozostali Cyrankiewicz, Jędrychowski, Loga, Kruczek, Kociołek, Tejchma oraz zastępca Jagielski). Wreszcie nowy sekretariat partii składa się, oprócz Gierka, z Babiucha, Barcikowskiego, Kociołka, Moczara, Olszowskiego, Starewicza (!), Szydlaka, Tejchmy. Osobno ukazał się podpisany przez pół tuzina profesorów medycyny komunikat o ciężkim stanie zdrowia Władysława Gomułki: zaburzenia układu krążenia i ciśnienia powodujące upośledzenie wzroku i ogólne przemęczenie. Tak to on nagle zachorzał – chi!

A więc dokonało się to, co w normalnym ustroju odbywa się przez wrzucenie kartki do wyborczej urny, w tym zaś systemie odbyć się może jedynie przez strzelaninę i krew (jest podobno 20 zabitych i 600 rannych, wiele budynków w Gdańsku, Szczecinie i Elblągu spalonych, zresztą dotąd nic pewnego dowiedzieć się nie można – podobno strajki okupacyjne w tych miastach trwały przez cały tydzień). Co oznacza ta zmiana? Ogólnie mówiąc zwycięstwo moczarowców, „partyzantów", którzy na świecznik i dla niepoznaki wzięli sobie Gierka, mającego opinię zdolnego technokraty i organizatora – nie jestem zresztą pewien, czy to opinia na pewno zasłużona. W swoim wstępnym przemówieniu (słuchałem go wczoraj wieczór w krakowskim hotelu „Francuskim"), przemówieniu nie wiadomo zresztą przez kogo napisanym, dosyć zręcznie wspomniał o „nie przemyślanych koncepcjach gospodarczych" poprzedniego kierownictwa, o potrzebie „ujęcia samokrytycznego", apelował do robotników i inteligencji, wspomniał o wierzących i niewierzących, użył słowa „rodacy". Ale nie ma się co łudzić, nie chodzi tu o Gierka. Za jego szyldem stoją Moczar, Jaroszewicz (człowiek rosyjski), Szydlak, Olszowski, no i tacy okropni „nowi ludzie" w Biurze jak Kępa czy Jabłoński – profesorek bez czci i wiary. Gierek to chyba tylko figurant, przejściowy. Ciekawe, co będzie z Cyrankiewiczem – czy temu frantowi jeszcze raz się uda czy nie? No i zostawili w Biurze Starewicza: to zabawne, nie chcą tym razem grać kartą „żydowską", na której tak głupio wyszli w 1968. Ma szczęście ten „piękny Artur", zwany przeze mnie „fagasem". Ale to jeszcze wszystko rzecz tymczasowa: zobaczymy, co będzie dalej. Na razie wzięli srogą pomstę na Wiesiu i w ten sposób skończyła się „epoka Gomułki". Muszę powiedzieć, że nikt go w społeczeństwie nie żałuje, choć przecież coś niecoś zrobił, wprawdzie i bzdur masę. Osiągnął wszak w końcu ów pakt z NRF-em, rządził względnie łagodnie (jak na komucha!), nie skolektywizował rolnictwa. Poza tym po 1968, gdy wzmocniła go sprawa czechosłowacka, nie zniszczył jednak swoich wrogów (Moczara i spółki), okazał się wspaniałomyślny, wobec czego oni dali mu w d..., wykorzystując jego nieznajomość rzeczywistych nastrojów (jakże drażnił ludzi swymi przemówieniami!), nieudolność gospodarczą, wysuwanie w tej dziedzinie takich zarozumiałych durniów jak Jaszczuk – wreszcie owo ostatnie, przedświąteczne prowokacyjne ogłoszenie zmiany cen, gdzie jednym tchem mówiono o podwyżce cen marmolady i mąki oraz obniżce samochodów „Fiat" czy telewizorów. Nie macie co jeść?! Kupcie sobie telewizor! I do tego te tasiemcowe kretyńskie wywody, że produkcja rolna jest dla państwa zbyt droga. Nie wiem, kto to wymyślił, ale brzmi to jak czysta prowokacja. No i oczywiście Gierek natychmiast stanął w obronie „rodzin najbiedniejszych", przeciw którym w pierwszym rzędzie kierowała się reforma. To się po prostu prosiło. Inna rzecz, czy będzie mógł coś zrobić – bo plajta polska wydaje się arcydotkliwa i bez jakichś pożyczek chyba nie da się nic zmienić. Winą głupiego Jaszczuka jest, że zamiast wprost to powiedzieć, rozwodził się talmudycznie o reformach i bodźcach, rozkoszował się tym, nie czując, że woda podchodzi mu już do gardła. Osioł. Za niego wylecieli i inni gomułkowcy: durny bufon Strzelecki, bałwanek bez znaczenia Spychalski, no i jedyna indywidualność – Kliszko, człek nerwowy, histeryk i podejrzliwiec, ale na swój sposób konsekwentny czy nawet uczciwy, jeśli o polityku komunistycznym coś takiego da się powiedzieć. No i Wiesio – rozdział sam dla siebie, którego zresztą wszyscy mieli już solidarnie dosyć.

Czy Ruscy też? Oto jest pytanie – wszak bez nich nic w końcu się nie dzieje. Może podrażniło ich zbyt samodzielne pertraktowanie z NRF-em? Przecież pierwszy depeszę gratulacyjną przysłał Gierkowi Ulbricht! A strajki i rozruchy? Czyż mogły się odbyć bez wiedzy i zgody organizacji partyjnych, czy to przypadek, że akurat na Wybrzeżu, blisko NRD, na przykład w Szczecinie, gdzie i dotąd coś się rozrabia?! Wszystko to jest niejasne, nie wiem, kiedy i jak się wyjaśni, bo i „Wolna Europa" nic nie wie – usiłuje jak na razie być lojalna i dawać kredyt Gierkowi. Ale sprawa nie jest czysta: że *ausgerechnet* Gomułkę spotkało jedyne, co obalić może (w teorii) komunistycznego suwerena – opór „przodującej klasy" – klasy robotniczej. To za piękne, aby było prawdziwe! Choć, z drugiej strony, stoczniowcy i portowcy dokładnie wiedzą, co się z kraju wywozi i na jakich kiepskich, nieopłacalnych chyba warunkach produkuje się dla Rosji statki. Może wpadli w rzeczywisty gniew, gniew narodowy, a ja jestem zbyt podejrzliwy, złajdaczony już przez komunizm i niezdolny uwierzyć w autentyczne społeczne impulsy? A może rzecz jest złożona, mieszana, trochę tego, trochę tego?

Moje losy w ciągu ostatnich dni były nader zabawne i dziwne. Trzy doby siedziałem w Katowicach, gdzie Kord bardzo ciekawie nagrał mi „Spotkania na pustyni". Jeździłem sporo, byłem w Chorzowie i Bytomiu, widziałem z wierzchu huty „Baildon" i „Batory", byłem na przedświątecznej ciekawej mszy, zwiedzałem domy towarowe, wszędzie idealny spokój. Tymczasem wczoraj wieczór przyjechałem do Krakowa, nie mogąc dodzwonić się do Tadzia Nowaka, poszedłem do „Francuskiego", gdzie, o dziwo, od razu dostałem pokój. Wychodzę na miasto i oczom nie wierzę: pustka, głusza, Rynek zamknięty, patrole wojska, KBW, ORMO, legitymują ludzi, zatrzymują samochody. Po prostu, myślałem, nadgorliwość sekretarza Domagały – tymczasem u „Wierzynka" szatniarka powiedziała mi, co w trawie piszczy. Przemówienia Gierka wysłuchałem w hotelu – wszędzie twarze rozradowane: nikt nie żałuje Gomuły. Taki los komunistów! A przecież nikt nie wie, co nas czeka – tyle że „lud" obalił sekretarza – przynajmniej na pozór. To w końcu cieszy – przypomina dobre czasy i demokrację!

Dziś rano byłem w „Tygodniku" – cała redakcja w komplecie. Jerzy też. Myślik opowiadał o Sejmie: posiedzenie zostało odwołane, posłowie otrzymali kartki podpisane przez pana Jarzyńskiego z Kancelarii Rady Państwa, że sesję przerywa się do 29 bm. Tak więc budżet nie uchwalony, dwudziestego dziewiątego zdecyduje się los Józia Cyrana, wicemarszałka Kliszki (!), a także pewno sukcesji po dudku Spychalskim. Ale heca! I ten biedny Stach Stomma, który tak się związał z Klisiem, jak z kochanką. Chi, chi! Smutne to niby, ale nie mogę się powstrzymać od bezinteresownej *Schadenfreude*.

O moich sprawach, sytuacji, propozycjach, jakie otrzymałem z „Tygodnika", napiszę jutro, bo dziś już noc. Pierwszy raz po czterdziestu chyba latach jestem w Krynicy! To dopiero!

23 grudnia

Krynica już zimowa, sanki dzwonią, narciarze, kuracjusze – ruch świąteczny, normalny, jakby nigdy nic, tymczasem mamy przecież nową władzę, a w każdym razie władzę partyjną – lecz u nas ona, jak wiadomo, jest panem Bogiem. Na razie podobno w kraju spokój i cofnięto ostre zarządzenia policyjne, które wprowadzały *de facto* stan wyjątkowy. W prasie fotografie i życiorysy nowych członków Biura, w telewizji i radio bezczelna drętwota: ciągłe „sprawozdania" z zakładów pracy o wykonaniu planów i o tym, jak to klasa robotnicza „akceptuje" dokonane zmiany, ba, jest nimi zachwycona. Czym się tu zachwycać, jak jeszcze nic nie zrobiono?! I na czym polegają zmiany – wszak dotąd zaledwie parę słów padło – ogólnikowych o kolegialności i jawności oraz z konkretów coś o pomocy dla rodzin wielodzietnych. Znów więc ta sama praktyka przemawiania w imieniu społeczeństwa, które pysk ma zasznurowany, a na ulicę drugi raz tak prędko nie wyjdzie – ci cwaniacy o tym wiedzą, liczą, że mają okres *pieredyszki*, wytchnienia. Ani oczywiście słowa w prasie na temat rzeczywistego przebiegu wydarzeń, tych na ulicach Wybrzeża, a także tych na posiedzeniu KC dwudziestego grudnia. Nadal praktyka tajemniczości i zbywania ludzi byle czym, znów frazesy, że tylko partia decyduje i odpowiada – właściciele Polski Ludowej zachowują więc swe dawne maniery, a błazen Ignacy Krasicki po dawnemu pieje z zachwytu (w „Gazecie Krakowskiej"). A zatem tandeta trwa – wątpię zresztą, żeby miała ustąpić: Moczar, Szydlak, Kępa czy Olszowski to nie są ludzie, którzy zamierzaliby wprowadzić wolność prasy. Choć jakieś flirty z inteligencją na początku być mogą. Liczy na to prawdopodobnie redakcja „Tygodnika", dlatego z entuzjazmem proponują mi, aby napisać noworoczny felieton. Oni uważają dość naiwnie, że z chwilą odejścia Gomułki moja sprawa idzie w górę, że mam sukces i powinienem „iść za ciosem". Mietek Pszon opowiada, że Kraśko w jakimś odczycie wyraził się o mnie pozytywnie, nazywał mnie „znakomitym felietonistą" i twierdził, że się „dogadamy". Nie znoszę łaskawości tych właścicieli naszej kultury, nie uważam, aby tragiczne wypadki były okazją dla triumfalnych powrotów, wcale nie bliższy mi Gierek niż Gomułka (*die beiden stincken*), no ale w końcu na prośby tygodniowego zespołu (poparte wreszcie, choć nader powściągliwie, przez Turowicza) postanowiłem felieton napisać, choć zarzekałem się już, że do tej formy nie wrócę. Będzie poważny, podkreślę, że jestem nadal antymarksistą i opozycjonistą, że jeśli to jest dopuszczone, to wracam do pisania, jeśli nie – to nie. Bez wielkich słów – aha, chcę jeszcze symbolicznie popolemizować ze Stachem Stommą, mianowicie z jego apologią generała Krasińskiego i jego skwapliwym służeniem sile (a raczej różnym siłom). Podkreślę, że w „Tygodniku" nie miejsce na liczenie się tylko z argumentem siły, że tu ważny też być musi argument prawdy moralnej, boć to pismo winno patrzeć na sprawy tego świata z innej strony. Taki też będzie tytuł ewentualnego cyklu felietonów: „Z innej strony". Zawiozę ten próbny felieton do Krakowa w poniedziałek dwudziestego ósmego, jadę znów na nagranie, Missona będzie robił moje „Sygnały sportowe". Felieton wiozę bez zapału, z obowiązku – nie wierzę w możliwość pisania przy tej cenzurze, nie wierzę w liberalizm Moczara czy Szydlaka. Jak im będzie do czegoś potrzebne, to puszczą, jak nie, to stłamszą bez litości. Raczej zresztą to drugie.

Ciekawa jest taktyka „Wolnej Europy" – przyczernia ona jak może postać Gomułki, wyraźnie za to udziela kredytu „nowym". Rozumiem, że nie chcą zaczynać od ujadania, poza tym przyjmują za dobrą monetę wersję, że to głos gniewnego ludu obalił Wiesia. No i urzeczeni są rzekomym technokratyzmem Gierka, chcą dawać mu dobre rady, przymykają natomiast oczy na sukces Moczara i spółki, na których niedawno tak jeszcze jechali. Gomułka niewątpliwie grzeszył wiele przez niekompetencję, pychę, hucpiarską arbitralność, nieznajomość życia społecznego, robił też kapitalne głupstwa (wytknęli mu bzdurną sprawę z Żydami w 1968, inna rzecz, że działał wtedy pod naciskiem „partyzantów", a Żydów puścił wspaniałomyślnie za granicę, co w Rosji byłoby nie do pomyślenia), ale ja myślę, że Moczar, Szydlak, Olszowski, Kępa, Jabłoński etc. to zespół okropnych zamordystów, którzy po pierwszych łagodnych uśmiechach pokazać mogą takie pazury, o jakich się nie śniło nam od czasów stalinowskich. No i nie widzę tam geniusza ekonomicznego, który wywiedzie nas z plajty i naprawi Jaszczukowe głupoty. Zresztą Jaszczuk chciał dobrze, czuł, że potrzeba jakiejś reformy, ale ta, którą proponował, oparcie wszystkiego na rachunku ekonomicznym, nie mogła się udać bez powrotu do uniwersalnego prawa wartości, do rynku i konkurencji samodzielnych przedsiębiorstw (czyli bez wyciągnięcia wniosków z praktyki wspaniale produkującego kapitalizmu). Jaszczuk chciał godzić ogień z wodą (tak jak ekonomiści z redakcji „Polityki", która teraz pewno dostanie w d...), tymczasem jedyna droga to powrót do klasycznej ekonomii opartej na prawie i wartości i do bezlitosnego likwidowania produkcji nieopłacalnej. Ale na tę operację potrzeba dużych kredytów zagranicznych „na przetrzymanie". Kto je da – może Brandt?! Ale komu?! Nie widzę człowieka – przecież to dzisiejsi nowi władcy zniszczyli wszelkich „rewizjonistów", wypędzili zdolnego Brusa, ucznia Langego. Nie widzę możliwości poprawy – a wtedy sięgną do terroru.

Ciekawym spraw personalnych – wyjaśnią się może na owym posiedzeniu Sejmu dwudziestego dziewiątego, posiedzeniu, o którym zresztą w prasie ani słowa. Myślę, że Cyrano na razie się ocali, dla pozoru ciągłości, ale ciekawym, kto zastąpi biednego dudka Spychalskiego. No i będą na pewno zmiany w paru resortach, na przykład w MSW. Ale co z gospodarką? Nie jestem optymistą. Jaszczuk chciał wszystko zliczyć, nie rozumiał, że zwiększa tylko burdel. A co zrobią czy powiedzą ci? Ciekawe, choć cudów nie będzie, jasnej koncepcji na pewno też nie. Obym się zresztą mylił! Ale w Polsce łatwo być Kasandrą.

25 grudnia

A więc miałem złe informacje, bo Sejm odbył się przedwczoraj, widziałem go w telewizji. Cyrano poniekąd jeszcze raz się ocalił: wygłosił coś w rodzaju króciutkiej samokrytyki (że nie potrafił z góry zapobiec zajściom) i podał się do dymisji, po czym mianowano go przewodniczącym Rady Państwa na miejsce nieobecnego (zgłosił dymisję na piśmie) Spychalskiego. Premierem został Jaroszewicz, człowiek dobrze znany Rosji, delegat Polski do RWPG, uważany (głównie przez samego siebie) za specjalistę od spraw gospodarczych. Zaszły też inne zmiany w resortach gospodarczych: wicepremierami zostali Kaim i Mitręga, paru innych ministrów się zmieniło. Sejm głosował we wszystkich sprawach jak automat: jąkający się Wycech niestrudzenie powtarzał formułkę „kto jest przeciw", „kto się wstrzymał", po czym sakramentalnie stwierdzał „nie słyszę". Istna komedia – i pomyśleć, że ja sam brałem kiedyś udział w tej bzdurze, choć gwoli prawdy stwierdzić muszę, że nieraz głosowałem przeciw, o czym oczywiście nikt się „na mieście" nie dowiadywał.

Czy słyszało się coś nowego? Poza powodzią nic nie znaczących frazesów odnotować trzeba powiedzenie Gierka, że chce doprowadzić do trwałego porozumienia Kościoła z państwem (kokietują). Kliszki nie było, innych przegranych też nie – gorzkie mają święta, dobrze im tak. Tylko Józio jakoś ocalał – może wyleją go potem? Na razie po dwudziestu dwu latach premierowania i wicepremierowania odpocznie sobie i pojeździ za granicę. Nie wiemy i nigdy się nie dowiemy, jakie były kulisy całej sprawy – czy i kiedy Józio zdradził Gomułkę i przeszedł na stronę „spiskowców". W ogóle niczego pewnego się nie dowiemy, podobnie jak i o Marcu 1968. Komuniści nie cenią swej historii, nie chcą prawdziwej relacji o jej kulisach, uważają ją za rzecz wstydliwą – choć z takim mitomańskim zapałem „demaskują" tajne sprężyny u innych. Wstydzą się całej prawdy, wolą demonstrować zewnętrzną, ugrzecznioną patynę faktów dokonanych. Są to tylko i wyłącznie pragmatycy władzy. Pszon powiedział doskonale, że komunizm to ustrój silny politycznie (bo nie upada, nie popuszcza władzy, zresztą nie miałby jej komu oddać, skoro wszystkie ośrodki polityczne zostały zniszczone) i – fatalny ekonomicznie. Oj, że fatalny, to fatalny. Na Zachodzie przemysłem rządzą dziesiątki tysięcy przemysłowców, u nas – paru ministrów. Choćby byli geniuszami, to nic nie zrobią – może jeszcze w bogatej olbrzymiej Rosji (też nie), ale nie u nas.

Prasa, radio, telewizja – superbezczelne. Malują świąteczną sielankę, dużo o zagranicy, o minionych zajściach nic – w gruncie rzeczy nie znamy ich przebiegu, nie wiemy, kto zginął, kto siedzi, dlaczego. Absolutnie łajdackie i bezczelne lekceważenie społeczeństwa – liczą, że ludzie dadzą się uśpić świętami (choć nad morzem podobno dalej wrze). Tylko pełno deklaracji różnych facetów z różnych zakładów i uczelni, że są za, akceptują, cieszą się. Z czego – cholera wie! Wczoraj padali rzekomo plackiem przed Gomułką, dziś pono to samo robią przed Gierkiem. Nikt nie stara się dla przyzwoitości choćby zamaskować tej bzdury. Prasa to największy brud naszego życia.

Władek Bartoszewski jest w Zakopanem. W załatwianiu ostatnich tygodni (wyciąg, powrót Lidii, nagranie w Katowicach) zapomniałem napisać o jego sprawie. Wręczono mu sankcję prokuratorską, że jest oskarżony o współpracę z „WE", obciążają go zeznania świadków, siedzących, jego przyjaciół. Wyobrażam sobie, jak obłąkano tych świadków, nie żadnymi torturami, lecz dialektyką rzekomego patriotyzmu – trajlować to oni potrafią! Przesłuchiwali go po siedem godzin dziennie, ale do niczego się nie przyznawał. To, że go puścili do Zakopanego, to dobry znak. Może w ogóle dadzą spokój? Cholera ich wie!

30 grudnia
Miałem dwa dni burzliwe, bo pojechałem do Krakowa na nagrania „Sygnałów Sportowych", a przy okazji do „Tygodnika" z inauguracyjnym felietonem. Napisałem, że nie jestem marksistą, lecz opozycjonistą i emigrantem wewnętrznym i w tym duchu chcę znów pisać – a czy oni pozwolą, nie wiem, to się zobaczy. Rzucili się na ten felieton, czytali go po kolei – Turowicz, Ksiądz, Wilkanowicz i inni, w miarę czytania miny im rzedły i w końcu... nie posłali go do drukarni. Jerzy powiedział, że to znów wywoła impas, a poza tym napisali wstępniak o wypadkach i zmianach i zależało im, żeby przeszedł. Wstępniak ów napisali bez Stacha, który się martwi odejściem Kliszki i w ogóle nie przyjechał. Tekst ten (który im w rezultacie niemal bez zmian puszczono) jest niby dobry, bo ostro potępia „niedemokratyczność" i „brak kontaktu z narodem" nowego minionego okresu (więc Gomułka to już „okres miniony" – ha!), ale w rezultacie znów stawiają na partię i „nowe kierownictwo", czyli piszą tak, jak pisać będą wszyscy. Tłumaczyli mi, że nie ma wyjścia, że taka jest konwencja, bo jesteśmy w niewoli, a powiedzieć o tym nie można. Hm. A ja myślę, że była znów okazja spróbowania, czy da się wyłamać z tej obezwładniającej konwencji słownej i czy cenzura nie popuści – choćby w tym krytycznym momencie – właśnie mój felieton był próbą, ale oni tej próby nie chcieli podjąć. Poróżniłem się nawet znowu z Jerzym – mamy się wyraźnie dosyć. Niech tam oni wyrażają swoje zaufanie, że partia się zmieni – ja nie widzę powodu: wszak to, co mamy, jest rezultatem budowania przemysłu tak jak go 25 lat budowano – głupio, po doktrynersku, bez ekonomistów. Dlaczegóż im za to wyrażać uznanie i włączać się do głupiego chóru? Ja nie będę i w ogóle nie muszę – mogę przecież pisać recenzje literackie, dosyć mi komuniści świństw zrobili, abym im teraz wszystko zapomniał dlatego, że jeden facet zamienił drugiego. To stary kawał i nie dam się na niego nabrać!

Opowiadają tam przeróżne historie wręcz zadziwiające. Że Jaruzelski odmówił Gomułce pomocy wojska, wobec czego Gomułka dzwonił do Breżniewa o... sowieckie czołgi, ale Breżniew... też odmówił. Że Gomułka walczył do końca, siłą zawieźli go do szpitala i dopiero Cyrankiewicz wymusił na nim podpisanie dymisji. Co do rozmiarów walk różne też i sprzeczne są relacje. Aha – zapomniałem napisać, że Wyszyński wygłosił świąteczne kazanie: potępił oczywiście przeszłość, ale powiedział, że z przelanej krwi wyrośnie coś nowego i że Polska „dojrzała do prawdziwej demokracji". Ciekawe. „Tygodnik" zresztą, zamiast pisać od siebie jakieś wypowiedzi, lepiej by zrobił, przedrukowując to kazanie – byłby wtedy kryty i miałby lepszą twarz. Ale Jerzego chwyciła jakaś krakauerska drżączka, aby broń Boże nie spóźnić się ze stanięciem „na linii", Wilkanowicz też w stanie dziwacznym, ks. Andrzej sam nie wie co, a reszta nie ma na nic wpływu. Przyjechał zresztą Auleytner, wycwaniony działacz Klubu Inteligencji z Warszawy i jak się zdaje, uspokoił ich, że „wszystko będzie dobrze" i że Stach „niepotrzebnie się martwi". To ostatnie powiedział nawet mnie, bo poza tym Jerzy mnie na tę rozmowę nie zaprosił. Rzecz jest normalna: Gierek na razie potrzebuje katolików, oni się boją, żebym ja wszystkiego im nie popsuł. Pies ich trącał, „polityków" – ja nie mam zamiaru dołączać się do żadnego chóru dyrygowanego przez takich czy innych komunistów. Nie jestem więc „realistą" – czy na złość, czy z urażonej ambicji, czy z braku sił do zaczynania na nowo. Cholera wie – sam nie wiem.

Wczoraj w „Wolnej Europie" dużą mowę wygłosił dyr. Jan Nowak. Jego wersja wydarzeń jest prosta, szlachetnie prosta: że była oto wielka ludowa rewolucja przeciw komunizmowi, która o mało co nie obaliła reżymu, więc ludzie z Biura, widząc katastrofę, zapomnieli o swoich animozjach, zjednoczyli się, a nawet zaapelowali do Wyszyńskiego, żeby ich ratował, co on, jako dobry katolik, zrobił. Wersja szlachetna, ale nieprawdopodobna, wywołana albo długim pobytem pana Jana za granicą, albo też względami dydaktycznymi. Toć nie może być w tym systemie rewolucji ludowej przez kogoś nie uplanowanej i nie przygotowanej – lud jest tu na to zbyt słaby, uzależniony i zdezorientowany: ktoś musiał podsycać wrzenie w stoczniach, ktoś musiał korzystać z niewypłacenia premii eksportowej, z podwyżki cen i podobnych chryj. Gomułka wiedział, że sprawa nie jest spontaniczna, lecz ukartowana, i dlatego chciał walczyć. Nie przypuszczał tylko, że po stronie spiskowców stanie sam... Breżniew – jeśli to w ogóle prawda. Nowak pieje, że po raz pierwszy w dziejach komunizmu kierownictwo partii obalone zostało przez samych robotników – ja w to nie wierzę. Ale jaka była rola i stanowisko Rosji, tego nie wiemy – może się kiedyś dowiemy, może i nie.

Myślik twierdzi, że Kliszko był jednak w Sejmie i oklaskiwał Gierka. To by było do niego podobne: obowiązkowy, wierzący komunista, chudy, uroczysty, z długim nosem. Do więzienia też pójdzie potulnie, z uroczystą powagą. On wie, jak kończą komuniści...

Podobno w czasie zajść w Krakowie (były jakieś, rzucano gazy łzawiące i bito na oślep przypadkowych przechodniów) słyszano rozmowy szefa milicji z podwładnymi, prowadzone za pomocą krótkofalówki. Gdy powiedziano mu, że tłumek wznosi okrzyki „Niech żyje Polska", miał swemu rozmówcy krzyknąć: „Dureń", gdy mu natychmiast powiedziano, że wołają „Precz z Gomułką", powiedział: „Nareszcie!". *Si non e vero*.

Biedna ta Polska, jeśli nawet wyzwoliciele potrafią tylko śpiewać „Międzynarodówkę". Tłum bezradny i nieświadomy – a to przecież nie koniec walk biesów, siedzących mu na karku. Ponure to – żal mi nawet rewizjonistów, że ich nie ma – ale oni jak głupi dali się rozpieprzyć w Marcu 1968.

Nagranie „Sygnałów" poszło dobrze, sam sterowałem z mikserni wobec braku drugiej partytury. Missona miły, nie tak interesujący jak Kord, ale zrobił wszystko, o co go prosiłem – to była interpretacja moja. Są w tym utworze zalety, choć nazbyt jest on pastiszem pisanym „pod coś". Mieszkałem w „Cracovii", gdzie ubecy mówili do mnie „panie Stefanie". Wracałem do Krynicy nocnym autobusem, w którym jakiś pijany oficer milicji kajał się i sumitował, że milicja nie walczyła z wolnością, lecz tylko z chuliganami. Ludzie nie bardzo chcieli go słuchać, bo się i bali.

Krynica w śniegu, gdy wyjeżdżałem, wyglądała jak istna „zima z wypisów szkolnych", teraz za to nagła odwilż, wszystko spływa wodą. Byłem w pięknej cerkwi po drodze do Powroźnika – teraz jest tam kościół katolicki – śliczny. A w ogóle jestem już zmęczony próżniactwem. Niedawno spotkany prof. Tatarkiewicz powiedział mi, że w jego wieku tylko praca nie męczy, za to przyjemności – bardzo. Ma rację – trzeba wracać do Warszawy i brać się na serio do powieści oraz do kompozycji – to jedyna prawdziwa przyjemność w tym głupawym życiu!

1971

2 stycznia
A więc już Nowy Rok. Sylwestrowe przemówienie Gierka łagodne i bez treści, ale znacznie przyjemniejsze od sztywnych i zimnych oracji Gomułki. Ogłoszono też podwyżkę najniższych płac i emerytur (poniżej tysiąca – wyrównanie) oraz dodatków rodzinnych. Podwyżka obejmie ze sześć milionów osób, ale dostaną one sumy znikome – najwyższe wyrównanie sto pięćdziesiąt złotych, najniższe – trzydzieści (!). Jest to więc tylko gest – w zamierzeniu ujmujący, w realizacji nie wiem, czy nie drażniący. Ale Gierek najwyraźniej ma pietra. Spotkaliśmy tu księdza Rechowicza, byłego rektora KUL-u – mówił, że naprawdę nowy pierwszy sekretarz był u prymasa, prosząc go o poparcie (Gomułka w 1956 też prosił – jak trwoga, to do Boga), i że prymas idąc mu na rękę kazał księżom złagodzić ton kazań. Owszem, prymasowi odpowiada wprowadzany rzekomo styl "narodowy" (na razie objawiony zaledwie w zawołaniu "rodacy"!), nakłaniał go do tego od dawna Zabłocki, poza tym ujął go Gierek obietnicą załatwienia sprawy z Kościołem. Przyjechał tu Penderecki i mówi, że papież ma przybyć do Polski na beatyfikację Ojca Kolbe. To będzie naprawienie jednej z największych bzdur Gomułki i Kliszki, jaką było niewpuszczenie do Polski papieża. Namawiałem wtedy Stacha (to było chyba w 1966), żeby złożyli interpelację – inaczej by dzisiaj wyglądali. Ale cóż, kiedy Stach był zakochany w Kliszce – na miłość nie ma rady...

Czego się boi Gierek? Ano – jest czego. Bez względu na to, czy rozruchy robotnicze były zakulisowo inspirowane czy nie, cała Polska uważa, że to właśnie robotnicy obalili Gomułkę. Precedens jest – czemuż by więc nie obalić i Gierka, jeśli nie zrealizuje zapowiadanej poprawy gospodarczej? A przecież ma on też na karku grupę moczarowską, która wtedy już nie zawaha się przed terrorem albo też z zimną krwią rzuci Gierka "masom" na pożarcie. Nie wiadomo wreszcie, jak zachowają się Ruscy, którzy na razie przysłali tylko swego ministra handlu zagranicznego dla podpisania jakiejś tam umowy. Bardzo natomiast uaktywnił się dowódca wojsk Jaruzelski, którego Gierek przyjął wczoraj w obecności Moczara. Może to też jakaś demonstracja wobec Ruskich czy jeszcze wobec kogoś innego? Diabli wiedzą. W ustroju, gdzie nie ma ani jawnego i demokratycznego życia politycznego, ani informacji czy wolności słowa, sprawy zazwyczaj kończą się na ulicy lub na wojsku. „Głos ma towarzysz mauzer!"

Prasa nadal o niczym nie informuje i nie można dowiedzieć się niczego: co się właściwie stało, jakie były te rozruchy, ilu ludzi zginęło. Podobno szczeciński sekretarz Walaszek (ten co tak na mnie pluł w Marcu 1968), który uciekł do koszar, gdy spalono mu willę, powiedział potem, że za udział w demonstracjach nikt nie będzie karany. Zresztą nasza prasa tego nie podała, tylko „Wolna Europa". Prasa jest wciąż haniebnie pozbawiona treści – wyobrażam sobie, jak te pismaki srają ze strachu po nogach nie wiedząc, kto nimi będzie rządził i jaki nada kierunek. Tak samo absolutna beztreściowość panuje w telewizji – pokrywać ją próbuje bezczelnymi frazesami o jedności i spokojnej pracy ten łobuz bez twarzy, Męclewski. Wyobrażam sobie, jaka walka o stanowiska zacznie się po świętach. Chi!

A ja? Zrobiłem nową próbę, napisałem i posłałem felieton z cyklu „Bez dogmatu" pod tytułem „Związek wolnych producentów". Ten tytuł to cytat z Engelsa, który przepowiadał, że w socjalizmie państwo zaniknie, a społeczeństwo zamieni się właśnie w związek wolnych producentów. Proponuję im to szkicując projekt reformy w stylu modelu jugosłowiańskiego – ciekawym, czy puszczą. Jak nie, to doprawdy nie mam co robić – chyba tylko pisać o literaturze (à propos – co z „dziełem"?).

Mrozy zrobiły się okropne, a nasz pobyt w Krynicy kończy się. Chodzę na spacery, głównie szosą (do Muszyny), bo wszędzie śnieg, wieczorami patrzę na arcynędzną i głupawą telewizję. Trzeba wracać do życia – co też ono przyniesie? A biedny Jasienica nie doczekał się żadnej zmiany. Złamali go – tak bezcelowo. Idioci. I za swój idiotyzm zapłacili. Jednak nie mogę się oprzeć satysfakcji, myśląc, jak nadęty Kliszko siedzi z długim nosem pod choinką i nie ma żadnej roboty. Z czego morał w tym sposobie: jak ty komu, tak on tobie!

A jednak spalenie wojewódzkiego lokalu partii w Gdańsku nie mogło być inspirowane: to już zrobił lud samorzutnie i to musiało dać partyjnym kandydatom na dyktatorków sporo do myślenia. Choć nie wiem, czy nie za późno już uczyć się myśleć. A swoją drogą robotników nie biorą hasła wolnościowe – nie poparli studentów w 1968. Wziął ich dopiero brak mięsa – nie widzą związku między jednym a drugim. W Czechach było inaczej – tam się zaczęło od wyswobodzenia prasy, która nauczyła ludzi, o co chodzi. Tylko że tego już Moskale znieść nie mogli. Obalać ludzi tak, ale idei obalać nie wolno! Zniewolenie umysłów to dla nich rzecz najważniejsza!

4 stycznia

Gierek nie ma szczęścia, bo zaczęły się straszne mrozy, pękają szyny kolejowe, było już parę katastrof. Transport kolejowy mamy okropnie przeciążony, pęka w szwach – przy takim przeciążeniu mrozy mogą wywołać ogólny paraliż komunikacyjny. Tamtego skosiły nieurodzaje rolne, tego nadgryzą mrozy. Póki oni nie przesuną odpowiedzialności gospodarczej z rządu na ludzi, dopóty będą wciąż żyli w trwodze przed niedoborem, kataklizmem, inflacją itp. Ale chcąc na ludzi przesunąć odpowiedzialność trzeba im dać gestię, prawo decydowania i wyboru – a tego oni dać nie chcą, bo trzęsą się o absolutną władzę swojej partyjnej mafii obawiając się, że jak dopuszczą do głosu ludzi z zewnątrz czy w ogóle jakichkolwiek fachowców, władza ta się zachwieje. Dlatego to kraje komunistyczne zdane są na rządy dyletantów, bo specjalistami są oni tylko od wieloletnich tajnych intryg partyjnych, które po latach dają władzę. Tyle że taki politykier po dojściu do władzy ma już sklerozę na wszystko inne, a na doradców w sprawach gospodarczych wybiera sobie przypadkowych idiotów, tak właśnie jak Gomułka Jaszczuka.

Jest tu facet z radia z Gdańska i opowiada, że trzeciego dnia, gdy robotnicy stoczni wrócili już do pracy, rzekome wojsko (podobno przebrana milicja) otworzyło do nich ogień i padło sporo zabitych. Było to zresztą już po spaleniu gmachu KW – pewno zemsta, przypuszczalnie to właśnie obaliło Gomułkę: oni tak długo wmawiali robotnikom, że są przodującą i rządzącą klasą, iż ci w końcu uwierzą i zaczną się buntować. A zwłaszcza buntować się będą przy próbie reform, która poważy się zamknąć ten czy ów nieopłacalny i niepotrzebny zakład produkcyjny. Komuchy sami wywołali demona, który ich będzie niszczył – tu miała jednak trochę racji prasa zagraniczna, że te zajścia umocnią konserwatyzm gospodarczy, a osłabią reformistów. Co prawda gdzież są teraz ci reformiści? Toć moczarowcy w 1968 powywalali ich do ostatniego Brusa. Jaki jednakże był naprawdę przebieg wypadków na Wybrzeżu, tego nie wiemy – prasa nadal milczy, tylko bezczelni „publicyści" w rodzaju Górnickiego leją jakieś obłudne, krokodyle łzy – tyle że nie mówią, nad czym właściwie je leją, wspominając zaledwie półgębkiem o „bolesnych wydarzeniach". Może z czasem ogłoszą jakieś sprawozdanie, ale to nie jest pewne. Na razie Gierek i spółka boją się jak ognia pozwolić prasie na cokolwiek, że się zrobi dubczekowska Czechosłowacja. W „Kronice Filmowej" widziałem zdjęcia z Sejmu: najdłużej pokazywano Gierka, Moczara i Jaruzelskiego, potem Szydlaka i Olszowskiego, raz objawił się Cyrankiewicz, wyraźnie wściekły i wzburzony. Ano tak, bracie – nosił wilk razy kilka, ponieśli i wilka. Tak kończą komuniści: chciałeś być komunistą, zdradziłeś PPS – masz za swoje. Jak ci teraz w pysku?!

Jest tu Penderecki, lubię go dosyć, bo jest odmienny od innych kompozytorów – nie mądrzy się, tylko robi swoje, nie jest małostkowy ani zawistny – zresztą nie potrzebuje. Ma swój spryt, ale nie kłuje nim w oczy, zwłaszcza mnie. Można z nim gadać jak z człowiekiem, to już jak na kompozytora jest coś.

Czytam przywiezioną przez Lidię książkę Artura Londona „L'Aveu", sławną na Zachodzie i już sfilmowaną – czytam i szlag mnie trafia. Autor, były wiceminister spraw zagranicznych „ludowej" Czechosłowacji, do tego szwagier znanego komunisty francuskiego Guyota, został w roku 1951 aresztowany, po długim, pełnym tortur śledztwie przyznał się do win nie popełnionych (zdrada, trockizm, wywiad amerykański, cholera wie co) i skazany w procesie Slansky'ego na dożywocie. Zwolniony w 1956 wyjechał do Francji, gdzie jest nadal... zwolennikiem komunizmu i jego dyktatury. Pochodzi z rasy tych patetycznych i nieugiętych Żydów, którzy nigdy nie przestaną kochać komunizmu, choćby dostali od niego w d... nie wiedzieć jak. Był w Rosji, walczył oczywiście w sakramentalnych Brygadach Międzynarodowych w Hiszpanii, potem był we francuskim ruchu oporu, potem w Mauthausen, wyszedł z gruźlicą i pojechał leczyć się za amerykańską forsę (sławni bracia Field) do Szwajcarii. Ale tego wszystkiego było mu za mało, postanowił pojechać do ludowej Czechosłowacji, oczywiście nie dla normalnej pracy, lecz aby zostać współwłaścicielem kraju. Wiceminister spraw zagranicznych, to znaczy ten, co robi sowiecką politykę – no bo jaką? Nie przyszło mu tylko do głowy, że rządom jego i jego przyjaciół (bo sitwa tam zagnieździła się nielicha) sprzeciwi się sam autor tej polityki niejaki Józef Stalin, który nie lubił, aby w jego bloku rządzili się Żydzi przybyli z Zachodu (już Trockiego nie lubił). London dostaje straszliwie w d..., w myśl recept Koestlera i Orwella, ale nic z tego nie rozumie (i chyba do dzisiaj). Ze świętą naiwnością wyznaje, że w procesach moskiewskich lat trzydziestych nie widział nic anormalnego, bo przecież „partia się nie myli". Nie przychodzi mu do głowy, że w takim razie dla wielu ludzi i w jego wypadku się nie pomyliła. Niepoprawni durnie, nie rozumiejący, że apoteozowanie władzy mafijnej musi prowadzić do takich skutków. Zresztą on tych skutków by nie potępił, gdyby nie to, że uderzyły w niego. Toć w czasie jego „ministrowania" tysiące Czechów, zwolenników Benesza, siedziało w takich samych więzieniach i pan London nie miał nic przeciwko temu – do dziś uważa, że tak być musiało. Patetyczny dureń, dostał strasznie w kość, ale nie budzi współczucia. „Wilki gryzą się między sobą", jak mówi jeden z bohaterów Koestlera. I to jego zdziwienie – przez 50 lat jeszcze nie skapował, co to jest komunizm. I dalej ogłupia „lewicowych" Francuzów, jakby mało mu było tej lekcji.

Jutro jedziemy do Warszawy – autobusem, i koleją z Krakowa. Mróz straszny – nie wiem, jak dobrniemy!

8 stycznia

A więc już jesteśmy w Warszawie po okropnie męczącej podróży w trzaskający mróz. Najpierw cztery godziny w diabelsko przegrzanym autobusie. W Krakowie obiad z Lidią w pustej i ponurej „Cyganerii", potem do warszawskiego pociągu. Jechaliśmy z Lewinem ze Związku Literatów, przyjacielem Kliszki, więc pewno zmartwionym, choć nic po sobie nie pokazywał. Opowiadał niesamowite rzeczy o pobycie w Rosji podczas wojny – miał tam karę śmierci. Pociąg spóźnił się o dwie godziny, czekanie na mrozie na taksówkę, potem przeglądanie listów – spać poszedłem o czwartej rano.

Masę rozmów, przede wszystkim Henio – Stach. Liczbę zabitych na Wybrzeżu ocenia się na 200–400, nikt nie wie nic pewnego, umarłych w szpitalach grzebie się po kryjomu, nocami, prasa „centralna" w ogóle nic nie podaje. To jest niesamowite: w epoce radia i telewizji niczego nie można się dowiedzieć o wydarzeniach, którymi żyje cała Polska! A jednocześnie prasa zachodnia podaje wszelkie szczegóły o najdrobniejszym skandaliku, o kichnięciu Nixona. Cóż za dysproporcja między tymi dwoma światami, jakież pohańbienie słowa u nas – wręcz nieprawdopodobne!

Honor słowa ratuje kardynał Wyszyński i biskupi. Wydali list, gdzie upominają się o wolność myśli i wypowiedzi oraz twórczości, o prawdziwą demokrację. Jakże to brzmi odświeżająco po całej naszej ohydnej prasie! Ale Stach Stomma nie jest zadowolony: powiada, że to nietaktyczne, że pozwoli zwalić winę na „reakcję" i nastraszyć Kościołem, który „czyha" na okazję. Oczywiście takie pojęcia jak „honor słowa" dla niego nie istnieją, choć nie ma żadnych złudzeń co do komunistycznych kłamstw. Chce na gwałt być politykiem i taktykiem, tymczasem nie ma po co (jaki właściwie sens ma ta grupa, jeśli nie jest związana z prymasem?!), zresztą, po odejściu Kliszki stracił swą główną podporę. Bardzo go żałuje, podobnie jak i Gomułki, twierdząc, że to byli porządni ludzie, tylko żyli w oderwanym, urojonym świecie. Podobno Kliszko co dzień przychodzi do Sejmu i „urzęduje" w swym gabinecie wicemarszałka. Wariat! Oskarżają go, że to on dał w Gdańsku rozkaz strzelania do robotników, wbrew Kociołkowi i sekretarzowi wojewódzkiemu Karkoszce. Podobno Kliszko urzędował na lotnisku i słysząc, że robotnicy chcą powrócić do pracy w stoczni, a obawiając się zdemolowania statków kazał strzelać. (Czy wojsku, czy milicji – cholera wie). Oskarżą go o to na pewno, muszą znaleźć kozła ofiarnego w partii – tak na sucho nie przejdzie. A podobno to Kliszko i Cyrankiewicz przyjechali do Gomułki do szpitala i przekonali go, żeby podpisał abdykację, bo Ruscy nie chcą pomóc. Zresztą Wiesio wcale podobno nie jest bardzo chory i chce się awanturować na przyszłym KC. Cha, cha, nikt się teraz nie będzie bał jego krzyków. Gierek i Jaroszewicz byli już w Moskwie z, jak pisze prasa, „przyjacielską wizytą". Z góry wiedzieli, że z przyjacielską – chi!

Ciekawe teorie ma Henio – tyle że jak to zwykle u niego, nazbyt inteligentne, wyrafinowane. Twierdzi, że w Moskwie, na Kremlu, jest utajona opozycja, która uważa politykę Breżniewa i Kosygina za oportunistyczną, proamerykańską, chciałaby zerwać wszelkie rozmowy z Ameryką, a zbliżyć się do Chin. W tym celu, z pomocą pewnych czynników polskich, opozycja ta postanowiła wywołać zajścia, które zmusiłyby Armię Czerwoną do zbrojnej i krwawej interwencji, co automatycznie zerwałoby wszelkie rozmowy i stosunki ze światem zachodnim. Wybrano Gdańsk, gdzie ludność jest mieszana, chłopsko-wiejska, mało w istocie robotnicza, niemarksistowska – liczono na rozruchy czysto reakcyjne. Tymczasem, o dziwo – tu Henio ma rację, bo rzecz jest arcydziwna – wszystko się stało po marksistowsku. Wystąpiła „zorganizowana klasa robotnicza" z „Międzynarodówką" na ustach, a postulaty wysunięte podobno przez robotników Szczecina (21 punktów) utrzymane są w czysto partyjnym języku i dialektyce. W tej sytuacji Czerwona Armia nie mogła interweniować: nie było pod ręką ani spisku syjonistów, ani literatów, ani reakcji kościelnych. Nie doceniono Polaków czy też ich przeceniono?!

Istotnie – „marksistowskość" przebiegu zajść jest zdumiewająca. Komuniści wymyślili sobie, że klasa robotnicza rządzi, a tu ona, ku ich zdumieniu, naprawdę upomniała się o rządy! Ciekawym, jak oni z tego wybrną w swojej łgarskiej prasie? Toć w „przeklętych czasach sanacji" nie zabito tylu robotników, co tu za jednym razem. Europejskie partie komunistyczne rzecz potępiły, Gomułka padł ofiarą. Tak zarozumialcom bywa.

A mnie tymczasem felieton skonfiskowali, bez słowa (ten o związku wolnych producentów). Napisałem drugi (a raczej trzeci), lecz wielkiej nadziei nie mam. Jeszcze jest za wcześnie. Jak mówi Henio, to co mamy, to jeszcze ochabowszczyzna – „Październik" dopiero przyjdzie, jak po wypadkach poznańskich. Lecz w którą stronę będzie on skierowany?! Ba – moim zdaniem na pewno nie w liberalną. Rewizjonistów w roku 1968 przepędzono gruntownie, niektórzy sami zwiali, jak Kołakowski. Na placu pozostały tylko różne odcienie dzierżymordów – nie ma się co łudzić. A ludzie bardziej liberalni, jak Tejchma, pieczołowicie swój liberalizm ukrywają. Wilki się rzucą, to pewne – a nowych rewizjonistów, po ucieczce Żydów, trzeba dopiero będzie wychować. Jak? Diabli wiedzą. Ale wierzę w młodzież.

9 stycznia

Rozmawiałem wczoraj z Andrzejem. Ze swoją skłonnością do skrajnie całościowego ujmowania i interpretowania spraw popada on w przesadę, traktując wydarzenia na Wybrzeżu wyłącznie jako skutek prowokacji. Twierdzi, że właśnie „marksistowski" robotniczy przebieg tych zajść dowodzi, iż były one ściśle zaplanowane, bo inaczej nie dałoby się obalić Gomułki. Wie skądeś, że rzekomo w Polsce był wtedy członek sowieckiego biura Katuszew i on podobno miał wszystkim kierować. Czyli byłaby to prowokacja, uzgodniona z Rosjanami. Trochę nie chce mi się w to wierzyć – czyżby działacze, wychowani na marksistowskich schematach, które bez przerwy wpajają ludziom, mogli ryzykować tak drastyczne przełamanie tego schematu? Toć rzecz rozeszła się olbrzymim echem i głęboko zapaść musi w świadomość ogólną, także i w Rosji, że w socjalistycznym, „bezklasowym" ustroju nastąpił bunt czysto klasowy, wywołany niedostatkiem i że zrewoltowani robotnicy obalili partyjne kierownictwo. Tego oni na pewno ryzykować nie chcieli i jeśli była prowokacja, to chyba nie z ich strony – a w każdym razie nie obliczona na taki rozwój wydarzeń. O ile zaś prowokację zrobiono wewnątrz naszej partii, bez udziału Ruskich, to oni kogoś za to ukarzą. Może Moczara? Wcale niewykluczone, jeśli Gierek miałby dość oleju w głowie, żeby zostać „polskim Kádárem". W każdym razie dwóch „führerów" w Biurze miejsca nie ma, a grobowa cisza dochodząca nas z góry dowodziłaby, że próba sił już się zaczęła. No i kozłów ofiarnych szukają – bez tego się nie obejdzie!

„Wolna Europa" odczytała sprawozdanie z wypadków w Gdańsku, Gdyni, Elblągu i Słupsku, podane w gdańskim „Głosie Wybrzeża" z dnia 28 grudnia. Podana tam jest historia wydarzeń godzina po godzinie. Ciekawa to swoją drogą rzecz, że gdańskie pismo musi docierać do nas przez... Monachium. Z opisu widać wielką zajadłość tłumu i jego olbrzymią niechęć do milicji. Nienawiść między robotnikami a milicją to rzecz nowa – w 1968 nienawiścią obdarzano studentów... Nie sama jednak prowokacja tu działała, a jeśli nawet, to skutki jej dosyć się okazać mogą nieobliczalne...

Zresztą nic nie wiemy, bo prasa nadal milczy... Zaczyna się za to coś na kształt nieśmiałej dyskusji gospodarczej (prof. Szczepański w „Życiu Warszawy"), odbył się też dosyć reklamowany zjazd ekonomistów. Jak się zdaje, wszystko pójdzie po linii usprawnienia i odbiurokratyzowania dotychczasowej gospodarki, bez jednak zasadniczych reform modelowych. Boją się tych reform jak diabła – duch „rewizjonistycznej" Czechosłowacji straszy a straszy. Uda im się pewno poprawić nieco eksport i zaopatrzenie, zlikwidować trochę jaskrawych nonsensów, ale naczelny absurd – odsunięcie produkującego społeczeństwa od wszelkich zasadniczych decyzji – pozostanie. Widać to już zresztą po odbywających się w całym kraju wojewódzkich naradach partyjnych, o których przebiegu prasa pisze tylko ogólniki. A więc „dialog ze społeczeństwem" zmienił się starym zwyczajem w dialog z partią, my to widać nie społeczeństwo. Chcą odbudować sprawność i posłuszeństwo zachwianego wypadkami aparatu. Pewno muszą – ale po takich wypadkach mafijny aparat partii nie będzie już nigdy całkiem pewny. Chyba że terror i strzelanina – kto wie? Prymas mówi piękne kazania – to chyba nieprawda, że Gierek u niego był. Działa trochę na ślepo (prymas), ale pięknie. Za to Jerzy Turowicz drażni go, czym może – ostatnio idiotycznym wywiadem w „Więzi" z okazji 25-lecia „Tygodnika Powszechnego". Prymas zresztą bardzo jest niezadowolony z wazeliny, jaka się zawierała w deklaracji „Tygodnika" po wypadkach (powoływanie się od razu na sojusz z Rosją i na socjalizm – „przy Tobie, Najjaśniejszy Panie, stoimy i stać chcemy"). Na moje felietony nie widać miejsca – nie wiem w ogóle, kto to wziął tę całą historię za nową „odwilż". Literatów nikt nie kocha – zawsze sami. Co najwyżej napiszę list do prymasa, skoro głupota „tygodnikowców" odcina nas od niego.

Mam znów jakieś awantaże muzyczne. Konkurs imienia Fitelberga przegrałem, o krakowskim jeszcze nic nie wiem, ale za to dzwonił z Filharmonii Pilarski, że chciałby mnie grać. Mam też jechać do Poznania, wygłosić odczyt na sympozjum poświęconym pamięci Grażyny Bacewicz. Boję się, że powiem coś niekonformistycznego i Wanda [Wanda Bacewicz] mnie zje. Wolałbym nie jechać, ale wola boska!

15 stycznia

Za godzinę jadę do Poznania na ten odczyt o Grażynie. Tutaj „w polityce" ciągle nic nie wiadomo, krąży tylko mnóstwo plotek, na przykład, że wylano generała Korczyńskiego za rozkaz strzelania do tłumu, podobno też generała Tuczapskiego. W Szczecinie ustąpił sekretarz Walaszek, szwagier Gierka, ten co tak na mnie pluł w 1968, gruby i głupi. Ustąpił, nie wiem, czy pod presją robotników, czy dlatego, że oświadczył, iż za udział w zajściach nikt nie będzie karany. Podobno podczas wydarzeń grudniowych był w Polsce nie tylko Katuszew, lecz również Susłow, niektórzy mówią też o Breżniewie – mają oni jakąś kwaterę, leśniczówkę w Olsztyńskiem czy coś takiego. Podobno też Gomułka walczył do ostatniej chwili jak lew o pozostanie, bali się go jak kiedyś Piłsudskiego, do szpitala poszedł do niego Kociołek, a ten wyrzucił go na mordę, dopiero Cyrankiewicz i Kliszko jakoś go osiodłali, powołując się na decyzję rosyjską. Ale w końcu nic się pewnego dowiedzieć nie można, nawet tego, czy Gierek był czy nie był u kardynała.

Do kardynała napisałem zresztą chwaląc go za list biskupów (a raczej Rady Głównej Episkopatu) na temat wolności sumienia. Natomiast Amerykanie (sekretarz ambasady amerykańskiej) krytykują ten list twierdząc, że jest nietaktyczny i podrażni partię – tacy to z nich wielcy taktycy. Cenzura zdjęła mi już drugi felieton, ale podobno odezwali się wreszcie do redakcji, że czekają na jakąś centralną decyzję w mojej sprawie. No, zobaczymy. Na razie nie widzę żadnych oznak jakiejkolwiek prasowej „odwilży" – tyle że się o niej mówi. Co najwyżej prasa atakuje z lekka związki zawodowe, że nie spełniały swojej roli – pewno chcą po prostu wylać Logę-Sowińskiego. Prasa trzyma pysk na kłódkę, aby nie robić trudności kierownictwu w jego „delikatnej sytuacji" – tylko że u nas „delikatna sytuacja" trwa zawsze, wobec czego zamordyzm też trwa zawsze – nie liczę na nic dobrego, choć „Wolna Europa" ma jakieś złudzenia.

Paryż milczy, co mnie „wkurza" i denerwuje. Nudno jest, chorobliwie i próżniaczo. Czytam we „France Soir" owe rzekome pamiętniki Chruszczowa – są ciekawe. Władek B. ma ciągle kłopoty i z urzędów śledczych nie wychodzi, choć do niczego się nie przyznaje. Nie wiem, co robić i co myśleć: podobno w Gdańsku są dalsze strajki, w Płocku też. Komuniści wywołali ducha „klasy robobotniczej", który ich teraz gnębi, co ich zdumiewa, bo myśleli, jak i my wszyscy zresztą, że to fasadowa lipa. Podobno stoczniowcy w Gdańsku żądają 40 procent podwyżki. A to dobre – ciekawym, czy pan Gierek wyjmie z kieszeni i im da? No – trzeba jechać do Poznania.

19 stycznia

Wróciłem z Poznania, sesja poświęcona Grażynie raczej się chyba udała, zwłaszcza młodzi teoretycy z Krakowa, uczniowie Schäffera, wypadli wcale dobrze. Ja mówiłem o Grażynie raczej osobiście, rysując jakby jej sylwetkę „prywatną", na szczęście nie było Wandy, która by mnie na pewno zjadła – rodziny uważają zawsze, że zmarli są ich własnością. Był tylko Kiejstut, poza tym dwie dawne zjawy: Irena Dubiska i Genia Umińska. Wieczorem w Pałacu Działyńskich „koncert przy świecach" – VII Kwartet Grażyny bardzo mi się podobał, choć w ogóle jest dla mnie w jej muzyce coś obcego (różnica temperamentów?). Z poznańczykami dogaduję się nieźle, pamiętają jeszcze nawet moją awanturę z Sokorskim na zjeździe szkół artystycznych w 1949. Na festiwalu „Poznańska Wiosna" chcą grać moje „Spotkania na pustyni", wczoraj posłałem im partyturę.

„Wolna Europa" podawała jakieś ciekawe historie, że już od pewnego czasu były dwa Biura Polityczne: gomułkowskie w Warszawie i gierkowskie (Moczar i Kruczek) w Legionowie. Podobno Gomułka chciał aresztować czy też porwać Gierka, ale jego willi w Katowicach pilnowało masę milicjantów, co zarządził wiceminister Szlachcic, który podobno obejmie po Świtale MSW. Walka toczyła się więc „na noże", o jej wyniku przesądziły zajścia na Wybrzeżu. W jakim stopniu były one inspirowane – oto jest pytanie, bo później stały się już żywiołowe. Podobno do dziś dnia trwają tam strajki i hece. Z prezesury związków zawodowych zdjęto nudziarza Logę-Sowińskiego i mianowano dzierżymordę i tępaka Kruczka. Zamienił stryjek siekierkę na kijek. Ale w ogóle to oni tych robotników wezmą w końcu za mordę, boć żądanych podwyżek dać im nie mogą, jako że „towaru" do kupienia nie ma – zwłaszcza żarcia. Za to zmuszają ich do akcji „zobowiązań produkcyjnych" jak za najlepszych stalinowskich czasów. Oburza się na to prymas, który przysłał mi przez Marysię Okońską (ósemki!) list bardzo serdeczny i podniosły – moim listem zrobiłem mu wyraźną przyjemność. Pisze, iż czeka, że ja dojdę do głosu. Ja również czekam, ale jakoś nic z tego nie wychodzi – cenzura powiedziała „tygodnikowcom", że nie ma co do mnie żadnych instrukcji. Zresztą w całej prasie jest tylko „ble, ble, ble", nic prawie merytorycznego. Przed sławetnym „plenum" KC, które ma podobno być dwudziestego dziewiątego, nikt nic nie zdecyduje, a i potem też nie – pewno już do śmierci będę miał zatkaną paszczę (tu i tam). Ładne perspektywy!

Robotnicy Wybrzeża stawiają postulaty czysto materialne – gdyby byli tam Żydzi, postaraliby się o motywy ideologiczne, bo to rasa ideologów. A tu Kępa próbuje wznowić sprawę „syjonistyczną", opowiadając na zebraniach, że Gomułka zamierzał dać wylanym w 1968 roku Żydom odszkodowania i posady. Zamierzał – to dobre. Oni by chcieli wraz z Moczarem zwalić wszystko na intrygę żydowską – no bo jakżeż tu wymyślać na świętych robotników? Tylko że tych Żydów diablo mało, nie obstoją za wszystko. Chi! Nieprawdopodobna to sytuacja, że jakieś tam wilki na górze walczą zębami o władzę, a my nic nie wiemy, zdani jesteśmy na plotki i „WE". Absolutna tajność życia politycznego, absolutne pogardzanie ludźmi, których informuje się kiedy wygodnie i o tym co wygodne. Ci właściciele Polski z ruskiej łaski obrażają nas nieustannie, a my nic na to, przyzwyczailiśmy się. Lud się ruszył dopiero, gdy zabrakło kiełbasy, przedtem nic go jakoś nie raziło. Komunizm odbiera ludziom całą godność – widać to doskonale we wspomnianej już przeze mnie książce Londona – brak godności tkwi nie w tym, jak go męczono, ale w tym, jak się on dziś, po szesnastu latach, broni. Wciąż apeluje do partii i godności członka partii – idiota ciężki!

Bolesław, jak się zdaje, stawia na Gierka, a przestał liczyć na Moczara. Ale ten Gierek to także apokryf i niewiadoma. Waldorff go chwali, że na Śląsku dobrze gospodarzył – to takie minimum kwalifikacji. Ciekawym, czy zbudzi się w tym narodzie godność i solidarność, ale nie tylko wywołana brakiem kiełbasy? Co prawda, gdy się zbudzi, to Ruscy ją zatłuką. Mieliby tylko jedną trudność, że brak jest nowych dzierżymordów do mianowania – wszyscy już albo są przy władzy, albo zgrani, albo Żydzi. Swoją drogą ciekawe, kto w tym kraju będzie rządził. Tylko że jak powiedział Rytel, nikt już nie jest ciekawy rzeczy ciekawych. Zmęczyli mnie już ci komunardzi – ale że się doczekali buntu robotników, to i dobrze: poraził ich duch, którego sami z niebytu wywołali.

Muszę wszczynać jakieś starania o moje utwory muzyczne, pisać do Krakowa, do Tomaszewskiego, choć okropnie mi się nie chce. Nie chce mi się też gadać z „tygodnikowcami". Jerzy zmarnował pismo: mogło być liberalno-opozycyjne a zarazem zachowawcze, bo oparte na Kościele, tymczasem stało się mdło i truistycznie „humanitarne", pozanarodowe, pleplające w kółko o dialogu i ekumenii, co ma się do dzisiejszego polskiego życia jak piernik do wiatraka. Kościół katolicki, walczący z komunistycznym państwem o wolność duchową – to rozumie prymas, tego nie znosi krakowski oportunista Turowicz, który chciałby tylko jeździć na zjazdy „postępowych katolików" za granicę i pleść truizmy o „opinii w kościele". Podobno chce być posłem – wtedy s... się całkiem, ani wiedząc jak i kiedy. Stacha ratował przynajmniej jego trzeźwy antykomunizm ustrojowy: rozumiał, że kolaboruje z musu, tyle że zakochał się w Kliszce. A Jerzy będzie z przekonaniem głędził szlachetne slogany, po czym głosował będzie za każdą bzdurą i świństwem. Poza tym zmajoryzują go mętni pływacy jak Auleytner. A pies że go drapał! I ich wszystkich.

Aha – Gierek wcale nie był u prymasa. I stosunki z Kościołem wcale jeszcze nie zaczęły się układać w jakąś idyllę. Ano tak – w hojność komunistów nie ma co wierzyć: oni obiecują, ale z kieszeni nie wyjmują, chyba że ich bardzo już strach obleci. Zaś obiecanie nic nie kosztuje – a głupiemu radość...

21 stycznia

Smutno i jakoś ciężkawo, przeczucia mam niedobre, zdaje się, że przegrywam wojnę nerwów zarówno z partią matką naszą, jak i z Paryżem. Być zapomnianym przez wszystkich i niepotrzebnym nikomu to zaiste sytuacja nader marna. Pisać nadal zaczętą już powieść do podwójnej tym razem szuflady – okropnie mało mam na to ochoty, choć w końcu cóż mi innego pozostanie? Czuję, że teraz, przy jakimś tam jednak przełomie (choć w gruncie rzeczy nikt nie wie, na czym on właściwie polega) mogą mnie utopić gruntownie i raz na zawsze. Zapomnienie – oto skuteczna broń komunistów. Nic mi nawet nie zrobią, sam zdechnę w samotności niepotrzebny nikomu. Oto los – już się z nim właściwie pogodziłem, dobiło mnie milczenie Paryża. A przecież trzeba coś robić w życiu – mogę jeszcze wszakże pożyć sporo lat. "Sowiecka cisza" – termin Skiwskiego się przypomina.

Nie mogę już słuchać domysłów i plotek personalno-politycznych: ten tego, a tamten owego, bo one w gruncie rzeczy nie wiedzieć, co znaczą – na pewno za kulisami coś tam trwa i się rozrabia, ale co, tego nie wiemy – wszak życie polityczne (?!) jest tu tajne. Na pewno tylko wiadomo, że boją się robotników i w ogóle społeczeństwa – na razie się boją, bo na Wybrzeżu wciąż podobno trwają jakieś strajki i historie. Gierek co dzień pokazuje się w telewizji z coraz to inną delegacją, lecz są to pokazy głuchoniemych, gdyż nie słychać, co mówią, tylko ręce sobie ściskają. Wczoraj było spotkanie z przedstawicielami związków twórczych, takimi jak Iwaszkiewicz, Putrament, Lorentz i inni. Gierek obiecał im odbudowę Zamku Warszawskiego – cóż to za tandeta i taniocha na pokaz – a oni łykają. Ten sam Iwaszkiewicz, co wczoraj całował w d... Gomułkę, dziś wykona ten zabieg z Gierkiem. "A cierpliwa publika łyka i łyka". Choć przekonano się ostatnio, że nie wszystko łyka – tyle że teraz dla odmiany zbuntowali się robotnicy, a literaci siedzą cicho, cichutko. Prasa absurdalnie pusta, nie ma w niej nic – po prostu pustka wręcz obraźliwa. Oni nie mają żadnej koncepcji do gadania, a raczej może nie mają jej do czasu owego sławetnego plenum, które, ciągle odkładane, ma być nie wiedzieć kiedy. Na razie chcą za wszelką cenę utrzymać ciszę (sowiecką).

Robotnicy stoczni (ich delegację też widziałem w telewizji) żądają podobno (wiadomość oczywiście z radia „WE", bo skądżeby indziej) dymisji Kociołka, Moczara i Jędrychowskiego. To ostatnie niegłupie, boć on jest odpowiedzialny za długofalowe bzdury naszej gospodarki. Żądają też wielu podwyżek – ale nie wierzę, żeby dostali. Sytuacja gospodarcza musi być bardzo zła. Wiele lat kraj był przeinwestowany, w każdym województwie na siłę zaczynano budować fabryki, prace wlokły się latami, po ukończeniu zakład okazywał się przestarzały i niepotrzebny, ale robotnicy już w nim byli, wieś zaś drenowano z ludzi, rolnictwo szło coraz gorzej. Handel zagraniczny nawalał, a raczej w ogóle się nie zaczynał (sławetne „maszyny i urządzenia"), nie zadbano zaś o dopływ dewiz „ubocznych" na przykład z turystyki, z czego żyją Węgry, Bułgaria, Rumunia. Jaszczuk miał rację, że trzeba z gospodarki ekstensywnej przejść na intensywną i zacząć wreszcie liczyć – tyle że robił to głupio i zawile – skutek wiadomy. A teraz nic nie naprawią, skoro nie chcą już zadzierać z robotnikami. A tych robotników jest po prostu za dużo: powinni wrócić na wieś, tyle że nie zechcą. Podobno sekretarze wojewódzcy sławnego chowu chcą z robotnikami rozmawiać ostro, lecz centrala zaklina, aby nie: boją się nowych rozruchów i wkroczenia Rosjan. Nie wiem, jak oni wybrną z gospodarką i produkcją. W dodatku nie ma czym odwrócić uwagi społeczeństwa, nie ma na kogo zwalić. Kępa by chciał na Żydów, ale to już nie chwyta – a Moczar milczy (cóż za głupawe jego wspomnienie o łódzkim biskupie Jasińskim było dziś w „Życiu"!). Zresztą mózgów gospodarczych nie mają.

A partyjni Żydzi są niepoprawni: słyszałem, że gdzieś tam przemawiali w euforii, że teraz odbuduje się „czystą moralnie i demokratyczną partię". Idioci, nie wiedzą, że od kiedy Żydów uznano za naród, miejsce ich jest co najwyżej w KP Izraela. Koniec żydokomuny, jak napisał w swych krętackich wspomnieniach Putrament. Smutno – co robić z resztą tak pięknie rozpoczętego życia?!

Gadam z Heniem, z Andrzejem, z innymi, ale nie wiem, po co wszyscy na coś czekają, lecz nie wiedzą na co. A ja jestem najsmutniejszy, choć oni nie wiedzą dlaczego (Paryż). Trzeba by się brać do pisania, ale okropnie mi się nie chce "szufladować". Muzyka? Nuda! Uczę się angielskiego, ale po co, skoro nie dożyję rezultatu (umarł Marian Promiński* – lubiłem go). Chroniczny brak dopingu – oto co mnie zabija! Choć napisał do mnie miły pan W. ze Śląska i sugeruje, żeby pisać dzienniki – obraz epoki, jak Zawieyski czy Nałkowska. No, niby piszę, ale bez radości.

Kawały: w Gdańsku oglądać można spalony Reichstag. Nie było VII Plenum, tylko po VI przerwa na planie. Chi!

26 stycznia

Przeżywam kryzys "duchowy" – przygnębia mnie wszystko, przede wszystkim prasa i telewizja – najgłupsze w świecie, nie informujące o niczym, za to częstujące nas koszałkami opałkami w duchu umoralniająco-pedagogicznym i idylliczno-łagodnym niczym dzieci, w zasadzie grzeczne, ale mogące z nieświadomości zła mieć jakieś pokusy i nieskromne myśli. To naprawdę niewiarygodne, że po tak tragicznych wypadkach można traktować nas w ten sposób. Jakżeż komuniści boją się słowa – i to wszyscy komuniści, bez wyjątku. I stale to samo tłumaczenie: że sytuacja jest trudna, więc trzeba z powagą milczeć. Tylko że dla nich sytuacja jest zawsze trudna, toteż milczymy zawsze. Czy naprawdę w sytuacjach trudnych milczenie pomaga?! Toż to jedna z wielu komunistycznych bujd z chrzanem, z pomocą których ogłupiają ludzi jak mogą – aby tylko uniknąć odpowiedzialności. A głupia prasa zachodnia im basuje, rozdymając w dodatku każde nic nie znaczące powiedzenie Gierka czy Jaroszewicza, że niby jest wielka odwilż i prawie 1956 rok! Celuje w tym bezczelny Margueritte z "Monde'u", który opierając się na durnawych warszawskich plotkach stara się stworzyć wrażenie, iż toczy się tutaj jawna polityczna walka, mieszcząca się w normalnym, zachodnim pojmowaniu. Nazywa on na przykład Kociołka przywódcą "młodo-Turków". Cóż za bzdura. Młody to on jest (trzydzieści siedem), ale dlaczego Turek?! Wyrósł z serca biurokracji partyjnej, facet bez poglądów, tylko taktyk – i to ma być

---

* Marian Promiński – autor powieści "Twarze przed lustrem" – zmarł w Krakowie 20 stycznia 1971 roku.

„młodo-Turek". Bzdura. Ale prasa francuska w ogóle chce pochwalić „nowatorskie" poczynania Gierka, odfajkować rzecz i mieć spokój. Jak zwykle. Doskonale im do tego pasuje bełkot Machejka, który merdając ogonem głosi, że nastąpił bunt w obronie socjalizmu – nie przeciw, i że będzie to odrodzenie partii – bo partia oczywiście jest zawsze święta i nietykalna, choćby narobiła nieziemskich bredni i szkód. „Odrodzenie" nie mogło się w pełni dokonać w Marcu 1968, bo temu – jak sugeruje Machejek – „przeszkodzono". I jemu też pewno chodzi o mit „wszechwładzy Żydów". Żydów już nie ma, ale mit pozostał – tam gdzie nie ma prasy, tam panują mity. Nawet „Wolna Europa" nabiera się na Machejkowe bajanie – tylko tygodniki amerykańskie („Newsweek") przedstawiają sytuację sensownie. Ale w ogóle sytuacja w Polsce jest dla cudzoziemców za trudna: za trudna, bo nikt tutaj nie jest zainteresowany w jej wyjaśnieniu, prasy nie ma, a walki zakulisowe mogą tylko budzić takie czy inne domysły. W rezultacie tragikomedia pomyłek.

Gierek pojechał do Szczecina i Gdańska, rozmawiał ze stoczniowcami, ale o czym mówiono, tego dobrze nie wiemy – może „Wolna Europa" coś poda. Towarzyszył mu nowy minister spraw wewnętrznych Szlachcic – ależ to postać, brr! („To nie jest postać, to posiedzieć"). Ciekawym, kto kogo weźmie: Gierek Moczara czy Moczar Gierka? Ale raczej Beriowie i Rankowicze nie wygrywają!

Smutne jest to, że robotnicy Wybrzeża żądają tylko podwyżek materialnych, nic natomiast nie mają do powiedzenia w materii ideologicznej. To oczywiście daje im pewną siłę, bo partia nie może ogłosić ich jako wrogów, Rosji też jest głupio interweniować, z drugiej jednak strony cała rzecz staje się przez to bardziej jałowa i mniej płodna w skutki państwowe i moralne. Przy tym postulaty podwyżkowe stoczniowców nie bardzo mogą być zrealizowane, a podwyżka pensji najniższych, idąca po linii „urawniłowki", spłaszczenia poziomu płac, wcale robotników nie urządza. Na razie Gierek stosuje różne plasterki, tu kupił zboże, tam wziął pożyczkę (nawet na odbudowie Zamku chce zarobić), ale to wszystko dobre na krótko, rok, dwa. A potem? Ano właśnie.

Mojej roli w tym wszystkim nie widzę, zresztą nikt się do mnie nie zwraca i „ułaskawić" mnie nie mają zamiaru – na pewno mają na głowie większe zmartwienia. Lepiej, że nie piszę, bo przy tej cenzurze musiałbym pisać o niczym. Ale w domu też nie piszę – paraliżuje mnie poczucie niepotrzebności i niemożności sprostania wypadkom – innego tu pióra potrzeba, żeby rozwikłać te wszystkie nieporozumienia i komplikacje. Czy w ogóle ktoś to kiedykolwiek potrafi? Do tego umarła Marysia Andrzejewska, żona Jerzego. Znałem ją trzydzieści pięć lat – trzeba iść na pogrzeb. Okropnie się czuję „bez miejsca na świecie": co pisać, co robić? Nawet z muzyką nic, nie ciekawi mnie, PWM milczy, mój udział w konkursie w Związku Kompozytorów zdaje się też pod znakiem zapytania. Najgorsze jednak, że nie mam na nic ochoty, czując się przegoniony przez życie, przez wypadki, może przez wiek?! Starość to rzecz banalna – cierpieć banalnie, fu, cóż to za obrzydła perspektywa!

Ogłoszono, że dobra pokościelne na Ziemiach Zachodnich mają być przekazane Kościołowi. To nareszcie naprawienie trwającej od lat Kliszkowo-Gomułkowskiej bzdury – walczyliśmy z tą ustawą kiedyś w Sejmie, nawet w Stachu Stommie zbudził się wtedy lew. (No, powiedzmy, mały lewek). A jednak Gierek kokietuje Kościół – ma na tyle zdrowego rozumu, którego ani odrobiny nie miał Klisio. Ciekawe, przy okazji, co będzie z tym ostatnim – jest jeszcze ciągle wicemarszałkiem Sejmu.

Trzeba przestać kibicować „polityce", a zająć się sobą. Już sto razy to zapowiadam, ale trudno rzecz zrealizować w tej głupiej, rozplotkowanej, podzielonej na osobne „kurie" Warszawie. Ale trzeba!

30 stycznia
Śląska „Trybuna Robotnicza" zamieściła artykuł wymieniający personalnie Kliszkę i Jaszczuka jako winowajców ostatniego „minionego okresu". Mamy więc już koziołki ofiarne. Jednocześnie ukazał się komunikat o zdrowiu Gomułki, przypisujący takowemu wszystkie możliwe choroby świata. A więc na plenum go nie będzie. Podobno leży nadal w klinice, zachowuje się jak furiat i pisze (dyktuje) memoriały nadal z pozycji pierwszego sekretarza. W memoriałach tych nakazuje aresztowanie różnych osób, które go „zdradziły", w pierwszym rzędzie Cyrankiewicza, Kociołka itd. Materiały te idą pewno do UB – może naprawdę facet jest już niepoczytalny?

Swoją drogą zdumiewające, że starzy komuniści nie dostrzegli jeszcze prawidłowości swego losu: każdy przywódca źle kończy, zrzuca się na niego wszelkie winy, aby oczyścić partię i utrzymać jakiś jej hipotetyczny (? – dla mnie nie) mit. Partia się nie myli i nie zmienia, to tylko ten lub ów przywódca jest winien. W ten sposób próbuje się odwrócić ludzką uwagę od bzdur i przestępstw popełnionych przez ową że partię oraz uniemożliwić przypuszczenie, że błąd tkwi w samej z a s a d z i e p a r t y j n o ś c i. Trzeba powiedzieć, że choć proceder taki trwa już kilkadziesiąt lat, wciąż znajdują się naiwni, dający się nabrać i skłonni zapomnieć o doświadczeniach przeszłości. Każdy kolejny przywódca partii myśli, że on jest nietykalny i święty, toteż bardzo się dziwi, gdy go z dnia na dzień wyrzucą na mordę i ogłoszą winowajcą. (Gomułce, jak się zdaje, nie może się to w ogóle zmieścić w głowie – zwłaszcza po sukcesie z Niemcami). Z drugiej strony w społeczeństwie także zawsze znajdą się ludzie, którzy, nie mogąc się wyzbyć wkutej im przez lata do mózgów idei monopartii, wierzą, że wszystkiemu winne są przypadkowe ludzkie błędy i że teraz to już partia naprawdę się udoskonali i odrodzi. Stąd inteligencka a głupia obecna wiara w jakąś „odwilż", oparta na odruchu warunkowym, zrodzonym przez pozorną analogię z rokiem 1956 i jego „liberalnymi" hasłami. Tylko że z haseł tych niewiele zostało, głupi Gomułka utrupił wszystko, aby potem samemu paść ofiarą. Dziś w rzekomą odwilż wierzy tylko troszkę inteligencji (i „Wolna Europa"), lud się nie łudzi, wie, że łagodniejsze słowa i gesty wymusił siłą i gwałtem. Łagodność ta zresztą ma swoje granice: jak powiedział A. M., jeśli nie skończy się „pajacowanie po fabrykach", to w końcu Ruscy w to wkroczą – toć zawaliłoby się im całe imperium! W jakiej formie wkroczą – licho wie, ale przecież nie zawiedziemy się na nich chyba!

Na razie Gierek robi gesty wobec robotników i Kościoła, aby uniknąć nowej ludowej ruchawki. Ton prasy, owszem, jest nieco zmieniony, ale raczej się w niej mówi o zmianie niż tę zmianę przeprowadza. Wszystko jest zdezorientowane, wszyscy czekają na owe sławetne ple-plenum, do którego przygotowania trwają. Podobno różnice zdań dotyczą tam przede wszystkim interpretacji grudnia, czyli przeszłości, nie zaś przyszłości. Niepoprawne są te komuchy, wciąż tylko podniecają ich abstrakcyjne zestawy słów. Inna rzecz, że Gierek ma na pewno więcej praktycznego, zdrowego rozsądku niż sekciarski scholastyk Gomułka czy Kliszko. Ale jaki w końcu diablik wyskoczy z tego pudełka – któż to wie.

W kulturze wszystko fatalnie, dla literatury perspektywy okropne, dla mnie też. Zaprosił mnie stary prezes Związku Kompozytorów major Ś. [Stefan Śledziński] (jeszcze z legionów...), aby mnie zawiadomić, że Balicki z Ministerstwa Kultury kazał mnie skreślić z owego konkursu Broniewskiego, ale jednocześnie mówił, żebym złożył podanie o stypendium na jakiś utwór, to dostanę. Ś. bardzo nalegał, żebym szybko to podanie składał, wiem, o co mu chodzi: mówią, że na zbliżającym się Zjeździe Kompozytorów mają go zaatakować, że nic nie robił w sprawie mojej i Mycielskiego – chce mieć alibi. Odmówiłem na razie, mówiąc, że chodzi mi o całokształt mojej sprawy, nie o parę groszy. A ci, co chcą poruszyć tę rzecz na zjeździe, to też niepoprawnie wierzący w „odwilż". Teoretycznie do muzyki powróciłem, choć w bardzo wąskim zasięgu („Ruch Muzyczny", nagrania), a co do pisania *de publicis*, w „Tygodniku" – bardzo wątpię. Po co im to – wiedzą, że tym razem już partii chwalić nie będę. W Paryżu też się nic nie rusza – leżę na wszystkich frontach!

Był Bartosz – prokurator go na razie nie ściga, osoby związane z nim wypuszczono z ciupy, ale i przed nim, jak przede mną rysuje się perspektywa pustki, nicnierobienia, bojkotu. Nudne życie bez podniet – chyba tylko z negatywnymi. O, do cholery!

5 lutego

Lidia mi robi zarzut, że ten dziennik jest zbyt polityczny, że nie ma w nim nic osobistego, że zatruty jestem polityką. Może i prawda, ale takie są czasy, że wszyscy o niczym innym nie gadają, chociaż gówno wiedzą. Jako przykład dziennika łączącego osobiste z publicznym L. podaje mi „Miazgę" Jerzego Andrzejewskiego, którą teraz czytamy. Przedziwna to książka: złożona z elementów wysoce mnie irytujących (snobistyczny dziennik, w typie Iwaszkiewicz- -Nałkowska), sama powieść, czy raczej miazgowaty szkic powieści „z wyższych sfer komunistycznych" (Tyrmand się kłania), też działająca na nerwy, osobiste konfesje Jerzego nie nazbyt smaczne – tymczasem w sumie książka miejscami wręcz porywająca, buchająca polskością, sugestywna. Oczywiście – cały smak jest w dygresjach, jeśli mu je powycinają (a muszą – bo wymyślania na Rosję), wyjdzie całkiem co innego. Ciekawym, czy Jerzy zdecyduje się wydać rzecz tutaj, a więc zgodzić się na skreślenia – ma on w tym jakiś chytry zamysł, a także w tym, że książka krąży w odpisach. Całość szaleńczo odważna – ale i dwuznaczna. Że też, kiedy już mamy wieszcza, musi to być osobliwy Narcyz, przepuszczający wszystko przez pryzmat swej mimozowatej natury! Budzi niechęć, choć i podziw – kawał roboty jednak zrobił!

Więc à propos mojego rozpolitykowania – może ja naprawdę za dużo kibicuję politykom i drapię się tam, gdzie mnie wcale nie swędzi? Przecież w gruncie rzeczy nikogo to, co się dzieje w partii nie swędzi, bo nikt nie ma na to najmniejszego wpływu (chyba robotnicy, którzy spalili partyjne lokale), poza tym wszystko w gruncie rzeczy nadal dzieje się tajnie, mimo pewnych na ogólny poklask obliczonych posunięć Gierka, robionych zresztą przeważnie na złość Gomułce (zamek, samochody małolitrażowe „dla ludu", Kościół, liberalniejszy ton wypowiedzi). Trzeba więc odczepić się od spraw politycznych, zwłaszcza że przynoszą one z sobą nerwowość. Ostatnio przekłóciłem się na ulicy z ambsadorem D. [ambasador Stanisław Dobrowolski], kierownikiem wydziału spraw niemieckich w MSZ. Zaczął mi pieprzyć, że najważniejszą sprawą dla Brandta jest odzyskać suwerenność polityczną wobec... Ameryki, że to ich najbardziej boli etc. Gdy go zacząłem wyśmiewać, okropnie się obruszył, powiedział, że ja z powodu mojej sytuacji jestem „nabolały" i stąd mój krytycyzm. Dobrze mi tak, po cóż się wdaję z zakutymi, ministerialnymi mózgami. Ale on jeszcze do niedawna miał głowę zupełnie otwartą, no ale cóż – każdy chce wierzyć w to, co robi, trudno na dłuższą metę być autosceptykiem. To, co trwa, choćby było absurdem, uważa samo siebie za sprawdzone historycznie. I nie ma na to rady!

„Wolna Europa" nadawała audycję ku czci Jasienicy (właściwie transmisję akademii). Niestety, jak to zawsze u nas – sama hagiografia, zwłaszcza że Józef Mackiewicz coś tam pobluźnił, że jednak Jasienica był pewien czas w PAX-ie (wtedy zresztą nie nazywało się to PAX-em) i że oskarżenia Gomułki miały swoją podstawę. Mackiewicz to zapiekły idiota, ale ci z Londynu też zrobili głupio, bo w swojej akademii z reguły pomijali okoliczności uwolnienia Pawła z więzienia w 1948. Trzeba było po prostu powiedzieć, że komuniści zastosowali do niego akt łaski (skoro Łupaszkę i innych powiesili), może jako do pisarza katolickiego, którego nieporęcznie im było wówczas skazywać (artykuł w „Tablecie", że aresztowano księdza Piwowarczyka, mnie i Jasienicę). Paweł był człowiekiem honoru, żadnym prowokatorem nie był, po cóż więc otaczać tajemniczością sprawę jego zwolnienia? Może po prostu dlatego, że na emigracji nic o tym nie wiedzą?

7 lutego

Wczoraj i dziś plenum KC (znowu ta polityka). Winę, jak było przewidziane, zrzucono na Kliszkę i Jaszczuka – pewno ich dziś wyleją – Gomułka chory. (Na co chory? – Na polecenie KC – mówią ludzie). Ciekawe, że jednak naprawdę „klasa robotnicza", czyli robotnicy nadmorskich stoczni nastraszyli partię. A klasę robotniczą świadomie tworzył Gomułka, budując wciąż nowe zakłady pracy i nie pytając, kto za to będzie płacił. Zresztą nikt nie wie, czy taka stocznia jest dochodowa czy deficytowa, przeliczenia dewizowe są zbyt trudne, całość tonie w ogólnopaństwowym kotle budżetowym. A tu Jaszczuk, oddając się złudzeniom, że uda się rzecz uracjonalnić i urealnić budżety, wziął się akurat do płac i bodźców robotniczych. Tymczasem wszędzie w Polsce ludzie kombinują, aby uzupełnić jakoś zbyt małe pensje, tylko akurat robotnicy nie mogą, bo... nie mają czasu, zwłaszcza w stoczniach. Ci właśnie muszą pracować – a tu Jaszczuk do nich z talmudycznymi zawiłościami bodźców. Owszem, reforma była konieczna, ale nie reforma po doktrynersku zachowująca wszystkie niepotrzebne i nierentowne gałęzie produkcji. Trzeba spojrzeć na gospodarkę jako całość i zobaczyć, jakie „nieprodukcyjne" wpływy pieniężne mogą ją ocalić. Na to trzeba mieć ogólny, niemarksistowski zdrowy rozsądek – Gierek zdaje się go posiadać, ale co zrobi z nową „klasą robotniczą", którą oni sami stworzyli i ściągnęli sobie na kark? Oto jest pytanie!

Jutro zaczyna się Zjazd Kompozytorów – jubileuszowy, na 25-lecie Związku. Idę się rozerwać, bo będą się tam kłócić – o nic istotnego zresztą, o stanowiska, wyjazdy, wykonania na festiwalu. Nie jestem zaangażowany po żadnej stronie, mogę więc beztrosko przyglądać się walkom namiętności. Podobno jeden z kompozytorów płaczem wymusił granie swego utworu na „Warszawskiej Jesieni". No tak – bo każdy myśli, że jest zapoznanym geniuszem i że bez tego wykonania pechowo przepadnie w czeluściach niepamięci. Stąd te olbrzymie kłębowiska namiętności – a dla mnie rozrywka i kino. Chi!

Określenie Henia na „Tygodnik Powszechny": skarb rodziny głupich!

11 lutego

A więc już po plenum – Gierek przemawiał dwie godziny, słuchałem w telewizji: o sprawach gospodarczych dość rozsądnie, o politycznych i kulturalnych nic ciekawego, wciąż odmieniał w kółko słowo „partia". Wyraźnie też powiedział, że nie będzie wolnej gry sił politycznych i że pisarze winni pomagać partii. Przygnębiające. W ogóle było to raczej przemówienie człowieka słabego. Na sali mordy okropne (ktoś spał na stole!), to tacy ludzie nami rządzą w epoce rewolucji naukowej. O rety!

Plenum, poza przemówieniem Gierka, było tajne, podobno teksty jego mają się ukazać w elitarnym i niedostępnym miesięczniku „Nowe Drogi". Tak więc rewolucyjna władza wstydzi się sama siebie. Wylano Kliszkę i Jaszczuka, Gomułkę zawieszono (bo chory...), Kociołek, Loga-Sowiński i Walaszek sami podali się do dymisji. Taki więc koniec kariery Kociołka, owego rzekomego „młodego Turka" – jedno potknięcie w czasie zajść na Wybrzeżu (kazał robotnikom wrócić do stoczni, gdzie powitały ich strzały) i już po nim. Żałować go nie będę, jak w ogóle żadnego z nich. Podobno Kliszko się bronił, miał oświadczyć, że to nie były rozruchy robotnicze, lecz atak kontrrewolucjonistów, którzy należało odeprzeć, choćby liczba zabitych miała być nie wiem jaka. Aha, Gierek podał tę liczbę: czterdzieści pięć i tysiąc sto rannych, z tego połowa mundurowych. Gomułka miał powiedzieć, że Polska upadła trzykrotnie: raz przez niedojrzałość szlachty, drugi raz przez niedojrzałość burżuazji, a teraz przez niedojrzałość robotników. Uważa więc, że Polska teraz upadła (?!). Ale rzeczywiście jego klęska jest ogromna, z niczym nieporównywalna: dyktator komunistyczny obalony przez robotników i to kiedy – u szczytu sukcesów (pakt z Niemcami). Można z tego zwariować, co zresztą, jak się zdaje, już się stało – jest podobno w Konstancinie, w izolacji – mózg nie za bardzo.

Dziwna jest w ogóle sytuacja: prasa tu i ówdzie lansuje niby jakieś hasła „półodwilżowe", ale takie jakieś grzeczne, państwowotwórcze i truistyczne, które od razu w chwili poczęcia są drętwe. Drętwota organiczna, bez strachu, ale i bez wiary w jakiekolwiek zmiany. Tyle że tu i ówdzie wyrzucają starych pryków, którzy trzymali się na fotelach dzięki konserwatyzmowi głupiego Kliszki. Tak wylecieli w Stronnictwie Ludowym Wycech (!), Banach i Podedworny, trzej oportuniści – został za to Ozga-Michalski, kanciarz i „partyzant". Szedłby więc wiatr od strony Moczara? (od moczarów?!). Cholera wie – sytuacja dziwaczna i nie wiadomo, co robić. Ja ciągle czekam na jakiś „akt" w moim kierunku, ale gdy on przyjdzie, to dopiero będzie klops, bo przecież pisać nic nie pozwolą i pojawią się felietony o niczym. Bo cenzura nie złagodnieje, zwłaszcza dla opozycji – nie te czasy!

Ze Związku Kompozytorów nie udało nam się zrzucić starszego pana, czyli Śledzia. Co prawda wzięli się do tego idioci: Twardowski, Bury (wariat) i nieszczęsny Witek Rudziński. W rezultacie sami się skompromitowali, a stary sklerotyk się nie dał – popierany zresztą po cichu przez festiwalową sitwę Bairdów i Serockich. Miał być prezesem młody muzykolog Stęszewski, ale zrzekł się, bo nie chciał babrać się ze Śledziową sklerozą. Były gwałtowne głosy upośledzonych muzyków z prowincji, że życie muzyczne niemal tam nie istnieje – ale to by się nadawało na jakiś związek zawodowy – nie tu. ZKP przestał być narzędziem ideologicznym (spora w tym zasługa moja), a nie stał się zawodowym. Ma być pewną elitą – tyle że elita kompozytorska nie jest wcale elitą intelektualną czy moralną.

Najzabawniejsze, że do zarządu wybrano mnie! Postawił mnie Bury (tylko wiariat mógł to zrobić) i... dostałem pięćdziesiąt osiem głosów, najwięcej z kompozytorów, a w kolejności trzeci, za Schillerem i Chodkowskim, a przed Śledziem, który miał pięćdziesiąt trzy. Na zebraniu konstytuującym zarządu, prowadzonym przez Lutosa, Śledź wepchnął się apodyktycznie na prezesa i wybrał swoje prezydium – beze mnie oczywiście. Przygadałem mu trochę i wstrzymałem się od głosu. Nie było naturalnie innego kandydata (wiceprezesi Dąbrowski i Meyer, sekretarz Schiller), ale czy musieli robić to tak na chama? Polacy bez trudu przyswoili sobie od komunistów niedemokratyczne maniery.

Niepotrzebnie może wdałem się w tę całą rozróbkę, ale chciałem się przekonać, czy mnie wybiorą. Jednak wybrali – myśleli pewno, że to „odwilż". Chi, chi, nikt nic nie wie i nie kapuje – ja też nie.

Na trzydniowym zjeździe „udzielałem się" towarzysko i piłem wódę. Tomaszewski obiecał mi, że wyda mi utwory – zobaczymy. W duszy jestem smutny, bo nie piszę powieści, a Paryż milczy. Wokół wszystko jakieś beznadziejne i bez entuzjazmu. Co by robić, o cholera! Tyle że słucham „WE", ale oni też się zgubili i plotą rzewne koszałki opałki.

16 lutego
Wypadki pędzą – czasem zgoła dziwacznie, choć może tylko tak się zdaje nam, którzy nie widzimy, co się dzieje za kulisami, a także w fabrykach. Robotnicy naprawdę stają się zmorą ustroju

– znów były strajki, tym razem we włókienniczym przemyśle Łodzi i wczoraj Jaroszewicz ogłosił powrót do cen artykułów spożywczych sprzed 13 grudnia 1970. A to heca – ludzie naprawdę chcą żyć, a nowa góra nie może sobie z tym dać rady. Skoro zawiodła milicja i wojsko, to nie ma rady, trzeba ustępować – ciekawe, co by z tym zrobił kanapowy komunista Kliszko, który ostatni raz widział pewno prawdziwy strajk czterdzieści lat temu. Czy poprosiłby o rosyjskie czołgi?

Tymczasem był już Sejm – wyrzucili starego jąkałę Wycecha, na jego miejsce jest Dyzma Gałaj, wicemarszałkami zostali Andrzej Werblan i bezpartyjna Halina Skibniewska (troje wicemarszałków, bo Wende został). Dla Werblana to jest „kopniak wzwyż" – ten inteligentny łobuz czymś się tam komuś naraził i jest konsekwentnie wywalony i likwidowany, choć nikt nie wie dlaczego. Taki już los komunistów – ginąć w cieniu i zapomnieniu (Cyrana też to czeka – ha!). Mianowali też Kraśkę wicepremierem od kultury i religii – to podobno porażka Moczara. Choć z tym Moczarem to może legendy – diabli wiedzą.

Na Sejmie wnieśli parę ustaw szablonowych: zwiększenie podatku wyrównawczego, cios w rzemiosło. Wiele to im forsy nie da, a przyczyni się do dalszego bałaganu i prymitywizacji życia, bo rzemieślnicy na dobre już zrezygnują. Istota sprawy leży chyba w nadmiarze niepotrzebnego przemysłu: trzeba by ogłosić socjalistyczny „lokaut" i pozwalniać ludzi, za to maksymalnie protegować rolnictwo. Tylko że jak to zrobić „w socjalizmie" – tego nikt nie wie. W ogóle nikt nic nie wie – za to Warszawa zaszpiclowana – co drugi człowiek to ubek. Coś się jeszcze szykuje, sprawa nie jest skończona – może się sprawdzi przepowiednia Henia, że komuniści będą się bili na ulicach, a my będziemy patrzeć z okien.

A. wyjechał za granicę – ma się zobaczyć z Wackiem itd., ale cudów sobie po tym nie obiecuję. W niedzielę u Kielanowskich poznałem pana Henryka Józefskiego, niegdyś ministra i wojewodę, ukrainofila. Starszy pan (osiemdziesiąt lat) z poczuciem humoru, trochę głuchawy. Siedział w ciupie w latach 1952–1957, opowiadał mi, że przez dwadzieścia jeden miesięcy był przesłuchiwany codziennie po dwanaście godzin. Ci komuniści mają swoją drogą bzika podejrzliwości – tyle że potężnie dmuchają na zimne, a gorące zawsze ich w końcu zaskoczy.

Wszyscy mają dosyć frazeologii patriotycznej, za to prasa „serwuje" ją (modne wyrażenie) coraz usilniej. W „Kierunkach" wielki atak Wrzeszcza na „Tygodnik Powszechny", atak, do którego okazję dał Myślik, bałakając o socjalizmie. Kiedy ja byłem jeszcze w „Znaku", stale podkreślałem, że nie jestem socjalistą, lecz „reliktem przeszłości", a sprawy polskie oceniam nie z punktu widzenia jakiejś doktryny, lecz na zdrowy rozum. To mi dawało swobodę duchową, za to byli paksiarze jak Mazowiecki, Zabłocki, Myślik wciąż żuli w pyskach ten socjalizm i oto PAX ich zaatakował, że go małpują. Uśmiałem się nielicho, bo po co ciągną diabła za ogon. Zresztą Myślik dał ten głupi wywiad do „Polityki", gdzie o episkopacie mówił per „oni". To niebezpieczny idiota!

„Wolna Europa" wciąż się o mnie upomina, że mi nie wolno pisać – boję się, że mi oni w końcu zaszkodzą. Powoływali się też, że zostałem wybrany do zarządu Związku Kompozytorów, więc dlaczego nie piszę w „Tygodniku". Ano właśnie. Ale przy tej cenzurze nic się przecież nie da napisać. Co więc robić? Oto dziwne pytanie.

Wczoraj spotkałem byłego wiceministra spraw wewnętrznych i komendanta milicji Dobieszaka. Ma lat pięćdziesiąt siedem, od dwóch czy trzech lat na rencie, bo Moczar go wylał, nie wiem dobrze dlaczego. I znów: tak kończą komuniści, bez rozgłosu. Jak są przy władzy, to tłumią wszelkie informacje, wobec czego, jak odchodzą, nikt o tym nie informuje. Z tego morał w tym sposobie, jak ty komu, tak on tobie! U tego Dobieszaka byłem kiedyś w sprawie paszportu dla Tyrmanda. Załatwił mnie wtedy odmownie, dziś wspominaliśmy to ze śmiechem. Dobieszak jest dalej gomułkowcem, bardzo starego bronił. Cóż z tego: „On nie powróci już, więc szkoda twoich łez".

Ostatnia polska dynastia: Józef Wytrwały, Władysław Ociemniały, Mieczysław Rozrabiacz i Edward Odnowiciel. Ha!

21 lutego
Jacek Woźniakowski doskonale zerżnął d... Dobraczyńskiemu za opis przejęcia przez PAX „Tygodnika" w roku 1953, opis zamieszczony w jego wspomnieniach. Udowodnił mu mnóstwo kłamstw, a cenzura puściła – to pewno zmartwi najbardziej Bolcia i spółkę. Do mnie dzwoniła prezeska warszawskiego oddziału Zw. [iązku] Literatów, pani Auderska, że mogę już pisać w „Tygodniku", bo tak powiedział Putramentowi nowy wicepremier Kraśko. Wobec

tego skrobnąłem znów felieton (nawet łatwo mi poszło) i posłałem. Pewno znów cenzura powie, że nie ma instrukcji – to tak po sowiecku. Zobaczymy, kto kogo przetrzyma. Mam rzekomo pisać muzykę do „Chłopów" Reymonta, telewizyjnego serialu w reżyserii Rybkowskiego – rozmawiałem już z nim, ma ochotę. Ale czy „czynniki" będą miały ochotę pozwolić – to się zobaczy. Tymczasem przemyśliwam o symfonii, pisanej „dla siebie" – trzeba przecież zostawić po sobie jakiś dłuższy utwór. Wczoraj byłem na zebraniu zarządu Kompozytorów – zrobili mnie na balona, bo mam jutro składać wieniec na urnie z sercem Chopina w kościele św. Krzyża. Mam też jechać do Krakowa na zebranie tamtejszego Koła ZKP. Wszystko razem grube zawracanie głowy – po kiego mi był ten cały zarząd?!

Co drugi dzień wywalają jakiegoś sekretarza wojewódzkiego (poszedł też z Krakowa idiotyczny Domagała z Wąsikiem) – najwyraźniej Gierek walczy z kimś – pewno z Moczarem, który jednak sam się maskuje, wysuwając za to warszawskiego wroga inteligencji – Kępę. Wszystko dzieje się oczywiście po cichu, tajnie – jak przystało na komunistyczną demokrację. Widziałem tu jednego gościa z emigracji, opowiadał mi, że Giedroyc chciał przeczytać swój jakiś artykuł w „Wolnej Europie" (dawno mu to radziłem), ale Nowak się nie zgodził i wynikła awantura. Zdaje się, że Książę jest antygierkowski, a Nowak pro. Obaj zresztą błądzą na ślepo nic pewnego nie wiedząc – tak się to dzieje w epoce fantastycznego rozwoju środków przekazu. U nas trwa kampania domagająca się, aby Brandt wypędził z Monachium „Wolną Europę". To byłoby smutne – jedyne to nasze w końcu urozmaicenie.

Wreszcie dostałem z Paryża dobrą wiadomość od Wacka – lepiej mi więc na sercu, ale pisać o tym teraz nie będę, choć ten dziennik jest przecież tajny. A sprawa ważna!

Dawno nie pisałem o wydarzeniach światowych, choć mnóstwo ciekawych rzeczy się wydarzyło. Król Husajn w Jordanii wyniszczył w gruncie rzeczy partyzantów palestyńskich, przedłużono rozejm izraelsko-egipski, choć zasad porozumienia nie widać, w Laosie, Kambodży i Wietnamie leją się aż miło. Tyle że wszystko przysłoniły nam sprawy polskie, „słoń a sprawa polska". Co będzie tu dalej, cholera wie – ktoś tłumaczył mi, że nasz kalendarz zgadza się z kalendarzem czeskim z roku 1969. Czyżby i koniec miał być podobny?! To by była heca – zgoła niemiła.

Wśród nowych kawałów opowiadają, że robotnicy Żerania mają zażądać po kilogramie kawioru na głowę oraz że robotnicy nasi chcą pracować po polsku, a zarabiać po europejsku. Ciekawe jest, że robotnicy znaleźli się teraz jakoś osobno, podobnie jak studenci w Marcu 1968. Reformy ekonomiczne, próbujące urealnić zyski (?!) z produkcji musiały iść w istocie przeciw interesom robotników, ale w ogóle to wszystko zawracanie głowy, boć nie można wprowadzać w wielkim domu wariatów jednego akurat elementu racjonalnego. Nikt nic nie wie, nikt nic nie rozumie – oto istota rzeczy! Świat się nam wymyka – to męczące.

24 lutego

Myślę o Kliszce – cóż to za dziwny typ: oderwanie od świata, nieznajomość życia, czasem wręcz debilizm, nieufność posunięta do maniactwa, a jednocześnie kurczowa siła, upór, wiara w swoją rację i absurdalne, choć szczere poczucie swojej odpowiedzialności za Polskę. Tylko w tajnym a zdegenerowanym aparacie, jakim jest kierownictwo partyjnej mafii, mogą wyrastać i dochodzić do potęgi podobne typy – absolutnie nie znane społeczeństwu, a wszechpotężnie władające aparatem, czyli wszystko ogarniającą pajęczyną władzy. Za to jak taki typ upadnie, to już „towarzysze" zniszczą go na amen, z reguły go bowiem nienawidzą właśnie za tę jego absolutną władzę i bezwzględność, z jaką ich atakował.

Co pewien czas w komunizmie wyrastają tacy ludzie – w obecnej Rosji takim, zdaje się, jest Susłow. Podobno Gierek (tak przynajmniej twierdzi Henio) zamierza się obecnie przed tym zabezpieczyć, zmniejszając rolę partii a zwiększając – rządu. Taki jest podobno sens różnych nominacji, zwłaszcza zmian na stanowiskach sekretarzy wojewódzkich. Ministrów zwalniać łatwiej, członków tajemniczego KC czy Biura – trudniej. Czy w tej zbożnej (chyba) działalności Rosja Gierka pobłogosławi czy wyrzuci – oto jest pytanie. Chyba na razie wyrzucić go nie może, bo chce mieć w Polsce spokój, a innego kandydata nie widzi. Gierek to polski Kádár. Z czasem dopiero może się do niego wziąć – „WE" mówi, że kandydatem byłby wtedy Kruczek. Potworny bałwan i zamordysta.

W „Wolnej Europie" wystąpiło dwóch polskich ekonomistów: Marczewski i Drewnowski, obaj profesorowie zagranicznych uniwersytetów i obaj okropni głupcy. Zdumiewająca rzecz, że można nosić wysoki tytuł naukowy i absolutnie nic nie rozumieć. Obaj wypowiadali się na temat, jak by tu poprawić polską gospodarkę i obaj przykładali do Polski miarę normalną, jak do kraju zachodniego, nie rozumiejąc, że zupełnie odmienny ustrój polityczny (tajny w dodatku, więc niezrozumiały) oraz bariera – pojęciowa tudzież bardzo ważna dewizowa – oddzielająca nasz kraj od światowych rynków – tworzą tu sytuację całkiem odmienną i niepodatną do poprawienia „konformistycznymi" (jak to nazywał Wilhelm Röpke), czyli praworządnymi środkami. Nie mogą oni zrozumieć, że jest tu ustrój interwencyjny, w którym żaden ekonomiczny mechanizm nie działa samoczynnie, w którym cena nie jest ceną, a płaca nie jest płacą, tylko tym, czego w danym momencie chce partia. Humorystycznie też brzmi teza jednego z „uczonych", aby w Polsce swobodnie otworzyć drogę dla importu towarów potrzebnych. Cha, cha, cha – tylko jak to zrobić, skąd dewizy i po ile te dewizy?! Głupki to, nie profesory, a my biedni, bo tak w naszym ustrojowym dziwactwie odcięci od świata, że nawet zrozumieć nas nikt nie potrafi. Nie ma uniwersalnych praw ekonomicznych, obejmujących i komunizm, a raczej są, lecz nie muszą sprawować swej władzy w kraju odciętym jak Rosja, gdzie nędza wcale nie jest problemem, bo nikomu nie przeszkadza. Owszem, w Polsce dolar stał się miernikiem, robotnicy się zbuntowali, w partii doszedł do głosu pewien pragmatyzm – ale na jak długo to wszystko, któż to wie? Przecież trwa za kulisami szalona na pewno walka między tymi pragmatykami a nie liczącymi się z niczym ideologicznymi biesami, spragnionymi tylko i jedynie władzy – no bo cóż innego mogłoby kogoś bawić w ustroju tak nudnym?! No a w odwodzie mamy jeszcze jedną specjalną rozrywkę – radzieckie czołgi. Ha! I cóż na to prozaiczny zachodni ekonomista?!

Z cenzury przyszła oczywiście wiadomość, że z wicepremierem Kraśko to cacy, cacy, ale oni żadnego zarządzenia nie mają i felieton wstrzymują. Zawsze mówiłem, że cenzura to państwo w państwie – istna komedia! Tymczasem dzwonili do mnie ze Związku Kompozytorów, że Kraśko ma tam być jutro (!), zbierze się zarząd, doproszono też Bairda, Serockiego i Lutosa. Okropne towarzystwo, nie pójdę oczywiście – w tym Związku od dawna nie mówi się o sztuce, a tylko o interesach, nie warto im przeszkadzać. Zresztą Kraśki też widzieć nie chcę, musiałbym mu wypomnieć bzdury, jakie mówił o mnie w Sejmie.

Składałem w imieniu ZKP wieniec na urnie z sercem Chopina, byli różni faceci, Weinbaum, Sikorski, a także radziecki muzykolog, pan Bełza. Potem odwiedziliśmy salonik Chopina w obecnej Akademii Sztuk Pięknych i nagle uświadomiłem sobie, że to w tym właśnie pałacyku ranny zostałem trzeciego dnia Powstania, a potem dziesięć dni leżałem w rozmównicy kościoła Wizytek. A to heca, toć już dwadzieścia sześć lat minęło – co to się nie podziało z Polską przez ten czas!

Podobno cechą wszelkich pamiętników jest to, że krytykuje się w nich wszystkich wokół, a wywyższa autora, czyli siebie. Tak dzieje się na przykład w modnych obecnie w Warszawie wojennych pamiętnikach Nałkowskiej. Czy i w tych zapiskach ja wychodzę na świetlaną postać? Hm. Staram się mało tu pisać o sobie, a może to źle, trzeba by zrobić samokrytykę, że staję się coraz bardziej zawistny (nawet w muzyce!), niechętny ludziom, stetryczały, leniwy, nierówny i – co najgorsze – niedobry dla wszystkich, nawet dla własnych dzieci. Do tego obrzydliwieję fizycznie i siódmego marca kończę sześćdziesiąt lat, co samo przez się jest ohydą. Nie bardzo umiem już siebie kochać, zazdroszczę pederastom, którzy to umieją doskonale (ostatnio czytałem w „Twórczości" nowe opowiadania Julka Stryjkowskiego – tragizm i komizm, okrwawiony Żyd fruwający w powietrzu – jakiś literacki Chagall). A co do niniejszego dziennika, to w zasadzie nie traktuje on o mnie, swoich spraw „prywatnych" w nim nie poruszam, nawet o sprawie paryskiej nic prawie nie piszę. Wolałbym, żeby ewentualnego czytelnika zainteresował tutaj „obraz epoki", niż obraz autora. Tylko czy można wyzbyć się subiektywizmu?! Łaskawy Czytelnik ocenić raczy! Już w samym stylu zawiera się pewno apodyktyczność autora.

28 lutego
Wielka radość z obniżki cen, a że przedtem była podwyżka, więc wyszło na jedno, tyle że i w podwyżkę, i w obniżkę włożono masę niepotrzebnej pracy organizacyjnej – o tym się nie mówi. Zupełnie jak z „1984" Orwella, jest tam taka podwyżka i obniżka cen czekolady, ku uradowaniu ludu. Choć trudno powiedzieć, żeby nasza podwyżka była daremna – obaliła przecież Gomułkę...

Polskie fiaty brały udział w rajdzie Monte Carlo, nikt jednak do mety nie dojechał (Zasada też nie), skończyło się jakimś mordobiciem i skandalem. W związku z tym któreś pismo wytyka, że na przygotowanie czterech aut do startu wydano niepotrzebnie milion złotych. Otóż to jest ciekawe: gdyby taką sumę wydano w kraju kapitalistycznym, pieniądze nie poszłyby w błoto, bo szereg osób by zarobiło i, wobec ogromnego nasycenia rynku produkcją wszelkiego dobra, sprzedano by sporo towarów – straciliby organizatorzy rajdu, zyskaliby „szarzy" ludzie. U nas za to inaczej: wydanej forsy nikt nie dostał, przeszła ona tylko z jednej państwowej kieszeni do innej, za to strata społeczna jest wymierna, bo ludzie, zamiast produkować, stracili czas daremnie, a i „dobra" się namarnowało – w postaci samochodów i części. Tak więc w naszym „socjalizmie", gdzie wszystko należy do budżetu państwowego i gdzie jest pełne zatrudnienie (choć stała niedoprodukcja), żadna aktywność czy inicjatywa się nie opłaca. Nie opłaca się też reklama – po cóż reklamować na Zachodzie polskiego fiata, którego eksport na większą skalę byłby niemożliwy? Jest to naśladowanie zachodnich form aktywności, które w naszych warunkach ustrojowych tracą wszelki sens. Odcięci od światowych rynków barierą dewizową i polityczną skazani jesteśmy na wegetację jako zapadła prowincja europejskiego świata!

Podobna jest sprawa ze zbrojeniami. Gdy Ameryka się zbroi, to „nakręca koniunkturę" i obywatele się bogacą, gdy my się zbroimy, dzieje się to kosztem podstawowej produkcji żywności i środków codziennego użytku. Jesteśmy po prostu za biedni na ten ustrój, on jest dla nas za kosztowny. Ale wyjścia nie ma – po naszej stronie świata nie decyduje żaden pragmatyzm, choć Gierek po trochu bawi się w pragmatystę. Ale ustroju nie zmieni, słówka nawet powiedzieć nie można, że ustrój jest zły, tak jak słówka nie było można powiedzieć u Andersena, że król jest nagi. Frapuje mnie to, że historia toczy się u nas nie racjonalnie, lecz pod kątem irracjonalnych wiar i wierności – po prostu „nowe średniowiecze".

Wracam do sprawy nieopłacalności ustroju: wydaje się tu pieniądze nie na zakup towarów (np. za granicą), lecz na operacje, manipulacje, na czynności – nawet zakup licencji zagranicznej się nie opłaca, bo leniwość produkcji i zła organizacja zaprzepaszczają wszystko (pisze o tym sporo „Polityka"). Do tego w żaden sposób nie tworzy się w Polsce „klasa menadżerów". Ludzie odwykli od decydowania i od narażania się, nikt nie wierzy w rzeczywistą odnowę, zmiany są tylko na górze, na dole sama stojąca woda. Część prasy próbuje coś tam niby poruszać, ale sprawę utrudnia obawa przed Rosją, a także utajona, nie rozstrzygnięta jeszcze walka między gierkowcami a moczarowcami, która musi się w końcu stoczyć – to nas też pokosztuje, zwłaszcza że Moczara nic nie obchodzą sprawy gospodarcze, tylko walka o władzę i cześć. W tej walce po jednej stronie stać będzie milicja, po drugiej wojsko – stąd zapewne jakieś mętne ataki na machejkowskie „Życie Literackie", gdzie Barbara Seidler napisała, iż wojsko strzelało do tłumu w Stoczni Gdańskiej. Co prawda każde dziecko w Polsce o tym wie i „Wolna Europa" powiedziała to już sto razy, ale do obrządku komunistycznego należy liczyć się tylko z tym, co sami do wierzenia podali. Jest to jakiś nominalizm: ważna jest nie treść rzeczy, lecz nazwa, forma rzeczy czy też jej odblask w partyjnej prasie. Walka na umowne pojęcia, nie na fakty – oto istota partyjnego życia politycznego. Ciekawe.

Tę uporczywą wiarę w magię słów widać też jak na dłoni w naszej prasie i jej doniesieniach na przykład z zagranicy. Przyzwyczailiśmy się już do tego przez długie lata i nie zauważamy, że według naszych gazet w wojnie wietnamskiej nie zginął jeszcze żaden żołnierz komunistyczny (podaje się tylko straty strony amerykańskiej) albo że na konferencji paryskiej przemawiają tylko przedstawiciele „patriotów" (czytaj: komunistów), bo głosów drugiej strony się nie podaje. Żyjemy na co dzień z kłamstwem, a raczej ze specyficzną konwencją natury niejako filozoficzno-poznawczej: że realne jest tylko to, co dzieje się po naszej myśli, bo ono potwierdza naszą wersję historii. To, co tej wersji przeszkadza, jest nietypowe, więc nieistotne i nie ma co się tym zajmować. Jest to strusi optymizm, niby absurdalny, ale widać sugestywny, skoro komuniści od kilkudziesięciu lat nim się z powodzeniem posługują. A wymyślił go, jak wiele innych trujących, lecz skutecznych kłamstw, wielki Lenin – pisze o tym córka Stalina w swej drugiej książce, którą teraz czytam. Jakże ta facetka odporna jest na rzekomą magię komunizmu – a i na patriotyzm nie dała się nabrać nic a nic. Skutek – emigracja. Nie byłożby więc innego wyjścia?

Po szeregu latach niewidzenia zobaczyłem Mścisława W. [Wróblewskiego], mojego szkolnego kolegę. Przedziwna to postać: w roku 1939 wyjechał jachtem w podróż harcerską dookoła świata i został na Zachodzie na długie lata. Ma manię prześladowczą, był podobno w Londynie w domu wariatów i nabrał przekonania, że ściga go jakaś potężna angielska mafia. Po wojnie pojechała do niego matka, fanatyczna i żarliwa patriotka (z typu akowskich powstańców: niech się wali, niech się pali, abyśmy się bili), umarła w Londynie, on wydał nawet jej listy. I oto w 1961 wrócił nagle do Polski. Prosił mnie wtedy, abym go uwolnił od tych tajemniczych prześladowców, powiedziałem mu, że jest schizofrenikiem, czyli ma bzika, zapomiętał to sobie i nie chce teraz o tym mówić, ale sprawa dalej w nim tkwi. Zdumiewające, bo poza tym jest najnormalniejszy w świecie, umysł światły i subtelny, robi nawet doktorat. Pracuje w archiwum, nędzuje po trochu z żoną, był już znowu raz w Londynie, chciał tam nawet wrócić, ciągle go gna i prześladuje myśl, że ktoś go śledzi, otacza, wikła mu życie. Ale powiedział, że skoro ja uważam to za przejaw choroby, to nie będzie mi o tym mówił. A więc normalność w nienormalności – dziwna sprawa. Szkoda wartościowego człowieka, a pomóc mu nie sposób, bo, zaalarmowany, ucieknie, raz już tak uciekł z Paryża, gdzie w doskonałych warunkach pracował u moich znajomych. Jego ojciec też był jakiś wariat, humanitarystyczny anarchista, działał w Szwajcarii – jest o nim sporo w pamiętnikach starego Drobnera. (Nazywał się Augustyn Wróblewski).

Nowy, ostatni chyba, tym cięższy atak zimy. Aby do wiosny – wciąż się na coś bezskutecznie czeka. Podobno Jerzy Andrzejewski zgodził się tu wydać „Miazgę" pociętą. Nie wiem, czy dobrze zrobił. A co z moim „dziełem"? Po kartce z Paryża – milczenie.

2 marca

Z Paryża mam znów potwierdzenie, a więc słowo stało się ciałem, co mnie bardzo cieszy. Biorę się więc gracko do skończenia „dzieła" następnego, mam go już dwie trzecie. Brak mi trochę realiów, no ale Balzac pisał przecież „z głowy".

Krysia dostała znów odmowę wyjazdu do Francji.

Wczoraj obserwowałem młodzież na koncercie Schäffera w Filharmonii – drugi to taki koncert w tym roku po Cage'u. Byłem chyba trzeci na sali co do wieku: najstarszy był Kołoniecki, na drugim miejscu Inka Wodiczkowa. Swoją drogą dziwna jest jakaś szyba między nami a nimi, młodymi – przegroda pokoleń. Młodzież zresztą miła, tylko pozbawiona przewodników – do czego właściwie ma dążyć, w tym ustroju, gdzie ktoś za nią z góry o wszystkim zdecydował? W dodatku tak strasznie plączą jej i mieszają w głowie! Wczoraj zrobił to Schäffer – szlag mnie trafił na niego i artystycznie, i „światopoglądowo". Utwór „Howl" z tekstem zwariowanego amerykańskiego Żyda Allena Ginsberga to ohyda: antyamerykańskie bredzenia narkomana, aktorzy naturalistyczni i rozhisteryzowani jak z Przybyszewskiego, orkiestra „robi nastrój" hałasując, ile się da – w sumie tanizna i łatwizna, bezmyślny ekspresjonizm za wszelką cenę – jakież to przegłupie! Inne utwory też nie lepsze, wygłupiania zupełnie bez muzyki. Odrzucenie dyscypliny i „sztuczności", bez której nie ma wszak sztuki – na antypodach tej łatwej histerii będzie utwór o podwójnej organizacji: „Tombeau de Couperin" Ravela, zarazem *pastiche* i wyznanie wiary cyzelatora czy zbieracza antyków – każda nutka na miejscu, wyważona i potrzebna – jakież to dalekie tandeciarzowi Schäfferowi. Chcą go zjechać jak psa w „Ruchu Muzycznym", choć może on ma jedną rację: że muzyka w naszym pojęciu stanie się niemodna?

Lorentz szaleje z odbudową Zamku – ta historia pożre masę forsy, wszystkie dotacje na kulturę w nią wlezą, masę energii, a powstanie coś ni z pierza, ni z mięsa. Ale Lorentz, podobnie jak kiedyś Szyfman, wie, że trzeba walić póki gorące i w ten sposób unieśmiertelnić swoje nazwisko. W domu wariatów inaczej nie można. Prezesem komitetu odbudowy Zamku został Kępa – warszawski I sekretarz. Wkręca się, gdzie może, bandyta to i prymityw, moczarowiec „marcowy", Gierek chciałby go spławić, ale nie daje rady. Gierek chciałby też pewno spławić nasz ustrój, ale także nie daje rady. A od strony Rosji głucha cisza...

Zyzio Przetakiewicz wygłosił w Krakowie przemowę na 25-lecie PAX-u, przedziwne tam rzeczy, antysemityzm zakamuflowany (mówi o tych, co byli winni stalinowskich zbrodni, a w roku 1956 zmienili front „dla swej drugiej ojczyzny", że niby Żydzi wywołali Węgry, aby odwrócić uwagę od wojny sueskiej), atakuje też nas („Tygodnik"), że przyjęliśmy komunizm z powodu małego realizmu jako mniejsze zło. No i oczywiście wszyscy jesteśmy winni zabicia syna Piaseckiego. Przedziwne to bzdury, a i mówca przedziwny. Przed wojną oenerowski pałkarz i żyletkarz, organizujący pogromy, w czasie wojny w Londynie przeciwnik porozumienia z Rosją, zwalczający Sikorskiego tak drastycznie (wykradenie wraz z hrabią Grocholskim tajnych dokumentów), że aż go Anglicy zamknęli do ciupy. Po wojnie wrócił (przejechał podobno przez wszystkie linie na Maczkowskim czołgu) i oto proszę – pierwszy katolicki komunista. Postać malownicza, ale łobuz i bandyta – jako cynik zabawny, jako działacz serio wcale nie zabawny. Aha, jeszcze wychwala swój artykuł z marca 1968 „Do młodzieży polskiej", którym zaczął całą idiotyczną kampanię przeciw mnie. Lubiłem go za fantazję – ale kretyn to niebezpieczny, a gotów na wszystko. "Bo przecież wariat na swobodzie największą klęską jest w przyrodzie".

Z moim pisaniem znów to samo: cenzura nie puszcza, Auderska dzwoni, że Kraśko i Putrament załatwili pozytywnie, cenzura mówi, że nic nie wie itp., itd. Ciekawym, jak to długo jeszcze potrwa. Na razie mam zresztą co pisać: "dla siebie", o Schäfferze, a także dla Korda do Katowic o rocznicy WOSPR-u. Chcę też zacząć symfonię, ale w odróżnieniu od moich ostatnich rzeczy chcę, żeby była łatwa dla wykonawców, niezbyt skomplikowana i nie siląca się na nadmierną już nie nowoczesność, lecz nawet współczesność. Niech to będzie coś konwencjonalnie dobrego – wbrew Schäfferowi nie wstydźmy się konwencji!

16 marca

Okropnie długo nie pisałem, a tu mnóstwo nowości i wydarzeń – nagle zacząłem mieć dużo roboty, zewsząd oferty, żeby pisać o muzyce, na przykład omówienia do przeróżnych programów, ludzie, co mnie nie widzieli, nagle kłaniają się i prawie rzucają na szyję. No bo po prostu ukazał się w "Tygodniku" mój pierwszy felieton, pod tytułem "I znów na starcie"*. Tak więc po długich a ciężkich cierpieniach komuchy wypuściły coś z pyska – tyle że felieton okrojony, ale ostatecznie ujdzie. Jest nie nadmiernie "zaangażowany", trochę nonszalancki – taki powinien być. Ale o czym pisać dalej przy tej cenzurze, aby z jednej strony nie zaszkodzić zbytnio Gierkowi, z drugiej zaś pokrytykować skostniałe bzdury systemu, których on ruszyć się nie ośmiela? Oto jest pytanie?

Poza tym natłok spraw – jak ich nie ma, źle, jak są, też niedobrze. Jeździłem do Krakowa jako delegat Zarządu Głównego na zebranie tamtejszego Koła – kłócili się okropnie schäfferowcy i antyschäfferowcy, w rezultacie zarządu nie wybrano. Jak zawsze u kompozytorów, nie chodziło w ogóle o sprawy artystyczne, lecz o animozje personalne czy też jakieś formy zazdrości "bytowej". Głupie to dosyć było. Za to w "Tygodniku" z racji Dnia Kobiet, a przy okazji mojego pierwszego felietonu popiliśmy koniak, Jerzy nawet mnie pocałował i było zgoła przyjemnie. Załatwiałem też sprawy wy-

---

* Kisiel *I znów na starcie*, "Tygodnik Powszechny", 14 marca 1971, nr 11.

dawnicze w PWM-ie, mają mi wydać „Sygnały sportowe" i Kołysankę. A jednak się kręci!

Tymczasem w Warszawie sensacje. Przede wszystkim otrzymałem „dzieło" i wertowałem je tam i nazad, tropiąc błędy i skreślenia*. (Tam też skreślają, to los mojego życia, że wciąż podlegam rozmaitym kastracjom). A więc jednak praca nie poszła na darmo – to krzepi, choć z drugiej strony „dzieło" zrealizowane staje się obce i drażni – chciałoby się je zapomnieć i wziąć się do czegoś absolutnie odmiennego – co zresztą i robię. A., który przywiózł mi „dzieło", opowiada niezbyt wesołe rzeczy o Wacku – jak dawniej bez forsy, zapeszony, nie bardzo chce przyjechać, tyle że zdrowszy.

A tu znów inna sensacja: ogłoszono z ogromnym trzaskiem, że oficer polskiego wywiadu, Andrzej Czechowicz, pracował szereg lat w „Wolnej Europie", teraz powrócił i będzie opowiadał rewelacje. Istotnie pokazał się w telewizji, wygląda trochę na debila, choć ma wyższe wykształcenie. Jego ojciec, co zabawne, kolegował w Wilnie ze Stommą w gimnazjum. Jego rewelacje jak na razie prezentują się zgoła skromnie: że „Wolna Europa" jest na utrzymaniu amerykańskim i że zbiera od Polaków informacje. Nie jest to straszna nowość, ale szum koło „kapitana Czechowicza" robią ogromny. Podobno wykrył polskich informatorów „WE", ale nie mówi jakich. Będzie z tego pewno nieskończony szantaż, bo każdego da się oskarżyć, a dowody trzymać w kieszeni (lub też wcale ich nie mieć). Władek B. przypuszcza, że to moczarowcy szykują drakę Gierkowi przed zjazdem partii. Może to być, ale sprawa jak na razie wygląda okropnie głupio, bo ten facet nic inteligentnego powiedzieć nie potrafi. Żyjemy wśród przedziwnych twórców komunizmu, trudno się w nich orientować – i po co im ta walka o władzę?

A tymczasem „WE" spełnia swą rolę społeczną, i to nader pro-gierkowską. Na przykład ostatnio wylano generała Grzegorza Korczyńskiego, ale nie ośmielono się powiedzieć za co: mętny komunikat prasowy mówił, że przeniesiony na emeryturę na własną prośbę ze względu na stan zdrowia. Tymczasem „WE" dopowiedziała: za to, że kazał strzelać do robotników wojsku, podobno wbrew Jaruzelskiemu. Bez tej kropki nad i rzecz nie byłaby jasna, a tak Gierek ma nowy plus w opinii. W ogóle dość sympatycz-

---

* *Cienie w pieczarze*. Paryż 1971.

ny ten Gierek, tylko czy da sobie radę? Na razie Ruscy go tolerują, a co będzie dalej, tego nikt nie wie. Tymczasem robi sobie popularność, jak może: Jaroszewicz przyjął prymasa i odbył z nim długą, podobno bardzo przyjazną rozmowę. Szkoda tylko, że drętwa mowa w prasie, radio, telewizji trwa nadal – to już jest nałóg, innych dziennikarzy nie mają, zresztą boją się popuścić. Korzystają z tego moczarowcy i „kapitan Czechowicz", szalejący głupio z „małego ekranu". A raczej nie szalejący, bo się tylko nieglaźnie uśmiecha i nic ciekawego nie mówi.

Diabli wiedzą, jak tu pisać te felietony, bo ludzie czekają i spodziewają się Bóg wie czego – dostałem dużo wzruszających listów od naprawdę wiernych czytelników. W drugim felietonie, polemicznym, nawymyślałem na paxowców i na idiotę Górnickiego, który w reportażu z Hamburga w „Odrze" okropnie ostro zaatakował Episkopat. Idiota to jest okropny i bandyta przy, jednocześnie, patetycznym i niby-szczerym stylu – a może on szczery, tylko tak okropnie głupi?! Cholera wie!

Spotkałem ministra (dawnego oczywiście) Bieńkowskiego, chodziliśmy długo po alejach. Pisze książki (drukowane za granicą), poza tym listownie polemizuje z „Trybuną Ludu" – ma zdrowie. Mówił, że najgorszym przestępstwem rządów Gomułki było obsadzenie aparatu partyjnego przez łobuzów i ludzi niezdolnych i że tego się przez trzydzieści lat nie naprawi (choćby ten warszawski sekretarz Kępa to postać wręcz okropna – Gierek by go pewno chciał spławić, lecz nie może). Sam Władzio nie spodziewa się, aby za jego życia nadarzyła mu się okazja powrotu do polityki. Potem rozmawialiśmy o przeszłości – w czasie okupacji rokował on z ramienia PPR-u z Delegaturą Rządu (londyńskiego). Ale, jak mówi, Bierut zabronił tych rozmów, stwierdzając, że „przyjdą Rosjanie i dadzą nam władzę – po co się rozpraszać". I rzeczywiście.

Wiosna idzie, wybieram się do Konstancina (jak co roku). Roboty masę, a więc niby wróciłem do życia. Czy na długo?!

20 marca

U mnie lokalna sensacja: ukazują się felietony, zamieścili mi też artykuł o Mackiewiczu (napisany w 1969)*. Odezwał się również

---

* Stefan Kisielewski *Człowiek wolny – poza czasem*, „Tygodnik Powszechny", 21 marca 1971, nr 12.

pierwszy polemista, Ambroziewicz w „Argumentach", który jedzie na mnie okropnie brutalnie, zarzucając, że chcę przemysł zastąpić „burdelem" (pisałem o hotelach i domach gry), że nie mam zasad etc. Ci neofaszystowscy dziennikarze młodego pokolenia są najgorsi, zresztą nie umieją czytać stylu okazyjno-taktycznego, czepiają się dosłowności i chcą tylko pluć. Od Marca 1968 czuli się niezagrożeni, a teraz ktoś próbuje się z nimi, narusza ich monopol. Obok Żydów z „Polityki" ja będę teraz głównym celem strzelniczym – i dobrze. Opieprzyłem jeszcze paxowców (Przetakiewicz) oraz tego zwariowanego Wiesława Górnickiego – ciekawym, co z tego będzie. Bo Gierek nie robi liberalizmu, ale też nadmiernie nie przykręca – stąd możliwy był ten mój *come back*. A swoją drogą nie spodziewałem się już tego i nawet specjalnie się do tego nie paliłem – wolałem pisać książki. No ale z niespodzianej premii losu korzystać trzeba! Ostatnie to pewno prasowe potyczki w moim życiu, zwłaszcza że boli mnie noga i każe myśleć o śmierci. Na pisaniu felietonów straci zresztą ten dziennik, bo to była jakaś czynność zastępcza.

Z „Wolną Europą" hece – ten „as wywiadu" (w Warszawie oczywiście kawał: jaka jest różnica między mięsem a kutasem?) robi wrażenie debila i właściwie nic konkretnego do powiedzenia nie ma, choć daje do zrozumienia, że ma. Najgorsze, że oni to, co w normalnych krajach jest po prostu informacją prasową, tu starają się podciągnąć pod szpiegostwo – a za to kara jest najwyższa, do śmierci włącznie. Przeciw komu ma to być stosowane – cholera wie, jak na razie ofiarą wciąż pada Władek B., któremu robią różne aluzje, ale też kart na stół nie wykładają. Najgorsze jednak, że zaczęli teraz skutecznie „WE" zagłuszać, jakoś wyrugowali ją z fal średnich i słuchać jest bardzo trudno. Ostatnio były tam ciekawe wiadomości z VIII Plenum: podobno Kliszko pytał, dlaczego nie oskarżają tego, który jest głównym winowajcą wydarzeń na Wybrzeżu, tj. Moczara oraz Jaruzelskiego, i dlaczego nikt z Biura Politycznego nie wyraził sprzeciwu wobec podwyżki cen – aluzja do Gierka. Kliszko miał twierdzić, że przeciwnicy Gomułki umyślnie kazali milicji postępować bestialsko, aby sprawę rozdmuchać, aby nie ucichła. Możliwe to, ale jednak pyszałek (zadufek) Gomułka zrobił przez lata wszystko, co się dało, aby upaść, aby być niepopularnym, aby ludzi rozwścieczyć. Nikt go nie żałuje, zwłaszcza że Gierek jest relatywnie dość popularny, bo przynajmniej nie drażni, nie cytuje cyfr i słownie przynajmniej troszczy się o „szarego" człowieka.

Ale naokoło i od Wschodu trwa niepokojąca cisza. Przerwał ją czeski sekretarz Bilak, który podobno nader niepochlebnie wyraził się o polskiej sytuacji – chwalił nas za to Kadar. Ciekawe – trwa więc jakaś dyskusja czy kontrowersja, oby tylko nie wynikły z niej sowieckie czołgi. Trudno zresztą coś się dowiedzieć, gdy nie słucha się „Wolnej Europy" – jak zabiorą nam tę ostatnią gazetę, to już będziemy siedzieć jak w worku czy zgoła w d...

Noga boli mnie wciąż, a tu wiosna rozbuchana już na serio. Odkryłem, że łatwiej mi jeździć na rowerze niż chodzić, więc dziś już jeździłem, tylko że jeszcze błoto i nie ma zieleni. Za trzy dni jadę do Konstancina, a Lidka chce malować mieszkanie – piekło!! Ciekawym, czy pojadę z kompozytorami do Bratysławy. F. [Ziemowit Fedecki] opowiadał mi dziś zabawne rzeczy o Rosji, zwłaszcza o Moskwie, a to dobry znawca. Twierdzi, że jest to najbardziej konsumpcyjny, „zamerykanizowany" kraj świata, z jedną drobną różnicą: iż brak mu „masy towarowej", wobec czego całe życie skierowane jest na zdobycie odrobiny czegoś lepszego. Polityką, jak mówi, nie interesują się wcale a wcale, tylko i wyłącznie „dobrami konsumpcyjnymi", samochodem, lodówką etc. Zabawne to i paradoksalne, ale oczywiście w tym niedołężnym ustroju, gdzie dobrze zorganizowana jest tylko policja, inaczej być nie może. A nasi idioci z „Argumentów" sprzeciwiający się „ideałom konsumpcyjnym" wyglądają na tym tle specjalnie głupio. Zresztą, może udają tylko głupków – Polacy są tacy sprytni!

Za oknem wczesna wiosna – to bardzo denerwuje i w ogóle zmienia światopogląd. Mam już sześćdziesiąt lat – o cholera. Jak tu planować dalsze życie?! A tu masę robótek i chałtur – dalej będę już pisał ten dziennik dopiero w Konstancinie, w domu ZAIKS-u. Jadę tam czwarty raz i zawsze dobrze pracuję. Nowe, dzieło, bliskie jest końca, trzeba z nim jechać, nie ma rady! Podobno Książę uważa, że następnym razem będzie już powstanie we wszystkich krajach socjalistycznych naraz i że mimo wkroczenia wiadomych czołgów zakończy się wszystko sukcesem. Optymista i ryzykant – naszym kosztem. Chociaż on miewa czasem dobre proroctwa – tylko długo trzeba czekać.

25 marca

Jestem więc w Konstancinie. Nic się tu nie zmieniło, nawet roboty drogowe te same i w tym samym miejscu. Całą noc nie było światła, dziś cały dzień nie ma wody. Mieszkam w ogromnym dwułóżkowym pokoju, gdzie strasznie śmierdzi zastarzałymi papierosami, a wszystkie meble się kiwają. W nocy nie mogłem spać, przywalony cetnarową kołdrą. Poza tym walczę z kulejącą nogą – mam już wkładki do butów za całe trzysta złotych i usiłuję chodzić, ale nadal kuleję jak diabli. Póki chodziłem szybko, nie czułem się stary, za to teraz wlokę się po brudnej uliczce Jeziorny i każdy mi się przygląda do woli, myśląc, że to jakiś starzec z niedalekiego sanatorium kuśtyka po szosie. O cholera!

Jest tu Wiesław Górnicki, którego właśnie tak opieprzyłem za artykuł w „Odrze". Z początku się nie zorientował i gorąco powiedział „dzień dobry" (spotkaliśmy się na schodach), ale zaraz się połapał i powiedział, że okropnie go zdenerwowałem i zmartwiłem, tytułował mnie przy tym „panem Stefanem". Powiedziałem, że on mnie jeszcze gorzej denerwuje, on na to, że powinienem był zaatakować Gontarza lub Kąkola. Będzie mi jeszcze dyktował! Ale potem już do mnie nie gadał, tylko spozierał ponuro – cha, cha! Obrzydliwy to jest pisarz, odrobina dobrej wiary pomieszana z zakłamaniem daje rezultaty ohydne.

Episkopat Polski wydał list w sprawie spadku liczby urodzeń, o której to sprawie piszę w tym dzienniku sporo. Podobno nie pozwolili im wydać tego listu dawniej – swoją drogą gdzież te komuchy mają rozum, chyba w d... Prasa o liście tym nic nie wspomina, ogłaszają za to, że ma się odbyć konferencja „naukowa" na temat problemów populacji, z udziałem Holzera i innych pseudospecjalistów. Ambitni są ci nasi władcy, nie ma co – za żadną cenę nie chcą się uczyć od księży. Zabawne to, ale problem smutny, bo zanikniemy.

Przeczytałem marcową paryską „Kulturę", są tam dla odmiany wcale dobre artykuły. Piękna wypowiedź Djilasa o naszych wypadkach grudniowych, niezły Mieroszewski na tenże temat, również Herling-Grudziński niczego. Bardzo zabawny artykuł Tadeusza Nowakowskiego o nastrojach w Niemczech w związku z traktatem z Polską. Opisuje, jak to najwięksi antykomuniści stali się nale gomułkowcami, po czym Gomułkę diabli wzięli i oni zostali zdumieni, z otwartymi gębami. Pisze też o „postępowcach" ze „Sterna", o Nannenie, redaktorze naczelnym, że był hitlerowcem i utrupił kogoś we Włoszech, oraz o Sebastianie Haffnerze, idiocie, którego tu poznałem. W sumie jakieś zwariowane *panopticum*, tak wygląda kraj zachodni, poddany sowieckiej presji i zagrożeniu – sami już nie wiedzą, na czym siedzą, a liberalny Brandt zdekomponuje ich całkiem. Narzędziem tej dekompozycji jesteśmy i my, Polacy, a także my – „Znak", realizujący polską rację stanu, czyli – sowiecką rację stanu. Z kim przestajesz, takim się stajesz, nie ma rady – w „Tygodniku" jest wywiad Anny Morawskiej z tym szkopem, redaktorem „Publik", wywiad czysto po sowiecku przeprowadzony. Smutne – ale bez wyjścia. A swoją drogą artykuł Nowakowskiego jest świetny, w ogóle cały ten numer „Kultury" dobry, co mnie podniosło na duchu. Widocznie nasz Grudzień im posłużył – jak się coś dzieje wiadomego wszystkim, to mają żer, inaczej duszą się w swoim własnym sosie. A ogłoszenie „dzieła" jest. Chi!

Ciekawym, czy te komuchy nadgryzą „Wolną Europę" z pomocą swego debilowatego „kapitana" Czechowicza. On niby głupi, ale swoje żądło ma, gdy na przykład oskarżył jednego z kierowników „WE" Pomorskiego o szulerstwo i hazard sugerując, że on, Czecho – pożyczył mu trochę forsy w zamian za uzyskanie dostępu do pewnych kluczy otwierających kasety z tajnymi aktami. Podobno akcją Czechowicza manewrują zwolennicy Kępy, którzy chcą w ten sposób powykańczać różnych ludzi z inteligencji. Ten Kępa to istny neofaszysta, przejął rolę Moczara, który się zniechęcił i wycofał. Ale Andrzej twierdzi, że Polską twardo rządzą trzej ludzie: Gierek, Jaruzelski, Szlachcic. Tylko co nam z tych rządów, kiedy tyczą się one jedynie aparatu siły, czyli szkieletu, kośćca władzy. W istocie rządzi skleroza głupiego ustroju, wcielona w dziesiątki tysięcy dyrektorów, urobionych przez totalną niemożność tego systemu. To są katastrofalne rządy, a co na górze – wszystko jedno.

U nas malowanie mieszkania, dobrze że uciekłem do Konstancina. Tylko że przygnębia mnie szarość i niż cywilizacyjny miejscowości leżącej przecież niemal w samejże Warszawie. Cały dzień bez wody, tu, gdzie tyle jest szpitali! Coś jak w Indiach. A szarość wynika z braku zieleni: Polska nie ubrana w zieleń okropnie jest niedekoracyjna, wręcz przykra. Cóż robić – nasza ojczyzna.

Aha, ten Czechowicz ze swoimi wypowiedziami przeniósł się z prasy centralnej do „Żołnierza Wolności" – to charakterystyczne.

I nazywają go – „kapitan Klops", parafrazując telewizyjnego kapitana Klossa.

29 marca
Siedzę tu, nogi bolą jak diabli (teraz już obie), trzeba będzie po powrocie do Warszawy pójść do doktora, a może to już jaka podagra czy inna starcza cholera?! O diabli!

Jest tu Jarosław Abramow, syn Newerlego, muzyk i literat (coś jak ja), dramatopisarz tudzież autor piosenek, m.in. sławnych „Okularników", których nagradzałem na festiwalu w Opolu. Była tu u niego jakaś przesmutna facetka, mówił mi potem, że to literatka Żydówka, która emigruje, zmuszały ją podobno jakieś anonimy czy coś w tym guście. A więc te sprawy nadal trwają, smutne to i głupie, też płód niedowarzenia i ignorancji tego całego Gomułki. Żydzi-Polacy zmuszani do wyjazdu, to naprawdę haniebne. Bo kto jest bardziej znany, ten się jakoś obroni, natomiast ludzie „bez nazwisk" nie dają rady, nieuchwytna atmosfera antysemicka podgryza im nerwy i nie wytrzymują. A podobno w MSW jest znowu „wydział spraw rasowych" kierowany przez Walichnowskiego. Ciekawym, do kogo oni się tu jeszcze wezmą.

Kapitan Czechowicz produkuje się teraz na łamach „Żołnierza Wolności", plotąc rzewne, pseudopatriotyczne bzdury, z których nic dorzecznego nie wynika. A swoją drogą zdumiewająca to rzecz: facet jest spalony raz na zawsze, twarz jego zna cała Polska i zagranica, nigdzie nie będzie się mógł pokazać ani nic w swojej „branży" robić, tymczasem ma dopiero trzydzieści cztery lata. Co o tym wszystkim sądzić, jaki tego cel – żeby powiedzieć ludziom, że „Wolną Europę" utrzymują Amerykanie i że zajmuje się ona zbieraniem wiadomości? Niepojęcie to głupie, ale Rosja karmi swą ludność podobnymi idiotyzmami od długich lat. I w końcu daje to jakiś skutek – głupota spraw nic nikomu nie przeszkadza. Bądźmy realistami – he!

Poznałem tu młodego pisarza Włodzimierza Odojewskiego – robi doskonałe wrażenie, podobno jest bardzo wybitny. Jakaś jego niecenzuralna książka ma wyjść za granicą – ciekawym, co z tego będzie.

Ja tu pracuję niemal mrówczo nad nową powieścią, a także czytam sobie stare „dzieło" – dziwaczne ono i nieco nudne, ale inaczej bym go nie napisał, dobrze, że wyszło, choć z błędami. Czy będzie z tego jaka heca?! Także się nad tym zastanawiam pisząc na razie co tydzień ostrożne felietony, które cenzura z niewielkimi skreśleniami puszcza. Te felietony to moja legitymacja – dzięki nim jestem obecny w życiu publicznym i gdyby mnie chcieli znowu wyrzucić, to znów by się podniósł pewien szum. Grunt w tym ustroju nie dać się zadziobać po cichu. Od dwudziestu pięciu lat staram się wobec tego o reklamę i jak dotąd w końcu raczej na tym wychodziłem dobrze (z małymi wyjątkami, odpukać). No ale w końcu ci dranie wymyślą na mnie jakiś sposób, żeby mnie w opinii położyć. Wolę o tym nie myśleć, zresztą jednak jestem już starawy, może im się nie opłaci robić draki, tylko pozwolą mi zdechnąć po cichu. W końcu tu nie mściwa Rosja, lecz zapominająca wszystko Polska. Chi!

W Konstancinie zimno, szaro, brudnawo, nic się jakoś nie zieleni, lud podwarszawski brzydki i „rubaszny" – gdzie się ruszyć, słychać tylko: kurwa, jebany, w dupę pierdolony. Taka to polska łacina... A mimo wszystko wolę południe, Śląsk czy Podhale – tam jest jednak polskość bardziej rasowa, a tu jakieś półmiejskie bękarty, ni to chłopi, ni to mieszczanie, a w ogóle, Boże, odpuść, chamy.

2 kwietnia

Wiosna już się robi, na drzewach pączki, w polu roboty. Zostaję tu jeszcze o dwa dni dłużej, bo w domu malowanie nie skończone, pisze mi się nieźle, tylko sypiam fatalnie, a nogi bolą. Przejąłem się historią zasypanych górników w kopalni „Rokitnica" na Śląsku – jednego z nich ocalono po tygodniu: tydzień w ciemności, w samotnej czarnej wnęce, a tymczasem wcale mu się czas nie dłużył, zaraz po oswobodzeniu pytał, czy „Górnik" wygrał z Manchester City! Zdumiewająca i wzruszająca historia, szkoda tylko, że nasi rządcy uważają, iż przy okazji każdej w ogóle historii muszą sobie robić reklamę i propagandę, toteż prasa pełna jest zachwytów, jaki my mamy cudowny, najlepszy na świecie instytut ochrony górnictwa itp. Mało to są taktowni faceci – cóż na to poradzić: po prostu boją się ludu!

W „Le Monde" czytam fragmenty wspomnień tłumacza Gomułki (na niemiecki) Erwina Weita, który nawiał na Zachód (swoją drogą jest w końcu ta Polska jakoś tam liberalna – Stalin by go wkopał piętnaście metrów pod ziemię). Weit dość inteligentnie opisuje, jak w partii wszystkie niepopularne decyzje zwalano na Gomułkę, a on, frajer, na wszystko się chętnie godził i pchał się do telewizji, doprowadzając ludzi do szału. W ten sposób kolejno zraził sobie wszystkich, którzy adorowali go w 1956: chłopów, robotników, liberalną inteligencję, Kościół. Wszystko to było tak, jak sobie wyobrażałem – wierzący naiwniak o przyzwyczajeniach zamordysty zalazł za skórę wszystkim – skutek wiadomy.

A tu w Moskwie XXIV Zjazd KPZR – bez Gomułki: cóż on tam sobie gdzieś myśli patrząc w telewizor? Za to Gierek jest *vedettą*, oklaskują go, Gierek ściska Breżniewa, całuje – chi! Zjazd zresztą nudny, referat Breżniewa drętwy, bez nowych treści politycznych. Jedyne *novum* to mówienie o warunkach pracy robotników i obiecywanie ich poprawy – widomy skutek polskich zajść. Odezwał się też Husak, bardzo sobie chwalący inwazję na Czechosłowację, która to inwazja ocalić miała ten kraj od imperialistyczno--rewizjonistycznego, kontrrewolucyjnego spisku. Biedny człowiek – czy on musi? Chyba tak. Tajemnicze sprawy!

Tu w tym domu zmiany, Abramow wyjechał, przyjechał za to Ignacy Witz, krytyk sztuki i malarz – bardzo chory, boję się, że śmiertelnie (rak płuc?). Ja będę jeszcze trzy dni, Jurek ma po mnie przyjechać samochodem. Zrobiłem tu coś niecoś – czwarty felieton mi puścili, choć poobcinany. Te felietony to pępowina łącząca mnie z życiem!

9 kwietnia

Jestem już w Warszawie, nie pisałem długo, bo straszny zamęt w mieszkaniu po malarzach, wszędzie farba, cuchnie, do tego nic nie można znaleźć, a tu leży masę listów od czytelników i różnych spraw do załatwienia. Tak to jest z nędzy do pieniędzy: albo za mało roboty, albo za dużo. W dodatku zaatakowała mnie prasa ZSL-u za to, że we wspomnieniu o Mackiewiczu dosyć sobie lekko napisałem na temat Witosa. Odzwyczaili się u nas ludzie od samodzielnego, krytycznego pisania o czymkolwiek, zaraz myślą, że to inspirowane, zamaskowane, podwójne – muszę odpisać, że Witosa bardzo szanuję, upominałem się przecież o druk jego pamiętników na Zjeździe Literatów w Lublinie 1965, kiedy był Gomułka. A już te wycirusy z ZSL-u najmniejsze mają prawo mieć do mnie pretensje, bo gdy o Witosie pisnąć nie było wolno, milczeli jak dupy w trawie. Odważni, gdy mają pozwolenie.

W świątecznym „Tygodniku" jest mój stary artykuł o Beethovenie*, felieton też, słowem jestem drukowany mocno – ciekawym, jak długo to potrwa. Władze twardo pozwalają mi pisać (tyle że po staremu cenzurują), to jeden z fragmentów odgórnej akcji, żeby społeczeństwo myślało, że coś dostaje – a w gruncie rzeczy to złuda. No niby owszem, poprawa stosunków z Kościołem to jest coś – choć jak i Kościół przestanie być opozycyjny, to już w ogóle duszno się zrobi i szmacianie. No ale nie można stosować zasady „im gorzej, tym lepiej", zwłaszcza gdy nic nie zwiastuje jakiegoś globalnego upadku komunizmu, choć tyle o tym marzy stary Książę w Paryżu.

Umarł Igor Strawiński, wielka legenda mojej młodości i w ogóle całego mojego muzycznego żywota – ileż podnieceń i zachwyceń mu zawdzięczam, wszystkie jego style (bo miał ich parę) były mi bliskie, a także jego estetyka, jego filozofia, jego fasony i kaprysy. Znałem go przy tym osobiście, dwa razy, raz w Paryżu, a raz w Warszawie, rozmawialiśmy dosyć długo. Muszę teraz o nim pisać do „Tygodnika", pisałem zresztą o nim dużo razy – z dziesięć albo więcej. Radio nawet zwróciło się do mnie, abym zrobił o nim audycję, ale, bezczelni, dawali 1200 złotych za 50-minutową audycję, więc zrezygnowałem. Od nędzy do pieniędzy.

Tu wiosna rozbuchana, dziś nawet była burza, a ja wciąż się źle czuję, noga boli okropnie, krzyż też – czyżby to już naprawdę po prostu starość?! Wczoraj byłem na dużej wódce w „Ruchu Muzycznym" – wrzepili im na zastępcę naczelnego, towarzyszkę Szubertową, która była w KC – a to chryja! Ale mają w ciągu roku przejść na tygodnik, będzie więc mnóstwo różnej roboty. Mnie proszą do pisania, ale niezbyt mnie to cieszy: chcę pisać książki, nie mam czasu na detale. Był Mycielski, wygląda mizernie, jedzie znowu do Monte Carlo, ciekawym, jaki to znów Polak dostanie teraz nagrodę?

Myślę sobie o Moczarze, że przegrał, bo szykował się na Gomułkę wielkim niewypałem marcowo-żydowskim, ale go nie obalił, tymczasem najniespodziewaniej w świecie obalili go robotnicy, całkiem od innej strony, a ci w dodatku żądają głowy Moczara, który się nie zorientował na czas. I w ten sposób skończyły się jego marzenia o władzy, to po prostu żałosny generał Boulanger. Doszli do władzy spokojni pragmatycy. Czy dużo zdziałają? Hm. Programu

---

* Stefan Kisielewski, *Beethoven – legenda czy muzyka?*, „Tygodnik Powszechny" 11 kwietnia 1971, nr 15.

reform zasadniczych u nich nie widać, ale czują się chyba dość pewnie, choć są podobno dalej jakieś strajki. Ale w Moskwie, na przenudnym zjeździe KPZR, Gierkowi zrobiono wyraźnie znaczącą owację. A Gomułki nikt nie żałuje, zapomniano o nim. Tak toczy się ten światek – komunistyczny. Już dwadzieścia sześć lat rządzi ta komuna – kto by się tego spodziewał kiedyś, kiedy mieli za sobą paru tylko Żydów?

13 kwietnia

Już po świętach, jak zawsze bardzo były męczące, zamiast wypoczynku istna męka. W dodatku noga rozbolała mnie okropnie, palec spuchł i obrzmiał, w ogóle nie mogłem chodzić, ledwie pełzałem. I w drugi dzień ogromnie smutna wiadomość, śmierć Zbigniewa Drzewieckiego. „Zbinia" czy „Binia" znałem czterdzieści parę lat, to był także świadek mojego życia. Żartowałem sobie z niego zawsze, że co pewien czas skądeś mnie wyrzucał. W roku 1932 za strajk w obronie Akademii Muzycznej i Szymanowskiego (a może to był 1933?) sądzono mnie jako jednego z przywódców „komitetu strajkowego", a dla pozoru obiektywizmu wzięto do sądu byłego rektora Akademii, Drzewieckiego. Wywalono mnie wtedy z Konserwatorium na pół roku. W 1949, gdy na Zjeździe Szkół Artystycznych w Poznaniu miałem awanturę z ówczesnym ministrem Sokorskim, Drzewiecki musiał wylać mnie z krakowskiej uczelni. No i w 1968 cenzura kazała skreślić mnie z jego pamiętników! Lubiłem go bardzo, był ineligentny i należał do świetnego, starego warszawskiego mieszczaństwa. Mnie znał od dziecka, Wacka wykształcił, rozumieliśmy się doskonale – brak mi go będzie ogromnie, przejęła mnie ta śmierć bardzo.

W święta byli goście: Hertz, Mycielski, Jurek. Tylko że wprosił się R., facet trochę podejrzany, przy którym rozmowa niezbyt się kleiła. Gadaliśmy trochę o owym „asie wywiadu", kapitanie Czechowiczu, który tymczasem zdążył już wydać książkę ze swoimi wywiadami w radio, telewizji i prasie (prędko to poszło!). Zgodziliśmy się, że to wszystko jest lipa i prowokacja, aby nastraszyć ludzi wyjeżdżających i w ogóle wszystkich. R. gardłował o tym najgłośniej – dobry on jest. Opowiadał też po wódce, jak go chcieli angażować do UB i jak im odmówił. Pawełek uśmiechał się ironicznie, he, he!

Bardzo ciekawy, wręcz rewelacyjny opis bitwy pod Lenino pióra Sokorskiego ukazał się w „Miesięczniku Literackim"*. Sokorski był zastępcą Berlinga do spraw politycznych, potem, pod Warszawą, go zdegradowano do podoficera – uchodził wraz z Berlingiem za przedstawiciela kursu „patriotycznego", podczas gdy Wasilewska, Lampe, Zambrowski, Minc to byli „internacjonaliści" (zresztą Lampe przeszedł podobno ewolucję poglądów, której dał wyraz w swoim ukrytym pono przez kogoś testamencie). Opis bitwy wręcz szokująco prawdomówny: przedstawione jest straszliwe lanie, jakie otrzymała polska dywizja, która zapędziła się do przodu bez wsparcia sowieckich sąsiadów i bez pomocy ogniowej. Czy to umyślnie? Są tam różne aluzje, tak czy owak po dwudziestu siedmiu latach dopiero zdecydowali się na prawdomówny opis. Może dlatego, że ma to obecnie wydźwięk antysemicki, jest na kogo zwalić, i to na kogoś, kto jest teraz źle widziany. Przedziwni ludzie ci komuniści, z taktyką nie rozstają się aż po grób, taktyka zastępuje im prawdę.

Z innych lektur przeczytałem Elżbiety i Franciszka Ryszków „Między utopią a zwątpieniem", o amerykańskich myślicielach McLuhanie i Marcusie. Sens książki, że w amerykańskim kapitalizmie życie jest piekłem, bo trzeba wciąż konsumować, mieć coraz lepsze samochody, gonić za przedmiotami etc. Podobno straszne to jest nieszczęście, to samo zresztą twierdzi Janusz Kuczyński (jak słychać, filozof ubek) w dużym artykule w „Miesięczniku". Takie to tam są okropne cierpienia! Naprawdę nie rozumiem, czy ci ludzie kpią czy o drogę pytają – toć zapytaliby się ludu, czy on ma dosyć „konsumpcyjnej cywilizacji", bo jak na razie, to znudzeni i zmęczeni są studenci i „intelektualiści". No, a u nas to nastroje są typowo „konsumpcyjne", tyle że nie ma co konsumować. Dla kogo więc jest ta propaganda?! Tak na wszelki wypadek?!

Po wczorajszej wódce jestem wytrącony z równowagi i nerwowy, a tu jeszcze noga dokucza jak diabli. W dodatku muszę pisać o Strawińskim i o „Białowłosej" Czyża. Za dużo roboty, a gdzie większe rzeczy? Dostałem w dodatku z ministerstwa to zamówienie na symfonię (dziewięć miesięcy po 3000 zł). A więc dalszy etap powrotu do łask. Czy to aby na długo?!

---

* Włodzimierz Sokorski *Polacy pod Lenino* (fragment pamiętnika), Miesięcznik Literacki, kwiecień 1971, nr 4.

28 kwietnia

Jestem w Poznaniu. Nie pisałem bardzo długo z braku czasu, w dodatku los tego dziennika w ogóle wisiał na włosku, zacząłem bowiem myśleć, że skoro wróciłem do „łask" i do zajęć, to może by dać sobie spokój z tymi notatkami, które były przecież symbolem nadmiaru czasu. No, ale w końcu zmieniłem zdanie i piszę nadal – może jednak dociągnę do pięciu lat.

Moje zajęcie to było głównie „Mazowsze" – zadzwoniłem sam do Zimińskiej, że mogę coś dla niej robić, no i ona natychmiast dała mi robotę „na przedwczoraj" – zinstrumentować i rozłożyć na chór „Walczyk o zamku" do muzyki zresztą jeszcze Sygietyńskiego, tekst (bardzo ładny) Andrzeja Nowickiego. Nasiedziałem się nad tym bite pięć dni, bo okazało się, że praca piekielna (a forsa mała). O cholera!

Na świecie dzieją się tymczasem różne rzeczy. W Pakistanie krwawa i okrutna wojna, tyle że nie bardzo można skapować o co. W Rosji skończył się zjazd partii, powiało z niego sklerozą polityczną i wszelaką. Skleroza i konserwatyzm rozlewają się na wszystkie kraje Wschodu w imię teorii człowieka Zachodu – Marksa. Cóż ten osioł narobił – a na Zachodzie młodzież go wielbi ani wiedząc, w jak Wielką Sklerozę jego teoria się przetworzyła.

Zapomniałem napisać co z moją nogą. Poszedłem do lekarza i okazało się, że była... złamana (kość śródstopia), ale już się zrosła. Więc miesiące latałem ze złamaną nogą, a to ci heca! Chodziłem na elektrolizy, to mi też zabierało czas, prócz tego pisałem artykuł o Strawińskim (już się ukazał) oraz wstęp do „Białowłosej" Czyża do programu łódzkiej opery (byłem kiedyś jedynym krytykiem, któremu się to podobało – stąd i zaproszenie). Pełni zajęć i zawracań głowy dopełniła telewizja szwajcarska, która miała ze mną rozmowę, i to pod pomnikiem Chopina (!). Starałem się mówić ze skromnym pesymizmem, że jest pewna odmiana w ogólnej atmosferze, natomiast bez zasadniczej reformy ustrojowej cudów się nie spodziewam. Zresztą reforma ta będzie nieskuteczna, póki na wszystkich stanowiskach będą drętwiaki, obsadzone tam przez Gomułkę i Kliszkę. Ale w ogóle jest to właściwie ustrój nie do poprawienia, bo każdą najnaturalniejszą rzecz trzeba realizować za pomocą tysiąca nowych przepisów, co jest absurdem i kwadraturą koła. Na przykład jakiś profesor napisał w „Trybunie Ludu" o wołowinie, że można na niej zrobić wielki dewizowy majątek, ale że u nas z różnych tam powodów paszowych i innych zabija się młode cielęta i traci wiele kilogramów „tuczu" (jak oni mówią). Cóż, sprawa na pewno słuszna, facet studiował ją pół życia, ale po pierwsze musi to najpierw dotrzeć do świadomości jakiegoś Wielkiego Wodza, a potem tenże Wódz musi przeprowadzić tysiące czynności, zmian cen, przepisów etc., żeby coś z tego wyszło. Tymczasem w kapitalizmie, gdzie jak mówi się u nas z pogardą, decyduje pieniądz, sprawa taka załatwia się samoczynnie – tak się wszystko układa, aby zyski i korzyści były największe, i to układa się samo.

Co prawda u nas Gierek robi ostatnio wszystko, aby zapanował jakiś zdrowy sens, zwłaszcza w rolnictwie. Zniósł głupie dostawy obowiązkowe, pozmieniał ceny, w ogóle wije się jak glista. Może i co zrobi, na razie „na przednówku" jeść nie ma co, ale to „normalka", jak mówią w Polsce. Może w rolnictwie coś się poprawi, ale co z przemysłem?! Niby też zapowiadają zmiany w systemie zarządzania, ale jak i kiedy, to nie wiadomo. Stąd i mój smutek w szwajcarskiej telewizji, któremu dałem wyraz – mam nadzieję, że nie będzie z tego żadnej hecy, jak dotąd są wobec mnie nader lojalni, dostałem nawet owe dziewięciomiesięczne stypendium na napisanie symfonii. Ciekawe, kiedy się to skończy?!

Wpadł do mnie Alfred Łaszowski, przynosząc swoją nową powieść. Ciekawy to jest typ i dziwny, kiedyś okropny oenerowiec, nawet oskarżany po wojnie o jakąś kolaborację, przedtem, w młodości podobno komunista, teraz liberał bez przydziału, kręcący się koło PAX-u – bardzo inteligentny, umysł szeroki i żywy, tyle że jakoś tam zmarnowany. Przyszedł po trochu i na przeszpiegi, wypytać mnie o „dzieło", o którym już coś wiedzą. Mam też nadzieję, że nie będzie z tego żadnej hecy.

Inny endek, Matłachowski, kiedyś przyjaciel Dmowskiego, wśród powodzi głupstw powiedział jedną rzecz ciekawą, że mianowicie narodami rządzą dziś ludzie z minionych epok, nie mający żadnej przyszłościowej wizji, a przecież substancja życia wciąż się zmienia i nasuwają się problemy zupełnie nowe. To jest prawda, zwłaszcza w Europie, gdzie od Pompidou do Breżniewa rządzą sklerotycy i dojutrkowicze. Co innego Ameryka, Północna i Południowa – tam się coś dzieje, nawet Nixon mnie ciekawi, choć tyle na nim psów wieszają. Ale odstręczającym przykładem człowieka z koncepcją przyszłościową jest Fidel Castro – cóż za bzdury on wyrabia na tej Kubie i w jakąż ją wciąga nędzę i chaos. A oni jeszcze nie reagują, boć to „ich rewolucja", bo powszechne nauczanie, zrównanie etc. Ale rosnąca nędza, wywołana przez odcięcie od naturalnego zaplecza amerykańskiego, zrobi swoje (albo i nie – wszak bierna baraniość ludzka z jednej strony, a odgórny terror z drugiej zrobią też swoje). Podobno Rosja kupuje od Kuby cały zbiór cukru i w ten sposób utrzymuje kraj w zacofaniu przemysłowym, bo zamiast rozbudowywać przemysł, wszyscy idą na „zafrę" (zbiór cukru). A ten cukier, nawet kupiony za dewizy, bardziej się Rosji opłaca niż własny. A to heca! Tymczasem obok Stany, które zarzuciłyby Kubę towarem. Ale cóż – patriotyzm i idea nie pozwalają. Chyba że pewnego dnia ktoś rąbnie tego erotomana z brodą!

Tu w Poznaniu grają mi „Spotkania na pustyni" – dyryguje młoda dyrygentka Agnieszka Duczmal, sympatyczna, podobna do Karin Stanek – ciekawym, co ona z tego zrobi. Poza tym festiwal jak festiwal („Poznańska Wiosna"), ludzi mało, utwory w miarę ciekawe, choć bardzo starannie napisane. W muzyce „poważnej" podaż z reguły przekracza popyt, poza tym koncerty publiczne są właściwie próbami do nagrań – płyta, taśma, radio, to jest w istocie dzisiejsza percepcja muzyki, a koncerty są dla „hobbystów".

Była tu wielka heca ze sławnym czeskim kompozytorem Habą, i to niedługo po mojej z nim rozmowie, kiedy usiłowałem mu się przypomnieć, bo poznałem go w Pradze w 1947. Haba, (lat 78) po całym dniu niesystematycznego jedzenia i popijania runął nagle jak długi na ziemię, przy okazji zrzygał się i zes... Myśleliśmy, że to już z nim koniec, ale wrócił do siebie – przykro mu tylko było i wstyd, zresztą zabrali go do szpitala. Poza tym, jak zwykle między muzykami, toczy się tu jakaś podjazdowa walka i intrygi. Gryzą się – o malutką kość. Jak zwykle.

Poznań uprzemysłowiony, ale jeść nie ma co, w restauracjach drogo jak diabli, porcje małe. To już w Warszawie lepiej – można zjeść gulasz czy bigos, którego tu ani śladu. Zresztą hotel „Merkury", gdzie mieszkamy, głównie jest dla cudzoziemców – stąd i tutejsze zdzierstwo!

Siedzę w hotelu i piszę – właściwie zgodziłbym się całe życie mieszkać w hotelu – panuje wtedy w sprawach jakaś zbawcza pustka, która bardzo sprzyja twórczości. Sienkiewicz i Perzyński pisywali w hotelach, czemuż by i Kisielewski nie mógł?! Ha! Tylko z kompozycją gorzej, bo do tego potrzeba aparatury, fortepianu, biurka, ołówków etc. Coraz bardziej przy tym jestem przeciw filozofującej awangardzie, zwłaszcza gdy przeczytałem głupie wyznanie wiary Cardewa w „Ruchu Muzycznym". Trzeba pisać po swojemu i kwita – bardzo się zresztą palę do tej symfonii.

3 maja

Wróciłem z Poznania, grali mnie wcale nieźle, publiczności się bardzo podobało – martwię się tylko, że dwaj Sowieci (Ormianin i Gruzin) oraz Bułgar powiedzieli, że to był najlepszy utwór – czyżem ja więc socrealista?! Po powrocie wpadłem w kołowrót zajęć i wódki – z tą wódką w ogóle kara boska. Przyjechała też pani Marion von Denhof z Niemiec, gadałem z nią sporo, tęskni do NRD, bo twierdzi, że tam są prawdziwe, stare Prusy, a NRF jest okropnie zamerykanizowane. A propos: Ulbricht podał się dziś do dymisji „z powodu podeszłego wieku". A to heca! Może był zbyt sztywny w rozmowach o Berlin?!

Tutaj przeszedł 1 Maja, można było oszaleć, patrząc w telewizji, jak tłumy defilują, a na trybunach stoją niezmiennie faceci o tępych twarzach – skąd oni biorą taką „elitę?" To chyba Gomułka mianował swoich „ciemniaków" – wszyscy mają w twarzach coś wspólnego, jakąś uniformistyczną sztywność. Myślałem sobie, że ten nowy, chłopski naród trzeba wychować, ale że komuniści są tu wychowawcami jak najgorszymi, bo ich frazeologia w tym kraju nie chwyta – nie pasuje do jego historii, rozwoju, typu narodowego. Stąd przerzucanie się do haseł nacjonalistycznych. Aha, podobno Moczar ciężko chory na serce i w ogóle wykończony. Za to Kępa się szarogęsi – też tępa twarz, ale w inny sposób. Z plotek „ze sfer" trzeba jeszcze donieść, że podobno Gomułka się rozwiódł i ożenił ze swoją sekretarką, nazwiskiem Rejniak czy coś takiego, mówią, że miał z nią romans już od dawna. Nie taki więc on asceta, jakby się zdawało, ale co zrobi ta biedna Zosia? Dziwy swoją drogą dzieją się na tym świecie!

Z Jerzym Andrzejewskim skaranie boskie, dzwonił znów, absolutnie pijany. Jak się zdaje, posądza mnie o autorstwo „dzieła", co gorsza, gada o tym przez telefon. Muszę już do niego iść, trochę go „zgasić", bo to już niemożliwe. Powinien w ogóle iść do doktora, on już bywał u słynnego psychiatry, dr. Ałapina, i nie ma przed tym oporów. Poza tym muszę mu powiedzieć, co myślę o „Miazdze" i żeby się nie zgadzał na skreślenia, jeśli rzeczywiście chcą to wydać (w co nie wierzę). Coś on tu pofrajerzył, trzeba to było wydać w całości za granicą, a teraz już trochę za późno, zwłaszcza że rządcy kraju zmienili się bądź co bądź, wariatowatych fanatyków pełnych wewnętrznego skurczu zastąpili jednak więksi pragmatyści, a więc i sytuacja, choć nieraz głupia, mniej bywa dramatyczna. A „Miazga" nastawiona była na wariata Kliszkę, który jest tam nawet cytowany (fontanna mówi jego głosem i słowami!). W tym „Walczyku o Zamku" skreślono w „Życiu Warszawy" moje nazwisko. Nie dziwię się, bo to było śpiewane na akademii w Sali Kongresowej z udziałem Gierka – ale Zimińska myśli, że jestem obrażony. Dziś jeździłem z Waldorffem do Radziejowic, gdzie było takie spotkanie „muzyczno-malarskie", grał kwartet oraz Wiłkomirscy, potem dyskusja niezbyt mądra. Za to pejzaż przepiękny, park nad stawem, pałac, wszystko nader arcypolskie. Ale okropne rozproszenie jest w tej Warszawie, ciągle ktoś dzwoni i zawraca głowę, lepiej jednak było w niełasce, bo się w końcu coś napisało. Trzeba szanować czas, bardzo go już mało, publicystyka (a raczej jej udawanie) nie wystarczy – trzeba jeszcze wydusić z siebie parę większych „dzieł". A tu czasu brakuje, rozłazi się w palcach. Trzeba go zatrzymać za wszelką cenę. „Czas musi stanąć!", jak mawiał Huxley – wbrew Pilniakowi, którego tytuł wołał: „Czasie, naprzód!" [„Czasie naprzód!" – to tytuł powieści W. Katajewa]. A w ogóle jakaś melancholia przemijania ogarnia mnie ostatnio – grunt się nie dawać! I do pracy – mimo wszystko. Może to zimny kwiecień i maj tak usposabiają, a także noga – z którą zresztą jest lepiej.

7 maja

Złożyłem dziś podanie o paszport do Francji (!), a przy okazji zwiedziłem muzeum Pawiaka i byłem wstrząśnięty... bezczelnością komunistów. Pawiak przedwojenny, „sanacyjny" jest tam postawiony na równej stopie z hitlerowskim, komuniści przedwojenni, odsiadujący śledztwo czy sądowe kary zrównani z ofiarami terroru okupacyjnego, a także z „Grotem" Roweckim czy Starzyńskim. Do tego w życiorysach takich dawnych komunistów, jak Sochacki, Dąbal, Łańcucki, nic nie napisano, że zostali oni zamordowani w stalinowskiej Rosji – ta sprawa w ogóle nie istnieje. W rezultacie panującego tam „pomieszania z poplątaniem" Bogu ducha winny nowy człowiek nic nie skapuje poza tym, że Pawiak to była wspólna mordownia sanacyjno-hitlerowska w jakichś nieznanych bliżej czasach faszyzmu i że mordowano tam zawsze komunistów (nawet tych, co zginęli w Rosji...), którzy stali zawsze na czele wszelkich polskich ruchów wolnościowych. Robić z miejsca straszliwej kaźni, której świadkowie jeszcze żyją, narzędzie do kłamliwej walki z nie istniejącą już sanacją – to już tylko komuchy potrafią. I jakież straszne lekceważenie ludzi, prawdy, historii, jaki cynizm. Ten cynizm sprawia, że nawet w prawdziwe ich ofiary się już nie wierzy – a przecież są tam fotografie Witka Trylskiego czy Hanki Sawickiej... Ależ to są łgarze nie z tego świata, „łgarze pod Złotą Kotwicą", jak mówi Szaniawski (któż tam zresztą pamięta taki jego zbiór historyjek).

Moczar, jak się zdaje, naprawdę przegrał i jest wywalony, a po drugie dopiero chory. To Moskwa zażądała jego wyrzucenia i domyślam się dlaczego. Jadąc z rozmachem „po linii" antysemityzmu pluł on co sił na rządy Bermana, Minca czy Zambrowskiego, myśląc, że wobec linii antysemickiej i antyizraelskiej w Rosji wszystko mu ujdzie na sucho. Tymczasem rządy Bermana to były rządy Moskwy, któż wprowadził Żydów? Rosjanie. I oto teraz, widząc owo plucie Moczara oraz jego popularność Ruscy pomyśleli sobie, że to pośrednio pluje się na nich. Wobec czego wycofali za brak czujności Aristowa, mianowali innego i zażądali wycofania polskiego „generała Boulangera". Raz chociaż Rosja zgodna jest z „Wolną Europą", z czego morał w tym sposobie, że tak czy owak nie należy zadzierać z Żydami. Moczara nie ocaliły nawet jego zasługi w Marcu 1968, który był prowokacją, mającą na celu uprzedzenie takiego wybuchu jak w Czechosłowacji, z góry wyeliminowanie ewentualnych przywódców. Miał więc Moczar zasługi, lecz to mu nie pomogło: znalazł się Gierek, „polski Kadar", znacznie lepiej pasujący do sklerotyczno-konserwatywnego usposobienia Breżniewa niż nasz generałek. Pecha ma ten Moczar – cha, cha!

Powyższą interpretację Marca podał mi Jerzy Andrzejewski. Poszedłem do niego i zrobił mi fatalnego psikusa, bo nie dał żadnego alkoholu (podobno nie miał w domu i nie było gdzie posłać...), był trzeźwy jak siekiera i mnie do trzeźwości zmusił – a tak chciałem przy wódzie poubolewać nad jego rozkładem! Chyba to zrobił umyślnie, wyczuwszy moje intencje. Był rzeczowy i rozsądny: „Miazgę" musi wydać tutaj, skróty dobrze jej zrobią, antysowieckich wycieczek oni nie puszczą, zresztą są w Paryżu inne powieści o tym traktujące (aluzja...). Póki tej sprawy nie załatwi, nic innego mu nie wydrukują, pisać też na razie nie może, skoro w „Miazdze" zmiażdżył powieść. Logiczne to, zresztą był w ogóle interesujący, choć upozowany. O literaturze mówił ciekawie i o „dziele" – choć protestowałem. Ale adres doktora psychiatryczno-odwykowego wziął – on to lubi... Jedna to z niewielu naszych rozmów w życiu, zawsze są one jakoś etapami. Zwłaszcza teraz – po śmierci Marysi, którą znaliśmy tyle lat. Jerzy zresztą się trzyma – on jednak jest dzielny – ale gdzieś z niego uciekł „marcowy" wściekły rozpęd. Zresztą może dlatego, że był tak strasznie trzeźwy...

A tu u mnie wciąż (odpukać) wszystko dobrze. Felietony idą, wczoraj miałem odczyt o Ryszardzie Straussie w klubie przy Filharmonii – odczyt ogłoszony był w „Expressie" (!) – przyszło zresztą dwóch ubeków. O mojej piosence na temat Zamku też „pisało" w prasie. Słowem coś tam idzie naprzód, ale mnie małe robótki nie cieszą – chcę kończyć nowe „dzieło" i pisać symfonię – za mało jest w życiu czasu, aby się rozpraszać. No, ale felietony pisać trzeba – to mnie trzyma w życiu publicznym...

ZESZYT 12

14 maja

Upały straszne, aż się duszę, co zresztą wina Henia. Przyjechał z Zakopanego i zaciągnął mnie na wódkę, razem z Markiem Skwarnickim, który przyjechał z Krakowa. Marek okropnie był smutny, w końcu okazało się, że ojciec mu umarł w Ameryce. Z tym ojcem to była cała tragedia: legionista, pułkownik i nieprzejednany emigrant – jak Marek pojechał do Ameryki, były między nimi jakieś straszne sceny. W rezultacie spiliśmy się okropnie, a był upał i ja po jeździe na rowerze – w dalszym rezultacie dycham ciężko – śmierć mi zajrzała w oczy (pozorowana śmierć po alkoholu, czyli kac srogi a nieugięty).

Widziałem też Andrzeja, był miły tym razem, rozmawialiśmy sporo o polityce. Rzeczywiście zdaje się, że Moczar odpadł definitywnie, jego właśni ludzie mówią już o nim jak najgorzej – że miał dwa razy władzę w ręku i oba razy nawalił. Tymczasem Gierek przymila się do milicji i UB, w MSW podobno jakieś rugi i zmiany, Szlachcic stał się człowiekiem Gierka i załatwia mu tam wszystko.

Tak więc Gierek będzie polskim Kadarem – Breżniew lubi nudę i polityczną pustkę, Gierek mu to pewno zagwarantował, dogadali się. Tylko czy uda mu się załatwić sprawy gospodarcze? Julek Stryjkowski był na Węgrzech, mówi, że to kraj zadowolony i nie pragnący wolności. U nas tak dobrze nie ma, plajta gospodarcza podtrzymuje stan fermentu. Na 1 Maja w Szczecinie robotnicy szli w pochodzie z czarnymi opaskami, potem na cmentarzu była manifestacja nad grobami poległych w Grudniu (raczej nie na cmentarzu, tylko gdzieś za miastem). O mało nie doszło do hecy z milicją, ale ta się w końcu cofnęła. A więc ferment dalej jest – Gierek poprawi rolnictwo, ale co z przemysłem?! To za duży kraj na dojutrkowanie, co zrobić z gigantycznymi hutami i stoczniami? Ubrał nas ten Gomułka, nie ma co!

Więc robotnicy nadal fermentują, za to literaci nic a nic. Może dlatego, że ich głaszczą? Mnie na przykład wyraźnie cenzura puszcza dużo, radio proponuje audycje na temat utworów muzycznych z trybuny UNESCO. Ciekawym, co będzie dalej, czy się to utrzyma? Na razie pracuję, robię, co mogę – trzeba korzystać, póki się da. Ale upały diabelskie. Pojechałbym trochę na Zachód, dla odpoczynku duchowego, ale czy mi dadzą? Wątpię bardzo. To zresztą będzie próba – wciąż się na coś czeka. Dobrze jednak, że chociaż jest na co czekać. Jeszcze człowiek żyje – dobre i to!

16 maja

Majowe deszcze, burze – przyjemne to, choć gorąco jak diabli i mało się pracuje. Czy należy pracować, czy są rezultaty?! Ha! – tego nikt nie wie, czy to naprawdę są jakieś rezultaty i czy coś z tego wyjdzie. Na pewno mają odbiorców moje felietony, a inne „dzieła?" Hm. Mają odbiorców, ale nie tam, gdzie trzeba – wszystko to anonimowe i bez echa, które by do mnie docierało. Tak więc mam jakby parę wcieleń, do tego jeszcze muzyka, której nie bardzo kto i gdzie ma słuchać, choć niby ludzie o niej to i owo wiedzą. Zacząłem niby pisać ową symfonię, wiem dobrze, jaka ona ma być (wiem nawet, jaka będzie), tylko cały wysiłek techniczny „po drodze" mnie przeraża – wysiłek, o którym też wiem, jaki będzie i że jest nie do uniknięcia. Może to też już starość, że człowiek wzdraga się przed trudem? Przed trudem technicznym, przecież nieuniknionym.

Kardynał Wyszyński obchodził 25-lecie biskupstwa, z tej racji wreszcie w „Tygodniku" jest fotografia i artykuł – bardzo zresztą dobry. To człowiek niezwykle wybitny, może w innej epoce byłby kontrowersyjny, tutaj jest jak ulał, mimo owych zarzutów, że preferuje „katolicyzm ludowy". Skoro i Polska ludowa, to i katolicyzm ludowy – chi! A swoją drogą przedziwne jest w naszej stolicy „materii pomieszanie" – owe kulfoniaste nieco, chłopskie dzieci, czyli dziewczyny, w modnych szortach i z malowanymi na niebiesko oczami. No cóż, to jest też droga awansu, a że inna od sowieckiej, to i chwała Bogu. À propos, okropnie pokłóciłem się z Pawłem na temat jego ruskiego wzorca dla polskiej kultury: twierdzę, że ten zgrzebno matejkowski model polecany jest przez Rosję, aby nas udziecinnić, i to udziecinnić pod względem formalnym. Treści zwietrzeją, pozostaje forma i ona to właśnie wychowuje. Na przykład Matejkowskiego „Rejtana" można wytłumaczyć tak: carski, klasowy imperializm napadł na Polskę, postępowy szlachcic Rejtan przeciw temu protestował, ale na próżno, dopiero w sto pięćdziesiąt lat potem rewolucja rosyjska oswobodziła Polaków. No i mucha nie siada! Tak więc treści są obrotowe i wietrzejące, tylko forma zostaje i działa psychicznie. Wiedzą o tym Moskaliki, dlatego proponują nam matejkowski wzorzec. A głupi Paweł kupuje – od innej strony.

Dużo się u nas gada o „Wolnej Europie", że rzekomo mieli do niej pisać Kubacki i Widy-Wirski. Widego spotkałem, dziwuje się wielce i pyta, skąd się to wzięło? Pewno przez niego chcą uderzyć w Kliszkę, który go mianował do Paryża. Obśmiałem się z niego, ale dobrodusznie. A tu tymczasem „WE" się popisała, dając przemówienie Cyrankiewicza na owym plenum KC, kóre w gruncie rzeczy pozostało tajne. Nie słyszałem zresztą tego przemówienia Cyrana, podobno szczyty perfidnej zręczności – jak to u niego.

Na świecie dziwy: w Egipcie dano w dupę zwolennikom Rosji (Ali Sabri i inni), nasza prasa, pisząc o tym, w groteskowy sposób omija istotę rzeczy – jeszcze nie mają instrukcji. Coś się więc Amerykanom udało – nareszcie. Poza tym w Zachodniej Europie jakiś krach walutowy, którego tutaj nikt nie rozumie. Ale co tam – niech się sami martwią. Głupcy na tym Zachodzie, że aż ha! – czasem wręcz im życzę klęski.

Zygmunt Mycielski pisał z Monte Carlo. Pisze, iż „jest tu dużo uśmiechów, żarcia i samochodów, ale Pan Bóg stworzył świat bez pieniędzy, więc jesteśmy tu bliżej Pana Boga". Chi! A kartka śliczna, kolorowa.

26 maja

Długo nic nie zapisywałem, bo był straszny zamęt, aż w końcu mi serce nawaliło i dusiłem się parę dni jak ryba. Najpierw, jak to w maju, są Międzynarodowe Targi Książki, w związku z czym zwala się masa gości zagranicznych. Byłem na koktajlu w Misji Handlowej NRF, masa ludzi, z Polaków typy niemiłe jak Żukrowski, Dobraczyński, Górnicki etc. Niemców za to chyba ze dwieście sztuk. Ale gdy popatrzyłem na owe szkopskie, puste, spokojne oczy, na ich dobrobyt i gładką bezproblemowość, pomyślałem sobie, że my, Polacy, jesteśmy jednak nosicielami jakiejś tajemnicy, jakiejś głębi (może właśnie głębi nieszczęść i niesmaków), której oni już nie znają, nawet Niemcy, niegdyś tak bardzo zaangażowani we Wschód, są już dziś odeń odcięci, a wkolejeni w Zachód i jego stabilizację, amerykanizację. Szczęśliwi więc ludzie, czy też nie – wszak z chrześcijańskiego punktu widzenia ktoś zaspokojony (i uspokojony) moralnie tudzież materialnie, bynajmniej nie osiąga pełni życia duchowego. A więc komunizm, wbrew naszej wiedzy i woli, pogłębia nas tudzież uchrześcijania. A niech go diabli!

Ale ci ludzie z Zachodu to egoiści i nic nie rozumieją, nie chcą rozumieć – niech ich gęś kopnie. Był tu taki dostojnik francuski pochodzenia polskiego, Jean de Lipkovsky, jego żona w wywiadzie powiedziała, iż podoba jej się zwłaszcza, że w Polsce zaprasza się wszystkich do współrządzenia i współnaradzania oraz iż Polacy są tacy radośni (!). Ale ma baba pojęcie! Inna rzecz, że mogła ona co innego powiedzieć, a prasa mogła co innego napisać. Niesłychana swoją drogą jest ta prasa: teraz, z okazji historii w Egipcie, gdzie prezydent Sadat pozamykał swych prosowieckich przeciwników, prasa ta dokonuje przedziwnych koziołków, aby ukryć istotę rzeczy, istotę sprawy. Jakżeż swoją drogą wierzą oni w siłę propagandy – niczym Goebbels. Trochę to już przestarzałe w epoce międzynarodowości radia. Ale Gierek nie zdobędzie się na wprowadzenie nie tylko wolnej, co nieco wolniejszej prasy. Boi się Rosjan, boi się konkurentów wewnętrznych, z którymi zresztą nieźle sobie poczyna. Wiele nie zdziała, jeśli chce „zachować socjalizm". Może on zresztą i tak bardzo nie chce, ale musi przynajmniej udawać, stąd zachowuje niezmienny szyld prasowy – tyle że czytając te pisma rzygać się chce absolutnie.

Wypadki egipskie pokazały jeszcze raz, że tam, gdzie jest tylko jedna partia i nie ma oficjalnej alternatywy politycznej, czyli jawnej opozycji, walki o władzę przenoszą się w sferę ukrytych dla społeczeństwa intryg dworskich i zamachów stanu, życie polityczne zamienia się w szarpaninę tajnych mafii. No i cóż robić, skoro oni wolą to niż jawną walkę poglądów i ludzi – owa jawność budzi ich przerażenie, tak bardzo najwidoczniej boją się opinii, masy, białego dnia. Wielcy to pesymiści, i to pesymiści wobec własnych publicznych możliwości: wiedzą dobrze, że pewnych praw przymusu i perfidii nie potrafią publicznie wytłumaczyć, że to są sprawy tajne, nie znoszące słów. Toteż publicznie mówią z reguły o niczym, skazani na mrok. Stąd i tajemnica, którą nosimy w sobie, a której nie są w stanie rozgryźć cudzoziemcy. Życie w stałym fałszu – czy to pogłębia?! Wolałbym już być płytszy!

Nie próbuję zapisać powodzi faktów i spotkań, która mnie zalewała w ostatnich tygodniach. Wspomnę tylko o wizycie pana H. [Benedykta Heydenkorna] z Kanady, z którym wypiliśmy masę wódki, o lekturze kwietniowej paryskiej „Kultury" i książki „List do emigranta", która mnie bardzo zdenerwowała, na pewno napisał ją ktoś z otoczenia Księcia, wymyśla na „Wolną Europę" i stawia na jakichś mitycznych rewizjonistów. Nie wiedzą, że bez „Wolnej Europy" nikt by tu o nich w ogóle nie usłyszał. Ludzie z Księżyca!

Bogusław Schäffer napisał odpowiedź na moją recenzję – straszne wymyślanie, zrobił ze mnie wręcz jakiegoś Beckmessera, ale stopień jego furii świadczy o kompletnym bziku – do czego to ludzi doprowadza pycha. Przedstawia mnie jako konserwatywnego, zapiekłego starca, nienawidzącego awangardy i wbijającego jej nóż w plecy. Nie zrozumiał moich niuansów czy też, zaślepiony wściekłością, nie mógł ich zrozumieć. Głupi! Artykuł jego udostępnił mi „Ruch Muzyczny", ale zrezygnowałem z polemiki, ograniczając się do paru słów.

Umarł doktor Barański, były minister zdrowia, mąż mojej chrzestnej matki i wielki przyjaciel moich rodziców. Pogrzeb jutro. Tu wciąż na przemian upały i burze, życie duszne i chaotyczne, poza tym gryzie mnie brak „etapowej ideologii": co tu robić, o co walczyć w tym bezpłciowo łagodnym gierkowskim okresie? Nie wiadomo – rozmawiałem z Jerzym Turowiczem, też nie wie. Może po prostu tęsknimy za terrorem, który automatycznie wyznacza ludziom drogi postępowania? Może.

31 maja
Serce mi nawalało mocno, że aż już byłem w strachu – choć to właściwie chyba nie serce, lecz jakaś ogólna nerwica. Wiąże się to i z upałami, i może z masą spotkań i gadań, jakie miałem – a bardzo tego nie lubię. Nie lubię, gdy życie mną kieruje i mnie przegania – a może to już objaw starości? Wniosek z tego prosty – trzeba się oszczędzać, żyć wolniej, myśleć mniej (?!). Choć z drugiej strony ludzie, którzy dużo myśleli, żyli długo, jak Tomasz Mann czy Russell. Ale po co żyć długo? Wystarczy tyle, aby napisać, co się zamierzyło. W mojej sytuacji obliczam to na dziesięć lat jeszcze. Siedemdziesiąt – zupełnie wystarczy – co prawda mówię tak, bo to jeszcze bądź co bądź sporo czasu. O mizerio ludzka!

Chcą nam zniszczyć „Wolną Europę" – złożone zostały w tej sprawie listy do NRF-u i USA przez nasze Ministerstwo Spraw Zagranicznych, czyli przez tępaka Jędrychowskiego i zręcznego miglanca Winiewicza. A jednocześnie spotkałem na ulicy Winiewicza, który się z tego śmiał i mrugał okiem, że on sam słucha „WE", żeby się dowiedzieć, co się dzieje w kraju. Pocieszał mnie też, że z tej ich interwencji nic nie będzie. Co sądzić o takich ludziach cynikach? Czy to wdzięk Polski, czy jej obrzydliwość?

W telewizji też była dyskusja na temat „Wolnej Europy": pięciu łobuzów, Wojna, Janiszewski, Krasicki, Głąbiński i Sołuba, prześcigało się w wymyślaniach, robiło to wrażenie surrealistyczne, bo nie było nikogo, kto by bronił, więc po cóż ten absurdalny zapał? Chcą nas całkiem zamknąć w saku, w ciemnym worku niewiedzy. Czy im się uda? Zachód stracił bojowego ducha, chce za wszelką cenę ułożyć się z Rosją, więc wszystko jest możliwe. Dusza wojownika, o paradoksie, pozostała tylko w Izraelu i Pekinie!

Do „Tygodnika" przychodzą listy z wymyślaniami na mnie, że obraziłem Witosa*. Z listów tych zieje okropne „pomieszanie z poplątaniem": ludzie nic nie rozumieją, żyją odruchami i urazami. Nie wiedzą, że odebrano im życie polityczne i że poniża się ich codziennie, za to ślepy odruch furii porywa ich byle gdzie, tam gdzie wolno: po prostu uświęcone „trzy minuty nienawiści". Witos okazał się świętością, której można bronić, cóż za okazja: zjednoczyła ona starego, antykomunistycznego działacza Mierzwę (cóż za pate-

---
* Kisiel *Dokoła Witosa*, Tygodnik Powszechny, 30 maja 1971, nr 22. Listy do redakcji omówił Roman Tomczyk. *Czytając listy w sprawie Witosa*, Tygodnik Powszechny, 25 lipca 1971, nr 30.

tyczne bzdury on powypisywał!) z oficjałami ze Stronnictwa Ludowego – nareszcie wolno im oburzać się na własny rachunek, a jednocześnie przypodchlebiać się partii, że to niby Kisiel klerykał atakuje ludowego, „postępowego" przywódcę. Teraz im Witos dobry, a jeszcze niedawno, gdy kazano, na niego pluli. Pomieszanie z poplątaniem, zamęt w głowach i uczuciach, a głupi ludzie uchwalają przeciw mnie protesty, nie wiedząc, że w ten sposób protestują przeciw wolności słowa. W istocie tą zdezorientowaną opinią można manewrować, jak się chce – w tym wypadku ja padłem ofiarą, ale paść może każdy, któremu się przypisze, co się zechce. I wytłumaczyć wiele nie można, bo cenzura czuwa. Napisałem już w tej sprawie dwa felietony, ale one pewnie doleją oliwy do ognia. Choć, jak mówi Pszon, dobrze chociaż, że te k... ludowcy musieli się znów przyznać do Witosa, a więc napluć na własną, wazeliniarską przeszłość. Nie ma tego złego, co by na dobre nie wyszło!

Gierek pokazał się w telewizji z Moczarem, a w „Życiu Literackim" ukazał się znów obłąkańczy artykuł Szafrańskiego (Krasickiego?!) o agentach Wiesenthala. Andrzej M. [Micewski] przeląkł się, że „partyzanci" znowu walczą, ale znawcy (Koźniewski) twierdzą, że to tylko ornament, aby za dużo nie gadano o frakcjach w partii i o porażce Moczara. Ludzie skazani na mrok władzy. À propos: ukazały się „Nowe Drogi" ze sprawozdaniami z VIII Plenum, tyle że dostać ich nie sposób. A więc jednak latarka w mroku?! Czy to niekonsekwencja, przypadek czy rzecz rozmyślna? Ciekawe swoją drogą – ale dla kogo?! Przygnębiające to bardzo, że „Wolną Europę" tak źle słychać – już siedzi się po ciemku! I nie słyszy się ludzi „z mojego świata", co jednak jakoś krzepiło. Trudno żyć samemu – choć się musi. Swoją drogą podziwiam Bieńkowskiego, że w swojej skrachowanej sytuacji pisze i walczy! Walczy bez rozgłosu i poparcia w kraju – to jest najcięższe!

4 czerwca

Upały trwają wręcz tropikalne, przeraża mnie ten stan jakiegoś paraliżu, jaki unosi się w powietrzu – przypomina mi to obraz plaży z „Cudzoziemca"* Camusa, nastrój zgęszczonego koszmaru. W dodatku to rozprażone wśród mazowieckich piasków miasto nie jest do tropiku przystosowane – jak co roku prasa wszczyna alarmy,

---

* Chodzi o „Obcego" Alberta Camusa.

że nie ma nic do picia, że plaże nieczynne, woda brudna etc. Co prawda jedną dużą plażę po stronie wschodniej uruchomili – wczoraj jeździłem tam na rowerze, piękna jest mimo wszystko Wisła w słońcu (choć brudna piekielnie), cudny widok ze Stadionu Dziesięciolecia na miasto – nawet Pałac Kultury można strawić. Dziwne miasto, dziwne w nim życie: wszystko idzie kulawo, karykaturalnie, ludzie mało w co już wierzą, poza tym są okropnie zdezorientowani i ogłupieni – miałem tego przykład na polemice o Witosa. Próbowałem w felietonie wytłumaczyć, dlaczego wszelkie bodźce wychowawczo-ideologiczne mało tu działają, szczególnie na młodzież: skoro co pewien okres kompromituje się poprzednie autorytety, wyrzuca do lamusa dotychczasowych władców partii i stawia nowych, to jakże wymagać od młodzieży, żeby wierzyła w aktualną frazeologię prorządową? Gierek coś już z tego skapował, nie każe wieszać swoich portretów, a Szydlak odpowiadał wczoraj w telewizji na pytania widzów. Co prawda pytania były słabe (może to lipa?), a odpowiedzi ogólnikowe i mało mówiące. Wątpię, aby dało się ten ustrój uleczyć, póki Rosja, głupia i potężna, ciąży na nas. Próbowałem to wytłumaczyć pewnej starawej Angielce, reprezentującej jakiś tam Komitet Pokoju Angielskich Kwakrów. Bardzo miła, ale nie za wiele rozumie (choć była parę miesięcy w Jugosławii). Wzywała mnie do dialogu z „braćmi marksistami" – Boże, jakież to głupie, choć niby wzniosłe.

A ten felieton o młodzieży mi skonfiskowali, może dlatego, że starałem się tam zrehabilitować konserwatyzm i wskazać na pedagogiczne niebezpieczeństwo, jakie tkwi w ciągłym powoływaniu się na „rewolucję", zwłaszcza w kraju chłopskim, któremu odebrano bezpośrednią tradycję historyczno-polityczną, a prócz tego wychowanie religijne i jeszcze parę rzeczy. Jest to druga całkowita konfiskata od czasu, jak zacząłem pisać w „Tygodniku". A w ogóle to nie bardzo wiem, jaka jest moja „cywilna" sytuacja – przekonamy się na przykład, czy dostanę paszport. Muzyki mojej też niewiele grają. À propos: dziś trzy godziny pisałem sześć taktów partytury symfonii! Może Schäffer ma rację, że trzeba skończyć ze „składaniem nutek". Być może, że jakaś nowa, skrócona pisanina ułatwiałaby mi zadanie, ale nie mam energii psychicznej, żeby się na to przestawić – zresztą Strawiński też tego nie zrobił i mimo to pozostał wielki, choć nie rozumiejący wielkości konserwatywnej Schäffer coś tam urąga.

A więc minęły trzy lata pisania tego dziennika (czy już raczej „tygodnika"). Chciałem te notatki uśmiercić, że niby nie jestem już „odstawiony" i żyję publicznie, ale żal mi się zrobiło: publiczne pisanie w PRL to pisanie rzeczy marginesowych i kalekich, a tu mogę pisać, co chcę, tu i w nieoficjalnych, pseudonimowych powieściach. Co prawda nie wiem, czy i jaką te zapiski mieć będą wartość kiedyś. Może za dużo tu polityki i antykomunistycznej monomanii, a za mało spraw osobistych, pisarstwa, talentu? Ha, cóż, to się pokaże (kiedy?!), na razie postanowiłem ciągnąć to pisanie dalej, tak jak dotąd. Może te zapiski są też zbyt pobieżne i mało staranne, ale może w tym właśnie dojrzy ktoś kiedyś wartość dokumentalną? Ciekawym, czy dużo ludzi u nas pisze tego rodzaju „szufladowe" pamiętniki? Na razie nikt się nie przyznaje – z wiadomych względów. Choć angielska kwakierka powiedziała mi, że w Polsce jest liberalniej niż w innych socjalistycznych krajach, bo ludzie nie boją się gadać. To prawda, gadają, ale jest to „polskie gadanie" – nic z niego nie wynika. To już z robotniczego strzelania i krwawienia wyszło więcej. Hańba bezpłodnym gadaczom – czyli i mnie między innymi! Do takiej to jałowej rasy i grupy należę – wczoraj po raz pierwszy w życiu przyszło mi do głowy, żeby rzucić to wszystko i pójść na jakąś hipisowską łazęgę, zostać kloszardem. Kloszardem intelektualnym był przez wiele lat Peiper, tyle że on miał regularnego bzika – to się nie liczy.

8 czerwca

Czytam książkę Tereja „Rzeczywistość i polityka". Terej to taki młody facet, który mając dostęp do archiwów MSW oraz relacje różnych działaczy (m.in. Matłachowskiego) napisał książkę o działaniach politycznych endeków w czasie okupacji. Strasznie się to czyta, cóż za mrzonki kierowały dorosłymi ludźmi, gdy przewidywali, że Rosja z Niemcami wytłuką się wzajemnie, a nas alianci zachodni wprowadzą do Smoleńska i Odessy. Książka jest pisana poważnie i przyzwoicie, toteż brednie robią jeszcze większe wrażenie: istny surrealizm, i to na progu śmierci, w okupacyjnej mordowni! A znowu akcentowanie antysemityzmu, akurat gdy pada powstanie w getcie. Obłęd! A swoją drogą ciekawe, że młody gość (chyba ubek) tak się interesuje tymi sprawami – inna sprawa, że wielu rzeczy nie zna, np. działań Zyzia Przetakiewicza w „sojuszniczym

Londynie". He, he! W ogóle o Falandze dosyć tam jest powściągliwie – choć świadków nie brak. Nawiedziły nas straszne burze, po prostu tropikalne, było nawet wiele szkód, woda zalała, na przykład, nowe przejście pod skrzyżowaniem Alej Jerozolimskich i Marszałkowskiej – tandetne zresztą jest to przejście w porównaniu z katowickim. Teraz zapowiadają budowę Łazienkowskiej Trasy mostowej, której przegłupio zaniechał Gomułka. Zniszczą na pewno masę zieleni, już to się zresztą dzieje koło Agrykoli, a nam grozi piekło, boć to koło nas, na placu na Rozdrożu będą borować tunel. Pecha ma ta Warszawa, że akurat w samym centrum jej zieleni musi się dziać to wszystko.

Czytam „Nowe Drogi" z protokołem VIII Plenum. Są nieskończone trudności z dostaniem tego, choć wydrukowali podobno 90 tysięcy. Prasa i radio o tym milczy – niech no się tylko „Wolna Europa" dowie... Smutna to lektura, bo gdy tak wiele przemówień partyjnych zebranych jest razem, dopiero widać, jak bardzo mają oni „zniewolone mózgi", jak boją się szerszego spojrzenia na sprawy, jak wzajemnie kontrolują swoje słowa, bojąc się jak ognia posądzenia o rewizjonizm czy inny grzech śmiertelny. Wobec niemożności oświetlenia głębszych, ustrojowych przyczyn kryzysu pozostaje wzajemne oskarżanie się i zrzucanie na siebie winy. Celuje w tym Cyrankiewicz, zresztą dość przekonywający, także Karkoszka, Kraśko, Jaroszewicz, Rumiński („Natolin") i inni. W rezultacie rysuje się niepojęty obraz dziwacznego środowiska, rządzonego po dyktatorsku przez trzech blokujących wszelkie decyzje histeryków: Gomułkę, Jaszczuka i Kliszkę. Gomułka to histeryk despota, Kliszko histeryk panikarz, Jaszczuk – zhisteryzowany na punkcie swej rzekomej wiedzy ekonomicznej, referujący Gomułce sprawy w sposób nieprawdziwy (co prawda są w jego ideach gospodarczych wpływy „Polityki" – broni się zresztą zajadle, podczas gdy Kliszko bredzi tylko o „niszczeniu społecznego dobra" przez robotników w Gdańsku). Do tej czołowej trójcy dodać trzeba paru durniów: Strzeleckiego, Logę, Spychalskiego. Wszyscy zwalają na nich ile wlezie, ale nie wyjaśniają, jakim sposobem kilku dyletantów rządzić mogło po dyktatorsku niczym Iwan Groźny, jak do tego doszło. Odpowiedź jest prosta, aż banalna: zawinił stały w komunizmie brak alternatywy, prawa do jawnej opozycji i krytyki, choćby wewnątrz partii (mógłby przecież to robić komunista Bieńkowski – zamiast wydawać książki za granicą). Skutek wiadomy: aby doszło do zmiany sekretarza, trzeba było przelać krew. Czyż oni nigdy się niczego nie nauczą, a z nimi Ruscy?! Ciężkie mózgi i jakżeż obce! Kompromitująca lektura i, powtarzam, bardzo smutna. Ciąży nad tym wszystkim strach, podwójny strach: przed społeczeństwem i przed Rosją. Ale ten strach uznają oni za normę, za stały, normalny element i to właśnie jest tak obrzydle obce i niewolnicze. No, ale cóż – wiedzą gdzie żyją i co im grozi – na pewno więcej niż mnie, który za nic nie odpowiadam i właściwie do niczego się już nie mieszam. To też smutne!

Oczywiście, inteligentniejsi z nich, jak Sokorski czy Cyrankiewicz, rozumieją lub przeczuwają, że błędy tkwią w samym systemie – ale, rzecz prosta, nigdy tego głośno nie powiedzą – nawet do podświadomości nie dopuszczą: wiedzą, gdzie żyją, a poza tym – w tym systemie przecież zrobili karierę, w innym już żyć nie będą. Sytuacja bez wyjścia – tylko ludzi wysortowanych i wykolejonych jak Bieńkowski stać na mówienie prawdy!

Byłem na przysiędze wojskowej Jerzyka na stadionie „Syreny". Dużo gadania (komunistycznego), przysięga bełkotliwa w tymże stylu, defilada zabawna. Ale dlaczego majorzy wyglądają jak dziady, jak sczłapane konie? Przed wojną w Nowej Wilejce major to był istny Pan Bóg, elegancki, niedosiężny, w chmurach. No, ale ci może będą się dłużej bili – tylko z kim i o co?! Wszystko się zdewaluowało w tym „ludowym" świecie – no ale może właśnie tak być powinno w Polsce Ludowej, a ja jestem stary tetryk i żyję umarłą przeszłością? Może.

15 czerwca
W niedzielę było kilkanaście godzin trwające walne zebranie ZAIKS-u. Wiele widm powstało z grobu, aby wziąć w nim udział, zaś przebieg jego zgoła był niecodzienny i przekonał mnie, że Polacy nader są głupi i łatwo ich oszukać. Od dłuższego już czasu trwała kampania o Stanisława Ryszarda Dobrowolskiego. Muzycy rozrywkowi, czyli tzw. klezmerzy, zwalczali go, że on rzekomo chce ich zniszczyć (rzeczywiście władze od pewnego czasu „lecą" na lekką muzykę, że to zbyt łatwy zarobek i mało wychowawczy), a znowu Żydzi nienawidzą go za powieść „Głupia sprawa". Powieść to rzeczywiście idiotyczna i świńska, zagadka psychologiczna dla mnie, jak on to mógł napisać (pierwsza jego żona była Żydówką, moja koleżanka z Konserwatorium), ale Żydzi przesadzają, a innego

kandydata na prezesa w ciężkich dla ZAIKS-u czasach nie widziałem, mówiono jeszcze o Perkowskim, lecz to tak straszny bałaganiarz i idiota, że rozwaliłby cały interes w niedługim czasie. Do ostatniej chwili trwały namiętne dyskusje i „przedwyborcza agitacja", po czym nagle rzucono kandydaturę trzecią: Karola Małcużyńskiego. Zdumiała mnie ta kandydatura i oburzyła, boć to w gruncie rzeczy „reżimowy" podlizywacz, powie każdą rzecz, którą mu każą, z miłym, gładkim uśmiechem, co jeszcze gorsze niż jak mówi bandyta Menclewski. Od roku jednak zaczęło się rozchodzić po sali przypomnienie, że Małcużyński nie chciał rzekomo mówić w telewizji, gdy była sprawa Czechosłowacji (rozpuszcza on pilnie takie wieści, w istocie nie mówił wtedy, bo gdzieś wyjechał – spryciarz), a także, że podobno poprzedniego dnia na zjeździe dziennikarzy coś tam rzekomo „odważnego" powiedział. Rozeszło się to po sali błyskawicznie. Próbowałem tłumaczyć, że dla stowarzyszenia artystów nie jest dobry prezes, związany ściśle z życiem politycznym (choć zdaje się bezpartyjny), tkwiący na wiążących etatach w „Trybunie Ludu" i telewizji. Popierał mnie Zagórski, ale nic to nie pomogło. Gdy już doszło do wyborów, okazało się, że pozostali kandydaci, Dobrowolski i Perkowski, zrzekli się (!!), wobec czego na placu pozostał Karolek i oczywiście przeszedł. Ktoś tu zrealizował zręczny manewr psychologiczny, salę nabrano, a co to znaczy – cholera wie. Ja zresztą też pewno wejdę do zarządu, bo wybrano mnie do kierownictwa Sekcji A (muzyki poważnej), będę chyba jej przewodniczącym. Dziwaczne to wszystko!

A tu tymczasem wielka sensacja: z Ministerstwa Spraw Wewnętrznych zwolniony został generał Matyjewski, główna tam postać, dawny funkcjonariusz i, jak się zdaje, moczarowiec. Jednocześnie aresztowano czterech wyższych urzędników tego ministerstwa za przekroczenia służbowe i „kontakt ze światem przestępczym". Wszystko to twardo podane jest w prasie – chodzi, jak słychać, o łapówki dewizowe, które brali oni od różnych przemytników i kanciarzy, a także od pracowników handlu zagranicznego, którym wystawiali opinie do paszportów. Po prostu świat się kończy, to już stanowcza kompromitacja i upadek Moczara, choć ten robi nadal dobrą minę, jedzie nawet jako reprezentant PZPR na jakiś zjazd do Finlandii. Ale draka! Ciekawym, czy ja teraz dostanę paszport, choć mogą być „przeciwwskazania" (na zebraniu ZAIKS-u miałem pewne aluzje na temat „dzieła", ze strony bystrego Andrzeja Biernackiego i żmijowatego Wacława Sadkowskiego – oczywiście trzymam fason i twardo nic nie rozumiem, ale jak się rzecz zacznie szerzyć, to może być heca. No trudno, jestem przecież na to przygotowany. Ale liczę, że Gierek czy Kraśko każą sprawę przemilczeć – po co im polska afera Sieniawskiego czy Sołżenicyna?).

W sobotę byli u nas starzy goście: Henio [H. Krzeczkowski], Pawełek Hertz, Julek Stryjkowski i Jurek [Suszko]. Rozmawialiśmy m.in. o owym numerze „Nowych Dróg" i o smutnej bandzie, która się w nim prezentuje. Ale cóż – ludzie uważają to wszystko za normalne. Czy robotnicy na Wybrzeżu też? Ciekawym ich wrażeń – ale pewno im tego do czytania nie dali – sam dostałem z wielkim trudem.

Byliśmy u Basi, wdowy po Drzewieckim, byli też Romanowie Jasieńscy, on bez werwy, postarzały – po prostu emeryt. Przyszedł też pianista Harasiewicz, mieszka stale w Salzburgu, gra po całym świecie. Mieszkanie Drzewieckich wspaniałe (na Willowej). Dostałem odbitkę mojej niedoszłej książki o Biniu, ma ona podobno wyjść, trzeba tylko zrobić zmiany, dostosować rzecz do okoliczności, czyli do śmierci.

Był tam szwagier Drzewieckiej, pracownik handlu zagranicznego, opowiadał niestworzone historie o panującym bałaganie i surrealizmie. Kraje socjalistyczne nie chcą nam płacić długów, stąd zachęta do wyjeżdżania tam: pozwalają wykupić sporo ich dewiz, a kontrola celna przy powrocie ma być niemal zniesiona – w ten sposób się odegramy i swoje odbierzemy.

Wacek pisał, mieli w Paryżu koncert z dużym sukcesem. Ciekawym, czy też ja ten paszport dostanę? Na razie, za dwa już tygodnie jedziemy do Jastrzębiej Góry – aby tylko była pogoda!

19 czerwca

Kociołka mianowano ambasadorem w Belgii – widocznie za to, że się tak generalnie zes... w Gdańsku. A więc nagrodą za nieudolność jest – stanowisko, synekura. No cóż, kruk krukowi oka nie wykole, nasza partyjna góra musi być, widać, solidarna, bo inaczej nad każdym z nich mogłoby zawisnąć widmo wylania. W ostatniej paryskiej „Kulturze" (czytałem ją u Literatów), jest wstępniak Leszka Kołakowskiego: uważa on rządy partyjnej mafii czy sitwy za rzecz decydującą, wywodzi, dlaczego nie może tu decydować żadna opinia ekspertów, bo to zagroziłoby mafijnej władzy, mogąc ją rozluźnić i postawić pod znakiem zapytania. Ma chyba rację, takie decyzje jak z Kociołkiem są właśnie przykładem absolutnej wewnątrzmafijnej solidarności i lekceważenia społeczeństwa. Niby to nie nowość – ale chyba istota rzeczy.

W MSW chodzi jednak chyba nie o żadne nadużycia, lecz po prostu o frakcyjną walkę. Byłem u Amerykanów na pożegnaniu sekretarza Andrewsa, bardzo miłego gościa, choć bez oblicza – sporo tam właśnie mówiono o tych drakach w MSW, ale też nikt nic dokładnego nie wie, nawet W. Cudzoziemców z reguły już nie znoszę, nie mamy z nimi wspólnego języka, oni są bez zmartwień lub też ich zmartwienia nic nam nie mówią. Na przykład Amerykanie mają teraz zmartwienie z aferą „New York Timesa", który ogłosił jakieś tam tajne dokumenty Johnsona na temat wojny w Wietnamie. Wariat, Wisła się pali! U nas wszyscy z góry już siedzieliby w ciupie, zanimby ktokolwiek cokolwiek ogłosił. No cóż, my gorsi ludzie, nam się nic nie należy!

Wybrali mnie w ZAIKS-ie na przewodniczącego Sekcji A (muzyki poważnej), wejdę więc pewno do zarządu. Karol Małcużyński uroczy, jada z ręki. Ale nic mnie nie cieszy, bo czas ucieka między palcami, nic się nie robi, symfonię piszę w żółwim tempie. Trzeba by się jednak skoncentrować, ostatnia chwila, jeśli się chce coś po sobie zostawić. Ostatnie „dzieło" powieściowe już prawie skończone. A co potem?! I ile jeszcze życia? Hm.

25 czerwca

Bolcio Piasecki wszedł do Rady Państwa – a to dopiero heca. Moczara wypieprzyli (został przewodniczącym NIK – każdy wyrzucony szedł na to zabawne stanowisko), a Bolcio, widać żeby się odłączyć od przegrywających, załatwił sobie stanowisko (może Ruscy go poparli?!). Prztyczek dla Stacha Stommy, dla kardynała i innych, a rzecz sama w sobie zabawna. Komunikat prasowy podał, że Bolo był przed wojną związany z „ruchem narodoworadykalnym", w czasie okupacji był żołnierzem Wojska Polskiego (?!), a po wojnie „stanął na gruncie dokonanych przemian społecznych". No cóż, tzw. zielony program Falangi z roku chyba 1937 był nader totalistyczny i kolektywistyczny, jego antysemityzm już nie razi, tyle że dużo tam o Bogu, ale cóż to komunistom szkodzi, skoro Bóg nie istnieje. Myślę, że to jednak pozorny awans Bolcia, w gruncie rzeczy został zapłacony i tyle: dalej będzie basował komunistom, robił forsę, lecz ideowo PAX rozwijać się nie może, choć podobno wielu „szarych" jego członków bardzo by chciało. Ale heca jest – ciekawym, jak to wpłynie na stosunki z Kościołem, na których Gierkowi tak zależy – chyba nieszczególnie, tyle że prymas już stary i nie ma tego przekornego wigoru, co dawniej. Po latach spotkałem się z Wojciechem Kętrzyńskim, starym moim znajomym, w czasie wojny zastępcą Bolcia w Konfederacji Narodu, potem jednym z głównych ludzi w PAX-ie, od 1956 roku w służbie dyplomatycznej w Kanadzie i Francji, teraz urzędnika w MSZ. Smutny trochę facet, bo zmarnowany, a miał przecież świetne pióro i dużo do powiedzenia. Powiada, że MSZ opanowany jest przez chłopów z trzech województw (rzeszowskie, krakowskie, lubelskie), ludzi młodych, błyskawicznego awansu, których nic nie obchodzi poza własną karierą, nie chcą zmian ani rewizjonizmów, chcą utrzymania *status quo* i tyle. Wojtek sądzi, że właściwie jest to sytuacja zdrowa, choć nudna, że Polska stanie się krajem normalniejszym o spłaszczonej elicie, bez owej dawnej grupy mesjanicznej superinteligencji, za to z szerszą podstawą. Ale to nie tylko nudne, to również groźne, boć reformy gospodarcze i inne są tu konieczne, a bez drożdży w rodzaju Kołakowskiego czy Bieńkowskich nic z tego nie będzie. Przy czym ci nowi „chłopi z Marszałkowskiej" nie znoszą inteligencji, Żydów też nie, w ogóle żadnych konkurentów. Taka chłopska, płaska Polska, normalna, ale nudna jak flak i dość uboga – niewesoła to perspektywa na koniec mojego życia (choć z drugiej strony, dopóki jest „Tygodnik", można tu pływać, bo na bezrybiu i rak ryba). Ale człowiek tęskni za niespodziankami, cóż za życie bez niespodzianek?! Może one jednak będą: istotą niespodzianki jest wszakże to, że się jej nie spodziewamy! Tyle że człowiek już stary, a więc nie tak sprężysty, nie nadający się do brania w żagle różnych wiatrów!

Byłem na przyjęciu *monstre* u Ludwika Zimmerera, dziwnego niemieckiego dziennikarza, który tu jest już piętnaście lat i był mężem Joasi Mortkowiczówny. Mieszkanie ma zdumiewające: tysiąc świątków, figur przydrożnych, naiwnych obrazów – cóż to za zbiory! Towarzystwo przedziwne, zmieszane, Mandalian, Stomma, Rakowski, Małcużyński, szkopy, młodzież, masę whisky, bardzo zabawny wiedeński dziennikarz, Szwajcar pan Balwany. Rozmawiałem z dziennikarzami z „Trybuny Ludu" (Luliński), cynicy zupełni, nie ma co ich rugać, bo na wszystko z góry przystają – tak to jest w tej Polsce, nie ma wrogów, nie ma demonów, tylko maleńkie karierki, oportunizm no i – brak innego wyjścia. Ja i tak jestem tu szczęściarzem, mając swoją sytuację!

Były wielkie obrady Sejmu z przelewaniem z pustego w próżne, uchwaleniem ustawy o dobrach pokościelnych oraz promowaniem Bolcia do Rady. Widuję czasem tych posłów: zarozumiałe, antypatyczne tępaki. Są to ludzie wybrani jeszcze przez sennie drętwego Kliszkę, a tu nagle każą im stać się prawdziwym, dyskutującym Sejmem. Znowu heca – i to jaka. Obradował też zjazd Związku Dziennikarzy – to znów inne grono cwaniaków, frantów i karierowiczów. W zarządzie Kąkol i Krasicki – fu!

Ciągle tu piszę o jakichś sprawach politycznawych – po latach nikt przecież tego nie zrozumie. Czytam Nałkowskiej „Dzienniki" z czasów wojny, tam znowuż jest przeciwnie: tylko sprawy osobiste, a jednak przez ich pryzmat widać okupacyjne życie. Z tych zapisków może nic nie być widać. No cóż – człowiek siebie nie przeskoczy.

Aha, spotkałem Zygmunta Mycielskiego, wrócił z Zachodu, wygląda świetnie, pogodny. Mówi, że załatwił mi emigracyjną nagrodę Jurzykowskiego – ciekawym, czy dostanę – ha! Zygmunt pojechał od razu do Krakowa, bo Lwica, czyli Jaś Mycielski, bardzo choruje. Widziałem też Henia, gadaliśmy dwuznacznie – jak zwykle.

3 lipca

A więc jesteśmy już w Jastrzębiej Górze. Nie byłem tu cztery lata, przybyło parę bardzo brzydkich domów (po prostu miejskich kamienic – co za idiotyzm!), dużo ludzi też dosyć brzydkich, ale nader ostentacyjnie opalonych i wyletnionych, sporo pięknych nóg kobiecych, tyle że twarze znacznie gorsze. Morze przepiękne, ale góra, na której znajduje się wyciąg na plażę, grozi zawaleniem i jest odgrodzona – słowem zaniedbanie i ruina. Rady Narodowe tutejsze, złożone ze stałych mieszkańców, czyli Kaszubów, zupełnie nie są zainteresowane w inwestycjach turystycznych na dwu-, trzymiesięczny sezon, toteż nic nie robią: impuls muszą dać urzędy centralne lub zakłady pracy (różne zamożne kopalnie), stąd też przypadkowość i nierównomierność tutejszego „rozwoju" – tyle że są teraz rzeczywiście smażalnie ryb – świeżych, morskich. Wielki to już postęp, bo dawniej nic nie było...

W Warszawie miałem zamęt jak diabli. Przyjechali Hoppmanowie, bardzo miłe szkopy z Siegen w NRF, przyjaciele Wacka. Ona starsza od męża, ładna, z kompleksami i cichym znudzeniem życiem (mają troje dzieci), on pracowity, łagodny, anielski, bardzo się wstydzący za hitleryzm. Co dwa lata przyjeżdżają do Polski i ogromnie im się tu podoba – tam dobrze, gdzie nas nie ma! Kosmonauci radzieccy zginęli (po dwudziestu pięciu dniach latania) – wielka, żałobna pompa w Rosji – ja się znów tak strasznie nie zamartwiam, do czego wstyd się przyznać. Myślałem sobie w ogóle o takich uczuciach, które ludzie chowają na dnie duszy. Na przykład sprawa Żydów polskich: niejeden Polak myślał sobie po cichu, jak to się dobrze złożyło, że Hitler „rozwiązał" sprawę żydowską, a my nie musieliśmy nawet kiwnąć palcem, przeciwnie, całą duszą Hitlera potępiamy, lecz z rezultatów jego zbrodni korzystamy, mając wymarzone „państwo jednolite narodowo". W ten sposób Hitler zakaził polską duszę głębiej, niż się sądzi – właściwie rzucił cień na całe polskie życie. To nie może przejść bez skutku, to tkwi w atmosferze, choć się o tym nie mówi. Okropne – ale przecież nie sposób o tym wciąż myśleć. I w ten sposób – wszyscyśmy winni.

W Warszawie szum, jako że klęska Moczara coraz głębsza: podobno w MSW aresztowano już ponad sto osób, siedzi też wiceminister Matejewski. A u mnie był znowu szpicel, proponował, żebym mu posłał jakiś manuskrypt do „Wolnej Europy" – wyrzuciłem go błyskawicznie, poszedł bez słowa – „oni" zawsze tak robią. Nic z takiej taktyki nie rozumiem – przecież to za grubo szyte. A może to nie prowokator, tylko naprawdę jakiś frajer czy wariat? Ale to przecież zupełnie nieprawdopodobne!

Sowieci wykiwali „aliantów" na Malcie: nowy „rząd" Malty chce unieważnić traktat z Anglią i wywalić też amerykańskie bazy, już kazali się wynieść włoskiemu admirałowi, dowódcy NATO. A jednocześnie w Ameryce trwa zabawa z pismami, które ogłosiły tajne akta Pentagonu. Ja osobiście nic w tych aktach złego nie widzę, ale amerykańscy zbuntowani potwornie rozdzierają szaty. Posłać by ich do Rosji, och posłać! Zdumiewająca rzecz, że w dzisiejszej epoce techniki można tak dalece nic o sobie nie wiedzieć, nic nie rozumieć. A tu pan Dębski z Chicago pisze do mnie rzewny list, że jak ja mogę nie kochać szlachetnej, amerykańskiej opozycji. Idiota! Napiszę mu felieton, ale przy tej cenzurze nie mogę się jasno wypowiedzieć – nawet listu boję się napisać. A ten osioł nic nie rozumie!

Zimno tu jak diabli, ale jutro spróbuję skąpać się w morzu – raz kozie śmierć! Czeka nas cztery tygodnie morza i ruchu. Choć noga boli wciąż, postanowiłem się ruszać – zbyt wiele czasu na ruszanie już nie ma. A potem do dzieła: mam robić filmik dokumentalny o historii Gdyni (muzykę oczywiście), symfonia ledwo zaczęta, powieść nie skończona. Coraz mniej ma się czasu, a w środku wciąż pytanie: czy warto pracować? Warto, aby potwierdzać wciąż swoje istnienie, jak to pisze Nałkowska w „Dziennikach".

6 lipca
Pogoda cudowna, przepięknie tu mimo cuchnących ścieków na głównej „ulicy" i rozbabranych placów budowy. Dziś w południe pisałem, Lidia za domem opalała się na leżaku. Poszedłem do niej na dziesięć minut poopalać się, gdy wróciłem, na łóżku nie było leżącego tam przedtem zegarka. Przeszukaliśmy wszystko, znikł absolutnie i bezpowrotnie. W domu nikogo nie było, lecz furtki w ogrodzeniu nie zamknęliśmy, musiał ktoś wejść cichutko, capnął zegarek i tyle. Ale dlaczego nie wziął maszynki do golenia (elektrycznej) czy stojącego na wierzchu radia, kiedy zegarek był stary i nic niewart? Tajemnica – jak z kryminalnej powieści!

Zastanawiałem się, dlaczego Moczar upadł tak ostentacyjnie i bezpowrotnie. Oczywiście, Gierek musiał go skończyć, jeśli chciał mieć spokój, ale dlaczego poszło to tak prędko i stosunkowo łatwo? Myślę, że Rosjanom objawiło się nagle (czy ktoś im w tym objawieniu dopomógł?), że Moczar starał się o władzę poza ich plecami, i to od dawna. Wprawdzie zabiegał kiedyś o względy Chruszczowa (jechał z nim salonką przez Polskę, pamiętam to doskonale), lecz jednocześnie organizował sobie ludzi, ZBoWiD-y i inne hece, blokował Gomułkę, odcinając go od informacji i prowokując do robienia niepopularnych głupstw, kręcił i mataczył, rozpuszczał plotki (np. o Katyniu, że Gomułka nie chce tej sprawy wydobyć na jaw, a on, Moczar, by to zrobił) i tak dalej, i dalej. Wszystkie te sprawy pokrywał, być może, przychylny Moczarowi ambasador Aristow, a Gomułka był bezradny, nic pewno zresztą nie wiedział, bo głupi (to się okazało w 1968 na owym sławnym zebraniu w Sali Kongresowej, gdzie widać było zaskoczenie „Wiesława" nastrojem i okrzykami sali). Ale po historiach Grudnia 1970 Rosjanie poszli po rozum do głowy, Aristowa, skompromitowanego, odwołano, no i – przyszła likwidacja Miecia. Tak więc Rosjanie ratują nas przed moczaryzmem, czyli leczenie diabła Belzebubem. A to ci heca! Ale czy na długo? Polityka to dyscyplina swoista, zimna, bezwzględna, twarda, a w komunizmie do tego całkowicie hermetyczna, trzymana w ścisłej tajemnicy przed społeczeństwem, które się karmi tylko idiotycznie naiwną propagandą, zarezerwowaną dla klanu wybranych. Ale czasem do sanktuarium tego mogą się wedrzeć i zmienić bieg politycznych działań zwykli ludzie, nieświadomi rzeczy dyletanci – aby tylko działali z odwagą i determinacją, aby się krew polała. Tak właśnie postąpili robotnicy z Wybrzeża i oto Moczar wpadł we własne sidła: ze wszystkich prowokacji i matactw skorzystał kto inny – w tym wypadku Gierek. Kto „mieczem wojuje, ten od »miecia« ginie". Czystka w MSW to postawienie kropki nad „i". A przyczyna? Jak twierdzi P. B. [Paweł Beylin], Rosjanie dopatrzyli się, że ich niedołęstwo Gomułki i intryganctwo Moczara za dużo kosztowało. Tak mi się to wszystko widzi – a może było inaczej?! Któż to wie, ten ustrój nie ma historii – chyba że się jakieś półsfałszowane pamiętniki Chruszczowa przemkną za granicę.

11 lipca

Ni stąd, ni zowąd zjawił się tu u nas Marian Eile z „Kamyczkiem", czyli Janką Ipohorską. Marian po wszystkich swoich perypetiach niby w formie, ale pod skórą nerwowy, pali papierosa za papierosem, gada dużo, czasem ciekawie, czasem rozwlekle i mętnie. Gdy był redaktorem „Przekroju", unikał tematów politycznych, teraz za to w kółko o tym. Ma na wszystko swoją teorię, m.in. mówi, że Bolesław wszedł do Rady Państwa popierany przez rosyjskie UB, bo w Rosji, jak twierdzi, walczą o władzę trzy piony: tajna policja (UB), wojsko i partia. Skoro wywalono beniaminka UB, Moczara, należało im jednak coś dać – stąd awans Bolcia. A w ogóle wbijał mi w głowę, że muszę zrozumieć, iż partia komunistyczna rządzi nie dla społeczeństwa czy jakiejś idei, lecz dla siebie. Ciekawe, że nie przeszkadzało mu to redagować „Przekroju", a jego przyjacielowi Michałowskiemu być ambasadorem przy ONZ-cie i ubierać w piękne frazy najbardziej brutalne sowieckie szantaże. Inna rzecz, że Marianowi spadł ciężar z serca: opisywał mi, jak to, gdyby wrócił do „Przekroju", musiałby najpierw napisać, że w Gdańsku chuligani i bandyci napadli na milicję, potem, że to byli robotnicy, ale obałamuceni, wreszcie, że to jednak byli „dobrzy" robotnicy, walczący o cele klasowe. Dwadzieścia pięć lat Marian to robił, w istocie się polityką nie interesując, w końcu mu zbrzydło, szkoda że to zbrzydnięcie zbiegło się z nastrojami antysemickimi, może jednak to właśnie zadecydowało? Można by to przypuszczać i to odbiera jego gestowi wiele moralnego sensu. Zresztą, może ja tych ludzi nie rozumiem, sam wybierałem sobie zawsze sytuacje prostsze, a więc z pewnego punktu widzenia łatwiejsze. Nie sądźcie, abyście nie byli sądzeni! Ale trudno mi pogodzić się z beztroskim cynizmem takiego Michałowskiego, który bez żenady chwali Amerykę prywatnie, a gani oficjalnie i jeszcze za to ganienie bierze forsę w dolarach. Może ja ich nie rozumiem, bo przywiązuję wagę do słowa, zwłaszcza wypowiadanego publicznie, a oni zupełnie nie – przyjęli pod tym względem konwencję sowiecką, choć Sowietów nienawidzą. Byłby to więc ów „ketman", opisany przez Miłosza w „Zniewolonym umyśle"? Ale Marian jest chyba gdzieś na dnie duszy złamany, choć się do tego nigdy nie przyzna. A „Kamyczek" postarzały, znudzony pracą w PWM-ie, ale facetka z klasą i inteligentna, tylko przygłuszona i zagadana przez niego.

Przyjechał Jerzyk, była karta od Henia ze Szwecji, umarł Ignacy Witz, plastyk i krytyk, widziałem go niedawno w Konstancinie. Pogoda cudowna, rower, plaża, życie bezmyślne „dla zdrowia". Człowiek myśli, że jak się opali, to umknie chorobie i śmierci. Odwieczne złudzenia – he, he!

17 lipca

Sztorm piekielny, zimno, wiatr ze słońcem. Byliśmy na przepięknej wycieczce, z Pucka wzdłuż brzegu zatoki, przez kaszubskie wsie Rzucewo i Osłonino, przez cudowne stare lasy. Potem chcieliśmy się dostać do Rewy, ale pobłądziliśmy wśród zalewów i kanałów, z trudem dotarliśmy do Mrzezina, stamtąd powrót koleją. Dziwna to kraina, piękna, bez samochodów, ludzie niektórzy mówią tylko po kaszubsku, po polsku prawie nie rozumieją. Gdzież właściwie jest ta Polska? Niby nie ma mniejszości, a jednak gdzie się ruszyć, to nie-Polacy.

Wciąż widujemy Eilego i „Kamyczka". Eile to dziwny człowiek, miesza myśli ciekawe, bystre i odkrywcze z głupstwami, kompleksy i urazy z dużą, honorową samowiedzą. Pożyczył mi francuską książkę socjologiczną o twórcy amerykańskiego pisma „Playboy" Hefnerze. Mnie to nie ciekawi, ale dla Eilego to istna ewangelia. Zrobiłby on na pewno karierę w Ameryce, zresztą zrobił ją i tutaj, toć „Przekrój" to właśnie polski „Playboy" w socjalistycznej skali. Co mnie razi w Marianie, to fakt, że nadmiernie nie lubi on polskiej kultury. Choć może tylko tak udaje – to człek nieprosty. Janka zrezygnowana, cierpliwa jak muł, marzyłaby o wódce, ale Marian jej nie pozwala. Mają więc z powrotem swoje szczęście, ale o ile są oboje zawiedzeni – któż to wie?

Ukazało się już plucie Schäffera na mnie – odpisuję mu w „Tygodniku" – pewno się wścieknie. Jest to po trochu znęcanie się nad kaleką. W ogóle piszę tu trochę, choć wokół pełno gówniarzy: jakieś koleżanki Jerzyka itp. Niezbyt lubię młodzież, jest żywotna, a nie wie, co z tą żywotnością zrobić. Wyżywa się w fasonach, krzykach, strojach – nudne to, ale cóż zrobić. To przecież oni stworzą przyszłą Polskę. Czy potrafią uwolnić się od bzdur komunizmu? Różni próbowali i nie udało im się. Ale tzw. historia ma jednak swoje niespodzianki – na to właśnie liczę, choć sam tego pewno nie zobaczę.

19 lipca

Nixon ogłosił, że jedzie do Pekinu – po prostu bomba, a u naszych komuchów zamieszanie jak licho. Kissinger po cichu pojechał do Pekinu i załatwił rzecz z Czou En-Lajem. (Pomyśleć, że poznałem się z tym Żółtkiem w 1957 roku we Wrocławiu i byłem nawet na przyjęciu ku jego czci!). A więc sensacja – Chińczycy coś tam kombinują po tej niezrozumiałej dla nas „rewolucji kulturalnej" – wybierają się też do Paryża i Londynu. Aby nie do Moskwy – to ci heca!

Tutaj był sztorm parodniowy, choć lubię wiatr, to już miałem go po uszy. Dzieci, latające koło domu, zatruwają życie, a już chciałbym bardzo zabrać się do roboty nad bliskim końca nowym „romansem". Po powrocie do Warszawy będę robił film – muzykę, taki reportaż z dziejów Gdyni (m.in. autentyczne zdjęcia z Beckiem, Piłsudskim i innymi, „spikeruje" Eugeniusz Kwiatkowski). To mój pierwszy film po czterech latach – ha! A paszportu do Paryża wciąż jak nie ma, tak nie ma!

Przeczytałem książkę tego Weita, tłumacza Gomułki. Opisuje, jak Wiesia robiono w konia, źle informowano, aby robił głupstwa i kolejno depopularyzował się u robotników, chłopów, literatów, sojuszników zagranicznych, katolików etc. Pięknie to sobie ten Moczar wymyślił, tyle że utorował drogę dla kogo innego. Żeby w demokracji ludowej dostać władzę, trzeba mieć poparcie albo Rosji, albo, co najmniej, ulicy. A tu Moczar zadarł z ulicą w Marcu 1968, i to w zajściach przez siebie samego spowodowanych (jeśli nie spowodował też Grudnia 1970). Nie pomogła popularność w ZBoWiD-zie i antysemityzm – Rosja wybrała Gierka, choćby dlatego, że miała zjazd partii i nie chciała przedtem robić wstrząsów. I tak po raz pierwszy chyba w historii ustrojów komunistycznych przyznano rację buntującym się robotnikom. Pechowiec ten Moczar – a co będzie dalej?

A ja znów o polityce: im mniej w niej biorę udział, tym więcej się tutaj mądrzę, widać prawem freudowskiej rekompensaty! A tu wiatr, morze, lasy i cała masa okropnie szablonowej, długowłosej młodzieży. Jak słyszę ich beznamiętnie wypowiadane, głupie dowcipy, to aż mnie coś odrzuca. Płaska się robi ta Polska jak smażona flądra. A może to ja już odchodzę ze świata i mam za złe? Może. Bo przecież Lidia dobrze się porozumiewa ze światem i nic jej przesadnie nie irytuje. Co prawda kobiety są wytrzymalsze. Tak czy owak, chodzę zirytowany i obcy otoczeniu. Ale może to jest stan twórczy? Może. He, he...

21 lipca

Byłem wczoraj w Swarzewie nad zatoką. Tam po raz pierwszy, w czerwcu 1929 (aż się w głowie kręci!), widziałem morze. Było to po maturze, ojciec zafundował mi dziesięciodniowy pobyt. Mieszkałem u Kaszubki, dwadzieścia metrów od morza, codziennie chodziłem pięć kilometrów do Hallerowa i Wielkiej Wsi, na ogromną plażę nad wielkim morzem. Hallerowo to dzisiejsze Władysławowo, tyle że nie było w nim wtedy ani dużego, obecnego portu, ani, oczywiście, Domu Rybaka.

Ten „Dom Rybaka", olbrzymia a nikomu niepotrzebna budowla z epoki „stalinowskiej", nasunął mi właśnie różne refleksje. Nad Swarzewem jest górka, widać z niej stary, potężny kościół w Pucku (z XIII wieku!), smukłą wieżyczkę kościoła Matki Boskiej Swarzewskiej i – potężny, trójkątny łeb wieży Domu Rybaka. I nagle pomyślałem sobie, że oni to umyślnie wybudowali, aby „socjalistyczna" budowa zrobiła konkurencję, zatarła wrażenie tych górujących nad zatoką wież kościelnych. Może tak, może nie, ale to podobne do marksistów.

Poznałem nawet dom w Swarzewie, gdzie później, chyba w 1938, mieszkałem z rodzicami. W 1939 rodzice też tam byli – ale beze mnie i krócej. Teraz mnóstwo tu wczasowiczów, głównie młodzieży. Obserwując ich fasony, stroje, sposób mówienia, pomyślałem sobie, że na tych awansujących ze społecznego dołu nie czekała w Polsce żadna elita, która by ich przepoiła swoją kulturą, atmosferą, tradycją. Wojna rozpędziła u nas i polikwidowała wszelkie elity, ci nowi weszli w próżnię, to, co mają, połapali z telewizji, z radia, z przypadkowego kina. Stąd i widoczny dla mnie brak ciągłości, stąd taka dziwna ta nowa Polska – dziwna i obca. A może to po prostu ja jestem obcy z całkiem innego świata?

Z okazji 22 Lipca rozdano nagrody państwowe: niezłe, czysto artystyczne, bez żadnych partyjnych wygłupów. Przeglądam powieść Kuśniewicza „Strefy", nagrodzoną. Wcale niezła, trzy epoki Polski, może tylko język nazbyt gładki, bez własnego ciężaru. Ale dobre. Dostał też Wajda, Hasior, poważni artyści. A muzycy nagrody drugiego stopnia: Bloch, Dobrowolski, Tomaszewski i – Schäffer. Ma to głowę i nogi – Gierek się stara!

Tylko o mnie się nie stara: znów dostałem odmowę paszportu! Krysia przysłała, data jest piętnastego. Będę się odwoływał, ale chyba nic z tego. Nigdy już pewno nie zobaczę starego Księcia. A tak by mi się przydało trochę ciepła dawnego typu – tęsknię po trochu za tą paryską Polską, której już nigdzie nie ma. Ale cóż – nie zobaczę jej pewno: ubecy nie ustąpią.

Eile podniecony historią z Chinami i Nixonem. Rzeczywiście może to oznaczać dla sowieckiego imperium początek końca. Kiedy się to stanie, nie wiadomo, ale groza wisi nad Moskalikami. Prasa nasza pisze o tym mało i głupio – nie mają instrukcji, wręcz pewno nie dowierzają, że to właśnie jest to. A jakąż minę muszą mieć przeróżni zachodni „maoiści" i przysięgli wrogowie „amerykańskiego imperializmu". To doprawdy niezwykła rzecz – rzeczywista niespodzianka historii, o której na tych kartkach niedawno marzyłem. Ale czy stanie się coś za naszego życia? I kto mi odda lata stracone z łaski Hitlera i Stalina? Pewno nikt – na pewno nikt! Cudów nie ma, cuda są w religii, ale tę komuchy chcą nam odebrać, żeby ludzie nie mieli żadnych iluzji czy nadziei. Porzućcie wszelką nadzieję! Nie dla mnie już Nixon i Mao – może dla tych młodych, komunistycznie awansowanych? „Każdemu to, na czym mu mniej zależy".

23 lipca

Że Polska jest domem wariatów, to łatwo skonstatować po ostatniej historii z „Trędowatą" Mniszkówny. Wiele lat utwór ten był synonimem szmiry, ledwo o nim wspominano i to jak najgorzej, drukować go oczywiście nie było wolno, żeby nie deprawować smaku „mas". A tu nagle coś się odkręciło: najpierw Kwiatkowska czytała „Trędowatą" w radio jako parodię, potem czytano ją znowu, już całkiem poważnie, teraz parę pism ją drukuje, wystawia też jej przeróbkę kilka teatrów, do tego ukazują się różne przemądrzałe dysertacje na jej temat, między innymi dość dziwaczna Aleksandra Małachowskiego. „Trędowata", stała się symbolem gierkowskiej „odwilży" czy co, u licha?! I jakże te ufne masy nowych odbiorców mają nie zwariować, jeśli częstuje się je takimi łamańcami?! Zaiste, ta strona świata zwariowała i zaskorupiła się w swym obłędzie, a ta druga strona ani jej już nie pojmie ani się nią zainteresuje. No bo i jak zrozumieć podobne dziwolągi?

Wczoraj był znów Eile z „Kamyczkiem", palili masę, on był agresywny, wyśmiewał się z mojego patriotyzmu i „katolicyzmu". Ma żal, ma za złe, chce to jakoś sobie uzasadnić, u podstaw wszystkiego tkwi chyba sprawa żydowska – Polska przez bezmyślny antysemityzm (bo bywa i antysemityzm „myślący") zraża sobie nieraz najzdolniejszych ludzi. No, ale cóż ja mu poradzę – sam się niepotrzebnie zakałapućkał zbyt daleko, w końcu redagować w komunizmie masowe pismo o półmilionowym nakładzie to znaczy przygotować się na to, że się w końcu będzie skopanym i oplutym. I tak w rezultacie mało dostał – jak na garbatego... Sam nie wiem, czy większe są jego zasługi, iż wyrobił w nowych Polakach zachodnie, niesowieckie gusta, czy też jego przestępstwa, że w zachodnim opakowaniu podawał komunistyczną propagandę. Trudny dylemat, ale jego, nie mój. Więc dlaczego mnie męczy, zadymiając pokój do dwunastej w nocy?! No, ale w końcu nie mogę być takim egoistą – to bądź co bądź stary znajomy, a może nawet przyjaciel...

Te „Strefy" Kuśniewicza mają swój urok, melancholijny urok: przemieszanie przeszłości z teraźniejszością, pokazanie jakiejś czasowej i przestrzennej eksterytorialności Polski – że dla starszego pokolenia ciągłej Polski nie ma, jest tylko wizja Polski, cień, chimera. To dobre, to mi coś przypomina (a nawet w biednej „Miazdze" Jerzego jest coś w tym rodzaju). Taki to nasz los – też lektura tylko dla Polaków.

Czytam recenzje z „Fausta" w warszawskim Teatrze Polskim – w reżyserii Szajny, z muzyką Schäffera. Już widzę, co z tego zrobili: odrzucili tekst z jego filozoficzną treścią, natkali rzecz uwspółcześnioną, wizjonerską inscenizacją: wielki, sceniczny ekspresjonizm, na pohybel intelektowi, pewno u Grotowskiego jest podobnie. Tak przed wielu laty Schiller robił z Szekspirem, mój ojciec go za to zjechał, a ojca – Lechoń. Rozumiem, że są twórcy, których tworzywem jest scena, ale wścieka mnie, że wyżywają się kosztem dzieł mających ustaloną renomę intelektualną, podobnie jak filmowcy robią z powieściami. Co się dowie młodzież z takiego „Fausta"?! W ogóle moda na pokazywany ekspresjonizm (pokazywany w kinie, telewizji, teatrze) odzierża plac, intelektualizm jest w odwrocie. A ja chcę iść przeciw temu, pisać takie powieści, których w żaden sposób nie dałoby się przerobić na „pokazywankę", na film czy teatr, powieści o myślach, nie o czynach. Właściwie powieści dziejące się wewnątrz własnej głowy. Tak.

30 lipca

A więc pojutrze już stąd wyjeżdżamy – cztery tygodnie nadmorskiego urlopu to przecież dosyć. Użyłem kąpieli, plaży, roweru – czegóż chcieć więcej? Dzieci ryczały, ale wszędzie teraz wkoło mnóstwo jest dzieci – dawniej nie wyjeżdżały na wakacje czy co, u licha?! Cała Jastrzębia Góra roi się od młodzieży – młodzież to nie najmędrsza, ale nader dorodna. Obrodziło nam chłopskie pokolenie – pewno to na dalszą metę i dobrze, zdrowo. Przeczytałem gdzieś zachęcające uwagi na ten temat, że mianowicie narody, które utraciły swą szlachecką elitę lub w ogóle jej nie miały, a wytworzyły swój rdzeń z chłopstwa, są bardzo solidne i sympatyczne. Za przykład podawano Szwajcarów, Czechów, Norwegów. Zgadzam się całkowicie, tylko martwię się, kto tych nowych przybyszów wychowa? Komunizm, telewizja, „Przekrój" – to przecież nie to i w ogóle grubo za mało!

À propos „Przekroju", to sporo widywaliśmy się z Marianem i Janką – było dużo kłótni, ale w końcu rozstaliśmy się dobrze. Myślę, że Mariana rozszyfrowałem: choć stracił Paryż, to jednak w gruncie rzeczy jest dość zadowolony z siebie – Janka też to mówi. Dlaczego tak jest? Ano, bo Marian mimo wszystko co szczeka, czuje się bardzo Polakiem, dumny jest, że służył w wojsku itp. Gdyby był został we Francji w okresie czy w związku z tzw. sprawą żydowską, miałby dla siebie wewnętrzny niesmak, życie byłoby jakoś niejednolite, pęknięte. A tak wrócił i wygrał, choć nawet nie miałby forsy i posady. Szacunek dla samego siebie – to banalny może, lecz istotny warunek szczęścia. Mówi, że nie pożyje dłużej niż półtora roku – przesada, kokieteria – życzę mu powodzenia, choć drażni mnie czasem arogancją, a raczej drażnimy się nawzajem.

Na świecie różne dziwne rzeczy: Amerykanie znów na Księżycu, w Sudanie, po nieudanym zamachu stanu, okropne rżnięcie komunistów – coś jak kiedyś w Indonezji. Ale niewiele tu wiem, „Wolnej Europy" nadal bardzo jest trudno słuchać. Zresztą nie odczuwam specjalnego braku „świata", bo morze zapełnia mnie jakoś swą intensywnością. Ja naprawdę kocham morze, choć brzmi to trochę sztucznie. Dziś wracałem pieszo z Władysławowa wysokim brzegiem, przez prześliczne Cetniewo: morze bladobłękitne, a daleko jakiś wydęty białością żaglowiec – to było przepiękne. Napatrzeć się nie mogłem – jak w moim „romansie".

No, ale nie ma się co roztkliwiać. Jerzyk już pojechał, my jedziemy pojutrze, wstępując jeszcze do Oliwy. Trzeba się brać do pracy: czeka film, powieść, symfonia i parę innych spraw. Moja odpowiedź Schäfferowi już się w „Tygodniku" ukazała* – ciekawym, co będzie dalej. Myślę, że on już dojrzał... karierę i wybrał sobie model postępowania. Każdy człowiek do pewnego punktu życia jest nie skrystalizowany i pełen rozmaitych możliwości, rozmigotany, a potem, w jednym momencie musi już wybrać coś skrystalizowanego, wtedy staje się niezbyt ciekawy – wszystko mniej więcej można przewidzieć. Czy można niczego nie wybrać i do śmierci pozostać „indywidualnością otwartą?" Ciekawe zagadnienie!

4 sierpnia

Już czwarty dzień w Warszawie. Upały tak straszne, że chwilami myśli się o jakiejś grozie, o kataklizmie, po prostu jak na Saharze. Trawniki zżółkły, susza, z nieba leje się bezlitosny żar. A jednak Gierek nie ma szczęścia – ta pogoda, jeśli potrwa, gotowa zniszczyć zbiory, są już różne alarmy.

Warszawa, jak zawsze po dłuższym niewidzeniu, robi wrażenie nie tyle miasta, co bałaganu i hochsztaplerstwa. Po każdą rzecz trze-

---

* Kisiel *Sprawa między dwoma trupami*, „Tygodnik Powszechny", 1 sierpnia 1971, nr 31.

ba godzinami stać w ogonie. Zresztą zacząłem fatalnie, bo poszedłem z odwołaniem do urzędu paszportowego – pięć godzin czekania, jeśli łaska. Odwołanie napisałem ostre, ale cóż z tego – obśmieją się i tyle. Za to Krysia, o dziwo, paszport dostała! Oczywiście, cała rodzina nie może jechać do Paryża! I w ten sposób ja będę dalej siedział na ogonie, a Krysia pojedzie, wybiera się w końcu września. No, ale dzieciom nie należy zazdrościć, zwłaszcza że nie mam w tym Paryżu nic takiego specjalnego do roboty. Tylko przewietrzyć się chciałem – ale nic z tego.

Artykuł Andrzeja w „Miesięczniku Literackim" o ruchach katolickich w Polsce po wojnie zgniewał mnie i rozśmieszył*. Same w nim nieprawdy lub ćwierćprawdy, do tego jakaś mętna scholastyka polityczna, jak humoreska Mrożka. Zawile tłumaczy, dlaczego „katolicy" nie od razu poparli komunizm, że niby przed wojną nie było u nas tradycji katolicyzmu lewicowego, tylko katolicyzm endecki. A to, że papa Stalin pojawił się z dwoma rewolwerami i z wizją Katynia, to się nie liczy, to nie istniało. Komuniści mają historyczne szczęście: umieją wyczekać, aż ludzie wymrą i zapomną, po czym zawsze zjawi się jakiś Micewski i powie ćwierć przekręconej prawdy, jeszcze zbierze laury za „śmiałość". Głupi ten Andrzej a bezkarny – a już myślałem, że sporządniał.

Z filmem coś nie wychodzi, bo w minutażu są pomyłki, a reżysera nie mogłem złapać. I te upały! Źle się czuję w tej Warszawie, znów trzeba się przyzwyczajać, przestawiać duchowo i fizycznie. Trudno złapać koncentrację, coraz trudniej! A przecież jedno jest pewne: że czas ucieka, że śmierć nie poczeka. Banalne, ale na pewno prawdziwe. Tyle że ponieważ mam dobre zdrowie (odpukać!), więc wyobraźnia w tej materii drzemie. Ale rozum mówi, że jest źle, że zrobiłem za mało. Czasu i skupienia – o to błagam. Nawet pisanie felietonów już mi nie przeszkadza. Zwłaszcza że nie wierzę w grupę „Tygodnika": to jeszcze gorsze od PAX-u – robi tę samą robotę, a udaje coś lepszego. Nieuzasadnione roszczenia – PAX przynajmniej ma odwagę, komunizuje otwarcie, dorabia do tego uzasadnienia, filozofię. A u nas tylko taktyka i obłuda, tudzież własny interes – żeby jeździć za granicę i reprezentować tam „prawdziwy" polski katolicyzm. Nie lubię ich, choć sam to współtworzyłem.

---

* Andrzej Micewski, *Pierwsze pięć lat,* „Miesięcznik Literacki", lipiec 1971, nr 7.

13 sierpnia

Długo nie pisałem – upały i susza dokuczyły okropnie, różne przykrości, do tego robota z tym filmem niezbyt miła, jakoś nie czuję na sobie ręki reżysera, nikt mnie nie popędza, a pracy mnóstwo. Słowem – nie jestem w sosie. Napisałem list-poemat do Kraśki, zaniosłem, niedługo potem był ubek z kwiatami, przynoszenie kwiatów (dla Lidki?!) to już u nich reguła. Był już kiedyś, przedstawił się jako weterynarz z Nysy, taki niby żartobliwy, wciąż natrąca o pobiciu i o pisaniu „do szuflady" – przyjemniaczek. Spławiłem go szybko – dziwne to metody. A co będzie z paszportem? Pewnie g...!

Dzwonił Jerzy Andrzejewski, podobno szukał nas w Jastrzębiej Górze. W Sopocie spotykał się z Wodiczką, bardzo nim zachwycony, chce coś o nim pisać (!). Mówił o swoim dramacie „Prometeusz", sugerowałem go Hanuszkiewiczowi, który już koło nas mieszka, ale się do tego nie pali – mówi, że pusta retoryka o wolności. Ten Hanuszkiewicz nie jest chyba inteligentny, tylko ma aktorską zmyślność, zmysł obserwacyjny, smykałkę. Ale Dejmek był głębszy, ciekawszy, bardziej fascynujący – mówią, że ma wrócić do Polski, nawet, że do... Narodowego. Z Hanuszkiewiczem raczej o tym nie rozmawiam...

Były plotki, że coś się szykuje z Rumunią, że na Węgrzech manewry okrążające – wszystko za karę za politykę prochińską. Ale to chyba bujda, tyle że Ceauşescu rzeczywiście nie był na Krymie na wspólnej naradzie – ciekawym, jak długo mu się uda demonstrować niezależność? Ale z Breżniewem musi być źle, ma same porażki, na Bliskim Wschodzie, w Sudanie, z Chinami. Myślę, że najwyższa pora na jakiś pucz – może wojskowy?! Rosja zawarła nic nie mówiący pakt z Indiami, pewno Breżniew chce za wszelką cenę wykazać, że coś robi. Wątpię, czy go to ocali. Za to u nas Gierek dzielnie sobie poczyna: wywalił znów Kozdrę, sekretarza lubelskiego, moczarowca. Chi! Mądrzejszy on jednak od Gomułki. A portretów swoich do dziś nie pozwala wieszać!

Będę miał zaproszenie od Niemców, oficjalne od Bismarcka – tego dyrektora radia z Kolonii. Cóż, za późno to wszystko, paszportu nie dadzą – a niektóre szkopy pamiętają, że to ja zacząłem całe zbliżenie z NRF-em. Byłem nawet tu u nich na obiedzie – cóż z tego? A pojechałoby się po całych Niemczech, pogadało z ludźmi i może nie napisałbym takich głupstw jak Anna Morawska. Ale w gruncie rzeczy to wszystko jest mucha: najważniejsza rzecz to pisać dalsze „romanse".

Wpadła dziś... Krysia Mazur, z młodym, brodatym, lecz pięknym Francuzem, oboje ubrani kolorowo i nader dziwacznie. Ten Francuz to jej nowa flama, ma ona już paszport konsularny, przyjechała tu nagrywać jakieś tańce (w Poznaniu) i za parę dni wraca do Paryża. O Wacku mówi dość mile, twierdzi, że wróci przed Gwiazdką do Polski, a Marek zostanie i rozbiją się – nie będzie duetu. Co zrobi Wacek – to ciekawe. A tu ktoś umarł w Paryżu, kogo dawno znałem. Ale nie chcę o tym pisać – ten dziennik czy notatnik taki już jest nieprywatny i polityczny, niech takim zostanie. Może się to komuś kiedyś przyda, choć rzecz nie jest pewna. Tak czy owak pisać go już chyba będę – kryzys minął.

21 sierpnia

Lidia była w szpitalu, już po operacji, zapowiadało się ciężko, ale przeszło stosunkowo gładko. Upały nadal okropne, takiej suszy od lat nie było – nie ma szczęścia ten Gierek, kartofle się pomarnują i wiele innych jarzyn, owoce też. A poza tym dosyć Gierek na oko rozsądnie działa, usuwa różne absurdalne przepisy, takie co to absurd bije w oczy z daleka. Usuwa też niewygodnych sobie sekretarzy, na przykład Kozdrę z Lublina, mówią, że i warszawskiego Kępę wywali, choć licho wie, według jakiego klucza to wszystko się dzieje, to są rozgrywki według nieznanego klucza. Podobno, jak twierdzi Andrzej, Piasecki intryguje przeciw Gierkowi napuszczając na niego Rosjan, że np. postępuje się zbyt ugodowo z Kościołem – bezczelny jest, jeśli to prawda. Obecnie Bolcio „bawi" podobno w Rzymie – ten ma zdrowie!

Na świecie zamęt: Nixon zrobił hecę z dolarem i utarł nosa wszystkim swoim europejskim sojusznikom, którzy idąc śladem głupiego de Gaulle'a grali przeciw dolarowi. Korzystają od tej Ameryki, każą się jej bronić od Rosji, a jeszcze chcą ją wydrwić. Dobrze zrobił Nixon, tak samo znakomita jest jego wolta z Chińczykami, choć nie wiadomo, czy oni wyjdą mu w odpowiednie trefle. A tu w „Figaro" czytałem artykuł oburzający się na chińską politykę Nixona, że to „cynizm". Jak de Gaulle to robił, to było dobre, jak Amerykanie, to cynizm. Bezczelni są ci Francuzi.

Myślałem sobie o tym, dlaczego u nas nie można obalić politycznie komunizmu, o czym marzy stary Książę. Rzecz w tym, że w krajach zachodnich istnieje aparat rządzący niejako obiektywny, który służyć może każdemu kolejnemu premierowi czy prezydentowi, jaki wyjdzie z wyborów: gdy przyjdzie Brandt, nie musi zmieniać wszystkich urzędników, ci sami realizować będą nową politykę. Natomiast tutaj aparatem rządzącym jest aparat partyjny, a więc merytoryczny, zabarwiony: zlikwidować komunizm znaczy rozbić wszelką władzę. Władza z natury swej jest tu komunistyczna, aparat rządowy podporządkowany partyjnemu: chcąc odejść od komunizmu, trzeba by zniszczyć istotę władzy i porządku. Dlatego przewrót polityczny jest tu niemożliwy, ustrój mógłby co najwyżej zniknąć po przegranej wojnie. Stąd taki to silny ustrój – niech go diabli!

Było nabożeństwo za duszę Jasienicy – to już rok minął! Pełny kościół św. Krzyża, ale znajomych stosunkowo mało: ten sam postarzały pułkownik Rzepecki, Bartosz, Henio, Staszewscy, mecenas Siła-Nowicki i paru innych.

Upały straszne, dziś rozeszła się dziwna wiadomość o zamordowaniu Jana Gerharda, naczelnego redaktora „Forum", pisarza, posła. Był we francuskim ruchu oporu, ostatnio wsławił się głosowaniem przeciw kandydaturze Piaseckiego do Rady Państwa. Dziwne to zabójstwo, prasa nic bliższego nie podaje. W zalanej upałem, wyschłej na wiór Warszawie zbrodnia brzmi specyficznie złowrogo – w dodatku postać to niepierwszoplanowa. Osobliwe! Film skończony, rozpisany, pojutrze nagranie. Męka to będzie w ten upał okropna, dawno już nie dyrygowałem. Trudno, jakoś to pójdzie! I trochę grosza się zarobi, co przed zimą jak znalazł. Choć forsa nic niewarta: drożyzna straszna, nie wiem, jak ta Polska będzie dalej lądować. Podobno robotnicy znów się burzą. He!

29 sierpnia
Zupełne cuda się dzieją: dostałem paszport do Francji!! Wezwali mnie telefonicznie do Biura Paszportowego, tam rozmawiał ze mną nader uprzejmie facet, który okazał się pułkownikiem Morawskim, takim dyrektorem z MSW od spraw katolickich. Rozmawiał nader mile i kokietliwie, powiedział, że podobało im się moje odwołanie (nie wspomniał nic o interwencji Kraśki?) i że, jako wyraz zmian, zarówno w resorcie, jak i w „ogólnej polityce państwa", paszport mi dają. Mówił też, że będą mnie tam indagować ludzie z „WE", ale że ma do mnie „zaufanie" jako do człowieka wyrobionego politycznie, że przeciw rozmowom nic nie ma, tylko „że-

by uważać". Pytał dużo o Wacka (bardzo dobrze poinformowany!), mówił o sprawach katolickich, o moich felietonach – sama łaska. Z nędzy do pieniędzy! I teraz dopiero klops: cały porządek duchowy się wali, plany biorą w łeb, trzeba na gwałt załatwiać wizy i masę spraw i jechać, przerywając wszystko. A tak już sobie zaplanowałem pracę, symfonię, powieść, felietony (które dość mi idą), a tu masz. Aż się zimno robi. Ale cóż, trzeba, skoro się już tak człowiek wysilił. Mam wizę francuską, jutro idę załatwiać dalsze sprawy: każdemu to, na czym mu mniej zależy, jak mówi Adolf Rudnicki. Może to i będzie ciekawe, choć męczące i forsy brak, a tam akurat hece z dolarem. Krysia nie ma jeszcze wizy – słowem cała rodzinka w Paryżu. Jak mówi Słonimski, smutno, bo nas nikt nie prześladuje. Co tu ze sobą robić?! Z kim walczyć?!

Tego dziennika do Paryża nie wezmę, za szczerze pisać nie chcę ze względu na powrót (granica!). A więc będzie w dzienniku przerwa – jak i we wszystkim. Co z felietonami?! Jadę do Krakowa, muszę się umówić. Pułkownik dał mi swój telefon, żebym dzwonił „w razie czego" (?!). Chyba już przecież żadnej hecy nie będzie, choć ubecy wciąż się mnie czepiają. Przyjechał w dodatku Adam Bromke, sowietolog z Kanady, był wczoraj u nas i wygadywał przeróżne rzeczy – ja się napiłem i też gadałem. Kiedy go, późno w nocy, odprowadzałem, otworzyła nam bramę stara dozorczyni, ubeczka, ale już na emeryturze – czyżby podsłuchiwała? Strach ma wielkie oczy. Ale swoją drogą naprawdę tu jakiś liberalizm, cenzura też zelżała jak diabli. Wierzyć się nie chce!

Czytam rozprawki Kołakowskiego, które tu przysłał „dla znajomych". Ciekawe: udowadnia utopijność socjalizmu i społeczną realność propozycji religijnych. A w „Tygodniku" Turowicz wygłupia się, dając wywiad z Don Helderem Camarą, brazylijskim biskupem rewolucjonistą. Proponuje socjalizm, a Kołakowski religię. Świat zwariował albo ja nic nie rozumiem! Wszyscy zamieniają się rolami!

Deszcze nareszcie leją, powietrze świeże. W Berlinie zawarto czterostronne porozumienie, wszystkie strony je chwalą. Widzę, żem ja „zimnowojenny" i nie mam co robić w „kooperującym" świecie. Zresztą – zobaczymy w Paryżu (!!).

O przyczynach zabójstwa Gerharda nic nie wiadomo. Film nagrałem, zmontowałem. Mój „Cosmos" ma być grany w Filharmonii Narodowej 19 i 20 listopada, muszę na to wrócić z Paryża.

Abondance de richesse – a tu już człowiek stary i niewytrzymały na rozrywki!

8 września

A więc za trzy dni jadę już do tego Paryża. Ten dziennik zostanie tu, we Francji prowadzić będę inny, zwięzły notatnik, potem dopiero, na jego podstawie może coś napiszę. Chcę tam wytrzymać dwa miesiące – wytrzymać finansowo i zdrowotnie, bo Paryż zwykle mi nie służył (wino?!). No, ale zobaczę Wacka, mam tam sporo znajomych, może jakoś obleci.

Na razie latam tu dziko, załatwiam różne sprawy, piszę felietony na zapas etc. Byłem w Krakowie jeden dzień, akurat na moje imieniny, przywiozłem whisky, którą wypito w czasie zebrania redakcyjnego. Zebranie to zresztą mało budujące. Jerzego nie ma, (pojechał do Rytra), bractwo znudzone i rozleniwione, choć miłe. Ożywienie wnosił Tadzio Żychiewicz, krytykując niedostatki teologiczne „Tygodnika", na co trzech księży jak byków (Bardecki, Boniecki, Koliński) w ogóle nie reagowało. Aha, był też Stach Stomma i jako gość pan Bromke z Kanady. Ja wygłosiłem przemówionko o braku zasadniczej publicystyki ideowo-politycznej w piśmie, publicystyki, która określiłaby jakieś nasze stanowisko w obecnym gierkowskim etapie. Pokiwali głowami i nic nie powiedzieli – Stach przezornie wyszedł. A przecież cenzura sporo teraz puszcza, na przykład mnie w felietonie puścili propozycje wręcz reformistyczne typu jugosłowiańskiego – okazja jest, ale cóż, te krakowskie beznadziejniaki nie ruszą się, a Stach ciągle przeżywa chandry jako „wdowa po Kliszce". I co tu robić?

A Gierek poczyna sobie nader żwawo. W Ministerstwie Spraw Wewnętrznych aresztowano chyba kupę facetów z samej góry, mówi się o nadużyciach dewizowych, ale chodzi przecież o politykę – tylko jaką?! Czyżby odwieczna walka partia – tajna policja?! Nic się dokładnego nie wie, bo wiadomości są z „Wolnej Europy", a tę źle słychać. To typowe dla komunizmu: toczy się jakaś ważna walka o władzę, a społeczeństwo, niby stado baranów, o niczym nie jest informowane. Niebywały ustrój, domena mafijnych, tajnych elit – czy coś takiego zawsze wyniknąć musi z rewolucji?!

Na świecie szum wokół przygotowywanej wizyty Nixona w Chinach, u nas coraz więcej przedruków z prasy radzieckiej, mocno na Chińczyków wymyślającej. Mają straszka, Moskaliki, oj mają!

Dla przeciwwagi rozwijają gorączkową akcję w Europie, zgodzili się na pakt w sprawie Berlina, aby zjednać Niemców, Brandt wybiera się do Moskwy. Cóż z tego, kiedy „żółte niebezpieczeństwo" wisi nad głową, a „światowy ruch robotniczy" uległ zdecydowanemu podziałowi. Tylko co z tego wszystkiego będzie miała Polska, najwierniejszy w końcu „sojusznik" Związku Radzieckiego?! Tfu! Nic się tu nie rusza i nie ruszy. Gierek, choć zręczny i rozsądny, też ma psychikę czysto partyjną, a to jest choroba umysłowa, gorset na mózg, z tego się nie wychodzi. Zjazd partii zapowiedziany, pewno chodzi o utrwalenie politycznego zwycięstwa jednej grupy nad drugą (Moczara zakopią chyba do reszty), ale o tym się nie mówi, tylko o sprawach gospodarczych. Wydano nawet w tej materii łokciowe przedzjazdowe „wytyczne", ale nie ma tam nic ciekawego, tylko frazesy, a oparcie reformy zarządzania na wielkich zjednoczeniach to bzdura – sięgnąć trzeba do usamodzielnienia przedsiębiorstw, lecz to zrewolucjonizowałoby cały system, oni się tego boją. Za to przed zjazdem Gierek sięgnął do starej brechty: zobowiązania produkcyjne „załóg robotniczych". Czyż on nie czuje, że to ludzi drażni, że to odświeżanie głupiej przeszłości?! Ale na partyjne móżdżki nic się nie poradzi: ze schematu nigdy nie potrafią się wyłamać.

Biedny to kraj, ubogi i bez znaczenia, choć przecież spory. Rozmawiałem o tym z Mauziem (Mauersbergerem), mędrcem na emeryturze. Powiedział, że Polskę stać zawsze tylko na trzytysięczną elitę: taką stanowili piłsudczycy (Beck miał 44 lata, jak wybuchła wojna), taką stworzyli po wojnie komuniści, teraz się waży, kto ma być – czy młodzież „pomarcowa", czy chłopscy arrywiści, czy jeszcze kto inny. Ciekawa teoria, choć smutna.

Aha, literat Andrzej Brycht nawiał na Zachód. Łobuz, zabijaka, karierowicz na pół z PAX-u, na pół czort wie skąd, autor przegłupiego „Raportu z Monachium". Talent brutalny, bezmózgi, trochę Hłasko, trochę czort wie co, karierę zrobił na demagogii moczarowskiej, teraz im się odpowiednio wypłacił. Podobno „Wolna Europa" wyrzuciła go za drzwi, mówi też, że wysłano go umyślnie, jako drugiego kapitana Czechowicza. Oby go tylko nie spotkać w Paryżu, tfu! Zresztą osobiście go nie znam.

Trzeba więc jechać. Mam tremę – przed tułaniem się, brakiem wygody (własne łóżko – dobra rzecz), nowymi ludźmi. Ale trudno, trzeba przez to przejść, trzeba się odmłodzić i odświeżyć. Żegnaj dzienniku – na długie dwa miesiące! A tu Warszawa taka ładna (rower!), choć deszcz, wichura i zimno z kolei. No trudno – *en avant!* W imię Boże! (Choć po cóż człowiek wciąga Boga w swoje małe sprawy?). Jedźmy zobaczyć stare paryskie kąty – wraz z przedwojennym pobytem będzie to mój piąty Paryż. Wolałbym co prawda Londyn, a najlepiej Amerykę, lecz trudno – tu także zobaczę wielu starych przyjaciół. A zatem w drogę!

29 listopada
Już całe dziesięć dni jestem z powrotem w Warszawie! A więc przeszło dwa miesiące obijałem się po Paryżu, byłem też tydzień w Prowansji, dzień nad Loarą etc. Jak było? Niewątpliwie trzeba było tam być, aby przypomnieć sobie Zachód i ludzi – ale w gruncie rzeczy wszystko jest tak, jak sobie wyobrażałem. Postęp techniczno-materialny gigantyczny – my w porównaniu to świat prymitywu i zacofania, wraz z naszym ustrojem archaicznym i głupim, wraz z nieznośną, zamulającą wszystko frazeologią, do której w żaden sposób nie mogę się jeszcze przyzwyczaić. Ale jednocześnie Zachód mnie nie ciągnie: jest zimny, anonimowy, egoistyczny, nas odpisał na straty, a w ogóle to kto wie, czy nie szykuje się do przyjęcia z rąk Rosji statutu „finlandzkiego" (Breżniew w Paryżu, Brandt). Zimny to świat i obcy – lecz tu też obco, gdzież więc jest „swojo"? Książę bez większych zmian, w ogóle wszyscy ludzie bez zmian – posługiwałem się tym samym notesem adresowym sprzed dziesięciu lat, bo tam nic się nie rusza, choć wielu przybywa. Rozmów mnóstwo, wniosek z nich pesymistyczny: dosyt i kapitulanctwo lub dziwaczne idee jak w wypadku Księcia. Jeden Jaś [Jan Nowak-Jeziorański] żywy i ciepły – ale ma trudności. Amerykanie (dawni przyjaciele) zmieszani i zdezorientowani, emigracja oddaliła się duchowo. Pusto i samotnie – choć pięknie.

Wacek i Krysia to osobna tematyka. W ogóle tematów jeszcze dużo. Na razie wróciłem na koncert („Cosmos I"), dosyć się udał, po czym od razu grypa, chaos, dezorientacja. Okropną wyrwę w życiu robi taka podróż! A tu podobno chcą mnie zaprosić do Ameryki! Projekt powstał tam, wymieniłem mnóstwo listów ze starymi znajomymi z Ameryki (Czesław [Miłosz], Leopold [Tyrmand], Brzeski, Korboński i in.). No zobaczymy – na razie chaos w głowie i nie wiadomo, do czego się brać. I po co istnieje Paryż? Albo tu, albo tam, pomiędzy nie można, bo to dwa różne światy!

1 grudnia

Grypa mnie zjadła okropnie, do dziś nie mogę się z niej podnieść. Do tego była ona jakaś „starcza", na przykład czas się skracał okropnie, wydawało się, że to minęła godzina, a to cała doba i tak dalej. Naczytałem się prasy – przygnębiająca. I w ogóle życie tu przygnębiające – teraz się to widzi, po Paryżu, gdzie przecież dużo pracują, ale jakże umieją świętować i bawić się – to właściwie cel ich życia. A tu smutno, ponuro, monotonnie – jeszcze do tego ta pora roku przygnębiająca, przejście jesieni w zimę. O – niewesoło.

Przed zjazdem partii dyskusje, ogromnie prowincjonalne i sowieckie. Przydał mi się ten Paryż: z jednej strony widać, jak tu jest zasranie, z drugiej wiem, że tych tam na Zachodzie nic nie obchodzimy i że ani im się śni w naszą sytuację wgłębić. A do tego ta kretyńska tamtejsza lewica i ta młodzież „goszystowska", która nic nie rozumie i nie zrozumie. Co się porobiło z tym światem?! I ta Polska – wciąż bez miejsca na świecie!

A tu wyjazd do Ameryki naprawdę się kroi. Widziałem się wczoraj z Amerykanami, zaproszenie z Departamentu Stanu będzie – tylko czy paszport dostanę? Będzie to znów okropna wyrwa w moich sprawach i pracach – ale raz tam pojechać trzeba! Żeby tylko z tym angielskim było lepiej!

Widzę, że z punktu tego dziennika mój pobyt w Paryżu będzie „dziurą w życiorysie", bo już przecież do opisywania Paryża nie wrócę! Robiłem notatki w specjalnym zeszyciku, ale cóż – nie ma czasu ani chęci tego odtwarzać. Słowem – czas stracony, choć pewno nie całkiem, bo coś mi to dało przecież. W każdym razie straciłem złudzenia – co prawda za dużo ich nie miałem.

Cenzura dla odmiany nader ostra. Mam przygotować książki dla paryskich księży i dla Konrada S. [Sieniewicza], symfonia ledwo zaczęta, dzieło czeka, masę wszystkiego, a tu nowa podróż się kroi! Nie mam nawet czasu dobrze zrekapitulować Paryża, a przecież masę ludzi widziałem i mnóstwo się nagadałem. Wrócę do tego – ale kiedy i jak?!

7 grudnia

Okropnie smutny ten „poparyski" grudzień, zimny, błotnisty, mglisto-deszczowy. I ten strasznie beznadziejny zjazd partii, według najgorszych wzorów. Mówią godzinami o niczym, uroczystą, drętwą mową, wszystko już z góry załatwione i zadecydowane, a te sześć dniględzenia to fasada – do czego komu potrzebna?! To właśnie przerażające, że potrzebna, aby przypodobać się Breżniewowi i uspokoić jego czujność – wtedy robił to Gomułka, teraz Gierek. Ani słowem nikt nie nawiązuje do tego, co się stało (spalenie komitetu w Gdańsku – w końcu rzecz niemała), aby, broń Boże, Breżniew nie odniósł wrażenia, że tu się o czymś mówi, a to mógłby uznać za podejrzane. Kto chce rządzić, musi być dobrze z Breżniewem – oto zasada, jakże prosta, a jakże obfitująca w fatalne skutki, boć skoro ona obowiązuje, to milczenie na wszelkie ważne tematy staje się nie tylko zasadą, ale w końcu drugą naturą, degeneruje ludzi, robią się nieludzcy. Czyż nie ma wyjścia z tego dylematu, a raczej aksjomatu? Cała nasza partyjna elita polityczna zmienia się w automaty, ludzi nieczułych i niewrażliwych na drgnienia prawdy, nie dopuszczających możliwości istnienia innych poglądów, nie znających prawdziwej dyskusji, nie robiących niczego, co nie uzgodnione, nie postanowione z góry. Rezultat – chcąc coś zmienić, trzeba wyjść na ulicę i palić komitet. Gierka też to spotka, to jasne, bo on już też tak odrętwiał jak Gomułka. Jest od Gomułki sprytniejszy, szerszy, bardziej relatywistyczny, więc na pewno gdzieś w duszy mówi sobie, że drętwa mowa to tylko trybut, który spłacić trzeba koniecznościom geopolitycznym, czyli Rosji. Ale nie wie, że praktykowana na dłuższą metę, staje się ona drugą naturą i więzi myśl ludzką w zaklętym kole bez wyjścia. Teraz dopiero potrafił się odczarować taki Bieńkowski lub Ochab, który podobno napisał list do zjazdu. Ale za późno, *zu spät*, dewastacja mózgu i duszy jest tu nieodwracalna.

Smutny ponury grudzień, w domu też ponuro, może to reakcja po wyjeździe, może starość, a może jeszcze co innego? A tu zaproszenie do Ameryki staje się coraz bardziej realne – ale przecież wyjazd zasieje mi w głowie jeszcze większy chaos! Smutne to wszystko i bez wyjścia. A taki zjazd partii już kiedyś opisałem, tamten, w 1968 roku – a ten jest identyczny, choć parę lat przecież minęło. Nic się tu nie rusza, nic, pomimo tamtego gdańskiego Grudnia!

10 grudnia
Mówią mi, że jednak obrady zjazdu nie są takie o niczym, że wspomniano tam o pozytywnych projektach reform, na przykład o tym, że przedsiębiorstwa mają same dysponować funduszem płac

albo że mają być poskromione powiatowe Rady Narodowe, siedlisko kacykostwa i biurokracji. Może – ale ukryte to jest ściśle, rozsypane między setki przemówień albo bardzo ogólnikowych, albo bardzo specjalnych, wygłoszonych na posiedzeniach wielu (dziewiętnastu!) zjazdowych komisji. Niby wielki spryciarz ten Gierek: oddał głos „szarym" ludziom, aby tak jak się tylko da, zamulić przebieg obrad i nie dopuścić do mówienia o niczym „skandalicznym". Ktoś powiedział, że Gierek pierwszy rok swych rządów poświęcić musiał na umocnienie swojej władzy politycznej, zjazd właśnie jest tego ukoronowaniem, a potem dopiero weźmie się do poprawiania spraw. Cacy, cacy, tylko że w tym ustroju mafijna, tajna walka o władzę pożera facetom siły i zdolności, tak że kiedy wygrają, są już do niczego – przykładem Gomułka, nader zręczny w wykańczaniu swych konkurentów partyjnych, za to bezradny wobec problemów społeczeństwa, gdy już rządził po dyktatorsku. A swoją drogą był to jedyny komunistyczny zarządca, który uzyskał władzę bez aprobaty Rosji. I to dwukrotnie: pierwszy raz jeszcze w czasie okupacji, gdy po śmierci Findera wybrano go na sekretarza.

Jeść jak na razie jest w Polsce co, bo Gierek dostał jakieś pożyczki, które (bezproduktywnie zresztą) przejadamy. O pożyczkach tych zresztą nic konkretnego nie wiadomo. Prawdopodobnie dały je zachodnie państwa kapitalistyczne, aby nie było w Polsce ruchawki, bo ruchawka taka stwarza niebezpieczeństwo konfliktu z Rosją, a tego „sfinlandyzowane" kraje zachodnie boją się jak ognia. Tak więc wszyscy są zainteresowani, aby „porządek panował w Warszawie", dlatego i ja nie dostałem emigracyjnej nagrody im. Jurzykowskiego – aby „nie prowokować" rządu warszawskiego. Podobno tak się miał wyrazić Połczyński-Janta w czasie obrad jury! Dostali za to Pawełek i Julek Żuławski. No cóż, taki mój los, trzeba pracować.

Dostałem za to dzisiaj zaproszenie z Departamentu Stanu – Amerykanie pokrywają sześciotygodniowy pobyt, koszta podróży i wszystko. Występuję więc o paszport – ogromnie ciekawe, co z tego będzie. Bo właściwie sytuacja moja niezbyt jest wyjaśniona: niby nic mi nie robią, ale cenzura tnie felietony jak wściekła, książek nie wydają etc. Nie zgodziłem się kandydować na Zjazd Literatów: dzwoniła w tej sprawie Auderska, a ja twardo nie. Podobno Słonimski, Jerzy A. [Andrzejewski] i inni chcą tam rozrabiać. Ja mam to za sobą – teraz chciałbym już tylko pisać swoje rzeczy (?!). Czasu nie mam za dużo.

Ciągle nawiedza mnie ostatnio ta właśnie myśl, że czasu jest za mało. Organizm stał się kruchy, nie jestem go pewny – może to po tej grypie? A w Paryżu czułem się fizycznie doskonale, zwłaszcza wino mi służyło. Ciekawe swoją drogą, jak szybko ulotniły się paryskie przeżycia i doświadczenia. Potwierdziłem sobie po prostu Paryż, jest właśnie taki, jak myślałem – nic z tego dla naszego polskiego życia nie wynika. Dwa światy są od siebie tak różne (co zresztą dokładnie przewidziałem), że ani wspólnych spraw, ani wspólnych doświadczeń nie ma. W ogóle wyjeżdżanie takie okropnie rozstraja i wytrąca z toru zaplanowanego działania. Przez miesiąc nie wie człowiek potem, gdzie żyje i co ma robić. Nie wiem, jak to będzie z tą Ameryką, może jeszcze gorzej?! Widziałem przedwczoraj Marka Skwarnickiego, który wyjeżdża na pół roku do Uniwersytetu Iowa. Ciekawe, czy mnie się uda wyjechać. I właściwie po co? Choć jeżeli gdzieś warto, to właśnie do Stanów.

15 grudnia

A więc już po zjeździe. Rezultaty jego objawiają się, jak to jest u komunistów (od czasu rzekomego testamentu Lenina, gdzie zajmował się on tylko konfliktem Trocki–Stalin), nie w jakichś zasadach, lecz w personaliach. Weszli ludzie Gierka: Babiuch, Grudzień, Szlachcic, wylecieli Moczar, Cyrankiewicz i Jędrychowski. Moczar, bo przegrał, co się potwierdziło, Cyrano, bo za długo już był, i w końcu „gomułkowiec", Jędrychowski, bo też był za długo, a odpowiadał za gospodarkę. Podobno przegrał też Olszowski, nie wszedł do Sekretariatu i ma zostać ministrem spraw zagranicznych (wiceministrem, bo ministrem jest Gromyko...), podobno Tejchma się obraził, że mu powyrzucali ludzi z KC. Ale to wszystko podobno – całej prawdy narodowi się nie mówi. I w ogóle nic mu się nie mówi: uchwały zjazdu, wbrew temu, co trąbi prasa, nie mają żadnej treści – treścią są ludzie. Ludzie, którzy mają rządzić wszystkim: polityką, gospodarką, oświatą, nauką... To, co na Zachodzie rozkłada się na setki tysięcy właścicieli i dyrektorów, tu ma być robione przez kilkunastu facetów. A co to za faceci? Tego na pewno nikt nie wie, wiadomo tylko, że niezbyt uczeni.

O Kliszce i Gomułce nie gadano – tak kiedyś będzie się milczeć o Gierku. Aha, przewodniczącym Rady Państwa zostać ma Jabłoński. Postać w rodzaju Józia, tylko bez cienia wdzięku. Fu!

Złożyłem papiery na wyjazd do Ameryki – ciekawym, co

z tego będzie. (Znów przerwa w życiorysie?!) Wczoraj pijany obiad z Irusiem Iredyńskim (!) i Heniem. Życie nudne, trzeba pracować, choć się nie chce. Aby przeczekać ten smutny grudzień. Bo styczeń to już wiosna...

18 grudnia

Kto wie, może niniejsze zapiski staną się ważnym materiałem do... historii Polski. Boć komuniści żadnej historii swoich rządów nie piszą, przeciwnie, ukrywają wszystko, jak mogą, a o tym, co było, starają się dokładnie zapomnieć lub przedstawić *post factum* wersję „uporządkowaną", gdzie jak najmniej jest kontrowersji, wszystko „pedagogicznie" wygładzone, czyli, po prostu mówiąc, zakłamane. To są „czyści", najczystsi politycy – chodzi im o samą rzecz, o władzę i silną mafię, najmniej zaś o prawdę faktograficzną, etapową. Toteż nic nie wiemy, co się tam pomiędzy nimi dzieje – docierają tylko mętne plotki personalne, które też, w gruncie rzeczy, nie wiadomo, co znaczą. Podobno Szlachcic dostał „kopniaka wzwyż", Kępa ma być ministrem oświaty, Wroński – kultury (to chyba na pewno), podobno Breżniew powiedział, żebyśmy się o jedzenie nie troszczyli, bo nam da, ale żeby, broń Boże, nie robić reform (!). Wybory do Sejmu, jak słychać, 19 marca, a potem mają być wielkie reformy administracyjne, ukrócenie kacyków powiatowych, mianowanie wojewodów (tak się ma nazywać) etc. Widocznie Gierek chce przetrząsnąć ów aparat, obsadzony ciemniakami przez Gomułkę i Kliszkę. Więc byłby on niegłupi, tyle że ileż czasu i bałaganu zejdzie na to wszystko, a tu gospodarka nie czeka. Inwestycje giganty (np. nowy Port Północny na Westerplatte), a kraj ze złym kolejnictwem, bez lotnictwa, z niespławnymi rzekami i brakiem wody, kraj zostawiony sam sobie, odcięty od rynków i zaplecza w Europie. W głowie się kręci, gdy o tym wszystkim pomyślę. Brrr! Moja stara koncepcja, że to kraj zarazem za mały i za duży.

Ciekawym, co będzie ze „Znakiem". Stomma, sfrustrowany, nic nie robił, a tu jakieś intrygi i awantury w warszawskim klubie, Zabłocki, Auleytner i inni szaleją. Chcą wyrolować „Tygodnik", również Piasecki by chciał – podobno żąda dwadzieścia mandatów (!). Tyle nie dostanie, ale coś mu dać muszą, bo on jest podobno w sowieckim wywiadzie jednak – o cholera, aż się boję to napisać!

Od Wacka wiadomości słabe – pali się chłopak, żeby tu przyjechać, a paszportu wciąż nie ma. Ciekawym, co w tym tkwi – wybiorę się chyba do Pagartu porozmawiać. Żal mi faceta, bo nie wie, co robić: i tak źle, i tak niedobrze. A tu już święta na karku, kramu mnóstwo, roboty nie wykończone, człek już stary (?), sił mało, wzrok się męczy. Teraz dopiero wiem, co robić, a już nie ma czasu. O cholera!

25 grudnia
Święta w pełni, trochę nudno, ale jeszcze do wytrzymania. W radio i telewizji pełno w tym roku kolęd, pastorałek i podobnych rzeczy. Mądrzejszy jest w tych sprawach Gierek od Gomułki i Kliszki (co zresztą nie sztuka). Pamiętam, jak będąc kiedyś posłem złożyłem interpelację, dlaczego w radio w święta nie ma audycji religijnych. Odpowiedziano mi okropnie bałamutnie i wykrętnie, cała ekipa radiowców wysilała się na tę odpowiedź – a tu Gierek od razu pojął, że można zaspokoić społeczeństwo tanim kosztem, dając mu swoiste opium w postaci czy to Zamku, czy też jasełek w telewizji. Rzecz to nie taka błaha, boć to pierwsze święta „gierkowskie". No i jakoś przechodzą: jedząc „jendyka" przy telewizorze, Polak zapomina o takich drobnostkach, że np. nie posiada żadnych praw politycznych. A tu po cichu przed świętami były nawet akty politycznie bardzo drastyczne. Między innymi odbyły się rewizje u adwokatów, dawnych pepeesowców, pani Steinsbergowej, Cohna, Pajdaka i innych. Zabrano im różne stare akta sądowe, ze spraw przedwojennych, a także z epoki stalinowskiej. Oczywiście prawem kaduka, jest to typowa akcja orwellowska, usuwanie śladów przeszłości. Ale któż o tym wie, rzecz jest tajna, nowe chłopsko-robotnicze społeczeństwo Warszawy pozostaje od takich spraw całkowicie izolowane: jest absolutny przedział między nowym ludem a resztkami starej inteligencji, tu Książę ma swoją rację.

Inna oburzająca historia wydarzyła się z Danutą Łomaczewską, fotoreporterką. Była ona we Lwowie, gdzie zobaczyła, że likwiduje się Cmentarz Łyczakowski, równając go z ziemią, burząc polskie nagrobki, a leży tam przecież wielu wybitnych Polaków. Przywiozła do Warszawy jakieś zdjęcia i zaczęła robić raban. W rezultacie podobno stary generał Abraham, jeden z niewielu żyjących przedwojennych generałów, wysłał w tej sprawie telegram do Breżniewa. W dalszym rezultacie reporterkę zamknięto na dwa tygodnie.

Likwidacja cmentarza i jego pomników to przecież także Orwell. Ileż nieludzkiego realizmu mieć trzeba, aby robić coś takiego! Realizmu – i pesymizmu, a także lekceważenia wobec natury ludzkiej. Już po Sejmie – zlikwidowany. Mamy też nowych ministrów: kultury – Wroński („bojownik" okupacyjny, partyzant, podobno beznadziejny), finansów – Jędrychowski (mógłby już zrezygnować ten odwieczny minister bez sukcesów), spraw zagranicznych – Olszowski (kopniak wzwyż, na stanowisko bez znaczenia), Kępy i Cyrankiewicza na razie nie ruszyli – po wyborach. W ogólnej propagandzie i dialektyce propagandowej Gierka nie mówi się o polityce, lecz tylko o gospodarce. Jednocześnie rzeczywiście coś się robi, przynajmniej widać. Podano do wiadomości, że ogromny hotel na rogu Marszałkowskiej i Al. Jerozolimskich zbudować mają w dwa lata Szwedzi i Amerykanie – na kredyt. Coś z mojego repertuaru – walczyłem o takie rzeczy wiele lat! Tak samo prace przy budowie Trasy Łazienkowskiej, tak głupio zaniechane przez Gomułkę, idą naprzód jak cholera – całe okolice naszego domu rozgrzebane, a że zimy dotąd wcale w tym roku nie ma, więc robota toczy się wciąż. To jest niby coś, ten Gierek to pozytywista, a że realista, więc gadać ani pisać nie pozwala, aby nie drażnić Moskali i nie zrobić nowej Czechosłowacji. Ma w tym swoją rację, ale racja to smutna i nudna, choć dla ludu dobra. Nudna ojczyzna – cóż za smutny ewenement, pisałem o tym. Brrr!

Aha, ministrem spraw wewnętrznym został Ociepka, tak więc Gierek coś tam nie całkiem ze Szlachcicem. Czyżby też kopniak wzwyż? Andrzej twierdzi, że Gierek słabnie, że w Biurze wygrała „grupa rosyjska". Ale kto coś o tym może wiedzieć i kto wie, co to wszystko znaczy? Tajemnica!

Wackowi w Pagarcie chyba coś załatwiłem: natarłem na jednego z ubeków dyrektorów i chyba wystąpią wreszcie o ten paszport. Książkę z felietonów ułożyłem i oddałem – zawszeć to pewna podnieta (?!). Trzeba pisać, bo czasu mało – aby się tylko pozbyć tych ciepłych, deszczowych świąt! Byłem w otwartym na rogu Pięknej i Marszałkowskiej salonie gier automatycznych. Tłok, wrzask, dym, jakżeż to różne od melancholijnego wdzięku automatów paryskich. Tamto mnie nudziło, to smuci i obrzydza. Gdzież więc, pytam, jest moje miejsce? Czyżbym był bez miejsca na świecie?! Właściwie całe nasze pokolenie jest bez takiego miejsca: Polska inna, terytorialnie, duchowo, ludnościowo! Byłem na zebraniu dawnych wychowanków mojego gimnazjum (Czackiego). Cóż za smętne dziady – a ja wśród nich! No, ale nie ma się co rozczulać ani za dużo o tym myśleć, w końcu nie ja pierwszy i nie ostatni się starzeję. Trzeba przejść i przez to (dokąd?!).

28 grudnia
Wyobrażałem sobie, że te zapiski będą miały charakter „historyczny", że przydadzą się kiedyś komuś do rozszyfrowania naszych czasów, tymczasem przeglądając je, widzę, że są robione pobieżnie i wiele rzeczy w nich opuściłem. Na przykład na wiosnę wspomniałem, że Gierek pokazał się w telewizji z Moczarem w Olsztynie, a nie napisałem wcale, czegośmy się potem o kulisach tego dowiedzieli – o kulisach i o skutkach. Dowiedzieliśmy się oczywiście z pogłosek z „Wolnej Europy", bo komuniści nie raczą o takich rzeczach informować – ale wszystko się sprawdziło i potwierdziło. W owym Olsztynie szykował się ni mniej, ni więcej „zamach stanu": Moczar zjechał tam, wraz ze sprzyjającymi mu sekretarzami wojewódzkimi, aby korzystając z pobytu Gierka w Pradze, pokazać się w telewizji i „objąć władzę". Podobno rzecz uniemożliwił Babiuch, który specjalnym samolotem przywiózł Gierka do Olsztyna, a Moczara zmuszono do wspólnego występu na „srebrnym ekranie", czego zresztą wtedy nikt nie zrozumiał. Skutki tej sprawy wloką się po dziś dzień w postaci wylewania z Sekretariatu różnych ludzi – podobno i Olszowski dlatego odszedł do MSZ, bo miał być moczarowskim premierem. Ale farby nie puścili, społeczeństwo ma o niczym nie wiedzieć. Swoją drogą frajer ten Moczar: w Grudniu 1970 mógł robić wszystko, jak chciał, nikt by się temu nie zdziwił, nawet Moskale. A tak przerżnął z kretesem, jeszcze zjazd partii przyspieszyli, żeby go dorżnąć!

Grudzień dalej chorobliwie ciepły. W drugi dzień świąt byli goście: Wodiczko z Inką, Władkowie (on podniecony, zacharapczył jakąś zagraniczną nagrodę), Henio, Julek Stryjkowski, Zygmunt Mycielski. Za dużo wypiłem, serce nawala. Czytam zaległą prasę, uderza mnie duża ilość listów pisanych przez „ochotników rewolucji", ludzi nawołujących, aby karać, zamykać w obozach, zrównywać pensje. Głupi, myślą, że im od tego będzie lepiej! Mnóstwo ludzi wychowanych jest przez ten ustrój, uważają, że inaczej być nie może. Wzywają do drakońskiego egzekwowania większej wydajności pracy, nie zastanawiają się, co właściwie jest przedmiotem tej pracy i czy to produkt potrzebny, czy tylko niesprzedawalny balast. W kapitalizmie mówi się producentom: „Jak wyprodukujecie towar dla rynku, zarobicie". A w socjalizmie mówi się: „Cokolwiek wyprodukujecie, zarobicie". Tyle że niewiele. Błędne koło i nonsens – zrównanie ludzi w niedostatku, aby tylko zlikwidować samą zasadę nierówności. Ludzie idą za tym jak barany – gdy jest bieda, myślą, że to wina zachowanych resztek nierówności. Pokazuje im się fikcyjnego wroga – aby odwrócić uwagę od ekonomicznych bzdur socjalizmu.

Rozmawiałem z mecenasem J., starym katolickim plotkarzem. Mówi, że Mazowiecki i Stomma nie będą posłami, a za to będzie... Andrzej Micewski. Ale Andrzej przysięga, że nie chce, i komu tu wierzyć. Fatalny to zresztą byłby poseł: uprawiałby katolicką wazelinę z ogromnym ferworem jak w „Życiu Warszawy". Nikomu tego nie życzę – jemu też nie. Ale nic pewnego nie wiem. Stomma mnie bojkotuje, boczy się, że go nie kocham. Rzeczywiście nie za bardzo, ale i tak lepszy on od innych, bo trzyma się neopozytywizmu i nie pieprzy o socjalizmie!

1972

4 stycznia
Zapomniałem napisać, że głównym organizatorem owego zamierzonego „zamachu stanu" w Olsztynie był generał Matejewski, dyrektor generalny Ministerstwa Spraw Wewnętrznych, ten, co teraz siedzi w ciupie. A znowuż głównym zamykaczem dawnych ubeków (podobno siedzi ich już do trzystu) jest obecny wiceminister S. W. Milewski. Słowem dwóch panów M. A w ogóle to ubecy nienawidzą Gierka, co by o nim dobrze świadczyło, i tylko czekają, aby mu się noga powinęła. Myślę oczywiście o ubekach dawnych, co się teraz przyczaili, a w duchu czekają na nową fazę terroru. Musi ona przyjść, jeśli sytuacja gospodarcza się nie poprawi i nastąpi jakiś krach. Moim zdaniem jest to za rok, dwa nader prawdopodobne. Gierek w gruncie rzeczy żadnych zasadniczych reform nie przeprowadził poza tym, że ukrócił nieco abstrakcyjne wydatki na inwestycje. Nie jest on ekonomistą, lecz administratorem, co pokazał na Śląsku. Nie sztuka była, mając najbardziej uprzemysłowione i „eksportowe" województwo żądać dlań lepszego zaopatrzenia czy większych dotacji. Ale co zrobić, mając tych województw siedemnaście i skąd wtedy dolewać? Wszak herbata od samego mieszania słodsza się nie zrobi. Boję się, że przyjdzie załamanie, choć wiele poczynań Gierka rozsądnych jest i sympatycznych. A wtedy, normalną rzeczy koleją, wróci nasz stary poczciwy terrorek, a wyrzuceni ubecy (o których zresztą prasa nic nie pisze – duży, zawsze ten sam błąd) spróbują się odegrać. Czego nikomu nie życzę.

Nowy Rok minął, całe szczęście – spędziłem go przy telewizorze, program wcale dobry, ale, jak to u nas, jednostronny w drugim kierunku: sama rozrywka, nic o ojczyźnie. Śmieszne są te nasze szusy to w tę, to we w tę. Spotkałem dyrygenta Czyża, który twierdzi, że ludzkość wchodzi w nowy „rok astronomiczny", skąd przeróżne zaburzenia. Widzi on te zaburzenia w muzyce, np.

w awangardzie happeningowo-cage'owskiej, i twierdzi, że najmądrzejsi okazali się... Rosjanie, bo przewidując zbliżanie się kryzysu sztucznie zatrzymali rozwój sztuki i filozofii, dzięki czemu właśnie Szostakowicz pisze dwadzieścia symfonii, gdy inaczej wygłupiałby się aleatorycznie. Zabawne! Byliśmy z Czyżem u Czesia Lewickiego w szpitalu – ma on zablokowanie serca, leży już trzy miesiące, posunął się. To mój stary kolega, towarzysz przedwojennego Paryża, gdy mieszkaliśmy razem w domu polskim na Lamandé.

Nixon znów pobombardował Wietnam, prasa się na to pieni, ale ani słowa nie piszą, o co tym razem poszło: wszakże nie szło mu o szpitale, szkoły i starców! Mogliby już dać spokój z tym sowieckim pisaniem. A o Chinach co piszą – ho, ho! Ja nie zajmuję się polityką (co za ulga), opracowuję „numery" książkowe, będę komponował. A tu koledzy literaci coś przygotowują – jest przecież nowy minister kultury. Nawet Jerzy Andrzejewski, rozgoryczony pewno historiami z „Miazgą", szykuje się do jakichś skoków. Ale ja nie, choć życie bez podniet bywa trudne. Czekam na paszport do Ameryki, może to będzie podnietą? A w ogóle to jest smutno. Jak powiedział jeden mój znajomy muzyk, wszyscy myślą o telewizorach, pralkach czy samochodach, a nikt nie myśli o tym, że Polski nie ma. Tak, naród rubaszny, złożony z Matysiaków i nie znający historii ani przeszłości, ze szczętem zapomina o patriotyzmie!

11 stycznia

Czas płynie, zima płynie, ciemno, brudnawo, mokro. Wyszło parę moich kompozycji („Sygnały sportowe", „Kołysanka" na fortepian, „Danse Vive") – jednak ta muzyka jakoś się za mną przez życie wlecze, choć traktuję ją czasem lekceważąco. Wisi nade mną owa symfonia, zamówiona i zapłacona, a tymczasem mam ochotę napisać mały utworek na skrzypce i fortepian – chyba to zrobię. Trzeba pisać to, na co się ma ochotę. A dziś w radio pierwsza moja audycja poświęcona utworom UNESCO. Więc jakoś Polska Ludowa nieźle mnie traktuje, tyle że książek nie wydaje. Aha, był tu ksiądz J. [Józef Sadzik] z Paryża*, zabrał przygotowany przeze mnie zbiór felietonów dla ich wydawnictwa oraz zbiór artykułów dla londyńskiej „Odnowy". Ale jak mu to zanosiłem, wydawało mi się, że mnie ktoś śledzi, telefon był na podsłuchu itd., więc mam jakieś złe

---
* Ksiądz Józef Sadzik (18.II.1933 – 26.VIII.1980). Od 1966 dyrektor paryskiego wydawnictwa Éditions du Dialogue.

przeczucia, czy mu tego przypadkiem nie zabrali. Szkoda by było, bo ułożenie tego to sporo pracy, choć zapasowe egzemplarze mam. Ale nic nie wiem – może się dowiem, jak Wacek przyjedzie, choć to niepewne z tym przyjazdem.

Byłem u poety Herberta, zaprosił na wieczór nas (Lidia nie poszła) i Stommów. Makabryczny był to wieczór, facet rozpity okropnie, straszny niby kozak, ganił Stommę za „kolaborację", a w gruncie rzeczy nic nie wie o Polsce i tutejszych stosunkach. O mało nie doszło do awantury, tyle że pijany i Kasia go jakoś ochraniała. Przysiągłem sobie więcej nie chodzić do wariatów, a tu, za parę dni, będąc na Pradze wstąpiłem do Jerzego Andrzejewskiego. Siedział w domu z jakimś chłopakiem, zresztą dosyć inteligentnym, piliśmy wino. Jerzy właściwie miły, pesymista, ale walczyć nie chce, chce wydawać książki w Polsce, dał mi przykład „Cieni w pieczarze", książki jego zdaniem świetnej (!!), o której nikt w Polsce nie wie. Sam pisze nową rzecz, słoniowych rozmiarów, coś w rodzaju własnego życiorysu z sylwetkami „swoich współczesnych". Czytał mi fragmenty, m.in. o Marii Dąbrowskiej. Dobre to, choć nieco starcze – jakby ustawiał się w cierpiętniczym, polskim panteonie przeszłości. Tłumaczyłem mu, że nie jest jeszcze taki stary, ale on upierał się, że jest – robi sobie ze starości aureolę, to tak u pedałów bywa. Wracałem przez most Śląsko-Dąbrowski, góra z kościołem św. Anny, podświetlana od dołu reflektorami, wygląda wspaniale, czegoś takiego nie ma w Paryżu – choć może to po prostu ja byłem trochę pijany.

Opozycja literacka wygrała wybory w Związku, wielu partyjnych odpadło (np. Broniewska, Dziarnowska), a także paxowcy dostali w d... Tyle że najwięcej głosów dostał Kuśniewicz, a tuż za nim Iwaszkiewicz. Nie pojmuję, czemu zawsze mu się udaje i dlaczego to środowisko ciągle go, mimo wszystko, wybiera. W Krakowie też przepadli Machejek i Broszkiewicz. Jest to więc rewanż za drętwy zjazd w Bydgoszczy, ale czy ich przypadkiem nie wykiwają w tej Łodzi? Gierek chce mieć za sobą zdolnych pisarzy, to zrozumiałe, ale czego od nich, w zamian za jakieś materialne i statutowe koncesje, zażąda? Mogą im dać do uchwalenia jakąś państwowo-twórczą rezolucję, ciekawym, co zrobią, czy się aby nie zes...? Dobrze, że nie wziąłem w tym udziału, po co mi to.

W światku muzycznym jak zwykle zawiści i awantury. Wodiczko się podobno załamał i zaczął pić, a on już jak pije, to na całego.

Zmarnowali człowieka! Nie wiem, po co wlazłem w ten ZAIKS, jeszcze i mnie w to wciągną, a ja nie chcę nic, tylko pisać, bo czasu mało. Właściwie trzeba by być konsekwentnym i zrzec się tych wszystkich „organizacyjnych" historyjek. Co prawda obserwuje się tam ludzi, ale w końcu ludzie są zawsze tacy sami.

Byłem dziś u Niemców z NRF, aby dowiedzieć się o losy mojego zaproszenia. Jest ono, nawet z bogatym programem, ale tylko na dziesięć dni – nie wiem, jak dam radę. Niemcy byli młodzi, nader probrandtowscy i nasłodzeni Polską, a ja byłem przeciw i sceptyczny, aż potem czułem niesmak, że się sprezentowałem mało patriotycznie. Trzeba się w ogóle nad tym zastanowić i czuwać, aby za bardzo nie skwaśnieć. Albo też, jeśli już, to wziąć się do czynnej opozycji, podpisując np. jak Herbert, takie czy inne protesty. Tylko że mi się diablo nie chce – czuję jakoś, że to nie moja pora.

17 stycznia

Mrozy trwają diabelskie od tygodnia, w mieszkaniu zimno jak diabli, w ogóle w całym mieście rozprzężenie, bo zimno znów wszystkich zaskoczyło. Ja, po wielu męczarniach, zacząłem znowu pisać powieść, ale mróz w pokoju odstrasza – zawsze jakieś wykręty. Moje zbiory felietonów i artykułów doszły, gdzie trzeba, poza tym był list od dzieci z Paryża, na ogół wszystko dobrze, tylko Wacek wciąż czeka na paszport – i nie może się doczekać. Żal mi go, wklepał się w jakąś sytuację, z której nie wiadomo jakie wyjście – a życie płynie. Że płynie, wiem to po sobie – wciąż mnie strach oblatuje, że nie zdążę czegoś zrobić, a czego – nie wiadomo.

Byliśmy z Lidią na przyjęciu u Amerykanów – byli też Słonimscy i Kijowski, czyli cała ostatnia strona „Tygodnika". Podobali mi się ci młodzi Amerykanie, tacy jak lubię: pozytywni, patriotyczni, obowiązkowi, wpatrzeni w gwiaździsty sztandar. Do tego mówią językami i wcale nieźle po polsku. Słonimski dość rozsądny, nie taki już zarozumiały – rozmawialiśmy o Związku Literatów, on też uważa, że nie trzeba zanadto galopować wiernopoddańczo, chętnie by za to wypieprzył Iwaszkiewicza i Pucia.

Gierek rzeczywiście zamachnął się na różne inwestycje, zwłaszcza w Warszawie – całe miasto rozkopane, mają powstać nowe hotele, podziemne przejścia, bulwary, licho wie co. Jednocześnie rozwala podobno dalej MSW, rozpędza ubeków, chce przefastrygować cały średni aparat partyjny. Ciekawym, jak mu się to wszystko uda i kto za wszystko będzie płacił, bo przecież z próżnego nie naleje. W piśmie „Die Zeit" pani Pampuch-Brańska, znana była komunistka, która procesowała się z Moskwą o zamordowanego przez Stalina męża, napisała artykuł niemal entuzjastyczny, że Gierek odnowił i uzdrowił polską gospodarkę. Czyż to nie przesada? Owszem, trochę ruchu jest, ale niektóre posunięcia są obliczone tylko na efekt, a nie mają pokrycia. Na przykład wprowadzono bezpłatną opiekę lekarską dla wsi, ale nie zwiększono aparatu lekarskiego i funduszu dlań. Rezultat, jak na razie, to wielki run na szpitale prowincjonalne, a przede wszystkim na stomatologów, jako że wszyscy ludzie ze wsi chcą mieć bezpłatne sztuczne zęby. Efekt jest, ale czy to wszystko wytrzyma? Skąd zdobyć pokrycie – oto główny problem dla Gierka, bo co robić, to on wie. Zresztą nietrudno to wiedzieć – oczywistość widzialna jest gołym okiem. Reform gospodarczych to on nie przeprowadzi, chce tylko ożywić to, co jest. No, szczęść mu Boże! Jak się nie ma co się lubi, to się lubi, co się ma!

Aha, Waldorff zachwycony nowym ministrem kultury, Wrońskim. Podobno ciągle z nim gada (z Waldorffem), radzi się, etc. Jerzy twierdzi, na razie pod sekretem, że załatwiono sprawę Wodiczki jako rektora PWSM. A Wodiczce sprzeciwiał się Kępa – podobno ma go Gierek wyrzucić, choć ta Kępa walczy, jak może. Ciekawe, nie wiem, co o tym wszystkim myśleć. – Zobaczymy – powiedział ślepy.

23 stycznia
Jestem w Konstancinie, przyjechałem skończyć powieść i odpocząć trochę od... domu. Zima tu jest przepiękna, polska – tylko ludzie mnie drażnią, Polacy, nie wiem dlaczego coraz mniej ich lubię. Może to ten napływ elementu chłopskiego, dziwnie się prezentujący w miastach? Ilość urodzeń spada, ale spada nierównomiernie, przede wszystkim wśród inteligencji miejskiej (trudności mieszkaniowe), na wsi mniej, wobec czego struktura socjalna kraju wciąż się zmienia na korzyść tejże wsi. A chłop manipulowany przez komunistów to zaiste nieciekawe zjawisko, choć podobno narody, które kiedyś schłopiały (Norwegia, Czechosłowacja, Szwajcaria), bardzo się duchowo orzeźwiły, ozdrowiały. Może – ale kiedy to nastąpi? Na razie plenią się tchórzyki, cwaniaki, drobni oszuści, egoiści i tumany. Coraz ich więcej – a życia coraz mniej!

No a już okropnie brzydzi mnie prasa – to już zresztą nie chłopi, ale młode łobuzy z pseudointeligencji. Wydawałoby się, że ta nienawiść do prasy komunizmu powinna we mnie po dwudziestu siedmiu latach wystygnąć, powinienem się przyzwyczaić, tymczasem nie mogę: ta kampania antyamerykańska jest czymś na naszym terenie tak idiotycznym, że po prostu można oszaleć. Toć Ameryka nic nam nigdy złego nie zrobiła, przeciwnie, dużo dobrego – emigracja amerykańska wzbogaciła Galicję przed 1914, potem był Wilson, Hoover – świństwo nam zrobili dopiero w Jałcie w 1945 r. tworząc Polskę Ludową (!). Tymczasem tu szczucie nieustające, nakazane przez Sowiety, przeidiotyczne, wyciągające każdy drobiazg, wciąż judzące i obrzydzające, przy tym głupie okropnie, bo podkreślające wewnętrzne sprzeciwy i konflikty w Ameryce, daje się nieświadomie dowód wolności politycznej, jaka tam panuje. Ale głupcy w rodzaju Górnickiego i Jaszuńskiego są tym, co robią, zachwyceni, oni to robią z satysfakcją – wyżycie zastępcze. Ale co ma robić społeczeństwo karmione tą brednią? Teraz znów w każdym numerze każdego pisma są ataki antychińskie też oczywiście z Rosji dyktowane. Czyż ten uderzający kretynizm ma być skuteczny?! Nic nie rozumiem, to jakiś ciemny sowiecki mózg wszystko tu dyktuje. Ale oni mają sukcesy, Zachód ich wielbi, przeróżni „intelektualiści" wciąż tam protestują przeciw antykomunizmowi. A więc?! Możem to ja głupi i naiwny, a świat toczy się zawsze po swojemu, o czym dobrze wiedzą politycy, ludzie nie sentymentalni ani nie intelektualni, zajmujący się tylko beznamiętnym przymierzaniem jednych faktów do drugich i wydestylowywaniem z tego realnych możliwości?

Ostry kurs antyamerykański, jaki teraz mamy, sprawił, że w oburzający sposób potraktowano przybyłych do Polski amerykańskich astronautów. Skasowano wszystkie przewidziane oficjalne powitania, nie dopuszczono ich do szerokiej publiczności, do telewizji i radia. Ale ja ich widziałem – na koktajlu u ambasadora Stoessela: młodzi ludzie, skromni, przyjemni, jakby absolwenci szkół oficerskich. Na tym koktajlu był warszawski „świat filmowy": mizerne to towarzystwo, ale Amerykanie z ambasady wydają się nim zachwyceni, może im się dziewczyny podobają? Cała feta miała miejsce z okazji festiwalu filmów amerykańskich – dostałem karnety, ale z powodu wyjazdu do Konstancina widziałem tylko pierwszy film: „Love Story". Taka amerykańska Mniszkówna na kolorowo, swoją drogą dziecinni są ci Amerykanie – attaché kulturalny okropnie się zmartwił, że mi się niezbyt podobało. Potężni a dziecinni. Rosjanie też są dziecinni, na inny sposób, Chińczycy też. Czyż więc świat opanowały „straszne dzieci"?! Jedyni niedziecinni wydają mi się Anglicy.

Wrócił z Paryża Z. [Roman Zimand], byłem u niego, aby odebrać paczkę przysłaną przez Krysię. Ma kiepskawy pokoik, gdy go spytałem, jak się czuje, powiedział, że źle, ale że przyzwyczaił się do tego od... paru tysięcy lat. Jest to efekciarz, niby inteligentny, ale w istocie całe płaty polskiej problematyki są mu nie znane. Aha, podobno Gottesman wraz z Putramentem ma redagować nowe pismo „Literatura". W „Tygodniku" szaleją konfiskaty, Słonimski twierdzi, że to aby piszących odstraszyć od „Tygodnika", a zachęcić do owej „Literatury". Różne w ogóle krążą plotki literackie – wszystko to dość żałosne: herbata z mieszania nie robi się słodsza, w komunizmie, przy tej cenzurze, nic lepszego nie będzie.

Martwię się o Wacka, nie przyjeżdża, zagubił się nam chłopak, teraz znów Krysia. W Polsce głupio, ale Polakowi za granicą jeszcze głupiej – i tak źle, i tak źle. A w ogóle to żadna frajda być Polakiem. Nasz nowy „minister spraw zagranicznych" Olszowski był w Moskwie, podobno to on, telefonicznie, zarządził blokadę tych astronautów. Minister spraw zagranicznych został ministrem finansów, Olszowski (czterdzieści jeden lat) z nie wiadomo jakimi kwalifikacjami poszedł do MSZ, a w prasie nikt się nawet nie zastanowił, nie skomentował tego, nie próbował objaśnić. I myślą, że są prasą! Temu Korotyńskiemu bym w mordę napluł z rozkoszą.

Otwarcie granicy z NRD, potem z Czechami – to może być coś i dać skutki zgoła nieprzewidywane. Ale co się może ruszyć w tej stronie świata? Z. twierdzi, że teraz kolej na Bułgarię – tam dawno draki nie było. Węgry, Polska, Czechosłowacja, Rumunia – już, w Bułgarii tylko jakiś generał oknem wyskoczył. Czas do pracy, czas...

28 stycznia

A więc dziś skończyłem powieść – to już trzecia z tej serii (!) Czy dobra? Hm. Chyba zrobiłem to, co chciałem, ale nie mam odpowiedniej perspektywy, żeby o tym sądzić. W każdym razie ściśle współczesna – kończy się w marcu 1968. Takich nikt nie pisze – jakieś świadectwo zostanie, choćby świadectwo, jak ja widzę te czasy. W końcu nie do pogardzenia.

Żebym nie pojechał do Konstancina, tobym chyba tak gładko nie skończył. Piękna tu zima, choć mrozy spore, zawsze koło minus dziesięciu stopni. Byłem dziś pieszo w Piasecznie, trochę nadmroziłem ucho. Nawiązałem tu miłą znajomość, z młodym (czterdziestoletnim) człowiekiem R. [Robertem Jarockim]. Były zetempowiec, aktywista, mając osiemnaście lat uciekł z inteligenckiego domu w Krakowie, mając dziewiętnaście kierował propagandą ZMP w Białymstoku, potem w Poznaniu. Jednocześnie mój czytelnik od dwudziestu pięciu lat i wielbiciel „Sprzysiężenia". Wszystko rozumie, uważa się za komunistę, ale teraz marnie jest widziany, konfiskują go, ile wlezie. W grudniu 1970 był na Wybrzeżu, opowiadał dużo ciekawych rzeczy. Dał mi swoją książeczkę o czasach zetempowskich, bardzo zabawne nowele, w rodzaju Zoszczenki, oczywiście też mnóstwo skonfiskowane. Szczery chłopak i ciekawy – odpowiednik „pryszczatych", tylko że nie obracał się po salonach literackich, lecz męczył w autentycznym terenie. Wolę tamtych komunistów od obecnych, tamci naprawdę walczyli, ci robią kariery. Opowiadał mi on, że w marcu 1968 robotnicy stoczni uważali, iż wszystkiemu winni Żydzi i studenci i trzeba ich walić. Wszyscy już są skołowani – absurdalnie.

Oglądam tu sporo telewizji. Odzwierciedla się w niej polityka Gierka: mnóstwo nudziarstw o produkcji, zaopatrzeniu i sprawach gospodarczych, sporo czystej „burżuazyjnej" rozrywki i ani słowa o polityce, chyba zagranicznej. Jałowe to – czy można w ten sposób zagnać kraj do pracy? Młody J. też twierdzi, że bez jakiejś, choćby ograniczonej, wolności prasy nic nie będzie. Twierdzi, iż robotnicy Wybrzeża przed grudniem 1970 w ogóle nie wiedzieli, że w Polsce jest cenzura, myśleli, że prasa pisze tak, jak chce, tylko nie jest informowana. O naiwni.

Nixon złożył wcale rozsądne propozycje w sprawie Wietnamu, a cała nasza prasa huzia na niego, i to jak! Przed wizytą w Pekinie tak szczują. A jednocześnie podobno Winiewicza przenieśli na emeryturę za to, że sprowadził astronautów „w nieodpowiednim czasie" i że wyszło tak, jak wyszło. Oj, głupi ci nasi rządcy, a przed Rosją trzęsą portkami – do przesady.

31 stycznia

A więc dziś wieczór wracam do Warszawy. Powieść skończyłem – czy dobra? Mam w ogóle grube wątpliwości co do tych powieści, ale faktem jest, że są to jedyne książki o dzisiejszej rzeczywistości polskiej pisane od wewnątrz. To znaczy jedyne, próbujące pisać prawdę o sytuacji politycznej niesamowicie „zorwellizowanego" kraju, sytuacji, którą wszyscy usiłują ignorować. Tak dalece cenzura odrętwiła naszą literaturę, że nikt już nie pisze o tym, co go otacza w sposób krytyczny – to właściwie niesłychane: wszystko można z ludźmi zrobić. I w tej sytuacji moje książki pozostaną jedynym świadectwem wewnętrznego obserwatora. A czy są dobre? I o ile? Naprawdę nie potrafię tego ocenić, jedno, co mnie martwi, to ich zła korekta – na odległość nie mogę na to wpłynąć. Korektorzy i cenzorzy – to zmora mojego życia. A cenzura, jeśli chodzi o felietony, tnie strasznie.

Więc już doskonale wiadomo, jaki jest Gierek. Chce dać pracę, względny dobrobyt i rozrywkę, w żadnym wypadku nie pozwoli nikomu politykować: wie doskonale, że polityka to domena partii, polegać zaś ona musi na ukrywaniu przed Rosją jakichkolwiek wewnętrznych różnic, czuwaniu nad ogólną drętwością, która jest dla Moskali gwarancją, że mogą niczego się nie obawiać, *eo ipso* zostawić Gierka przy władzy. To okropnie nudne, ale to jest nieugięta rzeczywistość, która będzie trwała co najmniej parę lat. Symbolem jej może być transmitowane przez telewizję przedwyborcze posiedzenie Frontu Jedności Narodu. Cóż za śmiertelna nuda, cóż za przemówienia pozbawione treści – jeszcze gorzej niż za Kliszki! Siedzą stare, wypłowiałe dziady i w kółko, jeden za drugim, powtarzają te same, pozbawione wszelkiego znaczenia frazesy. I idiotyczny Kostek Łubieński w tym wszystkim (zastępca przewodniczącego, prof. Groszkowskiego) – być takim idiotą na starość to smutne – co prawda on był idiotą całe życie. W sumie widowisko absolutnie godne Mrożka – i te głosowania jednomyślne – symbol nudy, która nas otacza. A czy lud się też nudzi? Chyba nie, on nie ma po temu czasu ani perspektyw, robotnicy ruszają się tylko wtedy, gdy ich przyciśnie materialnie, braku polityki nie odczuwają – kto się wychował bez mięsa, ten nie wie, że go mu brakuje. W sumie naród bez wolności zdegeneruje się tak, że przestanie być narodem. Za zaborów ratowały rzecz różnice klasowe, były grupy ludzi pieniężnie niezależnych, były odrębności, tarcia, byli pisarze mogący i chcący coś pisać: Żeromski, jak nie mógł czegoś wydać w Królestwie, wydawał w Galicji i *vice versa*. Teraz zakorkowane jest wszystko na mur, a więc tylko to, co ja robię, jest jakimś wyjściem. Wyjściem zresztą niedoskonałym, wymagającym samozaparcia, bo przecież nikt w gruncie rzeczy o tym nie wie, człowiek staje się „pisarzem widmem", choć tu wciąż płodzę moje głupawe felietoniki. Ciekawe jednak będzie, gdy wyjdą za granicą moje felietony oraz artykuły. Co prawda – i to łatwo zostanie przemilczane.

Martwię się o koło „Znak". Stomma powiedział, że nie zgodzi się na założenie koła, o ile wejdzie Auleytner na miejsce Mazowieckiego. A zdaje się, że na pewno wejdzie! No cóż, dawno zgodzono się na precedens, że partia mianuje posłów, jak chce, kiedyś przecież tenże Mazowiecki wyrzucił Makarczyka. Był czas, aby „Tygodnik Powszechny" stworzył sobie status pisma kurialnego, wycofał Stommę z Sejmu i zrobił się apolityczny. Teraz już trochę na to za późno, Stach będzie się siepał coraz nędzniej. Sam chciał tego, co ma, zgubił go brak konsekwencji, zbędne krętactwo, uleganie „więziowcom". Zresztą może musiał przegrać – idą czasy kolaborantów, inaczej być nie mogło. A ja znów nie będę głosował, chi! Słodka jest wolność! A nowy Sejm ma uchwalić nową konstytucję, zaznaczającą tym razem, że w Polsce rządzi partia przodująca i niezastąpiona. He!

Idę teraz trochę jeszcze powchłaniać uroków mazowieckiej zimy – ładnie tu bardzo. Wieczorem do Warszawy, gdzie wezmę się mocno do kompozycji. „Symfonia zimowa" – tak się będzie nazywać „dzieło"!

4 lutego

Drażni mnie pozorna „odwilż" w kulturze, na którą nabierają się ludzie, z głupim Waldorffem na czele. Komuniści wielokrotnie odgrywali takie komedie, a mimo to wciąż znajdują się podatni frajerzy. Nowy minister kultury Wroński narobił wiele szumu, rozmawiał z ludźmi, tego, owego, nawet podobno mianował Wodiczkę wreszcie rektorem, ma zamiar rozwinąć poligrafię, „usprawnia" różne rzeczy – ale o złagodzeniu cenzury nie ma mowy, ta sprawa w ogóle nie istnieje, powtarza się drętwe slogany, że pisarz ma służyć socjalizmowi, choć łaskawie pozwala mu się na „różnorakie poszukiwania formalne". Przemówienie ministra Wrońskiego na Zjeździe Literatów w Łodzi w gruncie rzeczy niczym nie odbiegało od przemówienia Gomułki na Zjeździe Lubelskim w roku 1964. A w ogóle ten cały łódzki zjazd to niezwykła lipa: wybrali na prezesa starego Iwaszkiewicza, uchwalili rezolucję w sprawie Wietnamu, gadali o rzeczach techniczno-„bytowych" zamiast o istocie sprawy.

Z tzw. opozycji przemawiał tylko Słonimski, pewno wazeliniarsko, bo on ma teraz takie nastawienie. Szczęście, że ja tam nie pojechałem – ale znam braci komunistów i wiem, jak oni potrafią nabierać ludzi i wymijać istotę rzeczy. Ale, skoro ją tak precyzyjnie wymijają, dowodzi to, że doskonale wiedzą, na czym ona polega. Natomiast w społeczeństwie (w danym wypadku w Związku Literatów) coraz jest więcej ludzi nowych, którzy nie widzą w sytuacji nic nienormalnego, chcą się po prostu urządzić w warunkach „zastanych", a nie mają zamiaru nic w tych warunkach zmieniać. Kto się wychował bez mięsa, ten w ogóle nie wie, że mu go brak. Takich ludzi wciąż przybywa i będzie przybywać, w końcu zostanie tylko mała grupka maniaków w moim rodzaju, którzy będą przypominać o rzeczach nikomu już nie znanych. Taki mój los: mówić do głuchych. Brak wolności nikomu już nie doskwiera, bo o możliwości takiej wolności nikt już nie wie, nikt w nią nie wierzy ani jej sobie nie wyobraża. Zaiste, na dziwnym, samotniczym maniactwie opiera się praca mojego życia!

Podobna historia z sejmowymi wyborami: szykuje się arcyfarsa, komedia nie z tej ziemi. Już niewiele więcej niż miesiąc do owych wyborów, a tu nie ma nawet list kandydatów i nie wiadomo, kto ich będzie wyznaczał. To znaczy – wiadomo, będzie operetka nie z tego świata. Wybory są po to, aby oczyścić Sejm z Kliszków, Strzeleckich, resztki „wrogów". Podobno zmiany we wszelkich aparatach będą ogromne, Gierek usuwa wszystkich z *ancien regime'u*: delikatnie, na emeryturę, ale usuwa. Dla niego też partia jest wszystkim, a my – gównem. Nam to on popolitykować nie da, o nie. Będzie tu sowietyzacja, ale inna, nowego typu – dobrowolna sowietyzacja dusz. A my, rozumiejący to, będziemy żyć w okropnej samotności i nie potrafimy nikomu wytłumaczyć, o co nam chodzi, nie będzie po prostu do tego odpowiedniego aparatu pojęć, nie będzie języka, wspólnej mowy z nami, pogrobowcami. To przecież Orwell, absolutny Orwell!

Orwellizm jest zresztą wszędzie wokół, tylko nie wszyscy umieją go dostrzec. U biednego Czesia Lewickiego (ma śmierć w oczach!) poznałem faceta z Wilna, który był z Czesiem w Rosji, wywieziony za nic. Znam takich wschodniaków z wojska na pamięć: opowiada o Rosji niesłychane rzeczy, a jednocześnie jest już nią urzeczony, był cztery lata w RWPG, teraz, wielki partyjniak, pracuje w kancelarii Rady Państwa, robi wszystko, co mu każą. Podwójne czucie i myślenie, nasza w tym samotność – niesamowita sytuacja, której ani rusz nie pojmuje stary Książę w Paryżu. I nikt już tego na Zachodzie nie pojmuje, antykomunizm stał się niemodny, wszyscy nas zostawili samych sobie, trzęsą się o swój pokój i tyle. I nawet nie ma już Mickiewiczowskiej modlitwy: „O wojnę powszechną błagamy Cię, Panie!"

15 lutego
Nie pisałem długo, a tu ważne wydarzenia. Przede wszystkim przyjechał Wacek. Dostał na paszporcie pieczątkę, że jest on ważny na wielokrotne przekraczanie granicy, wziął bilet Krysi, siadł w pociąg i przyjechał. Nie spotkała go żadna przykrość na granicy, w Pagarcie też go przyjęli dobrze – ma szczęście. Za tydzień jedzie do Kopenhagi coś tam nagrywać – sprawdzi się, czy paszport jest ważny, ale chyba tak. Wacek neurasteniczny, z ogromnymi włosami i brodą. Drażni mnie jego nieustanne poszukiwanie towarzystwa, siedzenie po całych nocach, picie, brak skupienia i pracy. Jest jakoś wykolejony, ale już nic na to poradzić nie mogę. Za to Krysia w Paryżu podobno uczy się bardzo pilnie, ma jakąś forsę i pali się do doktoratu. Może z niej jednej wywiąże się coś poważniejszego. Najgorsze, że one są w opozycji do Polski Ludowej, ale nie chcą się podjąć niczego tu zmieniać, po prostu chcą się „wypiąć" i nawiewać. Wygodni!

Przeżywałem tu okropne historie z wyrywaniem zębów, w ogóle za jednym zamachem się postarzałem, kości mnie bolą, słowem ruina. W dodatku pracy coraz więcej, aż się okocić można. „Romans" wprawdzie skończyłem, ale nie mam czasu go poprawić, wciąż nasuwają się małe robótki, na przykład odczyty na festiwalu muzyki współczesnej we Wrocławiu, który się zacznie za tydzień, jak bezsensowne prace organizacyjne w ZAIKS-ie, różne korekty itp. Nie ma kiedy wziąć się do prac większych, do owej nieszczęsnej symfonii na przykład. A tu jeszcze grozi mi musical do tekstu Brzechwy, dla opery łódzkiej – byłem tam nawet, przy okazji obejrzałem przepiękne łódzkie muzeum sztuki współczesnej – mamy jednak kawał dobrego malarstwa, nie ma co! Ale z tymi robotami to naprawdę tragedia. A jeśli przyjdzie jeszcze wyjazd do Ameryki (o którym na razie głucho), to ja już kompletnie zwariuję! Zawalę wszystko i klops! Jednak lepiej to być prześladowanym i za to mieć dla siebie dużo czasu.

Za miesiąc wybory, a tu nawet jeszcze listy posłów nie podali. Będzie lipa absolutnie bezwstydna, jeszcze gorsza niż dotąd. Ja, jak i dwa poprzednie razy, głosować nie będę. Z mandatami katolickimi jakieś chryje i rozróbki, Andrzej M. nurkuje tam, ile wlezie, Stomma, jak się zdaje, dostał w d... przez mianowanie Auleytnera. Posłowie bowiem są nadal mianowani, tyle że kiedyś robił to Kliszko, a teraz – Kania. Kto zacznie, dobrze nie wiem, pewno ze Śląska [Stanisław Kania urodził się we wsi Wrocanka, obecnie woj. krośnieńskie]. Ja się w te wszystkie historie nie mieszam, nie pojechałem nawet do Krakowa na jakiś taki „Tygodnikowy" zjazd; ale mierzi mnie to trochę i szkoda mi czasu. Mój kontakt z warszawskim Klubem Inteligencji Katolickiej za to się odnowił, bo w refektarzu kościoła Dominikanów na Freta spotkałem się z klubową młodzieżą. Najpierw była msza, bardzo nowoczesna, oczywiście polska, potem opowiadałem im o politycznych usiłowaniach katolików po wojnie. Młodzież miła i inteligentna, ale chyba nie wszystko rozumie, choć niby rozumie mnóstwo. Opowiadania moje o mianowaniu posłów kwitowali porozumiewawczym śmiechem, politycznie dostrzegają anomalie ustroju, społecznie i gospodarczo to już jest gorzej.

A tu widzę wyraźnie, że plajta gospodarcza wcale nie ustąpi. Wprawdzie trwają intensywne roboty miejskie – koło nas wszystko rozkopane i całe noce borują Trasę Łazienkowską, wprawdzie rynek jest na pewno lepiej zaopatrzony (jedzenie), ale wciąż nasuwa się pytanie, kto za to wszystko będzie płacić?! Owszem, buduje się olbrzymie hotele, w Warszawie ma to nawet robić trzystu szwedzkich robotników (na rogu Marszałkowskiej i Al. Jerozolimskich), także w Łodzi przy dworcu rośnie ogromny hotel – a więc Gierek po latach rozumie to, czego nie pojmował durny Kliszko. Ale Polska ma garb, ciężki garb, w postaci ogromnego, nienowoczesnego i nierentownego przemysłu, który zbudowano idiotycznie przez te dwadzieścia siedem lat. Budowano go pod kątem politycznym, a dziś wali się on na nas zgoła ekonomicznie. Co z tym zrobić, jak to zreformować? Reformy takie mogłyby być drastyczne: któż się ośmieli zamknąć warszawską hutę i wysłać robotników na trawkę?! Sami ukuliśmy naszą klatkę, z którą się teraz szarpiemy! W „Trybunie Ludu" ukazują się napomknienia, że trzeba powiązać produkcję z „rynkiem nabywców", ale jak to zrobić? Jaszczuk próbował i zawalił się na tym. W ogóle nie może być „rynku", jeśli wszystko idzie z jednej i do jednej kieszeni. Ktoś zauważył słusznie, że jeśli jakaś fabryka zatruje wodę w rzece i płaci karę, to kto tu kogo karze? Państwo samo siebie, uszczuplając jednocześnie fundusze na produkcję. Ustrój bezkonfliktowy jest zarazem ustrojem bezdynamicznym, martwym, któremu wciąż trzeba dawać zastrzyki odgórne. A tu głupi Olo Bocheński, zamiast szukać przyczyn w ustroju, szuka ich w „charakterze narodowym Polaków". Stary osioł!

21 lutego

Lecę jutro do Wrocławia na festiwal muzyczny, a tu urwanie głowy, roboty masę i ciągle ktoś przyłazi – wczoraj Paweł, dziś Eile. Wybory się rozkręcają, kandydatury marne, nie ma Cyrana, jest za to Moczar. Literatów „kandyduje" pięciu: Szewczyk, Żukrowski, Załuski, Hołuj i Iwaszkiewicz. To dopiero! Czytałem przemówienie Iwaszkiewicza na Zjeździe Literatów (wydrukowane w nowym, fatalnym piśmie „Literatura") – łajdackie przemówienie – m.in. pisze o „świętokradczych rękach", które się wyciągnęły po ciało Dąbrowskiej w warszawskiej katedrze. Powinien za to dostać w mordę, ale któż mu da?! On powie, że ma osiemdziesiąt lat i że umiera – no i zrób mu dziecko. Ohydna to figura, choć pisarz niezły. W dodatku świnią jest tylko w życiu, w książkach nie. Po prostu monstrum sprytu.

Skończył się proces MSW – dostali wszyscy, z Matejewskim na czele, po dwanaście lat więzienia, „za przemyt i handel walutami". Szczegółów nie podano. Ależ to ustrój – że aż ha!

Podobno prasa zachodnia uważa wyniki Zjazdu Literatów za triumf „liberałów". Powariowali kompletnie. Iwaszkiewicz, Putrament i Gisges w zarządzie, o cenzurze nie mówiono, przemówienie Wrońskiego dzierżymordowskie, finansowo nic nie uzyskali – i „sukces liberałów". Przegłupia ta zachodnia prasa, ale przegłupi też nasi literaci, że sami, dobrowolnie polecieli pod nóż. Wiedziałem, co robię, że nie poszedłem z tymi baranami – nie chcę tracić tej odrobinki autorytetu, którą jeszcze mam.

W Anglii wielki strajk węglowy. Podobno Polska złożyła ofertę na dostarczenie Anglii węgla, a związkowcy angielscy posłali protestujący telegram do Kruczka. A to heca – zresztą w duchu komunistycznych tradycji.

Muszę kończyć, brak czasu. Dalszy ciąg jutro już we Wrocławiu. Dlaczego człowiekowi na starość ciągle brak czasu? I to już naprawdę starość?!

25 lutego

Jestem we Wrocławiu, na festiwalu. Roboty masę, odczyty, dyskusje, koncerty – bardzo mnie tu hołubią i nawet w prasie ogłaszają (te same pisma, co w marcu 1968 pluły jak najęte). Mnóstwo myśli mam w głowie na temat awangardy muzycznej: twierdzę, że nie może ona współżyć z muzyką „normalną", że albo albo. Cage to filozoficzny maksymalista, żąda wszystkiego albo niczego, tymczasem jego niby-zwolennicy chcą kompromisu i w gruncie rzeczy „pisania" nowej muzyki. To wielkie nieporozumienie, próbowałem rzecz rozwikłać w odczycie i w ogólnej pofestiwalowej dyskusji, ale chyba mi się nie udało. „Nie zrozumieli", tak jak w owym dowcipie o białych Rosjanach, co tłukli w Paryżu lustra.

Wrocław to moje miasto „poselskie", tu kiedyś brałem udział w bzdurze, o której dziś myśleć spokojnie nie mogę. A już obecne wybory to szczyty kpin ze społeczeństwa. Nikt nie wie, jak ma głosować – kandydatów w każdym okręgu jest więcej niż miejsc, ale ani słówkiem nie bąknięto nigdzie, czy ma się kogoś skreślać czy nie: liczą, że ludzie potraktują rzecz jako formalność i wrzucą kartkę bez skreśleń, dzięki czemu automatycznie policzy się głosy pierwszym „mandatowym" kandydatom. Nie wspominając ani słowa o tej najważniejszej czynności wyborczej pisze się za to mnóstwo na temat lokali wyborczych, sprawdzania list, głosowania w czasie podróży, nawet jak głosować za granicą, gdzie czas jest inny, więc i godziny otwarcia lokali wyborczych inne. Istna komedia, po prostu Mrożek, surrealizm w świecie tak realnym, Orwell. Ciekawym, jak się czują ludzie piszący podobne bzdury? Może nie widzą w tym nic nienormalnego, skoro sześćdziesiąt procent ludzi w Polsce urodziło się już za Polski Ludowej i nie mają porównania z czymkolwiek innym. Jedyne, co może przypomnieć odmienność, to „Wolna Europa", a tu jacyś obłąkani amerykańscy senatorowie chcą ją zamknąć, a niemniej zwariowany paryski Książę też ją zwalcza w „Kulturze". Kompletny samobójca, do tego cóż za megaloman. Emigracje muszą widać automatycznie dochodzić do obłędu!

U nas komedia wyborcza, natomiast prasa, pisząc o Nixonie, wciąż zauważa, że wszystko, co on robi, to „manewr wyborczy", chęć „przypodobania się wyborcom". Nie przychodzi tym durnym pismakom do głowy, że świadczy to tylko na rzecz demokracji amerykańskiej: prezydent musi tak czy owak liczyć się z opinią. A u nas Gierkowi ani to w głowie. To znaczy owszem: troszczy się, aby było co jeść, gdyż boi się rozruchów. O żadnej demokratyzacji politycznej ani myśli, to sceptyk i pragmatysta, całkowicie pozaideowy: synteza chłodnego cynizmu komunistycznego z materialnym pragmatyzmem zachodnim, właściwie typowy pozainteligencki człowiek z ludu. Boi się rozruchów głodowych, „bytowych", które mogłyby go obalić, stąd też na przykład ogromnie dba o wieś: opowiadano mi, że Gierkowskie zarządzenia dotyczące zniesienia obowiązkowych dostaw oraz nowych cen żywca dały na wsi zbawienny skutek. Chłopi hodują, pracują, zarabiają, gdzież by im się śniło walczyć o taki czy inny system wyborów? Gierek to wie doskonale. A jeśli chodzi o dobór kandydatów, to charakterystyczne jest, że wyeliminował resztkę „gomułkowców", np. Cyrankiewicza i Jędrychowskiego, nie dał jednak rady Kępie, Moczarowi, Szlachcicowi. W tej chwili rządzą drętwiacy-pragmatyści: Gierek, Babiuch, Szydlak, Jaruzelski, Kania, Jagielski. Jak długo – diabli wiedzą. Na razie Gierek się śpieszy z Trasą Łazienkowską, chce to zrobić za swojej kadencji – chi!

Nixon wrócił z Chin – prasa oczywiście niewiele o tym podaje, myślę jednak, że osiągnął sporo i z inną twarzą stoi teraz w Wietnamie (w Hanoi była nawet jakaś akademia antychińska, o czym półgębkiem doniosło „Życie Warszawy"). Myślę, że to nasze nieustające przedstawianie Ameryki jako perfidnego demona wynika z faktu, że to Rosja jest takim demonem, więc wyobraża sobie przeciwnika na swój obraz i podobieństwo. A tymczasem ja paszportu do Ameryki nie dostałem, tylko pismo, iż decyzja przyjdzie później. Kiedy później? – czort wie. I co tu robić? Smutny jestem i „bez miejsca na świecie", bo cała praca i działalność bardzo mi nagle zbrzydła. Smutny los tego społeczeństwa, sowietyzowanego, „robionego w konia", bez perspektyw – zapomnianego przez świat zachodni, który ani rusz nie przyzna się, że „socjalizm" okazał się bujdą i bankructwem. Nikt tego nie powie, chyba Franz Joseph Strauss, a to „reakcjonista". Tragikomedia pomyłek, a korzysta z niej – Rosja.

Wacek pojechał do Kopenhagi, jutro wraca. Martwi mnie ten chłopak, wykolejony i bezradny, choć przecież inteligentny. Martwi mnie w ogóle coraz więcej rzeczy. Tak to chyba bywa na starość...

8 marca
Nie mam na nic czasu, zwaliło mi się na łeb tyle zajęć, że nie wiadomo, jak się obrobić, ciągle coś, w dodatku sprawy nieważne, jakieś zawracania głowy albo cudzoziemcy, którzy się naraz

wyroili. Rozmawiałem sporo z Niemcami, „postępowość" przybrała u nich formę kapitulanctwa. Dali sobie wmówić, że lewicowość polega na uleganiu rosyjskiemu imperializmowi. Głupcy okropni – ale to jakaś psychoza na Zachodzie, której nic obecnie nie przezwycięży. Niemcy okropnie się podniecają sprawą głosowania w Bundestagu na temat traktatów z Polską i ZSRR, mnie to ani ziębi, ani grzeje, choć niby chodzi o moją skórę. Ale moja skóra już sprzedana i to dawno.

Rozmawiałem ze Słonimskim, zrozumiał po trochu, że na Zjeździe Literatów ponieśli porażkę, jęczy, że go oszukano (! – nie wiedział biedak, że tak będzie), liczy na odkucie się na Oddziale Warszawskim. Ja się tam nie wybieram, szkoda mi odrobiny nietkniętego autorytetu, który mam chyba, choć to rzecz zawodna, zwłaszcza w społeczeństwie pozbawionym opinii i jawności politycznej. Podobno w partii dalej toczą się jakieś walki, ale my nic o tym nie wiemy, dla nas są tylko te bzdurne wybory. Podobno Stacha Stommę, który kandyduje z Białegostoku (!), władze bardzo tam źle potraktowały i prawie nie ma żadnych spotkań. Po co on gwałtem chce być „posłem?!" Nie rozumiem!

Putrament miał lekki wylew krwi do mózgu, tak się podobno zdenerwował, że nie on, lecz Załuski został sekretarzem POP-u u Literatów. Bo też niepojęta rzecz, że facet, mogący sobie łowić ryby i pisać książki, koniecznie chce handryczyć się na idiotycznym stanowisku sekretarza. Starcy nie umieją się wycofać, to samo na przykład jest ze Śledzińskim, cóż to za zapiekła, chodząca skleroza! Było zebranie mojej sekcji w ZAIKS-ie, atakowano tam Michała Rusinka, idiotycznie prowadzącego dział muzyczny Agencji Autorskiej, i tu naraz Śledź namiętnie stanął w jego obronie, choć dwa tygodnie przedtem również go atakował. Beznadziejny stary idiota, i ten Lutos, wymusił jego wybór – kretyn. W ogóle okropni są ci muzykanci, „naczynie, przez które płynie strumień piękności, ale które samo nie jest pięknością". Fu, ohyda!! Chyba wystąpię z zarządu ZKP, nie chcę mieć z nimi nic wspólnego.

Wacek jest, wybiera się do Paryża. Bardzo wykolejony, rozpity, nie wie, co ze sobą robić. Gdyby mu odebrano paszport, miałby sytuację jasną, a tak to wciąż tkwi w tamtym życiu, był na jakimś nagraniu w Kopenhadze, teraz znów na coś czeka. Nic nie robi, gra w karty, okropne to jego życie i wcale nie wiem, jak mu pomóc. A przecież zbliża się do trzydziestki. Ani się człowiek obejrzy, jak

„dziecko" przemknęło się między palcami i jest już „po wszystkim". A przecież to facet zdolny i inteligentny – cholera! Ja też muszę się skoncentrować, odrzucić wszelkie gówna i wziąć się nareszcie do tej symfonii – to wielka (?!) praca, a sił już nie tak dużo. W ciągu tygodnia powinienem już zabrać się do niej na serio, co daj Boże amen!

11 marca

Właściwie często teraz myślę o śmierci, a raczej o braku czasu, co na jedno wychodzi. Teraz dopiero widzę dokładnie, co chciałbym jeszcze zrobić, i trzęsę się, że mi coś przeszkodzi. Młodość nie zna takich lęków i nie zna wartości czasu, sądzi, że czasu jest mnóstwo – dla mnie jest on już wymierzony, a zegarek to dla mnie klepsydra, narzędzie śmierci. Dopiero wtedy ceni się czas, gdy jest go mało: człowiek robi się skąpcem, liczykrupą, wciąż kombinuje, jak by zdążyć, przez to staje się trwożliwy, niepewny siebie, wciąż zatroskany. Żebyż to Wacek mógł mi oddać trochę swego czasu, który marnuje tak beztrosko! Ale cóż, każda rzecz kiedy indziej, jak to napisał Adolf Rudnicki: „Każdemu to, na czym mu mniej zależy". W perfidii świata jest jakiś system, ktoś powiedział, że diabeł bardziej się nami interesuje niż Pan Bóg. Jest w tym coś najwidoczniej.

Mój stosunek do młodzieży robi się nieżyczliwy – może dlatego właśnie, że zazdroszczę im obfitości czasu. Ale o Wacka się martwię – nic nie robi, bo wciąż na coś czeka, zawieszony między ewentualnościami. Jutro się okaże, czy go puszczą do Paryża, bo są jakieś oznaki, że nie. A to by była heca, zwłaszcza że Waldorff mówił o nich w telewizji i był wywiad z Wackiem w „Kurierze Polskim" (o Marku powiedziano, że od razu pojechał do rodziny na Wybrzeżu – a on w Paryżu!). A to heca – chi, chi! Trzeba ocalić Wacka, toć on już bliski trzydziestki!

Młody Wojciech Karpiński zrobił ze mną wywiad na czterdziestolecie działalności publicystycznej (do „Tygodnika"). Napracowaliśmy się obaj nad tym wywiadem, powsadzałem tam mnóstwo nazwisk i wspomnień – ciekawym, co na to cenzura. Ten młody człowiek wszystko rozumie, masę czytał – ale smaku i zapachu międzywojennej Polski to on nie czuje – no bo skąd? A może ja już też tego nie czuję, może tylko mi się wydaje? Człowiek na starość to kadłub bez czucia – ohyda! A dziś taka piękna pogoda!

18 marca

Wacek pojechał do Paryża – smutny. To przepiękna wiosna, jeździłem już nawet na rowerze. Jutro wybory, a raczej „wybory" – zadziwiające, że do ostatniej chwili nic nie powiedzieli, jak należy „głosować" – jedno „Słowo Powszechne" wspomniało o możliwości skreślania kandydatów. Gierek miał mowę bardzo krótką i ogólnikową – on też nie potrafi mi wytłumaczyć, jaki jest związek między „naprawą Rzplitej" i dźwiganiem Polski wzwyż a wyborem do Sejmu takich typów jak Ozga-Michalski, Męclewski czy Jarema Maciszewski. Żadna ekwilibrystyka tego nie wytłumaczy. Kampania wyborcza w „Tygodniku" ograniczyła się do artykułu Stommy dosyć płaskiego i w istocie perfidnego. Po co mu to – nie rozumiem. Przecież „Tygodnik" nie potrzebuje już koła posłów, może się utrzymać sam, opierając na Wojtyle.

Ten Gierek to cham, jednak cwany facet, ma swoją linię, pragmatyczną i bojaźliwą, ale ma. Tyle że dla wolności słowa terenu to tu nie będzie – w tym miejscu świata żaden polityk do tego nie dopuści, a karierowicze rodem ze wsi też nie widzą w takiej wolności żadnego dla siebie interesu. Również dół, ludzie ubodzy, robotnicy, drobni urzędnicy nie kojarzą w żaden sposób, co by miała wolność słowa do ich sytuacji, sądzą, że to abstrakcyjny wymysł jakichś inteligentów. Ostatni raz o wolność słowa upominała się młodzież w marcu 1968 – w tej chwili nikt już o tym nie mówi ani nie myśli. Ten naród jest usypiany, a raczej tworzy się tu nowy naród, chłopski, nieświadomy niczego, zaabsorbowany mitem swego materialnego awansu. Gierek to wie, to również Wielki Usypiacz, chce dać chleba i igrzysk, polityki żadnej, politykę chowa dla siebie. A ambitny jest bardzo, choć o tym nie mówi: podobno ma zamiar być prezydentem (przywrócą ten tytuł) i sekretarzem partii zarazem – będzie jeździł za granicę jako głowa państwa. No cóż – nie jest najgorszy, tyle że o reformach żadnych poważnych nie myśli – choć pragmatysta, to boi się Rusków, a oni uważają ten ustrój za gwarancję swej władzy. Zresztą nikt już nie wie, że mógłby być inny ustrój i wśród ludzi prostych nikt nie rozumie, że jest to ustrój całościowy, że jedno wynika z drugiego, że to kiedyś Rosjanie narzucili. Ten naród jest poniżany, a wcale o tym nie wie – jedną z form poniżenia są właśnie te „wybory". Ja w nich udziału nie wezmę – niech chociaż ktoś ocala jakoś „honor". Ależ to pechowy kraj: czytałem znów jakąś francuską historię Europy, o Polsce jest tylko, że miała „totalną" dyktaturę Piłsudskiego i że Beck „niebezpiecznie flirtował z Hitlerem". A o tym, że był jedynym ministrem w Europie, który się Hitlerowi sprzeciwił – ani słowa!

Swoją drogą ja to jestem naprawdę maniakiem. Przeczytałem w „Argumentach" kłamliwy artykuł o metropolicie Szeptyckim i unitach i groza mnie porwała: toż nikt już o tym nic nie wie, zaginiony świat, można kłamać, ludzie są na to wszystko głusi. Po cóż prawda, której nikt nie chce?! Po co pisać?! Pozbyłem się właśnie „dzieła" i smutno mi – jakby kto umarł. I co tu właściwie robić?!

Byłem w Filharmonii na „Orestei" Xenakisa: chóry na sali, publiczność potrząsa cynfolią i dmie w gwizdki, ale w sumie trochę to lipa – każdy by to potrafił. Gorsza „Jutrznia" Pendereckiego, powiedział bluźnierca Markowski – a przecież sam dyrygował właśnie „Jutrznią" w kościele Wszystkich Świętych. Nie byłem na tym, ale wiem, co to jest – jednak to duże dzieło, choć i taktyczne. Ma się właśnie ukazać w „Tygodniku" mój artykuł o wrocławskim festiwalu i o problemie wszechpożerającej awangardy. Z artykułów zrobię książkę dla PWM-u „Muzyka i mózg". Mam już nawet jej plan – na takich zajęciach minie życie – i cześć!

23 marca

Już po wyborach – tyle razy to widziałem, a ciągle rzecz wydaje mi się niepojęta i nieprawdopodobna. W telewizji pokazują, jak całe wsie idą „do urny" z kapelą, jak głosują „intelektualiści", aktorzy etc., bez przerwy powtarza się, że to ogromny sukces, że głosuje się za „lepszym jutrem", za przyszłością Polski, za owym, ale nikt nie bąknie słówka na temat, o którym wszyscy doskonale wiedzą: że to nie są żadne wybory, lecz upokarzająca komedia, bo kandydaci z góry są wyznaczeni i mianowani. Aż wstyd o tym mówić, boć to truizm – każdy wyrafinowany inteligent uśmiechnie się na to z wyższością, że po cóż mówić rzeczy tak prostackie, co niby każdy wie. Ale właśnie że nie wie, nikt już tu tego nie wie, wszyscy uważają, że rzecz jest normalna. Więc to chyba ja zwariowałem albo wszyscy?! Czyż ten naród nie ma godności, nie czuje, że go biją po pysku?! I już nigdy nie poczuje, bo on wierzy, że tak być musi i powinno?!

Bo to naród chłopski – tak rzecz tłumaczy i Bauman, socjolog, który napisał o tym na Zachodzie, a ja przeczytałem w naszym biuletynie. Tezą szkicu Baumana jest, że kraje socjalistyczne zaczynając swą rewolucję były w takiej fazie rozwoju społecznego jak kraje Zachodu, gdy zaczęły budować swój przemysł. Uprzemysłowienie wśród chłopów – wywodzi Bauman – stąd rewolucja utożsamiła się chłopu z industrializacją i urbanizacją, stąd klasa chłopskich menadżerów, zastępujących komunistycznych ideowców dawnego typu. W tej sytuacji masa nie poprze żadnych inteligenckich postulatów wolnościowych, dla niedawnych analfabetów wolność słowa jest pustym dźwiękiem, czują się awansowani, nie chcą awansu utracić – stąd też nie ma odwrotu od ustroju nawet w krajach, które wyswobodziły się od „opieki" Rosji, jak Albania, Jugosławia, Kuba. Słowem chłopska rewolucja pragmatyczna – obraz to może za skrajny, ale coś jest na rzeczy. I stąd pesymizm – mój, co do mnie na przykład: ginę nie w walce z sowietyzmem i komunistycznymi satrapami, lecz z masą ludzi „z awansu", którzy skorzystali, chcą dalej korzystać i drażni ich, że im przeszkadzam, zakłócając idyllę. Ja, a raczej my – inteligenci dawnego typu, mający przesądy co do wolności, prawdy, etc. Tymczasem, dla tych nowych ludzi prawdą jest to, co jest – i nic więcej. Pamiętam, jak sarkali na mnie posłowie, gdy się w Sejmie siepałem w sprawach cenzury. Przeszkadzałem im i drażniłem, cenzor był mną bardziej zainteresowany niż oni. Cenzor, bo raczej komunista jednak, gdy oni są tylko pragmatyści. I co im tu mówić o wyborach – to nie dla nich mowa!

Żebyż tylko byli lepszymi pragmatystami i domagali się reformy ustroju ze względów praktycznych. Ale oni i tego nie: co do wsi, owszem, na tym się znają, wiedzą, że potrzeba nawozów, węgla etc. Za to przemysł komunistyczny i organizacja produkcji są dla nich święte – ze wszystkimi swymi bzdurami. A bzdury w tym systemie są monstrualne, próby zaś poprawy obracają się na jeszcze gorsze. Na przykład postulat rentowności przedsiębiorstw stosowany rygorystycznie sprawia, że nie można w nie włożyć pieniędzy nie rentujących się w przedsiębiorstwie, lecz które przyniosłyby dochód państwu. Paradoks, ale tak. Na przykład pod miasteczkiem Srebrna Góra wykryto olbrzymie lochy, podziemne labirynty, ale miejskie przedsiębiorstwa są za ubogie, aby je zbadać i udostępnić – a państwo mogłoby z tego mieć ogromne dochody – ze zwiedzania na przykład. Ten Bauman nie jest ekonomistą (jak jest socjologiem, to nie zna się na ekonomii i *vice versa*), stąd przecenia praktycyzm tego systemu. Ale artykuł ciekawy – choć rozpaczliwy. Tyle że Bauman wyjechał, a ja siedzę – i będę siedział, choć bez nadziei. Jak zaczerpnąć nadzieję z braku nadziei?! A swoją drogą trzeba być idiotą, żeby mając w ręku muzykę zajmować się w tych warunkach czym innym, np. pisaniem wbrew cenzurze. Widać ja jestem idiotą – niepoprawnym życiowym partaczem. Cholera! Co do muzyki, to byłem znów wczoraj w Wilanowie na eksperymentalnym koncercie. Był „Poemat elektroniczny" i „Densité" Varese'a, trochę i innych rzeczy. Tylko że w awangardzie jak to w awangardzie: kto pisze na instrument i taśmę, ten automatycznie jest dobry, bez względu na to, co pisze. Akces jest mechaniczny, a hierarchia nie ustalona. Z czasem się to zmieni – ale kto tego czasu doczeka?!

30 marca

A więc już po posiedzeniu Sejmu, już mamy „nowy" rząd Jaroszewicza i nowego przewodniczącego Rady Państwa – Jabłońskiego. Że też oni ani rusz nie potrafią znikąd wydłubać zdolniejszych ludzi, co prawda zdolniejszy człowiek to potencjalne niebezpieczeństwo, bo mógłby mieć własny pogląd – człowiek bez poglądów jest gwarancją wierności i „wtajemniczenia", masoneria niezdolnych dalej rządzi Polską. Widać to było z obrad tego, pożal się boże, Sejmu – jego drętwość i bezwolność przekroczyła wszystko, co było dawniej. I ten głupi Stach Stomma ze swoją drętwą mową! I ten Iwaszkiewicz, stary błazen („kamerdyner Polski Ludowej" – powiedział ktoś) otwierający obrady. Jakież to wszystko bezdennie głupie, wyreżyserowane do najdrobniejszego szczegółu, jak teatr marionetek. Ludzie zżymają się na tę komedię, lecz nie przychodzi im na myśl, że była ona poprzedzona komedią inną, w której sami byli aktorami: głosowaniem. Gdyby zbojkotowano wybory, świat by może coś zrozumiał – ale Polacy nie mają już odwagi cywilnej (tej zresztą nigdy nie mieli) ani godności. Narody, którym odebrano godność, czyli kraje demokracji ludowej – tak bym to określił.

Skąd zresztą mieliby mieć tę godność, skąd nauczyć się odwagi cywilnej, jeśli to naród nowy, oderwany od wszelkiej wiedzy o innych formach i postaciach życia? Ilustrację tez Baumana o chłopskiej „rewolucji" miałem zeszłej niedzieli, gdy wybrałem się spacerem na Nowe Bródno. Hen za cmentarzem, koło Żerania i elektrociepłowni rozpościera się nowiutka dzielnica szklanych bloków – kontrastuje ona jaskrawo z drewnianymi chałupinkami dawnego Bródna, obok cmentarza. W tej nowej dzielnicy mieszka kilkadziesiąt tysięcy ludzi, robotników z pobliskich zakładów, a wszystko, jeden w drugiego, z pochodzenia chłopi. Widać to po twarzach, po wszystkim: patyna miejskości nader na nich cieniutka, to pierwsze pokolenie! Czegóż od nich wymagać, gdy stawiają pierwsze kroki na bruku, jakaż ma być ich ambicja i wiedza polityczna?! Będą rosnąć w przekonaniu, że wszystko jest normalne, ich synowie i wnuki uformują społeczeństwo politycznych niewolników! Inteligencji dawnego typu coraz jest mniej, całe pokolenie sanacyjne wywiało w 1939 przez Zaleszczyki, Niemcy wybili mnóstwo, Rosjanie też. Od dawna Ruscy przygotowywali tu teren pod ufundowanie społeczeństwa niewolników – no i udało im się! Obrady Sejmu w telewizji i to Nowe Bródno – oto symbole „nowego" i – smutnego. Czy znajdą się jakieś siły patriotyczne i odświeżające (bądź co bądź był grudzień 1970 na Wybrzeżu), czy pomoże coś Kościół, czy pojawią się nowi podchorążowie z 1830, którzy porwą społeczeństwo do nierównej walki?! Nawet życzyć sobie tego nie można, toć byłem w 1956 owym „pozytywistą", co chciał tylko ratować „substancję narodową". Ale znudziło mi się to setnie, nudno tu bezdennie, ludzie żyją mozolnie, ta mozolność zresztą ich ratuje, bo nie pozwala myśleć o czymkolwiek innym! A ja się bawię moją „samotną opozycją" – dobra to zabawa dla mnie, ale co dla innych, co dla degenerującego się społeczeństwa?!

Smutne więc mam myśli na tegoroczną Wielkanoc. Dzieci nie ma – Wacek przyjeżdża w początku kwietnia, Krysia w Paryżu, Jerzyk jedzie do Zakopanego. Pracować się nie chce, ale cóż innego robić?! Niewesołe perspektywy – Polska zasypia, a my z nią. Tylko chłopi mogą coś robić, Gierek dał im możliwości, korzystając, że mieli swój status autonomii jeszcze za Gomułki, więc nikogo to nie oburzyło. Ale chłopi nie będą robić polityki, tylko kariery. Nieciekawa ta Polska, bez elity i bez godności. Brrr!

4 kwietnia

Święta miałem zepsute, bo ukazał się ten wywiad ze mną młodego Karpińskiego – potwornie pokonfiskowany. Wyleciało mniej więcej pięćdziesiąt procent tekstu, cały opis mojej powojennej działalności, mnóstwo nazwisk (m.in. Schaff, Kołakowski, Chałasiński, Strzelecki, Szczepański, Podgórecki, Micewski, wszyscy emigranci, choć został Giedroyc), spis książek, które należy wydać, i mnóstwo jeszcze innych rzeczy. Został goły szkielet, mylący, prymitywny, bo co drugie zdanie wyleciało, a i napisane było nieświetnie przez tego młodzieńca*. Skonfiskowali mi też świąteczny felieton. Właściwie powinienem się już do czegoś takiego przyzwyczaić, bo to trwa lat dwadzieścia siedem, a jednak, kiedy zobaczyłem ten tekst karykaturalny, szlag mnie trafił, bo przecież podaje publiczności fałszerstwo, a oni przyjmują to za dobrą monetę. A tu opowiadał mi ktoś, że w podręczniku szkolnym nauki najnowszej historii Polski jest fotografia przedwojennego pisma z białymi plamami i napisane, że w Polsce przedwojennej „konfiskaty były rzeczą codzienną". To przecież wyżyny, Himalaje bezczelności – a tu wszystko sfałszowane absolutnie i nie ma najdrobniejszego śladu! Mały Karpiński był zgorszony, że ja nie chowam sobie wszystkich ingerencji cenzury, że to niby taki dokument. Ale ja już nie wierzę, żeby podobne dokumenty mogły się komuś do czegoś przydać. Straciłem wiarę i nadzieję – niech to diabli.

Tak, Gierek chce całkowicie uśpić ten kraj: jest ostrożny i działa konsekwentnie, wie, że byle drobiazg może jeszcze ludzi z tego letargu zbudzić, stara się więc, żeby tego „byle drobiazgu" nie było – stąd i ta maniakalna cenzura. Czytałem wrażenia jakiegoś zagranicznego dziennikarza z Czechosłowacji. Tam jest teraz, po terrorze i przygnębieniu, takie samo mydło jak i tutaj, tyle że Czesi czują, że są w przymusowym letargu, i cierpią nad tym, u nas za to ludzie śpią spontanicznie ani się domyślając, w jakiej w istocie są sytuacji. A prasa zachodnia, nader z tego zadowolona, jeszcze ich w tym podtrzymuje: dostaję teraz „Le Monde", ileż tam zachwytu nad Gierkiem i poprawą sytuacji w Polsce – cieszą się, łobuzy, że nie muszą i nas mieć na sumieniu. Swoją drogą ciekawe, że tego co ostentacyjnie dostrzegają w Czechosłowacji, nie mogą dojrzeć w Polsce. Może to dlatego, że u nas nie ma „zbuntowanych marksistów", Moczar z Gomułką wygonili wszystkich za granicę – wszystkich, bo to przeważnie byli Żydzi, a młodzi w rodzaju Michnika siedzą już cicho. Tymczasem Czesi w swoim czasie wzięli marksizm na serio, stąd większe zbrodnie w epoce Stalina, stąd potem dubczekowska opozycja. Odmiennie poszły nasze kraje, subtelne to zagadnienia, ale żaden z tych głupich dziennikarzy zagranicznych nie potrafi tego opisać, poza tym „sprawa żydowska" zaszkodziła nam okropnie, Żydzi nam skroili kurtę. Sam już nie mogę się po-

---
* Wojciech Karpiński, *Rozmowa ze Stefanem Kisielewskim. W czterdziestolecie działalności publicystycznej*, „Tygodnik Powszechny", 2 kwietnia 1972, nr 14.

łapać, wiem tylko, że tu nuda i beznadzieja, a gospodarczo gorzej niż w Czechach – też paradoks.

Jerzy Andrzejewski znów idzie na kompromisy i wygłupia się po trochu – „Miazga" wyjdzie karykaturalnie okrojona, zdaje mi się, że dzieci go zmuszają do konformizmu, bo chcą mieć forsę. Tak to kończą bohaterowie! Piłem wódę z Julkami Żuławskimi, Julek twierdzi, że problem niepodległości Polski to sprawa XIX-wieczna, a zagadnienia XX-wieczne to są sprawy atomowe, techniczne, demograficzne (bardzo modny katastrofizm na temat niszczenia przyrody). Niesłuszne to, bo właśnie dziś problemy narodowe nabrały nowej ostrości, przykładem Irlandia, Belgia, Izrael, Afryka. A co z Polską? Gówno!!

Jutro Wacek przyjeżdża wreszcie z Markiem. Ciekawym, co z tego będzie, mieli koncertować w Warszawie, ale jakoś afiszów nie widać! Czy będą ich wypuszczać bez trudu? Zobaczymy. Krysia twardo w Paryżu – mało pisze.

Aha, zapomniałem napisać, że mój zbiór artykułów (*opus vita*) w Londynie nie wyjdzie. Stary Popiel się sprzeciwił, bo było tam parę rzeczy propiłsudczykowskich, a ten kretyn po iluś tam latach wciąż żyje jeszcze swoim konfliktem z Piłsudskim! Konrad [Konrad Sieniewicz] zaś z niego żyje, pokazuje „ministra" jak małpę, biorąc za to forsę – więc się zmył. To już naprawdę ironia losu: tu cenzura rąbie mnie jak w bęben, a tam też mnie nie puszczają, ze względów „politycznych". Głupiej już być nie może! W święta był Paweł, ma nagrodę Jurzykowskiego (dwa tysiące pięćset dolarów), a ja co mam?

9 kwietnia

Wiosna prawdziwa! Naokoło nas zupełnie nowa Warszawa, w ogóle ledwo można wyjść z domu, bo Trasa Łazienkowska wręcz opływa nasz dom. Olbrzymie wykopy, buldożery, dźwigi, Z Al. Ujazdowskich widać bloki na Saskiej Kępie – impreza jest wielka, Gierek wsadził w nią ambicję, szkoda tylko, że tyle zieleni zniszczą: całą Agrykolę (sportową), okolice stadionu na Łazienkowskiej. Mam nadzieję, że tego wszystkiego nie spartolą, to już byłoby okropne. Co prawda z komuchami nigdy nic nie wiadomo. Na przykład na początku swojej „ery" rozebrali Zamek Ujazdowski, najstarszą budowlę Warszawy. Podobno zrobił to Rokossowski, bo tam było jakieś wojsko. Napisałem o tym, jak też o rozebraniu kościoła Kanoniczek i pałacu Kronenberga (fasady), ale cały felieton świąteczny mi skonfiskowali.

Jakieś echa przeszłości się do mnie odzywały. Najpierw rozmowa ze Studentowiczem, po przeczytaniu jego maszynopisu o organizacjach katolickich podczas konspiracji („Unia", „Stronnictwo Pracy" etc.). Ja też do tego poniekąd należałem, bo byłem w organizacji „Grunwald" u Sieniewicza, ale S. [Kazimierz Studentowicz] opowiedział mi jeszcze różne szczegóły, m.in. o Stachniuku, dziwnej figurze, autorze książek „Dzieje bez dziejów" i „Wspakultura", gdzie o wszystkie historyczne nieszczęścia Polski oskarżył katolicyzm. Stud., pewny siebie jak cholera, pisze książki (do szuflady) o chrześcijańskim systemie społecznym, jaki powinien być, twierdzi, że jest drugim Marksem. Trochę wariat, ale dziś taki wariat lepszy jest od „działaczy". Brrr!

Inne echo przeszłości to Kazimierz Moczarski. Wybitny działacz akowskiego podziemia w czasie okupacji, potem siedział dziesięć lat, z tego dwa w „celi śmierci" z wyrokiem. Zrehabilitowany po 1956, pracował w „Kurierze Polskim", w 1968 chcieli go wylać, bo miał podobno inny pogląd na kwestię izraelską. W więzieniu siedział m.in. dziewięć miesięcy z Jürgenem Stroopem, generałem niemieckim, który bestialsko likwidował powstanie w getcie. Napisał o tym książkę „Rozmowy z katem", którą drukuje teraz „Odra" i oto zaczyna się komedia: w przedmowie Andrzej Szczypiorski musiał przedstawić autora i jego historię. Zrobił to i oto cenzura wzięła się do dzieła: skonfiskowali tekst wyroku rehabilitującego, „W imieniu Polski Ludowej" itd. A oskarżano go o kolaborcję i zdradę, więc było z czego rehabilitować. I oto cenzura konfiskuje! W dodatku nie ma komu o tym powiedzieć, naokoło młodzi karierowicze, którzy o niczym nie pamiętają i w ogóle gówno ich to obchodzi. Jedna „Wolna Europa" byłaby do tych rzeczy, ale z nią podobno źle. Nasza prasa atakuje ją wściekle niemal co dzień, w Ameryce grupka senatorów też – a niech ich wszyscy diabli, ostatnie źródło informacji (o Polsce, toć nie o Zachód chodzi) przepada, ludzie usną całkiem, pozbawieni wszelkich wieści o tym, co się dzieje wokół ich nosa. Konspiracja życia politycznego u nas to już coś niewiarygodnego, a jak to dopiero musi być w Rosji! Ten generał Matejewski w Olsztynie chciał zrobić dla Moczara zamach stanu, przewrót, a tu o tym nikt nie wie i żeby nie „Wolna Europa", toby się nie dowiedział. Teraz znów słyszałem plotkę, że ten Matejewski nie żyje, czy sam się zabił w więzieniu, czy też jego utrupiono – nie wiadomo. Dziś zaś ogłoszono, że wykryto zabójców Jana Gerharda i że są aresztowani. Łączono to zabójstwo właśnie ze sprawą Matejewskiego, że to ubecy zabili Gerharda, bo ich wsypał, dostarczając wiadomości o nadużyciach dewizowych, które stały się pretekstem do aresztowania sitwy i rozpędzenia ministerstwa. Licho wie, co tu jest prawdą, faktem jest tylko, że na szczytach władzy dzieją się historie, o których społeczeństwo nic nie wie, jak w carskiej Rosji. Jedna „Wolna Europa" próbowała przełamywać tę ciszę i oto sowiecka nagonka ją wykańcza. A jednocześnie pan Mieroszewski w „Kulturze". Zaiste, ludzie niezwykle idiocieją na starość! I będziemy żyli w całkowitej „sowieckiej ciszy", a chłopskie społeczeństwo ani zauważy, że coś nie jest w porządku. Brrr!

Turowicz napisał bzdury w „Tygodniku", że ratyfikacja paktów z Polską i Rosją, zawartych przez Brandta, to niemal sprawa losu moralności i chrześcijaństwa. Idiota, nie wie, że nasza racja stanu może być racją stanu rosyjskiego imperializmu i niby co to ma wspólnego z moralnością: wszak wojnę i rozbiór Polski zainicjowali Hitler i Stalin. Nikt o tym nie pamięta, ale Jerzy mógłby. Napisałem doń długi list, ale co z tego?! Wciąż piszę takie listy i marnuję czas. Spiłem się też bardzo u państwa Mazurków (ona harfistka, on pracuje w radiowym studio elektronicznym) i pogodziłem się z Turskim. Był ksiądz z Paryża, opowiadał o Krysi. Martwią mnie te dzieci, Wacek wścieka. A tu czas płynie na niczym, symfonia nie rusza naprzód, do dupy to wszystko. W dodatku ciągła niepewność, bo nie wiem, co z jazdą do Ameryki, wiosna, nerwy, słowem – cholera!

Wacek pojechał z Markiem do Katowic na koncerty, ma bestia szczęście. Ale żebyż się wziął do pracy, toć ten ich duet musi się skończyć. A w ogóle co mnie to obchodzi: trzeba robić swoje i kwita. Zygmunt Mycielski jak zwykle pojechał do Monte Carlo, przedtem przysłał mi list, że jestem „najmądrzejszym rodakiem". Chi, chi, he! – małe to pociechy, „ziemskie pokarmy", marność!

19 kwietnia

Czas płynie szybko, a schodzi na niczym, w ogóle mam zamęt w głowie i boję się śmierci (!!), to znaczy nie jej samej, lecz tego, że przyjdzie nagle, zanim zdążę coś porządnego zrobić. Zresztą nie musi to być śmierć, może być jakieś złupienie czy zwapnienie – ciągle się kontroluję, czy przypadkiem coś takiego już nie przyszło, i pocieszam się, że jeszcze nie – choć zdolności do pracy na pewno mam mniejsze. Nie chce mi się zwłaszcza pisać tej symfonii, za którą przecież wziąłem już forsę – jakby mi było szkoda czasu parać się z dźwiękami, bo przy mojej „przedpotopowej" technice pisania idzie to opornie i powoli – choć rezultaty nie są złe, jak to pokazał „Cosmos" – tyle że skutki (dziesięciominutowe) mało są proporcjonalne do tej całej pisaniny. Ale na pisanie skrótowe, glissandami i znaczkami już nie przejdę – odrzuca mnie od tego.

Był Jerzy Turowicz, Jacek [Woźniakowski], Kozioł [Krzysztof Kozłowski], bo w Klubie Inteligencji Katolickiej mieli wybory. Wyrzucili Auleytnera i innych ubeków – informatorów, a że Kostek [Konstanty Łubieński] w szpitalu, więc wybrali na prezesa Andrzeja Święcickiego, na sekretarza Wielowieyskiego. Rychło w czas to wszystko – trzeba się było opatrzeć wcześniej i nie wpuszczać Auleytnera do Sejmu – teraz to już tandeta, typowa Stommowa tandeta.

Napisałem do Jerzego list o tych Niemcach i nie doszedł (?!). Jerzy i Jacek nic się nie zmienili, porządni ludzie, ale dobrze, że mnie już nie ma w Krakowie. Sprawy „Znakowe" nic mnie nie obchodzą, w ogóle chciałbym pisać jakiś nowy „romans", ale losy tamtego są niejasne. Niejasna też sprawa mojego wyjazdu do Ameryki: czekam i czekam na odpowiedź na próżno i nie bardzo wiem, co ze sobą robić. Chyba zadzwonię do tego pułkownika Morawskiego – może on coś pomoże, a przynajmniej da odpowiedź. Nixon ma być w Polsce, mimo iż w Wietnamie leją się jak w kaczy kuper. A Rosja trzyma się swojej polityki i przez uporczywość – wygrywa. Zachód nic nie rozumie i w miarę trwania tej sytuacji rozumieć będzie coraz mniej.

Jutro jadę do Torunia na dwa odczyty, potem na festiwal do Poznania. W maju też jakieś wyjazdy, w głowie chaos coraz większy, a konkretnych rzeczy robi się coraz mniej. Trzeba się jeszcze skoncentrować, może po raz ostatni, i „dać świadectwo czasom". Nie wiem tak bardzo po co, ale trzeba. Czasu już nie za wiele! A tymczasem Henio byczy się w Zakopanem, pisał do mnie w odpowiedzi na felieton, który na niego napisałem z racji, że plótł głupstwa o muzycznej awangardzie. Bawi się chłopak w Zakopanem, a ja tu żyję z jednej strony za prędko, z drugiej spędzając czas na niczym. Jest w tym jakiś kryzys, z którego trzeba znaleźć wyjście. Bo przecież lata płyną – he, he!

Wacek i Marek znów skaczą za granicę – mają paszporty na

wielokrotne przekroczenie, noszą forsę do Pagartu i nikt się im nie wtrąca – a jednak coś się zmieniło za tego Gierka – chciałby on na pewno zmienić i więcej, ale boi się Rosji jak diabli. Zresztą cała Europa ich się boi, to jak my się mamy nie bać? Ktoś mi opowiadał, że na radzie RWPG okropne płaszczenie się przed Moskalami, aż obrzydliwość. A u nas w życiu literackim nowe hocki i to podobno właśnie inspirowane przez Rosjan: nie wolno znów drukować biednego Jasienicy, wstrzymano też pamiętniki generała Berlinga (!), że to polski nacjonalizm. Czy nigdy nie będzie końca tym skokom z lewa na prawo i przeciwnie?! A ludzie mają tak krótką pamięć – każdą rzecz biorą na nowo z powagą!

We Francji referendum. Pompidou zrobił niezwykły numer: likwidując głupią politykę de Gaulle'a wmawia ludziom, że ją kontynuuje i że każe dalej głosować na gaullizm. Nawet maniak gaullizmu Debré wziął się już na to, nie wiem o ile szczerze. Polityka to między innymi również sztuka oszukiwania opinii i wmawiania ludziom, że głosują na to, na co nie głosują. U nas zresztą nawet wmawiać nie potrzeba: opinii już prawie nie ma, a jeśli jest, to głęboko ukryta.

Nie wiem już doprawdy, „w co się bawić", jak pyta piosenkarz Młynarski. Może ta jazda do Ameryki nieco by mnie zabawiła, ale ileż potem zamętu w życiu – aż strach pomyśleć. Starość to również wleczenie za sobą ogona spraw nie załatwionych – coraz trudniej je ująć i rozwikłać, w końcu człowiek rezygnuje. Nie wiem nawet, czy pisanie tego dziennika ma jakikolwiek sens. I właściwie po co dawać świadectwo epizodom życia kraju, tak mało sławnego jak Polska. Mało sławna, choć wciąż na pierwszej linii frontu, tyle że frontu, który nikogo nie obchodzi, frontu zapomnianego, a raczej wciąż uporczywie zapominanego. Czytam „Le Monde" – cóż ich obchodzą nasze sprawy?! I wcale nie wiedzą, że to są również ich sprawy. Jedni Amerykanie trochę o tym wiedzą – ale też wcale za tę wiedzę nie są lubiani.

Dziś miałem rozmowę z młodą Kanadyjką polskiego pochodzenia, która pisze pracę doktorską o kole „Znak". Dziwnie było jej tłumaczyć o realizmie i neopozytywizmie – już o tych rzeczach zapomniałem, jakby nie mnie się tyczyły. Dziewczyna miła, udaje, że wszystko rozumie, ciekawe, jaka będzie ta jej praca.

Kończę, jutro o szóstej rano do tego Torunia – nie byłem tam ze dwanaście lat. W Polsce wiosna zimna i mokrawa – jakoś koniecznie chciałbym być tam, gdzie nie jestem. Ale to pewno złuda – „jaskółczy niepokój". Skądeś to jest znane!

24 kwietnia

Pobyt w Toruniu szalenie interesujący i miły – choć męczący. Dwa odczyty w Klubie Inteligencji Katolickiej, publiczność świetna, sporo starych ludzi z kresowym akcentem, ale także znakomita młodzież, zbuntowana wreszcie przeciw komunizmowi, a nie przeciw bzdurom, jednocześnie mądra i z jakąś perspektywą czasów. Do tego młodzież wychowana na mnie i moich felietonach, pamiętająca je lepiej niż ja sam, dopowiadająca myśli niedokończone czy aluzyjne, młodzież gorzka, ale i zarazem realistyczna, znająca miarę rzeczy, przy czym oczytani również w literaturze emigracyjnej (!!), w ogóle spragniona czegoś nowego, no i zbrzydzona komunistyczną drętwą mową do samego dna. Dyskusje były śmiałe, może aż za śmiałe, prezes klubu p. Bieniak ratował sytuację swoistą „katolicką mową". Drugi odczyt był w klasztorze ojców Jezuitów, w ciemnej, stylowej sali, potem długie nocne rozmowy, pod egidą ojca Wołoszyna, bardzo miłego mnicha. A do tego wiceprezes klubu sędzia p. Szczeniowski, konwertyta (w istocie Juliusz Kon, brat mecenasa z PPS-u Ludwika Kona), przemiły starszy pan, czujący się tam doskonale – jak dobrze, że choć jeden Żyd może się tu czuć dobrze. Ciekawe to wszystko i odświeżające!

Toruń piękny, choć Starówka zaniedbana ogromnie, teraz dopiero się ją na gwałt pucuje i odnawia, w związku ze zbliżaniem się uroczystości kopernikańskich, dom, w którym rzekomo urodził się Kopernik, cały w rusztowaniach. Zaniedbane też okropnie są piękne tutejsze kościoły, brudne, obszarpane, obskrobane – nie wiadomo, kto winien, księża czy władze, bo różnie o tym mówią. Naokoło Torunia nowe bloki – konwencjonalne, hotel „Cosmos" nad Wisłą też okropnie konwencjonalny. W sumie wrażenia mieszane – ale ciekawe. Ciekawe też, czy ten mój pobyt będzie miał jakieś dwuznaczne (a raczej jednoznaczne) echa, bo mówiłem rzeczy śmiałe, a publiczność dogadywała jeszcze śmielsze (*W prywiślińskim kraju dumat ne nada* – powiedział jeden z dyskutantów!).

W Warszawie czekała mnie owa panienka z Kanady, która pisze pracę doktorską o naszej grupie, czyli o „Znaku". Córka polskich chłopów, wywiezionych przez Niemców na roboty, robi ten doktorat w Toronto w katedrze nauk politycznych. Ciekawy to swoją drogą polski awans – przez siedem mórz i kontynentów! Widziała tu wszystkich Stommów, Turowiczów, Myślików, kogo się tylko dało, ciekawym, co jej z tego wyjdzie. Dałem jej parę skonfiskowanych felietonów – niech się uczy. Jest w kontakcie z Bromkem, ale narzeka, że on powtarza tylko to, co my mówimy. Ma rację – mądra dziewczyna. Podoba mi się taki odprysk polskich chłopów – lepsza niż ludzie tutaj. Choć i ta młodzież w Toruniu była doskonała. Pytali mnie, czy koło „Znak" w Sejmie, takie jakie jest, ma rację bytu, dałem do zrozumienia, że nie. Marzy im się katolicka opozycja, jeden odczytywał nawet fragmenty encyklik, z których wynikało, że Kościół musi się zajmować polityką i moralnością społeczną. A więc i w komunizmie też – kij ma dwa końce, Jerzy Turowiczu! A tę panienkę z Kanady do wybrania sobie tematu o nas natchnął odczyt Jacka Woźniakowskiego w Kanadzie!

W Niemczech pieprzą się z tą ratyfikacją, co jest dla mnie obrzydłe, bo to po prostu uleganie sowieckim mistyfikacjom i straszakom. I pomyśleć, że to nasz los jest w grze, my związani z interesami więzienia narodów, jakim jest Rosja. Ale nikt na zachód od Łaby w ten sposób na Rosję nie patrzy – przeczytałem właśnie książeczkę Kijowskiego na temat względności historycznego spojrzenia – to jednak ciekawy facet, przez to, że nie ma zbytnio skrystalizowanych poglądów, wolny jest od zrostów i naleciałości myślowych, może więc pokusić się o oddanie nieschematyczności historii i falowań jej prądów. Ciekawe zwłaszcza, co pisze o Mochnackim. No i o nędzy emigracji polskiej we Francji, nędzy, z której jednak wynikły wielkie dzieła. Ciekawa, nieszablonowa książeczka, jej tytuł: „Listopadowy wieczór". Znakomity jest tam również wizerunek Lelewela.

ZAIKS wysyła mnie w końcu czerwca do Brukseli – chcę tam pobyć dziesięć dni, może zobaczę Pankowskiego (poetę), Skalmowskiego (mojego recenzenta!) i Brachmańskiego, który „wybrał wolność". A może dojedzie kto z Paryża? Co do Ameryki, to nie mam żadnych wiadomości, dziś nawet dzwoniłem do tego pułkownika M. [Stanisława Morawskiego], kazał zadzwonić za tydzień. Na razie jadę do Poznania, znów na festiwal muzyczny. W ogólnym kłamstwie, jakie tu panuje (czy może cały kraj kłamać?! – ba, musi!) muzyka jest jednak oazą czegoś jednoznacznego. Muzyka nie kłamie – bo nie może. Choć muzycy by chcieli. „Strumień piękności" przepływa przez tych, co pięknością nie są.

Wczoraj dzień „rowerowy": wiatr i słońce, Wisła ciemnoszmaragdowa ze złocistymi załamaniami, przepiękne widoki z praskiej strony koło zoo oraz ze Stadionu. To ogromny urok życia, taka jazda – trzeba zażywać jej więcej. No i widać, że w Warszawie ruszono miejskie roboty, wszędzie coś kopią, borują, wiadukty, przejazdy, fundamenty. Może w ten sposób Gierek I przejdzie do historii: on wie, że komuniści przepadają bez sławy, a mosty i zamki zostają!

3 maja

Więc już maj, już po Poznaniu i „narodowych świętach", zresztą udały się, bo pogoda była. W Poznaniu cztery dni spędziłem na owym festiwalu, mieszkając we wspaniałym hotelu „Merkury" – tyle że jeść gdzie nie było, bo w hotelu tłok i drogo. Żarłem w końcu na stojąco w samoobsługowym bufecie, brudnym i pełnym nieustającego pijackiego wrzasku. A hotel cudowny, tyle że za olbrzymią forsę – taka to u nas „demokracja".

Oczywiście kupa muzyków – pierwszą osobą spotkaną był Schäffer, pocałował mnie, czyli liznął (!), powiedziałem mu, że się nie gniewam, ale że pożre go pycha, jak mojego stryja. Grali jego utwór, śmieszny, bo w orkiestrze różne hece, otwierano parasole, puszczano baloniki, całowano się. Nawet poznańska widownia się rozbawiła, śmiechu było dużo, Schäffer zadowolony. Ale jego inscenizacja „utworu" Cage'a „Theatre Piece" z zespołem MW2 to bzdura i nuda, choć przyszło na to (w nocy) sporo niemuzycznej młodzieży. Najlepsze były utwory Góreckiego („Muzyka staropolska") i Serockiego („Forte e piano"), dobrze grane pod dyrekcją wyjątkowo miłego faceta z bródką Renarda Czajkowskiego. Moje „Dialogi" na czternaście instrumentów wyszły nieźle, choć staroświecko chyba – na próbach ich dopilnowałem (dyr. Roehl), słuchane były w skupieniu, polifonia podkreślona została i dobrze zrozumiana. Ale to stara muzyka – raz napisałem coś lirycznego, słuchałem jednak bez specjalnej frajdy. Widać tu wytrawność, nawet „mistrzostwo", ale starcze. Fu!

Poznań udekorowany na czerwono, wiszą różne Findery, Dzierżyńscy, Nowotkowie. Ale na 1 maja byłem już w Warszawie. Masę kwiatów, kolorów, ludzie łażą w słońcu, zabawy, „atrakcje", tyle że jest to dziś u nas święto bez haseł i treści. Bądźmy radośni, bo byczo jest – do tego dałoby się sprowadzić wszelkie gadulstwa i prasowe serwilizmy. Zdumiewające, że w kilkanaście zaledwie miesięcy po masakrze na Wybrzeżu już ma być tak dobrze, już nigdzie ani cienia, żadnych wątpliwości czy niemiłych wspomnień. Jakżeż się ci ludzie boją wszelkiej kontrowersji i opozycji – „ci ludzie" to znaczy komuniści. Widocznie wiedzą, czego się boją – są pesymistami, no a jeszcze Rosja na karku i pamięć o Dubczeku. Chcieliby więc, żeby nikt o niczym nie pamiętał, o nic nie pytał, zamienić ludzi w defilujące marionetki. A czy ludzie się dadzą? Chyba tak, bo nie informując o przeszłości oducza się ich myśleć perspektywicznie i krytycznie. Niektóre wspomnienia w prasie o „1 majach" przedwojennych były zupełnie orwellowskie – pisali te bzdury starzy ludzie, którym się już wszystko pomyliło, pisali nawet w dobrej wierze, jaką daje skleroza. Gdzie przetrwa cała prawda o przeszłości? Toć nawet o Polsce Ludowej nic się nie wie, już także o Cyrankiewiczu zapomniano, choć wczoraj jeszcze świecił wszędzie swą łysą pałą! A jednak przeszłość przetrwa – w tym widzę właśnie i swoją rolę, aby ją utrwalać. Oczywiście nie w drukach legalnych i krajowych, ciętych bez litości przez cenzurę. A mój „romans" już na miejscu, felietony też wyjdą – chi, chi, chi! Komuniści to mistrze mistyfikacji i zacierania śladów, ale ja im zrobię kawały, to cała moja radość. Zresztą niewiele tych radości: gdy obserwuję serwilizm prasy zachodniej wobec Rosji i jej odcinanie się od Ameryki, to smutno się robi na sercu. Postępują jak z Hitlerem, któremu się kłaniano i wszystko oddawano, aby tylko się nie gniewał – a on chciał coraz więcej. Tyle że skończyło się to jednak wojną, a tu, wobec broni atomowej, wojna jest niemożliwa, gdyby zaś przyszła, zniszczyłaby pospołu wszystkich. Jak w Wietnamie.

W Wietnamie piekło, ofensywa, bombardowanie. Toczy się w istocie wojna rosyjsko-amerykańska, tylko że rękami maleńkich Wietnamczyków. Kolosy z obu stron dostarczają im broni, a oni się leją jak wariaci, niepomni na wszystko. I nikt im nie wyperswaduje, może nawet, głupie barany, wierzą, że biją się o swoje sprawy. A Nixon stoi zaiste przed problemem diabelskim: jak, bijąc w słabych, ugodzić w mocnych balansując na krawędzi wojny atomowej?! Prowadzi mu grę ów Kissinger, rzekomo „nowy Metternich". Ale problem ma obłędny: bić się, ale nie atakować, szachować przeciwnika, ale nie wygrywać wojny. Bo wygrana może być przegraną i na odwrót. Ale dialektyka!

A tu moja amerykańska podróż nie jest, okazuje się, całkiem

stracona. Dzwoniłem parę razy do owego pułkownika Morawskiego, dziś mi powiedział, że lada moment zadzwoni do mnie biuro paszportowe (?!). A może z odmową?! Ale chyba nie! No i trzeba będzie jechać. Dziwne, straszne, kłopotliwe, ale jednak ciekawe. Co to będzie, co to będzie?! Tyle że czasu się znów dużo straci. No, ale chcąc pisać trzeba przecież świat poznawać – nieprawdaż? Ale czasu jest mało – jak tu nim gospodarować?! Młodość takich zmartwień nie zna – myśli, że zasób czasu jest nieograniczony!

5 maja

Praca mi wcale nie idzie, nie sprzyja jej ciągła atmosfera czekania na coś – teraz z kolei czekam na tę Amerykę... Ów pułkownik Morawski zrobił mi oskomę na coś, z czego już podświadomie zrezygnowałem, więc teraz czekam wciąż na telefon z biura paszportowego, a ten, jak na złość, wcale nie dzwoni. A może to jaki kawał? Atmosfera jest zresztą w ogóle tajemnicza. Ubecy z lekka koło mnie łażą, spotkałem się na przykład z takim, co zawsze namawia mnie, aby „przejść do czynu" i stworzyć jakąś „grupę nacisku", a ja mu dobrodusznie odpowiadam, że to nie ma szans i że jestem za stary. Więc niby mnie już wybadali i zacząłem myśleć, że ta Ameryka naprawdę się uda, a tu klops, nikt nie dzwoni i znów trzeba się obejść smakiem. Wczoraj był Bromke z Kanady, popiliśmy trochę, lecz rozmowa niezbyt ciekawa. Obiecuje sobie spotkanie ze mną w Ottawie, tymczasem najwyraźniej figa z tego wszystkiego. Może i lepiej, więcej będzie czasu. Chociaż na co ten czas, kiedy skłonność do pisania jakoś mi wyschła?! Ano – trzeba poczekać, może jednak „natchnienie" wróci?!

Tymczasem wracam myślą do „święta" 1 Maja. Lipa to była straszna, a samochwalstwo wręcz niebotyczne. Przez wiele godzin pokazywano pochody z różnych miast wojewódzkich, a spiker patetycznym głosem wyliczał, co to tam za cuda w każdym z tych województw się dzieją. Czy oni naprawdę uważają to samochwalenie się, tak nachalne i śmieszne, za skuteczną formę propagandy? Zadziwiający ludzie!

Inną znowu postacią „opium dla ludu" było widowisko telewizyjne Stanisławy Muskat Fleszarowej, popularnej autorki z Gdańska. Była to „idylla" o zakładzie pracy, dobrze nawet zrobiona i wzruszająca, tyle że pokazująca świat fikcyjny, nieprawdziwy, czarno-biały. Woźny, stary komunista, i jego syn, dopracowujący się stanowiska dyrektora – oto konflikt, pojedynek szlachetnych, a tu jeszcze rodzina, biuro, niby konflikty, lecz wszystko czyste, wydestylowane, jakiś świat idealny, moralizatorska bajka, gdzie nie ma złych ludzi, a jeśli są, to dziecinnie wyraziści, „na wierzchu", gdzie celem życia jest praca, pojęta jako na pewno celowa i słuszna, szczytna, piękna. Tylko łatwe zło przeszkadza, zła trudnego, bo ściśle zmieszanego z dobrem, nie ma. Jakżeż proste i miłe byłoby życie, gdyby tak naprawdę było. Takie sztuczki masami grają w Rosji, to jeszcze jeden ze sposobów usypiania ludzi. A któż go wymyślił? Kto go pierwszy wydumał, aby później przez lata doskonalić? Ciekawa to rzecz a niewiadoma.

Zastanawiałem się (platonicznie), czy nasza kadra urzędniczo--partyjna nadawałaby się do rządzenia w innym ustroju? Myślę, że nie, bo to jest elita specjalna, gdzie indziej nieprzydatna. A skąd braliśmy elitę władzy po zaborach, w 1918 roku? Z aparatów poszczególnych zaborów, ale tam nie było zasadniczych różnic ustrojowych. Nasz dzisiejszy ustrój tworzy aparaturę i elitę specjalną, w innych okolicznościach nieprzydatną – tak mi się przynajmniej wydaje. Nie umielibyśmy już rządzić się inaczej – komuniści robią ze społeczeństwami eksperyment nieodwracalny, jak ów umiejący pływać samobójca, który aby uniemożliwić sobie ratunek, popłynął kilkadziesiąt metrów w głąb. Okaże się, że z komunizmem to jak z mendami: jedyny ratunek – polubić je! Taki ze mnie pesymista!

13 maja
Byłem na odczycie muzycznym w Częstochowie, potem na „znakowym" w Czerwińsku u księży Salezjanów (z Lidią). Ci księża mają „chorobę zawodową" – piją, żartują, ale zawsze w ten sam sposób, może klerycy lepsi, choć dostęp do nich miałem niewielki, tylko w dyskusji po odczycie. Mało ich zresztą po seminariach – a to przecież przyszłość Kościoła w Polsce.

Wybuchła wielka heca o zamieszczoną w „Tygodniku" relację Borysa Polewoja z rzekomego ocalenia przez Armię Czerwoną Jasnej Góry, zaminowanej przez armię niemiecką. Było to w przekładzie Myślika, ciekawe, bo dość głupkowate i charakterystyczne dla sowieckiej psychiki, ale dla prymasa zgoła oczywiście niestrawne, zwłaszcza że jest tam mowa o „brzydkiej ikonie" i o Matce Boskiej mocno starej, raczej z wnuczkiem niż z synem. Głupotą oczywistą było umieszczenie tego, to pomysł durnego Stommy. Prymas napisał ostry list do księdza Bardeckiego, żąda satysfakcji, nie wiem jakiej, bo przecież cenzura nic nie puści. Idioci oni są ciężcy, a list prymasa słuszny – trzeba mieć wyczucie ludzkich naboleń, a ci jak głupi pchają się z tym Polewojem, o którym już sto razy prasa pisała. Czy to w ogóle jest prawda, czort wie – Miron Kołakowski (u którego mieszkałem), częstochowianin przecież, sam nie wie, co o tym myśleć. Ależ głupcy w tym „Tygodniku" – samochcąc włazić w taką kabałę. I to Stomma, taki niby „realista". Toć dupę Rosji liże za nas rząd, po cóż jeszcze robić to indywidualnie i z własnej inicjatywy?! Prymas mi przysłał odpis – co tu robić?!

W telewizji było widowisko „Poczdam" – obrady Wielkiej Czwórki nad „sprawą polską" w roku 1945. Cóż to za bujda na resorach, cóż za głupie kłamstwa: Stalin jako serdeczny obrońca Polski przed złymi Anglikami i Amerykanami (Churchill – demon, Truman – tępak). Niby to oparte na protokołach konferencji, a przecież, bez kontekstu historycznego (Ziemie Wschodnie, Katyń, wywózka, narzucenie ustroju), całkiem kłamliwe. Stalin jako anioł – umoralnianie historii wstecz. Ale któż pojmie tę perfidię, młodzież łyknie to, co jej dają, a my, znający sprawę, się nie liczymy. Spotkałem Osmańczyka, jednego z twórców tej lipy, i okropnie mu nagadałem. Był zdumiony i zaskoczony – człowiek z mojego pokolenia i „mojej" konspiracji, a już wierzy w historię zmyśloną *ad usum*. Patrzył nawet na mnie jak na wariata – a możem ja i wariat? Kto się upiera przy prawdzie nieznanej i przez nikogo nie podzielanej, ten jest maniakiem – natykam się na ten problem od lat. Ludzie chcą mieć w głowie ład, a jaki – mniejsza o to. Nie można być bez „ładu serca i myśli", lepszy zmyślony niż żaden. Byłby to temat do powieści – tylko jaką jej nadać formę i fabułę? Myślę wciąż o tym, bo trzeba coś zacząć pisać. A Osmańczykowi chodzi o Śląsk Opolski – tam się wychował, tam marzył o przyłączeniu do Polski i oto rzecz się stała. A w jakich warunkach ogólnych – to go już nie obchodzi. Też swoisty „ład serca".

Brandt to Kiereński NRF-u, tak mi powiedział Henio, który wrócił z Zakopanego, miły, ale jakiś chory (mówi o śmierci). Istotnie, w NRF kotłują się okropnie na temat traktatów z Rosją i Polską. Ja uważam to za bzdurę, bo po cóż dziś Rosji ułatwiać zadanie – ale boję się nawet o tym mówić, boć to istna zdrada narodowa! To samo z Wietnamem: Nixon zaminował porty, na świecie wrzask, że robi eskalację wojny, a przecież on wojnę uniemożliwia, gdyż broń z Rosji szła właśnie przez te porty. Dziwna jest ta zajadła obłuda zachodnich „lewicowców". Najmniej, o dziwo, krzyczy sama... Rosja, czyżby się umówili? Henio twierdzi, że nowa Jałta już została zawarta. Bardzo to możliwe: Nixon mądry, ale dla siebie. A my? No cóż – radziecka republika, tylko ja się siepię jak głupi. A Gierek zajmuje się akurat budową domków jednorodzinnych – Gomułka i Klisio zaniedbali sprawy budownictwa, bo nic z nich nie rozumieli, i teraz trzeba sięgać po to, co było wyklęte (budownictwo indywidualne). Dyktatura ludzi niezdolnych, do tego opętanych doktryną, której muszą przestrzegać, choć nie wiedzą jak. A głupi Zachód bierze to na serio i wydaje masę książek o „socjalizmie". Życzę im tego „socjalizmu" gorąco – niechby już bolszewicy poszli naprzód!

Goście z Kanady, Bromke i Heydenkorn, już pojechali, a tu w sprawach zamęt, iście „majowy", tyle że nie twórczy. Sprawa Ameryki nie rusza z miejsca, na razie ZAIKS wysyła mnie w czerwcu do Brukseli, na kongres prawa autorskiego (z Maklakiewiczem). Dobra psu i mucha, choć lepiej by było siedzieć na ogonie i pisać. Ale co?! Chyba na razie muzykę, bo nowy romans się nie klei, a symfonia leży odłogiem. Trzeba ją brać za rogi – czas najwyższy. Na razie napisałem znów artykuł o festiwalu poznańskim – z tych artykułów złoży się chyba książka, muszę o niej porozmawiać z Tomaszewskim, który przyjeżdża tu na księgarskie targi. Wacek wraca lada dzień, może coś ciekawego opowie... A jednak trzeba by jeszcze coś w życiu napisać!

19 maja
Maj jak zawsze okropnie chaotyczny – targi książki, goście (Henio, Pszon, Paweł), historie paszportowe z tą Brukselą, do której mam rzekomo jechać – wysyła mnie ZAIKS na paszport służbowy, a to są formalności nieskończone. Wacek wrócił ogromnym autem, którego, jak się zdaje, wcale nie zapłacił – ściąga sobie na łeb długi nieskończone, ale co na to poradzić? W NRF-ie ratyfikowali już traktaty z Rosją i Polską, nie będzie więc zawracania głowy i sztucznego ekscytowania opinii rzeczami zgoła wydumanymi, boć te traktaty mają tylko znaczenie psychologiczne – przyzwyczajają Niemców do rosyjskiej hegemonii. Nie ulega wątpliwości, że nasz zakątek świata (Europa Środkowowschodnia) żyje w cieniu mocar-

stwa, które aby zhołdować te strony, posługuje się tzw. socjalizmem, tj. systemem polityczno-społecznym, pozwalającym ująć wszystkie sprawy „za twarz" i zabezpieczyć się przed wszelkimi niemiłymi niespodziankami. Do tego politycznie sprowadza się ów „socjalizm" – taki bywa los ideałów. Wszystko się przewartościowuje, tylko siła nie traci w świecie ludzkim swego znaczenia, tyle że przenosi się z jednego miejsca globu w drugie, ale takie przenosiny okropnie długo trwają – w jednym pokoleniu trudno się doczekać, a jeśli już, to zazwyczaj jest to katastrofa (przynajmniej w Polsce to już na pewno – pechowy kraj, ale głupi też – ciekawy poligon, tylko właściwie czego?!).

W PWM-ie wyszedł mój „Gwiazdozbiór muzyczny", mam go nawet w niedzielę podpisywać na kiermaszu książki. Wyszła też „Suita na obój" (II wydanie), ma wyjść książeczka o Drzewieckim. Tak więc żyje się dawnymi pracami, a obecne idą arcynędznie – symfonia się nie posuwa, a raczej posuwa w tempie żółwia, nowy „romans" zaledwie się marzy, może będzie polityczny, bo ja wiem? Tylko nieszczęście, że mimo usiłowań jest to wciąż nieustający „pamiętnik inteligenta" (choćby technicznego, ale inteligenta). Cóż robić, ja umiem pisać tylko o tym, co widziałem – tak zresztą powiedział kiedyś o sobie w Warszawie Szołochow. Co prawda Balzac potrafił się wcielać w różne imaginacyjne skóry i dał obraz epoki – ale w socjalizmie to chyba za trudne: kto tu obejmie całość?

Kawały: „Czy Lenin był naukowcem? Nie, gdyby był, wypróbowałby przedtem swój system na szczurach". I drugi: „Polacy dzielą się, jak pierogi w barze mlecznym: na śląskie, ruskie i leniwe". Chi!

A więc niezadługo na Zachodzie wyjdą dwa moje zbiory: felietonów (Pallottinum) i artykułów czy esejów („Odnowa"). Do tego zaś ów nowy, trzeci już z rzędu „romans współczesny". A to heca! Trzeba się przecież bawić, zaś robienie świństw naszej cenzurze to jedyna dobra zabawa, jaką w tej chwili znam. I bardzo godziwa! Naprawdę, trudno znaleźć teraz piszącemu Polakowi inne duchowe zabawy – masochizm narodowy i mesjanizm już są nieaktualne, bo jakże tu gloryfikować ten naród, biedny wprawdzie, ale w swej biedzie mało wykazujący wielkości, intrygancki, plotkarski, tchórzliwy. No i w ogóle zanikamy: przyrost naturalny maleje, ambicja narodowa niknie. Marnie – a nadziei nie widać.

25 maja

Nixon w Moskwie, jedzą tam sobie z dziobków, a tu w prasie o wojnie wietnamskiej prawie już ani mru mru. Tak to bywa małym narodom, gdy wielcy się dogadują – może wreszcie ci durni komuniści wietnamscy z Północy zrozumieją, że to nie o nich szło... Rychło w czas, kiedy już wyniszczyli pół narodu. Tak to wygląda, gdy rządzą nie poinformowani megalomani i psychopaci: „Bo przecież wariat na swobodzie największą klęską jest w przyrodzie". Przedwczoraj byłem na chudym obiedzie u amerykańskiego ambasadora Stoessela w rezydencji na Idzikowskiego (był Słonimski, który zaproponował mi bruderszaft!). Powiedziałem im o spisku wielkich mocarstw przeciw małym i przypomniałem Jałtę. Uśmiechali się niby rozumiejąco, ale oni tego nie rozumieją. Nas już dawno odpisali na straty, zresztą nie tylko oni: cała Europa Zachodnia użala się nad Wietnamem, Grecją, Chile, ale o „krajach zabranych" przez Rosję ani słowa. Zwłaszcza denerwuje mnie „Le Monde" ze swoją antyamerykańskością – celuje w tym zwłaszcza p. Fontaine, zresztą mój znajomy – wyraźnie nosi go *Schadenfreude,* że Amerykanie tyle mają kłopotów w Wietnamie. A swoją drogą to piekielna intryga Rosji i Chin: uwikłać Stany w historię, kiedy muszą bić słabszych i... przegrywać z nimi, tracąc prestiż w świecie, zyskując opozycję wewnętrzną i dezaprobatę moralną swych własnych „szlachetnych". Diaboliczne to, ale o tym p. Fontaine nie napisze.

Ani też o tym, że w Kownie student spalił się żywcem, były jakieś demonstracje, walki na ulicach, barykady – chodziło podobno o język narodowy i o katolicyzm. Czytałem też książkę „Kronika samizdatu", wydaną w Londynie i przetłumaczoną przez Szechtera i Ninę Karsow. Straszne rzeczy w tej Rosji, historie z zamykaniem zdrowych ludzi do domów wariatów, to makabra, choć naprawdę mieć trzeba determinację wariata, żeby walczyć z tym żelaznym a tępym systemem. Ale walczą – jak bohaterowie, zaimponowało mi to. U nas jest o całe niebo lepiej (odpukać!), ale obrzydliwie, bo wolna myśl nie jest wypleniana fizycznym terrorem, lecz ludzie sami z niej rezygnują, dla kariery i wygody. A niektórym wyperswadowano, że to „dla polskiej racji stanu" – sam w to kiedyś wierzyłem. Tymczasem ta Polska ni z pierza, ni z mięsa – ani bolesciwy mesjanizm, ani trzeźwy uniwersalizm nic tu nie dają, nie pasują po prostu. Wszystko co ja robię, to pogoń za majakami – nikt za nami nie stoi na całym szerokim świecie, Zachód chce wierzyć, że nam jest dobrze,

Nixon strasząc Rosjan Chińczykami załatwi sobie sprawę Wietnamu i – cisza. Dla nas cisza. O kurwa! Pociechy trochę znalazłem w kontaktach z paru młodymi ludźmi, nazwisk nie wymienię, bo zaczynam się bać, że te zeszyty wpadną w „cudze" ręce. Ostatnio jakby nas trochę znów szpiclowali, może to po tej wizycie u ambasadora USA? A wizyta była na pożegnanie attaché Taniniego, tego co przygotowuje niby mój amerykański wyjazd. Tyle że wyjazdu tego najwyraźniej nie będzie. Nixon ma być w Warszawie, ale co z tego?! Nic, zgoła nic. A tu rzeczywistością moją jest cenzura, tak ostatnio absurdalna, jakby konfiskowali na chybił trafił celem odstraszenia od pisania w ogóle. I oto smętny koniec brulionu – jeszcze jednego.

ZESZYT 13

28 maja
Znów nowy brulion, pamiętnik pędzi, życie też, tylko człowiek nie zdaje sobie sprawy, że ono pędzi po raz ostatni – każda chwila jest niepowtarzalna: raz i nigdy już więcej. Niezbyt to odkrywcze, ale z wiekiem coraz bardziej zaprząta uwagę, bo staje się rzeczywistością coraz realniejszą i bardziej dojmującą. *Never more* – to dewiza życia.

Nixon dogaduje się z Moskalami, puszczają w świat coraz to nowe entuzjastyczne, choć mało mówiące komunikaty. Może Mieroszewski ma rację (czytałem akurat „Kulturę"), że oni są do siebie podobni, bo zamiast o ludziach myślą o ekonomii, wymianie handlowej, współpracy „kosmicznej" itp. abstrakcjach. A my tu siedzimy w absurdalnym sowieckim saku i będziemy siedzieć dalej, a także inne kraje Europy tam się dostaną. Już coraz gęściej się mówi o Konferencji Europejskiej, której celem może być tylko i wyłącznie oddanie Zachodniej Europy pod protektorat Związku Radzieckiego. Czy się oni obronią? Hm. Najwyżej tak jak Finlandia. W każdym razie Zachód zbiera teraz żniwa z izolacjonistycznej polityki de Gaulle'a. Nixon dawniej, przed taką podróżą, naradziłby się ze swymi europejskimi sojusznikami – teraz ma ich w dupie, niech sobie radzą sami. Brawo de Gaulle, choć może Anglicy wykażą trochę rozsądku. Ale przyszła epoka supermocarstw, z tego dwa żółte

(Chiny, Japonia), jedno obłąkane (Rosja) no i jedno – pragmatyczno-dziecinne – Ameryka. Którzy tu są „nasi"? No, chcąc nie chcąc Amerykanie, boć na zachodnią Europę liczyć trudno. Ale okropne to wszystko – i ta masa ludzi na świecie, aż się w głowie kręci! Fontaine w „Le Monde" porównuje traktaty wschodnie Brandta z traktatem z Rapallo 1922. Jest coś na rzeczy – podobno zresztą (a raczej na pewno) do traktatów jest dodana klauzula, stawiająca je po trochu pod znakiem zapytania. Parafował ją podobno nawet ambasador rosyjski w Bonn – a to ci heca! A czy w ogóle Rosja wyrzeka się Wietnamu – to jest ciekawe.

U mnie same pechy. Najpierw odwołali mi odczyty we Wrocławiu, dzwoniła w tej sprawie kierowniczka biblioteki p. Marianna Bocian bardzo płacząc i jęcząc. Czyżby więc nowa niełaska?! Jadę wobec tego tylko na odczyt w Klubie Inteligencji Katolickiej. Wczoraj przewróciłem się na ulicy i skręciłem nogę, mam też cholerną grypę. Byliśmy z Wackiem u Niemców z NRF – strasznie układni, nic „reakcyjnego" powiedzieć nie można. Paweł Hertz pojechał do Londynu i Paryża, ja czekam, czy mi dadzą paszport do tej Brukseli, gdzie wysyła mnie ZAIKS, to by była heca, gdyby mi odmówiono (ale właściwie dlaczego?! – czyżby już coś działało „tam"?!). ZAIKS staje się sprawą irytującą, wciąż nieskończone zebrania, bo władze każą podobno zmienić statut, Małcużyński je w tym popiera, a członkowie (ci z muzyki lekkiej) opierają się. Ja po ich stronie, choć to są tumany, ale żeby zrobić komuchom na złość. A swoją drogą można by na ten temat napisać całą epopeję. Tylko kto ją napisze? Zimno mi się robi, kiedy pomyślę, że świat zachodni tysiące razy opisany jest w literaturze, a świat wschodni pozostaje bez świadectwa, bez opisu. Ci maniacy bolszewicy, Chińczycy i czort wie kto jeszcze boją się, że opisywaniem można zniweczyć coś z piekielnego mechanizmu ich systemów, więc zabronili tego. Jeden Sołżenicyn walczy i pisze – to właściwie zdumiewające zjawisko. Walka z relacją – ciekawa cecha bolszewizmu. Ja też z nimi walczę, choć inaczej. Nie jestem taki patetyczny jak Sołżenicyn, ale też tu jest mimo wszystko inaczej niż w Rosji: tam dramat, tu niemal operetka – choć nudna diabelsko.

Zaczął się proces morderców Gerharda – dwóch młodych ludzi (jeden przyszły zięć). Trochę to nieprawdopodobne i coś za dużo o tym piszą – to podejrzane. Swoją drogą pisanie dziś u nas to najniewdzięczniejszy zawód świata – dobrze, że chociaż mam muzykę, tylko że za mało w niej robię. Całe życie miałem wyrzuty sumienia, że mało komponuję. Czy da się jeszcze to naprawić?

30 maja

Dostałem grypy, zachrypłem i musiałem odwołać odczyt we Wrocławiu. Dostałem nawet gorączki – co za cuda, w maju! Leżę więc w łóżku, czytam „Mondy" i kontempluję niesamowitą sytuację polityczną świata. Zaiste, „1984" Orwella to najbardziej prorocza książka, jaką znam. Owa scena, gdy premier czy ktoś tam, przemawiając przeciw wrogom, zmienia nazwę wrogiego kraju, bo podczas przemówienia podają mu informację o zmianie polityki państwa, to przecież wręcz genialne: to właśnie dzieje się dzisiaj, gdy pobyt Nixona w Moskwie odwrócił nagle perspektywy o sto procent. Nasza prasa, za późno widać uprzedzona, nie ma pojęcia, co robić, raczej milczy – gafę popełniają przede wszystkim tygodniki (wazeliniarskie „Za i Przeciw"), bo nie zdążyły zdjąć nakładu, gdzie potwornie wymyślano Nixonowi za Wietnam, a tu Nixon ma być w Warszawie! Nasze władze tchórzą piekielnie, wydano przez partię ciche polecenie, aby ludzie nie wychodzili go witać. W sklepach pojawiło się dużo mięsa, telefony na podsłuchach – boją się, idioci. Oczywiście boją się – Rosji, która sama dogadała się z Nixonem, ale Polsce nie pozwala. Zresztą kiedyś, gdy Nixon jako wiceprezydent jeszcze był w Warszawie (z admirałem Richoverem), manifestacja na placu Saskim wybuchła jak diabli. Ktoś powiedział wtedy, że manifestują na cześć przedstawiciela mocarstwa, które sprzedało Polskę Rosji. Dziś po powrocie z Moskwy też to lepiej nie wygląda, ale ludzie wciąż irracjonalnie na coś liczą. Ja zresztą też – choć w istocie naprawdę nie ma na co.

A co właściwie zaszło w owej Moskwie – bo oficjalne porozumienia mają treść ogólnikową i banalną? Ano po prostu Nixon najpierw postraszył Rosjan Chińczykami, potem, gdy zmiękli, załatwił z nimi swoje. Gdy jest trzech, dwóch musi się dogadać. Co prawda moi rozmówcy w ambasadzie amerykańskiej przeczyli temu gwałtownie, nie chcieli się do tego przyznać, bo mają potrzebę idealizmu, typowo amerykańską, czy, jeśli chodzi o polityków, „staroamerykańską". W istocie wojna wietnamska była, o paradoksie, ostatnim przejawem amerykańskiego idealizmu w polityce. Nigdy nie zapomnę Zbigniewa Brzezińskiego, jak tłumaczył mi w Warszawie w 1967 chyba, że to musi być wojna długa i tylko obronna, aby pokazać Azji, że Amerykanie nie są imperialistami ani kolonistami. Nie udała się ta teoria, przez długie trwanie rozhuczała się właśnie fama o amerykańskiej „brudnej wojnie" w Wietnamie – Francuzi, sami cynicy, wmówili Amerykanom kolonializm. I oto teraz już nie będzie frajerów – Nixon zrozumiał, że musi sobie radzić w sposób egoistyczny, zimnocyniczny, że „śmierć frajerom", a liczą się tylko wielcy. Świat scynicznieje jeszcze bardziej, a my wyjdziemy na tym jak najgorzej. A ci Francuzi są ohydni: ubierają swą politykę w formę „narodowej niezależności", gdy w istocie włada nimi tylko i jedynie egoistyczny a krótkowzroczny strach przed Rosją. Prasa rosyjska podała, że Breżniew przed przyjazdem Nixona naradzał się z ambasadorem francuskim! Życzę im kozaków w Paryżu – zarobili sobie.

Niejasne są tylko dwa punkty: Izrael i Wietnam. Jest tu pewna analogia: Amerykanie nie bardzo mogą poskromić Żydów, a Rosjanie – północnych Wietnamczyków. Ci ostatni popadli w jakąś patologiczną manię samobójczą – naprawdę uwierzyli, że to o nich chodzi i że bez wielkich mocarstw wygrają wojnę. Może i naprawdę wierzą, że „walczą o wolność" – propaganda i brak informacji, jak to w komunizmie, prowadzą do patetycznej głupoty. Pięknoduchy całego świata się nimi zachwycają, gdy tu po prostu potrzebny jest kaftanik bezpieczeństwa. „Narody prawdziwie patriotyczne nie walczą nigdy do ostatniej kropli krwi" – kto to powiedział? A znów Sienkiewicz miał powiedzieć, że „biada narodom, które kochają bardziej wolność niż ojczyznę". A oni ojczyznę stracą: może być wszystko zbombardowane w drobny mak, i to za pozwoleniem Rosjan (a np. na złość Chińczykom). À propos, w „Za i Przeciw" nawymyślali na generała Giapa, że niesie Wietnamowi dyktaturę a nie wolność. Nie wiedzieli, że Giap to generał z Hanoi, cenzor też nie wiedział i puścił – cha, cha! A wszystko dlatego, że o tym Giapie się u nas nie pisze, bo dużo gada, że będzie się bił i 30 lat i że stracił już milion ludzi, ale gwiżdże na to. U nas nie pisze się o niczym autentycznie, to zasada Gierka (Gomułki też), stąd gafy, bo nikt nic nie wie. Chi!

Ale czemuż ja piszę wciąż o polityce – toć gdy to ktoś przeczyta, wszystkie te sprawy będą już martwe. Jakżeż przeszłość szybko martwieje! Redaktorka z radia powiedziała mi, że nie może mieć dzieci, bo są ciężkie warunki, myśmy kiedyś mogli, bo były warunki lepsze. Okupacja, śmierć naokoło, nędza, wojna – to dla niej lepsze warunki! Choć to pewno komunizm wytwarza ową „małą stabilizację", która, na pozór normalna, w istocie nie pozwala żyć. One to czują, duszą się (25 lat ma ta redaktorka), a że apetyt rozbudzony, wiedza o świecie zachodnim też, a znów patriotyzm nie bardzo się im uśmiecha (no bo nibyż jaki ma być, sowiecki?!), więc – gwiżdżą na wszystko. I tak Rosjanie nareszcie skutecznie odbiorą nam Polskę – i to naszymi rękami.

A w Kownie były rozruchy – narodowe. W „Mondzie" napisano, że to „partykularne separatyzmy", bo „te terytoria" dopiero od 1939 roku należą do Rosji. Jak to subtelnie omówione, jakież świnie ci Francuzi! Syty głodnego nigdy nie zrozumie. Zwłaszcza syty i prorosyjski Francuz.

2 czerwca

A więc był Nixon w Warszawie – co za szopę urządziły władze, tego się nie da opisać. Milicji i ubeków było na ulicach więcej, niż w marcu 1968, nieskończona liczba aut milicyjnych, grupy tajniaków zupełnie się nie kryjących. Aleje Ujazdowskie wieczorem całkiem wyludnione (w ogóle na ulicach pustawo – jak oni to osiągnęli?!), tylko co 15 metrów stał milicjant, na chodnikach tajniacy, a przy skrzyżowaniach na ławkach po kilkanaście roześmianych i ostentacyjnie nie interesujących się światem osób – też oczywiście agenciaków. Na Starym Mieście podobno zainscenizowano cały kawiarniany „bal", aby pokazać Nixonowi, że się nim nikt nie interesuje – jego auto wjechało nie budząc niczyjego zaciekawienia, tak byli zajęci „zabawą". Osobny problem to była procesja Bożego Ciała wczoraj. Odizolowano od niej Nixona, umieszczając go w Wilanowie (procesja na Krakowskim) i wożąc tylko do Urzędu Rady Ministrów w Alejach. Mimo to trochę ludzi go dopadło – ze sporym entuzjazmem. Również panią Nixon w Łazienkach tłumy wielbicieli, mimo szpaleru ubeków, usiłowały dopaść. Oficjalna część spotkania (powitanie widziałem w telewizji) wypadła jak się zdaje dość zdawkowo – no bo i spraw tak bardzo ważnych nie było („po cóż gadać ze sługą, gdy już z panem w Moskwie się widziałem?" – mógłby powiedzieć Nixon), no i rozmówcy, nasza elita – pożal się Boże! Z Kissingerem rozmawiał... Szlachcic. To ci musiała być rozmowa – dosłownie gęsi z prosięciem.

Czego bały się nasze władze, inscenizując to całe wygłupianie z milicją i ubekami? Chyba paru rzeczy. Przede wszystkim oczywiście entuzjazmu publiczności wobec Nixona, co mogłoby zrobić fatalne wrażenie na Wielkim Sojuszniku zza Buga. Co prawda, gdyby ta publiczność myślała politycznie, toby pokazała Nixonowi krzywy pysk, za Jałtę i najwyraźniejsze jej ponawianie teraz w Moskwie. Ale tego by tu nikt nie zrobił, zbytnio działa mit amerykański (i ja mu ulegam), a i Nixon by tego nie zrozumiał. On myśli pewno tylko o bombie atomowej i ma rację – tyle, że istnienie broni atomowej upodli ludzkość całkowicie, bo strach przed nią prowadzić będzie do wszelkich zgniłych kompromisów – wyobraźcie sobie, co by było, gdyby Hitler był nietykalny...

A więc entuzjazm biednej warszawskiej publiczności, drastycznie żywszej i swobodniejszej od moskiewskiej – to było jedno niebezpieczeństwo. Inne (teoretycznie przynajmniej) to groźba zamachu, ze strony na przykład jakiegoś Wietnamczyka, a także prowokacji – czemu by nie moskiewskiej? Wszystko razem pachnie okropnie, kłopot z taką wizytą (Nixon przedsięwziął ją pewnie, aby sobie zjednać Polonię), Gierek wie dobrze, jak i czego się bać, wobec tego zaludnił ulice ubekami i policją. Upokarzające to i smutne, ale w wieku Orwella innych już spotkań pewno nie będzie – przynajmniej po tej stronie świata. Mimo to, jak już było wiadomo, kiedy prezydent będzie jechał koło Belwederu (bo rozkład jego zajęć, godziny i marszrutę ukrywano – tylko na ambasadzie amerykańskiej wywieszono), to zebrał się tam spory tłumek, gorąco oklaskujący. Ufortyfikowane zamknięte auto przejechało szybko, w asyście motocykli i samochodów. Nixon machał ręką i uśmiechał się ze środka. Biedni Polacy, komedia omyłek! A swoją drogą z maniackim uporem twierdzę, że wszystkiemu winna Francja i głupi de Gaulle: przez swą antyamerykańskość i izolacjonizm, przez zrezygnowanie ze wspólnego stanowiska wobec Rosji i komunizmu, doprowadzili Nixona do machnięcia ręką na Europę i do załatwiania sobie swych azjatyckich spraw u źródła – w Moskwie czy Pekinie. To jest teraz „Wielka Gra Trzech", a czy zjednoczona Zachodnia Europa stanie się w tej grze partnerem – nie wiadomo. Jedno tylko wiadomo: że my jesteśmy małym wyrostkiem Czerwonego Imperium. Ale dumy z tego nie odczuwam – żadnej a żadnej. I lud warszawski też dumy nie odczuwa. A jak tu żyć bez dumy?! Moskale, choć biedni i bici w dupę mogą być dumni ze swego Imperium. A my? Naród drugorzędny, na przyczepkę. O cholera! Gierek to chyba wie, ale on pewno ma realistyczną śląską pokorę i determinację: znieść wszystko, aby żyć. Myślę, że Gomułka był bardziej wierzący (w komunizm), za to Gierek ma skrytość kamienną i takiż upór w ostrożności wobec silnych. Tej ostrożności nic nie zmieni, on widział, jak z nieostrożności wobec ludu upadł Gomułka – on będzie ostrożny w dwójnasób, na wszystkie strony. Ha, cóż – taka postawa widać przystoi dzisiejszemu Polakowi – taki los wypadł nam. Co prawda i inni to potrafią – Francuzi w czasie wojny pokazali, że gorsze z nich kurwy niż my. Szybko wyzbyli się swej dumy! Nosi mnie na nich cholera – z podskórnej zazdrości także. Bo za tę skurwioną wojnę mają dziś do zabawy swą pseudomocarstwowość! No, ale do polityki nie trzeba podobno przykładać wzorców uczuciowych, ambicjonalnych, moralnych. I to nie podobno, ale na pewno nie trzeba: trzeba się wyzbyć ambicji i honoru – aby żyć. Gierek to robi za nas: ktoś to robić musi! He!

12 czerwca

Upały straszne, jadę jutro na „katolicki" odczyt do Wrocławia, ten który odwołałem z powodu chrypy. Z Wrocławia jadę (a raczej lecę – wszystko samolotem) do Gdyni, gdzie pani Baduszkowa, dyrektorka Teatru Muzycznego, urządza jakieś ministerialne sympozjum, poświęcone polskiemu musicalowi. To sympozjum będzie mało warte, ale za to zwiedzę port w Gdyni i pokąpię się w morzu. Na te upały – jak znalazł.

Był w Warszawie Fidel Castro, ale jego to nie musieli strzec przed nadmierną popularnością. À propos Nixona, to przekonałem się, że jednak „lud" ma swój zdrowy pogląd. Stary siwawy taksówkarz mówi do mnie: – Panie, teraz to będziemy już dobrze żyli! Nie wiedziałem, co on ma na myśli, więc słucham, a on mówi: – Dogadaliśmy się z Nixonem i teraz będziemy korzystać i z dobrodziejstw kapitalizmu, i komunizmu. To znaczy: z kapitalizmu, czyli dolarów, korzystać będzie rząd i partia przez swoich przedstawicieli. A z socjalizmu korzystać będzie klasa robotnicza, wykonując plany produkcyjne – zwiększone ma się rozumieć. Tak to będzie załatwione – dzięki Nixonowi. Uśmiałem się – a jednak lud ma głowę na karku i mimo wszelkich sympatii prozachodnich swoje rozumie.

Cała grupa „Znaku", Turowicz, Kozioł, Stomma, Pszon, Micewski, Mazowiecki, Auleytner (!), pojechała do Niemiec na zaproszenie arcybiskupa Doepfnera. Dwuznaczna to nieco podróż, jak wszystko tutaj, ale zadowoleni z siebie nasi „działacze" zdają się tego nie dostrzegać. Po co robić politykę komunistyczną, kiedy sami komuniści robią to wystarczająco dobrze a i PAX im pomaga? — pytałem ich (tj. Jerzego), ale udali, że nie rozumieją. Z prymasem wojują dalej — o głupi, głupi ludzie! Ale cóż na to poradzić?!

Wacek też wyjechał, ale za parę dni wraca. Był Amerykanin, ten od „Carissimy" — dosyć zabawny i sympatyczny. O mojej Ameryce nic nie słychać, tak samo nie wiem, co będzie z tym wyjazdem zaiksowym do Brukseli. Może znów się Łaska Pańska zaczyna odwracać, czemu bym się zresztą zanadto nie dziwił — sam zbiór felietonów na to wystarczy. Na razie jednak ukazało się drugie wydanie „Słownika pisarzy" Bartelskiego, gdzie jestem — a jakże. Fortuna kołem się toczy, taki jest ten światek. Ale do Brukseli chyba jednak dostanę — bądź co bądź służbowy wyjazd. No, zobaczymy.

20 czerwca

Nie było mnie tydzień, bo najpierw miałem odczyt we Wrocławiu w KIK-u, a potem byłem w Gdyni na owym sympozjum musicali w teatrze Baduszkowej. Ta Baduszkowa to istna kobieta-wulkan, pochodzenia semickiego, ale zakochana w polskiej kulturze aż do przesady (!), mówi, że powinniśmy z polskim musicalem „wyjść na Broadway" i tym podobne rzeczy, zwłaszcza gdy jest podniecona po narkotykach, co jej się zdarza. Ale zrobiła mnóstwo, choć często raczej na ilość niż na jakość. Od lat nie byłem tyle razy w operetce, m.in. na „Karierze Nikodema Dyzmy" (nie bardzo) oraz na „Zagłobie" według „Ogniem i mieczem" — zupełnie udane, z muzyką Blocha. Byli na sali ludzie, co nie czytali „Trylogii" (coraz ich więcej) — ciekawym, ile z tego zrozumieli. Dla tych, którzy czytali, było niezłe. Przyjechał też Kiesewetter, mój stary przyjaciel, ale rzadko już widywany. Po tylu latach, to nie do wiary, że już stoimy „u progu". Chodziliśmy nocą po gdyńskim molo, brał ciągle nitroglicerynę — ma *anginę pectoris* — jak mój ojciec... A więc to już? Hm.

Gdynia piękna, choć melancholijna — zwiedzaliśmy cały port holownikiem. Z jedzeniem na mieście okropnie, czeka się godzinami na złe żarcie, śmierdzi, brudno, ohyda. Za to wódki wszędzie masa, piją od rana, aż się niedobrze robi — wycieczki, „delegacje", robotnicy, marynarze — wszyscy. Okropnie jednak ten kraj wygląda, przy całym swoim przemyśle i rzekomym rozmachu. Jak komuniści to robią, że wszystko zamienia się w gówno? Nawet takie piękne miejscowości nadmorskie!

Byłem też w Orłowie (kąpałem się), w Sopocie na przepięknym molo (tego to nic nie potrafi zniszczyć), wreszcie w Gdańsku, gdzie widziałem się z Zosią Irzykowską. Zosia zbrzydzona okropnie do Gdańska i do pracy w Zarządzie Miejskim, opowiadała mi o zajściach z grudnia 1970, twierdzi, że to była prowokacja, że rozmyślnie polowano na ludzi, że brutalność – ale w ogóle nie mówi jasno. Powiada, że stoczniowców podmawiali „ci ze Śląska", że to intryga. Nie całkiem mnie to przekonało, ale opis brutalności na ulicach rzeczywiście okropny – aż się zimno robi.

Towarzystwo muzyczne na tym musicalowym sympozjum okropnie nieciekawe – w ogóle mam już muzyków po dziąsła i dziurki od nosa, cóż to za egoistyczne i głupie środowisko! Chcą, żebym pisał na nowo „Madame Sans-Gêne", ale kiedy to robić, gdy symfonia nie dokończona i w ogóle czasu brak? Tymczasem wisi nad głową odczyt w Pen-Clubie, który mam pojutrze – okropne to i nikomu niepotrzebne, a muszę się wysilić, bo towarzystwo jest tam „ekskluzywne", wystarczy wzroku starego aligatora Parandowskiego, aby stracić humor. Bartosz [Bartoszewski] jest tam sekretarzem i rusza się – wciąż myśli, że jak biega, to nie siedzi...

Nie wiadomo co z tą Brukselą – odlot w niedzielę, a tu jeszcze paszportów nie ma – ciekawe, co z tego wyniknie, pewnie nic. W Warszawie straszy Tito, przedtem był Fidel Castro, przedtem Nixon – ale na co komu te wszystkie przyjazdy – nie wiadomo. Górnicki znów napisał kretyński i bezczelny artykuł – o Mikołajczyku, że był reprezentantem amerykańskiego punktu widzenia na sprawę granicy Odra–Nysa i że go za to... polskie społeczeństwo nienawidziło. Cóż to za bezczelny kretyn – toć obecność w Poczdamie Mikołajczyka była właśnie dla Zachodu jedyną gwarancją, że to Polacy chcą owej granicy a nie sowieccy agenci. Ale cóż – ludzie zapomną, już nikt nic nie wie, i wyjdzie jak chce Górnicki. To ja jestem wariat, bo kto w totalnym zakłamaniu chce mówić o prawdzie, ten jest bzikiem absolutnym i Don Kichotem.

Podgórny pojechał do Hanoi i wydali tam antyamerykański komunikat. Nic już nie rozumiem, wiem, że nic nie wiem. Komunistyczna ofensywa chyba utknęła, ale komuniści jak to zawsze komuniści, ze stratami ludzkimi się nie liczą. A znów Nixon może tylko bombardować z samolotów, bo jakby miał posłać wojsko, to się w Ameryce podniesie wrzask – przed wyborami rzecz fatalna. Swoją drogą ten świat to komedia...

Zabójcy Gerharda dostali karę śmierci. Z tego procesu też nic nie rozumiem – w ogóle świat jest chyba inny niż mi się zdaje. Chciałbym jeszcze coś na ten temat napisać – ale kiedy i co? Felietony nawet pisuję już ze wstrętem, tak mi „Tygodnik" obrzydł przez tę ich politykę. No ale cóż – z tego się żyje i to jest jednak mój główny kontakt z czytelnikami w kraju.

Wacek jest, Krysia przyjeżdża w lipcu. My chyba pojedziemy do Witowa, tylko nie wiem kiedy i nie wiem co z Brukselą. Dookoła Wojtek! A jeszcze nie wiadomo co z Ameryką, jest też przecież jeszcze nie wykorzystane zaproszenie do Niemiec. We Wrocławiu opowiadali mi, że UB kazało odwołać moje odczyty, tłumacząc, że ja prowadzę działalność „wrogą". Owszem, chciałbym nawet, ale jak, gdzie i kiedy?! Optymiści!

25 czerwca

Więc jednak jadę do tej Brukseli, choć o dwa dni później niż Maklakiewicz – co zresztą wcale nie szkodzi. Sprawa ważyła się dziwacznie do ostatniej chwili, w ministerstwie nic nie wiedzieli (kultury), w MSW też nie, ja już machnąłem ręką, uważając, że przepadło, tymczasem nagle dali i pojutrze lecę belgijskim samolotem. Będą tam różne bankiety i przyjęcia (same obrady, jak zwykle, najmniej ciekawe – zrobiłem się cynikiem), nigdy w Brukseli nie byłem, a więc – uśmiech losu... Chociaż raz trochę się rozerwę...

Miałem odczyt w Pen-Clubie, tytuł „Sztuka a życie umysłowe w Polsce". Towarzystwo przypominało mi trochę okupacyjną Kuchnię Literatów: Horzycowa, Parandowski, Słonimski, Karski, Radziwiłł (nawet dwie sztuki), Wańkowicz i inni. Miałem tremę, bo to takie rekiny, ale w końcu się udało. W dyskusji mówili Sandauer, Natanson, Słonimski, Pogonowska – było opozycyjnie, ale w miarę, bo odczyt trudny, aby ubecy nic nie zrozumieli. Potem poszliśmy z Lidią, Heniem i Julkiem Żuławskim do „Grand Hotelu", są tam występy muzyczno-akrobatyczne wcale dobre, za to żarcie okropne. Trochę cudzoziemców, obdzieranych ze skóry, ale chyba dosyć z tego zadowolonych, wpatrzonych w przeróżne kurwy, których nie brak na sali. Julek Z. [Żuławski] oderwany od świata pisze „powieść życia" i mówi, że ma na 10 lat co robić, nie chce się niczym innym zajmować, chałturzyć ani nic. Ba – ja też tak myślałem, tylko że to „dzieło życia" umyka sprzed nosa, rozpływa się, choć człowiek niby swoje robi. Ale jest w nas poczucie, że trzeba „dać świadectwo" swoim czasom, a przy cenzurze i zakłamaniu nie ma rady, trzeba pisać dla siebie. Ja znalazłem w tej sprawie swoje wyjście, coś już zrobiłem (i wydrukowałem – chi, chi! – tyle że daleko i tajnie), ale wciąż mi się wydaje, że istoty rzeczy nie złapałem, że „dzieło" jeszcze przede mną – tak trudno w istocie zdefiniować rzeczywistą problematykę komunizmu, i to nader specyficznego, bo polskiego, widzianego stąd. W dodatku tu teraz komunizmu ideologicznego już nie ma, są pragmatyści-cynicy, wyzyskujący strach przed Rosją i ogólną niewiedzę. Jak powiedział w dyskusji Sandauer, ideologiczna „republika platońska" się skończyła, przyszły czasy praktyków. Żebyż jednak oni byli naprawdę praktyczni, i nie mieli mózgów uwięzionych w bezsensownej rutynie komunistycznego planowania!

Andrzej wrócił z NRF-u – jeździł ze „Znakiem", byli u kardynała Doepfnera, który wydusił z siebie, że mają być polskie diecezje. Za to Ehmke podobno źle ich potraktował (Ehmke to szef urzędu kanclerskiego), bo Polska, po wszystkich ratyfikacjach nie chce wpuszczać turystów z NRF-u, a oni chcieliby, żeby tu przyjechały dwa miliony obejrzeć swoją dawną ojczyznę. A to ci heca – niezbyt miła, bo „władze" mają tu jakąś swoją rację, pomijając już brak hoteli i knajp. „Znak" po tej podróży ma więc swoisty sukces, Piasecki to poczuł i wybrał się z delegacją do Gierka, o czym doniosła prasa. Biją się o jedną kość, nie za wielką, bo partia nie widzi potrzeby, żeby im dużo dawać, zwłaszcza wobec pasywności Stacha Stommy. A w ogóle po co się babrzą w „polityce", zamiast, jak na katolików przystało, pilnować moralności w kraju komunistycznym? He, he... A oni walczą o uznanie „faktów dokonanych", pchają rzekę, choć ona sama płynie. *Cui bono*?! Ano – takie jest widać życie – tylko ja się z niego wyłamałem, chcąc napisać „prawdę" o komunizmie. A bardzo to jest trudne, bo trzeba iść samemu, przeciw wszystkim – nikt przecież tego nie robi. Gdy czytam w „Le Monde", co te lewaki zachodnie wypisują o terrorze i alienacji w kapitalizmie, to łapię się za głowę: o bloku rosyjskim ani słóweczka, bo... nie wiedzą, gdyż tu nie ma relacji, nie wolno pisać. Cóż za genialnie prosty pomysł: zabronić pisania, zamknąć kraj, świat się nie dowie. Tak proste, że aż nie do wiary! Jeden Sołżenicyn wyłamał się i walczy – nieoceniony Józef Mackiewicz w „Wiadomościach" londyńskich (czytałem u Literatów) twierdzi nawet, że to lipa, że Sołżenicyn nie istnieje, a pisze grupa ekspertów kierowanych przez

KGB, aby zwalić wszystko na Stalina. Bzika ma ten człowiek (Mackiewicz oczywiście).

Ale trzeba się przestawić na sprawy zachodnie. Jadę przecież do Brukseli na krótko – ledwo 10 dni – należy skorzystać, aby móc potem... lepiej pisać o Wschodzie. Jak obsesja to obsesja i kwita.

16 lipca

Wróciłem więc z Brukseli i nawet z Holandii (byłem tam w sumie dwa tygodnie!). Trudno się tutaj przyzwyczaić po tamtejszej niesamowitej precyzji życia „publicznego". Restauracje, kawiarnie, bary, kina, handel, komunikacja, motoryzacja, wzajemna uprzejmość i sprawność – wszystkie te rzeczy, o których pisywałem tysiąc razy – tu prezentują się okropnie, znacznie gorzej niż mi się wydawało przedtem. Taka migawkowa szybka podróż daje właśnie najlepsze porównanie – wypada ono dla nas okropnie, cóż za bałagan i prymitywizm! I to nawet nie wina ludzi, oni po prostu nic nie mogą, bo wszystko zależy od instytucji, „planów", przepisów i wielu innych absurdów. Pokłóciłem się w domu i dwa dni jadałem na mieście – więc przeżyłem na własnej skórze. Absurd nieprawdopodobny, po prostu nie do wiary, że coś takiego istnieje. A do tego ów megalomańsko-prowincjonalny tonik prasy, określiłem go sobie, jako „samochwalstwo płaczliwe". Co oni z nas wystrugali za małpy – ci komuniści. A wszystko przez odcięcie od normalnych ludzkich obyczajów – miałem dobry instynkt, że walczyłem o tę turystykę: ona przynajmniej czegoś uczy, do czegoś zmusza – Węgrzy, Czesi czy Rumuni czegoś tam się nauczyli, a my, w tej kretyńskiej izolacji i megalomanii zastygaliśmy tu jak idioci. Okropne. I ta prasa, prześcigająca się w wazelinie – jak się zdaje, Gierek przepoił wszystko strachem przed Rosją bardziej niż by to zrobił ktokolwiek inny.

Po Belgii (Gandawa, Brugges itp.) jeździłem z Wojtkiem Skalmowskim, moim recenzentem, językoznawcą. Wyjechał z Krakowa, profesoruje tutaj, ale gryzie go chandra za polskimi problemami – dobrze to się z nią obnosić za granicą. Jeździłem też i gadałem z „renegatem" Ungerem, byłym sekretarzem „Życia Warszawy", tego znów gryzie kompleks, ale też w końcu nie jedyny na świecie. Po co włazł w stalinowską prasę? – tłumaczyłem mu to, ale niezbyt się zgadzał, twierdził, że był źle widziany przez Korotyńskiego, miał jakieś walki, rozgrywki – ale kogo to obchodzi? Dziś jest publicystą od spraw międzynarodowych w „Soir" i pisuje jako „Brukselczyk" do paryskiej „Kultury". Taki niby wielki realista, twardy oceniacz szans, ale antysowiecki. Nas ma gdzieś, bo jak mówi, załatwiajcie sobie swoje sprawy bez nas. „Bez nas" – to znaczy bez Żydów. Hm. Jest też poeta [Marian] Pankowski – trochę dziwak, bardzo inteligentny. Jest parę żon Żydówek, co ukrywały się w Warszawie, a potem brały udział w Powstaniu – mają sentyment do tego wszystkiego, choć zawiły, nie prosty. W gruncie rzeczy Żydzi reprezentują nas na świecie, a my ich traktujemy niedobrze („my" – „ich"?).

Podobała mi się ta Belgia, solidna, mieszczańska, lecz wolnościowa i demokratyczna, ze swoimi Flamandami, dwujęzycznością, liberalnymi poglądami na narodowość, patriotyzmem etc. Holandia dziwniejsza, zwłaszcza „hipisowski" Amsterdam, zresztą mało w nim byłem. Widziałem sporo młodzieży, polskiej (niby), ale już wmontowanej w zachodni system pojęć, w tamtejszy „internacjonalizm", jeżdżącą latem kelnerować czy kucharzyć w najdziwniejsze miejsca świata, do Afryki czy na Alaskę. Atrakcyjnie jest dla nich w tamtejszym uniwersalizmie, tracimy ich, zresztą tracimy wszystkich i wszystko, zostając z naszą wspominkowo smętną megalomanią. Niewesołe to – jak i perspektywy wyboru na prezydenta USA demokratycznego kandydata McGoverna, który zaleca izolacjonizm. Cała nadzieja mimo wszystko w tym obłym nieco Nixonie – Belgowie dobrze to rozumieją, choć przyjeżdża tam do nich i wyszczerza się w przymilnym uśmiechu – Gromyko. Ale ci Belgowie lubią wolność – nie lubią też Niemców, to widać. Najwyraźniej mają pamięć!

Odwiedził mnie w Brukseli stary Książę z Paryża, miałem też sporo innych kontaktów m.in. z Amerykanami. Zjazd „ZAIKS-ów" był miły, ale dość jałowy – zresztą tak mi załatwiano paszport, że przyjechałem spóźniony. Najważniejsze, że przywiozłem tu moją książkę „100 razy głową w ściany" wydaną przez księży w „Éditions du Dialogue"*. Także Krysia przywiozła z Paryża 10 egzemplarzy. Wyszło wcale dobrze, choć wybór mógłby być jeszcze staranniejszy. Jest to jednak kawał historii polskiej „publicystyki" po wojnie – no i zaostrzania się cenzury. Ciekawym, co „władze" na to zrobią – czy zignorują? Widziałem też „romans" – wyjdzie lada

---

* Stefan Kisielewski, *100 razy głową w ściany*, Éditions du Dialogue, Paryż 1972.

chwila. Niby dobrze, ale gorycz mnie kąsa, że jestem autorem wydawanym, lecz nie czytanym. Choć jest wciąż niby ten „Tygodnik".

Turowicz opowiadał niesamowite historie. Watykan stworzył cztery nowe polskie diecezje (Szczecin, Warmia, Wrocław, Opole), mianował biskupów, przystosował granice, był wielki triumf i oto nagle niezadowolenie okazały... nasze nieocenione władze. Pod pozorem, że nie dotrzymane zostały warunki mianowania biskupów (zgoda władz państwowych) nie dopuszczają do prasy dokładniejszych wiadomości o tej sprawie, w „Tygodniku" skonfiskowali wszystko, z mapą i danymi historycznymi włącznie. Komunistyczny rekord głupoty został w ten sposób pobity. Jerzy przypuszcza, że chodzi im o nieskorygowanie diecezji wschodnich (resztka lwowskiej i chyba grodzieńskiej), a może o to, że tworząc diecezję warmińską nie powiedziano nic o Królewcu... Chcą więc, żeby papież ustalał granicę ZSRR! A podobno sowiecki ambasador w Rzymie składał już gratulacje.

My, bardziej katoliccy niż papież! Zaiste, mamy najgłupszych i najbardziej przestraszonych komuchów ze wszystkich KDL. Czy to „każdemu według jego zasług"?!

Upały tu straszne, wybieram się do Witowa dla odmiany – sam. Książki wyszły, podróż odbyłem – i dopiero nie wiadomo co robić. Lepiej nie wyjeżdżać tak nagle, bo potem nie sposób znieść porównania dwóch światów. Lepiej żyć złudą – niż zwątpieniem. Na starość zwłaszcza. A nie dostarczy nam nasza ojczyzna starości zbyt przyjemnej. Co prawda Leopold [Tyrmand] pisał do mnie z Ameryki – sfrustrowany jak cholera, twierdzi, że znów mu nie idzie. Ktoś kiedyś powiedział, że jak go tam „sfrustruje", to już nie będzie wyjścia. Tak, zdaje się, że w ogóle czeka nas, naszą „sferę" wielka, przedśmiertelna plajta. Nie chodzi nawet o sprawy materialne, są milionowe narody, które głodują – chodzi o narodową beznadzieję. Jako naród nie mamy perspektyw, bo przytłoczyła nas ruska koncepcja, a brak już w nas wewnętrznego oporu przed nią. Niewesołe, beznadziejne, a nikogo to nie obchodzi. Świat o nas zapomniał, nie obchodzimy go wcale – a możeśmy tak mało warci?! I właściwie – kto my? Toć już nadchodzi całkiem inny naród!

19 lipca

Upały tu straszne, upał ma w sobie coś okrutnego i bezsensownego, przynajmniej dla mnie – nie mógłbym żyć w tropikach. Za parę dni jadę do Witowa, sam, przynajmniej na razie – w domu nastrój niedobry, w ogóle smutno. Smutek podczas upału – to jedna z najgorszych rzeczy świata. A zwłaszcza w ledwo dyszącej Warszawie – ileż to razy Warszawa mi brzydła, aby za trochę znów nabrać uroku – dziwne to miasto, dobrze pisał o nim Liebert. Martwię się tylko, że wciąż mam w głowie te same nastroje, te same wiersze, te same cytaty. A przecież warto by się odnowić, nie można całe życie pisać tego samego felietonu. Chociaż – czy rzeczywiście nie można, a może właśnie trzeba, może nie ma innego wyjścia? Wyżej siebie nie przeskoczysz...

Henio zachwyca się moją książką z felietonami, co mi oczywiście sprawia przyjemność – w końcu to jeden z nielicznych czytelników krajowych tego zbioru – a choć są w nim rzeczy drukowane już, to w sumie i po latach uzyskają przecież nową jakość (zresztą 16 jest tam nie drukowanych, bo skonfiskowanych) – tyle, że jest to „spektakl" dla niewielu – cóż to za los być pisarzem zakonspirowanym!

Mam coraz bardziej ponure myśli polityczne. „Newsweek" zrobił ostatnio odkrycie, powołując się przy tym na opinię jakichś Chińczyków, że mianowicie Rosja przygotowuje się do zhołdowania sobie, czyli „sfinlandyzowania" Europy Zachodniej, a zapowiedzi głupiego McGoverna, że wycofa stąd (tj. z Europy) wojska amerykańskie, jeszcze tę sprawę ułatwiają. Ale odkrycie zrobili! Chińczycy doskonale wiedzą, do czego Rosja dąży, bo znają totalistyczną „szachową" mentalność, zresztą dąży do tego ona konsekwentnie, choćby proponując teraz ową „konferencję europejską", której celem nie jest nic innego, tylko zatwierdzenie pokojowych wpływów ZSRR na europejskim półwyspie. A podał im całą rzecz ów fatalny de Gaulle, rozbijając jedność Zachodu i zrywając z Ameryką. Dlaczego tak zrobił? Udawał, że robi to, bo ma uraz antyamerykański i kocha suwerenność, w istocie zaś kierował nim „atomowy strach", obawa, aby Francja znów nie została upokorzona i zdana na łaskę Ameryki. Dwuznaczne i ukryte (nawet przed sobą samym) były jego motywy, w rezultacie doszedł do tradycyjnej francuskiej filorosyjskości, która zresztą nigdy Francji nic nie dała, a w tym wypadku stała się arcyfatalną, rozbijając nie tylko Zachód Europy, ale również opinię amerykańską. Bo gdyby wojna w Wietnamie była ogólnozachodnią krucjatą przeciw komunizmowi, to sprawa wyglądałaby zgoła inaczej i nie byłoby rozbicia opinii w Stanach czy opozycji młodzieży. A tak zatriumfowało myślenie pozahistoryczne i powierzchownie emocjonalne. I tę sprawę zawinił de Gaulle przez swe urazy: w sprawie Wietnamu rolę odegrała jakąś kolonialna zawiść. W rezultacie Rosja wykorzystuje wszelkie „humanitarne" uczucia Zachodu na swoją korzyść, zawsze to zresztą robiła, ale wydawało się, że po zdemaskowaniu Stalina, Węgier, Czechosłowacji (to były rzeczy spektakularne, a więc dla Zachodu dostępne) czegoś się nauczyli. Tymczasem nie. Jedne Chiny zrozumiały i one tylko są dla dzisiejszej Rosji problemem nie do zgryzienia. Nixon zresztą też wszystko rozumie, ale niewiele może: trudno mu zresztą bronić Europy Zachodniej wbrew jej samej. No a McGovern to już byłaby katastrofa! Ruscy mają w Europie 84 dywizje, a NATO 24! Jakże nie ulec pokusie wywierania nacisku, zwłaszcza że to są szachiści, niewrażliwi na demokrację, humanizm, dobrobyt, a wrażliwi tylko na grę o władzę. Po co im władza? Ano właśnie – to po prostu odruch warunkowy, tak są wychowani, nic innego nie rozumieją, nic innego im nie imponuje – mówię o grupie kierowniczej. A znowu nasze komuchy mają odwrócenie tej postawy – strach przed Rosją, obłędny strach – stąd na przykład ten bzik z nieogłoszeniem sprawy granic diecezji. Tyle elementów złożyło się, aby „sprawa polska" stała się beznadziejna, a raczej, aby (nie bez pomocy samych Polaków) zniknęła z listy międzynarodowych problemów. „Porządek panuje w Warszawie" – a że to porządek idiotyczny, kogóż to obchodzi, jeśli nawet sami Polacy już się z tym pogodzili? Zresztą granicę nam uznano i w ten sposób „sprawa polska" straciła dla ludzi Zachodu resztkę patosu, resztkę wyrzutów sumienia. Patriotyzm bez patosu i uroku, patriotyzm sowiecki – oto na co jesteśmy skazani! I to wszystko dlatego, że na początku „ery atomowej" pierwsze atomowe mocarstwo świata nic nie zrozumiało!

26 lipca

A więc już trzeci dzień jestem w Witowie. Zostawiłem za sobą diabelskie w tym roku upały i dziwne święto 22 lipca, dziwne, gdyż nie wiadomo o co w nim chodzi, bo Manifestu lipcowego ani rusz nie czytają ani nie drukują – to tekst najwyraźniej zakazany i nigdy już do publicznej wiadomości podany nie będzie, choć z jego powodu jest całe święto. Oto właściwy cel naszej cenzury – sprawić, aby ludzie nie wiedzieli, jak naprawdę było, aby nie znali historii i atmosfery dawnych czasów. Absolutny Orwell – skąd on to wszystko tak genialnie przewidział? Myślę, że Rosja została z wiedzy historycznej wyzuta całkowicie – wiedzę zastąpiono wkuwaną do łbów wszędzie koncepcją interpretacyjno-selekcjonerską, eliminującą jedne fakty, a w specjalnym świetle przedstawiającą inne. U nas tak to krańcowo nie wygląda, bo ludzie mogliby się tego lub owego dowiedzieć, gdyby się uparli, w tym jednak rzecz, że nie bardzo chcą się dowiadywać, nie interesuje ich to, nie mają ambicji i odwagi cywilnej. Nie kijem go, to pałką, odebrano temu społeczeństwu zainteresowanie wszystkim, co nie jest doraźnym bytem, odebrano częściowo przez nadmiar głupiej frazeologii, która podcięła zainteresowanie wszystkim co „ideologiczne". Wyjałowiony naród – smutna rzecz. A w dodatku z tym bytem materialnym też jest kiepsko. Tu w Witowie widać to dobrze, wieś niby bogata, a brak najprostszych urządzeń, wody, porządnego sklepu, telefonów, nie mówiąc o „usługach" bardziej skomplikowanych. Cofnął się ten Witów, zamiast posunąć naprzód – tak to się kończy komunistyczne gadanie. Tyle że regionalizm góralski ze swą odrębną kulturą trwa tu dalej – jedyny dobytek.

Siedzę na odludziu, na samym szczycie wzgórza zwanego „Zagrody", całkiem tu samotnie, co mi na razie odpowiada – Lidia ma przyjechać albo Krysia czy Jerzyk, tylko nie wiadomo co zrobić z psem – słowem w życiu rodzinnym wielki zamęt. Ja jakoś nieświetnie się czuję i nie mam zwykłego „szwungu" do chodzenia w góry – może to minie, a może już starość? Całe życie spędzam właściwie w paru miejscach: Warszawa, Kraków, Wybrzeże Helskie (stare „polskie morze"), Podhale. Wszystko położone na linii Północ–Południe, raczej bez zbaczania na „strony". Aha, w wojsku służyłem na Wschodzie: Lidia, Nowowilejka. Ale to dawne i zatarte jak sen. Dziwna to rzecz spędzić młodość w jednej Polsce a starość w innej. Opisałem to zresztą aż za dokładnie w wiadomej powieści*, lecz mimo to dalej wydaje mi się dziwne. Dziwna chłopu wątroba... Ale cóż, ja znam tylko sprawy polskie, Polska to mój warsztat, jakże się tu nie niepokoić, gdy warsztat się zmienia i staje nieznany. To ciężki problem – zawodowy... Dlatego

---

* „Cienie w pieczarze", 1971.

może, dla zachowania jednak jakiejś jedności, trzymam się przynajmniej tych samych miejsc.

27 lipca

W związku z tym, co napisałem wczoraj, gnębi mnie myśl, czy należy się zabrać do nowej powieści. Warunków co prawda nie ma, bo za ścianą, gdy deszcz pada, głędzą bez przerwy, jak to tylko potrafią Polacy, gdy nie mają sobie nic do powiedzenia (aha, jeszcze Murzyni to potrafią – stwierdziłem to w pociągu do Amsterdamu, gadali po flamandzku...). Ale nie tylko o takie warunki chodzi, chodzi też o co innego: czy mam temat, czy znam dostatecznie fakty i realia dotyczące „Polski Ludowej". W ostatnim „romansie" wyzyskałem do maksimum moje doświadczenia z pracy w WAiF-ie oraz to co połapałem z prasy, ewentualnie z krótkich wizyt w „Niedźwiedziowie". Teraz brak mi trochę realiów, bo żyję na marginesie, w jedynych w Polsce, wyjątkowych warunkach („Tygodnik Powszechny") i właściwie jestem przez to osamotniony, odcięty od życia. Ze swojego osamotnienia też można zrobić powieść („Cienie"), ale tylko jedną – jak długo można o tym samym? Drobne spostrzeżenia i nastroje służą mi do felietonów, ale co z powieściami? Za swoje zadanie uważam utrwalić w beletrystycznej formie to co może zostać zapomniane, co wiadomo tylko tutaj, ujrzeć Polskę Ludową oczyma z wewnątrz patrzącymi, lecz zarazem swobodnie w sposób nie zniewolony czy urobiony, zachowując świeżość odbioru wszelkich tutejszych dziwactw i anomalii. Lecz jaką wybrać formę, aby rzecz była czytelna a zarazem prawdziwa? To bardzo niełatwe, możem ja już nieobiektywny, może już wsiąkłem w pojęcia tego sztucznego kraju i nie potrafię oddać ich obiektywnie w całej ich niecodzienności, osobliwości, grotesce? Mrożek to potrafi, choć ma o tyle mniej ode mnie doświadczeń, on ma właśnie tę mądrość formy, formy, która przemawia własnym, niepowtarzalnym językiem, jest zarazem tutejsza, krakowska i – światowa, uniwersalna. A ja nie mam takiej formy, ja muszę wszystko mozolnie wypisać, każdą myśl, każde zdarzenie i jeszcze wcale mi sugestywność sprawy nie wychodzi – dużo gadulstwa a sugestywność mała. Może to niedopasowanie do formy beletrystycznej, brak tego typu talentu – bo do publicystyki akurat mam talent, tyle że przez tę przeklętą cenzurę mogę to robić tylko w pewnej granicy. Powieść natomiast mógłbym w obecnej sytuacji (tak by się wydawało) uprawiać bez granic, mając wydawcę niezależnego, który w zasadzie wszystko przełknie, choć za to odcięty jest od czytelnika krajowego. Lecz właśnie ta wolność jakoś mi teraz staje kością w gardle – mogąc wszystko, nie wiadomo jak pisać. Stary w Paryżu też coś czuje, proponuje mi u siebie publicystykę, felietony, etc. Ale nie zdecyduję się na to – publicystyka w próżni to już za dużo – zresztą są tacy, Mieroszewski w „Kulturze", Pragier w „Wiadomościach" – i co z tego, choć piszą świetnie? Publicystyka jest dla doraźnej chwili, niezużyta przepada, powieść, choć na razie „niezużyta", ma jednak szansę przetrwania. Trzeba więc nadal pisać w próżni powieści, ale jakie, jak, o czym, z jakiej pozycji – wewnętrznej, zewnętrznej, wewnętrzno-emigracyjnej? Takie pytanie się nasuwa – trudne pytanie!

30 lipca

Jutro będzie już tydzień, jak tu przyjechałem. A poza tym obliczyłem, że minęło 45 lat od mojej pierwszej wycieczki w Tatry (!) odbytej chyba z doktorem Barańskim. Więc stary już człowiek potwornie! A jednak wcale mi się nieźle wczoraj szło: najpierw 12 kilometrów do Chochołowskiej, potem przez Iwaniacką Przełęcz do Kościeliskiej, całą doliną do wylotu i potem jeszcze kawałek do autobusu. Ma się jeszcze „formę", tyle że po prawdziwych skałach już bym chodzić nie mógł – lęk przestrzeni przyszedł z latami. Dziś byliśmy na odpuście we wsi Płazówka, biedniutki mały kościółek na zboczu, cudowna panorama Tatr, odpustowe kramy, gwizdawki, wystrzały – miłe to, ale biedniutkie okropnie. Niby górale mają się lepiej, Ameryka zasila, są nawet lodówki, ale przecież jakiż tu prymityw – toć takiego klozetu, jak tu jest, nie ma w całej Belgii czy Holandii, ba, w całej zachodniej Europie! No a ten cały bajzel turystyczno-gastronomiczny – to wręcz nie do wiary! Ludziom tego na własną rękę robić nie wolno, a państwo ma swoje zmartwienia – i nic naprzód nie idzie. No cóż, komunizm w akcji, „idea działa". Ale jak oni robią z życia gówno, z taką ogromną precyzją – toć niezwykła sztuka! Przed wojną, owszem, zdarzał się niedostatek, nawet dużo, ale jak już coś było zrobione, to było i przypominało Europę. A teraz? Najbardziej mnie ciekawi, jak oni będą wprowadzać ten komunizm w zachodniej Europie – właśnie towarzysz Marchais, komunista, i towarzysz Mitterand, socjalista, zawarli we Francji przedwyborcze porozumienie i ustalili, jak to będą upaństwawiać przemysł. Chciałbym to widzieć, w którym momencie zacznie się szerzyć bałagan i plajta i kiedy ci szanowni towarzysze zaczną coś rozumieć. Przyzwyczajeni do zachodniego dobrobytu podniosą wtedy wrzask (wszystko to, rzecz prosta, marzenia, bo chyba przecież tych wyborów nie wygrają), będą krzyczeć, że nikt im wcześniej nie powiedział, wtedy może zrozumieją, że nasza strona świata jest niema, nie może mówić. Zresztą oni nigdy nie chcą słuchać. Pamiętam kiedyś moją rozmowę z takim profesorem Escarpitim, pisującym wymądrzane felietoniki w „Mondzie" – traktował mnie jak reakcyjnego malkontenta i nie chciał o niczym słyszeć (było to w Warszawie). Niechby tak idiota pomieszkał trochę w Polsce, poczekał pięć lat na zapłacone spółdzielcze mieszkanie, poużywał innych uroków systemu – wtedy by mu się może rozjaśniło w główce. A co do opowiadania o tym, jak jest tutaj, to niewątpliwie człowiek mieszkający w kraju przestaje opowiadać. Pamiętam, jak Brandysowie w czasach żalu za grzechy skarżyli mi się, że nikt z tych co byli podczas wojny w Rosji nie opowiadał im prawdy – ani Paweł, ani Henio, ani Lewin (skazany na śmierć!), ani nikt. Ano tak – ten system nie jest do opowiadania, to tylko ja głupi chcę koniecznie opowiadać, jak tu jest – i w końcu znów dostanę za to w dupę!

À propos opowiadania, to rzeczywiście mam kłopot z koncepcją nowej powieści – w jaką właściwie formę umieścić teraz moją wiedzę o komunizmie? Nie chcę, aby była to znów powieść o „wyższej polityce", bo o tym nikt w tym kraju nic nie wie, to temat dla elity. I nie chcę o sprawach wyjątkowych, o Żydach na przykład – to znów za łatwo, jakiś tragiczny czy tragikomiczny samograj. Nie chcę eseju o wszystkim, czego próbowałem w „Cieniach" – chcę napisać normalną powieść z fabułą i postaciami, ale żeby dawała smak komunizmu, skrót mojej wiedzy o komunizmie. Jak to zrobić? Mrożek potrafił to zawrzeć w króciutkiej nowelce – o cholera!

A ludzie rzeczywiście nie wiedzą nic – wkręceni w swoją namolną codzienność nie wierzą, że w ogóle jakaś polityka istnieje – przecież w prowincjonalnej prasie nie ma nic, dosłownie nic. Ponadto na przykład wiadomość, że kierownictwo Ministerstwa Spraw Wewnętrznych było u Gierka. Ale przecież ani słowa o tym, że aresztowany w swoim czasie wiceminister Matejewski odebrał sobie w więzieniu życie – ludzie w ogóle zapomnieli, że taka sprawa kiedyś była! A Gerhard? Henio twierdzi, że wyrok na zabójców nie będzie zatwierdzony, że się ich będzie chować jako dowód rzeczowy, bo byli inspirowani przez dawne UB – dopiero potem się ich rąbnie. Może – ale kto się kiedy o tym wszystkim dowie prawdy? I jakżeż tu pisać powieści o takich sensacyjno-elitarnych nieprawdopodobnych historiach?!

Aha, jeszcze co do sprawy tego porozumienia socjalistów z komunistami we Francji. Rozumiem, że pilno im do władzy, że drażnią ich „rządy burżuazji", że robotników irytuje nierówność, bogactwo prywatne niektórych grup, jakie mają przed oczami. Ale nie rozumieją, że bogactwo to jest dowodem *prosperity*, właściwego owocowania systemu produkcji, jego blaskiem. Nierówność? – tak. Ale wprowadzając równość można uszkodzić sam system i wtedy – żegnaj, koniunkturo! Wtedy, owszem, może dojść do równości, ale jak powiedział Churchill, do równości w niedostatku. A przyczyny tego będą, jak u nas, tak skomplikowane, że źródła choroby się nie dojdzie – zepsuta zabawka nigdy już nie będzie z powrotem taka sama, tak urządzone jest życie – nie można w nim mieć wszystkiego naraz. Ale „równościowe" bubki nigdy tego nie pojmą – chyba po fakcie, gdy już będzie za późno. Dlatego właśnie nie warto im nic opowiadać! Po co się denerwować, kiedy oni sami chcą sobie ściągnąć na łeb nieszczęście. Proszę bardzo – niech i oni pocierpią!

6 sierpnia

Od dwóch dni piękna pogoda. Z domu ani śladu wiadomości, ani Jerzyk, ani Lidia się nie odzywają – zaczynam się niepokoić, jutro zadzwonię. Byłem wczoraj na wycieczce, na Grzesiu i Rakoniu, potem schodziłem „na dziko", choć postanowiłem już tego nie robić – ale tym razem jakoś udało się dobrze. W górach pusto, spotkałem trochę Niemców (z Drezna) i Czechów, Polacy tu prawie nie chodzą, za to w schronisku na Chochołowskiej siedzi kupa arogantów i mądrzy się. Wracałem z góralami wozem na sianie – wieczory już tu zimne, ale piękne. Jan Kielanowski choruje, wzdycha za górami, na razie dyskutujemy o muzyce, choć mnie to znowu tak najbardziej nie interesuje.

Andrzej Micewski przysłał mi tutaj swoją książkę o Dmowskim. Czytam i irytuję się – dużo pracy poszło tu na marne. Nie chodzi już o to, że mu kazali dopisać parę stron plujących, ale on sam z siebie powtarza w kółko jak katarynka, że Dmowski stawiał na klasy „burżuazyjne", że był przeciwnikiem „wyzwolenia ludu", że chciał oddzielić sprawy społeczne od spraw narodowych i tak dalej. Wystarczyłoby to raz powiedzieć, ale po cóż sto razy?! W dodatku napisał to na pewno nie tylko z asekuracji przed cenzurą, ale z półprzekonania – z dawnymi paxowcami to nigdy nic nie wiadomo, ależ skutecznie ich ten Bolo urobił! Świadomość klasowa! A w ogóle to sprawa wcale nie jest tak prosta. Polska sprzed I wojny to nie było społeczeństwo normalne i podatne na „rewolucję robotniczą" – w ogóle Polski nie było, tylko trzy grupy ludności spod trzech zaborów o różnej strukturze społecznej, zacofane, nieświadome. Ci co postulowali tu marksistowską rewolucję chcieli ją robić albo w ramach Niemiec (Kasprzak, Róża Luksemburg), albo Rosji (Dzierżyński, Marchlewski). Rewolucyjność nie miała dla nich nic wspólnego z ideą niepodległości, przy tym w PPS-Lewicy i w SDKPiL dużo było Żydów o mentalności internacjonalnej, wrogich polskości. To znów problem ciekawy: Żydzi w tym społeczeństwie zawsze żyli w innej, bardziej zaawansowanej fazie socjologiczno-strukturalnej niż reszta narodu. Społeczeństwo było wiejskie, szlachecko-chłopskie. Żydzi trudnili się handlem i rzemiosłem; społeczeństwo zaczynało być mieszczańskie, Żydom już roił się wielki przemysł i działalność międzynarodowa. Zawsze byli o stopień ewolucyjny dalej, a w początku naszego stulecia wielu żydowskich inteligentów wyobraziło sobie, że przyszłością jest marksizm, wobec czego, wierni swemu instynktowi wyprzedzania i prekursorstwa, rzucili się, aby go tworzyć w Polsce – i przeciw Polsce. Znałem jeszcze ludzi z PPS-Lewicy (znałem aż za dobrze) w gruncie rzeczy idea Polski normalnej i niepodległej była im zawsze obca. Pomyśleć, że jeszcze po II wojnie, po tragedii Żydów znalazła się w Polsce grupka niedobitków – Kottów, Jastrunów, Ważyków, nie mówiąc o Borejszach czy Bermanach, którzy jęli się tu pchać do marksizmu i ćwikać nim w oczy zgnębionemu wojną i nową niedolą społeczeństwu. Właściwie prawie wszyscy Żydzi zaczęli to z początku robić – taki ich instynkt, żeby być w przodzie... Cóż dziwnego, że Dmowski, uważając ich za kolporterów obcych idei dostał na ich temat manii (wstręt rasowy zresztą też odegrał tu rolę). Właściwie najskuteczniej oddziałał Piłsudski: rozwalił marksistowski socjalizm od środka, robiąc rozłam w PPS. Potem, wraz z Daszyńskim i Moraczewskim odizolował „internacjonalistów" i stał się ojcem nowej patriotycznej PPS, no a przypieczętował wszystko rokiem 1920, dając nam dwadzieścia lat niepodległości i wolności od komunizmu. A wcale przy tym nie popadł w skrajną reakcyjność czy głupio uogólniającą manię antyżydowską, która rzeczywiście szokuje u Dmowskiego.

Ale w tym wszystkim Andrzej nic nie napisał, bo nie mógł, za to tak naszpikował książkę „wstecznictwem" klasowym Dmowskiego i jego niechęcią do „wyzwolenia społecznego" (to niby dziś jest to wyzwolenie?), że w rezultacie tego wyszedł jakiś zakłamany sąd nad Dmowskim, z pozycji ortodoksyjnej historiozofii komunistycznej, bo nie potrafił zaznaczyć różnicy między swoim a komunistycznym punktem widzenia. Biedny Andrzej, biedna książka – a mówiłem mu, że tego się w kraju napisać nie da. Ale tylko w kraju wydaną książkę ludzie czytają – błędne koło!

A swoją drogą w tych Żydach siedzi jakaś iskra! Jest taki krytyk muzyczny Mirosław Kondracki, który samotnie tkwiąc w Bielsku pisuje szczegółowo i z rozmachem o cudach amerykańskiej muzyki elektronicznej. I oto mój tutejszy sąsiad Leon Markiewicz, muzyk z Katowic, mówi mi, że to Żyd. Samotny Żyd na polskiej prowincji to dziś sytuacja niełatwa – a ten jednak też jest prekursorem. Naród wybrany, czy... Sam nie wiem! I pisać o Żydach obiektywnie nie sposób po hitlerowskiej masakrze. A swoją drogą Dmowski tak ogłupił endecję sprawą żydowską, że partia ta już do końca nie potrafiła zdobyć się na rozsądną myśl polityczną – nawet w czasie okupacji byli jeszcze antysemitami. A mieli rolę do odegrania: w odpowiednim momencie przyznać się do dawnej prorosyjskiej linii Dmowskiego, uaktualnić ją, opowiadając się jednocześnie przeciw komunistycznemu ustrojowi w Polsce. Stalin pewien czas szukał takiej „finlandyzującej" partii, zanim się połapał, że Roosevelt z głupoty odda mu wszystko. Tak, nie było po wojnie prawicowej grupy prorosyjskiej – dopiero Bolcio Piasecki wypełnił tę lukę, ale po swojemu, „czerwono". A szkoda! Niestety, endecja po 1918 roku nigdy nie zdała egzaminu z działania, choć miała przecież taki wpływ na opinię i młodzież. Zawalili wiele spraw – jak i Witos. Ale cyt – świętości nie szargać... Biedny Andrzej!

7 sierpnia

Dziś ładne słońce, ale czułem się zmęczony i nie wychodziłem, leżąc na słońcu na leżaku. Listu z domu dalej nie ma, po obiedzie jadę do Zakopanego zadzwonić. Książka Andrzeja bardziej mi się podoba w partii dalszej, wojennej (I wojna oczywiście). Tam gdzie opisuje on kombinacje czysto taktyczne, niejako szachowe, pozaideowe (np. dyskusje i przetargi wersalskie), tam jest w swoim żywiole, wykazując bystrość i nawet głębokość spojrzenia. Tam za to gdzie czuje się zobowiązany pisać o sprawach „społecznych", pisze puste komunały, bez przekonania czy niekompetentnie. Zresztą czy całkiem bez przekonania, to, powtarzam, nie wiadomo, ale za to na pewno bez kompetencji, bo przyjmuje na wiarę sztywny, *post factum* przyjęty „klasowy" gorset marksistowski, który wymaga naciągania wielu faktów i to właśnie społecznych, klasowych, bo nic się w Polsce pod tym względem „prawidłowo" nie rozwijało. Ale wysiłek ukazania prawdziwego Dmowskiego w tej książce jest wzruszający, bo przykryty całą masą taktycznych ornamentów, przykryty na szczęście niezdarnie, bo wobec niezdarnej cenzury. A swoją drogą zniszczenie i wykrzywienie dziejopisarstwa narodowego, tyczącego się czasów najnowszych, to wielka klęska i degeneracja społeczna, tak samo jak niemożność uprawiania publicystyki. Powoduje to piśmienniczą degenerację, jedną z postaci tej degeneracji są moje felietony, degeneracji zresztą kunsztownej – cały kunszt, niewidoczny zresztą dla czytelnika, skierowany jest na wyminięcie i zmylenie cenzury. Tymczasem stary Książę obraził mnie w Brukseli, powiedział, że uważa mnie przede wszystkim za majstra od form małych. A powieści, które on wydaje, a do których ja także przywiązuję znaczenie?! Hm – takie jest życie.

À propos jeszcze Dmowskiego – myślę, że miał duże szczęście, umierając w 1939. Jak bowiem ustosunkowałby się do realizacji swej idei o walce „świata Ariów" ze „światem semickim", zrealizowanej przez Hitlera? Byłoby to istne, kompromitujące pomieszanie w głowie i w moralności – a tak, gdy umierał, zdawało mu się, że jest monolitem. Dziwny zresztą działacz i mąż stanu, rzeczy arcymądre sąsiadują w nim z arcynonsensami. Jak zwykle zresztą w dziwnej Polsce. Ale Piłsudski był jednolitszy – może dlatego, że z Kresów, uformowany jedną myślą, jedną ideą, jednym nastrojem.

10 sierpnia

Lidia przyjechała niespodziewanie, bo depesza nie doszła. Spotkałem ją (Lidię) przypadkiem w Zakopanem. Następnego dnia byliśmy znów w Zakopanem i spotkaliśmy Myślika z żoną i synem. Opowiadał mi jeszcze szczegóły na temat owego nieprawdopodobnego stosunku władz do sprawy stworzenia przez Watykan nowych polskich diecezji, dostosowanych do nowych granic. Wydawałoby się, że partia powinna z punktu chwycić okazję i zadąć we właściwe im surmy propagandy, że oto za ich rządów dokonała się historyczna decyzja, że to oni zrobili dla Polski i polskiego katolicyzmu. Naprawdę, okazja to niemal do wkradnięcia się w łaski katolickiego społeczeństwa. Ale na szczęście komuniści gierkowscy okazali się na to za głupi i za mali (może Gomułka, choć też głupi, ale na inny sposób, chwyciłby tę okazję?). Zaczęli się kwasić prestiżowo i kwaszą się po dziś dzień. Myśleli, że dostaną Bóg wie co, a tu szach-mach i po wszystkim. Papież się spieszył, zanim Niemcy zaczną cokolwiek mówić, walnie pomogło mu oświadczenie Döpffnera (kardynała Monachium), złożone wobec delegacji „Znaku" – ale to też źle, bo komuchy nie chcą nikomu niczego zawdzięczać, a już zwłaszcza nie „Znakowi". No i doszło do tego, że społeczeństwo polskie nie wie nic pewnego o nowych diecezjach, choć ordynariusze zostali już mianowani i intronizowani. Głupota komuchów jest w tym wypadku tak bezbrzeżna, że aż wierzyć się nie chce!

Prasa zachłystuje się wciąż doskonałą rzekomo sytuacją gospodarczą, tytuły pism głoszą, że czyni się wszystko dla spełnienia „potrzeb bytowych ludności". Abstrahując od owego przygłupiego stylu powiedzieć trzeba, że dla owych „potrzeb bytowych" zrobi się wszystko, z wyjątkiem naruszenia świętych kanonów ustroju. Bowiem jednym z fundamentalnych czynników poprawy „warunków bytowych" jest rozwój usług, a żeby usługi mogły się rozwijać, muszą być indywidualne, nie zaś kolektywne. Rzemieślnik, sklepikarz, restaurator, rybak powinni być „uprywatnieni", wtedy by to może ruszyło, ale o ile komuniści raz kiedyś zrozumieli, że rolnictwo w Polsce musi być indywidualne, bo inaczej głód i bałagan (to chyba Gomułka zrozumiał), o tyle ta sama sprawa w innych branżach nie ulega zmianie, a permanentny niedowład usług zatruwa „ludności" życie. Tak więc ich ofiarność dla dobra narodu nie sięga tak daleko, aby naruszyć święte a przegłupie zasady ustroju. Świętość to świętość i kwita! Cóż z tego, że produkcja dla rynku, rybołówstwo, handel, gastronomia, rzemiosło w warunkach państwowej centralizacji są niesprawne, marnotrawcze, niewygodne – celem nie są one, lecz socjalizm, trzeba więc czekać aż się usprawnią. Zresztą Polskę zaludnia już pokolenie, które nie wie, że winien jest ustrój i że w ogóle mógłby istnieć tutaj inny ustrój: klasy społeczne tworzyły się przez wieki, odtworzyć je ni stąd, ni zowąd się nie da. A więc klamka zapadła, wszyscy tak uważają, nawet nasi „przyjaciele" z kapitalistycznego Zachodu, którzy mówią, że jak u nas coś nie idzie, to wina braku zdolności organizacyjnych u Polaków. Słowem – nikt nas od tego ustroju w jego rosyjskiej postaci nie uwolni, za nim idzie nieuchronnie zacofanie techniczne i niż cywilizacyjny. Nawet, o polski paradoksie, prywatna gospodarka chłopska uzależniona od nieudolnych instytucji państwowych obsługujących rolnictwo mieści się w tym niżu, już doń przywykła, stała się jego elementem. Tu na góralszczyźnie widać to doskonale!

Jaka jest praprzyczyna, główna wada tego przedziwnego systemu? Według mnie praprzyczyna leży w połączeniu władzy politycznej z gospodarczą i oddanie tego syntetycznego instrumentu w ręce grupki dyletantów z centrali oraz zależnej od nich hierarchii małych dyktatorków terenowych – sekretarzy wojewódzkich i powiatowych. Gdy się słyszy, o jakich sprawach ci sekretarze decydują, od najbardziej fachowych szczegółów technicznych (np. przestrzenna organizacja terenu), aż po kwestie psychologiczne i religijne, to aż się w głowie kręci. W kapitalizmie też się trafiają politycy-dyletanci, bo polityka to uzdolnienie i czynności bardzo specjalne, ale o sprawach gospodarczych decyduje tam cała ogromna kadra prywatnych fachowców-przedsiębiorców, technokratów, dyrektorów banków. A tutaj grupa partyjnych dudków dostała prawo decydowania o wszystkim – istny surrealizm. Wszyscy nasi entuzjaści postępu technicznego i wynalazczości, na przykład redakcja dodatku do „Życia Warszawy" pt. „Życie i nowoczesność" we wszelkich swych niby światoburczych i odważnych wywodach usilnie pomijają sprawę, k t o u nas decyduje o wszystkim, kto i jaki system czyni bezsilnymi wszelkich fachowców i wynalazców. Rządzi grupa dziwacznych bałwanów zasłaniająca się „planem" i wymaganiami sytuacji politycznej – wobec połączenia polityki z gospodarką i wobec tajności polityki u nas, ci prawem kaduka rządzący wykręcą się zawsze od jakiejkolwiek odpowiedzialności. Zabudują kraj przestarzałą szpetotą, pchną przemysł w kierunku inwestycji nierentownych i przestarzałych i – nikt ich za to nie ukaże, bo są nieodpowiedzialni, nieuchwytni i – w istocie – nieznani. Być rządzonymi przez nie wiadomo kogo – oto paradoks. Lecz nikt już nie uważa tego za paradoks, nikt nie wie, że mogłoby być inaczej.

Skończyłem książkę Andrzeja o Dmowskim, jest nierówna,

popsuta przez cenzurę, niejasna, przyczyni się do jeszcze większego pomieszania pojęć. Ale bądź co bądź jest to pierwsza książka o Dmowskim wydana w Polsce, legalnie po wojnie...

Byłem na Hali Gąsienicowej, na Miętusiej i jeszcze paru miejscach. Wczoraj przyszła wiadomość, że Jerzyk dostał paszport i jedzie za miesiąc do Paryża. A więc dobry pan Gierek, chi, chi – tylko co z moją Ameryką? A Gierek w październiku jedzie do Paryża i Wacek z Markiem mają z tej racji grać tam na jakimś koncercie. A to ci heca!

15 sierpnia

Czytam stare, bo sprzed dwóch, trzech tygodni numery „Mondu", które Lidia przywiozła z Warszawy. Różne tam są irytujące wiadomości. Na przykład, że komuniści francuscy, po zawarciu przedwyborczego porozumienia z socjalistami musieli ustosunkować się do idiotycznych procesów politycznych wytaczanych teraz różnym dubczekowcom w Pradze. Zmuszeni więc „wyborczą koniecznością" napisali do towarzyszy czeskich list, że bardzo się dziwią, iż walkom ideologicznym nadaje się charakter karnych procesów, że to sprzeczne z „socjalistyczną demokracją", która zakłada prawo do opozycji, do strajków, wolność słowa i zgromadzeń etc., etc. A więc przez pięćdziesiąt lat nic się widać w „socjalistycznych" państwach złego nie działo, także w innych, poza Czechosłowacją, krajach „ludowych" wszystko jest w porządku, tylko bracia Czesi troszeczkę się zagalopowali. Bezczelne to jest absolutnie: oni w ogóle mają nas ze Wschodu głęboko w dupie, a odezwą się na nasz temat, gdy ich do tego przymuszą wewnętrzne kombinacje polityczne. Życzę tym Francuzom stu lat komunizmu, skoro się do niego tak palą.

Inna wiadomość to reportaż z Niemiec Zachodnich, z którego wynika, że mimo dobrobytu i imponującego rozwoju jest tam coraz więcej marksistowskiej opozycji, a już wśród młodzieży od marksistów aż się roi. Co to za cholery ci Niemcy – mieli hitleryzm, teraz chcą mieć marksizm, zawsze jakiś „izm" – żyć bez tego nie mogą. I im życzę stu lat komunizmu.

Chińczycy przyznali się już do sprawy Lin-Piao: miał inne poglądy niż Szef i Czou En-Laj na sprawę zbliżenia z Ameryką, więc musiał odejść, a raczej wiać samolotem do Rosji, gdzie go strącono, czy też sam spadł. Ale ciekawe, że „lud" chiński ma prawo dowiedzieć się o tym dopiero teraz. Dlaczego w krajach „burżuazyjnych" można mieć różne zdania i dyskutować na ich temat, nawet na temat, czy prezydent nie jest przypadkiem idiotą i oszustem, natomiast w „wolnych" krajach proletariackich mając inne zdanie od głowy państwa można sobie tylko po kryjomu w łeb strzelić. I nikogo jakoś to nie dziwi, ani nikomu nie daje nic do myślenia, tym rozpyskowanym francuskim komunistom też nie. Świat jest jednak bardzo niepoważny.

Z naszej prasy też się można uśmiać – zresztą już mnie to przestało bawić, czasem tylko jeszcze prychnę. Na przykład ostatnio PAP podaje, że Amerykanie stawiają jako warunek „zaprzestanie rzekomej infiltracji wojsk Wietnamu Północnego na południe". Obok, dwa wiersze niżej podane jest, jak to „armia wyzwoleńcza" bombarduje Hue i okolice Sajgonu. Więc rzekoma czy nie rzekoma infiltracja?!

Wchodzi na tapetę sprawa międzynarodowej telewizji. Rosja ogłosiła, że jest jak najbardziej za jej wymianą i swobodą, ale... domaga się kontroli nad programem przed dopuszczeniem go na swój teren, czy on aby przypadkiem nie zakłóca międzynarodowej harmonii i przyjaźni. Cha, cha, koń by się uśmiał! Ale Zachód zgodzi się i na to. Oni stracili godność, chcą tylko spokoju. Oto skutki bomby atomowej – degeneracja duchowa. I pomyśleć, że Ameryka mając tę bombę w ręku, nic z niej nie umiała politycznie wykrzesać. Ależ durnie, potrójni durnie! Ratuje ich tylko, że Chińczycy boją się Rosji i wolą się sprzymierzyć z daleką Ameryką niż z sąsiedzką Moskwą. Żeby nie to, żeby było przeciwnie, to już by było po naszym kochanym Wuju Samie.

Ale dość tych wytrąbianych refleksji, bo oto ważna (dla mnie) wiadomość: zacząłem nową powieść [„Śledztwo"]. Będzie ściśle polityczna (kiedyż wyzwolę się z tej obsesji!) i współczesna. Jak zwykle u mnie, mam osnowę „ideową" oraz postacie, mgliste mam natomiast pojęcie o akcji – ona przyjdzie potem (albo nie), w miarę jak postaci żyć zaczną swoim życiem. Będzie więc co robić na najbliższe dwa lata – a już się martwiłem brakiem pomysłu. Pomysł przyszedł – z rzeczywistości – nasunął mi go pewien partyjny młody człowiek. Koncepcję całości mam, szczegóły się wypracuje – w imię Boże! A jednak się kręci! Piszę te słowa wieczorem, Lidia poszła na góralskie „ognisko", ćmy dokuczają okropnie, ale w duszy nadzieja na ciekawą robotę. Aby się tylko nie spieszyć i nie pisać „pod wydawcę". Pisać trzeba dla siebie, dla własnego sumienia.

Zresztą wydawca (wiadomy) to zrozumie. Niechże ktoś chociaż w tym kraju pisze nie dla sławy i kariery, lecz dla swojej prawdy. Komunizm zmusza do wyrzeczeń – może to i dobrze. Tylko – czy nie za mały i za jednostronny mam talent?! Oto jest problem! Ale nie ja będą go rozstrzygał.

20 sierpnia

Deszcz leje niesamowity już parę dni, jak to tylko w górach potrafi. Z drogi zrobiła się rzeka, na obiad dojść nie można. Rano byliśmy na odpuście w Chochołowie, piękna msza, wielu księży, dobre kazanie, kościół nabity góralami. A swoją drogą patrzę na tę góralską gospodarkę rolną i płakać się chce. Z sianem pieprzą się długie tygodnie i zawsze im w końcu deszcz zaleje. Pólka podzielone, dziedziczne, nieraz wiele kilometrów jedno od drugiego, jadą tam cały dzień, często niepotrzebnie. Hodowla marna, niefachowa, całe masy czasu tracą na pasienie, zła organizacja, nieudolność. A przecież forsę mają, dolary, mają lodówki, pralki, tylko że nikt ich nie potrafi nauczyć nowoczesnej gospodarki, a oni są konserwatywni i sami z siebie nic nie zrobią. W tym jest i pewien ich urok, odporność ich regionalnej kultury, ale swoją drogą płakać się chce patrząc, jak oni prymitywnie żyją – zwłaszcza w taką pogodę jak obecna!

Nikt ich nie potrafi nauczyć, otóż to! Zastanawiam się, jak mało wychowawczy, nieatrakcyjny i niesugestywny jest u nas marksizm – kiedyś, w „żydowskich" czasach była jeszcze jakaś żarliwość, teraz nie ma. Ostatni, którzy próbowali ożywić marksizm, tchnąć weń jakiegoś ducha, zbliżyć do ludzi, dać mu nowe ciepło, to byli Kołakowski i jednak Schaff. A właśnie ich bezbłędnie zlikwidowano, zmuszono do milczenia i wypchnięto. Ten system niszczy sam siebie – dla polityki, dla władzy. Głupie to – ale konsekwentne i bezlitosne.

Dziś było to „spotkanie wczasowiczów z ludnością", organizowane przez krakowski „Dziennik Polski". Mnie też chcieli wziąć, ale się nie zgodziłem. Nie chcę mieć nic wspólnego z prasową fabryką kłamstwa. À propos: przyjechał tu z Nowej Zelandii dawny lotnik, który pilotował niegdyś (w 1944) ową angielską dakotę, która tak dramatycznie lądowała pod Tarnowem. Tańczył koło niego ZBoWiD, były spotkania, fotografie, wywiady, tyle że ani słowem nie wspomniano, kogo on wtedy z Anglii przywiózł, a kogo wywiózł ze sobą. Przywiózł kuriera z Londynu Jana Nowaka Jeziorońskiego, a wywiózł Arciszewskiego i Rettingera. Tylko że o tym ani słowa – hu, cha, cha!

Czytałem tu sporo o Gombrowiczu, próbowałem czytać nieznaną powieść Witkacego („622 upadki Bunga") i doszedłem do wniosku, że pisarze jak Witkacy, Kafka, Gombrowicz, Schulz mają nad pisarzami takimi jak ja ogromną przewagę: są patologicznie nadwrażliwi, psychopaci, wobec czego wszystko przeżywają silniej, prędzej, sugestywniej, stąd są w swoim pisaniu tak intensywni, odczuwają świat mocniej i głębiej, bo boleśnie, tragicznie. A ja na przykład to właściwie śpię, do pisania muszę się budzić, kombinować, planować – nie ma tej boskiej spontaniczności ludzi nadwrażliwych, jest rozsądek, rezonerstwo, racjonalizm. Taką mam pisarską skórę i nie wyjdę z niej – nędzny wyrobnik, do tego właściwie pogodny.

Kończę pamiętniki Speera, to książka niesamowicie ciekawa, ale straszna. Hitler wychodzi z niej jak żywy, ale okropny – drobnomieszczański, płytko egoistyczny, drugorzędny magik. A otoczenie potworne – i tak cud, że się znalazł jeden Speer, który był młody, przeżył to wszystko ze swoim zapałem (czego nie ukrywa), potem klęska, 20 lat więzienia i jednak – wszystko opisał. To ważna książka – bardzo. Choć wszystko już minęło i nawet straszliwa zbrodnia na Żydach została niemal zapomniana – a przecież do dziś nie mieści się ona w głowie. Więc to wszystko minęło?! Niepojęte!

26 sierpnia

A więc jutro wracamy do Warszawy – całe szczęście, bo tu zimno okropnie. Tak dobrze znam górali i to od lat najwcześniejszego dzieciństwa, a jednak pierwszy raz tak bardzo poruszyły mnie ciężkość i prymitywizm ich życia – okropny tu w gruncie rzeczy klimat, z którego zresztą my zrobiliśmy sobie „lecznicze powietrze". Ale żyć w tych ich chałupach, gdzie wprawdzie jest już elektryczność, ale brak tylu innych rzeczy, przy tych drogach, w błocie, wodzie, śniegu – i z tą 9-miesięczną zimą – to przecież trud ogromny. Szymanowski napisał kiedyś, że przez ten trud życia ukształtowała się sztuka góralska, tak bardzo trwała i hieratyczna w swych surowych formach. Możliwe – oni żyją w swoim świecie, uparcie trzymają się tradycji, nie chcą dać jej sobie wyrwać – ale do Ameryki się palą i – wbrew legendzie – nie wszyscy z niej wracają, choć nie brak i takich. Ale rodzinom pomagają wszyscy, przysyłają dolary – stąd relatywny dobrobyt Podhala. Dobrobyt dziwny: mogą mieć auto czy motor, ale nie będzie klozetu – o tym nie ma mowy. Lud zdolny, inteligentny, dowcipny, a jednocześnie okrutny (np. dla zwierząt), egoistyczny, zajęty sobą, choć tak ciężko żyjący. Czy kochają Polskę? Hm. Ale właściwie, jaką Polskę kochać – chyba tę Polskę z marzenia, tylko że marzenia też się zmieniają. Jest pewno marzenie oficjalnie polecane, mit Polski wycinankowej, ze Stryjeńskiej, z Mazowsza, plus trochę polskoludowej frazeologii. Oni to, owszem, lubią trochę, ale w gruncie rzeczy wydają mi się patrzeć na sprawy polskie z daleka, z perspektywy. Jakiej? Bardzo specjalnej. Mikroklimat góralski tyle razy był opisywany, a jednak daleko jeszcze do wyczerpania go.

Umarła Anna Morawska, o której dużo złego ostatnio pisałem, nawet w najostateczniejszym felietonie, który, mam nadzieję, redakcja odpowiednio okroi. Ale choć umarła, nie mogę o niej napisać dobrze – była to „postępowa papuga", jak ją wyuczyli w PAX-ie, tak już została, sądzę, że swymi banałami i truizmami, zaszkodziła „Tygodnikowi" nielicho, czego Jerzy nie dostrzegał. Ale śmierć jest śmiercią – przykro mi się zrobiło, bo jest coś „z innego świata", gdy w zajadłe, doczesne polemiki włącza się nagle i niespodziewanie – element wieczności.

Zaczęła się olimpiada. Komuchy chcą przy niej upiec swoje różne pieczenie, wymyślając, na przykład, ile sił na „Wolną Europę". Ale Nixon jej nie daje, przedłużył subwencję, brawo! Murzyni zagrozili bojkotem olimpiady, jeśli weźmie w niej udział Rodezja. Moim zdaniem to dopiero jest zaprzedawanie sportu w niewolę polityki, ale Komitet Olimpijski się ugiął – no bo by powiedzieli, że znów olimpiada w Niemczech jest rasistowska – no i do tego straty finansowe ogromne. Ale szkoda – raz byłaby olimpiada „biała" (cha, cha!).

Byłem jeszcze wczoraj na Siwej Przełęczy, w czasie mgły białej jak mleko. Ale to już kres moich taternickich możliwości, na wysokogórskiej przełęczy źle się czuję otoczony przestrzenią ze wszystkich stron i wiedząc, że nie ma zejścia, tylko otwarta stromizna. Nie orzeł już z człowieka, ha!

3 września

Więc już tydzień w Warszawie – wkolejam się powoli w tutejszy uporządkowany bałagan i marnację czasu. Wczoraj były imieniny, przyszło sporo osób, tych samych co zawsze, plus Stach Stomma (!), Myślik i Hania Rudzińska (!!). Był też Władek Bartoszewski – oddali mu w większej części jego archiwum książkowe i twierdzą, że zakaz cenzury wobec jego nazwiska nie istnieje. A więc jednak on miał rację a nie ja – uporczywą walką udało mu się wygrać nawet z ubekami. Był też Zygmunt Mycielski – dostał wreszcie emeryturę, wraz z odznaczeniami ponad trzy tysiące – to już coś. Ale jakoś nie chciało mi się z nimi gadać, za dobrze ich znam, a w ogóle to chyba odzwyczajam się od gadania i robię nerwowy – właściwie chcę tylko pisać, a szkoda mi czasu na gędzenia – może to dowód starości. Drażnił mnie Henio ze swoimi starymi dowcipami, a ze Stommą nie mam o czym gadać – bo z Jurkiem Suszką przynajmniej o toczącej się olimpiadzie, na której zresztą nieświetnie nam idzie.

Tymczasem różne historie około mojego wyjazdu do Ameryki. Są dwaj nowi Amerykanie w ambasadzie, obaj polskiego pochodzenia. Dostali oni list z Waszyngtonu, gdzie znów interweniował Brzeziński w sprawie mojego przyjazdu. Byłem nawet u nich na kolacji (byli Słonimscy i prof. [Wiktor] Weintraub z Ameryki), okazuje się, że Jerzy Turowicz ma już paszport i niedługo jedzie – a ja nie, Słonimski jedzie, Kijowski jedzie – a ja nie. Wobec czego wybrałem się do Ministerstwa Kultury, gdzie z wiceministrem Płazą jestem na „ty". To zupełnie sympatyczny ubeczek od wymiany zagranicznej, cwaniak, ale bez żółci, choć na pewno jak trzeba, to i chamowaty być potrafi. Obiecał mi się dowiedzieć o tę moją Amerykę i zadzwonić. Powiedział: – Jak ci zadzwonię „daj sobie spokój", to wiedz, że rzeczywiście trzeba dać spokój – ja cię nie nabiorę! Lubię takie szczere gadki – *vivat* Boguś Płaza! Ubecy mają to do siebie, że nie dyskutują merytorycznie, lecz tylko taktycznie – ma to swoje zalety!

Tymczasem wielka heca rozrabia się w Związku Kompozytorów z powodu „Warszawskiej Jesieni". Od szeregu lat młodzi kompozytorzy sowieckiej awangardy przysyłają, zwykle przez prywatne okazje, swoje partytury do Polski – szereg tych rzeczy było granych na festiwalu. Dotąd jakoś to tolerowano, gdy oto nagle wybuchła awantura. Rosjanie wyrzucają tych młodych ze swojego związku, kazali też wycofać utwór młodego Denisowa, który miał być grany przez orkiestrę belgijską, a którego partytura przywieziona została do Warszawy prywatnie. Oczywiście Rosjanie nie wystąpili bezpośrednio, lecz do naszego Ministerstwa Kultury, które kazało utwór zdjąć – kazało bardzo brutalnie. Jednocześnie narzucono utwór

Chrennikowa, sekretarza ich związku, grafomana i zacofańca, który przyjeżdża z wielką paradą, będzie grał ten swój koncert fortepianowy na „Jesieni", a potem ma być dyskusja z całą sowiecką ekipą kompozytorów i muzykologów. A więc znowu jakiś paroksyzm, nawrót żdanowskiego „socrealizmu". Pomyśleć, że oni tą swoją awangardą zrobiliby sobie ogromną propagandę i w ogóle furorę na Zachodzie – ale oni wcale tego nie chcą i nie potrzebują! Chodzi im o wewnętrzne utrzymywanie duchowego życia kraju w bezruchu, od tego, jak sądzą, zależy bezpieczeństwo ich władzy – każdy żywszy ferment, nawet w muzyce (!), grozi, ich zdaniem, rozsadzeniem ich władzy od środka. Ostrożni a jacy przewidujący! Ale bzika mają nielichego – z artylerią na muzyczne komary! A nasz komitet festiwalowy wije się jak glista – podobno Lutos groził dymisją, ale nie – oni nie odegrają roli lwów. A Płaza powiedział mi „taktycznie": nie będziemy robić reform w muzyce radzieckiej, to nie nasza sprawa! Hm. A przecież „duch wieczny rewolucjonista" nakazywałby pomóc braciom ruskim w rozsadzaniu swego więzienia. Tylko że nikt nie chce wziąć na siebie ryzyka!

10 września

Jestem w Bydgoszczy, grają tu znowu mój „Cosmos" z racji otwarcia festiwalu muzyki dawnej (!). Pobyt mam zepsuty przez niewygodne buty, które pierwszy raz włożyłem – że też człowiek zależy od byle fizycznego szczegółu! „Cosmosem" dyryguje młody nie znany mi dotąd dyrygent Radwan, chce dobrze, ale oni nie zawsze mogą. Właściwie jest to utwór niepraktyczny, drugi tego rodzaju po „Divertimencie". Niepraktyczny w sensie wykonawczym – dawniej pisałem same rzeczy „murowane", tu spróbowałem poszaleć trochę z fakturą instrumentalną i z komplikacją rytmiczną. Skutek: nie mogą grać, to znaczy mogą, ale musieliby popracować nie w limicie normalnych zajęć i prób. Będę teraz znowu pisać „praktycznie", tyczy się to symfonii, którą właśnie rąbię dalej, a którą postanowiłem nazwać „Symfonia sceptyczna".

Ten Radwan studiował w Moskwie, opowiadał mi, jakie tam jest nerwowe życie, przeniknięte zgoła niedemokratycznym zhierarchizowaniem i ciągłą walką wszystkich przeciw wszystkim o stanowisko i dobrą opinię. Dalej trwa Rosja carsko-czynownicza z Gogola i Szczeredina (a także Zoszczenki!), ale świat nic o tym nie wie, myśli, że to socjalizm. Głupota to największy błąd i wróg ludzkości, zwłaszcza głupota przybrana w szaty instytucjonalne i dogmatyczne!

Na olimpiadzie niesamowita historia: komandosi arabscy porwali zawodników Izraela, policja niemiecka chcąc rozładować sytuację doprowadziła do... wybicia wszystkich razem. Niebywałe i co za bzdura: mordować Żydów w Niemczech, to znaczy wściec wszystkich, a zwłaszcza Brandta – istny pech! Do tego przerwano olimpijską zabawę, do której wszyscy, z Rosją na czele, bardzo się już zapalili. Głupie te Araby i nieobliczalne – żądali wypuszczenia 200 więźniów palestyńskich. A Gołda Meir wcale się do tego nie paliła. Niezdarność niemieckiej policji (którą kierował minister spraw wewnętrznych) może Brandta kosztować wybory. A to dopiero! W ogóle zaś coraz na tych olimpiadach więcej polityki, a wywołują rzecz „kolorowi". Nie ustępowałbym im, jak ustąpiono w sprawie Rodezji – od guziczka do rzemyczka. Polakom na olimpiadzie nie szło, a tu nagle brodacz Komar zaiwanił w kuli złoty medal. Chi!

Nie pisałem o tym, że 20 000 sowieckich doradców musiało opuścić Egipt. Widać Sadat zrozumiał, że chodzi tu o rywalizację wielkich mocarstw, nie o niego. To, czego nie mogą zrozumieć Wietnamczycy, niszczący swój kraj w przypływie heroicznej głupoty. Za to Izrael to przykład, rzadki dziś wśród „białych", prymatu idei narodowej. U nas za to, mimo ciągłego szermowania hasłami patriotycznymi, idea narodowa, ba, godność narodowa zanika. Przykładem Ludwik Dembiński, autor naszej rubryki „Glob się obraca", z którym ostatnio polemizuję. Ten facet nie jest przygnębiony niewolą, nie czuje się upokorzony brakiem spraw politycznych, uważa, że wszystko jest w porządku, bo on może pisać swoje „internacjonalne", wylizane komentarze. Wylizane na sposób postępowy, taki polecany przez Moskwę a aprobowany przez „postępowców" z „Le Monde'u". A gdzie Polska? O to nikt nie pyta!

Był pan Obrączka ze Śląska, biograf naszej rodziny – wywęszył mnóstwo szczegółów z takiej przeszłości, że aż się w głowie kręci. Są tam też sprawy tajne i drastyczne – chi, chi! On wie wszystko...

O paszporcie do Ameryki nadal nic nie wiadomo, „Boguś" Płaza nie dzwoni – ciekawe. Złożyłem też papiery do NRF, przyjmujący urzędnik miał dziwną minę. Ciekawe – ale nie za bardzo. W końcu nie muszę ciągle jeździć: roboty masę (powieść, symfonia), a czasu brak – jak odmówią, to się zmartwię.

19 września

Długo nie pisałem, bo straszny tu zamęt, jak zwykle we wrześniu, podczas tego zakichanego festiwalu. Zamęt piekielny, wciąż ktoś zawraca głowę (np. pan Smogorzewski, stary dziennikarz z Londynu, który krócej niż cztery godziny nie rozmawia), do tego robię reportaże z „Warszawskiej Jesieni" dla radia, choć broniłem się przed tym rękami i nogami. Radio w dodatku... zbankrutowało, zawiesiło wypłaty honorariów do 1 stycznia, bo wydali za dużo i bank wstrzymał im forsę – przykład „bankructwa" socjalistycznego, polegającego na tym, że nie może być na rynku zbyt dużo pieniędzy, skoro towaru brak... A dlaczego brak?! Ha – oto właśnie pytanie!

Aha, było jeszcze parę spraw ekstra, które okropnie zajmowały czas. Najpierw w pałacu prymasa była rada na temat muzyki i śpiewu w liturgii. Smutne to, bo widać, jak niszczą wszelką tradycję, i w muzyce, i w tekstach. Zniszczyli chorał gregoriański wycofując łacinę, zniszczyli stary kościelny folklor, wprowadzili za to cukierkowe pieśni bez stylu. A znów w tekstach likwidują archaiczną polszczyznę dając na jej miejsce język pospolity. „Modernizacja" kościoła, mająca na celu jego większą powszechność, może u nas sprawić, że oddali się on od mas i tradycji, a w łaski nowych ludzi się nie wkupi. Robią to młodzi księża, reformiści, pewno z niezbyt chętną akceptacją prymasa. Z muzyków był Ekier, Kiesewetter, Stęszewski, Rybicki, Wiszniewski – dobrze przemawia Stęszewski, usiłując oprzeć się księżemu „komitetowi centralnemu".

Potem znów była pani Marion von Denhoff z Hamburga – byłem z nią nawet na... dancingu. Krysia wyjeżdżała do Paryża – też zamęt i szum. A tu dostałem mój ostatni romans[*] i chciałem go sobie w spokoju ducha przeczytać – ale dawało się tylko w nocy. Słowem ruch i zamęt był jak diabli, a do tego jeszcze ów festiwal. Niezbyt mi się to podoba, a w ogóle wydaje mi się, że ja już nie chcę przyjmować wrażeń z zewnątrz – ani muzycznych, ani literackich. Przychodzi czas, gdy człowiek jest nasycony i chce tylko oddać dług naturze, czyli tworzyć. Co prawda rychło w czas... Ale nową powieść zacząłem.

W sprawach paszportowych nic się nie dzieje, Płaza bezczelny nie dzwonił, za to Turowicz pojechał już do Ameryki, jedzie też Słonimski i Kijowski. To chyba jednak walka ze mną za tę książkę

---

[*] „Romans zimowy", Paryż 1972.

felietonową wydaną w Paryżu, ale walka utajona, bo na przykład w radio nie ma żadnych przeciw mnie zastrzeżeń. Festiwal nie najciekawszy, XV Symfonia Szostakowicza bardzo słaba, to już popłuczyny po wielkim talencie – złamali go w Rosji nie raz, ale coś niecoś jednak napisał, szkoda, że nie miał swobody – a teraz już koniec. Przyjechało na festiwal wielu Rosjan, ma grać Chrennikow i ma być ta dyskusja, choć nasi taktycy z ZKP robią wszystko, aby się ona rozlazła po kościach. Była też dodatkowa chryja: w „Ruchu Muzycznym" Tadeusz Zieliński napisał źle o Chrennikowie (z racji festiwalu „Praska Wiosna") i tu ministerstwo zażądało wylania go (Zielińskiego oczywiście). Była to wielka draka, wiceminister Syczewski rzucał się jak wesz na grzebieniu, ale Erhardt, redaktor „Ruchu", się uparł i jakoś go wybronili. To ilustracja atmosfery: trzęsą portkami przed Rosją aż się kurzy, a przecież ten Chrennikow to stary grafoman, intrygant, działa pewno na własną rękę – a oni w krzaki. Żeby niby Polska nie ucierpiała od sojuszników...

Spotkałem na festiwalu czeskiego kompozytora Kabelača. Spytałem: jak się wam powodzi?, a on odpowiedział: „Tak, jak panu Kisielewskiemu przed trzema laty". Niewesołe – chi!

21 września

Spotkałem byłego ambasadora G. [Stanisława Gajewskiego]. Pracował ostatnio w Sejmie, ale przenieśli go na emeryturę (lat 57). Potwierdził mi wiadomość, w którą nie chciałem wierzyć, że ambasadorem w Szwajcarii zostaje... Cyrankiewicz. Doprawdy ten stary opój zwariował już zupełnie – trzeba nie mieć twarzy, żeby po tym wszystkim łakomić się na takie synekuralne stanowisko. Prasa zachodnia wyśmieje go ani chybi ogromnie, przecież to naprawdę istne kpiny. Kociołek w Brukseli, Cyrano w Bernie, taką więc się dostaje premię za strzelanie do robotników, czyli za – łagodnie mówiąc – kiepską orientację. Oczywiście, mówią ludzie, on tam ma pieniądze w banku! Naprawdę, że to facet bez godności – nie uważa nawet, że za te 25 lat zaszczytów powinien się chociaż wypłacić jakąś pokorą. To już Gomułka ma lepszy gest. Podobno pisze jakiś referat udowadniający, że w swojej polityce gospodarczej miał rację i osiągał sukcesy. Przypomina się kawał: Gomułka prosi, że chce mieć skromny pogrzeb bez żadnych uroczystości, a na grobie prosty napis: „Władysław Gomułka, ekonomista".

Amerykanie najwyraźniej chcą się dogadać z komunistami, dlatego zgadzają się na ową konferencję europejską. Cóż to może być za konferencja – po prostu „finlandyzacja" Europy Zachodniej – wszelkie „łagodzenie" tylko w ten sposób może się odbyć: my cofniemy się za Bug (za Łabę w istocie), a wy za ocean! Przewaga Rosji w broniach konwencjonalnych jest tu gigantyczna, teoretycznie, z powodu broni atomowej, wojny być nie może, więc pokojowa supremacja Rosji może spokojnie rosnąć. Suwerenność zachodniej Europy jest, paradoksalną rzeczy koleją, elementem działającym na korzyść Rosji, a na niekorzyść Ameryki. Polityka de Gaulle'a przyniosła tu owoce – mam na ten temat manię, ale rzecz się przecież sprawdza: wypychanie Amerykanów z Europy staje się faktem i czy wygra Nixon czy McGovern, będzie się na swój sposób do tego stosował. W tym wypadku zgadzam się z Mieroszewskim, którego znów doskonały artykuł ostatnio czytałem. Tylko nie wiem, jaki z tego wniosek? Czyżby dalej stary giedroyciowy, że trzeba rozsadzać Rosję od środka? Ale któż to ma robić – autorzy „samizdatu"? Na rewoltę narodowościową w Rosji nie liczę – prędzej już chyba na rozruchy głodowe – dlatego pewno wydali w tym roku miliard dolarów na zakup zboża!

A swoją drogą na Ameryce mści się też... wolność słowa. Pomyśleć, że wszystkie amerykańskie bolączki, jak sprawa murzyńska, młodzież, bandytyzm, stały się własnością świata dzięki prasie... amerykańskiej, podczas gdy o tym, że w Rosji wyniszczono i wygnano całe narody, przebąkują tylko nieliczne, emigracyjne pisemka, którym w dodatku nikt nie wierzy. Kłamstwo się opłaca, zamordyzm się opłaca, za to prawda i wolność – nie. W banalnej tej prawdzie utwierdza mnie mianowanie tegorocznym przewodniczącym ONZ Trepczyńskiego, dawnego sekretarza Gomułki z owej komunistycznej „szkółki karierowiczów". Mówi on tam żenujące banały i truizmy, a międzynarodowe gremium słucha z baranim zachwytem: że komunista a taki „humanistyczny". Oż to barany, Boże, na tym Zachodzie, trzeba w końcu dać im prawdziwą komunistyczną szkołę, żeby zaczęli cokolwiek rozumieć!

Jutro zebranie „mojej" sekcji w ZAIKS-ie, festiwal trwa (jeden reportaż już zrobiłem), w ogóle piekło zamętu i nudziarstwa ani się skupić, ani coś napisać – okropnie. A tu jeszcze księża ciągną mnie na konkurs piosenki religijnej „Sacrosong" do Krakowa. Buntuję się i nie pojadę, trzeba coś zrobić dla siebie, dla „potomności". Chociaż – czy ktoś mnie czyta, czy ktoś się interesuje? Nie – prawda jest dziś nieużyteczna, osamotniona, nikt w nią nie wierzy, w nią, w jej potrzebność, w jej oddziaływanie. Pisać sobie i paru ludziom – oto mój los. A czy zostanie z tego coś po śmierci? Zobaczymy, a raczej nie zobaczymy!

Do Ameryki, czuję to, nie pojadę – Amerykany się zresztą o mnie nie upomną, choć nasz ambasador Stoessel został w Waszyngtonie dyrektorem od spraw europejskich. Oni chcą się przecież dogadać z komunistami – nie z opozycją. A choćbym nawet do tej Ameryki i pojechał, to nie mógłbym nic gadać, żeby mnie tu nie wzięli za jaja i w rezultacie też bym został komunistycznym propagandzistą. Błędne koło!

2 października
Jestem w Krakowie, gdzie byłem jednak na „Sacrosongu" – festiwalu „piosenki religijnej". Nie bardzo to lubię, a tymczasem zrobili mnie przewodniczącym jury, wysiedziałem się po kościołach, pracy po osiemnaście godzin na dobę (za darmo – z księżmi to zawsze tak), „piosenki i utwory" nie najlepsze, za to olbrzymie tłumy młodzieży, a wczoraj, na powietrzu, przy budującym się kościele w Nowej Hucie tłumy wręcz już obłędne, przy czym największe powodzenie miał zespół austriacki – wiadomo, Kraków. Przedtem traciłem czas na „Warszawskiej Jesieni", cały wrzesień na nic. Po co stary człowiek podskakuje jak wróbelek (?!), tego nie wiem.

Koledzy z „Tygodnika" mają do mnie pretensje, bo komuchy nie chcą z nimi gadać o powiększeniu nakładu, motywując to moimi skokami, tj. wydaniem zbioru felietonów w Paryżu. A raczej oni nie mówią o samym wydaniu felietonów, lecz o tym, że ja napisałem do „Tygodnika" felieton, w którym była mowa o tym paryskim wydawnictwie. Felieton został skonfiskowany, ale poszedł do biuletynu partyjnego i jest wyciągany jako dowód nielojalności „Tygodnika" – że chciał moje felietony reklamować. Kozioł, Marek i Pszon natarli na mnie wczoraj, abym napisał artykuł jakoś rzecz odkręcający – ale jak?! Swoją drogą to ciekawe, typowo komunistyczny szantaż: uderzyć we mnie poprzez „Tygodnik", aby sami koledzy dali mi w dupę. Ha!

Za to tutaj miła propozycja: Penderecki proponuje mi wykłady w Wyższej Szkole. A więc po latach ktoś sobie o mnie przypomniał! Trudno to urządzić z dojeżdżaniem, zresztą partia na pewno się nie zgodzi, tak czy owak jednak propozycja jest przyjemna – jako fakt. A jednak ten Pender to niezależny facet – chi!

Zaskoczyła mnie tutaj podwyżka taryfy pocztowej i telefonicznej. A więc Gierek wchodzi na tę samą drogę ściągania z rynku pieniędzy, tyle że nie uderza przez mięso i biednych ludzi, lecz przez łączność i ludzi z miast. Nie kijem go, to pałką. Krąży tutaj opowiadanie, że dziennikarz radziecki, przeprowadzający wywiad z Brandtem spytał go, jak wyglądają w NRF-ie urodzaje, bo w Rosji są złe. Brandt miał odpowiedzieć, że nie wie i że trzeba by spytać rolników. *Si non e vero...* Najsłabszą właśnie cechą tego ustroju jest, że wszystkim musi zajmować się paru facetów na górze, podczas gdy w normalnym (kapitalistycznym) kraju produkcją zajmują się producenci, rolnictwem rolnicy etc. Tyle że krajów normalnych jest coraz mniej, a więc nienormalne staje się normą. To samo z reformami. Parę dni temu KC z wielkim szumem ogłosiło reformę systemu gromad wiejskich, że zamiast paru gromad ma być jedna gmina etc. Gierek ma w tym swoje cele personalne i oszczędnościowe, ale jak wszystkie reformy w komunizmie przychodzi to nagle, zadekretowane z góry – i oto równie nagle znajduje się kupa mówców wychwalających reformę pod niebiosa, choć wczoraj jeszcze nie mieli o tym zielonego pojęcia. Cóż to za antyludowy system ten nasz „ludowy" ustrój. A drugą jego cechą jest monopol informacji: pełną informację mają tylko ci na górze i wydzielają jej odrobinki „dołom". Stąd właśnie cenzura i wściekłość na mnie, że ją wyciągam na światło.

Gierek jedzie do Paryża. Przyjmą go tam grzmiąco w ramach „finlandyzacji" Europy. Finlandyzacja musi być wobec 180 dywizji sowieckich stojących pod bronią – boć w zachodnich krajach „dobrobytu i demokracji" nikt nie wytłumaczy społeczeństwom, że trzeba iść do wojska i służyć parę lat. Uszedł z nich duch „imperializmu" – a w Rosji się jeszcze kołacze.

Jerzyk wrócił z ciekawymi opowieściami o znajomych za granicą, dostałem odmowę paszportu do Ameryki (i złożyłem odwołanie) była dyskusja z Moskalami o „Warszawskiej Jesieni". Piszę o tym wszystkim telegraficznie, bo pędzę połazić po bardzo pięknym Krakowie – ale napiszę szerzej. A także o Turowiczu (w Ameryce) i księdzu Bardeckim, którzy okropnie grają mi na nerwach. Rzadko pisuję ten dziennik, a jeszcze nigdy nie mam nań czasu – a to przecież może jedyne, co po mnie zostanie!

6 października

Z trudem odrabiam zaległości i to nie twórcze, „formalistyczne", na przykład czytanie zaległych „Mondów" i przeglądanie pism angielskich, przysłanych mi przez Amerykanów, odpisywanie na listy, porządkowanie książek etc. Każdy wyjazd stwarza zaległości i człowiek grzęźnie w papierach przez długie dni i traci ochotę do pracy pierwszoplanowej, czyli twórczej. Otoczeni jesteśmy wałem papieru, żeby wyrwać się z tej niewoli, trzeba wyjechać czy coś w tym rodzaju. Ale wyjechać nie jest łatwo, bo wtedy znów zaległości wzrosną. W ten sposób tworzy się błędne koło, odcinające człowieka od tego, co w jego pracy najistotniejsze. A przecież mam zaczęty nowy „romans" i trzeba by z nim jechać naprzód, póki czas (?!).

Byłem na przykrym „wieczorze starych ludzi". Roman Maciejewski, mój kiedyś przyjaciel, który przed laty (przed wojną jeszcze) wybył za granicę, tam ciężko chorował, wyleczył się „jogą", przeniósł do Ameryki etc., otóż tenże Maciejewski, kiedyś kompozytor i nowator, przyjechał na miesiąc do Polski i postanowił zorganizować tu spotkanie starych znajomych ze świata muzycznego. Potrzeba więc było jego wizyty, abyśmy się spotkali: Sikorski, Lefeld, Jasiński, Perkowski (!), Dąbrowski, Roezler. Wiedziałem, że muzycy są nudni, ale już ci nudni byli rekordowo, jak to emeryci. A do tego jakże konserwatywni, niechętni wszystkiemu, co w muzyce nowe, kwaśni, zawistni – i pomyśleć, że to była kiedyś ekipa Szymanowskiego, próbująca zrewolucjonizować naszą muzykę i spotykająca się z takim samym drwiącym urąganiem ze strony Niewiadomskich i Rytlów. I ci ludzie nie dostrzegają, że dziś zamienili się w tamtych – zapiekłych i zawistnych konserwatystów. Zaiste, komedia ludzka.

Była ta dyskusja z Moskalami na temat „Warszawskiej Jesieni" – też istna komedia, bo Śledziński zorganizował to umyślnie tak, że długo mówiono o niczym, tłumacząc w nieskończoność powitalne frazesy bez żadnej treści. Ów okropny Chrennikow (sekretarz ich związku, „żdanowista") długo się miarkował i, jak wszyscy, gadał bez treści, ale w końcu, u ministra Wrońskiego siepnął się podobno na ową „Jesień" – za to Chaczaturian i inni przemawiali oględnie, starając się nic nie powiedzieć. Biedni oni, niejeden z nich rozumie, że muzyka u nich, jak i cała kultura zatrzymane zostały w miejscu przez polityków, że ci ich młodzi są związani i uwięzieni – niektórzy się na ten temat sami okłamują, inni wiedzą, jak sprawa wygląda, ale nie chcą się do tego przed samymi sobą przyznać. A Chrennikow, zimny drań i beztalencie żeruje na tej sytuacji jak może. Na bankiecie w Jabłonnie rozmawiałem na ten temat z ich sekretarką od spraw zagranicznych, to znaczy usiłowałem rozmawiać, bo ona broniła się jak lew, gdy dźgałem ją sprawami Sołżenicyna, „samizdatu", socrealizmu itp. Biedna była, ciekawym, czy coś jej w mózgu z tej rozmowy zostanie, a także, czy będzie miała z jej powodu jakieś przykrości. Obok siedział redaktor naczelny „Sowieckiej Muzyki" Korew (chyba Żyd), który udawał, że nie mówi żadnym językiem (z nią mówiliśmy po niemiecku), a usłyszawszy, że chodzi o coś „trefnego", odwrócił się tyłem i starał w ogóle nie istnieć. Powiało z tego wszystkiego stęchlizną i niewolą. Mówią, że wszystkiemu zawinił Śledziński, który był na wakacjach w Rosji i za dużo tam gadał, w rezultacie ich sprowokował, wyciągnął wilka z lasu. I stąd ta cała oślizgła feta mająca na celu uspokoić ich i z powrotem uśpić. Przy okazji poznałem wiceministra S... – toć to po prostu woźny. O rety!!

Turowicz w Ameryce – ja dostałem odmowę i złożyłem odwołanie. Turowicz potwornie podrażnił mnie swoim artykułem w „Tygodniku" o rocznicy soboru. Najważniejsze problemy świata to dla niego żądanie reform, rewolucja hipisów, sprawy „środowiska" etc., słowem problemy zachodnie. Nie ma więc Rosji z jej zamknięciem kraju, zniweczeniem informacji, nieszczęściem uwięzionych narodów, terrorem fizycznym i moralnym. Oczywiście, Jerzy powie, że o tym pisać nie może, bo cenzura nie pozwoli, ale to wykręt: nawet gdyby mógł, toby już o tym nie pisał, bo przez lata przemilczania to już w nim przestało istnieć, przestało być dlań realnością, taką jaką jest dlań śmieszny światek od Rzymu do Monachium. Gdyby Rosja i jej niewiarygodny, straszliwy eksperyment były dlań realnością, to nie pisałby z takim namaszczeniem o wycinku świata zachodniego jako o całej ludzkości. To już człowiek z Orwella, zakłamany wewnętrznie, nie wie może o tym, że propaganda izolująca od nas pewne problemy (niemówienie o czymś jest też propagandą) ustawiła mu mózg w sposób fikcyjny. Takie ustawienie mózgu to rzecz normalna u ludzi Zachodu, którzy naprawdę nic o Rosji nie wiedzą i do tego nie chcą wiedzieć, aby sobie nie burzyć spokoju – ale u Polaków to przykład iście paradoksalnego triumfu metody orwellowskiej. Powstają z niej absurdalne struktury umysłowe, typy swego rodzaju moralnych ślepców – rodzą się one na naszych oczach, toć Jerzy dwadzieścia lat temu był jeszcze zgoła normalny. Druga karykatura człowieka powstała na naszych oczach, to ksiądz Andrzej Bardecki, ze swoim ślepym reformizmem soborowym, nie widzący nic innego wokół – a tu przecież piekło kompromisu i zakłamania. Drażnią mnie oni – choć dzięki nim żyję i coś tam piszę.

Z Krakowa wróciłem „rozkojarzony". „Sacrosong" zmęczył i znudził, sytuacja „Tygodnika" zmartwiła. Napisałem nawet felieton pseudoprzymilny, zachwalając nieco reformy Gierka, ale nie wiem, czy mi to puszczą i czy to co „Tygodnikowi" pomoże. Co do szumu naokoło mojej książki felietonowej, wydanej jawnie za granicą, to tak się złożyło, że wyskoczyłem sam, co nie sprzyja postawieniu ogólnego problemu – problemu cenzury. A gdyby tak głupi Jerzy Andrzejewski wydał był „Miazgę" w Paryżu, byłoby jakieś generalniejsze zjawisko. Tymczasem on dał się nabrać i „Miazga" nie wyjdzie ani tam, ani tu. Perfidną (czy świadomie?) rolę odegrała w tym Irena Szymańska z „Czytelnika". No i teraz facet ugotowany – sam przez siebie. Bo ja, jeżeli będę ugotowany, to w walce i przez komuchów. Zawsze satysfakcja.

Nie ma „polskiej jesieni", mglisto i chłodnawo, choć liście już kolorowe. Na rowerze nie jeżdżę, uroki życia uciekają między palcami. Naokoło nuda – Gierek w Paryżu, wizyta bez treści, choć nasza prasa się nią zachłystuje. Właściwie ja już nie potrzebuję dowiadywać się o świecie niczego nowego – swoje wiem, tylko pisać. A więc – do dzieła (?!).

13 października

Wacek wrócił wreszcie z Niemiec, powiało zachodnią orgią dobrego życia, a przede wszystkim orgią informacji i dziennikarstwa łapczywego, rozbuchanego po kres możliwości. Jakżeśmy nędzni i biedni, myślę sobie czytając numer „Sterna", gdzie o historii olimpijskiej wymordowania „niechcący" porywaczy Arabów i porywanych Żydów napisano wszystko, co w ogóle mogłoby kogokolwiek interesować. Szczyty relacji, orgia informacji, to naprawdę rzecz imponująca – bogatsza ta informacja niż to, co piszą Francuzi, myślę, że najlepszych dziennikarzy-reporterów mają dziś Niemcy i Amerykanie. A my mamy propagandowe gówno w postaci Górnickiego, którego po pięciu latach znów puszczono do Ameryki (do ONZ), więc wypłaca się za to ziejąc potokami bzdur, które doskonale mógłby pisać nie ruszając się z Warszawy. A tu ja dostałem odmowę paszportu do NRF – będę się odwoływał, ale wielkiej nadziei nie mam. Jednocześnie skonfiskowali mi ów felieton „wazelinowy", który miał mnie ustawić wobec etapu Gierka. Wszystko najwyraźniej za tę felietonową książkę wydaną przez paryskich księży. I nawet nie ma się komu poskarżyć, naokoło mnie znów głucha cisza – byłem u Amerykanów, bezradnie rozkładają ręce. Dupy oni są wołowe, co prawda taką mają teraz instrukcję, żeby się za bardzo nie stawiać, bo chodzi o dogadanie się z komuną, nie z opozycją. „Wśród serdecznych przyjaciół psy zająca zjadły" – prześladowanie mnie nie leży teraz na niczyjej linii propagandowej, więc pies nawet o tym nie wspomni i mogę sobie na ten temat samotnie pogwizdać. A za granicę, to co najwyżej pojedziemy z Lidią do Wschodnich Niemiec, o ile zdążę jeszcze przed nałożeniem „embarga" dostać milicyjną pieczątkę na paszporcie. Tak więc nikt nie cierpi, tylko znowu ja, a tymczasem rzecz stała się niemodna. Pech, diabelski pech!

Aha, prawda – wczoraj dowiedziałem się w ZKP, że mam jechać do Wilna i Kowna (!!) na wykonanie moich „Sygnałów sportowych". Rzecz wymyślił i przeprowadził demon organizacji – Twardowski, ale to przecież niebywałe, toć na Litwie były przecież niedawno rozruchy, grandy, samospalenie się i strzelanie przez milicję do tłumu! I akurat ja mam tam jechać? Czy to bezmyślność, czy przeciwnie, myśl głębsza?! Nic nie rozumiem – pewno po prostu bałagan.

W nowym numerze paryskiej „Kultury" Czesław Miłosz pisze o moich „Cieniach"*. Bystro i inteligentnie, to mój przecież całożyciowy czytelnik, który odkrył „Sprzysiężenie". Mało mam tych czytelników, więc sprawa dla mnie ogromnie cenna. W poprzednim numerze tegoż miesięcznika była też recenzja podpisana „Jacek Salski" – domyślam się, kto ją napisał. Ale w ogóle to pozostaję pisarzem nieznanym – paradoksalna sytuacja. Aha, Czesław (w związku też z moją lekturą) zrozumiał wreszcie, że jedyna dla Polski szansa duchowego przetrwania to nacjonalistyczny patriotyzm, jaki mają na przykład Żydzi w Izraelu. Wyzbył się więc swych libertyńsko-liberalistycznych przesądów – a czas był najwyższy, to mnie zawsze

---

* Czesław Miłosz *Duże cienie*, „Kultura", Paryż, 1972, nr 10.

od niego oddalało, zwłaszcza gdy wygadywał, że jest Litwinem i ma „warszawską" Polskę w nosie. Nie stać nas dzisiaj na takie luksusy! Było dwa tygodnie cudownej „polskiej jesieni" – jeździłem na rowerze, byłem też w zoo. Widoki cudne. Gierek przekopał Warszawę, coś robi, ale podwyżki cen wiszą w powietrzu. Więc dalej nie idzie?! Ano – widać w komunizmie iść nie może!

Przeczytałem książkę Józefa Mackiewicza „W cieniu Krzyża", wydaną w Londynie. Wynika z niej, że wszyscy jesteśmy sowieccy agenci, ode mnie poczynając a na prymasie i papieżu kończąc. Ten człowiek zna zbrodnie komunizmu, ale nie zna życia w komunizmie, zresztą nie znosi naszego życia, uważa za naganny sam fakt, że chcemy żyć i to w obrębie imperium komunistycznego, które uważa za zbrodnicze i ma rację, nie rozumiejąc tylko, że historia wielekroć toczyła się przez zbrodnie i że ludzie o tym nie wiedzą, a także wiedzieć nie chcą. Zdziwiłby się bardzo ów Mackiewicz, gdyby zobaczył polskie dzieci, tu, pod bokiem Rosji, nie mające o niczym pojęcia, uważające, że wszystko tu jest dobrze, normalnie, demokratycznie. Nie ma tu żadnych zewnętrznych znamion dyktatury, ukryto wszystko, tylko moje pokolenie starawych maniaków upiera się, że jest tu coś nienormalnego. Ale kto nam uwierzy? Mackiewicz myśli, że my jesteśmy zakłamani i agenci, bo o tym nie mówimy – nie rozumie, że my, tak jak on na emigracji, giniemy tu w samotności, wśród obcych „nowych ludzi".

Zresztą specyfika Rosji ukryta jest przed całym światem, bo literatury prawdziwej w Rosji nie ma, ujawniać jej nie wolno, a gdy napisze jakiś Sołżenicyn, to już ma na sobie piętno „antykomunisty". O ile „moloch" państwa kapitalistycznego jest w literaturze zachodniej obiegową sztancą, podobnie jak wszelkie zachodnie frustracje, o tyle frustracje rosyjskie pozostają światu nieznane, bo literatura rosyjska ma zakazane o nich pisać. W ten sposób w literaturze światowej istnieje tylko „frustracja kapitalistyczna", czyli że uprawianie wolności słowa niszczy tego... co ją uprawia. Moskale doskonale to rozumieją i śmieją się w kułak z samo się niszczącego „wolnego świata".

A Mackiewicz ma dużo racji co do zakłamania Kościoła Bożego wobec Rosji. Ten zacięty Litwin, mszcząc się na mnie (bo oskarżyłem go kiedyś o kolaborację z Niemcami), nie domyśla się wcale, że mu przyznaję rację i że wobec Turowicza zajmuję taką postawę, jak M. wobec mnie. Komedia ludzka – zaiste.

21 października

Czas płynie między palcami i to zgoła nietwórczo – mnóstwo drobnych codziennych czynności, które się spełnia, zajmuje uwagę i niewielka ilość potencjalnej energii „twórczej" ulatnia się – miał rację Einstein, że trzeba żyć samotnie, nie wiązać krawata, nie golić się i nie strzyc, aby zachować resztkę myśli świeżej. Życie domowe absorbuje uwagę przez „różnowieczność" mieszkańców domu – z Lidią sobie nie przeszkadzamy, bo się rozumiemy i mamy wspólne cele tudzież odczuwanie życia (bo razem przez lata żeśmy to życie w tych samych jego fazach poznawali), za to z dziećmi jest gorzej, nawet Wacek mnie drażni, choć jest miły. Nie wiem, czy przypadkiem nie trzeba na starość zostać pustelnikiem, żeby cokolwiek jednak w życiu zrobić. Co prawda ja „tworzę" dosłownie w nicość – powieści dla maksimum kilkuset czytelników, w dodatku pod pseudonimem, ten dziennik (a raczej „tygodnik") całkiem do szuflady. Poza tym Polska to takie jakieś przeklęte miejsce, że to co się tu dzieje, nikogo na świecie nie interesuje. A przecież nasze doświadczenia z komunizmem mogłyby być dla świata ciekawe (moja mania). Prezydent Chile, sławiony dziś przez światową lewicę pan Allende wprowadza tam po trochu komunizm na modłę kubańską, ale do głowy by mu nie przyszło spytać nas, którzy od trzydziestu lat żyjemy w komunizmie, jak nam się powodzi i co o tym myślimy. Nie – oni chcą przeżyć wszystko na swojej skórze, już są tam jakieś draki – a potem rzecz będzie nieodwracalna. Choć może z faktu, że od komunizmu dotąd nigdzie nie było odwrotu, wysnuć należy w końcu wniosek, że komunizm jest jednak przyszłością świata? Smętnawy wniosek i bardzo sprzeczny z rozmaitymi moimi ulubionymi maniami. Może jedyny uchwytny przykład odchodzenia od komunizmu to Jugosławia? – choć Tito się do tego nie przyznaje.

A w ogóle to historia jest bezwzględna, brutalna i nader perfidnie drwi sobie z ludzi (ze mnie może mniej, bo ukryłem się poza jej zasięgiem). Na przykład historie z Brandtem. To naprawdę porządny Niemiec, antyhitlerowiec do szpiku kości, który od dziesiątków lat marzył tylko, aby Niemcy pokajały się za hitleryzm. No i oto, gdy do tego doszło, kaja się przed Rosją, krajem straszliwym, totalistycznym, jednym z winowajców II wojny światowej – a Zachodowi jego pokajanie do niczego dziś nie jest potrzebne, jemu są potrzebne silne Niemcy jako przedmurze przed Rosją. Brandt chcąc się kajać za totalizm niemiecki toruje drogę rosyjskiemu i jeszcze zbiera za to Nagrody Nobla (ostatnio znów Heinrich Böll dostał Nobla – literackiego – też przykład „dobrego Niemca", który toruje drogę złej sile). Tak ironicznie toczy się światek – myślę jednak, że ów wcale nie „postępowy" i zajadły często Adenauer był dla świata lepszym Niemcem niż Brandt. Niestety – nie decydują dobre chęci... Przypomniał mi o tym ostatnio stary znajomy – Stefan Żółkiewski. Zaniosłem mu z dedykacją moją felietonową książkę, odpisał czułym liścikiem, w którym między innymi wydziwia trochę nad „lewicowością" niektórych katolików, że widocznie miał szczęście wywrzeć wpływ, ale nie po tej stronie barykady. Zabawne – rzeczywiście z tą katolicką lewicowością to już nie sposób wytrzymać. Wzruszył mnie trochę ten gruby Żółkiewski, pisze, że spoglądając na świat doznaje coraz częściej zawrotu głowy. No tak – a sam pozwalał wyzwolić dżiny. To przecież w końcu bardzo stary mój kolega: z uniwersytetu i z Legionu Młodych – chi!

Wacek pojechał „w Polskę" na występy. Opowiadał mi trochę o Niemcach, przypuszcza, że Brandt na pewno upadnie (cieszyłbym się z tego, choć to porządny człowiek, ale właśnie co ma do roboty porządny człowiek w targach z Moskalami o NRD – tu potrzeba bezwzględnego cynika). Wacek opisywał mi też wywiad z Zatopkiem w zachodnioniemieckiej telewizji z okazji olimpiady. Zatopek, jak wiadomo, walczył gorąco o powodzenie „Praskiej Wiosny", potem był wyrzuconym bezrobotnym pariasem, w końcu złamali go i zmusili do pokajania. Podobno w telewizji widać było grozę w jego oczach, że go spytają o coś ryzykownego. Doprowadzili tam ludzi do piekielnego strachu, choć nawet wyroki sądowe nie są zbyt wysokie – komuniści umieją robić *Greuelpropagande*. Za to u nas pan Gierek łagodny, bezkonfliktowy, milczy się o wszystkim (o mojej felietonowej książce też – odpukać, choć sam nie wiem, czy to dobrze), terroru czy nacisku nie widać, absolutna jednomyślność. Skutecznie usypia to, uegoistycznia i upupia społeczeństwo. Młody K. [Wojciech Karpiński] twierdzi, że Książę w Paryżu uważa, iż za dziesięć lat społeczeństwo polskie zostanie już uśpione i zmienione, że w ogóle nie będzie już z kim gadać, dlatego trzeba jeszcze teraz rozrabiać co sił, aby budzić ludzi, jak się tylko da. Niewesołe posłannictwo – podobne zresztą jest i moje.

Właściwie trzeba by się pocieszyć muzyką, bo to mi wolno „puszczać w świat". Nie mogę jednak dojść do pisania tej utrapionej symfonii, bo zaprzęgłem się do innej robótki: dorabiam fortepian do mojej sonaty na klarnet solo (1943)! – stary Kurkiewicz chce to grać na swoje pożegnanie z estradą. Nawet robię to z pewną satysfakcją, ale muzyka traktowana rzemieślniczo ogłupia okropnie – świetnym przykładem był Witold Małcużyński, który nas dziś odwiedził z bratem Jankiem – jakiś wyjałowiony facet.

Przerażają mnie lata: przeglądając katalog PWM stwierdziłem, że Sikorski (Kazio) ma 77 lat, Szabelski 76, Perkowski 71, a stary Friemann nawet 89!! O rety – a ja w marcu będę miał „dopiero" 62. Jest niby poniekąd trochę jeszcze czasu, ale jak go wyzyskać?!

28 października

A więc paszportu do tego Wilna mi nie dali – w ostatniej chwili okazało się, że po prostu go nie ma. Nikt naturalnie nie raczył mi powiedzieć na ten temat ani słowa. Już się przyzwyczaiłem do myśli, że zobaczę koszary w Nowowilejce, gdzie tyle potu ze mnie pociekło – byłoby to jednak jakieś „zaokrąglenie" życia – znaleźć się tam znowu po 36 latach, bo tyle minęło od moich ostatnich wojskowych ćwiczeń. No ale komuchy zadecydowały inaczej. Trudno im się w końcu dziwić, wydałem przecież te felietony w Paryżu, a i inne grzechy mam na sumieniu. Wszystko zresztą grzechy z dziedziny słowa pisanego – och, jak komuchy tego nie lubią... Wszystko by znieśli, tylko nie to. A tymczasem młody J. opowiadał mi, jak trzęśli się ze strachu i srali po nogach w grudniu 1970 roku, bo nie mieli człowieka, który mógłby przemówić do robotników i – zostać choćby wygwizdany, ale – wysłuchany. Mieli tylko drewnianych aparatczyków – nikogo więcej. A mimo to niczego się nie nauczyli i dalej wierzą tylko w aparat. Tymczasem słychać znów jakieś poszumy, w Szczecinie nastroje przedstrajkowe, podwyżka poczty zrobiła złe wrażenie, a szykują się dalsze podwyżki: komornego, komunikacji, benzyny etc. A więc wchodzą na tę samą drogę, zapomnieli, że robotnicy już się czegoś nauczyli: po prostu uwierzyli w marksistowską tezę, że o nich chodzi, że oni są solą narodu. W dodatku nie jest to kapitalizm, gdzie jeden czy drugi przedsiębiorca może zbankrutować, a robotnicy przejdą do innej pracy. Jakie więc wyjście? Ha! – będziemy wiedzieć. Co by zrobili Ruscy, to wiem. A propos Ruskich: podobno wywozimy do Rosji olbrzymie ilości kartofli, bo u nich taka rolna plajta. To także ludzi wścieka, widzą to, zwłaszcza w portach. Są to wszystko igraszki nad przepaścią. Gierek dumny, że przyjęto go dobrze we Francji, mógł stracić czujność, podobnie jak Gomułka po zawarciu paktu z Niemcami. Czy historia niczego ich nie uczy?

A tu tymczasem w Wietnamie zawierają pokój. Jednak spryciarz Kissinger rzecz wynegocjował, długo to trwało, ale wycelował akurat na amerykańskie wybory. Wprawdzie są jeszcze jakieś kłopoty, ale w sumie rzecz już jest chyba pewna. A co będzie z Thieu, czyli dotychczasowym amerykańskim protegowanym? Hm, pytałem o to tutejszych Amerykanów, ale nie bardzo wiedzieli, co odpowiedzieć. – Zrobicie z nim to, co z nami – powiedziałem, na co się uśmiechnęli, choć raczej nie było w tym nic do śmiechu. A czy Ameryka ocaliła twarz, czy Nixon dotrzymał swej obietnicy, że nie będzie nigdy „prezydentem kapitulacji?" Myślę, że nie bardzo, ale stworzył Amerykanom wygodną iluzję, a to, jak się zdaje, jest dla nich najważniejsze.

Była dyskusja o książce Micewskiego o Dmowskim, brali w niej udział młodzi historycy, wszyscy raczej bronili Dmowskiego (także trockista – wariat Has), ale ktoś o nich powiedział: „Gdybyż oni pisali to, co mówią". Ba! Głupio za to mówił Stomma, politykiersko i banalnie. Ma on do mnie pretensje, że odszedłem od realizmu i neopozytywizmu w polityce „Tygodnika" (myśli, że coś takiego w ogóle jeszcze istnieje!), powiada, iż łudzę się sądząc, że nie ma już drapieżnych Niemiec – te Niemcy są i mogą jeszcze być groźne. Ale nie rozumie, że tymczasem, szermując tym straszakiem, iż tylko Rosja może być gwarantem naszych granic, wymusza się na nas aprobatę wszystkich bzdur i upokorzeń, jakie niesie rosyjski komunizm, a „neopozytywiści", choć z natury prawicowi, stają w pierwszym szeregu naganiaczy do tego szantażu. W istocie przekonanie, że Polska, aby żyć, musi akceptować wszelkie brednie komunizmu, jest przekonaniem zabójczo jałowym, które blokuje wszystko w sposób beznadziejny. „Żyjcie w niewoli, bo inaczej stracicie i to co macie" – zdaje się mówić to twierdzenie. Chyba to jednak jakiś przestarzały aksjomat, choć przy polskim pechu możliwe jest, że przestanie on być aktualny dla wszystkich, z wyjątkiem właśnie nas. Czyż w odpowiedzi na absurdy Wschodu jedyną alternatywą jest rzucić się w ramiona „imperialistycznych" Niemiec? Jeśli tak, to chcąc zachować minimum narodowego honoru i narodowej tożsamości, trzeba „rozrabiać" tu, wewnątrz bloku, jak najbardziej rewizjonistycznie i nawet opozycyjnie. Co zresztą zaleca Książę z Paryża, sądząc właśnie, że za dziesięć lat będzie już za późno, gdyż tu nastąpi kompletna sowietyzacja, utrata skali porównawczej i niewiedza o czymkolwiek. Tak właśnie, jak jest w Rosji. Woroszylski, którego spotkałem u Wańkowicza, na „przyjęciu monstre" opowiadał o znajomych Rosjankach, które były teraz w Warszawie. Nie wiedziały one nic o rozbiorach Polski, o jedzeniu sałaty jako normalnego dania, o wydarzeniach politycznych etc. On za to nie wiedział, że w Rosji cała inteligencja z biur i urzędów jeździ przymusowo na wieś, na „wykopki" kartofli, bo w kołchozach są starcy i dzieci, a reszta wieje stamtąd co sił w nogach. I dziwić się potem, że ich gnębi głód, że muszą kupować za granicą zboże i kartofle!

U Wańkowicza było masę różnych typów, m.in. Lipski, Małachowski, mec. Olszewski, Szczuka, bardzo śmieszny Kąkolewski i inni. Przyjęcie było w zasadzie na cześć pp. Erdmanów, tj. jego córki z mężem, Janem Erdmanem, przedwojennym dziennikarzem sportowym, obecnie redaktorem polskiego wydania pisma „Ameryka". Idzie on na emeryturę, a w Polsce był po raz pierwszy. Powiedział mi: – Nigdy już nie przyjadę! Jest tu zresztą lepiej, niż myślałem, Warszawa piękniejsza niż kiedyś, ale tak okropnie obco! Otóż to – „ich" Polska przeniosła się gdzie indziej, a nasza, a moja?! Władek Bartoszewski (któremu, nawiasem mówiąc, oddali nawet wszystkie „Kultury" – a jednak wypiłował sobie sukces) też mówi, że mu tu obco – on chciałby żyć w środowisku AK i powstańczym, ale to środowisko i za granicą jest już na wymarciu. Gdzie kto ma ojczyznę? W swojej wcale niezłej książeczce o Ameryce K.T. Toeplitz opisuje rozmowę z Tyrmandem (bez nazwiska) – bardzo mile to napisał, Tyrmand jak żywy, twierdzi, że jest wdzięczny Ameryce, która „dała mu szansę". No tak, on by nie mógł żyć w dzisiejszej Polsce, bo nadmiernie „podobny do Żyda" – tam może się czuć u siebie. Ale czy się czuje? Czy przypadkiem nie pojmie nagle, że on już nigdy i nigdzie nie będzie u siebie?! O cholera – lepiej już siedzieć w domu, co tam Ameryka, Francja i Niemcy!

Ze starcami życie jest trudne. Wańkowicz kapryśny i mendowaty, Słonimski napisał coś ohydnego o Irzykowskim, aż mnie szlag trafił*. Że też on pamięta tylko to, co było dawno i co dotyczy jego! Każdy tworzy sobie jakąś iluzję, aby żyć w jakim takim zadowoleniu z siebie. Ja dzisiaj w ostatnim październikowym słońcu jeździłem na

---

* Antoni Słonimski, *Beniaminek*, „Tygodnik Powszechny", 29 października 1972, nr 44.

rowerze (ślicznie było), tworząc sobie iluzję „drugiej młodości", ale nagle (po powrocie zresztą) strzeliło mnie coś w krzyż i dalej boli. Tak to starszych ludzi rzeczywistość ze snu budzi.

2 listopada

Nasza kochana władzunia ogłosiła, że ceny żywności nie będą podwyższane w roku 1973. A więc przestraszyli się nastrojów, wywołanych przez podwyżkę telefonów i poczty. Mają stracha po grudniu 1970, ani słowa – to była jednak dobra pedagogika, jedyna, jaką komuniści rozumieją. Jaroszewicz był teraz w Szwecji, podobno, żeby zakontraktować szwedzką rudę, bo sowiecka jest droga i niepraktyczna. Na tej szwedzkiej rudzie pracować ma rzekoma nowa huta „Katowice". Czy to prawda – diabli wiedzą, pewne jest natomiast, że Gierek ogromną wagę przywiązuje do spraw gospodarczych, a na przykład kulturę ma w nosie. Wie chłopak, co go może obalić, i nic innego go nie obchodzi. Tyle że naród martwy kulturalnie to będzie nie naród, lecz kadłub. Rzeczywiście nie ma kto tą kulturą się zająć – z telewizji odszedł na emeryturę Sokorski, mój „przyjaciel" – jaki on był, to był, ale troszkę się na rzeczy rozumiał, troszkę a nawet sporo go ona ciekawiła – był bądź co bądź z „naszej" epoki. Na jego miejsce przyszedł Szczepański z Katowic – czterdziestoczteroletni redaktor „Trybuny Robotniczej", gierkowiec. Raczej to też pod kątem ubezpieczającej taktyki niż pod kątem kultury nominacja. A więc! Nic – pisać do szuflady, wydawać za granicą i komponować – oto moja taktyka, no bo i co innego można robić? Dopisuję akompaniament do starej „Sonaty klarnetowej" (1943), to moja życiowa polityka.

Przeczytałem książkę Tyrmanda „Cywilizacja komunizmu", wydaną w Londynie, i uczucia mam mieszane. Biedny Leopold! Są tam rzeczy świetne, są i bzdury, po których widać, że dawno w Polsce nie był. Ale nad całością dominują nienawiść i wstręt – takie jak u Józefa Mackiewicza – oraz, podobnie jak u tamtego, bałwochwalcza wręcz wiara we wszechmoc komunizmu, w to, że on wszystko niszczy, tak jak zechce, że pociąga za utajone nitki i nic bez jego woli się nie dzieje. Nie wiem, czy z taką obsesyjną nienawiścią w duszy można prawdziwie opisać jakiś kraj, zwłaszcza gdy się w nim tak dawno nie było. Jest tu przy tym *à rebours* żydowskie wyobcowanie: 33 miliony ludzi mogą tu żyć i łykać komunistyczną żabę, tylko pan Tyrmand nie może. Przesadzam oczywiście, Leopold był tu uczciwy (choć śmieszył ludzi – to jego tragedia), a teraz robi niby co może, tyle że nieprzydatne to narodowi – przydatne tylko jemu, Tyrmandowi. Nie rozumie w dodatku nowych ludzi, ludzi z awansu, ze wsi, dla których to wszystko jest n o r m a l n e, bo niczego innego nie znają. Nienawiść nie jest dobrym przewodnikiem. Ja sam nie wiem, co bym wolał: czy, żeby tu było tak totalnie źle, aby triumfować jak Tyrmand („a nie mówiłem?"), czy też, aby jednak Gierek coś poprawił i Polska, choć komunistyczna, była jednak możliwa. I nie miłować ciężko, i miłować...

Roboty dużo: sonata, symfonia (?), artykuł dla „Dokumente", nowa powieść, audycje radiowe, felietony. A wcale ta praca nie idzie – 17 chcę jechać nad morze, spróbuję tam zrobić więcej. Chyba że pojadę do Rumunii (ZKP wysyła), ale po doświadczeniu z Wilnem nie wierzę już w żadne wyjazdy, nawet na Wschód. Może to zresztą i lepiej – siedź na ogonie i pracuj!

8 listopada

A więc dostałem odmowy paszportów wszędzie, gdzie chciałem jechać: do Ameryki, NRF, Rumunii i Wilna. Nie zobaczę ani koszar w Nowowilejce, ani znajomych w Bukareszcie, nie mówiąc już o krajach Zachodu. Wzięli się więc do mnie solidnie: najwyraźniej towarzysze z KC uważają, że pobyt w Ojczyźnie jest karą. Ano cóż – trzeba korzystać z darmowego czasu, rozglądać się po socjalistycznej Polsce i opisywać, co się widzi. Takie oto będą skutki karnej działalności towarzyszy z KC. A swoją drogą uwerturkę w Wilnie i Kownie grali – Swolkień przywiózł mi program po litewsku (!).

Rozmawiałem ze Stachem Stommą, bardzo jest rad, że zjechałem Myślika, który w dodatku na jakimś tam międzyparlamentarnym zjeździe w Amsterdamie atakował „Wolną Europę", co nawet wśród partyjnych wzbudziło ironiczne uśmieszki. No cóż, Stach ma takich posłów, jakich sobie przez lata wybierał – samych byłych paksiarzy, a to odciska się na umysłowości, choćby się nie wiem jak zarzekali. Ale przynajmniej niech „Tygodnik" zostanie jakąś swobodniejszą enklawą – trzeba go czujnie bronić przed Myślikiem i Dembińskim, którzy chcą skurwić jego język, aby był taki jak w całej prasie. Tymczasem głupi Jerzy jest w Ameryce – na wyborach (które, nie ulega wątpliwości, Nixon już wygrał). I ja mogłem tam być, gdyby nie... Podobno Kijowski dostał 5000 franków szwajcarskich nagrody za książkę „Listopadowy wieczór". A ja dostałem gówno i tyleż będę dostawał dalej, gdyż ci co dają, chcą się przypodobać PRL-owi, więc nagradzać będą tylko książki tu wydane. Czyli że komuniści rządzą równie opinią polską na Zachodzie... Mogę się tylko pocieszyć słowami Dostojewskiego: „Za to, co ja piszę, nagród nie dają". Paszportów też nie...

Jest 55. rocznica Rewolucji Rosyjskiej. U nas oczywiście na ten temat nieustające pienia anielskie: czytając prasę i oglądając filmy na ten temat można by sądzić, że Rosja to istny raj ziemski, że nie ma tam żadnych problemów, żadnych trudności, najmniejszych konfliktów. Nie wiem, komu służy taka bezsensowna propaganda, ale widocznie służy, skoro ją uprawiają. A może chcą przekonać samych siebie?

Miarą niewoli społeczeństw „socjalistycznych" jest to, że tutaj nie ma najlżejszej wzmianki o polityce wewnętrznej – tylko nieustająco i w kółko o sprawach gospodarczych, o „sukcesach", czasem nawet o „trudnościach" – ale o problemach władzy, o problemach personalnych w partii – ani słóweczka. A jednocześnie robotnik, który rzekomo rządzi tutaj, czy też w którego imieniu się rządzi, nie tylko że nie ma tu nic do gadania, ale w ogóle ma się najgorzej. Najlepiej mają się robotnicy w krajach rozwiniętego kapitalizmu, najgorzej w socjalizmie (komunizmie) oraz w krajach tzw. Trzeciego Świata. Z tym że w Rosji jeszcze gorzej się mają chłopi kołchozowi – jest tam, jak się zdaje, kompletne pod tym względem rozprzężenie, stąd i owa kompromitacja Rosji z zakupem zboża za miliard dolarów. Ale ta kompromitacja nie przekonywa Zachodu, snobizm na komunizm jest tam nadal nieograniczony. Decyduje strach: bomba atomowa zrównała i zniwelowała wszystkich, sytych i głodnych.

Wacek i Marek koncertują jak szaleni – grają rzeczywiście doskonale, złotówki płyną. Ale cóż – Marek pali się do Paryża, Wacek chce się tu żenić – nie wiem, co to z nimi będzie dalej. Moje zarobki trochę się kurczą (mały ZAIKS), a roboty coraz więcej. Może w Sopocie podgonię trochę i pomyślę serio o nowym „romansie".

12 listopada
Podobno Myślik lata i urąga na mnie, robi też aluzje, że ja napisałem jakiś artykuł w paryskim „Expressie" podczas wizyty Gierka we Francji – artykuł bardzo antygierkowski – zresztą w ogóle go nie czytałem. Głupi ten Myślik i bezczelny, ale boję się, że różne właśnie Myśliki, Auleytnery i Zabłoccy skroją nam w ogóle kurtę,

bo mimo wszystko „Tygodnik" jest dla nich za mało uległy wobec partii, a ludzie w typie Stommy zbyt niezależni. „Tygodnik" powinien zawczasu przejść do jakiejś kontrakcji albo odłamać się w ogóle od koła poselskiego „Znak", albo też zawrzeć jakieś nowe, własne porozumienie z partią, oczywiście z ludźmi porządnymi, z „gierkowcami" czy już nie wiem z kim. Ale cóż, Turowicz i Jacek sobie podróżują, a jak wrócą, może być za późno. Jeśli w „Tygodniku" zaczną się szarogęsić wazeliniarze, to za sprawą Myślika mogą mnie zmusić do dymisji (zresztą sam wyjdę), no i z czego wtedy będę żył? Hm. Niezbyt to miłe perspektywy, trzeba by jeszcze próbować uaktywnić Jacka czy Kozła, tyle że ich nie widuję.

Twardowski i Kaczka [Tadeusz Kaczyński] wrócili z Wilna, opowiadali sporo, przywieźli też taśmę z nagraniem łacińskiego (!) nabożeństwa zaduszkowego w kościele św. Piotra i Pawła. Bardzo to wzruszające, minęło mnie to niestety! No ale taki widać mój los, żeby siedzieć na ogonie i pracować – ku chwale Ojczyzny (chi!).

Słonimski wrócił z Ameryki, podobno wściekły jest na mnie za felieton o Irzykowskim* – a ja wściekły jestem na niego, bo to człowiek mały, widzący tylko siebie, z zapiekłymi nienawiściami sprzed pięćdziesięciu lat, megaloman i samochwalca, po prostu ustawia sobie swoją legendę i karierę (nawet pośmiertną), a nic go więcej nie obchodzi. Skamandryle nie znoszą Irzykowskiego, bo był niskiego zdania o ich pisarstwie – oto cała tajemnica. Ale robić z Irzykowskiego faszystę, to już naprawdę świństwo – tyle że ten starzec jest bezkarny. Chroni go wiek i rzekome zasługi. Owszem, miał swój wielki okres odwagi i walki z hitleryzmem w latach 1937–1939, ale jego świat intelektualny wąski jest i nieciekawy. Wszyscy zresztą Skamandryci tacy są: sensualiści, wyobraźniowi i temperamentowo wizyjni a zgoła nie intelektualni, jakżeż więc mieliby rozumieć Irzykowskiego?! A jednak jego będzie za grobem zwycięstwo, nie starców Iwaszkiewicza i Słonimskiego, z których jeden jest fagas jawny a drugi pseudoopozycjonista, co to długo się opiera, ale w odpowiednim momencie zrezygnuje jednak z opozycji i da rządzącym dupy – tak właśnie było na Zjeździe Literatów w Łodzi!

Wściekł mnie trochę, choć przeszłościowe to są spory i wstyd właściwie wyjeżdżać z nimi przed dzisiejszą młodzieżą, zwłaszcza

---

* Kisiel, *Walka z cieniem*, „Tygodnik Powszechny", 12 listopada 1972, nr 46.

że ma ona swoje poważniejsze kłopoty niż obserwować kłótnie staruszków. Ostatnio na przykład łączy się podobno dwie organizacje: Zw[iązek] Młodzieży Studenckiej i Zw[iązek] Młodzieży Socjalistycznej. Będzie to utotalnienie studenckiego życia organizacyjnego – głupi ten Gierek, że takie rzeczy robi. A w prasie dalej dyskusja na tematy demograficzne: Wilhelmi napisał dobry artykuł w tej sprawie, przywołując do porządku „boyowskich" zwolenników regulacji urodzin i „praw kobiety". Miasta wymierają, inteligencja wymiera: zacząłem sobie przypominać, kto z naszych znajomych ma więcej niż dwoje dzieci i prawie że nie mogę znaleźć! Sytuacja krytyczna, a różne Urbany i Lovelle bredzą na ten temat zgoła nieodpowiedzialnie. Muszę o tym napisać felieton (tak się u mnie wszystko kończy!).

Za parę dni jadę już nad morze – skupić się i popracować. A jak wrócę, to będzie już grudzień i trzeba będzie parać się z zimą! Jeszcze jedna zima...

18 listopada
A więc jestem nad morzem, bardzo tu pięknie – jak zwykle. Roboty mam przed sobą sporo, ale tutaj to idzie, jak cały dzień nikt nie przeszkadza. Jest tu Henio, Zygmunt Mycielski, Cichowicz, a więc towarzystwo miło pederastyczne, dosyć inteligentne (może najmniej Zygmunt, bo hrabiowie z natury myślą powoli – wystarczy im, że żyją). „Sonatę klarnetową" skończyłem w trudzie, tu chcę pisać symfonię i inne rzeczy. Podobno Słonimski wściekły za mój felieton na temat Irzykowskiego i pytał się Pawła, „jakim prawem" w „Tygodniku" ukazało się coś takiego. Albo jest bezczelny, albo mu się coś w sklerotycznej główce pomieszało, tak uważa Paweł. Ale pomyśleć, że w pamiętnikach Irzykowskiego, tych, do których ja napisałem przedmowę, redaktorki wykreśliły wszystko złe, co było o Słonimskim, a ten bezkarnie sobie używa. Na szczęście Jan Nepomucen Miller też napisał list do redakcji, osadzając przyjemniaczka Słonimskiego nielicho.

Podobno był tu w Sopocie parę dni Jerzy Andrzejewski i okropnie chlał z jakimiś chłopczykami. Ten biedny idiota zaczął w „Literaturze" pisać jakieś okropnie jęczące, elegijne felietony. Niemądra to rzecz płakać przed komunistami, a tu jeszcze w dodatku odżyła w nim stara miłość do Iwaszkiewicza i zachwyca się nim z powodu jakiejś tam noweli. Złamała go ta sprawa z „Miazgą", ale swoją drogą, żeby autor listu do Goldstückera i mowy nad grobem Jasienicy tak się teraz wygłupiał – to smutne. I kto ma właściwie bronić godności tej naszej nędznej literatury: sklerotyczni, egoistyczni Żydzi czy rozpląsane pederastyczne mimozy?! O rety, o jerum! Chyba w młodych nadzieja, jest trochę niezłej młodzieży, ale łazi bez opieki, nie ma się kto nią zająć. Ja się nie podejmuję, bom stary – chi!

Jutro wybory w NRF. Nasza prasa pluje na Barzela i Straussa, a życzy sukcesów Brandtowi. Nie jest to sezonowe nawet z tejże prasy punktu widzenia, a z punktu widzenia granicy Odra–Nysa, która w końcu jest przecież wspólną narodową sprawą, ważne jest, aby uznała ją niemiecka prawica także, a nie tylko Brandt, mający w końcu nie więcej niż maksimum pięćdziesiąt procent społeczeństwa za sobą. Ale co poradzić na głupców ślepo wykonujących ruskie dyrektywy? Ja po cichu życzę zwycięstwa CDU (cóż za herezja!) i myślę, że dla istotnych interesów Polski może to wcale nie być złe – przynajmniej trochę się Ruskim postawią, co wcale na szkodę nie wyjdzie. Ruscy wykorzystują do samego dna złowrogą legendę Hitlera sądząc, że Niemców już po wiek wieków tym sparaliżują. Jest to moralne nadużycie – nie działa ono na Straussa, ale działa na wielu innych. Okrutny to paradoks, bo przecież Niemcy powinni się wypłacić Europie za to, że wydali straszliwego tyrana, któremu byli ulegli, wypłacić się tym właśnie, że nie będą ulegli wobec tyrana następnego, rosyjskiego. Brandt tego nie rozumie, bo jest skoncentrowany tylko na pokutowaniu za Hitlera, Strauss rozumie, ale wciąż się w nim podejrzewa obecność także nacjonalizmu „przyszłościowego". Moim zdaniem to nie szkodzi, Niemiec nie może być czystym aniołem, a stawianie trudności Rusom nader jest pedagogiczne, bo przecież wojny (z powodu atomów) i tak nie będzie, chyba żeby ludzkość nagle zapomniała, na czym polega wynalazek bomby atomowej... Ale kto w tych niemieckich wyborach wygra, nie mam pojęcia, za mało jestem poinformowany, zwłaszcza że prasa nasza miesza informację z propagandą – jak zawsze.

Otóż to: nieinformowanie, niemówienie o niczym merytorycznym, traktowanie słowa jako uniformistycznej propagandy stanowiącej monolit bez skaz, bez załamań, bez plam. Ostatnio znów pokaz tego był na Kongresie Związków Zawodowych. Wszyscy, od Gierka do najbardziej szarego delegata mówili to samo i mówili o niczym – krągłe frazesy, za którymi nie wiadomo co się kryje (a podobno były w kuluarach jakieś tarcia ze stoczniowcami). Czy takie ukrywanie konfliktów i pokazywanie gładkiej fasady jest skuteczne jako propaganda? Stosowane z absolutną, monolityczną konsekwencją w zamkniętej na głucho Rosji na pewno dało rezultaty, wytworzyło automatyzm odruchów i bezwład społeczny. Ale w Polsce pokazało się, że można pozorną monolityczność utrzymywać do czasu, po czym przychodzi jeszcze gwałtowniejszy i drastyczniejszy wybuch. Myślę, że jak przyjdzie taki wybuch w Rosji, to nastanie sądny dzień i krew będzie się lała nie krócej i nie powściągliwiej niż w czasie rewolucji. Car zapracował sobie na to, bolszewicy też pracują...

A wracając do bezwartościowych obrad, to ze wszystkich krajów socjalistycznych najwięcej jest treści w dyskusjach jugosłowiańskich. Zwłaszcza teraz, gdy odżyły separatyzmy narodowe, a stary Tito uwija się, by nakryć to wszystko znowu jakąś uniformistyczną czapką. No cóż, za wolność trzeba jednak czymś zapłacić, nie można mieć i tego, i tego...

Podobno Bolcio Piasecki zwąchał się ze Szlachcicem i znów robią jakieś siuchty. Swoją drogą, cóż to za maniakalny pretendent ten Bolcio. Trzeba by ostrzec Generała, że Bolo wykończył już niejednego wyższego oficera, od pułkownika Koca do generała Moczara. Ich wykończył, a sam został, tyle że do władzy nie doszedł. Taki to jego los.

Słyszę szum morza, syreny, czytam nową książkę Mackiewicza („Kto mnie wołał, czego chciał?"). Oryginalna to publicystyka, niby archaiczna, dziwacznawa, ale jakżeż ciepła i polska. Nie ma już tej polskości, ale ja ją jeszcze czuję, stąd dla mnie nie jest to jeszcze lektura abstrakcyjna. A dla przyszłych pokoleń? Zależy, co się zdarzy i jak „odegnie się" psychika polska. Od tego psychologicznego „odgięcia się" zależy w gruncie rzeczy i przyrost naturalny, tak w tej chwili spadający. Komuniści są tu bezradni, bo nie decydują sprawy materialne a innych oni, dudki słomiane, nie rozumieją już wcale (tych zresztą też nie).

23 listopada

A więc Brandt wygrał wybory i to dość zdecydowanie. U nas „postępowe" triumfy no i zbiera się już w Finlandii zebranie przygotowawcze do owej Konferencji Europejskiej. A Kissinger w Paryżu dogaduje się znowu z Wietnamczykami. Wielkie wydarzenia –

bądź co bądź. Co do Brandta, to jak wiadomo, wcale się jego wyborem nie zachwycam. Po prostu historia się zmieniła i wszystkim potrzebne są teraz silne Niemcy, a nie słabe, podmaślające się Rosji. Rosja dąży konsekwentnie do „finlandyzacji" Europy, taki Brandt to dla niej jak znalazł, paluszki lizać. I w ogóle zgadzam się z Heniem, że polityka SPD i Brandta, choć na pozór pokojowa (laureat Nagrody Nobla!), w istocie przybliża wojnę – tak właśnie. Przecież pokój opierał się na równowadze sił, na Elbie była granica stref wpływów – amerykańskiej i rosyjskiej. Z chwilą gdy wpływy rosyjskie, dzięki ustępliwości NRF, infiltrują poza granicę stref, czyli w głąb Europy Zachodniej, równowaga zostaje zachwiana i na nowo zaczyna się balansowanie. Europa Zachodnia przy tym jest do tego balansowania zgoła nie przygotowana, rozbita, z głupią Francją frondującą, bez armii lądowej – zaś cała jej siła nuklearna jest w Ameryce, ta zaś, wobec braku kontaktu politycznego z Europą, staje się coraz bardziej iluzoryczna. Moskaliki niegłupio sobie to obmyślili: „sfinlandyzować" zachodnią Europę, aby mieć z tej strony spokój i radzić sobie ze sprawą najważniejszą: z Chińczykami. Tylko dlaczego Europa nie chce z Rosją wygrać?! Ano właśnie – bo myśli, że uda jej się żyć jak najdłużej w dosycie i spokoju. Stracili ambicję na parę pokoleń, chcą mieć dobrze za swojego życia i tyle. Dowód zestarzenia: oklapli po ostatniej wojnie – która była olbrzymim wysiłkiem włożonym w nic, w zero, w chimerę. I już za późno – ha!

Byłem na dużej wódce z Heniem, Cichowiczem i Markiem Nowakowskim – różne malownicze kurwy, marynarze, ubecy, szaleli tam na dancingu. Symfonia dosyć dobrze mi się pisze, romans po trochu wychodzi, wysłałem nieco kartek z obrazkami za granicę, m.in. do Tyrmanda (!) i Miłosza. W telewizji bez przerwy rzeczy produkcyjne, kronika pełna fabryk, „budów", robotników – nudne to jak diabli i wszystkich okropnie drażni, a mimo to oni wciąż to dają, wzorem rosyjskim – nie bardzo rozumiem, co to ma być za propaganda i czemu ma służyć – w wielkich, przemysłowych krajach Zachodu ani się nikomu śni pokazywać coś takiego na ekranie – ekran służy tam do odprężenia, odpoczynku. Ciekawe to zagadnienie z zakresu „psychologia komunizmu" – może się tym jeszcze kiedyś zajmę.

Już połowa mojego pobytu – niestety będę musiał wygłosić odczyt u księży, bo mnie przyłapali. Żyjąc tu dłużej można by sporo zrobić – a w Warszawie bałagan. Aha, byłem jeszcze w Nowym Porcie w Gdańsku i w Gdyni na odjeździe „Stefana Batorego". A ja do Ameryki nie pojadę... I zrób mu dziecko!

29 listopada

Jedna sprawa mnie ostatnio nurtuje: nieprzydatność intelektualizmu a także prawdziwej informacji dla celów politycznych. Pisarze i węszący dziennikarze to wróg: dokładna, obiektywna relacja o czymkolwiek nie służy działaniu, przeciwnie, skutecznie wszystko paraliżuje. Bolszewicy zrozumieli to już dawno, wobec czego zakazali indywidualnego pisania czy informowania, tworząc monopol pisarski, który trzymają w ręku. Za to na Zachodzie jest orgia informacyjna, będąca czymś w rodzaju amatorskiego kibicowania polityce. Gdy przeglądam numery „Newsweeku", „Sterna", „L'Expressu" to widzę wszystko: kulisy, plotki, domniemania, poglądy, opisy politycznych indywidualności, słowem – rzekę informacji, całe życie polityczne w przekroju umysłowości redaktorów a i czytelników (listy!). Do tego śmiałość nieprawdopodobna nie oszczędzająca niczego. Przedstawiciel „Newsweeku" jedzie do Hanoi i przeprowadza rozmowę z komunistycznym premierem. Jedno z pierwszych pytań: „Dlaczego nie poczekaliście z ofensywą aż do pełnego wycofania wojsk amerykańskich z Wietnamu Płd.? Czy to nie był błąd?" I ten komuch szeroko na to odpowiada. Niebywałe!

To „prasowe życie polityczne" ma właśnie coraz mniejszy realny wpływ na tamtejsze konkretne działania polityczne, wszędzie bowiem władza państwowa jakoś się uniezależnia, umacnia sama w sobie, jest to jednak (owe pisma) jakaś forma uczestnictwa ludzi w życiu publicznym, jakaś forma otwarcia tego życia i szacunku do człowieka. Stosunek do słowa jest miarą tego szacunku. A u nas mamy znowu ogromne pokazy kompletnego zniszczenia więzi między myślą a słowem, pokaz n o w o m o w y gierkowskiego rodzaju. W odróżnieniu od suchego profesorstwa Gomułki jest to nowomowa gładka, potoczysta, szlachetnie optymistyczna, a traktująca absolutnie o niczym. Słuchaliśmy z Heniem Gierka w telewizji, jak czytał owe właśnie gładkie frazy – było plenum KC poświęcone młodzieży – i zdumiewaliśmy się. Henio twierdzi, że on bierze lekcje u jakiegoś aktora. O treść nie chodzi, tylko o formę – w ich pojęciu cudowną. „Rozważany na tym plenum całokształt problemów przygotowania i wychowania człowieka socjalizmu, twórcy teraźniejszości i przyszłości ojczyzny, jest obecnie najważniejszym ogniwem w łańcuchu naszych zadań. Nie ma bowiem rezerw rozwojowych bogatszych nad te, które może dać uruchomienie ideowo-moralnych i intelektualnych możliwości człowieka". Bardzo pięknie, tylko nie wiadomo, co to znaczy, żadnych odniesień konkretnych. A oni tak leją godzinami i na plenum, i w Sejmie (Jagielski – nowy Jędrychowski, czyli spec od wszystkiego), i wszędzie. I nie widzą na pozór nic anormalnego w tym, że tak mówią o niczym. Czy to szczyty sprytu – żeby nic nie powiedzieć – czy też nowa forma ćwierćinteligenckiego, zastępczego wyżycia?! A te wygłupy w Sejmie, owo liczenie głosów poselskich przy uchwalaniu zmian konstytucji – a uchwalono, rzecz prosta jednomyślnie! I te długie szeregi posłów, deklarujących godzinami „pełne poparcie" dla każdej sprawy – toć gorzej niż za Kliszki! I bezdennie głupi Myślik, który się mądrzy nad zbawiennymi skutkami nowej ustawy o gminach – a parę miesięcy temu, gdy jeszcze o ustawie nie wiedział, wszystkie te słuszne rzeczy ani mu były w głowie! Szczyty zakłamania – nieświadomego, takie jest najgorsze! I biedny Stach Stomma w tym wszystkim, z czterema bałwanami i spryciarzykami. Sam sobie tego w dużym stopniu narobił, ale żal mi go. A w „Tygodniku" drukują już coraz większe bzdury, w końcu trzeba będzie stamtąd ustąpić, ale z czego wtedy żyć?! Już niedługo wpędzą się oni (własnymi rękami) w kozi róg bez wyjścia. A i mnie też.

Napisałem tu i wysłałem sporo kolorowych kartek za granicę. Pod postacią „wczasowych" życzeń wołam w nich „gwałt!", że niby paszportu nie dają. Ciekawym, czy to wszystko dojdzie! A stąd już niedługo jadę – Wacek ma po mnie przyjechać autem. Zrobiłem tu sporo: dzieło pisane i dzieło muzyczne posunęło się. Symfonia skrystalizowała mi się w głowie dokładnie, powieść (dziwna i ryzykowna) startuje także. Trzeba rzucać piękne morze i jechać zimować w Warszawie, do żony i dzieci. Wacek rzekomo się żeni, Krysia przyjedzie, Lidia będzie miała orkę na święta, bo będą superrodzinne. Dobrze, że tu popisałem, zyskam trochę luzu, żeby się „oddać" rodzinie, żeby znów ktoś nie powiedział (jak mała Krysia przed laty), że wszyscy mają dobrych ojców, a tylko my „takiego zasranego". Tylko że stary ten ojciec, chi!

Widziałem w Gdyni odpływającego „Stefana Batorego", wczoraj łaziłem po Gdańsku, nowe stare uliczki nabierają smaku, a gmach partii odbudowany galancie. Ładne robi się miasto, choć nadal duszę ma nie wyjaśnioną. Chociaż zdaje się, że te zmartwienia z duszą i słowem to tylko moje zmartwienia – możem ja dziwak i samotny nudziarz. Zygmunt Mycielski też się nad tym zastanawia – co do siebie. A ma już lat 66, przepowiada mi, że u mnie dopiero „teraz się zacznie". Co się zacznie? Ano – prawdziwa starość. Dotąd była widać nieprawdziwa...

Oni w „Tygodniku" umieszczając różne państwowotwórcze i zagraniczne, deklaratywne bzdury, myślą, że to epoka Kliszki, który przez lupę wczytywał się w każde słowo. A to epoka Szydlaka, który ma gdzieś cudze artykuły, ciekawi go tylko, o ile „Tygodnik" jest organem prymasa. A oni notki o prymasie umieszczają drobnym druczkiem na końcu, bo oni są kościelni „rewizjoniści". To ten Bardecki! A Jerzego i Jacka wciąż nie ma – wojażerowie! Szlag mnie w końcu na to trafi!

10 grudnia

Już tydzień jestem w Warszawie, ale straszny tu zamęt i mnóstwo robótek niezbyt mądrych, lecz koniecznych, na przykład audycja w radio, odczyt muzyczny na Grochowie (organizowany przez Związek Literatów!), felietony, dentystka itp. W tym wykładzie na Grochowie z ramienia Związku asystował mi młody M. – smutna to sprawa. Chłopak z „dobrej rodziny", widać, że zdolny, inteligentny, ale zgryziony, złamany duchowo. W marcu 1968 zamknęli go, zaczął coś tam zeznawać, mieć koncepcję, zobaczyli w nim chyba materiał na donosiciela, zaczęli drążyć, gadać, przekonywać, w końcu dali mu do celi maszynę do pisania i popisał najdziwniejsze rzeczy, w tym nieliche donosy. Potem wyszedł, pisał dziwne rzeczy w prasie literackiej, dając do zrozumienia, że wie o „spisku" inteligenckim i podbudowując to w dziwny sposób, niby społeczny i patriotyczny, w istocie całkiem ubecki. A co tam w celi popisał – diabli wiedzą. Słowem złamali go umysłowo, podobnie zresztą jak Włodka Z., który napisał też dziwaczny „gontarzowy" list o Żydach, w akademickim pisemku. Oni umieją wytworzyć taką *Greuelpropagandę*, że działa to na wyobraźnię, a może uwieść i umysł – u takich młodych frajerów. Słowem sprawa Mochnackiego, Brzozowskiego – rosyjskie, diabelskie podmuchy. A właśnie w Rosji dzieje się coś takiego: podobno jeden ze zbuntowanych intelektualistów, Piotr Jakir, syn rozstrzelanego wraz z Tuchaczewskim marszałka, facet znany z odwagi, który ciągle składał różne protesty, spotykał się z zagranicznymi dziennikarzami etc., dostał się teraz do więzienia i zaczął tam wszystkich sypać – nie wiadomo, czy był prowokatorem czy też uległ biciu, torturom – podobno zapowiadał, że jak go będą bili, to wszystko powie. W każdym razie wzięli się tam okropnie za różne „samizdaty", dzieją się na pewno rzeczy straszne, powiało Dostojewskim – Rosja jest zawsze Rosją. A swoją drogą, czytałem w „Newsweeku" wywiad z rosyjskim zbuntowanym atomowcem, Sacharowem – to naprawdę bohater! Mówi bez żenady, że nie jest komunistą ani socjalistą, tylko liberałem, opisuje, jak walczy z Bezpieką, wreszcie stwierdza, że robi to wszystko dla własnego sumienia, bo szans na sukces nie widzi! Żebyż to któryś z naszych Kotarbińskich czy Słonimskich coś takiego zrobił! Słonimski ostatnio mocno mnie zdenerwował, rozpętując w warszawskim „kawiarnianym" światku kampanię przeciw mnie o to, że zwalczam ateistyczny, wojujący sceptycyzm Lovellów i Urbanów. Ci „postępowcy" z warszawskiej kawiarni nie rozumieją, że w dzisiejszych czasach jedna jest tylko u nas walka o wolność: z komunizmem, i że w tej walce jeden jest tylko skuteczny sojusznik: religijny lud. Aby mieć tego sojusznika, trzeba zrezygnować z przedwojennej sławy „liberalnych postępowców" z Boya, ze wszystkich tych walk, które są dziś bezprzedmiotowe, bo wszystko się odwróciło i stanęło na głowie. Tymczasem religia podgryzana jest dziś z dwóch stron: przez księży reformatorów w rodzaju Bardeckiego, którzy ze swoim nonkonformizmem wewnątrz Kościoła wybrali się akurat właśnie teraz (bo Zachód dał hasło), z drugiej strony przez „postępowców" w rodzaju właśnie Kotarbińskiego czy Słonimskiego, których zresztą Hitler utwierdził w mniemaniu, że „wróg postępu" jest tylko na prawicy. I w ten sposób ułatwili gładką robotę komunizmowi, urodzili bękartów w rodzaju Lovella czy Urbana, realizują rozbicie oporu inteligencji, boć ta „postępowa" jest w obecnej sytuacji konformistyczna. Walka idzie z materializmem, *eo ipso* żadni materialiści nie są w niej sojusznikiem wolności, tak jak patriota niemiecki popierający Hitlera nie był w istocie sojusznikiem Niemiec. Ciężkie to prawdy, lecz trzeba je zrozumieć.

Ludzie to zresztą rozumieją: dostałem po moim felietonie o „bigoterapii sceptycyzmu" masę entuzjastycznych listów od czytelników, od księży, od różnych facetów, którzy nie będąc „intelektualistami" doskonale jednak rozumieją, o co chodzi. Dziś rozmawiałem o tym ze Stachem Stommą, próbując go nakłonić, aby zmusił „tygodnikowców" do jakiejś narady ideologicznej, bo to pismo staje się już dziś nie do zniesienia, na przykład w powielaniu sowieckiego systemu kłamstw na temat polityki zagranicznej (np. konferencja w Helsinkach – przecież to próba zastąpienia konferencji pokojowej uznaniem *status quo,* czyli podbojów Rosji – rozumiem, że my musimy popierać wszystko, co Rosja chce, ale po cóż „Tygodnik" ma umieszczać tasiemcowe powielania rosyjskiej „dialektyki" – toć nikt tego nie wymaga). Dawniej Stomma dwa razy na rok pisał chłodno o realizmie czy pozytywizmie i miało to zrozumiały dla ogółu posmak gry politycznej, może cynicznej, na swój sposób jednak śmiałej. Lecz dziś euforyczne truizmy Dembińskiego, jakbyśmy każdą bujdę brali na serio, to się robi obrzydłe. Obrzydł mi ten „Tygodnik" i sam się siebie brzydzę, że w nim piszę – ale przecież nie mam gdzie! To mój udział w ogólnym obrzydlistwie, nie dostrzeganym przez „tygodnikowców". A nie dostrzegają go, bo ono wzorowane jest na obrzydlistwie zachodnim: „Le Monde" też widzi tylko konferencję, która pozwoli Francji jeść w spokoju swoje ślimaki przez dalszy szereg lat, że zaś równa się to zniewoleniu Europy Wschodniej, to ich nie obchodzi – dla nich my to gorzej niż Azja. I w ten sposób byle kłamca Dembiński może się powoływać, że on jest „Europejczyk". A Ameryka daleko i skłoniona do tego przez tychże Francuzów, zabiera się na serio do myślenia o swoich tylko sprawach. I tak Europa samochcąc lezie w rosyjskie łapy – na razie duchowe. Ale tak to się zaczyna...

Zastałem w Warszawie potwierdzenie odmowy paszportu do NRF, będę pisał w tej sprawie do Tejchmy, ale tylko demonstracyjnie – nie zamierzam zdzierać wszystkich sił w jałowej walce, jak robi Władek Bartoszewski. Obmyśla on sobie ciągle różne przechytre plany (wyjazd z Pen-Clubem, wyjazd do Ameryki na cykl odczytów), władowuje w nie całą energię, a czas płynie – na korzyść „ich". Ja jestem starszy, tyle czasu nie mam, celu życia w zagranicznych wyjazdach nie widzę – tylko w pisaniu (dla wiadomego wydawcy), w „dawaniu świadectwa". Maniakalny to może cel, ale innego w tym ustroju i w tym świecie wymyślić sobie nie potrafię. Na dodatek jest jeszcze kompozycja – na wszelki wypadek. I tyle. Nie trzeba się rozpraszać na myśleniu o wyjazdach, trzeba się skupić na obserwacji tego świata, który mam opisywać. Sami mnie do tego nakłaniają – ich wola.

19 grudnia

Krysia przyjechała, przywiozła sporo prezentów, pism – była w Pirenejach, w Lourdes, w Pau – licho wie gdzie – u jakichś polskich znajomych. A znowu ja (jak to powraca!) nie mogę się ruszyć ani na krok. Zaniosłem zresztą w tej sprawie list „protestujący" do wicepremiera Tejchmy, a kopię wysłałem do ministra spraw wewnętrznych Ociepki. Skarżę się tam po staremu, że pobytu w ojczyźnie nie można traktować jako kary i że w ogóle nie wiem, za co jest ta kara. Wątpię, żeby dało to jakiś skutek, a tu dostałem list od przeora salezjanów z Nowego Jorku, żebym przyjeżdżał, że mi zorganizują odczyty etc. No cóż – łatwo mu powiedzieć, żebym przyjeżdżał – ale jak to zrobić? A tutaj Turowicz jeździł, gadał odczyty po angielsku, forsę na pewno przywiózł. Ja bym też przywiózł, nawet bez angielszczyzny, ale... *Tu l'as voulu Georges Dandin!* Ale trudno – tak było trzeba...

Z Turowiczem będę wreszcie musiał porozmawiać – bo „Tygodnik" staje się nie do zniesienia, po prostu organ MSZ, dlaczego ja mam to firmować?! Zresztą już o tym pisałem – staje się to jedną z moich manii. Mania jest to też o tyle, że już cała Europa niedługo padnie plackiem przed Rosją i to z błogosławieństwem Ameryki – konferencja w Helsinkach to właśnie taki numer. Wszystko dzieło de Gaulle'a (moja druga mania!) – rozwalił jedność zachodnioeuropejską (oni mówią „europejską", nas już w ogóle do Europy nie liczą!), Pakt Atlantycki, potem Brandt swoją polityką wschodnią rozbił cały interes do reszty, toć „obrona" Europy nie może się opierać na Holandii i Belgii. No i w rezultacie Nixon skapował się, że trzeba zmienić politykę, że Europy nie ma, a gadać można tylko z Rosją. W dodatku Rosjanie „poparli" Nixona przy wyborach, Amerykanie sprzedali im za to zboże (za miliard dolarów!), no i tak toczy się historia – po naszym grzbiecie. Pompidou zdaje się teraz coś zrozumiał, że poszło się za daleko – widzi, że „niezależność" Francji stała się tak duża, że już nic od niej nie zależy. Zaczyna on teraz coś bałakać o zbiorowej obronie Europy (odmiennie od durnia Debré, który wciąż plecie o obronie narodowej), ale już, bratku, za późno – diabli wzięli szansę i pp. Nixon z Breżniewem zdecydują sami, ponad francuską głową (pustą). Nas diabli wezmą (już wzięli), ale i Francuzikom będzie „kęsim" – to cała moja radość! Tymczasem Nixon, korzystając z wolnej ręki, zaczął, zamiast pokoju, ostro bombardować Hanoi! Tych też mi nie żal, komunistycznych megalomanów, którzy miliony ludzi rzucają na śmierć – dla swojej polityki! Przy okazji zatonął polski okręt „Józef Conrad", trzech ludzi zabitych! A po cośmy tam leźli – a teraz i Ruscy nie pomogą, bo zmienili politykę. Chi, chi!

Święta, zakupy, ruch – ale duża rynkowa plajta. Eksperyment z NRD miał skutek taki, żeśmy z nich wydrenowali towar, którego u nas brak (kolorowa telewizja, aparaty fotograficzne etc.), oni się wreszcie opatrzyli i – cześć pieśni, będzie kontrola celna i inne hece. Tak działa socjalizm – jak pp. Marchais i Mitterand wygrają wybory, to i Francuziki zaznają rozkoszy, czego im życzę z całego serca. Kiedyś nie chcieli się bić o Gdańsk, potem o Europę, ciekawym, czy się będą bili o swój ser i wino. Padła nieżywa – tak małpom bywa!

28 grudnia

Święta wydrenowały ze mnie czas i siły – nie wiem właściwie, do czego one są. Cała młodzież w domu, Wacek, Krysia, Jerzyk, w drugi dzień świąt było nawet przyjęcie „młodzieżowe", bo ze starej gwardii tylko Henio, Paweł i Suszko. Niby miła ta młodzież, ale czegoś jej brak, na pozór wszystko rozumieją, w istocie chodzą obok problemów, no i to ich ciągłe brzęczenie na adapterach czy radiach oraz kurzenie papierosów czyni dla mnie obcowanie z nimi zgoła nieznośnym. Do tego nie widać w nich ani pracowitości, ani patriotyzmu, najlepszy jest Wacek, tylko że zagubiony: Marek siedzi we Francji, tu różne propozycje grania idą wobec tego na marne, a znów dziewczyna żga go o ślub i mieszkanie. Biedny chłopak, ale cóż mu poradzę – parę lat się złożyło na tę dzisiejszą sytuację.

Widzę, że popsioczyłem na młodzież, jak to jest w zwyczaju starych. Teraz z kolei trzeba trochę na ustrój czy też rząd. Zresztą u nas przeważnie ludzie wymyślają na rząd, zapominając lub nie wiedząc, że rząd uwarunkowany jest ustrojem. Bo oto chodziliśmy z Lidią pół dnia po sklepach i magazynach, aby kupić dla mnie marynarkę, najzwyklejszą w świecie i – okazało się to niemożliwe: nie ma tego rozmiaru, a rozmiar mam też najzwyklejszy w świecie, nie ma w ogóle wyboru – nic nie ma. A jednocześnie przeczytałem w „Życiu Warszawy" zawiły traktat Bratkowskiego, naszego „futurologa" i technokraty, wypływającego teraz na falach „gierkizmu", na temat strategii inwestycyjnej. Artykuł różniący się od życia jak niebo od ziemi, Bratkowski dał się bowiem uwieść wizji socjalistycznego „absolutyzmu oświeconego", gdzie, dzięki skupieniu środków działania w jednej centrali, można planować i realizować inwestycyjne cuda. Nie przychodzi mu do głowy, że stosuje możliwości kapitalistyczne do ustroju całkiem innego, paraliżującego i niwelującego wszelkie poczynania – na braku głupich marynarek widać to doskonale. Rzecz w tym, że kraj socjalistyczny nie posiada pieniądza bezwzględnego, ma tylko walutę wewnętrzną, umowno-wymienną. Złoty polski to po prostu bon na towary polskiego pochodzenia, produkowane przeważnie przez państwo. Bank państwowy co miesiąc ściąga te bony z rynku, aby znów puszczać je w obieg. Ilość bonów jest ograniczona, podobnie jak ograniczona jest ilość wyprodukowanego towaru, limitowana małą wydajnością pracy. Toteż państwo bynajmniej nie jest zainteresowane dużą produkcją, na przykład rozmaitych marynarek, bo wie, że dostanie za nie nic innego jak właśnie złotówkowe „bony", które dalej będzie wydawać. Państwo nie jest też zainteresowane szybkim obiegiem pieniądza, bo ten obieg jest jałowy – przekładanie forsy z jednej kieszeni do drugiej. Eksport – tak, ten coś daje, ale obieg wewnętrzny nic, toć państwo i tak obraca miliardami złotych leżącymi na książeczkach PKO. Jest to w pewnych okresach istne *perpetuum mobile* (np. po wojnie, gdy Polska była zniszczona i bez środków inwestycyjnych), dziś za to po prostu błędne koło. Chciano z tego fatalnego mechanizmu wyjść, otwierając granicę z NRD i proponując „wolny handel" międzypaństwowy w socjalizmie, okazało się to niemożliwe i na powrót ustanowiono ścisłe cła na towary: najwyraźniej pieniądz w socjalizmie nie może być wartością międzynarodową. Na wszelkie inwestycje obraca się zasadniczą masę tego pieniądza oraz kredyty zagraniczne, na produkcję konsumpcyjną nie starcza. W takiej Francji jest zawsze ogromny nadmiar towaru i przy „otwartości" kraju oraz olbrzymiej masie cudzoziemców przewalających się tędy jeszcze i ten nadmiar się opłaca. U nas cały interes się nie opłaca, trzeba by podnieść ceny, ale tego Gierek się boi, pamiętając rozruchy i strajki. Nieruchomość cen i stabilizacja nie wystarczającej i nierozmaitej masy towarowej są więc uwarunkowane podwójnie: z jednej strony strachem politycznym, z drugiej – „krótką kołdrą" produkcyjno-inwestycyjną. Gierek chciał zaradzić na to podażą „dóbr trwałego użytku", mieszkań, samochodów etc. – ale jak na razie nie widać, aby mu się udawało.

Tymczasem Bratkowski roi... A znów komuniści francuscy chcieliby mieć zarazem kapitalistyczną koniunkturę i socjalistyczny podział dóbr. A to jedno z drugim nie idzie, albo – albo, do równego podziału jest tylko niedostatek... Zdolni ludzie zrażają się i wybywają. Miałem list od Brachmańskiego z Belgii. Dawny dyrektor „Ars Polony", pracownik NIK-u, partyjny Ślązak, mój stary znajomy, prowadził w Belgii doskonale Cepelię, potem rozszerzył działalność na Holandię, działał niebiurokratycznie, nie „formalnie", ale z rozmachem i dochodowo. Robili mu tutaj coraz większe wstręty, potem odwołali do kraju, chciał paszportu konsularnego i – w końcu został tam, ma własną firmę, dorobi się... Tu nie ma do czego wracać, a rodzice, staruszkowie, siedzą na Śląsku. Tak się toczy światek. A facet był w partii i próbował połączyć to z porządną pracą dla Polski...

Nasza prasa świąteczna nudna, pusta, głupia. Nienawidzę tych pismaków, to najgorsze co Polska ma – a ich psychiczna geneza kłamania to coś najprzykrzejszego. Oto lista najbardziej obrzydłych kłamców: Górnicki, Wójcicki, Krasicki, Stefanowicz, Jaszuński, Dunin-Wąsowicz, Woyna, Korotyński, Małcużyński, Albinowski, Winiewicz (emerytowany wiceminister) etc. Okropni faceci – może ich tu chociaż uwiecznię...

1973

3 stycznia

A więc Nowy Rok – czy przyniesie on coś ciekawego? Mnie przyniesie ukończenie 62 lat – ciekawe to na pewno, choć jak powiedział kiedyś Rytel o muzyce współczesnej: „Nikt już nie jest ciekawy muzyki ciekawej". À propos starości – byłem w Nowy Rok u Jerzego Andrzejewskiego – cóż to za męcząca kombinacja rozkładu duchowo-fizycznego, kabotyństwa, rozkoszowania się tym, aktorstwa i – od czasu do czasu – rozsądnej i zimnej myśli. „Miazgi" nie wydał, odrzucił ją podobno Szydlak – w Paryżu też jakoś nie wydaje, bo chciałby egzemplarz ocenzurować, usuwając z niego passusy antyrosyjskie, a tam w ogóle na nic takiego się nie zgodzą. Znudziło mu się być bohaterem, to rozumiem, tylko że jemu co pewien czas coś się nudzi i wtedy zaskakuje swych zwolenników, lubi przed nimi grać. Tylko że ma już lat 64, napisał nie za wiele, jest rzekomo chory (z domu nie wychodzi) – no i może talent to nie największy, choć nuty myśli miewa intuicyjnie genialne. Ale felietony pisze średnie.

Dzwonił też do mnie Słonimski z serdecznymi życzeniami (!), a więc postanowił zastosować się do mojej rady o miłowaniu nieprzyjaciół. Tylko że ja w noworocznym felietonie przedstawiając moją listę hipotetycznej Akademii Literatury nie wymieniłem go – boję się, że się stary znów wścieknie! A szkoda – nie chcę z nim walczyć, bo to nieistotne – są inne walki, ważniejsze.

„Wolna Europa" rozpętała krzyk w mojej „obronie", że nie dostałem paszportu, że jestem „człowiekiem roku", że wydałem książkę z felietonami etc. Ale co mi z tego – oni już trochę w piętkę gonią, Amerykany popierają ich półgębkiem – to trochę po sezonie. Wolałbym forsę – nagrodę Jurzykowskiego – ale czyż ją dostanę?! Tak dobrze to nie będzie!

Przedwczoraj zadzwonił do mnie generał Dobieszak, dawny

komendant milicji, był zalany, zaciągnął mnie do siebie i kazał wypić bruderszafta (!). Żona była w Zakopanem, a pies wilczur trochę na mnie skakał. Wylali go (generała) w 1969, kłócił się z Moczarem – pokazywał mi nawet swoje zwolnienie, podpisane przez Cyrankiewicza. Kulisy władzy nie kontrolowanej są śmieszne i zawstydzające.

W Wietnamie, po serii amerykańskich bombardowań (jakże rozdzierali nad nimi szaty ci idioci z „Mondu") znów próby rozmów – dlaczego nikt nie krzyknie, że wojnie winna jest północnowietnamska „soldateska"?! Głupi, załgany świat zachodniej Europy! Ciekawi mnie, co będzie we Francji – o ile komuniści p. Marchaisa upodobnią się do socjaldemokracji, o ile zaś obudzi się w nich totalistyczna żyłka? Jeśli „Front Ludowy" by wygrał, to Książę nie będzie miał tam łatwego życia. Może pojadą gdzieś dalej? He!

W sobotę jadę do Krakowa na zasadniczą rozmowę – wreszcie. Zaprasza sam powrócony z Ameryki Jerzy Turowicz. Ciekawym, czy się zmienił i czy coś uzyskam. Chcę postąpić odwrotnie niż Dmowski: za pomocą starych (Jerzy, Stach) osiodłać młodych. Zobaczymy.

11 stycznia
Byłem w Krakowie, wrażenia nieszczególne. Zrobili zebranie (8 osób bez Jacka), powiedziałem wszystko, co myślę o „Tygodniku" i o polityce. „Młodzi" (Marek, Pszon) dosyć mnie zrozumieli, za to Turowicz ani w ząb – zarozumiały, pewny siebie, zachwycony wciąż „Tygodnikiem", słowa powiedzieć nie można. Zgodził się tylko, że w kole posłów sytuacja jest fatalna – na to trudno się nie zgodzić – ale na moją propozycję „manewru odrywającego" nie zareagował. Jeszcze gorszy był... Stomma, z którym się przecież uprzednio namawiałem, a który mimo to wystąpił z hałasem o jakieś nieistotne sprawy, o porachunki wewnątrzzespołowe, o jakieś wyjazdy do Niemiec. Kłócili się przy tym z Jerzym bardzo, ale nie wiadomo o co, bo z momentów ideologicznych poruszana była tylko sprawa „neopozytywizmu", ale też opacznie, Stach miał pretensje, że nikt nie odpowiedział na artykuł Wereszyckiego po trochu gloryfikujący powstania – ale kto niby miał odpowiedzieć, skoro sam Stach milczał jak ryba, przecież w „Tygodniku" nikt się ideologią nie przejmuje, a dobrego artykułu nie odrzucą, jako że mało ich mają.

A w ogóle to Stach chce nadal działać w swoim „kole" i w tym całym zaubeczonym i nasianym intrygami środowisku. Nie rozumie, że to jego ostatnie chwile i że ja go chcę ratować. Oni wszyscy zresztą nie są w stanie wyrwać się z uwarunkowań tego obrzydłego właściwie środowiska (zawodowi, przez partię hołubieni katolicy – brrr!), ja mogę, bo jestem swobodny, nigdzie właściwie nie należąc. Zresztą mojej postawy opozycyjnej mają oni też dosyć: powiedzieli mi, że nadeszły czasy Świętego Przymierza (rosyjsko-amerykańskiego) i że nikt nie ma zamiaru rozczulać się nad Jałtą czy berlińskim murem. Prawda – ale co z tego? Toć „Tygodnik" nie jest pismem politycznym, lecz moralizatorskim, magia „faktów dokonanych" nie jest właściwa dla pisma, patrzącego na świat pod kątem wieczności! Kryzys wiary czy co, u licha?!

Jedyny zresztą pożytek z mojego pobytu to uznanie przez nich półgębkiem, że sprawy ofensywy reformistycznej w religii nie są dziś w Polsce tak bardzo aktualne, ponieważ jak powiedział ks. Andrzej „trzeba zadbać o chronienie tradycji katolickiej w Polsce". Rychło w czas sobie przypomnieli! Ja zawsze to mówiłem, oni o tym wiedzą, dlatego są wobec mnie trochę bezsilni, a i biskupi musieli im nieco nakiwać. Tak czy owak nie bardzo to wszystko jest optymistyczne, zwłaszcza jeśli chodzi o mnie. Cenzura konfiskuje mi drugi już felieton, za to „Wolna Europa" wciąż mnie chwali – skończy się to wszystko źle!

Kraków widmowy, stary, brudny – byłem w „Ermitażu", gdzie poznał mnie kelner, ostatni z dawnej ekipy. Wracałem pociągiem fatalnie spóźnionym, w którym mnóstwo było młodych żołnierzy, zachlanych piwem, zarzyganych, ryczących – przed wojną wszyscy siedzieliby już w pace! Na dworcu zwróciłem uwagę inteligentnie wyglądającemu wyższemu oficerowi (generałowi?!) i powiedziałem, że to przecież nie jest wojsko, na co on... skwapliwie potwierdził i dodał, że ten kraj w ogóle jużeśmy przepili! Tego się nie spodziewałem!

Podobno Uniwersytet Karola w Pradze dał honorowe dyplomy... generałom sowieckim, którzy kierowali inwazją z roku 1968. Tego jednak jeszcze w Polsce nie było – chyba za czasów Repnina i Igelströma! Ale i tu mnożą się dziwne objawy, właśnie w kulturze: interwencje ambasady sowieckiej w sprawie książek historycznych (podobno Jasienicy, Moczulskiego, Kijowskiego „Wieczór listopadowy" i inne), w muzyce też jakieś alarmy i straszenia. A Gierek nic, tylko mówi o gospodarce: chce władać bazą, nadbudowa go brzydzi. A jak już gierkowcy zabiorą głos, to po stronie ruskich, na przykład Szydlak o nacjonalizmie w historii. Nastały czasy, gdy prawda i piśmiennictwo ją utrwalające wszystkim przeszkadzają – są antytaktyczne. Taktyka to życie, mówienie prawdy to śmierć cywilna. Takie czasy – a będzie gorzej, bo naprawdę idzie „Święte Przymierze", a Zachód kapituluje. I nic się na to nie poradzi – he! W końcu ci „postępowcy" zachodni nawet Amerykanów zmuszą do kapitulacji w Wietnamie, nie rozumiejąc, że podrzynają własne gardło. Zachód traci wolę walki, Rosja konserwuje ją, okłamując i trzymając w niewiedzy swój lud, Azja jest prężna, bo jeszcze głodna. Nasza kultura zginie, któż by się więc troszczył o Polskę?!

17 stycznia

Gierek skończył 60 lat – zrobili z tego dużą hecę, trochę śmieszną – ktoś podejrzewał, że przesadzili umyślnie, aby mu zaszkodzić, bo on dotąd był przecież dość skromny. Myślę, że Gierek wpadł też na jeden niezły pomysł, mianowicie ową szybką transformację Warszawy, jaką obecnie przeprowadza. Każdy, najbardziej zobojętniały i sceptyczny człowiek, chodząc wśród rozkopanych ulic musi dostrzec, że coś się zmienia i dzieje. Nawet gdyby Gierka nagle wylali, co u komunistów nigdy nie wiadomo, to co zaczął, to zaczął i musi to być skończone. Tak więc Gierek woli zamiast w politykę wcielić się w beton, żelazo, mur, kamienie – uważa, że to trwalsze, może jedyne trwałe. Tak zrobił w Katowicach, tak i tutaj, rozkręcając szybko Trasę Łazienkowską, Dworzec Centralny, Wisłostradę, hotele etc. Niby dobrze, choć jest w tym coś sztucznego i na pokaz, ale czai się w tym również zdrowy pesymizm, który oby pozostał, oby mu się za szybko nie przewróciło w głowie. A przewróciło się nawet takiemu realiście jak Cyrankiewicz, któremu musieli dopiero pokazać wymyślające listy z Wybrzeża, aby zrezygnował z ambasadorstwa w Szwajcarii. Podobno bardzo się tym listom dziwił – przyjemniaczek!

Pompidou w Moskwie spotkał się z Breżniewem, wyrazili radość, że w Europie spokój i cisza – mamy więc już dwóch żandarmów Europy. Ci Francuzi robią się już wręcz obrzydliwi, a co ich prasa wypisuje o Amerykanach, tego nie da się opisać. Życzę im jak najszczerzej sowieckiej inwazji – nam od tego na pewno gorzej nie będzie. W Wietnamie sytuacja wciąż niejasna, znów przerwano bombardowania, ale nie wiadomo co dalej. U nas z wielkim oburzeniem ogłoszono, że amerykański podsekretarz stanu wspomniał o możliwości rzucenia bomby atomowej. A przecież ci zachodni „postępowcy" zmuszą Amerykanów do tego, boć w końcu z naszej kultury czy „rasy" tylko Ameryka bierze udział w grze o świat. Amerykanie to nasi spadkobiercy, winniśmy to rozumieć, nie zaś rzucać im kłody pod nogi – jak Francja, maskująca swój egoizm rzekomym „humanitaryzmem".

Szwagierka – lekarka opowiadała niesamowite historie o braku lekarzy i pielęgniarek w szpitalu, dziwiła się, jak to może być, boć przecież szpitale „zarabiają na siebie". Nikt nie rozumie tego ustroju: tu nic nie znaczy, czy ktoś na siebie zarabia czy nie, wszystko zależy od planu, a plan jest sztywny i nie przewiduje tego, czy ktoś zarabia czy pracuje, czy lekarze chorują lub markierują i nie pracują. Plan to nie życie, które jest zmienne i pozateoretyczne – plan to koncepcja, a żeby zmienić koncepcję tego rodzaju, potrzeba wielu lat i – krwi. Bez krwi „wola ludu" się nie objawi, wypadki w Poznaniu i Gdańsku to były nasze wybory. Żeby pieniądze z funduszu jakiegoś tam przenieść, na przykład, na szpitale, trzeba w „socjalizmie" najwyższych decyzji, w kapitalizmie robi się to po prostu samo, automatycznie. Dlatego kapitalizm jest w tej materii humanistyczny, dogodny ludziom, choć nie daje równych szans (ludzie są nierówni, okoliczności bywają stronnicze). Za to socjalizm w swej mechaniczności i w automatyzmie działania jest nieludzki – choć i nawet chce dobrze.

Krysia wyjechała do Paryża. Wacek siedzi w domu i nic nie robi, gra ze swoją donną w kości – dziwna młodzież, jak długo można tak żyć? Lidia przemęczona, we mnie wzbiera się wściekłość, ale na razie nic nie mówię. Moja sytuacja ogólna – żadna: felieton chyba puścili, (dwa były skonfiskowane), ale nadziei specjalnych nie widać, zwłaszcza wobec rosnących zapędów do „niewolenia umysłu". W „Życiu Warszawy" jakiś pułkownik Jurga gromi mocno tego Leszka Moczulskiego za błędne poglądy na politykę Becka. Biorą nas za mordę, a tu głupi Słonimski na jakimś zebraniu z Wrońskim w Radziejowicach pytał się, dlaczego nie przyjeżdżają do Polski Rubinstein i Skrowaczewski. Większych zmartwień on nie ma, głupi. A nagrody Jurzykowskiego znów mi nie dali – boją się mi dać, że tu władze wierzgną i odmówią im wiz. Komuna robi się wszechmocna, jej kłamstwo również. A my – bezradni i z takimi „harcownikami" jak Słonimski, który ma tylko własny interes na oku. Do chrzanu to wszystko, a logicznie biorąc, będzie jeszcze gorzej. Co prawda wierzę zawsze w irracjonalne niespodzianki świata.

24 stycznia
W Wietnamie chyba już wczoraj zawarto pokój – a tyle ostatnio amerykańska prasa napyskowała na Nixona – że oszukuje opinię, że jest wyniosły, nie udziela wywiadów etc. W „Kulturze" paryskiej Jolanta Dworzecka (taka idiotka, co uciekła, a teraz okazuje się wcale inteligentna) tłumaczy, dlaczego Nixon nie będzie w Ameryce kochany, tak jak kochani są nawet prezydenci, którzy zawalili sprawę: Roosevelt czy Einsenhower. Oto idealizm amerykański nie może znieść, iż Nixon z Kissingerem wprowadzili do polityki amerykańskiej europejski, zimny makiawelizm i cynizm – jawną zasadę „cel uświęca środki", że Kissinger powołuje się na Metternicha etc., podczas gdy Ameryka winna pozostać w polityce kwakierskim apostołem. Ciekawa obserwacja! Tymczasem jednak nie ulega wątpliwości, że w polityce „dobrej" też trzeba być złym, inaczej nic się nie osiągnie. Na przykład w Wietnamie. Nixon w Moskwie i w Pekinie zapewnił sobie, że te „bratnie" potęgi nie ruszą się już w sprawie Wietnamu, bo mają w tej chwili tego dość, woląc prowadzić mocarstwowe flirty, wobec czego zaminował porty, a gdy północnowietnamscy maniacy jeszcze nowej sytuacji nie zrozumieli, przywrócił ich do rozsądku strasznymi bombardowaniami, na które ani Rosja, ani Chiny nie zareagowały inaczej jak tylko nawoływaniami do pokoju. I w ten sposób zimna, „cyniczna" kalkulacja dała światu pokój... Ciekawa zresztą będzie sytuacja teraz, jakie tam się zaczną rozgrywki i komunistyczne oszustwa.

Nie mam cienia sympatii do tych amerykańskich idealistów, nie mogą oni zrozumieć, że na cyniczną grę komunistów trzeba odpowiedzieć takąż grą, inaczej świat staje się bezradny i oddany karciarzom. Skoro istnieją państwa totalne, gdzie opinia nie tylko nie ma na nic wpływu, ale w ogóle o niczym nie wie, to kierownicy państw demokratycznych, chcąc być równie operatywni jak ich totalni rywale, muszą oszukiwać swoją opinię – nie mają innej rady. Tak właśnie robi Nixon i dlatego – ma rezultaty. Ale opinia amerykańskich idealistycznych inteligentów potępia go, bo jest egocentryczna i nie rozumie demonicznej grozy epoki atomowej. Tak to wygląda i tylko znienawidzony Nixon może w tej sytuacji dawać sobie radę, nie zaś być słomianym dudkiem jak Eisenhower czy Johnson. Pod tym względem mądrzejsi byli Anglicy, którzy uważali, że Churchill to bandyta, ale na bandytę Hitlera trzeba mieć swojego bandytę... Zaryzykowałbym twierdzenie, że jest to punkt widzenia bardziej humanistyczny niż nieludzki, doktrynerski idealizm Mac Governa, każącego Amerykanom natychmiastową kapitulację w Wietnamie...

Z naiwności amerykańskich intelektualistów i dziennikarzy doskonale zdają sobie sprawę Rosjanie, umieją już na tej opinii grać, podsycać ją i podniecać. A u siebie opinii nie mają żadnej – tyle że starają się względnie ukrywać prześladowanie swoich buntowników – zresztą przychodzi im to bez trudu, boć informacji u nich nie ma, a opinia Zachodu na ten właśnie temat mało jest wrażliwa. Czy to zawsze tak będzie?

Ostatni tydzień upłynął mi pod znakiem starych ludzi. Umarł pan Maurin, stary przyjaciel moich rodziców, i odwiedziłem jego żonę, była tam też siostra i córka – znają mnie od dziecka. Są one siostrami stryjecznymi ministra Becka i pojąć nie mogą, dlaczego przypisuje mu się wszystkie winy świata. (Według ostatnich źródeł ze znakomitych „Zeszytów historycznych" „Kultury" Beck wychodzi bardzo obronną ręką – lepiej nawet, niż sam myślał). Przedwczoraj znowuż wezwał mnie do siebie Wańkowicz. Stary siedzi sam na swoim wysokim piętrze, jak olbrzymia siwa żaba – myśli tylko o sobie i swoich książkach, nie jest ani sympatyczny, ani nawet inteligentny, mimo to imponuje żarliwą witalnością, z jaką wciąż chce przebiegać te kilkadziesiąt lat polskości, które zna. Na mnie zły, że gdzieś o nim napisałem, iż jest „niewspółczesny". Poza tym pieniaczy się, ma z pięć procesów, m.in. z Walichnowskim, ze Strumph-Wojtkiewiczem i z Machejkiem – w tej ostatniej właśnie sprawie chciał, żebym mu jako „Krakauer" pomógł – chce ośmieszyć Machejka, który mu skrócił jakiś artykuł o połowę. Myśli, że walczy za nas wszystkich – z samowolą wydawców, mniej z cenzurą, bo któż jej da rady? Siedziałem tam do pierwszej w nocy, upiłem się trochę, stary sondował mnie, jak mógł, ale mówił, że się „wymykam". Bo ja go w istocie niezbyt lubię – za chytrość i uwielbienie siebie samego – podczas gdy tak lubiłem Mackiewicza. Ale trudno mu to powiedzieć, zmusza do grzecznego kłamstwa. A swoją drogą – niezwykły to staruch – choć go nie lubię, to podziwiam. Osiągnął niemożliwe: wydaje wciąż książki, prawuje się z wydawnictwami, zarabia setki tysięcy złotych, buduje dom – niezwykły mimo wszystko gość. Niby nie zna współczesnego komunistycznego życia, a jednak daje sobie w nim radę, pływa jak ryba w wodzie – może to właśnie naiwna bezczelność sprawia, że nic mu się nie może oprzeć. Tylko cenzury nie daje mu się zgryźć – ba! Zresztą mam zastrzeżenia przeciw temu terminowi u nas: to nie jest cenzura, lecz zwykłe fałszowanie tekstów, boć wycina się zdania bez wiedzy publiczności, zmuszając autora, żeby sygnował to, czego nie napisał. Słowo „cenzura" to za dużo dla nich zaszczytu! A właśnie poszedł na emeryturę „prezes" tych bandytów, stary idiota Siemek, na jego miejsce przyszedł jakiś 41-letni Kosicki. Ale oczywiście nic się nie zmieni. Wańkowicz z nimi nie wygra, wygrać mogłem tylko ja, wydając skonfiskowane felietony w Paryżu – he, he! Ale pyrrusowe to zwycięstwo, boć nikt ich tu nie czyta. Tyle że mam wieczór u Literatów (!) i dam to do czytania Siemionowi, a słowo wstępne wygłosi Władek Bartoszewski. Może będzie heca, ale trzeba się przecież trochę rozrywać!

27 stycznia

Mam *Schadenfreude,* teraz bowiem przewiduję dopiero w Wietnamie kryzys duchowy, i to zarówno w Wietnamie Północnym, jak i Południowym. Dotąd jednych trzymała „w formie" idea walki na śmierć i życie, drugich myśl, że „Ameryka z nami". A teraz przyjdzie otrzeźwienie: ci z Północy zadadzą sobie nagle pytanie, po cośmy się właściwie bili, po cośmy jedli tę żabę? Ci z Południa zaś będą się parać ze swym rodzinnym komunizmem, i to nie siłą, lecz sposobem, „politycznie". Czy ten komunizm wygra? Cała lewica europejska tego mu życzy, podrzynając w ten sposób własne gardło. O głupcy, potrójni głupcy, gdybyż pomieszkali u nas, wszystko by zrozumieli! Ale są na to za lekkomyślni, myślą, że im nic nie grozi. Mitterand sprzymierzający się z komunistami – szaleniec. Flirt, nowy flirt światowy „wolnej lewicy" z komunizmem to ich grzech śmiertelny, ich problem wręcz gardłowy. Do Rosji się niby trochę zrazili jako do „komunizmu państwowego", więc teraz umizgają się do komunistycznej Azji. W gruncie rzeczy cała „postępowa opinia" europejsko-amerykańska życzyła zwycięstwa północnemu Wietnamowi, choć to są agresorzy, a potępiała Amerykanów, którzy walczyli w obronie Południa i właściwie bezinteresownie. Jakiś masochizm ich opanował, stracili instynkt życia i walki. Wyjdzie z tego, że w wyścigu światowym „białą rasę" reprezentować będzie Rosja. Albo, he, he, państwo Izrael. Bo jak dojdzie do „regulowania kwestii bliskowschodniej", to trudniej będzie określić, gdzie „imperializm", a gdzie „postęp" (Arabowie?), i różni „postępowi" dziennikarze żydowscy z „New York Timesów" mocno się będą musieli poskrobać.

W Warszawie szybko rosną w górę przeróżne hotele – szwedzkie i nieszwedzkie – a więc Gierek „posłuchał" moich wieloletnich sugestii – raczej myślę, że zna światową, współczesną oczywistość, której ten zwariowany i skompleksowany Kliszko dojrzeć nie był w stanie. Tylko że Gierek buduje i buduje, ale tak się śmiertelnie boi Rosji i jej nieufności, że nie pozwala na minimalne choćby ożywienie myślowo-ideologiczne. A bez tego trudno wzbudzić jakikolwiek entuzjazm, choćby do budowania: ludzie tyle razy byli oszukiwani, tyle razy po okresie chwalby zohydzono im poprzednie kierownictwo, że teraz w żadne „ideały" tak łatwo nie uwierzą. Nawet marksizmu Gierek nie propaguje, bo się boi posądzenia o jakąś herezję. I oto żyć bez ideałów i bez entuzjazmu, z patriotyzmem nieautentycznym i marksizmem sztucznym, nie rozwijającym się – wielka degeneracja grozi takiemu społeczeństwu.

Przykładem tego zdegenerowania może być właśnie historia z NRD. Granicę otworzono, ludzie rzucili się jak szaleni, kupować, co się da, bo przecież nic ich nie obchodzi, żadne względy, solidarność „ludowa" czy inna – ktoś otworzył granicę to korzystać, ktoś zamknął – nie da się już korzystać, darmo by się do nich apelowało, bo niby w imię czego?!

A tutaj Roman Bratny udzielił wywiadu na temat powieści o tematyce współczesnej. Drąży go to, że „pokolenie Kolumbów" ma powieściowy życiorys, a współczesne nie ma, tłumaczy misternie tego przyczyny, o cenzurze wspomnieć nie może, ale daje do zrozumienia to i owo. W końcu konkluduje, że uda się tę rzecz zrealizować, jeśli powieść będzie prawdziwa, a jednocześnie będzie czemuś tam służyć, coś „nastawiać" czy mobilizować. Otóż jest to duża bujda. Literatura o k a ż d e j współczesności jest zazwyczaj negatywna i „rozkładowa". Wielka beletrystyka francuska od Balzaca do Zoli była arcykrytyczna, amerykańska od Sinclaira do Faulknera jest w istocie antyamerykańska, tak bywa zawsze, bo literatura właściwie do niczego społecznego nie służy. (Inaczej bywało w Polsce, ale to powstało samorzutnie, jako reakcja na różne rozbiory i okupacje — też dowód „nielegalności" pisarstwa). Kapitalizm się tą „rozkładowością" literatury nie przejmuje, bo w ogóle do społecznej wagi pisarstwa dużej wagi tam nie przypisują, u nas za to przesiewa się przez sito każde słowo, a już o literaturze negatywnej w ogóle mowy nie ma. Wobec czego nie ma i „powieściowego życiorysu" współczesności, są tylko oderwane historie o partyjnych inteligentach à la Bratny. On bardzo chce, ale nie chce wiedzieć, że to się nie da, że jest tylko jeden sposób, ale trudny i na razie, wobec niedostępności książek emigracyjnych, jałowy — obliczony co najwyżej na pośmiertną przyszłość. Sposób, który ja wybrałem... Choćby niestety nie bardzo go dziś mogę zrealizować — tyle robót głupich, że o „pracy twórczej" rzadko myślę, a i ten dziennik czy notatnik leży odłogiem. Trzeba by to jakoś zreformować, przeorganizować, bo czasu jest przecież mało i coraz mniej. Tyle że nie bardzo wiem, jak to zrobić, choć nowy „romans" zaczęty i zapowiada się dobrze. No, zobaczymy.

Jedną miałem wielką przyjemność literacką, to książka Wojciecha Głowali o Irzykowskim*. Jakiś wrocławski „kujon" zrealizował to, co ja postulowałem i marzyłem: przeczytał wszystko i odtworzył system filozoficzny Irzykowskiego, jakby napisał go na nowo, syntetycznym językiem. Piękna i cenna rzecz — rzadko spotykana.

7 lutego

Miałem wieczór autorski u Literatów. Władek Bartoszewski świetnie o mnie mówił, Siemion znakomicie czytał moje stare felietony, ja gadałem krótko, ale płynnie i treściwie, bo się mocno wykułem. Ludzi mnóstwo, słowem, rzecz się udała. Był też Jerzy Turowicz, potem z nim, Heniem i Pawłem byliśmy w „Bristolu". Ale z tym Jerzym to gadać nie warto — jakaś tylko zewnętrzna forma z niego została. Skończył 60 lat — czyż to starość tak działa?

Zaraz potem wyjechałem do Szczecina (samolotem) na odczyt i spotkanie. Szczecin prześliczny, widok z Wałów Chrobrego na port — nieporównany. Samo miasto jakby przedwojenne, francusko-niemieckie, podobno budował je Haussmann, ten, co w Paryżu. My w Warszawie zapomnieliśmy już o takiej „mieszczańskiej" zabudowie, o świetnie rozplanowanych „gwiaździstych" placach,

---

* Wojciech Głowala, *Sentymantalizm i pedanteria. O systemie estetycznym Karola Irzykowskiego*, Wrocław 1972.

efektownych perspektywach, prywatnych (dziś już oczywiście nie!) pałacach. W takiej scenerii gnieździ się tam i dociera nowa polskość, zbieranina ze wszystkich kątów świata – coś nader osobliwego, choć nie nazbyt podnoszącego na duchu. Ale inteligencja przyjemna – na koncercie „przy świecach" toczyłem różne rozmowy, m.in. ciekawe rzeczy mówiono o zajściach 1970. Miasto zresztą i dziś robi wrażenie oblężonego przez milicję, wszędzie patrole, tajniacy z psami, licho wie co. Czulili się do mnie dawni uczniowie, Pawłowski i Marczyk, w ogóle „prowincja" kulturalna znacznie przyjemniejsza jest od Warszawy, za to rządy partii i nachalna „przyjaźń polsko-radziecka" są tam aż komiczne.

Julek Stryjkowski trochę się na mnie obraził, bo przeczytałem w „Twórczości" jego trzecią amerykańską nowelę i powiedziałem, że jest ona „antysemicka". Może on o tym nie wie, ale przedstawił ludzi cudem ocalałych z hitlerowskiej rzeźni jako półobłąkanych, napiętnowanych śmiercią, odrażających właściwie – na jedynego rozsądnie normalnego wychodzi on sam. Może tak musi być, może ci ludzie, od razu z europejskiego piekła rzuceni w amerykańską egzotykę, nie mogą być inni – polscy Żydzi, ci, co ocaleli, żyli potem w Polsce innej, żyli życiem codziennie normalnym, więc i tło koszmaru (Polska to w końcu grobowiec milionów) jakoś im się oddemonizowało, znormalizowało. Natomiast amerykańscy nie mają nic za sobą, tylko koszmar, nie mają przeszłości – tylko teraźniejszość. Jakże z tym żyć? Swoją drogą te trzy nowele Stryjkowskiego to jedyne w swoim rodzaju świadectwo o jedynej, wyjątkowej i specjalnej ludzkiej grupie. A że obraz z tego wychodzi niemiły – chyba inny wyjść nie może. Trochę go tylko jeszcze Julek zaciemnił minoderiami pederastycznymi, ale na to nie ma rady – oni w tej dziedzinie nie mają poczucia humoru!

Paweł Hertz słyszał od Załuskiego (pułkownika, sekretarza POP-u Literatów), że ja... dostałem paszport do Ameryki. To byłby już szczyt bzika i sam bym chyba zwariował: rzucać wszystko i nagle jechać! Od dwudziestu lat robią mi takie numery, przedtem głupi Kliszko, teraz ci... Ale może to nieprawda? Nic nie rozumiem!

18 lutego
Miałem dwa okropne przeżycia: zbiorowiska dzisiejszych Polaków obradujące. Pierwsze, to był 34-osobowy „komitet konsultacyjny" koła „Znak", w którym uczestniczyłem po długiej przerwie

(kiedyś odbywało się to w Ożarowie). Drugi był Zjazd Związku Kompozytorów. Oba okropne.

U katolików na pewno były referaty i dyskusje teoretyczne, o etyce społecznej i stosunku katolików do niej. Referaty wygłosili Andrzej Święcicki i Zygmunt Drozdek, szło w nich, ogólnie mówiąc, o to, żeby nie będąc marksistami, działać pożytecznie dla Polski i moralności. Było w tym sofistyczne wirtuozostwo, była szczera dobra wola, ale wszystko oderwane od rzeczywistości, od polityki, od czegokolwiek. Oślizgłe to w końcu było, a o tym, żeby „ruch" nasz wrócił do postawy opozycyjnej – mowy nie ma! Nawet dawne mówienie, że działamy w myśl zasad pozytywistycznej „pracy organicznej", a nie z miłości do tego, co jest, uznano by za herezję. Teraz w modzie jest „postawa służebna" rodem z „Więzi" – brrr!

A w drugiej części wzięli się za łby – tyle że nie o sprawy zasadnicze, lecz znów o... paszporty. Kozioł wystąpił z wielką filipiką, że w „Znaku" są zasadnicze różnice, już myślałem, że pójdzie atak na Zabłockiego i Auleytnera frontalny, ideowy, tymczasem, owszem, poszedł, ale o... tryb ustalania wyjazdów do Niemiec. Kłócili się, prawda, ale nie o to, o co chodzi. A może już w ogóle o nic nie chodzi?! Smutne to wszystko, oj, smutne!

A u Kompozytorów to samo. Jedni, tzw. sitwa czy klika (Lutosławski, Baird, Serocki, Kotoński, Dobrowolski etc.), dbają tylko o swoje sprawy, o „Warszawską Jesień", wyjazdy etc. Są to dobrzy kompozytorzy, ale ohydne, drapieżne typy – właśnie krajowe sprawy muzyczne są im już obojętne, walczą „w skali światowej". Druga grupa, gorszych kompozytorów, walczy, aby im dorównać, ale z konieczności bije się o sprawy krajowe, bo do innych im za daleko – o wykonania, koncerty, orkiestry etc. Ci drudzy są więc społecznie aktywniejsi, a tych pierwszych nic sprawy społeczne nie obchodzą. Tym drugim coś by się więc należało, ale wzięli sobie za „wodza" Perkowskiego, który jest zawistny grafoman, idiota kompletny, do tego cham i zawsze przegrywa. Tu też szczeknął, że o tym, co się dzieje w Związku, dowiaduje się z paryskiej „Kultury" – w rezultacie zbojkotowano go, bo to było obliczone na obecnego na sali wiceministra Syczewskiego i facetów z KC. Przegrał, ale przepadły też sprawy istotne (np. konieczność anulowania złych skutków decentralizacji kulturalnej, np. że dyrygentów mianują Rady Narodowe, co jest bezsensem). Wszystko przepadło, utonęło w bałaganie, w użeraniu się o jedną kość, w dodatku częściowo wyimaginowaną. Czyż „twórca" dziś musi mieć natychmiastowe potwierdzenie w postaci doraźnych korzyści, czyż nie może trochę poczekać – wszak Schubert czekał całe życie! Komunizm wytworzył w nich gorączkę – tyle że bezprzedmiotową.

Wszystkim kierował sprężysty Lutos – sekciarz (po co mu to?! – toć ma światową sławę). Prezesem zrobiono uprzedniego kandydata, Stęszewskiego (muzykolog, chyba chłop porządny!), ale na końcu wyszła draka, bo „opozycja" zgłosiła wniosek, aby prezesem nie można było być dłużej niż cztery lata, stary bałwan Śledziński śmiertelnie się obraził (o co? – toć to już dotyczy przyszłości!), wyszedł, wybiegli za nim, przepraszali, potępiali wnioskodawców, słowem, odbyły się niesmaczne komedie – boć sam już Lutos wyrzucił Śledzia, dogadawszy się uprzednio z władzami, a Śledziowi zapomniał podziękować, stary filut wymusił demonstrację na swoją cześć. A czyż nie mógł odejść sam, dwa lata wcześniej? Tragedia głupiej starości. Mnie nie wybrali do Komisji Kwalifikacyjnej – też dzieło Lutosa – boć od tej komisji zależy skład Związku. Ale to nieważne. Smutne za to, że tak mi oni wszyscy obrzydli. Dla kogo tu żyć i działać?!

A tymczasem Gierek łączy organizacje młodzieżowe – ZMS, ZMW i studencki ZSP. Krok ku komunistycznej glajchszaltacji, wyjałowieniu, poddaniu wszystkich jednemu schematowi. Smutne to przedwiośnie, och jak smutne! Jedyny chyba ratunek w pisaniu „dla siebie". Ale czy i na to nie za późno?! Przeczytałem „szufladową", choć i posłaną na konkurs powieść R.J. [Roberta Jarockiego] – członka partii, wieloletniego działacza ZMP. Też niewesołe – o, mocno niewesołe. To znaczy – po Hitlerze, po wszystkim, co się stało, Polska musiała okrzepnąć w nowych granicach i z nowymi ludźmi. Przyszła „mała stabilizacja", ale za dużo już chyba tego, za długo. Sowiecka „terapia nudą" upodla kraj, upupia, odbiera mu oblicze. „Sowiecka cisza" – pisał kiedyś Skiwski, kandydat na polskiego hitlerowca. Czyż naprawdę nie ma innej rady, tylko albo komunizm, albo „faszyzm"? Bo te zachodnie kraje, czyli „trzecie wyjście" też nam nic nie daje. Polska nikogo nie obchodzi. A przecież jest coś w tym kraju, co przyciąga. Szpilman mi opowiadał o wracających Żydach. No bo na Zachodzie człowiekowi tutaj wychowanemu żyć nie sposób – jakże żyć bez problemów, tylko życiem codziennym?!

Ale tu ludzie się zmieniają z dnia na dzień, żrą się, nienawidzą wzajemnie, głupieją. I tak źle, i tak źle – o cholera! A może żyć tutaj życiem codziennym, nie myśląc o zmianach, wychowaniu, oddziaływaniu?! Ba – i na to już za późno!

24 lutego
Chaos mi w głowie panuje, wywołany zbyt dużą ilością porozpoczynanych wątków (duchowych) oraz rosnącą bezradnością – może związaną z wiekiem? Wczoraj spotkałem się z Amerykaninem z ambasady (polskiego pochodzenia) – ciekawe mieliśmy rozmowy o Nixonie – on jest (mój Amerykanin) zwolennikiem Demokratów, a jednocześnie nie ukrywa, że Nixon jest najlepszym z możliwych prezydentów, jeśli chodzi o politykę zagraniczną. Opowiadał, jak to „wściekli", którzy dopominali się pokoju w Wietnamie, nie wiedzą teraz co robić, ale dalej są antynixonowscy. Ale zarzucał Nixonowi brak reform wewnętrznych.

Spotkanie z owym Amerykaninem nastąpiło dlatego, że coś tam do nich doszło (*via* Waszyngton), że ja się gniewam za ich nieinterweniowanie w mojej sprawie wyjazdu. Powiedziałem, że się nie gniewam, ale że oni rzeczywiście są masochistami i wolą komunistycznych szczekaczy w rodzaju Pastusiaka czy Górnickiego od ludzi im przyjaznych. Śmiał się, ale tak jest. Sugerowałem, żeby ambasador Stoessel (teraz jest w Waszyngtonie podsekretarzem do spraw europejskich) interweniował u ambasadora Trompczyńskiego, mojego niegdyś znajomego – uczepił się tego mocno, aby tylko tu nie musieli interweniować – bo się boją odmowy. Tacy to z nich siłacze...

Ominęła mnie gratka, he, he! Buduje się mianowicie ten olbrzymi Port Północny koło Westerplatte. Zaproszono tam około dwustu literatów, dziennikarzy, malarzy etc., pokazano im port dokładnie (pomyśleć, że ja z Wackiem liznęliśmy go tylko z brzegu, bo wstęp jest wzbroniony), potem była wielka konferencja z Szydlakiem – chodzi o to, aby stworzyć legendę budowy, taką jaką kiedyś miała Gdynia, aby dużo o tym pisać i tak dalej. Rzecz to była absolutnie dla mnie, zabrałbym głos i dokładnie wytłumaczył, dlaczego nie ma u nas literatury o współczesności, powiedziałbym o cenzurze, o absurdalnym żądaniu, aby literatura była tylko pozytywna i budująca, słowem, powiedziałbym szereg truizmów, które już nieraz mówiłem, a które na nowej partyjnej „spirali władzy" byłyby czymś nowym i dla nich wychowawczym (wychować Szydlaka – cha, cha!). No, ale cóż, nie zaprosili mnie, chociaż jestem autorem rzadkiej ostatnio u nas (?!) powieści produkcyjnej. A więc okazja przepadła – dla nich oczywiście, żeby się czegoś nauczyć. Na tym zebraniu zaś szaleli Dobraczyńscy, Żukrowscy, Górniccy... Górnicki podobno łkał jak dzieci błagając Szydlaka: „miejcie do nas zaufanie..." Cóż to za zawodowy kretyn i właściwie do jakich „nas", za kogo on mówi?! Opowiadał mi to zresztą B. J., autor jedynej prawdziwej powieści o robotnikach (tej nagrodzonej, ale nie wydanej) – jego zresztą też nie zaprosili, choć partyjny. Każdemu to, na czym mu mniej zależy... Po prostu Gierek za żadną cenę nie chce polityki, także (zwłaszcza!) wewnątrz partii. Chce ją zastąpić czystym entuzjazmem gospodarczym. Czy mu się uda? Ja tam z zawodu jestem sceptykiem, nie wierzę, aby normalny był kadłub bez głowy czy też głowa bez kadłuba. Ale może idą nowe, całkiem inne czasy?

25 lutego

Swoją drogą ciekawe to: tyle już przeżyłem epok komunizmu (i wszystkie doskonale pamiętam, a ludzie u nas zapominają szybko), ale takiej jeszcze nie było, żeby w kółko mówiono tylko o sprawach gospodarczych i absolutnie o niczym więcej. I slogany podobierane są do tego, o dobrobycie, o tym, że możemy z siebie dać więcej, o „zbudowaniu drugiej Polski" i tak dalej, i dalej. Praca produkcyjna, którą w kapitalizmie uważa się za zło konieczne, przed którym robotnik ma się bronić walcząc ciągle i strajkując, tutaj jest jego najwyższym, świetlanym obowiązkiem, bo on rzekomo pracuje „dla siebie". Tymczasem okazuje się, że w kapitalizmie robotnik ma się lepiej (oczywiście, są gradacje, np. robotnicy zagraniczni w Paryżu), tyle że jest tam rzekomo upokorzony, bo pracuje „na cudzym". U nas za to jest rzekomo na swoim, więc nie wypada mu się skarżyć, a już o strajkach nie ma mowy, bo to straszliwa draka i tragedia. Gdzie więc w socjalizmie podziewa się „nadwartość", czyli „wartość dodatkowa?" Chyba po prostu marnują ją rządzące niedołęgi i dyletanci, w których rękach skupione jest wszystko – władza polityczna i gospodarcza z taką egzekutywą, o jakiej nie śniło się nikomu w kapitalizmie. A błędności czy też słuszności jakiejś na przykład decyzji, inwestycji absolutnie tu zawczasu stwierdzić nie można. Na przykład właśnie ów Port Północny – gigantyczna impreza, koszta olbrzymie, a czy się to opłaci – rzecz niewymierna.

Bo ma tam iść węgiel z południa Polski, ma iść ropa z nowych (?!) źródeł, mają na Wybrzeżu powstać nowe fabryki etc., etc. Ale skąd ludzie, a może węgiel przestanie być „chodliwy", a czy wszystkie „polityczne" warunki planu zostały przemyślane – toć może się to skończyć gigantycznym niewypałem. Tylko że to przyjdzie potem, a na razie forsę wielką można wydać, jeśli jest ona w budżecie. Bo są to pieniądze polskie, czyli złotówki, a więc po prostu bony ważne w obiegu wewnętrznym, z pomocą których rząd uruchomić może wielkie roboty, nie oglądając się na nic – to jest właśnie to rzekome socjalistyczne *perpetuum mobile* – że pracuje się, bez żadnych uprzednich zamówień, pożyczek, kredytów, wręcz w próżni – to z początku imponujące, tyle że potem, jak nie wystrzeli, zamienia się w pompę wysysającą ze społeczeństwa soki. W kapitalizmie nic się nie robi bez uprzedniej kalkulacji, tutaj, wobec braku kontaktów z Zachodem, z kapitałami, z partnerami i adherentami – robi się tak wszystko. Tego zdają się nie zauważać nasi dziennikarze ekonomiczni, nawet ci najlepsi, z „Polityki" na przykład. I młodzi inżynierowie, którzy na pewno z zapałem i rozmachem biorą się do rzeczy, nie myślą o tym, do czego ów port będzie służył. Jest w Polsce maniakalny kult „obiektów", cała Polska jest nimi nasiana, jak choćby owymi „zakładowymi domami wczasowymi", ale że dużą część roku stoją one puste, nie amortyzują się – to nikogo zdaje się nie martwić. Socjalizm daje pół roboty, buduje martwe mechanizmy, które potem trzeba sztucznie popychać, bo same iść nie chcą – taki jest rezultat początkowego *perpetuum mobile*. A na Zachodzie nikt zdaje się tego nie rozumieć. Naprawdę, szczerze bym chciał, aby we Francji zwyciężyli komuniści i wzięli się do roboty. Byłby to pierwszy wypadek, że „eksperyment" dokonywałby się na oczach świata, nie w jakimś zabitym deskami wschodnim kraju, lecz właśnie w Paryżu, gdzie jest prasa, wolność słowa, głupi Sartre, no i ta lewicowa młodzież, która wreszcie zobaczy, jak to wygląda w praktyce. Bardzo im tego życzę, a i plajty, jaka z tego wyniknie, też. Może ich to wreszcie sprowadzi na ziemię, na tę ziemię, na której my tyle lat żyjemy...

Zbliża się – za tydzień – mój doroczny wyjazd do Konstancina. Bardzo na to w tym roku liczę, bo wciąż gryzie mnie sumienie, że zaniedbałem różne roboty. Powieść idzie opieszale, o Irzykowskim nie napisałem, a do tego symfonia też prawie, poza pierwszą częścią, nie ruszona – a drugą i trzecią część mam w głowie, mógłbym je szybko machnąć, rzeczy pisane szybko okazują się zwykle najlepsze. Może w tym Konstancinie podgonię to i owo i uzyskam „luz duchowy", konieczny dla stworzenia czegoś podrzędnego. A tu na karku chałtura – „Madame Sans-Gêne" z Minkiewiczem i Marianowiczem! Muszę ją przecież zrobić, bo wziąłem już nawet *à conto*, a tu jeszcze bzdury organizacyjne, np. z ZAIKS-em, gdzie ciągle tkwię. A propos ZAIKS-u to znów nad nim wiszą czarne chmury, bo władze dokumentnie już zbadały, że w żadnej „demokracji ludowej" nic takiego nie ma. I podobno Zarząd Kompozytorów też jest przeciw ZAIKS-owi – wiadomo – Klubowi Geniuszy wystarczy państwowe biuro inkasa – tak jak w Rosji, gdzie Szostakowicz bierze forsy, ile chce. A więc Ruś Święta będzie i tutaj – brrr!

ZESZYT 14

8 marca
Już czwarty dzień jestem w Konstancinie. Nic się tu nie zmieniło, jest tylko stary skrzypek K., który mnie okropnie nudzi i przygnębia – przede wszystkim tym, że nic nie robi, po prostu czeka na śmierć. Co prawda on o tym nie wie (ma dużo forsy – dom w Warszawie), jest z nim dziewczyna, młodsza o lat 27, z którą on żyje od dawna, ale nie chce się ożenić i jeszcze źle ją traktuje. Ona pewno leci na tę jego forsę i przeliczy się – historia jak ze starego mieszczańskiego filmu – aż dziwne, że coś takiego trwa w „Polsce Ludowej" – co prawda brak forsy jest zdaje się wspólny wszystkim Polakom! Ale niezbyt miła to para i co oni właściwie robią „w domu pracy twórczej". Chociaż jakaż ta twórczość u ludzi, którzy co wieczór siedzą cztery godziny przy telewizji!

Ta telewizja to też dramat. Oglądam tu codziennie „Dziennik telewizyjny" i zadziwiam się, jak można bez jednej przerwy czy odmiany gadać wyłącznie i w kółko o sprawach gospodarczych. Na zachodzie w pismach, radio, telewizji o sprawach gospodarczych mówi się niewiele, za to gospodarka tam „idzie". Czyżby u nas gadanie zastąpić miało działanie? I w dodatku jakież to gadanie – maniakalne, pseudonaukowe, mętniackie, nie tykające istoty rzeczy. Jednak ci komuniści wprowadzili tu kompletny obłęd. A ludzie temu ulegają, nie wiedząc nawet, że jest to obłęd komunistyczny –

myślą, że normalny obłęd świata. Obłęd zawsze łatwiej chwyta niż, na przykład, moralizatorstwo – a moralizatorstwo komunistyczne podszyte jest sztucznością i propagandowym zakłamaniem, to już ludzie czują, tylko myślą, że wszelka moralność jest zakłamana, nie zaś komunistyczna. Skąd bierze się to zakłamanie? Ano, chyba z ustawicznych prób, aby wtłoczyć życie w ramy teorii, gdzie ono ani rusz zmieścić się nie chce. Swoją drogą potężna to na swój sposób i sugestywna teoria, która znajduje sobie tak uporczywych rzeczników i realizatorów. Hm – bo tak się zawsze składa, że teoria owa rządzi w krajach, gdzie nie ma rywali, gdzie nie istnieją sposoby jej zwalczania, krytykowania, obalania. Komuniści wiedzą, co robią, wykorzeniając z góry wszelką opozycję. Dlatego tak ciekawa byłaby ich próba rządów we Francji, w warunkach demokracji i wielopartyjności, gdzie czołgi rosyjskie nie mogłyby być argumentem rozstrzygającym. Ale zdaje mi się, po pierwszej turze wyborów, że oni nie wygrają: na mandaty nie wygrają, choć dzięki pomysłowi pana Mitteranda głosów dostaną wiele. Byłaby też heca, gdyby na przykład zaczęli rządzić, ale potępieni zostali przez... Rosję za jakiś tam rewizjonizm czy demoliberalizm. Moskale zresztą coś takiego czują, dlatego wolą umizgiwać się do pana Pompidou. A swoją drogą szczęśliwa ta Francja, bo ma prawicę oświeconą i strawną dla wszystkich (rdzeń prawicy to gaulliści, grupy skrajnie nacjonalistyczne dziś się nie liczą). A co byłoby u nas, gdyby jakimś cudem czy kataklizmem komuna upadła?! Całkowita próżnia polityczna, trzeba by dopiero montować jakąś np. chadecję – marzenia, marzenia...

Dziś w całej Polsce i oczywiście w telewizji specjalnie obłudne komunistyczne święto: Święto Kobiet. Przeczytałem i usłyszałem, że kobiety nareszcie mają dziś w Polsce Ludowej to, o co kilkadziesiąt lat walczyły (?!). A więc praca podwójna: w domu, w małej kuchni, przy trudnościach z zakupami, i w zakładzie, biurze, fabryce, normalne osiem godzin. Sam cymes, sama słodycz! I każda rzecz, którą oni mówią, obraca się w taką jakąś bzdurę. Cóż dziwnego, że w końcu w ich własnej telewizji najlepsze i jedynie strawne okazuje się to, co jest z Zachodu albo sprzed wojny. Na przykład zrobiony przez Toeplitza montaż starych filmów Dymszy. „Pan Dodek" okazał się orzeźwiający: biedna to była ta Polska międzywojenna – ale wolna. Choć może to problem mojej starości i wspomnień – że epoka młodości zawsze wydaje się piękna – ale nie, przecież komunizm jest w Polsce po raz pierwszy, raz na całą wieczność (znów problem Romana z „Cieniów"). Młodzież tego nie wie, ja to wiem. Wie także Iwaszkiewicz, tylko udaje, że zapomniał! Przerabianie dusz na niewolnicze – to się widzi w tzw. publicystyce! Wiadomo, że jesteśmy w strefie rosyjskiej i że do aksjomatów naszej racji stanu należy nie kłócić się z Rosją i nie wymyślać na nią (Finlandczycy, szczęściarze, za trzymanie się wiernie tej zasady udało im się wymigać od komunistycznego ustroju!). Ale od respektowania polskiej racji stanu do wynoszenia pod niebiosa racji stanu sowieckiej, daleka jeszcze droga. A my mamy wirtuozów formułowania zasad rosyjskiej racji stanu w zastosowaniu do wszelkich zagadnień i wszelkich zakątków świata w sposób doskonalszy, bardziej finezyjny, niż to robią sami Rosjanie. Wirtuozi ci to, na przykład: Winiewicz, Jaszuński, Stefanowicz, Wóycicki, Hoffman (Michał), Woyna, Gottesman. Szczyty duchowego serwilizmu, toć czegoś takiego nie było nawet za caratu, kiedy to całkiem oficjalnie siedzieliśmy w niewoli. Niewolnictwo dusz – niezwykłe!

Nie odczytuję tych wspomnień, bo nie trzymam ich w domu – pewno się strasznie powtarzam (wciąż się łudzę, że kiedyś, w jakiejś mitycznej przyszłości ktoś to będzie czytał). Na razie jeszcze parę szczegółów o Konstancinie. Chcę tu pisać czwarte dzieło*, jest już chyba ze sto stron, licząc na maszynopis (że też ja całe życie piszę ręcznie). Ale też żałosny ze mnie powieściopisarz: bez nazwiska, bez czytelników, bez przyszłości. Pocieszać się mogę maksymą Irzykowskiego: „Chcesz być zrozumiałym dla potomnych, nie bądź nim dla współczesnych". Ciężki nakaz brzmi w tej maksymie, nie ma co! Ale wolę w nią wierzyć niż wygłupiać się jak Jerzy Andrzejewski, lejący w swych felietonach „Z dnia na dzień" uperfumowaną wodę literacką albo też wydający z siebie od czasu do czasu jakieś niewydarzone nieproporcjonalne jęki.

10 marca
Ciągle się u nas krzyczy o konieczności zbudowania „drugiej Polski". Dziś poszedłem pieszo do Piaseczna i przypomniało mi się to hasło. Zaiste – przydałoby się. Cóż to za obskórna ohyda to Piaseczno, mimo że zbudowano w nim jakąś wielką nową fabrykę, to jednak substancja miasta pozostała ta sama: nędzne budy, grote-

---
* „Śledztwo".

skowe małe kamieniczki, jakieś liszajowate ulice. A przed Piasecznem coś arcypolskiego: herb miasta, jakiś jeleń i tablica, że w czerwcu będą „dni Piaseczna" z racji iluś tam setek lat istnienia. Pewien facet w „Literaturze" napisał, że trzeba jak najprędzej obstawić Polskę standardowymi blokami, a zlikwidować dawne nory! Na Zachodzie jakoś łączą jedno z drugim, modernizują starzyznę bez zmiany jej kształtu, lecz jeśli to u nas niemożliwe? Takie Piaseczno nie zachęca i nie budzi żadnych nadziei, więc burzcie – chciałoby się zawołać. Tylko do kogo wołać? Żebyż ten komunizm był wydolniejszy ekonomicznie, żebyż nie przeszkadzał ludziom z inicjatywą! No, ale cóż, pech: jak już jest rewolucja, to musi być durna, konserwatywna i dogmatyczna, w końskich okularach. O cholera!

Na rynku w Piasecznie rozmawiałem z jakimś pijanym facetem, który twierdził, że był kiedyś ciężarowcem i zniszczył sobie przez sport nogi, nie może chodzić. „W pana wieku to bym rozumiał – dodał – ale ja!" A wyglądał nie najmłodziej. Najwyraźniej ja muszę już wyglądać na dziada, to nie ulega wątpliwości – a przecież w środku czuję się zupełnie ten sam, ten sam co, na przykład, w dzieciństwie. Zadziwiające złudzenie – ale co właściwie jest tu złudzeniem?!

W mojej starości pociesza mnie jednak czasem to i owo. Na przykład, że Słonimski pisze ostatnio coraz lepsze felietony, a on już chyba podchodzi pod osiemdziesiątkę! Nieźle pisze, ale mam do niego żal o ten zjazd literatów w Łodzi. Wyskoczył samozwańczy „wódz opozycji" ze swoim felietonem o kompromisie, odczytał go na zjeździe, nie poinformowani ludzie myśleli, że naprawdę został zawarty jakiś handel. Tymczasem nic takiego nie było, w rezultacie cały nasz „marcowy" wysiłek opozycyjny został zmarnowany – tyle że Słonimskiego wydają i honorują. Czy zrobił to umyślnie? On mówi, że go „oszukali", ale myślę, że chętnie dał się oszukać ministrowi Wrońskiemu, który go wziął na honory i piękne słówka. Bo ten Antoni to też tylko kłębek miłości własnej!

Wracając do owego Piaseczna, to wśród ruder, błota, brudu, widzi się nagle dziewczynę ubraną jak z Londynu lub chłopaka, spreparowanego na hipisa. Gdzie oni się tak stroją, jeśli nawet porządnych klozetów nie ma?! To wpływ telewizji, telewizja jest salonem Polski Ludowej. Rzeczywiście, żeby nie telewizor, to, zwłaszcza zimą, można by się tutaj wściec, czyli urwać. Oczywiście, jeśli się nie ma „pracy twórczej". Ja ją mam i całe dnie siedzę – nawet przyszło mi „natchnienie" – jak się zmusić do pracy wielogodzinnej, to budzą się i dochodzą do głosu myśli, które były gdzieś ukryte. Sporo już napisałem nowego „romansu", ale jakiż on właściwie będzie i czy to wszystko ma w ogóle sens?! W chwilach takiego zwątpienia myślę z ulgą o symfonii, która dosyć mi ostatnio poszła i chyba bez trudu będę z nią jechał naprzód. Utwór muzyczny, napisany (nie aleatorycznie!), to jest przynajmniej konkret – istnieje, działa, idzie „w naród". Mam nawet ostatnio trochę wykonań w Polsce – nawet sporo – tylko z „Jesieni" sitwa mnie wyeliminowała, zwłaszcza po awanturze z Serockim. Pisałbym więc tę symfonię ze smakiem, ale cóż, włazi mi chałtura, nowa „Madame Sans-Gêne", którą robię z Miniem i Marianowiczem. To dla forsy, której nie mam za wiele. Kiedyś „chałtur" filmowych czy teatralnych było, ile chciałeś, teraz już młodzi robią. Bawi mnie nawet ta „prawidłowość odchodzenia", patrzę na nią jakby nie zainteresowany, z boku – może dlatego, że się nie czuję stary. Ale to też musi być złudzenie, i to złudzenie „prawidłowe". W końcu – nie ma obawy – poczuję się stary!

15 marca

Wiosna tutaj na całego, taka „psia wiosna" podwarszawska. Lewica we Francji nie wygrała, co mnie martwi, chciałbym ich widzieć przy rządzie, wykańczających głupich Francuzów. A tak, w silnej opozycji, będą sobie tylko zbierać dalsze laury i mit pseudolewicowości komunistów nie pęknie. Co prawda, gdyby oni wygrali, to stary Książę musiałby chyba z Francji nawiewać, więc lepiej, że się tak stało (egoistyczny punkt widzenia!).

Cyrankiewicz mianowany został po starym Kulczyńskim przewodniczącym Polskiego Komitetu Pokoju. Jest to instytucja bez znaczenia, ale sama rzecz jest śmieszna, widocznie ten osioł nie może się pogodzić z faktem, że nie zajmuje już żadnego stanowiska i nic się w jego życiu już nie zdarzy. Ale w prasie napisano o nim „znany działacz państwowy". To bardzo charakterystyczne dla komunistów, ich propaganda opiera się na tym, żeby nie pamiętać nic z tego, co było – nawet z bardzo niedawnej przeszłości, żeby wszystko ciągle wyglądało jakby zaczęte dzisiaj. Napisać „były wieloletni premier" albo „były przewodniczący Rady Państwa" byłoby złamaniem tej zasady ciągłego zaczynania od dzisiaj (czy to obliczone na młodzież?). Ciekawe, że nawet działacze prości umysłowo tej zasady przestrzegają z takim rygoryzmem, jakby należała do dogmatów wiary – wpojono im to wręcz w krew. A druga zasada, to przestrzeganie absolutnej ciszy politycznej: każde przemówienie, od najniższego szczebla, jest idealnie wyprane z wszelkiej treści konfliktowej, zawiera tylko i wyłącznie moralizatorskie truizmy – to też główne komunistyczne przykazanie, aby wszelkie konflikty chować jak najgłębiej przed profanami. Jakież to dziwne – a na pozór nikt tej dziwności nie dostrzega.

Kiepska ta Polska, ale jest w końcu Polską i drzemią w niej siły duchowe. Miałem rozmowę z Markiem Tomaszewskim, partnerem Wacka. Chce on siedzieć na Zachodzie, gdzie bieduje i nie ma co robić, pieprzył mi coś o wolności, która jemu akurat nie jest do niczego potrzebna. Tutaj gra dla tłumów, tam w ogóle nie, ale woli tam żebrać niż tu próbować coś zmienić. Takie jest pokolenie Polaków – bez narodowej ambicji. Cała nadzieja w grupce młodzieży humanistycznej w kraju, która się teraz burzy z powodu zakazów pisania o rzeczach historycznych, o powstaniach czy o rosyjskich postępkach z czasu ostatniej wojny. Wściekli są na Gierka, zrobią mu jeszcze nowe „Dziady", a on po prostu (!) boi się Rosji i powtórzenia wypadków czechosłowackich. Ale ta młodzież, która dopiero wchodzi w życie, nie wie, że my zwyczajnie od 30 lat jesteśmy w łapach Rosji i nasz los wisi na włosku, zwłaszcza teraz, gdy Zachód ma inne zmartwienia, a na nas zobojętniał całkowicie. Ta sytuacja jest dla młodzieży za prosta (!) i zbyt sprzeczna z pozorami – my starsi z nią żyjemy od lat i nas ona już nie wzburza, a oni dopiero startują i nagle odkrywają tę rewelację. Swoją drogą zabawny jest ten pokoleniowy mechanizm.

Nie tylko zresztą Zachód na nas zobojętniał, ale także emigracja – ta londyńska, skupiona wokół „Wiadomości". Czytałem parę numerów: oni są zadowoleni z siebie, urządzili się już, żyją w swojej literaturze archiwalno-międzywojennej, to emigracja p o g o d n a , bezproblemowa. Czują się dostatecznie Polakami, aby mieć czyste sumienie „patriotyczne", a zarazem czują się zadowolonymi z siebie obywatelami Zachodu. To coś jak Marek Tomaszewski – też brak właściwie poczucia narodowego. Tu odbija od nich wspaniale Książę Jerzy, który żyje wciąż w poczuciu niewoli kraju i wciąż, choć czasem nieudacznie, ale pielęgnuje płomień oporu. Bo najgorsza z niewoli to jest ta, której już nikt nie dostrzega.

Do niedawna jeszcze Ameryka chciała się bić „za wolność naszą i waszą", ale skomplikowane fiasko wojny wietnamskiej odwodzi ich od tego skutecznie. Paradoksalnym losu zrządzeniem to południowowietnamski Thieu uratował czy ratuje honor Ameryki przez to, że się Amerykanom postawił, nie dał się całkiem sprzedać, a teraz broni się dzielnie przed komunistami. Gdyby nie on, wyszłoby, że Amerykanie wyglądają jak dudki i że w ogóle nie wiadomo, o co bili się w Wietnamie – jak uzbrojone dzieci. Nixon to niegłupi facet i w ostatniej chwili, nic nikomu nie mówiąc, uzbroił mocno tego Thieu. To też jest ciekawa sytuacja w tej Ameryce, że prezydent, dla poparcia sprawy wolności, musi oszukiwać swoją opinię, reprezentowaną w dużym stopniu przez „liberalnych" żydowskich dziennikarzy. A tu tymczasem Żydzi w Izraelu stworzyli sobie swój patriotyzm, walczą jak diabły i nic sobie nie robią z miana „imperialistów" czy „militarystów". Parę jest dróg przed Żydami na świecie, przed narodem żydowskim, jeśli taki istnieje! Osobiście myślę, że jeśli Żydzi mają się odrodzić, a nie być nadal znienawidzeni w różnych krajach jako samozwańczy macherzy, dzięki zdolnościom i temperamentowi skutecznie fałszującymi postawę tych krajów (tak było z Żydami w Republice Weimarskiej – stąd miał swoją odskocznię do niszczenia Żydów Hitler) – to powinni skromnie śledzić odrodzeńcze działania Izraela – to, bądź co bądź, jedyny kraj świata, gdzie nie będzie nowego Oświęcimia – chyba że Arabowie przyjdą.

No, dość mądrzenia się, idę na słońce. A stąd jadę na Wybrzeże, znów trzy odczyty. Dziwna swoją drogą jest ta moja sytuacja, ale trzeba ją wyzyskiwać – póki jest.

25 marca

Byłem więc na Wybrzeżu, miałem owe trzy odczyty (u Literatów, na uniwersytecie oraz w szkole muzycznej). Trochę mnie w dyskusji zerżnęli – organizatorzy zresztą – ale nie muszę przecież mieć zawsze racji, poza tym moja opozycyjność staje się już archaizmem, reliktem przeszłości, tego już nikt nie rozumie, zresztą jest tam specyficzne getto inteligencji humanistycznej, która nie ma nic wspólnego ze światem robotniczym, z owymi stoczniami, w których rozpoczął się Grudzień. Z „marcowych", studenckich fermentów też nic nie zostało, już znów jest nowe pokolenie (prędko to leci!), którego nic nie obchodzi, żadna polityka czy ideologia zresztą, poza katolicyzmem, absolutnie nie ma się czego złapać, a politycznie na czym się oprzeć, w końcu okaże się, że na –

Chińczykach! A do tego nikt się nie pali, zresztą w ogóle nikt się do niczego nie pali, do patriotyzmu też nie – Gierek, Szydlak, Szlachcic drętwością swych patriotycznych przemówień wypłoszą każdego. Przyszła nowa Polska, zdemokratyzowana społecznie, ale rządzona mafijnie, bez życia politycznego, bez napięć i wstrząsów, bez ideologii i świadomości. Gierek tego chce, twierdzi, że za to otrzymał od Rosji przywilej kooperacji gospodarczej z Zachodem i budowania „drugiej Polski". Podobno rzeczywiście mamy już wspólny bank z NRF-em, handel niby się ma rozwijać, ale na przykład z Francją szybko klapnął (zresztą Francuzi nie potrafią się dostosowywać do cudzych norm), no a popyt wciąż na rynku wewnętrznym przewyższa skromną, choć tak reklamowaną podaż. Mamy dostać najmniejsze w świecie fiaty 126p, zdaje się, że po staremu socjalizm najlepiej rozwijać umie... apetyt na towary. Marynarkę w końcu z trudem kupiłem, ale nasz handel wewnętrzny wygląda wciąż beznadziejnie, podobnie jak gastronomia. W Gdańsku i Gdyni napatrzyłem się na niejedno – pięknie tam, ale jakżeż życie szare, ograniczone do codziennych zabiegów, rozróbek, intryg – tego to nie brak, zastępują one w tym ustroju wszelkie istniejące gdzie indziej zbawcze napięcia polityczne i zróżnicowanie społeczne. Zaczyna się cenić wszelkie „nieprawidłowości" świata zachodniego, jakże malowniczego w porównaniu z ludzkimi termitami żyjącymi w gigantycznych blokach robotniczych Przymorza. Napisał ktoś, że budowanie takich osobnych osiedli utrwala w nich wieś, wiejskie życie i myślenie...

A najgorsze, że mimo moich wybrzydzeń tak najwidoczniej w Polsce być musi. W krajach „naszego bloku", gdzie była silna tradycja życia mieszczańskiego, możliwe są jakieś zróżnicowania i tarcia natury nie tylko ekonomicznej, lecz i ideologicznej – ot na Węgrzech, na przykład, były znów jakieś niezbyt dla mnie zresztą jasne rozruchy. Ale u nas o „mieszczańskim" życiu zapomniano już dawno: Żydów wybito, Niemcy znikli, sanacja wyjechała w 1939, starsi, „przedwojenni" ludzie wymarli (resztki ich pisują do mnie czułe listy do „Tygodnika"), w rezultacie „nasza" Polska też znikła, nie ma dla niej bazy, podstawy społecznej, to chyba i Kościół zrozumiał, rezygnując z wszelkich konfliktów i „reakcyjnych" marzeń. Więc ja też nie mam racji bytu, tu opozycjonistów nikt nie potrzebuje, ani ci, ani ci. Polska Ludowa, jednolita, bezkonfliktowa – można by ją może ożywić zachętami ekonomicznymi (dobrobyt Zachodu wciąż ma swą legendę), ale ideami – nie. Kontrpropozycji nie ma, nie były popularne, chyba żeby znów nędza i rozruchy robotnicze, o czym marzy w Paryżu Giedroyc. Ale przecież niepodobna dziś wyznawać zasady „im gorzej, tym lepiej". Więc? Więc nic...

Co ma w tej sytuacji robić literat? Rozsądnie powiedział Kuśniewicz, autor „Stref", że literatury nie traktuje jako szumnego posłannictwa, lecz jako swoje „hobby", że poświęca swą twórczość utrwaleniu zagasłej przeszłości, nie ma więc sensu „patrzeć mu wciąż na palce" politycznie, że to telewizja i film wpływają na masy, a nie on. Po trochu i ja robię to samo, tyle że trochę drastyczniej i przez wydawanie w wiadomym miejscu, rezygnując już niemal wyłącznie z czytelnika krajowego. Wierni swojej manii utrwalania prawdy o przeszłości błagamy pokornie, aby nas nie rozdeptywano, kurczymy się, aby się stać niezauważalni, ale jak Wrońskim czy Szydlakom przyjdzie ochota, to nas zrobią na szaro. Literatura dla ich praktycznych celów zgoła nie jest potrzebna, a może szkodzić. Zresztą społeczeństwo też jej już tak nie łaknie. Brak już „marcowych" młodzieńców, z wypiekami, chyłkiem, pożyczających sobie zakazane książki. Więc co robić, wynieść się?

A właśnie się wyniósł Antek Szałowski, kawał moich młodzieńczych wspomnień – po prostu umarł. Całe życie właściwie, po warszawskich studiach, przesiedział we Francji, no a już po wojnie unikał „czerwonej" Polski jak zarazy, choć go tu grywano. Kompozytor nieskazitelny, w stylu francuskiego „neoklasycyzmu" z okresu międzywojnia, facet pełen uroku, choć nie mędrzec, lecz prawdziwy artysta. I Polak typowy, mimo siedzenia we Francji. Byłem u nich za ostatnim pobytem w Paryżu, wypiliśmy sporo wina, wspominaliśmy przedwojenne paryskie czasy na Lamandé. Spisak, Antek, Grażyna – wszyscy z tego okresu. I już nie żyją. Podobno nie wypada z okazji cudzej śmierci myśleć o swojej, ale nogi bolą mnie okropnie, łażę jak sparaliżowany, skończyłem 62 lata. Jak zaczynałem pisać ten dziennik, a raczej „tygodnik", miałem 57, byłem jeszcze młody. Chi! W maju będzie pięć lat, jak prowadzę to pisanie, jest już trzynaście brulionów, prócz tego. Ciekawe, czy kto to kiedy odczyta, czy kto to kiedy wyda? A tymczasem z tymi nogami to naprawdę okropnie!

3 kwietnia
Wróciłem z Krakowa z rady Polskiego Wydawnictwa Muzycznego, miło było, tylko Schäffer się wygłupiał – on myśli, że na

p e w n o jest wielkim człowiekiem, i tym daje dowód, że jest nieinteligentny – inteligencja polega na rozumieniu swojej roli, swojego miejsca – ale to jest właśnie najtrudniejsze – miłość własna jest wrogiem inteligencji i może ją całkiem pożreć – jak to się stało u Hitlera i u wielu innych osób.

Wróciłem do Warszawy z jeszcze bardziej bolącymi nogami, a tu spotkała mnie sensacja. Oto zadzwonił do mnie wiceminister spraw zagranicznych Spasowski, żeby do niego przyjść, dziś właśnie byłem i okazało się, że... chcą mi dać ten paszport do Ameryki! Coś zdumiewającego! Facet był miły, z otwartą głową, bardzo chwalący Amerykę (!) i ubolewający, że robiliśmy wobec niej błędy – sam był tam kiedyś ambasadorem przez sześć lat. Wciąż podkreślał, że musimy mieć z nimi dobre stosunki, że to kraj o olbrzymim rozmachu itd. Powiedział, że interweniowano w mojej sprawie z Waszyngtonu (domyślam się!) i że będzie to załatwione w ciągu tygodnia, powiedziałem mu, że ja zwykłem czekać lata – he, he! Słowem, jak zwykle u mnie, z nędzy do pieniędzy, czyli dziwny świat. Wiele to on o mnie nie wiedział (nie wiedział np., że jestem muzykiem), ale kazali mu najwyraźniej załatwić – w imię „dobrych stosunków". No i teraz dopiero chryja – nogi bolą, czasu brak, roboty mnóstwo, a tu rzucaj wszystko i jedź. Jeśli, to chyba we wrześniu, żeby przedtem wszystko zrobić, przygotować i pobyt w pełni wykorzystać. Ale kłopoty – kłopoty nadmiaru. „Każdemu to, na czym mu mniej zależy". A swoją drogą osobliwy ten minister Spasowski: normalny, „zachodni" facet, myślący po ludzku – to dlaczego on jest ministrem, a nie na przykład ja? Chyba dlatego, że robi wrażenie człowieka całkiem oderwanego od naszych realiów, od drobnego gówna, jakie się tu głupio panoszy. Nawet o cenzurze zdaje się wiedzieć niewiele – taki światowiec. Może zresztą tylko udawał?

Otchłanie mrożkizmu w naszym życiu są niezbadane. „Życie Warszawy" ogłosiło triumfalnie, że podnosi oto kurtynę milczenia nad zasadniczymi reformami „modelu zarządzania" gospodarczego. Otóż reforma, która ma na razie objąć 11 procent naszych zakładów wytwórczych, polegać będzie na tym, że do zysku i wykonania planu przedsiębiorstwa liczyć się będzie tylko produkt s p r z e d a n y, wykonany plan sprzedaży (a nie wartość produkcji). Słowem, rzecz oczywista i jasna jak słońce, o której mówiłem w kółko od lat piętnastu, jeszcze w Sejmie, zresztą dla każdego przytomnego człowieka oczywista, bo niby dlaczego ma się produkować towar niesprzedawalny i dostawać premię za „wykonanie planu"? A jednak rzecz w naszym systemie jest rewelacją i w dodatku prawdopodobnie się nie uda, bo reformy częściowe z reguły się nie udają. A musi ona być częściowa, gdyż niewiele jest przedsiębiorstw tak powiązanych z rynkiem, że mogą na pewno stwierdzić, co będzie, a co nie będzie sprzedane. W „Życiu" dano za przykład „Pollenę" produkującą perfumy i inne kosmetyki – to nie sztuka. Ale niechby tak spróbowali z butami choćby, to już pracownicy nie mieliby pensji, o premii nie mówiąc. Tymczasem skoro ten system bierze wszystkich na utrzymanie, to uważa, że nie można ryzykować – bankructw tu nie ma. A jak nie ma bankructw, to nie ma i automatycznego, niezawodnego wskaźnika, jakich towarów społeczeństwo potrzebuje, a jakich nie. Próbuje się to wprowadzić w Jugosławii, w formie wolnej konkurencji między fabrykami, rządzonymi przez zespoły robotników. Ogłasza się tam, na przykład, przetarg na wykonanie jakiegoś zamówienia państwowego, która fabryka da propozycję tańszą, ta otrzymuje zamówienie. Ale i to podobno nie wychodzi, jest to namiastka swobodnego, organicznego rynku, lecz nie sam rynek. No a już w naszym pokratkowanym i urzędniczo dokładnym planie to o czymś takim w ogóle nie ma mowy, a te cząstkowe reformy są tylko niewiele dającymi odchyleniami, które na dalszą metę wessane zostaną przez ogólny „porządek". Oczywiście, bardziej jest u nas „rynkowo" niż na takiej Kubie, gdzie za pieniądze nic w ogóle nie można kupić. Ale to już kraj nieszczęsny, który dostał się w łapy inteligenckiego, zwariowanego fanatyka i biedne Kreole nic na to nie mogą poradzić, nawet argumentów nie znajdują. Polska w takiej matni jeszcze nie jest, tu mamy za to generalne rządy urzędników. Mimo wszystko nie producentów, lecz właśnie urzędników. Gierek na to generalnie nie zaradzi, reforma „rynkowa" musiałaby być ogólna i poprzedzona jakąś wielką reklamową „interpretacją", tak jak kiedyś NEP w Rosji, a o tym nie ma mowy, nasze reformy są ukradkowe, bez gadania, ukrywane przed Rosją. „Strzeżonego Pan Bóg strzeże". Ale swoją drogą ciekawi mnie, jak długo można się tak wymigiwać od zasadniczych rozstrzygnięć i nalewać z próżnego, rozbuchawszy jednocześnie materialne apetyty u ludzi. Bo jak się nie pozwoli legalnie, to mogą w końcu tę Polskę rozkraść – dosłownie pojmując „socjalizm".

Rządy urzędników zabawne są w sztuce. W muzyce i malarstwie już się nie „administruje", lecz tylko pilnuje rozdziału forsy. Dobrze na tym wychodzą dziedziny niedochodowe, specjalne, jak muzykologia, do których Ministerstwo Kultury dopłaca. Ale dziedziny „handlowe", jak płyty, eksport muzyczny, wydawnictwa, ograniczone mnogością krępujących przepisów wręcz się duszą. Na radzie PWM była przedstawicielka ministerstwa, pani O., bezradna, która w ogóle przepraszała, że żyje. Oczy jej zdawały się mówić: bierzcie forsę, którą dajemy, administrujcie nią, jak uważacie, i nie wińcie nas za przepisy, bo to nie my. Więc kto?! Ano – anonimowy socjalizm.

Ale tu jeszcze pół biedy, bo nie mieszają się już w meritum rzeczy. Gorzej, właściwie strasznie, w literaturze: blokada cenzuralna uniemożliwia twórczość. Toteż młody pisarz Orłoś (siostrzeniec Mackiewicza) wydał, odrzuconą tutaj, powieść w paryskiej „Kulturze", napisał podobno we wstępie, że wszyscy tak powinni robić. Wylano go już za to z radia – dzielny chłopak. I rzeczywiście, żeby wszyscy tak robili, nie byłoby silnych... Ba, ale jak skłonić do tego wszystkich? Rzadkie są momenty, kiedy iskra buntu sprzęga całość. Trzeba było wtedy korzystać i „iść za ciosem". Ba! Głupi Słonimski i inni przefujarzyli sprawę.

14 kwietnia

Nogi wciąż bolą jak diabli, wizyta u lekarki nic nie pomogła. W sprawie paszportu nikt nie dzwonił – czy to nie jakaś lipa?! Słowem, zastój, tyle że mam masę roboty, z której nie mogę się wywiązać. No i idą święta, wiosna chłodna, ale piękna – tylko świąt zawsze się boję i niezbyt je lubię. Na święta napisałem duży felieton „filozoficzny" – mały wykład mojej filozofii, sprowokowany przez list pewnego studenta*.

A sprawy „publiczne"? Może to już mania ciągle się nimi zajmować bez skutku? Ale właściwie, jaki ma być ten skutek?! Wyrasta pokolenie, które nie widzi nic anormalnego w sytuacji, że ktoś za nich myśli, decyduje, ustala, a oni nic, tylko chodzą w zakreślonym im „magicznym kręgu" spraw, dbając o swoją karierę czy zarobek – o nic więcej, nie wiedząc w dodatku, jak się ma ta ich praca do rzeczywistych potrzeb społeczeństwa: boć może się nagle okazać, że znów przyszła plajta i że z kolei Gierka ogłoszą za szkodli-

---
*Kisiel, *Szkoła pesymizmu*, „Tygodnik Powszechny", 22 kwietnia 1973, nr 16.

wego dyletanta, jak kiedyś Gomułkę. Nikogo to nie obchodzi, nikt nie patrzy dalej swojego nosa, a usiłowania ekonomistów z „Polityki" wydają się śmieszne, bo rozdzielając pouczenia i diagnozy, nie umieją oni podać przyczyny złego stanu rzeczy, społecznej przyczyny. Wynika to może z tego, że traktują nasz (?) ustrój jako coś aksjomatycznie danego, jako jedyną możliwą rzeczywistość. Czy pochodzi to z politycznego cwaniactwa, czy z naiwności i myślowego niewolnictwa? Licho wie, tak czy owak rezultatem naszego (?) ustroju jest obumieranie tkanki społecznej, brak prężności poszczególnych społecznych komórek, które są bierne, bo nie mają żadnych samorządowych, organizacyjno-gospodarczych możliwości działania – wyjątkiem jest tu wieś, lecz wieś właśnie nie jest u nas „socjalistyczna". Ale poza wsią, czyli własnym gospodarstwem, nikt nie ma prawa nic zreformować, po swojemu zorganizować, ulepszyć, bo to największy grzech. A więc szkoła bierności i marazmu, komuniści podtrzymują to, bo im chodzi o spokój polityczny (czytaj: władzę wewnętrzną), dodatkowo zaś boją się Moskwy i jej alergicznej (również politycznie) reakcji na wszelkie reformy. Do podtrzymania ogólnospołecznego marazmu służy oczywiście również ujednolicanie organizacyjno-poglądowe. Aktem wręcz skandalicznie drastycznym takiego ujednolicania było ostatnie połączenie wszystkich organizacji młodzieżowych w jedną „socjalistyczną" federację. To skandaliczny krok ku „jedności światopoglądowej" i totalizmowi. Biedna Stomma, jak się zdaje, protestowała w Sejmie, ale zaledwie echa tego przedostawały się do prasy. A mógł zrobić wielką awanturę, żeby go musieli z trzaskiem potępić, i przynajmniej wyleciałby z honorem. Ale oni wolą wylecieć po cichu, boć komuniści i tak jeszcze swoje zrobią – ci nie zapominają! Każdy oponent *in spe* czeka, że może jeszcze mu się uda zagrać jakąś kartą, w rezultacie traci okazję – tak było z Bieńkowskim, z Jerzym Morawskim – jeden Zawiej wyleciał z trzaskiem, tyle że wbrew swej woli i zamartwiając się tym. A swoją drogą owe połączenie związków to wielka hańba Gierka – młodzież podobno protestowała, ale słabo i mało kto o tym słyszał. Protesty o brak mięsa głośniejsze dziś są od ideologicznych – partyjny pragmatyzm okazał się skuteczny i – zabójczy. Co prawda R.J. [Robert Jarocki] twierdzi, że w Polsce nigdy nie będzie całkowitego „porządku" i nic nie da się wykorzenić całkiem, że „ideolodzy" jeszcze powrócą. Daj Boże!

„Trybuna Ludu" i „Polityka" wychodzą już bez cenzury, na

odpowiedzialność redaktorów naczelnych. Rozmawiałem z jednym z nich – Rakowskim. Mówiłem mu, że to dowód, iż mamy już dusze niewolnicze, które rządzących nie zawiodą, on oczywiście sądzi inaczej, że władze mają zaufanie do ich „dojrzałości politycznej" – że sami wiedzą, co pisać. W istocie perfidne to posunięcie: autocenzura, wywołana strachem o swoje stanowisko, niebezpieczniejsza jest moralnie niż uleganie presji cenzury państwowej.

21 kwietnia

A więc już święta, męczące jak każde święta. Pogoda marcowa, to deszcz, to śnieg, to słońce. Miałem strasznie bałagański i męczący tydzień „towarzyski" – Tatarkiewicz miał rację, że w „zaawansowanym" wieku tylko praca nie męczy, za to rozrywki – okropnie. Najpierw niańczyłem się z Austriakiem, panem Kraussem, zresztą miłym i inteligentnym, potem byłem z Lidią w Czytelni Austriackiej na przyjęciu też męczącym (m.in. Słonimski, Konwicki, Jacek Bocheński, Rakowski, Stryjkowski i inni). Potem znów Amerykanie, występ czarnego zespołu Fifth Dimension, przyjęcie u ambasadora (nowego). Powiedziałem im, że jadę do Ameryki, tymczasem nic jakoś w tej sprawie się nie dzieje, dzwoniłem do nowego wiceministra Spasowskiego, ale nie było go, powiedziałem sekretarce – nie odezwał się. Słowem, tak jak już bywało ze mną wielokrotnie, choćby dawna historia z Rapackim, który najpierw, z entuzjazmem, chciał ze mną gadać o Niemcach, a potem albo go nie było, albo nie miał czasu – pewno go Kliszko zrugał. Tak to u nich jest – bez względu na „etap".

Wreszcie – końcowym akordem moich „towarzyskości" ostatniego tygodnia była wizyta u Michnika, gdzie zeszli się owi „komandosi" z Marca 1968: Barbara Toruńczyk, Seweryn Blumstein, Małgorzata Szpakowska i inni, był też Julek Stryjkowski. Przyjemna ta młodzież (siedzieli w ciupie po półtora roku), wszystko wiedzą, umieją, rozumieją – może tylko za wielki cień sprawy żydowskiej nad tym wszystkim – kiedyś, przed wojną, nic to nie szkodziło, dziś załatuje trupami. To nie ich wina przecież, ale tak w końcu wychodzi, że „nie morderca jest winien, lecz zamordowany". A tymczasem trwają różne obchody 30-lecia powstania w getcie, w prasie pełno o zbrodni Hitlera na Żydach. Znów im się coś odwróciło...

Ale ta młodzież „marcowa" to ostatnie drożdże, jakie znam – ostatnia grupa fermentująca, inteligentna. Teraz już przyjdą wiejskomiejskie „białe kołnierzyki", dbające tylko o forsę. A Amerykanom w to graj: chcą nam dawać tę forsę, chcą na wielką skalę handlować ze Wschodem, aby zrzucić nas ze swego sumienia, aby nie musieć wtrącać się w „wewnętrzne sprawy" Rosji i jej imperium. Idzie głucha, tępa, pragmatyczna cisza. Brrr! Co właściwie mam robić? To samo?!

Nogi mnie bolą, chodzę do szpitala na „elektrowstrząsy". Świąteczna Warszawa smutnawa, masę ludzi wyjechało, aby nie musieć troszczyć się o świąteczne jadło. Dziwne miasto, coraz bardziej obce – choć gdzie na świecie czułbym się mniej obco?! Wacek jest, Krysia w Paryżu, Lidia zajęta przygotowywaniem świąt, słowem, żyjemy bez zmian, w tym roku bez żadnych gości. Roboty zresztą jest mnóstwo, tylko nie ma jej kiedy robić.

28 kwietnia
Jesteśmy przed 1 Maja, miasto już udekorowane, Gierek wyłazi ze skóry, żeby zrobić z Warszawy „drugie Katowice". Trzeba przyznać, że ruch tu jest jak diabli, aż mi się serce do tego rwie, bo zawsze krzyczałem o plaże i tereny zabawowe nad Wisłą, a oni to robią niezwykle szybko, za Gomułki ani się o czymś podobnym śniło. Koło nas też praca wre, Aleje Ujazdowskie już jutro będą otwarte, tunel pod nimi gotowy, zarys Trasy Łazienkowskiej w stronę Myśliwieckiej już wyraźny. Jutro też oddają do użytku podziemne przejście pod Krakowskim Przedmieściem, na wprost Uniwersytetu. A do tego ogromne roboty przy budowie Dworca Centralnego, dzielnice mieszkaniowe rosną, stare się burzy (mój kochany Targówek!), hotel szwedzki się wykańcza, inne w przygotowaniu, trasa na Woli w budowie etc. Robi wszystko, żeby przekonać i zjednać ludzi. A mnie? Chciałbym bardzo być zjednany, w końcu jest tu taka atmosfera, że być „niepozytywnym" trudno jest i nieprzyjemnie. Tylko że... wszystko to w środku jakoś szwankuje, budowy, owszem, idą, ale dlaczego nie można nigdzie porządnie zjeść, handel i komunikacja do chrzanu, masę spraw nie idzie? Wiem, to z braku reform „modelowych" całe dziedziny usług wciąż są zawalone przez idiotyczne, marksistowskie obliczanie dochodu narodowego, tępo wliczającego doń tylko produkcję. Wiem, że Gierek boi się reform, bo boi się Rosji i polityki. Ale nawet gdyby te reformy przeprowadził, to wyłoni się cała olbrzymia dziedzina braków wolności „duchowo-politycznych", o których w ogóle się już zapomina: my, starsi,

bo dawno pogodziliśmy się z faktem, że komunizm je kasuje, młodzi, bo dobrze już nie wiedzą, co to jest. Rośnie pokolenie bez ideałów, bo ten „socjalizm" werbalny jest tylko przykrywką dla pragmatyzmu, egoizmu, ideowego zobojętnienia. Przychodzą ludzie ze wsi – do bezdusznych wielkich bloków. Ważyk mi opowiadał, że był latem tydzień w Moskwie: chłopi w drapaczach chmur, to jeszcze gorsze – mówi. A ktoś powiedział, że Rosja niezdolna jest do niczego – najwyżej do podbicia świata. Istotnie – nie wytworzyli żadnego atrakcyjnego i zaraźliwego wzorca kultury jak Grecja czy Rzym – mają tylko siłę, a w kulturze jadą carskim dobytkiem: Tołstojem, Dostojewskim, Puszkinem. Ale siły mają i – budują, teraz już rzeczywiście coś niecoś budują. A że wieje z tego nuda, że brak wolności, wyboru, życia politycznego? Ha – to może są zmartwienia nas, inteligentów, którzy znają świat zachodni (raczej właściwie z tradycji niż z autopsji) i jego drogi rozwojowe. Ale u nas tych „mieszczańskich" dróg rozwojowych odtworzyć się nie da, nie ma mieszczan, zginęli (milionami), a na ich miejsce przyszli chłopi do szesnastopiętrowych wieżowców. Nic już tego nie zmieni, przeszłość nie wróci, wleźliśmy w eksperyment, od którego nie ma odwrotu – w dodatku i nasze zachodnie „mieszczaństwo" nie jest już partnerem, do gry weszły nowe, egzotyczne mocarstwa: Stany Zjednoczone, Związek Radziecki, Chiny, może Japonia, może kiedyś Australia. Co więc ma robić nasza zagubiona polska grupka? No cóż, powoli wymierać, opisując do szuflady swoje przedśmiertne wrażenia – co właśnie robię. Albo też, jak Tyrmand, postawić na Amerykę, roztopić się w Ameryce, uważając, że to jest tak czy owak jedyny dziedzic kultury europejskiej wśród nowobogackich mocarstw. Bo Europa Zachodnia, choć gospodarczo potężna, mocarstwem militarnym się nie stanie. Uszedł z nich duch bojowy przez ostatnie dwie wojny, są blisko Rosji, mają dużo do stracenia, więc walczyć nie będą. Zresztą stare kultury nigdy nie walczą, co najwyżej obdzielają sobą innych, młodych. Ale Ameryka tylko jest na to chłonna i podatna, Rosja i Chiny wcale nie. A my? Szkoda gadać. Kiedyś postawiłem na próbę hipotezę o roli Polski, która ma przekazać kulturę zachodnią Rosji. Dziś już w to nie wierzę – co najwyżej sami z pomocą tej kultury będziemy się bronić przed duchową, socjalistyczną rusyfikacją. Z pomocą kultury śródziemnomorskiej, jak mówi Sandauer.

A właśnie – Artur Sandauer. Byłem u niego trzy dni temu na

kolacji. Zabawnie nawet było, choć leżał w łóżku, bo ma kamienie żółciowe. Wszyscy na niego wymyślają, pod wodzą Słonimskiego, więc umyślnie poszedłem, bo nie lubię tego środowiska, a Słonimski to dureń. Zresztą Sandauer też nie jest najmądrzejszy, a uparty jak koza. Opowiadał mi o Izraelu, gdzie był znów teraz (nie wiem, jak on to robi, że jeździ?), a ma tam matkę i siostrę. Twierdzi, że to państwo niesamowicie sprawne, że Arabowie nic im nie zrobią, podobno zresztą mniejszość arabska źle się ma, są np. dwie godziny dziennie programu po arabsku w telewizji. Twierdził też, że sprawność organizacyjna tego państwa wyklucza życie kulturalno-artystyczne. Takie więc różne historyjki opowiadał. A znów tu w kraju przyjaźni się i widuje z... Kliszką, o którym mówi, że to porządny człowiek, tylko nic nie rozumiejący i pomylony (ale zbyt duża głupota, zwłaszcza u rządzącego, graniczy już z nieuczciwością – to mówię ja).

Sandauer dał mi swój wybór prozy wydany przez Wydawnictwo Literackie. Przypomniałem sobie te rzeczy, są znakomite. „Śmierć liberała" i „Zapiski z martwego miasta" zawierają fragmenty wstrząsającej literatury: krytyk to on bywa maniakalny i małostkowy, tu jest wielkość i groza. Umie niewielu słowami zarysować skomplikowaną sytuację, a na Wschodzie (w Samborze) było zawile: Ukraińcy, Polacy, Niemcy, Żydzi i – zagłada narodu żydowskiego. Z niesamowitą precyzją opisuje tę zbrodnię, którą właściwie zapomnieliśmy, bo żyć z myślą o niej niepodobna. I pomyśleć, że właściwie wymordowanie milionów Żydów odbyło się bez winnych: zwalono rzecz na wojnę i na wojenne rozkazy, a przecież to nic z wojną wspólnego nie miało. W każdym mieście czy miasteczku mordowano tysiące, ktoś to przecież musiał robić. I ci durni a straszliwi Ukraińcy, wysługujący się Niemcom w głupiej nadziei, że ci, najpierw uwolniwszy ich od Żydów, potem z punktu dadzą im niepodległość! Groza i bzdura matematycznie zorganizowane – maluje to Sandauer lepiej od Rudnickiego, rozgadanego bez precyzji. Wybitny pisarz, a na gwałt chce być krytykiem. Choć w krytyce pisuje ciekawie, tyle że czasem głupio (w jaki sposób to idzie w parze?).

I jeszcze jedną wstrząsającą książkę przeczytałem: „Wolność w niewoli" Wacława Zagórskiego, tego, co jest w Londynie, brata Jerzego. Okupacja jak żywa, masę znajomych osób, zdekonspirowanych pseudonimów – cóż za książka! Znałem go niegdyś w „Legionie Młodych", w czasie wojny był zawodowym konspiratorem, kierownikiem drukarni, męczył się i dokonywał cudów pomysłowości i odwagi, aby dzisiaj nie móc wrócić, a nawet musieć opuścić w książce kontakty z bratem, aby mu nie... zaszkodzić. Za twoje myto jeszcze cię obito! A książka wydana przez autora z pomocą subskrypcji, choć są tam rzeczy rewelacyjne i niepowtarzalne, np. o spotkaniu się w 1939 Niemców z Rosjanami na Bugu; albo warszawska historyjka o żydowskim właścicielu restauracji „Za Kotarą" (na Mazowieckiej), który pracował w Abwehrze i został przez AK skazany na śmierć. Niesamowicie to ciekawe, a u nas wyjść nie może. Nieznani bohaterowie, wypędzeni z Ojczyzny (a iluż zdechło w więzieniu!) i wytłumaczże komu z zagranicy te nasze zawiłości – wzruszy ramionami. Pechowa ta Polska – i to pechowa bez reklamy!

5 maja

Całe dnie siedziałem nad muzyką do „Madame Sans-Gêne" Minkiewicza i Marianowicza według Sardou. Przed wielu laty szło to w „Syrenie", teraz zmienili tekst, ma iść w operetce w Gdyni u Baduszkowej, a potem w innych teatrach. Nudna to robota, ale dla forsy trzeba, zobowiązałem się, więc muszę. Przypomniało mi się, co słyszałem o Suppem, autorze „Lekkiej kawalerii", której podobno tak nie lubił komponować, że musieli go na klucz zamykać, żeby nie uciekł. No, ale w końcu tę lekką kawalerię jakoś napisał.

Był u mnie z tej racji Marianowicz (bo Janusz Minkiewicz jest w Stanach u córki – dla odmiany pije w Nowym Jorku). Rozmawialiśmy też o różnych sprawach, wmawiał mi, że on nie ma żadnego „kompleksu żydowskiego". Przy wyjściu za to, bawiąc się z naszym psem Dyziem, opowiedział historyjkę: W czasie wojny ukrywał się wraz z matką gdzieś pod Warszawą, gdy oto pewnego dnia gospodarze, nic o nich nie wiedzący, podsłuchawszy pewno jakąś ich rozmowę, kazali im, 15 minut przed godziną policyjną, iść precz z domu. Gdy wychodzili, rzucił się na nich pies, z którym M. całe dnie się przedtem bawił, i pewno poszczuty, pogryzł mu nogę do krwi. Brrr! Czy można po takich wspomnieniach nie mieć kompleksów? Choć co prawda istnienie owych „kompleksów" to nie żaden pewnik – to wymysł Freuda z zachwytem podjęty przez Amerykanów – oni lubią takie „nauki o człowieku".

Słonimski pojechał do Sztokholmu na kongres Pen-Clubów

i coś tam podobno gadał, że w Polsce „za Gierka" literaci mają dobrze, bo nie siedzą w więzieniu, podczas gdy za Gomułki siedzieli. Chwalił się też, że on, który zawsze był lewicowcem, pisuje teraz w „prasie katolickiej". Kara Boża z tym człowiekiem niemądrym i bez reszty przejętym sobą, który zawsze musi się we wszystko wtrącić i gadać głupstwa, tyle że czasem okraszone dowcipem. Dla pisarza siedzieć w więzieniu za swoje pisarstwo to nie jest wcale rzecz najgorsza: najgorsza jest nie móc w ogóle być pisarzem, bo cenzura knebluje lub, co jeszcze gorsze, fałszuje. Ale tego to on nie powie, bo mu teraz jego dyrdymały puszczają.

Jerzy Andrzejewski przynajmniej nie chciał jechać, powiedział, że musiałby tam powiedzieć prawdę, a nie może. Rzeczywiście, on miałby co do opowiadania o „Miazdze" i o tym, jak go tu wykiwali, najpierw skłoniwszy do dokonania w książce skreśleń, a potem jej nie wydawszy w ogóle. A błagałem go, żeby powiedział coś o cenzurze na zjeździe literatów w Łodzi w 1971, wtedy nie chciał, bo liczył, że jednak tę „Miazgę" wyda. Istna komedia, tyle że smutna – w dodatku Giedroyc się obraził i w ogóle nie chce już tego wziąć, mówi zresztą, że nieaktualne, są tam np. śmiałe aluzje do Kliszki, a z Kliszki już ani popiołu nie zostało! À propos, widziałem go w Łazienkach, utył, łazi smętny bez przydziału – tak to oni wyglądają, jak odejdą. I żeby choć był zawczasu słuchał „Wolnej Europy", toby chociaż wiedział, co go czeka. Ale to było dla nich za proste – he! he!

Ale z tą „Wolną Europą" naszą będzie teraz źle, boję się, że Jan N. [Nowak-Jeziorański] zostanie niedługo emerytem. Ci Amerykanie zwariowali kompletnie, wpadli w szał oddawania Rusom wszystkiego za darmo. Najpierw się wyładowali w najgłupszym do tego celu miejscu, bo w Wietnamie, a teraz wpadli w manię „pokojowej współpracy", swoim zbożem uratowali Rosję od głodu, z kolei będą im ustępować politycznie. Cóż to za dziwni ludzie – z jednej ostateczności w drugą. Oczywiście przyczyniła się do tego małoduszność Europy Zachodniej i głupota (wręcz zbrodnicza) nadętego de Gaulle'a. Tak czy owak Ameryka zmieniła politykę, sama prowadzi grę z Rosją i Chinami, wszystko się zmieniło – a więc i „Wolna Europa" będzie niepotrzebna, kogóż zaś obchodzi, co ona znaczy dla nas, na naszym informacyjnym pustkowiu. Może jeszcze najwyżej do końca kadencji Nixona się utrzyma, dłużej nie. A znów Nixon mocno zafrasowany aferą Watergate, z podsłuchami telefonicznymi. Mój Boże, iluż to u nas dostojników trzeba by wyrzucić: toż podsłuchy telefoniczne są tu na porządku dziennym!

Z moim wyjazdem do Ameryki to istna operetka. Ten minister Spasowski to chyba dupa kompletna i nic nie wie – miał zadzwonić za dwa dni (po drugiej naszej telefonicznej rozmowie), a już minęło dni dziesięć. A więc jeszcze raz to samo, co mnie już dziesiątki razy spotykało: jeden obiecuje „na pewno", drugi nic o tym nie wie, a wszyscy razem mają mnie w dupie. A ja? Też ich tam mam, ale to doprawdy minimalna satysfakcja. Tfu! Mogę najwyżej opisać moje komediowe przeżycia z paszportami, zdarzające się od wielu lat. Mogę opisać – ale dla kogo?

À propos pisania, czytam książkę Witolda Wirpszy, tę, za którą tak tu na niego szczuli, że ją wydał w Niemczech („Pole, wer bist Du", tytuł polski „Polska i Polacy"). Wcale to jest dobre, jakby zarys historii i osobowości Polski przeznaczony dla cudzoziemców – czasem przedziwaczne, ale inteligentne, miejscami doskonałe – np. wytłumaczenie, dlaczego u nas jest „Litwo, ojczyzno moja" i dlaczego wciąż się gada o Ukrainie w literaturze, których to krajów nikt tu na oczy nie widział. Polskie „kompleksy" wytłumaczone Zachodowi, to właśnie to, co tak okropnie trudno zrealizować.

Dobry, ważny pomysł – ale co z tego? Kąkol ogłosił go za zdrajcę, paszportu mu nie przedłużyli, a na bogatym Zachodzie nie bardzo ma z czego żyć. Taki to polski los: za granicą źle, a w Polsce – komuna i nieżyczliwi, bo przestraszeni śmiertelnie „rodacy".

Ale myślę, że po latach wnukowie awansowanych na inżynierów synów chłopskich poczują, że im brak życia politycznego, i zrobią porządną drakę, tak myślę, wbrew pesymizmowi, który mnie czasem chwyta. Rosja może żyć bez swobód i praw politycznych, mają tam 600 lat zaprawy, my nie. Ale bunt skuteczny musi wyjść z łona nowych ludzi, znających tylko Polskę Ludową i przez nią wychowanych – do tego wymrzeć muszą resztki „byłych ludzi", „reakcji" w moim rodzaju, nawet „komandosi" muszą zniknąć. Skuteczny sprzeciw mogą zrealizować tylko całkiem nowi Polacy – przykładem zresztą Grudzień 1970 na Wybrzeżu. Im trudno zarzucić „reakcyjność".

Przyjechał z Kanady Bromke, gadałem z Heniem, Pawłem, Andrzejem – z rozmów wiele nie wynika, tylko powieść warto pisać – jak skończę z „Madame Sans-Gêne", to się przyłożę do tego czwartego „romansu". A co do niniejszych zapisków, to mam zmartwienie: Drewnowski drukuje w „Literaturze" wybór z „Dzienników" Dąbrowskiej – okropnie to wychodzi głupie. Muszę te zapiski za życia oddać w dobre ręce jakiegoś pilnego mola (może Wojtka K. [Karpińskiego]?), żeby mnie coś takiego nie spotkało! Wygłupić się po śmierci – brrr!

8 maja
Tej drugiej rozmowy z ministrem Spasowskim wcale dokładnie nie opisałem, więc trzeba do niej wrócić. Zadzwoniłem po dwutygodniowym daremnym czekaniu i powiedziałem mu, że nikt się do mnie nie zwracał i nic o paszporcie nie wiem. Był bardzo zdziwiony, długo milczał, potem cedząc słowa wymruczał coś, że przecież to było już definitywnie załatwione i on nie rozumie... Powiedziałem, że ja też nic nie rozumiem, wtedy on, znów po chwili milczenia, rzekł, że sprawę wyjaśni i w ciągu dwóch dni do mnie zadzwoni. Od tego czasu minęło już dni czternaście – i nic. Czyli że znowu jakaś głupia lipa i wystawienie do wiatru.

Był Henio z Pawłem, wypiliśmy trochę wódki i ja okrutnie nawymyślałem Pawłowi, że oni w Pen-Clubie wysłali Słonimskiego do Sztokholmu i że w ogóle przefujarzyli cały kapitał moralny Marca 1968 nie mówiąc nic o cenzurze, utrzymując to idiotyczne „tabu" – w dodatku nie jest to w ogóle żadna cenzura, ale po prostu fałszowanie tekstów, perfidnie utajone, tak że nikt się w ogóle podobnych interwencji nie domyśla. A tu stary Słonimski zachwycony, bo mu w ogóle teraz wszelkie jego dyrdymałki puszczają, wiedząc, że on będzie łagodniej gadał – i on na to jak na lato. No cóż, facet ma już 80 lat, trudno się niby dziwić, że myśli o sobie. Ale wobec młodych jest to bardzo niepedagogiczne – oni żadnych walk o „wolność słowa" nie pamiętają, dla nich wszystko zaczyna się od teraz – i oto utwierdzają się w przekonaniu, że to wszystko jest normalne. Nawymyślałem Pawłowi, a później mi było żal – no bo niby co on winien?

Podobno w Sejmie, gdy Stach protestował przeciw ustawie czy uchwale „o wychowaniu", stawiającej ateizm wręcz jako obowiązującą ideologię, wśród polemistów wyróżnił się ostrością Miecio Rakowski, redaktor „Polityki". Od pewnego czasu go obserwując dochodzę do przekonania, że musi on obniżyć loty i stać się zwykłą, użytkową prostytutką jak Górnicki czy Wojna. Po prostu nie ma on co ze sobą zrobić, wielkie ambicjonalne loty, gdy „Polityka" była niemal organem „gospodarczej opozycji", minęły bezpowrotnie i oto facet, który długi czas udawał, że godzi ogień z wodą, że ma utajone własne zamysły i koncepcje, musiał wypuścić z siebie powietrze jak przekłuty balonik. Nie ma tu miejsca na pozór nawet „trzeciej siły" – trzeba służyć i kwita. Dali mu nawet poglądową lekcję. Oto „Polityka" (bez cenzury, jak wiadomo, wychodząca) zamieściła żartobliwy raczej reportaż niejakiej Małgorzaty Szejnert o żyjących aktualnie rodzinach arystokratycznych w Polsce. Było to głupstewko, ciekawostka, lecz oto nagle „Trybuna Ludu" uderzyła w dzwon (głupoty), za nią poszła „Kultura" i pewno to jeszcze nie koniec. Idiotyzmy tam wypisują niebotyczne, w istocie rzeczy partię naszą podrażnić musiał fakt przedstawienia resztek „arystokarcji" jako jakiegoś zwartego klanu – a w tym ustroju, jak wiadomo, żadnych klanów być nie może, poza jedną jedyną odgórną mafią partyjną. I tak oto zrobili Raka na „wroga ludu" – niedługo czekali, aż się nadarzy okazja – chodzi pewno o zawiść, że mu okazano zaufanie pozwalając redagować bez cenzury. Spodziewałem się tego, ale nie tak zaraz. He!

Uchwała o „jednolitym wychowaniu" spowodowała ostrą reakcję episkopatu: odczytano list pasterski w dwóch częściach, uchwalony przez konferencję episkopatu w Częstochowie. Protestuje się tam przeciw narzucaniu ateizmu, stwierdzając, że jest to sprzeczne z konstytucją i z normami cywilizowanego życia, wzywa się do oporu i do odwagi, ton jest nader poważny, twardy i bezkompromisowy. Oczywiście – komuchy konsekwentnie realizują „cichą laicyzację", na przykład w szkołach rozkład zajęć jest taki, że dzieci nie mają kiedy chodzić na religię, czyli „katechizację". Swoboda religijna jest tu i tak znacznie większa niż w Związku Radzieckim, komuchy chcą to trochę zrównać, ale czyżby naprawdę szli teraz na większą awanturę?! W prasie oczywiście ani o tym słowa – ciekawym, co będzie dalej?

Nixon dalej manewruje, wysyła Kissingera do Moskwy, równocześnie jednak sonduje Europę Zachodnią, wzywając do zacieśnienia Paktu Atlantyckiego. A oni na to... unoszą się niezależnością. Ostatnio Giscard d'Estaing, którego uważałem za Francuza nieco mądrzejszego, odezwał się, że Francja „nie zrezygnuje ze swej niezależności". No to zrezygnuje... na rzecz Rosji. Co za głupota ich opanowała i ślepota – jak przy Hitlerze! W gruncie rzeczy liczą na amerykański „parasol atomowy" – ale się przeliczą. Amerykanie już zrozumieli, że ich w Europie nikt nie kocha. To znaczy – kocha ich lud w krajach komunistycznych, ale to miłość szalona, platoniczna, bezinteresowna. My ich kochamy, a oni nam nową Jałtę... Oby ta Jałta objęła i Zachód – wtedy może coś zrozumieją. Będzie za późno, już jest za późno, ale co się z nich pośmiejemy, to się pośmiejemy. Tylko Chińczycy z nami – chi!

Pomyślałem sobie, że prowadzę oto dwa pamiętniki: jeden cenzurowany, drugi nie. Cenzurowany to są cotygodniowe felietony w „Tygodniku", niecenzurowany to są te zapiski, też mniej więcej co tydzień uskuteczniane. Ciekawe może by było takie porównanie, konfrontacja podwójnego życia zniewolonej duszy. Ciekawe, ale dla kogo, kiedy, jak?! Toć w paszczy komunizmu wszystko przepadnie, a jeden zapracowany Giedroyc całej polskiej kultury nie ocali. O jerum, jerum, jerum! Schować gdzieś te bruliony, zakopać do ziemi?! Nonsens – kogo to będzie obchodzić?!

Lidka mi właśnie mówi, że Jerzyk słyszał, jakoby Rakowskiego już wyrzucili! A to byłaby heca! Jednak życie przynosi małe uciechy i przyjemnostki... A może on już czuł, co się szykuje, i dlatego, żeby się zasłużyć, tak ostro w Sejmie przemawiał? Kiedy go widziałem u Austriaków, wyglądał bardzo mizernie. Tak by się zakończyła błyskotliwa kariera ostatniego komunisty „nietypowego"?! Tyrmand go kiedyś zjechał, że ta cała nietypowość to poza i rzucanie piaskiem w oczy (zjechał go, rzecz prosta, już w „Kulturze" – paryskiej oczywiście). A jednak i ta resztka blasku była nie do pogardzenia – choć „im" służyła propagandowo. Bo jednak przyjdzie kompletna chłopska szarzyzna (choć Rakowski jest właśnie chłopskim synem z Pomorza, żonę ma efektowną – sławną skrzypaczkę Wandę Wiłkomirską). Ale przewalić się przez książęta i hrabiów – to ci dopiero! Co prawda nie żałuję go – za wiernie służył i nigdy nie puszczał farby przed niepowołanym – a tu wpadł niechcący i głupio. Na jego plus: lubił Żydów, bronił ich i utrzymał w redakcji. Dlatego tak go nienawidzili „narodowcy" od Moczara – to czyni jego sprawę zawilszą. No, w końcu był to też komuch. Ale niby co miał robić?!

15 maja
Tymczasem „radość" okazała się przedwczesna, wcale Rakowskiego nie wylali, to była plotka puszczona przez Karola Małcużyńskiego. A tak już się cieszyłem – nie tyle, żebym Rakowskiego nie lubił (choć to frant i miglanc), ale ponieważ człowiek czeka,

że coś się jednak w końcu jawnie jaskrawego wydarzy. Ale nic z tych rzeczy: Gierek czuwa nad trwaniem nudnej ciszy, która zapewne zresztą ratuje nas przed Rosją, bo tam to już żadnych rozgrywek i jaskrawości nie lubią. Mają zresztą swoje wewnętrzne kłopoty, tyle że utajone przed własnym społeczeństwem, a znów Zachód pomaga skrzętnie ukrywać je przed całym światem. Chodzi mi o kompromitujące sowieckie zakupy u kapitalistów: przedtem za miliard dolarów zboża (do czego dopłacił jeszcze rząd amerykański), teraz też za jakąś astronomiczną sumę kupili u EWG masło. Radzianie zrozumieli już, że z kapitalizmu można żyć, kapitalizm pojął, że trzeba to Ruskim ułatwiać, broń Boże wyśmiewać się z nich czy coś w tym guście. Kompletna operetka – tyle że głodowa.

Breżniew był w Warszawie – co za służalczy komunikat wydano, aż się wierzyć nie chce. Był w Warszawie i w NRD, aby te „stolice" uspokoić przed swoimi podróżami do NRF i USA. Ależ ten Zachód bez sumienia, bez godności, to zresztą mniejsza, ale bez rozumu, wręcz samobójczy! Amerykanie jeszcze coś pojmują, prowadzą teraz politykę globową, Europa ich zniechęciła. Ale te zachodnie „mocarstwa", ta Francja, te Włochy, te Niemcy, które wyniośle odrzucają nowy amerykański projekt Paktu Atlantyckiego w imię swej „suwerenności". Suwerenność wobec Ameryki, a o Rosji ani słowa! Powtarzają wariant z Hitlerem, o idioci przenajcięższi! Motywują rzecz istnieniem broni atomowej, że niby wojna jest niemożliwa, a udają, że nie widzą wojen, które od lat toczą się wokół. I ta młodzież lewicująca w NRF-ie czy Francji, która, nie znając najnowszej historii Europy ani Rosji, osłabia swoje rządy w imię „postępu" i „lewicowości". Ale komedia, choć i tragikomedia!

Inna komedia, tym razem naprawdę głęboko smutna, to afera Watergate w Ameryce. Dowodzi ogromnej w istocie uczciwości i praworządności tego społeczeństwa, a zarazem pokazuje, jak owa uczciwość w „konkurencji międzynarodowej" staje się anachroniczna i samobójcza. Rosją rządzą absolutystycznie i bez kontroli faceci o mentalności bandytów, we Francji Pompidou, krętacz o miedzianym czole, ludzie przekonani, że skuteczność polityczna wymaga wszelkich środków i usprawiedliwia wszelkie środki. A tu Amerykanie w imię najczystszej uczciwości zaszczuwają Nixona wobec całego świata, który ukradkiem śmieje się w kułak z ich pryncypialnej naiwności i oblicza sobie, o ile z tak zakwestionowanym prezydentem będzie się można nie liczyć. Straszne to widowisko, którego tragizm niewielu chyba ludzi w Ameryce rozumie. W Ameryce naiwnej, czyli – głupiej, boć ciągle to ten sam problem: Eisenhower, który w imię „honoru" nie pozwala Pattonowi w 1945 zająć Pragi, wobec czego honorowi Rosjanie zajmują ją – na zawsze. Czyli cnota i honor stają się bezwiednie sojusznikiem zła: cnota zaprzeczeniem samej siebie – oto przepastny problem!

Tydzień temu znów dzwoniłem do owego „ministra" Spasowskiego, powiedziałem sekretarce, że wobec jego milczenia uważam, iż sprawa wzięła w łeb, jest nieaktualna. Ona powiedziała, żebym chwilę poczekał, potem spytała, czy będę w domu, że minister do mnie zadzwoni na pewno tego dnia. I tydzień mija... To już całkiem kpiny. Ale żeby facet nie miał odwagi zadzwonić do mnie i powiedzieć, jak się sprawy przedstawiają! To nawet na nasze stosunki jest kuriozum. Czyżby takiego miał stracha?!

Był tu ksiądz S. [Sadzik] z Paryża, wydawca moich felietonów w „Éditions du Dialogue". Wypytywał, jakie spadły na mnie represje za wydanie tej książki. Twierdzi, że gdy ich szefowi ks. M. [ksiądz Zenon Modzelewski] robiono w Urzędzie do Spraw Wyznań wyrzuty, odpowiedział, iż przecież autor mieszka w Polsce i jest drukowany, więc cóż prostszego, jak się do niego zwrócić. Ów gość z Urzędu miał na to odpowiedzieć, że... do wariata nie ma się co zwracać! Bardzo dobrze – papiery wariata, któż by o tym nie marzył. Chi!

Cenzura straszliwie tnie „Tygodnik", podobno pół numeru wylatuje. Może to kara za ów zjazd w redakcji (na którym nie byłem), a może za list episkopatu. A może się coś z „Tygodnikiem" zdarzy? Nawet to mnie kusi, taka tu już u nas polityczna nuda. Jak w jakimś afrykańskim kraju! Aha, czytając coś o Afryce dowiedziałem się, że ustrój plemienny polega na tym, iż dochód z pracy jednego dzieli się między wszystkich członków plemienia. A w takim razie u nas jest system plemienny: co by na to powiedział stary głupi Marks? A znowuż w reportażu Passenta z NRD dowiedziałem się, że Niemcy Wschodni, którzy byli w NRF u krewnych, z podziwem mówią o tym, że tam się pracuje u prywatnych szefów i że oni by już tego nie potrafili. No tak, wieloletnie kolektywne niewolnictwo urabia ludzi na swój sposób! To znaczy, robotnicy i tu, i tu pracują na cudzym i dlatego oni właśnie są w obu wypadkach zaczynem fermentu, przynajmniej nominalnie. Gdy nastąpi absolutna mechanizacja i praca fizyczna w ogóle zaniknie, wtedy nie będzie już robotników, czyli przedmiotu sporu. Dobre to będą czasy, choć czy na pewno dobre? Żadne czasy na dłużej nie mogą być dobre, taka to już ludzka kondycja!

19 maja
W prasie naszej od dłuższego już czasu nie ma ani złamanego słowa o Wietnamie, jakby w ogóle nie istniał. A przecież muszą się tam dziać jakieś potężne draki i chryje, mamy tam zresztą i polską ekipę w Międzynarodowej Komisji, ekipę, która podobno zachowuje się beznadziejnie, serwilistyczna wobec Rosjan do ostateczności. I pomyśleć, że jeszcze tak niedawno cała nasza prasa aż huczała od Wietnamu – potrzebne im to było do jakiejś tam propagandy, a teraz dostali cynk, żeby zamilknąć – im przecież nie chodzi o żadną informację. A że „Le Monde" też nie przychodzi, a „Wolną Europę" źle słychać, więc właściwie nic się nie wie. Pomyśleć, że Rosjanie żyją tak pozbawieni informacji już 55 lat – i nie tak, tylko jeszcze znacznie gorzej!

Czytam sporo wydawnictw „Kultury", są tam rzeczy nader ciekawe, choć i kontrowersyjne. Bardzo interesujące jest opowiadanie Wacowskiej o wypadkach poznańskich '56 – jak to nagle w tamtejszym świętym KW okazuje się, że nie ma odpowiedzialnych ani winnych, a komendant milicji chowa się w klozecie. Taki to właśnie jest ustrój, dyktatura bez bohaterów, ludzie mali, mający pozór władzy, a rozdęci do nadnaturalnych rozmiarów, skoro nie ma konkurencji, opozycji, jawności. Ale ludzie u nas już się z tym pogodzili, każdy chce tylko samemu dobrze się uplasować i przewodzić innym. Chwilowy odblask władzy, chwilowy odbłysk własności (dyrektor przedsiębiorstwa), a w istocie wszystko pozory. Więc kto rządzi? System, a przez niego – Rosja. Straszna bezosobowość tej władzy, a także jej nieterrorystyczność – pozorna oczywiście: na oko nie widać tu żadnego przymusu, wszystko się niby robi samo; któryż cudzoziemiec co z tego zrozumie?! A jak zobaczy śmierdzące, samoobsługowe bary „Sezam" i „Zodiak" na wspaniałej Ścianie Wschodniej, idiotycznie natłoczone, gdzie jada się po zwierzęcemu, powie, że to wina polskiego niechlujstwa, nie zaś systemu. Inna rzecz, że w Bułgarii i na Węgrzech mimo socjalizmu tak ohydnie się nie jada. Widocznie charakter polski plus socjalizm to już za dużo, bo przed wojną bywały cudowne knajpy i o takim niechlujstwie się nie śniło. Owszem, wina jest Polaków, bo nie mówią, że im socjalizm nie odpowiada, ale komuż to przejdzie przez gardło, kto w ogóle może taką myśl objąć, zwłaszcza z młodych, wychowanych w kulcie tego słowa, kulcie wręcz zautomatyzowanym: owszem. Leszek Kołakowski wykrztusza teraz w „Kulturze" negację tego słowa (hipotetyczną zresztą), do której dopracował się po latach marksizowania – ale na to trzeba było właśnie marksizować, a ci dzisiejsi młodzi i tego też nie przeszli. Właściwie antyideologiczność posunięto już u nas do tego, że nawet marksizmu nie uczy się dokładnie, bo mogłoby to wzbudzić jakąś zgubną skłonność do samodzielnego myślenia, a więc i do powątpiewania. Rządzącym chodzi o „nieruchomą" władzę polityczną, a boją się i społeczeństwa, i Rosji – jakież to zawstydzające! A literaci (Słonimski, Herbert, Woroszylski etc.) wysyłają podobno jakieś protesty, np. teraz w sprawie jakiegoś Przybylskiego, który napisał artykuł o Dostojewskim, podobno „nieprawomyślny" w piśmie „Teksty". Nie znam tej sprawy ani tego pisma, myślę jednak, że takie protesty raczej służą ich sygnatariuszom niż ogólnemu dobru. Podpisywacze protestów zyskują dobrą markę na Zachodzie, który ma nieczyste sumienie, więc chętnie ich tuli i daje stypendia, a tu zbytnio sobie nie szkodzą. Tyle że taka walka o szczegóły bez uderzania frontalnego nie jest walką, tak jak nie jest leczeniem badanie objawów choroby, nie zaś jej przyczyn. Należałoby uderzyć w cenzurę, zasadniczo, w szeroko udokumentowanym memoriale, ale tego to słonimszczaki nie zrobią, bo nie chcą palić mostów. Jest w „Kulturze" znakomity artykuł Orwella z roku 1943 (miał być wstępem do „Folwarku zwierzęcego"), gdzie atakuje on wściekle angielską prasę za zakłamanie, za lizanie dupy Rosji – i to w czasie wojny. Ba. A u nas zakłamanie wsiąkło już w krew tych nawet, co przeciw niemu protestują!

Dzwonił ktoś z MSZ, jak mnie nie było, w sprawie wyjazdu do Ameryki. A to dopiero! Dalej toczy się ta komedia. Breżniew w Bonn. Już mi się o tym nawet czytać nie chce. Ten Giedroyc to ma jednak zdrowie: tyle lat kontynuować swój opór w próżni. To na pewno jeden z największych i najbardziej zasłużonych Polaków naszych czasów. Trzeba pisać dla niego: to jedyna droga, choć niewdzięczna i wąska. Ale nie ma wyboru! Żebyż tylko stary Książę żył jak najdłużej! Nie chcę sławy, powodzenia, rozgłosu: chcę utrwalić moją r e l a c j ę o dzisiejszości. Może nie mam tyle, ile trzeba, talentu powieściopisarskiego, ale łącząc publicystykę z beletrystyką coś tam jednak uchwycę i utrwalę. Bo innej drogi przed sobą nie widzę: zaczynałem pisanie z Giedroyciem (przed 40 laty w „Buncie Młodych") i z nim je skończę. Niech się stanie!

26 maja

Więc chyba pojadę jednak do tej Ameryki, bo wzywali mnie do Biura Paszportów, składałem jakieś tam podanie, jutro (pojutrze) znów mam być. Nie cieszy mnie to tak za bardzo, bo roboty mam mnóstwo, jakże to tak przerwać wszystko i jechać?! No, ale w sumie może to być bardzo ciekawe, choć z tym angielskim to bieda. Ale zobaczyć Tyrmanda, Miłosza, starego Korbońskiego i innych – to jednak bardzo warto – pewno ostatni raz w życiu.

Tu istny dom wariatów. Maciej Szczepański, mianowany przez Gierka prezesem Komitetu Radia i Telewizji, szaleje tam jak najgłupiej, wyrzucając kogo się da – np. dziennikarza, który puścił jakąś wiadomość o Wietnamie – bo rzeczywiście nie wolno, pewno, aby nie naruszać przyjaźni z Ameryką (to naprawdę już nie do wiary – Orwell sprawdza się całkowicie: można, owszem, zmieniać sojusze i przyjaciół, ale przy totalnie patetycznej propagandzie, robiącej z każdej sprawy świętość, taka zmiana może maluczkich nieco... zakłopotać). Wyrzucił też „zapowiadaczkę", która miała na szyi krzyżyk, dziennikarza, który nadał przez radio... głos Piłsudskiego, a w radio wprowadził przepustki, tak że stoi się tam przy drzwiach godzinami. Ale szczyt wszystkiego, że zwolnił Korda, dyrektora Wielkiej Orkiestry z Katowic, faceta, który sławę zrobił sobie ostatnio dyrygowaniem oper w Ameryce i NRF, tego, co w grudniu 1970 nagrywał moje utwory. Na jego miejsce powołano jakiegoś zupełnie nieznanego faceta. Obłęd!!

I Słonimskiego spotkała przykrość, bo mu za jego głosowanie w Pen-Clubie w Sztokholmie, potępiające czystkę wśród literatów czeskich, wycofano „Alfabet wspomnień" drukowany w „Polityce". Ten alfabet jest idiotyczny, ale Stary został męczennikiem mimo woli, co i dobrze, bo za bardzo już się zachwycał Gierkiem. Ale swoją drogą durne te nasze władze, żeby sobie coś takiego robić: toć on może zaskiełczeć na całą Europę, Żydzi za nim podniosą klangor, i to teraz, kiedy niby jest ta polityka „współistnienia", Breżniew jedzie do Ameryki etc. Henio słusznie mówi, że każdy z naszych kolejnych wielkorządców znajdzie sobie swojego Kliszkę, bałwanka w końskich okularach. A teraz jeszcze jest gorzej, bo trwa jednak podobno jakaś walka wewnątrz partii i w MSW (znów tam kogoś wylali), wobec czego jedni drugich szantażują i się boją. W rezultacie – postępki histeryczne, jak z Kordem (podobno o jakąś niesubordynację – nie wiem jaką), on pojedzie za granicę, zrobi sobie nazwisko i będzie druga historia jak ze Skrowaczewskim. I po co im to?! Zresztą nie troszczyłbym się o ich interesy, ale polska kultura jest tu w grze (no i moje nagrania przepadną – takiego już mam pecha!).

W telewizji grali „Karykatury" mojego stryja Jana Augusta – pierwszy raz mi się podobały i nie zrobiły na mnie wrażenia starzyzny (tylko wszystkie dialogi o sztuce są po młodopolsku bezsensowne). Istotne, że Relski właściwie nie jest winien, bo Zosia sama go uwodzi, że rodzice drugiej dziewczyny (tej zamożnej) są sympatyczni, choć „mydlarze", więc wychodzi właściwie grecka tragedia, gdzie nikt nie jest winien, tylko ślepy los, który przyniósł dziecko. Po raz pierwszy odczułem tu jakąś wielkość, może dlatego, że grali inaczej, choć właśnie jakiś recenzent ich zjechał, że „bez pojęcia". No to może ja jestem bez pojęcia – ale pierwszy raz mi się podobało, a widziałem to cztery, pięć razy.

Teraz kończę, bo idę na wódkę. Kompozytor Romuald Twardowski dostał nagrodę w Monte Carlo i oblewa. Ma być Waldorff i Wodiczko, poszczekamy sobie trochę, chi, chi! A to właśnie Wodiczko, „latający Holender", dał Korda na swego następcę! Wyobrażam sobie, co powie.

31 maja

Literaci i w ogóle artyści byli znów na Śląsku, zwiedzali fabryki i kopalnie, a mnie znów nie zaproszono – każdemu to, na czym mu mniej zależy. Hm. Pisarz w tym ustroju to jedyny człowiek samodzielny: pracuje na swoim, realizuje dzieło własne, nikt mu się nie może wtrącić, kolektywnie pisać się nie da. Komuchy próbują zrekompensować ten stan rzeczy, szkoląc pisarzy, pokazując im to lub owo. Ale mnie szkolić nie próbują, widać postawili już na mnie krzyżyk. No cóż, będę pisał „produkcyjniaki" na własną rękę, bez szkolenia. Chi!

Tymczasem konfiskują mi już trzeci felieton... A Słonimskiemu w „Tygodniku" z początku skonfiskowali fragment przemówienia w Sztokholmie na Pen-Clubie, a potem puścili. Fragment, moim zdaniem, niezbyt fortunny, bo znów pieprzy coś negatywnego o nowej poezji (osioł, nie ma większych zmartwień!). Ale puścili mu, tymczasem on już zaczął skomleć, jak to go prześladują. Bełkoczący dziadek na czele „narodu", czyli literatów – to naprawdę fragment z opery „Cisi i gęgacze". Gęgacz na czele – brrr!

Paszport do Ameryki mam dostać, ale kazali mi składać nowe kwestionariusze i wszystko. Protestowałem, ale cóż – jestem w łapach tych biurokratów, UB chce się na mnie odegrać, złe, że jednak jadę. Nie ma więc wyjścia, trzeba składać papiery. A do Ameryki przyjadę już „po sezonie" – bo oni zdecydowali „odprężać" się z Rosją, czyli ustępować Rosji w czym się da, aby ją tylko dobrze usposobić. Powariowali – zupełnie jak z Hitlerem. Chyba że ta sprawa Watergate obali Nixona – ale wtedy wszystko może się tam rozlecieć. Swoją drogą to prasa właśnie daje Nixonowi w dupę – wolna prasa, o którą ja się tak upominam, tam może doprowadzić do kompletnego upadku. Czyli że wolność nie wszędzie znaczy to samo, wszystko jest względne. Ci wolni amerykańscy dziennikarze, zwalczający Nixona, wydają mi się głupkami nic nie rozumiejącymi. Ale bieda, że ja żyję wciąż ową nieszczęsną „sprawą polską" i pojmuję ją antykomunistycznie, a o tym chyba już nikt na szerokim świecie nie myśli. A jednak Żydzi potrafili zmusić cały świat do myślenia o swojej sprawie – ale ileż cierpień przeszli i jak są teraz bezkompromisowi. Polacy co prawda też cierpieli, ale ich cierpienia z reguły idą na darmo.

W „Zeszytach Historycznych" są protokoły z zebrań Sekretariatu naszego KC w roku 1945. Uczestniczą starzy znajomi: Kliszko, Mazur, Ochab, Zambrowski etc. Okazuje się, że były wtedy rzeczywiście w Polsce pogromy Żydów, tych ocalałych resztek – Biuro obraduje na te tematy bez zdziwienia, proponując np. „produktywizację" ocalonych Żydów, aby fakt, że nic nie robią, nie drażnił społeczeństwa. Swoją drogą to straszne – po takiej okupacji! Posiew hitlerowski zakiełkował, przyzwyczajono ludzi, że Żyd to nieczłowiek! A odium pada tylko na Polskę!

Podobno tu aresztowano i skazano (nawet na śmierć!) jakichś mijalowców, czyli zwolenników linii chińsko-albańskiej. A my nic o tym nie wiemy – cóż za cudowny brak informacji! Za to cała prasa pełna szczegółów afery ministrów angielskich, którzy zadawali się z kosztownymi prostytutkami. Sprawa rzeczywiście drastyczna i zabawna, ale... Gdy 10 lat temu była podobna historia z ministrem wojny Profumo, prasa nasza trąbiła o tym, ile wlezie, pomijając jednak głębokim milczeniem fakt, że drugim bohaterem tej afery był radziecki attaché morski w Londynie – Iwanow. On nasz – więc ani słowa. W takiej sytuacji, gdy tylko jedna ze stron świata uprawia prasową informację, a druga milczy, „wolna prasa" spełnia dziwną pracę kompromitowania i dezawuowania swych rządów, w czym pomaga im, korzystając z ich własnych informacji, prasa komunistyczna, czyli „nasza". A więc znów wolność prasy działa w obiektywnym rezultacie na rzecz wrogów wolności. Pisał o tym kiedyś Burnham, rzucając hasło: „Nie ma wolności dla wrogów wolności", pisał i Orwell. Ale świat zapomniał o ich ostrzeżeniach, bolszewicy uśpili wszystkich – Słonimskiego też. Słonimski winien w Sztokholmie mówić tylko i jedynie o cenzurze w Polsce, ale nie może, bo wie, że przestaliby mu wtedy drukować tutaj jego wspominki z „Ziemiańskiej." Głupawe zresztą wspominki! Tfu, mam już kompleks Słonimskiego.

Byłem u Amerykanów po nowe zaproszenie, pokazali mi arcycharakterystyczny list. Oto przyjeżdżają tutaj z Ameryki Griffiths i Brzeziński – na konferencję z Dobrosielskim w Instytucie Spraw Międzynarodowych. (Dobrosielski – łobuz, pętak, służalec). I oto piszą, że będą wprawdzie bardzo zajęci, ale nie chcą zrazić swych przyjaciół (Słonimskiego, Kisielewskiego, Szczepańskiego), więc proszą o urządzenie koktajlu. A więc: konferencja z komuchami, a dla nas sentymentalna jałmużna wywołana lekkimi wyrzutami sumienia. Jakżeż powtarza się historia! Smutno się powtarza. Broń atomowa sprawiła, że historia straciła swój sens!

Podobno prof. Szczepański powiedział, że czuje się w charakterze Platona: daje władcy mądre rady, a ten posłucha albo nie. Oj, nie posłucha, nie posłucha! Dlaczego właściwie miałby posłuchać, kiedy polityka sowiecka wygrywa na całym świecie? I rzeczywiście.

8 czerwca

Ostatni okres pod znakiem różnych przyjęć, czego nie lubię, ale czasem trzeba pospotykać się z ludźmi. W ambasadzie włoskiej czas przepędziłem przeważnie z... Zygmuntem Przetakiewiczem, tym od Bolcia Piaseckiego, niegdyś głównym pałkarzem i rozrabiaczem, tym co w Anglii wraz ze St. Grocholskim włamywał się do biurka Sikorskiego, aby dostać się do papierów o porozumieniu z Rosją. Ogłosili te papiery przedwcześnie w pisemku „Walka" (Doboszyńskiego chyba), był wielki skweres, Anglicy zamknęli

Przetaka do ciupy na jakiejś wyspie. Po wojnie wrócił i wziął się wraz z Bolciem do montowania... polityki prorosyjskiej (co prawda innej być nie mogło). Zabijaka, fanatyk, bandyta, ale coś w nim jest podniecającego, bo to jeszcze ciągle taki spiskowiec i wariat, może w stylu Sławka? (Każda epoka widać ma takich spiskowców, na jakich zasługuje). Był też dziadek Słonimski, bełkoczący w kółko o sobie i o swoich bohaterstwach, których ja nie dostrzegam. Wreszcie Mieczysław Pruszyński – przed laty złamał pióro i zajął się tylko handlem zagranicznym, teraz poszedł na emeryturę i może chciałby znów trochę pisać. Nie taki zdolny jak jego brat Ksawery, ale zawsze resztka to jakichś klasowo-jagiellońskich Polaków, zresztą kształconych w – Krakowie. Ksawery trochę nadmiernie wygłupiał się przed śmiercią: rozumiem, że „konieczność historyczna" kazała nam oddać Kresy z Wilnem i Lwowem, ale po cóż się było tak zachłystywać radością z tego powodu i pchać rzekę (sowiecką), która i tak sama płynie. Chciał pokazać, że jest „z ludem", że czerwony hrabia, ale to nieporozumienie – sowieccy ministrowie to nie lud! Frajer czy filut? Nie, na filuta zbyt był patetyczny – działał po wojnie na rzecz porozumienia Polski Ludowej z Watykanem (był nawet u Piusa XII), ale odżegnywał się, jak mógł, od sojuszu z Bolesławem Piaseckim, że to kompromitująca Falanga. W sumie działał jałowo, ale chyba w dobrej wierze, no i piękne napisał nowele („trzynaście opowieści").

Wczoraj u sekretarza amerykańskiej ambasady widziałem Brzezińskiego i Griffithsa (był jeszcze Turowicz i Słonimski). Przygadałem im, jak mogłem, że karmią Rosję własną piersią, czemu nie zaprzeczali, mówiąc tylko, że oni „balansują" między Rosją a Chinami. Nie wiem, co z tego balansu, oni też nie bardzo wiedzą. Pytałem, co im Rosja dotąd dała za wszystkie ich świadczenia. Bill Gr. odpowiedział, że zgodziła się wypuszczać Żydów bez opłaty, co więcej, że Kissinger dał Breżniewowi imienną listę tysiąca nazwisk Żydów, którzy mają być z Rosji wypuszczeni. To już kompletna bezczelność!! Spytałem wobec tego, czy przypadkiem nie przedstawił listy krajów, które należałoby uwolnić. Śmieli się bardzo – a czy to było do śmiechu?! Griffiths zgodził się ze mną, że zobaczymy, czy nastąpi finlandyzacja Europy Wschodniej czy... Zachodniej. Cacy, żarty, ale oni naprawdę nie wiedzą, czego od Rosji żądać i kontentują się niczym. A przyjmują ich tutaj na niskim szczeblu i nie podają nawet informacji do prasy o ich przybyciu, co oni gładko łykają – typowi Amerykanie, stawiający się nie tam akurat, gdzie trzeba. Brzeziński zresztą dużo rozumie, kiedy mu powiedziałem, że niewiele robią dla swoich przyjaciół w Polsce, dał mi do zrozumienia (słusznie), że my też powinniśmy coś zrobić, aby im dać okazję. To prawda, zabija nas cisza, w której pokornie trwamy, a przecież dziś, w przededniu konferencji ministrów w Helsinkach, gdyby w Polsce wybuchła druga „Praska Wiosna", czołgi sowieckie nie mogłyby wejść – nie ta sytuacja. Ale kto miałby robić tę „Warszawską Wiosnę"? Słonimski?! A może ja? (Milcz, serce).

Paszport do Stanów mam dostać, papiery złożyłem, powiedzieli, że będzie „na dniach". Spotkał się też ze mną w kawiarni ubek, nawet mało zamaskowany (taki, co mnie zaczepił na wieczorze autorskim), a to znak, że paszport dadzą – zawsze tak robili przed wyjazdami. Chyba że wczorajsza rozmowa z Griffithsem i Brzezińskim była podsłuchiwana, nagrywana etc. Chyba była?

Swoją drogą to klęska ten wyjazd: powieść nie skończona, „Madame Sans-Gêne" nie zinstrumentalizowana, etc. No, ale trzeba trochę świata zobaczyć, póki się da. Choć jeszcze w to nie wierzę.

Turowicz mówił coś, że „Znak" to jedyna niezależna grupa w Sejmie – „niezależność" Myślika, Auleytnera czy Łubieńskiego mało mnie przekonywa, Zabłocki ma swoje własne kombinacje, a Stach Stomma jest uwięziony w rozgrywkach taktycznych z nimi i sam nie bardzo wie, czego chce. I gdzie się podział nastrój entuzjazmu do „odnowy" z 1956 roku? W Gierkowskiej technokracji nawet się już o „odnowie" nie gada – po cóż?! A co się robi? Amerykanie pomogą i ocalą nasz komunizm! Breżniew już zrozumiał, że trzeba żyć z kapitalizmu, Gierek też to wie.

16 czerwca
Paszport dostałem, to znaczy zawiadomienie o paszporcie; na razie załatwiam z Amerykanami różne ich z kolei biurokratyzmy, wypełniając przeróżne kwestionariusze. Straszna krewa będzie z tym językiem, oto skutki nieuczenia się angielskiego! I w ogóle mam tremę, zwłaszcza że tu zostaje masę spraw do zrobienia, pozaczynanych, teraz dopiero widzę, jak bardzo nieintensywnie ostatnio pracowałem: w ogóle do pracy „twórczej" trzeba się zmuszać siłą, inaczej nic z tego nie wyjdzie. Jestem więc z siebie niezadowolony: niezadowolenie takie byłoby „twórczym fermentem", gdyby

nie to, że czasu już jest mało, aby się poprawić, i może się skończyć tylko na – niezadowoleniu, czyli rozgoryczeniu starczym. No, a angielskiego to już na pewno się nie nauczę – jak ten skazany na śmierć, który jako swoje ostatnie życzenie wyraził chęć... nauczenia się po japońsku...

Dwa dni temu byłem u Niemców, witając biskupa sufragana z Paderbornu: bardzo to miły młody (43 lata) człowiek, dowcipny i przystępny. Dużo się też nagadałem z konsulem NRF-u, młodym facetem, masę wiedzącym: wydziwiał bardzo nad absurdami naszej turystyki, m.in. opowiadał, jak znakomite hotele Polacy budują w NRF-ie, podczas gdy w Warszawie budować je muszą... Szwedzi, którzy za to przez pięć lat zgarniać będą dewizowe dochody. Rzeczywiście, ten nasz socjalizm to już wyjątkowo jest głupi – grozy w nim już można nie dostrzegać, za to głupoty mnóstwo. Przeróżne głupstwa, które się dzieją, wynikają w dużym stopniu z bezosobowej własności: przeróżne dobra „społeczne" i imprezy bez właściciela rozkradane są przez rozmaitych ludzi, bo własność ściśle prywatna, to co w domu czy w kieszeni, jest jakoś respektowana i możliwa do utrzymania przy sobie, za to co publiczne, anonimowe, nikogo nie obchodzi. Rozbieżność między „dobrem społecznym" a interesem własnym jest paradoksalna, dochodzi tu do kompletnego poplątania, jak w procesie portierów z Hotelu Europejskiego, którzy brali od prostytutek łapówki za wpuszczanie na salę czy do hotelowych pokoi, wiedząc, że one „pracują" z cudzoziemcami, więc mają dużo forsy. Dyrektor hotelu oficjalnie zakazał ich wpuszczania, a przecież „w interesie Polski Ludowej" jest, aby dolary zostawały w Warszawie (?!). Obrzydliwy proces, ale dodatkowo obrzydliwy właśnie przez swoje pomieszanie racji i przez żałosny fakt, że 20 dolarów, które rozanielony i rozpity zagranicznik wręcza dziewczynie, to dla niego nic, a dla niej skarb. Przypomina się dowcip, ile kosztuje w Moskwie prostytutka: 11 rubli, bo ona rubla, a prezerwatywa dziesięć.

Byliśmy z „ministrem" Bieńkowskim na nagrywaniu w Łodzi małego filmu o małych miasteczkach i ich upadku – młody reżyser W. mnie zaproponował udział w dyskusji, a ja jeszcze poleciłem mu... Bieńkowskiego. Ostrzegliśmy go, że to się źle skończy i filmu nie puszczą, ale on chciał zaryzykować – bardzo pięknie. Ale to, co myśmy z Bieńkowskim mogli nagadać, zbladło wobec tego, co opowiadali architekci – małżeństwo W. Twierdzą oni, że „fabryki domów", zastawiające całą Polską i NRD mnóstwem jednostajnych wysokościowców, to już przestarzała bzdura, że istnieją jakieś duńskie płyty, z których szybko i tanio budować można przeróżnych kształtów i formatów domy, ale zanim do tego w Polsce dojdziemy, nim anulujemy ową sowiecką koncesję na „prefabrykowanie", to już cała Polska obstawiona będzie ciężkim, schematycznym budownictwem. Wyć się chce, a takich przeróżnych nonsensów opisali nam jeszcze całą furę, strzegąc się jednak jak ognia wszelkich politycznych uogólnień, które za to ja próbowałem dopowiadać, ale chyba bez powodzenia, to znaczy, że wszystko to z filmu wytną. Bieńkowski raczej strzelał bez prochu, demagogicznie i niezbyt rzeczowo (choć popisywał się nibyrealiami, jak np. wiadomościami o produkcji dachówek), on też zresztą unikał polityki. Ale mnie ciekawi tylko, czy puszczą nasze twarze i nazwiska – reszta to mucha.

Aha, u tych Niemców z biskupem byli Stommowie, Mazowiecki, Micewski. Znów poczułem smrodek katolicki, jakieś tam małe rozgryweczki, taktyczki, animozje, a wszystko razem typowo „zniewolony umysł", mózg wkolejony na jeden tor absurdalnie jałowy i odcięty od wszystkiego, co się dzieje wokół. Robi się nawet Jałta (Breżniew w Ameryce), totalizm będzie hasał bezkarnie, jest moment, żeby jeszcze pokrzyczeć i protestować, żeby coś tam do świata jeszcze w ostatniej chwili doszło, a tu oni *de facto* kryją swoimi osobami komunizm, marząc tylko, aby zachować swoją sytuacyjkę i nie wylecieć za burtę. Też mi cel! I to w momencie, kiedy prymas wszczął wielką kampanię o wolność sumienia i nauczania religii – Turowicz podobno się na to krzywił, że to „demagogia". A w ogóle to nasza sytuacja naprawdę jest beznadziejna – przychodzi mi do głowy artykuł o polityce mocarstw pod tytułem: „Świat chce żyć kosztem Polski". Bo teraz to już nas zakopią na amen. I my sami pomagamy, zatraciliśmy już w ogóle poczucie, o co chodzi. Brrr. Będę to próbował mówić w Ameryce, ale ani to nic nie pomoże, ani mojej sytuacji nie poprawi. Swoją drogą dziwne to, że mi oni dali ten paszport – czyż nie domyślają się, co ja myślę o sytuacji świata i Polski? A od czegóż podsłuchy?!

À propos, była wczoraj u nas wielka awantura. Przyszedł młody Karp, a potem Henio. Henio był w nastroju, jakiego nie znoszę: hucpiarski, nachalny, sypał jakimiś absurdami politycznymi, popisywał się przed młodym, te pederasty zawsze w towarzystwie młodych ludzi są anormalne. Drażnił mnie jak diabli, przy tym palił wciąż papierosy, kazał sobie dać żarcie etc. W rezultacie skrzyczałem go za palenie, obraził się i wyszedł. W gruncie rzeczy dobrze się stało, szkoda tylko, że to u mnie w domu – Henio jest jakiś histeryczny i prowokatorski, do tego zmyśla jak najęty i fantazjuje. Pederastia na starość rzuca się widać na mózg – Jerzy Andrzejewski w „Literaturze" też już wypisuje takie brednie, jęczy, pozuje, robi grymasy, wszystko głupie okropnie. Gdzież te „narodowe autorytety" – toż nawet pamiętniki Dąbrowskiej pokazują jakiś móżdżek nienadzwyczajny. Smutno.

Dziś dzień smutny i wietrzny (niedziela), siedzę w domu przeziębiony, wypełniam amerykańskie kwestionariusze i smęcę się. A nie lubię tego, lubię być pogodny. I na ogół jestem – mimo pesymizmu.

24 czerwca

Ciągle mam wrażenie, że świat zwariował, a ja po trochu wariuję razem z nim. Wizyta Breżniewa w Ameryce ma w sobie coś z chorego snu. Gdy się patrzy na ich uśmiechnięte twarze, takie zupełnie jak z witryny fryzjerskiej (bo Breżniew też się już wycywilizował, wygłaskał, szczerzy zęby jak manekin), to nie wiadomo: śmiać się czy płakać. Nixon ma w głowie historię Watergate i pewno kurczowo czeka, że wizyta Breżniewa go podbuduje i umocni, Breżniew znowu ma na pewno jakieś swoje mole, o których my nic nie wiemy, ale on wie dobrze, wśród nich sprawa chińska. I w ten sposób jeden potrzebuje drugiego i nawzajem, by się ratować – stąd wielka komedia, tak się załatwiają sprawy świata. A co my? – przecież to druga Jałta! O nas nikt nie myśli, choć co prawda, dla taktyki Francuzi wciąż tam coś przebąkują, iż porozumienie amerykańsko-rosyjskie przesądzi o losie narodów wschodnioeuropejskich. Jakby już dawno o ich losie nie przesądzono! A to przecież polityka de Gaulle'a wypchnęła Amerykanów z Europy i rzuciła ich w ruskie objęcia. Chytry Kissinger wyciągnął z tego po prostu logiczne, brydżowe czy szachowe konsekwencje. Doigrali się, tyle że rzeczywiście Breżniew nie ma teraz zamiaru nikogo atakować, zjadły go kryzysy rolne, przeróżne trudności, gospodarczo niewiele chyba ma do ofiarowania. Gdyby Nixon był twardszy, mógłby uzyskać to czy owo, ale cóż, kiedy jego znowu podgryzło to idiotyczne Watergate! Nie do wiary!

Żebyż choć u nas coś było, jest przecież moment targów, kiedy wszyscy się ze wszystkim liczą, dziś by Rosjanie czołgami nie wjechali! Ale cóż, nasze przeróżne rozruchy i pucze nigdy nie są zsynchronizowane z korzystną sytuacją międzynarodową, ani 1956, ani 1968, ani 1970 z tym się nie liczył, co zresztą jest właśnie dowodem, że w dużym stopniu były to historie sprowokowane. Dziś byłby moment – rozmawiałem o tym z profesorem K., który naczytał się ostatnio paryskiej „Kultury" i „Kroniki samizdatu", bardzo jest przejęty i pyta, dlaczego u nas nic się nie rusza, choćby w sprawie cenzury, która szaleje jak nigdy. Ano właśnie. Ale czy ktoś chce się ruszać, czy rozumie sytuację, czy mu zależy na czymś, poza samym sobą? Słonimski jako Winkelried – to za marne. Zresztą Kisielewski też do niczego. „Tyś stary dureń, jam stary piernik, razem zrobimy nowy Październik" – jak to pięknie pisał Szpotański.

Krysia przyjechała z Paryża, przywiozła mi egzemplarz mojej „nowej" książki. Jest to zbiór starych artykułów „Materii pomieszanie", wydany przez „Odnowę" w Londynie (katolicy, wśród nich mój przyjaciel Konrad Sieniewicz – w 1940 roku zaprzysięgał mnie do tajnej organizacji „Grunwald"). Czytam to również z mieszanymi uczuciami („uczuć pomieszanie"), bo inaczej to dziś brzmi niż kiedyś, nie rozumie się aluzji, a w ogóle Czytelnik nie wie (nawet ja o tym zapominam!), że to było pisane pod ciągłym naciskiem cenzury, że mnóstwo rzeczy wygląda tam mdło i naciąganie z ostrożności, żeby cenzura nie rąbnęła. Ale lata minęły, nawet kryteria cenzury już się zmieniły, no i – nikt nie pojmie, o co chodziło. Skrzywdziła nas ta cenzura nieprawdopodobnie, ani wiadomo, kiedy spaczyła nam psychikę, tyle że próbuję się teraz odgiąć, pisząc wiadome powieści pod pseudonimem – ale co lata stracone, to stracone!

Martwię się dziećmi (ładne mi dzieci!), mało pracują, Wacek wciąż „żyje towarzysko", pije, fortepianu ani tknie. Lidia, blada, zmęczona, mamy jechać do Jaworza. Łapie mnie w dodatku *Reisefieber* i w ogóle trwoga, bo muszę przed wyjazdem do tej Ameryki zinstrumentować „Madame Sans-Gêne" i zrobić mnóstwo innych rzeczy. W dodatku z angielskim fatalnie, zupełnie nie wiem, jak to wszystko będzie, pocieszam się tylko, że wracając wpadnę do Paryża zobaczyć przyjaciół. Paszport już mam – na wszystkie kraje świata!! Po prostu, jak to zawsze u mnie, z nędzy do pieniędzy. Tylko że za nagle to spadło (choć niby jeszcze trzy miesiące!) – zawsze tak jak powiedział Adolf Rudnicki: „Każdemu to, na czym mu mniej zależy".

5 lipca

Za dwie godziny wyjeżdżamy z Lidią do Jaworza. Czas już był najwyższy, bo tu upały takie, że można zwariować. Instrumentacja „Madame Sans-Gêne" wisi nad głową jak zmora, bo przecież Ameryka na jesieni, a tu nie mogę instrumentować z powodu słońca, które zalewa fortepian i uniemożliwia cokolwiek. Do tego latałem za wizami, kanadyjską i francuską, a Amerykanie to także nie najgorsi biurokraci. W sumie piekło to było – i ciągły strach, że nie zdążę, który mnie po prostu paraliżuje. Słowem – prawdziwe urwanie łba.

Wczoraj wielkie przyjęcie u Amerykanów z racji święta narodowego. W ogrodzie rezydencji ambasadora, na przepięknej wysokiej skarpie dalekiego Mokotowa zeszło się ze 600 osób. Była też uroczystość z podniesieniem i spuszczeniem flagi na wysokim maszcie przy dźwiękach hymnu (granego z taśmy). Paweł Hertz, w kwaśnym humorze, powiedział, że widać, iż oni mają tylko 197 lat państwowości... Deszcz trochę popadał, myślałem, że im zepsuje wszystko i nuciłem „Gott straffe Amerika", ale skończyło się na paru kropelkach. A przydałaby się im kara za flirty z Moskwą – ostatnio na ambasadzie zdjęli już wszystkie fotografie, został tylko wielki Breżniew z Nixonem. A jednocześnie zaczęła się konferencja w Helsinkach – z przemówienia Gromyki widać, że to bezczelny sowiecki pic – a oni, ci Amerykańcy, furt się na to nabierają. Może dopiero jak na własnej skórze poznają, czym jest Rosja, wówczas oczy im się otworzą. Na razie są beznadziejni, a frazesy bez treści, jakie wymieniają, mogą przyprawić o mdłości. Ale cóż: nam nikt nie wierzy i nikt na Polskę uwagi nie zwraca. Zygmunt Mycielski wrócił z Zachodu i mówi, że niepopularność Polski sięgnęła tam szczytu: można się powoływać na Czechosłowację, na Węgry – nigdy na nas. Ano tak – dziwne, ale prawdziwe...

Był też u Amerykanów ów wiceminister Spasowski, nader sympatyczny, mówił, żeby się z nim przed wyjazdem jeszcze zobaczyć. Tremę mam z tym wyjazdem, bo sprawa języka męczy mnie okropnie. Jak ci Amerykanie szwargoczą, to ani odrobiny nie rozumiem. Co to będzie?!

Był też Jerzy Turowicz i opowiadał niesamowitą, lecz prawdziwą historię. Oto „Tygodnik" i inne pisma niepaństwowe dostały zawiadomienie, że cenzura (Urząd Kontroli Prasy) to instytucja usługowa, wobec czego ma się za jej „usługi" płacić pewną sumę od szpalty. Suma jest niewielka, chodzi najwyraźniej o zasadę. Te komuchy zbzikowały już kompletnie. Władek Bartoszewski powiedział na to, że egzekucja ścięcia głowy w Niemczech hitlerowskich też była płatna, przysyłano rachunek z wyszczególnieniem pozycji, na przykład: czynności kata, jego pomocnika itd. – to przecież też są usługi... Zygmunt Mycielski zaczął się na to śmiać i mówi, że po atrakcyjne wiadomości warto tylko jeździć do Polski: oto on przedwczoraj wrócił z Zachodu, jadł ostatnio obiad u Sachera w Wiedniu, ale jakaż tam banalna nuda panuje w porównaniu z tym, co można usłyszeć w Warszawie! Chi, chi, chi! A jednak tylko Orwell wszystko przewidział, np. że Ministerstwo Policji nazywać się będzie Ministerstwem Miłości...

Świat chce żyć i to kosztem naszym: naszej sprawy nikt nie wznowi, przypadkiem podpadliśmy pod władzę Rosji i tak już zostanie – nawet o żadnych targach na nasz temat nie ma mowy. Tylko Żydzi umieli zmusić świat do uznania swych racji i szantażować go – ale ileż przed tym wycierpieli...

Chaos mam w głowie, tremę przed tą amerykańską podróżą, dobrze, że jedziemy na wakacje – może się jakoś skupię. A instrumentować będę bez fortepianu – żeby chociaż tej zmory się pozbyć...

Henio mi mówił, że na drętwym Kongresie Nauki, jaki się tu odbył, nagle podrzucił bombkę wazeliniarz zawodowy, profesor Kieniewicz, oświadczając, że cenzura niszczy nam historię i że jest to akcja rozmyślna, bo naród bez historii istnieć nie może! Ciekawe, widać już w swoim serwilizmie nie wytrzymał. A i stary Kotarbiński podobno coś o wolności nauki powiedział. Oczywiście cenzura nic z tego do prasy nie puściła – tylko czystą drętwotę.

Spotkałem Adolfa Rudnickiego, wielki pesymista i jak to on, bardzo tym pesymizmem podniecony. Ożenił się z bogatą Francuzką, ma dziecko – pisuje w Warszawie, a „do rodziny" jeździ do Paryża. Siwy, ale młodzieńczy – lubię go.

9 lipca
Więc jesteśmy już z Lidią w Jaworzu, bywałem tutaj przed laty, kiedy mieszkał tu stryj Henryk, radca Izby Skarbowej w Bielsku. Teraz leży tu na cmentarzu, on i Zosia, jego żona, dwoje dzieci zabili Niemcy (Olka i Jankę), została tylko starawa już Gusia, bardzo religijna, ale nudnawa. Ładnie tu i specyficznie, po cieszyńsku (do Cie-

szyna 20 kilometrów), ludzie niby trochę dorobieni, ale mozolnie, masę też specyficznych komuchowatych nieudolności, np. złe zaopatrzenie, słaby rozwój rolnictwa, choć tradycje tu piękne, ludzie gospodarni. Już to ten komunizm bokiem zawsze wychodzi, wkręca ludzi w swój mozolny arsenał pojęć, a w zamian daje niewiele, choć niby buduje się sporo – m.in. fabrykę małych samochodów osobowych w Bielsku. Bielsko to przykład klasyczny, z jednej strony niby ruch przemysłowy, modernizacja szos wyjazdowych, nowe budownictwo, z drugiej zaniedbana okropnie starówka, bardzo oryginalna, bo XIX-wieczna, stylizowana na włoską secesję. Ale że nie ma ona rangi zabytku, więc nic jej nie ocali, a to chyba jedyne w swoim rodzaju mieszczańskie budownictwo. Pamiętam Bielsko sprzed wojny, pamiętam i po wojnie (dyrektorem jednej ze słynnych fabryk włókienniczych był tu wtedy... satyryk Karol Szpalski), miasto zawsze ruchliwe i zasobne, dziś niby też, ale to „niby" z poprawką na komunizm: w komunizmie postęp idzie sztucznymi inwestycyjnymi skokami, nawet w dziedzinach, gdzie wskazany jest rozwój stopniowy, ale organiczny, idący od dołu. No cóż – taki to ustrój. A oni tu na Śląsku nie bardzo go lubią – zostało im jeszcze trochę świadomości. Nawet publicznie wygadują!

Turystyki nie ma tu prawie żadnej, choć Beskidy bardzo ładne. Mieszkanie odstąpił nam pan W. [Wojnar], wielbiciel Zawieyskiego i „Tygodnika", dosyć spore, chłodne. Jadamy w gospodzie (ileż lat ją znam!), resztę Lidia jakoś kombinuje. Tyle że roboty masę z tą przeklętą „Madame Sans-Gêne" – a tu góry i spacery kuszą! Tymczasem nos w partyturze i tyle.

Konferencja europejska w Helsinkach toczy się bezsensownie – miała ona oczywiście na celu tylko i wyłącznie uznanie przez Zachód rosyjskich podbojów II wojny światowej. Zachód akceptuje – choć prasa paryska coś tam nadmienia o prześladowaniu pisarzy w Rosji i Czechosłowacji. Nas nie wspominają w ogóle, sprzedani jesteśmy z kretesem! I po co ja właściwie jadę do tej Ameryki? – chyba żeby im to wszystko powiedzieć. Zresztą Chińczycy wciąż to mówią – jedyny konsekwentnie antyrosyjski naród świata!

15 lipca
Jaworze źle się nam zaczęło, bo Lidia zatruła się w tutejszej gospodzie i chorowała poważnie, tak że wzywaliśmy doktora, gorączka była bardzo wysoka. Potem znów mnie bolał ząb i wyrwała mi

go tutejsza dentystka, pani Ciejka (Ciejkowa) – kiedyś u nich mieszkaliśmy. Całe dnie siedzę nad tą przeklętą partyturą „Madame Sans-Gêne" – rozumiem teraz, że muzycy tak głupieją, boć to bezmyślne zajęcie a wyczerpujące. I co się tu dziwić, że potem Baird jest taki głupi?!

Obserwuję tutejszych ludzi – już ich komunizm chwycił! Dziwny to ustrój, który niby stawiając sobie piękne cele nowoczesności i humanizmu, jednocześnie wszystko skutecznie zamienia w gówno. Był tu kiedyś najsolidniejszy lud w Polsce – teraz już zaczyna przenikać ich hochsztaplerstwo i chuligaństwo, nie mówiąc o pijaństwie, które dosyć jest potężne. Młodzież rwie się do zabawy i do motoryzacji, ale zabawa to pretensjonalne bigbitowe wycie (toć twist był jeszcze żywiołowy i prosty!), a motoryzacja – cóż za niechlujstwo i zacofanie: roztrajdane stare ciągniki, wlokące za sobą brudne przyczepy, ohydne motocykle, stare i nie konserwowane, wszystko jeździ „na piwie", chamsko i niebezpiecznie. Zaopatrzenie fatalne, kiełbasy np. nie ma w ogóle, sklepy przepełnione, pracują jak za króla Ćwieczka. Gastronomia coraz gorsza (w Bielsku niezła, tu fatalna!), ale że popyt przewyższa podaż, więc wszyscy konsumują, co się daje, aż im się uszy trzęsą. To właśnie dobra metoda: nie smakuje tym, to zjedzą inni, amatorów nigdy nie zabraknie, po cóż wobec tego starać się o jakość?! Zresztą wytłumaczenie, dlaczego właściwie w komunizmie tak wszystko wygląda, jak wygląda, to sprawa nieprosta – w gruncie rzeczy całe życie nic nie robię, tylko próbuję rzecz tę rozgryźć – to po prostu moje życiowe hobby – tfu!

Za to słowolejstwo propagandowe tu dopiero zachodzi za skórę – w Warszawie mniej się je widzi, tu jest jedyną sprawą, walącą się na głowę z głośników i telewizorów. Tworki po prostu!

Był wczoraj Jurek Suszko z jakimś młodym księdzem – są tutaj na obozie „jogów" w Górkach, Jurek prosił, żeby tam przyjechać, ale nie ma czasu: muszę siedzieć z nosem w partyturze, a do tego jeszcze jadę na dwa dni do Krakowa, aby wziąć od Turowicza amerykańskie adresy. Wciąż mnie gnębi jak zmora myśl, że nie zdążę tej partytury – a w dodatku powinienem kuć się angielskiego – a ja nic. Chcę przy tym jechać jeszcze i do Kanady, i do Francji, i do Niemiec, a tu nic, tylko te idiotyczne nuty. Cholera!

25 lipca

Dużo czasu upływa w tym Jaworzu, a ja do niniejszego dziennika nic nie wpisuję, bo wciąż siedzę nad ogłupiającą partyturą, z trwogą patrząc, czy jej ubywa czy nie. Byłem dwa dni w Krakowie, w redakcji „Tygodnika", Jerzy Turowicz dał mi różne adresy amerykańskie (przeważnie Polaków). Byłem na obiedzie z Jerzym, Jackiem i Wilkanowiczem, doszedłem do wniosku, że to się zrobili polscy pieczeniarze na pokaz dla zagranicy, co zresztą widać z podanych adresów. Ciągle tam w redakcji zjawiają się różni cudzoziemcy, Francuzi, Kanadyjczycy, filmują, nagrywają: faceci zbierają laury „opozycji", a w istocie są już oportunistami. Jeszcze „Tygodnik" trzyma się jako tako, ale klub poselski „Znak" to już całkiem nie wiadomo, po co jest: nawet jak wygłoszą jakieś opozycyjne przemówienie, to w Polsce do nikogo ono nie dojdzie, bo cenzura nie puści, natomiast za granicą się pochwalą, jacy to oni liberalni. A w ogóle cenzura jest okropna: tnie na chybił trafił, bez sensu, ale tak niszcząc teksty, że aż wstyd drukować. To nader skuteczna metoda polegająca na braku metody, wobec czego żadnej kontrtaktyki wymyślić nie sposób. Tym to oni mnie chyba zniszczą – ale wszystko mi już jedno!

W „Tygodniku" opowiadali mi, że Wirpsza wraz z żoną przyjęli obywatelstwo zachodnioniemieckie, wobec czego Niemcy z punktu przestali się nimi interesować i zostali bez forsy. Stało się to podobno po listownym „ultimatum", jakie Wirpsza postawił Polsce Ludowej: żądał nowego mieszkania, wydania wszystkich swoich książek (marzyciel!) oraz paszportu dla syna. A jednak to jest idiota, co zawsze uważałem. Były oficer, oflagowiec, potem komunista, a teraz obywatel NRF – to w końcu kurewstwo i przeróżne Kąkole będą triumfować. A i sam się wykończy, nie mówiąc już o dzieciach w Warszawie.

Kraków zmieniony był nie do poznania, bo cały obudowany kramami na 22 Lipca – istne wesołe miasteczko. Również tu, w Jaworzu, był nielichy festyn, czysto ludowy, bez cienia ideologii, tylko z piwem, tańcami, autokarami etc. Gierek konsekwentnie buduje tę ludową, plebejską atmosferę – trzeba przyznać, że osiągnięcia materialne tu są: wszędzie lodówki, telewizory, pralki. W uzdrowiskach dla „ludzi pracy" (Jaszowiec) zaopatrzenie wczasowe dobre, za to dla indywidualnych turystów mało co, nasza walka o gastronomię czy hotelarstwo nie ma sensu, bo tu jest model kolektywny i indywidualistycznego rozwijać nie będą, chyba dla cudzoziemców. Jest w tym konsekwencja, tyle że nudne to okropnie: wszelkiej inteligenckości unika się jak ognia, nawet o marksizmie ani słowa, bo to też trąci inteligenckością i czymś niebezpiecznie problemowym. Upupić ludzi politycznie, ale dać im minimum życiowe: mozolne ono, z trudem osiągane i wahliwe, z dnia na dzień niepewne (byle gorsze żniwa mogą zachwiać całym interesem), jednakże jakieś jest. Samochodziki Fiata też mają być, widziałem w Bielsku fabrykę w budowie – ogromna. Uśpić Polskę mirażem ludowego dosytu i raz na zawsze oduczyć polityki – oto program.

A co z „inteligencją twórczą"? Ano – musi się podporządkować i – w dużym stopniu – kłamać. Kłamał w telewizji płk Załuski mówiąc, że polska literatura po wojnie dała pełną relację o dziejach najnowszych (jest akurat odwrotnie, nic się nie dowiemy o Bierucie ani o Gomułce choćby), kłamie okropnie w „Polityce" historyk prof. Ryszka opisując, jak komuniści doszli w Polsce do władzy – tego Ryszkę miałem zresztą za coś lepszego. Ale są kłamstwa uświęcone, które stają się drugą naturą, przez powtarzanie przestają być kłamstwem – liczą na to od lat komuniści i nie przeliczyli się – Orwell opisał zresztą ten mechanizm doskonale. Tymczasem nagrody ministra kultury na 22 Lipca dano dosyć sprawiedliwie, ale właśnie tak, aby o żadne problemy nie zahaczać. Na przykład literackie: Bunsch, Meissner i Lem – wszyscy trzej unikający jak ognia tematyki współczesnej. W muzyce Górecki: nareszcie, po wielu latach mojego pisania zrozumieli, że jest w nim wielkość – do tego Ślązak, górniczy syn – jak znalazł. Drugie nagrody Kotoński i Twardowski – też nieźle. Starają się, aby była cisza: w końcu sam jej pewno ulegnę, bo co właściwie mam robić. Ale dosyć jęków: do partytury! Lidia pojechała do Bielska, pogody nie ma – trzeba kuć!

3 sierpnia

A więc wyjeżdżamy już z Jaworza. Ciężko tu pracowałem, ale w zasadzie robotę zrobiłem: wszystkie numery wokalne są gotowe, zostały dwie uwertury i kilka drobiazgów, to już prawie nic. Skończywszy (ostatniego dnia siedziałem do drugiej w nocy), zrobiłem sobie trzy dni „laby": byłem na „plaży", na wycieczce w górach (Błatnia, Klimczok, Szyndzielnia), a dziś z Lidią w Skoczowie. Na próżno tylko usiłowałem kupić skoczowski „zielony kapelusik" – w Bielsku numery za duże, a znów w Skoczowie nie ma, zaś kiosk przyfabryczny, nudny zresztą i nędzny, jest latem zamknięty! Oczywiście: po cóż im reklama, skoro i tak popyt przewyższa podaż i wszystko pójdzie mechanicznie, poprzez automatyczną dystrybucję.

Ale swoją drogą Gierek potroszczył się tu na Śląsku o „urok życia" dla robotników: jechałem kolejką z Szyndzielni, oglądałem pod Szyndzielnią urządzenia „rekreacyjne", piłem piwo (nędzne, ale łatwo dostępne), jadłem obiad w schronisku (zimny, ale możliwy), widziałem motoryzację – zbiorowa świetna, w postaci wygodnych fabrycznych autokarów, indywidualna – stare motocykle i kiepskie autka – ale są. Ludzie mają forsę, korzystają, tylko pułap możliwości strasznie niski, mozolnie wznoszony gmach przestarzały i niewygodny już w chwili wykończenia – bo postęp na świecie idzie szybciej, niż możemy to sobie wyobrazić. Fryzjer z Jaworza (starszy, rzecz prosta) opowiadał mi, jakie tu były przed wojną lokale i dancingi – a teraz nic nie ma, no bo akurat ta miejscowość nie znalazła się w planie, nie dokonano tu inwestycyjnego pchnięcia – a samo nic się nie rozwinie, to nie te czasy i nie ten system. Można by powiedzieć, że w kapitalizmie uroki życia dostępne są nie dla wszystkich, ale są rzeczywiście urokami, tu za to bardziej są powszechne, ale o ileż mniej urocze. Może to problem ilości i jakości, nie do uniknięcia, ale przeczyłby temu fakt, że w kapitalizmie nawet najtańsza kultura masowa ma lepszą jakość i większe rozpowszechnienie. Tajemnica leży w większej wydajności produkcyjnej kapitalizmu – a jednak bat materialny, konkurencja i wyścig reklamowy dają rezultaty lepsze niż nasze piękne słowa.

A ileż tych słów – o rety! Prasa, telewizja, radio zalewa nas samochwalstwem, do tego tak prymitywnym i kretyńskim, że nie było tego nawet za Gomułki. Z pracy przy żniwach robi się „ważki sukces polityczny", „Dziennik" w telewizji wypełniony jest po brzegi triumfowaniami produkcyjnymi. Za to o prawdziwej polityce ani słowa, dosłownie nic nie wiadomo, co dzieje się na świecie: jest przecież Watergate, Wietnam, Kambodża, Chiny, a tu nic, tylko peany na własną cześć, konferencja na Krymie (wszystkich zarządców krajów „socjalistycznych") oraz berliński festiwal młodzieży, nachalna propagitka, na której temat radio i prasa pieje bezustannie, a przy tym tak głupio, że uwierzyć się nie chce, iż to jest możliwe. Z „Wolnej Europy" wiemy, iż były tam kontrowersje, sprawa muru, wolnej dyskusji etc., a nasza prasa tylko o cudownej, szampańskiej, jednomyślnej zabawie z przegłupią Angelą Davis w roli głównej. Nawet śmierć Ulbrichta nie przerwała euforii (radio doniosło, że Żelazny Walter przekazał umierając życzenie, aby nie przerywano sobie dobrej zabawy...). Po prostu świat Orwella. Gierek jest tu żelazno konsekwentny: nie informować, nie pobudzać, usypiać, ludzie w końcu uwierzą, że żadnych konfliktów nie ma – no to i nie będzie ich. Bo gangsterstwo i żarcie się w zakładach pracy i organizacjach partyjnych nie liczy się – to przecież nie polityka, to wydzieranie sobie codziennych ochłapów, dobra czynność, bo odwraca uwagę. Usypiacze – aby tylko nie stracić władzy!

Ale Gierek, odbierając politykę, poczuwa się do tego, aby dać trochę „igrzysk cyrkowych". Jedziemy stąd przez Katowice, chcę Lidii pokazać te igrzyska: Park Kultury, nową halę sportową etc. Jak Śląsk, to Śląsk!

4 sierpnia

Naczytałem się wczoraj w starych „Newsweekach" o aferze Watergate i zastanawiałem się, dlaczego u nas o tym się nie pisze, toć przecież znakomity żer dla różnych antyamerykańskich zawodowców w rodzaju Jaszuńskiego, Górnickiego, Wójcickiego czy innych łobuzów. Myślę, że nie tylko chodzi tu o rosyjską politykę, tak ostatnio proamerykańską, że niby jakże tu pisać źle o pierwszym od lat prezydencie amerykańskim, który dogadał się z Moskalami – mogłoby wyjść na to, że dogadał się właśnie dlatego, że cynik i gracz (nb. śmieszny szczegół: podobno Woynę, redaktora „Życia Warszawy", wylano właśnie dlatego, iż nie zorientował się, że teraz obowiązuje linia dyskretnie proamerykańska, i puszczał jakieś strzały anty a i cenzor chyba nie wiedział na pewno, że tak prędko się zmieniła linia – żałośnie głupi jest los tych błaznów). Ale chyba nie tylko o to chodzi. Rzecz w tym, iż opisując aferę Watergate, przebieg śledztwa, dyskusje prasowe, ataki, subtelności konstytucyjne etc. zachwiałoby się obrazem Ameryki, wpajanym nam przez propagandę (tychże Górnickich i Jaszuńskich) przez 25 lat: że to kraj bandycki, gangsterski, skorumpowany, no i imperialistyczny. Okazałoby się, że to kraj przesiąknięty idealizmem i szlachetnymi imponderabiliami, że daleki jest od kultu władzy dla niej samej, a konstytucję ma niezwykle obfitującą w możliwości krytykowania i kwestionowania tejże władzy. Cała propaganda, której poddano u nas już kilka pokoleń, obnażyłaby swą bujdowatość, do tego szary człowiek mógłby nagle wpaść na pomysł, że dlaczego w kraju, gdzie podsłuchy telefoniczne i wszelkie nadużycia władzy panoszą się na co dzień, tak bardzo oburzamy się, iż dzieje się to gdzie indziej i dlaczego u nas nie ma takich sposobów pociągnięcia władzy do odpowiedzialności jak tam. Śliska sprawa, dlatego też któryś z sowieckich dyktatorów propagandy musiał dać hasło: z daleka od Watergate, bo temat dwuznaczny. I rzeczywiście.

A Nixon i jego dramat? Myślę, że rozumiem go doskonale. Wypracował on sobie pewną filozofię polityczną, którą z niejakim uproszczeniem dałoby się sprowadzić do sloganu: „cel uświęca środki". Cel, ratować Amerykę przed nią samą, przed nic nie rozumiejącymi z sytuacji światowej liberałami, przed samobójczymi idealistami jak McGovern, przed hipisami, narkomanami, pederastami oraz wszędobylską prasą, za nic sobie mającą rację stanu, pracę i „milczącą większość" porządnych i wzorowych Amerykanów. Skoro opinia amerykańska, rozumował Nixon, oddana bywa w pacht nieodpowiedzialnym efekciarzom i destruktorom, trzeba umieć tą opinią kierować, w razie potrzeby paraliżując tamtych utajonymi sztychami, szantażami, sfingowanymi oskarżeniami. I stąd owa grupa ludzi mało znanych a gotowych na wszystko, zorganizowana wokół Białego Domu, grupa, której obecnie spuszczeni ze smyczy liberalni i święci kwarkowie urządzają rzeź, używając sobie na całego. Rzeź owa ma, jak to w Ameryce, posmak śledztwa kryminalnego, bo i Nixon nieco dziecinnie rzecz realizował, zbyt ostentacyjnie okazując swą siłę i tajemniczość, nadmiernie demonstrując lekceważenie prasie, co gorsza również Kongresowi, który karmił nic nie mówiącymi frazesami, robiąc po cichu swoje. Nie docenił jednak siły o b y c z a j u politycznego, który choć nie najstarszy (a może właśnie dzięki temu) okazał się silny i zmiata mu teraz po kolei jego ulubionych tajnych doradców, Ehrlichmanów, Haldemanów i innych (aż dziw, że się jeszcze nie wzięli za Kissingera, ale ten ma niepodważalne sukcesy w Wietnamie).

Nixon ma swoją rację, choć gorzką i strasznawą. Wszystko, co ludzkie, jest skażone (wie o tym Kościół katolicki, nie chcą wiedzieć czyści purytanie protestanccy), nie sposób rządzić ludzkością czystymi rękami. Jeśli na całym świecie polityką kierują bandyci lub cynicy (Breżniew, Mao, Pompidou – może jeden Brandt robi wrażenie ludzkie), to dlaczegóż Ameryka miałaby być słodko bezbronna, zwłaszcza że w imię „międzynarodowej moralności" Roosevelt i Eisenhower tyle już narobili złego. Nixon może przegiął pałę (był zbyt ostentacyjny – z o ileż większym wdziękiem Roosevelt kiwał amerykańską opinię, a wojnę z Japonią to na pewno sam sprowokował!), ale trzeba powiedzieć, że gdyby nie nagłe, gwałtowne bombardowanie Wietnamu w grudniu 1972, na które tyle gromów rzuciła humanitarna prasa, to nie byłoby w Wietnamie jakiego takiego pokoju. Ale żeby móc zarządzić to bombardowanie, trzeba było mieć władzę personalną i niezależną od opinii. Dobry cel realizowany złymi środkami – oto filozofia Nixona dla nas, starych Europejczyków, jakże zrozumiała – dla Amerykanów nowa i nie zawsze w swej nieprzyzwoitej kanciastości strawna. Myślę, że Nixon nadmiernie ją ukrywał, częstując za to opinię dość tandetnym patosem: oszukiwał zbyt ostentacyjnie, opinia takiej ostentacji nie lubi. Jeżeli Nixon przegra, zmuszą go, na przykład, do ustąpienia, powinien wtedy zrzucić patos z ust i wyłożyć swoje „cyniczne" zasady. Byłby to wstrząs – ale pouczający i oczyszczający. Tylko czy się na taką szczerość zdobędzie?!

Dziwny moment do jechania do Ameryki! Na razie jutro do Warszawy i – przygotowywać się!

12 sierpnia

A więc znów jesteśmy w Warszawie, Jaworze minęło jak sen czy cień – nie wiem dlaczego, kojarzy mi się z cieniem, choć było tam bardzo przyjemnie – tyle że deszcze, stąd może cień. Po drodze spędziliśmy dzień w Katowicach. W Parku Kultury w Chorzowie jest wesołe miasteczko, muszę powiedzieć, że czegoś takiego nie widziałem jeszcze dotąd, a widziałem przecież niejedno. Ogromna przestrzeń, jezioro ze statkami, kolejka napowietrzna, którą jedzie się nad całym parkiem ze dwie godziny, przeróżne karuzele i kolejki w najrozmaitszych stylach i rodzajach, zaopatrzenie świetne – po prostu rzecz wspaniała. To cały Gierek: dać ludowi *circenses,* niech się bawi – aby tylko nie politykował, nie próbował mieszać się do niczego. Trochę to niewolnicza koncepcja – i ci zmęczeni górnicy na owych huśtawkach wyglądają po trochu jak niewolnicy. Ale rzecz zrobiona jest świetnie – wszystkie maszyny rodem z NRD, a oni umieją to robić solidnie. Koncepcja masy ślepej, bez reszty kierowanej przez menadżerów, ale mającej to, co potrzeba do życia. Pomyśleć, że Gierek robił w Katowicach te inwestycje jeszcze za Gomułki – wyobrażam sobie, jak się tamten wściekał i zżymał na „nieprodukcyjne wydatki". To też był ekonomista – z Psiej Wólki!

Ale paszporty to Gierek daje – nawet już Jerzyk dostał, ale nie jedzie, bo za późno – jest nad morzem. Mój wyjazd się krystalizuje, mam już wizę amerykańską, dostałem ją zresztą po kłopotach, bo coś tam pokręcili z datami, a w ogóle biurokracja u nich też nielicha. A także dezorientacja – trwa znęcanie się nad Nixonem z tym Watergate, on się nie daje, ale siły z niego upływają. A tu bolszewicy triumfują, że mają taką dobrą politykę zagraniczną i takie w niej sukcesy. Passent w „Polityce" gra idiotyczną rolę diabelskiego adwokata pisząc, że za „odprężenie" nie wolno od Rosji nic wymagać, nie stawiać żadnych warunków wewnętrznych, bo to znów byłaby „zimna wojna". Idiota! Już nie mówię, żeby się Zachód upomniał o nas, bo to się po nich nie pokaże, ale przecież taki skandal jak „nieurodzaje", czyli zła gospodarka rolna! Żeby taki spichlerz jak Rosja ogołacał światowe rynki ze zboża – to przecież skandal absolutny!! Powinni im zrobić kuratelę nad ich idiotycznym ustrojem – chi! Już przed laty mówił mi Trompczyński (obecny ambasador w USA), że oni nieprędko się nauczą używać nawozów sztucznych – wyorali czarnoziem, wyjałowili ziemię, a zmienić to, przy ich systemie, na pozór bardzo łatwo (jeden rozkaz i już!), w istocie ogromnie trudno. Paradoks – ale jak skandaliczny! A świat łyka i łyka!

Widziałem Mycielskiego – żyje z trudem, zaabsorbowany psem (!), zastanawiał się nad przyczynami braku zainteresowania Polską w świecie – ba! Widziałem też Bartoszewskiego, byłem w ZAIKS-ie, etc. Miasto wyludnione, na ulice wylegli ludzie starsi. Lidia znów zachorowała, Krysia ma się pobrać z Adasiem Sławińskim (oboje rudzi!), ja borykam się jeszcze z idiotyczną partyturą „Madame Sans-Gêne" i próbuję gryźć angielski, co idzie bardzo słabo. Załatwiam wizy (niemiecką też), chcę już wyzyskać raz wyjazd porządnie. Rychło w czas! Po angielsku czytam pamiętniki Retingera (właściwie napisane przez Pomiana!) o właściwych czynnościach „Recia" nic tam nie ma, ale opis losu Polaków w Rosji (migawki z wizyty Sikorskiego w obozach i w zgrupowaniach ludzi zwolnionych z obozów) – wstrząsający. Dobrze, że to jest jednak po angielsku napisane – niech się dowiedzą. Szembek w pamiętnikach (fragmenty drukuje „Życie Literackie") cytuje powiedzenie Duff Coopera w kwietniu 1939, że przez zawarcie paktu z Polską Anglia oddała decyzję o wojnie i pokoju w ręce grupy zupełnie nieznanych facetów ze Wschodu. Olgierd Terlecki nie wytrzymał i pyta w przypisie, czy należało zostawić decyzję w rękach znanego pijaka i wykolejeńca z Zachodu (właśnie Duffa Coopera). Chi!

22 sierpnia

A więc dalej kwaszę się w upalnej Warszawie, czekając na zmiłowanie Boże i na wyjazd do Ameryki. Czytam masami zaległe numeru „Monde'u", ciekawe, bo z racji porozumienia rosyjsko-amerykańskiego Francuzi przypomnieli sobie o zniewolonych krajach Europy Wschodniej (żeby robić na złość Ameryce), a także wzięli z powrotem na tapetę politykę de Gaulle'a. Niejaki Jan Ulatowski, Polak najwyraźniej, choć profesor z Bordeaux, strzępi się okropnie na Amerykanów, że de Gaulle przewidział, iż są to imperialistyczni dranie, którzy chcą wraz z Rosjanami podzielić świat na dwie połowy, dlatego właśnie ich zwalczał! Jest to oczywiście odwrócenie kota ogonem: de Gaulle (dużo o nim pisałem w tym dzienniku) tak długo denerwował Amerykanów wypychając ich z Europy, aż wreszcie oni zaczęli z tego wyciągać zniechęcające wnioski. Najgorszym błędem zaś było osamotnienie ich w wojnie z Wietnamem, szczucie na nich za tę wojnę. Oni uważali to za wojnę z komunizmem, gdy okazało się, że cała Europa jest przeciw nim, a jednocześnie mają z powodu tej wojny ogromne trudności wewnętrzne, to wreszcie poszli po rozum do głowy i zawarli pokój, oczywiście przy pomocy Rosji, która wpłynęła odpowiednio na Wietnamczyków przymykając jednocześnie oczy (cyniczne) na minowania portów i bombardowania. Od tego zaczęła się współpraca Amerykanów z Rosją, hasło amerykańskie to: nie mamy co robić w Europie, róbmy politykę gdzie indziej! W końcu Ameryka najmniej jest zagrożona sowieckim komunizmem, co robiła, robiła dla Europy. Jeśli się okazało, że Europa tego nie chce, to... Dzieło de Gaulle'a owocuje, ale Francuzy nie chcą tego widzieć, nie bardzo zresztą lubią wspominać najnowszą historię. To nie tylko u nas ukrywa się historię...

A ukrywa się ją tutaj wręcz już absurdalnie i bezczelnie. Symbolem może być ów Manifest lipcowy, którego tekstu nie drukowano już z dziesięć lat, choć co roku z jego okazji jest grzmiące święto i defilada. To już nie operetka, to jakaś komedia obłędu, obłędnego lęku przed przeszłością i prawdą o niej (a swoją drogą przeczytawszy dziś ten Manifest ludzie pękliby ze śmiechu: obiecywał wolności demo-liberalne, o których nikomu już się dziś nawet nie śni). A ostatnio lęk przed przeszłością objawia się we wszystkim, co się tu mówi o Chinach. Nagle bowiem w telewizji, radio, wszędzie, rozpoczęła się gwałtowna kampania antychińska. Są przeróżne filmy, w straszliwych barwach przedstawiające chiński militaryzm, są namaszczone i uczone rozmówki wazeliniarskich dziennikarzy, ale jednej rzeczy nie porusza się nigdy: jaka była p r z e s z ł o ś ć stosunków radziecko-chińskich, skąd się wzięła chińska nienawiść do dawnego sojusznika, co robił kiedyś w Pekinie niejaki Chruszczow, etc. (Chruszczow zresztą nie istnieje i w ogóle nigdy nie istniał!) Operetka. Ale czy oni sądzą, że ludzie są tak głupi, iż niczego nie pamiętają, czy też liczą długofalowo, że ich w końcu, po paru pokoleniach, gruntownie ogłupią?

Śmierć Ulbrichta. Każdy prawie przywódca komunistyczny umiera w goryczy i osamotnieniu. Ulbrichta tyczy się to w dwójnasób: musiał, odstawiony, patrzeć, jak Honecker zbiera owoce jego wieloletniego terroryzmu i zamordyzmu, nawiązując stosunki dyplomatyczne i handlowe z całym światem. I mało kto Ulbrichta wspominał czy mu dziękował. Zmarł w niełasce, tak umierają oni wszyscy – ale do głowy im to nie przychodzi, gdy są jeszcze w pełni łask!

W Rosji pisarze i „intelektualiści" nadal siadują po więzieniach: zamkną Sacharowa, drugi proces ma Amalric. „Monde" już trochę o tym pisze. Charakterystyczne, że zamykają ludzi słowa – słowo przypominające to największe niebezpieczeństwo w tym nieprawdopodobnym ustroju. Za to w Grecji „czarni pułkownicy" ogłosili amnestię dla więźniów politycznych, okazało się ich raptem... trzystu. Nasza prasa o tym ani słowa – a ileż było wrzasku o tę Grecję...

Trwa tutaj beznadziejna prowincja polityczna: polityki nie ma i nie będzie, ten kraj nie ma żadnego wpływu ani znaczenia, może tylko spać, a Gierek chętnie go usypia – dając w zamian plaże i wesołe miasteczka. Czy zbudzi się tu godność? Nie wiem – może już o niej całkiem zapomniano, cenzura robi, co może, aby nikt o niczym nie pamiętał. Jest za to w Warszawie zjazd slawistów z całego świata – widziałem nawet słynnego Jakobsona (starawy Żyd rosyjski, żonaty z Polką). Widziałem też Henia: żyje w swoim „świecie młodych", pogrążających się w romantycznej przeszłości (Karpiński, Król i inni). Można i tak. A ja preparuję nowy „romans" – każdy chce się jakoś bawić... Ten „romans" będzie krótki, o sprawach Grudnia 1970, w formie trochę kryminalnej i dialogowej. To pierwsza książka o epoce Gierka – ciekawym, co oni na to... Pewno nic: po cóż zwracać uwagę?

1 września
Zakończę już chyba to pisanie „pamiętnika", bo zbliża się wyjazd do Ameryki – chyba 19 września! Potem do Kanady, potem do Francji i powrót przez Niemcy – na stare zaproszenie Bismarcka. Kłopotów z tym i kramu mnóstwo, do tego bywam smutny, nie wiem, czy to trema (?!), czy co. Może po prostu starość sprawia, że jakoś nie mam zapału do przyszłości, ale może za granicą to się zmieni? Martwi mnie też dziwaczny rozwój świata – kapitał zachodni (USA i Niemcy) chce zafundować Rosji nowoczesność, a więc podtrzymywać będzie reżim Breżniewa i spółki. Co za paradoksy! A tu Sacharow protestuje i w Rosji robią już na niego wściekłą nagonkę! On wie, że trzeba ostrzegać głupi zachodni świat przed Rosją – Chińczycy też to wiedzą. Ale pewno nic się nie uda: moda się odwróciła! Po co ja jadę – przecież niczego tym bałwanom nie wyperswaduję, bo chodzi o forsę. To już ta Polska nigdy nie będzie wolna, a komunizm zagnieździ się tu na długie lata?!

No, ale co tu gadać! Jadę i tyle, wrócę do tych zapisków w styczniu 1974. W podróży będę prowadził dziennik inny – ten jest tylko polski. I właściwie niewesoły – choć udane definiowanie rzeczy smutnych też przynosić może satysfakcję (radość?!). Kto powiedział, że człowiek ma być szczęśliwy? – pytał Irzykowski. Rzeczywiście – tego nikt nie powiedział! Ani Chrystus, ani Nietzsche! Nikt!

19 września 1973 – 18 marca 1974
Pobyt w Ameryce, Kanadzie, Francji i NRF.

1974

18 kwietnia
Więc to już miesiąc, jak wróciłem z Zachodu, gdzie byłem równe pół roku! Wrażenia po trochu „uwieczniłem" w felietonach, mam też sporo notatek. W Paryżu, gdzie siedziałem długo (trzy i pół miesiąca), czułem się najgorzej, ale jakże marnie czuję się teraz tutaj – wręcz okropnie. Kraj niedemokratyczny, z fochami i fumami, gdzie każdy chce przewodzić innymi, a wszyscy razem są prymitywni i biedni. Cóż za system kretyński i demoralizujący ludzi – bo nieszczęście ludzi nie czyni sympatyczniejszymi, przeciwnie! Jakżeż tu wszystko jest nielogiczne, niewygodne, absurdalne, a ludzie zdają się już wcale tego nie dostrzegać, jakby im z tym było dobrze – choć jest bardzo źle, co dopiero stamtąd widać. Do tego monotonia życia, ubóstwo kulturalne, potwornie idiotyczna prasa i radio, zresztą wszędzie ów absurdalny, nic wspólnego z rzeczywistością nie mający żargon partyjny, mieszanina abstrakcyjnej doktryny z konsekwentnym cwaniactwem oszustów – wszystko to jest niesamowite. Zwłaszcza że od razu trafiłem do Białegostoku, stolicy naszego wschodu, gdzie byliśmy z Mycielskim i Rudzińskim w jury konkursu kompozytorskiego.

Jak tu się przyzwyczaić i co właściwie ze sobą robić? Moje czwarte „dzieło" wyszło*, wyszło też parę artykułów i wywiadów w zachodniej prasie – na razie nikt mi za to nic nie robi, nawet kontroli na lotnisku nie było. Przywiozłem forsę za nagrodę Jurzykowskiego, którą dostałem (2500 dolarów), a także trochę dolarów zaoszczędzonych, wpłaciłem je do banku (!), no i co robić z resztą życia?! Krysia mężatka (wyszła jeszcze w Paryżu za Adasia Sławińskiego – ślub w konsulacie to była istna komedia), Wacek rzekomo się żeni w czerwcu, mieszkanie się wyludnia, można by pisać – ale

---
* „Śledztwo", Paryż 1974.

co?! Cenzura absurdalna, więc tylko do szuflady, dla wydania „tam" – ale nagle nie wiem, co by teraz dalej pisać, toć wszystko, co mogłem, napisałem! A tu już lata „poważne" (63 skończone) i jakby kres możliwości tudzież zdolności. Wydali mi tutaj książkę „Muzyka i mózg", to także już swego rodzaju podsumowanie*, wydali mi szereg rzeczy muzycznych i oto wszędzie jakby kres – ściana. O cholera, jak tu zacząć na nowo?! I czy należy?! Bo może to już naprawdę koniec, choć ciało „krzepkie". Marzyła mi się kariera Sołżenicyna (wywalili go z Rosji), a tutaj nic tylko niemożność. Ciekawym, czy i kiedy mi to przejdzie!

20 kwietnia

Pompidou umarł, we Francji szykuje się do wyborów trzech kandydatów (nie licząc pomniejszych): Chaban-Delmas, Giscard d'Estaing i Mitterand. Jak widać, gualliści są podzieleni, a Mitterand wspierany przez komunistów. To by była heca, gdyby wygrał w pierwszej turze – chi! Dałoby to Francuzom w dupę, co im się słusznie i mocno należy za całą ich cyniczną i egoistyczną politykę. Tyle że mój przyjaciel Książę mógłby wtedy też ucierpieć. Ale naprawdę co się Francuzom należy, to zapoznanie z komunizmem na własnej skórze. Co prawda mówiono mi tam, że Mitterand to spryciarz i komunistów wykiwa (np. powołując premiera nie po ich myśli – bo parlament będzie ten sam co teraz). A w ciekawym kompocie znalazłaby się Rosja, która tak dobrze dogadywała się z panem Pompidou. W ogóle perspektywa rządów lewicy w Europie Zachodniej to dla nich problem – nie było go w NRF, bo tam nie ma komunistów. Ale Francja i Włochy to ciężki orzech.

A po co właściwie Rosja prowadzi całą tę swoją łajdacko-intrygancką politykę mocarstwową? Właśnie że po nic – większy sens miałoby przecież zadbanie, aby ich ludność się lepiej miała. Tylko że w tym celu należałoby zmienić ustrój, co najmniej ustrój polityczny, bo sięgnąć po opinię fachowców, a to podważyłoby rządy bolszewickiej „góry", mogłoby się dla niej stać śmiertelnym niebezpieczeństwem. Wobec tego, jak powiedział ktoś, nie pozostaje im nic innego, tylko walczyć o świat. To jedno umieją – bo to szachiści, te różne Gromyki, Maliki, Breżniewy. Bardzo zimni szachiści. Ale po co?! Pół świata kona z głodu, a oni dla swoich egoistycznych celów

---

* „Muzyka i mózg", Eseje, Polskie Wydawnictwo Muzyczne, Kraków 1974.

absorbują posiadane 50 procent surowców kuli ziemskiej oraz olbrzymie tereny rolne, które swoim kretyńskim ustrojem doprowadzili do tego, iż wyjałowiały, i teraz Rusy muszą kupować zboża za miliard dolarów, ogołacając w ten sposób rynki zachodnie. Rozmawiałem o tej transakcji z Amerykanami — rozkładali ręce nad głupotą własnego rządu (m.in. robił to podsekretarz stanu Stoessel). Zaiste — co za świat! Jedynym rozsądnym wydał mi się Franz Joseph Strauss, mówiący, że nie należy zachodnimi kredytami podpierać bankrutującej gospodarki komunistycznej. Jeden rozsądny — za co przezwano go reakcjonistą.

Uniżoność naszej prasy wobec Rosji jest niebywała — wszystko, co Związek robi, jest cudowne, mądre, słuszne. Rozumiem, że dziennikarze piszą, co im każą, ale że stary emeryt Winiewicz ubiera tę służalczość w formę publicystyczną i co nie do wiary, ale chyba prawdziwe, robi to z przekonaniem, to już szczyt „zniewolonego umysłu" — zniewolonego szczerze. A najzabawniejszy jest przypadek z pismem „Forum": przedrukowując bardzo nieraz ciekawe artykuły zachodnie, gdy tylko znajdą w nich najlżej kontrowersyjne zdanie o Rosji, natychmiast dodają ostro łający redakcyjny przypisek, bez żadnej zresztą argumentacji. Wygląda to wręcz na kpiny czy dywersję. Może to i zresztą dywersja?

Dalej nie wiem, co z sobą zrobić: kwiecień zimny i suchy, smutny, obcy. Wyobcowałem się przez tę zagranicę. Właściwie to nie należy wyjeżdżać: tam się człowiek czuje źle, tu, po powrocie, jeszcze gorzej. Czyli że w sumie jest się — nigdzie!

28 kwietnia
Na trzy dni jadę do Krakowa, do „Tygodnika", na jakąś naradę w sprawie 30-lecia PRL! Jedzie też Andrzej i Paweł, będzie w ogóle wielki bal. Trochę się czuję poza tym wszystkim, ale jadę, żeby zobaczyć kolegów bądź co bądź. A w „Polityce" Passent objechał mnie za felietony niemieckie — więc to samo co przed 12 laty. Poza tym trwa na razie głucha cisza... Ani za artykuły zagraniczne, ani o inne rzeczy nikt jakoś dotąd nie ma pretensji. Odpukać!

Zbliża się 1 maja, a były już jakieś okropnie huczne Dni Kultury Polskiej w Moskwie i w ogóle w ZSRR. Zdarzyła się tam w końcu heca z malarstwem, bo Rusy ograniczyły wystawę do dwóch sal, prezentujących wiek XIX i początek XX, a nie zgodzili się na dwie sale współczesne. Podobno ministrzyca Furcewa wykrzyczała Tejchmę (nasz nowy minister kultury i zarazem wicepremier – bo Wrońskiego wylali), aż się rozchorował. To ci heca! Ale oni mają bzika – rozumiem, że im wadzi Sołżenicyn, ale kubistyczne malarstwo? Dostałem z Londynu list od Alicji Lisieckiej, okropnie tragiczny, że chce wracać, a konsulat nie chce jej dać paszportu, że prześladują ją i na emigracji, i w kraju, że tam źli ludzie, że woli Machejka i Putramenta etc. A ja nic jej nie pomogę, moja pomoc wcale dla niej nie byłaby dobra, a poza tym wszystko zależy od jej byłego męża Załuskiego, a on zaś modlić się gotów w kościele, żeby nie wróciła. Biedna – ale jakaż głupia. Pisze, że woli Gaworskich od Łobodowskich. He!

Wiosna zimna, smutnawa, mało nadziei – kac po Paryżu gryzie. Nie bardzo wiem, co z sobą robić, trzeba by kończyć symfonię, ale bardzo mi się nie chce. Chodzę na koncerty i mam pisać jakieś recenzyjki do „Ruchu Muzycznego". Byłem tam na wódce i wypiłem bruderszafta z Erhardtem. Byliśmy też z Lidią u Waldorffa – arogant, a po wódce plecie niestworzone głupstwa. Mój świat okropnie się już starzeje, a ja z nim. O cholera! Był za to u nas Łaszowski, jak zwykle pełen życia i rozgadany. Zajmuje się astrologią, twierdzi, że: a) we Francji zwycięży Front Lewicy i będzie wojna domowa, b) papież w ciągu dwóch lat umrze lub poda się „do dymisji", c) Fidel Castro zostanie w ciągu roku zabity, a Kuba przejdzie do bloku amerykańskiego. Zobaczymy! Na razie mamy przewrót wojskowy w Portugalii, z którego się oficjalnie cieszymy, choć nie wiemy, jaki on jest.

2 maja

Już po 1 maja – dosyć on był schematyczny – ja spędziłem go na rowerze, jadąc do Pruszkowa. Trasa Łazienkowska niemal już gotowa, będzie ładna, choć kawał dawnej Warszawy znów przepadł! Po południu był ks. Sadzik z Paryża – powspominaliśmy sobie to i owo. W prasie wiadomość, że w ZSRR buduje się fabryka Pepsi-Coli, która dostarczać będzie 60 milionów butelek rocznie. Na 250 milionów mieszkańców! Bezczelność, a oni się najwyraźniej tym chwalą! Koszmarne jest też leżące u fryzjerów „propagandowe" pismo „Kraj Rad". Gdy się pomyśli, że oni niesamowite bzdury w piśmie tym zawarte uważają za propagandę, to naprawdę przerazić się można bezbrzeżnej otchłani obcości psychicznej, jaka rozciąga się między nami – tej otchłani i stu Sołżenicynów nie zasypie! Jednak Polska to jeszcze mimo wszystko „Zachód" – choć prawdziwy Zachód o nas zapomniał. Dumam sobie oto o francuskich wyborach: pierwsza tura już za trzy dni. Ale by to była heca, gdyby Mitterand zakosił! Może by ich rządy „lewicy" czegoś nauczyły – tych egocentryków i egoistów.

Nie bardzo jeszcze wiem, co ze sobą robić, felieton mi już jeden skonfiskowali, kij im w oko. W czerwcu u wizytek ślub Wacka, a także kościelny ślub Krysi. Dużo z tym będzie kramu, ale niech tam. Tyle że najwyraźniej nasze (rodziców) życie się kończy – czuję to wyraźnie. Normalna to kolej rzeczy, a jednak dziwnie, że już przyszło. Zdaje mi się, że Jerzy Andrzejewski sporo się też nad tym zastanawia – widać to z jego obfitego, lecz nieco manierycznego pisania w „Literaturze". Zresztą on się tym delektuje jak jaki Narcyz – ja znacznie mniej. I doprawdy nie bardzo wiem, co ze sobą robić. Podróżowanie dostarczało egzystencji jakiejś kanwy czy formy – a teraz nagle tej automatycznej niejako kanwy zabrakło. Zrobiło się pusto – czym się ta pustka zapełni?! Aż strach by było pomyśleć, że – niczym. Bo „twórczość" jakoś przestała mnie kusić...

15 maja

Różne smutki mnie podgryzają, poza tym dokucza ruptura, którą będę musiał operować. Życie wydaje się dość beznadziejne, oto skutek długich podróży... „Dzieło" wyszło, tu wyszła książeczka muzyczna („Muzyka i mózg"), eseje londyńskie wyszły dawno, wydrukowano mi też w „Europäische Rundschau" artykuł „Polska wymaga reklamy", przedrukowany później przez „Die Zeit". A więc wszystko zrobione, co się dało – no i cóż z tego?! Jest jeszcze jakaś idiotyczna polemika z Passentem i Podkowińskim o moje felietony z NRF (teraz cenzura przechrzciła ten kraj na RFN). Niby sporo różnych spraw i „dokonań", a przecież czuję pustkę, próżnię. Żeby ją jakoś wypełnić, chodzę na rozmaite przyjęcia, zwłaszcza zagraniczne, bo bania z nimi się rozbiła. Ale to też nuda: wydaje mi się teraz, że już wszystko od ludzi wziąłem, co się dało, i że do niczego niepotrzebni.

3–6 maja byłem w Krakowie na zjeździe pracowników i sympatyków „Tygodnika", a także dla zaproszonych gości (Pawełek Hertz i inni). Dosyć to było przyjemne, poziom wysoki, atmosfera czysta. Wygłoszono trzy referaty: Stomma o polityce, Turowicz o Kościele, Kozłowski o „Tygodniku Powszechnym". Stommy i Kozła bardzo dobre, za to Turowicza mocno średni, właściwie przeciw polityce prymasa jako zbyt „materialnymi" i świeckimi sposobami działającej. Ciekawie mówili: Bartoszewski, Micewski, Henio Krzeczkowski, bredził trochę Wielowieyski. Ja odczytałem felieton skonfiskowany mi przez redakcję, co jest swego rodzaju sensacją: krytykowałem w nim „Tygodnik" za lewactwo, za różnych Słonimskich itp., pisałem, że zmarnowałem życie, bo nie udało mi się stworzyć z tego pisma prawicowej opozycji. Cenzura puściła, a redakcja nie!

Sensacją ostatnich dni jest odejście kanclerza Brandta – a to dopiero heca! Skosili go po trochu NRD-owcy, podstawiając mu do kancelarii szpiega, poza tym teraz wyciągają mu jakieś historie z dziewczynami. W gruncie rzeczy jednak nie o to chyba chodzi: był już ostatnio dosyć osłabiony i wszyscy mieli go po trochu dosyć. Osobiście nie bardzo lubiłem jego „politykę wschodnią", dużo dawał, a nic nie dostawał, kajał się za Hitlera przed nie bardzo odpowiednimi ludźmi. Skoro już my jesteśmy w sowieckiej strefie, to dlaczego i cała Europa Zachodnia ma się „finlandyzować?!" Brandta zastąpi Helmuth Schmidt, którego poznałem kiedyś w Hamburgu. A więc: „znajomi w rządzie".

We Francji także heca: Chaban-Delmasa odwalili, w drugiej turze został Mitterand z Giscardem d'Estaing. Draka by była, gdyby wygrał Mitterand, ale życzyłbym tego Francuzom ku nauce i przestrodze. Tylko że wtedy Księcia by może wyrzucili z Maisons. Ale to jedyny szkopuł, poza tym niech Francuziki zaznają rządów ukochanej lewicy i reform, o których tak marzą. Inna rzecz, że M. to sprytny facet i mógłby komunistów oszukać – a w ogóle komuniści w koalicyjnym rządzie to gotowa klapa. Ale gaullizm się skończył – ciekawym, czy zmieni się ta głupia francuska polityka zagraniczna. I co będzie z Nixonem – bo niszczą go strasznie!

Ale właściwie co nam do tych wszystkich światowych problemów? Nam, zapomnianej prowincji Europy?! O cholera!

1 czerwca

Rzadko wracam teraz do tego pamiętnika, absorbowały mnie jakieś duchowe smutki, a o tym przecież pisać nie będę. A może w ogóle przerwać to pisanie? Nie mam do niego tyle zapału co kiedyś, gdy zaczynałem, ale cóż: wszystko na świecie mija, zapał też. Może zresztą jeszcze wróci?!

A zdarzyło się przez ten czas wcale sporo. Wybrali we Francji Giscarda d'Estaing, jeździłem po odczytach do Lublina i Krakowa, w Warszawie, jak zwykle w maju, sporo było cudzoziemców, m.in. nasi zaprzyjaźnieni Amerykanie: Brzeziński i Griffiths. Z nimi długie (nawet) rozmowy o przebiegu wiadomym, to znaczy nic z tych rozmów nie wynika prócz tego, co już dobrze wiemy: że wielkie mocarstwa chcą pokoju i mają w nosie interesy małych, że nami się nikt nie interesuje, jeszcze gdybyśmy mogli wywołać ogólny niepokój jak Izrael, to może by coś było, a tak – siedzimy cicho. Aha, Griffiths mówił, że Żydzi amerykańscy robią nagonkę na Kissingera, że zdrajca syjonizmu i policjant w getcie...

W Krakowie miałem odczyt dla księży u kardynała Wojtyły (historia koła „Znak"), potem była z Wojtyłą kawa i miła rozmowa. A jeszcze tydzień przedtem była u prymasa Wyszyńskiego dyskusja w sprawie „Sacrosongu", niestety o fatalnej naszej muzyce religijnej prawie nie mówiono, za to prymas snuł różne ostre rzeczy o naszej rzeczywistości, że panuje w niej kult materii i neokapitalizm. Dawno go nie widziałem, jest w formie, pewny siebie, trochę tylko za tęgi. Dla mnie nader czuły. Tak więc ostatnie czasy upłynęły mi pod znakiem kleru...

Lublin zrobił na mnie arcyprzykre wrażenie. Dworzec iście azjatycki, stare miasto się wali, zaopatrzenie fatalne. Że też naprawdę „oni" nie mogą znaleźć forsy na rzeczy najważniejsze, a jednocześnie w tymże Lublinie wybudowano na wyrost pokazową autostradę – może, jak mówią „złośliwi", dla przemarszu wojsk?! (Jakich?) A na lubelskiej Starówce są cudowne stylowe piwnice, gdzie mogłyby się mieścić studenckie winiarnie, byli nawet amatorzy na ich dzierżawę, cóż, kiedy władze nie zezwoliły – jakżeby to prywatni ludzie mieli się „bogacić"? Idea działa.

Młodzież z KUL-u przemiła, cóż, kiedy nic nie wiedzą, co było dawniej niż 5 lat. Zaiste, najnowsza historia naszego kraju to szyfr utajony głęboko, zna go niewielu ludzi. Jak bardzo komuniści nie cenią swojej najnowszej historii, to zdumiewające! Zresztą nie tylko oni, katolicy też nie: na moim krakowskim odczycie o historii naszego „ruchu" nie było nikogo z „Tygodnika", choć redakcja oddalona jest zaledwie o 200 metrów! Dopiero na powtórzeniu tego wykładu u księży misjonarzy przypadkiem znalazła się Ziuta Hennelowa. Ale taśmę nagrali, więc ślad nie chcianej historii jest.

„Ministrem od wyznań" mianowano Kąkola, łobuza i karierowicza, znanego ze szczucia na młodzież w 1968 roku, podobno antysemitę i moczarowca. Nie wiem, co ma znaczyć ta głupawa nominacja, „znakowcy" podobno wstrzymali się od głosu (z wyjątkiem Myślika, który wyszedł). A może właśnie Kąkol dogada się z Kościołem, bo zechce pokazać, że jest „dobry". Tylko o czym mieliby się dogadać?! Przecież to wszystko nie ma sensu – trwa nudny totalizm, prymas się stawia i tak od lat. Co miałby w tej sytuacji oznaczać jakiś konkordat? Diabli wiedzą!

Nowy pretendent Szlachcic dostał w dupę, wychodzi podobno z Biura, zrobili go za to wicepremierem (któryż z cudzoziemców zrozumie, że to jest degradacja?!). Poczynał sobie jak Moczar, kokietował inteligencję, literatów, mówił śmiałe rzeczy, no i skończył, jak przewidziane – tylko on tego nie przewidział, oni nigdy nie widzą tego, co oczywiste. Za to moczarowcy podobno idą w górę (*vide* Kąkol!). Mało z tego rozumiem, a co rozumie i widzi społeczeństwo?! Nic!

Wacek wrócił z zagranicy, 12 czerwca bierze ślub kościelny, Krysia też bierze ślub kościelny, słowem czekają nas rodzinne uroczystości. A tu już robi się lato – jeszcze jedno. Humoru nie mam i nie wiem, co ze sobą robić – na razie pisuję głupie recenzyjki do „Ruchu Muzycznego" i felietony do „Tygodnika", które, o dziwo, cenzura puszcza. Chodzi mi po głowie zarys jakiejś powieści, ale jakież to trudne i dalekie. Zniechęca mnie też „wydawca" – zgłupiał bardzo w tym Paryżu – czyż na starość każdy musi zgłupieć?! A ja?!

5 czerwca

Przestawałem trochę z Pawłem, Julkiem i paroma innymi. Lubię ich bardzo, są żywi, inteligentni, uczuleni na wszystko – o właśnie, za bardzo uczuleni. Ich sytuacja, jakiejś izolacji, domyślnej raczej niż rzeczywistej, urojonej, sprawia jednak, że żyją w świecie męczącym – jak się z nimi trochę pobędzie, to robi się człowiekowi dziwnie. Rozumiem, że Henio się z tego wykręcił, uciekł w swój konserwatywny patriotyzm – zresztą Paweł też – i w ten sposób żyją jakoś niezależnie. Ale i w tym jest jakaś egzaltacja – trochę duszna.

A w ogóle dziwnie jest z tymi pederastami: wydaje się, że coraz to ich więcej, klan osobliwy. A król to Iwaszkiewicz. Właśnie obchodził jubileusz, masę o nim pisano, gwaru było co niemiara. Pisarz dobry, wyzyskał swoją sytuację na przełomie epok, swoją pamięć, obfite życie, swoją „ukraińskość" – nawet imię „Jarosław" sobie wymyślił, bo prawdziwe jego imię to „Leon". Świni się, wazelinuje, dworakuje, a linię pisarską trzyma konsekwentnie – twardo pisze o miłości, śmierci, wiekuistości, smutku, przemijaniu i nie da się nikomu zbić z tropu. Jest to linia wielkiego pesymizmu i cynizmu: że wszystko przeminie, o świniowatości ludzie zapomną, a książki zostaną. Trzyma się tego – instynktem czy też swoim posępnym rozumem. A może on nie wie, że jest świnią?

Widziałem go na przyjęciu u Włochów – trzyma się dobrze mimo osiemdziesiątki – oczywiście nie kłaniamy się sobie od 1968 roku – zresztą to on zaczął. Byli tam też nierzadko widywani przeze mnie ludzie: prof. Tatarkiewicz (mam z nim robić wywiad dla „Tygodnika"), prof. [Czesław] Bobrowski, dziwna postać, ekonomista – wrócił właśnie z Algieru, Putrament siwy jak gołąbeczek, Hagmajer, Dobraczyński, Zabłocki – zresztą wszyscy posłowie „Znaku" prócz Łubieńskiego. Był też Turowicz. Chodzę do tych Włochów raz na rok, zawsze jest gorąco, a potem wiosenna ulewa.

Byłem wczoraj u Andrzeja M. [Micewskiego], wielki to pesymista, sądzi, że nic się nie da zrobić, nie widzi dla siebie miejsca, w ogóle skąd wziąć to miejsce? Dziś za to rozmowa z Heniem, podnosząca raczej na duchu, bo to pracuś i człowiek czynu. Był też Adaś Michnik, zdał zaocznie historię w Poznaniu, żywy i świetny chłopak, żeby tylko nie zmarnował się tą idiotyczną „sprawą żydowską". Podobno Nixon jedzie do Moskwy i podpisze pakt na 10 lat – za to Rosjanie zgodzą się wypuszczać Żydów, więc i u nas nie będzie można złamanego antysemickiego słowa powiedzieć! Coraz dziwniejsze hece na tym Bożym świecie!

Brzeziński mówił mi, że z racji tego wspólnego księżycowego lotu rusko-amerykańskiego Amerykany zdradziły Rosjanom jakieś tajemnice sterowania i techniki, których tamci, jak się okazało, nie znali. Brawo, coraz lepiej, rekordy głupoty wręcz podniebnej!

18 czerwca

A więc już po ślubach Wacka i Krysi. Było to nawet trochę wzruszające – dwie pary w kościele: Lidia się popłakała, pani Kunicka, żona Kydryńskiego, także. Jednak katolicki ślub to piękna rzecz, komuniści nic takiego ładnego nie wymyślili, choć starają się ten swój cywilny ślub upiększyć, jak mogą (Wacek brał przedtem cywilny, Krysia przed miesiącami w Paryżu). Było parę pijaństw, potem całonocne tańczenie w Piwnicy u Kurylewicza i Warskiej na Starym Mieście. Szalałem tam nielicho, ale dobrze nie wiem, jak i z kim, bo mocno się zalałem. (Głowa już słaba, ale chęć do wódki jest!) Tak więc już tylko Jerzyk został w domu. Wacek co prawda też, bo mieszkania nie mają, ale na razie jadą za granicę, a potem coś mają rzekomo wykombinować.

Byłem na zebraniu komisji konsultacyjnej przy kole „Znak", wygłosiłem mówkę, że trzeba by może to koło skasować, bo nikt nie wie, po co ono jest. Wywołałem dyskusję, nawet Auleytner głos zabierał, wszyscy mówili w duchu, że koło „Znak" to jest koncesja, taka jak „Libella" czy „Tygodnik", i nie należy się jej wyzbywać, że także felietony Kisiela to jest koncesja – zgadzam się z tym, ale to ja sam ową koncesję wymyśliłem – nie oni.

Passent dalej na mnie skacze w „Polityce", jeszcze za owe Niemcy – Agnieszka Osiecka, jego żona, jest zdaje się zawstydzona, na ślubie ledwo się pokazała. A było tam masę młodzieży – podoba mi się u nich moda, te kolorowe niekonwencjonalne stroiki, a poza tym – jaka jest ta młodzież? Na pewno opozycyjna, ale niepolityczna i za mało o polityce wiedząca. Posiew komunistycznego nieinformowania o niczym wydaje swoje rezultaty!

Jadę znów na odczyt do Klubu Inteligencji Katolickiej we Wrocławiu, potem znów do księży do Krakowa (!). Był wieczór u Władka Bartoszewskiego, gdzie byli państwo Pomianowie i pani Zagórska z Londynu, a ja wypiłem bruderszaft z [Janem Józefem] Lipskim. No i są mistrzostwa świata w piłkarstwie, Polsce idzie bardzo dobrze. Prasa pełna tego, znów mają okazję o niczym innym nie pisać! A na świecie sporo rzeczy ciekawych!

25 czerwca

Byłem we Wrocławiu na odczycie w Klubie Inteligencji Katolickiej. Wystałem się w ogonach w „Orbisie", żeby dostać bilety – to co się dziś dzieje na kolejach, to naprawdę coś niesamowicie absurdalnego. Wracałem nocą bez miejscówki wśród okropnie chamskiej publiki, bardzo mało śpiąc. Kiedy rano szedłem z dworca do domu (swoją drogą Gierek porobił tam niesamowite rzeczy, cała dzielnica przeorana, tempo wściekłe – boję się tylko, że wyjdzie z tego jakieś monumentalne brzydactwo), spotkałem Leonarda Borkiewicza, kiedyś wojewodę szczecińskiego, dziś emeryta (młodego). Ależ psioczył na wszystko – wręcz niesamowicie. Pytał mnie, jak do tego wszystkiego doszło, że oni przecież chcieli całkiem inaczej (jest z rodziny pepeesowskiej, krewny Liebermanna) i tak dalej, i dalej. A wymyślał tak, że aż dla mnie było to przesadne. Swoją drogą zadziwiający to ludzie – przejrzeli poniewczasie, kiedy im dano mocno w dupę. Nie bardzo lubię z nimi gadać, jest w tym coś żenującego.

A tu Polska ma ogromne sukcesy w piłkarskich mistrzostwach świata – przedziwne to, ale prawdziwe – trener Kazimierz Górski dokonał cudu! Mamy reklamę jak cholera, tyle że inni robią na futbolu interes jak cholera, a my tylko dokładamy i dokładamy. Zaś sami piłkarze otrzymywać muszą forsę nielegalnie, bo oficjalnie to są amatorzy i tyle. Swoje grosze dostaną, ale na pewno w upokarzającej i dziadowskiej formie. Taki to kraj i system – niech go diabli wezmą! Tylko że nas razem z nim...

Lato deszczowe i szare, ja sposobię się do operacji. Felietony piszę (trwa jeszcze głupawa dyskusja z Passentem i Podkowińskim na temat NRF), ale nic innego mi nie wychodzi: do żadnej powieści nie mam pomysłu, jakby już wszystko zostało napisane na tym świecie. Może już wszystko zrobiłem, co mogłem? Trzeba by właściwie skończyć symfonię, ale też nie mam jakoś ochoty do zwiększania istniejących w świecie zasobów muzyki. Może będzie jeszcze we mnie twórczy przypływ – ale pewności nie ma... Wszystko ma swój kres, dziewczyno...

9 lipca
Byłem znów w Krakowie, cztery dni, z jakimiś „zagranicznymi" księżmi (Polacy ze Stanów i z Kanady). Kraków obskórny, poobstawiany remontami bardzo niechlujnymi, natłoczony gośćmi i cudzoziemcami, brudny, w restauracjach i kawiarniach nie ma miejsc. Okolice miasta też ohydnie zaniedbane, choć po nieskończonym objeździe Borku Fałęckiego i Mogilan zaczyna się przepiękna, pokazowa autostrada do Zakopanego. Ale w ogóle to nieprędko nam pójdzie ta turystyka – „usługi" nie są dla socjalizmu. Nędznie ten cały interes mimo wszystko wygląda, choć Gierek bierze zagraniczne pożyczki, gdzie się da, a głupi Gomułka nie brał, choć mógł, bo miał opinię „wolnościowca", którym wcale nie był. A w ogóle głupi ten Zachód jak but, co zresztą nie jest stwierdzeniem nowym...

Ostatnio znów Nixon wygłupiał się w Moskwie i na Krymie. Zdaje się jednak, że niewiele mu z tego wyszło, tłumaczą, że to Watergate odstraszyło Moskali, ale to chyba nieprawda – po prostu Nixon nie chce i nie może iść za daleko. Straciłem do niego trochę serca, do niego, a zwłaszcza do tego za wielkiego spryciarza, Kissingera. Dobrzy oni, ale dla siebie...

Polacy osiągnęli niezwykły sukces na piłkarskich mistrzostwach świata w NRF. Zdobyli trzecie miejsce, a mogło być jeszcze lepiej, bo wygrali kolejno z Argentyną, Haiti, Włochami, Szwecją, Jugosławią, przegrali z NRF (teraz, z jakichś "politycznych" względów, pisze się RFN), a o trzecie miejsce wygrali z Brazylią. Cała Polska żyła tymi rzeczami, narodowe kompleksy trochę się wyprostowały. Mnie ciekawi trener, Kazimierz Górski, że potrafił wydębić od naszych władców dewizy na nagrywanie filmów z zagranicznych meczów, wyjazdy na obserwację etc. Dokonał w swoim rodzaju wielkiego dzieła, szkoda że to tylko w futbolu... Było to zastępcze opium dla ludu: rządu nam wybierać nie wolno, ale wygrywać w piłkę wolno.

Zaczyna się bezprzedmiotowa gorączka obchodów 30-lecia Polski Ludowej. Ma być wielka defilada, otwarcie pięknej zresztą Trasy Łazienkowskiej etc. Dali już nagrody państwowe, literackie m.in. Kuncewiczowa, Kuśniewicz, Marian Brandys. No cóż, Gierek się stara, żeby wszystkim dogodzić, a nikogo nie podrażnić. Tylko Szlachcica wylali po cichu – to chyba była zemsta moczarowców, którzy mszczą się za aferę generała Matejewskiego oskarżając Szlachcica, że to wszystko była jego prowokacja. Ale o tych rzeczach się w ogóle nie mówi – można się tylko domyślać i szeptać, oficjalnie jest to ustrój bezkonfliktowy i kwita. Dziwne sprawy, już nie na mój mózg – nie wiem, czy jeszcze potrafiłbym napisać na ten temat jakąś powieść... Wszystko się w życiu kończy...

Lidia chora, znów takie jakieś zatrucie, jakie było przed rokiem w Jaworzu (to już rok, mój Boże, jakże ta zagranica zjadła mi czas!). Ja szykuję się do operacji, ale to dopiero będzie po "święcie narodowym", bo na razie nikt do niczego nie ma głowy. Żyję głupio i mało twórczo, aż mnie na to bierze cholera. Ale cóż – brak pomysłu, czekam na niego i – nic...

22 lipca

A więc mamy "święto narodowe", trzydniowe prawie, wielka feta, defilada, do tego Breżniew w Warszawie. Widziałem go nawet z bliska, w Alejach, w otwartym samochodzie stojącego z Gierkiem. Jest niski, krępy, bardzo opalony – typ nieciekawy, raczej w nim ogniskuje się wszystko, co rusko-sowieckie, niż on jest jego przywódcą. Po prostu typowy – i bardzo mało ciekawy. Tak zresztą jak na swój sposób Gierek. Ten ostatni nadał uroczystościom swój styl, to znaczy drętwą oficjalność, mówienie o niczym, brak jakichkolwiek akcentów polemicznych. Najlepszy kawał zrobił tym razem "Tygodnik Powszechny". Oto wydrukowali w całości zakazany gdzie indziej Manifest lipcowy, a także ekstrakt dziejów polskich komunistów w Rosji podczas wojny – kto umie czytać, dojrzy tam niejedno. Ten numer znakomicie kontrastuje z całą nijaką, pozbawioną życia, galową prasą. Świetny kawał, a cenzura nie mogła przecież Manifestu skonfiskować. Ciekawym, kto na to wpadł – Turowicz czy kto inny?

Oddano wreszcie do użytku ową Trasę Łazienkowską, przeszedłem ją wielokrotnie, piękna jest, choć czasem nieco zbyt "ażurowa" – zobaczymy ją zresztą w użytku. Zmienia ona bardzo wygląd całej części Warszawy, ale *c'est la vie* – piszę zresztą o tym specjalny felieton. Swoją drogą Gierek masę w Warszawie buduje – Wisłostradę też już oddano gotową oraz trzon Zamku. Tylko żarcia nie ma – ekonomiści twierdzą, że "przegrzano" koniunkturę, tak mówi stary Lipiński, którego poznałem u Bieńkowskich. Ale Gierek ma swoje szczęście (zbiory, węgiel), a ci ekonomiści, nawet tak "lewi" jak Lipiński, stosują kategorie ekonomiki kapitalistycznej (czyli normalnej) do tego dziwactwa, jakim jest "socjalizm". Najpierw go firmowali, teraz mają za złe. Rychło w czas!

Breżniew ma tu być podobno dwa tygodnie, pewno będzie namawiał Gierka przeciw Chińczykom, to obecnie ruska obsesja, chwała Bogu, że jest chociaż i taka. Czytam pamiętniki Chruszczowa: to, co pisze o Lwowie lat 1939–1940, jest głęboko wzburzające: facet aresztuje ludzi setkami tysięcy i twierdzi, że ratuje lud z "polskiej opresji". Też nielichy łobuz, do tego ciemniak.

Jutro idę do szpitala operować tę nieszczęsną rupturę. To jednak jakiś przełom w moim życiu – w szpitalu nie byłem 25 lat. W ogóle zmienia mi się cała psychika, "ilość przechodzi w jakość". Wacek grał wczoraj na akademii w Teatrze Wielkim (przy Breżniewie), jedzie z żoną (!) nad morze, gdzie jest już Jerzyk. Krysia z mężem, my z Lidią w domu, pojedziemy do Krynicy we wrześniu. Jakoś tak z nagła starość nadchodzi. Po powrocie ze szpitala będę się musiał zastanowić, co zrobić z tym dziennikiem: pisać go czy nie? Powstał z pewnej potrzeby w pustkowiu roku 1968, teraz inne czasy – co z nim robić? Zobaczymy.

7 sierpnia

Parę już dni temu wróciłem do domu po operacji. Wszystko poszło dobrze, nie było to ciężkie, tylko kilka dni po zabiegu boli i nie bardzo się można ruszać. Leżałem niby w dwuosobowym pokoiku, ale w gruncie rzeczy była to ogólna sala, przedzielona przepierzeniami, nie sięgającymi do sufitu. Słychać więc było wszystko, wszystkie rozmowy, jęki, narzekania – bardzo nad tym cierpiałem. Gadulstwo Polaków jest niezwykłe, do tego bezcelowe, jak nałóg: opowiadają sobie w nieskończoność prawdziwe historie bez początku i końca, bez pointy, tylko aby utwierdzić się, że są, że mają wspólny świat, że razem piędzą. W dodatku ci ludzie przyjmują rzeczywistość jako coś danego i niezmienialnego, jako absolutny jakiś i naturalny kodeks istnienia. Ci ludzie się nie zbuntują, nie ma obawy – nie wiedzą, żeby im czegokolwiek brakło, swobód politycznych, wolności słowa – to w ogóle nie mieści się w ich imaginacji. Wszystko, co ich otacza, uważają za najnormalniejsze w świecie, wszystkie głupstwa ustroju też. Bardzo byłoby pedagogiczne dla pana Giedroycia zetknięcie się z nimi: on nie rozumie, że to jest rdzeń narodu, miliony ludzi „orwellowskich", a nie my, grupka staruszków o przedwojennych wspomnieniach, od których on żąda, żeby „stanęli na czele buntu". Swoją drogą ciekawe: taki wytrawny człowiek, a nie może sobie wyobrazić, że sobie nie wyobraża, jak to jest w dzisiejszej Polsce. Czyż naprawdę człowiek nie może wyjść poza samego siebie.

À propos staruszków, to przemiły był mój sąsiad z pokoju pan Mikołaj Siemonienko z Bielska Podlaskiego, lat 66. Cóż za naturalna kultura i dyskrecja, właśnie człowieka prostego a szlachetnego i znającego „miarę rzeczy". Miał operację wrzodów żołądka, karmili go kroplówką, znosił to doskonale. Tyle że absolutnie nic nie czytał – myślał lub spał. Przychodziła do niego rodzina, już zamieszkała w Warszawie, córka, zięć, wnuczka – to znów cała historia socjologiczna: awans społeczny, kultura „telewizyjna" – to są właśnie ci nudni „użytkownicy awansu", co nigdy się nie zbuntują. Ale ich jest większość, to już nowa Polska – nudna, ale nowa. W końcu już przyzwyczaiłem się do tego szpitala i nawet z pewnym smutkiem odchodziłem – taka to przewrotność ludzkiej natury! Dobrzy tam lekarze, młodzi (koło mnie skakali, bom szwagier Reginy), pielęgniarki miłe, tylko „salowe" zbuntowane, bo słabo płatne i uchybia im „czarna robota". Warunki lokalowe kiepskie, ciasno i brudno, spać nie dają (budzą o piątej rano!), ale w sumie – jakoś to przeszło. Poznałem też księży – orionistów – którzy spełniają tam służbę duchową. Na terenie szpitala jest kościółek, na podwórzu palą się znicze, bo 30. rocznica Powstania – cóż za wspomnienia! Tego to Warszawa nie zapomina – a jednak coś się tam gdzieś tli. Opór cywilny to nie, za to bić się – owszem. Niepoprawni.

A właśnie po zgłębieniu tych oburzających pamiętników Chruszczowa wziąłem się do studiowania wydanej w Londynie książki Jana Ciechanowskiego „Powstanie Warszawskie", bardzo potępianej przez akowców. Swoją drogą zdumiewająca historia to Powstanie: zmajstrowali je chyba Mikołajczyk z Sosnkowskim, pierwszy licząc, że będzie miał „kartę przetargową" w rozmowach ze Stalinem (pseudorealizm), drugi w jakimś idiotycznym poczuciu „honoru wojskowego" i absurdalnej wierze, że zachodni alianci się ockną – podczas gdy oni wcale nie spali, lecz rozumieli gangsteryzm wszelkiej polityki, czego ów dziwnie szlachetny Polak, mimo iż przeżył rozbiory, ani rusz skapować nie mógł. Do tego niemądry Bór i – cwani bolszewicy. Właściwie stworzyliśmy im szansę jedyną: że mogli rękami niemieckimi rozprawić się z samym rdzeniem Armii Krajowej. Przedziwny zaiste rezultat – i do tego stolica zniszczona. A przecież – była w tym wszystkim jakaś fatalna konieczność.

Jeśli Powstanie Warszawskie wybuchło po to, aby potrząsnąć aliantami i przypomnieć im niebezpieczeństwo sowieckie, to nie bardzo spełniło ono swoje zadanie: mało wstrząsnęło światem, a straty przyniosło zbyt duże. Świat nie bardzo to Powstanie zauważył, zaabsorbowany wydarzeniami na gigantycznych frontach, był to wystrzał, który zginął w powszechnym zgiełku. A ja proponowałem wtedy inny wstrząs, mniej kosztowny: kiedy pierwszy żołnierz sowiecki postawił nogę na dawnej granicy w Baranowiczach, rząd polski z Londynu czy jego mocna reprezentacja zjeżdża w samolocie i prezentuje się Sowietom jako legalny gospodarz! Gdyby ich bolszewicy zamknęli, to jednak powstałby jakiś szum w świecie, bo był to rząd polski uznawany przez wszystkich aliantów prócz Rosji. Tak czy owak, przydaliby się na coś, podczas gdy w Londynie nie przydali się do niczego. Ale oni woleli jako demonstrację całopalenie Warszawy niż utratę swojej skóry, a potem poszło biednych szesnastu, o których świat w ogóle już nic nie wiedział. Ale te nasze ministry w Londynie wciąż myślały, że Wolna Polska jest nad Tamizą. Dziwna aberracja!

Więc jestem już w domu. Na razie trwa jeszcze rekonwalescencja, ale co robić potem, co pisać, nad czym pracować? (nowy „romans"?). Jedziemy z Lidią we wrześniu do Krynicy, trzeba tam będzie coś wymyślić, bo właściwie to od czasu powrotu z Zachodu (pięć miesięcy!) nic nie robię i smutki mnie gryzą. A przecież jeszcze za wcześnie, by spoczywać na laurach (jakich?!). „Życie konsumpcyjne" to nie dla nas – bo nie ma co konsumować! Gierek budując „trasy" wyzyskuje właściwie jedyne, co ten ustrój może, bo łatwiej tu wymościć autostradę dla samochodów, niż założyć trzy dobrze i równomiernie zaopatrzone bufety. Wielkie inwestycje, a żarcia nie bardzo można kupić i ludzi do pracy w „usługach" chronicznie brak. Oto komunizm – wielki wysiłek idący częściowo w próżnię, bo np. nierentowne przedsiębiorstwa ciągnąć trzeba, a rentownej turystyki zorganizować się nie daje. Zabierzcie mnie, bo będę gryźć!

17 sierpnia

A więc zwalili wreszcie Nixona – po długiej męce. Zwaliła go chyba prasa – trzymali go za gardło tak długo, aż wreszcie właśnie przyjaciele z senatorem Goldwaterem na czele przekonali go, że musi odejść. Długo myślał, że zasługi w polityce zagranicznej go ocalą, zasłaniał się „ważnymi pracami dla państwa", liczył, że jakoś sprawa „przyschnie", no i w końcu nie dał rady. Nagle się przyznał i – odszedł. Odszedł bez sławy, choć był przecież niezłym, a nawet wybitnym prezydentem. A gdyby się przyznał od razu, gdyby powiedział, że zrobił to *pro publico bono*, a potem rozkrzyżował ręce i zawołał: „Sądźcie mnie teraz!" – postawiłby problem, miałby odwołanie do opinii publicznej. A tak – skosiła go prasa. Na jego miejsce przyszedł przypadkowy przeciętniak, Gerald Ford. Zatrzymał on Kissingera i zaklina Rosję, że nie zmieni „polityki porozumienia".

Tragedia amerykańska! Różnie na to można patrzeć. Jedni wołają, że to triumf amerykańskiej konstytucji, poczucia prawa i wolności politycznej, której Amerykanie potrzebują niezależnie od sytuacji międzynarodowej. Inni twierdzą, że dobrze, iż odszedł, bo już, pragnąc się ocalić, działał rozpaczliwie, leciał na efekt i przesadził z Moskalami. Prasa sowiecka i nasza jest w kłopocie, bo jakżeż tu powiedzieć głośno, że faceta wyrzucili z powodu podsłuchów, że najwyższa władza może być obalona zarzutami o nieprawożądność. Krzyczą więc groteskowym chórem, że obalenie Nixona to sprawa „wewnętrzna" amerykańska i że w niczym ona nie zmienia przyjaznych stosunków amerykańsko-sowieckich. Okropnie im zależy – to powinno Amerykanom dać do myślenia. Tylko że oni myślą jakoś inaczej niż my – dziwne typy. Chcę o tym wszystkim napisać do „Foreign Policy", gdzie Brzeziński załatwił mi napisanie artykułu. Skrytykuję politykę „odprężenia", będzie to na rękę demokratom – kolej już na nich, czas najwyższy. Ale upieram się, że Nixon miał chwile wielkości, zdolny był, tylko rozjuszył te dziennikarskie psy, czym dał dowód jakiegoś nieopanowania, wręcz histerii – nie umiał wymóc jakiejś pojednawczości. Silny człowiek, ale silny swą sztywnością – dlatego go złamali.

Tu od wczoraj straszne upały. Poza tym burza w szklance wody, bo rozwścieczony arogancją Słonimskiego rąbnąłem go wreszcie, a mnie znów w ogromnym artykule „Przeciw Kisielowi" rąbnął prof. Edward Lipiński w „Tygodniku". Zabawne, bo to członek partii i „socjalista" – artykuł jego to dziwna mieszanina idealizmu, niby-naukowości, ale pisany „od serca" i z pasją – nie będę go chyba zjeżdżał, boć facet ma 86 lat, więc jak? Ale zawsze mam swój sukces – wywołałem polemikę, i to ze „sławnym człowiekiem". Za to Słonimski podobno się na mnie szykuje, a cały SPATiF i kawiarnia szaleją, że ktoś skubnął ich bożyszcze. Jak mi odpowie, to dalej go będę rąbał – nie mam wyjścia. Swoją drogą to kara Boża, że te dwa skamandryle, Słonimski i Iwaszkiewicz, zasmradzają atmosferę swoimi personalnymi ambicjami i porachunkami, kiedy tu chodzi o sprawy ważniejsze, z których społeczeństwo niewiele już rozumie. W dodatku przez tę przeklętą cenzurę nie można wprost powiedzieć, o co chodzi, wszystko jest zafałszowane i przekręcone. Sam już nie wiem, czy ja sam jestem prawdziwy – o cholera!

3 września

A więc już parę dni jesteśmy w Krynicy. Właściwie mało tu bywałem: raz z ojcem przed wojną na wycieczce jeden jedyny dzień, no i Boże Narodzenie 1970 roku, słynne przejęcie władzy przez Gierka, co opisałem już w tym dzienniku – bądź co bądź siódmy już rok go prowadzę, to dużo, choć coraz mniej w nim piszę.

Jestem tu z Lidią, mamy pokój w domu ZAIKS-u, na szczęście nie ma prawie żadnych znajomych nudziarzy. Byłem na paru wycieczkach, raz zdążyłem potężnie zmoknąć, chyba już po operacji wydobrzałem całkiem. Chcę tu napisać artykuł do tego amerykańskiego pisma „Foreign Policy", w którym dam wyraz swoim pretensjom do Zachodu oraz wzruszę ramionami na temat Amerykanów, bardzo dumnych z siebie, że złamali Nixona i zajmowali się dwa lata sprawą Watergate. A swoją drogą to, co Francuzi wypisują o Ameryce, to też jest bzdura okropna, zawiść i różne kompleksy mieszają się u nich w jakiś koktajl całkiem głupawy.

A tu sprawa Cypru, o której nie pisałem – tyle wrzasku o maleńki kraik, podczas gdy o miliony Polaków nie było ani słowa. No bo to teren „strategiczny", a tzw. supermocarstwa trzęsą się ze strachu, aby, broń Boże, nie popaść ze sobą w konflikt przypadkowy, a zachować to, co mają nieprzypadkowego, czyli swoje strefy wpływów. I w ten sposób metternichowska praktyka podziału Europy na strefy przeniosła się teraz na cały świat – nie darmo onże Kissinger powołuje się wciąż na Metternicha – a może to prasa go doń przypisuje, jako że napisał o Metternichu książkę.

A w ogóle to zwątpienie wciąż mnie przegryza, bo jak już pisałem, nie bardzo wiem, co by tu dalej „tworzyć" czy robić – zresztą zwątpienia takie miałem już w okresie tego pamiętnika kilkakrotnie, ale zawsze dotąd jakoś z tego wychodziłem – teraz jednak nie bardzo widzę, jak to ma się udać. Cztery „romanse" wydane na Zachodzie, dwa zbiory artykułów również, ale co z tego? To jakby gdzieś w lodówce, zamrożone na przyszłe czasy – tu bez echa, tam bez swego właściwego czytelnika. Dziwna sytuacja!

Wacek z żoną wyjechali na trzy miesiące za granicę (miesiąc w Paryżu – przygotowywanie płyty, dwa miesiące koncertów w Niemczech). Krysia zaczęła pracować w telewizji przy zagranicznych filmach. Tylko Jerzyk jakiś nie unormowany, siedzi w Jastrzębiej Górze, dyplomu nie zrobił. Życie toczy się dalej, tylko co z nim robić – o cholera! Czuję się zapędzony w jakiś sak, worek, a przecież to jeszcze nie koniec, chciałoby się coś zrobić. Ale co? Sytuacja jałowa jest jak nigdy.

13 września

Chodzę tu po górach, tyle że nie za wielkich, obserwuję ludzi, trochę nudnawo, ale niby miło. Obserwuję też telewizję, głupieje ona na potęgę, aż smutno. Zamulona sprawami gospodarczymi, ale ujętymi wyrywkowo, jako poszczególne przechwałki – migawki, bo oczywiście powiedzieć coś sensownego i problemowego to się nie zdarza, to by za bardzo trąciło „polityką", która, oczywiście, jest z telewizji wykluczona, chyba tylko, jeśli mowa o krajach zachodnich. Tam wyolbrzymia się trudności i w ogóle wszelkie konflikty, dając do zrozumienia, że to bardzo źle, że one tam są. Konflikt ma być dowodem anormalności i słabości ustroju, za to nasza bezkonfliktowość i przemówienia bez treści, jakimi sypią Gierek i Jaroszewicz, to ma być symbol stabilizacji i pozytywności. Obok spraw gospodarczych są teraz sprawy rolne – drobiazgowe sprawozdania ze żniw, z siewów, ze zbiorów i wykopków. Wszystkie wstępne wiadomości dzienników to właśnie to, najważniejsze informacje polityczne (z zagranicy oczywiście, bo u nas polityki „tego typu" nie ma) są na dalekich stronach, zresztą bardzo nieliczne. Napisałem o tym wszystkim w felietonie, ale mi skonfiskowali, został tylko tytuł, wzięty z „Trybuny Ludu": „Zbiory rzepaku minęły półmetek". Brak związku tytułu z treścią artykułu mógłby zwrócić czyjąś uwagę, nasuwając myśl o konfiskacie. Mógłby, ale nie musi, bo publiczność jest niedomyślna. A poza tym czy w ogóle „lud" odczuwa brak czegoś istotnego w tych odpolitycznionych środkach przekazu? (zamiast „środki przekazu", lansowano słowo „publikatory", ale się na szczęście nie przyjęło). Wątpię – wprawdzie tu sarkają na owo ciągłe rolnictwo w telewizji, ale tu jest „inteligencja twórcza" (pożal się Boże), a prawdziwy lud, nieźle ubrany (kolorowo) zajęty swym awansem, zarabianiem, nowym stylem życia, nie wie w ogóle, że mu czegoś brak? Pewno tak to właśnie jest, na tym polega duchowa sowietyzacja.

Aparat sowietyzacyjny, bardzo po orwellowsku urabiający pojęcia, a zaczynający od terminologii, czuwa pilnie i działa nieugięcie. Pisałem chyba o tym, że nie ma już słowa, a raczej skrótu NRF (Niemiecka Republika Federalna), a na to miejsce wprowadzono trudne do wymówienia RFN (Republika Federalna Niemiec). Ktoś tak sobie wykombinował, że to będzie lepiej, i teraz cenzura pilnuje tego z maniakalną konsekwencją. Z kolei wzięli się do sprawy Berlina. Przestano mianowicie używać rozróżnień Berlin Wschodni i Berlin Zachodni, jest tylko Berlin, stolica NRD, czasem, co najwyżej, używa się określenia „Berlin stołeczny". Chodzi o to, aby ludzie zapomnieli o podziale Niemiec i o tym, że są w ogóle dwa Berliny, aby utrwalił im się w głowie stan obecny i kwita. I tu widzę sugestię bezkonfliktowości, zatrzeć wiedzę o konfliktowych korzeniach teraźniejszości, tkwiących w przeszłości, ukazać monolit, a w tym celu zlikwidować w świadomości ludzkiej pamięć o tej przeszłości. Historia, informacja, terminologia, przystosowane absolutnie do wymagań dzisiejszej polityki – toć to absolutny Orwell – z jego Ministerstwem Archiwów. Absolutnie proroczy i genialny facet!

A swoją drogą szkoda, że nie przechowywałem wszystkich odbitek moich artykułów z zaznaczonymi ingerencjami cenzury – byłaby to swego rodzaju historia polityczna Polski Ludowej, pokazująca, czego nie wolno było pisać i jak się to zmieniało, odtworzyłoby się fluktuacje psychiki naszych władców, a raczej tych, co rządzą Słowem, uważając je za groźny i ważny instrument działania społecznego i politycznego (jest w tym pewna przesada, wynika ona, jak powiedział kiedyś pułkownik Janic, z faktu, że trwa tradycja starych komunistów, którzy nie znali radia i dla których liczyły się tylko „broszurki"). Niestety, nie mam tych materiałów i nawet drukując (za granicą) dawne felietony, drukuję je już z ingerencjami cenzury. Przepadł kawał „historii" – szkoda.

Umarł Melchior Wańkowicz, miał operację raka, potem niby się wyleczył, ale wiadomo było, że nie jest z nim dobrze. Zastanawiam się, dlaczego mam do niego stosunek dwuznaczny. Przecież dobry pisarz, łączący pisarstwo z dziennikarstwem i reporterką, wszechstronny w swym gatunku, bardzo polski, błyskotliwy – to powinno mi być w nim bliskie. A jednak nie lubiłem go czytać – raziło mnie efekciarstwo, częstokroć płytkość, no i niedokładne przedstawianie faktów, naciąganie ich, błędów było u niego zawsze co niemiara, toteż trudno uznać go za miarodajnego „świadka historii". Choć za to umie uchwycić i oddać atmosferę, ogromnie polską, wzruszającą, biorącą humorem i temperamtentem. Inna rzecz, że zawsze na dnie coś tam było pozerskie i fałszywe – a może to polskość jest w swej istocie zawsze z lekka nieautentyczna? Osobiście niby go lubiłem, umiał ująć i zabawić, z drugiej jednak strony wydawało się, że stale ma w tym jakiś swój zamysł, że nigdy nie jest całkiem szczery, że w gruncie rzeczy, poza zapałem (szczerym) do własnej twórczości, człowiek z niego dość chłodny i egoistyczny. Ale o tym się dziś z okazji śmierci nie pisze, oficjalnie chwalony jest ogromnie, Polska Ludowa chce mieć swego gawędziarza, zwłaszcza takiego, co już na pewno jest nieszkodliwy, żadnego figla nie spłata i nie będzie potrzeba zamykać go do ciupy, co zrobił głupi Gomułka. Złożona to była postać (Melchior, nie Gomułka), a tu wszystkie wspomnienia o nim są hagiograficznie proste – czyż w Polsce wszystko musi zostać sfałszowane?

A co do NRD z jego „stołecznym Berlinem" i niesamowitymi sukcesami sportowymi (istna hodowla championów), to zostało ono uznane jako samoistne państwo przez wszystkie kraje świata, ostatnio nawet przez Stany Zjednoczone. A więc zacieranie przeszłości popłaca, oj jak popłaca!

27 września

Już się kończy pobyt, jeszcze jeden – za trzy dni wyjeżdżamy. Przyjechał tu mój zięć, Adaś Sławiński, i zabierze nas do Warszawy samochodem. Obłaziłem tutejsze górki wcale dokładnie, byliśmy też w Nowym Sączu, Muszynie, Żegiestowie etc. – dolina Popradu jest przepiękna. Trwa tu tzw. eksperyment sądecki: eksperymentalność jego polega na tym, że restauracjom, schroniskom, hotelom pozwala się prosperować mniej więcej normalnie, mniej zawracając głowę kontrolami i szykanami. Czyli że eksperymentem nazywa się to, co gdzie indziej poza wariackim komunizmem byłoby po prostu normalne. Rezultat niezły: można tu zjeść jako tako, przenocować, kelnerzy grzeczniejsi, słowem, jakaś turystyka jest możliwa. Natomiast przeraża mnie nowe budownictwo: bezstylowe i toporne, niszczące krajobraz w sposób bezprzykładny. Ależ okropnie brzydka będzie ta Polska po latach! Bo teraz to jej już pewnie nikt nie zburzy...

A swoją drogą ciekawe są niezatarte ślady kultury ukraińskiej tutaj. Prawie wszystkie kościoły wiejskie to dawne drewniane cerkiewki z trzema baniakami kopuł – niektóre prześliczne. Na cmentarzach też trafiają się ukraińskie napisy. Byli tu Łemkowie, ukraińscy „górale", których zaraz po wojnie minister Wolski, mój „przyjaciel", wysiedlił na Pomorze Zachodnie, a potem bardzo ubolewał, że częściowo popowracali. Ale tutaj chyba nie popowracali – tu teren uzdrowiskowy dla „Polski centralnej". Ale i polskich śladów historycznych tu sporo, i to z epoki Konfederacji Barskiej! Jakieś okopy konfederatów w Tyliczu i w Muszynce, pamiątki po Pułaskim itp. A więc ziemie historyczne, a Ukraina podchodziła aż tutaj. Giedroyc, czyli Książę, by się tym cieszył.

Pisałem tutaj zamówiony przez Brzezińskiego i spółkę artykuł do kwartalnika „Foreign Policy" pod tytułem „W oczach Europy Wschodniej", chcę tam dać jadowitą dosyć analizę polityki amerykańskiej wobec Rosji i nas. Amerykanie są masochiści, może im się to spodoba. No i może wreszcie narobię jakiegoś szumu, co mi ostatnio idzie z wielkim trudem (nawet artykuł w „Europäische Rundschau" dał niewiele, trochę się pobiesili i przestali). Za to cenzura tnie znowu okropnie, wychwytują każde co lepsze zdanie i wycinają – wychodzi całkiem co innego, niż się chciało. Ostatnio napisałem felieton o polityce, którego *clou* było przypomnienie wydanych w Paryżu sprawozdań sejmowych z „Naszego Przeglądu" Bernarda Singera, zatytułowanych „Od Witosa do Sławka" – wymieniłem tam masę nazwisk posłów przedwojennych sejmów i opowiedziałem nostalgicznie krótką historię 20-lecia międzywojennego, czyli II Rzeczpospolitej. Kochana cenzura wyrzuciła wszystko, co było o Singerze i 20-leciu, zostało coś, co dla mnie samego było niespodzianką! W wywiadzie z Tatarkiewiczem* skreślili mi mało, ale boleśnie, bo o jego przerwie w wykładach w latach 1949–1957! Idą na wytarcie z ludzkiej pamięci wszystkiego, co wstydliwe! Ale czujnie to wyłapują – tym gorzej dla mnie.

Jakiś Kazimierz Szablewski mianowany został przewodniczącym zespołu, który ma prowadzić kontakty i rozmowy z Watykanem – facet w randze wiceministra. Jakiś nowy numer, oni ze skóry wychodzą, żeby obejść prymasa i coś tam w Rzymie nakręcić. Co im się z tego uda i w jakim celu?! Nie wiadomo – prymas podobno pojechał do Rzymu. Możliwe, że go w końcu Rzym wykiwa tak jak Slipy'a czy Mindszenty'ego, w ramach „koegzystencji" z komunizmem.

Jest tu kompozytor Zbigniew Turski, mój dawny kolega, razem kończyliśmy Konserwatorium, na dyplomie Miecio Weinberg od Turczyńskiego (dziś radziecki kompozytor!) grał jego koncert

---

* Stefan Kisielewski, *Spotkanie z Władysławem Tatarkiewiczem*, „Tygodnik Powszechny", 22 września 1974, nr 38.

fortepianowy. Turski stary i siwy z wielką brodą – no, ale pocieszam się, że on jest starszy, bo z roku 1908. Nie bardzo mi się chce z nim rozmawiać, w ogóle nie bardzo lubię towarzystwo w „domach pracy twórczej". Był tu profesor logiki pan Klemens Szaniawski, pokłóciliśmy się okropnie o starego Kotarbińskiego, którego on wielbi. Ale o co te kłótnie?! Trzeba cicho siedzieć i pisać swoje. Ale gdzie?! Gdzie drukować?!

15 października
To już dwa tygodnie, jak jesteśmy w Warszawie – przyjechaliśmy samochodem z Adasiem (zięciem) przez Nowy Sącz, Rożnów, Busko, Kielce i Radom. W Busku, gdzie kiedyś bywaliśmy z rodzicami, zwiedziłem stary park i właśnie dom zdrojowy, gdzieśmy mieszkali. Za to „Górka", sanatorium tak bardzo z rodzicami zaprzyjaźnionego dr. Szymona Starkiewicza, zmieniła się nie do poznania: na samej „górce" sanatorium się spaliło, rośnie na tym miejscu teraz lasek, a nowe sanatorium jest na dole, z drugiej strony. Wtedy budowa sanatorium dla dzieci była wielkim czynem, dziś nikt o tym nie pamięta, jest tylko ulica dr. Starkiewicza.

W Warszawie absurdalne kłopoty z mieszkaniem, nieustające targi z malarzami i instalatorami nowego gazu. W rezultacie w mieszkaniu zamęt i okropnie zimno, bo mamy przecież w kaloryferach ogrzewanie gazowe, którego nie można używać, dopóki „komisja" badająca kominy nie pozwoli. Komisja owa zaś pewno nieprędko pozwoli, bo renowację kominów robi przedsiębiorca prywatny (państwowi są zajęci), a ten nie ma cementu, bo prywatnym się cementu nie przydziela, wobec czego... typowa socjalistyczna historyjka bez wyjścia. W rezultacie nie kąpiemy się i siedzimy w zimnie, a pomalowany i na nowo zaciekający pokój Jerzyka nie schnie i czeka Bożego zmiłowania. Chi!

Miałem trochę kramu z zagranicznymi gośćmi – najpierw był pan Tworek, mój przewodnik po Ameryce, potem Armin Dross, tłumacz, przedwojenny Niemiec z Pomorza, opowiadał ciekawe historie, m.in. o niechętnym stosunku hitlerowców do pomorskich folksdojczów, których uważali za przesiąkniętych polskością, podczas gdy Polacy mieli ich za szkopów. Sytuacja, jak się wyraził, „między dwoma krzesłami". Opowiadał też o „krwawej niedzieli", jaką Polacy urządzili Niemcom w Bydgoszczy – *audiatur et altera pars*.

Gierek odbył podróż do Ameryki, prasa nasza bije w dzwony, ale treści politycznej żadnej w tym nie widać, tylko frazesy o „odprężeniu" i „współpracy". W ogóle kłamliwość czy „umowność" języka tej prasy jest niesamowita, każda rzecz nazywa się tu inaczej, niż naprawdę znaczy – to po prostu jakiś „język odwrotny". Cóż się zresztą dziwić prasie, jeśli wybitny ponoć pisarz, pułkownik Załuski, łgał na spotkaniu w telewizji patetycznie, a bez litości. Zresztą wszyscy muszą łgać, jeśli chcą pisać. Ja w „Tygodniku" łgać nie muszę (sytuacja wyjątkowa!), ale za to niewiele co mogę napisać i zdany jestem na stylik felietonowo-aluzyjny, który już mi zbrzydł potężnie. Za to pofolgowałem sobie w artykule dla Amerykanów, będzie to taki „polski Sacharow" – ciekawym, czy przemilczą, czy zrobią drakę?

W telewizji Andrzej Zalewski, pełen wdzięku referent spraw rolniczych, powiedział, że centralnym dziś u nas problemem politycznym jest jesienny zbiór ziemniaków i buraków. W tym powiedzeniu zawiera się wszystko, cały system ogłupiania ludzi, ograniczenia ich do spraw najprymitywniejszych. Zbiór ziemniaków problemem politycznym – można by się z tego bardzo wyśmiać, gdyby pozwolili – wyśmiać się głęboko, z perspektywami. Ale gdzie?!

W Rzymie odbywa się synod biskupów, jest tam Jerzy Turowicz i oczywiście pisze korespondencje w swoim stylu: jego zmartwienia to Chile, Hiszpania, Trzeci Świat, takie właśnie jak zachodnich „intelektualistów" – o Polsce czy Rosji ani się zająknie: przestałby wtedy dostawać paszport i cześć! Na tym polega cały sekret, tak prosty, a tak dla ludzi Zachodu niepojęty. Sołżenicyn im go obnażył, ale już o tym zapomnieli – wygodniej im takie rzeczy zapominać!

Prymas Wyszyński (oczywiście traktowany przez Turowicza „per nogam") wygłosił tam referat o „krajach socjalistycznych", ale zabronił dawania go do prasy. Pan Galli, attaché włoskiej ambasady, pokazał mi nagłówki rzymskich dzienników, opiewające, że „Wyszyński uważa prasę za wymysł diabła". Nie rozumieją, idioci, jego trudnej sytuacji, że nie chce dawać komunistom okazji do bicia. Ale podobno w drugim przemówieniu już sobie prymasik na komunizm poszczekał, niestety na swój ulubiony temat o „propagandzie ateistycznej", co nie wydaje mi się sprawą najważniejszą. No, ale ma on swoją taktykę, która jak dotąd raczej go nie zawodzi. Podobno metropolita unicki, Slipyj (następca sławnego Szeptyckiego,

17 lat w sowieckim więzieniu), także coś ostrego powiedział, ale nie ma on szans być wysłuchanym w epoce „odprężenia" z Rosją. Kłamstwo rządzi światem! Warszawa, trzeba przyznać, rozbudowuje się niesamowicie – tunele, autostrady, hotele, no i dworzec, a raczej cała dzielnica przy dworcu. Nie wiem, czy to Gierek czy Kępa są inicjatorami, skąd wzięli forsę i ludzi – tak czy owak, ktoś postanowił zapisać się w historii stolicy bez względu, co się z nim potem stanie. Za to zaopatrzenie kiepskie i – choć pensje popodwyższano – ludzie są nader kwaśni. Nie znam teraźniejszych założeń budżetowych, ale czuję coś złego – Polska zadłużona, tego i socjalizm nie wytrzyma. Może Amerykany coś Gierkowi pomogą – toć podobno pół Polski jedzie już na zagranicznych licencjach (przestarzałych oczywiście). A to ci dopiero!

2 listopada

Dziś Zaduszki, deszcz leje jak diabli, w ogóle deszcze wciąż leją, podobno był to najbardziej deszczowy październik od stu lat! Wczoraj byłem z Jerzykiem i Adasiem na Powązkach, na grobach – ludzi sporo, ale jakoś nastroju nie ma – może to samochody przeszkadzają, których dużo już przed Powązkami widać? Polska się rozwija, ale jakoś nie bardzo po mojemu – chociaż może to moja wina, a nie jej? Polska w ostatniej wojnie przeszła to, co Czesi w bitwie pod Białą Górą – straciła swoją inteligencję (szlachtę). Przez Zaleszczyki, przez niemieckie obozy, przez rosyjskie wywózki i Katyń wypłynęła nam inteligencja – na tamten świat lub na emigrację. Teraz mamy inną inteligencję, chłopską – trzeba by ją jakoś dostosować do historii, do ludzkich norm, do naszego czasu – a tu ci głupi, anachroniczni komuniści wleźli do akcji ze swymi anachronicznymi dziwactwami! Nawet to już nie marksizm, to wręcz mieszczański, biurokratyczny totalizm. W „Kulturze" paryskiej atakuje mnie niejaka pani Hirszowicz za to, że przypisywałem (w wiedeńskim artykule) Żydom przeflancowanie do nas marksizmu. Ona mi wylicza, ilu było Żydów i że nie mam racji, ale najciekawsze jest jej twierdzenie, że dzisiaj rządzące partie komunistyczne mało już mają wspólnego z marksizmem, że marksizm stał się domeną różnych młodych „maoistów" czy „trockistów". Racja – stąd Rosja może się dogadywać z Ameryką na zasadach czysto pragmatycznych. A do wewnątrz to Breżniew kropnął mowę okropnie „antyimperialistyczną" – zrobił to pewno, żeby zamknąć pyski swoim ideologicznym przeciwnikom. Amerykanie rozumieją to doskonale i wcale nie mają pretensji. To są okazy – niech ich! Właściwie mój artykuł, jaki napisałem do „Foreign Policy", jest antyamerykański – wytykam im wszystkie grzechy, od Roosevelta poczynając. Może umieszczą – bo to masochiści. A tu też będzie awantura. Ale niech będzie – trzeba się trochę bawić.

Byłem w Lublinie, miałem odczyt w klasztorze Dominikanów (duszpasterstwo akademickie), odczyt „polityczny", ten o historii powojennych ruchów katolickich. Młodzież dobrze reagowała, tyle że zrobili już ze mnie „chodzącą historię". Teraz znów jadę do Krakowa na jakieś sympozjum muzyczne. Robota (jaka?!) niezbyt idzie, przygnębia mnie zła pogoda, w mieszkaniu te jakieś remonty, przejście na inny gaz etc. Ale właściwie to trzeba się wziąć do komponowania muzyki „w swoim stylu" – niech człowiek robi to, co umie, i kwita. Jakoś w tym wyrazi siebie. Czytałem życiorys Amerykanina Ivesa. Całe życie komponował, nie troszcząc się o wykonania i rozgłos – dopiero dziś zaczyna być znany. No i bardzo dobrze – chodzi o dzieło, nie o odegranie roli w „historii", „rozwoju", „życiu". Arystoteles i Platon są dziś bardziej znani niż w swojej epoce. Trzeba tylko mieć w siebie wiarę „ponadczasową". A kto nie ma – tym gorzej dla niego!

Byłem wczoraj u Zygmunta Mycielskiego – strasznie się męczy w pokoiku zawalonym papierzyskami, z psem i Koszmarczykiem (tak nazywaliśmy tego smutnego Kołodziejczyka). Smutna starość, choć on niby niesmutny, tylko rzeczowy – „filozof". Ale rzeczywiście należy mu się więcej od losu, zrobił coś przecież dla polskiej kultury. Tylko, powtarzam – dziwna ta nowa Polska. Coraz dziwniejsza dla nas – „pogrobowców". I w dodatku nie wiadomo – czego pogrobowców. He!

12 listopada

Jeździłem do Krakowa na jakieś spotkania z młodzieżą muzyczną – w dyskusji wyszło śmiesznie, bo broniłem „socrealizmu", że to przynajmniej był jakiś program, podczas gdy dzisiaj jest „bezideowa wolność" i cóż z tego: kompozytorzy boją się powiedzieć programowo choć słowo, żeby ich znów nie przyłapano na jakimś „deklarowaniu", wobec czego panuje tylko beztreściowy praktycyzm, Penderecki w telewizji mówi tylko o warsztacie, jakby nic tam więcej nie było. Inna sprawa, że Penderecki to umysłowo nie geniusz, ale gdzież wobec tego jest ten geniusz? Cage ma dużo do powiedzenia, ale to żaden muzyk. A w ogóle to ja właśnie przecież wmawiałem kiedyś, że muzyka nie ma myślowych treści, a dziś, gdy się na to wszyscy zgodzili, zrobiło mi się szkoda. Tak zresztą w każdej dziedzinie, np. jeśli chodzi o nasz „neopozytywizm" z lat 1956–1958: wzywałem wtedy, żeby uznać PRL nie z powodów ideologicznych, lecz pragmatycznie, po prostu jako narzuconą, ale realną rzeczywistość. I tak właśnie się stało, nawet partia (dzisiejsza „śląska") przyjmuje ten punkt widzenia po cichu – tylko ostatni „internacjonaliści", Gomułka i Kliszko, się wzbraniali. No a mnie znowu na duszy nie bardzo – tak to jest, gdy życzenia nadmiernie się spełniają, a poza tym nic się nie dzieje, tylko „nasza mała stabilizacja" trwa a trwa.

W Krakowie zabawnie, bo przy wszelkich stołach prezydialnych siedzą szczeniaki, moi uczniowie, jak np. Meyer, Walaciński, Moszumańska etc. Są tam też jednak i „skamieniali" starzy, nie tylko Miecio Tomaszewski, ale i nieśmiertelny Adaś Rieger, zawsze bardzo inteligentny, lecz nieco bezproduktywny. Powiedział mi rzecz ciekawą: że największym *novum* politycznym ostatnich czasów jest, iż wojsko robi przewroty n a r z e c z l e w i c y (Portugalia). Powiedziałem mu na to, że wojsko z natury jest ludowe, więc jak się znajdzie lewicowy generał, to... On na to, że mogłoby to być i u nas, np. Jaruzelski – armia. Cha, cha!

We Francji wielki strajk poczty i od paru tygodni nie dostaję „Le Monde'u". W ogóle jakiś tam popłoch inflacyjny na tym Zachodzie, drażnią mnie oni jak diabli swoimi głupimi sprawami „bytowymi", które przysłoniły im wszystko inne. Zdają się zadowoleni, że u nas nic się nie dzieje, bo Rosja trzyma nas za twarze. Mnie już ogarnia *Schadenfreude*, że oni mają kłopoty, a my nie. To znaczy my mamy zawsze niski poziom życia, ale jeśli zawsze, to już żeśmy się przyzwyczaili i „nie robi nam różnicy", podczas kiedy oni trzęsą się ze strachu, że coś się pogorszy. Jednak Arabowie z tą benzyną dali im porządnie w kość, korzysta na tym szach Iranu i... Ameryka, bo naftowi bogacze arabscy inwestują w Stanach. A za to Amerykanie inwestują w Rosji, więc nie chcą jej zwalczać politycznie, bo im jest potrzebna. I nie uważają tego za niemoralne, choć tak się przejęli sprawą Watergate. W sumie – wielkie Tworki. O nas oczywiście zapomniano ze szczętem, alem ciekaw, co będzie z Izraelem, który chce żyć jako państwo, nie zaś zostać sprzedany Arabom (co już chciałaby uskutecznić egoistyczna Francja). Oszaleć by można z tego wszystkiego – w końcu człowiek zadowolony, że go to nie dotyczy, że siedzi się po prostu na polsko-ruskim zadupiu i kwita. Ale mamy radości!

29 listopada

Dużo było (i jeszcze będzie) pieprzenia z ZAIKS-em, bo kończy się nasza kadencja (trzy i pół roku), więc odbywało się szereg zebrań – bądź co bądź ostatnie to jeszcze jako tako wolne stowarzyszenie, co zresztą kłuje w oczy nasze władze, próbujące, jak się tylko da, uciąć swobodne gospodarowanie forsą i w ogóle wszelkie przejawy autonomii. Karol Małcużyński niby się stara czegoś tam bronić, ale jest to w istocie „rozsądny" tchórzyk, a z naszymi władzami tylko wariat coś zdziała (czego sobie życzę). Pociąłem się z nim trochę, bo o mało co, a pojechałbym na parę dni do Paryża w delegacji ZAIKS-u – tymczasem zamiast mnie pojechał Lisowski, tłumacz wazeliniarz, który jest we Francji często. Niesprawiedliwe to – a przydałby mi się ten Paryż z różnych względów...

Artykuł do Ameryki (moja bombka!) wreszcie posłałem, ale z komplikacjami, bo wrócił z Waszyngtonu (!) z listem od jakiegoś urzędasa, że poczty dyplomatycznej do takich celów się nie używa i żeby się posłużyć pocztą „normalną" – oto ilustracja głupoty ludzi zachodnich, lepszej nie trzeba. Ale posłałem inną drogą, ukaże się dopiero w marcu (jeśli się ukaże, ale chyba Brzeziński dopilnuje). To dopiero będzie heca, chi, chi! No cóż, trzeba sobie urozmaicać to nudne życie (jesienne).

W Paryżu strajk poczty już ze sześć tygodni, a także inne strajki. Stach Stomma był tam wracając z Ameryki, mówi, że bałagan i przygnębienie. Nie żałuję ich, tych egoistów i sybarytów, niech im dadzą w dupę jak najmocniej. W ogóle ten Zachód tkwiący w łapach dysponujących naftą Arabów to smętne widowisko – Arafat przemawiający w ONZ, któremu robią grzmiącą owację – dziwne to widowisko. Życzę im wszystkiego najgorszego, bo nam już nic nie zaszkodzi!

Zastanawiam się, czy papież przypadkiem nie stracił wiary – bo Turowicz i ksiądz Bardecki stracili ją na pewno. Nie wierzą w diabła, w piekło, a i w Opatrzność Bożą też chyba nie za bardzo – inaczej nie sililiby się tak, aby interweniować w ludzkie sprawy i być „na poziomie". Papież powinien potępiać wszelkie zło, z lewa czy z prawa, i powoływać się na wieczność, nie zaś miotać się kurczowo wśród polityków, co robi przykre wrażenie, a niedowiarków śmieszy.

U mnie nic ciekawego się nie dzieje, siepię się z drobiazgami, ZAIKS, przyjęcia dyplomatyczne, felietony (jakiż głupi ten Słonimski, o rety!), trzeba by się wziąć do jakiejś większej roboty, bo człowiek zgnije i zmendzieje. Ale do jakiej?! O koncepcję nie tak łatwo!

Tymczasem moda na Rosję trwa ciągle – z kolei prezydent Ford spotkał się z Breżniewem we Władywostoku (żeby nie być gorszym od Nixona). Co tam gadali, nie wiadomo, bo teraz wróciła moda na tajną dyplomację. W Warszawie też był jakiś ważny wiceminister niemiecki załatwić coś z Gierkiem, jak się zdaje, nic nie załatwił (sławetne „łączenie rodzin"), ale dowiedzieć się nie sposób, bo „ludności" nic się nie mówi. Jacyś faceci kręcą nami, jak chcą, a demokracja zanika – wszędzie.

11 grudnia

Heca się stała wielka, bo „grupa protestująca" znowu napisała list do Tejchmy, tym razem w sprawie Polaków w Rosji. List podpisało piętnastu literatów i nieliteratów: Mycielski, Lipiński, Słonimski, Konwicki, Brandys (Kazimierz), Szczypiorski (!), Nowakowski, Herbert, ks. Zieja, Woroszylski, Zonn, Miller, Bocheński, Kijowski, Zofia Małynicz. List dotyczy Polaków w Rosji, żeby otrzymali prawa Polonii, mogli przyjeżdżać do Polski i mieli swobody w dziedzinie „kultury, oświaty i religii". List dobry, bo nie Słonimski go napisał, bardzo na czasie, bo odbywa się przecież owa konferencja „porozumienia i współpracy" w Genewie, warto się „światu" przypomnieć. Oczywiście, jest w tym udawanie Greka, wszak list wysłany został do rządu (do wicepremiera Tejchmy), a ten rząd właśnie pomaga Rosji w jej wielkim oszustwie, jakim jest w ogóle uczestniczenie w takiej „odprężeniowej" konferencji. Ale my pomagać nie musimy – w tym różnię się ze Stommą, który zna tylko jeden sposób postępowania: wazelinę wobec Rosji. Że niby ratuje się „substancję narodową". Ale to już dziś przestarzałe – świat jednakże jest jednością i Rosji dziś jakoś tam na nim zależy, a skoro tak, niech usłyszy parę słów prawdy. To nie tylko gest moralny, to chyba i taktyka jakoś na dalszą metę słuszna. Tyle że Stomma już tego nie rozumie.

Czytam „Le Monde", który nagle nadchodzić zaczął w dużej obfitości, po skończonym strajku. Wściec się można czytając tych Francuzów: wciąż plotą o niebezpieczeństwie „dominacji amerykańskiej" – a dominacja rosyjska to ich nic nie obchodzi. Poddali się haniebnie Hitlerowi, to samo zrobiliby z Rosją, tylko Amerykanom się stawiają – za to pewno, że ich wyswobodzili i pomogli im stanąć na nogi. Jeden tylko Francuz jest niezły, „proatlantycki" generał Stehlin, na którego jest teraz ogromna nagonka, bo powiedział, że samoloty mirage są niedobre – on po prostu wziął na serio mrzonkę, że Europa będzie się bronić.

W niedzielę zebranie ZAIKS-u, ja już zdaję moją prezesurę sekcji – trzy i pół roku to zupełnie wystarczy. Chciałbym się wziąć do pracy „twórczej", choć nie bardzo wiem jakiej. Ci „nowatorzy" odstręczyli mnie od muzyki, uwierzyłem, że jestem przestarzały i że nie potrafię po nowemu. Może i to złuda, ale nie będę umiał z niej się wyzwolić. Zaczynam wierzyć, że wiek ma swoje nieodparte prawa, na przykład prawo zmęczenia i niemożności zaczęcia od nowa, od początku, jednocześnie przekonanie, że to, co się zrobiło dotąd, jest już nieaktualne. Jakaś panika powstaje, łącząca się z przekonaniem, że nic już ciekawego w życiu się nie zdarzy. Prawdopodobnie trzeba to opanowywać, może jeszcze raz uda się „odnowa"? Choć, powtarzam, nie zawsze widać, po co by ona miała być, przeżera człowieka przekonanie, że zrobił już swoje i nic nowego nie potrafi. Grażyna mówiła, iż „wyżej siebie nie przeskoczysz", a jednak komponowała i próbowała się przetworzyć – śmierć jej to przerwała. No, ciekawym, czy jeszcze z siebie coś nowego wykrzeszę – może nie powieść, tylko coś zupełnie nowego. Ale co i po co? Oto jest pytanie!

28 grudnia

A więc już po świętach, po ZAIKS-ie, „po szumie, po huku, po trudzie" – jak mówi poeta. Dalej żyjemy w epoce bratania się Rosji z Ameryką, czego rezultaty coraz są głupsze. Mój artykuł dla „Foreign Policy" znów wrócił, tym razem z redakcji, zwykłą pocztą (!) z listem, że zrobili fotokopię, a oryginał odsyłają. Ale idioci! I co najlepsze, że jak się zdaje, wcale to nie było kontrolowane. Zbawczy polski bałagan jeszcze raz mnie uratował!

Wymyśłałem na Stacha Stommę, a to on wygłosił doskonałą mowę w Sejmie z okazji budżetu. Skrytykował trafnie parę spraw konkretnych (niezrozumiałość tabel planowania, fatalne chodzenie kolei, rabunkowych wyrąb lasów), a potem szeroko omówił brak demokratyzacji, dyskryminację „sektora" katolickiego etc. Bardzo dobra mowa, więc oczywiście przemilczano ją wszędzie, a cenzura jej w „Tygodniku" nie puści. Stach zrozumiał wreszcie, że jest ostatnia chwila i że chcą go ze „Znaku" wyrzucić albo i cały „Znak" wyrzucić. Tylko że zrozumiał o dwa lata za późno – ja myślę, że już jakieś decyzje zapadły. A tu prymas powiedział delegacji „Znaku", że powinni dalej istnieć, że są potrzebni, że robią dobrą robotę itd. Nigdy on takich rzeczy nie mówił, a tu nagle teraz, kiedy grozi, że zostaną same typki w rodzaju Auleytnera. I w dodatku mówi to prywatnie, zamiast powiedzieć np. w kazaniu. To też jest polityk przedziwny – no, ale on ma swoją grę, i to dużą, o prawdziwe stawki. Ale co będzie z biednym Stachem? Zaczął strzelać za późno.

Zdaje się, że nieocenione Amerykany w imię przyjaźni z Rosją zaczynają niszczyć „Wolną Europę" i naszego w niej Jana. W każdym bądź razie cienko już ta stacyjka zaczyna śpiewać, mówi coraz ostrożniej, a na temat owego „Listu piętnastu" w sprawie Polaków w Rosji zamilkła nagle jak grób. Nie będziemy już mieli żadnej pomocy, dotąd komuniści się bali, że poprzez „WE" wiadomości o kraju przedostają się do kraju, bo inaczej nikt by tu o niczym nie wiedział. Teraz i tego nie będą się bali – w ogóle już niczego – tak to nam Zachód daje w d... Naprawdę sytuacja bez wyjścia.

Myślę sobie, że absurdalny niedowład życia politycznego na Zachodzie wynika z faktu, że istnieje tam kult i preponderencja życia prywatnego – mało kto interesuje się polityką, zwłaszcza międzynarodową, mało kto widzi jej związek ze sprawami dnia codziennego. Za to w Rosji nieustannie manewruje się masami w celach politycznych, pod hasłami politycznymi – ludzie się przyzwyczaili. Może w ogóle Rosjanie są szczęśliwi, nie mają porównań, nie znają innego życia? My patrzymy tylko na owych Sołżenicynów i innych „dysydentów", ale może to są wyjątki potwierdzające regułę? Diabli wiedzą!

Andrzej M. powiedział mi, że dwóch było ludzi, chcących i próbujących rozluźnić naszą zależność od Rosji: Zambrowski i Moczar. Trochę to hipotetyczne i paradoksalne, ale ostatecznie może i coś na rzeczy było. W każdym razie obaj z a c o ś wylecieli. A teraz podobnym grzechem obciążono i też wylano – Szlachcica. Czy był „winien"? Diabli wiedzą – w każdym razie Gierek nie ma już konkurentów, a „szlachcicowców" wyrzuca do reszty – ostatnio ministra oświaty, Kaczmarka. A społeczeństwo nie rozumie, o co chodzi – nawet „WE" nie potrafi już poinformować – tak się nasi władcy zamaskowali.

Święta przeszły rodzinnie, a w drugi dzień goście: Henio, Paweł, Myciel, Bartoszewscy, Kuthan z córką. Dość było przyjemnie. A za to w przeddzień ubecy chcieli chapnąć Wacka przed kawiarnią „Ambasador" za to, że rozmawiał chwilę z Amerykanami z ambasady. Uciekł im, milicjanci nie chcieli interweniować, tamci leźli za nim aż do samego domu. Taka to „przyjaźń" z Amerykanami.

Święta ciepłe, deszczowe. Nie jestem już w ZAIKS-ie, nie chciałem być z gówniarzami z Sekcji Kompozytorów (Kabalewski, Wiszniewski etc.), a z sali nikt mnie nie postawił. Odpocznę sobie – choć za dużo już tych odpoczynków!

1975

12 stycznia
Ciepło niesamowicie, deszcze, wiatry, błoto, w ogóle nie było mrozu ani śniegu. Czyżby należało pisać pamiętniki o pogodzie? Skarżył się Marek Antoni Wasilewski, publicysta i felietonista z PAX-u, że redakcja „Słowa Powszechnego" nie puściła mu felietonu o tym, że za Gomułki było więcej śniegu niż za Gierka. Podobno ogarnęła ich wręcz groza, że ktoś może coś takiego napisać, i wsiedli na biednego Żuka (taki ma pseudonim), iż śmie w ogóle coś podobnego proponować. No tak, przypominanie, iż przed epoką obecnego władcy była epoka władcy innego, to rzeczywiście złamanie orwellowskiej reguły, każącej zapominać wszystko, co zdarzyło się „przedtem".

Regułę tę łamie tylko nasz nieoceniony Władek Bartoszewski, który wydał w końcu swoją książkę o okupacji „1859 dni Warszawy", a do tego urządził (on, a właściwie Wydawnictwo „Znak") swoisty „wernisaż" swój i tej książki w Pen-Clubie. Zebrało się tam towarzystwo przedziwne, „almanach gotajski kultury polskiej", jak powiedział Jacek Woźniakowski. Kogoż tam nie było? AK i konspiracja, np. pułk Rzepecki i prof. Gieysztor, Słonimski i Parandowski, Madzia Korniłowicz (wnuczka Sienkiewicza), Madajczyk (prof. komunista!), Lipski, Herbert, Jedlicki, Hertz, dyr. Stankiewicz (Biblioteka Narodowa), Garlicki, Gottesman, Moczulski, Zagórscy, Zieliński St. i Br., Kurzyna, Piórkowski, Ryszka (wygłosił słowo wstępne) i wielu innych, tudzież cały „Tygodnik", a jeszcze pani Szymańska z „Czytelnika", Kasiński etc., etc. – miał być nawet podobno „minister" Kąkol, ale na szczęście nie przyszedł. Ten Bartosz jest nieoceniony, a i koniaku było dużo. Rozmawiałem sporo z pułk. Rzepeckim, toć to chodząca historia: syn Izy Moszczeńskiej, sławnej endeckiej publicystki, był w 1926 roku dowódcą batalionu szkolnego, który eskortował prezydenta Wojciechowskiego na III most, w czasie okupacji szefem BIP-u w AK, potem, po powrocie z oflagu, został szefem WIN-u, potem ciupa i proces – z którego wyszedł stosunkowo nieźle, co mu niektórzy mieli za złe. Lubię go, miły i inteligentny. Swoją drogą trzeba być Bartoszem, żeby zebrać razem tego rodzaju grono – a i dla niego to „rehabilitacja" po wszelkich zarzutach, jakimi go obarczono. Zręczny człek – i pracowity.

Po całej fecie poszedłem z „tygodnikowcami" do „Bristolu" – był Kozłowski, Pszon, Turowicz, Woźniakowski, Stomma i Henio Krzeczkowski. Nastrój podniecony, bo w prasie bomba: Gierek przyjął na specjalnej audiencji posła koła „Znak", wiceprzewodniczącego Frontu Jedności Narodu, Konstantego Łubieńskiego. A więc koniec ze Stommą, a mowa, która parę lat temu mogła go uratować, teraz go wykończyła. Wśród kolegów wielki popłoch, zdaje się, że poszli do prymasa – rychło w czas! No cóż, ostrzegałem, że pogrzebik się zbliża (upiwszy się przypomniałem im to i nagadałem nielicho) – ciekawym, jak to dalej pójdzie. Co prawda i moja skórka w robocie, bo jak zamkną „Tygodnik", to finansowo po mnie. Ale może „Tygodnik" się uratuje – jeśli zręcznie pomanewrują (czy „postępowy" Jerzy potrafi?!).

Miałem tu w ostatnich dniach swojego rodzaju dystrakcję: konkurs kompozytorski, rozpisany przez Radę Narodową, Związek Kompozytorów i Filharmonię. Byłem w jury z Rowickim (!), Twardowskim, Blochem, Węcowskim, Konowalskim, a także poetami Rymkiewiczem, Ostromęckim, Bartelskim. Rowicki był czuły i wspominał „dawne czasy", a ja konałem ze strachu, bo napisałem w „Ruchu Muzycznym" śmieszny felieton, że trzeba go (Rowickiego) wylać, powołać znów Wodiczkę. Na szczęście nie czytał jeszcze albo nie skojarzył, bo podpisane było literkami. Ale znów nie będziemy do siebie gadać z pięć lat!

Był ksiądz Sadzik z Paryża, opowiadał dużo historii, m.in. o zamknięciu Radia „Paryż" nadającego w różnych językach – Polskę dotyka to specjalnie, bo było zawsze transmitowane nabożeństwo z polskiego kościoła w Paryżu (nawet polski episkopat protestował teraz w warszawskiej ambasadzie Francji). Giscard d'Estaing przed wyborami prezydenckimi rozesłał do wszystkich polskich księży we Francji list, że jest antykomunistą i popiera religię, żeby więc głosować na niego, nie na Mitteranda. Kto wie, czy nie zadecydowało to o wyniku – toć Polaków tam dużo, a on wygrał większością niewielką. No, a teraz całuje się z Breżniewem i zamyka radio. Takie to są te Francuzy – niech ich szlag...

Na świecie dziwnie: Kissinger wreszcie powiedział, że trzeba będzie militarnie rąbnąć „naftowych terrorystów", Arabowie na to, że mogą wysadzić szyby. Arafat się stawia, Izrael nie ustępuje, Breżniew podobno ma białaczkę. O Polsce ani słowa – tak toczy się światek. Aby do wiosny (jakiej?).

Aha, Rakowski z „Polityki" wywalił z redakcji Andrzeja Szczypiorskiego za to, że podpisał ów „List piętnastu". Wywalając napisał doń w dodatku list nader ostry a głupi. Chce się facet wykazać, a więc tak już daleko zaszedł? Dawniej wydawał mi się lepszy od innych, o coś walczył, czegoś próbował. A teraz już tylko wazelina w nadziei, że dostanie za to jakąś odrobinę „władzy". Może zresztą i dostanie, ale to nie on dostanie – to ta pusta skorupa po nim. Tak, ci ludzie nie szanują siebie. Ale nie widzą wyjścia.

27 stycznia

Zrobiła się jakaś heca z Ameryką i Rosją. Kongres w Waszyngtonie nałożył ograniczenia finansowe na układ handlowy z ZSRR, uzależniając zniesienie tych ograniczeń od wypuszczenia większej liczby Żydów z Rosji. Rosjanie unieśli się honorem i w ogóle traktat handlowy wypowiedzieli twierdząc, że ta uchwała jest, oczywiście, ingerencją w ich „wewnętrzne sprawy". Kissinger zły, bo budował na „porozumieniu" z Rosją, nastrój ogólny się oziębił, Amerykanie (byłem u nich na kolacji) przebąkują nawet coś o nastrojach wojennych. U nas oczywiście prasa jak na rozkaz podszczuwać jęła przeciw USA, a wszystko dzieje się tak, jak to opisałem w artykule wysłanym do „Foreign Policy" – szkoda że nie ukazał się przed wypadkami, uznano by mnie za proroka. Ciekawym, czy go teraz umieszczą? Zostanę, oczywiście, uznany za podżegacza do „zimnej wojny", może nawet dadzą mi w d... Chciałbym oczywiście, bo już mi ta dookolna drętwość zbrzydła. Ekipa Gierka czepia się pazurami swej walnej zasady: nic o niczym nie mówić, trzymać się tylko spraw gospodarczych. Nudne to piekielnie, zwłaszcza że sprawy gospodarcze też wcale a wcale nie idą.

Swoją drogą ci Rosjanie okropnie są bezczelni. Prowadzą politykę mocarstwowo-intrygancką, nic wspólnego nie mającą z pozorem choćby jakiegoś socjalizmu czy marksizmu. Arabom sprzedają broń za grubą forsę i za wszelką cenę podtrzymują stan napięcia na

Bliskim Wschodzie, bo jak on się skończy, nie będą tam mieli co robić, Arabowie im powiedzą „do widzenia". A różne koła komunistyczne na Zachodzie nic z tej prostej, a perfidnej polityki nie rozumieją, z nabożeństwem wysłuchują każdego bzdurstwa płynącego z Rosji, pojęcia nie mając, jak tam jest w środku – nawet Sołżenicyn niczego ich nie nauczył. Wschód i Zachód tak się już od siebie oddaliły, że nigdy się nie pojmą – nawet mody przychodzą po obu stronach w innym rytmie: np. tutaj moda na prawicę, tam na lewicę, w sposób zupełnie nieregularny i od siebie niezależny. Coraz dziwniejsze to wszystko i coraz trudniejsze do opanowania. I będzie coraz gorzej, póki Zachód nie zrozumie, że trzeba się bić. Ale czyż on to kiedy zrozumie?! Wierzyłem w Amerykanów, ale...

Jadę do Krakowa zrobić wywiad z Tolem Gołubiewem, który będzie obchodził 50-lecie pracy twórczej. Trochę zmarnował się ten człowiek, nie tyle zrobił, ile powinien, a „Bolesław Chrobry" jakoś mi się oddalił – trzeba by sprawdzić, jak by się ta książka wydała teraz. Ale to wielki i czysty człowiek, należy go jakoś „odkurzyć" i ustawić na nowo. Zwłaszcza że „Tygodnik" nie bardzo ma się czym pochwalić – przecież nie Słonimskim, brrr!

A potem jadę nad morze, dawno już nie byłem w tym moim Sopocie. Zacząłem, trochę obojętnie, nowy „romans" – dobrze mi się tam zawsze pisało, może więc rzecz poleci, jednak trzeba „tworzyć", trzeba w życiu coś robić. No i symfonia czeka – też już po trochu zapomniana. Chyba ruszę z tym wszystkim przed wiosną – a Sopot dopomoże. Ma tam również być premiera „Madame Sans-Gêne", co mi tyle w Jaworzu zjadła nerwów. I okazało się, że skład orkiestry zmienili i niepotrzebnie tyle orałem. He! Ale nie czas płakać nad rozlanym mlekiem – trzeba fabrykować nowe mleko... I powieść napisać, póki jeszcze stary Książę żyje. Na razie przyjął mi artykuł o socjalizmie – tyz piknie.

8 lutego

A więc jestem nad morzem, w tym Sopocie, gdzie tyle napisałem, gdzie odbywa się w dużym stopniu moja największa (rozmiarami) powieść. Niedługo już ten Sopot będzie funkcjonować, bo Port Północny rozbudowany, kolos, z drugiej strony Westerplatte, zakazi całą zatokę – skończą się czyste plaże i piękna kąpiel. I to my, którzy tyle urągamy na „kapitalizm" i „imperializm", że są bezwzględne, my właśnie tak niszczymy Bałtyk. Czy dużo na tym zarobimy? Cholera wie – socjalizm ma przedziwną zdolność tracenia na tym, na czym inni zarabiają. Ale co morze zniszczymy, to zniszczymy!

Na razie jednak jest tu pięknie, mimo zimna i śnieżnych zadymek. Zatoka cudowna, kaczki i mewy śliczne, tylko molo zaniedbane, gnije i wali się. Pewno je rozbiorą i zrobią jakieś betonowe, tyle że budować będą 10 lat i okaże się ohydne. Wszystko w Polsce teraz betonują, aleje w Łazienkach też. To są nowi Polacy, wyrośli z betonu.

Byłem w Krakowie robić ów wywiad z Tolem Gołubiewem dla specjalnego numeru „Tygodnika" o nim (jubileusz 50-lecia pracy!), ale wiele dobrego z tego nie wyszło. Tolo chory, dusi się, pije masę kawy, żre słodycze i pali, cały dzień w domu, nie rusza się na krok i – pracuje. Ale pracuje histerycznie, w popłochu, że nie zdąży. Ma całą kupę maszynopisów, dziwnych, opasłych, nie skończonych – tu dramat wierszem, tam powieść o Jasienicy (Wilnianin, przeniesiony na Mazury, któremu załamał się jego życiowy kodeks), ówdzie powieść fantastyczną z występującym diabłem. „Bolesław Chrobry", największy jego sukces, rozrósł mu się nadmiernie i pożarł życie, ma go („Chrobrego") dosyć, chce pisać co innego, ale czy to dobre czy złe – diabli wiedzą! W dodatku jedno niecenzuralne, drugiego nie chcą wydać – nie sposób nic sprawdzić. Facet się szarpie, choć uważa, że jest w pełni sił twórczych. W tych warunkach wywiad ze mną, żartobliwie nonszalancki, taki jakie były z Zawieyem czy Andrzejewskim, nie bardzo go urządza – on chce się publiczności przepomnieć w inny sposób, na nowo ustawić, a niechluje z „Tygodnika" mogą nic więcej nie dać prócz mojego wywiadu i będzie krewa. On się tego boi, drażniły go przygotowane pytania, zamiast opowiedzieć mi krótko swój życiorys, wmanił mi 500-stronicowy maszynopis: „Największa przygoda mojego życia" (35 lat pracy nad „Bolesławem Chrobrym"). I zrób mu dziecko! Nie wiem, czy co z tego wyjdzie!

Byłem też na jubileuszu 30-lecia Filharmonii Krakowskiej. Pierwsza połowa koncertu taka jak przed 30 laty: „Odwieczne pieśni" Karłowicza i Koncert e-moll Chopina. Dyrygował Latoszewski (wtedy też), grała Czerny-Stefańska. W drugiej części Katlewicz poprowadził „Wierchy" Malawskiego. Na sali starzy znajomi, same wdowy: Wiechowiczowa, Rutkowska, Umińska. Potem był bankiet i... bal. Wiwat Kraków!

A teraz z innej beczki: proroctwo, jakie mi przyszło do głowy. Otóż, że Marks się w historii sprawdzi, chociaż inaczej, niż myślał, na odwrót, i choć w zasadzie nie miał racji. Sądził on, że w krajach kapitalistycznych, w krajach rozwiniętego kapitalizmu, proletariat przejmie władzę, zrobi rewolucję i wywłaszczy posiadaczy, samemu przejmując rozwinięte środki produkcji. Tymczasem rewolucja wybuchła w mało uprzemysłowionej Rosji na skutek klęski wojennej, a zrobili ją inteligenci, chłopi, żołnierze i — bardzo niewielu robotników. Powstał ustrój całkiem inny, niż Marks myślał, ale trwały, przy czym Lenin i Trocki (?) uzupełnili teorię twierdząc, że rewolucja jest na terenie międzynarodowym skierowana przeciw „imperializmowi". Rzecz uprawdopodobnił Hitler, wcale nie typowo kapitalistyczny, raczej wybryk natury, niemniej zagrażający Rosji i robiący jej przez to (jej, a nie komunizmowi) światową karierę. Parę lat po wojnie okazało się znów dowodnie, że Marks nie miał racji, bo państwa kapitalistyczne są najbogatsze na świecie i ani myślą upadać z powodu „sprzeczności wewnętrznych". Tu jednak pojawiły się Czerwone Chiny z nową teorią światowej rewolucji, dzielącą świat na „biedną wieś" i „bogate miasto". Poparły sprawę różne nowe państewka, wyłonione z narodów kolonialnych, którym niebacznie dano niepodległość, nie dając warunków dobrobytu. W ten sposób rozgrywka stała się przypadkiem światowa, zaostrzył ją *casus* arabski, też incydentalny: zwyżka cen nafty wywołała w krajach kapitalistycznych pozory kryzysu, ale komuniści mogą z tego skorzystać. W ten sposób kapitalizm może upaść, choć gospodarczo jest najlepszy i wcale wewnętrzne jego siły rewolucyjne nie są przeważające. Nastąpi wtedy kilkaset lat chaosu, przemieszanie ras, narodów, terroru — nowe Bizancjum. Marks się sprawdzi, ale na opak — złowrogi prorok. A co z tego wszystkiego kiedyś wyniknie, biorąc jeszcze pod uwagę upowszechnienie bomb atomowych?! Tak daleko ja już nie sięgam, ale i tak wyprorokowałem sporo.

W „Wiadomościach" londyńskich Leopold Tyrmand drukuje swe wspomnienia. Jest tam duży passus o mnie, bardzo czuły i chwalący, choć też robi ze mnie flejtucha, kochającego się w zaplutych knajpach, brudnych dworcach, wagonach trzeciej klasy, chlającego nędzne piwo i noszącego fryzjerski wąsik. Zabawne to, ale nie w tym rzecz: rzecz w tym, że pamiętam, jak on pisał te wspomnienia, w maleńkim pokoiku w Ymce, facet nieznany, bez przyszłości, bez nadziei. Nie wiedział nawet, po co pisze, a dziś proszę – drukuje. Dobry to prognostyk i dla niniejszych, bezcelowych notatek. A swoją drogą, ileż w tych wspomnieniach Tyrmanda czułości dla Polski i Warszawy. Jego rozwód z Polską wyniknął, moim zdaniem, z absurdalnie prostej przyczyny: z nadmiernie żydowskiego wyglądu! Smutne, ale prawdziwe: w kraju, gdzie tak straszliwie wymordowano Żydów, nadmiernie żydowski wygląd razi i prowokuje! W Ameryce nie razi, w „jednolitej" narodowo Polsce – razi. W swej wulgarnej prostocie jakież to tragiczne! I nie ma już dla Leopolda powrotu – a tak go tutaj w istocie brak. I jemu brak Polski, choć myśli, że o tym nie wie!

21 lutego

Więc już kończy się mój pobyt tutaj, szkoda wielka, bo był owocny i przyjemny. Zrobiłem spory kawałek drugiej części symfonii, mam dwa rozdziały nowego romansu (o którym nie wiem, co myśleć), napisałem trzy felietony, słowem – coś się robi. Zwiedziłem też Port Północny, dziennikarze tutejsi załatwili mi holownik (!) i przewodnika. Port dziwny, ogromny, pusty, same falochrony z beskidzkich między innymi kamieni, sypanych na dno (cała dolina Popradu ogołocona), taśmociąg na węgiel, rurociąg (niegotowy) na arabską ropę. Podobno 1 lipca ma już ta ropa być przywieziona dwoma nowymi tankowcami, któreśmy zakupili (niemiecki i japoński) i przepompują ją do rafinerii, która będzie o 10 kilometrów stąd, tj. od portu. Mają też pompować aż do Płocka, specjalnym rurociągiem, bo podobno ropa sowiecka jest gorsza, nie można z niej robić wysokogatunkowych olei, potrzebnych dla przemysłu. Ma więc niby być ten port jakimś aktem naszej niezależności od Rosji (?!), zaczęto go jeszcze za Gomułki, w maju 1970. Najeździłem się i nachodziłem po tym porcie, młody inżynier objaśniał – ale założeń ekonomicznych to i on dobrze nie znał. Mówił za to, że zanieczyszczenia nie będą wielkie, tyle że plaża w Stogach, na którą chodzili gdańszczanie, uległa zniszczeniu. Ale za to przybył kawałek wybrzeża, bo za falochronami woda naniosła piasek i jest nowy teren. Tylko że cała przestrzeń koło Westerplatte zmieniła się z parku w jeden teren budowy, a i cały Gdańsk pełen ciężarówek, ciągników i różnych szkarad.

Oglądam tu telewizję – dzienniki i informacje są koszmarne, wciąż w kółko i drętwo o sprawach gospodarczych, jak się po tej nudzie dobrnie do amerykańskiego filmu („Columbo"), to po prostu ogrzać się można czymś ciepłym i ludzkim. Jacyż oni głupi. A Gierek też już traci rozeznanie i robi posunięcia niepopularne, a w gruncie rzeczy wcale mu niepotrzebne. Pisałem już chyba o tej jakiejś ustawie podatkowej, która wymierzać będzie podatek wstecz, za nabyte w ciągu ostatnich 20 lat „dobra trwałe" od sumy 700 tysięcy zł. Ustawa kompromitująca, bo w gruncie rzeczy premiuje marnotrawstwo: kto forsę przepił, ten nie zapłaci, kto zainwestował – zapłaci. A teraz z kolei ten fagas Gierka, Maciej Szczepański z telewizji, wylewa tam wszystkich, kogo się da – ostatnio wyrzucił Wicherka, zapowiadającego pogodę – jedyną bardzo lubianą postać telewizyjną. No cóż, traci kontakt z opinią, wkracza na drogę Gomułki ten Gierek.

Był tu kompozytor Edzio Pałłasz, popiłem z nim trochę. Jest on „politycznie wyrobiony" i ogromnie zachwalał mi warszawskiego sekretarza Józefa Kępę, że to właśnie będzie alternatywa, *der kommende Mensch*, że jest ambitny, walczy (o władzę) i ogromnie się stara. No, niech już będzie, bo bez kontrkandydata ten Gierek naprawdę za wysoko zadrze nos. Że też ci ludzie, przez nikogo nie wybrani, lecz narzuceni, nie mogą być chociaż skromni.

Byli tu Zagórscy, Jerzy i Maria, okropnie przejęci głupimi sprawami środowiska literackiego, zwłaszcza teraz, przed zjazdem ZLP. Ale nic już tym literatom nie wierzę. Była w telewizji sztuka Grzymkowskiego i Filipskiego (tego, co na nim takie psy wieszają za antysemityzm) pt. „Rówieśnicy" i muszę powiedzieć, że było to coś żywego, politycznego, pierwsze od długiego czasu. Oczywiście, propaganda „patriotycznego komunizmu", ale z pazurem, taka historia Jasienicy, antykomunistycznego partyzanta, który został świetnym dyrektorem fabryki i chce być w partii, ale rozpoznał go majster, dawny podoficer KBW, który go demaskuje, ale zdania są podzielone. Pełne moczarowskiej dialektyki, lecz mocne, z jajem, drastyczne – odbijało od reszty programu!

Niedługo trzeba już wracać. Jutro idę na próbę generalną nieszczęsnej „Madame Sans-Gêne" w Gdyni, pojutrze premiera. Całość zmienili na 10-osobowy zespół, moja praca z Jaworza poszła na nic. A niech ich szlag! Poza tym spotkałem się tu z młodzieżą w domu akademickim w Brzeźnie – humaniści z tutejszego uniwersytetu, mili, spragnieni polityki i – plotek. Urządziłem im odczycik o historii „Znaku", słuchali z przejęciem. Bardzo antykomunistyczni i bez żadnych złudzeń. Dom akademicki jeszcze pomysłu Kliszki: małe, ciasne ciupki, wspólne kuchnie i łazienki. Słonimskiego rąbnąłem w dwóch felietonach, ciekawym, czy się wścieknie – chi!

13 marca

Jużem dość dawno w Warszawie, zapomniało się o morzu, pięknym i miłym, ale pojadę tam jeszcze na dziesięć dni w kwietniu. Na razie miałem tu dwa odczyty: jeden o muzyce dla staruszków w Stowarzyszeniu Księgarzy, drugi o polityce w kościele św. Anny. Pierwszy niezbyt się udał, bo temat trudny, a publiczność stara, za to na drugim (tym o „Znaku") były tłumy młodzieży w ciasnej, zakrystyjnej salce, dużo humoru, ryki etc. „A jednak się kręci".

Nie ma mięsa, nie ma mleka, sklepy puste. To już tak długo jest z tym żarciem, ludzie z tego powodu wściekli, a ci idioci z „partii i rządu" długo milczeli na ten temat jak ryby, coraz bardziej tym milczeniem irytując zainteresowanych, a jak się zdaje, sądząc, iż właśnie takie milczenie jest zbawienne. Głupota komunistów bywa bezbrzeżna, ale w sumie im się udaje, bo świat otaczający jest jeszcze głupszy, o czym oni dobrze wiedzą. Były już podobno strajki („przestoje"), nawet w Warszawie, ulotki antygierkowskie etc. Wreszcie Jaroszewicz wysilił się na Dzień Kobiet, coś tam głupawego wybąkał, niczego zresztą nie wyjaśniając.

Amerykanie odrzucili mi artykuł do „Foreign Policy". Tak więc moja bomba nie wypaliła, co pewno lepiej dla mnie, a dla świata?! Redaktor tłumaczy się gęsto, że artykuł przetłumaczyli, dokładnie przedyskutowali i doszli do wniosku, iż „w tym czasie nie mogą... Na przyszłość bardzo proszą o współpracę, ale żeby im przedtem przysyłać krótkie streszczenie wyrażonych w artykule poglądów, celem uniknięcia nieporozumień..." A więc nic nowego pod słońcem. To są politycy związani z partią demokratyczną, artykuł zaś antyrosyjski i jak się u nas mówi, „zimnowojenny", nie był im w tej chwili na rękę, bo idą wybory, a jednak większość Amerykanów nie chce zadzierać z Rosją. Nowa Jałta działa, bez względu na to, kto będzie rządził w Ameryce – tak się toczy światek i nie chce inaczej. Nawet przyjazny i rozumiejący wszystko Zbigniew Brzeziński nic mi nie dopomógł! Nie ma wyjścia: wśród serdecznych przyjaciół psy zająca zjadły!

W telewizji same ataki na „Wolną Europę", bo wrócili następcy sławetnego Czechowicza, Smoliński i Lach. Słuchałem trochę tego Smolińskiego, utożsamia Giedroycia z Nowakiem, że to wszystko amerykańska forsa i tyle. Pojęcia o niczym nie mają, ale chcą ludzi wystraszyć. Podobno „WE" odpowiadała, że to wszystko bujda (m.in. rzekomy okólnik „WE" zalecający... powieść Stalińskiego „Widziane z góry"), mająca na celu osłabić pozycję tej rozgłośni przed głosowaniem w Kongresie na temat ich budżetu na nowy rok. I tutaj to samo...

Umarł January Grzędziński, lat 84, postać dziwna, ciekawa, nasz mimowolny sojusznik z Marca 1968. Wśród licznych jego tytułów, odznaczeń i kolei życia wymieniono rzecz jednak niecodzienną: „więzień francuskich obozów koncentracyjnych w Maroku". Mocna rzecz! W katedrze byli sami starcy (siostra – wdowa po Andrzeju Strugu – toć historia), niesiono jego legionową maciejówkę i odznaczenia. Wzruszająco, ale od Literatów tylko Lipski, Hertz, Kijowski. Dziwnie.

Przyjechał tu Antonioni, demonstrował swój nowy film „Personaggio: Reporter" [„Zawód – reporter"] – film nudnawy, w jego stylu, choć cudownie fotografowany (Afryka, Hiszpania). On sam miły (rozmawiałem), ale niewiele ciekawego ma do powiedzenia. Za to byłem na koktajlu i filmie w ciekawym towarzystwie, bo z dwoma najpiękniejszymi kociakami Warszawy, tyle że sprzed lat... 40., tzw. kociaki ekshumowane. Były to mianowicie Monika Żeromska i Nina Andrycz. Chi!

Wczoraj widziałem pokaz sześciu filmów dokumentalnych, które w większości nie zostały przez cenzurę dopuszczone na ekrany. Mocne rzeczy, m.in. „Na torach" Kosińskiego (o życiu robotników kolejowych) i wstrząsający film o łódzkich tkaczkach. To także Polska Ludowa!

Dziś widziałem Stacha Stommę. Niewiele ma do powiedzenia, wie tyle co i ja, a zrobił się „reakcyjny". Ciekawą tylko powiedział rzecz, iż minister spraw zagranicznych Olszowski wyraził się na komisji w Sejmie, że „Zachód nic nie może zrobić", sytuacja jest dlań bez wyjścia, chyba żeby powstało trzecie mocarstwo atomowe. Mocna rzecz – Polaczkowie mimo wszystko umieją myśleć.

Władek Bartoszewski po operacji strun głosowych. Na szczęście chyba nie rak, ale to i tak dramat dla tego „żyjącego z gadania" człowieka. Marzec ładny, jeździłem już nawet na rowerze. Przykładam się na serio do piątego „romansu", trzeba pisać, choćby dla nielicznych czytelników, ale póki stary Książę z Paryża jeszcze działa. Jak nie stanie jego i Nowaka (a tak się nie lubią!), to nie wiem, czym sobie będą życie umilać. A nie jest ono zbyt bujne – czasem nuda żre regularna. I dodupizm. Aha, byłem na rozdaniu nagród konkursu kompozytorskiego w Ratuszu – Rowickiego nie było, ja niby jestem jego zastępcą, ale bardzo się starali, żebym nic nie gadał i nie pojawił się w telewizji. Zabawne to.

Cenzura tnie felietony bez litości – trzeba pisać „romans", tego przynajmniej nikt nie utnie!

30 marca

Już po świętach wielkanocnych, nikogo nie zapraszałem, bo mnie drażnią. Czytam pamiętniki Lechonia, ciągle w nich biada nad brakiem systematycznej pracy twórczej – ja także mógłbym tak biadać, bo ludzie strasznie kradną czas. A tu jeszcze Heydenkornowie przyjechali z Kanady – po trochu kara Boża. I do Krakowa muszę jechać – na jubileusz „Tygodnika". A bardzo się obawiam, że to już koniec tego pisma, przynajmniej w jego dotychczasowej roli.

Ciągłe plotki się szerzą o jakichś walkach w partii, choć co prawda nie bardzo wiadomo, kto by z kim mógł walczyć. Ale z zaopatrzeniem ciągle jest źle i dziwnie, a znów inwestycje okropnie rozbuchane – nie wiem, skąd będą mieć tylu ludzi do pracy i jak właściwie Polska to wszystko wytrzyma. Przesada trochę z tym przemysłem, Węgrzy czy Czesi są pod tym względem ostrożniejsi, a myśmy kraj za duży jak na mały, a za średni jak na wielki. No i rządzą w dalszym ciągu „ciemniaki". I rządzą coraz bardziej autokratycznie – chodzą pogłoski o zmianie polskiego systemu administracyjnego, ma być podobno 51 małych województw, żeby uniemożliwić sekretarzom wojewódzkim dochodzenie do znaczenia. Gierek bardzo chce rządzić i nie mieć opozycji.

Książę z Paryża nie zamieścił mi artykułu polemizującego z Mieroszewskim, pewno chce go dać razem z odpowiedzią. Swoją drogą ta zachodnia „wolność słowa" też już się staje fikcją. Brzeziński przysłał mi list sumitując się, jeszcze nie wie o odrzuceniu artykułu, widać, że dał mu opinię pozytywną, ale go przegłosowali, bo Amerykanie mają teraz bzika niedrażnienia Rosji – losy świata są w rękach chimeryków. I w ten sposób ja nie mogę zostać publicystą „światowym" – tu publicystyki być nie może, a tam nie chcą drukować. W gruncie zaś rzeczy myślę, że publicystyka to mój najprawdziwszy talent i powołanie. Tyle że za późno trochę zaczynać – skończyłem przecież 64 lata! Niemożność, zmarnowane życie, takie oto rysują się perspektywy. Brrr!

4 kwietnia

W Wietnamie kompletna klęska Południa. Komuniści, słysząc, że amerykański Kongres nie daje już kredytów na dozbrojenie Thieu, zaatakowali całą siłą, zajęli szereg prowincji, zbliżają się do Sajgonu... A Amerykanie nic na to – wsadzili w ten Wietnam miliardy, a teraz pokornie rezygnują. Na zajmowanych terenach dzieją się straszliwe rzeczy, ale teraz nie ma żadnych manifestacji „humanitarnej" młodzieży w Paryżu czy w Rzymie. Bo wszystko przecież jest w porządku: atakuje „lewica". Cała rzecz sprowadza się więc do etykietki terminologicznej, do sklerotycznych przyzwyczajeń myślowych, do gigantycznego zakłamania i jeszcze większego niepoinformowania. I do tego strach czy to przed Rosją, czy to przed brakiem benzyny, co na jedno wychodzi – strach materialny, zwierzęcy. I wreszcie tradycyjne formy demokracji parlamentarnej, która na tle tego, co się dzieje w świecie, staje się szkodliwą groteską – od wzniosłości do śmieszności jeden krok.

A najlepsze, że Rosjanie doskonale to wszystko widzą i rozumieją – widzą, jakim dziecinnym olbrzymem są Stany Zjednoczone i jak można nimi manewrować, wykorzystując naiwność Kongresu i podmuchy mody politycznej nim kierujące. Doprawdy, nie wiem, w jaki sposób Rosja miałaby przegrać tę rozgrywkę – ma wszelkie atuty w ręku. Wiara starego Księcia z Paryża, że paru żarliwych pisarzy z Rosji czy z emigracji obali ten interes, jest wzruszająca, lecz głupia. Każdy hoduje jakiś swój narkotyk, ja nie – prócz pisania „romansu" (nr 5), na które mam wielką ochotę – to jedyna pociecha, zresztą czysto indywidualna, bo do kogóż to dotrze i po co?

Jest wiosna, jadę na jubileusz „Tygodnika" do Krakowa, siódmego Kurkiewicz gra moją sonatę klarnetową z dorobionym fortepianem (na afiszu, jak często bywa, zabrakło mojego nazwiska) – oto są małe pociechy, czyli „ziemskie pokarmy", jak to nazywał André Gide. Pociechy na tle ogólnego pesymizmu. Który i mojemu wiekowi przystoi! Chi!

A co do Nixona: to był intuicyjnie mądry facet. Wiedział, z jakim przeciwnikiem ma do czynienia, wobec czego blefował, robił gangstersko-tajemnicze miny, że niby co to on może i potrafi, jakie ma rezerwy, jakie potencjały, jaką władzę. No i teraz wewnątrzamerykański polityczny cyrk, zademonstrowany całemu światu, zdezawuował Nixona jako oszusta i pokazał wszystkim zawstydzająco płytkie kulisy amerykańskiej władzy. Nie zostało ani krzty tajemniczości – więc nikt się już nie boi!

16 kwietnia
Czytam trzytomowy „Dziennik" Jana Lechonia i zachwycam się tym. Mnóstwo tam zbieżności z moimi myślami, na przykład to, co pisze o Francji, o Ameryce, o niedocenionych oryginalnościach kultury polskiej i jej pechu. Pierwszy tom czytałem przed bytnością w Ameryce, a następne teraz, co bardzo pomaga, bo widzę dokładnie to polskie życie w Nowym Jorku i doskonale je sobie wyobrażam. Lechoń (poznałem go przed wojną w Paryżu) dokładnie zna Francję i nie ma co do niej żadnych polskich złudzeń. Natomiast doskonale rozumie, co to jest Ameryka, na czym polega jej nowość i siła. Ale też jej okresową głupotę polityczną widział bez złudzeń, taką jaką dziś obserwujemy. W ogóle jego sądy polityczne wydają się trafne i bystre, największą zaś wątpliwość budzą opinie o... poezji, na przykład ciągłe ataki na Miłosza. Widocznie w swojej dziedzinie człowiek ma najwięcej uprzedzeń i najtrudniej mu o obiektywizm.

Ale Lechoń pisał dziennik, naprawdę codziennie – była to dla niego ekspiacja za wiele lat zmarnowanych, z których się wciąż spowiada – zarazem jest to historia jego codziennych zaniedbań, bo wciąż odnotowuje, że znów nie zrobił nic twórczego, że chałturzył czy bawił się. No i pełno jest aluzji miłosnych, tak nieraz wysublimowanych, iż wierzyć się nie chce, że chodziło o pederastię. Ale Paweł Hertz zaręcza, że on niczego innego nie uznawał, tymi też sprawami tłumaczy jego samobójstwo, że niby Amerykanie, u których starał się o naturalizację, robili mu wstręty z powodu „zboczenia". Ale on już w wieku 18 lat próbował samobójstwa – coś w tym psychicznego było też. Najciekawsze dla mnie w książce to pokazanie, jak warszawsko-parysko-żydowska Polonia przeniosła swą nienaruszoną atmosferę do Stanów. To bardzo ciekawe!

Ale Lechoń miał szczęście: jakiegoż pieczołowitego wydawcę sobie znalazł w osobie Grydzewskiego! A co będzie z tymi moimi zapiskami, pisanymi na brudno w czternastu już brulionach? Czy ktoś to opracuje i wyda? Lechonia czytam, jakbym obcował z przyjacielem – ciekawym, czy ktoś zaprzyjaźni się z tym „pamiętnikiem", jak mówi Lidia, nazbyt suchym i politycznym. A przecież ja wcale nie jestem suchy, tylko cała moja „mokrość" idzie do środka! Byłem w Krakowie na jubileuszu „Tygodnika" – nic ciekawego. Władek Bartoszewski po operacji strun głosowych „krzyczy" szeptem, spala się za szybko, ulega nerwom – szkoda tego człowieka, bardzo przecież wartościowego.

Trzy dni tkwiłem na Zjeździe Kompozytorów, to też widowisko przygnębiające, coraz więcej wariatów, egocentryków, megalomanów. Baird głędzący w nieskończoność rzeczy bardzo banalne i uważający się za ogromnie mądrego, Lutosławski nie wiadomo, po co wyładowujący się w personalnych intrygach, Witold Rudziński zbikowany kompletnie, bo podniecony swoją „kompozytorskością" (opera „Chłopi") do granic monomanii. Wybrano mnie do zarządu, ale Lutos, pewno bojąc się mnie politycznie, tak wymanewrował, że zostałem tylko zastępcą członka zarządu. To zagadka psychologiczna ten człowiek, który, mając sławę, nazwisko, forsę, twórczość, zajmuje się bzdurnymi intrygami. Po wycofaniu się Bairda i Serockiego on właściwie kręci Związkiem, ale po co?! Muszę mu powiedzieć, że wszedłem do zarządu tylko po to, aby go obserwować i napisać o nim powieść! (A Lechoń opisuje, jak to moje „Sprzysiężenie" obrzydziło mu Panufnika, jeszcze zanim go poznał. Cha, cha!).

Z racji Zjazdu był też koncert, jak ktoś określił, „seans spirytystyczny". Grano Szeligowskiego, Malawskiego, Wiechowicza, Spisaka i Grażynę – wszystkich świetnie znałem. Najbardziej postarzeli się Malawski i Wiechowicz, najmniej Grażyna (smyczki, trąbki i perkusja) oraz wesoły, rossiniowski (w dzisiejszym fasonie) Spisak.

Doszedłem do wniosku, że nie rozwinę się już jako krytyk – ani muzyczny, ani literacki. Na to trzeba by jeszcze postudiować, poczytać – a już na to nie mam czasu. Publicystą też już nie będę ze względu na przeszkody cenzuralne. Pozostaje więc własna twórczość – muzyczna i literacka. Tu nie ma się co rozwijać, tylko wypowiadać siebie – na to jeszcze nie jest za późno i nie potrzeba się douczać (Iredyński niedawno ciekawie powiedział w wywiadzie, że pisarz to z założenia dyletant). Trzeba się wziąć do roboty, żeby potem nie płakać jak Lechoń nad przepróżniaczonym życiem. Skończyłem więc drugą część symfonii, a teraz jadę nad morze, żeby popchnąć „romans" nr 5. Dobrze by było go skończyć, póki działa jeszcze stary Książę – to jednak, choć dziwak myślowy, opiekun piszących, nie gorszy od Grydzewskiego, choć w innym stylu. A więc – do dzieła!

1 maja
Wczoraj wróciłem znad morza samochodem z Czesiem Lewickim. Pobyt był owocny, bo napisałem dwa rozdziały nowego „romansu", a ważniejsze, że mi się przejaśniło w głowie, jaka ma być akcja prawie do samego końca. Ciekawe, że dla mnie akcja jest najtrudniejsza, a za to znam atmosferę i myśli, jakie chciałbym wyrazić. Nie mam talentu powieściopisarskiego, lecz publicystyczny – tak mi zawsze klarował Tyrmand. Ale ja się pocieszam, że uprawiam powieść rezonerską i że to jest nowy rodzaj powieściowy, który może być tak samo uprawomocniony jak każdy inny typ powieści – przecież Prousta czy Joyce'a też nie uznawano za powieści. Oprócz tych dwóch rozdziałów napisałem również dwa kolejne felietony – że też człowiek znajduje jeszcze ciągle jako tako cenzuralne tematy (a ostatni zdjęli mi cały!) – oraz wreszcie ten nieszczęsny wywiad z Gołubiewem. Wyszedł mi dosyć wesoło, ale nie wiem, czy „stary" Tolo się zgodzi – to człek uparty.

Był tam Czesław Lewicki, człowiek ciężko chory, którego dawno „odpisałem na straty", a on właściwie został, mimo choroby, taki sam jak dawniej, tyle że wiedzie żywot nieruchawego emeryta – ale auto prowadzi znakomicie. Wygłosił do mnie ciekawą prelekcję na temat gospodarczej zależności Polski od Rosji. Sądzi, że Polska stanie się teraz „oknem wystawowym" krajów komunistycznych, jeśli chodzi o eksport i import z Zachodem, że my będziemy sprowadzać towary i półsurowce za dewizy, a Rosja odkupywać będzie od nas za... ruble, po odpowiednim kursie rzecz prosta, i w ten sposób wyzyskiwać będą naszą „bliskość" (relatywną) wobec Zachodu. Twierdzi onże Czesio, że w ten sposób oni nas wyssają tak skutecznie, iż przyjdzie czas, że lepiej by nam było zostać jedną z republik związkowych, niż cieszyć się quasi-niepodległością. Teoria ciekawa, a Czesio jest niegłupi, choć także fantasta i bujacz.

A tu głupota Zachodu sięga wręcz szczytów. Amerykanie opuścili Wietnam do reszty, zacznie tam się, po formalnościach zjednoczeniowo-wyborczych, całkiem normalny komunizm, jak było we wszystkich krajach bloku. Ale Amerykanie wydają się nie mieć wcale poczucia, że ponieśli klęskę. Widziałem w telewizji przemówienie Forda do młodzieży. Gdy zapowiada on wycofanie się z Sajgonu i rezygnację z polityki indochińskiej, sala daje mu tzw. popularnie „burzliwe brawa". Masochiści „demokratyczni", idioci! A tam się teraz zacznie rzeźnia – wyobrażam sobie. I nikt już teraz Amerykanom nie uwierzy – hi! Trwał „tydzień kultury radzieckiej", można się było urwać, jakie to nudy, w telewizji i wszędzie. Cała Polska się na to wścieka, ale oni walą program, „jak leci", żeby Rusy były zadowolone. A nikt nie przejmuje się faktem, że zamiast przyjaźni powstaje wściekłość. Jest w tym swoją drogą jakaś ogólnonarodowa zmowa.

Zabieram się do trzeciej części symfonii, trzeba wreszcie skończyć to latami się ślimaczące „dzieło". Część trzecia, powolna, pójdzie łatwo, najgorzej będzie z czwartą. Ale ciekawe, że nie mam najmniejszych wątpliwości, jakim pisać stylem. Dowodzi to „krystalizacji talentu" czy też wąskości uprawianego gatunku i niemożności wyjścia poza pewną technikę? Boję się, że w dużym stopniu to drugie. Nie jestem w stanie wyrzec się rytmu (co powoduje komplikacje wykonawcze, bo metrorytmika robi się zawiła) czy zrezygnować z tradycyjnej pisowni. Mozolnie „składam nutki", pionowo i poziomo, przed czym, jako przed przestarzałością, ostrzegał Schäffer. Bóg z nim, ale ja inaczej nie potrafię. Pocieszam się, że jednak w jakiś sposób „wyrażam siebie", bo słuchacze moją muzykę wyróżniają, nawet bez trudu. Stulecia zatrą perspektywę dziesięcioleci i może ocali się to, co charakterystyczne, a może wszystko przepadnie. Tak czy owak, mam wątpliwości co do swojego powieściopisarstwa i co do komponowania. Nie miałbym wątpliwości co do publicystyki, ale tej właśnie uprawiać nie mogę. I to, jak się okazuje, ani w kraju, ani za granicą. Zmarnowali mi życie, cholera, bo talent publicystyczny musi być konsumowany w swojej epoce: publicystyka *post factum* to rzecz nic niewarta!

6 maja

Kończę czternasty brulion tego dziennika. Oczywiście, ewentualny czytelnik (?!) nie będzie o tym nic wiedział, bo podział na zeszyty w druku (?!) nie zostanie przecież uwzględniony. Ale straciłem już wiarę, czy kiedykolwiek do tego druku dojdzie. Jest to duża praca, odcyfrować rzecz z rękopisu będzie trudno, zebrało się tego materiału mnóstwo, bo to już pełne siedem lat, jak piszę, na pewno dużo jest powtórzeń, wody, nudzenia. Kto właściwie mógłby się taką rzeczą zająć? Stary Książę umrze, Grydzewski już umarł, następców na pewno nie będzie. Taką rzecz trzeba ładnie i starannie podać, tak właśnie jak podany jest „Dziennik" Lechonia, który wciąż z upodobaniem czytam. Poza tym nie wiem, czy w niniejszych zapiskach jest coś naprawdę ważnego i czytelnego. Za dużo polityki, która z czasem zjełczeje, straci przejrzystość, unudni się. Co prawda nikt tu niczego nie pamięta, więc może te notatki się przydadzą komu, ale... Trochę się do nich zniechęciłem, jednak kontynuować chyba będę, ale z rzadka, tak jak teraz.

Zniechęcenie wynika pewno z ogólnej atmosfery politycznej. Istotnie, to, co zrobili Amerykanie w Wietnamie, to jest kompletna kompromitacja, ale moim zdaniem nie ich, tylko całej „białej rasy", czyli cywilizacji euro-amerykańskiej. Europa tu zawiniła najbardziej, a przede wszystkim Francja, przez zbojkotowanie Amerykanów, zostawienie ich samych sobie, a w końcu potępienie ich, co wywołało u nich trudności wewnętrzne, opozycję, ferment i w rezultacie politykę wewnętrznie sprzeczną, którą ci Azjaci wyzyskali bezlitośnie. Być może, że z Wietnamu należało wycofać się już dawno, ale nie w taki idiotyczny sposób, jak to zrobił Ford, zresztą zgwałcony rzekomo przez Kongres. Kompromitacja wobec Azjatów, kolejna już zresztą. Nie jestem rasistą, ale istnieją przecież modele postępowania właściwe poszczególnym kontynentom. Więc model amerykański splajtował tu kompletnie i gdyby Rosjanie nie bali się Chińczyków, wyzyskaliby to setnie. Zresztą i tak wyzyskają.

Poprzednią kompromitacją naszego „modelu" był Hitler i hitleryzm. I tutaj wina Francji była olbrzymia: jej tchórzliwa polityka i jej niechęć do walki (ludowa niechęć, której państwo uległo) pozwoliły temu zbrodniarzowi i idiocie szaleć, a po swym upadku otworzyć drogę do kariery światowej – Rosjanom. Jeden totalizm zastąpiony został przez drugi, a dopomogła do tego demokratyczna Francja. W ogóle Francja, przez swój egoizm, małoduszność i kompletną bezideowość, staje się złym duchem polityki europejskiej, choć niektórzy, jak na przykład Książę w Paryżu, jeszcze tego nie dostrzegli. A Lechoń w „Dzienniku" widzi to bardzo dobrze – on długo siedział we Francji i nie miał złudzeń. Kultura francuska dała kiedyś światu dużo, dziś, wyzbyta męstwa i wielkich celów, jest tylko upiorem! (Uroczym?! Nie!)

Czytam „Polskie państwo podziemne" Korbońskiego, wydane

przez Księcia. Świetna, zwięzła książka, obraz okupacji w tym lapidarnym opisie nabiera barw strasznych, zwłaszcza los Żydów, niedowierzanie i obojętność Europy na tę sprawę. Gdy to dziś czytam, wprost wierzyć się nie chce, że tkwiąc w środku tego wszystkiego, wcale prawie się nie bałem, mając przecież w dodatku „pochodzeniowe" haczyki. Brak wyobraźni i młodość zrobiły swoje. Dziś, czytając, zadaję sobie pytanie, jak „w sercu chrześcijańskiej Europy" mogło się stać coś takiego. Jak? Ano, zwyczajnie – przez głupotę!

ZESZYT 15

24 maja
Znowu jestem za podróżnika odczytowo-koncertowego. Byłem w Rzeszowie, Łańcucie (grali moje „Dialogi") i Przemyślu, teraz znów Toruń i Bydgoszcz, gdzie mam odczyt o muzyce, a po odczycie koncert z moim Koncertem kameralnym. Słowem zabawa, tudzież zwiedzanie Polski. W Rzeszowie urodził się ojciec, a ja tam nigdy nie byłem. Miasto osobliwe, skrzyżowanie dawnej Galicji z nowoczesną „metropolią" i z – wiochą. Niby rozwój normalny, tworzy się wreszcie rdzenna „średnia Polska", ale jakież to dziwne, ci nowi ludzie z chłopskimi psimi gębami, a z fryzurami nowomodnych hipisów, swoją drogą, jak błyskawicznie przesiąkła do nas zachodnia moda! A jakież ci młodzi mają pretensje, jakie wymagania! Ale wymagania dotyczące konkretu, materii – żadna polityka nic a nic ich nie obchodzi, żadna wolność czy demokracja – nie wiedzą, co to znaczy, stan „zastany" jest dla nich święty. Ale by się zdziwił Książę z Paryża. A ta cała „nowoczesność mniemana" to też jest nowy świat, gdzie ambicje ludzi promowanych ze wsi do miasta przełamują się w specjalny sposób. Ci ludzie żyją swoim awansem, wściekli są na wiele rzeczy, ale nie wyobrażają sobie innych politycznych form życia. Zwłaszcza tutaj, na Pomorzu, gdzie żywe są wspomnienia niemieckich morderstw i gwałtów i gdzie wszyscy rozumieją, że tylko Ruscy są silniejsi. Zwłaszcza po wygłupie amerykańskim w Wietnamie...

Nowy uniwersytet w Toruniu jest wspaniały, wręcz jak uniwersytety amerykańskie, Bydgoszcz też prezentuje się nieźle, tylko te „usługi", zwłaszcza gastronomia, są fatalne, ale to wynika z „socjalizmu". Dyrektor filharmonii, Schwalbe [Andrzej Schwalbe, twórca Filharmonii Pomorskiej w Bydgoszczy], zrobił mi tutaj sporą reklamę, afisze jak byki, przeciwnie niż w Gdańsku, gdzie młodych ludzi, którzy organizowali mi odczyt, chcą wylać z uniwersytetu. Mieszkam w hotelu „Brda", bardzo miłym, zresztą hotelarstwo naprawdę bardzo się tu podniosło, np. nowy hotel „Helios" w Toruniu prezentuje się znakomicie. Pogoda piękna, wszystko kwitnie, słowem – wrażenia pozytywne! Myślę, że chytrus Schwalbe umyślnie mnie tu pięknie urządził – liczy na jakąś propagandę w prasie.

Czytam wzięte ze sobą zaległe numery „Le Monde'u", czytam i szlag mnie trafia. Obsesyjny antyamerykanizm, ostentacyjne wychwalanie wszelkich „czerwonych Khmerów", Wietnamczyków z Północy, komuchów, rozgrzeszanie ich z wszelkich gwałtów, a jednocześnie potępianie wszelkich aktów samoobrony militarnej drugiej strony, brak solidarności z tradycjami cywilizacji liberalno-demokratycznej, wyrzekanie się ich w cudzym imieniu (bo dla siebie chcą to mieć) – oto Francuzi, zdezorientowani egoiści i szkodnicy – życzę im wszystkiego najgorszego! Mam zobaczyć w Warszawie dziennikarza „Monde'u", nawymyślam mu, ile wlezie. Niewiele to zresztą pomoże, bo taka jest teraz taktyka całej Francji: przymilać się do wszystkich, tylko Amerykanom pokazywać „nosa". Za to, że ich wyswobodzili i pomogli się wzbogacić! Francja zadziwi świat swą niewdzięcznością! Pewno to właśnie nazywa się polityką.

27 maja
Zastanawiam się nad dziwnym wrażeniem, jakie robi na mnie wysłuchiwanie własnych utworów muzycznych, zwłaszcza tych napisanych dawniej (zresztą innych właściwie nie mam poza nie dokończoną symfonią). Jest to wrażenie idące „po linii" moich dawnych estetycznych poglądów w duchu Hanslicka, że muzyka nie ma żadnych treści merytoryczno-duchowych, lecz działa tylko swoją organizacją formalną (organizacja dźwięku), wywołując przeżycie jedyne w swoim rodzaju, nie mające analogii w żadnych uczuciach „życiowych" czy treściach literackich. I tak jest z moim koncertem na orkiestrę kameralną: słucham go beznamiętnie, chłodno oceniając, co dobre, a co gorsze, i nie mając absolutnie żadnych przeżyć. W dodatku absolutnie nie mogę sobie przypomnieć, czy przeżywałem cokolwiek pisząc tę rzecz – chyba nie. A więc zgodnie z moją teorią wszystko się dzieje, tylko nie wiem, dlaczego robi to wszyst-

ko razem wrażenie smutne. Czyż więc muzyka jest rzeczą absolutnie obojętną? A może to moja muzyka jest dla mnie obojętna, bo za dobrze znana? A może to zła muzyka? Po prostu. A tu podobno Opera (Wicherek) chce jednak grać mój balet „System doktora Smoły i profesora Pierza". Wcale się nie ucieszyłem, znów czuję jakiś zawód. Zawód przynoszony przez intensywność: okaże się, że rzecz nie jest zła, ale nie jest i za bardzo dobra. Ot po prostu – letnia. Letni zaś, jak wiadomo, ani zimni, ani gorący, będą przez Pana Boga wypluci! Tyle samokrytyki na dzień dzisiejszy. Tyczy się ona zresztą i innych dziedzin mojej działalności, choćby powieści. Tylko jedną rzecz mógłbym robić „brylantowo", na poziomie światowym: publicystykę, aktualną felietonistykę, komentarze polityczno-polemiczne. I tego właśnie robić nie mogę – cóż za pech. Ukazują się żałosne szczątki moich felietonów (pisanych już z cenzurą wewnętrzną!), cenzura tnie jak zwariowana. Jedyna mała satysfakcja, że ukazał się wreszcie mój artykuł w paryskiej „Kulturze" – bez nazwiska i z opóźnieniem, ale zawsze. Za to Amerykanie uniemożliwili mi „debiut światowy". Z kolei likwidują „Wolną Europę". Niszczą to, co sami latami budowali. Nieprawdopodobni idioci. I my idioci – żeśmy im wierzyli. I w ogóle jesteśmy idioci – co już powiedział nieboszczyk Piłsudski. Idioci nad Wisłą – to dopiero! A więc po partyjnemu: krytyka i samokrytyka!

14 czerwca

Długo nie pisałem, bo trwał jakiś piekielny sabat zagraniczny, bez przerwy dziennikarze z Zachodu (m.in. bardzo miły Kamm z „New York Timesa"), zaproszenia, przyjęcia, koktajle – można się było wściec, zwłaszcza że nic z tego mądrego nie wynika. Drażni mnie ten Zachód okropnie, napisałem nawet felieton o duszy wojownika, którą utracili – cenzura, o dziwo, puściła to. Objechałem też okropnie dziennikarza z „Le Monde'u", który to *monde* („szmond" – jak mawia ksiądz Sadzik z Paryża) zachwyca się okropnie zwycięstwem komunistów w Kambodży i Wietnamie. Idioci! I ten przegłupi prezydent Ford, który cieszy się, że Konferencja Współpracy taka jest bycza. Cóż to za przenajciężsi idioci!

Partia wymyśliła, a Sejm uchwalił nową strukturę administracyjną kraju: skasowano powiaty, zrobiono za to 49 województw, bezpośrednio podległych centrali. I tu znowu niezgłębiona zagadka komunistycznej duszy: dlaczego nie zrobić prawdziwej dyskusji na ten temat, dopuszczając do głosu i oponentów, niezadowolonych, których na pewno nie brakło, bo przecież zamęt się zrobił piekielny, wielu ludzi straciło pracę etc. Zamiast tego ów ogólny chór zachwytów i rzekoma „uchwała" Sejmu, jakby można było nie uchwalić czegoś, nad czym drobiazgowo pracowano od miesięcy. Zresztą nie ma już u nas innych uchwał, tylko jednomyślne. Ależ dziwacy z tych komunistów, kosmiczni dziwacy!

Spotkałem tu Adolfa Rudnickiego, przyjechał z Paryża przedłużyć sobie paszport. Bardzo smutny i w sprawach osobistych, i w publicznych. Ma żonę Francuzkę, bogatą, pracującą w zarządzie wielkiego konsorcjum, i 2-letniego synka – zdaje się, że niedobrze się czuje w roli księcia małżonka, poza tym Paryż go zmierził egoizmem i niewiedzą o naszych sprawach. Mówi, że Rosjanie przerażeni są Chinami i chińskim totalizmem, chcieliby się zbliżyć do Europy i że my moglibyśmy im w tym dopomóc, gdyby byli tu mądrzy i patriotyczni komuniści. Słowem polskie pośrednictwo między dwoma światami, stara idea moich felietonów, w którą dzisiaj nie bardzo wierzę, zwłaszcza naczytawszy się ostatnio Sołżenicyna.

Piąty numer paryskiej „Kultury", w nim szereg artykułów, nadesłanych z kraju, m.in. moje glossy o socjalizmie (podpisane „Krajowiec"). Wstępny artykuł o Piłsudskim, nagrodzony w Instytucie Piłsudskiego w Nowym Jorku – bardzo głupi. Wznawianie sporu „orientacyjnego" Piłsudski–Dmowski na nowej spirali to idiotyzm, histeryczne żydowskie wymyślanie na endeków (a jednocześnie na Moczara), jakby to oni, a nie Hitler, wymordowali miliony Żydów. Zrugałem autora, ale nie przekonałem.

Bardzo dramatyczne wydarzenia. Jerzy Pawłowski, sławny szablista, podpułkownik, aresztowany pod zarzutem szpiegostwa, mówiono nawet, że odebrał sobie życie, ale chyba nie. Pewno był w „naszym" wywiadzie, masę jeździł i potem go gdzieś indziej wciągnęli. Inny sławny szermierz, Woyda, podobno uciekł. Umarła żona Słonimskiego, nie noszę go w sercu, ale żałuję – jakże on teraz będzie żył? No i wreszcie dziś straszna historia: utonął na Mazurach starszy syn Gołubiewa, Staś. A akurat mamy jubileusz Tola, numer „Tygodnika" jemu poświęcony, jest także mój z nim wywiad na wesoło*. Istna tragedia i jeszcze dziś jego imieniny. Przed chwilą dzwonił – smutne to bardzo i o niego się boję. Oboje byli 2 tygodnie w Warszawie, odwiedzili nas – mocno już starzy. Smutne i pechowe – i akurat ten jubileusz!

21 czerwca

Skończył się już chyba nieustający „festiwal" zagranicznych przyjęć, to już było niemożliwe, upał i do tego ciągłe picie. Ostatni akord wczoraj: wizyta prezydenta Francji, Giscarda d'Estaing. Byłem nawet na przyjęciu w Jabłonnie, uścisnąłem mu dłoń i zamieniłem parę fraz (?!) na temat Krakowa. Robi wrażenie bardzo zimnego cwaniaka, a drugi taki, jego kompan Poniatowski, z którym pogadał sobie (bez wielkiego rezultatu) Zygmunt Mycielski. Tak to jest: cwaniacy teraz rządzą światem, a nie żadni ideowcy – „normalka", jak mówią w Warszawie. Przywiózł nam ten Giscard forsę, ma to być 7 miliardów, nie wiem, po co mu to? (polityka?!), ale wiem, że Gierkowi ogromnie to jest potrzebne, inwestycje mu leżą, pozaczynane i rozbebeszone, Niemcy nic nie dali, a tu ratunek przychodzi: kapitaliści utrzymują teraz komunizm. Gierek boi się Rosji, więc Giscarda przyjmował nie za ostentacyjnie, niezbyt publicznie, ale forsę łyknął gładko.

Były tam w Jabłonnie różne łobuzy dziennikarskie, Broniarki, Stefanowicze etc., a także masa dość głupich Francuzów – rej wodził Jerzyk (!) jako tłumacz. Rozmawiałem ze Stefanowiczem z PAX-u. Napisał on ostatnio, że decyzja generała Sikorskiego zwrócenia się do szwajcarskiego Czerwonego Krzyża w sprawie Katynia była „fatalna i niegodna". Długo przyciskałem go do muru, dlaczego akurat „niegodna", wreszcie wymyślił, pół się śmiejąc, że miało to znaczyć „niegodna polityka" – bo niby obowiązuje „realizm". Potem zapytał mnie, jakie miałem kryterium, układając mój „poczet dziennikarzy polskich". Odpowiedziałem, że miałem na myśli tych, którzy służą rosyjskiej racji stanu, definiując ją „dla sportu" lepiej nawet niż sami Rosjanie. Robił dobrą minę, parszywy to robak, choć na swój sposób zręczny i żyje niby „pełnią życia". Ale jaką?!

Co prawda, jaką „pełnią" można w ogóle żyć?! Jeśli chodzi o politykę, to nie ma innej, tylko właśnie popieranie „rosyjskiej

---

* Stefan Kisielewski, *Rozmówki z Gołubiewem*, „Tygodnik Powszechny", 15 czerwca 1975 r., nr 24.

racji stanu". Oczywiście – mogą w tym popieraniu być różne „niuanse". Inaczej robił to Gomułka, Gierek stosuje rzecz całkiem mechanicznie. Opowiadał mi Pawełek Hertz, że na spotkaniu Zarządu Literatów z Gierkiem, Szydlakiem, Tejchmą, Kraśką i Motyką (bo Pawełek jest teraz wiceprezesem Związku!) Gierek czy Szydlak, gdy mówiono o cenzurze (bo jednak mówiono), robili aluzje do „solidarności narodowej" i powoływali się na Finlandię, że tam ludzie sami z siebie wiedzą, o czym mówić, a o czym milczeć. Prawda – tylko że tam mają wolne wybory, dobrobyt i ustrój, jaki chcą, więc wiedzą, za co milczą. Czego zresztą nikt oczywiście Gierkowi nie powiedział. Rozbrajający są ci nasi rządzący milusińscy – ale za to, że są tacy, wolno im brać forsę od Francji, czego Czesi by nie mogli. Strzeż nas Boże od Dubczeka, jak modli się Pawełek. Brrr, czemuż to u nas polityka jest zaprzeczeniem wszelkiego uroku życia?! Tak jest zresztą podobno po każdej rewolucji, jak twierdził znawca życia, Talleyrand.

6 lipca

A więc jesteśmy z Lidią w Zakopanem, już szósty dzień. Staram się biegać jak najwięcej, ciesząc się, że jeszcze mogę (kiedyż przyjdzie to upragnione starcze zniedołężnienie?). Mieszkamy w „Halamie", domu ZAIKS-u, niby tu dobrze, choć średnio. Męczył mnie trochę Kazimierz Studentowicz, wieloletni działacz katolicki, chadecji, Stronnictwa Pracy, Unii, potem w więzieniu wraz z całą grupą Stronnictwa Pracy. Ciekawe połączenie znakomitych myśli i koncepcji z bzikiem, tudzież megalomanią. Ciekawy, ale męczący to człek (rocznik 1903).

Zakopane wcale nie tak strasznie natłoczone, jak alarmuje prasa. Nie byłem tu parę lat, jako nowość oglądałem hotel „Kasprowy", zbudowany na stokach Gubałówki przez Jugosłowian. To rzeczywiście piękna rzecz, nowoczesna i wygodna, przy tym wcale nie razi na tle krajobrazu. Przeznaczony dla cudzoziemców, obsługa polska, położony prześlicznie.

Poza tym miasto parszywieńkie w centrum, liszajowata zabudowa (jak zawsze), tudzież gastronomia – nędzna, ale obfita. Na Krupówkach tłum się kłębi, dużo Węgrów i Niemców z NRD, na szosie z Poronina ruch samochodowy duży, spaliny śmierdzą, pijaki się kręcą, ale w górach, nawet niedalekich (Miętusia), pusto całkiem, co najwyżej na halach troszkę wycieczek. Da się więc żyć, ale jest coś smutnego: to góralszczyzna, która zszarzała, spłaszczyła się, zanika. Górale się wzbogacili, ale upodobnili do otoczenia, rozpłynęli. A z Dunajca w Poroninie i gdzie indziej zniknęły wielkie kamienie górskie, poszły na budowę Portu Północnego. W sumie obraz nieprosty, ale bez smaku – jak cała Polska.

Otóż to: jaki smak ma ta Polska, a choćby polska kultura i tradycja? W „Literaturze" był wywiad z Sandauerem, gdzie on plótł różne głupstwa, między innymi, że „nas" (kogo?!) stworzyli Boy, Tuwim i Słonimski. Cóż to za kretynizm, aż mną zatrzęsło. Ten facet po prostu nie lubi polskiej kultury: jej tradycja to wieś, szlachta („republika szlachecka"), ziemiaństwo, Kościół, romantyczne zrywy i zdrady, a także – prowincjonalizm. Można tego nie lubić, rozumiem, ale to jest polska specyfika i oryginalność – tu ma rację „endek" Pawełek Hertz. Owszem, Polska w 1918 stała się nominalnie normalną mieszczańską republiką i wtedy różne Tuwimy, Boye, Peipery postanowiły „odciągnąć" nas do normalnej kultury Zachodu, dorobić Polsce literaturę „miasta, masy, maszyny", boć dotąd większość naszych powieści poza Prusem rozgrywała się we dworach lub na wsiach, miasto było egzotyką. Zrobili to, zwłaszcza Żydzi, bo przyzwyczajeni byli mieszkać w centrach miejskich Zachodu, pływali tam jak ryby, ale zrobili to sztampowo, „kosmopolitycznie", przenosząc żywcem zachodnie wzory i to jest właśnie nieciekawe, wtórne, nietwórcze. A dla Sandauera to jest właśnie „kultura polska", czyli „poziom", bo dla niego miernikiem jest to, co ocenione by być mogło np. w Paryżu. A przecież taka Finlandia wniosła do ludzkiego universum dużo rzeczy ciekawych i oryginalnych, mimo iż w Paryżu nikt nigdy o żadnej fińskiej książce nie słyszał. Kultura narodowa jest dla narodu, a nie na światowy jarmark.

Bronię więc, niczym Pawełek czy Henio, oryginalności polskich tradycji, ale właściwie gdzie one są i czy przetrwają? Książek starych dostać nie można, przepada w niepamięci tradycyjne polskie myślenie, kto słyszał o Kołaczkowskim, Zdziechowskim, Studnickim, Ortwinie, Irzykowskim, gdzie ich szukać? A w telewizji, którą tu oglądam, jakiż groch z kapustą, bez smaku, stylu, ładu. Dyrektor telewizji, Maciej Szczepański („krwawy Maciej", bo wszystkich wyrzuca), to typowy totalistyczny menedżer propagandy, mały Goebbels. Daje propagandę nachalną i wyłączną, eliminuje wszelką „polską wątpliwość", starcie, dyskusję, historię, nawet tradycję ludową, za to daje dużo rozrywki i – masę amerykańskich filmów sensacyjnych, które podobno kupił za półdarmo będąc z Gierkiem w Ameryce. To bardzo charakterystyczne dla epoki gierkowskiej: zgodzić się na bezideowy „kosmopolityzm", aby tylko zapomniano o polskiej historii konfliktowej. Czy lud na to pójdzie? Chyba tak, bo coraz mniej o czymkolwiek innym wie, a dawną inteligencję diabli wzięli. Choć są grupki młodzieży, które widzą makabryczną, orwellowską nienormalność całej sprawy. Miałem spotkanie z takimi w „Więzi", przyciskali mnie do muru, potrzebują rady, programu. Pocieszyła mnie ta młodzież, ale na krótko. Była tam wnuczka Adolfa Warskiego – ciekawe *signum temporis*.

10 lipca

Dalej Zakopane z piękną pogodą, jaką rzadko się tu w lipcu spotyka. Łażę, odwiedzam stare miejsca, powtarzam dawne wrażenia, choć nieco zszarzałe i smutnawe, jak każda powtórka. A w ogóle to przeżywam przykrości zadane mi przez... cenzurę. To już niemal śmieszne: tyle lat przeżywam to samo, że moje najlepsze teksty ukazują się okaleczone, wypaczone, pozmieniane (a w najlepszym wypadku wcale się nie ukazują), iż powinienem się niby do tego przyzwyczaić. I właściwie przyzwyczaiłem się, co zresztą jest dowodem degeneracji, czasem jednak budzi się we mnie normalny człowiek – normalny i bezsilny – odczuwający wyjątkowość tego pecha, że akurat to, co ja robię czy usiłuję robić – publicystyka polityczna – jest w tym kraju niemożliwa. Ostatnio dopiekli mi mocno sprawą francuskiego generała Stehlina, bo przerzucam się nieco na tematy międzynarodowe. Generał Stehlin, specjalista od lotnictwa, kiedyś, od 1937 attaché lotniczy Francji w Berlinie, który przestrzegał przed lotnictwem Goeringa i żądał dozbrojenia Francji, autor niedawnej książki „Francja rozbrojona" (znów to samo!), przestrzegał ostatnio rządy krajów NATO, żeby nie kupowały francuskich mirage'ów, lecz samoloty amerykańskie. Podniósł się wielki wrzask, duża to odwaga cywilna wystąpić przeciw produkcji własnego kraju (należy ona do niejakiego Dassault, rekina spod ciemnej gwiazdy), oskarżono go, że przekupiony przez Amerykanów, i musiał się zrzec stanowiska wiceprzewodniczącego parlamentu etc. A przecież sprawa jasna, te samoloty mirage rozszyfrowane są przez Ruskich, miały je kraje arabskie i sowieccy piloci na pewno na nich latali, zresztą strącono parę izraelskich. W tej sytuacji rzeczoznawca lotniczy szczerze proeuropejski i proamerykański, nie mógł polecać tych samolotów aliantom, choćby Francja z powodów ekonomicznych musiała przy nich pozostać (?!). Postąpił jak człowiek uczciwy, naraził się, po czym „przypadkiem" potrącił go na ulicy autobus – w Paryżu. W nagonce na niego wzięły udział nasze prasowe pieski, Szymański i Kołodziejczyk (paryski korespondent od siedmiu boleści), też pisząc beztrosko, że przekupiony przez Amerykanów (za 5 tysięcy dolarów miesięcznie!). Odpisałem im, Turowicz nie chciał puścić, ale w końcu poszło, cenzura nadgryzła, lecz jakoś jakoś. Tymczasem generał Stehlin zmarł z poturbowania, napisałem o tym znowu i tym razem cenzura rąbnęła tak, że wszystko niemal przeciwnie do zamierzeń: oto nauczka, żeby nie brać się w tych warunkach za tematy poważne, bo zrobią z człowieka w druku idiotę. Prezentować swoją postawę zafałszowaną to właściwie czysty nonsens. A następny felieton skonfiskowali mi w całości: uważają, że jest lato i ludzie będą przypuszczać, iż ja po prostu nie napisałem. Bezsilność kompletna! Trzeba robić swoje: pisać powieści dla Księcia, artykuły do prasy zagranicznej i mieć cenzurę gdzieś. Postanowiłem przyjąć ofertę z „Odnowy" i napisać antologię powojennych dowcipów politycznych. Już nawet zacząłem spisywać, mam na razie 110, będzie heca!

Ma się odbyć niedługo ostatnia sesja tej Komisji Bezpieczeństwa i Współpracy, uchwalą tam frazesy bez pokrycia i znowu Rosja wszystkich oszuka, a my z naszą cenzurą nigdzie już nie będziemy mogli się odwołać. Breżniewowi okropnie na tym zależało i wszyscy, aby mu dogodzić (bo uzależniał od tego swój kalendarz spotkań „na szczycie"), pospieszyli się skwapliwie, gdyż on jest podobno „dobry", a mógłby przyjść gorszy. Świat kapitalistyczny podtrzymuje bolszewików – oto ciekawa heca naszej epoki!

Przeczytałem książkę Ludwika Erhardta o Pendereckim. Fantastyczna to swoją drogą kariera, żaden polski artysta w XX wieku takiej nie zrobił – chyba Sienkiewicz. Facet wie, czego chce. Mówią, że Polacy są zawistni, więc nie dam folgi utajonym moim myślom, że to półinteligent i że bierze (z wielką zresztą intuicją) do swoich utworów sławne teksty, których nie rozumie. Ale to mucha – który muzyk był inteligentny?! Myślę tylko sobie, oglądając jego partyturę, jak łatwo on pisze, szkicując „z wyobraźni" aleatoryczne kreski, podczas gdy ja mozolnie wypisuję tysiące nutek – a efekt jest mniejszy. Jakżeż zmieniło się komponowanie! Teraz polega ono na wymyślaniu coraz to nowego materiału dźwiękowego, wtedy (za czasów Bacha czy Beethovena) materiał był niezmienny, za to duże pole dla inwencji „wewnątrz" tej niezmienności. A może to się tylko tak zdaje, może oni, jak wymyślali nowy akord, też sądzili, że odkrywają nowy materiał? Mam pisać o książce Erhardta do „Ruchu Muzycznego", spróbuję zastanowić się nad tą sprawą.

23 lipca
Pobyt w Zakopanem się przesilił, połaziłem trochę po górach nie za wielkich, poobserwowałem tubylców i przyjezdnych, opaliłem się trochę i – przetrzymałem święto narodowe, a właściwie trzy dni świąt, bo niedzielę i wtorek połączono wolnym poniedziałkiem i tak to jakoś przebiegło.

Oglądałem masę telewizji, „pożeram" prasę, nawet zagraniczną i – przygnębia mnie to coraz bardziej. Sowiecka moda pisania i mówienia o niczym, powtarzania setki razy frazesów bez treści o pokojowej koegzystencji, „odprężeniu", współpracy wielkich mocarstw etc. stała się teraz modą ogólnoświatową. Dosłownie wszędzie mówią teraz to samo, skrzętnie przemilczając jakiekolwiek kontrowersje, a powtarzając po tysiąc razy ogólnikowe banały bez treści. Szczyt tej bzdury osiągnięto w związku ze wspólnym lotem amerykańsko-sowieckich pojazdów kosmicznych i ich połączeniu się nad ziemią. Mdłej bzdury, jaką zrobiła z tego propaganda sowiecka, a za nią polska, czeska, węgierska etc., nie da się po prostu opisać. Nuda wielogodzinnych transmisji była iście kosmiczna, z tym że Amerykanie, mający 14 kanałów telewizji, mogli sobie do woli oglądać westerny, podczas gdy polski telewidz skazany był na tę nudę przeplataną nieskończonymi zapewnieniami o „serdecznej przyjaźni" i „gorącej serdeczności" amerykańsko-rosyjskiej. Czy to strach przed bombą atomową i rosyjską bezczelnością skłania świat „wolny", aby dawał się tak ogłupić?! Kretyńskie widowisko w stosunku do morza kontekstów, jakich nikt nie tyka. Poza jedną, niezastąpioną „Wolną Europą", która nie ukryła wiadomości, iż do Rosji, dla obserwowania lądowania „Sojuza", nie wpuszczono całej hurmy amerykańskich dziennikarzy. Moskaliki, mimo gadania o przyjaźni, nie lubią zmieniać swych obyczajów!

Inna podobnie ogłupiająca i beztreściowa historia to owa europejska Konferencja Bezpieczeństwa i Współpracy, której druga sesja skończyła się w Genewie. Ustalono tam jakiś tasiemcowy dokument na 100 stron, bredzący nieustannie o równości, suwerenności, demokracji, wolności sumienia i wymianie międzynarodowej, nie postawiono jednak Rosji żadnych konkretnych warunków, rzecz jest czysto werbalna. A jakaż tu u nas „wolność prasy, sumienia i poglądów", jeśli prasy nie ma żadnej poza komunistyczną (i, co najwyżej, kilkoma zduszonymi przez cenzurę tygodnikami), a wszystkich obowiązuje jeden i ten sam pogląd polityczny? Niby to znane, a przecież wątroba się w człowieku urywa, gdy pomyśli, że ten głupi Zachód zgadza się na taką szopę. Breżniew wymusił, że trzecia sesja tej Konferencji odbędzie się już 30 lipca w Helsinkach, przyjeżdża Ford (zawadzić ma o Warszawę), teraz to już będzie czyste gadanie o niczym, bo ten Ford też uwielbia szlachetne frazesy. A sekundować im będą nasi kłamcy: Jaroszewicz, Olszowski i pomniejsi łgarze w rodzaju Frelka czy Dobrosielskiego. Nudne pustosłowie, głupie kino, ale cel polityczny jasny i dla Rosji ważny: pokazać, że świat uznał rosyjskie podboje terytorialne w Europie po II wojnie światowej i że ta narada zastępuje konferencję pokojową. Tego się doczekał Zachód! Europa, małoduszna i zajęta swoim żarciem i piciem, nie potrafiła się zjednoczyć, stworzyć siły, w rezultacie stoi wobec potęgi rosyjskiej rozbita, słaba politycznie, nadgryzana od wewnątrz komunizmem, a coraz bardziej przez zniecierpliwionych Amerykanów pozostawiona własnemu losowi. No i ciekawym, jak po tej „konferencji" będą panowie z Zachodu wyglądać i jak sobie poradzą z coraz bezczelniejszą Rosją?

Nadgryzana komunizmem, otóż to. A głupi „Le Monde" coraz bardziej się z tego cieszy, przezywając komunizm „socjalizmem" i winszując sobie, że on już stoi *ante portas*. Okropnie się na przykład cieszą Portugalią i potępiają nawet... portugalską partię socjalistyczną, że nie chce się poddać dyktatowi mniejszości, czyli komunistów oraz wojska. I w końcu komunizm tam wygra – terrorem i zniszczeniem wolności politycznych – jak kilkadziesiąt lat temu w Rosji. A może w ogóle komunizm na świecie wygra? Twórca amerykańskiej bomby wodorowej, Teller, znany antykomunista, nie wyklucza jednak, że świat, znużony trudnościami i komplikacjami, przyjmie ze zmęczenia wyjście komunistyczne jako... proste do zrozumienia.

Istotnie, kto się oprze? Oprą się państwa wysoce uprzemysłowione, o silnych i zamożnych klasach średnich, gdzie w epoce automatyzacji robotnicy czy pracownicy rolni nie stanowią większości, a przy tym mają się dobrze. Oprą się więc Stany Zjednoczone,

NRF, może Francja i Anglia, Benelux, kraje skandynawskie, Szwajcaria. Ale inni, z całą masą krajów południowoamerykańskich i afrykańskich?! Można by zabawić się w Kasandrę i przewidzieć, że idea komunizmu, nie wypraktykowana na własnej skórze (olbrzymie n i e p o i n f o r m o w a n i e świata), może się okazać atrakcyjną w większej części globu. A wtedy co? Nie przesądzając, czy będzie to komunizm w wersji chińskiej czy ruskiej, i nie opisując jego znanych konsekwencji społeczno-gospodarczych, można być pewnym jednego: będzie on orwellowski, bez wolności słowa i myśli, totalny, bez pluralizmu poglądów. Czyli że przed niżej podpisanym perspektywy są żadne. I tak mogę już bardzo niewiele, kontentując się w Polsce fałszowanym przez cenzurę „Tygodnikiem", a za granicą nie czytywanym przez nikogo, i pisywaniem u Giedroycia. Ale jeszcze żyło się jakąś nadzieją, tyle że ona kurczy się do minimum – nie ma i nie będzie koniunktury dla mojego pisania. Czy można żyć bez nadziei? Gdy ma się 64 lata, można – bo niedługo.

30 lipca
Dziś byłem w Dolinie Olczyskiej i na Kopieńcu z Aliną Biernacką, córką Grażyny Bacewicz. Swoją drogą mógłbym w tych pamiętnikach tyle napisać o różnych ciekawych ludziach, których znałem, a ja tylko o polityce i o polityce. Istna mania, wynikła po prostu z bezsilności – taka, widać, freudowska rekompensata, wyżywanie się na papierze. A tu wokół istne wielkie Tworki. Ford był w Warszawie i Krakowie, witany entuzjastycznie przez nic nie rozumiejącą publikę, prasa oczywiście podała, że to jest „historyczne" – telewizja pokazuje go ciągle z Gierkiem, a to, co mówią, jest idealnie pozbawione treści – po prostu sowiecka „mowa-trawa", przyjęta przez Amerykanów z ochotą. Ale nie tylko przez Amerykanów: cały świat ją przyjął, bo zaczyna się właśnie owa konferencja w Helsinkach, gdzie zjechały się wszystkie najgrubsze fisze świata i wszyscy pospołu mówią... o niczym, odmieniając we wszelkich przypadkach słowa „odprężenie" i „współpraca", ale nie precyzując, co te słowa znaczą. Zresztą, jak się zdaje, i w tym końcowym dokumencie konferencji, który ma być podpisany, też nie ma konkretów, tylko pobożne życzenia. Świat zwariował i daje się prowadzić na pasku Sowietom, bo ta konferencja tylko im jest potrzebna – zastępuje konferencję pokojową, jest uznaniem, po 30 latach, wszystkich sowieckich zaborów. Zachód się nie targuje (bo nie wie,

o co), wybrał metodę dogadzania Breżniewowi i teraz już wobec nas na przykład Rusy będą miały wolną rękę, mogą nam bezkarnie dawać w d..., aż się zakurzy.

I znów wpadłem na politykę... Był tu parę dni Władek Bartoszewski po powrocie z Niemiec. Opowiadał smutne rzeczy z Zachodu, których nawet notować tu nie będę, a w ogóle wykrzykiwał przy stole rozmaite hece, zadziwiając ludzi: że np. nie będzie oglądał w telewizji powitania Forda (tym razem zresztą zorganizowano je przymusowo – wygoniono ludzi z biur, aby poszli witać...), bo jest... przeciwnikiem amerykańskiego imperializmu. Ale w piętkę on już goni, ma tylko jedną wspólną ze mną cechę, że wie, jak bardzo źle sytuacja stoi, ale nie traci przez to humoru, przeciwnie, nabiera jakiegoś specjalnego (wisielczego?!). No bo w niewoli jesteśmy już na mur, ta niewola stała się życiem, utwierdzamy ją w sobie wzajemnie – może to już nie niewola?

„Polityka" zaatakowała mnie wreszcie za „zły" stosunek do narodów murzyńskich, będę miał okazję odpowiedzieć (odrobina reklamy). Jutro jedziemy już do Warszawy, to Zakopane nie było złe, choć to już nie to co dawniej. Ciekawym, czy dostanę paszport do Francji, odpowiedź tam już leży. Ciekawe!

6 sierpnia

A więc już jesteśmy w Warszawie. Zaraz pierwszego dnia poszedłem do Biura Paszportowego, gdzie okazało się oczywiście, że mimo wyznaczonej mi daty o paszporcie ani słychu. Sam wydający paszporty (nowy i nie znający mnie) był tym zdziwiony, poszedł gdzieś się dowiedzieć, bardzo długo go nie było, po czym wróciwszy kazał przyjść później, nie precyzując terminu. Niby że jeszcze nie upłynęły dwa miesiące. Ale sam był trochę zaskoczony – chi, chi...

W Warszawie upał bezlitosny, sierpień to tutaj miesiąc emerytów, starzyzna wycieka na ulice, a ja z nią. Prasa pełna konferencji w Helsinkach, na wszystkie sposoby odmieniają słowo „historyczny", ale nie podano nigdzie... pełnego tekstu uchwał, które tam zapadły. Jest to coś absolutnie zaczerpnięte z Mrożka: z ogromnym szumem zjeżdża się masa ogromnie ważnych osób, wygłaszają mnóstwo zupełnie jednakowych i absolutnie pozbawionych treści przemówień, po czym uchwalają coś, co podobno jest dla świata niesłychanie ważne, ale czego absolutnie nigdzie nie można przeczytać. Rzecz jest z Mrożka i z Orwella. Podobno zresztą sowiecka „Prawda" umieściła ów tekst w całości, u nas natomiast ukazało się tylko jego omówienie, pomijające sprawy wojskowe (jawność wszelkich manewrów, ich zapowiadanie etc.), sprawy małżeństw mieszanych, łączenia rodzin etc. Podobno całość tekstu ma się ukazać jako osobna broszura (100 stron), ciekawe, czy będzie on pełny czy także ocenzurowany. A w jaki sposób Rosja ma dotrzymać tych wszystkich warunków, np. niemieszania się w sprawy wewnętrzne innych państw? A finansowanie partii komunistycznych różnych krajów to nie jest mieszanie się?! A co z ideą światowej rewolucji? Kto uwierzy, że komuniści sowieccy zrezygnują z tego wszystkiego? Wielki to jest blef, przybrany w patetyzm formy – aż się chce rzygać, czytając prasę, i to nie tylko polską. Co prawda w „Le Monde" odezwało się parę głosów rozsądku, ale były to (o mizerio!) głosy rumuńskich emigrantów. A takich głosów na zadufanym Zachodzie to już nikt nie słucha. Życzę im wielu lat sowieckiej niewoli!

My na oddziaływania tej niewoli jesteśmy w jakiś sposób „zaszczepieni". Owszem, niektóre grupy społeczeństwa po trochu tu parszywieją, degenerują się, na to nie ma rady, a jednak jest tu inaczej, bardziej swobodnie, sowieckość ciąży w życiu publicznym, w prasie, radio, telewizji, biurze – ale w życiu prywatnym, w domu, w rozmowach jest styl inny, jest obca sowieckiej tępej powadze autodrwina, jest religia, są różne postawy. Ciekawy pogląd wypowiedział na ten temat pułkownik Rzepecki, ostatni żyjący w Warszawie szef Powstania, potem dowódca WIN-u, więzień etc. Twierdzi on, że o tym, iż w Polsce jest inaczej niż w innych krajach komunistycznych, zdecydowały trzy rzeczy: Katyń, Powstanie Warszawskie i proces szesnastu. Najmniej może „gra" tu proces szesnastu, o którym opinia niedostatecznie jest poinformowana, najbardziej rzeczywiście Powstanie. Pokazało ono, iż jest tu społeczeństwo, które w odpowiednich warunkach psychologicznych gotowe jest poświęcić swoją stolicę, wszystko, co materialne, i bić się do ostatka, do śmierci. Rosjanie dobrze to zapamiętali i boją się tego ludu, tak jak bać się można gotowego na wszystko wariata. Tu pułkownik Rzepecki ma swoją rację – oczywiście, usprawiedliwia Powstanie, ale coś w tym na pewno jest. Duża cena była zapłacona, jednak rezultaty trwają.

Gierek stara się, jak może, żeby Polskę zsowietyzować. Z jednej strony daje „atrakcje", samochody, urlopy, bary – niezdarne okropnie, ale zawsze atrakcje – z drugiej strony cenzura trwa jak mur, z trzeciej – udała mu się owa reforma administracyjna. Z jednej strony pozbył się potężnych, autonomicznych rywali, owych możnych sekretarzy wojewódzkich, z drugiej dał masie działaczy powiatowych możliwości awansu, zaskarbił sobie ich względy i wdzięczność. Buduje na tępakach, ale buduje. Co tu zresztą wyrzekać na tępactwo, jeśli prezydenci, premierzy i ministrowie całego wspaniałego, zachodniego świata zachowywali się w Helsinkach jak kompletne tępaki, dając się Breżniewowi wodzić za nos i przemawiając sowiecką „drętwą mową". Co prawda teraz, jak się zdaje, Amerykanie nieco się zreflektowali, otrzeźwia ich Portugalia, gdzie przygotowuje się komunistyczny terror najczystszego rodzaju, połączony do tego z wojskową dyktaturą (czerwone Chile – ciekawym, czy szlachetni studenci w Paryżu też będą protestować) oraz bezczelny wniosek o przyjęcie do ONZ dwóch państw wietnamskich – to już jawne kpiny. Ale za późno się otrzeźwiają – Helsinkami dali się ogłupić i na to nie ma rady.

Tutaj był jubileusz 30-lecia „Twórczości" i wszyscy ogromnie podmaślają się do Iwaszkiewicza – niestety „Tygodnik Powszechny" również (piórem Henia). Ten Iwaszkiewicz, który choćby za to, co powiedział o Sołżenicynie, wart jest, by dostać po pysku, zbiera oto od wszystkich laury. Tak toczy się światek.

Widziałem się z Kaziem Koźniewskim, dawnym moim niby--przyjacielem (?!), mieszaniną inteligentnego człowieka z dziecięco wystraszonym frajerem. Władek Bartoszewski dostał paszport do Anglii. A co z moim paszportem?

Aha, pułkownik Rzepecki powiedział, że sprawy Katynia i Powstania „nie da się zagadać". To bardzo dobre sformułowanie: Ruscy wszystko umieją zagadać, ale tego rzeczywiście się nie da.

22 sierpnia

Masę właściwie rzeczy do opisania, jakiś nastrój podniecenia w powietrzu, coś się dzieje, ktoś kogoś „robi", jakby specjalnie zależało komuś na wywołaniu w Polsce rozruchów i awantur. Bezprzykładna podwyżka cen kolei (75% ekspresy, 45% pospieszne) to tylko jeden z etapów tej dziwnej akcji, inny jej przejaw to nieustająco szerokie plotki o dalszych podwyżkach, o brakach, o tym, że Gierek poda się do dymisji. Trudno to wszystko zrozumieć, przecież Gierek ma „sukcesy", Helsinki i traktat z Niemcami, ze

Schmidtem (co prawda ani jedno, ani drugie dotąd nie ogłoszone – istna operetka) – więc chyba się nie da? Czy to robi Szlachcic czy Jaroszewicz – diabli wiedzą, ale ktoś to celowo robi. Plotki odnoszą skutek, *run* na sklepy trwa, nastrój diabelski, do tego upały, jakich dawno nie było. Coś przedziwnego.

A tu na świecie też różne ciekawe draki, w Portugalii na przykład, gdzie komunistom nie udaje się jednak narzucić swojej woli i gestii. Sołżenicyn siepie się w Ameryce (biedny, nie słuchany „komiwojażer prawdy"), Sacharow wysłał na Zachód przez żonę swoje pamiętniki, które się drukują w jakimś włoskim piśmie – słowem draki i cuda. Ale nic to wszystko nie pomoże, Ameryka twardo pomaga Rosji, inwestuje w nią gospodarczo i choć zaczynają się tam pewne wątpliwości i sarkania, będzie to robić dalej, aż im się coś w mózgach odkręci, na co jednak można długo czekać i nie wiadomo (przynajmniej nam), od czego to właściwie zależy. Taki to jest jeden świat.

Miałem spotkanie tak wariackie, że aż niewiarygodne, sam ledwo w nie wierzę, ale fakty są faktami. Wieczorem w Alejach Ujazdowskich szedłem lekko zawiany i spotkałem dwóch facetów. Jeden z nich pomachał do mnie ręką, był to Schaff. Poszedłem się przywitać, wtedy ten drugi też podał mi rękę, zanim się opatrzyłem, a był to – Zenon Kliszko... Zbaraniałem, a on od razu zaczął mówić, że czyta jakieś tam moje felietony, ale że bardzo mu trudno dostać „Tygodnik", bo podobno... „umniejszyli wam nakład". Zbaraniałem całkiem na taką bezczelność i mówię, że to on przecież sam zmniejszył nam nakład „Tygodnika" z pięćdziesięciu tysięcy na czterdzieści. – Ja? – powiada. – A kiedy?! – Wtedy, gdy głosowaliśmy przeciw ustawie o dobrach pokościelnych na Ziemiach Zachodnich, pobiegł pan do telefonu i kazał zmniejszyć nakład. – A ma pan na to świadków? – on pyta. – Oczywiście i to wielu – mówię. Wtedy zmienił temat i zaczął o powieściach „Widziane z góry" i „Śledztwo", że ta pierwsza dobra, a ta druga plotkarska i nieprawdziwa, tak jak rzekomy wywiad z Gomułką, który ukazał się kiedyś w Izraelu. Mówię mu, że to nie ja pisałem te powieści, ale on swoje powtarza. Wobec tego mówię, że w ogóle nie powinienem z nim rozmawiać, bo on twierdził, że ja chciałem zabić Gomułkę. – Nie twierdziłem – on na to – tylko dostałem stenogram waszej rozmowy z Andrzejewskim i tam to było. – Ale przecież ta rozmowa miała miejsce u mnie w domu! Więc to takie Watergate?! – Można to tak nazwać – Zenuś na to. Zbaraniałem znowu na tę bezczelność kompletnie. W końcu mówię mu coś tam o Rumunii (z racji Żydów chyba się zgadało), a on na to: – W Rumunii pan by ze mną tak na ulicy nie rozmawiał. – Bo pan by w Rumunii tak po ulicy nie chodził – zareplikowałem na szczęście, bo bez wódki bym pewno tak nie trafił.

Taka to była rozmowa – ależ to osioł nieludzki – i niczego się od tamtych czasów nie nauczył! Ale „Śledztwo" go zabolało – bo tam o nim piszą nieszczególnie, he, he!

Schaff pobiegł potem za mną i przepraszał mnie, że on rozmowie nie winien, bo spotkał Kliszkę przypadkiem. Gadaliśmy jeszcze chwilę – on też nie za mądry. Kto to nami rządził w ogóle?

27 sierpnia

Znów tydzień mocno upalny, bywałem nieco w SPATiF-ie, męcząc się z pijanym Iredyńskim. Ale oto dziś sensacja: dostałem paszport!! A więc duża zmiana życiowa, trzeba przestawić przeróżne plany, zobaczę Księcia i innych! Jak zwykle chcę to połączyć z zaproszeniem niemieckim, chciałbym też skoczyć do Szwajcarii, może do Anglii. Najgorzej odbije się to na tym nieszczęsnym dzienniku (już 14 brulionów!), bo, choć jadę dopiero za miesiąc, przestaję go pisać i wznowię dopiero po powrocie. Za granicą tylko notuję dni i wydarzenia w kalendarzu – do dziennika nie ma tam głowy. Zatem, na parę miesięcy – PRZERWA.

1976

2 maja

A więc zbliża się już miesiąc, jak wróciłem z zagranicy (5 kwietnia). Siedziałem przeszło pół roku, byłem też we Włoszech, w Szwajcarii, w Anglii i dwa razy w RFN, czyli Bundesrepublice. Teraz za to historia, bo 8 marca w jedenastym numerze „Spiegla" ukazał się mój felieton, napisany w Paryżu („Spiegel" zamówił to, gdy jeszcze byłem w Warszawie, przetłumaczył niejaki Szulczyński, emigrant z Warszawy). Było tam o Stalinie, o przymusowej naszej miłości do Rosji i o pruskiej mentalności NRD. Po paru tygodniach Putrament napisał w „Literaturze" paszkwil na mnie, twierdząc m.in., że ja pisałem, iż w 1939 roku trzeba było iść z Niemcami na Rosję. Nic takiego nie napisałem, więc się wściekłem – a on podobno wcale owego „Spiegla" nie czytał, tylko mu Łukaszewicz, jakiś kacyk z KC to powiedział. Idiota ten Putrament, wcale nie wiedziałem, że taki ciężki idiota. Kieruję więc sprawę do Sądu Koleżeńskiego ZAIKS-u, tak to sobie pomyślałem, a Małcużyński i Kołodziejski (dyrektor generalny), choć z wielkim cierpieniem, ale skargę moją przyjęli. Tymczasem jednak ten Łukaszewicz zarządził podobno dla mnie zakaz druku i w „Tygodniku" wszystko mi konfiskują. A więc znowu podobna historia co już parę razy – z kolei, po Bierucie, Mazurze, Gomułce – w epoce Gierka. W dodatku na lotnisku (przyleciałem z Berlina Zachodniego przez Frankfurt) odebrali mi pięć książek (4 wydawnictwa „Kultury" i francuską, Revela, o totalizmie), a na milicji targowali się z wydaniem dowodu osobistego, że za długo byłem za granicą i nie w tych krajach, co trzeba, musiałem pisać jakieś tam oświadczenie. Słowem nalot na mnie jak się patrzy.

Najgorsze, że skonfiskowali mi dwa felietony o Niemczech, zostanie więc ten pobyt bez świadectwa, a wszystkie inne pobyty jakoś w felietonach uwieczniłem. Szkoda. Ale com w „Spieglu" napisał, tom napisał, a jeszcze posłałem artykuł do Wiednia, no i nowy

„romans" wyszedł*. Trzeba się raz na starość zabawić i powiedzieć trochę prawdy, nie tylko te ciągłe pół- i ćwierćprawdy, od których chce się już rzygać całkowicie, bo cenzura tu wręcz niewiarygodna. Trzeba by tu jeszcze napisać o wstrząsach, jakie przeżyliśmy. Jeden prywatny: Lidia pojechała do mnie do Paryża (tym razem dostała paszport!), złamała w metrze nogę, wróciła samolotem, jest po operacji (śruby metalowe w nodze) i leży – jeszcze to potrwa ze trzy miesiące. Druga sprawa, publiczna: Stomma wstrzymał się od głosu nad nową konstytucją i wyleciał z Sejmu, boć jest już po „wyborach". Obecny skład „Znaku", który zresztą bezprawnie przywłaszczył sobie naszą starą nazwę, jest: Łubieński (prezes i członek Rady Państwa), Zabłocki, Auleytner, Ozdowski, Bender. A więc koniec naszego „ruchu", Stomma jednym gestem odkręcił 12 lat błędów i idiotyzmów (wymuszany przez partię skład koła), ale klub diabli wzięli w sposób kompromitujący – ukazał się wszem wobec wieloletni wewnętrzny rozkład.

Dużo by zresztą o tym wszystkim pisać, choćby o protestach w sprawie konstytucji (sam taki protest podpisałem z Paryża – to też jeden z dwóch gwoździ do trumny). A także o zagranicy i wrażeniach, tudzież o moim tam „rozrabianiu". Będę o tym wszystkim pisał, na razie dziś to tylko przymiarka do tego, przez wiele miesięcy zaniedbanego dziennika. A i przyzwyczajać się do kraju też trzeba na nowo. W dodatku nie wiadomo, co po tych wszystkich „znakowych" rozróbkach będzie z „Tygodnikiem Powszechnym". Słowem – istne trzęsienie ziemi. Tak się kończą zabawy – chi!

9 maja

Wciąż się wydaje, że nie ma czasu – bo on tak szybko ucieka, a oczywiście nic się wówczas nie robi (dlatego czas jest lekki). Tak czy owak, nie mam kiedy zapisać jakichś „głębszych" refleksji nad tym, co widzę, co odczuwam bądź co bądź po dłuższym pobycie na Zachodzie.

Skoro więc tego czasu (psychicznego) na razie nie ma, trzeba choć pokrótce zanotować najważniejsze fakty tyczące się mnie, aby zachować jakąś ogólną ramę, że niby niniejsze zapiski to jakiś pamiętnik, utrwalający to i owo z mojego życia. A fakty są dość zabawne i nadspodziewanie optymistyczne – tak jest zawsze, gdy

---

* „Ludzie w akwarium", Paryż 1976.

człowiek o nic się nie stara i rezygnuje. Zrezygnowałem już z tego, żeby mnie drukowali, przygotowałem się na długą, pustą przerwę, jakich już w życiu miałem sporo (w końcu i okupacja to było coś w tym rodzaju), pogodziłem się z tym duchowo, a tu nagle partia nasza ustąpiła. Wydrukowali mi felieton, bojąc się zapewne wrzasku, jaki podnieśli dziennikarze zagraniczni – a podnieśli go bez mojego w tym udziału, jakoś sami z siebie. Jednocześnie zjawili się „parlamentariusze" od ZAIKS-u i Putramenta w postaci Andrzeja Szczypiorskiego. Zaproponowali pewną modyfikację mojego sprostowania do „Literatury" i że wtedy Putrament uzna na piśmie swój „błąd". Zgodziłem się, ciekawym, co oni napiszą i jak Putrament wyplącze się z głupiej sytuacji. Podobno Małcużyński bardzo w „mojej"sprawie walczył, a zajmowali się tym wszystkim – ni mniej, ni więcej – dwaj członkowie samego Biura Politycznego – doprawdy, że nie mają większych zmartwień! Właściwie to Pucio mnie ocalił, bo przez swoją bujdę odwrócił uwagę od tego, co ja naprawdę napisałem. A partia nasza zlękła się w tej sytuacji (Gierek jedzie do NRF) międzynarodowego hałasu – dobrze to wiedzieć. Hałas był zresztą raczej wyimaginowany niż realny, choć rzeczywiście zagraniczni dziennikarze latali tu jak psy – ale numer „wyszedł" – bez mojego w tym udziału. „Każdemu to, na czym mu mniej zależy" – bo już przygotowałem się na długie milczenie i skupienie, oraz na te zapiski – zacząłem je wszakże w 1968 (3 lata milczenia!). Korzystając z okazji zapowiedziałem zmianę nadtytułu felietonów – będą się one teraz nazywać „Wołanie na puszczy". Ciekawym, czy cenzura się zgodzi – głupia zresztą ta cenzura teraz jak but.

Tymczasem ukazał się (w Paryżu) mój nowy „romans", a są tam cytaty z najgłupszych artykułów Małcużyńskiego i aluzje do jego osoby. Podobno on już o tym wie i jest wściekły – a to heca! Wyjdę na rzekomego niewdzięcznika, ale przecież to nie ja piszę, tylko Staliński. I to dla bardzo w kraju niewielkiego kręgu osób.

29 maja
Zimno jak w październiku i smutno. Objechałem Polskę wraz z moimi Niemcami (14–24 maja), opisałem to w dużym felietonie, ale boję się, że go cenzura pokreśli. Z tą cenzurą to już kara Boża, nie wiadomo, jak pisać, przecież formę felietonu wyeksploatowałem do dna przez te lat trzydzieści, nic się chyba więcej zrobić już

nie da. I w dodatku nie mam do tego pisania nabożeństwa: rzecz sprowadza się do zaznaczania swojej opozycyjności, o której już przecież wszyscy wiedzą, ale która tak „goło" zaznaczona nic już nie znaczy. Hamilton napisał, że jestem trupem opozycjonisty, konserwowanym przez „ich" wobec mnie opozycyjność. Całkiem słusznie – wiem już o tym: obrzydzili mi moją demonstracyjną i symboliczną opozycyjność, to tylko pusty gest. Ale i ten gest im przeszkadza – wydano książeczkę z jakiejś tam narady o kulturze, gdzie właśnie ów sekretarz KC Łukaszewicz oraz Szydlak plują na mnie, ile wlezie. Oczywiście mówią straszne bzdury, ale utrzymane w terrorystycznym rozpędzie, który na nie uprzedzonym musi robić wrażenie. Na mnie zresztą też robi – wrażenie beznadziejności. Beznadziejności moich wysiłków. Owszem, udało mi się wzbudzić ich wściekłość, ale to, co powiedziałem czy napisałem, zrobiłem za granicą. Tu do świadomości ludzkiej nie doszło, a nawet gdyby doszło, to nic z tego nikomu, skoro żadnej dyskusji nikt z tym nie podejmie, żadnej społecznej roli to nie odegra.

Kwadratura koła, zatkany pysk! Rozumiem starego profesora Lipińskiego, który wciąż pisze obszerne memoriały i listy do Gierka. Ostatni, który mam, jest wręcz wspaniały, opisujący drastycznie sytuację Polski, historię z Rosją (nie brak paktu Ribbentrop–Mołotow oraz Katynia), domaga się sprawiedliwości, wolności, zniesienia cenzury i jak to on zwykle powiada, że wtedy dopiero będzie „prawdziwy" socjalizm. Bardzo odważnie i pięknie to napisał, ale w próżnię, choć paryska „Kultura" na pewno przedrukuje. Cóż, milczenie jest najstraszliwszą bronią – jak zamrożenie. Inna rzecz, że co ma ów Gierek odpowiedzieć? Może tylko go kłamliwie złajać (co już zresztą raz zrobił) – gdy tylko spróbuje jakiejś rzeczowej polemiki, musi powiedzieć, o co chodzi, a wtedy może sam wylecieć. Absurdalna sytuacja – bez wyjścia: jak powiedział kiedyś Mycielski, nie można przekonywać biskupa, że Pana Boga nie ma, bo co będzie, jak się go załamie, co on ma wtedy zrobić?! Dlatego ci ludzie muszą być zimni cyniczni, bez żadnej, najmniejszej w tej postawie luki. A swoją drogą podziwiam energię starego profesora – i dobrą wolę, jaką w sprawę wkłada!

Tak więc, nie widzę perspektyw dla „opozycji". I w ogóle straciłem energię – to smutne. Co prawda w tych zapiskach nieraz już byłem „beznadziejny", a potem jakoś znowu szło. Ale w końcu rzecz się urwie, nic nie trwa w nieskończoność. A jutro mija 8 lat prowadzenia tych notatek. Ciekawym, czy one przetrwają i czy się komu na coś przydadzą? Boję się, że będą mało ciekawe i mało zrozumiałe. Przepadną – jak życie. Putrament żadnego sprostowania nie umieszcza – podobno mu Szydlak zakazał i jeszcze przegrażał się na mnie. No tak – oni nie chcą załamać swojej lodowatej ciszy wobec opozycji – to ich jedyna broń i zrezygnować z niej nie mogą. Ludzie uwięzieni – tak jak i my.

20 czerwca

Rzadko teraz pisuję w tym brulionie, coraz rzadziej, ale może do 10 lat dociągnę, będzie to niby liczba „okrągła" i wówczas jakoś by trzeba pomyśleć, jak to zabezpieczyć, poprawić, gdzie umieścić (?!). No bo jakieś tam życiowe remanenty i porządki robić już trzeba.

Tymczasem wciąż próbuję przyzwyczaić się na nowo do Polski Ludowej, co tym razem jakoś łatwo nie idzie. Zaszła tu chyba jakaś przemiana, ważniejsza, zasadnicza, po prostu „ilość przeszła w jakość", ludzie decydująco się zmienili i z tymi nowymi, zmienionymi, trudno znaleźć wspólny język – zresztą w ogóle nie mieliby chyba ochoty ze mną gadać. Jak powiedział dyrektor Kołodziejski z ZAIKS-u, nasi obecni władcy to już „nowa rasa", w dodatku solidnie odhodowana, bo żyją dobrze, skończyła się gomułkowska asceza i doktrynerskość, jest za to nowego typu „czerep rubaszny", odpasiony, elegancki i sprytny jak diabli.

Ten spryt i elegancki „sznyt" popłacają bardzo – ostatnio okazało się to podczas wizyty Gierka w Bonn. Niemcy wręcz się przed tymi facetami płaszczyli, gęsto się w dodatku bijąc w hitlerowskie piersi. A Gierek puszył się łaskawie – tak to cała tragedia polsko-niemiecka zmienia się teraz w komedię, boć to nie ci ludzie sprawujący totalno-mafijną władzę powinni zbierać odszkodowania za zbrodnie Hitlera, odszkodowania zarówno moralne, jak i materialne, które zresztą z radziecką pomocą całkiem gładko zmarnują. Gierek miał wywiad w „Spieglu" (mój następca!), gdzie się nader prymitywnie wykręcał ze wszystkich pytań gospodarczych, zresztą w ogóle dużo tam bujd powiedział, choć niby w tonie łaskawym. Sowiecki „aparatczyk", a „dobrzy Niemcy" na to się biorą – taki to jest mechaniczny, a zarazem perfidny schemat historii politycznej. I zrób im dziecko – nic nie pomożesz, oni, komuchy, są na wierzchu, oni uosabiają Polskę i tyle – a „my" to już gasnący świat.

I w ogóle całkiem to inna Polska – coraz bardziej jednolita i szara psychicznie, dosyć karierowiczowska, materialistyczna, wręcz wieprzowa. To właściwie nieuniknione, może w końcu zdrowe, tyle że jest już czasem po sowiecku nijaka i wykorzeniona. Widziałem to nad morzem, w takim Kołobrzegu, gdzie ludzie wyrzuceni z historycznego „starego" wschodu i osadzeni na poniemieckich, pozbawionych historii piaskach nie wiedzą w ogóle, kim są: przyszli znikąd, zdążają donikąd, a cieniutka warstewka ideologicznego gadania o socjalizmie i Polsce Ludowej żadnego historycznego rodowodu im nie daje. Stalin wiedział, co robi, gdy przenosił Polskę na zachód.

Nowa to więc Polska, niewiele mająca związku z poprzednią, czego nie może pojąć w Paryżu Książę, który żadnego sowieckiego kraju z bliska na oczy nie widział.

1 lipca

Ale się nagle heca zrobiła niesamowita – a więc jednak nie taka zła ta Polska, jak się myśli, stać ją jeszcze na zrywy, tyle że zrywy te zostają potem przez rządzących oligarchów spotwarzone i tak obkłamane, żeby nikt się nie mógł zorientować, o co właściwie szło. Metoda ta daje rezultaty, ale na dłuższą metę jest zawodna. Myślę, że w gruncie rzeczy pierwszy żałobny dzwon dla ekipy Gierka już zadzwonił, wprawili go w ruch robotnicy z Ursusa, Radomia, Płocka i innych miast, kolejarze z całej Polski, słowem tłumy, które się wreszcie wściekły.

Bezpośrednią przyczyną wściekłości stało się przemówienie premiera Jaroszewicza, wygłoszone w Sejmie i nadane przez telewizję w czwartek 24 czerwca. Szło o podwyżkę cen, o której od dawna przebąkiwano, którą w takiej czy innej formie zapowiadano. Podobno od paru dni była już mobilizacja milicji i straży ogniowej w gmachu KC, liczyli się więc z bombą, ale nie taką, czysto robotniczą – chi, chi! (I znowu jak nad morzem, nie studenci, nie literaci, nie „syjoniści" – tylko właśnie „klasa robotnicza").

Jaroszewicz gadał długo, z napięciem i widocznym strachem sypał cyframi (chodzi o podwyżkę podstawowych cen żywności), w zakładach pracy już dostarczono przygotowane druki z nowymi tabelami płac, ba, gdzieniegdzie wypłacono już podobno dodatki do pensji. Przemówienie Jaroszewicza obfitowało w rzeczy bezczelne, których zresztą oni za bezczelne wcale nie uważają, bo stracili czucie, gdzie są i kto ich słucha – telewizja to jednak nie zebranie partyjne. A więc nieustające samochwalstwo, a więc utożsamianie partii i rządzącej kliki z narodem, no i najbezczelniejsze, że oni mają do narodu łaskawe „zaufanie" i wiedzą, że ich poprze. Jeśli chodzi o argumenty natury czysto ekonomicznej, to być może, iż podwyżka jest dla nich w tej sytuacji nieunikniona, bo znaleźli się w potrzasku, ale trzeba by wyjaśnić, gdzie podziały się zagraniczne kredyty, po co takie gigantyczne inwestycje jak rozwrzaskiwana bez przerwy przez prasę „sowiecką" huta „Katowice", wreszcie dlaczego poziom usług i handlu jest u nas niższy niż w Afryce: toć nie tylko ceny spożywcze są na świecie, można sterować konsumpcją na przykład przez sieć tanich barów, lansujących taką żywność, jaka się państwu bardziej opłaca. Lecz tego nasi mędrcy już nie potrafią, poza tym do rozbudowy usług trzeba mieć ludzi, a tu wszyscy wleźli w inwestycje kopalniano-hutnicze. Dużą część zagranicznych kredytów wydano na nowoczesne maszyny do ciężkiego przemysłu, które nie zawsze mają zastosowanie. I oto zaplątał się „nowoczesny" pan Gierek we własne sidła. I kredyty zagraniczne trzeba płacić!

Tego wszystkiego zgoła już nie rozumiał następny, jedyny po Jaroszewiczu mówca, pan Babiuch, podobno szara eminencja władz partyjnych, przemawiająca nie wiadomo dlaczego w imieniu c a ł e g o Sejmu. Wydukał on z kartki szereg pochwalnych frazesów na cześć partii i jej projektu podniesienia cen. Jak ma przekonać naród człowiek, któremu nie wolno powiedzieć nic od siebie, tylko musi wszystko przeczytać? To już tajemnica partyjnych psychologów. W czasie jego przemówienia pokazywano czasem twarze posłów: zbaraniałe i bez wyrazu. Swoją drogą szczęście ma Stomma, że nie jest już takim osłem. A inni „katolicy"?!

Po takim prowokującym spektaklu, oczywiście – zaczęło się... Dokładnie nie wiadomo wszystkiego, bo „prasa" niczego nie podała, domyślać się trzeba z luźnych wiadomości, z przemówień, aluzji, pogłosek. W każdym razie pewne jest, że: a) w Ursusie (mój „Niedźwiedów") wybuchł strajk okupacyjny, potem ekipy robotnicze rozkręciły szyny, wstrzymując duży na tych liniach ruch pociągów; stanęły długie szeregi pociągów, m.in. zatrzymany został ekspres do Paryża – mówią, że jadący nim dziennikarze francuscy zrobili zdjęcia z całej historii i że nadano to we francuskiej telewizji; b) w Radomiu robotnicy licznych fabryk wyszli na ulicę, podpalono gmach Komitetu Wojewódzkiego, spalono liczne auta i ciężarówki, straty spore; c) wybuchły strajki w wielu fabrykach na terenie kraju, m.in. w płockiej Petrochemii, w Warszawie na Żeraniu etc.; d) strajkiem zagrozili kolejarze, ruszył się też Śląsk.

W tej sytuacji rząd się cofnął. W 24 godziny po pierwszym oświadczeniu Jaroszewicz z żałobną miną wydukał w telewizji, że „wobec nowych głosów w dyskusji" (jakiej dyskusji?!) rząd zawiesza podwyżkę cen i debatę sejmową na ten temat, „obiecując" opracować nowy projekt, uwzględniający zgłoszone poprawki (kto i gdzie składał jakieś poprawki, to już ich słodka tajemnica). A więc klapa niezwykła i kompromitująca.

Co dalej?! Snuto najfantastyczniejsze przypuszczenia, na przykład o dymisji Jaroszewicza – mówił o tym nawet stary cynik Sokorski, którego spotkałem w ZAIKS-ie (oni po swym odejściu zaraz zaczynają myśleć „normalnie", to znaczy tak jak my, o niczym nie poinformowani „inteligenci"). Prasa nie pisała o niczym wyraźnie, ale potępiała „wichrzycieli" i „ekscesy nieodpowiedzialnych elementów" – taktycznie wydawało się to bardzo głupie, boć przed kim w takim razie obywatel premier ustąpił – przed garstką awanturników?! Toć już godniej byłoby ustąpić przed klasą robotniczą! Zresztą głupota prasy w tych dniach pobiła wszelkie rekordy. No, a w telewizji wystąpił nasz kieszonkowy Himmlerogoebbels, nieoceniony Maciej Szczepański, okropnie się przegrażając – przypominało to sławne przemówienie Cyrankiewicza z roku 1956, o owej „ręce, którą trzeba obciąć". I tamten się wygłupił, i ten teraz również – choć o tym jeszcze nie wie.

A potem zaczęła się komedia na całego: wiece w całym kraju, gdzie deklarowano wierność dla decyzji rządu (tylko nie wiadomo, dla której decyzji: tej podwyższającej ceny czy tej anulującej podwyżkę), potępienie dla nie nazwanych „szkodliwych elementów" oraz przysięgano pracować do upadłego. Było to absolutnie coś z Orwella i coś z Mrożka, bo krzycząc, ile wlezie, nie mówiono w gruncie rzeczy, o co chodzi. W Warszawie w poniedziałek 28 czerwca wstrzymano na głównej osi ruch i tłumy zbaraniałych, spędzonych z fabryk i biur ludzi ruszyły na Stadion Dziesięciolecia na „wielki" wiec. Wiadomo jednak było, że Gierek i Jaroszewicz oraz reszta pojechali do Berlina Wschodniego na międzynarodowy zjazd partii komunistycznych, więc nic ważnego na razie nie będzie. Istotnie, na wiecu przemawiał warszawski sekretarz Kępa, starając się powiedzieć jak najmniej i unikając jak ognia wszelkich pogróżek (wielki to cwaniak i ma swoją własną politykę), a potem już było samo wygłupianie się, m.in. na patetyczno wygłupiał się nieoceniony Stasio Rysio Dobrowolski – ten to już nie ma wcale poczucia własnej śmieszności. Tak więc Gierek wyjechał, a sprawa na razie utknęła w bzdurze, z tym iż rząd się wycofał – co tu gadać.

W tej sytuacji wydawało mi się jasne, że tzw. „intelektualiści" powinni się odezwać – po stronie robotników. Robotnicy buntowali się u nas zawsze o kiełbasę, literaci o „Dziady" czy konstytucję – nadarza się wreszcie okazja do zademonstrowania wspólności „buntu" i do dostarczenia robotnikom (nasza nowa szlachta!) jakiejś argumentacji polityczno-ideowej.

Szczęściem na ten sam oczywisty zresztą pomysł wpadli nasi młodzi i napisali list. List był prosty: tam gdzie nie ma możliwości dyskusji, prasy, swobody wypowiedzi, tam jedyną formą demonstracji i protestu jest wyjście na ulicę. Podkreślono również brak związków pracowniczych, bo nasze związki zawodowe to fikcja, przypomniano dyskusję w sprawie konstytucji i fakt, że głosów krytyczno-protestujących nigdzie nie podano, a na autorów spadły represje. Jednak pochwalono decyzję rządu cofnięcia się wobec wzburzonej opinii i wezwano do dalszej „demokratyzacji".

List dobry i całkiem umiarkowany – myślę, że w sposób naturalny wynikał on z sytuacji. Warto jeszcze podkreślić, że milicja zachowała się w sposób rozsądny, nigdzie nie strzelano, w Radomiu użyto tylko gazów łzawiących. Podobno nawet było tam sporo rannych milicjantów – nic pewnego zresztą nie wiadomo, bo prasa nic dokładnego nie podała. W tych warunkach, powtarzam, list był niezbędny jako „pójście za ciosem", jako spokojne i zdecydowane zaznaczenie naszego stanowiska. Tymczasem nagle okazały się trudności z podpisami: stary głupiec Słonimski odmówił podpisu motywując, że „nie może popierać gwałtu", inni twierdzili, iż „nie wiadomo, co będzie" i nie należy się wtrącać „w rozgrywki partyjne". Szlag mnie mało nie trafił na tych głupców, cóż za brak instynktu politycznego: na prowokację z „Dziadami" polecieli jak na kapustę, a tu, gdzie chodzi o niepozostawianie demonstrujących samym sobie, nagła subtelna „rozwaga" polityczna. W rezultacie list poszedł do zagranicznych agencji z zaledwie 11 podpisami, a do adresatów (Sejm, „Życie Warszawy", episkopat) zebrało się 15. A oto one: Kuroń, Michnik, Jakub Karpiński, Kisielewski, Rybicki, Siła-

Nowicki, Cohn, Steinsbergowa, Jan Olszewski, ks. Zieja, ks. Małkowski, Lipiński, Pajdak, Adam Szczypiorski, Zawadzki. Dobra psu i mucha! W prasie ciągle nieludzkie bzdury, płaczliwe zaklęcia, że stoimy przy partii (?!) i pracować będziemy do upadłego, obłudne argumenty ekonomiczne z powoływaniem się na rzekome komentarze prasy zachodniej i na to, że w całym świecie jest inflacja (!!). A tu rząd i partia wzięły w dupę, co tu gadać. Wszyscy czekają na zapowiedzianą mowę Gierka w Katowicach i na plenum KC. A to heca – złapali się we własne sidła, bez naszego współudziału. Chi, chi! Szkoda tylko, że ta nasza inteligencka opozycja taka marna i głupia.

3 lipca

Byłem wczoraj w Laskach u Adasia Michnika – jedyny to właściwie człowiek, którego teraz znoszę: jest młody, w gruncie rzeczy beztroski i bardzo chętny do wszelkiego politycznego czynu. Przy tym rozsądny i nad podziw obiektywny. Nie ma w nim żadnej goryczy po wszystkim, co przeszedł – to dobry, mocny chłopak!

Wysłuchaliśmy tam razem przemówienia Gierka na stadionie w Chorzowie. Przemówienie do aktywu partyjnego to istny *Parteitag* – analogie są zdumiewające. No i cała liturgia, okrzyki, wiwaty – coś nieprawdopodobnego, a ci ludzie, tysiące ludzi, uważają to za normalne. Zanim doszło do przemówienia Gierka (Jaroszewicz nic nie mówił, tylko siedział), przewodniczący Grudzień nawygłupiał się, ile wlazło, chcąc widocznie zaznaczyć swoją ważność. Samochwalstwo nieprawdopodobne i bez przerwy, frazeologia „ojczyźniana" mdła i wręcz nie do zniesienia, nieskończone skandowanie słów „Gierek" i „partia", wszystko to potwornie długie i tak głupie, że wierzyć się nie chce. Kiedy jednak w końcu doszedł do głosu sam Gierek, przemówił dość powściągliwie. Oczywiście samochwalstwa i „ojczyzny" miał pełną gębę, ale o samych wydarzeniach powiedział z ostrożna, że chociaż potępia „warchołów" i „niszczycieli społecznego dobra" (jak Lenin strzelał z „Aurory", to też przecież niszczył społeczne dobro), ale że musi być demokracja i dyskusja, wobec czego odłożyli sprawę cen do czasu przeprowadzenia tej „dyskusji". Tak więc Gierek się gładko cofnął, zamaskowane to ma być falą wieców, gdzie ludzie „odcinają się" od „warchołów" i proszą o podwyżkę cen. Pełno tych wieców w telewizji, aż się rzygać chce, ale entuzjazmu zbyt wielkiego nie widać: pierwsze rzędy klaszczą, reszta siedzi zbaraniała.

Ciekawym, czy to zwycięstwo linii „łagodnej" będzie miało jakieś skutki na plenum KC, czy polecą jakieś głowy, czy skarcą „jastrzębi" w rodzaju Szczepańskiego lub Łukaszewicza. Nie nam, prostym śmiertelnikom, sądzić o tym, nie dla nas jest prawdziwa polityka – dla nas tylko wiece w telewizji. Milicja odbierała ludziom „Kurier Polski", bo była tam wzmianka o „kilkudziesięciu miastach", gdzie miały miejsce rozruchy. Swoją drogą te komuchy są zdumiewające, myślą, że nie informując zmienią rzeczywistość, że wymażą ją z ludzkiej pamięci. A może i wymażą? W jakimż to domu wariatów żyć nam przyszło?

6 lipca

Wczoraj wybierałem się na amerykańskie święto, gdy przyszła wiadomość o tragicznej śmierci Słonimskiego. Jechał do Obór z córką Lorentza, pod Konstancinem uderzyło ich z tyłu auto. Było około godziny trzynastej, sam wysiadł z samochodu, był zszokowany, zawieźli go do szpitala, gdzie umarł, chyba na serce, około dziewiętnastej. Niezbyt go lubiłem, drażnił mnie, wymyślałem na niego sporo, a teraz mi przykro i trochę straszno. Miał 82 lata, starzec niby, ale krzepki i choć po swojemu ograniczony (zawsze), to jednak z żywością udzielający się otoczeniu – miał swój urok, dla mnie chwytliwy, dla innych bardzo nieraz skuteczny. Cóż tu więcej mówić – stało się.

U Amerykanów na wielkim trawniku zebrała się „elita" warszawska, z „rządu i partii" byli Jabłoński, Olszowski, Babiuch. Amerykany jak zwykle przymilne i niewiele rozumiejące. Byli też trzej posłowie nowego „Znaku", Łubieński, Zabłocki, Auleytner. Stali z jakimś czwartym facetem. Nawymyślałem im okropnie, że głosowali za konstytucją, wystawiając Stommę na wiatr, a gdyby głosowali z nim razem, mieliby mir w narodzie i na świecie, a w końcu partia nasza też by ich bardziej szanowała. Protestowali, a ten czwarty facet tylko się śmiał. Potem się okazało, że to był... Gucwa, marszałek sejmu. Otóż to Polska właśnie – śmieje się, a swoje robi.

O wydarzeniach już się nie mówi, choć podobno trwają jeszcze strajki i hece, mówią nawet, że w Toruniu spalono stadion, aby nie dopuścić do wiecu, a znowu do Radomia zwieziono podobno

40 000 ludzi z innych miast, bo radomscy robotnicy wiec zbojkotowali. Ale prawdy się nie dowiemy, a w prasie oczywiście nic nie piszą. Istny surrealizm!

Podobno w „Europäische Rundschau" w Wiedniu lada dzień wyjdzie mój w Paryżu napisany artykuł „Czy istnieje walka o świat?"! Obok zaś niego ma być artykuł Mieczysława Rakowskiego, redaktora „Polityki". To będzie dopiero nieludzka heca!

9 lipca

Wczoraj był pogrzeb Słonimskiego, kościół św. Krzyża nabity tłumem, śpiewali „Boże, coś Polskę", potem pochówek w Laskach, gdzie leży jego żona. Przyszli ludzie najrozmaitsi: „opozycja", katolicy, marksiści, dawni i obecni. Uczucia miałem mieszane: z jednej strony dobrze, że była taka manifestacja wolna i swobodna, z drugiej jednak nasuwało się pytanie, co łączy tych wszystkich ludzi (bezradnych w istocie i zagubionych), jaki to autorytet właściwie żegnano. Walczył o różne rzeczy: o pacyfizm (bez sensu – przed Hitlerem), o racjonalizm dość prymitywny, niby o „socjalizm". Miał swoją piękną kartę przed samą wojną, był odważny, walczył. Ale potem – czort wie co. Trochę komunizował, siedział w UNESCO z łaski Polski Ludowej, kiedy wrócił do kraju, mocno był niejasny. Dopiero po Październiku zaczął być „heroldem wolności", ale jako prezes Związku Literatów (1956–1959) zawalił masę spraw przez brak orientacji oraz załatwianie własnych interesów. Potem znów przeszedł do opozycji i stał się odważny, zaczął pisywać w „Tygodniku" (wbrew całożyciowemu sceptycyzmowi), był niby naszym „sztandarem", ale Zjazd Literatów w Łodzi zmarnował, rozładował najniepotrzebniej w świecie jakimś samozwańczym kompromisem. Mnie drażnił aintelektualizmem i egocentryzmem bez wiary, miałem zresztą do niego pretensję o Irzykowskiego, któremu zatruł życie, bo go nie rozumiał. Płyciarz był, wykręcał się dowcipem, ale polemista błyskotliwy, poeta czasem wzruszający, dobry komediopisarz, niekiedy trafiający w samo sedno. Bóg z nim, ale nie bardzo rozumiem, co to za prorok dla tej zebranej tam różnorakiej inteligenckiej rzeszy, która przeważnie już nie pamięta, co on właściwie robił? A może różnorodność jego osoby przyciągała ludzką rozmaitość? A może urok osobisty, bo czaruś to on był. Siedzę zresztą cicho, żeby nie powiedzieli, że to zazdrość (mój sąsiad z „Tygodnika"), ale trochę tu widzę „pomieszania z poplątaniem". No, i ostatnio mam pretensję, że nie podpisał naszego protestu w sprawie robotników. Miał swoje personalne zagrywki taktyczne i narzucał je niemądremu literackiemu środowisku, wmawiając, że tylko on jest „sumieniem". No, ale dość się naszczekałem, ukamienowaliby mnie za to! *De mortuis*. Niech spoczywa w spokoju. A dusza jego? Za nią się modliłem.

Wisiał piękny nekrolog ręcznie napisany, bo inne cenzura pokastrowała. No cóż, była w tym wszystkim jakaś nostalgia za wolnością, a u starszych – tęsknota do dawnych czasów. Wreszcie człowiek utalentowany, zostanie po nim luka. Podobno Iwaszkiewicz chciał w Laskach przemawiać, już sięgał po kartkę (ten to ma tupet!), a tu ksiądz powiedział, że na życzenie zmarłego przemówień nie będzie. Dobre.

27 lipca

Znów długo nie pisałem, wyjeżdżałem na parę dni na jeziora. A tymczasem zgłoszono jednak nową podwyżkę cen, tyle że kompromisowo i nie od razu. Jednocześnie zrobiono kilka pokazowych procesów owych robotników, którzy brali udział w najbardziej drastycznych zajściach w Ursusie i w Radomiu. Procesy bez publiczności, kary duże (do 10 lat), oskarżeni rzecz prosta o chuligaństwo. Napisaliśmy znowu w tej sprawie protest, tym razem do prasy francuskiej, podpisało go paru literatów: Jacek Bocheński, Kijowski, Nowakowski, Stryjkowski, Michnik, Lipski, Barańczak, Krynicki, Brandys, ja oraz oczywiście prof. Lipiński, ks. Zieja i Mikołajska. Ubecy trochę się snuli koło domu. Spotkałem się też z młodzieżą katolicką, która prosiła mnie, abym złożył prymasowi ich pismo, wzywające go do zajęcia stanowiska w sprawie robotniczej. Zrobiłem to, potem zadzwonił do mnie sekretarz prymasa, ks. Goździkiewicz, i dosyć był niemiły, czepiając się braku podpisów i innych podobnych rzeczy.

Ukazało się „Europäische Rundschau" z moim artykułem na temat walki o świat. Bardzo to śmieszne, bo w tymże numerze jest artykuł Rakowskiego o odprężeniu w Europie oraz artykuł sowiecki o Syberii, pióra redaktora agencji „Nowosti" w Wiedniu, a także Tatu i inni. Słowem wolna trybuna, w myśl postanowień Helsinek. A to dopiero – ciekawym, kto za to w dupę dostanie! Może ja?!

Umarł brat Lidii, Władek, rocznik 1915 – po nagłej operacji kamieni żółciowych. To smutna wiadomość, bo był człowiek dobry, łagodny – za wcześnie odszedł. W szpitalu po nagłej operacji leży też p. [Edward] Puacz, księgarz z Ameryki, którego namawiam, aby wydawał krajowe książki. Wydał już Olgierda Terleckiego o generale Sikorskim, ale go tu wykiwali, nie dali debitu, jeszcze się przegrażali. Jacyż to idioci! W Warszawie wciąż upały straszne, niczemu nie służące, tyle że nic się nie chce robić. Najbardziej teraz lubię Adasia Michnika, bo jest młodzieńczy, odważny, z zapałem, nic a nic nie rozgoryczony. Za to starsi nudzą mnie okropnie – wyjątek stary prof. Lipiński (lat 88!).

7 sierpnia

Dziwna jest sytuacja, do żarcia nic nie ma, cukier zniknął, inne rzeczy też, przed sklepami ogony, ludzie wściekli. A jednocześnie wiadomo, że z 1000 ludzi albo więcej siedzi w więzieniach za czerwcowe zajścia, jest terror, mnóstwo robotników wylano z pracy. Tzw. rzecznik rządu Włodzimierz Janiurek (znam dobrze tego zabawnego łobuza) powiedział podobno dla prasy zagranicznej (wiadomość oczywiście też z zagranicznego radia), że procesów w całej Polsce było 53. Młodzież podniecona, twierdzą, że „coś będzie", ja co prawda do tego czegoś nie bardzo widzę podstawę w sytuacji międzynarodowej, chyba skończy się po prostu na wylaniu ekipy Gierka i powołaniu nowej, choć też nie widzę jakiej. Ano cóż, Gierek przesadził z inwestycjami, chciał robić wszystko naraz, zapomniał w ferworze o ludności, a teraz musi spłacać zagraniczne długi i – klops. Zadziwiające, jak mało się oni nauczyli z historii Gomułki i robią dosłownie to samo co on, włącznie z drażnieniem społeczeństwa idiotyczną prasą i telewizją. Najwidoczniej w tym systemie rządzący muszą być odcięci od opinii i źle informowani przez karierowiczów i intrygantów z tzw. aparatu. Beznadzieja!

Również na moim odcinku władcy zaczęli naśladować Gomułkę. Dotąd stosowali metodę zabójczo logiczną: przemilczanie. Tymczasem nagle z nią zerwali i dziś w „Życiu Warszawy" ukazał się duży artykuł Bohdana Rolińskiego (redaktor naczelny) „Na prawo od prawicy". Rzecz w tym, że ten mój artykuł z „Europäische Rundschau" dałem również Jerzemu Kulczyckiemu z londyńskiej „Odnowy", który wydrukował go w formie broszury w cyklu politycznych publikacji – pierwsza z tego cyklu była książeczka Bromkego. Nie widziałem jeszcze tej broszury, dałem jej tytuł „Czy istnieje walka o świat?" Ów Roliński zjeżdża mnie dość głupawo, nie pisząc wcale, że chodzi tam o Rosję i jej ekspansje, przedstawiając mnie jako „podżegacza wojennego" i wroga narodu. Nie wspomina również, że jest to przedruk z Wiednia. Dlaczego przerwali milczenie? Jeden mój znajomy twierdzi, że to na pewno interwencja sowieckiej ambasady, że dali im „cynk" z Wiednia etc. Może to za piękne, aby było prawdziwe, tak czy owak, choć kłamliwie, ale reklamę mi zrobili wcale, wcale, jako w końcu legalnemu opozycjoniście. A co będzie dalej, czy jakieś represje? Cokolwiek będzie, wyjdzie mi na korzyść i na reklamę. Biedni, głupi ludzie!

Adaś Michnik dostał paszport do Francji na zaproszenie Sartre'a. Zdumiewająca to rzecz, aż się boję, czy oni czegoś nie knują, czy na przykład wpuszczą go z powrotem? W każdym razie rzecz zdumiewająca – w tej Polsce to nigdy nic nie wiadomo! Poza tym tenże Adaś napisał świetną książkę o Kościele polskim jako „przedmurzu" przeciw totalizmowi, gdzie ruga mocno rozmaitych Kołakowskich i Woroszylskich, którzy w swoim czasie przyłączyli się do antykatolickiej nagonki. Mam do tego napisać przedmowę i rzecz wyjdzie u Księcia. Ale będzie heca – na cały regulator!

Wacek w Paryżu, Lidia zaczyna już chodzić. Lato powoli dobiega końca. Felietony konfiskują mi co drugi, a z tych, które puszczają, wykrawają sam „cymes". Doprawdy nie wiadomo, co by tu dalej robić – może pisać nową powieść, ale jaką i w jakiej formie?! Trzeba będzie pomyśleć i coś wymyślić. A poza tym zamierzam starać się o emeryturę, choć mi ów Roliński wymyśla, że żyję z dochodu narodowego „wypracowanego przez robotników". Cóż to za kretyn i demagog!

Łubieński, Zabłocki i spółka założyli konkurencyjny Polski Klub Inteligencji Katolickiej – bo ten nasz, dotychczasowy, to był pewno „żydowski". Ale głupi ludzie nie wiedzą, że sami sobie kopią grób tym rozłamem. Tyle że znów Stomma, Mazowiecki i inni za bardzo namiętnie się tym przejmują, cały świat wzywają na świadka, sądząc, że dla wszystkich sprawa jest tak samo jasna. Stomma długie lata pracował na tę sytuację, działając głupio, dopuszczając nieodpowiednich ludzi i jeszcze im schlebiając. Powinienem mu współczuć, ale nie bardzo mogę, bo był zawsze apodyktyczny, żadnych rad nie słuchał i „zmarnował talenty", niczym w ewangelicznej przypowieści. A w ogóle wszystko idzie coraz gorzej – jak to na starość.

Przyszła mi do głowy zabawna analogia – powiedziałem ją nawet na przyjęciu 14 lipca ambasadorowi NRF, panu Ruete, który się bardzo śmiał. Oto że Niemcy nie przynoszą naszym władcom szczęścia: Gomułka przyjmował Brandta, bardzo się tym osiągnięciem puszył, a tu w dwa tygodnie wyleciał z powodu podwyżki cen. Podobnie z Gierkiem: ogromnie się nadymał i czarował w Bonn i zaraz niedługo klops, tak samo z powodu podwyżki. Wprawdzie jeszcze nie wyleciał, ale... A znowu wycofanie się Jaroszewicza z podwyżki na pewno nakazał Breżniew, boć przecież było to w przededniu berlińskiej konferencji partii komunistycznych, na której Ufryzowanemu tak bardzo zależało. Jakże to: tu konferują towarzysze Tito, Ceauşescu, Marchais, Berlinguer, a o miedzę, w socjalistycznej Polsce, robotnicza rewolucja?! Taka kompromitacja była oczywiście niemożliwa: Breżniew kazał się cofnąć, a Jaroszewicz wychylił czarę goryczy. Ale swoją drogą termin sobie wybrali na podwyżkę – zupełnie jak Gomułka – przed Bożym Narodzeniem!

12 sierpnia

To, co się u nas dzieje, można by nazwać „terapią ciszy". Stosuje się ją we wszelkich dziedzinach, milczy się na wszelkie ważne tematy: polityczne, gospodarcze, zagraniczne, historyczne, religijne, kryminalne, wszelkie. Ludzie nic nie wiedzą w ogóle o istnieniu cenzury, o przesiewaniu wiadomości prasowych czy radiowych, o niczym. Nie pamięta się, co było rok temu, bo nikt tego nie przypomina, nie wie się, kto właściwie rządzi i skąd się wziął, wszelkie konflikty są skrupulatnie przemilczane. Co najgorsze, ludzie się już do tego stanu rzeczy przyzwyczaili, nie widzą w tym nic nienormalnego, dawniej jeszcze interesowali się „Wolną Europą", teraz ona spsiała, zszarzała i słuchają jej tylko z przyzwyczajenia dawni maniacy. Tak więc to, co mnie się wydaje obłąkańcze i żywcem wzięte z Orwella, tutaj jest już normą. A więc, o co ja tu walczę – o to, co nikomu nie jest potrzebne?! Zaiste – smętna sytuacja. Tu będą walczyć tylko o kiełbasę, może o cukier, na który ostatnio wprowadzono kartki (!). A może się mylę, może znów nie doceniam społeczeństwa?

Niemcy mieli mi dać zaproszenie na okres wyborów, ale przelękli się ataku „Życia Warszawy" na mnie i pani Rheker, zastępczyni ambasadora, wstrzymała zaproszenie czekając, aż ambasador wróci. Jakież to charakterystyczne dla kapitulanctwa dzisiejszego Zachodu – nie chcą się narażać, nawet w drobiazgu. Komu się nie chcą narażać? Oczywiście Rosji – my jesteśmy jej „substytutem". Paweł Hertz ma swoją teorię czerwcowych wydarzeń. Twierdzi, że Gierek umyślnie wybrał na podwyżkę cen termin przed owym zjazdem komunistycznych partii w Berlinie, chciał bowiem tam pokazać, że przeprowadził rzecz „parlamentarnie" po publicznej dyskusji, w zgodzie z opinią. Uzyskałby w ten sposób awans wśród „swoich", że naprawdę jest popularny i nie musi rządzić zamordystycznie. Ale nie wyszło mu to, stało się wielkie głupstwo, a teraz podobno mnożą się procesy, tyle że prasa o nich nie donosi i nic pewnego nie wiadomo. A kto tak precyzyjnie stosuje „terapię ciszy" i trzyma za mordę prasę? Mówią, że sekretarz KC Łukaszewicz, ten, co się tak na mnie zawziął. Robi chłopak karierę na zamordyzmie, przy okazji niszcząc kulturę narodową. Klasyczne teksty romantyzmu i pozytywizmu już z lektur szkolnych wypadły – ale kogo to w świecie obchodzi?

Umarł w Krakowie Władysław Wolski (Antoni Piwowarczyk), stary, przedwojenny komunista, były minister. Postać wyjątkowo jak na komunistę ciekawa, cynik z poczuciem humoru, kiedyś chciał obalić Bieruta (też oczywiście ogół o tym nie wie) i wyrzucili go z partii oraz z Warszawy – do Krakowa. Umarł też Wincenty Kraśko, jeden z porządniejszych komunistów, choć bez znaczenia. Coraz mam mniej znajomych!

Ten mój dziennik jest tylko o polityce i to o rzekomej polityce, oglądanej oczyma człowieka izolowanego. Czy to kogoś kiedyś zaciekawi? Hm. Aby się tylko nie rozgoryczać i nie zacietrzewiać, jak jaki zgorzkniały starzec. Tyle że już się to pewno stało.

21 sierpnia
Lato spływa leniwie i już się kończy, jest chłodnawo, liście na drzewach kolorowe, słowem – jesień. Lidia już wychodzi, ja wybieram się w Bieszczady z moimi szkopami (nigdy tam nie byłem). Adaś Michnik wybiera się za granicę, dostał paszport (!!), miał zaproszenie od Sartre'a (!). Dziwy się więc dzieją, ale faktem jest, że dostał. Napisał bardzo ciekawą książkę (wspominałem o tym) o stosunku tzw. „lewicy laickiej" do Kościoła, chce ją wydać u Księcia – robiłem mu do tego przedmowę, oczywiście jedno i drugie pod nazwiskiem, ale nie mam już wiele do stracenia – po

tym ataku „Życia Warszawy" na mój zagraniczny artykuł nic mi już w „Tygodniku" nie puszczają – choć nie wiadomo, czy to ogólny zakaz, czy też po prostu konfiskują poszczególne felietony, bo kryteria cenzury są teraz takie, że nikt ich nie rozumie, nawet sama cenzura, wobec czego konfiskują na wszelki wypadek wszystko. Prymas Wyszyński obchodził swoje 75-lecie, otrzymał z tej okazji życzenia od premiera Jaroszewicza. Świat się w ogóle przekręcił, gdyż prymas jest teraz przez partię naszą dobrze widziany (!), boją się natomiast jak ognia Wojtyły i sprzymierzonego z nim biskupa przemyskiego Tokarczuka, który podobno zbudował nielegalnie 20 kościołów. Tak więc wystarczy tylko mieć cierpliwość, aby wypadki stały się swoim własnym zaprzeczeniem: kiedyś partia stawiała na Wojtyłę przeciw Wyszyńskiemu, dziś odwrotnie. Co gorsza, sam prymas podobno niechętny jest Wojtyle obecnie (za dużo popularności wśród inteligencji?), wolałby widzieć na tym miejscu biskupa Dąbrowskiego, dzisiejszego sekretarza episkopatu z Warszawy, a do jego pomocy księdza Alojzego Orszulika, obecnego referenta prasowego, strasznie głupiego staroendeka. Wszystko to mało jest zachęcające. W ogóle można by sądzić, że wszelkie sprawy idą coraz gorzej: nie tylko u mnie, ale w ogóle w całej naszej kochanej Polsce. Owszem, ludzie psioczą, ale na problemy jedzeniowe, poza tym – wydawałoby się – nie mają żadnego poczucia urażonych ambicji politycznych, braku praw czy nienormalności sytuacji. Paweł twierdzi, że to wszystko wynika z poczucia, iż jesteśmy w niewoli rosyjskiej i kwita. Ja nie wiem, czy to tak jest – raczej pewne organy psychiczno-socjalne (np. zmysł polityczny) zanikają w razie ich nieużywania. W dodatku są osoby, które mają do mnie pretensję za mój wiedeński artykuł (czy londyńską broszurę, co wychodzi na jedno), że „rozrabiam", przeszkadzam i niszczę spokój. Tak się toczy polski światek... Największa tragedia to właśnie to, że przy tym systemie Polska stanie się synonimem zakłamania, szowinizmu i typowo komunistycznego samochwalstwa – ludzie przesiąkną tym prędzej czy później i wtedy nasz tradycyjny patriotyzm nie będzie miał sensu, bo jego przedmiot ulegnie całkowitej przemianie i dotychczasowe uczucia staną się bezprzedmiotowe. Co prawda miłość jest podobno ślepa, ale chyba nie miłość do kraju, a raczej do jego reżimu. Przecież Lenin też nie kochał carskiej Rosji i godził się na jej zniszczenie nawet przez wojnę...

27 sierpnia

Puścili mi wreszcie felieton, zresztą pod tytułem „O niczym". Jest on rzeczywiście o niczym, bo skonfiskowali w nim wszystko, co było ciekawe. Pisałem o Stanisławie Strońskim, który całe swoje życie w Polsce rozwijał z ogromną werwą działalność publicystyczną, po latach zaś okazało się, że walczył nie wiadomo o co i że historia unicestwiła dokładnie cały jego polityczno-ideowy świat. Zadawałem sobie pytanie, czy przypadkiem ja również nie obracam się w pustce pozornych problemów, z których nic nie zostanie. Ponieważ cenzura skonfiskowała wszystko o Strońskim, zostały tylko moje powątpiewania, bardzo króciutkie, co po ataku „Życia Warszawy" wygląda na demonstrację i bojkot, że nie mogę nic innego napisać. Tego to się może i nasza głupia publiczność domyśli. Sami więc sobie zrobili gorzej, podobnie jak z cukrem, cenami itp. Głupota rządzi światem!

O głupocie rządzących dużo ostatnio myślę. Na przykład – sprawa Stommy. Czy nie lepiej „im" było mieć człowieka uczciwego i rzeczywistego sojusznika, zamiast go wyrzucać, a dopuścić łobuziaków? Inna rzecz, że „*casus* Stomma" byłaby dowodem, iż można protestować, a oni chcą tu mieć monolit. Ciekawe wobec tego, co zrobią ze mną? A swoją drogą, to nie ma się nawet komu poskarżyć, żadnemu „kulturalnemu światu", bo w Europie twardo dziś przyjęto zasadę *cuius regio, eius religio* i obie strony milcząco ją respektują – nawet Sołżenicyn spotyka się na Zachodzie z cichą dezaprobatą, bo występuje przeciw swej „religii". Nowe średniowiecze we współczesnych formach. Ale świat jest widać na to podatny, bo nikt się nie dziwi, ludzie Zachodu uważają absurd u nas za „normalny", my się też godzimy, dla świętego spokoju. Świat wyszedł z normy...

Wyjeżdżamy „w Polskę" ze szkopami, może mnie to trochę odświeży, bo już męczące to lato w Warszawie. A życie płynie...

Adam Michnik zadzwonił do mnie i powiedział, że „te kurwy zdjęły mnie z samolotu". Zdrętwiałem na to i pytam, co zrobił wobec tego. Mówi, że nie miał nic do zrobienia. – A gdzie jesteś?! – pytam. A on na to: – W Paryżu!! – Tak mnie skurczybyk nabrał! Ale widać, że w dobrym humorze – niech się chłopak zabawi trochę.

1 października

A więc znowu kawał czasu przepłynął. Objechałem Polskę (południową), potem był festiwal „Warszawska Jesień" (20.), no i masę spraw politycznych. Pod wpływem różnych listów i protestów „nasi" amnestionowali robotników – a więc znowu cofnięcie się. I po cóż było zaczynać?! Z jedzeniem fatalnie, w lokalach drogo jak diabli, w ogóle wszelkie ceny idą w górę. Pojawiła się wobec tego fala nowych kawałów. Na przykład: 1) Nastąpiła pomyłka – miała być walka z alkoholizmem, a jest walka z zagrychą. 2) Dlaczego w Rosji od paru lat są trudności ze zbożem? Bo car zrobił zapasy tylko na 50 lat. 3) Jaka różnica między syjonizmem a impresjonizmem? Odpowiedź (radio Erewań): – Nie wiemy, ale radzimy wyjechać!

Trudno mi właściwie zrozumieć sytuację w Polsce, po co zrobiono te wszystkie manewry, podwyżki, z których się wycofano, zawracania głowy. W dodatku cofnęli się też, jak mówię, przed protestami „intelektualistów" (czyli nas), wypuszczając w końcu aresztowanych robotników, co prestiżowo jest całkiem nieszczególne, zwłaszcza że tym razem Zachód się sprawą zainteresował, specjalnie po liście Kuronia do Berlinguera, dosyć w prasie zachodniej cytowanym. Nigdy nie zrozumiem tych Gierków, Jaroszewiczów, Babiuchów – Kliszkę i Gomułkę trochę znałem, a tych – ani w ząb. W dodatku gospodarczo też się już położyli: wykończyli jednak rolnictwo (to taka komunistyczna specjalność), mają kryzys energetyczny, bałagan w kraju jak się patrzy, co stwierdziłem naocznie podczas podróży. I ludzie wściekli.

Dostałem wreszcie zaproszenie z ambasady RFN (czyli po prostu Niemiec Zachodnich), żeby przyjechać na 10 dni, mam też zaproszenie do Danii. Podania złożyłem, ciekawym, co z tego wyjdzie? Pojechałbym w listopadzie, ale przecież chyba paszportu nie dadzą. Chociaż – jeśli Michnik szaleje w Paryżu...

Czytam „nielegalną" książkę Kazimierza Brandysa, rozpowszechnianą w maszynopisie. Ciekawa, niezła, oryginalna, dużo trafnych myśli o Polsce. A więc i jego wzięło – cóż, nie da się tutaj, przy tej absurdalnej cenzurze, pisać legalnie. Ja też z felietonami ledwo przędę, pisząc demonstracyjnie o niczym. Skonfiskowany felieton o cenach („Mój głos w dyskusji") wydrukowałem w paryskiej „Kulturze". Nikt na to ani nie mruknął, oni już na mnie nie reagują...

„Warszawska Jesień" była niezła i nie doktrynerska, raczej obiektywna. Napisałem sporo recenzji do „Ruchu Muzycznego", dam też artykuł do „Tygodnika". Ale co z tego wszystkiego? Czuję się w życiu jak po sezonie: dużo szumu, a zrobiłem w gruncie rzeczy niewiele. I nie wiem, czy coś jeszcze zrobię.

14 października

Spotkałem sąsiada – Feliksa Widy-Wirskiego, człeka, do którego nie mam specjalnego nabożeństwa, ale który, widać bardzo podniecony i wyposzczony, wygłosił do mnie ciekawą mowę. Na temat, oczywiście, naszych rządzących (on sam do nich poniekąd należał, był kiedyś wojewodą i ministrem, potem dla odmiany siedział w ciupie, jako przyjaciel Gomułki). Obecny kryzys władzy uważa za psychologiczny: utrata zaufania wywołana przez rzeczywiście arcygłupie postępowanie Gierka i spółki. Najpierw rozhuśtali opinię nieustannym krzykiem o nowoczesności, zresztą i budową pewnych nowoczesnych inwestycji (drogowych przede wszystkim, a także fabryki samochodów – uczepili się motoryzacji, chcąc sobie zjednać naród, który to lubi i uważa za główne znamię nowoczesności), ale, jak to u nas, przede wszystkim ogromnym, samochwalczym krzykiem. A potem nagle, w najbardziej nieodpowiednim momencie, wyłazi w telewizji premier i wygłasza „mowę upadłościową", zapowiadając podwyżki, z których się za trzy dni wycofa. Potem znów robotników ogłosi się za chuliganów, drakońsko się ich pokarze, a z kolei po dwóch miesiącach zacznie się zwalniać zmieniając im kary na wyższe nawet, lecz z odroczeniem. Zaiste wszystko to pozbawione było najmniejszego sensu, za jednym zamachem władcy stracili wszelki autorytet, bo ludzie przekonali się, że rządzą nimi idioci. I to idioci bezczelni. Z kolei teraz Gierek wyszukuje i wskazuje winnych wśród „brakorobów", łasi się do Kościoła (co Wyszyński zdaje się brać za dobrą monetę), a na rynek rzucił nagle mnóstwo importowanego chyba mięsa. Słowem – tańczy w przerażeniu, co ludzie doskonale widzą – ogólne zdenerwowanie władzą jest powszechne i to właśnie u „ludu", nie u inteligencji. Gdy Gierek mówi, że trzeba „odbudować pogłowie trzody chlewnej", wszyscy zauważają to słowo „odbudować". – Jeżeli trzeba odbudowywać – mówią – to znaczy, że coś zostało zniszczone! Kto zniszczył, jak i kiedy, czy będzie za to odpowiadał?! – pytają. Nigdy jeszcze problem władzy nieodpowiedzialnej a dyktatorskiej nie stanął przed ludźmi w tak pełnym świetle. I drugi problem: braku informacji. Pojawił się nawet podobno biuletyn informujący o tym, co się robi z robotnikami – a więc polski „samizdat", o którym marzył Giedroyc. No i Komitet Obrony Robotników, który zbiera forsę na wyrzuconych i niepracujących (komitet z Andrzejewskim i Lipskim na czele). Ano – doigrali się nasi władcy – przez głupotę, co stała się jawną dla wszystkich. Przy tym nie znają oni pewnej prawidłowości własnego systemu: że najpierw rządzą po dyktatorsku bez opozycji, krytyki, informacji, puszą się i przechwalają, a potem – wylatują na mordę i przechodzą do niebytu, bo nawet nie wolno wspomnieć później ich nazwisk, tak jak dziś nie wolno mówić o Mincu, Bierucie, Gomułce, Jędrychowskim. Komunizm nie chce mieć swojej historii – oto zjawisko arcyciekawe!

À propos tego, zabawną historię opowiadał mi Myślik, ten człowiek niemądry i pechowy, ale moim zdaniem wcale niezły. Jest on teraz dość osamotniony, rozwiódł się, ma posadę w radio i nie wie, co z sobą robić: mówi, że ludzie tutaj nie mogą się wyżyć – rozbudzono im apetyty, a nie dano możliwości. To już coś, jak na zaczadzonego „historią" Myślika! Otóż opowiadał mi, że gdy był kiedyś w Moskwie na „kongresie pokoju", Rosjanie powiedzieli mu: – Wy, Polacy, to zawsze musicie nam zrobić jakieś świństwo. Na przykład teraz ogłosiliście, że przewodniczącym Komitetu Pokoju jest u was były premier (Cyrankiewicz). – No bo jest – mówi Myślik. – Tak – mówią Moskaliki – ale my mamy takich trzech i ludzie zaczną się teraz o nich pytać!

I pomyśleć, że Zachód nic z tego nie rozumie i w ogóle nie chce ani rozumieć, ani słyszeć. Podobno Ford w dyskusji telewizyjnej z Carterem powtórzył dwukrotnie, że narody wschodniej Europy są wolne i nie uważają się za okupowane przez Rosję. To jest kamień węgielny ich polityki: sprzedali nas za rosyjską pomoc przeciwko Hitlerowi i nie chcą więcej o nas słyszeć. Chcą pokoju, chcą być wybrani, a narody Zachodu ani myślą słuchać o wojnie, zwłaszcza atomowej. Nie ma dla nas z tego dylematu wyjścia, opisałem to w mojej broszurce. Chyba wyjście przez opór wewnętrzny – tu miał rację Giedroyc. Ale ten opór wymaga specjalnej rozwagi i starannej oceny aktualnej sytuacji w międzynarodowej opinii. A skąd wziąć te cechy w Polsce, gdzie ludzi oduczono kompletnie od posiadania własnych poglądów, nie mówiąc już o prowadzeniu jakiejkolwiek działalności politycznej?

Najnowszy dowcip: każdy obywatel otrzyma rocznie po ćwierć świni. A kto będzie niezadowolony, dostanie jeszcze po ryju!

Gierek i spółka naprawdę zachowują się już jak właściciele Polski Ludowej. I wcale, biedni ludzie, nie podejrzewają, że prędzej czy później czeka ich to, co Gomułkę. Potrzeba im psychologów i historyków, ale tego również nie podejrzewają. Dziwny to rodzaj skretynienia, spotykający u nas sprawujących władzę. Rodzaj daltonizmu po prostu. A w tym wypadku to już naprawdę sami sobie narobili!

23 października

Rzeczywiście kryzys trwa jak cholera: nie ma mięsa, węgla, ograniczenia prądu, w ogóle nic nie ma. A prasa dalej trąbi o wielkich sukcesach, co doprowadza ludzi do wściekłej pasji. Dziennikarz amerykański pytał mnie, skąd się to wszystko wzięło. Trudno odpowiedzieć – jakaś schizofrenia władzy. W każdym razie osiągnęli to, że ludzie widzą jednak wreszcie nienormalność sytuacji, w której dla społeczeństwa nie ma absolutnie żadnego życia politycznego. Rosjanie mogą ten stan rzeczy wytrzymywać, bo u nich nigdy nie było życia politycznego, tylko carski dwór i co najwyżej zamachy na carów. W Polsce na dłuższą metę to się nie utrzyma, ktoś sięgnie więc do terroru – tak zresztą, jak to było w 1970. Jak się to skończy, nie wiem, ale wyjścia nie widać.

Opozycja studencko-literacko-robotnicza mocno się krystalizuje i uaktywnia, walka z nią również. Stary endecki wariat z Londynu, Jędrzej Giertych, nadesłał do kraju drukowaną odezwę (poczta dostarczyła ją adresatom akuratnie), że „międzynarodowe Żydostwo" w sobie wiadomych celach chce w Polsce wywołać krwawe powstanie. W ślad za tym pojawiła się oparta na tekście Giertycha ulotka, gdzie piszą, że głównym agentem Żydostwa był Słonimski, teraz jest Adam Michnik, zaś niebezpieczni agenci „wychowani przez gminy żydowskie" (?!) to W. Karpiński, M. Król i B. Toruńczyk oraz „naiwnie wysługujący się światowemu Żydostwu Stefan Kisielewski". To już robótka UB najwyraźniejsza. Z kolei kolportowany jest rzekomy list Jerzego Andrzejewskiego, nawołujący do równouprawnienia homoseksualizmu i wprowadzenia małżeństw między mężczyznami. Oczywista bujda, mająca na celu skompromitowanie Jerzego (dzwonił nawet do mnie), którego listy do robotników kolportowane były na uniwersytecie i który stał się ostatnio bardzo popularny. Taka to walka podjazdowa na tajne ulotki, bo w prasie oczywiście ani o tym wszystkim słowa. „Adam Michnik sterowany i finansowany przez niebezpieczną międzynarodową mafię żydowską zgrupowaną w lożach B'nai B'rith w Paryżu i Nowym Jorku". Cóż za język, co za brednie – jak ze „Stürmera".

Poznałem inżyniera Jacka Karpińskiego, wielkiego konstruktora mózgów elektronowych, który jest odsunięty od wszelkiej pracy i pozbawiony paszportu zagranicznego – w dużym stopniu przez zawiść miłych kolegów. Szlachcic chciał go ratować (miał ambicje mecenasa nauk!), ale Szlachcic wyleciał. Polska na tym Karpińskim zarobić by mogła miliony dolarów, a tu człowiek bezczynny i rozgoryczony – twierdzi, że Rosjanie nie pozwalają, aby rozwój szedł tu lepiej niż u nich. Możliwe – nic przecież nie wiemy.

Cenzura tnie mi felietony jak diabli, puścili mi „za to" bez skreśleń duży artykuł o „Warszawskiej Jesieni". Poza tym czekam na paszport, ale to chyba marzenie ściętej głowy. Jesień zimna, mało wesoła. I sporo nic nie rozumiejących cudzoziemców się plącze. I był Bumek Heydenkorn z Kanady. Więcej grzechów nie pamiętam.

4 listopada

Ciągle trwa tajna walka na ulotki, paszkwile, wierszyki, robią też rewizje u różnych Kuroniów i Lipskich. Komitet Obrony Robotników działa, ma nawet rozgłos w świecie i forsę – dzieje się to właściwie w myśl wskazań Giedroycia, który nawoływał do „wspólnego frontu" tzw. intelektualistów z robotnikami. Ale co taki front ma dać?! Rosja nie zgodzi się na liberalniejszy ustrój tutaj, ma na to zresztą swoje ukryte sposoby: wystarczy wstrzymać różne dostawy dla przemysłu i już się robi straszna plajta. A jak się Rosja nie zgodzi (toć całe imperium na zachodniej granicy mogłoby się jej rozpieprzyć!), to i Zachód nic nie pomoże. Pan Carter, wybrany właśnie na prezydenta Ameryki, powiedział niedawno, że gdyby, po śmierci Tito, Rosja zaatakowała militarnie Jugosławię, Ameryka nie pośle tam swych wojsk. Bardzo mądrze, po prostu wskazówka dla Rosji, aby się nie krępowała i działała w spokoju. Zaiste, że głupota świata zachodniego okazana kiedyś wobec Hitlera dziś powtarza się dosłownie na nowej spirali dziejów. Dlatego nie wierzę, aby naszym „kontestatorom" coś się mogło udać, zwłaszcza że to w połowie Żydzi, których UB z łatwością skosi wobec opinii – do takiej perfidii mają oni zdolność niewątpliwą, chociaż do niczego innego nie mają. Ale społeczeństwo, od lat pozbawione życia politycznego, prasy i wszelkiej informacji, jest niemądre i zdane na odgórnych macherów, którzy, jacykolwiek by byli, mają zawsze przewagę. Emigracja bezsilna i głupia, „Kultura" nie docierająca do kraju, jedna „Wolna Europa" jeszcze jest, choć osłabiona w ogóle i brakiem Jana Nowaka w szczególe. Chociaż Nowak może się teraz, przy Carterze, odkuć – pomoże mu w tym Zbigniew Brzeziński, który choć nie będzie następcą Kissingera, to jednak pójdzie w górę na pewno. Daj im, Boże, choć ten Carter też wygląda na głupka. W czyich rękach są teraz losy świata?!

Adaś Michnik („niebezpieczny agent Żydostwa") jest w Paryżu i zostanie jeszcze dłuższy czas. A ja dostałem odmowę paszportu do NRF i Danii. Złożyłem odwołanie, ale cóż z tego?! Jedyna rzecz realna to oczekiwanie na emeryturę. Jak ją już dostanę, będę mógł, według słów Władka Bartoszewskiego, „spokojnie wymyślać na Polskę Ludową". Tylko co komu z tego?! Był tu u mnie redaktor „Timesa", pan Davy, mój stary znajomy, i pytał mnie, po co robimy tę całą opozycję. Odpowiedziałem mu, że dla własnej satysfakcji oraz dla wychowania rządzących, tudzież, po trochu, rządzonych. Na pewno jednak nie dla wywoływania „powstania" i nowej Czechosłowacji. Czyli że w gruncie rzeczy sytuacja jest bez wyjścia – co zresztą nie od dziś wiadomo. I tyle.

19 listopada

Znów długo nie pisałem, a tyle się wydarzyło. Nie miałem czasu pisać, a nic ważnego nie robię – zawsze tak jest, że gdy człowiek pracuje, to ma na wszystko czas, a gdy próżniaczy, wszystko mu się rozłazi.

Więc telegraficznie mówiąc: a) Paszportu nie dostałem, tylko odmowę, więc złożyłem odwołanie. b) Wygrałem w ZAIKS-ie sprawę z Putramentem o „Spiegel", on się przyznał, że mojego artykułu nie czytał, że wprowadziła go w błąd „osoba trzecia" (ten jakiś dyktator od kultury Łukaszewicz). Niestety, werdykt z tej sprawy będzie co najwyżej odczytany na walnym zebraniu ZAIKS-u, bo nawet w biuletynie wewnętrznym cenzura nie puści. c) Nasi władcy Gierek, Jaroszewicz, Olszowski i inni pojechali do Rosji, byli dość długo, ale nic konkretnego nie ogłoszono, tylko tę ich idiotyczną drętwą mowę o wiecznej miłości i współpracy. Pojechał też – o dziwo – Jarosław Iwaszkiewicz. W takiej roli jeszcze go nie widziano.

A tu nastrój nędzny, w Polsce brak żarcia, węgla, prądu, czort wie czego, w Warszawie jeszcze stosunkowo lepiej jest niż na prowincji. Jak oni doprowadzili do takiej plajty, cholera wie, ale muszą odpowiadać za wszystko, skoro wszystkim rządzą. Co prawda, niby jak mają odpowiadać? Ludzie wściekli, dowcipy krążą gęsto. „Jaka różnica między Polską a «Titanikiem»? Taka, że na «Titanicu» grała orkiestra".

„Opozycja", czyli Andrzejewscy, Lipscy, Kuronie etc., działa, w dodatku niemiecki pisarz Heinrich Böll zrzekł się na ich rzecz swoich polskich honorariów, ubecy wściekli, szaleją, co i ja już na sobie odczuwam. Za to dostałem emeryturę (8075), mam robić muzykę do jakiegoś tam teatru marionetek, cenzura puszcza trochę więcej. Z jednej strony chcą więc wziąć strachem, z drugiej obiecać „lepszą przyszłość". A co z paszportem? Na razie nic, co poniekąd zrozumiałe.

Jaki cel tych wszystkich opozycyjnych działań? Osobiście zakreśliłem sobie „plan minimum". Ustroju się nie zmieni, trzeba jednak działać, aby wychowywać zarazem rządzących i rządzonych. Rządzący zagrożeni są sklerozą, nieustanne powtarzanie sowieckich bzdur musi ich zdegenerować. A znów rządzeni przestają rozumieć, gdzie żyją, zapominają w ogóle, że mogłoby być inaczej, biorą nieustający bełkot propagandy za język normalny. Trzeba wychowywać jednych i drugich, pierwszym przypominając, że są tu tylko z łaski Rosji, że nie są właścicielami tylko dzierżawcami, drugim, że nadmierny strach i potulność nic im nie dadzą. A więc działalność pedagogiczno-propagandowa oczywiście tylko do pewnych granic, aby nie doszło do sowieckich czołgów i drugiej Czechosłowacji. Aby ta działalność pedagogiczna była skuteczna, musi mieć swój instrument informacji – dotąd była nim „Wolna Europa", teraz zaczynają się tajne biuletyny, czyli „samizdat", tyle że i UB wydaje swoje, aby ludzi zmylić. Oczywiście, tacy co to wszystko robią, jak Kuroń czy Lipski, ponoszą koszta, żyją w napięciu nerwowym, nic nie mogą robić dla siebie, na pozór marnują życie. Dlatego ja się trzymam trochę na boku, chcę przecież pisać, no i mam „Tygodnik", który swą pępowiną łączy mnie z życiem „normalnym". Ale i to się skończy – nie wątpię. W końcu wszyscy oberwiemy.

Mazowiecki wrócił z Zachodu w euforii, tak to działa, jak się tam jest dłużej, bo się myśli, że ich wolność jest dla nas, a ich kategorie są naszymi. Powiada, że tu się zliberalizuje, bo nie ma co jeść. Bzdura oczywista – akurat będzie odwrotnie. A znów Amerykanie mają swą idiotyczną teorię: że kiedy Rosja przestanie czuć jakiekolwiek zagrożenie polityczne lub militarne, czy to ze strony Chin, czy od Zachodu, wówczas przestawi się na tworzenie u siebie dobrobytu, więc zacznie współpracować gospodarczo z całym światem. Głupia teoria, ale oni muszą mieć jakąś, żeby żyć w spokoju – czego chcą. Spokój to hipotetyczny, ale na razie jest, co im wystarczy – pragmatystom.

Tak więc to wszystko wygląda, niezbyt zachęcająco. Do tego prymas dziwnie się zachowuje, nie chce popierać „dysydentów", zrobił się państwowotwórczy, podobno na tym tle popadł już w jawny konflikt z Wojtyłą. Wśród serdecznych przyjaciół psy zająca zjedzą. Chi!

Ciekawostka, o której nie pamiętam, czy już pisałem. Nie sposób dostać nowej książki telefonicznej: wycofano ją, bo były w niej numery pogotowia atomowego i lotniczego – sam widziałem. Ale kto zawczasu zdążył tę książkę dostać, ten ją ma. Nielichy tu dom wariatów!

8 grudnia

Było plenum KC z „wielką" mową Gierka, potem krótka sesja Sejmu z „pierwszym czytaniem" planu i budżetu, teraz trwa kongres Związków Zawodowych. Przemówienie Gierka bardzo długie i idealnie wyprane z wszelkiej treści, poza informacjami pseudo-gospodarczymi – pseudo, bo nie wiadomo w istocie, co one znaczą i czy on sam rozumie, co mówi. O „opozycji" powiedział bardzo ogólnikowo i schematycznie, nie mając czym straszyć, przywołał zapomniane, tak się już zdawało, „ziomkostwa" w NRF. Zaiste to duża sztuka mówić absolutnie o niczym i zupełnie abstrahować od wszelkich zagadnień politycznych – i to w okresie, kiedy Polska trzęsie się od pogłosek na tematy robotnicze (procesy w wyższych instancjach wciąż trwają, Komitet Obrony Robotników mimo szykan i represji wciąż działa), a policja bije i torturuje, o czym powiedział nawet w ostatnią niedzielę prymas. Niemówienie o niczym to krańcowe lekceważenie społeczeństwa – a pieski z KC naśladują pilnie mistrza, także dureń Kruczek ze Związków Zawodowych, który w bezczelnej beztreściowości poszedł jeszcze dalej – jeśli to w ogóle możliwe. Ciekawym, czy to zbaraniałe społeczeństwo zdaje sobie sprawę, że jest takimi przemówieniami dotkliwie obrażane, wręcz bite po pysku. Jak na razie „klasa robotnicza" buntuje się tylko o brak kiełbasy, o politykę nie. Ale cierpliwości – przyjdzie czas i na to, Gomułka też plótł bez treści, udając ekonomistę, i w końcu się naciął.

Za to personalnie Gierek, korzystając z zamieszania, „zadziałał" sprawnie. Po latach udało mu się wreszcie wyrzucić z warszawskiego sekretariatu „opozycyjnego" Kępę – zrobił go wicepremierem, to znane zesłanie. Podobnie wicepremierem został Szydlak – może to kara za klęski gospodarcze, bo on się tym właśnie w Biurze zajmował (ale fachowcy – i to kierujący wszystkim!) oraz udający wybitnego ekonomistę Secomski. Z powrotem za to, z wygnania w Ministerstwie Spraw Zagranicznych, powołany został do Sekretariatu partii intrygant i karierowicz Olszowski. Dzielą się oni stanowiskami jak dawni magnaci czerwonym suknem, a społeczeństwo nic nie rozumiejące przygląda się temu jak stado baranów. Przykra ta Polska i taka już zostanie, bo kogóż to w świecie obchodzi (poza Rosją)?

Oczywiście – mogłoby być gorzej (to zawsze pociecha). Przeczytałem w „Le Monde" przemówienie czerwonego dyktatora Albanii, Envera Hodży. To już kompletny, i to „ideologiczny" obłąkaniec – mały, bogu ducha winny kraik w rękach bandy wariatów to zupełna tragedia – zresztą przez świat nie dostrzegana. U nas przynajmniej Gierek nie mówi z agresywną ideologicznością, bo jednak wstydzi się społeczeństwa. Za to ojczyzną i patriotyzmem wyciera sobie gębę aż do rzygania.

Ja całe dnie piszę muzykę dla marionetek (będzie jednak forsa!) i czekam na drugą odpowiedź paszportową (?!), która nie nadchodzi. Święta blisko, pluchy i deszcze, czyli, jak mówi Gałczyński, „myszy, deszcz i Polska". Ale „Wolna Europa" podnieca się „ruchem dysydenckim", ja też, choć nowe (rozpowszechniane w maszynopisie) wyznanie wiary Kuronia niezbyt jest mądre. Ale charakter i odwagę to oni mają, także ten nieprawdopodobny Jerzy Andrzejewski. „A Don Kichotów podległy komendzie..." Jednak może się coś z tego rozkręci, mimo stosowanej przez partię naszą taktyki przemilczania na śmierć. A te łobuzy z prasy, przeróżne Broniarki i cała sfora nowych piesków, przestają mnie już nawet bawić: ci durnie to w istocie najgroźniejsi zatruwacze psychiki narodu. Chociaż co prawda naród nie czyta tej „prasy" tak pilnie jak ja.

28 grudnia

Więc już po nagraniu muzyki dla marionetek, po świętach, po wielu wydarzeniach, których wcale nie opisałem, a tu „Nowy Rok bieży" i zastaje mnie w zgoła marnym humorze. No, ale z czego się tu właściwie cieszyć, może z mianowania Brzezińskiego doradcą od spraw obrony przy Carterze? Mamy więc „naszego człowieka w Waszyngtonie", cóż jednak z tego, jeśli sytuacja nasza – Polski, Czech, Węgier etc. – nie wchodzi w żadną grę i żadnej zmianie ulec nie może. Takie jest moje przekonanie i dlatego niczego się już w życiu nie spodziewam – bo moje życie tak czy owak jest zawsze funkcją sytuacji politycznej. Tyle że „swoje" sytuacje już miałem, a nowych nie przewiduję.

Tymczasem walka z „kontestatorami", czyli głównie z Komitetem Obrony Robotników, trwa, milicja i UB gnębią ich na różne sposoby (wiem i ja coś o tych sposobach), a i w prasie ukazują się ataki, głupie zresztą i chamskie, np. w „Trybunie Ludu" jakiegoś Misiornego. Podobno Halina Mikołajska truła się, tak jej UB obrzydziło życie, podobno skonfiskowano część pieniędzy przeznaczonych dla robotników. Były jakieś aresztowania, krąży dużo anonimów (antysemickich oczywiście też), wychodzą biuletyny – prawdziwe i fałszywe – słowem jest „ruch", o jakim marzył Giedroyc, tylko że małe ma on znaczenie, dopóki ludzie o nim nie wiedzą. A tu się akurat tak układa, że zagranica wie więcej niż my w kraju, a prasa, nawet jeśli atakuje, to nie pisze wyraźnie, o co chodzi. Istna ciuciubabka, jedna „Wolna Europa", prowadzona teraz przez znanego mi Zygmunta Michałowskiego, próbuje informować. No i prymas od czasu do czasu machnie kazanie mocne. Jego też władcy podrażnili wreszcie, zaczepiając nasz Klub Inteligencji Katolickiej. Zabroniono Klubowi uprawiać „działalność gospodarczą", co w praktyce oznacza pozbawienie wpływów z zakładów produkcyjnych „Libella". Forsę z tych zakładów chcieli pewno przekazać nowemu „Znakowi" i wydawnictwu „Chrześcijanin w świecie" Janusza Zabłockiego. Tyle że Zabłocki, nie chcąc się zapewne kompromitować doszczętnie w oczach prymasa, wygłosił podobno jakieś ogromnie opozycyjne przemówienie w Sejmie, którego zresztą prasa nie podała.

Słowem zamęt wielki w kołach „opozycji". Ja nie bardzo w tym wszystkim biorę udział, wolałbym pisać, tyle że nie można, bo cenzura osiąga już szczyty bezczelności, konfiskując w ogóle wszystko, co się da. Dostałem drugą odmowę paszportu, napisałem list do ministra UB, Kowalczyka, ale co to mi da? Nic!! Tyle że na walnym zebraniu ZAIKS-u odczytano protokół przyznania się Putramenta do winy wobec mnie, a potem była pyskówka między popierającym mnie starym gadułą Szczypiorskim (Adamem) a jakimś pułkownikiem z MON-u. Ale to wszystko marność i nie cieszy mnie wcale. Pobujałbym sobie po świecie jak Adam Michnik (którego zresztą dziś w „Życiu Warszawy" zaatakowali za jakieś wyczyny w Anglii), ale pewno tak prędko już nie wyjadę. Masz, dziadzie, emeryturę i siedź na d...!

A tymczasem tu w prasie trwał nieustający jubel, najpierw na otwarcie huty „Katowice" (przyjeżdżał Kosygin), potem na 70-lecie Breżniewa. Gierek jeździł do Moskwy dekorować go różnymi orderami, niańczyli się z nim jak z kochanką już bez cienia poczucia śmieszności, nie mówiąc oczywiście o demokratyzmie. Ci Ślązacy całowaliby każdego w d..., aby tylko rządzić. Choć mówi się, że następcą będzie Stefan Olszowski, że sobie to już w Moskwie zaklepał. Antypatyczny facet, choć „inteligent". Przedziwne się tu tworzą elity, rywalizujące ze sobą w bandytyzmie: kto większy bandyta, ten lepszy. Może to tak zawsze jest w polityce, ale tu już bez żadnych osłonek, przy tym od polityki zależy wszystko co prywatne. Ciekawym, jak się skończy heca z zaopatrzeniem: Jaroszewicz jeździł do Londynu po jakieś umowy handlowe, ale gówno z tego wyjdzie. W końcu nasz eksport to węgiel i produkty spożywcze, choć żeśmy podobno kraj przemysłowy. Bo statki, wagony, maszyny to chyba przez Rosję wyciskane i nieopłacalne.

Święta były rodzinne, z młodzieżą, w drugi dzień przyszli Pawełek Hertz, Mycielski i Suszko. Odwiedziłem też w naszym domu „ministra" Bieńkowskiego, był najstarszy kontestator, profesor Edward Lipiński, lat 88. Emeryci radzą – tfu!

Zima w pełni, śnieżyce, wiatry, człowiek zakorkowany i nie ma co robić. Chyba muzykę pisać, choć obrzydziłem to sobie znów ostatnio. Albo zacząć nową powieść, tylko że brak mi pomysłu formalnego. Beznadzieja i nudno, o cholera!

30 grudnia

Grypa mnie gnębi, rok się znów kończy, śniegu masę – słowem prawidłowo. Ciągnę jeszcze te notatki, chcę dobrnąć do 30 maja 1978, żeby było równe 10 lat. Ciekawym, czy ktoś to kiedyś wyda? Taki pietyzm, jaki okazał Grydzewski wobec „Dzienników" Lechonia, już się nie zdarzy. W kraju nie ma po temu warunków, a na emigracji za parę lat nikt już nic z tego nie będzie rozumiał – tak inaczej i tak specjalnie jest tutaj. Przedziwne to swoją drogą zamknięcie i wyobcowanie: kraj niby otwarty, a przecież nikt już nic z niego nie rozumie, nawet ci, co są tutaj. Minister rolnictwa Barcikowski, facet dorzeczny (kiedyś podobno wylany z Biura za dyskutowanie z Rosjanami) podawał się pono kilkakroć w tym roku do dymisji – ale mu na to nie pozwolono i w ogóle się to nie ujawniło. Oni (rządzący) nie chcą, aby ktokolwiek wiedział o nich jakąkolwiek prawdę, nie chcą mieć swej historii, nawet sławni być nie chcą. Czego więc chcą? Władzy, tylko zamaskowanej władzy. Dziwne zboczenie!

Giedroyc w Paryżu dawniej miał jeszcze zapędy rejestratorskohistoryczne i wobec Polski Ludowej, drukował pamiętniki, dyskusje, powieści, teraz natomiast, jak wnoszę z luźnych od niego wieści, przejął się na serio tylko tutejszymi „ruchawkami", tym razem inteligencko-robotniczymi. Ponieważ zawsze o tym marzył, więc triumfuje – przedwcześnie. A ja mam do tego jednak stosunek ambiwalentny: chociaż podziwiam Lipskich i Kuroniów (coraz ich zresztą więcej w Warszawie), to jednak myślę, że brutalna a perfidna akcja policji (która w metodach „wojny nerwów" i „opluskwiania" idzie teraz na całego) w końcu ich zdegeneruje i spaczy, w dodatku społeczeństwo nic o nich nie wie, mimo obecnych prób wydawania „samizdatu" i mimo „Wolnej Europy". Najwyżej ludzie dowiedzą się o nich z prasowych oszczerstw – tak właśnie parę dni temu było z Adasiem Michnikiem. W „Życiu Warszawy" ukazała się oszczercza, obrzydliwie antysemicka napaść, że on rzekomo „zdradza Polskę" w Londynie i że go nawet angielska policja przesłuchiwała. Głupie to jak but i nie wiadomo w ogóle, o co chodzi, ale boję się o niego: może to być przygrywka do niewpuszczenia go do kraju, a tam, odcięty, szybko straci instynkt i wyczucie naszych spraw. Zresztą, co tam jest do roboty, kogo tam właściwie Polska nadwiślańska obchodzi?! Niestety – komunistom udało się zrobić z nas kompletne zadupie – zresztą nie bez udziału w tym nowych Polaków, często bezmyślnych, a całkiem wolnych od odwagi cywilnej.

A robotnicy, Giedroycowe marzenie?! (Ciekawym, kiedy ostatnio widział on z bliska polskiego robotnika?) Nie wierzę, aby na dłuższą metę dało się utrzymać wśród nich wrzenie bez poparcia ze strony kogoś z góry partyjnej (tak było w 1956 i 1970). Poparcia zaś takiego w tej chwili nie widzę: rządząca sitwa jest teraz solidarna, boi się o siebie i nie chce igrać z ogniem. Jestem więc pesymistą: komunizmowi mogą się oprzeć jedynie społeczeństwa rozwinięte przemysłowo, mające nową elitę, nową szlachtę, arystokrację pieniądza. W kraju zniwelowanym, pozbawionym wszelkich elit, siłą faktu elitą zostaje centralistyczno-biurokratyczna partyjna sitwa, której służy zastrachana i skurwiona inteligencja naukowo-techniczna i prasowo-artystyczna. Czyż skuteczną przeciwwagę dla mafii mogą stworzyć Kuroń, Lipski lub Ziębiński, bezbronni w gruncie rzeczy i pozbawieni oparcia, choć czepiają się rozpaczliwie to robotników, to prasy zagranicznej, obojętnej w gruncie rzeczy i tylko żądnej sensacji? Owszem, Piłsudskiemu za caratu się to udało, ale jemu pomogły wojny (1905, 1914), napięcia i wstrząsy w samej Rosji, wreszcie polityka mocarstw inna w każdym zaborze. Teraz niczego takiego nie ma, stąd i donkichotyczność naszych kontestatorów. Chociaż – nigdy nie trzeba się całkiem zarzekać... Działają przecież pobudzająco, uświadamiająco, wychowawczo. Bóg z nimi!

Tyle o dniu dzisiejszym (stale ta polityka – kogo to kiedyś będzie obchodzić?). A teraz krótkie streszczenie poglądów Władzia Bieńkowskiego na temat wybuchu II wojny światowej. Twierdzi on, iż Stalin od początku chciał pchnąć Hitlera przeciw Zachodowi (jasne!), licząc jednak na długą, wykrwawiającą wojnę Niemiec z Francją, Anglią i w końcu z Ameryką. W ostatniej fazie tej wojny miała już wybuchnąć, z pomocą Stalina, rewolucja w Niemczech. Aby tak się stało, trzeba jednak było zlikwidować przedtem nie pasującą do tego planu i w ogóle przeszkadzającą Polskę, co też Hitler ze Stalinem gracko zrobili. Potem dalej szło wszystko według planu, tyle że Francja padła zbyt wcześnie, wojna na kontynencie ustała, a „bezrobotny" Hitler rzucił się w końcu na Rosję. W dodatku żadna rewolucja w Niemczech, w końcowej nawet fazie, nie wybuchła. Przez zemstę zawiedziony Stalin pokiereszował Niemcy, zażądał dla Polski ziem aż po Szczecin i utworzył NRD. Wypadki wymknęły się jego przewidywaniom, mimo to potrafił, z pomocą Zachodu, któremu szykował łaźnię, wykaraskać się i dogonić je, „eksportując rewolucję" do serca Europy w inny sposób. Oto rzeczywisty zwycięzca II światówki – o czym Zachód najczęściej milczy: Europa, bo jej wstyd, Ameryka, bo sądzi, że wyszła tanim kosztem i nic nie straciła. Grube to złudzenia: w historyczne szachy grać umieją tylko Rosjanie, odziedziczyli to po carach. A kiedy i im powinie się noga? Tego nie wiemy. „Wszystko w ręku Boga" – jak mawiał podobno Stalin...

1977

10 stycznia
Życie w Nowym Roku jak i w starym – trochę męczące, trochę nudnawe. Masę śniegu, wody, błota. Jedyna podnieta to ciągłe historyjki o „kontestatorach", czyli członkach Komitetu Obrony Robotników i innych. Coraz to w prasie kogoś chlusną, wczoraj na przykład Andrzejewskiego (podpisany Bohdan Roliński, naczelny redaktor „Życia Warszawy", ten, co i mnie objeżdżał – ale on tylko firmuje, w istocie pisze to podobno Werblan). Był też atak na Michnika (wspominałem), przykry, z podtekstem antysemickim. Jak Jaroszewicz był w Londynie, władze polskie zwróciły się, aby go chronić przed „rozrabiaczami", i wskazały Sulika i Adasia Michnika, który akurat tam był. Scotland Yard coś tam z nimi robił, a u nas napisali, że to była w ogóle inicjatywa Anglików. No i Adasia usmarowali po świńsku. Podobno wytaczają mu tutaj jakąś sprawę, boję się, że go nie wpuszczą – byłby to pierwszy precedens tego rodzaju.

A poza tym członków Komitetu szykanują, szantażują, trwa wojna nerwów – nie chcą robić sprawy politycznej, chcą im po prostu obrzydzić życie. Metoda wzięta z carskiej policji – a i z NKWD. A swoją drogą ci ludzie z Komitetu imponują mi, zwłaszcza Janek Lipski ze swoim łagodnym, lecz nieugiętym uporem. Widziałem go dziś, opowiadał historyjki różnych szykan – niesamowite. A jednocześnie był list 26 profesorów do komisji sejmowej, aby wszcząć śledztwo w sprawie gwałtów policyjnych, a także list 172 ludzi kultury do posłów – są tam podpisy popularnych aktorów, Olbrychskiego, Wrzesińskiej, Fronczewskiego. Swoją drogą Gierek zadarł z „intelektualistami" i myśli, że mu rzecz ujdzie na sucho. A czy ujdzie? Tego nigdy nie wiadomo – sprawa jakoś wcale nie ucicha, choć oczywiście prasa o niczym nie informuje. A Edmund Osmańczyk w wywiadzie dla „Trybuny Ludu" powiedział, że rządzą robotnicy i tylko oni się liczą, a inteligencja „dawnego typu" nie ma nic do gadania i powinna milczeć. Bezczelny typ! Ale swoją drogą dużo się zmieniło od czasów, gdy polowano na „intelektualistów", aby podpisywali różne apele pokoju. Wychodzi na marksowskie, że najważniejsza sprawa to robotnicy, choć ja osobiście nie widzę w nich „przodującej klasy". Ja w ogóle dziś takiej nie widzę: jest nowe społeczeństwo „z awansu", może się ono domagać kiełbasy, ale nie będzie walczyć o zmianę ustroju, któremu swój awans zawdzięcza. W ten więc sposób wychodzi także na Osmańczykowe: że lud buntować się konsekwentnie nie będzie. Może dopiero ich wnuki...

Breżniew zgodził się na wymianę politycznego kontestatora, Władimira Bukowskiego, na sekretarza chilijskiej partii komunistycznej Corvalana. W ten sposób postawił się na równej stopie z dyktatorem Pinochetem. Niebywałe! Nasza prasa ani rosyjska oczywiście tego nie podała, ale na Zachodzie się prześmiewują. Nie za dużo co prawda, bo w ogóle niczego nie rozumieją. O ich skórę też chodzi, ale oni niczego nie chcą widzieć – tylko swoją inflację. Idioci!

Wziąłem się po trochu do symfonii i kończę trzecią część (będą cztery). Czasem się trochę pisaniem podniecę, ale w zasadzie to pracuję „na pół gazu". I żyję na pół gazu – bo w nic optymistycznego nie wierzę. Może wyjazd za granicę by mnie nieco ożywił. Złożyłem znów podanie o Danię, ale w rezultat niezbyt wierzę. Ostatecznie ich rozumiem, boją się dalszych drak, nie chcą ryzykować. Taki los wypadł nam!

29 stycznia

I znów okropnie długo nie pisałem, a tematów nagromadziło się mnóstwo. Najpierw byłem trzy dni na radzie wydawniczej Polskiego Wydawnictwa Muzycznego w Krakowie. Rozmaici „czcigodni starcy" tam byli, m.in. Sikorski (Kazimierz, oczywiście), Śledziński, Woytowicz, Umińska, z młodych Rieger, Schäffer, Meyer i cała masa muzykologów, którzy obsiedli Tomaszewskiego jak pluskwy. Miecio Tomaszewski miły, plan układa mądrze, tak żeby przypomnieć całą naszą muzyczną kulturę, nawet chce wydawać Palestra, Panufnika etc. Biedny Roman Palester siedzi w tym głupim Paryżu na wolnoeuropejskiej emeryturze i wciąż komponuje, a grać go nie chcą. Może go wreszcie ludowa ojczyzna przygarnie – i taki będzie koniec epopei.

Miałem za złe temu PWM-owi, przy którego tworzeniu przez Ochlewskiego byłem przecież jak najbliżej – że taki dobry. Literatura, historia, filozofia, wszystko leży całkowicie, zniszczone przez cenzurę, a tu, „zamiast", muzyka rozkwita w najlepsze, bo nie ma treści, więc jest nieszkodliwa. I pomyśleć, że to właśnie w dużym stopniu ja przekonałem marksistów o beztreściowości muzyki. Naród, który zamiast całej kultury będzie miał tylko muzykę – to ci dopiero!

Jeszcze raz na nowo odkryłem Amerykę: jak głęboko tragiczna i bez wyjścia jest sytuacja pisarza w dzisiejszej Polsce. Chce on opisać tutejsze życie, jest ono absolutnie odmienne od życia w innych ustrojach, nawet miłość, religia, sport – wszystko jest inne, naznaczone piętnem tego systemu, który przekształca wszystko. Ale tutaj pisać jest trudno (do szuflady? – trzeba mieć po temu warunki i wolę), a wydać oczywiście nie można. Więc pisarzyny palą się do wolnego rynku czytelniczego na Zachodzie, tylko że tam nikt się do naszej literatury, nawet tej „podziemnej", nie pali, bo nic z naszego życia nie rozumieją i nic ich nasza odmienność czy specyfika nie obchodzi. W ten sposób literat polski dostaje się w tryby bez wyjścia: tu ma tematykę, lecz nie może nic napisać, bo brak wolności słowa, tam ma wolność słowa, lecz z daleka od tutejszej tematyki na nic mu się tamtejsza wolność nie przyda. Udało się ten dylemat rozwiązać Mrożkowi, ale on się kamufluje, uabstrakcyjnia swój świat, aby był dostępny również Zachodowi, choć soki zaczerpnięte są stąd. No i udaje się czasem wypędzonym Rosjanom, jak Sołżenicynowi, ale Rosja jest potężna i świat, chce czy nie chce, musi się nią interesować. Za to Polska mało kogo obchodzi, świat nie zna jej smaku. Słowem polski pisarz to bezsens: tu być nim nie można, tam – nie ma po co. Czyż nie lepiej było od początku zająć się tylko muzyką? I spokój byłby większy, i sumienie czystsze.

A tu dalej hece z KOR-em (Komitet Obrony Robotników), szykany, radio zagraniczne aż się trzęsie, mnóstwo też pisze prasa niemiecka. Ukuto także w kołach rządowych teoryjkę, że to niemiecko-żydowska intryga, tak aż niemiecka (NRF oczywiście) ambasada mocno się wylękła. Ale wszystko to jest jednak przed społeczeństwem ukryte, kto nie słucha „Wolnej Europy" – nic nie wie. Rząd działa w konspiracji, a opozycja jawnie, podając adresy i telefony – to też śmieszne.

Jeszcze jedna wielka heca się zdarzyła: Klubowi Inteligencji

Katolickiej w Warszawie zabrano instytucję produkcyjną „Libella", z której żył, i oddano Polskiemu Klubowi Inteligencji Katolickiej, czyli Zabłockiemu i Łubieńskiemu. Jest to koniec „Więzi" i Mazowieckiego, który jest w strasznym stanie nerwów i któremu podobno robią takie szykany jak Mikołajskiej (telefony z pogróżkami, wizyty etc.). Tak więc Stomma z Mazowieckim przez długie lata hodowali sobie to, co ich teraz zagryzie: oni to właśnie wykombinowali dać Zabłockiego na moje miejsce w Sejmie, bo „musiał" być ktoś z „Więzi", a Mazowiecki nie chciał odejść. Nienawiść między tymi dwoma ludźmi, Zabłockim i Mazowieckim, zatruła właściwie całe życie warszawskiego środowiska katolickiego, a teraz wcieliła się w podział ideologiczny, bo Zabłocki jest „narodowy" (trochę po moczarowsku), a Mazowiecki „kontestatorski" („po żydowsku", co mu zarzuca UB). Ale teraz to już jest granda i walka z Mazowerem na całego, nikt nie chce ustąpić, Stomma się też bardzo podnieca – swoją drogą będzie to początek likwidacji naszych środowisk, bo do Krakowa też się wezmą. Zabłocki jest tylko narzędziem likwidacji, i to narzędziem głupim. A prymas go lubił, teraz zaś nie bardzo chce i może interweniować, bo stosunki Kościoła z państwem lepsze są przecież niż za Gomułki. Zabłockiego popiera na emigracji Konrad Sieniewicz, który akurat przyjechał do Polski pierwszy raz od lat trzydziestu. To mój przyjaciel z okupacji i pierwszy szef konspiracyjny, zaprosiłem go z żoną do nas i zaraz „koledzy" podejrzewa-ją mnie o jakąś wobec nich przekorę. Co za świat wariacki, swoją drogą.

Niestety, ta sprawa z „Libellą" zniknie wobec innych „kontestatorskich" wydarzeń w naszym bloku. W Czechosłowacji zbiorowy list zwany „Kartą 77", protestujący przeciw systemowi braku wolności i okropna z tym związana awantura, międzynarodowa tym razem. W NRD i Rosji też coś, u nas – wiadomo. Ale ja w to wszystko nie bardzo wierzę: Rosja jest potężna, kapitaliści będą z nią handlować i współpracować, a opozycji dla świętego spokoju ukręci się łeb. U nas niby robotnicy, więc co innego, ale podobno wicepremier Tejchma zabawnie zapytał: „Czy robotnicy w razie czego założą Komitet Obrony Inteligencji?" Chi, chi!

No i wreszcie – moja ciekawa rozmowa. Wezwano mnie do komendy milicji i jakiś facet, przedstawiwszy się jako „major X" [Edward Jankiewicz], odbył ze mną długą rozmowę. Sens rozmowy był, że rozważa moją sprawę paszportową, ale obawia się mojej działalności politycznej za granicą, w rodzaju artykułów w „Europäische Rundschau" i powieści Stalińskiego. Tłumaczyłem mu, że nie jestem żadnym Stalińskim, ale on upierał się przy swoim i mówił, że np. „Śledztwo" to nie powieść, lecz prowokacja (o milicji!). Dyskutowaliśmy długo, nawet na swój sposób ciekawie – broniłem KOR-u i Michnika, którego oni nienawidzą. W rezultacie powiedział mi, że gdybym przyrzekł nie uprawiać podczas pobytu za granicą polityki, dałby mi chyba paszport. Powiedziałem, że mógłbym mu to obiecać, bo w Danii politykować nie chcę, i w zasadzie paszport mi przyrzekł. Ciekawe – chcą mnie jakoś uciszyć i zneutralizować, może przed zbliżającym się (1 lutego) zebraniem Warszawskiego Oddziału Związku Literatów. Chyba trzeba się dać na trochę zneutralizować: niech młodzi powalczą, ja mam już emeryturę... Opozycyjną też. Wszystko mi jakoś w oczach zszarzało – czy to starość, czy znużenie beznadziejnością sytuacji?

6 lutego

Z Andrzejem Micewskim pokłóciłem się trochę właśnie o tę ich walkę ż nową „Libellą", poza którą to walką Mazowiecki i Stomma nie widzą świata, a i Micewski roznamiętniony jest jak diabli. On musi co pewien czas kogoś nienawidzić, teraz sobie ubrdał, że głównym jego wrogiem jest Sieniewicz (sprowadził on tu jakichś chadeków włoskich, żeby poparli Zabłockiego, co się zresztą, zdaje się, nie udało) i postanawia niszczyć go z pomocą prasy zagranicznej. Ale niezbyt mu to idzie: Zabłocki się broni, przedwczoraj ksiądz Kirschke w „Wolnej Europie" streszczał jego opozycyjną mowę sejmową, tu nie podaną, ale służącą mu jako „alibi" dla zagranicy, a także dla prymasa. Sprytnie pomyślane: prymas dosyć Zabłockiego lubi (zręczny Januszek pracował nad tym długie lata) i nie będzie skory go potępiać, tak samo jak niezbyt się pali do obrony inteligentów z KOR-u. Zabłocki chce tworzyć nowy PAX, ale w stylu chadeckim i zaaprobowany przez prymasa. Rzecz nie będzie łatwa, bo partia jest za głupia (lub za mądra...), żeby mu dać większe koncesje, ale też Stommie i innym moim przyjaciołom trudno go będzie całkiem zniszczyć: zbyt długo siedzieli z nim razem w Sejmie, firmowali jego mowy, drukowali je w „Tygodniku", aby im teraz uwierzono, że on taka straszna świnia... Sprawa jest ambiwalentna i najmniej powinien w niej zabierać głos Andrzej Micewski, który sam był w PAX-ie, wielekroć głosował za „realizmem", a w roku 1968 chciał wraz z Zabłockim przeciągnąć środowisko na stronę Moczara – tobyśmy wyglądali... Ale Andrzej musi działać, jak go giez działania ugryzie, nie spocznie, póki całej swej histerii nie wyładuje. Z rezultatem raczej wątpliwym...

Zebranie literatów warszawskich 1 lutego bardzo było dziwne. Poprzedził je artykuł Bratnego w „Kulturze", gdzie nawoływał on, aby nie brać udziału w politykowaniu, lecz skoncentrować się na literaturze, bo inaczej, jak dawał do zrozumienia, represje mogą literaturę zniszczyć w ogóle. Na zebraniu spodziewano się ostrych prowokacji i walk, tymczasem zainteresowane strony milczały. Partia ograniczyła się do króciutkiego oświadczenia p. Dębnickiego, że dzielą nas różnice polityczne, ale łączy solidarna miłość do literatury i jej praw (w duchu więc Bratnego). Wobec tego Lipski, który miał przygotowane przemówienie, też zmilczał i zasadniczej dyskusji nie było. Natomiast głos zabrali outsiderzy i wariaci: Jan Nepomucen Miller, Marek Nowakowski, Jan Wyka, Salomon Łastik, Janusz Rychlewski, Korabiewicz, Himilsbach etc. Ale jaki głos! Wyka, stary komunista z Hiszpanii, przypomniał, że w roku 1923 po zajściach robotniczych w Krakowie rząd Witosa podał się do dymisji, a co teraz?! Wymyślał, ile wlezie, na kapitalizm państwowy i niewolę duchową, chwalił kontestatorów czeskich (też przeważnie byłych komunistów). Swoją drogą tylko wariat może dziś powiedzieć całą prawdę. Miller płakał o krzywdach pisarzy i niewoli słowa w „tak zwanej ojczyźnie", Łastik biadał nad antysemityzmem (niewydanie latami przygotowywanej antologii przekładów z poezji żydowskiej) i motywacją, że „nie można drażnić Arabów", Nowakowski opisywał, jak go wyrzucono z literatury po podpisaniu protestu w sprawie konstytucji. Skargi i złorzeczenia biły pod niebiosa, ale nikt, absolutnie nikt nie raczył na to odpowiedzieć, ani też stary krętacz Iwaszkiewicz, który podobno na zarządzie Związku chwalił się, co to mu Gierek obiecał. Zadziwiające!

Napisałem na temat tego zebrania artykuł, występując również jako emigrant wewnętrzny, ale składający ofertę służenia literaturze jako świadectwu (nawiązałem do Bratnego), jeśli umożliwią pisanie i wydawanie. Artykuł jest rozmyślnie nieco ambiwalentny, aby go cenzura puściła. Jest też w jakiś sposób reakcją na sugestię tajemniczego „majora X", który mówił, że dla załatwienia mi paszportu przydałby mu się „podkład" w postaci „czegoś" pozytywnego. Mam w 75% pewność, że cenzura rzecz uniemożliwi, ale dostarczy mi to argumentu, iż to oni sami wpychają mnie w pisanie za granicą – o czym zresztą świadczą trzy już felietony skonfiskowane tutaj, a pojawiające się w paryskiej „Kulturze". À propos „Kultury", w „Perspektywach" rozpoczął się drukować cykl artykułów niejakiego Mieczysława Góry o Giedroyciu i jego piśmie. Są to przeważnie tandetne bzdury, ale mają fotografie, m.in. całej czwórki w Maisons Laffitte w ogrodzie (Hertzowie i Giedroycie). Zapowiadają „rewelacje" o współpracownikach, ciekawym, czy mnie tam sztachną?!

Gierek był w Ursusie, obiecał robotnikom amnestię, ale powymyślał na KOR. On chce załagodzić sytuację, uciszyć hałas międzynarodowy przed konferencją w Belgradzie, a członkom KOR-u dać w d... indywidualnym nękaniem (to podobno stary pomysł szefa KGB, Andropowa). A w „Mondzie" był wywiad Kuronia, tym razem rozsądny, choć odważny, tyle że moim zdaniem zbyt optymistyczny (możliwość „finlandyzacji"). Taki Carter na przykład nie nastraja do optymizmu, gdy odciął się niedawno od oświadczenia rzecznika Departamentu Stanu w sprawie Sacharowa, mówiąc, iż z problemu kontestatorów nie należy robić kwestii politycznej. Nie mieszać się w „wewnętrzne" sprawy sowieckie, handlować z Rosją i ułożyć się na temat zbrojeń – to samo głosi zimny drań Giscard. Okrutna logika polityki egocentrycznych państw Zachodu – a bez odpowiedniej atmosfery politycznej w świecie nie widzę przesłanek do zmian u nas. „Spiegel" i „Monde" nas nie zbawią, stąd mój pesymizm, stąd równie egocentryczna odpowiedź: „niech inni za łby się biorą, a ja kończę symfonię i dobrze mi". Choć w istocie wcale mi niedobrze.

11 lutego
Nie wiem, czy na konferencji episkopatu podjęto jakieś uchwały w sprawie Klubów, „Libelli", Zabłockiego etc. Poróżniłem się z Micem [Micewskim] i odcięty jestem od wieści – może Henio czegoś się dowie, bo przyjechał z Zakopanego i lata po Warszawie. To jednak człowiek ciepły, komunikatywny i brakuje go tutaj jak „spoiwa".

A prymas, choć tam i w niejednym kazaniu spłaci trybut opozycyjności, to jednak za bardzo rzucać się nie będzie, boć stosunki Kościół–państwo lepsze dziś są niż za Gomułki, kiedy to udaremniono obchody 1000-lecia Polski (jakąż mogliśmy mieć reklamę, jakiż głupi ten Wiesio!), zrobiono idiotyczną nagonkę o list do episkopatu Niemiec i w ogóle dokuczano Kościołowi, ile wlezie. Tak że chyba się partii naszej ten numer uda, a jest to spory cios w katolickie, inteligenckie środowisko Warszawy przede wszystkim. Tylko że ludzie o tym niewiele wiedzą, to jakoś sprawa elitarna. Gierek wykorzystuje chętnie taką niewiedzę, to w gruncie rzeczy nieugięty, zimny spryciarz i taktyk. Ale do powiedzenia nie ma nic: jego mowy, a mówi teraz dużo, to po prostu rekord braku treści – pustka idealna, podobnie mowy Jaroszewicza. Aż się chce rzygać, i te nieustające ich zdjęcia w dziennikach! Oni tą nicością chcą uśpić społeczeństwo do reszty. Czy się im uda? Chyba tak, bo niewiedza jest potężną bronią – tylko my, grupka politycznych maniaków, coś tam jeszcze wiemy. Nawet „Wolnej Europy" ludzie nie bardzo słuchają. Podniecenie międzynarodowe KOR-em już spada, bo teraz na wokandzie jest Czechosłowacja. Nasza „kontestacja" to poligon dla zachodnich dziennikarzy, a co najwyżej pretekst dla Zachodu, żeby troszkę bardziej (a i tak słabiutko) targować się z Rosją o swoje sprawy. Nic więcej.

Innym sposobem usypiania społeczeństwa jest telewizja. Pisywałem źle o Macieju Szczepańskim, jej dyrektorze, a teraz powiedzieć jednak muszę, że to w swoim rodzaju wielki menadżer. Daje mnóstwo amerykańskich filmów, coraz lepsze programy rozrywkowe i sportowe, i oto cała Polska siedzi bez przerwy przed telewizorem, ja sam bym siedział, i nie myśli, tylko chłonie tę opiumową strawę. Ameryka – opium dla ludu, to dobre hasło – ten spryciarz wie dobrze, że jakby pokazywał Rosję, toby ludzi szlag trafił. I tak Polska śpi – a oni rządzą.

Oczywiście – polityczna strona telewizji jest taka sama jak całej prasy – idiotyczna. Idiotyzm ten jest specyficzny, bo bardzo szczegółowo i „wnikliwie" opisują, jak strasznie jest na Zachodzie, jaki kryzys, inflacja, lęk, przygnębienie. Dobrze to nawet piszą ci dziennikarze, ale czy oni nie dostrzegają, jak idiotyczne jest wypełnianie szpalt podobnie drobiazgowymi analizami i pracochłonnymi atakami, podczas gdy o Polsce nic krytycznego napisać nie wolno. Chyba ci, co siedzą za granicą, z jednej strony chcą tam zostać za wszelką cenę, z drugiej zaś zatracili już wszelkie proporcje i w ogóle zgłupieli. Albo też są to w ogóle idioci i pisząc szczerze ogłupiają Polskę. Bo niby nikt w to ich pisanie nie wierzy, ale jednak jakiś osad zostaje. Głupie to społeczeństwo, awansowani synowie chłopscy muszą za swój awans płacić niewiedzą i wyrzeczeniem się wszelkiego życia politycznego. Tylko my, resztki przedwojennej inteligencji, czujemy, że tu czegoś brak. Ale już nawet przekazać istoty tego braku innym nie potrafimy, zresztą cenzura (wszelka) robi tu swoje.

Zabawne, że jednym z tych, co koniecznie chcieliby pisać o Polsce, polskiej historii i kulturze, jest teraz Kazio Koźniewski. Po ciężkich bólach z cenzurą wydał książkę „Historia co tydzień" o przedwojennych tygodnikach literacko-politycznych. Ileż tam nostalgii za 20-leciem, które zresztą Kazio, jako rzekomo prawowierny lewak, opluwa i krytykuje, ile wlezie. Ale nostalgia za epoką, kiedy można było toczyć walki polityczne, wyłazi wszelkimi porami. Chcę o tej książce napisać recenzję pt. „Dyskretny urok burżuazji", ale znów problem – czy cenzura puści. Oni naprawdę zmuszają nas do pisania za granicą. A Gierka nic sprawa cenzury nie obchodzi albo też obchodzi go, żeby nic nie gadano, tylko od rana do nocy wychwalano ojczyznę i roztkliwiano się nad tym, jak to zbożnie i „po gospodarsku" (ulubiony zwrot) należy pracować. „Módl się i pracuj" to również hasło socjalistyczne, tyle że modlić się należy oczywiście do partii.

22 lutego

A więc „wyszedł" polski „samizdat", gruby tom maszynopisu na 250 stron, oprawny w piękną tekturę, zawierający utwory skonfiskowane (fragmenty) lub nie mające szans druku. Nosi tytuł „Zapis I", jest go podobno 20 egzemplarzy. Tom zredagowali: Jerzy Andrzejewski, Stanisław Barańczak, Jacek Bocheński, Kazimierz Brandys, Tomasz Burek, Marek Nowakowski, Barbara Toruńczyk, Wiktor Woroszylski. Są w nim utwory: Stanisława Barańczaka, Ryszarda Krynickiego, Kazimierza Brandysa, Jerzego Ficowskiego, Jerzego Andrzejewskiego, Wiktora Woroszylskiego, Jacka Bocheńskiego, Barbary Sadowskiej, Jakuba Karpińskiego, Jana Komolki (debiut), Marka Nowakowskiego, Kazimierza Orłosia, Jerzego Narbutta, Barbary Toruńczyk, Andrzeja Drawicza, Tomasza Burka, Antoniego Słonimskiego. Kolportaż odbywa się metodą „podaj dalej".

Tak więc spełniło się po trochu marzenie moje, a i Giedroycia – żeby zwalczyć cenzurę publikując poza nią. Tylko że... teksty nie są za dobre. Odbija się na nich to, że pisane były raczej z nadzieją na druk, więc bywają połowiczne, niezbyt upolitycznione. Trudno byłoby właściwie zrobić listę książek zakazanych, istnieje raczej smutna lista książek nie napisanych, rezultat autocenzury. To już ja jestem lepszy, bo wyrzucili mnie z druku – poza muzyką – dostatecznie wcześnie, więc nie mając złudzeń napisałem, z niczym się nie licząc, moje 5 powieści o Polsce współczesnej. Napisałem i wydałem w Paryżu – tyle że mało kto je tutaj czytał, ale wszystkiego widać naraz mieć nie można.

Więc w tym „Zapisie" doskonała jest przedmowa Barańczaka, traktująca o cenzurze (oficjalnej i stosowanej przez wydawców), jej nadużyciach i absurdach, nawiązująca do Orwella. Świetny list Drawicza do rosyjskiego pisarza Bogomołowa (który opluł Polskę), ciekawe, bo niekonwencjonalne studium Basi Toruńczyk o okupacyjnej grupie poetów „Sztuka i Naród", po raz pierwszy wyraźnie formułujące powiązanie tej grupy z Konfederacją Narodu, czyli kontynuacją „Falangi". Dużo poezji, której oczywiście nie czytam, podobnie jak nie zmogłem socjologicznego studium Jakuba Karpińskiego i nieinteligentnej apologii Słonimskiego pióra Burka (robią oni z Antoniego bóstwo – nie ma na to rady). Z prozy jest fragment „Miazgi" Andrzejewskiego o Pasternaku i Stalinie, rzeczywiście niecenzuralny, i fragment powieści współczesnej Brandysa, którą już w maszynopisie czytałem. Słaba jest wspomnieniowa proza Woroszylskiego (o Pasternaku i Gombrowiczu), zresztą śmiało mogłaby się ukazać. Osobną partię zajmują teksty ostro realistyczne, o gwałceniach i mordobiciach, czasem wręcz pornograficzne, jak Jacka Bocheńskiego, którego by mogła nie puścić cenzura obyczajowa na Zachodzie. Do tych ostrych tekstów należy Orłoś, Komolka, także Marek Nowakowski. Za dużo ich, nadają niestety piętno niecenzuralności obyczajowej, nie zaś politycznej – prymas by się na nie wściekł. W sumie obraz twórczości „szufladowej" niezbyt budujący, tyle że właśnie nie miała ona być szufladowa. Zobaczymy, co dalej – jak skompletują drugi tom – nawet mnie już proponowali. Ale tak czy owak, rzecz jest mocna – obok KOR-u, różnych protestów, wywiadów udzielanych za granicą to jest prawdziwy bunt inteligencji twórczej – tyle że czyż to o nią chodzi i czy będzie ona miała coś do gadania? Robotnicy to – jak powiedział Bieńkowski – jedyna u nas „siła krusząca", która już zachwiała i dalej może zachwiać reżymem. A my? Minęły czasy Lenina, który będąc inteligentem, zrobił się wodzem robotników i z ich pomocą opanował

Petersburg. Marzenia Kuronia, Woroszylskiego, Staszewskiego, może i Lipskiego...

Mnie puścili cały ten felieton o zebraniu literatów, o konieczności „odbudowy pogłowia" pisarskiego, o lekceważeniu ludzi, którzy mają dać świadectwo epoce. Był to felieton-oferta, próba zaproponowania trzeciego wyjścia, która powinna była wyjść właśnie od środowiska „Tygodnika Powszechnego". Ale oferta ta, ustawiająca zresztą mnie na „trzecim miejscu", nie będzie podjęta ani w ogóle zrozumiana. Gierek i Łukaszewicz mają gdzieś literaturę, w ogóle nie rozumieją, o co to chodzi, minęły czasy Borejszy i nawet Bermana, bądź co bądź Żydów inteligentnych. Gierek chce się jedynie spotkać z zarządem Związku Literatów – wielka łaska. Sam przemawia tylko do robotników, zresztą głupio i bez treści – propagandowo jest beznadziejnie nieporadny, może go zresztą ktoś w Biurze tak napuszcza, bo walki tam są podobno groźne. A ten osioł nic nie widzi, choćby tego, że kontestatorzy rosyjscy i czescy zatrzęśli jednak opinią „liberalnego" świata, nie tylko już o Chile się tam gada, a Carter napisał nawet list do Sacharowa. Przed konferencją w Belgradzie to jednak jest coś. Może więc jednak ci pogardzani inteligenci to i owo zdziałają? Ba – żeby robotnikom dać inteligencję literatów albo literatom – siłę robotników. Ba...

Byłem na „pogrzebowym" zebraniu Klubu Inteligencji Katolickiej, bardzo przemawiano podniośle, opodatkowano się do wysokości 100 zł miesięcznie, postanowiono walczyć. Prymas niewiele pomógł, choć obiecał pośrednictwo biskupa Dąbrowskiego, a tu Zabłocki (ancymonek!) wystąpił do sądu o realizację całej operacji. „Więź" będzie wykończona wśród serdecznych przyjaciół... Zostaje nasza grupa krakowska, ciekawym, kiedy się do niej wezmą... Andrzej Micewski, z którym zakopałem wojenny topór, mówi, że nieprędko. No tak – to byłby chyba szum większy, choć i tu diabli wiedzą (Bóg wie), jak by się zachował prymas...

2 marca

A więc otrzymałem jednak paszport – od owego tajemniczego majora – i 7 marca jadę. Postawił mi warunek, że do Niemiec nie pojadę i w ogóle nigdzie, tylko do Danii i do Szwecji, i że „politykować" nie będę. Nie są to kraje „ustawne", zwłaszcza że język w nich dziwaczny, ale – chcę popróbować i tego. Mam znajomych Duńczyków, którzy może mnie „urządzą", chcę – nie politykując –

załatwić sobie sprawy „światowe", mianowicie książki: u Puacza, niemiecką u Pipera, wreszcie „Przygodę w Warszawie", którą miał w Londynie wydać Sakowski. Tajemniczy major rozgadał się ze mną o polityce, bardzo nie znosi Michnika, twierdząc przy tym, że on na pewno przyjedzie do mnie do Kopenhagi – w co ja wątpię, choć do niego od razu zadzwonię, aby go przestrzec przed tutejszymi hecami. On tam narobił rzeczywiście olbrzymiego szumu, a znowu Kuroń stąd szumi, udzielając wywiadów na cały świat. Robotników już podobno wypuszczono, prócz 19 „recydywistów", ale Kuroń twierdzi, że KOR nie rozwiąże się, póki nie puszczą ostatniego. Swoją drogą udało im się – dzielni chłopcy. Tymczasem krąży podobno kontrlist, zainicjowany przez Filipskiego (aktora antysemitę, dyrektora teatru z Krakowa), podpisany podobno przez 600 osób – wzywają tam do czystki, do wywalenia wszystkich kontestatorów etc. Podobno partia bardziej jest wściekła na to niż na listy opozycyjne, bo to pachnie wewnętrzną rozróbą i robieniem Gierka „w konia". Poza tym wydano w Rzymie (a dotarły tutaj) kazania w kościele św. Krzyża, wygłoszone przez prymasa w roku 1974, a zafałszowane w duchu „marksistowskim". Prymas się wściekł i robi z tego wielką drakę, ale nie wiadomo komu. „Mój" major twierdzi, że to nie oni zrobili, bo im polityka prymasa odpowiada – że to intryga chadeków (?!), chcących pokłócić prymasa z partią. Dziwaczne to i diabeł nie dojdzie prawdy. Podobnie jak z „Więzią" – major twierdzi, że „Więź" będzie istnieć, że dali jej tylko ostrzeżenie, bo będąc „opozycyjną" (może w ten sposób, że drukowała kontestatorów?), przekroczyła warunki swojej koncesji. Ja mu na to, że minister Bieńkowski, obiecując tę koncesję, obiecał również 100 klubów katolickich, a dali 5 i sam Bieńkowski wyleciał. Tak to jest u nich. A co z „Więzią", to już naprawdę sam nie wiem. Micewski za każdym razem mówi co innego.

Trochę mało mnie już te sprawy obchodzą, bo jadę do kapitalistycznej lodówki, gdzie się o wszystkim zapomina w ich „rozweselającym gazie" – boć ich kłopoty, o których trąbi nasza prasa, nas nie dotyczą. Ten dziennik znów przerwę na 2–3 miesiące, chcę jednak doprowadzić go do końca maja 1978, aby było pełne 10 lat. Lubię okrągłe liczby. Ciekawym, czy moje życie też zamknie się okrągłą liczbą, na przykład 80. A swoją drogą bardzo to dziwne, że żyje się w niewiedzy chwili śmierci. „Nie znacie dnia ani godziny".

14 czerwca

Powrót z Kopenhagi.

29 czerwca

Wróciłem więc po przeszło 3-miesięcznym pobycie w Skandynawii i znowu z trudem przyzwyczajać się muszę do Polski i do tzw. socjalizmu – taki to już widać mój los, siedzenie na dwóch stołkach. O Danii i Szwecji wiele pisać nie będę, bo na ogół wypisałem się na ten temat w felietonach nadsyłanych do „Tygodnika", a przez cenzurę kiereszowanych stosunkowo względnie. Ale dopiero po powrocie widzi się, jaka tutaj bzdura i gówno, chaos, zła organizacja, brak wszystkiego, no i ta prasa kretyńska, wypisująca brednie absolutne, zwłaszcza na temat Zachodu, m.in. właśnie okropnego „kryzysu" w krajach skandynawskich, z których ja akurat przyjeżdżam, a których poziom oraz pokój życia działa po naszym bałaganie, a także nieustającym samochwalstwie prasy – wręcz szokująco.

A tymczasem tutaj zdarzyły się hece polityczne niebywałe, choć na Zachodzie więcej o nich mówią niż tu. Biedny Adaś Michnik w więzieniu (a był u mnie parę dni w Kopenhadze!), dalej Kuroń, Naimski, Macierewicz, Blumsztajn, Lityński, a także dwaj katolicy, Arkuszewski i Ostrowski. Lipskiego wypuścili ze względu na stan zdrowia. Poszło o zabójstwo w Krakowie studenta Pyjasa (moim zdaniem typowa prowokacja ubecka, żeby zmusić Gierka do ostrzejszego działania lub też obalić go), „chłopcy", jak ich nazywam, chcieli z tego powodu urządzić w Krakowie podczas Juvenaliów wielkie studenckie manifestacje, no i – poszli do ciupy, już ze sześć tygodni temu. Czy będzie proces – nie wiadomo – na razie była tygodniowa protestacyjna głodówka w kościele św. Marcina, głodowali m.in. ojciec Adasia, Basia Toruńczyk, a także – niespodziewanie – nasz Bogdan Cywiński ze „Znaku". Prasa (głównie „Życie Warszawy", ostatnio wręcz organ milicji) pluła na nich bezczelnie – a to ci heca!

Tymczasem ukazał się drugi numer „Zapisu", lepszy od pierwszego (znakomita polemika Jacka Bocheńskiego z wazelinującym się partii profesorem Janem Szczepańskim), a pierwszy numer wydano drukiem po polsku w Londynie. Mnie niestety odebrano na Okęciu książki, dziewięć egzemplarzy mojej, wydanej wreszcie w Londynie „Przygody w Warszawie"*, cztery „Materii pomieszanie", a także trzy numery „Zeszytów Historycznych", „Aneks" oraz Stalińskiego („Ludzie w akwarium", o którą to książkę teraz dopiero w środowisku dziennikarskim zaczyna wrzeć – Karol Małcużyński się coś strzępił – są tam fragmenty jego artykułów). Będę się o te książki procesował, ale nie wiem, czy coś wyprocesuję. No i nie bardzo widzę przyszłość przed całą naszą opozycją. Jest tu już Polska całkiem „etnicznie" nowa, pochodzenia chłopskiego, o niczym nie poinformowana, bo prawdę historyczną przed nią ukryto, a nieustanna propaganda ogłupia ich jeszcze z dnia na dzień. Co prawda nie uwierzą oczywiście, gdy się im pisze, że w Ameryce jest nędza i terror, na to są zbyt polskimi chłopami, dla których wizja amerykańskiego „eldorado" wciąż jest żywa, niemniej nie wyobrażają sobie tutaj innej sytuacji politycznej. Przyzwyczaili się, że państwo nimi rządzi i daje im za to wszystko – gdy daje za mało, buntują się, ale na ślepo, nie politycznie, lecz czysto ekonomicznie. Budować przewrót na tym buncie, jak chcą Kuroń czy Michnik, to mrzonka – KOR wydusił z buntu radomskich robotników, co się dało, ale już więcej się nie daje, bo brak ram politycznych, kilkusetosobowa nawet grupa młodzieży sprawy nie zrobi, a czekać na następny bunt za długo – chyba że ma się jakieś czynniki w partii, które taki bunt specjalnie wywołają, ale to rzecz śliska i dwuznaczna. W dodatku ciągłe używanie przez „kontestatorów" słowa „socjalizm", obliczone na iluzoryczną pomoc zachodniej lewicy, zamąca sprawę do cna i odbiera jej dynamizm. Na robotnikach z tym „socjalizmem" daleko się nie zajedzie, a wobec bierności chłopów i pasywności Kościoła (obecna polityka Wyszyńskiego – bardzo na rękę partii) nie bardzo widać elementy, na których „ruchawka" miałaby się oprzeć. Stąd mój pesymizm – i bierność – poza pisaniem. Wyszła w Paryżu książka Michnika z moją przedmową, napisałem coś do lipcowej „Kultury" (jubileuszowej), dałem coś do „Zapisu" i tak się toczy mój światek.

Jerzyk się ożenił. Ślub u św. Krzyża był huczny, wesele też. Naszło się ludzi, towarzystwo było właściwie ciekawe, zwłaszcza na „balu", który odbył się w wynajętej specjalnie sali „Pod Gwiazdami", na 6 piętrze na Marszałkowskiej. Było sporo młodzieży, dzieci w komplecie, a z moich znajomych Turowicz, Henio, Paweł, Bień-

---

* Stefan Kisielewski „Przygoda w Warszawie", Londyn 1976.

kowski, Marysia Dziewulska, Inka Wodiczkowa, Staszewski, Stryjkowski, Hanuszkiewicz. Tańczyłem nawet sporo, aż się zmęczyłem i sam poszedłem do domu. A więc wszystkie dzieci ożenione, a my z Lidią jedziemy – na razie na dwa tygodnie – do Sopotu. Ma tam być to samo towarzystwo plus Jerzy Andrzejewski. A to dopiero! Może zresztą dobrze, że wejdę z powrotem w polskie sprawy, od których nieco się odbiłem.

12 lipca

A więc już przeszło dziesięć dni jesteśmy w Sopocie w domu ZAIKS-u, gdzie dziewięć lat temu zacząłem ten dziennik i gdzie tyle napisałem. Ludzi tu pełno, jadamy obiady z Andrzejewskim i Bardinim, są też Hertz, Stryjkowski, Woroszylski (!), a niedaleko w hotelu mieszka Wodiczko z Inką. W Sopocie straszne tłumy, pogoda różna, ale ja to lubię, a Lidia chyba odpoczywa (to jej pierwszy wyjazd od złamania nogi w Paryżu, w grudniu 1975).

Andrzejewski w dziwnej formie, bo niby spokojny i dobrze wyglądający, ale podszyty nerwami, aż czasem dygocze i od rana pije piwo, butelka za butelką, bo wódki mu nie wolno. O KOR-ze i polityce rozmawialiśmy trochę, ale zdaje się, że on ma już dosyć polityki, chciałby chyba pisać, ale problem cenzury gnębi wszystkich. Podpytywałem go, czy wyda „Miazgę" za granicą (co mu kiedyś nadaremno radziłem), zdaje się, że jest już w tej sprawie chętniejszy, pytał mnie o emigracyjne wydawnictwa poza „Kulturą", bo Księcia, zdaje się, trochę się boi.

W numerze 3 „Zapisu" ma być cała powieść Konwickiego – to sensacja, więc facet też ma dosyć i przechodzi na „pozalegalność", boję się jednak, że wszystkich nas w końcu ów głupek Łukaszewicz wywali z literatury i na placu zostaną wazeliniarze, Kabace, Żukrowscy etc. A Giedroyc w Paryżu nie da rady wszystkiego wydawać, zaś wydawnictwa londyńskie to emigracyjne towarzystwa wzajemnej adoracji, zastygli w swoim sosie i do krajowych spraw się nie palą. Tak że raczej marnie się to wszystko skończy. A co do Adama, też jesteśmy, wraz z Woroszylskim, zdania, że wcale ich nie puszczą i nawet proces zrobią: boją się dalszych zajść, boją się Moskwy, która przed Belgradem (poprawiny Helsinek) chce się okazać twarda, zwłaszcza wobec wystąpienia Cartera na temat „praw człowieka".

Co do Cartera, to trochę zmieniłem zdanie: jednak w swoich

wystąpieniach na temat owych praw okazał się niebanalny i nie tak ślepo rozdygotany na temat *detente* jak Kissinger. Czytam ciągle o owej *detente* w „Le Monde" i krew mnie zalewa – co nas to obchodzi, jak tu z nami robią, co chcą, a my ani zipnąć nie możemy! Bzdurność naszej prasy jest przerażająca, to gorsze niż sam ustrój, bo sprawia wrażenie absolutnego domu wariatów. Chyba jeszcze nigdy tak się nie zapędzono w pisaniu, że czarne jest białe i że dwa razy dwa jest pięć. Istny spisek przeciw prawdzie – to wyrosło z bizantyjskiego ducha Rosji i nie ma nic wspólnego z żadnym socjalizmem czy niesocjalizmem. Ale klamka zapadła. Jak mówi Zygmunt Kubiak (był tu dwa dni), świat podzielił się na dwie części, jak niegdyś Cesarstwo Rzymskie na Wschodzie i Zachodzie. W każdej części panuje absolutnie odmienna problematyka i nic one wzajem o sobie nie wiedzą. I wiedzieć nie chcą. Chyba że...

Chyba że tak się złoży jak w Hiszpanii, gdzie podczas wojny domowej widziano z bliska stalinowskich komunistów w akcji – a także owa osławiona „Passionaria" napatrzyła się wszystkiemu do syta podczas 30-letniego pobytu w Rosji. Rezultat – komuniści w hiszpańskich wyborach przegrali bezdennie, a ich wódz Carillo potępiony został przez Moskwę bezprecedensowo za głoszenie skrajnego „eurokomunizmu". Ale co miał biedak robić w kraju poinformowanym o stalinizmie i to na własnej skórze?

A ja odnoszę wrażenie, że tu, w Polsce, ludzie już nie są poinformowani. Nie znają najnowszej historii, nie widzą ukrytych szwów, nici, z pomocą których niewoli się ich ekonomicznie i psychicznie. Propaganda, choć tak głupia, swoją nieprzerwaną nieustępliwością robi swoje – otępia. Owszem, mięsa nie ma, owszem, życie jest mozolne, ale – czyż mogłoby być inaczej? Tak wszakże pytają ludzie, którzy w życiu nie brali udziału w prawdziwych wyborach. Społeczeństwo młode, więc już nie poinformowane.

23 lipca
Przeprowadziliśmy się do pokoju prywatnego, a tylko obiady jadamy w ZAIKS-ie – to dobrze, bo miałem już twórców powyżej uszu. Jedna tam jest tylko postać malowniczo zabawna: mistrz Jerzy Petersburski, autor słynnego „Tanga Milonga" (na Zachodzie „O, Donna Clara!"), żywcem przeniesiony z innego świata, kiedy to w dancingu „Oaza" grywała orkiestra Golda i Petersburskiego. Wrócił do Polski z Wenezueli przed ośmiu laty, ożenił się z mło-

dą śpiewaczką, ma syna i – zadowolony z życia. Zdumiewające, ale i rozweselające zjawisko: działa krzepiąco, bo egzystuje „przeciw historii". Czego sobie i wszystkim życzę...

Jest tu też Wodiczko. Został dyrektorem opery w Łodzi – piękny, nowy gmach, szereg już świetnych przedstawień za sobą, a tu nagle, jak to u nas, zaczęły się intrygi, kogoś wyrzucili i – byt teatru zagrożony. A więc spełniło się stare marzenie Bogdana, od czasu owego skandalicznego wylania go z Opery Warszawskiej, gdy przeniosła się na plac Teatralny (wtedy intrygę zrobili Rowicki ze Śliwińskim, a zrealizował rzecz w ministerstwie głupi Balicki). Ma więc facet nareszcie daną okazję i warsztat do ręki – tyle że jak zawsze, gdy marzenie spełnia się w innych okolicznościach, rzecz nabrała nowych perspektyw: teatr jest już ukształtowany, nie zaczyna się od nowa, nie można wszystkich wylać, no i – Wodiczko już sporo starszy, nie ta energia, więcej pesymizmu i gorzkawej trzeźwości: No – zobaczymy.

Bardzo smutna wiadomość. Zmarł na Majorce Witold Małcużyński, pianista, mój bardzo dawny kolega i przyjaciel. Robiliśmy razem, w początku lat 30., fortepian u Lefelda, byłem pierwszym entuzjastą i „menadżerem" Witolda na terenie konserwatorium, znałem całą rodzinę: Jurka, Janka, Witka, Karola (naszego dzisiejszego) i Teresę. Ojciec był dyrektorem Giełdy Warszawskiej – stanowisko dziś nieznane. Witold miał rozmach na wielkiego pianistę, wojna wyrzuciła go za granicę, zrobił światową karierę. Ale życie miał niełatwe, żona chora (Francuzka, Gaveau), córki wynarodowione – a on jednak zawsze grawitował ku Polsce. Grał ostatnio gorzej, niepewnie, nerwowo, ale fason wielkości à la Paderewski mu został. Oddaliliśmy się od siebie przez długie wojenne i powojenne lata, ale był mi bliski – mimo pewnych śmiesznostek pozostał szlachetnym człowiekiem. I był to kawał mojej młodości.

Dostałem z domu decyzję Urzędu Celnego na Okęciu, że konfiskata moich książek na lotnisku została potwierdzona. Wściekło mnie to okropnie, napisałem odwołanie do Głównego Urzędu Ceł powołując się, modnym teraz zwyczajem, na Kartę Praw Człowieka i konferencję w Helsinkach. Ale nie wiem, czy mi oddadzą, aura nie jest dobra: cenzura znów zaczęła mnie konfiskować, w „Wolnej Europie" czytają moją powieść „Przygoda w Warszawie", a w lipcowej „Kulturze" ma być mój felieton związany z ich 30-letnim jubileuszem. No cóż, trzeba się jakoś bawić, aby choć trochę zrekompensować własną bezsilność. Na przykład bezsilność wobec bezczelnie przekręcających rzeczywistość ideologicznych artykułów w „Trybunie Ludu" (A. Wasilkowski, Misiorny, Jaworski etc.). Aż się prosi, żeby im odpowiedzieć – a nie można! Trzeba znów będzie w „Europäische Rundschau"...

26 lipca
A więc moja przepowiednia nie sprawdziła się – na szczęście. Z racji amnestii zwolniono Michnika, Kuronia i innych, a także wszystkich robotników, co jeszcze siedzieli – tych nawet, którzy mieli wyroki po 10 lat. Prasa podała rzecz ogólnie, nie wspominając o „kontestatorach", za to „Wolna Europa" trąbi o tym bardzo głośno, twierdząc zresztą niezbyt mądrze, że to początek „dialogu ze społeczeństwem". Żadnego „dialogu" oczywiście nie będzie, dialog byłby, gdyby doszło do procesu, i tego prawdopodobnie Gierek chciał uniknąć. Rozmawiałem już telefonicznie z Adamem, bo aż mi się wierzyć nie chciało, ale był przy telefonie, bardzo rześki i wesoły. Po prostu cud – nic innego!

Co się za tym kryje? Pierwsza moja myśl była, że śledztwo w sprawie krakowskiego studenta wykazało udział w całej sprawie UB, i Gierek, zrozumiawszy, że go robią w konia, postanowił z nich zrobić wariatów. Albo też po prostu nie chciał mieć kłopotów przed przyjazdem do Polski Helmutha Schmidta, przed swoimi podróżami, przed Belgradem itp. W każdym razie jednak, wobec prowokatorsko szczujących artykułów „Życia Warszawy", a także tchórzliwych piesków w rodzaju Dominika Horodyńskiego, pokazał się dość niezależny, decydując się na cofnięcie. A więc znów jakieś ukrywane przed społeczeństwem rozdwojenie w partii wyszło na wierzch – jak w roku 1968. Dla tych oczywiście, co umieją patrzeć.

Pobyt nad morzem się już kończy – dobrze, bo dosyć mam tej „nowej klasy", tych „czerepów rubasznych", co zaludniają tu mola i plaże, szczekają jakąś dziką nową polszczyzną, a gadają tylko o forsie i zabawie. Głupia Polska, owoc ostateczny naszego 30-lecia. Inteligencja wyginęła, klasy się przemieszały, sowietyzm, nowe ziemie – tak zapewne być musi, pisałem o tym wielokrotnie, nawet z humorem, a teraz wcale mi nie do humoru. Obrzydli mi, ojczyzna mi obrzydła, a tu teraz właśnie taka propaganda patriotyzmu, że aż się chce rzygnąć. Czyż ja zawsze muszę być na przekór i osamotniony? Prawdę mówiąc niczego już innego się od życia nie spodziewam.

7 sierpnia

A więc znów w Warszawie. Adasia Michnika widuję dość często, trochę zmizerowany, lecz w dobrej formie, zwolnienie było dla niego samego niespodzianką, bo na dwa dni przedtem jeszcze im prokurator rozszerzył oskarżenie (!) – była w tym na pewno jakaś prawna machlojka, żeby móc zatrzymać rzeczy skonfiskowane KOR-owi (np. maszyny do pisania). Ale co będzie teraz z owym KOR-em, niby osiągnął swoje cele, więc powinien się rozwiązać i przekształcić w co innego. Ale oni, jak słychać, kłócą się tam i mają rozmaite zdanie – Kuroń zwłaszcza to zdaje się człek apodyktyczny i namiętny. Walczą ze sobą, Paweł i Henio przezywają ich „biesami". Ci dwaj moi przyjaciele (Paweł i Henio) niestety ostatnio zwariowali zupełnie. Stworzyli sobie jakiś fantazyjny światopogląd, oparty na marzeniach i erudycji – dziwne zestawienie – wyobrażają sobie, że są dawnymi, krakowskimi konserwatystami, że są jakąś tradycyjną prawicą i przestrzegają przed mieszaniem się w „wewnętrzne porachunki" byłych marksistów, do których zaliczają też Adasia, choć ten, urodzony w 1946, zaiste całkiem nowym jest człowiekiem. Swą niechęć do „kontestatorstwa" rozciągają też – nie wiedzieć dlaczego – na inny komitet, nie „socjalistyczny", bo stworzony przez nacjonalistycznie raczej usposobionego Moczulskiego (jest w jego grupie stary generał Boruta-Spiechowicz, Czuma, ks. Wiśniewski etc.), który wydaje niezłe podobno tajne pisemko „Opinia", oraz nawet przeciw „Zapisowi". Dziwna to poza i „strusiość" u Pawła i Henia – wynika ze specjalnej ich sytuacji psychofizycznej (Żydzi, pedały, literaci, wojna w Rosji) – resztki dawnej inteligencji w tym kraju duchowo zbezczeszczonym i rządzonym kłamliwie, a potajemnie przybierają sobie najdziwniejsze duchowe „kokony" i ochronne barwy, aby jakoś, choćby dziwacznie, przetrwać i coś tam niby robić. Smutne to – a ja, choć od nich starszy, wierzę w młodzieńczą energię Adasia.

„Le Monde" przychodzi teraz dość często – pewno dlatego, że o Polsce znowu w nim ani słowa. Znalazłem za to numer, poświęcony częściowo francuskim siłom zbrojnym, w nim dokładny wykaz miast, gdzie stacjonują mirage z bombami atomowymi. Zaiste – chorzy ludzie ci Francuzi. A i tak bronić się nie będą, po prostu dlatego, że nikt nie uderzy. Mam koncepcję polityki rosyjskiej, która potrwa jeszcze długie lata. Po prostu oni trawią wciąż to, co zdobyli w II wojnie światowej: kraje Europy Wschodniej, w tym pruskie Niemcy, czyli NRD. Podział Niemiec to ich największy sukces: podział udany, bo wytworzył się już jakiś tam patriotyzm NRD, kraj ten ma swój dobrobyt i reklamę w świecie (niesamowity rozwój państwowego sportu!), wreszcie tworzy się między dwoma państwami Niemiec wyraźny, psychologiczny antagonizm – rzecz trwa zbyt długo, aby jeszcze czekać na „wyzwolenie". Rosja trawi więc i umacnia to, co ma, a na przedpolu, czyli w Europie Zachodniej, urządza tylko treningowe manewry psychologiczne (Berlin Zachodni – polityka bata i marchewki, konferencje w Helsinkach i Belgradzie, różne propozycje i hece, aby dać zachodniakom zajęcie, aby zapomnieli, co stracili). Po wielu latach takiej sytuacji zachodnia Europa znudzona czekaniem na agresję, która nie nadchodzi, zmęczona przywództwem amerykańskim, bezrobociem, odcięciem od Azji i Afryki, zmięknie całkiem (a jeszcze do tego wewnętrzny komunizm ją nadgryzie), wtedy Rosja zaproponuje jej pracę dla siebie, swoje rynki zbytu, swoją pomoc. I tak, bez żadnej wojny europejskiej Zachód wpadnie w sowieckie łapki. Tylko mieć cierpliwość – i czekać. Żadna obrona militarna Zachodu nie ma więc znaczenia: kto chce się bronić zamiast atakować, ten już przegrał... A demokratyczność form rządzenia w krajach Zachodu idzie Rosji tylko na rękę. Tak komicznie rozwija się świat.

A my – bezsilni całkiem: co najwyżej możemy pisać jak Sołżenicyny czy Amalriki – ale co z tego, to nie polityka. Stale z nostalgią myśli młodzież o legendarnych czasach, gdy Beck, sam jeden (absurdalnie zresztą) prowadził niezależną politykę polską, decydując właściwie o wojnie i pokoju. Jest teraz u nas wieloseryjny film telewizyjny Kowalskiego i Frelka „Przed burzą" właśnie o manewrach politycznych poprzedzających II wojnę światową. Oczywiście, cudownie się tam wybiela Rosję (jeszcze nie doszło do paktu Ribbentrop–Mołotow), ale chyba nie całkiem wbrew woli autorów Beck wychodzi znakomicie, choć chcą go przedstawić jako maniaka-szaleńca. Przypisano mu też słowa Rydza-Śmigłego: „Z Niemcami ryzykujemy utratę niepodległości, z Rosją – utratę duszy". Osobliwie brzmią te słowa w dzisiejszej Warszawie – która dawnej duszy rzeczywiście nie ma za wiele. I w ogóle duszy.

18 sierpnia

Deszcz leje, zimno, lato jak jesień, i to jesień późniejsza. Jerzyk z żoną wrócił znad morza, Wacek jeszcze tam siedzi. Ja waham się tutaj, co robić: czy zacząć nową powieść (brak fabuły, formy, jak nadać równowagę między akcją „romansową" a sprawami naszej publicznej sklerozy, które mnie tak trapią?), czy pisać studium o socjalizmie dla Wiednia (Lendvai), czy może kończyć wreszcie ową nieszczęsną symfonię, co już się wlecze dobre pięć lat?! A jeszcze chcę coś napisać do „Zapisu", to inicjatywa, która bardzo mi się podoba. W rezultacie tylu projektów kończę na felietonach, które zresztą cenzura tnie teraz w sposób bezprzykładny. Te skonfiskowane w całości posyłam do „Kultury", ale co z tego?!

Przewertowałem od deski do deski lipcowo-sierpniowy jubileuszowy numer „Kultury". Jest tam też mój felieton na 30-lecie pisma, ale niewiele w nim treści, poza żartami na temat własny. Zrobiłem tak umyślnie, bo to pierwszy raz coś specjalnie dla nich napisanego pod nazwiskiem* i nie chciałem, żeby mnie tu wykończyli, przeciwnie, żeby się przyzwyczaili. Tej taktyki nie zrozumiał Gucio Herling-Grudziński, podbuntował też i starego Giedroycia. Bóg z nimi.

Ale ten numer, choć miejscami świetny (Kołakowski, Unger, Byrski, Gombrowicz, ciekawe materiały krajowe), przygnębił mnie trochę. Ton bowiem nadają starsi panowie z dawnych Kresów, anachroniczni, zapatrzeni w sprawy Litwinów, Ukraińców, Białorusinów, zapominający, że dzisiejsza Polska to kraj przesunięty ku środkowi Europy, na nowych terytoriach, z nową psychicznie, zmaterializowaną i obcą ludnością, odcięty od wschodu dawnej Rzeczypospolitej, z granicą zachodnią wymyśloną i zagwarantowaną przez Rosję. Co mają do tego starsi, anachroniczni panowie, a nawet i ci młodsi, krążący jeszcze w aurze marksizmu, choćby sprzed lat dwudziestu? Nie mamy nic do gadania, nawet „przyłączając się" do buntów robotniczych, bośmy z innego świata. A tego stary Książę nie chce zrozumieć!

---

* Kisiel, *Wołanie na puszczy: Na dwóch stołkach*, „Kultura" 1977, nr 7/8 (lipiec–sierpień). Felieton pisany: Warszawa, czerwiec 1977.

ZESZYT 16

27 sierpnia

Zaczynam nowy (szesnasty) brulion tych notatek – oczywiście dla ewentualnego czytelnika nie jest to żaden etap, bo on, jeśli to kiedyś dostanie do czytania, to w formie maszynopisu lub druku, gdzie podział na bruliony uwidoczniony nie będzie. Zdecydowałem już zresztą o losie tych zapisków: będę je prowadził do końca maja 1978, a potem spróbuję całość opracować pod ogólnym tytułem: „Dziesięć lat". Bo tyle akurat będzie. Myślę, że jest to 10 lat dosyć psychicznie jednolite, nie ma co ciągnąć dalej, trzeba przestać i opracować, zaokrąglić „do druku". Co prawda nie wyobrażam sobie, kiedy i gdzie ten druk – iluż ludzi by się obraziło, nie mówiąc już o władzach PRL. A swoją drogą ciekawi mnie, jak całość wyjdzie w czytaniu – zapomniałem już zupełnie, com pisał w pierwszych brulionach i czy dużo razy sobie przeczyłem...

A tymczasem u nas kryzys gospodarczo-rynkowy, jakiego jeszcze nie było. Nie tylko już mięsa nie ma, ale i wielu innych rzeczy, na przykład kawy (w kawiarniach zbożowa), ciastek, mąki, czasem w ogóle najprostszych rzeczy. Ceny skaczą bez urzędowego „sejmowego" powiadomienia, jest odwrót od pieniądza, którego ludzie mają sporo, dolar na „czarnym" rynku sięga zawrotnej sumy 150 złotych. Jest ogólna pogoń za tym dolarem, a ucieczka od złotego, jako tako normalny towar kupuje się za dewizy lub bony PKO w sklepach „Pewexu" albo też w nowo utworzonych sklepach specjalnych, gdzie wszystko jest, ale dwa razy droższe. Ludzie nie pracują, wieś, zamiast kontraktować świnie, zabija je i sama zjada. Do tego jeszcze powódź, która w dużym stopniu utrudniła i zniszczyła żniwa. Jak pisał Tuwim: „plajta, klapa, kryzys, krach..."

Jakie przyczyny tego wszystkiego? Oczywiście, trudno je wszystkie znać, jeśli istotne życie gospodarcze jest tajne, a zaszyfrowane masą cyfr, których nikt nie rozumie (w Sejmie, przysięgam, nawet sam Lange wyznać się nie mógł w budżecie). Ogólne przyczyny to chyba: a) przeputanie ogromnych kredytów zagranicznych na inwestycje olbrzymie a nierentowne jak huta „Katowice", na różne najnowocześniejsze maszyny wcale dotąd nie zainstalowane etc.; b) rzucenie na rynek dużej ilości złotych w postaci podwyżek rent, pensji etc., a brak towarów, które za te złote można by kupić – typowa sytuacja „socjalistyczna"; c) zniszczenie rolnictwa przez głupią politykę cen hodowlanych (pasza, skup), przez wykupywanie i komasowanie nie zagospodarowanych gruntów; d) liczenie na iluzoryczne wpływy z handlu zagranicznego bez uwzględniania kryzysu naftowego i w ogóle inflacyjnego na rynkach zachodnich. No i w sumie powszechny bałagan, niewiara w nic, bałagan i rozprzężenie, jakiego tu jeszcze nie widziano, w każdym razie od dawna.

Jak chce Gierek czy jego Secomscy (osły!) na to zaradzić? Szuka rozpaczliwie dalszych kredytów. Był tu senator Mc Govern (kiedyś niefortunny kandydat na prezydenta przeciw Nixonowi) i podobno, bo prasa tego nie podała, obiecał po zniżonej cenie 5 milionów ton zboża. Był szach Iranu, któremu kłaniano się do ziemi, zapominając o wszelkiej „socjalistycznej" demokracji. Wreszcie banki niemieckie dały dwa miliardy marek zachodnich na zakup w RFN urządzeń do gazowania węgla – ten gaz to jużeśmy też z góry sprzedali! Wije się więc Gierek, ale, jak się zdaje, wcale nie przewiduje środków politycznych, którymi mógłby ułagodzić społeczeństwo. Na przykład gdyby powołał Radę Ekonomiczną, wszczął publiczną dyskusję gospodarczą, przyznając się do ciężkiej sytuacji, uciszył nieco bezczelne samochwalstwo prasy, radia i telewizji. Ale gdzie tam, jemu to ani w głowie, to dla niego za trudne, może zresztą napięcia politycznego w kraju nie dostrzega. Kuronie i Michniki dalej liczą na „ruchawki", wychodzą tajne pisemka i druczki („Opinia" Leszka Moczulskiego), ale w istocie tylko robotnicy i chłopi się liczą – inteligencja spadła w cenie. Mówią za to, ale to niepewne, że będzie we wrześniu „plenum szczerości" i zmiany personalne, że Jaroszewicza zastąpi Olszowski, marzyciele sądzą nawet, że z kultury odejdzie ten koszmarny Łukaszewicz. Ale, powtarzam, to niepewne. Na razie marny trzeci numer „Zapisu", w nim tylko jedna pozycja: „Kompleks polski", nowa powieść Tadeusza Konwickiego. A to ci heca! Do 4 numeru „Zapisu" ja też coś daję. Trzeba się bawić.

Umarł Roman Zambrowski, jeden z twórców Polski Ludowej, kiedyś okropny stalinowski drań, potem współautor Października, w końcu (z wdzięczności) przez Gomułkę usunięty i zopozycyjniały. I znów to samo: tylko nędzny nekrolog NIK-u (Moczara?!), nie wspominający w ogóle, że ten człowiek był w najwyższych władzach PRL. Podobno żona zrobiła na cmentarzu scenę, że nie przemawiał nikt od partii. A jednak ci ludzie niczego się z historii nie nauczyli. Stalina wyrzucono z mauzoleum, Malenkow przepadł, Berię rozstrzelali, Chruszczow umarł zapomniany jako „rencista". Rewolucja pożera własne dzieci, z tramwaju „władza" wylatuje się na mordę. A do tego jeszcze Zambrowski Żyd...

16 września
Jesień zimna jak diabli, wietrzna, deszczowa i niewesoła. Również lektury niewesołe, czasem bardzo przygnębiające, jak na przykład pamiętniki Pużaka drukowane w paryskich „Zeszytach Historycznych". Stary socjalista, znajomy jeszcze moich rodziców, sam go znałem. Człowiek bohaterski, jeden z wodzów konspiracji, sądzony w procesie szesnastu, potem więziony w Polsce aż do śmierci. Człowiek bohaterski, a zarazem, strach powiedzieć, jakiż głupi. Polityczny analfabeta, który z właściwej nawet oceny sytuacji wyciąga wnioski jak najbardziej opaczne: Rosja chce nas połknąć, alianci chcą oddać, AK nie uzbrojona? Wniosek – demonstrować naszą nieugiętość i nie gadać z komunistami, bo to demony. Wniosek dobry dla bohatera-samobójcy, nie dla polityka – nastąpiła tu zamiana ról. Kto się podejmie politykować dla narodu, ten nie może dbać tylko o swoją nieskazitelną sylwetkę – polityk to jednak sługa, który musi, w razie czego, utaplać się nawet w błocie. A zresztą – bohater nie musi być koniecznie głupi politycznie. Przykładem – Kościuszko.

Za to teraz mamy polityków realistów, ale znów z innych przeciwnych powodów chce się rzygać. Gierek w Paryżu – cóż za komedia. Dwóch komediantów chcących się ratować, Gierek i Giscard, czytało do siebie z kartek przemówienia, oba po równi wyzbyte treści i obłudne. Jeden chce się ratować finansowo, bo głupio gospodarzył, i przed wrogami we własnej partii, drugi (Giscard) chce przed wyborami pokazać, że się przyjaźni z komunistami, że ma dobre stosunki ze Wschodem. Prasa francuska wychwala Gierka, zapomnieli o „kontestatorach", strajkach, więzieniach, „Le Monde" chwaląc go za realizm i „gospodarność", z lekka tylko wspomina, że jest on *sourd* na sprawy demokratyzacji politycznej, bo nie chce drażnić Rosji. Nikomu tam pewno nie przychodzi do głowy, że na przykład wywiad Gierka w „Le Monde" nie będzie w Polsce przez prasę puszczony, bo jest... niecenzuralny. Mówi on tam o strajku w dziewięciu fabrykach w czerwcu 1976 – tego u nas w prasie nigdy nie podawano. Kłamie też, że owa podwyżka cen to była „propozycja", a nie „decyzja". Poza tym z artykuliku „Mondu" obok wywiadu po raz pierwszy dowiadujemy się, że Polska ma około czternastu miliardów dolarów długów i że zaniechaliśmy budowy rafinerii w Gdańsku. To ostatnie nader znaczące, zważywszy, że była ona konkurencją dla Płocka i miała przerabiać naftę arabską. Pewno Rusy zadziałały. A teren na Stogach, plażowy i lesisty, zniszczono już do imentu. No, ale nie można mieć i rafinerii, i huty „Katowice". Albo – albo...

Po powrocie Gierek spotkał się w Łodzi z literatami i przeróżnymi artystami. Widziałem to w telewizji – cóż za tandeta i komedia! Gierek to istny Nikodem Dyzma, zawsze ma w odpowiedzi jakiś komunał – bez treści, ale niby odpowiedni. To chyba sztuczny człowiek, nakręcony jak marionetka – może dlatego wciąż jednak wygrywa – boć marionetka przegrać nie może.

Napisałem do „Zapisu" o historii moich legalnych walk z cenzurą. Napisałem też felieton do paryskiej „Kultury" o tym, że Rosjanie nigdy nie zaatakują w Europie. W „Zapisie" będą też moje skonfiskowane felietony sprzed roku. Słowem uaktywniam się – ale Michnikowi powiedziałem, że nie przystąpię do żadnej formacji organizacyjnej pokorowskiej, natomiast będę ich popierał jako wolny strzelec. Pokłóciłem się nawet o to z Heniem, który albo zwariował, albo jest w UB. W ogóle dekompozycja polityczna panuje wszędzie, w moim felietonie dla „Kultury" twierdzę, że tak będzie jeszcze 30–50 lat. Felieton dedykuję Zbigniewowi Brzezińskiemu.

Z racji podróży Gierka do Paryża odbył się tu wielki koncert w telewizji, dla telewizji francuskiej. Częściowo było to w Teatrze Wielkim, a częściowo na Starym Mieście. Z konferansjerką francuską, „Mazowszem", sztucznymi zabawami na Starym Rynku. Głupie strasznie i upokarzające, jakby reportaż z życia dzikich. Grali też Marek i Wacek, Wacek mi mówił, że ten koncert kosztował 80 milionów złotych. Cóż za bzdury nie z tego świata!

Prymas ciężko chory, był operowany, czym się komuniści ogromnie martwią. A w RFN-ie anarchiści, czyli Frakcja Czerwonej Armii, znów kogoś porwali, zabijając przy tym policjantów. Oto skutki, gdy się najpierw ma Hitlera, a potem nie wolno nawet upomnieć się o podział Niemiec. Dziwaczne to, a szkopy bardzo spietrane – kanclerz Schmidt odłożył nawet wyjazd do Polski. Za to Gierek jedzie do Rzymu – ten to się rozpędził! Jeszcze go papież pobłogosławi, zawrą konkordat i okaże się, że naprawdę nie ma tu o co się buntować. Europa zwariowała, a Ruscy za 30 lat zhołdują ją bez wojny, co właśnie przepowiadam w felietonie dla „Kultury" zatytułowanym „Moje proroctwo".

Życie jest bez żadnego wdzięku i w ogóle beznadziejnie zatomizowane, egoistyczne – każdy żyje sobie, nie ma żadnych autentycznych i spontanicznych społecznych więzi, nie zastąpią ich różne kretyńskie przymusowe zebrania partyjne. Komuchy tego nie rozumieją, a ludzie właściwie nie wiedzą, czego im brak – kto nigdy nie jadł i nie widział mięsa, ten nie potrafi zdefiniować, czego łaknie. Naród, który od 1930 roku nie zna prawdziwych wyborów...

A jednocześnie głupi Zachód aż się naprasza, żeby mu narzucić ten sam system, boć na oko jest tu dobrze, wszyscy mają zapewnione „prawo do pracy", awans cywilizacyjny jest – bo rzeczywiście u nas jest, choć dla Zachodu regres byłby dotkliwy, tylko że nie sposób im to wytłumaczyć – to się wydaje niewymierne. Anarchiści zachodnioniemieccy znów zatrzęśli NRF-em, Marchais we Francji też wygraża się okropnie. A niech się ten cały Zachód zawali, niech wreszcie coś zrozumieją – naprawdę dość już tej taryfy ulgowej dla nich, podczas gdy my zawsze nosimy na sobie wszystkie ciężary historii.

Pomyślałem sobie, że rozwinięte państwa kapitalistyczne nie mogą konkurować w walce o świat, dopóki, jak mówią bracia komuniści, mają ustrój „burżuazyjno-liberalny". Ustrój taki bowiem zakłada samodzielne, niezależne od celów politycznych, działanie kapitału produkcyjno-inwestycyjnego, co prowadzi do wielotorowości i głupstw. Głupstw zarówno w dziedzinie humanitarnej, gdy na przykład w krajach Trzeciego Świata forsuje się nie taki rozwój gospodarczy, jaki tam biedakom jest potrzebny, lecz taki, jaki potrzebny jest zachodnim firmom, a z drugiej strony w dziedzinie politycznej, wobec Rosji, Chin, etc. Widziałem w stoczni w Kopenhadze olbrzymie okręty budowane dla Kuby i moi znajomi – antykomuniści zresztą – nie widzieli w tym nic anormalnego. A przecież Rosja czy Chiny każdy swój krok gospodarczy stosują do polityki. Totalizm wygra, a antytotalistyczne wyspy świata („miasta świata", jak mówił Mao) dostaną w d... – za swą głupotę i brak koordynacji.

Nie bardzo tu wiem, co z sobą robić: napisałem coś dla „Zapisu", coś dla „Kultury", zamierzam coś większego dla owego „Europäische Rundschau", ale – co z tego wszystkiego. Powieść? Syntetyczna, o wszystkim?! Tyle ich już napisałem i co z tego? Rozmawiam z rzadka z owym tajemniczym majorem i widzę, że on mi przypisuje jakieś wpływy polityczne. A to śmieszne – chi, chi! Ale trzeba udawać. Może pojadę do Krakowa zrobić jakieś kazanie kolegom z „Tygodnika". Tylko że właściwie, co z tego? No cóż, trzeba się bawić...

2 października

Ostatnie 10 dni upłynęło mi pod znakiem KOR-u. Poproszono mnie, abym wraz z Władysławem Bieńkowskim i Andrzejem Kijowskim uformował komisję, która zbada dotychczasową działalność Komitetu Obrony Robotników i da im coś w rodzaju absolutorium, ponieważ oni chcą się przekształcić w ciało inne (najwyższy czas!). Oczywiście, istotna kontrola finansów jest ze względów konspiracyjnych całkiem niemożliwa, bo to wszystko pochowane i „na słowo honoru". Przejrzeliśmy jednak to i owo, zwłaszcza ogromnie ciekawą kartotekę spraw – toć cała epopeja od strajków z czerwca 1976 w Radomiu i Ursusie, przez wiele miesięcy uporczywej walki KOR-u z brutalnością czy perfidią milicji i Bezpieczeństwa, walki zakończonej dramatyczną śmiercią studenta w Krakowie, uwięzieniem korowców, a potem ich zwolnieniem. Przy okazji byliśmy na walnym zebraniu KOR-u w mieszkaniach profesora Lipińskiego, poznałem paru młodych, których nie znałem: Chojeckiego, Naimskiego, Macierewicza i innych. A obok starcy: Pajdak (minister z Londynu!), Rybicki, Cohn, Steinsbergowa, ks. Zieja. Najwybitniejsze osobowości to Kuroń i Michnik, każdy w swoim rodzaju: Kuroń – opanowanie, energia, doświadczenie i pewność siebie, Michnik – migoczący inteligencją, elastyczny, szeroki, wszechstronny. No, i bardzo ofiarny Jan Józef Lipski.

Trafiłem akurat na walkę wewnętrzną, taka oczywiście w Polsce być musi, frondowali Morgiewicz i Ziębiński, wykańczani zresztą dość brutalnie przez przewodniczącego starego Szczypiorskiego. Dwaj frondyści oraz trzeci, nieobecny na zebraniu stary Kaczorowski, przeszli do organizacji Leszka Moczulskiego: Ruch Obrony Praw Człowieka i Obywatela (w skrócie ROPCiO). Jest to organizacja bardziej nacjonalistyczna, hurrapatriotyczna, niektórzy podejrzewają, że o nalocie z lekka moczarowskim, co łączy się z osobowością samego „szefa" – Leszek Moczulski pracował w „moczarującym" tygodniku „Stolica", wykończyli go za książkę „Polska wojna", w której, machinalnie dosyć, wywodził, że kampania 1939 z Niemcami była do wygrania – są tam aluzje antyrosyjskie, książkę wycofano, a Moczulski się obraził. Energiczny facet, jak wszyscy maniacy, stworzył prężną organizację, wydaje powielaczowe pisemko „Opinia", wcale podobno niezłe, wydali też pierwszy zeszyt wcale nie najgorszej historii Polski Ludowej. Adres i skład redakcji są jawnie podane – a to heca! Zresztą grup tajnych i pism jest w Warszawie więcej: PPN, dość tajemnicze (Polskie Porozumienie Niepodległościowe), wyszedł też nielegalny „Robotnik" (!!). We Wrocławiu powstała podobno istna nowa partia polityczna, w Krakowie nowy związek studentów, w całej Polsce księża organizują „oazy", czyli stowarzyszenia i obozy „sodalicyjne". Młodzież podniecona, na wieczorze autorskim Konwickiego w mieszkaniu wnuczki Wańkowicza (niegdyś gnieździe samego Mela), były podobno istne antysowieckie manifestacje i żądają „pełnej niepodległości", obruszając się nawet na tezę Kuronia o „finlandyzacji" – że to niby mało. Trochę to głupie i niebezpieczne, sam Michnik jest przerażony perspektywą „sowieckich czołgów", mówi, że trzeba to zahamować, rozsądny chłopak. Ale się doigrała nasza głupia partia: przez wyniosłość, dygnitarstwo i samochwalstwo, przez brak kontaktu ze społeczeństwem i brak instytucji politycznych ten kontakt umożliwiających, przez dziecinne wręcz błędy gospodarcze: zmarnowanie zachodnich kredytów, nierentowne inwestycje, zniszczenie rolnictwa, zupełny brak rozeznania kapitalistycznego rynku. Takie błędy może robić duża Rosja, ale nigdy mała i „wrażliwa" Polska. Ciekawym, co oni zrobią – na razie mają stracha i czekają na swoje plenum, ale co to pomoże, nawet gdyby Olszowski wywalił Gierka? Wszystkich zdradzili, nawet głupiego Stommę, który chciał im wiernie służyć. No i ta cenzura!

A Stomma ma kłopoty, bo na froncie katolickim dekompozycja – też partia narobiła zamętu, sama nie wiedząc po co. A teraz umarł Kostek Łubieński. Znałem go i politykowałem z nim, chcąc nie chcąc, od długich lat, ale bez przekonania. Dziwne to było w nim połączenie: hrabia szlachetny, patriota, katolik, a z drugiej strony ograniczony tuman, obłudnik i – może nieświadomy – bujacz. 25 lat był posłem, masę niby załatwiał interwencji, ale wszystko połowicznie i bez jaj. Nie był to „bohater moich marzeń" – choć do niego przywykłem. Ale ostatnio, po bzdurach, jakie nawyrabiał z rozłamem w Klubie Inteligencji Katolickiej, drogi nasze się rozeszły. A teraz rozeszły się – na zawsze. A za to prymas Wyszyński podobno wyzdrowiał i – jedzie na synod do Rzymu. Tkwi tam już Turowicz – nie bardzo wiem po co. Po prostu dla przyjemności...

18 października

Byłem 3 dni w Krakowie, aby namówić „grupę krakowską" do złożenia otwartego memoriału do partii i rządu. Od lat nie zabieraliśmy głosu, sytuacja jest napięta, młodzież podniecona, wychodzą konspiracyjne pisemka, na uczelniach tworzą się studenckie komitety – wydawałoby się, że należy przemówić, że głosu naszego zabraknąć nie powinno. Była dyskusja, poparł mnie Kozłowski, Micewski, Malewska, nawet chyba Wilkanowicz, oczywiście także Stomma, ale cóż – nic z tego w końcu nie wylazło, bo Cywiński (którego podpis uważałem za konieczny – redaktor naczelny „Znaku" przecież i brał udział w głodówce) nie chciał podpisać bez Mazowieckiego, którego ja nie przewidziałem – a znowu Turowicz jest w Rzymie i bez niego nic nie można. W rezultacie rozlazło się po kościach, jak to zwykle w „grupie krakowskiej". A był przecież moment, żeby coś powiedzieć i być usłyszanym. Tymczasem młodzi działają półlegalnie czy całkiem legalnie: powstało pismo „Głos" pod redakcją Macierewicza (na powielaczu oczywiście), zrobiło konferencję prasową, podało adres redakcji. Ciekawym, kiedy partia nasza przejdzie do represji: pewno po wizycie Cartera i po głupiej konferencji w Belgradzie.

Rozmawiałem znów z tajemniczym majorem, ale nie bardzo było o czym gadać: on chce, żebym wydawał książki tutaj, mówi, że załatwi zatwierdzenie mi wyboru artykułów w „Znaku". Nie bardzo w to wierzę, ale zobaczymy, choć taka „protekcja" wcale mi się nie uśmiecha. Zapewne chce mnie on „wyłamać" z opozycji, ale za późno, kwiatku: będzie mnie dużo w najbliższym „Zapisie", do innego pisemka też dałem. A „dla siebie", czyli dla zagranicy, piszę z dawna już obmyślone studium „Na czym polega socjalizm?" Chcę tym narobić pewnego szumu, dawno już takowego nie robiłem.

W Niemczech straszne hece z terrorystami, a w ogóle wszędzie zachowują się tak jakby nas, Wschodu, w ogóle nie było na świecie. „Zapomniani przez Boga i ludzi..." A tu z kolei jesień niebrzydka, polska jesień – i co z tego, kiedy ta Polska nędzna, nie swoja, skacowana. A może to ja po prostu jestem skacowany?

27 października

Czy my wszyscy nie jesteśmy przypadkiem zdegenerowani? Przecież jeśli od trzydziestu lat akceptuje się, żyjąc w nim, stan rzeczy, że na białe mówi się czarne, dyktaturę nazywa się demokracją, gwałt przyjaźnią etc., to muszą z tego wyniknąć jakieś konsekwencje psychiczne. Choć się nawet w to nie wierzy, choć się pamięta przeszłość, to jednak przyjęcie tego, bierna nawet akceptacja musi dać rezultat moralnie ujemny. Może nawet lepiej mają młodzi, którzy są bez zaplecza przeszłości, rzuceni w dzisiejszość bez komentarza, jako w stan jedynie realny? Oni są nie tyle uczciwsi, co mniej winni, nie mają obowiązku świadczyć całym życiem przeciw. A my mamy ten obowiązek, ale go nie spełniamy, bośmy zapomnieli. To chyba właśnie jest wina – uświadamia mi się ona zwłaszcza teraz, wobec dookolnego buntu tej młodzieży, co przecież nie widziała innych czasów, a ma dość obecnych. Rzeczywiście, na uniwersytetach i wszędzie młodzież się organizuje, działa, urządza wieczory, wykłady, wydaje pisemka (niestety powielaczowe, bardzo niewyraźne), jest nawet „uniwersytet", chcą też powielać różne książki tu nie znane. Rozmawiałem z Michnikiem i Kuroniem, dzielni chłopcy, choć właściwie nie bardzo wiedzą, co robić dalej. Ciągle żyją swym triumfem, że ich Gierek zwolnił.

A tu Gierek miał nowy sukces: przyjął kardynała Wyszyńskiego, komunikat o tym powtarzano nachalnie i wielokrotnie w telewizji, radio, prasie. W komunikacie powiedziano, że rozmowa dotyczyła sprawy „jedności wszystkich Polaków", w „budowaniu pomyślności PRL" czy coś takiego. „Jak trwoga, to do Boga", źle już musi być z Gierkiem, skoro się ucieka do takich środków, ale z drugiej strony – po co prymas dał się na to namówić? Po co ratować Gierka, jak się sam zawalił swoją przegłupią polityką gospodarczą?! A może kardynał już nic nie rozumie, stoi przed śmiercią i chce po prostu ukoronować swoje życie? Niejeden już przed śmiercią dał z siebie zrobić osła. Podobno ma obiecaną budowę wielu kościołów. Boję się, aby z religią nie stało się jak kiedyś z jazzem. W okresie stalinowskim walczyłem o prawa jazzu uważając, że jest to forma oporu i opozycji. I oto, jeszcze przed 1956, komuchy zrozumiały, że to im nic nie szkodzi, przeciwnie – może pomóc u młodzieży. I oto kluby jazzowe powstały w każdym domu kultury, zmieniono tylko formułę, i to niemal za moją radą: jazz z „muzyki imperializmu amerykańskiego" przechrzczono na „muzykę uciśnionego ludu murzyńskiego" i wszystko było dobrze. Może teraz z kolei komuniści zrozumieli, że nic im nie przeszkadza, gdy ludzie chodzą do kościoła, aby tylko prymas chodził do Gierka? Swoją drogą, skąd oni tacy cwani, komunizm to szkoła perfidii. Ale czy tę perfidię społeczeństwo widzi? Boję się, że nie – nawet Michnik i Kuroń nie wydają się mieć jasnego obrazu. A co będzie z polskim narodem? Młodzi chcą go teraz otrzeźwić, ale czy doceniają, jak bardzo on w tym sowietyzmie zeskurwysyniał?

A tu sześćdziesiąta rocznica rewolucji rosyjskiej, te mowy, te uroczystości przekraczają wszelkie pojęcie: kłamstwa niebotyczne, ociekające frazeologią o wolności i demokracji, wszystko absolutnie przeciwne do rzeczywistości – niebywałe. I my z tym żyjemy i nikomu to nie przeszkadza?! To jest właśnie ta nasza wielka, moralna wina. I te artykuły w gazetach o naszym wiecznym braterstwie z Rosjanami! A tu Michnik pożyczył mi sprawozdanie z moskiewskiego procesu szesnastu. I nikt tego już nie pamięta!

Leszek Moczulski skazany na 3000 złotych grzywny za „nieobyczajność". Nieobyczajność owa polega na tym, że podał dziennikarzom zagranicznym, iż na Śląsku były strajki. A to heca, to ci dobre maniery!!

Strasznie mnie boli noga, chodzę źle, byłem u doktora. „Na czym polega socjalizm?" skończyłem, to chyba najlepsza moja publicystyka, trzeba by ją puścić w świat, ale jak? Trzeba na to wyjechać samemu, a tu o paszporcie brak wieści, dzwonili z Biura Paszportowego, żeby nie przychodzić, bo odpowiedź będzie później. Ciekawe. Znowu to samo. A Bartosz i Król w Ameryce, Marek Nowakowski pojechał do Niemiec. Może w końcu i ja pojadę? Zresztą – nie tak znów dawno byłem przecież w Skandynawii!

13 listopada

Swoją drogą takiej grupy filutów, kanciarzy i oszustów, jak ekipa Gierka, to jeszcze w Polsce nie było. Nikt ich już nawet nie podejrzewa o jakikolwiek marksizm, po prostu trzymają się kurczowo władzy i swoich dostatków, a że głupstw gospodarczych narobili niesłychanych, więc wiją się konwulsywnie, kłamiąc, ile wlezie, i próbując spektakularnie wymyślić coś dla odwrócenia społecznej uwagi, na przykład ostatnio prawo do zakładania „agencyjnych" prywatnych sklepików, na co tylko wariat się nabierze wobec zawartego tam mnóstwa klauzul i zawarowań prawnych wręcz maniakalnych. A rekord kłamstwa pobił nieoceniony Andrzej Werblan, który na sympozjum w Moskwie z okazji 60. rocznicy rewolucji (obchody tej rocznicy to zresztą cyrk niesłychany, wręcz opisać się nie da) powiedział, że w Polsce toczy się wielka, jawna publiczna dyskusja o sytuacji, że w dyskusji tej dochodzi do starcia różnych poglądów i na jej zasadzie korekcie podlegają plany inwestycyjne. Absurdalność tego kłamstwa jest już tak wielka, że nie wiadomo wprost, jak się do tego ustosunkować. Oczywiście Werblan miał zawsze opinię cynika i łgarza, ale ta bujda przekracza wszystko: czy to bezbrzeżny cynizm i lekceważenie mówionego słowa, czy też jakiś strach okropny? Może po prostu strach przed Moskwą?

Wygłupiania z 60. rocznicą rewolucji były nie do zniesienia. A Gierek siedział wciąż na honorowym miejscu. Breżniew go ratuje, a i Zachód też – tego gładkiego mydłka i bezczelnego bujacza. Nie mają innego, czy co? Ratuje go też Zachód – Schmidt uporał się z zamachowcami i przyjeżdża, Gierek jedzie do Rzymu, kardynał do niego chodzi etc. Powariowali!

Ciekawi mnie sprawa Rakowskiego: podobno napisał coś niemal opozycyjnego w wiedeńskiej „Die Presse", potem znów w „Polityce" o konieczności reform decentralizacyjnych, za co go jakieś typy stuknęły w „Życiu Warszawy". Ciekawe, co się w tym człowieku obudziło, są w nim chyba dwie postawy: jedna chłopskiego rozumu, że jak go wyrzucą, to już nigdy nic nie będzie znaczył, więc trzeba być konformistą, i druga, że chciałby coś zrobić, przyczynić się do jakichś reform, bo absurd sytuacji gospodarczej widzi dokładnie. Bądź co bądź „Polityka" jedna zamieszcza jeszcze od czasu do czasu śmiałe artykuły – co przy obecnym systemie cenzury ogromnie jest trudne.

Cenzura, otóż to! Zapoznałem się z dokumentem, który podnosi włosy na głowie, z którego tchnie czyste szaleństwo, i to ruskie, średniowieczne, bizantyjsko-azjatyckie. Jakiś facet z cenzury uciekł za granicę i ogłosił tam zalecenia szczegółowe Urzędu Kontroli z lat 1974–1977, te właśnie, których my nie znamy, a którymi się oni kierują. Coś niesłychanego! Drobiazgowo wyliczone, o czym nie wolno pisać, na przykład o wybuchu gazów, o orzeczeniach Sądu Najwyższego (!), o szerokotorowej kolei z Katowic do Rosji, o licencjach zagranicznych, o handlu z Afryką Południową, o życzeniach Gierka dla Piaseckiego w 60. rocznicę urodzin, o zburzeniu starych młynów we Wrocławiu, o produkcji cukru, o aktorce Annie Prucnal, o szpitalach budowanych u nas przez zagraniczne firmy, o unitach, o umowach kooperacyjnych z NRF, o filmach Wajdy, o zatruciach żywnością, o chorobach zwierząt, o możliwościach emigrowania, o produkcji papieru, o „Panoramie Racławickiej", o książce Bartoszewskiego „1859 dni Warszawy" etc., etc. Do tego listy nazwisk zakazanych i podejrzanych (ja też jestem), a także wersja oficjalna o Katyniu – sowiecka oczywiście itd. Ci ludzie wszystko wiedzą o swoich zbrodniach i bzdurach, to są cynicy najwięksi, jacy istnieją, groza wieje z tego dokumentu. Myślałem, że o cenzurze wiem wszystko, tymczasem wiedziałem jeszcze mało. Teraz rozumiem, że Ruscy się ruszyli na Czechosłowację, kiedy prasa zaczęła tam drukować bez cenzury. Niewolnik jest niewolnikiem, dopóki o swojej niewoli nie wie. A o takiej postaci cenzury nie wie w Polsce chyba co najmniej 80% ludzi. Niewolnicy, najczystsi niewolnicy!

O wyjeździe nic nie wiem, wokół nuda i draństwo takie, że wytrzymać nie można. I ten Zachód, który absolutnie niczego nie rozumie i rozumieć nie chce. Oddał nasze kraje i zadowolony. Bodaj ich to samo spotkało!

A tu jeszcze do tego dowalili nam ustawę o emerytach na wsi, którą, przy huku trąb triumfalnych i jazgocie całej prasy, Sejm oczywiście jednogłośnie uchwalił. Trzeba zupełnie nie mieć wyobraźni, aby nie wiedzieć, jaki zamęt zasieje ta ustawa na wsi. Daje ona emeryturę starym rolnikom (zresztą emeryturę okropnie niską, około półtora tysiąca), którzy oddadzą swą ziemię państwu lub spadkobiercom, wykazawszy się przedtem, że dobrze na tej ziemi pracowali. Ale się zacznie bałagan i pomieszanie pojęć, zwłaszcza przy małej operatywności wiejskiej biurokracji i przy nieumiejętności państwa zorganizowania czegokolwiek. Grunta leżeć będą odłogiem, a liczenie na to, że „obdarowani" spadkobiercy powrócą do wsi objąć „podarowaną" im ziemię, to bzdura i senne marzenie. Po prostu resztka starych chłopów przestanie pracować i tyle. Niepojęta jest władców naszych głupota – zaiste. I pomyśleć, że nikt, absolutnie nikt za to nie odpowiada!

24 listopada
Skończył się miesiąc obchodów Wielkiej Rewolucji Październikowej i 60-lecia bratniego Związku Radzieckiego – przewaliła się nad nami fala filmów telewizyjnych, audycji radiowych, akademii, artykułów, odczytów etc. No i mowy ogromniaste, z Breżniewem i Gierkiem na czele – wszystkie tej samej treści, a raczej bez treści. Lecz rzecz najciekawsza: mamy oto historię ZSRR bez Troc-

kiego, bez Stalina i bez Chruszczowa! No i bez całej plejady innych, jak Zinowiew, Kamieniew, Bucharin, Radek, Mołotow, Malenkow, bez Jagody, Jeżowa, Berii, ale też bez Tuchaczewskiego, Blüchera, Yakira. Tak więc historia ocenzurowana wstecz, ściśle według recepty Orwella. I wcale im nie żal... Co się więc dziwić, że u nas nie ma Piłsudskiego? My już ruski kraj.

Podobno 60% naszych wpływów z handlu zagranicznego idzie na spłacenie długów, czyli procentów od pożyczek. Ale podobno, bo na pewno nikt niczego nie wie. Jednakże jeden sygnał realnie się pokazał: Basia Seidler umieściła w „Życiu Literackim" reportaż o dewizach zmarnowanych przez różne zakłady, które zakupiły za granicą maszyny nie nadające się do zainstalowania lub niepotrzebne. Dostała te wiadomości „z sobie wiadomych źródeł", rzecz była niesamowita, myślałem sobie, czy jej ktoś odpowie czy nie. No i po paru tygodniach ukazał się w „Życiu" komunikat, że prokuratura wszczęła w paru wypadkach śledztwo...

Sukces ma też Rakowski, bo objechał w „Polityce" tych, co go w „Życiu Warszawy" atakowali. Zmartwili się na pewno nie tym, co napisał, ale tym, co mu pozwolono, że cenzura puściła. Bo to przecież zwyczajni bandyci i chodzi im o to, aby Rakowskiego wykończyć politycznie – o nic innego. A swoją drogą, może im się udać, bo „Polityka" jest ostatnio... za dobra. Krytyka gospodarcza sięga rozmiarami wręcz dawnego „Po prostu", a wynika z niej jak na dłoni coś oczywistego, czego jednak ani pomyśleć, ani powiedzieć się nie da, choć wszyscy doskonale to wiedzą: że socjalizm jest bez sensu i w produkcji musi ustąpić kapitalizmowi. Słowem, że król jest nagi. He, he...

A tutaj tymczasem w Warszawie Helmuth Schmidt... Wielkie przyjęcie, mnóstwo niemieckich chorągwi, Gierek się wije, uśmiecha, przymila. Obaj głędzą drętwą mową, Schmidt się odprężył po historii z anarchistami, a Gierek pewno podżebruje o jakąś forsę. Niemiec, który się kaja za Hitlera przed komunistami – zawsze mnie to gorszyło, ale taka już jest ironia historii. A kiedy Schmidt był tu jako zwykły deputowany w roku 1965, mądry Kliszko kazał go zbojkotować. Ale go to nie zraziło, przeciwnie. Może sowieckie maniery to rzeczywiście dobra metoda na szkopów?

Ale ten Gierek ma szczęście, gładki łobuz! Wszyscy go popierają, starcza ekipa ruska też, bo boi się zmian. A zresztą w dziedzinie duchowej sowietyzacji Polski to on zrobił masę – on i ten jego kompan Łukaszewicz. A w dziedzinie uzależnienia gospodarczego też. Gomułka miał jedną zaletę: był nieudolny i indolentny, wobec czego nie zbudował huty „Katowice".

Lidia przepisała moją pracę o komunizmie, ale żeby ją puścić w świat, muszę wyjechać za granicę. A tu decyzji paszportowej nie ma, jakby coś czuli...

12 grudnia

Świat się już całkiem kończy: Gierek był u papieża, wymienili słodkie przemówienia, razem z nim był Kania (ubek u Ojca Świętego), mówi się o konkordacie, o porozumieniu, o wzajemnych ustępstwach (!!), na razie nic takiego tutaj nie widzę, cenzura jak diabli, mnie ścięli kolejno cztery felietony. Co prawda może to jest represja za pisywanie w „Kulturze" – byłoby to zarazem całkowite zamilknięcie w kraju – tyle że naprawdę niczego już tutaj napisać się nie dawało. A więc jakieś decydujące skrzyżowanie życiowe, właściwie pod każdym względem, bo i fizycznym: nogi dosłownie odmawiają posłuszeństwa, starość po prostu, czyli wszystko się kończy. O cholera!

Ale z tym papieżem to jest naprawdę wściekające – też sobie wszyscy wybrali moment, aby na złość całemu społeczeństwu popierać Gierka! Głaszczą go z lewa i z prawa, z Zachodu i ze Wschodu, a naród ma pysk zatkany i nic powiedzieć nie może. A czego on by teraz chciał, ten naród, tego zresztą nie wiadomo – jedno pewne, że wścieka go zła sytuacja gospodarcza, brak wszystkiego i to idiotyczny, bo w ogonach się stoi na próżno. A nasi władcy zaciekli się w uporze, żeby niczego nie reformować zasadniczo, a tylko wciąż wydawać coraz to nowe, sprzeczne ze sobą wzajemne zarządzenia. Na wsi, jak się zdaje, zasiali tymi emeryturami bałagan tak okrutny, że nic go już zmienić nie zdoła.

Dawniej ludzie krzepili się jeszcze listami pasterskimi episkopatu, teraz ostatni list (słyszałem go w Krakowie) był... o moralności seksualnej i małżeńskiej. Temat w zasadzie piękny, ale w tej sytuacji zabrzmiał jak kompletna bzdura. Ludzie patrzyli po sobie zdumieni, bo zapowiadano „ostry" list. Był ostry – ale...

Młodzież dalej szumi, działa tajny uniwersytet, wychodzą pisemka, ale milicja też się już uaktywniła, są rewizje i różne hece. Miałem odczyt w Krakowie, w duszpasterstwie akademickim u norbertanek. Młodzież przemiła, był też Michnik, który brał udział w dyskusji. Młodzi księża wściekli na prymasa za "kompromisową" linię, ale ja przypuszczam, że on nic nie winien. Jest chory, a tu Rzym go zmusza do ugody, mając w tym jakieś swoje rachuby – pewno te, co zawsze: akcja *pro Russia*, czyli płonne nadzieje, że uda się uzyskać jakiś wpływ na Rosję. Cały czas w naszej historii powtarza się ten sam motyw – poświęcać wierną pobożną Polskę dla "wielkiej" polityki.

Dostałem... paszport po rozmowie z tajemniczym majorem, który ganił mnie za pisywanie w "Kulturze", ja perswadowałem mu, że nie mam innej alternatywy, jak tu pisać nie można. Ale niezbyt chce mi się jechać, czytam francuską prasę i ich głupstwa. No, ale trzeba będzie jeszcze Giedroycia zobaczyć i... pokłócić się z nim.

Dziś zobaczyłem na pokazie film Wajdy "Człowiek z marmuru". Film śmiały, prawda, na bezrybiu... – ale jednocześnie jakiś dziecinny, naiwnawy, pokazani są ludzie niczego nie rozumiejący, a to przecież nieprawda, było inaczej – oczywiście, to się pokazać nie da. Ale i tak cud, że film puścili. Strzępek przemilczanej historii.

Zimno, ślisko, nogi bolą, nędznie. Polska zima, jeszcze jedna. Nudna już trochę ta Polska! Ale wyjścia z niej nie ma. Tu się zaczęło, tu trzeba skończyć.

20 grudnia

Święta już nadchodzą, ludzie siepią się i tłoczą, aby zdobyć "zaopatrzenie", z którym ciągle bardzo kiepsko i lepiej chyba nie będzie. Ekipa Gierka rozmontowała wszystko i bałagan panuje, jakich mało. Zniszczyli rolnictwo, a jednocześnie, przez zmianę podziału administracyjnego kraju (zniesienie powiatów, zmiana liczby województw), zasiali olbrzymi zamęt w aparacie administracyjnym, w rezultacie aparat ten wymknął im się z ręki, a tylko z jego pomocą można by realizować coraz to nowsze zarządzenia, którymi oni próbują się ratować, z dziwną ślepotą ignorując wszelkie reformy oraz posunięcia natury polityczno-psychologicznej, bez których społeczeństwo nie odzyska wiary w to, co się robi. Na złe obróciły się (o paradoksie!) zarówno kredyty zagraniczne, jak i kooperacja z zagranicznymi firmami: dolar zastąpił złotego, który zdewaluował się zupełnie, jako że nic za niego nie można kupić. A ten bałwan Gierek robi słodkie oczy do zagranicy i co najśmieszniejsze, z dobrym skutkiem: papież, Giscard, Schmidt, wszyscy ze skóry wyłażą, żeby nas podtrzymać, teraz znów przyjeżdża Carter, dali pożyczkę (pół miliarda!) na zakup zboża i nawet nie postawili warunku, aby nasza prasa to ogłosiła. Bałwański ten Zachód kompletnie: zamiast pokazać, jak komunizm plajtuje, szpikuje go zastrzykami, żeby dłużej żył. Obłęd! A my w plajcie kompletnej – nigdy w Polsce nie było ludzi bogatych (może dziesięciu, piętnastu), ale teraz to jużeśmy dziady absolutne. I chyba na długo.

Rządząca sitwa zaś czuje się dobrze i ani myśli rezygnować. Gorzej – pozbywają się ostatnich jako tako zdolnych ludzi. Wylano na przykład ministra rolnictwa Barcikowskiego. Ten dawny sekretarz KC podawał się wielekroć do dymisji nie zgadzając się z polityką rolną, ale mu na dymisję nie pozwalano i nikt o tej jego chęci nie wiedział. A teraz nagle faceta wylewają, jakby nigdy nic – wyjdzie, że to on wszystkiemu winien. I dali go na sekretarza do Krakowa, żeby się skompromitował walcząc ze zbuntowanymi studentami. Perfidia – jak należy.

Podobno 14 starych członków partii wysłało do Gierka list z krytyką sytuacji. Nazwiska bycze, sami wylani: Ochab, Albrecht, Zarzycki, Morawski, Marzec, Zakrzewska, Strzelecki i inni. Oczywiście wszystko to jest kiwaniem palcem w bucie. Gierek się obśmiał: ma za sobą Zachód i papieża.

Był Zygmunt Mycielski. Obnosi się ze swoją siedemdziesiątką i trochę nudzi. Rozzłościł mnie, bo napisał do „Zapisu" (podziemnego) apologię Andrzeja Panufnika, a raczej jego ucieczki przed laty. Ale o tym, że nasz ancymonek napisał d o b r o w o l n i e „Pieśń połączonych partii" ani wspomniał. Powiedziałem mu, że nie można odkłamywać sytuacji, kłamiąc samemu jeszcze gorzej. A zakłamani jesteśmy potwornie: przez cenzurę, której tajne instrukcje rozkolportował teraz KOR. Ci młodzieńcy działają, to jedyna pociecha, a druga, że egipski prezydent Sadat wykiwał Rosjan całkowicie, wykazując, że ich cyniczna polityka nie ma na celu żadnego pokoju, lecz przeciwnie – intrygę, napuszczanie jednych na drugich. O czym wie każde dziecko – ale nie na Zachodzie.

Puścili mi wreszcie piąty felieton (o idiocie Tereju), ale tak pocięty, że nie do poznania. Już bym właściwie wolał, żeby wcale nie puszczali niż coś tak spaczonego i popsutego. Będę pisał niecenzuralnie, niech rąbią całkiem!

28 grudnia

Straszna heca się stała, po wizycie Gierka u papieża „Tygodnik" dał sprawozdanie skrócone, coś tam opuszczając, za to zaatakowało go paxowskie „Słowo Powszechne". Przyszło w tej sprawie kilkadziesiąt anonimów do redakcji, od niby to katolików, oburzonych, jak można „cenzurować" papieża. I oto przed samymi świętami pobito w Krakowie księdza Andrzeja Bardeckiego. Niby to „nieznani sprawcy" przed domem, wieczorem, złamali mu nos i żebra. Ks. Andrzej jest „asystentem kościelnym" w „Tygodniku", taki numer to oczywiście uderzenie w Wojtyłę, który uchodzi za najbardziej opozycyjnego biskupa. A więc historia jak ze mną w 1968! Czy to Gierek wymyśla takie rzeczy, czy ktoś robi „za niego" prowokacje – coś się odrzeknie, ale efekt sprawy zostanie?

Ale komunikat z posiedzenia episkopatu 15–16 grudnia sam przez się jest dostatecznie twardy, widocznie jednak prymas zorientował się, że nie można ulegać. Stawia warunki właściwie dla partii, ale do przyjęcia: stan prawny Kościoła „jak przed wojną", organizacje młodzieżowe o swobodnej wypowiedzi, nie zunifikowane, skasowanie cenzury, „wprowadzenie dobrobytu" etc., etc. Dobre, bo nierealne – Gierek schowa rzecz do kieszeni, przemilczy, a jak Carter wyjedzie – da w d... Na szczęście... A „Tygodnik" na tym chamstwie z ks. Andrzejem skorzysta – przypadkiem zresztą. Turowicz jest podobno akredytowany na konferencję prasową Cartera, ale przecież on się o nic nie zapyta. Nie zechce „narazić instytucji", jak to pięknie mówi Micewski.

Dziennikarze zagraniczni już do mnie latają, bo rozeszła się pogłoska, że Brzeziński był parę godzin w Warszawie i rozmawiał z prymasem. Ale to bujda. A w ogóle wizyta Cartera tak będzie urządzona, żeby go nikt nie widział prócz naszych władców komunistów – boć wiadomo, że on do nich przyjeżdża, nie do nas, chudopachołków...

Przeczytałem w „Forum" rozmowy z Kissingerem o polityce i historii. On wciąż tęskni za Metternichem i Bismarckiem, za Kongresem Wiedeńskim, który na 100 lat „uporządkował" Europę. Słusznie mówi, że II wojna światowa wybuchła przez brak świadomości rzeczy mocarstw, które by Europy pilnowały: Francja się wycofała, nawaliła – skutek wiadomy. Ale K. zdaje się nie rozumieć, że Kongres Wiedeński, ćwiartując między mocarstwa Polskę i inne kraje Europy Wschodniej czy Południowej, stworzył uzus, praktykę, na której wyrosła skrajna wiara w amoralność polityczną u Hitlera. Dziś Rosja zachowuje się jak dawne mocarstwa, jak stara Anglia: swój imperializm podbudowuje intrygami międzynarodowymi, wichrzeniem, wyzyskiwaniem konfliktów narodowych, napuszczaniem jednych na drugich, jak na Bliskim Wschodzie. Jest to mocarstwo niebezpieczne, bo anachroniczne — „antyczna" despocja, która z jednego samowładztwa przeszła w drugie, nie przeżywając nigdy okresu liberalnej demokracji. Ale przyjdzie i na nich kryska...

1978

15 stycznia

A oto już rok nowy, jeszcze jeden, jeszcze jeden... Mamy za sobą króciutką wizytę Cartera – głupia ona była, w gruncie rzeczy on ma interesy do Rosji, nie do nas, i nie ma jej zamiaru poprzez nas drażnić, więc wychwalał Gierka pod niebiosy, mówił, że tu jest wolność religii i nawet prasy. Dał pożyczkę na zboże, w sumie pół miliarda, ale nie postawił warunku, żeby to było w prasie, więc nie było. Idioci...

Brzeziński z żoną Cartera byli u prymasa, w wywiadzie potem chwalił kardynała i... Gierka, że to dwaj wielcy mężowie stanu. Ten Gierek ma szczęście, wszyscy go biorą za dobrą monetę, a to blagier i indolent. Ma już 14,5 miliarda dolarów długu, huta „Katowice" na karku, „cud gospodarczy", który się kręci sam dla siebie, wyłącznie na sowieckiej rudzie, bez nadziei eksportowych, zarzuci polski rynek stalą – po cholerę?! Ale kto za granicą to rozumie i kogo to obchodzi?

Konferencja prasowa Cartera była jednak dobra, bo ton nadali amerykańscy dziennikarze, pytali na przykład, „kiedy Polska będzie wolna?" i o inne rzeczy tego rodzaju. Dali to w końcu, choć niedokładnie, w telewizji, śmiechu było dużo, ale co z tego? Jednak naprawdę takiej konferencji jeszcze w PRL nie mieliśmy. Za to Carter przy pomnikach (Nieznany Żołnierz, Nike, Getto) był obstawiony milicją i ludzie nie mogli doń dotrzeć. Osobliwa wizyta.

Przedtem było zebranie episkopatu, gdzie zaczęto stawiać warunki (pisałem o tym), ale potem prymas w jakimś kazaniu, choć ostrym, rzecz zamącił, mówiąc, że chce „prawdziwej katolickiej prasy" (aluzja do nieprawdziwego „Tygodnika"?) i różne dziwactwa. A potem odbyła się Ogólnopolska Konferencja Partyjna, gdzie drętwa mowa lała się w nieskończoność. Gierek wygłosił „wielką" mowę gospodarczą, która była wyliczeniem tego, co w Polsce trzeba zrobić, wyliczeniem nader drobiazgowym, ale bez słówka na temat, jak to zrobić. A za nim już polało się pustosłowie nieskończone. Bez oczywiście żadnych akcentów politycznych, poza króciutką uwagą Gierka, że są tu małe, inspirowane z zagranicy „grupki" przeciwników. Myślę, że cała ta konferencja miała na celu pokazanie nowego aktywu partii, powstałego po niwelacji województw – jednomyślnego i biernego.

Tejchma odszedł z Ministerstwa Kultury, kierownikiem jest na razie Wilhelmi. Oddać kulturę polską Łukaszewiczowi, Szczepańskiemu, Wilhelmiemu, zrazić sobie wszystkich twórców, młodzież, inteligencję – cóż to za bzdury! Ale na głupotę nie ma widać lekarstwa.

Maryta, żona Jerzyka, spodziewa się dziecka. Wacek w formie, Lidia zapracowana, bo „baba" odeszła. Ja jadę do Zielonej Góry na koncert kompozytorski, który mi tam urządza Kazio Morski (!). Skończyłem też symfonię, która się już siedem lat ślimaczy. No i niby – jadę do Paryża. Jeśli pojadę (bo wciąż się boję, że mi po felietonie w noworocznym numerze „Kultury" odbiorą paszport), to będzie już koniec tego dziennika. Postanowiłem wszakże skończyć go w maju 1978 – w dziesięć lat od zaczęcia.

3 grudnia
A więc wróciłem z zagranicy: byłem 7 miesięcy, a wróciłem 29 sierpnia. Byłem we Francji, Anglii, Austrii (w Wiedniu właściwie pierwszy raz), potem jeszcze w Szwecji i Danii. Dawnymi szlakami po Paryżu, bo mieszkałem i w Maisons, i u palotynów, ale i w nowych miejscach, bo np. w Strasburgu, który znałem kiedyś, a który teraz wzbogacił się i wypiękniał niesamowicie. W ogóle szczęśliwe kraje. A ten Wiedeń – mój Boże, jak im się powodzi, tym cholerom!

W Polsce za to fatalnie, kryzys niebywały, a głupota Gierka i jego ekipy jeszcze większa. Wydałem po niemiecku w Zurychu i Osnabrück tę moją książeczkę o komunizmie, dali jej samowolnie tytuł „Polen oder die Herrschaft der Dillettanten". Gniewałem się o to, ale w gruncie rzeczy ów tytuł dobrze maluje naszą rzeczywistość, a nawet prosi się tutaj o ostrzejsze słowa. Kontestatorzy z Adasiem Michnikiem na czele szaleją, jak mogą, ale niewiele to pomaga, zamyka się ich co dwa tygodnie na 48 godzin i puszcza z powrotem. Gierek udaje, że niczego nie dostrzega, z moją broszurą zresztą podobnie. Do „Tygodnika" pisuję, cenzura kreśli, pisuję za to już stale pod tym samym nagłówkiem do paryskiej „Kultury" („Wołanie na puszczy") – tego także nikt nie dostrzega. Cóż więcej można zrobić?! Patrzeć, jak świat wariuje.

Piękna i niesłychana natomiast wiadomość, to był wybór kardynała Wojtyły na papieża. Niesłychane posunięcie ze strony kardynałów, a jakież mądre, jakie nowe otwiera perspektywy! Przez kraj przeszedł dreszcz, absolutny, autentyczny wstrząs – historia ruszyła przecież naprzód w tym sowieckim grajdołku. I znowu głupota władz – ileż intryg robili ostatnio właśnie przeciw Wojtyle! I żadnych z tego nie wyciągną konsekwencji, nie wyrzucą nawet tego głupiego Kąkola!

Polska jest jak Irlandia: kto z niej wychynie, robi światową karierę, a tutaj ciągle zostaje gówno. Niby winni są źli sąsiedzi, ale może Polacy sami to też coś niewydarzonego? Czasem bywają bohaterscy, a czasem jakieś d..., zazdrośni, leniwi, plotkarze. Polska bez Żydów to też fatalny pomysł.

Nie bardzo wiadomo, co robić z resztą „pięknie rozpoczętego" życia. Niby trzeba by wziąć się do jakiegoś większego „dzieła", ale właściwie do jakiego?! Jedno jest pewne – że tego dziennika nie będę już kontynuował. Po prostu nie mam siły (duchowej). Trzeba by właściwie zapisywać wszystko, co się wie, bo prasa o niczym nie informuje i owo wszystko przepada – ale jednak nie będę już tego robił. 10 lat to całkiem wystarcza – mój Boże, gdzie ten czas się podziewa. Wyszła z tego w końcu dosyć spora książka – czy ją ktoś kiedyś wyda – diabli wiedzą. Jestem w fazie pesymizmu co do wartości polskiego słowa pisanego – tyle przecież napisano na emigracji, tyle wydał Giedroyc, teraz tyle jest u nas wydawnictw „podziemnych" – i cóż z tego. Może mi ten pesymizm jeszcze przejdzie, w każdym razie teraz nie mam zapału. Na tym więc koniec, „koniec i bomba", jak mówił Gombrowicz – i pozdrawiam nieznanego Czytelnika, który po latach te zapiski przeczyta – albo i nie przeczyta. Ciekawe pomyśleć, że mnie już wtedy nie będzie. Ale jeszcze ciekawsze – co będzie po owych latach w Polsce?

KONIEC

1979

11 września

Coś tam jednak postanowiłem notować, bo wydarzenia mijają coraz szybciej, przeciekają między palcami, nic z nich nie zostanie. Ale co notować? Politykę? Przesadzałem z tą polityką, ona właściwie tkwi w mojej głowie tylko. Polska przestała być obiektem jakiejkolwiek polityki w świecie: nikt o nas nie ma pojęcia, widać to choćby po głosach prasy zagranicznej z okazji 40-lecia wybuchu wojny. Najwyżej popularny jest... Gierek; Giscard i Schmidt przyjeżdżają do niego, podtrzymują go na duchu i na... forsie, a on nadal tę forsę marnuje, ile wlezie, zresztą wcale nie rządzi, to tylko makieta, drugi Nikodem Dyzma z głupkowato-tajemniczym uśmiechem.

Nie ma więc po co żyć polityką światową, w której zresztą ciągle coś dziwnego się dzieje (upadek szacha, Sadat dogadujący się z Izraelem, Salt II i całowanie się w Wiedniu Breżniewa z Carterem, awantura o oddziały sowieckie na Kubie etc.), żyję więc małą naszą polityczką młodzieżową. Młodzież się stara, wydaje pisma, książki, organizują partie, licho wie co, a ja korzystam, pisząc we wszystkich pismach (bez względu na kierunek – gdzie mnie zaproszą) artykuły, wspomnienia, co się da. Pisywałem już w „Zapisie", „Biuletynie" KOR-u, „Krytyce", „Pulsie", „Głosie", no i w naszej „Res Publice", gdzie napisałem artykuł *monstre*: „Czy geopolityka straciła znaczenie?" – że trzeba iść z Rosją, trudno, ale dogadać się z nią ponad głowami komunistów. Marzenia, marzenia – ale niektórzy wzięli to na serio. No i dalej piszę w paryskiej „Kulturze" i – oczywiście – w nieszczęsnym, do dna duszy cenzurowanym „Tygodniku". Władze nie reagują, tyle że dostałem odmowę paszportu do Paryża – czego się było można spodziewać.

Tragedia pisania w tajnej prasie: co będzie, jak się już wszystko wypisze i – nic nie zostanie do powiedzenia? Milczenie władz ma swój cel: oni nas zaduszą obojętnością! Nawet memoriał „DiP-u"

(„Doświadczenie i Przyszłość"), gdzie są członkowie partii i gdzie przeprowadzono głęboką analizę społeczną, też spotkał się z milczeniem. Oni nas zamilczą na śmierć...

Dużo byłoby do pisania, na przykład o przepięknej, czerwcowej wizycie papieża, która narodowi się przydała, ale rządowi w końcu też. Prymas stary i mało bojowy, biskupy tchórzliwe – tylko młodzież w duszpasterstwach akademickich się stawia. Wydają mi teraz (konspiracyjnie oczywiście) moją książeczkę londyńską „Na czym polega socjalizm?". Samo się to zrobiło – niemal bez mojego udziału, ale napisałem przedmowę.

Na imieniny zwialiśmy z Lidią do Konstancina, głównie, aby nie mieć do czynienia z Heniem i z Pawłem (zbrzydli mi doszczętnie!), ale wpadliśmy trochę z deszczu pod rynnę, jadając z Kazimierzem Studentowiczem i jego żoną. On, ekonomista, katolik, więzień, działacz „Unii", to narwaniec i gaduła niebywały (lat 76!), marzy o nowym ustroju, „katolickim socjalizmie", ale o innej nazwie. Dlaczego wszyscy chcą mieć wciąż inny ustrój, kiedy kapitalizm wcale niezły plus Malthus. Aby tylko mieć kapitały!

W Konstancinie wpadłem też do dziwnego domu Leopolda Buczkowskiego, gdzie ogród pełen rzeźb jego i syna, dom zastawiony obrazami, meblami własnej roboty, założony księgami i papierami. On (lat 74) bez przerwy tworzy, rzeźbi, maluje, gra, komponuje (starych gęśli też tam nie brak), a w zimie pisze swoje dziwne książki. Niesłychane życie!

Więc wróciłem do tych notatek, będę pisał rzadziej, ale jednak...

4 października

Skończył się XXIII Festiwal „Warszawska Jesień". Bardzo dziwna ewolucja Pendereckiego w kierunku muzycznego konserwatyzmu, widoczna w operze „Raj utracony" (teatr ze Stuttgartu), a zwłaszcza w koncercie skrzypcowym. Bardzo śliczny koncercik skrzypcowy Andrzeja Panufnika, także koncert na altówkę Palestra. A więc grają już „emigrantów" – tylko ileż to już lat minęło. Henio mówi, że Panufnik myśli, iż go tu grają umyślnie, aby zwabić do kraju i zamknąć. Jakież idee lęgną się w głowach bliźnich...

Dostałem odmowę paszportu, złożyłem odwołanie, lecz odpowiedź nie przychodzi. Tak więc odmowy mają już: Micewski, Bartoszewski, Woźniakowski, Mazowiecki, Cywiński, Woroszylski.

Za to Turowicz buja po Ameryce, pewno wita papieża, który pojechał tam z Irlandii. Boję się, że nasz *papa* Karol trochę zapomniał o Polsce w wirze spraw światowych. Mówi humanitarnie i humanistycznie, lecz ogólnikowo, bez wchodzenia w przyczyny spraw. Amerykanie chcą przenieść „Wolną Europę" do Waszyngtonu, a dyrektorem zrobić podobno... Ludwika Dembińskiego. To już będzie koniec całego interesu – chcą zniszczyć jedyne, co dla Polski zrobili. W ogóle to oni są straszne dzieciaki: podnieśli wrzask, że wykryto obecność na Kubie jakiejś sowieckiej brygady (po 20 latach!). A to, że kubańskie oddziały biły się w Afryce, to im nie przeszkadzało! Nie mogą też skojarzyć powiązania między podwyżką cen ropy a sprawami politycznymi. No i Carter wszystko już robi pod kątem agitacji przedwyborczej – swoją drogą ta demokracja zamienia się w farsę. Jeszcze u Anglików jest trochę inaczej – pani Thatcher naprawdę ma nowy program społeczno-gospodarczy i realizuje go.

Ale Irlandczycy znów zrobili jej koło pióra, zabijając bogu ducha winnego lorda Mountbattena. Nie mam sympatii do tych irlandzkich katolików i nie sądzę, aby papież mógł im przemówić do rozumu. Co prawda do nas świat nie ma sympatii, bo nie chcemy być Rosjanami, a ja do nich – bo nie chcą być Anglikami. Chi!

Cenzura zdejmuje wszystko, co się tyczy zniszczenia Żydów przez Hitlera. Pewno dlatego, by w oczach nowych pokoleń odebrać państwu Izrael wszelki nimb. To maniacy polityki – ale krótkowzroczni. Jednak historia zdusić się nie da, widzieliśmy to 17 września, po demonstracjach młodzieży z okazji 40. rocznicy wkroczenia Armii Czerwonej na nasze Ziemie Wschodnie na spółkę z Hitlerem. Tyle lat oficjalnego zapomnienia tej sprawy i oto nagle odżyła – wbrew polityce. To napawa optymizmem!

Mam już 68 i pół roku – dużo. Sam nie wiem, jak to się stało. Nurtuje mnie ciągłe poczucie, że się wszystko kończy – musi. Chciałbym jeszcze napisać powieść, którą mam zaczętą, także koncert fortepianowy. Ale wciąż kompleks: czy jeszcze potrafię? Na razie sporo małych robótek publicystycznych, w kraju i za granicą. Felietony w „Tygodniku" też jeszcze ciągną, ale bez specjalnego przekonania. Nie ma już grupy „Tygodnika".

Podobno Zygmunt Hertz jest w Paryżu umierający. Pewno go nie zobaczę, bo paszportu nie dadzą. Skończył się etap podróżowania... Ale to i dobrze – trzeba się trochę skupić.

21 października

Zygmunt Hertz umarł. Zrobiliśmy, jak sobie życzył, mszę u św. Marcina – ks. rektor Dembowski wygłosił piękne kazanie i odważne – o prawdzie historycznej, kultywowanej nad Sekwaną. Tylko że ludzi było trochę przymało, wśród nich Paweł Hertz, Mycielski, Żuławski, Woroszylski, Brandys, Drawicz, Michnik, Karpiński Wojtek, Cichowicz etc.

Była nowa głodówka w kościele św. Krzyża w sprawie Czechów, bo w Pradze ciągle procesy i hece. Głodował „front narodowy", bo obok korowców (Michnik, Kuroń, Macierewicz, Mikołajska, Kowalska etc.) także Czuma, Janusz, ks. Małkowski i inni. Biskup Dąbrowski w oświadczeniu dla prasy zagranicznej odciął się od nich.

Breżniew znów sprzedaje Niderlandy proponując, że wycofa 1000 czołgów z NRD – na pokaz. Zachód tym razem nie bardzo się entuzjazmuje, bo na Kubie wykryto zmotoryzowaną sowiecką brygadę. A w ogóle ten Zachód to coraz głupszy, a za to u nas coraz większy burdel i gospodarcze absurdy. A Gierek nadal klepie swą drętwą mowę, żelazną pokrywę wszystkiego. Ciekawym, czy i na jak długo da się utrzymać mówienie o niczym. A tutaj „NOWA" (tajna drukarnia Michnika i spółki) wydrukowała ankietę „DiP-u" – tego konwersatorium, gdzie są m.in. członkowie partii – Bratkowski, Strzelecki etc., a także Andrzej Krasiński i Andrzej Wielowieyski. Krytyka miażdżąca, pokazany rozkład społeczny i gospodarczy, ale chcą utrzymać system i partię. A ja myślę, że nic się nie uda bez rozsadzenia systemu. Że zaś to politycznie niemożliwe, więc jestem pesymistą i wrogiem. Sytuacja jałowa, lecz jasna. Na tle chaosu i degeneracji myślowej jednostka wyraźna jest chyba potrzebna...

Papież wrócił z Ameryki: wielki szum, zgiełk, entuzjazm – ale mówi truizmy, na przykład ciągle o pokoju. Jakim, do kogo, jakie wojny grożą, a wojny cywilne, czyli „rewolucje" popierane przez Rosję i Kubańczyków, to pies? Oczywiście papież nie może od razu politykować, może zacznie za 2–3 lata? Tak jak w Krakowie: długo milczał, ale w końcu przeszedł do ofensywy. Liczę na to.

Henio w Londynie, u mnie był Alfred Łaszowski: wielka pogoń myśli, bystrość, ale branie swoich życzeń za realność. Wszyscy na starość trochę wariujemy, dlatego wolę młodych. Kręci się ich sporo, przyjemni, choć działają trochę na oślep. Ale – jakaż ich przyszłość?!

Znowu mam górę odczytów – w Toruniu, Wrocławiu, Łodzi. Paszportu nie ma, nudno jest, „sprawa polska" nie istnieje, kłamcy szaleją (jubileusz „Życia Warszawy"). *C'est la vie!* Krzepi mnie trochę Andrzej Micewski, ten to jednak ma jeszcze energię, choć mitoman i nerwus. Ale coś robi!

„Wolna Europa" kończy się personalnie (kandydat na dyrektora: fałszywiec i leń Ludwik Dembiński), „Kultura" stoi na dwóch osobach, „Tygodnik Powszechny" wykańczany przez cenzurę, a Turowicz jeździ po Ameryce i nic nie robi.

26 listopada

Masę czasu upłynęło, masę się wydarzyło, a ja nic nie zapisałem – jakżeż ten czas przecieka między palcami, niewiele twórczego się z niego wytapia. Jakaż to sztuka umieć zatrzymywać czas! A jednocześnie ciągle byłem zajęty, przede wszystkim te odczyty: Toruń, Wrocław, Łódź, Kraków. Olbrzymie masy młodzieży w kościołach (we wrocławskiej katedrze 2500 osób!), podczas gdy latający uniwersytet okropnie prześladują – gdzie tu logika? Zresztą oni pewno nie przywiązują wagi do tego, co się mówi – pesymistyczni policjanci – a chodzi im o osoby i organizacje. Ja, co prawda, też nie jestem zadowolony z tego, co mówię, zawsze wychodzi trochę za ostro, demagogia uproszczenia – to właściwie myślowa grafomania. Ale młodzież wdzięczna – jeszcze jak!

Na 11 listopada znów masę aresztowań i manifestacje – że też ta głupia partia nie może uznać normalnej, narodowej rocznicy – sekciarze! Gierek robi „objazd pasterski" po fabrykach przed zjazdem partii i gada przeraźliwie nudno oraz bez treści. Była katastrofa górnicza, szukano zasypanych górników, a on ględził beznadziejnie o „humanizmie pracy". To chyba już figurant bez znaczenia, za nim kryją się „menedżerowie", którzy zawalili wszystko, a teraz trzęsą się ze strachu – chyba już i przed opozycją we własnej partii. Przed zjazdem rozpoczęła się polecana krytyka – zwala się winę na przeróżne drugorzędne sprawy i koziołki ofiarne, mówią, że w końcu i Jaroszewicza poświęcą. A Amerykanie twardo dają bankrutowi pożyczki – tyle że procenty się płaci.

Amerykany mają teraz kłopot: Chomeini w Iranie (rzekomi „studenci") internował 50 osób z ambasady amerykańskiej i żąda wydania szacha i jego forsy. Carter nie wie, co robić – może go to kosztować wybory. Sporo nawet rozmawiałem z Amerykanami na różnych przyjęciach – mili ludzie, lecz dziecinni. Był też Karl van Wäizsecker, wielki fizyk niemiecki, kandydat na prezydenta, socjaldemokrata (brat w CDU, ojciec – wiceminister przy Ribbentropie). Zadowolone z siebie te szkopy, dobrze im jest, obywatele całego świata – co ich obchodzi istnienie dwóch państw niemieckich czy okrojenie Niemiec. To tylko Strauss jest staroświecki...

Dostałem definitywną odmowę paszportu, ale za to przyznano mi prywatną nagrodę pani Nelly Strugowej, wdowy po pisarzu, siostry śp. Grzędzińskiego. Zrobili mi przyjemność (i 20 000 złotych), w jury sami „kumotrzy": Lipski, Bartoszewski, Żuławski, Brandys (Marian), Kijowski, Cywiński, Jan Józef Szczepański. Wyszła też nielegalnie moja książeczka o socjalizmie, wydana przez drukarnię „imienia Konstytucji 3 maja" ze specjalną przedmową. Mam więc sukcesy nieoficjalne – z oficjalnych to, że na festiwalu we Wrocławiu mają grać moją symfonię. Dobra psu i mucha!

28 grudnia

Już po świętach, zbliża się Nowy Rok. Ludzie walczyli o żarcie i ryby – nawet karpi nie było, a raczej specjalnie karpi, boć to niby tradycja (co prawda, nie wiadomo jaka), a tu – jak na złość – nie ma. W ogóle właśnie najprostszych rzeczy nie ma i co gorsza, żadnego wytłumaczenia też nie ma. W ogóle było szaleństwo ogonów przed sklepami i pogoni za towarem, a także łapówek, kombinacji i oszustw. Po prostu życie społeczno-organizacyjne wymknęło się z rąk władzom, do których ludzie nie mają już żadnego zaufania, i poszło swoim torem. Co mogłoby zaradzić na ten stan rzeczy? Chyba wysunięcie jakiegoś bardzo daleko idącego hasła odnowy politycznej, które potrafiłoby skoncentrować na powrót wyobraźnię i uczucia zdemoralizowanych mas – ale na takie posunięcie ekipa Gierka nie potrafi się zdobyć – to w ogóle sprawa poza ich strefą odczuwania.

Tymczasem nastąpiły dwa ewenementy „rozrywkowe". Jeden to były aresztowania przed 17 grudnia, czyli rocznicą wypadków na Wybrzeżu. Rozeszła się pogłoska o przygotowywanych manifestacjach i oto milicja rozpoczęła aresztowania wśród wszystkich grup młodzieży. Aresztowań było około 200, potem kilkanaście sankcji prokuratorskich. Tylko Michnika i Kuronia nie aresztowano, tyle że pilnowani byli jak diabli.

Wydawało się, że będzie to wielka rozprawa z opozycją, coś na kształt procesu w Pradze. Przygotowane już były podobno miejsca w więzieniach, szykowano armatki wodne do walk ulicznych etc. I nagle wszystkich zwolniono, a zarządzenia prokuratorskie cofnięto. I oto raptem na święta zapanował kompletny spokój. A to dziwy! Trudne do pojęcia i niezbyt poważne. Pewno się nastraszyli, że opozycja szykuje pucz (i to w rocznicę dojścia Gierka do władzy), a zobaczywszy, że nic takiego, cofnęli się w ostatniej chwili, bojąc się rozgłosu, utraty kredytów amerykańskich etc. A może Rosjanie im kazali? Diabli wiedzą.

Druga heca to „protesty" z powodu decyzji NATO o rozmieszczeniu w Europie Zachodniej rakiet nuklearnych. Rosjanie podnieśli wielki wrzask, więc naturalnie we wszystkich naszych krajach rozpoczęła się tzw. fala protestów. Ludzie pojęcia nie mają, o co właściwie chodzi, zwłaszcza co robiono z tymi rakietami w Rosji (tak zwane SS 20), mimo to protestują patetycznie i łzawo: Putrament i Żukrowski w telewizji rzucali okropne gromy na ów potworny Zachód, który chce z powrotem zburzyć nam Polskę ze świeżo odbudowanym Zamkiem na czele. Głupie to było bezdennie, bo o Rosji nikt nie napomknął ani słówka, ale miało pewien rozmach „chomeinowski", Chomeini pokazał, jak orwellowskie „3 minuty nienawiści" można przetworzyć w wielogodzinny obłęd zastępczy – odwracanie uwagi mas to na pewno swego rodzaju mistrzowska sztuka psychologiczna. Wydaje się, że nasze władze na tym się koncentrują, zwłaszcza w przededniu VIII Zjazdu partii, przewidywanego na luty. Gierek jeździ jak oszalały, inni też, a gadają podniosłe frazesy o niczym. Swoją drogą świat staje się absolutnym domem wariatów – a świat wschodni przede wszystkim. A znów świat zachodni jest wariacki swoją normalnością, swoim życiem jak gdyby nigdy nic, swoją absolutną „prywatnością" bytowania. I gdy go zaskoczy obłęd, jak na przykład Amerykanów w Iranie – zachowują się jak duże dzieci.

Ale ma się ochotę właśnie posiedzieć trochę na Zachodzie i odpocząć od tutejszego „ciekawego życia". Zygmunt Mycielski się stara, aby znowu wyjechać (miał odmowy) i zaczerpnąć normalnego powietrza. A ze mną istny klops: dostałem bardzo zresztą grzeczny list od szefa gabinetu ministra spraw wewnętrznych, że po „wnikliwym" rozpatrzeniu sprawy, uznają decyzję odmowy paszportu za zgodną z ustawą i słuszną. A więc bądź zdrów holenderski śledziu (skąd to powiedzenie?). Odpowiedź najostateczniejsza.

Staje teraz przede mną problem, czy pisać w kółko do różnych gazetek i do „Kultury", czy też dać sobie spokój z tym marnowaniem czasu i wziąć się do czegoś większego. Oto problem – wszak życie ucieka. Ostatnio przypomniałem sobie zaczęty niedawno koncert fortepianowy. Może by pojechać z nim do przodu? Ma się przecież tylko jedno życie!

Wyszła w „Znaku" moja książka „Z literackiego lamusa" – takie stare recenzje i przyszczekiwania, ale jak na dzisiejsze czasy wcale jeszcze ciekawa. Tak więc, trzymam się jeszcze ciągle na granicy legalności – dzięki „Tygodnikowi". Ale na zebranie „tygodnikowców" do Krakowa nie pojechałem – trochę mnie drażni Jerzy Turowicz i nudzą oni wszyscy. W ogóle świat wydaje się nudny – to skutek starości czy zmęczenia?!

1980

10 stycznia
Amerykanie usiłują zrobić wielką awanturę o wkroczenie Rosjan do Afganistanu – z tym że tchórzliwe kraje sojusznicze (Francja!) ani myślą się do tego przyłączyć. A i w samej Ameryce farmerzy, na przykład, ani się palą do bojkotu zbożowego (mój konik, zalecam go od lat, radziłem to Brzezińskiemu jeszcze w 1973). A tu Ruscy weszli do Afganistanu w 50 tysięcy ludzi, z czołgami i wszystkim, zabili wraz z rodziną jednego swojego człowieka (Amina) i wprowadzili innego – Karmela. Ten inny nawet liberalniejszy, bo tamten zadarł z islamem i pozabijał ludzi, a ten będzie robił „demokrację ludową" jak jaki Gierek. Ale swoją drogą bezczelność sowiecka jest tu niesłychana, Lipski porównuje to do Hitlera zajmującego Pragę. Ale Zachód nie lubi takich analogii, już „Le Monde" wierzga, że zajmowanie się sprawą Afganistanu to odwracanie uwagi od spraw ważniejszych. Te sprawy ważniejsze dla nich to ich żarcie, picie, tudzież benzyna. Ale jak im ktoś zamknie wreszcie Zatokę Perską i dopływ benzyny ustanie, wówczas przekonają się, co jest ważne, a co nie jest. Nawet im już tego po trochu życzę, skoro takie z nich głupki potworne.

U nas prasa o tym Afganistanie pisze minimalnie – nawet nasze prasowe głupki są trochę zmieszane, bo tu trzeba podać absurdalną sowiecką wersję, że Afganistan „poprosił o pomoc" – poprosił o nią najwidoczniej już po zarżnięciu Amina – zza grobu... A to heca!

Najśmieszniejsze, że to wszystko może pomóc Carterowi w wyborach, bo Amerykany nie zechcą przerywać mu czynności, gdy jest w takich tarapatach (do tego ma wszakże Iran!), a jego przeciwnicy, Kennedy i Reagan, robią głupio, kwestionując jego działania. Liczą, że zwycięży przyrodzony ludzki egoizm i egocentryzm – może jednak się przeliczą. Swoją drogą okropna komedia – z tym ustrojem demokratycznym i parlamentarnym. Niby piękny, a jak głupio wychodzi...

Zaczęły się spore mrozy, jesteśmy w tzw. sercu zimy. Piszę pracę o walce o świat (dalszy ciąg) dla szczeniaków, piszę też koncert fortepianowy. I tak życie płynie – aby do wiosny. Tyle że na Zachód się nie pojedzie – dostałem przecież odmowę już ostateczną, trzecią. Zachód diabli wezmą, a ja nie pojadę! Tak toczy się światek. A za oknem mróz...

24 lutego

Jestem znowu w Zakopanem, co pewien czas muszę tu przyjechać, to takie jakieś „rekolekcje duszy", w dodatku potwierdzające jedność i tożsamość życia, bo trzy lata wczesnego dzieciństwa tu się wychowywałem (1915–1918).

Przemęczyłem się już trochę pisywaniem „u gówniarzy", jak to sobie określam. Rzeczywiście masę u nich napisałem, w szeregu „pisemek": „Zapis", „Biuletyn" KOR-u, „Res Publica", „Głos", „Spotkania", „Krytyka", „Bratniak", w przyszłości „Aspekt" – to chyba sporo. Wydałem też z przedmową „Na czym polega socjalizm?" i teraz wydam jeszcze kontynuację „Walki o świat". Do tego comiesięczny felieton w paryskiej „Kulturze" i w końcu „Tygodnik Powszechny", choć [felietony] konfiskowane, to coś niecoś się ukazuje. Rozpraszam siły – a może należałoby je zebrać – mam zaczętą powieść, co prawda kryminał, ale polski, współczesny, do tego nieźle mi się komponuje koncert fortepianowy. À propos – we Wrocławiu zdjęli mi z programu festiwalu moją „Symfonię w kwadracie", na życzenie Komitetu Wojewódzkiego partii – a więc jedna uchwytna represja, tyle że bezsensowna, bo jak tu karać zakazem komponowania kogoś, kto grzeszy słowem i pismem? No, i jeszcze owa odmowa paszportu, tym razem od samego już pana ministra Kowalczyka. A może teraz, po wysiedleniu z Moskwy Sacharowa (nie pisałem o tym, zrobili to zaraz po ataku na Afganistan), wezmą się i za nas, czyli tzw. kontestatorów? Chociaż ja jestem nietypowy, mam ambicję, żeby nie być ukaranym za jakąś działalność, lecz tylko za poglądy, czyli za pisanie. Ale, oczywiście, zrobią, co zechcą. To i tak cud, że tak długo (dwa i pół roku) udało mi się pisać zarazem w „Kulturze" i w „Tygodniku".

Przyjechałem więc do Zakopanego, przemyśleć sobie sprawy przyszłej twórczości. Trzeba to zrobić, bo czasu jest już naprawdę niewiele – lada moment skończę 69 lat! Coraz częściej myślę o śmierci i – naprawdę – nie wiem, co o tym myśleć. Trudno to sobie wyobrazić, zwłaszcza stronę fizyczną: jak to ciało zacznie „wysiadać", a co dusza na to? Umierać w pełnej świadomości to musi być straszne i piękne zarazem. Ale powolna niemożność fizyczna to okropne, niemożność długo się ciągnąca, rosnąca. I o ile psychika również się wtedy zapada, przekształca w bezradny strach, w bojaźń upokorzenia? Tylu ludzi przez to przeszło, a nic pewnego nie wiemy.

Ale wróćmy jeszcze na razie trochę na ziemię. Był zjazd partii (VIII), a na nim rzekoma sensacja: wywalenie Piotra Jaroszewicza z premierostwa, z Biura Politycznego i w ogóle z KC. Kompletna emerytura! Są rozmaite wersje, jak do tego doszło, bo w telewizji i prasie niewiele pokazano. Nie ulega wątpliwości, że znaleziono po prostu kozła ofiarnego – Jaroszewicz był nie lubiany, fama głosiła, że to człowiek sowiecki, narzędzie Kremla. Ta fama niewiele miała sensu, boć decydowali wspólnie, a hutę „Katowice" zdecydowali Ślązacy (podobno nawet Sowieci mieli wątpliwości co do rozmiarów tej imprezy i szerokotorowej linii kolejowej). Ale cóż szkodziło zwalić na Jaroszewicza, rozładowując w ten sposób napięcia, które mogły „zaistnieć", rozładowując je bez zmiany języka politycznego i obrzędowego, w dodatku z aprobatą sowiecką, bo Susłow siedział za Jaroszewiczem i wcale się nie dziwił. Za to Jaroszewicz dziwił się i był wściekły – oni niczego się z dziejów własnej partii nie nauczyli i zawsze są zdumieni, gdy muszą odejść. Postraszono go „robotniczą" dyskusją, zagrożono, iż padnie w głosowaniu do KC, a potem Gierek za to obsypał go komplementami, że „zasłużony" etc. Słuchał z bezsilną wściekłością, ale potulnie. No i – mianowali Babiucha. To ci dopiero geniusz – ze śląskiej sitwy. Dalej nam nabudują hut i kopalń, aby zdobyć dewizy dla swego własnego folwarku, bo oni Polskę traktują jak folwark. No i w końcu wylecą – ale jak długo na to czekać. I jakaż nuda...

Nuda rzeczywiście przeraźliwa, do tego kończą nam się powoli jedyne rozrywki: „Wolna Europa" i „Kultura". W „Wolnej Europie" brak ludzi do pracy, Zygmunt Michałowski odchodzi na emeryturę, na jego następcę proponują Ludwika Dembińskiego, który jest menda, karierowicz i leń. No, a w „Kulturze" stary Giedroyc, także już się chyba lada moment wykończy, zwłaszcza że po śmierci biednego Zygmunta pracują właściwie we dwoje. Moje pisanie tam to już całkowicie czysty absurd, a tutaj teraz dopiero zaczyna mi na dobre szkodzić. Ale niech już tam...

Jeszcze w marcu wybory do Sejmu. Cóż to za piramidalna bzdura: opisują wszędzie dokładnie całą procedurę głosowania, ale nigdzie ani słowa, na kogo się głosuje, skąd się biorą kandydaci, czy ma się ich skreślać czy nie etc. A ludzie zdają się nie rozumieć wcale, że się ich tym bije po pysku, nie kojarzą w ogóle tego zjawiska z całokształtem życia, nie są w stanie ująć nic całościowo. A przecież poddani są tak bardzo całościowej „obróbce odgórnej" – ciągłej i nieustannej. Niesamowity ustrój, zaś dziennikarze zagraniczni, którzy licznie przybyli na zjazd, nic z tego w istocie nie rozumieją – widzą tylko „cienie z jaskini".

Najwyższy byłby czas przestać się tym wszystkim zajmować i zająć się sobą. Ale jak, którędy, w jakim celu? To wszystko właśnie chcę sobie przemyśleć w Zakopanem – na razie zresztą nic nie myślę, tylko łażę, zwłaszcza że pogoda jest prześliczna. A dni płyną, piasek w klepsydrze się przesypuje... Czy jeszcze coś większego w życiu zrobię? Teraz „młodzi" wydają mi drugą broszurę. A co potem? Tego właśnie nie wiadomo! Choć wciąż się na coś niby liczy...

10 marca

Tydzień temu umarł Jarosław Iwaszkiewicz. Nie można się było nawet zastanowić nad tą śmiercią i jej znaczeniem, bo urządzono taką „narodową hecę", że aż się niedobrze robiło. I chyba wiele osób w końcu uwierzyło, że to naprawdę był jakiś narodowy autorytet. Biedne, swoją drogą, dudki to literackie nasze, pożal się, Boże, środowisko. Zawsze czci jakichś idiotów, przedtem Słonimskiego samorzutnie, teraz Iwaszkiewicza w państwowej gali.

Nie wiem, czy kto rozumie w istocie, jaką szkodę przyniósł ten człowiek polskiemu życiu duchowemu i kulturalnemu przez zakłamywanie się na różnych kongresach pokoju, zjazdach, sesjach etc. Zakłamywał się na patetycznie i na szczerze, aż prawie płacząc tym swoim cienkim głosikiem i to właśnie było obrzydliwe. Nie wiadomo, w co naprawdę wierzył, a w co nie, zdaje się, że był dostatecznie głupi, aby sądzić, że odgrywa jakąś rolę koncyliacyjną. W istocie był dla władz wygodny, więc czasem i coś załatwił, głównie sprawy tzw. bytowe, a na przykład problemów cenzury unikał jak ognia, nawet słowa tego nie wymówił, zajęty zresztą swoją karierą, książkami i owym „dworem" w Stawiskach.

Jakim był pisarzem? Myślę, że typowo skamandryckim, z niewątpliwym, wrodzonym talentem i z dosyć słabą pracą mózgu. Dużo impresyjności, kolorków, melodyjny styl i w gruncie rzeczy jakże niewiele do powiedzenia. Chyba w niektórych nowelach był „niechcący" najgłębszy (np. „Bitwa na równinie Sedgemoor"), poezje, retorycznie i impresyjnie piękne, niewiele mają treści poza pseudogłębokimi westchnieniami nad mijaniem wszechrzeczy. Gdy teraz czytano w telewizji fragmenty jego wierszy, okazały się zastraszająco bezmyślne: ani jednej refleksji konkretnej, którą dałoby się zapamiętać, same „achy" i „ochy".

Tematyki współczesnej przezornie unikał, „Sława i chwała", za którą dostał nagrodę państwową, powieść zresztą słabsza od jego młodzieńczych („Księżyc wschodzi", „Zmowa mężczyzn"), to wymigiwanie się, ale pokazuje na swój sposób, jak polskość cofa się ze Wschodu, wypychana od Ukrainy aż po Mazowsze. Przyjaciele, czyli jego tuby reklamowe, twierdzili, że to Wallenrod, który kiwa komunistów, wydając przy tym doskonałe pismo „Twórczość". Pismo złe nie jest, natomiast z kiwaniem partii to już legenda – kiwał środowisko literackie, a sam używał życia i wypinał się na swe dobrowolnie przyjmowane obowiązki „obrońcy" naszej kultury, którą obrzydzał kłamstwami.

W czasie okupacji zachowywał się bardzo przyzwoicie, pomagając ludziom, a potem... Komuchy oceniły dobrze jego usługi, obsypując go orderami i zaszczytami (nagroda leninowska), nie mieli wszakże drugiego, który by im tak wiernie służył. Ale pogrzeb był już szczytem lipy: zjawili się najwyżsi dostojnicy (tacy, co pewnie nic jego nie czytali), prasa, radio, telewizja pełne były fanfar, porównywano go z Żeromskim, Wyspiańskim, Bóg wie kim. Całą jego „legendę" ukraińsko-brwinowską wyeksploatowano do rzygania, zapominając naraz o potrzebie jakiegokolwiek „tła społecznego". A on pochować się kazał w mundurze górniczym – błaznowanie aż do grobu. „A cierpliwa publika łyka i łyka". Czy Polska naprawdę robi się tak głupia, że da sobie wmówić filuta jako autorytet moralny?! Biedny kraj, zaiste, ale i bez ambicji zupełnie, bez samodzielnego myślenia. Co prawda nowa to zupełnie epoka, gdy totalizm ma na swe usługi tak masowy i nieodparty środek przerabiania ludzi jak telewizja. Orwell rzecz przewidział, a my ją przeżywamy. Tak.

Słychać tutaj dokładnie zradiofonizowane msze i nabożeństwa z kaplicy na Żywczańskim: kazanie i śpiewy niosą się na całe Zakopane. Oto konkurent totalizmu – religia ludowa (też nieco drażniąca). Czy usłyszymy kiedyś: „Galilejczyku, zwyciężyłeś?" I co wtedy pozostanie z normalnej prawdy i zdrowego sensu? Czy tak czy owak, wszyscy musimy zwariować?! Może mnie się jednak uda jeszcze umrzeć nie w Tworkach?

2 maja
Tyle się rzeczy zdarzyło, że właściwie nie wiadomo, o czym pisać. Tak zwane wybory przebiegły bez komplikacji, ilu ludzi głosowało, tego nikt nie dociecze, bo oni fałszywymi cyframi sypią z zasady. Potem pewne sensacyjki, wywalenie Tejchmy i Olszowskiego, ten drugi został, jakby dla kpiny, ambasadorem w NRD. Kępa jest ministrem od środowiska, słowem „sami swoi" zostali na placu. Babiuch miał tasiemcowe *exposé* na tematy gospodarcze, w którym niczego nie powiedział, tylko wyliczał, co będzie poprawiał (w gruncie rzeczy – wszystko). Sytuacja gospodarcza fatalna, byli tu zachodnioniemieccy bankierzy i znów dali forsę, ale podobno z warunkiem, że będą mieli prawo kontroli wydatków. Chi! A społeczeństwo nic o tym nie wie...

Amerykanom nie udał się desant na Teheran, pozderzały im się helikoptery i mają ośmiu zabitych! Jakieś kompletne niedołęstwo, minister Vence podał się do dymisji, bo podobno o niczym nie wiedział. Pokazują kulisy władzy, które Sowieci tak skrzętnie ukrywają. Ciężkie życie z tymi Amerykanami: mieliśmy tu w Klubie Inteligencji spotkanie z amerykańskim ambasadorem p. Schaufele. Smutne, co to za dudki: chwalił się przed nami dobrymi stosunkami z polskim rządem, a odcinał się od „Wolnej Europy". Głupi!

Tu na opozycyjną młodzież spadają ciągle policyjne represje, o których prasa zagraniczna milczy. W końcu doszło nawet do mnie. Miałem jechać na odczyty w kościele w Białymstoku, tymczasem w pociągu na Dworcu Gdańskim mnie zatrzymali i zawieźli do komisariatu Warszawa-Żoliborz. Posiedziałem tam osiem godzin, zabrali mi pisemka, spisali protokół, a zwolnił mnie dopiero tajemniczy major (!) [Edward Jankiewicz – patrz: „Abecadło Kisiela"] zapowiadając, żebym zaniechał odczytów, bo będą mnie zamykać. Napisałem list do organizatorów Dni Kultury Katolickiej w Przemyślu, gdzie miałem jechać, i robię o to sporą awanturę, w której rezultaty zresztą nie wierzę. Ale to tak, dla honoru domu...

Dostałem też odmowę paszportu, szykuje się więc nuda na całego, do końca życia... Bo właściwie nie ma już na co liczyć. „Kościół nie będzie was bronić" – powiedział ów major, i chyba miał rację. Kiepsko to wszystko wygląda, może co najwyżej komponować warto. Ale te wszystkie historie wytrąciły mnie z rytmu i niewiele pracuję. Siedzi w ciupie Mirosław Chojecki, jeden z głównych korowców, kierownik wydawnictwa „NOWA". Podobno chcą mu zrobić proces kryminalny (o rzekomą kradzież jakiegoś starego powielacza), siedzi już ponad miesiąc. A więc poszli na całego – nie licząc się ze światem. Było to w końcu do przewidzenia, że tak się rzecz będzie kończyć. I co tu dalej ze sobą robić?!

16 maja
Maj zimny cholernie i dziwaczny. Ciągle jakieś hece, polityka, kontakty z młodzieżą i w rezultacie niczego twórczego się nie robi, a w głowie całkowita sieczka. Piątego było zebranie Literatów, oddziału warszawskiego. Bardzo śmieszne, przypominało owo sławne sprzed dwunastu lat, 29 lutego 1968. Także w ZAIKS-ie, ludzi masę, poszczekaliśmy sobie, ja bardzo wesoło, o tajnych wydawnictwach, że stałem się optymistą, bo tyle rzeczy wydano. Przemawiali m.in. Jacek Bocheński (też pierwszy raz po dwunastu latach), Szczypiorski o cenzurze, Wolicki zjeżdżał partię, Lipski, Drawicz, Bratkowski (o konieczności reform) i inni. Sprawozdania zarządu pesymistyczne, a partia nasza w ogóle dała tyły zostawiając na placu Andrzeja Wasilewskiego, który nic nie miał do powiedzenia, poza tym, że obiecali mu papier, z którym to papierem, jak zresztą ze wszystkim, jest okropna plajta. Mówiono też dużo o aresztowaniu Chojeckiego, który po tym zebraniu został zwolniony – zresztą gwałt się już podniósł za granicą, a podobno i prymas interweniował. Ale w sumie rzecz jest przerażająca: jeśli partia nie ma ani żadnych argumentów, ani ludzi, to w końcu weźmie się do kija. Absurd bez wyjścia!

A tu 13 maja najechali się do Warszawy przedstawiciele Paktu Warszawskiego, gromada ponurych topornych facetów z Breżniewem na czele. Ulice pełne milicji i tajniaków – widać realistycznie oceniają swoją sytuację i popularność. I pomyśleć, że od tej bandy zależy nasze życie, nasze losy! Makabra. I właściwie dlaczego?! Nie wiadomo.

Posłowie 1982

A oto POSŁOWIE do tego dziennika, które piszę w SIERPNIU 1982, a więc przeszło dwa lata od ostatnich zapisków. Przez te dwa lata w życiu tak moim, jak i w ogólnym zdarzyło się mnóstwo, o czym przyszły Czytelnik, jeśli w ogóle zapiski te znajdą Czytelnika, wszystko już i tak będzie wiedział. Narastający gwałtownie kryzys doprowadził latem 1980 (spędzałem wówczas wakacje w Bukowinie Tatrzańskiej) do narastającej fali strajków. Ukoronowaniem ich był strajk okupacyjny w Stoczni Gdańskiej rozpoczęty 14 sierpnia. Doprowadził on, po wielu wstrząsach i dramatycznych pertraktacjach, do słynnego porozumienia, które 31 sierpnia podpisał w Gdańsku z Wałęsą wicepremier Mieczysław Jagielski. Dnia 5 września odszedł Gierek, przyszedł Kania i zaczęła się fantastyczna, burzliwa epoka „Solidarności". I w moim życiu jęły następować zmiany: od października cenzura zaczęła mi puszczać śmiałe felietony (cóż za ulga po latach milczenia!), zaś 8 grudnia wyjechałem na 16 dni do Sztokholmu, zaproszony przez Czesława Miłosza na wręczenie mu Nagrody Nobla.

Rok 1981 przyniósł dalszy „rozkwit" mojej sytuacji, wraz z coraz gorętszymi i burzliwszymi wypadkami zewnętrznymi. Nie będę, rzecz prosta, pisał tu historii politycznej tamtych miesięcy – arcyciekawych, rewelacyjnych, lecz i niepokojących. Odnotuję tylko pobieżnie ważniejsze wydarzenia osobiste. Intensywna, wyczerpująca działalność odczytowa szła w parze z przedziwnymi „sukcesami" u władz. W dzień moich 70. urodzin dostałem odnotowane przez całą prasę życzenia i kwiaty od ministra Tejchmy (!), w dniu 1 kwietnia wykonano na festiwalu w Poznaniu moją „Symfonię w kwadracie", 7 kwietnia otrzymałem wreszcie paszport zagraniczny. „Sukcesy" przerwała mi operacja (pobyt w szpitalu od 13 kwietnia do 8 maja), potem w czerwcu witaliśmy w Warszawie Miłosza. Wreszcie 22 lipca 1981 wyjechałem za granicę, pobudzony jeszcze zaproszeniem na odczyty do Australii.

Pobyt za granicą (Francja, RFN, Szwajcaria, Francja, Australia, znowu Paryż, 2 tygodnie w Wiedniu i znów Paryż) potrwał równy rok – wróciłem 22 lipca 1982 (13 grudnia, koniec „odnowicielskich" nadziei, zastał mnie w Melbourne!). Powrót, po najdłuższym w moim życiu pobycie za granicą, to było silne wrażenie: zastałem całkiem inną Polskę niż przy wyjeździe, Polskę tzw. stanu wojennego. Trzeba w dziwnych warunkach zacząć nowy, ostatni etap życia. I znowu dookoła Wojtek (tym razem Jaruzelski)!

Porządkując swoje sprawy, likwiduję również problem niniejszych zapisków czy pamiętników, prowadzonych od maja 1968 na przestrzeni dwunastu lat. Pojęcia nie mam, jaki będzie ich przyszły los. Bruliony są ukryte, trzeba by je przepisać, może trochę poprawić pospieszny styl? Nie widziałem ich dawno, dołączyłem tylko jeszcze ten szesnasty z kolei. Ciekawym, czy to się kiedyś ukaże? W Paryżu wspomniałem o tym Księciu – bardzo się zainteresował. Ale czy rzecz dojdzie kiedyś do jakiejś publikacji? Czy znajdzie pieczołowitego wydawcę, tak jak znalazły go w osobie Grydzewskiego „Dzienniki" Lechonia? Wobec obecnego pogromu i *debacle'u* – diabli wiedzą!

Więc tylko pozdrawiam nie znanego mi Przyszłego Czytelnika i kończę brulionowe zapisywanie. Chciałbym może za to napisać jeszcze coś większego, może jakieś nowe „Cienie w pieczarze", tylko w nowej formie – co niełatwe. Czy uda się ją wymyślić, tę formę? Zobaczymy – jak powiedział ślepy...

Stefan Kisielewski
Warszawa, 15 sierpnia 1982 roku

SPIS TREŚCI

Wstęp	5
Wprowadzenie	7
1968	11
1969	161
1970	317
1971	528
1972	623
1973	728
1974	795
1975	827
1976	861
1977	893
1978	932
1979	935
1980	943
Posłowie 1982	950